CHANGEMENTS D'USAGE DES LOCAUX D'HABITATION

Guillaume Daudré
Notaire

Patrick Wallut
Notaire honoraire

3e ÉDITION

CHANGEMENTS D'USAGE DES LOCAUX D'HABITATION

LES RÉFORMES DE L'ARTICLE L. 631-7 DU CODE DE LA CONSTRUCTION ET DE L'HABITATION

Préface de
Hugues Périnet-Marquet
Professeur émérite de l'Université Panthéon-Assas (Paris II)

À jour au 1er mars 2022

LexisNexis

LexisNexis SA
141, rue de Javel – 75015 Paris

Avertissement de l'Éditeur

Toute utilisation ou traitement automatisé, par des tiers, de données personnelles pouvant figurer dans cet ouvrage sont formellement interdits.

DANGER LE PHOTOCOPILLAGE TUE LE LIVRE

Le logo qui figure sur la couverture de ce livre mérite une explication. Son objet est d'alerter le lecteur sur la menace que représente pour l'avenir de l'écrit, tout particulièrement dans les domaines du droit, de l'économie et de la gestion, le développement massif du photocopillage.
Le Code de la propriété intellectuelle du 1er juillet 1992 interdit en effet expressément la photocopie à usage collectif sans autorisation des ayants droit. Or, cette pratique s'est généralisée dans les établissements d'enseignement supérieur, provoquant une baisse brutale des achats de livres au point que la possibilité même pour les auteurs de créer des œuvres nouvelles et de les faire éditer correctement soit aujourd'hui menacée.

Siège social : 141, rue de Javel – 75015 Paris

ISBN 978-2-7110-3697-4
ISSN 2119-3169

Avertissement

Les articles cités sans précision du code sont ceux du **Code de la construction et de l'habitation**.

Pour tous les autres textes le code d'origine est indiqué.

Principales abréviations

Actes prat. ing. immobilière	Revue *Actes pratiques et ingénierie immobilière*
Administrer	Revue *Administrer*
AJDA	*Actualité juridique de droit administratif*
AJDI	*Actualité juridique de droit immobilier*
AJPI	*Actualité juridique de la propriété immobilière*
ALUR	Loi n° 2014-366 du 24 mars 2014 pour l'accès au logement et un urbanisme rénové
AN	Assemblée nationale
ANAH	Agence nationale de l'habitat
ann.	annexe
Ann. loyers	*Annales des loyers*
Apur	Atelier parisien de l'urbanisme
BIC	Bénéfices industriels et commerciaux
BJDU	*Bulletin de jurisprudence de droit de l'urbanisme*
BNC	Bénéfices non commerciaux
BOFiP	*Bulletin officiel des finances publiques – impôts*
BPLH	Bureau de la protection des locaux d'habitation de la ville de Paris
Bull. civ.	*Bulletin des arrêts des chambres civiles, commerciale et sociale de la Cour de cassation*
Bull. crim.	*Bulletin des arrêts de la chambre criminelle de la Cour de cassation*
CASF	Code de l'action sociale et des familles
C. assur.	Code des assurances
C. civ.	Code civil
C. com.	Code de commerce
C. consom.	Code de la consommation
C. envir.	Code de l'environnement
C. mon. fin.	Code monétaire et financier
C. pén.	Code pénal
C. tourisme	Code du tourisme
C. trav.	Code du travail
C. urb.	Code de l'urbanisme
CA	Arrêts des cours d'appel
CAA	Arrêts des cours administratives d'appel
Cass. 1re, 2e, 3e civ.	Arrêts de la première, deuxième ou troisième chambre civile de la Cour de cassation
Cass. ch. mixte	Arrêts de la chambre mixte de la Cour de cassation
Cass. com.	Arrêts de la chambre commerciale de la Cour de cassation
Cass. crim.	Arrêts de la chambre criminelle de la Cour de cassation
Cass. soc.	Arrêts de la chambre sociale de la Cour de cassation
CCH	Code de la construction et de l'habitation
CDIF	Centre des impôts foncier
CE	Arrêts du Conseil d'État

CEDH	Arrêts de la Cour européenne des droits de l'homme
CGCT	Code général des collectivités territoriales
CGI	Code général des impôts
Circ.	Circulaire
CJA	Code de justice administrative
CJUE	Arrêts de la Cour de justice de l'Union européenne
CNCC	Compagnie nationale des commissaires aux comptes
Cons. const.	Conseil constitutionnel
comm.	Commentaires
Comm. com. électr.	Revue *Communication – Commerce électronique*
comp.	Comparer
Constitutions	Revue *Constitutions*
Constr.-Urb.	Revue *Construction-Urbanisme*
COS	Coefficient d'occupation des sols
CPC	Code de procédure civile
CPP	Code de procédure pénale
CRPA	Code des relations entre le public et l'administration
D.	Décret
D.	*Recueil Dalloz*
DAACT	Déclaration attestant de l'achèvement et de la conformité des travaux
DAUH	*Droit de l'aménagement, de l'urbanisme et de l'habitat*
Defrénois	Revue *Defrénois*
Délib.	Délibération
Doc. fr.	La Documentation française
Dr. adm.	Revue *Droit administratif*
Dr. & patr.	Revue *Droit et patrimoine*
Dr. et ville	Revue *Droit et ville*
Dr. fisc.	Revue *Droit fiscal*
Dr. sociétés	Revue *Droit des sociétés*
ELAN	Loi n° 2018-1021 du 23 novembre 2018 portant évolution du logement, de l'aménagement et du numérique
ENL	Loi n° 2006-872 du 13 juillet 2006 portant engagement national pour le logement
EPCI	Établissement public de coopération intercommunale
EPT	Établissement public territorial
et s.	et suivants
Europe	Revue *Europe*
Gaz. Pal.	*Gazette du Palais*
HLM	Habitation à loyer modéré
infra	ci-dessous
INSEE	Institut national de la statistique et des études économiques
IR	Impôt sur le revenu
IS	Impôt sur les sociétés
JCl.	Encyclopédies *JurisClasseur*
***JCP* A**	*La Semaine juridique*, édition Administrations et Collectivités territoriales
***JCP* E**	*La Semaine juridique*, édition Entreprise et Affaires
***JCP* G**	*La Semaine juridique*, édition Générale
***JCP* N**	*La Semaine juridique*, édition Notariale et immobilière

JO	*Journal officiel* de la République française
JOAN CR	*Journal officiel* de l'Assemblée nationale (Débats parlementaires et réponses ministérielles à questions orales)
JOAN Q	*Journal officiel* de l'Assemblée nationale (Réponses ministérielles à questions écrites)
JO Sénat CR	*Journal officiel* du Sénat (Débats parlementaires et réponses ministérielles à questions orales)
JO Sénat Q	*Journal officiel* du Sénat (Réponses ministérielles à questions écrites)
JT	Revue *Juris tourisme*
L.	Loi
L. fin. rect.	Loi de finances rectificative
Lebon	*Recueil Lebon des décisions du Conseil d'État*
Lebon T.	Tables du *Recueil Lebon des décisions du Conseil d'État*
LEDC	Revue *L'Essentiel droit des contrats*
LME	Loi n° 2008-776 du 4 août 2008 de modernisation de l'économie
Loyers et copr.	Revue *Loyers et copropriété*
LPA	*Les Petites Affiches*
Mél.	*Mélanges*
Mon. TP	*Moniteur des travaux publics et du bâtiment*
Opérations immo.	Revue *Opérations immobilières*
Ord.	Ordonnance
ORIE	Observatoire régional de l'immobilier d'entreprise en Île-de-France
PLH	Programme local de l'habitat
POS/PLU	Plan d'occupation des sols/Plan local d'urbanisme
préc.	précité
PSMV	Plan de sauvegarde et de mise en valeur
QPC	Question prioritaire de constitutionnalité
rappr.	rapprocher
RDC	*Revue des contrats*
RDI	*Revue de droit immobilier*
RDSS	*Revue de droit sanitaire et social*
Rép. min.	Réponse ministérielle à question parlementaire
Rev. loyers	*Revue des loyers*
RFDA	*Revue française de droit administratif*
RFN	*Revue fiscale notariale*
RJDA	*Revue de jurisprudence de droit des affaires*
RJEP	*Revue juridique de l'économie publique*
RJF	*Revue de jurisprudence fiscale*
RLDA	*Revue Lamy Droit des affaires*
RTD civ.	*Revue trimestrielle de droit civil*
RTDI	*Revue trimestrielle de droit immobilier*
SCR	Secteur de compensation renforcée du règlement municipal de Paris
SHON	Surface hors œuvre nette
spéc.	spécialement
SRU	Loi n° 2000-1208 du 13 décembre 2000 relative à la solidarité et au renouvellement urbains
supra	ci-dessus
TA	Tribunal administratif
TGI	Tribunal de grande instance

TI	Tribunal d'instance
TJ	Tribunal judiciaire
TVA	taxe sur la valeur ajoutée
V.	Voir
ZFU	Zones franches urbaines
ZUS	Zones urbaines sensibles

Préface

L'article L. 101-2 du Code de l'urbanisme est un excellent résumé à la fois du droit de l'urbanisme contemporain et plus généralement des interrogations et des limites d'une législation moderne. Il précise, en effet, que « *Dans le respect des objectifs du développement durable, l'action des collectivités publiques en matière d'urbanisme vise à atteindre les objectifs suivants :*

3° La diversité des fonctions urbaines et rurales et la mixité sociale dans l'habitat, en prévoyant des capacités de construction et de réhabilitation suffisantes pour la satisfaction, sans discrimination, des besoins présents et futurs de l'ensemble des modes d'habitat, d'activités économiques, touristiques, sportives, culturelles et d'intérêt général ainsi que d'équipements publics et d'équipement commercial, en tenant compte en particulier des objectifs de répartition géographiquement équilibrée entre emploi, habitat, commerces et services, d'amélioration des performances énergétiques, de développement des communications électroniques, de diminution des obligations de déplacements motorisés et de développement des transports alternatifs à l'usage individuel de l'automobile ; ».

Il conduit donc les collectivités publiques à arrondir les angles d'une impossible quadrature du cercle où, d'entrée de jeu, l'habitat, l'emploi et les services se concurrencent et s'opposent. Bien que situé dans un code différent, cet article apparaît donc comme un utile complément à l'article L. 631-7 du Code de la construction et de l'habitation, dans la mesure où ce dernier ne comporte aucune disposition de philosophie générale, ce qui autorise l'article L. 101-2 du Code de l'urbanisme à dépasser, de par son impact, la seule législation de l'urbanisme.

D'ailleurs, l'article L. 631-7 n'aurait-il pas, finalement, sa place autant dans le Code de l'urbanisme que dans celui de la construction ? Certes, en théorie, le premier ne s'intéresse qu'au changement de destination alors que le second ne régit que le changement d'usage. Mais ces deux notions sont-elles si éloignées l'une de l'autre ? Depuis le décret du 5 janvier 2007 et l'article R. 421-17-b qui impose une déclaration préalable aux changements de destination même s'ils ne sont accompagnés d'aucun travaux, la frontière qui les sépare est devenue plus ténue. Il en va d'autant plus ainsi depuis les réformes respectives de l'article L. 631-7 et des textes du Code de l'urbanisme sur la destination. L'article R. 151-28, tel que découlant du décret n° 2015-1783 du 28 décembre 2015, distingue bien l'hébergement touristique et hôtelier, qui est une sous-destination de celle des commerces, d'une part, et l'habitation, d'autre part. De même, l'article L. 631-7-1 A, tel que modifié par la loi du 24 mars 2014, puis par l'ordonnance n° 2015-1174 du 23 septembre 2015, permet de définir un régime d'autorisation temporaire de changement d'usage permettant à une personne physique de louer, pour de courtes durées, des locaux destinés à l'habitation à une clientèle de passage qui n'y élit pas domicile. Des mots différents caractérisent, ainsi, des situations très proches. Rien n'empêcherait d'ailleurs, au regard des 5 destinations et 21 sous-destinations prévues dans le Code de l'urbanisme, une protection efficace du logement. Le fait de transformer un logement en résidence de tourisme est, ainsi, un changement au titre du droit de l'urbanisme entre les deuxième et troisième destinations prévues par l'article R. 151-28. Il suffit de prévoir, dans un PLU, que toute transformation de logement en bureaux est interdite pour arriver au même résultat. Tel est bien d'ailleurs le contenu de l'actuel article UG 2 du PLU de Paris qui va dans ce sens en imposant le maintien, voire davantage, de la surface dédiée au logement. Or, tout comme pour les changements d'usages, un changement de destination sans travaux est soumis à contrôle, même si celui-ci prend, alors, la forme d'une simple déclaration préalable.

Mais d'autres éléments rendent difficile l'absorption du changement d'usage dans le changement de destination. La portée de l'autorisation donnée dans les deux cas n'est pas la même. L'autorisation de changement d'usage est personnelle sauf compensation. Le permis présente un caractère réel en ce qu'il est attaché à un projet et non à une personne. Le droit des changements d'usage permet de soumettre l'autorisation à compensation, ce qui n'est pas le cas du droit de l'urbanisme. Ensuite, les sanctions sont différentes puisque le Code de l'urbanisme s'il prévoit des sanctions pénales ainsi qu'une possibilité de démolition n'a aucun impact sur la validité des actes passés. Or, en matière de changement d'usage, le risque principal en cas de violation de la réglementation est, précisément, celui de la remise en cause des actes de vente ou de bail passés. De plus, au regard de l'article L. 421-9, l'autorité publique ne peut plus refuser un permis de construire sur un immeuble partiellement ou totalement illégal si cette illégalité remonte à plus de 10 ans, sauf dans l'hypothèse où un permis de construire nécessaire n'a pas été obtenu. A contrario, le délai de 10 ans s'applique totalement, comme le Conseil d'État l'a reconnu, dans le cas où un changement de destination serait seulement soumis à déclaration préalable. Or, très souvent, le changement d'usage se fait sans travaux importants et se trouve donc soumis à déclaration préalable. Ainsi un changement de destination irrégulier peut être validé au bout de 10 ans alors que le changement d'usage est imprescriptible.

En l'état actuel du droit positif, si l'on peut envisager certains rapprochements entre changements d'usage et de destination, la fusion des deux autorisations supposerait d'importantes modifications du Code de l'urbanisme et ne conduirait ni à une simplification ni à une rationalisation sensible. Son bilan coût-avantage ne serait pas nécessairement positif.

L'histoire de la règlementation du changement d'usage montre bien, d'ailleurs, toutes les ambiguïtés de cette législation. Ce n'est, en effet, que trois ans après l'instauration de la première grande loi d'urbanisme en matière de lotissement que, discrètement, en 1922, un article sur le changement d'usage s'est inséré dans un texte relatif à la législation des loyers. Mais ce texte temporaire sera vite rendu définitif et l'idée transitera, de loi en loi, jusqu'à l'ordonnance du 11 octobre 1945 et à la loi du 1er septembre 1948. Sous l'apparence d'une législation des baux, se pérenniseront, ainsi, des textes visant simplement à assurer le maintien d'un grand nombre de locaux à usage d'habitation. Alors que la pénurie de logements, postérieure à la guerre, s'estompait, avec la construction de plus de 17 millions de logements neufs depuis 1945, l'actualité du changement d'usage se maintenait, même si elle fut limitée, pendant longtemps, à la région parisienne, voire à la Ville de Paris.

Cette dernière, toutefois, ne profitait qu'indirectement de l'article L. 631-7, maintenu dans le giron de l'État, malgré la décentralisation de l'urbanisme. Mais, aujourd'hui, le transfert aux collectivités territoriales de l'application de la loi sur le changement d'usage rend ces dernières maîtresses aussi bien de cette partie du Code de la construction que de la plus grande partie du Code de l'urbanisme. De règle nationale garantissant les équilibres du logement voulus par l'État qu'il était, l'article L. 631-7 tend à devenir l'outil efficace d'une politique locale. Le règlement édicté par la Ville de Paris, fin décembre 2008, et modifié de nombreuses fois depuis, montre bien le rapprochement qui peut être fait, en la matière, avec les documents classiques de la planification urbaine.

Cet aspect est d'autant plus évident, qu'entretemps, le rapport à l'urbanisme et à son droit a sensiblement évolué. Dans les années 1960 et 1970, l'État gérait plus ou moins bien, à travers les diverses zones qu'il avait instituées, les grandes masses d'espace à urbaniser. La périphérie urbaine s'assimilait souvent à une sorte de far-west à conquérir. Le béton des immeubles était posé aussi vite que ne l'étaient les rails du chemin de fer dans les États-Unis des années 1860 avec, hélas, les résultats que l'on sait. Le périurbain mobilisait toutes les énergies de l'État et il fallut toute celle d'André Malraux pour qu'un certain rééquilibrage s'opère au profit des centres villes, mais uniquement pour des opérations de rénovation ciblées.

Cette époque, où la quantité primait sur la qualité, est fort heureusement révolue. Le changement du rythme de la production de logements a sans doute été l'une des raisons de la modification du regard des urbanistes et des élus sur le cœur de la ville. Pendant longtemps, fut privilégiée une certaine conception du bonheur urbain qui passait par le travail en ville et la vie en dehors. Mais ce modèle, fondé sur l'utilisation intensive des transports personnels, s'est essoufflé avec le XXe siècle. Son coût écologique s'additionnait, pour les salariés qui le vivaient, au stress qu'il générait. Depuis déjà un certain nombre d'années, les pouvoirs publics ont donc redécouvert tout l'intérêt d'éviter la monoculture d'un centre-ville axé sur les commerces et les bureaux. La ville doit être le lieu du travail mais aussi du repos. Son essence même suppose qu'elle continue à vivre le soir et le week-end. Fort de cette exigence, tout un mouvement s'est enclenché pour que soit organisée et mise en place une gestion très fine de l'espace urbain. Même si l'épidémie de COVID a rendu (temporairement ?) les grandes villes moins attractives, les élus souhaitent, plus que jamais, assigner une destination précise à chaque terrain ou presque du territoire qu'ils gèrent.

L'article L. 631-7 est, dès lors, un élément fondamental de la mise en œuvre de cette volonté puisqu'il aboutit à cristalliser les choix faits ou autorisés à un moment donné. Il fige, pour les immeubles construits avant 1970, l'usage en vigueur à cette époque avec d'évidents problèmes de preuve au regard de la jurisprudence récente puisque, à lire leurs arrêts récents, Conseil d'État et Cour de cassation ne semblent pas totalement sur la même ligne. Il retient également, pour tous ceux construits postérieurement, l'usage résultant du permis de construire, c'est-à-dire, en clair, la destination qui y figurait (ce qui montre bien la porosité des notions d'usage et de destination). Si le permis de construire est un acte instantané, l'article L. 631-7 lui donne, en matière d'usage, l'épaisseur du temps. De même, à la possibilité de faire évoluer assez aisément les PLU, s'oppose la fixité d'une affectation déterminée à une date donnée et parfois déjà lointaine.

Même s'il s'assimile, à certains égards, à une ligne Maginot du logement, l'article L. 631-7 n'enferme cependant pas les communes dans un rôle purement statique. Il est, en effet, dans sa nouvelle mouture, un texte plus intelligent qu'un ouvrage purement défensif et permet aux villes qui le souhaitent de jouer avec beaucoup de finesse sur les possibilités de dérogation et de compensation. Alors que les transferts de COS ont disparu avec les COS eux-mêmes[1], ceux de commercialité, pour employer l'expression usuelle, ont un bel avenir devant eux. Leur possibilité de modulation crée une défense de l'habitation d'autant plus efficace qu'elle s'avère flexible et, cela, d'autant plus depuis la possibilité d'affectation temporaire à l'habitation offerte par la loi Macron du 6 août 2015. Les communes ne s'y sont d'ailleurs pas trompées qui, alors que la plupart avait mis entre parenthèses l'application de l'article L. 631-7, reviennent vers lui en instaurant un règlement modulant ses effets.

Il en va d'autant plus ainsi que l'actualité a conduit à étendre, comme mentionné plus haut, le champ d'application de l'article L. 631-7 aux meublés de tourisme, alors qu'avant le COVID, beaucoup de communes étaient confrontées à une inflation massive de ce mode d'habitat. La validation de l'application de ce texte à ce type de location par la Cour de justice de l'Union européenne en 2020, puis par la Cour de cassation en 2021, lui ouvre définitivement un nouveau domaine d'action, que la fin de la pandémie rendra particulièrement utile.

Mais, parallèlement, l'article L. 631-7 est confronté à une modification profonde de son terreau économique de base. Le développement considérable et durable du télétravail impacte très fortement le marché du bureau puisque l'on estime que près d'un quart des surfaces actuellement dévolues à cette activité pourraient être libérées. Dès lors, les risques de voir, même dans les centres villes les plus prisés, les logements transformés en bureau deviennent très faibles et cela pour longtemps. Peut-être est-il temps, en conséquence, de s'interroger sur la radicalité d'un texte pris en période de crise et jamais remis en cause depuis. Ne faudrait-il pas, dès lors, remettre ce texte dans le champ du droit commun de la prescription en considérant que, si une commune a laissé perdurer pendant 30 ans un usage, celui-ci ne peut plus être remis en cause, ce qui supprimerait toute discussion sur l'usage au moment de la date, de plus en plus lointaine, de 1970 ? De même, ne faudrait-il pas considérer que la délivrance d'un permis de construire concernant un bâtiment existant et indiquant une destination autre que le logement et la non contestation des travaux réalisés (alors que ceux-ci ne peuvent être normalement réalisés qu'après obtention de l'autorisation de changement d'usage) vaut à la fois changement de destination et d'usage[2] ?

La refonte du texte en 2005, les modifications successives intervenues depuis et l'importante jurisprudence qui l'interprète font que s'applique un système, qui s'il n'est pas totalement nouveau, s'avère constamment renouvelé. Les juristes et les praticiens sont donc partagés entre l'angoisse et l'excitation de la découverte de nouvelles règles dont chacun essaie de tirer le meilleur mais dont tous redoutent les inévitables chausse-trappes.

Il est donc fort utile qu'après avoir fait œuvre de pionnier en 2010, dans leur première édition, Maîtres Daudré et Wallut nous offrent, dans cette nouvelle mouture, une étude exhaustive du droit du changement d'usage, tel qu'il est aujourd'hui, sans masquer les faiblesses et les incertitudes qui entourent son application. Leurs avis sont, à bien des égards, particulièrement autorisés puisque Maître Wallut a suivi, pour le compte du Conseil Supérieur du Notariat, cette législation et

(1) Depuis la loi ALUR du 24 mars 2014. Mais des transferts de constructibilité sont toujours prévus par l'article L. 151-25 du Code de l'urbanisme.

(2) V. notre article *Deux réformes pour adapter l'article L. 631-7 du Code de la construction et de l'habitation à son nouvel environnement économique : RDI* 2022, p. 8.

que les auteurs ont pris soin de recueillir le point de vue de tous les partenaires de l'application de cette législation, avant de nous fournir le leur.

Cet ouvrage, servi par la culture juridique, le professionnalisme et l'écoute de ses auteurs, éclaire donc avec bonheur les modalités de mise en œuvre des articles L. 631-7 et suivants et constitue l'ouvrage de référence sur une question que l'évolution des politiques urbaines et l'affirmation du droit au logement maintiennent dans une constante actualité.

Le 25 janvier 2022
Hugues PÉRINET-MARQUET
Professeur émérite de l'Université Panthéon-Assas (Paris II)

Sommaire

INTRODUCTION

PRINCIPES GÉNÉRAUX DU CONTRÔLE DES CHANGEMENTS D'USAGE

1. - La volonté politique de contrôler l'affectation des logements et d'interdire leur transformation en un autre usage sans autorisation est née, juste après la Seconde Guerre mondiale, de la grave crise du logement qui frappait alors la France, notamment dans les centres urbains.

Certes, le déficit en nombre de logements ne s'est pas totalement résorbé ; il se manifeste encore à l'aube du XXIe siècle. Mais, en 1945 et 1948, il atteignait un niveau tel que les pouvoirs publics ne pouvaient que chercher à y remédier, et pas seulement par un effort massif de construction ou de reconstruction : il était nécessaire de préserver le parc de logements existant et d'instituer les moyens de contrôle nécessaires à cette préservation, notamment par l'interdiction de démolir ou de transformer un logement sans autorisation.

2. - Des raisons multiples se conjuguaient pour aboutir à cette crise du logement :

- peu de logements avaient été construits entre les deux guerres mondiales et très peu durant les quatre années d'occupation ;
- de nombreuses destructions avaient été occasionnées par les conflits ;
- dans les villes non sinistrées, de nombreux logements ont été accaparés par des administrations publiques civiles ou militaires ;
- grâce à une politique nataliste des premiers gouvernements d'après-guerre, la population française était repartie à la hausse (le bien connu « baby-boom »), après une relative stagnation dans les années 1920 et 1930 ;
- le début de la tertiairisation de l'économie française tendait au développement des surfaces de bureaux, bien souvent, notamment en région parisienne, au détriment des logements existants.

Il convenait donc de réagir, y compris de manière autoritaire.

3. - Avant d'analyser la réglementation en vigueur, il convient, dans un premier temps, d'effectuer un bref rappel historique du contrôle de l'usage d'habitation (§ 1). En effet, les locaux concernés ou les critères d'autorisation, avec ou sans compensation, ayant évolué au gré du pouvoir discrétionnaire des ministres et préfets successifs, les situations d'occupation actuelles se révèlent être légales en vertu de décisions prises sous l'empire des textes antérieurs. Dans un second temps, il n'est pas inutile de dissocier et comparer les notions, souvent confondues, d'affectation ou d'usage et de destination (§ 2).

§ 1. – Le contrôle des changements d'usage entre 1945 et 2022

4. – L'étude du contrôle administratif des changements d'usage ne peut ignorer les grandes étapes de son évolution (A). La compréhension du régime actuel, dernièrement modifié en 2018, repose, pour une large part, sur la connaissance de celui abrogé en 2005 (B).

5. – Le *modus operandi* de ce contrôle, qui s'inspire essentiellement de l'expérience parisienne, soulevait des difficultés grandissantes avec le temps (C). S'il a subi de légers toilettages depuis 1945, notamment par la loi du 1er septembre 1948 et l'ordonnance du 31 décembre 1958 suivies de lois d'importance inégale (lois des 31 décembre 1971, 23 décembre 1986, 6 juillet 1989, 21 juillet 1994 et 2 juillet 1998), il n'a pas été fondamentalement rénové avant l'ordonnance du 8 juin 2005 et la loi de modernisation de l'économie du 4 août 2008. La première a simplifié les règles applicables et clarifié les rapports entre l'administration et les administrés, dans un souci louable de meilleure sécurité juridique (D) ; la seconde, suivant la tendance générale à une plus grande décentralisation, a confié le contrôle de l'usage aux communes, alors même que ce contrôle était, depuis 1945, de la compétence de l'État représenté par le préfet, tout en encourageant l'utilisation de la résidence principale à des fins professionnelles (E).

6. – Depuis lors, le regain d'intérêt du législateur pour le contrôle de l'usage n'a pas été démenti et deux lois se sont succédé à presque un an d'intervalle, tantôt pour le conforter, tantôt pour éviter qu'il ne constitue un obstacle. D'une part, l'ambitieuse et volumineuse loi du 24 mars 2014 pour l'accès au logement et un urbanisme rénové s'est emparée de la question des meublés de tourisme avec l'espoir de réorienter les logements secondaires vers le secteur locatif des résidences principales (F). D'autre part, le manque de logements et la suroffre de bureaux ont conduit les auteurs de la loi du 6 août 2015 pour la croissance, l'activité et l'égalité des chances économiques à réintroduire un dispositif d'affectation temporaire à l'habitation (G).

La « cannibalisation » du parc résidentiel par les locations touristiques qui sont proposées *via* des plateformes numériques spécialisées devait conduire à de nouveaux ajustements entre 2016 et 2018, dans le sens d'un contrôle toujours plus rigoureux (H).

7. – Par ailleurs, la police de l'usage n'échappe pas au mouvement de constitutionnalisation qui irrigue maintenant de façon constante toutes les branches du droit, en particulier depuis l'instauration, le 1er mars 2010, de la question prioritaire de constitutionnalité (I). Et elle ne peut davantage se soustraire aux exigences du droit communautaire dont l'influence, en notre matière, tire essentiellement sa source dans la directive « Services » du 12 décembre 2006 (J).

A. – Les sources historiques

8. – Les textes sont le reflet de leur époque : à l'origine temporaire et exceptionnel (1°), le contrôle de l'usage a suivi le processus de codification de deux branches récentes de notre droit, l'urbanisme et la construction, sans perdre son autonomie (2°). Ces règles ont contribué, avec d'autres, à faire sortir le logement de la sphère privée dans laquelle l'enfermait le Code civil[1].

1° Premiers textes

9. – Dans l'urgence résultant de la nécessaire remise en marche économique et sociale du pays, de nombreuses ordonnances ont été promulguées dès 1945. Parmi celles-ci, figure l'ordonnance n° 45-2394 du 11 octobre 1945 instituant des mesures exceptionnelles et temporaires en vue de remédier à la crise du logement[2]. Il arrive que le « temporaire » perdure... le contrôle de l'usage – à l'époque, de l'affectation –, qui existe encore soixante-quinze ans plus tard, en est la parfaite illustration.

10. – Le dispositif de 1945 est le descendant, plus ou moins direct, de la loi du 31 mars 1922 portant fixation définitive de la législation sur les loyers dont l'article 15 prohibait en ces termes la transformation de locaux affectés à l'habitation :

> « Aucun local affecté à l'habitation ne pourra être transformé en établissement de spectacles publics ou de danse ou en local commercial ou industriel, jusqu'au 1er janvier 1923.
>
> Toute infraction à la présente disposition constitue une contravention poursuivie en vertu du paragraphe 15 de l'article 471 du Code pénal. Le juge de police devra ordonner la réaffectation des lieux en locaux d'habitation dans le délai qu'il impartira.
>
> Faute d'exécution dans le délai imparti, le propriétaire et l'occupant seront traduits devant le tribunal correctionnel et passibles d'une amende de deux mille francs à dix mille francs (2 000 fr. à 10 000 fr.). Le tribunal devra, en outre, ordonner l'exécution, aux frais des parties, des travaux de réaffectation ».

En outre, une loi du 20 juillet 1924 avait interdit, dans certaines communes, la transformation en meublés, pensions de famille ou hôtels des locaux d'habitation loués nus ou non loués à la date de promulgation de la loi.

Ces dispositions provisoires furent prorogées et complétées par la loi du 1er avril 1926 déterminant les rapports entre les bailleurs et les locataires de locaux d'habitation (art. 20 et 23)[3] modifiée par une loi du 29 juin 1929[4], et finalement abrogées par le décret-loi du 30 octobre 1935 (art. 3 abrogeant l'article 20 de la loi du 1er avril

(1) Pour décrire l'évolution des règles applicables aux immeubles, alors peu nombreuses en 1804, on parle parfois d'une « publicisation progressive du droit de propriété », V. H. Périnet-Marquet, *L'immeuble et le Code civil*, in *1804-2004, Le Code civil, un passé, un présent, un avenir*, Dalloz, 2004, p. 395.

(2) J. Fréjaville, commentaire de l'ordonnance précitée : *D.* 1945, p. 229.

(3) Le système des compensations, ignoré par la loi de 1945 à 2005, trouve sa source à l'article 20 de la loi du 1er avril 1926, permettant de déroger à l'interdiction de transformation des locaux d'habitation « lorsque le propriétaire aura, par compensation, construit un autre local affecté à l'habitation ou aménagé pour l'habitation un autre local qui n'avait pas cette destination ou encore, sous réserve de l'approbation du comité de patronage des habitations à bon marché, de la situation de l'immeuble, souscrit en actions libérées d'une société d'habitations à bon marché ou d'une société de crédit immobilier un capital d'un montant égal à la valeur de construction des locaux désaffectés, ou consenti, soit à un office public d'habitations à bon marché, soit à une société d'habitations à bon marché, un prêt d'un montant égal à la valeur de reconstruction des locaux désaffectés pour une durée supérieure à vingt-cinq ans et à un taux d'intérêt ne dépassant pas 4 p. 100. Les locaux ainsi construits ou affectés devront être d'une importance au moins égale à ceux qui seront transformés, d'une valeur locative équivalente et être situés dans la même commune ou dans un groupe de communes formant avec la première une même agglomération. Les communes faisant partie de la même agglomération seront déterminées, après avis du comité de patronage des habitations à bon marché, par un arrêté préfectoral ».

(4) L. Ropers, *Traité pratique des baux à loyer*, Librairie Dalloz, 1931, p. 443 et s.

1926) et le décret-loi du 1er juillet 1939 (al. 1er prorogeant jusqu'au 1er juillet 1943 les dispositions de la loi du 20 juillet 1924).

11. - Ces prohibitions ont été reprises et réorganisées par l'ordonnance du 11 octobre 1945 :

- qui énonce un principe, dans son article 1er :

« Dans les villes où il existe une crise grave du logement, des mesures exceptionnelles et temporaires sont prises en vue de réaliser une meilleure répartition des locaux, de manière que puisse être assurée l'installation de ceux qui, en raison de leur travail et de leur situation de famille, doivent être pourvus d'un logement ».

- et en fixe les modalités, dans son article 21 :

« Dans les localités où il existe un service municipal du logement, aucun local à usage d'habitation ne peut être transformé en local commercial ou industriel ou être affecté au fonctionnement de services administratifs sans autorisation préalable du ministre de la Reconstruction et de l'Urbanisme. Sous la même réserve, les locaux où se trouvent installés des hôtels, pensions de famille ou établissements similaires ne peuvent être affectés qu'à l'habitation s'ils ne conservent pas leur destination primitive ».

Enfin, l'article 30 édicte des sanctions pouvant aller jusqu'à l'emprisonnement...

12. - Le régime temporaire de 1945 a été pérennisé par l'article 76 de la loi n° 48-1360 du 1er septembre 1948 (dite « loi Grimaud »), dans des termes proches de ceux de l'article 21 ci-dessus :

« Dans les communes soumises aux dispositions des articles 2 et 18 de l'ordonnance du 11 octobre 1945, et sauf autorisation préalable et motivée du ministre chargé de la reconstruction et de l'urbanisme ou de son délégué :

1° Les locaux à usage d'habitation ne peuvent être ni affectés à un autre usage, ni transformés en meublés, hôtels, pensions de famille ou établissements similaires ;

2° Les locaux à usage professionnel ou administratif, ainsi que les meublés, hôtels, pensions de famille ou établissements similaires ne peuvent, s'ils ne conservent pas leur destination primitive, être affectés à un usage autre que l'habitation.

L'autorisation ne pourra être refusée si la transformation en local à usage professionnel ne risque pas de permettre ou de faciliter l'affectation dudit local à un usage commercial.

La demande sera rendue publique par voie d'affichage apposée sur l'immeuble à la diligence et aux frais du pétitionnaire et pourra faire l'objet, dans le mois de l'apposition de l'affiche, d'une opposition auprès du ministre chargé de la reconstruction et de l'urbanisme ou de son délégué.

Sont nuls de plein droit, tous accords ou conventions conclus en violation du présent article ».

Les sanctions en cas d'infraction sont renforcées (art. 55).

13. - Par ailleurs, la loi Grimaud a partiellement mis fin au blocage des loyers qui avait freiné la construction de logements pendant l'entre-deux-guerres : si les loyers des logements construits avant sa date de promulgation restaient plafonnés (art. 26 et s.), ceux des immeubles achevés postérieurement pouvaient être fixés librement par les parties (art. 3).

2° Codifications[5]

14. - Ces dispositions de la loi Grimaud ont été codifiées aux articles 340 et suivants du Code de l'urbanisme et de l'habitation par l'ordonnance n° 58-1441 du

(5) Sur ces codifications, V. les actes du colloque organisé en 2004 par l'Association française de droit de la construction : *RDI* 2004, p. 477 et s.

31 décembre 1958 réglementant les changements d'affectation et les démolitions de locaux. Les conditions du contrôle de l'usage ont été véritablement fixées à cette époque, sans modification notable entre cette date et la réforme de 2005 :

> « L'article 340 du Code de l'urbanisme et de l'habitation est remplacé par les dispositions suivantes :
>
> Dans les communes visées à l'article 10-7° de la loi n° 48-1360 du 1er septembre 1948 :
>
> 1° Les locaux à usage d'habitation ne peuvent être ni affectés à un autre usage, ni transformés en meublés, hôtels, pensions de famille ou établissements similaires dont l'exploitant exerce la profession de loueur en meublé au sens de l'article 2 de la loi n° 49-458 du 2 avril 1949, modifié par l'ordonnance n° 58-1008 du 24 octobre 1958 ;
>
> 2° Les locaux à usage professionnel ou administratif ainsi que les meublés, hôtels, pensions de famille ou établissements similaires ne peuvent, s'ils ne conservent pas leur destination primitive, être affectés à un usage autre que l'habitation.
>
> Il ne peut être dérogé à ces interdictions que par autorisation préalable et motivée du préfet, après avis du maire et du directeur départemental de la construction.
>
> Le préfet peut autoriser l'exercice, sous certaines conditions, dans une partie d'un local d'habitation, d'une profession qui ne puisse à aucun moment revêtir un caractère commercial si ce local constitue en même temps la résidence du demandeur.
>
> Sont nuls de plein droit, tous accords ou conventions conclus en violation du présent article. Toutefois, le locataire ou occupant d'un local d'habitation irrégulièrement transformé en meublé et réaffecté à la location nue bénéficie de plein droit, quelle que soit la date de son entrée dans les lieux, du maintien dans les lieux dans les conditions prévues aux chapitres Ier et II du titre Ier de la loi précitée du 1er septembre 1948 ».

15. - Les articles 2 et 3 de l'ordonnance de 1958, instituent ou modifient les articles :

– 340-1 : les dispositions de l'article 340 ne s'appliquent pas « dans les stations balnéaires, climatiques ou thermales, classées ou en voie de classement, aux locaux qui, avant le 2 septembre 1939, étaient habituellement affectés à la location saisonnière ou occupés pendant la saison par leur propriétaire » ;

– et 341 : les dispositions de l'article 340 « peuvent être rendues applicables à d'autres communes par arrêté du ministre de la Construction, pris après avis du maire et du préfet ». Un certain nombre d'arrêtés ont été signés, majoritairement en 1961, pour de petites villes de moins de 10 000 habitants dont la liste figure en annexe à la circulaire du 22 mars 2006[6] ; il n'est pas à notre connaissance que le contrôle ait été réellement exercé dans ces communes.

16. - Le champ d'application territorial, tel qu'il résulte de l'article 10-7° susvisé, comprenait alors : Paris, les communes situées dans un rayon de 50 kilomètres des anciennes fortifications de la capitale et les communes dont la population est égale ou supérieure à 10 000 habitants.

En fait, dès la circulaire du 27 juin 1962, le ministre de la Construction reconnaissait, en ce qui concerne le déficit de logements, que « tel est le cas, tel sera le cas longtemps encore, dans la région parisienne où ce souci d'assurer la conservation des logements existants doit être combiné avec la mise en œuvre de la politique dite de décentralisation », mais que, par contre, il convient de « faciliter l'implantation en province d'activités du secteur tertiaire par une réduction marquée des compensations exigibles en cas de transformation de logements en locaux commerciaux,

(6) Circ. n° 2006-19 UHC/DH2, 22 mars 2006, sur l'application des mesures relatives au changement d'usage des locaux d'habitation (annexes : « Circulaires », ann. 1).

spécialement en bureaux »[7]. La circulaire de 1962 poursuivait : « socialement cette politique se justifie non seulement par une certaine atténuation de la crise du logement, mais surtout par le fait que, le plus souvent, ce qui manque, ce qui risque désormais de manquer le plus gravement à nos compatriotes de province, ce sont moins les logements que les emplois ».

17. - Ce constat de l'administration pouvait s'appuyer sur l'intensification du rythme de construction et les efforts de réhabilitation, vigoureusement soutenus par des aides de l'État depuis l'après-guerre. La cadence annuelle de construction de logements neufs, qui n'était que de 74 920 en 1951, a pu atteindre 115 505 en 1953 et 162 000 en 1954 ; néanmoins, dans la région parisienne du début des années 1950, 500 000 personnes dont 20 000 jeunes ménages, vivaient dans les hôtels meublés du département de la Seine[8]. La production de logements est doublée et la cadence annuelle dépassera les 300 000 logements à la fin des années 1950.

Le parc de logements s'est accru de plus de 13,9 millions d'unités de 1962 à 2004, en passant de 16,4 à 30,3 millions, soit une hausse de 84,6 % sur quarante-deux ans ; en Île-de-France le parc de logements comptait 5,2 millions de logements en 2004 contre 3,6 millions en 1968, ce qui représente une croissance de 45 % en trente-six ans[9].

18. - En 1978, lors de l'élaboration du Code de la construction et de l'habitation, les articles 340 et suivants du Code de l'urbanisme et de l'habitation sont devenus les articles L. 631-7 et suivants du nouveau code. Suite au décret n° 78-621 du 31 mai 1978 portant codification des textes concernant la construction et l'habitation (première partie législative), ces dispositions ont été placées au dernier livre du code, le livre VI, dédié aux mesures tendant à remédier à des difficultés exceptionnelles de logement.

Il semblait légitime que le code du logement accueille des règles ayant pour objectif affiché de maintenir les capacités d'hébergement du parc immobilier existant. Le choix du Code de la construction et de l'habitation souligne également la singularité de la police de l'usage par rapport aux autorisations d'occupation des sols regroupées dans le Code de l'urbanisme. Le partage des attributions dans les mairies compétentes reflète cette spécificité : le contrôle de l'affectation est le plus souvent exercé par la direction du logement, plus rarement par les services de l'urbanisme.

19. - Cet emplacement dans le livre VI du Code de la construction et de l'habitation, au milieu de mesures publiques (réquisition des logements vacants, droit de préemption en cas de saisie de la résidence principale…) ou privées (protection des occupants de certains meublés, sursis à l'exécution des décisions d'expulsion…), révèle l'ambiguïté d'une réglementation au carrefour des droits public et privé. En la matière, les juges administratifs et judiciaires contribuent, dans la limite de leurs domaines respectifs, à l'application des règles du contrôle de l'affectation. Une vision globale est d'ailleurs nécessaire[10] : la transformation d'un local d'habitation

(7) Circ. 27 juin 1962, relative aux changements d'affectation et démolitions de locaux, n°s 3 et 4 (annexes : « Circulaires », ann. 4).

(8) J.-J. Granelle, *Économie immobilière*, Economica, févr. 1998, p. 37 et s.

(9) Institut de l'épargne immobilière et foncière (IEIF), *Le marché immobilier français 2005-2006*, éd. Delmas, 2005, p. 13 et s.

(10) H. Périnet-Marquet, *Pour l'unité du droit immobilier*, in *Mél. R. Saint-Alary*, Éditions Législatives et PUSS Toulouse, 2006, p. 395. – G. Kalflèche, *Droit de l'urbanisme et droit de la construction : une proposition de classification des matières en réseau*, in *Mél. C. Saint-Alary-Houin*, LGDJ, 2020, p. 285.

intéresse l'urbanisme, la copropriété[11], les rapports locatifs, la fiscalité… et parfois même le droit du tourisme.

B. – La réglementation des changements d'affectation antérieure à 2005

20. – L'exposé des principes édictés par l'ancien article L. 631-7 (1°) sera suivi de la présentation, dans les grandes lignes, de la doctrine qui était celle de l'administration préfectorale avant 2005 (2°).

1° Principes édictés par l'article L. 631-7 dans sa rédaction antérieure à l'ordonnance du 8 juin 2005

21. – L'article L. 631-7 édictait un triple principe d'interdiction :

– de changement d'affectation « à un autre usage » des locaux d'habitation, même si la transformation de tels locaux devait avoir pour résultat de leur substituer des « meublés, hôtels, pensions de famille ou autres établissements similaires… » ;

– d'affectation à un usage autre que l'habitation de divers locaux qui ne conserveraient pas « leur destination primitive » : locaux à usage professionnel ou administratif, meublés, hôtels, pensions de famille ou établissements similaires ;

– d'affectation à un usage commercial, industriel ou artisanal des garages ou remises mentionnés à l'article 2 de la loi du 1er septembre 1948, lequel vise les garages ou remises à usage de garage situés dans des immeubles collectifs et « loués accessoirement à des locaux visés à l'article premier » de ladite loi (c'est-à-dire à des « locaux d'habitation ou à usage professionnel sans caractère commercial ou industriel »).

Ces interdictions, attentatoires à la liberté du commerce et de l'industrie[12], comportaient des tempéraments.

22. – Il pouvait être dérogé à ces principes par le préfet, après avis du maire. Cette dérogation était totalement discrétionnaire. L'absence de compétence liée de la part de l'administration a eu pour effet que peu de contentieux se sont développés sur requêtes d'administrés s'étant vus opposer un refus de transformation ; la décision du préfet n'aurait pu être attaquée qu'au motif « d'erreur manifeste d'appréciation ». Peu s'y sont risqués… d'autant plus que le Conseil d'État considérait, à l'époque, que le refus de dérogation n'avait pas à être motivé, puisqu'il ne faisait qu'exprimer le principe d'interdiction des changements d'affectation[13].

Depuis, en application de l'article 1er de la loi du 11 juillet 1979 relative à la motivation des actes administratifs, modifié par l'article 26 de la loi du 17 janvier 1986,

(11) F. Jammes, *Les changements d'affectation des parties privatives des lots de copropriété : Dr. et ville* 2016, n° 80, p. 91. – Ch. Gijsbers, *Actualité des changements de destination des lots en droit de la copropriété : RDI* 2022, p. 15.

(12) CE, 6 déc. 1989, nos 72442 et 72443.

(13) CE, 15 mars 1963, n° 58121 : *Lebon*, p. 176 : « si, en application de l'alinéa 2 de l'article 340 précité, il ne peut être dérogé à l'interdiction de désaffecter des locaux à usage d'habitation que par autorisation préalable et motivée du préfet, ni ce texte, ni aucune autre disposition législative ou réglementaire n'imposait au préfet l'obligation de motiver sa décision refusant cette autorisation ».

et codifié depuis le 1er janvier 2016 à l'article L. 211-2 du Code des relations entre le public et l'administration, le Conseil d'État exige désormais que le refus exprès de l'administration soit motivé[14].

L'autorité administrative jouissait alors d'une marge de manœuvre proportionnelle au déficit de logements. Il lui était possible de tenir compte, pour l'appréciation du besoin de conservation de la ressource en logements, des autorisations de changement d'affectation précédemment accordées et de modifier les critères géographiques sur lesquels elle fonde cette appréciation[15].

23. – Le préfet pouvait également autoriser un changement partiel au profit d'une personne qui conserverait son logement dans le surplus du local. L'autorisation d'affectation partielle constituait un régime à part, distinct du changement d'affectation de l'ensemble du local qui était constitutif d'une dérogation au principe d'interdiction.

24. – L'article L. 631-7 précisait, depuis la loi n° 86-1290 du 23 décembre 1986 (art. 58), que « ces dérogations et autorisations sont accordées à titre personnel » et qu'elles « cessent de produire effet lorsqu'il est mis fin, à titre définitif, pour quelque raison que ce soit, à l'exercice professionnel du bénéficiaire », et ce quelles que soient les conditions posées à cette décision, avec ou sans compensation. La cour administrative d'appel de Paris considérait, contre l'avis de l'administration, que les dérogations et autorisations délivrées antérieurement à la loi du 23 décembre 1986 avaient un caractère réel. Mais, en 2007, le Conseil d'État censure cette jurisprudence[16] et, en 2012, la Cour de cassation lui emboîte le pas[17].

25. – La troisième chambre civile de la Cour de cassation considère que, dans les rapports entre bailleur et preneur, le premier ne pouvait mettre à la charge du second, dans le bail, l'obligation d'obtenir l'autorisation de dérogation[18]. Déjà, le 24 juin 1992, la même chambre avait rappelé qu'à défaut de respecter la réglementation des changements d'usage, le bail était nul de plein droit et cette nullité

(14) CE, 27 févr. 1995, n° 138040 : *Lebon* T., p. 623 : « considérant que la société ... avait demandé au préfet de Paris une dérogation pour affecter à usage de bureaux commerciaux des locaux d'habitation dans un immeuble sis ... ; que cette dérogation lui a été refusée ... ; considérant que cette décision, qui doit être regardée comme un refus d'autorisation, est dépourvue de toute motivation ; qu'elle ne répond pas dès lors aux exigences des dispositions sus-rappelées et qu'elle est, par suite, illégale ». – CE, 3 déc. 1993, n° 138568.

(15) CE, 30 déc. 2010, n° 308067 : *Lebon*, p. 533 ; *RJEP* 2011, comm. 27, concl. G. Dumortier ; *JCP* A 2011, 2141, note G. Pellissier ; *Dr. adm.* 2011, alerte 12, par R. Noguellou.

(16) CE, sect., 25 juill. 2007, n° 277960 (annexes : « Jurisprudence », ann. 1) : *Lebon*, p. 394 ; *Defrénois* 2007, art. 38713-1, note J.-Ph. Meng ; *JCP* N 2008, I, 1134, note M. Jorat : « il résulte des termes, de l'objet et de l'économie générale des dispositions de la loi du 1er septembre 1948, dont est issu l'article 340 de l'ancien Code de l'urbanisme et de l'habitation, que les dérogations et autorisations de changement d'affectation s'attachaient à la personne et non au local avant même l'adoption des dispositions de la loi du 23 décembre 1986 ».

(17) Cass. 3e civ., 9 mai 2012, n° 11-16.139 (annexes : « Jurisprudence », ann. 3) : *Bull. civ.* III, n° 73 ; *AJDI* 2012, p. 432, note G. Daudré ; *Rev. loyers* 2012, p. 256, note E. Briand ; *Loyers et copr.* juill. 2012, comm. 195, note B. Vial-Pedroletti.

(18) Cass. 3e civ., 11 déc. 1996, n° 95-10.215 : *RDI* 1997, p. 299, note F. Collart-Dutilleul ; *Rev. loyers* 1997, p. 570 ; *Administrer* avr. 1997, n° 288, p. 35 : est illicite la clause selon laquelle « le preneur devrait faire son affaire personnelle de l'obtention des autorisations administratives en fonction de l'utilisation projetée des locaux ».

pouvait être invoquée par le bailleur lui-même[19]. Cette jurisprudence, lourde de conséquences, est toujours d'actualité en dépit de la réforme intervenue.

2° Doctrine administrative antérieure à l'ordonnance du 8 juin 2005

26. - Il n'existait pas de règlement d'application de l'article L. 631-7. Mais, le texte visant une interdiction absolue avec un pouvoir discrétionnaire du préfet d'y déroger, un décret d'application était sans doute inutile. Toutefois, l'administration a tenté de fixer les « règles du jeu » par plusieurs circulaires à caractère interprétatif.

27. - Avant la réforme de 2005, les dernières circulaires en date remontaient au 3 octobre 1972 et au 3 novembre 1989, cette dernière étant adressée au seul préfet de Paris[20]. Les circulaires ont défini les pratiques d'octroi des dérogations demandées et introduit quelques assouplissements au dispositif.

28. - L'administration a pris acte que, de fait, le problème des changements d'affectation des locaux ne concerne que l'agglomération parisienne et quelques grandes villes de province. Les statistiques sur les transformations de locaux non résidentiels en logements et sur les transformations inverses sont toutefois fragiles. Des estimations conduisent à évaluer les transformations de locaux non résidentiels en logements à 30 000 en moyenne annuelle sur la période 1998-2005 et le flux inverse (transformation de logements en locaux non résidentiels) à 35 000 en moyenne, soit un solde négatif de 5 000 par an au détriment du logement[21].

29. - La préfecture distinguait les simples autorisations personnelles (principalement pour les professionnels libéraux) et les dérogations-compensations, pour lesquelles le demandeur s'engage à transformer, dans la même zone géographique, une surface au moins équivalente de locaux commerciaux en logements. L'administration parisienne avait admis que la dérogation était attachée à l'immeuble si le pétitionnaire offrait en compensation une surface au moins équivalente de bureaux ou locaux d'activité devant être transformés en habitation. Cette tolérance ne reposait toutefois sur aucune disposition légale. À l'origine, l'administration admettait également que la dérogation pouvait être compensée par une somme d'argent destinée au développement du logement social, mais cette pratique a été condamnée par le Conseil d'État en 1992[22].

30. - Elle prend acte du fait que l'article 57 de la loi n° 86-1290 du 23 décembre 1986 disposait que les professionnels libéraux exerçant en groupe leur activité étaient dispensés d'avoir à demander l'autorisation de changement d'affectation. Certes, la loi n° 89-462 du 6 juillet 1989 a abrogé l'article 57, mais ces professionnels

(19) Cass. 3e civ., 24 juin 1992, n° 90-21.276 : *Bull. civ.* III, n° 219 ; *Defrénois* 1992, art. 35395-131, note J.-L. Aubert ; *RTD civ.* 1993, p. 121, note J. Mestre : la « règle *nemo auditur propriam turpitudinem allegans*, qui n'empêche pas de se prévaloir du caractère illicite de la convention, n'interdit pas au bailleur ayant autorisé une modification de la destination des lieux loués, prohibée par la loi, ou à ses ayants droit, de poursuivre la résiliation du bail ».

(20) Annexes : « Circulaires », ann. 5 et 8.

(21) Conseil d'État, Rapport public 2009, *Droit au logement, droit du logement*, Doc. fr., p. 173.

(22) CE, 6 mars 1992, n° 69902 : *Lebon*, p. 113 ; *JCP* N 1992, II, p. 365, note G. Liet-Veaux ; *Administrer* févr. 1993, p. 33, note A. Hinfray ; *JCP* G 1993, II, 22028, note P.-H. Prélot : « considérant qu'aucune disposition de l'article L. 631-7 précité du Code de la construction ni aucune autre disposition législative alors en vigueur ne conférait à l'autorité administrative le pouvoir de subordonner l'autorisation prévue par ledit article au versement d'une compensation financière ».

conservaient leurs droits nés de l'article 57 à condition de déclarer leur situation dans les trois mois de la publication de la loi de 1989.

31. - Enfin, la préfecture de Paris, de manière toujours discrétionnaire :

- acceptait ou refusait la compensation proposée ;
- privilégiait l'offre de compensation dans le même arrondissement ou le même quartier ;
- requérait une compensation de 1,5 m² de bureaux pour transformer 1 m² d'habitation en bureaux dans certains quartiers dits « sensibles ».

Lorsque la compensation avait lieu dans le même immeuble, la préfecture accordait la compensation de 1 m² pour 1 m² dans la plupart des cas[23].

C. – La nécessité d'une réforme : la genèse de l'ordonnance du 8 juin 2005

32. - Cette réglementation était devenue, au fil des décennies, difficilement gérable pour les administrés et contribuait largement à l'insécurité juridique dans l'utilisation et l'acquisition de locaux anciens à usage autre qu'habitation, dans la mesure où les bailleurs, les preneurs, les vendeurs, les acquéreurs, les banquiers et leurs conseils ne pouvaient connaître avec certitude le statut administratif des locaux objet de la location, de la vente ou du financement. Depuis de longues années, les praticiens appelaient de leurs vœux une réforme, toujours repoussée.

33. - Au début des années 1990, le ministère de l'Équipement a engagé une réflexion sur le problème des changements d'affectation des logements, « en vue de mieux adapter l'état de droit aux réalités actuelles et d'arrêter si nécessaire de nouvelles règles reflétant un arbitrage équilibré entre l'exercice normal d'activités professionnelles et la protection nécessaire de l'habitat là où il reste menacé »[24].

Les professionnels ont activement participé à cette réflexion. En particulier, le Congrès des notaires de France avait, dès 1993, rédigé le premier rapport exhaustif sur les incohérences du système[25]. Également, en 1997, puis en 2002, l'Observatoire régional de l'immobilier d'entreprise en Île-de-France (ORIE) avait consacré deux rapports et colloques sur ce thème. Plusieurs propositions de loi ont été déposées, notamment par M. Michel Giraud en février 1992 et M. Camille Cabana en juin 1993 ; des avant-projets de loi ont été préparés par l'Union des jeunes avocats de Paris, la Chambre des notaires de Paris, la préfecture de Paris... restés sans suite.

34. - Outre les imperfections déjà relevées, les principales critiques portaient sur son champ d'application (1°), le caractère réel ou personnel de la dérogation (2°), l'absence de prescription (3°) et les modes de preuve de l'affectation (4°).

(23) *Urbanisme et Sécurité juridique*, 89e Congrès des notaires de France (1993), *Changement d'affectation des locaux*, annexe au rapport de la quatrième commission, réponse de la préfecture de Paris à la question n° 11.

(24) Rapport de M. Cl. Robert, *La transformation des logements en locaux d'activité*, sept. 1990, rendu au ministère délégué chargé du logement.

(25) *Urbanisme et Sécurité juridique*, 89e Congrès des notaires de France (1993), Quatrième commission, *L'espace bâti : protection et évolution*, par Mes G. Vidalenc et H. Wargny, nos 4304 et s.

1° Champ d'application

35. - Seules la ville de Paris et sa proche banlieue Ouest étaient concernées par l'application effective de l'article L. 631-7. La plupart des grandes métropoles de province et, *a fortiori*, l'ensemble des villes de plus de 10 000 habitants, ignoraient même l'existence des règles édictées par cet article. En effet, l'ordonnance de 1945 n'était pas destinée à recevoir une application générale et ne devait avoir effet que « dans les villes où existe une crise grave du logement », en attendant qu'une reconstruction suffisante permette de la résoudre. Pourtant, le champ d'application de cet article continuait de viser, notamment, l'ensemble des communes de plus de 10 000 habitants et le non-respect des règles en vigueur pouvait être source de conflits entre l'administration, les locataires et les propriétaires et, donc, source d'insécurité juridique.

36. - La distinction entre locaux à usage « commercial », « professionnel » ou « administratif » ne se justifiait plus. Il fallait ne plus considérer que deux catégories d'occupation : le logement et les autres formes d'occupation. La Cour de cassation estimait déjà que la notion de « local à usage professionnel » couvrait tout local dans lequel était exercée une profession, commerciale ou non, et que l'utilisation par une société commerciale d'un local dit « professionnel » ne constituait pas un changement d'affectation[26]. Mais l'administration ne l'a pas suivie.

2° Caractère réel ou personnel de la dérogation

37. - En vertu de l'article L. 631-7 : « ces dérogations et autorisations sont accordées à titre personnel ». L'administration avait admis que la dérogation, lorsqu'elle est accompagnée d'une compensation, puisse revêtir un caractère réel et définitif (c'est-à-dire transférable en même temps que le local). Mais le Conseil d'État a toujours appliqué la loi à la lettre[27].

38. - Les personnes ayant obtenu ces dérogations avec compensation se trouvaient donc dans une situation particulièrement défavorable : soit elles ont acquis de tiers, et moyennant finances, la « commercialité » de locaux que ces tiers s'engageaient à transformer en logements, soit elles ont elles-mêmes transformé une partie de leur patrimoine en logements, suite à des travaux souvent importants et pour un rendement locatif bien inférieur.

3° Prescription

39. - L'administration admet qu'il ne peut plus être constaté d'infraction, mais pour une utilisation par un même utilisateur pendant trente ans[28]. En cas de changement d'utili-

(26) Cass. 3e civ., 20 déc. 1995, n° 94-12.897 : *Bull. civ.* III, n° 266 ; *Administrer* nov. 1996, p. 38, note A. Hinfray ; *Defrénois* 1996, art. 36318-3, note S. Pérignon ; *JCP* N 1996, n° 40, p. 1399, note D. Stapylton-Smith ; *JCP* N 1996, n° 52, p. 1821, note G. Liet-Veaux.

(27) CE, 28 févr. 1997, n° 158194 : *Lebon*, p. 69 ; *RDI* 1997, p. 421, note J. Morand-Deviller et L. Touvet ; *Administrer* mars 1998, n° 298, p. 49 : « considérant qu'à supposer même que la lettre adressée le 6 janvier 1989 par la préfecture de Paris à M. X... puisse être regardée comme ayant accordé à ce dernier, pour les locaux dont il était alors propriétaire, une dérogation à l'interdiction édictée par l'article L. 631-7 précité, une telle dérogation, qui (...) présentait un caractère personnel, n'aurait pu produire aucun effet postérieurement à la vente de ces locaux, le 28 févr. 1989, à la SCPI Y et autres, et créer des droits au profit de ces dernières ».

(28) Rép. min. n° 37322 : *JOAN* Q 9 sept. 1996, p. 4852. – Rép. min. n° 54809 : *JOAN* Q 2 avr. 2001, p. 2010 : « Les infractions aux dispositions de l'article L. 631-7 du CCH sont passibles d'une amende civile prononcée par le tribunal de grande instance à la demande du ministère public. À l'expiration du délai de prescription trentenaire prévu à l'article 2262 du Code civil, l'action publique ne peut

sateur, il est constitué une nouvelle infraction. Il est rare qu'un local professionnel soit utilisé par le même occupant pendant une aussi longue durée... De fait, l'infraction aux règles posées par l'article L. 631-7 est « imprescriptible ». L'administration s'est toujours opposée à ce que l'affectation d'un local puisse s'acquérir par un usage continu et trentenaire ; la cour d'appel de Paris s'était toutefois montrée plus ouverte sur ce point.

4° Preuve de l'affectation

40. - Le propriétaire devait apporter la preuve à l'administration que le local est à usage autre que l'habitation et l'était resté jusqu'à la vente ou la mise en location, de différentes manières :

– soit, s'il l'était déjà en 1945 : par tous modes de preuves tels que la copie des baux, titres de propriété... l'administration disposait, en ce qui la concerne, du fichier établi en 1945 pour l'attribution des cartes d'alimentation, mais celui-ci était bien imparfait et n'était pas accessible aux administrés ;

– soit, s'il a été construit depuis 1945 : par la production du permis de construire d'origine ;

– soit, s'il a fait l'objet d'un arrêté portant changement d'affectation avec dérogation-compensation : par la production de cet arrêté et la preuve que les locaux offerts en compensation ont bien été transformés en logements.

41. - De plus, il ne suffisait pas d'établir que le local était bien à usage autre qu'habitation en vertu des modes de preuve ci-dessus, il convenait également de s'assurer qu'entre, selon le cas, la date de 1945, la date du permis de construire ou la date de la dérogation-compensation, d'une part, et la date de la vente ou de la location du bien, d'autre part, ce dernier n'avait, à aucun moment, été utilisé, en tout ou en partie, à usage d'habitation.

42. - Devant la complexité grandissante de la situation, et en suite de fraudes intervenues à la fin des années 1980, l'administration se montrait de plus en plus réticente à fournir une attestation confirmant que le local était bien, selon elle, à usage autre qu'habitation. Devant ce déni administratif et à la demande des administrés et de leurs conseils, la loi n° 94-624 du 21 juillet 1994 a institué, par un article L. 631-7-2, l'obligation pour le préfet de délivrer sur demande de tout intéressé, un « certificat indiquant si le local peut être régulièrement ou non affecté à l'usage mentionné dans la demande ». Dans la pratique, l'administration réclamait au demandeur tellement d'éléments de preuve de l'affectation que, ces justificatifs étant fournis, le certificat était bien souvent inutile...

D. – La réforme issue de l'ordonnance du 8 juin 2005[29]

43. - Il devenait urgent que le législateur réforme cette situation, de nombreuses raisons militant pour cette modification. L'ordonnance n° 2005-655 du 8 juin 2005

plus être mise en œuvre à l'égard du contrevenant qui utilise depuis au moins trente ans, sans autorisation, des locaux à un usage autre que l'habitation. C'est en ce sens que la prescription en matière d'amende civile est extinctive. En revanche, la durée trentenaire de l'occupation ne permet pas au contrevenant d'acquérir par prescription l'autorisation de changement d'affectation d'un local. En effet, la personne occupant un local sans autorisation est en situation d'infraction pendant toute la durée de cette occupation, quelle que soit la date à laquelle celle-ci a débuté ».

(29) J.-Ph. Meng, *Les nouvelles dispositions de l'article L. 631-7 du CCH : Bull. Cridon Paris* 1er oct. 2005, p. 4. – G. Vidalenc, *Du changement d'affectation au changement d'usage : Defrénois* 2005,

est venue, par ses articles 25 à 29, mettre de l'ordre en la matière, en réécrivant les articles L. 631-7 et suivants.

44. - La réforme issue de l'ordonnance de 2005 n'a peut-être pas répondu à toutes les attentes, néanmoins elle constitue une avancée indéniable vers une meilleure sécurité juridique (1°). Faute de dispositions particulières, l'ordonnance est entrée en vigueur le lendemain de sa publication au *Journal officiel* (2°). Au-delà de la simple ratification de l'ordonnance, la loi n° 2006-872 du 13 juillet 2006 portant engagement national pour le logement apporte quelques modifications au nouveau dispositif (3°).

1° Principales modifications

45. - Sans abandonner l'idée d'un contrôle par la préfecture, l'ordonnance du 8 juin 2005 a nettement amélioré le sort des acteurs immobiliers et de leurs conseils, principalement sur cinq points :

– la réduction du champ d'application géographique : l'ordonnance ne retient plus que Paris, la petite couronne parisienne et les villes de plus de 200 000 habitants ;

– la distinction entre locaux professionnels, commerciaux et administratifs est abandonnée par l'ordonnance qui distingue seulement deux catégories : les logements et les autres locaux ;

– si l'autorisation est assortie d'une obligation de compensation en nature, consistant en la transformation concomitante de locaux d'activité en logements, l'usage autre qu'habitation a un caractère réel, c'est-à-dire attaché au local ;

– la date de référence de l'usage est avancée de 1945 à 1970[30], date à laquelle un recensement général des occupations a été opéré ;

– le régime d'autorisation gagne en transparence en imposant que soient publiés des arrêtés préfectoraux fixant les règles locales d'application de la police de l'usage au regard, notamment, « des objectifs de mixité sociale ».

Suite à ces simplifications, le certificat d'affectation a été supprimé par l'ordonnance.

2° Entrée en vigueur

46. - L'ordonnance du 8 juin 2005 est d'application immédiate, sauf en ce qui concerne la procédure d'autorisation pour laquelle il convenait d'attendre la parution des arrêtés préfectoraux chargés de fixer, « dans chaque département où l'article L. 631-7 est applicable », « les conditions dans lesquelles sont délivrées les autorisations et déterminées les compensations » (art. L. 631-7-1, al. 3).

La publication de ces arrêtés n'est pas une condition d'abrogation de l'ancienne réglementation, ni une condition d'entrée en vigueur de l'ordonnance ; elle conditionne, en revanche, l'opposabilité des nouvelles conditions de délivrance des

art. 38215. – P. Wallut, *De l'affectation à l'usage : la réforme attendue de l'article L. 631-7 du CCH : JCP* N 2005, n° 43, p. 1745. – A. Hinfray, *La réforme de l'affectation immobilière : RDI* 2005, p. 309. – S. Pérignon, *Le nouveau régime du changement d'usage des locaux d'habitation : AJDA* 2005, p. 2112. – M. Lassner, *Les changements d'affectation après la réforme du 8 juin 2005 : AJDI* 2006, p. 265. – C. Carbonnel, *L'affectation de l'immeuble : mesure désuète*, in *Mél. R. Saint-Alary*, Éditions Législatives et PUSS Toulouse, 2006, p. 157.

(30) Ce principe unanimement reconnu a cependant fait l'objet d'une interprétation du Conseil d'État qualifiée d'« atypique » par la doctrine : CE, 5 avr. 2019, n° 410039 (annexes : « Jurisprudence », ann. 4) : *Lebon* T., p. 814 ; *Constr.-Urb.* 2019, repère 5, note critique H. Périnet-Marquet ; *Defrénois* 13 juin 2019, p. 38, note critique G. Daudré.

autorisations que l'autorité locale devra définir pour adapter sa pratique antérieure au nouveau régime du contrôle de l'usage[31].

Conformément à cette lecture, la circulaire administrative du 22 mars 2006 indique que, si l'ordonnance du 8 juin 2005 est bien entrée en vigueur le 10 juin de la même année (c'est-à-dire le lendemain de sa parution au *Journal officiel* le 9 juin), « l'application complète du nouveau régime d'autorisation de changement d'usage reste subordonnée à la publication, dans chaque département concerné, de l'arrêté préfectoral, mentionné à l'article L. 631-7-1, qui doit définir les conditions dans lesquelles sont délivrées les autorisations et déterminées les compensations »[32].

47. - L'administration confirme ainsi que le nouveau régime d'autorisation de l'article L. 631-7-1 ne peut trouver à s'appliquer que lorsqu'un arrêté préfectoral a été publié. Elle en déduit que, dans les communes où les changements d'usage des locaux d'habitation demeurent soumis à autorisation en vertu de la nouvelle réglementation, « le régime antérieur de délivrance de ces autorisations continue à s'appliquer jusqu'à la publication de cet arrêté, sous réserve toutefois des précisions figurant aux § III-1-2 à III-1-4 ci-dessus ». Pour rappel, sous l'empire des textes antérieurs à l'ordonnance :

- l'administration disposait d'un pouvoir largement discrétionnaire, sous réserve du contrôle du juge qui censurait les excès ;
- et les autorisations comme les dérogations revêtaient un caractère personnel.

Fort opportunément, sur ce dernier point, « il y a lieu en outre de considérer qu'une autorisation délivrée postérieurement au 10 juin 2005 dans les conditions du régime antérieur revêt un caractère réel dès lors qu'elle est subordonnée à une compensation et que cette compensation est effective » précise la circulaire.

48. - Un modèle d'arrêté préfectoral est annexé à la circulaire du 22 mars 2006 ; il s'inspire de celui signé par le préfet de Paris le 1er décembre 2005[33]. D'autres arrêtés ont été pris par les préfets des Hauts-de-Seine, de Seine-Saint-Denis et du Rhône.

49. - Les dispositions de l'ordonnance sont applicables aux situations actuelles, y compris celles résultant de changements d'usage intervenus avant le 10 juin 2005.

3° Ratification

50. - L'ordonnance du 8 juin 2005 a été ratifiée par l'article 79 de la loi n° 2006-872 du 13 juillet 2006 portant engagement national pour le logement (dite « loi ENL »). Si l'ordonnance n'a pas été fondamentalement modifiée par la loi de ratification, le Parlement a, néanmoins, corrigé à cette occasion quelques ambiguïtés rédactionnelles.

51. - L'article L. 631-7, alinéa 3, dispose : « Les locaux construits postérieurement au 1er janvier 1970 sont réputés avoir l'usage pour lequel la construction a été autorisée ». La loi ENL complète ainsi la phrase : « Les locaux construits ou faisant l'objet de travaux ayant pour conséquence d'en changer la destination postérieurement au

(31) J.-Ph. Meng, *Les nouvelles dispositions de l'article L. 631-7 du CCH*, préc. – S. Pérignon, *Le nouveau régime du changement d'usage des locaux d'habitation*, préc.

(32) Circ. n° 2006-19 UHC/DH2, 22 mars 2006, sur l'application des mesures relatives au changement d'usage des locaux d'habitation (annexes : « Circulaires », ann. 1).

(33) P. Wallut, *Réforme de l'article L. 631-7 du CCH : les nouvelles procédures d'autorisation de changement d'usage à Paris : JCP* N 2005, n° 51, act. 640.

1er janvier 1970 sont réputés avoir l'usage pour lequel la construction ou les travaux sont autorisés ». Le législateur tient compte du fait que la ville se reconstruit de plus en plus sur elle-même et que les immeubles modernes sont bien souvent issus d'une restructuration de bâtiments anciens.

52. - L'article 29-II de l'ordonnance dispose : « Les autorisations définitives accordées sur le fondement du même article L. 631-7 avant l'entrée en vigueur de la présente ordonnance et qui ont donné lieu à compensation effective, sont attachées au local et non à la personne ». Cette mesure rétroactive était très attendue puisque la loi antérieure considérait que la dérogation avait un caractère personnel, nonobstant la compensation réalisée. Mais la loi ENL croit utile d'insérer, après les mots « sont attachés », les mots « à compter de cette entrée en vigueur ». Le Conseil d'État a précisé, en 2008, l'exacte portée de ces nouvelles dispositions en les qualifiant de « purement interprétatives et confirmatives »[34]. La Cour de cassation a fait sienne cette analyse[35].

53. - La loi ENL modifie également les articles L. 651-2 et L. 651-3, pour durcir les sanctions applicables en cas de non-respect de la législation.

54. - La partie réglementaire du Code de la construction et de l'habitation (art. R. 631-4 à R. 631-8) n'a pas été mise à jour suite à la grande réforme de 2005. Ces dispositions mériteraient pourtant d'être totalement refondues, ne serait-ce que pour préciser la procédure de délivrance des autorisations qui, dans le silence des textes, emprunte beaucoup au droit commun des actes administratifs individuels.

E. – La loi de modernisation de l'économie du 4 août 2008[36]

55. - Trois ans après la grande réforme résultant de l'ordonnance du 8 juin 2005, la loi n° 2008-776 du 4 août 2008 de modernisation de l'économie (dite « LME ») marque une étape importante (1°) ; son entrée en vigueur a connu une évolution législative tourmentée en raison de la décentralisation qu'elle opère (2°).

1° Principales modifications

56. - L'article 13 de la LME n'est pas revenu sur les principes édictés par l'ordonnance de 2005, dont l'intérêt a été salué par l'ensemble des acteurs immobiliers, sauf sur deux points :

– un assouplissement de la faculté d'usage mixte logement/activité : par création ou modification des articles L. 631-7-2 à L. 631-7-5, la loi, soit dispense d'autorisation certaines occupations mixtes en rez-de-chaussée ou en étages (pour ces dernières, à condition de ne recevoir ni clientèle ni marchandises), soit prévoit une autorisation personnelle pour une occupation mixte en étages avec possibilité de recevoir clientèle et/ou marchandises ; le tout sous réserve que l'activité n'engendre ni nuisances ni dangers pour le voisinage ou de désordre sur le bâti et que le bail ou le règlement

(34) CE, 7 mars 2008, n° 293343 (annexes : « Jurisprudence », ann. 2) : *AJDA* 2008, p. 2077, note S. Pérignon ; *Defrénois* 2008, art. 38861-3, note J.-Ph. Meng.

(35) Cass. 3e civ., 9 mai 2012, n° 11-16.139 (annexes : « Jurisprudence », ann. 3) : *Bull. civ.* III, n° 73 ; *AJDI* 2012, p. 432, note G. Daudré ; *Rev. loyers* 2012, p. 256, note E. Briand ; *Loyers et copr.* juill. 2012, comm. 195, note B. Vial-Pedroletti.

(36) O. Herrnberger, *La retouche de l'article L. 631-7 par la LME : Lamy Droit immobilier*, bull. déc. 2008, p. 1. – P. Wallut, *L'heure de la décentralisation pour le contrôle du changement d'usage de logements : JCP* N 2009, n° 13, p. 1126. – G. Daudré, *Changements d'usage des locaux d'habitation : Opérations immo.* oct. 2009, p. 25.

de copropriété ne s'y oppose pas ; il est créé, en outre, un régime spécial pour les logements du secteur social ;

– le transfert du contrôle de l'État à la commune : désormais, le contrôle de l'usage de logement, qui était, depuis 1945, de la compétence du préfet passe au maire de la commune au nom de celle-ci ; l'arrêté préfectoral est remplacé par un règlement voté par le conseil municipal (ou l'organe délibérant de l'établissement public de coopération intercommunale si celui-ci est compétent en matière d'urbanisme).

2° Entrée en vigueur

57. - L'alinéa X de l'article 13 de la LME du 4 août 2008 prévoit que « les I à IX entrent en vigueur le 1er janvier 2009 sous réserve de l'entrée en vigueur des dispositions, relevant de la loi de finances, prévoyant la compensation des charges assumées par les communes du fait du transfert de compétences prévu par les mêmes I à IX ».

La ville de Paris étant concernée au premier chef par la décentralisation du contrôle des changements d'usage[37], le conseil municipal, anticipant l'entrée en vigueur de l'article 13 de la LME, a délibéré, dans sa séance des 15, 16 et 17 décembre 2008, afin d'adopter son « règlement municipal ». Ce dernier a, depuis, été modifié à plusieurs reprises.

Mais la loi de finances pour 2009 ne contient aucune disposition telle qu'annoncée à l'alinéa X *supra*. La réforme ne pouvait donc entrer en vigueur le 1er janvier 2009.

58. - Afin de ne pas prolonger la période transitoire, la loi n° 2009-179 du 17 février 2009 pour l'accélération des programmes de construction et d'investissement publics et privés, modifie, par son article 6, l'alinéa X de l'article 13 de la LME :

> « X. – Les services et parties de services de l'État qui participent à l'exercice des compétences transférées par le présent article sont transférés selon les modalités prévues au titre V de la loi n° 2004-809 du 13 août 2004 relative aux libertés et responsabilités locales, sous réserve des alinéas suivants.
>
> Seront transférés aux communes les emplois pourvus au 31 décembre de l'année précédant l'année du transfert de compétences, sous réserve que leur nombre global ne soit pas inférieur à celui constaté le 31 décembre 2006.
>
> Les modalités de répartition entre les communes de la compensation financière des charges résultant de ce transfert de compétences seront déterminées en loi de finances.
>
> Les articles L. 443-11, L. 631-7 à L. 631-7-5 et L. 631-9 du Code de la construction et de l'habitation, tels qu'ils résultent de la présente loi, entrent en vigueur le 1er avril 2009. L'arrêté du préfet visé au dernier alinéa de l'article L. 631-7-1 du même code, dans sa rédaction en vigueur avant le 1er avril 2009, demeure applicable jusqu'à l'entrée en vigueur de la délibération du conseil municipal prévue au dernier alinéa du même article L. 631-7-1 dans sa rédaction applicable à partir du 1er avril 2009 ».

Le texte renvoie à une loi de finances ultérieure le soin de déterminer les modalités de compensation financière des charges résultant du transfert de compétences et n'en fait plus un préalable à l'entrée en vigueur de l'article 13.

(37) En 2008, à Paris, 445 demandes ont été déposées :
- la superficie totale des changements d'usage autorisés s'élève à 49 853 m^2 ;
- la superficie totale des logements créés en compensation s'élève à 9 214 m^2.

Les changements d'usage sans compensation représentaient, en 2008, près de 80 % des demandes d'autorisation : 44 % des demandes concernaient les rez-de-chaussée, soit 197 dossiers totalisant une surface de 11 400 m^2.

59. – À compter du 1er avril 2009, l'article 13 de la LME s'applique ; toutefois, toutes les communes concernées ne sont pas dans la même situation[38].

60. – Si, au 1er avril 2009, le conseil municipal de l'une des villes concernées a adopté son règlement municipal, les dossiers de demandes d'autorisations sont déposés à la mairie et instruits par elle conformément au règlement adopté.

Pour les dossiers déposés en préfecture avant cette date, et qui n'auraient pas fait l'objet d'une autorisation préfectorale au 1er avril, l'instruction est reprise par la ville, puisque celle-ci devient compétente ; on peut s'interroger pour savoir si le document de référence est l'arrêté préfectoral ou le règlement municipal. Cette situation peut être comparée, *mutatis mutandis*, avec celle qui a prévalu lors de l'entrée en vigueur de la réforme des autorisations d'urbanisme, en date du 1er octobre 2007 : les dossiers de demande d'autorisation déposés avant cette date ont continué à être instruits sous l'empire de l'ancienne législation ; mais les textes le précisaient. En l'occurrence, le texte est muet ; le principe général s'applique donc : l'autorisation est délivrée en vertu des textes en vigueur lors de sa délivrance.

61. – En ce qui la concerne, la ville de Paris a repris, à compter du 1er avril 2009, l'instruction des dossiers en cours et au regard de son nouveau règlement. Pour les dossiers ayant fait l'objet, à cette date, d'un accord de principe ou d'une décision provisoire de la préfecture, la ville s'est employée seulement à contrôler la bonne exécution des compensations et à rendre une décision définitive s'appuyant sur les considérations exprimées par le préfet dans sa décision initiale.

62. – Si, au 1er avril 2009, la ville n'a pas adopté son règlement, et jusqu'à ce qu'elle adopte un tel document, les dossiers continuent à être instruits sur la base de l'arrêté préfectoral, dans la mesure où celui-ci n'est pas en contradiction avec la réforme de 2008.

Tant que la ville, désormais compétente, n'a pas adopté son règlement, elle peut exercer un contrôle au vu de la nouvelle loi, mais elle ne pourrait délivrer d'autorisations qu'en conformité avec l'arrêté préfectoral, lorsque celui-ci existe, comme le prévoit le nouvel alinéa X de l'article 13 de la LME.

63. – En ce qui concerne les villes non couvertes par un arrêté préfectoral, le régime antérieur de délivrance des autorisations continue à s'appliquer tant que leur conseil municipal n'aura pas approuvé un règlement. La nouvelle décentralisation est susceptible de les inciter à élaborer à leur tour un règlement communal à partir duquel elles pourront fixer, en toute transparence, les conditions du contrôle des changements d'usage dans leur centre urbain.

F. – La loi du 24 mars 2014 pour l'accès au logement et un urbanisme rénové[39]

64. – La loi n° 2014-366 du 24 mars 2014 pour l'accès au logement et un urbanisme rénové (dite loi « ALUR ») procède à quelques adaptations et prend pour cible les locations meublées de courtes durées (1°) ; les nouvelles dispositions sont entrées en vigueur dans les conditions de droit commun (2°).

(38) *Constr.-Urb.* mars 2009, alerte 21, p. 5.
(39) G. Daudré et P. Wallut, *Aperçu critique sur les dispositions de la loi ALUR relatives au contrôle de l'usage d'habitation* : *JCP* N 2014, n° 15, 1157 ; *Loyers et copr.* 2014, n° 1, hors-série, étude 2.

1° Principales modifications

65. - Une première série de mesures contribue à étendre le périmètre du contrôle de l'usage tout en lui apportant des retouches techniques :

– l'extension du champ d'application géographique aux zones franches urbaines jusqu'alors exclues du contrôle ;

– le transfert aux communes situées en dehors du périmètre de contrôle de droit commun, mais où est applicable la taxe sur les logements vacants, de la compétence pour décider de soumettre les changements d'usage à autorisation ;

– l'extension des prérogatives des agents assermentés à Paris et dans les communes des départements des Hauts-de-Seine, de la Seine-Saint-Denis et du Val-de-Marne ;

– le versement à la commune dans laquelle est situé l'immeuble du produit des amendes et astreintes prononcées par le juge judiciaire en cas d'infraction.

66. - D'autres dispositions, largement discutées au cours du débat parlementaire, visent à renforcer l'encadrement des meublés de tourisme, voire à en freiner le développement :

– la rédaction de l'article L. 631-7 est complétée afin de définir les locations meublées soumises à autorisation de changement d'usage, une exception étant toutefois prévue lorsque le loueur, propriétaire ou locataire, a sa résidence principale dans le logement ;

– les communes se voient accorder la faculté d'instaurer un régime d'autorisation temporaire spécialement pour ces locations ;

– les intermédiaires (sites Internet et agences immobilières) se voient confier la charge d'informer les loueurs de leurs obligations légales et d'obtenir d'eux une déclaration sur l'honneur attestant du respect de leurs obligations.

2° Entrée en vigueur

67. - Les dispositions de la loi ALUR relatives au régime des changements d'usage ne renvoient à aucun décret d'application et ne prévoient pas de dispositif transitoire. Par conséquent, elles sont entrées en vigueur dès le lendemain de la publication de la loi au *Journal officiel*, soit le 27 mars 2014.

G. – La loi du 6 août 2015 pour la croissance, l'activité et l'égalité des chances économiques

68. - En vue de faciliter la mutation des immeubles de bureaux, l'article 81 de la loi n° 2015-990 du 6 août 2015 pour la croissance, l'activité et l'égalité des chances économiques (dite « loi Macron ») a réintroduit la déclaration d'affectation temporaire à l'habitation dans le Code de la construction et de l'habitation. Ce dispositif s'inspire très fortement de celui instauré par la loi n° 94-624 du 21 juillet 1994 relative à habitat et supprimé par l'ordonnance du 8 juin 2005. Avec deux différences cependant : sa mise en œuvre nécessite une délibération du conseil municipal ou de l'organe délibérant de l'EPCI compétent, le délai maximum de retour à l'usage antérieur est de quinze ans (au lieu de treize antérieurement).

Ce régime n'aura probablement pas plus de succès que celui mis en place en 1994 puisqu'à ce jour, et à notre connaissance, aucune collectivité n'a souhaité l'instaurer à l'exception notable de la ville de Paris où il connaît cependant un succès mitigé.

H. – La nouvelle régulation des meublés de tourisme[40]

69. – Le développement exponentiel des meublés de tourisme que favorise l'avènement des plateformes numériques de réservation, tant dans les grandes villes que dans les cités touristiques, a conduit les pouvoirs publics à adopter une politique de régulation plus volontariste[41]. Pas moins de trois lois ont été adoptées en l'espace de deux ans pour renforcer le cadre juridique issu de la loi ALUR :

– la loi n° 2016-1321 du 7 octobre 2016 pour une République numérique qui a notamment introduit la possibilité, dans les communes où la procédure de changement d'usage est applicable, de soumettre à une déclaration préalable la mise en location meublée dès la première nuitée, et ce par le biais d'un téléservice dédié à l'enregistrement des déclarations[42] ;

– la loi n° 2016-1547 du 18 novembre 2016 de modernisation de la justice du XXIe siècle qui a augmenté le montant maximal de l'amende par local indûment transformé (passant ainsi de 25 000 à 50 000 €) et transféré aux communes et à l'Agence nationale de l'habitat le pouvoir, jusqu'alors dévolu au ministère public, d'engager des poursuites judiciaires ;

– enfin, la loi n° 2018-1021 du 23 novembre 2018 portant évolution du logement, de l'aménagement et du numérique (dite « loi ELAN ») intègre diverses mesures d'encadrement des loueurs et des intermédiaires et conduit à un nouveau durcissement des sanctions au titre du Code du tourisme.

Toutefois des difficultés de preuve subsistent, permettant à des loueurs indélicats d'échapper à toute condamnation[43].

70. – Il est possible d'ajouter à cette liste la loi n° 2019-1461 du 27 décembre 2019 relative à l'engagement dans la vie locale et à la proximité de l'action publique (dite « loi Engagement et proximité »), même si elle ne modifie pas la procédure des changements d'usage. Certaines mairies se sont inquiétées de la multiplication des transformations de locaux commerciaux en meublés touristiques[44] ; aucune autorisation de changement d'usage n'est alors nécessaire puisque le local n'était pas initialement à usage d'habitation.

(40) D. Gillig, *Location Airbnb : l'encadrement par le changement d'usage : Constr.-Urb.* 2019, alerte 76. – D. Richard et E. Taleb, *Location meublée de tourisme – Airbnb et meublé de tourisme : tour d'horizon de la réglementation applicable : Loyers et copr.* 2020, étude 6. – M. Raunet, *Réglementer l'hébergement touristique de courte durée : AJDA* 2021, p. 1401. – Dossier collectif, direction E. de Kerret, *La régulation de la location meublée touristique : Actes prat. ing. immobilière* 2021, n° 3, études 17 à 25.

(41) Conseil d'État, Étude annuelle 2017, *Puissance publique et plateformes numériques : accompagner l'« ubérisation »*, Doc. fr., p. 69 et s. – Rapport d'information n° 587 de V. Artigalas et P. Morhet-Richaud, au nom du groupe de travail « Tourisme » de la commission des affaires économiques du Sénat, enregistré le 20 juin 2018. – Institut Paris Région, *Les locations saisonnières en Île-de-France – État des lieux d'avant-crise*, mai 2021.

(42) Le Conseil de Paris a instauré une procédure d'enregistrement lors de la séance de juillet 2017 avec effet au 1er décembre 2017 ainsi qu'un service de déclaration en ligne. De nombreuses autres villes ont adopté un dispositif similaire.

(43) S. Piedelièvre, *Remarques sur la preuve de la location en meublée de court séjour : Actes prat. ing. immobilière* 2021, n° 3, étude 23. – G. Daudré et P. Wallut, *La difficile preuve de l'usage des locaux au sens de l'article L. 631-7 du Code de la construction et de l'habitation : Actes prat. ing. immobilière* 2021, n° 3, étude 22.

(44) Apur, *Locations meublées touristiques à Paris – Situation 2020 et comparaison avec sept autres grandes villes*, sept. 2020, note n° 177, p. 12 et 13.

Leur préoccupation a été entendue par le législateur. Depuis le 1er juillet 2021, date fixée par l'article 3 du décret n° 2021-757 du 11 juin 2021 pris pour l'application de la loi Engagement et proximité, les communes qui ont mis en œuvre le dispositif d'enregistrement évoqué *supra*, et où le contrôle de l'usage est donc appliqué, ont la faculté d'instaurer une procédure d'autorisation de mise en location d'un local commercial en tant que meublé de tourisme.

Cette procédure trouve son siège dans le Code du tourisme, plus précisément aux articles L. 324-1-1, IV bis et R. 324-1-4 à R. 324-1-7 ; un article R. 425-32 a cependant été créé dans le Code de l'urbanisme afin de permettre à l'autorisation de location d'un local commercial de tenir lieu d'autorisation de changement de destination ou de sous-destination.

La délibération du conseil municipal décidant l'instauration de cette procédure devra préciser, sur le fondement d'une analyse de la situation particulière de la commune, les principes de mise en œuvre des « objectifs de protection de l'environnement urbain et d'équilibre entre emploi, habitat, commerces et services » et les critères utilisés pour délivrer l'autorisation, étant précisé que ces critères peuvent être définis « de manière différenciée sur le territoire de la commune, en fonction de la situation particulière de certains quartiers ou zones ». Nul doute que les principales villes concernées adopteront, à l'instar de Paris[45], cette nouvelle autorisation.

I. – L'encadrement constitutionnel de la législation des changements d'usage des locaux d'habitation

71. – Si les textes constitutionnels ne comportent aucune règle spécifiquement applicable à la police de l'usage, celle-ci n'en demeure pas moins assujettie au respect du « bloc de constitutionnalité ». On pense naturellement d'abord au droit de propriété et à la liberté d'entreprendre, puis à la garantie des droits et au respect des situations légalement acquises ou encore au principe d'égalité devant la loi et les charges publiques qui sont tous protégés par la Déclaration des droits de l'homme et du citoyen de 1789. Il faut aussi mentionner le principe de libre administration des collectivités territoriales des articles 34 et 72 de la Constitution de 1958 et l'objectif à valeur constitutionnelle d'accessibilité et d'intelligibilité de la loi.

72. – Cette liste, qui n'est pourtant pas exhaustive, peut donner une idée relativement inquiétante des moyens invocables à l'appui d'une contestation portant sur la constitutionnalité de la législation des changements d'usage. De surcroît, la presque totalité des dispositions en la matière n'a pas fait l'objet d'un contrôle préalable par le Conseil constitutionnel (1°). Il est donc tentant pour les plaideurs de recourir à la procédure de question prioritaire de constitutionnalité (2°).

1° Contrôle de constitutionnalité *a priori*

73. – Les dispositions législatives ayant défini puis modifié le dispositif en vigueur n'ont pas été déférées au Conseil constitutionnel à l'exception de la loi ALUR dont certaines dispositions ont été invalidées, notamment son article 19[46].

Cet article devait permettre à l'assemblée générale des copropriétaires de décider, à la majorité des voix de tous les copropriétaires, de soumettre discrétionnairement

(45) Le Conseil de Paris a instauré une telle procédure en décembre 2021.
(46) Cons. const., 20 mars 2014, n° 2014-691 DC : *JO* 26 mars 2014.

à son accord préalable, et sans préjudice des pouvoirs conférés à l'autorité administrative, « toute demande d'autorisation de changement d'usage d'un local destiné à l'habitation faisant partie de la copropriété par un copropriétaire aux fins de le louer pour de courtes durées à une clientèle de passage ». Sans surprise, l'article 19 a été censuré au motif que le législateur « a ainsi, dans des conditions contraires à l'article 2 de la Déclaration de 1789, permis à l'assemblée générale des copropriétaires de porter une atteinte disproportionnée aux droits de chacun des copropriétaires »[47].

En revanche, l'article 16 de la loi ALUR a été expressément déclaré conforme à la Constitution. Cet article a un triple objet : définir les locations meublées constitutives d'un changement d'usage, accorder aux communes la faculté d'instaurer un dispositif d'autorisation temporaire, décentraliser la compétence pour décider d'étendre le contrôle de l'usage aux zones assujetties à la taxe sur les logements vacants. Par conséquent, sauf changement de circonstances de nature à justifier un nouvel examen constitutionnel, les dispositions qu'il édicte, codifiées respectivement aux articles L. 631-7, alinéa 6, L. 631-7-1 A et L. 631-9, alinéa 1er, ne pourront pas faire l'objet d'une question prioritaire de constitutionnalité.

2° Contrôle de constitutionnalité *a posteriori*

74. – Les juridictions de l'ordre administratif et de l'ordre judiciaire ont eu l'occasion d'examiner plusieurs demandes de transmission de questions prioritaires de constitutionnalité.

Mais aucune d'entre elles n'a donné lieu à renvoi au Conseil constitutionnel, à l'exception toutefois d'une question relative aux pouvoirs de contrôle dont disposent les agents municipaux en vertu des articles L. 651-6 et L. 651-7 pour vérifier si les règles d'affectation des locaux sont bien respectées. L'examen de ces articles devait conduire le Conseil constitutionnel à censurer la disposition autorisant les agents à « se faire ouvrir les portes » et à procéder à une visite du local, sans l'accord de ses occupants ou gardiens et sans y avoir été préalablement autorisé par le juge[48].

75. – Le tableau ci-après reprend, par ordre chronologique, les décisions intervenues à notre connaissance et les dispositions mises en cause par les requérants.

RÉFÉRENCES DES DÉCISIONS	TEXTES CONTESTÉS
Cons. const., 5 avr. 2019, n° 2019-772 QPC	Art. L. 651-6, al. 6, dans sa rédaction issue de la loi n° 83-440 du 2 juin 1983 (censuré). Art. L. 651-7, al. 1er, 2e phrase, dans sa rédaction issue du décret n° 78-621 du 31 mai 1978 (conforme).
CE, 8 juin 2012, n° 357797	Art. L. 631-7-1, al. 4, dans sa rédaction issue de la loi n° 2008-776 du 4 août 2008.

(47) G. Rouzet, *Copropriété et location en meublé de courte durée : convergence entre le Conseil constitutionnel et la Cour de cassation* : *RTDI* 2014/4, p. 5.

(48) Cons. const., 5 avr. 2019, n° 2019-772 QPC : *JO* 6 avr. 2019 (applicable à toutes les affaires non jugées définitivement au 6 avril 2019) ; *LPA* 20 juin 2019, p. 14, note M. Richevaux ; *Constitutions* 2019, p. 248, note L. Domingo.

RÉFÉRENCES DES DÉCISIONS	TEXTES CONTESTÉS
CE, 28 mai 2014, n° 376996	Art. L. 631-7, al. 5, dans sa rédaction issue du décret n° 78-621 du 31 mai 1978, tel qu'interprété par le Conseil d'État dans sa décision n° 277960 du 26 juillet 2007. Art. L. 631-7, al. 7 et 8, dans sa rédaction issue de la loi n° 86-1290 du 23 décembre 1986. Art. L. 631-7-1, al. 2, dans sa rédaction issue de l'ordonnance n° 2005-655 du 8 juin 2005.
Cass. crim., 7 janv. 2014, n° 13-90.029	Ancien art. L. 152-10, dans sa rédaction issue du décret n° 78-621 du 31 mai 1978, devenu art. L. 183-11.
Cass. 3e civ., 5 juill. 2018, n° 18-40.014	Art. L. 651-2, dans sa rédaction issue de la loi n° 2016-1547 du 18 novembre 2016.
CA Paris, pôle 1, ch. 2, 5 juill. 2018, nos 18/07242 et 18/06375 (deux arrêts)	Art. L. 651-2, dans sa rédaction issue de la loi n° 2016-1547 du 18 novembre 2016.
TGI Paris, ord., 25 oct. 2012, n° 12/57686	Art. L. 631-7, dans sa rédaction issue de la loi n° 2008-776 du 4 août 2008.
TGI Paris, ord., 5 juin 2014, n° 14/52877	Art. L. 651-2, dans sa rédaction issue de la loi n° 2006-872 du 13 juillet 2006.
TGI Paris, ord., 17 juin 2014, n° 14/53010	Art. L. 651-2, dans sa rédaction issue de la loi n° 2014-366 du 24 mars 2014.

Les motifs des décisions ci-dessus seront développés dans les chapitres du livre portant sur l'étude des dispositions discutées, en raison de leur lien étroit avec celles-ci.

J. – Les points de contact avec le droit communautaire

76. – Avant même qu'elle soit adoptée, la directive 2006/123/CE du 12 décembre 2006 relative aux services sur le marché intérieur (dite directive « Services » ou « Bolkestein ») suscitait déjà quelques inquiétudes quant à son impact sur le secteur immobilier[49]. La question de la validité des restrictions à la transformation des locaux d'habitation au regard du droit communautaire restait cependant inédite ; et la réponse pouvait apparaître d'autant plus incertaine que la législation des changements d'usage a été élaborée indépendamment du droit de l'Union européenne.

77. – Le contentieux des locations meublées devait fournir l'occasion à la Cour de cassation de transmettre à la Cour de justice de l'Union européenne (CJUE) une série de questions préjudicielles sur le champ d'application de la directive Services, la qualification de la législation nationale au regard de la distinction opérée dans la directive entre les régimes d'autorisation préalable et les exigences interdites ou à évaluer, ou encore sur les justifications et les critères d'autorisation[50].

(49) H. Périnet-Marquet, *L'impact de la proposition de directive Bolkestein sur le droit immobilier français*, in *Mél. Ph. Malinvaud*, LexisNexis-Litec, 2007, p. 483.

(50) Cass. 3e civ., 15 nov. 2018, n° 17-26.156. – C. Maréchal-Pollaud-Dulian, *Location « Airbnb » : les règles du Code de la construction et de l'habitation à l'épreuve de la directive « services » : D.* 2019, p. 415.

Le 22 septembre 2020, la Cour de justice a, en substance, considéré qu'une réglementation nationale qui soumet à autorisation préalable la location, de manière répétée, d'un local meublé destiné à l'habitation, pour de courtes durées et à une clientèle de passage qui n'y élit pas domicile, est conforme au droit de l'Union européenne et que la lutte contre la pénurie de logements destinés à la location de longue durée constitue une raison impérieuse d'intérêt général justifiant une telle réglementation[51]. La Cour de justice a toutefois laissé le soin au juge français de vérifier si la mise en œuvre du dispositif par la municipalité parisienne répond effectivement à une pénurie de logements destinés à la location de longue durée et si elle a édicté des critères d'octroi des autorisations de manière claire, non équivoque, transparente et objective.

78. - C'est finalement par plusieurs décisions en date du 18 février 2021 que la Cour de cassation, à la lumière des réponses de la Cour de justice de l'Union européenne, valide l'encadrement réglementaire de la pratique du meublé touristique à Paris en jugeant le régime de compensation proportionné à l'objectif social poursuivi[52]. La modification du règlement parisien en décembre 2021, imposant des règles de compensation plus sévères encore à l'égard des meublés de tourisme, n'est cependant pas sans soulever à nouveau la question de la proportionnalité au regard de l'article 10 de la directive Services.

Les arrêts de la Cour de justice de l'Union européenne et de la Cour de cassation sont riches d'enseignements également pour les autres communes qui devront s'inspirer, dans la préparation de leurs prochaines délibérations, des critères de conformité relevés par les juges européens et français. C'est d'ailleurs en suivant la même grille de lecture que le juge administratif a validé le dispositif de compensation mis en œuvre dans l'hyper-centre de Lyon[53].

§ 2. – Les notions d'affectation, d'usage et de destination

79. - Les notions d'affectation ou d'usage et de destination sont vouées aux querelles de voisinage (A). Il est vrai que leur évolution récente ne facilite pas leur différenciation (B) et qu'il est possible, dans certaines situations, de s'interroger sur la nécessité d'obtenir une autorisation de changement de destination en cas de changement d'usage (C).

A. – Distinction[54]

80. - Si, jusqu'à l'année 2005, les textes (lois, ordonnances, circulaires...) privilégiaient tous le terme « d'affectation » pour caractériser le mode d'occupation

(51) CJUE, Gde ch., 22 sept. 2020, aff. jtes C-724/18 et C-727/18 : *Europe* 2020, comm. 337, note D. Simon et A. Rigaux.

(52) Cass. 3e civ., 18 févr. 2021, nos 17-26.156, 19-13.191 et 19-11.462 (3 arrêts) : *Bull. civ.* III – I. Penchinat, *La consécration des réglementations française et parisienne de régulation des locations meublées touristiques : Actes prat. ing. immobilière* 2021, n° 3, étude 20. – L. Jariel, *Locations de tourisme : conformité de la règlementation française au droit de l'Union : Defrénois*, 20 janv. 2022, p. 59. – J. Laurent, *Les arrêts récents en matière de locations de tourisme : analyse et portée : Defrénois*, 20 janv. 2022, p. 68. V. égal. Cass. 3e civ., 26 janv. 2022, n° 18-22.142.

(53) CAA Lyon, 1er juin 2021, n° 19LY03470.

(54) P. Hocreitère, *Destination des constructions et droit de l'urbanisme : Dr. et ville* 1997, n° 43, p. 146. – S. Pérignon, *Changement de destination et changement d'affectation : DAUH* 2003, p. 33.

des locaux tel que contrôlé en vertu de l'article L. 631-7, l'ordonnance du 8 juin 2005 a substitué à celui-ci la notion « d'usage », plus aisée à appréhender à l'égard de la « destination » propre au droit de l'urbanisme. En effet, si « l'usage d'habitation » est régi par le Code de construction et de l'habitation, la notion de « destination » résulte du Code de l'urbanisme. La destination de l'immeuble apparaît également en droit civil des biens, mais d'une façon clairsemée, tandis qu'elle est une notion capitale du statut de la copropriété et du droit de la construction[55].

81. – Ces notions ne sont pas définies par la loi dans leur généralité ; seul l'usage d'habitation est explicité, depuis 2005, à l'article L. 631-7, alinéa 2. Ces concepts ont été précisés par la doctrine à partir des objectifs et des règles de fond auxquels ils se rattachent : la police de l'urbanisme en charge de la destination et la police du logement en charge de l'affectation. La destination de l'immeuble correspond, en droit de l'urbanisme, à ce pour quoi il a été conçu, réalisé ou transformé ; l'usage de l'immeuble se rapporte, au sens de l'article L. 631-7, à l'utilisation qui en est faite. Le contrôle de la destination a pour objet la construction elle-même ; le contrôle de l'usage porte sur les activités qui peuvent s'exercer dans ces constructions.

De manière un peu réductrice, la destination détermine le « contenant » d'un bâtiment, l'usage en fixant le « contenu ». Les notions sont tellement voisines qu'il arrive parfois que le législateur et les juges les confondent... en raison, sans doute, de l'impossibilité technique (mais non juridique) de disjoindre les deux notions lorsqu'elles se superposent (en cas d'utilisation des locaux conforme à leur destination légale).

82. – Les deux notions convergent en effet sur un point essentiel : elles ont pour objet des constructions ou, plus exactement, des bâtiments, c'est-à-dire des locaux dans lesquels l'homme peut s'abriter et se mouvoir ; et, à cet égard, elles doivent toutes deux être distinguées de la notion d'affectation des sols qui permet de délimiter les compétences attribuées par la loi aux auteurs du plan local d'urbanisme (PLU). Le règlement du PLU peut ainsi préciser, dans les zones qu'il délimite, « l'affectation des sols selon les usages principaux qui peuvent en être faits ou la nature des activités qui peuvent y être exercées et également prévoir l'interdiction de construire » (C. urb., art. L. 151-9, al. 2). À la différence des destinations et sous-destinations, les affectations des sols et les activités pouvant être interdites ou réglementées ne sont pas définies ou limitées par le Code de l'urbanisme, ce qui laisse une certaine marge de manœuvre aux auteurs du PLU qui ne peuvent toutefois réglementer l'exercice de l'activité elle-même[56].

F. Bouyssou, *La destination de l'immeuble en droit de l'urbanisme : Dr. et ville* 2016, n° 80, p. 5. – V. égal. B. Genevois, *Les autorisations administratives en matière de réhabilitation de l'habitat ancien : Dr. et ville* 1979, n° 8, p. 85. – A. Durance, *Changement de destination et changement d'affectation des immeubles : AJPI* 1987, p. 169. – P.-E. Normand, *Le changement de destination de locaux : JCP* N 1990, I, p. 109. – G. Liet-Veaux, *Réflexions nouvelles sur les changements de destination ou affectation des locaux : JCP* N 1990, I, p. 289.

(55) V. les actes du colloque organisé par l'IEJUC en 2015 sur le thème *Destinations et usages de l'immeuble : quelles notions pour quels droits ? : Dr. et ville* 2015, n° 80, p. 3 et s., et ceux du colloque du GREDIAUC du 17 mai 2019 sur *La destination de l'immeuble : Dr. et ville* 2019, n° 88, p. 109 et s.

(56) CE, 29 avr. 1998, n°s 168895 et 173915 : *Lebon*, p. 137.

B. – Évolution récente[57]

83. – Les polices de la destination et de l'affectation ont connu, ces dernières années, une évolution contrastée (1°) qui met parfois à mal leurs frontières respectives (2°).

1° Extension et diversification du contrôle de la destination, repli du contrôle de l'usage

a) Les apports de la réforme des autorisations d'urbanisme de 2005-2007[58]

84. – Jusqu'à la loi n° 2000-1208 du 13 décembre 2000 relative à la solidarité et au renouvellement urbains (dite « loi SRU »), le Code de l'urbanisme, s'il imposait que les documents de planification urbaine déterminent les différentes destinations des bâtiments dans chaque zone, ne donnait aucune indication sur celles pouvant être incluses dans le plan d'occupation des sols (POS). Chaque auteur de POS était libre de décliner sans retenue les diverses destinations qu'il entendait inclure dans son document de planification. Ceci était d'autant plus préjudiciable que, en vertu de l'ancien article L. 421-1, alinéa 2 du Code de l'urbanisme, tous travaux exécutés sur les constructions existantes ayant « pour effet d'en changer la destination » nécessitaient l'obtention préalable d'un permis de construire (C. urb., ancien art. L. 421-1).

Le décret n° 2001-260 du 27 mars 2001, pris en application de la loi SRU, est venu compléter l'article R. 123-9 du Code de l'urbanisme, afin que les différentes destinations que peut édicter un POS/PLU, dans les zones qu'il délimite, soient limitativement[59] énumérées : habitation, hébergement hôtelier, bureaux, commerce, artisanat, industrie, exploitation agricole ou forestière, entrepôt, services publics ou d'intérêt collectif. Toutefois, ce décret ne précise pas les activités rentrant dans chacune des destinations.

85. – Avec l'ordonnance n° 2005-1527 du 8 décembre 2005 ayant modifié le régime des autorisations d'urbanisme (et son décret d'application n° 2007-18 du 5 janvier 2007), entrée en vigueur le 1er octobre 2007, le contrôle administratif de la destination s'est accru puisque, désormais, « les changements de destination d'un bâtiment existant entre les différentes destinations définies à l'article R. 123-9 », avec ou sans travaux, sont soumis à l'obtention préalable soit d'un permis de construire en cas de travaux ayant pour effet de modifier les structures porteuses ou la façade du bâtiment (C. urb., art. R. 421-14 b), soit d'une décision de non-opposition à déclaration préalable dans tous les autres cas (C. urb., art. R. 421-17 b).

(57) V. le dossier du colloque annuel de l'Association française pour le droit de la construction et de l'immobilier, dédié en 2021 à l'*Actualité des changements d'usage et de destination : RDI* 2022, p. 8 et s.

(58) *Division de l'immeuble : le sol, l'espace, le bâti*, 103e Congrès des notaires de France (2007), Troisième commission, *La division de l'immeuble bâti*, par Mes S. Lelièvre et S. Chaix Bryan, nos 3111 et s. – G. Daudré, *Changements de destination de l'immeuble : Opérations immo.* Oct. 2010, p. 20. – B. Raimbert, *Régularité de la destination des immeubles de bureaux à Paris : Gaz. Pal.* 31 oct.-1er nov. 2012, p. 19.

(59) CE, 30 déc. 2014, n° 360850 : *Lebon* T., p. 898 : « s'il est loisible aux auteurs des plans locaux d'urbanisme de préciser, pour des motifs d'urbanisme et sous le contrôle du juge, le contenu des catégories énumérées à l'article R. 123-9, les dispositions de cet article ne leur permettent, toutefois, ni de créer de nouvelles catégories de destination pour lesquelles seraient prévues des règles spécifiques, ni de soumettre certains des locaux relevant de l'une des catégories qu'il énumère aux règles applicables à une autre catégorie ». – CAA Nantes, 6 oct. 2020, n° 19NT03666.

86. – Les locaux accessoires sont réputés avoir la même destination que le local principal ; ainsi, par exemple, la transformation en pièce d'habitation d'un garage accolé à un pavillon n'emporte pas changement de destination (ni, d'ailleurs, changement d'usage). Toutefois le Code de l'urbanisme n'apporte aucune définition à cet égard. Pour reconnaître l'existence d'un lien d'accessoire à principal, le Conseil d'État s'est déjà appuyé sur un critère purement physique, consistant à comparer la superficie du local concerné par le projet par rapport à celle du bâtiment dans son ensemble[60] ; mais rien ne paraît s'opposer à ce qu'il recoure, selon les circonstances, à un critère fonctionnel tenant à la participation du local accessoire à l'utilisation du local principal.

87. – Il n'est plus nécessaire que des travaux soient effectués : un changement de destination résultant d'un simple changement d'usage nécessite une autorisation d'urbanisme. La ressemblance entre les notions de changements de destination et d'usage apparaît, en l'absence de tout travaux, avec plus de flagrance encore.

b) Le recentrage du contrôle de l'usage par l'ordonnance du 8 juin 2005[61]

88. – En revanche, le contrôle administratif de l'affectation s'est sensiblement réduit et se limite, depuis le 10 juin 2005, aux seuls locaux d'habitation dont les changements d'usage sont, sauf exception, soumis à autorisation préalable en vertu des articles L. 631-7 et suivants du Code de la construction et de l'habitation.

Les catégories d'affectations intermédiaires (professionnel, administratif, commercial) ont été supprimées par l'ordonnance du 8 juin 2005, de sorte que les locaux affectés à un autre usage que l'habitation peuvent librement changer d'affectation, sous réserve des autres réglementations applicables à leur transformation (urbanisme, copropriété, bail...).

89. – Les pouvoirs publics ont ainsi renoncé à dégager de nouveaux logements à l'occasion des changements d'affectation des autres locaux. Le contrôle de l'usage n'a plus pour fonction d'augmenter le nombre de locaux d'habitation, mais seulement d'empêcher leur diminution. Cependant, le système des compensations en nature peut, selon le coefficient de surface appliqué, conduire à la création d'un nombre de mètres carrés de logements supérieur à ceux transformés.

Le mécanisme de la compensation tend à se généraliser : en plus de Paris et Lyon, d'autres grandes villes y ont recours telles Marseille, Nice, Strasbourg, Lille, Nantes, Bordeaux ou encore Montpellier. Un procédé similaire est d'ailleurs utilisé dans le cadre d'une autre procédure d'autorisation en région Île-de-France, dénommée « agrément », délivrée par le préfet dans le cadre de sa politique d'aménagement du territoire[62].

(60) CE, 30 déc. 2013, n° 358535 : *Dr. adm.* 2014, comm. 34, note J.-L. Seynaeve. En l'occurrence, les juges ont estimé que l'aménagement d'une chambre de 11 m² dans les combles d'un bâtiment d'une surface de 52 m² à usage de chai et de garage n'entraînait pas de changement de destination de ce bâtiment. V. égal. Rép. Min. n° 8845 : *JOAN* Q 12 mars 2013, p. 2841 ; *Constr.-Urb.* 2013, comm. 66, note L. Santoni.

(61) P. Wallut, *De la destination à l'usage : pratique de l'article L. 631-7 du CCH : Dr. et ville* 2015, n° 80, p. 67. – F. Plottin, *La réglementation du changement d'usage de locaux d'habitation à Paris : Dr. et ville* 2015, n° 80, p. 77. – M. Raunet, *Le contrôle du changement d'usage des locaux d'habitation : une réglementation originale : Dr. et ville* 2019, n° 88, p. 157. – J. Laurent, *Actualités du changement d'usage en droit de la construction (CCH, art. L. 631-7) : RDI* 2022, p. 10.

(62) DRIEAT d'Île-de-France, *Fiche repère – Instruction des demandes d'agrément relatives aux bureaux*, sept. 2021.

c) La diversification des destinations par la loi ALUR du 24 mars 2014[63]

90. – Pris en application de l'article 157 de la loi ALUR, le décret n° 2015-1783 du 28 décembre 2015, entré en vigueur le 1er janvier 2016, entend offrir davantage de souplesse aux auteurs des PLU « afin d'assurer la mise en œuvre des objectifs de mixité sociale et fonctionnelle » (C. urb., art. R. 151-37). La diversification des destinations et, partant, la différenciation des règles d'urbanisme qui leur sont applicables en fonction des situations locales reposent sur une nouvelle nomenclature mêlant destinations principales et sous-destinations (C. urb., art. R. 151-27 et s.)[64].

91. – Les destinations sont désormais au nombre de cinq : l'exploitation agricole et forestière, l'habitation, le commerce et les activités de service, les équipements d'intérêt collectif et services publics, enfin, les autres activités des secteurs secondaire ou tertiaire. Chacune de ces destinations regroupe plusieurs sous-destinations :

– pour la destination « exploitation agricole et forestière » : exploitation agricole, exploitation forestière ;

– pour la destination « habitation » : logement, hébergement ;

– pour la destination « commerce et activités de service » : artisanat et commerce de détail, restauration, commerce de gros, activités de services où s'effectue l'accueil d'une clientèle, cinéma, hôtels, autres hébergements touristiques ;

– pour la destination « équipements d'intérêt collectif et services publics » : locaux et bureaux accueillant du public des administrations publiques et assimilés, locaux techniques et industriels des administrations publiques et assimilés, établissements d'enseignement, de santé et d'action sociale, salles d'art et de spectacles, équipements sportifs, autres équipements recevant du public ;

– pour la destination « autres activités des secteurs secondaire ou tertiaire » : industrie, entrepôt, bureau, centre de congrès et d'exposition.

92. – Le décret du 28 décembre 2015 entend également remédier à l'absence de définition uniforme des catégories de destinations puisqu'il renvoie à un arrêté du ministre chargé de l'urbanisme le soin de préciser les définitions et le contenu des sous-destinations. Cet arrêté a été pris le 10 novembre 2016 et modifié le 31 janvier 2020 afin d'intégrer la scission par un décret du même jour de la sous-destination « Hébergement hôtelier et touristique » en deux sous-destinations distinctes « Hôtels » et « Autres hébergements touristiques ».

Les définitions et le contenu des sous-destinations sont par ailleurs commentés par une fiche technique du ministère du Logement[65].

(63) J.-Ph. Meng, *La recodification et le nouveau contenu du PLU : Defrénois* 15 juin 2016, p. 616. – E. Carpentier, *Les changements de destination en droit de l'urbanisme : Dr. et ville* 2019, n° 88, p. 137. – S. Lamy-Willing, *Les destinations en droit de l'urbanisme : point d'étape de la réforme de 2016 : Constr.-Urb.* 2021, étude 8. – X. de Lesquen et V. Guinot, *Le changement de destination est-il soluble dans le régime des travaux sur construction existante ? : BJDU* 2021, n° 6, p. 379 – J. Martin, *L'actualité des destinations en droit de l'urbanisme : RDI* 2022, p. 21.

(64) V., sur l'entrée en vigueur des nouvelles destinations et sous-destinations, CAA Paris, 20 mai 2021, n° 19PA00986 : *Constr.-Urb.* 2021, comm. 93, note L. Santoni. Cet arrêt a fait l'objet d'un pourvoi devant le Conseil d'État sous le n° 454789, en cours d'instruction à la date de parution du présent ouvrage.

(65) Ministère du Logement et de l'Habitat durable, « Fiche technique 6 : réforme des destinations des constructions », consultable à l'adresse suivante : www.cohesion-territoires.gouv.fr/demarche-et-outils-pour-elaborer-un-plan-local-durbanisme-plu-et-un-plui.

93. - Le nouveau régime ne revient pas sur la règle de qualification des locaux accessoires, ceux-ci étant « réputés avoir la même destination et sous-destination que le local principal » (C. urb., art. R. 151-29)[66]. La fiche technique précitée sur « la réforme des destinations de constructions » énonce que « l'arrêté qui instaurera un lexique national donnera une définition plus précise du local accessoire ». Dans l'attente de la publication de l'arrêté, il est possible de se référer à une autre fiche technique, consacrée au « lexique national d'urbanisme », et selon laquelle « les locaux accessoires dépendent, ou font partie intégrante, d'une construction principale à laquelle ils apportent une fonction complémentaire et indissociable ».

Suivant cette doctrine, il s'agit de locaux qui peuvent être contigus ou situés dans la construction principale (combles, garages, pièces de faible dimension), mais qui, dans les faits, n'ont pas la même destination (ou sous-destination) que le bâtiment principal (lieu de vie du gardien d'un bâtiment industriel, local de stockage pour un commerce, atelier d'un artisan situé sous son habitation…). La détermination de la destination de rattachement des chambres d'hôtes constitue un bon exemple d'application de cette approche globalisante[67].

94. - La réduction du nombre de destinations des constructions et leur découpage en sous-destinations se sont accompagnés d'une redéfinition du champ d'application des autorisations d'urbanisme. Le type d'autorisation requise est fonction, d'une part, de la nature des travaux envisagés et, d'autre part, de celle du changement à opérer :

- concernant les travaux eux-mêmes, il faut vérifier si ceux-ci modifient les structures porteuses du bâtiment existant ou ses façades, auquel cas un permis de construire est exigé pour le changement de destination, mais aussi de sous-destination (C. urb., art. R. 421-14, *c*) ;
- pour tous les autres cas, y compris en l'absence de travaux, une déclaration préalable doit être déposée (C. urb., art. R. 421-17, *b*), sauf en cas de changement de sous-destination au sein d'une même destination (non soumis à autorisation d'urbanisme).

95. - Un projet qui est dispensé d'autorisation d'urbanisme au titre du changement de la destination ou de la sous-destination :

- n'est pas pour autant dispensé de respecter le règlement du PLU, dont les dispositions peuvent, en fonction des destinations et sous-destinations, interdire les constructions (C. urb., art. R. 151-30, 2°), les soumettre à des conditions particulières (C. urb., art. R. 151-33, 2°), imposer une mixité sociale ou fonctionnelle au sein d'une construction ou d'une unité foncière (C. urb., art. R. 151-37, 1°), ou encore définir des majorations de volume constructible (C. urb., art. R. 151-37, 2°) ;
- peut être assujetti à permis de construire à un autre titre, par exemple en cas de création de plus de vingt mètres carrés de surface de plancher (C. urb., art. R. 421-14, *a*).

2° Frontières et interférences

a) Des notions autonomes et des procédures corrélées

96. - Depuis que la commune s'est vue attribuer la gestion du contrôle de l'usage, et donc le pouvoir d'autoriser ou non le changement d'usage, comme elle l'avait

(66) J.-L. Maillot, *La notion d'« accessoire » dans le régime des autorisations d'urbanisme : Constr.-Urb.* 2016, étude 9, § 17et s.
(67) Rép. Min. n° 13349 : *JO* Sénat Q 9 juill. 2020, p. 3168 ; *Defrénois* 15 oct. 2020, p. 41, note G. Daudré.

en matière d'urbanisme depuis 1982, c'est, le plus souvent, la même entité politique qui assure le contrôle du « contenant » et du « contenu ». Mais urbanisme et protection de l'habitation n'en demeurent pas moins des législations distinctes et autonomes[68], ainsi qu'en atteste une pluralité d'indices révélateurs : différence des champs d'application, des règles procédurales et de fond, des voies de recours, des sanctions et des prescriptions.

97. – La transformation d'un local peut être soumise à la dualité d'autorisations si elle constitue à la fois un changement d'usage et un changement de destination. Mais, en vertu du principe d'indépendance des législations, une autorisation d'urbanisme ne peut être refusée au seul motif que l'autorisation de changement d'usage n'a pas été délivrée[69] et inversement[70] ; de même, la légalité de l'une des deux autorisations n'est pas conditionnée par la légalité de l'autre ; enfin, une fois les travaux réalisés, la façon dont le local est utilisé est sans incidence sur sa conformité administrative avec l'autorisation d'urbanisme[71]. Toutefois, « l'affectation de la construction réalisée à une autre destination que celle prévue par le permis de construire expose le titulaire, le cas échéant, au retrait du permis pour fraude »[72].

98. – Ces législations et autorisations indépendantes concourent le plus souvent à la réalisation des mêmes opérations, ce qui implique un effort de coordination des procédures.

Lorsque le projet porte sur des travaux ayant pour objet un changement d'usage, l'article L. 631-8 du Code de la construction et de l'habitation, repris dans l'article L. 425-9 du Code de l'urbanisme, précise, depuis 2005, que « ces travaux ne peuvent être exécutés » tant que l'autorisation de changement d'usage n'a pas été accordée ; la décision d'urbanisme autorisant les travaux doit expressément mentionner cette réserve (C. urb., art. R. 424-6). Le point de départ du délai de péremption de l'autorisation d'urbanisme est alors différé jusqu'à la date d'obtention de l'autorisation de changement d'usage (C. urb., art. R. 424-20).

Les mêmes articles maintiennent une passerelle procédurale entre les deux législations, déjà existante avant les réformes des 8 juin et 8 décembre 2005 : lorsque le changement d'usage entre dans le champ d'application du permis de construire ou de la déclaration préalable, la demande d'autorisation d'urbanisme vaut demande de changement d'usage. Ce point présente un intérêt supplémentaire

(68) P. Soler-Couteaux et E. Vilchez, *Changement d'usage des locaux d'habitation : Droit de l'aménagement*, éd. Le Moniteur, déc. 2019, V. 400-3, p. 14.

(69) CE, 31 mars 1995, n° 110325 : *Lebon* T., p. 1089 : « l'instruction de la demande exigée par l'article L. 631-7 étant distincte de celle du permis de construire, le maire, contrairement à ce qu'il soutient, n'était pas tenu de refuser la demande de permis au motif que l'autorisation de changement de destination du local n'avait pas été délivrée en application de l'article L. 631-7 préalablement à la demande de permis de construire ». – CAA Paris, 14 juin 2012, n° 11PA02282.

(70) CE, 5 avr. 1996, n° 133813 : *Lebon*, p. 123 : « l'autorisation accordée au titre de l'article L. 631-7 était sans incidence sur l'application des dispositions du Code de l'urbanisme ».

(71) CE, 4 nov. 1996, n° 160910 : *Lebon*, p. 440 ; *Defrénois* 1997, art. 36574-1, note S. Pérignon ; *Études foncières* juin 1997, n° 75, p. 40, note B. Lamorlette : « la conformité avec le permis de construire doit s'apprécier, y compris en ce qui concerne les prévisions ou prescriptions relatives à la destination des constructions, au regard des travaux réalisés et non pas au regard de la façon dont l'ouvrage est ensuite utilisé ».

(72) CE, 11 déc. 2006, n° 274851 : *Lebon* T., p. 1108 ; *BJDU* 2007, n° 5, p. 371, concl. M.-H. Mitjavile, note J.-Cl. Bonichot.

dès lors que, depuis le 1er avril 2009, la commune est compétente pour instruire et délivrer les deux autorisations, sauf exceptions s'agissant des autorisations d'urbanisme (C. urb., art. R. 422-2). On relèvera, cependant, qu'aucune pièce particulière nécessitée par l'instruction d'une offre de compensation n'est prévue par les articles du Code de l'urbanisme définissant le contenu du dossier de demande de permis de construire (C. urb., art. R. 431-4 et s.) ou de déclaration préalable (C. urb., art. R. 431-35 et s.). En pratique, il est préférable de déposer deux dossiers distincts, d'autant plus que la compensation fait, le plus souvent, l'objet d'une négociation préalable.

99. - Les deux notions ne se superposent pas en toutes circonstances ; les champs d'application de chacune des autorisations ne se recoupent pas nécessairement.

Le contrôle de l'usage ayant pour finalité de vérifier que les locaux d'habitation existants conservent bien cet usage, la transformation, par exemple, de « commerces » en « bureaux » n'a pas d'incidence sur la police de l'usage des logements. De même, la transformation de « bureaux » en « logements » n'a pas à être autorisée en vertu de l'article L. 631-7, puisque la finalité de cette législation est, par essence, respectée, la surface de logement se trouvant de ce fait augmentée. Mais ces deux opérations nécessitent une autorisation d'urbanisme.

Pour déterminer si un changement d'usage constitue ou non un changement de destination, il était recommandé de se référer aux définitions des destinations figurant le cas échéant dans les PLU. En effet, si l'ancien article R. 123-9 du Code de l'urbanisme répertoriait les catégories de destination qui peuvent conduire à des règles différenciées dans les PLU, il ne donnait pas de définition uniforme de ces destinations, ni de liste nationale des activités leur correspondant comme l'article L. 631-7 le prévoit pour encadrer l'usage d'habitation. Chaque PLU pouvait donc donner sa propre définition des destinations suivant la typologie de l'ancien article R. 123-9[73] ; toutefois, l'absence d'une telle définition dans les PLU pouvait laisser la place au contentieux. Cette situation ne devrait toutefois plus perdurer puisque le contenu des sous-destinations composant les destinations est désormais défini par un arrêté ministériel et que le *Guide de la modernisation du PLU* élaboré par le ministère du Logement en avril 2017 s'est attaché à préciser les contours de ces définitions[74]. L'uniformisation et la clarification en résultant au niveau national sont donc les bienvenues.

(73) C'est ainsi qu'à Paris, les logements donnés en locations meublées saisonnières ont glissé de la destination « habitation » à la destination « hébergement hôtelier » suite à la modification générale du PLU adoptée en septembre 2009 ; depuis, la transformation, à Paris, d'un logement nu en meublé de tourisme constitue un changement de destination et non plus seulement un changement d'usage. Sous l'empire des articles R. 151-27 et R. 151-28 précités, il s'agit d'un changement de la sous-destination « Logement » (de la destination « Habitation ») à la sous-destination « Autres hébergements touristiques » (de la destination « Commerce et activités de service »), sous réserve, précise la fiche technique du ministère sur « la réforme des destinations de constructions », de la fourniture de certaines prestations hôtelières. V. égal. I. Hasquenoph, R. Noguellou et J.-Ch. Rotoullié, *La réglementation des meublés touristiques et le document local d'urbanisme : GRIDAUH* 2021. – V. Tournebise, *Meublés de tourisme et destination au sens de l'urbanisme : un mariage difficile ! : JCP* N 2021, n° 28, 1258.

(74) Ministère du Logement et de l'Habitat durable, *Guide de la modernisation du contenu du plan local d'urbanisme*, consultable à l'adresse suivante : http://outil2amenagement.cerema.fr/guide-de-la-modernisation-du-contenu-du-plan-local-a1064.html.

b) Destination et usage ont destin lié

100. - Depuis que tout changement de destination, même sans travaux, est soumis à permis de construire ou déclaration préalable, la ligne de démarcation entre les changements de destination et d'usage manque parfois de netteté.

Les deux régimes d'autorisation, bien que distincts[75], ont en commun la satisfaction des besoins de la population en matière de logement ; mais il est vrai que l'urbanisme poursuit bien d'autres objectifs. C'est ainsi, par exemple, que les PLU doivent être compatibles, notamment, avec les dispositions du programme local de l'habitat s'il en existe un (C. urb., art. L. 131-4). Plus généralement, l'action des collectivités en matière d'urbanisme doit notamment viser un objectif de « mixité sociale dans l'habitat, en prévoyant des capacités de construction et de réhabilitation suffisantes pour la satisfaction, sans discrimination, des besoins présents et futurs de l'ensemble des modes d'habitat » (C. urb., art. L. 101-2, 3°). Dans le respect des « objectifs de mixité sociale », le PLU peut instituer, en zone urbaine ou à urbaniser, des servitudes de logement consistant soit à délimiter des secteurs dans lesquels, en cas de réalisation d'un programme de logements, un pourcentage de ce programme doit être affecté à des catégories de logements locatifs (C. urb., art. L. 151-15), soit à réserver des emplacements en vue de la réalisation de programmes de logements (C. urb., art. L. 151-41, 4°). La ville de Paris a instauré de telles servitudes dans son PLU (art. U.G. 2.2.3)[76].

101. - La coexistence entre les polices de l'usage et de la destination peut donner le sentiment de faire double emploi maintenant qu'elles sont réunies dans une même main. D'autant que le domaine du droit de l'urbanisme ne cesse de s'étendre (C. urb., art. L. 101-2), avec pour conséquence d'empiéter sur des réglementations connexes et sectorielles, parfois préexistantes, et qui pourraient, à terme, fusionner avec lui par souci de simplification, comme cela a été proposé par le Congrès des notaires de 2016 et par un groupe de travail des notaires du Grand Paris en octobre 2021[77]. Ces propositions consistent à abroger purement et simplement les articles L. 631-7 et suivants pour laisser la place à une seule autorisation au titre du changement de destination assortie, le cas échéant, d'un mécanisme de compensation intégré dans le document local d'urbanisme.

102. - Cette « tendance à vouloir incorporer à la réglementation d'urbanisme des matières qui n'en procèdent pas directement » n'est pas nouvelle[78] ; elle n'est pas sans risque de dénaturation de la norme d'urbanisme[79] ; elle produit, avec d'autres

(75) CAA Paris, 29 juin 1999, n° 97PA01507 : « considérant que l'instruction du permis de construire obéissant à une procédure distincte de celle prévue par les dispositions de l'article L. 631-7, la circonstance invoquée par la requérante qu'un permis de construire a été délivré est sans influence sur l'affectation du local en cause ».

(76) V. l'étude de l'Atelier parisien de l'urbanisme sur les dispositifs en faveur du logement dans les PLU des communes de la Métropole du Grand Paris, déc. 2017.

(77) *La propriété immobilière, entre liberté et contraintes*, 112ᵉ Congrès des notaires de France (2016), Deuxième commission, *L'exercice du droit de propriété immobilière*, par Mᵉˢ M.-H. Péro Augereau-Hue et O. Boudeville, V. la proposition 2 « Unifier le contrôle de la police de l'usage et de la police de la destination » et le compte-rendu des débats, p. 86 et s. – *Les 30 propositions des Notaires du Grand Paris pour un habitat accessible et de qualité*, oct. 2021, V. la proposition 12 « Unifier les polices des changements d'usage et de destination au sein du Code de l'urbanisme ».

(78) Conseil d'État, Rapport public 1992, *L'urbanisme : pour un droit plus efficace*, Doc. Fr., p. 29 et s.

(79) Y. Jégouzo, *L'impact de la loi SRU sur la nature du droit de l'urbanisme : BJDU* 2001, n° 4, p. 226. – S. Pérignon, *Le nouvel ordre urbanistique*, éd. Cridon-Defrénois 2004, p. 213 et s. – J.-B. Auby,

législations, « un effet global de foisonnement qui accroît l'instabilité générale du droit applicable au logement »[80]. Mais elle s'inscrit dans le sens d'une évolution plus large qui tend à simplifier les démarches des administrés et des collectivités territoriales.

L'instauration du permis de construire valant autorisation d'exploitation commerciale[81] et la pérennisation d'un dispositif d'autorisation environnementale dite « unique » figurent parmi les exemples les plus marquants de cette évolution dont il existe bien d'autres illustrations (C. urb., art. R. 425-1 et s.).

103. - En notre matière, l'unification pourrait s'opérer autour de l'autorisation de changement d'usage lorsqu'elle revêt un caractère réel : dès lors qu'une opération de changement d'usage comporte un changement de destination ou des travaux soumis à autorisation d'urbanisme, l'autorisation de changement d'usage tiendrait lieu de permis de construire ou de décision de non-opposition à déclaration préalable, mais uniquement à l'égard du local d'habitation transformé car en pratique la transformation du local de compensation est réalisée le plus souvent par un tiers.

Opérée en ce sens, la fusion permettrait de maintenir :

– le régime des autorisations personnelles (CCH, art. L. 631-7-1, al. 2) et celui des autorisations temporaires (CCH, art. L. 631-7-1 A) ; ces autorisations, qui portent sur des situations diverses (professions libérales, missions d'intérêt général, rez-de-chaussée, usage mixte...), et sont les plus importantes en nombre et en surfaces autorisées, ne pourraient pas fusionner avec le permis de construire en raison de son caractère réel ;

– la procédure d'édiction des règles de délivrance des autorisations de changement d'usage ; l'élaboration d'un règlement municipal et ses modifications sont infiniment plus aisées et plus rapides que celles d'un PLU : pas d'enquête préalable, pas d'étude d'impact... (le règlement de Paris compte à ce jour huit modificatifs !), ni même d'obligation de compatibilité avec les documents locaux d'urbanisme ou une législation extérieure ;

– l'arsenal de sanctions permettant de rétablir l'usage d'habitation en cas d'irrégularité ; si les procédures diligentées par les communes en cas d'infraction à l'encontre des règles et autorisations d'urbanisme sont longues et incertaines et les sanctions financières prononcées souvent faibles, il n'en est pas de même en cas de méconnaissance du règlement édicté par la commune, qui peut assigner directement le contrevenant devant le président du tribunal judiciaire, lequel statue selon la procédure accélérée au fond, prononce une amende civile pouvant aller jusqu'à 50 000 € par local irrégulièrement transformé et enjoint le contrevenant d'y mettre un terme sous astreinte pouvant atteindre jusqu'à 1 000 € par jour et par mètre carré (CCH, art. L. 652-1) ; et la nullité des contrats constitue une sanction fortement dissuasive (CCH, art. L. 631-7, avant-dernier al.) !

Quelques réflexions sur l'état du droit de l'urbanisme : Études foncières mars-avr. 2006, n° 120, p. 7. – H. Jacquot, *Où va le droit de l'urbanisme ? : Constr.-Urb.* juill.-août 2007, p. 36. – GRIDAUH, *La règle locale d'urbanisme en question : Constr.-Urb.* oct. 2011, étude 12.

(80) Conseil d'État, Rapport public 2009, *Droit au logement, droit du logement*, Doc. Fr., p. 184.

(81) G. Daudré et J.-Ph. Meng, *L'aménagement commercial réformé par la loi Pinel du 18 juin 2014 : Defrénois* 2014, p. 891 ; *Le nouveau régime de l'urbanisme commercial et cinématographique à jour des lois Pinel et Macron : Bull. Cridon Paris* 15 juill.-1er août 2015, n° spécial.

c) La fin d'une jurisprudence flottante ?

104. – De son côté, le Conseil d'État n'a pas hésité, au terme d'une jurisprudence nuancée, à décloisonner les notions de destination et d'affectation. En cas de transformation d'un bâtiment intervenue il y a de nombreuses années et sans autorisation d'urbanisme, le critère du changement de destination a pu s'apprécier, en l'absence de fraude, par référence à l'état d'occupation de l'immeuble à la date de la demande d'autorisation de travaux[82] ; c'était déduire la destination des locaux de leur utilisation effective.

Mais, dans une décision de 2012, la Haute juridiction adopte une ligne plus orthodoxe, renouant ainsi avec une jurisprudence traditionnelle qui refuse toute régularisation automatique des changements de destination non autorisés[83] : « pour apprécier la condition du changement de destination, le maire doit prendre en compte la destination initiale du bâtiment ainsi que, le cas échéant, tout changement ultérieur de destination qui a fait l'objet d'une autorisation »[84]. Un autre arrêt, rendu en 2015, approfondit cette seconde veine jurisprudentielle : « lorsqu'une construction a fait l'objet de transformations sans les autorisations d'urbanisme requises, il appartient au propriétaire qui envisage d'y faire de nouveaux travaux de déposer une déclaration ou de présenter une demande de permis portant sur l'ensemble des éléments de la construction qui ont eu ou auront pour effet de modifier le bâtiment tel qu'il avait été initialement approuvé ou de changer sa destination », et ce « même dans le cas où les éléments de construction résultant de ces travaux ne prennent pas directement appui sur une partie de l'édifice réalisée sans autorisation »[85]. De même, lorsqu'il s'agit d'apprécier la conformité d'un projet aux dispositions du PLU relatives aux modes d'utilisation des sols, le Conseil d'État se garde bien de confondre le simple usage avec la véritable destination[86].

105. – Un autre foyer d'incertitude pourrait se faire jour[87]. Dans la plupart des arrêts cités au paragraphe ci-avant (n° 104), les pétitionnaires envisageaient de tirer parti d'une situation de fait pour revendiquer une destination non permise par les règles

(82) CE, 12 janv. 2007 (arrêt *Fernandez*), n° 274362 : *Lebon* T., p. 1124/1127 ; *BJDU* 2007, n° 3, p. 188, concl. M.-H. Mitjavile ; *Defrénois* 2007, art. 38585-5, note J.-Ph. Meng. V. cependant CE, 27 juill. 2009 (arrêt *SCI La Paix*), n° 305920 : *Lebon* T., p. 990 ; *BJDU* 2009, n° 4, p. 281, concl. M. Guyomar, note J.-Cl. Bonichot ; *Defrénois* 2010, art. 39157-5, note J.-Ph. Meng.

(83) CE, 9 juill. 1986, n° 51172 : *Lebon*, p. 201. – CE, 30 mars 1994, n° 137881 : *Lebon* T., p. 1269 ; *BJDU* 1994, n° 3, p. 64, concl. G. Bachelier.

(84) CE, 12 mars 2012, n° 336263 : *BJDU* 2012, n° 4, p. 303, concl. X. de Lesquen, note J. Trémeau. Si l'arrêt *SCI La Paix* du 27 juillet 2009 a rappelé le principe, à savoir l'opposabilité du changement de destination irrégulier aux nouveaux travaux et la nécessité de régulariser préalablement ou concomitamment les travaux ayant permis le changement de destination, la jurisprudence *Fernandez* du 12 janvier 2007 y dérogeant seulement pour les « constructions anciennes », la décision du 12 mars 2012 prenait déjà le contre-pied de cette jurisprudence puisqu'il s'agissait, en l'espèce, de la « rénovation d'un bâtiment ancien ».

(85) CE, 16 mars 2015, n° 369553 (arrêt *Époux de La Marque*) : *Lebon*, p. 106 ; *BJDU* 2015, n° 3, p. 194, concl. R. Decout-Paolini, note X. de Lesquen ; *AJDA* 2015, p. 1285, note F. Polizzi ; *Defrénois* 2015, p. 731, note J.-Ph. Meng. Le fichage de cette décision au *recueil Lebon* confirme explicitement l'abandon de la jurisprudence *Fernandez* de 2007.

(86) CE, 11 févr. 2015, n° 366809 : *Lebon* T., p. 911 ; *JCP* A 2015, 2355, § 6, chron. R. Vandermeeren.

(87) S. Lamy-Willing, *Les destinations en droit de l'urbanisme : point d'étape de la réforme de 2016 : Constr.-Urb.* 2021, étude 8, § 63 et 64. – X. de Lesquen et V. Guinot, *Le changement de destination est-il soluble dans le régime des travaux sur construction existante ? : BJDU* 2021, n° 6, p. 379, § 10.

d'urbanisme de fond. Cette jurisprudence a donc été établie dans des espèces où l'utilisation effective du bâtiment n'avait pas été autorisée par l'administration et n'aurait pas pu l'être. La position du juge administratif serait-elle la même si les règles d'urbanisme ne s'opposaient pas à la nouvelle destination : faudrait-il s'en tenir, là encore, à la destination de droit, telle qu'elle résulte de la dernière autorisation obtenue, ou à la destination de fait, issu d'un changement de destination non autorisé mais régulier au regard des règles d'urbanisme ?

La réponse du juge est attendue sur ce point. Sans doute pourrait-il être tenté de prendre en compte les changements de destination effectués sans autorisation s'ils ne contreviennent pas aux règles d'urbanisme de fond. Cela lui permettrait d'écarter une forme de prime à l'irrégularité – c'est-à-dire à l'absence d'autorisation de changement de destination – si les règles d'urbanisme permettant au bâtiment de recevoir une nouvelle destination s'opposaient, par ailleurs, au retour à la destination initiale à laquelle le pétitionnaire pourrait prétendre si l'on s'en tenait uniquement à la destination de droit.

En matière de changement d'usage, la solution est moins incertaine. L'application littérale de l'article L. 631-7, alinéa 3, conduit à considérer que les transformations non autorisées après le 1er janvier 1970 ne sont pas prises en compte[88].

106. - Les constructions anciennes et abandonnées constituent un cas particulier[89]. La circonstance qu'une habitation soit restée inoccupée durant une longue période, sans tomber en ruine, n'est pas par elle-même de nature à changer sa destination[90], ni son usage au sens de l'article L. 631-7[91].

Il en irait toutefois différemment des constructions édifiées avant l'institution du permis de construire en 1943 et dont l'usage initial, abandonné depuis longtemps, n'était pas l'habitation[92]. Dans cette hypothèse, il incombe à l'administration d'examiner si, compte tenu de l'usage qu'impliquent les travaux pour lesquels une autorisation est demandée, celle-ci peut être légalement accordée sur le fondement des règles d'urbanisme applicables. Pour l'application de l'article L. 631-7, il conviendra de s'en remettre à l'usage observé au 1er janvier 1970.

107. - Tandis que la rédaction du Code de l'urbanisme, encore imprécise, continue d'alimenter l'interprétation jurisprudentielle, la police de l'usage repose sur une

(88) Cass. 3e civ., 28 nov. 2019, n° 18-24.157 : *Bull. civ.* III : « les locaux faisant l'objet de travaux ayant pour conséquence d'en changer la destination postérieurement au 1er janvier 1970 sont réputés avoir l'usage pour lequel les travaux sont autorisés ; (...) la cour d'appel (...) n'était pas tenue de procéder à une recherche inopérante relative à l'incidence de travaux qui avaient été réalisés postérieurement à cette date et dont il n'était pas soutenu qu'ils avaient fait l'objet d'une autorisation ».

(89) P. Hocreitère, *La notion de construction existante en droit de l'urbanisme : Dr. adm.*, janv. 2000, chron. 1. – F. Polizzi, *Comment envisager des travaux sur une construction au regard du droit de l'urbanisme ? : BJDU* 2015, n° 1, p. 3.

(90) CE, 9 déc. 2011, n° 335707 : *Lebon* T., p. 1187 ; *BJDU* 2012, n° 2, p. 123, concl. C. Roger-Lacan, note L. Touvet ; *Defrénois* 2012, p. 421, art. 40471, note G. Daudré. V. égal. CE, 30 juill. 2014, n° 367611.

(91) CE, 21 janv. 1953, n° 7648 : *Lebon*, p. 720. – Cass. 3e civ., 7 juin 1979, n° 78-10.970 : *Bull. civ.* III, n° 123.

(92) CE, 28 déc. 2018, n° 408743 : *Lebon* T., p. 953 (ancienne bergerie transformée en habitation) ; *BJDU* 2019, n° 2, p. 132, concl. J. Burguburu, note X. de Lesquen ; *JCP* A 2019, n° 20, 2137, note F. Polizzi ; *Defrénois* 13 juin 2019, p. 34, note J.-Ph. Meng. Rappr. CE, 20 mai 1996, n° 125012 (arrêt *Auclerc*) : *Lebon* T., p. 1210 (ancienne filature transformée en habitation).

approche tout à fait différente des évolutions que peut connaître l'état d'occupation d'un local d'habitation : d'une part, l'article L. 631-7 fixe une date ou une autorisation de référence, d'autre part, l'article L. 631-7-1 exclut toute prescription acquisitive.

C. – Questions en suspens[93]

108. – Lorsque le changement d'usage ne porte que sur une partie d'un local pour l'exercice d'une activité professionnelle ou commerciale, en vertu des articles L. 631-7-2 à L. 631-7-4 du Code de la construction et de l'habitation, il est possible de considérer que la destination d'habitation de ce local reste inchangée, sinon comment admettre qu'il ne perd pas sa qualité de résidence principale ? En outre, le changement de destination, s'il n'a pas besoin d'affecter la totalité ou la majeure partie d'un bâtiment pour être contrôlé au titre de la législation du permis de construire[94], ne semble pas devoir s'apprécier, au regard de cette législation, à l'échelle d'une pièce d'un local principal.

D'ailleurs, l'autorisation de changement d'usage n'est que partielle, personnelle et, par le fait même, temporaire ; soulignant ce caractère provisoire sous l'angle des rapports locatifs, les articles L. 631-7-2 et L. 631-7-4 précisent que « le bail d'habitation de cette résidence principale n'est pas soumis aux dispositions du chapitre V du titre IV du livre Ier du Code de commerce et ne peut être un élément constitutif du fonds de commerce ».

La mairie de Paris, en ce qui concerne son territoire, considère que, dans ce cas, il n'y a pas de changement de destination soumis à autorisation d'urbanisme[95].

109. – La question se pose également dans l'hypothèse où le changement d'usage porte sur la totalité du local, mais est autorisé à titre personnel et non réel, sans compensation. En ce cas, le local doit revenir à l'habitation en cas de cessation de l'activité professionnelle du bénéficiaire de l'autorisation. Il semblerait acceptable de considérer que, comme pour l'occupation mixte ci-dessus, une autorisation d'urbanisme ne soit pas requise en raison de la réversibilité de l'usage autorisé[96]. C'est historiquement la doctrine des services de la ville de Paris[97] et semble-t-il encore la sienne aujourd'hui.

(93) J.-Ph. Meng, *De quelques questions soulevées par le contrôle des changements de destination : AJDA* 2009, p. 86. – G. Daudré et F. Polizzi, *Les changements de destination et d'usage en questions : Defrénois* 7 sept. 2017, p. 31.

(94) CE, 23 juill. 2010, n° 325724 : *BJDU* 2010, n° 5, p. 355, note J. Trémeau ; *Defrénois* 2011, art. 39233-5, note Ph. Benoit Cattin. La solution – rendue avant l'entrée en vigueur de la règle selon laquelle « les locaux accessoires d'un bâtiment sont réputés avoir la même destination que le local principal » – mériterait toutefois d'être confirmée sous l'empire des textes actuels.

(95) V. *Le traitement des destinations dans le plan local d'urbanisme*, Direction de l'urbanisme de la mairie de Paris, 18 oct. 2006, p. 24 : « des demandes de changement d'usage peuvent ne pas faire l'objet d'une demande d'autorisation d'urbanisme (par ex., lorsque la demande ne porte que sur une partie d'un local d'habitation qui conserve sa destination au sens de l'urbanisme : exercice d'une profession libérale à domicile…) ».

(96) *Urbanisme et Sécurité juridique*, 89e Congrès des notaires de France (1993), Quatrième commission, *L'espace bâti : protection et évolution*, par Mes G. Vidalenc et H. Wargny, nos 4396 et s.

(97) V. la note d'information de la mairie de Paris du 6 juillet 1992 (annexes : « Circulaires », ann. 9) distinguant selon que l'autorisation de changement d'usage est soumise ou non à compensation :
« – si cette autorisation porte sur une affectation temporaire d'un local d'habitation (par ex., autorisation incessible et personnelle d'installation d'un cabinet médical), il n'y a pas de changement de destination ; un permis n'est donc pas exigible (sauf si les travaux dépassent le seuil fixé par la

L'évolution législative la plus récente ainsi que la rare jurisprudence sur ce sujet précis vont en ce sens :

– le dispositif facultatif d'autorisation temporaire des locations de meublés de courte durée organisé par la loi ALUR à l'article L. 631-7-1 A précise que « le local à usage d'habitation bénéficiant de cette autorisation temporaire ne change pas de destination, au sens du troisième alinéa de l'article L. 151-9 du Code de l'urbanisme » ; et, selon le Conseil constitutionnel, s'il appartient aux autorités locales « de préciser les conditions dans lesquelles cette autorisation temporaire cesse de produire effet (...) une telle autorisation, à la différence de celle prévue à l'article L. 631-7, ne peut voir sa délivrance subordonnée à une compensation sous la forme d'une transformation concomitante en habitation de locaux ayant un autre usage » ;

– dans une affaire où était discutée la légalité d'un refus d'autorisation de changement d'usage à titre personnel, le tribunal administratif de Paris a considéré que « les dispositions du Code de l'urbanisme relatives au changement de destination ne trouvent pas à s'appliquer à la présente demande régie par le Code de la construction et de l'habitation »[98].

110. - En cas de réalisation de travaux, dans les deux hypothèses ci-dessus (n°s 108 et 109), entrant par eux-mêmes dans le champ d'application, selon leur importance, soit du permis de construire, soit de la déclaration préalable, une autorisation d'urbanisme devra être obtenue conformément aux articles R. 421-13 à R. 421-17 du Code de l'urbanisme. Force est de constater que la transformation totale d'un local d'habitation s'accompagne le plus souvent de la réalisation de tels travaux[99].

111. - Il est cependant fréquent que l'autorisation de changement d'usage non assortie de compensation soit alors renouvelée au profit du successeur du professionnel, assurant ainsi une certaine pérennité à la transformation. Cette pérennité d'une situation à l'origine réversible peut aussi résulter de la loi. L'ancien article L. 631-7-1 permettait d'affecter à l'usage d'habitation, pour une durée maximale de treize ans, des locaux affectés régulièrement à un autre usage ; la doctrine préconisait alors d'obtenir une autorisation de changement de destination en vertu du principe d'indépendance des législations[100].

Une décision discutable a jugé que si la déclaration d'affectation temporaire à l'habitation a été suivie d'un permis de construire pour des travaux en vue d'un changement de destination, l'usage des locaux possède un caractère d'habitation définitif en vertu du permis octroyé[101]. L'ordonnance du 8 juin 2005 (art. 29, III) précise pourtant que les locaux peuvent « nonobstant les dispositions de l'article L. 631-7 » retrouver leur affectation initiale sur simple déclaration adressée à

législation ; même dans ce dernier cas, le permis délivré ne comporterait bien entendu pas de changement de destination) ;
– si cette autorisation permet la transformation définitive de locaux antérieurement d'habitation (par ex., installation de bureaux commerciaux), un permis est nécessaire puisqu'il y a alors véritablement changement de destination ».

(98) TA Paris, 7e sect., 2e ch., 31 oct. 2013, n° 1216405/7-2.

(99) V. la note d'information de la mairie de Paris du 6 juillet 1992, préc. : « En tout état de cause, les autorisations administratives éventuellement nécessaires n'avalisent aucun changement de destination ».

(100) S. Pérignon, *Changement de destination et changement d'affectation*, préc.

(101) TA Paris, 7e sect., 3e ch., 5 juin 2014, n° 1307240/7-3.

l'administration avant l'expiration de la période d'affectation provisoire et que ce n'est qu'en l'absence d'une telle déclaration que les locaux doivent être considérés comme affectés définitivement à l'habitation.

112. – Mais alors que la réversibilité de l'usage est prise en compte par le législateur depuis plusieurs années, la question de la réversibilité de la destination était encore ignorée du droit de l'urbanisme jusqu'à une période récente.

Un premier pas a été franchi lors de l'instauration d'un permis à double état pour la réalisation des équipements nécessaires aux Jeux olympiques de 2024[102], puis un deuxième avec l'obligation de réaliser une étude de la réversibilité des locaux à compter du 1er janvier 2023[103], qui seront peut-être suivis d'un troisième avec la création d'un permis de construire multi-destination[104].

113. – L'usage d'habitation réversible connaît un regain d'actualité depuis l'instauration par la ville de Paris, en 2016, d'un dispositif d'affectation temporaire à l'habitation, comme le permet l'article L. 631-7-1, B. Ce dernier texte ne prévoit cependant aucune coordination avec les dispositions du Code de l'urbanisme ; se pose donc, de nouveau, la question de savoir si une autorisation doit être obtenue au titre d'un changement de destination.

À notre connaissance, la ville de Paris ne demande pas d'autorisation de changement de destination dans le cadre spécifique et transitoire de l'affectation temporaire. Le principe d'indépendance des législations aurait peut-être pu justifier l'obtention d'une telle autorisation ; mais paradoxalement, l'application de ce même principe aurait pu s'opposer au retour à l'usage initial au cas où les règles d'urbanisme applicables lors de la retransformation du local ne permettent pas le retour à la destination initiale.

114. – Les difficultés ci-dessus exposées ne peuvent que nourrir la réflexion sur une généralisation du permis à double destination et, plus largement, sur l'adoption d'une nouvelle notion juridique : le bâtiment réversible.

(102) S. Marie, *Le permis à double état : la première pierre à la construction d'un régime de la réversibilité des usages des bâtiments ? : RDI* 2020, p. 129.

(103) CCH, art. L. 121-1-1, créé par L. n° 2021-1104, 22 août 2021, art. 224.

(104) Rapport de la Commission sur la relance durable de la construction de logements, t. II, *Approfondissement du contrat local et autres mesures nationales*, oct. 2021, p. 18, V. la proposition n° 20 « Étudier et expérimenter un permis de construire autorisant à l'avance plusieurs destinations ou sous-destinations afin de reconnaître la construction d'immeubles réversibles en droit de l'urbanisme ».

CHAPITRE 1 LE DOMAINE D'APPLICATION DU CONTRÔLE DE L'USAGE

115. – La plupart des difficultés suscitées par la police des changements d'affectation résultaient de son champ d'application vieillissant. Les principes directeurs du contrôle de l'usage remontant à 1945 n'étaient plus adaptés à la situation actuelle et constituaient de sérieux obstacles à la commercialisation et la transformation du patrimoine tertiaire parisien. Trop daté, le périmètre de ce contrôle a soulevé de nombreuses critiques en faveur de sa suppression pure et simple. Pour autant, les difficultés d'accès au logement ne sont pas résolues, loin de là ; la disparition d'un dispositif de protection du parc des locaux d'habitation surprendrait alors que les lois se succèdent pour accroître les moyens d'intervention des pouvoirs publics en ce domaine. Un nouvel équilibre entre la préservation de l'offre de logements et le développement des activités devait être réinventé.

116. – L'ordonnance n° 2005-655 du 8 juin 2005 a permis d'adapter la réglementation des changements d'usage aux réalités contemporaines de la crise du logement. Cette rationalisation s'est accompagnée d'une réduction du domaine d'application du contrôle de l'usage, poursuivie par la loi n° 2008-776 du 4 août 2008 de modernisation de l'économie, et sur laquelle est partiellement revenue la loi n° 2014-366 du 24 mars 2014 pour l'accès au logement et un urbanisme rénové. Le champ d'application combine quatre critères cumulatifs :

- la localisation géographique (Section 1) ;
- le type de local destiné à accueillir l'activité économique projetée (Section 2) ;
- l'usage de référence à partir duquel le changement d'affectation est envisagé (Section 3) ;
- la personnalité de l'auteur du changement d'usage (Section 4).

SECTION 1 CHAMP D'APPLICATION TERRITORIAL

117. – Le champ d'application géographique du contrôle de l'usage connaît une étonnante stabilité juridique jusqu'à l'ordonnance du 8 juin 2005.

L'article 21 de l'ordonnance n° 45-2394 du 11 octobre 1945 instituant des mesures exceptionnelles et temporaires en vue de remédier à la crise du logement, déploie le contrôle de l'usage « dans les localités où il existe un service municipal du logement ». Ces services municipaux du logement doivent être créés « à titre temporaire » précise l'article 2 de l'ordonnance, « dans les communes désignées sur proposition des maires intéressés, par arrêté du ministre de l'Intérieur, du ministre de l'Économie nationale, du ministre des Finances et du ministre de la Reconstruction et de l'Urbanisme », pour « assurer une meilleure répartition des logements existants ». Pour l'ancien département de la Seine, un service départemental du logement est institué (Ord. 11 oct. 1945, art. 6).

La loi n° 48-1360 du 1er septembre 1948 (dite « loi Grimaud ») étend l'application de la réglementation aux communes où il est perçu « une taxe de compensation annuelle sur les logements insuffisamment occupés » visée à l'article 18 de l'ordonnance du 11 octobre 1945.

118. - L'ordonnance n° 58-1441 du 31 décembre 1958 réglementant les changements d'affectation et les démolitions de locaux, redéfinit le champ d'application géographique en renvoyant aux communes visées par l'article 10, 7° de la loi Grimaud dans sa rédaction modifiée par l'ordonnance n° 58-1343 du 27 décembre 1958 (art. 4), savoir :
- Paris ;
- les communes situées dans un rayon de 50 kilomètres à partir des anciennes fortifications de Paris ;
- les communes dont la population municipale est égale ou supérieure à 10 000 habitants.

Il s'agissait, à l'époque, d'unifier le champ d'application territorial des mesures prises pour remédier à la crise du logement, qu'il s'agisse soit des conditions d'occupation suffisante des locaux d'habitation auquel était subordonné le droit au maintien dans les lieux, soit des transformations et des démolitions.

Cette liste de communes est demeurée inchangée pendant près d'un demi-siècle.

119. - Le champ d'application de la police de l'usage, tel qu'il résulte de l'ordonnance du 31 décembre 1958, est apparu au fil du temps :
- trop vaste pour tenir compte des conditions locales du marché du logement qui varient d'une commune à l'autre, voire d'un quartier à l'autre ;
- trop rigide pour suivre les évolutions du secteur de l'habitation qui ne connaît plus une crise du logement comparable à celle de l'immédiate après-guerre, même si à Paris les tensions sont toujours vives.

120. - Consciente du risque d'inadaptation de la réglementation à la quasi-totalité de la France urbaine, l'administration a prescrit, en 1972, de nouvelles orientations plus rigoureuses en région parisienne et plus libérales dans les villes de province à l'exception des transformations de logements dans les agglomérations très importantes[1]. Mieux encore, en 1989, une circulaire a été prise spécialement pour le cas particulier de Paris[2].

Plusieurs études réalisées par l'administration ont révélé l'existence d'un décalage entre la réglementation applicable en droit et son application dans les faits[3]. De leur

(1) Circ. n° 72-158, 3 oct. 1972, relative aux changements d'affectation et démolitions de locaux (annexes : « Circulaires », ann. 5).

(2) Circ. n° 89-69, 3 nov. 1989, relative aux changements d'affectation des locaux à usage d'habitation (annexes : « Circulaires », ann. 8).

(3) V. le rapport de M. Cl. Robert, *La transformation des logements en locaux d'activité*, sept. 1990, rendu au ministère délégué chargé du logement, p. 26 et s., qui distingue : certains départements où « la réglementation est tombée en désuétude, soit qu'elle est ignorée, soit que le très faible nombre de

côté, les praticiens pouvaient constater que l'effectivité du contrôle de l'usage des immeubles se limitait, pour l'essentiel, à Paris, certaines communes des Hauts-de-Seine et quelques grandes villes comme Lyon.

121. - Plusieurs propositions ont été avancées pour remédier à cette situation disparate qui portait atteinte au crédit et à l'autorité du droit en la matière. Par exemple, une solution aurait consisté à maintenir un seuil démographique relativement bas mais à ouvrir aux communes la faculté de supprimer le contrôle, par une délibération expresse, sur leur territoire. Cette proposition s'accompagnait d'une décentralisation du pouvoir de décision au profit des communes[4].

Une autre solution fut proposée par les notaires réunis lors de leur 89e Congrès en 1993, ayant pour thème l'Urbanisme et la Sécurité juridique, au terme duquel le vœu suivant fut adopté de façon quasi prémonitoire :

> « Que la réglementation des changements d'affectation des locaux d'habitation soit applicable uniquement :
> - à Paris et dans toutes les communes des départements limitrophes,
> - dans toutes les agglomérations de plus de 200 000 habitants ».

122. - Lors des travaux parlementaires précédant l'adoption de la loi n° 2004-1343 du 9 décembre 2004 de simplification du droit autorisant le Gouvernement « à prendre par ordonnance les dispositions nécessaires pour adapter et simplifier le régime juridique applicable aux changements d'affectation des locaux », le rapporteur de la Commission des lois de l'Assemblée nationale suggérait « de conserver le caractère obligatoire de l'autorisation uniquement pour les communes de l'agglomération parisienne et de laisser aux autres communes la faculté d'appliquer cette procédure »[5], tandis que le rapporteur de la Commission des lois du Sénat proposait « de relever le seuil actuel afin qu'il concerne les grandes agglomérations ou certaines communes moins importantes mais limitrophes de grandes villes »[6].

123. - Prenant acte de l'application, dans les faits, de l'article L. 631-7 aux seuls grands centres urbains, l'ordonnance du 8 juin 2005 abandonne toute référence à la loi Grimaud de 1948 et conserve un seuil d'application démographique revu à la hausse (§ 1).

En revanche, l'ordonnance de 2005 n'a pas modifié le texte des articles :

- L. 631-9 qui permet d'étendre l'application du dispositif à d'autres territoires ne répondant pas au critère démographique (§ 2) ;
- et L. 631-10 qui dispense les zones franches urbaines du contrôle de l'usage (§ 3).

demandes reçues laisse planer un doute sur l'application des textes », d'autres départements où « les autorisations sont quasi automatiquement accordées ce qui conduit à s'interroger sur l'utilité de la procédure », quelques grandes villes où « une politique semble avoir été amorcée qui consiste à limiter la surveillance à certaines zones sans qu'on sache très bien ce qui se passe en dehors de ces zones », la ville de Lyon où « les autorités municipales sont préoccupées par les changements d'affectation dans le noyau central » et les Hauts-de-Seine où « la procédure de l'article L. 631-7 est aussi vivante qu'à Paris ».

(4) V. le rapport de M. Cl. Robert, préc., p. 41 et s.

(5) V. le rapport n° 1635 de M. E. Blanc, au nom de la Commission des lois de l'Assemblée nationale, enregistré le 2 juin 2004, p. 183 et s.

(6) V. le rapport n° 5 (2004-2005) de M. B. Saugey, au nom de la Commission des lois du Sénat, déposé le 7 octobre 2004, examen de l'article 27 du projet de loi.

Toutefois, à l'occasion de la loi n° 2014-366 du 24 mars 2014 pour l'accès au logement et un urbanisme rénové (dite « loi ALUR »), ces dispositions ont été soit modifiées (art. L. 631-9), soit supprimées (art. L. 631-10) et ce à compter du 27 mars 2014[7].

§ 1. – Liste légale des communes concernées

124. – L'article L. 631-7 du Code de la construction et de l'habitation débute par la disposition suivante :

« La présente section est applicable aux communes de plus de 200 000 habitants et à celles des départements des Hauts-de-Seine, de la Seine-Saint-Denis et du Val-de-Marne. Dans ces communes, le changement d'usage des locaux destinés à l'habitation est, dans les conditions fixées par l'article L. 631-7-1, soumis à autorisation préalable ».

125. – Sont assujetties, de plein droit, au nouveau régime des changements d'usage :
- les communes peuplées de plus de 200 000 habitants ;
- et les communes des départements de la petite couronne parisienne (Hauts-de-Seine, Seine-Saint-Denis et Val-de-Marne), quel que soit leur nombre d'habitants[8].

126. – L'ordonnance du 8 juin 2005 a repris le vœu du 89e Congrès des notaires de 1993, rappelé ci-dessus, visant à limiter l'application géographique de la réglementation, sauf sur un point : l'article L. 631-7 se réfère aux « communes de plus de 200 000 habitants » alors que le 89e Congrès visait « les agglomérations de plus de 200 000 habitants ».

Le maintien de la référence aux seules communes, et non aux communautés d'agglomération, peut étonner. Le marché immobilier des grandes villes s'apprécie, le plus souvent, à un niveau intercommunal. Lorsque sévit une crise du logement, il est rare qu'elle se cantonne aux frontières administratives de la commune ! Le législateur le sait bien lorsqu'il prévoit, par exemple, la mise en place de programmes locaux de l'habitat « dans les communautés de communes compétentes en matière d'habitat de plus de 30 000 habitants comprenant au moins une commune de plus de 10 000 habitants, dans les communautés d'agglomération, dans les métropoles et dans les communautés urbaines » (CCH, art. L. 302-1, dernier al.). Mais il est vrai que les transformations de locaux d'habitation se concentrent principalement dans les centres-villes et non à leur périphérie.

127. – Il existe un correctif prévu à l'article L. 631-9 qui permet d'étendre le contrôle de l'usage des locaux d'habitation aux communes non visées par l'article L. 631-7. Par ce biais, il est techniquement possible d'adapter le périmètre d'application à l'échelle intercommunale là où la protection du parc des locaux d'habitation l'exige.

128. – Le seuil de 200 000 habitants doit être considéré par référence à la population municipale telle que définie par le décret n° 2003-485 du 5 juin 2003 modifié et recensée par l'Institut national de la statistique et des études économiques (INSEE).

(7) Les dispositions de la loi ALUR relatives à la police de l'usage sont entrées en vigueur le lendemain de sa publication au *Journal officiel*.

(8) Le contrôle de l'usage est également applicable en Guadeloupe, Guyane, Martinique, à La Réunion, Mayotte et Saint-Martin (CCH, art. L. 661-1, complété par L. n° 94-638, 25 juill. 1994).

129. – Ce seuil démographique constitue un critère d'application destiné à suivre l'évolution de la population des grandes villes. Il ne s'agit pas d'un procédé d'identification des communes qui comptabilisaient plus de 200 000 habitants à la date d'entrée en vigueur de l'ordonnance du 8 juin 2005[9].

130. – Sur la base des populations légales millésimées 2018 par l'INSEE et entrées en vigueur le 1er janvier 2021[10], il existe onze communes de plus de 200 000 habitants : **Bordeaux, Lille** (avec ses communes associées Hellemmes et Lomme)**, Lyon, Marseille, Montpellier, Nantes, Nice, Paris, Rennes, Strasbourg et Toulouse**.

Ces communes dépassaient déjà ce seuil d'après les résultats du recensement établi en 1999 par l'INSEE, à l'exception de Lille qui n'a franchi le cap des 200 000 habitants que depuis sa fusion-association avec la commune de Lomme[11].

131. – La population légale à prendre en compte pour l'applicabilité du contrôle de l'usage est celle recensée à la date à laquelle intervient le changement d'usage des locaux[12].

132. – Si une autorisation de changement d'usage est accordée bien que la réglementation ne soit pas applicable sur le territoire de la commune concernée, la décision administrative ne peut faire l'objet d'un recours pour excès de pouvoir en raison de son caractère superfétatoire[13].

133. – L'ordonnance du 8 juin 2005 a supprimé la référence aux stations balnéaires, climatiques et thermales qui figurait à l'article L. 631-8 dans sa rédaction antérieure : « Les dispositions de l'article précédent ne sont pas applicables dans les stations balnéaires, climatiques ou thermales, classées ou en voie de classement, aux locaux qui, avant le 2 septembre 1939, étaient habituellement affectés à la location saisonnière ou occupés pendant la saison par leur propriétaire ». Cette exclusion pittoresque des stations balnéaires, climatiques et thermales remontait à la loi Grimaud

(9) P. Soler-Couteaux et E. Vilchez, *Changement d'usage des locaux d'habitation : Droit de l'aménagement*, éd. Le Moniteur, déc. 2019, V. 400-2, p. 3.

(10) D. n° 2020-1706, 24 déc. 2020.

(11) D. n° 2000-151, 22 févr. 2000, portant fusion avec association des communes de Lille et de Lomme.

(12) Cass. 3e civ., 7 nov. 1979, n° 78-10.980 : *Bull. civ.* III, n° 198 : « attendu qu'il est fait grief à l'arrêt d'avoir refusé de prononcer la résiliation du bail en estimant que l'article 340 du Code de l'urbanisme (devenu l'article L. 631-7 du Code de la construction et de l'habitation), qui subordonne la transformation de locaux à usage d'habitation en locaux à usage commercial à une autorisation administrative, ne s'appliquait pas à Mimizan-Plage, alors, selon le moyen, que cette autorisation est prescrite dans les communes dont la population municipale est égale ou supérieure à 10 000 habitants ; qu'en se référant à la notion de population permanente pour déterminer le seuil d'application de la loi, la cour d'appel en a fait une fausse application ; mais attendu que l'arrêt a exactement pris en considération la population permanente de la localité qui était, à l'époque de la transformation, de 1 200 habitants, pour décider que l'article 340 du Code de l'urbanisme n'était pas applicable ; d'où il suit que le moyen n'est pas fondé ».

(13) CE, 21 janv. 1998, n° 126853 : *Lebon* T., p. 1009 : « considérant qu'un arrêté du 10 janvier 1983 a fixé la population de la commune de La Trinité à 9 238 habitants ; que cette commune n'entrait donc pas dans le champ d'application de l'article L. 631-7 du Code de la construction et de l'habitation ; qu'aucune dérogation aux dispositions de cet article n'était donc nécessaire à la validité du changement d'affectation du bâtiment ; que les requérants ne sont, par suite, pas recevables à demander l'annulation de l'arrêté préfectoral du 21 juillet 1988 qui, accordant une dérogation de caractère superfétatoire, ne constitue pas une décision susceptible d'être contestée par la voie du recours pour excès de pouvoir ».

de 1948 et permettait aux locaux concernés de faire notamment l'objet d'une location en meublé présentant un caractère commercial.

Rien ne justifiait le maintien de ce régime particulier depuis l'augmentation du seuil d'application de 10 000 à 200 000 habitants. L'article L. 631-8 est totalement réécrit par l'ordonnance de 2005 et ses dispositions actuelles ne concernent plus le champ d'application du contrôle de l'usage.

§ 2. – Faculté d'extension à d'autres communes

134. - Cette faculté d'extension légale, censée permettre l'adaptation de la réglementation à la diversité des situations locales (A), est de plus en plus souvent utilisée par les autorités compétentes (B) notamment afin d'encadrer l'essor des meublés de tourisme. L'entrée en vigueur de la décision d'extension est subordonnée à l'exécution de formalités de publicité (C).

A. – Principe et application de la faculté d'extension

135. - Selon l'article L. 631-9 du Code de la construction et de l'habitation :

> « Dans les communes autres que celles mentionnées au premier alinéa de l'article L. 631-7, les dispositions dudit article peuvent être rendues applicables par décision de l'autorité administrative sur proposition du maire ou, pour les communes appartenant à une zone d'urbanisation continue de plus de 50 000 habitants dont la liste est fixée par le décret mentionné au I de l'article 232 du Code général des impôts, par une délibération de l'organe délibérant de l'établissement public de coopération intercommunale compétent en matière de plan local d'urbanisme ou, à défaut, du conseil municipal.
> Ces dispositions peuvent également, dans les mêmes conditions, être rendues applicables sur une partie seulement de la commune ».

La faculté d'étendre le contrôle de l'usage d'habitation à d'autres communes existe depuis 1945[14].

136. - Dans les années 1960 et 1961, plusieurs arrêtés ministériels ont rendu applicable la réglementation des changements d'affectation à des communes dont la population était alors inférieure au seuil de 10 000 habitants. Il s'agissait, par exemple, de Kerlaz (801 habitants en 2006) dans le Finistère, de Labouheyre (2 507 habitants) dans les Landes, de Charmes (4 561 habitants) dans les Vosges ou encore de Morez (5 462 habitants) dans le Jura... Au total, une quarantaine de communes ont demandé et obtenu la protection de cette réglementation. Pour certaines d'entre elles, l'évolution de leur démographie les aurait conduites, de toute manière, à entrer dans le champ d'application du contrôle de l'usage.

La liste de ces communes est jointe en annexe de la circulaire du 22 mars 2006 qui précise que « ces arrêtés sont caducs en raison du manque de base légale »[15]. Ces communes, qui ont en commun d'avoir une population inférieure à 200 000 habitants, sont sorties du champ d'application de la réglementation depuis l'entrée en vigueur, le 10 juin 2005, de l'ordonnance de 2005. Il a été demandé aux préfets de

(14) Ord. n° 45-2394, 11 oct. 1945, art. 23, instituant des mesures exceptionnelles et temporaires en vue de remédier à la crise du logement.

(15) Circ. n° 2006-19 UHC/DH2, 22 mars 2006, sur l'application des mesures relatives au changement d'usage des locaux d'habitation (annexes : « Circulaires », ann. 1).

se rapprocher des communes concernées afin de recueillir leur avis sur le maintien ou non du régime de contrôle[16].

137. – Depuis la loi n° 2002-276 du 27 février 2002 relative à la démocratie de proximité, il est désormais possible d'étendre l'application de l'article L. 631-7 à « une partie seulement de la commune » (art. L. 631-9, al. 2).

Cette souplesse dans la délimitation de l'application volontaire du régime se démarquait de la rigidité de l'ancien article L. 631-7 dont les dispositions étaient censées s'appliquer sur la totalité du territoire des communes de plus de 10 000 habitants ! La situation locale d'une commune peut, en effet, nécessiter un contrôle limité à quelques rues constituant, par exemple, son centre historique.

138. – La faculté d'extension peut également permettre d'élargir le champ d'application du contrôle autour des villes de plus de 200 000 habitants, lorsque les tensions sur le marché du logement s'étendent aux communes limitrophes et qu'un nombre important de locaux d'habitation sont transformés sur le territoire de celles-ci.

139. – Avec la loi n° 2008-776 du 4 août 2008 de modernisation de l'économie (dite « LME »), le contrôle des changements d'usage a été transféré, le 1er avril 2009, aux communes dans lesquelles ce contrôle a vocation à s'exercer en application de l'article L. 631-7. Pour autant, la LME n'a pas décentralisé la compétence pour étendre l'application du régime des changements d'usage aux communes de moins de 200 000 habitants.

Il faut attendre la loi n° 2014-366 du 24 mars 2014 pour l'accès au logement et un urbanisme rénové (dite « loi ALUR ») pour que le législateur modifie la compétence décisionnelle mais uniquement au profit des communes appartenant à une zone d'urbanisation continue de plus de 50 000 habitants définie à l'article 232 du Code général des impôts.

Pour rendre applicable l'article L. 631-7 sur tout ou partie du territoire de ces communes, une délibération de l'organe délibérant de l'établissement public de coopération intercommunale (EPCI) compétent en matière de plan local d'urbanisme (PLU) ou, à défaut, du conseil municipal, suffit depuis le 27 mars 2014.

140. – L'article 232 du Code général des impôts concerne la taxe annuelle sur les logements vacants ; elle « est applicable dans les communes appartenant à une zone d'urbanisation continue de plus de cinquante mille habitants où existe un déséquilibre marqué entre l'offre et la demande de logements, entraînant des difficultés sérieuses d'accès au logement sur l'ensemble du parc résidentiel existant (…) ». La liste des communes où la taxe est instituée est fixée par décret.

Il était inusuel, jusqu'à la loi ALUR, que le champ territorial du contrôle de l'usage se base sur un texte fiscal ; cette référence n'en est pas moins pertinente si l'on considère que cette taxe a vocation à s'appliquer dans les zones où les tensions immobilières sont les plus fortes. Et, outre le fait que d'autres mesures de la loi ALUR prennent appui sur l'article 232 du Code général des impôts, cet article est devenu par ailleurs, notamment à la suite de plusieurs réformes du droit de l'urbanisme, un

(16) On observera que le problème actuellement rencontré par la plupart de ces petites communes rurales est d'abord celui du maintien des activités commerciales et artisanales, et non plus celui de la protection des logements.

critère d'application géographique de diverses dispositions totalement extérieures au droit fiscal[17].

141. - En application du décret n° 2013-392 du 10 mai 2013, tel que modifié par le décret n° 2015-1284 du 13 octobre 2015, 1 149 communes sont actuellement visées par l'article 232, ce texte visant non seulement les communes de plus de 50 000 habitants, mais également l'ensemble des communes, petites ou grandes, jouxtant celles-ci[18].

Il est douteux que, sauf nécessité ponctuelle, la majorité de ces communes limitrophes des métropoles se sentent concernées par la police de l'usage. À moins que certaines d'entre elles soient encouragées dans cette voie par l'attrait que constitue le contrôle des locations meublées saisonnières[19].

142. - Peu utilisée au lendemain de l'ordonnance du 8 juin 2005, la faculté d'extension de l'article L. 631-9 a connu ces dernières années un regain d'intérêt de la part des autorités locales[20]. En effet, un nombre croissant de petites et moyennes communes, notamment des cités littorales ou touristiques, se placent sous la protection de l'article L. 631-7, le plus souvent afin d'encadrer le marché des meublés de tourisme[21].

Une réponse ministérielle du 9 juillet 2019 précise cependant qu'il s'agit d'un régime d'exception auquel ne peuvent avoir recours que les communes confrontées à une situation particulière de tension en matière de logement : « La mise en place de cette procédure doit être justifiée par un motif impérieux d'intérêt général, tel que la préservation de l'habitat permanent. De plus, la directive 2006/123/CE du Parlement européen et du Conseil du 12 décembre 2006, relative aux services dans le marché intérieur, ne permet d'instaurer un tel régime qu'à la double condition qu'il ne soit pas discriminatoire et que l'objectif poursuivi ne puisse pas être réalisé avec des mesures moins contraignantes. La procédure d'autorisation préalable constituant une restriction à l'exercice de la liberté de commerce et de l'industrie constitutionnellement garantie, elle constitue une exception dont la mise en œuvre doit être justifiée par des circonstances particulières »[22].

Cette lecture du droit communautaire a été confirmée l'année suivante par la Cour de justice de l'Union européenne dans une décision validant le bien-fondé du droit français[23].

(17) V. C. urb., art. L. 151-22, II (fixation d'un coefficient de biotope), art. L. 151-36-1 (dispense d'obligation de réaliser des aires de stationnement), art. L. 152-6 (possibilité de déroger à certaines règles d'urbanisme) et CJA, art. R. 811-1-1 (compétence provisoire donnée aux tribunaux administratifs de statuer en premier et dernier ressort sur les recours dirigés contre certaines autorisations d'urbanisme).

(18) Agglomérations concernées : Ajaccio, Annecy, Arles, Bastia, Bayonne, Beauvais, Bordeaux, Draguignan, Fréjus, Genève-Annemasse, Grenoble, La Rochelle, La Teste-de-Buch-Arcachon, Lille, Lyon, Marseille-Aix-en-Provence, Meaux, Menton-Monaco, Montpellier, Nantes, Nice, Paris, Saint-Nazaire, Sète, Strasbourg, Thonon-les-Bains, Toulon, Toulouse.

(19) V. *infra*, n°s 212 et s.

(20) P. Wallut et G. Daudré, *Le développement exponentiel du phénomène des locations meublées de courtes durées et les réactions en ordre dispersé des communes : Actes prat. ing. immobilière* 2021, n° 3, étude 21.

(21) Par ex., et sans visée d'exhaustivité, les communes d'Aix-en-Provence, Colmar, Les Sables-d'Olonne, Saint-Malo, Sète, Versailles, ou encore les communautés d'agglomération Pays Basque, Grand Annecy...

(22) Rép. min. n° 18883 : *JOAN* Q 9 juill. 2019, p. 6516.

(23) CJUE, Gde ch., 22 sept. 2020, aff. jtes C-724/18 et C-727/18 : *Europe* 2020, comm. 337, note D. Simon et A. Rigaux.

B. – Modalités d'exercice de la faculté d'extension

143. – Aux termes de l'article R. 631-5 du Code de la construction et de l'habitation :

« La décision d'extension à d'autres communes prévue à l'article L. 631-9 est prise par arrêté du préfet après avis du maire ».

La compétence a été transférée du ministre chargé de la construction et de l'habitation au préfet depuis le modeste décret n° 2006-1090 du 30 août 2006.

Pour rappel, l'alinéa 1er de l'article L. 631-9 pose le principe suivant :

« Dans les communes autres que celles mentionnées au premier alinéa de l'article L. 631-7, les dispositions dudit article peuvent être rendues applicables par décision de l'autorité administrative sur proposition du maire ou, pour les communes appartenant à une zone d'urbanisation continue de plus de 50 000 habitants dont la liste est fixée par le décret mentionné au I de l'article 232 du Code général des impôts, par une délibération de l'organe délibérant de l'établissement public de coopération intercommunale compétent en matière de plan local d'urbanisme ou, à défaut, du conseil municipal ».

144. – Dans le cadre de la LME du 4 août 2008, le législateur a jugé préférable de laisser aux communes l'initiative de la procédure, en modifiant l'article L. 631-9, alinéa 1er, afin que la décision d'extension soit prise « sur proposition » des maires et non après avis[24].

Et depuis la loi ALUR du 24 mars 2014, sur le territoire des communes visées par le décret mentionné à l'article 232 du Code général des impôts, c'est l'organe délibérant de l'EPCI compétent en matière de PLU[25] ou, à défaut, le conseil municipal, qui est seul compétent pour décider de l'application du régime de l'article L. 631-7 lorsqu'elle apparaît opportune.

En dehors de ces communes, le préfet reste compétent pour adapter le champ d'application géographique de la réglementation en fonction des situations locales et des évolutions du marché immobilier dans les villes ne répondant pas au critère démographique.

Toutefois, le texte de l'article R. 631-5 n'a pas été réécrit pour tenir compte des modifications de l'article L. 631-9 intervenues en 2008 et 2014 et continue, faute d'avoir été mis à jour comme la plupart des dispositions réglementaires du Code de la construction et de l'habitation relatives aux changements d'usage, de se référer à un avis préalable du maire.

145. – Une fois le régime de l'article L. 631-7 rendu applicable, il appartient au conseil municipal de la commune (ou à l'organe délibérant de l'EPCI compétent en matière de PLU) d'adopter un règlement fixant les conditions de délivrance des autorisations de changement d'usage. L'application de l'article L. 631-7 rend également possible la mise en œuvre de la procédure d'enregistrement des meublés de

(24) V. le rapport n° 413, t. I (2007-2008) de M. L. Béteille, Mme E. Lamure et M. Ph. Marini, au nom de la Commission spéciale du Sénat chargé d'examiner le projet de loi adopté par l'Assemblée nationale, déposé le 24 juin 2008, p. 93 et s.

(25) Lorsqu'il s'agit d'un EPCI à fiscalité propre, et si l'extension ne concerne qu'une seule commune, la décision ne peut être prise qu'après avis du conseil municipal de la commune concernée, conformément à l'article L. 5211-57 du Code général des collectivités territoriales.

tourisme prévue au III de l'article L. 324-1-1 du Code du tourisme[26]. Et l'application de la procédure d'enregistrement rend elle-même possible l'instauration d'une procédure d'autorisation de location d'un local à usage commercial en tant que meublé de tourisme (C. tourisme, art. L. 324-1-1, IV bis)[27].

Différents modèles de délibérations en vue de l'instauration des procédures de changement d'usage et d'enregistrement ont été proposés par des groupements de professionnels du tourisme et de l'hôtellerie[28].

C. – Publicité de la décision d'extension

146. - Toute décision concernant l'extension du contrôle de l'usage d'habitation est soumise à des mesures de publicité qui conditionnent son caractère exécutoire et le point de départ des délais de recours.

Lorsqu'il s'agit d'un arrêté préfectoral, celui-ci doit être publié au recueil des actes administratifs de la préfecture, disponible le cas échéant sur son site Internet[29].

Lorsqu'il s'agit d'une délibération du conseil municipal, celle-ci fait l'objet des formalités prévues par l'article L. 2131-1 du Code général des collectivités territoriales (CGCT), dans sa rédaction applicable à compter du 1er juillet 2022 pour les actes réglementaires des communes :

– sa transmission au représentant de l'État dans le département (le préfet) ou à son délégué dans l'arrondissement (le sous-préfet), cette transmission s'effectuant par voie électronique dans les communes de plus de 50 000 habitants ;

– et sa publication sous forme électronique dans les conditions fixées par le nouvel article R. 2131-1 du Code général des collectivités territoriales, sauf dans les communes comprenant moins de 3 500 habitants où le conseil municipal peut choisir entre l'affichage, la publication sous forme papier ou celle sous forme électronique.

Ces formalités sont également applicables à la délibération d'instauration du contrôle de l'usage prise par l'organe délibérant de l'EPCI compétent en matière de PLU (CGCT, art. L. 5211-3).

147. - L'instauration d'un contrôle de l'usage fait l'objet d'une publicité minimale, c'est-à-dire uniquement suivant les modalités ci-dessus applicables selon l'acte qui l'a décidé (arrêté préfectoral, délibération communale ou intercommunale). En effet, les textes actuels ne prévoient pas de mesure de publicité spécifique, ni d'information à destination des organisations professionnelles[30], ni même d'obligation de renseignement à la charge de l'auteur d'un certificat ou d'une note d'urbanisme.

(26) Le Conseil de Paris a instauré une procédure d'enregistrement en juillet 2017 avec effet au 1er décembre 2017 ainsi qu'un service de déclaration en ligne. De nombreuses autres villes ont adopté un dispositif similaire.

(27) Le Conseil de Paris a instauré la procédure d'autorisation de location des locaux commerciaux dans sa séance de décembre 2021, V. *infra*, nos 1032 et s.

(28) *Enregistrement des meublés de tourisme – Guide de mise en œuvre à destination des municipalités et EPCI compétents*, AhTop et GNI, éd. 2019.

(29) CE, 27 mars 2020, n° 435277 : *Lebon* T., p. 581-892.

(30) Lorsqu'il est l'auteur de la décision d'extension, le préfet est toutefois invité par la circulaire du 22 mars 2006 à assurer une large diffusion de son arrêté aux professionnels appelés à intervenir sur plusieurs départements, en plus de sa publication légale au recueil des actes administratifs du département.

Il est donc recommandé de vérifier auprès de la préfecture du département et de la mairie de la commune concernée que les dispositions de l'article L. 631-7 n'ont pas été rendues applicables à tout ou partie du territoire communal.

148. – L'obtention expresse ou tacite d'un certificat d'urbanisme, qu'il soit d'information ou pré-opérationnel, ne permet pas de se prémunir d'une éventuelle mise en application de l'article L. 631-7 sur le territoire d'une commune jusqu'alors non concernée. Pour une double raison : d'une part, l'effet de stabilisation attaché audit certificat ne bénéficie qu'aux demandes d'autorisation d'urbanisme, d'autre part, le régime des changements d'usage ne relève pas des règles sur le fondement desquelles une autorisation d'urbanisme pourrait être refusée[31].

§ 3. – Zones franches urbaines

149. – Les zones franches urbaines ont été exclues du contrôle de l'usage dès leur création (A) et jusqu'à l'entrée en vigueur de la loi ALUR (B).

A. – Exclusion des zones franches urbaines jusqu'au 26 mars 2014

150. – Avant d'être abrogé par la loi ALUR, l'article L. 631-10 du Code de la construction et de l'habitation disposait :

« Les dispositions de l'article L. 631-7 ne sont pas applicables dans les zones franches urbaines définies au B du 3 de l'article 42 de la loi n° 95-115 du 4 février 1995 d'orientation pour l'aménagement et le développement du territoire ».

La rédaction de l'article L. 631-10 est restée inchangée depuis sa création par la loi n° 96-987 du 14 novembre 1996 relative à la mise en œuvre du pacte de relance pour la ville.

151. – La loi n° 95-115 du 4 février 1995 d'orientation pour l'aménagement et le développement du territoire, modifiée en dernier lieu par la loi n° 2009-526 du 12 mai 2009 de simplification et de clarification du droit et d'allégement des procédures, doit permettre la mise en œuvre de « politiques renforcées et différenciées de développement », dans des « zones caractérisées par des handicaps géographiques, économiques ou sociaux » parmi lesquelles figurent, notamment, les zones urbaines sensibles (ZUS) qui comprenaient alors les zones de redynamisation urbaine (ZRU)[32] et les zones franches urbaines (ZFU).

Seules les zones franches urbaines ont été dispensées du contrôle de l'usage d'habitation.

152. – La non-application du régime de l'article L. 631-7 aux ZFU est aisément compréhensible ; au sein de ces zones défavorisées, dans lesquelles le rapport emploi/habitat est le plus souvent défavorable à l'activité professionnelle ou

(31) V., sur les garanties intrinsèquement limitées des certificats d'urbanisme, S. Marie, *Les protections contre l'évolution défavorable des règles d'urbanisme : RFDA* 2020, p. 966, spéc. p. 967.

(32) La loi n° 2014-173 de programmation pour la ville et la cohésion urbaine du 21 février 2014 a remplacé les ZUS par les quartiers prioritaires de la politique de la ville et supprimé définitivement les ZRU le 1er janvier 2015. V., à ce sujet, J.-Ph. Brouant, *Ville et cohésion urbaine – La continuité dans le changement, c'est maintenant ! : AJDA* 2014, n° 17, p. 973.

commerciale, il a été souhaité par le législateur que puissent s'implanter librement, soit des professions libérales, soit des activités industrielles ou commerciales génératrices d'emplois et de services de proximité.

153. – Trois générations de zones franches urbaines (ZFU) se sont succédé pendant la période au cours de laquelle l'article L. 631-10 était en vigueur :

– les premières ZFU, au nombre de quarante-quatre, ont été instituées par la loi n° 96-987 du 14 novembre 1996 relative à la mise en œuvre du pacte de relance pour la ville ; la liste de ces ZFU figure en annexe I de ladite loi ; leur délimitation est fixée par les décrets n°s 96-1154 et 96-1155 du 26 décembre 1996 modifiés ;

– la deuxième génération, emportant création de quarante et une ZFU supplémentaires, a été mise en place au 1er janvier 2004 par la loi n° 2003-710 du 1er août 2003 d'orientation et de programmation pour la ville et la rénovation urbaine ; leur liste figure en annexe I bis de la loi n° 96-987 du 14 novembre 1996 relative à la mise en œuvre du pacte de relance pour la ville ; leur délimitation est fixée par le décret n° 2004-219 du 12 mars 2004 modifié et par le décret n° 2007-894 du 15 mai 2007 modifié ;

– enfin, quinze nouvelles ZFU ont été instaurées, depuis le 1er août 2006, par la loi n° 2006-396 du 31 mars 2006 pour l'égalité des chances ; leur liste figure en annexe du décret n° 2006-930 du 28 juillet 2006 ; leur délimitation est fixée par le décret n° 2006-1623 du 19 décembre 2006 modifié et par le décret n° 2007-894 du 15 mai 2007 modifié.

154. – Les plans de délimitation des cent zones franches urbaines sont consultables auprès des préfectures, des directions des services fiscaux des départements et des mairies des communes concernées. Ces plans sont également visualisables depuis le site Internet du système d'information géographique (SIG) de la politique de la ville[33].

155. – Par exemple, dans la première couronne parisienne, on peut dénombrer :

– en Seine-Saint-Denis, dix ZFU créées successivement en 1996 (Bondy : Quartier Nord ; Clichy-sous-Bois/Montfermeil : Grand ensemble du haut et du bas Clichy et de Montfermeil), en 2004 (Aulnay-sous-Bois : La Rose des Vents, Cité Emmaüs, Les Merisiers, Les Étangs ; Épinay-sur-Seine : Orgemont ; La Courneuve : Les 4000 ; Le Blanc-Mesnil/Dugny : Quartiers Nord ; Sevran : Les Beaudottes ; Stains : Clos Saint-Lazare, Allende) et en 2006 (Drancy/Bobigny/Aubervilliers/Pantin : Étoile, Grémillon, Pont de Pierre, Les Courtillières ; Neuilly-sur-Marne : Les Fauvettes) ;

– dans le Val de Marne, trois ZFU créées successivement en 1996 (Champigny-sur-Marne/Chennevières-sur-Marne : Le Bois l'Abbé, Les Mordacs), en 2004 (Vitry-sur-Seine : Grand ensemble Ouest Est) et en 2006 (Choisy-le-Roi/Orly : Grand ensemble Les Navigateurs).

Il n'a pas été instauré, sous l'empire de l'article L. 631-10, de zones franches urbaines à Paris et dans les Hauts-de-Seine.

B. – Application aux zones franches urbaines à partir du 27 mars 2014

156. – La loi ALUR a abrogé l'article L. 631-10 avec effet au 27 mars 2014, rendant ainsi applicable depuis cette date la police des changements d'usage aux zones franches urbaines situées sur le territoire des communes visées à l'article L. 631-7.

(33) https://sig.ville.gouv.fr/Atlas/ZFU

Les raisons de l'intervention du législateur demeurent obscures, ce d'autant que l'exposé des motifs du projet de loi et les débats dans chacune des assemblées n'apportent pas d'éclaircissements sur la cause de cette abrogation[34], ni d'ailleurs sur ses effets sur la pérennité des changements d'usage opérés sous le bénéfice de l'article L. 631-10.

157. - À cet égard un doute peut naître sur le caractère provisoire ou définitif des transformations de locaux d'habitation non contrôlées en application de l'ancien article L. 631-10. À notre avis, les changements d'usage précédemment intervenus en ZFU devraient être considérés comme définitifs :

– il s'agit de situations légalement acquises avant la loi ALUR et sur lesquelles celle-ci n'a pas d'effet rétroactif faute de dispositions particulières ;

– l'article L. 631-10 a placé les ZFU en dehors du contrôle de l'usage, il s'agissait donc d'une réduction de son champ d'application et non d'une autorisation implicite par nature personnelle en l'absence de compensation.

158. - La loi ALUR n'est pas revenue sur toutes les mesures dérogatoires destinées à inciter l'implantation d'activités à l'intérieur des ZFU. À ce titre, on peut relever deux séries de dispositions qui demeurent applicables aux ZFU en vigueur dans la Région Île-de-France :

– l'article L. 510-1 IV) du Code de l'urbanisme qui dispense d'agrément-activités la transformation de locaux en bureaux ;

– l'article 231 ter, V, 1° du Code général des impôts, auquel renvoie l'article L. 520-6, 8° du Code de l'urbanisme, qui exonère de redevance (rebaptisée en 2016 sous l'appellation « taxe ») les locaux à usage de bureaux, les locaux commerciaux et les locaux de stockage[35].

159. - Les zones franches urbaines ont pris à compter du 1er janvier 2015 la dénomination de « zones franches urbaines – territoires entrepreneurs » (ZFU-TE)[36].

SECTION 2 CHAMP D'APPLICATION QUANT AUX BIENS

160. - Dès 1945, la police de l'usage a eu pour ambition d'assurer la conservation de l'habitat et de favoriser son extension[37]. Dans cette

(34) Selon les rapporteurs de la Commission des affaires économiques au Sénat, cette abrogation serait « pleinement cohérente » avec les autres dispositions de la loi ALUR renforçant la régulation de la location meublée temporaire (Rapport n° 65, 9 oct. 2013, p. 99). Il est néanmoins permis de douter que les locations touristiques soient fréquentes dans les ZFU…

(35) V. à ce sujet, G. Daudré et J.-Ph. Meng, *De la redevance à la taxe sur la création de bureaux, de commerces et d'entrepôts en région Île-de-France : Bull. Cridon Paris* 15 mars-1er avr. 2016, n° spécial. – G. Daudré, *Taxe pour création de bureaux, commerces et entrepôts en Île-de-France : dispositions réglementaires : Defrénois* 1er mars 2018, p. 28. – M. Collet et M. Raunet, *Taxe sur la création de bureaux : quelles conditions d'exonération ? : AJDA* 2020, p. 1648.

(36) L. fin. rect. 2014, n° 2014-1655, 29 déc. 2014, art. 48, III.

(37) Sous un titre II intitulé « Dispositions tendant à maintenir ou à augmenter le nombre de logements », l'ordonnance n° 45-2394 du 11 octobre 1945 a instauré un principe d'interdiction d'affectation à un usage autre que l'habitation des « locaux où se trouvent installés des hôtels, pensions

double perspective, la réglementation a pu s'appuyer sur une typologie des usages qui dépassait le parc des logements existants. Il s'agissait, à l'époque, de contrôler les changements d'affectation des logements mais aussi de faire entrer dans la catégorie « habitation » des locaux n'y figurant pas à l'origine.

161. - Pour préserver et accroître le nombre de logements, l'article L. 631-7 du Code de la construction et de l'habitation, dans sa rédaction antérieure à l'ordonnance du 8 juin 2005, édictait un principe d'interdiction :

- de changement d'affectation « à un autre usage » des locaux d'habitation, même si la transformation de tels locaux devait avoir pour résultat de leur substituer des « meublés, hôtels, pensions de famille ou autres établissements similaires... » ;
- d'affectation à un usage autre que l'habitation de divers locaux qui ne conserveraient pas « leur destination primitive » : locaux à usage professionnel ou administratif, meublés, hôtels, pensions de famille ou établissements similaires ;
- d'affectation à un usage commercial, industriel ou artisanal des garages ou remises mentionnés à l'article 2 de la loi du 1er septembre 1948, lequel vise les garages ou remises à usage de garage situés dans des immeubles collectifs et « loués accessoirement à des locaux visés à l'article premier » de ladite loi (c'est-à-dire à des « locaux d'habitation ou à usage professionnel sans caractère commercial ou industriel »).

162. - La loi distinguait entre les locaux d'habitation, commerciaux, professionnels ou administratifs, sans en donner, pour autant, une définition. Plusieurs circulaires se sont succédé pour définir officiellement les qualificatifs utilisés par l'administration ; toutefois, il était permis d'émettre des doutes sur le caractère praticable de cette doctrine. La lecture de la jurisprudence judiciaire et administrative n'offrait pas une vision cohérente permettant d'établir, avec certitude, les contours des différentes catégories d'usages ; la confusion entre les notions de destination et d'affectation, encore fréquente, n'y est sans doute pas étrangère.

La Cour de cassation avait bien décidé, par un arrêt du 20 décembre 1995, que la notion de « local à usage professionnel » couvrait tout local dans lequel était exercée une profession, commerciale ou non, et que l'utilisation par une société commerciale d'un local dit « professionnel » ne constituait pas un changement d'affectation[38]. Mais elle n'a pas convaincu l'administration qui préféra maintenir sa position antérieure selon laquelle les locaux à usage professionnel s'entendent « de l'exercice d'une profession non commerciale »[39], nonobstant la jurisprudence de la cour d'appel de Paris dans le sillon de la Cour de cassation[40].

163. - Par une série de mesures ponctuelles, le législateur a modifié la réglementation des changements d'affectation sans la réformer en profondeur. Certains

de famille ou établissements similaires » (art. 21). La loi n° 48-1360 du 1er septembre 1948 a étendu cette interdiction aux « locaux à usage professionnel ou administratif, ainsi que les meublés, hôtels, pensions de famille ou établissements similaires » (art. 76).

(38) Cass. 3e civ., 20 déc. 1995, n° 94-12.897 : *Bull. civ.* III, n° 266 ; *Administrer* nov. 1996, p. 38, note A. Hinfray ; *Defrénois* 1996, art. 36318-3, note S. Pérignon ; *JCP* N 1996, n° 40, p. 1399, note D. Stapylton-Smith ; *JCP* N 1996, n° 52, p. 1821, note G. Liet-Veaux.

(39) Circ. 1er oct. 1960, n° 6 (annexes : « Circulaires », ann. 3) et Circ. 27 juin 1962, n° 9 (annexes : « Circulaires », ann. 4) relatives aux changements d'affectation et démolitions de locaux.

(40) CA Paris, 16e ch. B, 15 mars 2002, n° 2000/08815 : *Constr.-Urb.* 2002, comm. 211, note P. Cornille. – CA Paris, 2e ch. A, 2 juill. 2002, n° 2000/19341.

locaux ont bénéficié de dispenses provisoires et catégorielles tenant à la personne de leurs occupants (avocats, professionnels libéraux, sociétés de ventes volontaires de meubles aux enchères publiques, personnes publiques) ; leur situation actuelle soulève encore quelques questions[41].

164. – Plusieurs voix se sont fait entendre pour recentrer la police de l'usage sur la protection des logements, notamment à l'occasion du 89e Congrès des notaires de France de 1993 consacré à l'Urbanisme et la Sécurité juridique, au terme duquel le vœu suivant fut adopté :

> « Que le champ d'application matériel de la réglementation des changements d'affectation soit désormais cantonné aux seuls changements intéressant les locaux d'habitation ».

Deux colloques de l'Observatoire régional de l'immobilier d'entreprise en Île-de-France (ORIE), des 16 janvier 1997 et 11 décembre 2002, ont analysé les difficultés d'application de l'article L. 631-7 et invité les pouvoirs publics à « éliminer du champ d'application les locaux construits à un usage autre que l'habitation et utilisés à titre administratif ou professionnel ». De son côté, la Chambre de commerce et d'industrie de Paris a adopté, le 22 janvier 2004, un rapport présentant plusieurs perspectives de réforme, notamment le principe de libre transformation des locaux commerciaux, administratifs ou professionnels[42].

165. – Les travaux préparatoires à la loi n° 2004-1343 du 9 décembre 2004 de simplification du droit autorisant le Gouvernement « à prendre par ordonnance les dispositions nécessaires pour adapter et simplifier le régime juridique applicable aux changements d'affectation des locaux » ont relevé, à juste titre, un problème de définition des catégories d'usage contrôlées[43].

166. – De manière réaliste, l'ordonnance du 8 juin 2005 redéfinit le but du contrôle de l'usage qui consiste principalement en la préservation des locaux d'habitation existants. L'idée d'accroître le nombre de logements à l'occasion des changements d'affectation des autres locaux est abandonnée ; le système des compensations devrait sauvegarder l'équilibre habitat/emploi[44]. Ce recadrage de la police de l'usage tient compte de l'évolution récente du droit de l'urbanisme au service de la production de nouveaux logements[45].

167. – L'ordonnance de 2005 ne conserve que deux catégories d'usage : **les logements et tous les autres locaux qui ne sont pas à usage d'habitation**. La loi ne distingue plus entre les locaux à usage professionnel, administratif ou commercial ; ainsi disparaissent les problèmes liés :

– d'une part, aux définitions respectives des catégories professionnelles, administratives et commerciales ;

(41) V. *infra*, nos 390 et s.

(42) *Changement d'affectation des locaux : perspectives de réforme – Position de la CCIP* – Rapport présenté par M. B. Irion au nom de la Commission du commerce extérieur et après avis de la Commission de l'aménagement régional, de l'environnement, du tourisme et des transports, adopté à l'Assemblée générale du 22 janvier 2004.

(43) V. le rapport n° 1635 de M. E. Blanc, au nom de la Commission des lois de l'Assemblée nationale, enregistré le 2 juin 2004, p. 183 et s. et le rapport n° 5 (2004-2005) de M. B. Saugey, au nom de la Commission des lois du Sénat, déposé le 7 octobre 2004, examen de l'article 27 du projet de loi.

(44) Le solde de logements créés sous le régime antérieur par ce dispositif était très modeste en réalité, la plupart des compensations venant en remplacement de locaux d'habitation transformés.

(45) Conseil d'État, Rapport public 2009, *Droit au logement, droit du logement*, Doc. fr., p. 228 et s.

– d'autre part, à l'obligation d'affecter à l'habitation les locaux à usage professionnel ou administratif lorsqu'ils perdent l'un de ces deux usages.

Par ailleurs, l'ordonnance clarifie ce qu'il faut entendre par usage d'habitation.

168. - Seul le changement d'usage des locaux d'habitation est contrôlé. Tous les autres locaux peuvent librement changer d'affectation, sous réserve de l'application des autres législations (droit de l'urbanisme, statut de la copropriété, droit des baux...).

Transformation avec ou sans travaux

Local à usage d'habitation	——————→ *Autorisation nécessaire*	Local à usage <u>autre</u> qu'habitation

169. - Le contrôle de l'usage varie selon que le changement d'affectation porte sur la totalité du local d'habitation (§ 1) ou une partie de celui-ci (§ 2). En effet, les locaux à usage mixte bénéficient de mesures libérales, encouragées dernièrement par la loi n° 2008-776 du 4 août 2008 de modernisation de l'économie (dite « LME »)[46].

§ 1. - Locaux à usage d'habitation

170. - L'usage d'habitation est défini au deuxième alinéa de l'article L. 631-7 du Code de la construction et de l'habitation :

> « Constituent des locaux destinés à l'habitation toutes catégories de logements et leurs annexes, y compris les logements-foyers, logements de gardien, chambres de service, logements de fonction, logements inclus dans un bail commercial, locaux meublés donnés en location dans les conditions de l'article L. 632-1 ou dans le cadre d'un bail mobilité conclu dans les conditions prévues au titre Ier ter de la loi n° 89-462 du 6 juillet 1989 tendant à améliorer les rapports locatifs et portant modification de la loi n° 86-1290 du 23 décembre 1986 ».

La définition légale de la notion de local à usage d'habitation est large, mais elle a le mérite d'exister (A à H) ; la circulaire du 22 mars 2006 lui apporte d'utiles précisions[47]. Un tableau récapitule les différentes catégories de locaux soumis au contrôle de l'usage (I).

171. - Plutôt que d'une définition juridique, il s'agit d'une énumération de « locaux destinés à l'habitation », c'est-à-dire de locaux destinés, selon l'article L. 631-7, à un usage d'habitation indépendamment de leur utilisation effective qui pourrait être irrégulière. La notion d'usage, dans sa généralité, n'est toujours pas définie par le Code de la construction et de l'habitation et ne peut se comprendre qu'au regard de l'objectif de l'ordonnance du 8 juin 2005 de maintenir les capacités d'hébergement du parc immobilier existant.

172. - Il n'existe pas une définition unique du logement commune à toutes les dispositions, de sources très diverses, qui lui sont applicables. En raison du principe d'indépendance des législations, les définitions des bâtiments ou locaux

(46) O. Herrnberger, *La retouche de l'article L. 631-7 par la LME : Lamy Droit immobilier,* bull. déc. 2008, p. 1. – P. Wallut, *L'heure de la décentralisation pour le contrôle du changement d'usage de logements : JCP* N 2009, n° 13, p. 1126. – G. Daudré, *Changements d'usage des locaux d'habitation : Opérations immo.* oct. 2009, p. 25.

(47) Circ. n° 2006-19 UHC/DH2, 22 mars 2006, sur l'application des mesures relatives au changement d'usage des locaux d'habitation, I-1-2-1 (annexes : « Circulaires », ann. 1).

d'habitation au titre des autres réglementations (construction, urbanisme, environnement, lotissement, copropriété, bail, secteur protégé des contrats de la promotion immobilière, vente d'immeuble, crédit immobilier, fiscalité...), notamment celles de l'article R. 111-1 (ancien art. R. 111-1-1) du Code de la construction et de l'habitation utilisées pour fixer les normes de construction des logements, ne sont pas à prendre en considération pour l'application de l'article L. 631-7 qui, d'ailleurs, ne se réfère plus à la loi Grimaud du 1er septembre 1948. De même, le local destiné à un usage d'habitation par l'article L. 631-7 se distingue du domicile, défini à l'article 102 du Code civil, avec lequel il coïncide cependant souvent, en pratique, pour les personnes physiques. Les catégories de logements de l'article L. 631-7 ne présentent pas davantage de lien juridique avec celles de l'article R. 811-1-1 du Code de justice administrative, qui donne provisoirement compétence de premier et dernier ressort aux tribunaux administratifs sur les recours dirigés, notamment, contre les permis de construire un « bâtiment à usage principal d'habitation » en zone tendue.

En revanche, la typologie des locaux d'habitation telle qu'elle résulte de l'article L. 631-7 est parfois utilisée pour définir le champ d'application d'une autre législation, par exemple celle relative au futur carnet d'information du logement (CCH, art. L. 126-35-3).

A. – Toutes catégories de logements

173. – La notion de local à usage d'habitation englobe « toutes catégories de logements ». La liste des locaux d'habitation énumérés par l'article L. 631-7, alinéa 2, n'est pas limitative mais elle présente l'avantage de réduire le contentieux portant sur la qualification de l'usage des biens visés. La finalité du contrôle de l'usage justifie l'étendue de son champ d'application matériel : maintenir le stock des logements existants, sans déperdition de surface. L'intérêt de cette définition réside dans les distinctions qu'elle se refuse d'établir ; la pratique administrative et la jurisprudence antérieures, déjà extensives, s'en trouvent confortées (1°). L'ordonnance du 8 juin 2005 ne se prononce pas sur les locaux en cours de construction ou destinés à la démolition ; leur situation a évolué (2°).

1° Logements existants

174. – L'article L. 631-7 s'applique aux logements vacants ou occupés, quelle que soit leur fréquence d'occupation (résidence principale, secondaire ou occasionnelle) sauf pour les logements-foyers[48] et les meublés[49]. L'absence d'occupation d'un logement ne fait pas obstacle à sa qualification d'habitation, de même qu'un local commercial ne perd pas sa « commercialité » par suite de l'interruption de son exploitation[50]. Un logement inhabité n'en est pas moins un « local destiné à l'habitation » selon l'article L. 631-7 qui n'a aucunement recours à l'occupation effective d'un local pour définir son usage, et ce d'autant plus que la vacance d'un logement peut résulter d'un choix délibéré en vue de sa transformation et de sa réaffectation à un autre usage. La police de l'usage protège les logements disponibles au même titre que les logements occupés, sous peine de voir se réduire, de façon inexorable, l'objet de son contrôle.

(48) V. *infra*, nos 186 et s.

(49) V. *infra*, nos 198 et s. (location meublée dans les conditions de l'article L. 632-1 du CCH), nos 233 et s (bail mobilité).

(50) CA Paris, 2e ch. A, 14 nov. 1983 : *D.* 1984, inf. rap. p. 73. – CAA Paris, 5 déc. 1989, n° 89PA00708.

175. - La question des locaux inhabités rejoint celle des locaux inhabitables. Pour sa part, l'administration préfectorale parisienne considérait qu'à partir du moment où les locaux étaient précédemment habités, ils conservaient cette affectation[51]. Selon la jurisprudence antérieure à la réforme de 2005, la vétusté du logement inhabité[52] ou la réalisation de travaux de remise en état d'habitabilité[53] sont sans influence sur la qualification du local. Cette jurisprudence n'est pas remise en cause par l'ordonnance du 8 juin 2005 qui n'hésite pas à classer les chambres de service parmi les « locaux destinés à l'habitation ».

L'article L. 631-7 demeure applicable aux logements frappés d'un arrêté de mise en sécurité ou de traitement de l'insalubrité (CCH, art. L. 511-1 et s.) ou d'une interdiction de diviser (CCH, art. L. 126-17, ancien art. L. 111-6-1) ou non décents (D. n° 2002-120, 30 janv. 2002, modifié) au titre d'autres législations ; en effet, la police de l'usage poursuit un objectif de maintien et non d'amélioration de l'habitat.

176. - Le titre de l'occupant, c'est-à-dire le lien de droit entre le logement et l'habitant (propriété, usufruit, location ou sous-location, prêt...), est sans importance, sauf pour les logements-foyers et les meublés.

177. - Le régime juridique des locaux (lotissement, volumétrie, copropriété, indivision...) n'est pas un critère : toutes les formes d'habitat (individuel, collectif et semi-collectif) sont soumises au même contrôle de l'usage. Les dispositions de l'article L. 242-1 du Code de la construction et de l'habitation relatives aux sociétés de construction, aux termes desquelles « un immeuble collectif est considéré comme un immeuble à usage d'habitation ou à usage professionnel et d'habitation lorsque 10 % au moins de sa superficie est affectée à de tels usages », sont étrangères à notre matière où le changement d'usage s'apprécie à l'échelle d'un « local »[54].

178. - Les locaux d'habitation du parc immobilier tant privé que public sont concernés. Pour rappel, les locaux cédés par certaines personnes publiques ont bénéficié, entre le 1er janvier 2004 et le 16 juillet 2006, d'une dispense d'application de l'article L. 631-7[55].

179. - Peu importe les conditions de financement du logement : il n'existe pas de dispense pour le secteur privé bénéficiant d'aides financières, prêts, primes et autres subventions publiques à la construction ou à la rénovation. Le secteur social fait l'objet de mesures particulières[56].

180. - La date de construction de l'immeuble est indifférente, rappelle la circulaire du 22 mars 2006 ; néanmoins, l'usage de l'immeuble doit s'apprécier par rapport à

(51) P. Mendak, *Le changement d'affectation de locaux : entre certitudes et interrogations : RLDA* janv. 1998, n° 1.

(52) Cass. crim., 6 mars 1956 : *Bull. crim.*, n° 221. – Cass. crim., 20 nov. 1956 : *Bull. crim.*, n° 759 : « l'article 3 de la loi du 1er septembre 1948 énumère limitativement les logements qui échappent à l'application du titre Ier de ce texte et, notamment, aux dispositions de l'article 76 et ne prévoit pas le caractère inhabitable du local ».

(53) CE, 21 janv. 1953, n° 7648 : *Lebon*, p. 720. – Cass. 3e civ., 7 juin 1979, n° 74-14.473 : *Bull. civ.* III, n° 123.

(54) CAA Paris, 14 févr. 2019, n° 17PA03017 : « l'usage prédominant d'un immeuble n'a pas d'incidence sur l'application de la réglementation relative au changement d'usage des locaux d'habitation, qui s'applique local par local, et non immeuble par immeuble ».

(55) V. *infra*, nos 404 et s.

(56) V. *infra*, nos 413 et s.

une date ou une autorisation de référence[57]. Tous les visages de la ville sont ainsi protégés : ancien, moderne ou rénové[58].

2° Logements à construire ou à démolir

181. - La question de l'application de l'article L. 631-7 aux locaux en cours de construction ou ayant seulement fait l'objet d'un permis de construire peut être discutée. Par exemple, le constructeur d'un programme de logements souhaite y intégrer quelques commerces : en plus des autorisations d'urbanisme rendues nécessaires par cette modification du projet initial, faut-il obtenir une autorisation de changement d'usage pour les locaux qui ne seront pas affectés à l'habitation ? Dans un premier temps, l'administration[59] et la jurisprudence[60] ont considéré que l'opération était soumise à la réglementation des changements d'usage. Puis la position de l'administration a évolué pour écarter l'application de l'article L. 631-7 à ces locaux, dès lors que ceux-ci n'ont jamais été utilisés et n'ont donc jamais reçu aucune affectation matérielle[61].

À notre sens, les changements affectant un bâtiment en cours de construction ne sont pas à prendre en considération eu égard à l'objectif recherché de protection des logements existants ; mais dès l'achèvement des locaux qui matérialise leur vocation à servir de logements, le contrôle de l'usage devient applicable, l'article L. 631-7 ne distinguant pas entre les logements neufs et anciens, occupés ou vacants. C'est également la position de la ville de Paris qui considère que les logements originairement prévus n'ont jamais existé : aucune autorisation de changement d'usage ne sera donc exigée en cas de changement du projet de construction initial[62].

182. - Par ailleurs, faut-il assimiler la suppression d'un local d'habitation, par exemple dans le cadre d'une démolition-reconstruction de l'immeuble ou d'une démolition partielle, à sa transformation ? Avant la réforme des autorisations d'urbanisme de 2005-2007, le problème relevait du permis de démolir dont le champ d'application obligatoire épousait celui de l'ancien article L. 631-7 et qui pouvait être refusé pour des motifs de protection des immeubles d'habitation dans un intérêt social (C. urb., ancien art. L. 430-5)[63]. Depuis le 1er octobre 2007, le permis de démolir n'assure plus ce contrôle et ne peut plus être refusé pour un motif d'intérêt social[64].

(57) V. *infra*, nos 323 et s. (immeubles construits ou transformés avant le 1er janvier 1970), nos 354 et s. (immeubles construits ou transformés après le 1er janvier 1970).

(58) Ce qui était déjà le cas avant la réforme de 2005 : Cass. 3e civ., 14 janv. 1976, n° 74-14.473 : *Bull. civ.* III, n° 15 ; *JCP* G 1976, II, 18411, note RD.

(59) Circ. 1er oct. 1960, n° 5 (annexes : « Circulaires », ann. 3) et Circ. 27 juin 1962, n° 8 (annexes : « Circulaires », ann. 4) relatives aux changements d'affectation et démolitions de locaux. V. égal. Rép. min. n° 21203 : *JOAN* Q 15 janv. 1972, p. 98.

(60) CA Paris, 6e ch. A, 24 sept. 1979, n° F 02583. – V. égal. Cass. 3e civ., 20 oct. 1993, n° 91-13.357 : *Bull. civ.* III, n° 125 et son analyse par D. Blaise : *JCl. Construction-Urbanisme*, Fasc. 30, mis à jour en février 2015, *Changement d'usage des immeubles*, n° 29.

(61) S. Pérignon, *Vente d'immeubles et droit de l'urbanisme*, Defrénois-LGDJ, avr. 1991, n° 138.

(62) V. *infra*, n° 859.

(63) Ces dispositions faisaient l'objet d'une divergence d'interprétation entre la mairie de Paris (compétente pour délivrer le permis de démolir) et la préfecture (appelée à rendre un avis conforme sur la demande de permis de démolir) : selon la mairie, l'article L. 430-5 du Code de l'urbanisme protégeait les occupants des locaux à démolir ; selon la préfecture, il s'agissait de protéger l'habitat. Cette dernière était susceptible de s'opposer à la délivrance du permis de démolir s'il n'était pas prévu, sur le même site, la reconstruction de logements dans des proportions équivalentes.

(64) D. Larralde, *Permis de démolir : JCP* N 2007, n° 7, 1052. – F. Polizzi, *Le régime des travaux de démolition en droit public : BJDU* 2015, n° 4, p. 231. Le rapport remis au Président de la République relatif

Pour sa part, la mairie de Paris estime que les opérations de démolition n'entrent pas dans le champ d'application de l'article L. 631-7. En droit, l'autorisation de changement d'usage n'a pas pour objet d'autoriser la réalisation de travaux (de démolition ou de construction), bien que la démolition non suivie de la reconstruction d'une même surface d'habitation aboutisse à diminuer le nombre de logements[65].

B. – Les annexes au logement

183. – L'article L. 631-7 dans sa rédaction antérieure ne visait pas les annexes, ce qui pouvait ouvrir des discussions selon les circonstances[66]. Cet oubli est réparé par l'ordonnance du 8 juin 2005 qui ne donne toutefois aucune précision à leur sujet[67].

184. – Selon la circulaire du 22 mars 2006 :

> « Constituent des annexes tous les locaux attachés à un logement situés dans le même immeuble que celui-ci et inclus dans le bail d'habitation tels que caves, celliers, greniers, garages, parkings privatifs. Il en est également ainsi dans un immeuble ou dans un groupe d'immeubles collectifs d'habitation des locaux communs tels que les locaux à vélos, locaux techniques qui sans être spécifiés dans le bail n'en demeurent pas moins attachés à l'usage d'habitation de l'immeuble.
>
> À l'inverse, ne sont pas considérés comme des annexes les locaux tels que les garages lorsqu'ils font l'objet de contrats de location distincts et qu'ils sont situés dans un immeuble à destination autre qu'habitation ».

La référence au critère du bail unique, pour caractériser le lien qui unit le logement à ses annexes, n'est pas sans rappeler l'ancienne rédaction de l'article L. 631-7

à l'ordonnance n° 2005-1527 du 8 décembre 2005 réformant les autorisations d'urbanisme précise : « le permis de démolir est déconnecté du contrôle de l'affectation au logement des bâtiments organisé par l'article L. 631-7 du Code de la construction et de l'habitation, dont le régime a été réformé par l'ordonnance n° 2005-655 du 8 juin 2005 ». Le permis de démolir et le contrôle de l'affectation ont eu pour source commune les articles 21, 22 et 23 de l'ordonnance du 11 octobre 1945.

(65) S'agissant des locations soumises à la loi n° 48-1360 du 1er septembre 1948, « le droit au maintien dans les lieux ne peut être opposé au propriétaire qui aura obtenu du ministre de la Construction ou de son délégué l'autorisation de démolir un immeuble pour construire un autre immeuble d'une surface habitable supérieure et contenant plus de logements que l'immeuble démoli » (art. 11, al. 1er). L'ancien article L. 430-7 du Code de l'urbanisme prévoyait que le permis de démolir tenait lieu de l'autorisation prévue par l'article 11 de la loi de 1948, il n'était toutefois délivré qu'après accord du ministre chargé du logement qui pouvait subordonner l'octroi du permis de démolir à la reconstruction de logements. L'article L. 430-7 ayant été abrogé par l'ordonnance n° 2005-1527 du 8 décembre 2005 réformant les autorisations d'urbanisme, les législations du permis de démolir et de l'article 11 de la loi de 1948 sont désormais tout à fait indépendantes. S'agissant de la démolition des habitations à loyer modéré (CCH, art. L. 442-6), « l'accord préalable du représentant de l'État dans le département, de la commune d'implantation et des garants des prêts » est nécessaire (CCH, art. L. 443-15-1).

(66) CE, 6 mai 1957, n° 36302 : *Lebon*, p. 954 : le local situé en sous-sol d'un immeuble et faisant corps avec lui a le caractère d'un local d'habitation et ne peut dès lors être affecté à un autre usage sans autorisation. – Cass. 3e civ., 14 janv. 1976, n° 74-14.473 : *Bull. civ.* III, n° 15 ; *JCP* G 1976, II, 18411, note RD : les garages et buanderies situés au sous-sol d'une maison individuelle ne font pas partie du local d'habitation. – V. égal. *Urbanisme et Sécurité juridique*, 89e Congrès des notaires de France (1993), *Changement d'affectation des locaux*, annexe au rapport de la quatrième commission, réponse de la préfecture de Paris à la question n° 11 : les locaux sociaux (cantines, vestiaires...) accessoires à des bureaux commerciaux au regard de l'ancien article L. 631-7 ont un caractère commercial en tant qu'accessoire à ces bureaux ; leur transformation en bureaux commerciaux ne constituait pas un changement d'usage.

(67) Pour un contre-exemple, où les juges n'ont pas retenu la qualification de locaux annexes : CA Versailles, 4e ch., sect. 2, 14 oct. 2020, n° 18/04442.

qui interdisait d'affecter à un usage commercial, industriel ou artisanal les garages situés dans des immeubles collectifs et loués accessoirement à des locaux soumis à l'article 1er de la loi du 1er septembre 1948 (c'est-à-dire à des « locaux d'habitation ou à usage professionnel sans caractère commercial ou industriel »).

La circulaire s'inspire, sur ce point, de la pratique des textes antérieurs à la réforme de 2005 et l'étend à tous les locaux annexes inclus dans un bail d'habitation (soumis ou non à la loi du 1er septembre 1948). Il incombera à la jurisprudence de confirmer ou d'infirmer l'interprétation de l'administration[68].

185. - Par exemple :

– la transformation en commerce d'un garage dépendant d'une maison de ville est assujettie à la délivrance d'une autorisation de changement d'affectation, sauf à bénéficier de la dispense prévue à l'article L. 631-7-4 pour les rez-de-chaussée à usage mixte des résidences principales[69] ; en revanche, si le garage est autonome sur les plans juridique (baux distincts) et matériel (indépendance fonctionnelle) par rapport à la maison, il constitue un local à part entière à usage autre qu'habitation ;

– une autorisation n'est pas nécessaire pour la transformation d'un garage loué accessoirement à un local commercial[70] et, depuis la réforme de 2005, cette autorisation n'est plus requise pour la transformation d'un garage loué accessoirement à un local professionnel.

C. – Les logements-foyers

186. - La définition des logements-foyers figure à l'article L. 633-1 du Code de la construction et de l'habitation, dans sa rédaction complétée par la loi n° 2009-323 du 25 mars 2009 de mobilisation pour le logement et la lutte contre l'exclusion :

> « Un logement-foyer, au sens du présent chapitre, est un établissement destiné au logement collectif à titre de résidence principale de personnes dans des immeubles comportant à la fois des locaux privatifs meublés ou non et des locaux communs affectés à la vie collective.
>
> Il accueille notamment des personnes âgées, des personnes handicapées, des jeunes travailleurs, des étudiants, des travailleurs migrants ou des personnes défavorisées.
>
> Le logement-foyer dénommé "résidence sociale" est destiné aux personnes ou familles mentionnées au II de l'article L. 301-1.
>
> La résidence sociale dénommée "pension de famille" est un établissement destiné à l'accueil sans condition de durée des personnes dont la situation sociale et psychologique rend difficile leur accès à un logement ordinaire. La "résidence accueil" est une pension de famille dédiée aux personnes ayant un handicap psychique ».

Les logements-foyers mettent à la disposition d'un public spécifique (personnes âgées, handicapées, jeunes travailleurs...) des locaux privatifs (meublés ou non),

(68) À titre de comparaison, la jurisprudence sur la loi n° 89-462 du 10 juillet 1989 ne s'en tient pas seulement à l'existence de baux distincts consentis par un même propriétaire, ni à un lien de dépendance physique (logement et accessoires situés dans le même immeuble) et tend à rechercher la volonté des parties pour déduire le caractère accessoire ou non d'une location : Cass. 3e civ., 30 oct. 2012, n° 11-16.394. – CA Nancy, 2e ch., 28 nov. 2013, n° 12/02857.

(69) V. *infra*, nos 283 et s.

(70) Cass. 3e civ., 1er févr. 1978, n° 76-14.046 : *Bull. civ.* III, n° 69.

des locaux communs et des équipements collectifs[71] ; le régime du contrat de résidence en logement-foyer, distinct de la location meublée et du bail d'habitation, est soumis aux dispositions de l'article L. 633-2 du Code de la construction et de l'habitation. Lorsqu'il accueille des personnes âgées dépendantes, le logement-foyer est dénommé « résidence autonomie » (CASF, art. L. 313-12, III).

187. - Les logements-foyers constituent une catégorie particulière de logements ou, plus exactement, de locaux d'habitation au regard de l'article L. 631-7. Leur intégration dans la liste légale démontre que l'usage d'habitation ne recouvre pas seulement le logement entendu comme le lieu où l'on est chez soi, mais encore l'hébergement en résidence du moins lorsque la personne est hébergée à titre de résidence principale, comme c'est le cas au sein d'un logement-foyer.

188. - La plupart des logements-foyers à caractère social entrent dans la catégorie des établissements et services sociaux ou médico-sociaux définis par l'article L. 312-1 du Code de l'action sociale et des familles (CASF). Le classement d'un logement-foyer dans cette catégorie ne s'oppose pas à la qualification de local d'habitation pour l'application de l'article L. 631-7 car sa fonction première demeure l'hébergement à titre de résidence principale.

189. - Ne constituent pas des logements-foyers les résidences avec services dans lesquelles les occupants disposent d'un droit de propriété ou d'un droit au bail sur leur local privatif (CCH, art. L. 633-5). Ces résidences sont régies soit par la loi n° 65-557 du 10 juillet 1965 et notamment par ses articles 40-I et suivants (les « copropriétés avec services »), soit par les articles L. 631-13 à L. 631-16 du Code de la construction et de l'habitation (les « résidences-services »)[72].

Les logements compris dans ces résidences services ou retraite ne sont pas pour autant exclus de la catégorie des locaux d'habitation et peuvent appartenir à cette catégorie dès lors qu'ils constituent la résidence principale de leur occupant[73]. La circulaire du 22 mars 2006 admet en effet qu'une résidence pour personnes âgées est à usage d'habitation au sens de l'article L. 631-7 sans relever nécessairement du régime juridique des logements-foyers :

> « Les résidences pour personnes âgées dont les logements foyers, qu'ils soient ou non médicalisés, constituent une catégorie de logement ».

Leur transformation, par exemple, en résidence de tourisme[74] nécessiterait donc une autorisation de changement d'usage. En revanche, leur transformation

(71) Art. R. 633-1 : « Les locaux communs affectés à la vie collective mentionnés à l'article L. 633-1 sont des locaux accessibles, dans les conditions définies par le règlement intérieur, et le cas échéant par le contrat, à toute personne logée dans l'établissement, et affectés à des activités telles que les services socio-éducatifs, les services de soins, la restauration, les activités d'animation, de formation ou de loisirs ».

(72) G. Gil, *Les nouveaux régimes des résidences avec services : Loyers et copr.* 2016, étude 3. – N. Le Rudulier, *Les résidences-services : RDSS* 2019, p. 608.

(73) P. Soler-Couteaux et E. Vilchez, *Changement d'usage des locaux d'habitation : Droit de l'aménagement*, éd. Le Moniteur, déc. 2019, V. 400-2, p. 5 et 6.

(74) C. tourisme, art. D. 321-1 : « La résidence de tourisme est un établissement commercial d'hébergement classé, faisant l'objet d'une exploitation permanente ou saisonnière. Elle est constituée d'un ou plusieurs bâtiments d'habitation individuels ou collectifs regroupant, en un ensemble homogène, des locaux d'habitation meublés et des locaux à usage collectif. Les locaux d'habitation meublés sont proposés à une clientèle touristique qui n'y élit pas domicile, pour une

en résidence étudiante n'entraînerait pas de changement d'usage, dès lors que les baux conclus avec les étudiants le sont conformément aux dispositions de la loi du 6 juillet 1989 spécifiques au logement meublé loué à titre de résidence principale.

D. – Les logements de gardien et les chambres de service

190. – En visant les logements de gardien et les chambres de service, l'article L. 631-7 consacre la pratique antérieure à la réforme de 2005. Les infractions les plus courantes à Paris concernent ces locaux de petite surface autrefois réservés au personnel domestique : combien de loges et de chambres de bonne ont été transformées en commerces, locaux d'archives ou annexées par des bureaux ! Les logements de gardien et autres chambres de service sont concernés quand bien même ils constitueraient l'accessoire d'un bail professionnel ou commercial : le titre d'occupation de ces locaux est indifférent.

191. – La circulaire du 22 mars 2006 indique au sujet des chambres de service ou chambres de bonne :

> « Rentrent dans cette catégorie les chambres situées sous les combles, telles que celles qui existent notamment dans les immeubles haussmanniens à Paris ».

La faible superficie affectée par ce changement d'usage n'est pas de nature à écarter l'application de l'article L. 631-7, lequel ne prévoit aucun seuil ni franchise.

192. – La soumission des logements de gardien et des chambres de service aux dispositions de l'article L. 631-7 ne préjuge pas de l'application à ces mêmes locaux :

– de l'article L. 126-17 (ancien art. L. 111-6-1) du Code de la construction et de l'habitation qui interdit, notamment, « toute division d'immeuble en vue de mettre à disposition des locaux à usage d'habitation d'une superficie et d'un volume habitables inférieurs respectivement à 14 m^2 et à 33 m^3, les installations ou pièces communes mises à disposition des locaux à usage d'habitation nés de la division n'étant pas comprises dans le calcul de la superficie et du volume de ces locaux », ou « qui ne sont pas pourvus d'une installation d'alimentation en eau potable, d'une installation d'évacuation des eaux usées ou d'un accès à la fourniture de courant électrique, ou qui n'ont pas fait l'objet d'un constat de risque d'exposition au plomb prévu par l'article L. 1334-5 du Code de la santé publique et d'une recherche de la présence d'amiante, ainsi que, le cas échéant, du diagnostic de l'état de conservation de l'amiante dans les matériaux et produits repérés, prévus par l'article L. 1334-12-1 du même code » ;

– et du décret n° 2002-120 du 30 janvier 2002 relatif aux caractéristiques du logement décent, qui détermine, dans les rapports bailleurs-locataires, des normes impératives qui s'appliquent à tous les logements loués comme résidence principale, parmi lesquelles une condition de contenance minimale : « le logement dispose au moins d'une pièce principale ayant soit une surface habitable au moins égale à 9 m^2 et une hauteur sous plafond au moins égale à 2,20 mètres, soit un volume habitable au moins égal à 20 m^3 ».

occupation à la journée, à la semaine ou au mois. Elle est dotée d'un minimum d'équipements et de services communs. Elle est gérée dans tous les cas par une seule personne physique ou morale ».

Les locaux qui ne respecteraient pas les conditions posées par ces textes sont néanmoins soumis au contrôle de l'usage dont l'objectif reste la préservation du nombre de logements sans égard à leurs conditions d'habitabilité, de salubrité, de sécurité et de décence.

E. – Les logements de fonction

193. – L'assujettissement des logements de fonction au contrôle de l'usage valide la pratique antérieure à l'ordonnance de 2005 qui n'accordait pas d'importance au titre de l'occupant ou à sa soumission à tel ou tel statut juridique[75].

194. – Les logements de fonction correspondent à des situations fort diverses. Ils peuvent constituer le siège d'une activité professionnelle (surveillants...) dont les loges de gardien visées ci-avant par l'article L. 631-7 sont un exemple[76]. Il peut aussi s'agir de locaux mis à disposition pour faciliter l'exercice d'une profession dans le même immeuble ou à proximité (employés de maison, fonctionnaires de l'Éducation nationale, personnel des établissements destinés aux personnes handicapées...) ou simplement représenter un avantage en nature offert aux dirigeants ou salariés d'une personne morale (société, association, syndicat...).

F. – Les logements inclus dans un bail commercial

195. – Le contrôle de l'affectation des logements inclus dans un bail commercial confirme, une nouvelle fois, que la dénomination du titre d'occupation est sans incidence sur la qualification de l'usage.

196. – La circulaire du 22 mars 2006 rappelle à cet égard :

> « Il s'agit des locaux d'habitation accessoires aux locaux commerciaux et qui font partie d'un même bail "commercial" en vertu de la jurisprudence existante ».

Selon la jurisprudence actuelle, lorsque les locaux loués sont affectés à l'exploitation du commerce du preneur et à son logement, le statut des baux commerciaux s'applique pour l'ensemble des locaux quelle que soit l'importance respective de chaque affectation : au titre de l'article L. 145-1 du Code de commerce, le logement du locataire est destiné à faciliter son exploitation[77].

197. – L'indivisibilité du bail commercial incluant des locaux d'habitation ne permet pas d'écarter l'application de l'article L. 631-7 auxdits locaux[78]. L'adjonction d'un appartement à un bail commercial ne contrevient pas aux dispositions de

(75) Cass. 3e civ., 18 juin 1969, n° 67-13.868 : *Bull. civ.* III, n° 494 : en l'espèce, la location par une société commerciale d'un appartement destiné à l'habitation de son dirigeant avait un caractère commercial, puisque consentie pour les besoins de l'exploitation, mais ne contrevenait pas à la prohibition légale, l'utilisation réelle de l'appartement n'ayant pas été modifiée.

(76) C. trav., art. L. 7211-2 : « Est considérée comme concierge, employé d'immeubles, femme ou homme de ménage d'immeuble à usage d'habitation, toute personne salariée par le propriétaire ou par le principal locataire et qui, logeant dans l'immeuble au titre d'accessoire au contrat de travail, est chargée d'en assurer la garde, la surveillance et l'entretien ou une partie de ces fonctions ».

(77) On parle alors de bail mixte dont la nature commerciale est indivisible : Cass. com., 5 mai 1966, n° 64-11.427 : *Bull. civ.* III, n° 230. – Cass. 3e civ., 16 avr. 1969, n° 67-12.318 : *Bull. civ.* III, n° 284. – Cass. 3e civ., 5 févr. 1971, n° 69-12.416 : *Bull. civ.* III, n° 83. – Cass. 3e civ., 16 oct. 1974, n° 73-13.720 : *Bull. civ.* III, n° 360. – Cass. 3e civ., 1er oct. 1997, n° 95-14.322 : *Bull. civ.* III, n° 177. – Cass. 3e civ., 9 juill. 2014, n° 12-29.329 : *D.* 2014, p. 1589.

(78) Cass. 3e civ., 23 mai 1973, n° 72-11.785 : *Bull. civ.* III, n° 369.

l'article L. 631-7 tant que l'appartement conserve son usage d'habitation[79]. Un arrêt de la cour d'appel de Paris avait naguère jeté le trouble en estimant que l'accessoire devant suivre le principal, le caractère commercial dominait[80]. La précision de l'ordonnance du 8 juin 2005 est donc la bienvenue ; c'est d'ailleurs sur son fondement que la même cour d'appel estime aujourd'hui que « le fait que le local en cause, affecté à l'habitation du gardien, soit compris dans un bail de nature commerciale est sans incidence sur l'usage dudit local au regard de la législation administrative issue de l'article L. 631-7, § 2, du Code de la construction et de l'habitation »[81].

G. – Les locaux meublés donnés en location dans les conditions de l'article L. 632-1 du Code de la construction et de l'habitation

198. – Le contrôle des locations meublées n'est pas une préoccupation nouvelle (1°) ; elle a cependant connu un renouvellement profond résultant de l'ordonnance du 8 juin 2005 (2°) puis, et surtout, de la loi ALUR du 24 mars 2014 (3°). Cette évolution traduit la volonté du législateur d'encadrer l'expansion du marché des locations saisonnières dans les grandes villes et plus particulièrement à Paris[82].

199. – Par ailleurs, le loueur en meublé saisonnier doit se conformer, le cas échéant, à trois autres corps de règles de provenance différente :

– celles du Code du tourisme[83] : les meublés de tourisme constituent une catégorie particulière de location meublée de courte durée soumise à des formalités supplémentaires et des obligations spécifiques définies par le Code du tourisme aux articles L. 324-1 à L. 324-2-1 et aux articles D. 324-1 à R. 324-8 ;

– celles du plan local d'urbanisme[84] : l'affectation d'un logement à l'exploitation d'un meublé de tourisme, avec fourniture de prestations hôtelières[85], opère un changement de la sous-destination « Logement » relevant de la destination « Habitation », vers la sous-destination « Autres hébergements touristiques » appartenant à la destination « Commerce et activités de service » ; un tel changement requiert une déclaration préalable (ou un permis de construire si la façade ou les murs porteurs sont touchés), sauf si le local constitue la résidence principale du loueur ou si ce dernier bénéficie d'une autorisation temporaire de changement d'usage[86] ;

(79) Cass. 3e civ., 28 avr. 1971, n° 69-14.208 : *Bull. civ.* III, n° 262 ; *AJPI* 1972, p. 25, note J. Viatte.

(80) V. l'arrêt *Dame Doiteau* de la cour d'appel de Paris du 13 juin 1964 cité par C. Boullez et A. Hinfray, *Les changements d'affectation des locaux : Administrer* nov. 1981, p. 10.

(81) CA Paris, pôle 4, ch. 1, 15 avr. 2010, n° 09-08921 : *AJDI* 2010, p. 657, note G. Daudré.

(82) D. Gillig, *Location Airbnb : l'encadrement par le changement d'usage : Constr.-Urb.* 2019, alerte 76. – M. Raunet, *Réglementer l'hébergement touristique de courte durée : AJDA* 2021, p. 1401. – P. Wallut et G. Daudré, *Le développement exponentiel du phénomène des locations meublées de courtes durées et les réactions en ordre dispersé des communes : Actes prat. ing. immobilière* 2021, n° 3, étude 21.

(83) V. *infra*, nos 751 et s.

(84) I. Hasquenoph, R. Noguellou et J.-Ch. Rotoullié, *La réglementation des meublés touristiques et le document local d'urbanisme : GRIDAUH* 2021. – V. Tournebise, *Meublés de tourisme et destination au sens de l'urbanisme : un mariage difficile ! : JCP* N 2021, n° 28, 1258.

(85) Le critère tenant à l'existence de telles prestations ne résulte d'aucune disposition légale ou réglementaire mais de la doctrine administrative, V. la « Fiche technique 6 : réforme des destinations des constructions », spéc. p. 10, consultable à l'adresse suivante : www.cohesion-territoires.gouv.fr/demarche-et-outils-pour-elaborer-un-plan-local-durbanisme-plu-et-un-plui.

(86) V. *infra*, nos 228 et s.

– et celles de la loi n° 65-557 du 10 juillet 1965 fixant le statut de la copropriété des immeubles bâtis[87], suscitant une jurisprudence abondante[88] qui assimile la pratique de la location meublée touristique à une activité commerciale[89] ; en cas d'atteinte à la destination de l'immeuble ou aux droits des autres copropriétaires, le syndicat a qualité pour agir en justice contre le bailleur (L. n° 65-557, 10 juill. 1965, art. 15) qui s'expose, en outre, aux poursuites individuelles des copropriétaires pour trouble de jouissance ou trouble anormal de voisinage[90].

1° Régime antérieur à l'ordonnance du 8 juin 2005

200. – Sous le régime antérieur à l'ordonnance du 8 juin 2005, la transformation en meublé d'un local nu était prohibée par l'article L. 631-7 qui se référait à la définition du loueur professionnel en meublé donnée par l'article 2 de la loi n° 49-458 du 2 avril 1949 modifiée[91].

Pour l'application de l'ancien article L. 631-7, devait être « considéré comme exerçant la profession de loueur en meublé le bailleur qui loue habituellement plusieurs logements meublés, que la location s'accompagne ou non de prestations secondaires telles que location de linge, nettoyage des locaux, préparations culinaires », toutefois n'était « pas considéré comme exerçant la profession de loueur en meublé le bailleur d'une ou plusieurs pièces de sa propre habitation, même isolées, ni le bailleur de moins de quatre pièces dont il a recouvré la disposition en application des articles 1er et 2 de la loi n° 54-781 du 2 août 1954 ». L'interdiction édictée à l'ancien article L. 631-7 n'était pas opposable au propriétaire qui loue un seul logement meublé[92] ; elle ne l'était pas davantage en cas de transformation d'un hôtel en appartements[93].

(87) Des clauses du règlement de copropriété peuvent interdire ou restreindre la pratique d'une activité de location meublée. Leur validité doit, néanmoins, s'apprécier en fonction de la destination de l'immeuble (L. n° 65-557, 10 juill. 1965, art. 8). Il a été jugé qu'une clause soumettant la possibilité pour un copropriétaire de louer en meublé à l'autorisation de l'assemblée générale doit être réputée non écrite, dans la mesure où l'exercice de professions libérales est expressément autorisé dans l'immeuble : Cass. 3e civ., 8 juin 2011, n° 10-15.891 : *Bull. civ.* III, n° 97. Le loueur en meublé n'est pourtant pas un professionnel libéral mais, dans cette décision, la Haute juridiction relève que « l'exercice d'une profession libérale » entraîne « des inconvénients similaires à ceux dénoncés par le syndicat pour la location meublée de courte durée », en outre le juge du fond a « souverainement retenu que [cette location] n'avait provoqué aucune nuisance ». L'équivalence des inconvénients ou l'absence de nuisance supplémentaire dépend des circonstances propres à chaque espèce. Dans la même affaire, les bailleurs n'avaient ni demandé ni obtenu d'autorisation de changement d'usage, les locations meublées de courtes durées constituaient donc une activité illicite qui ne saurait leur ouvrir droit à réparation en raison du fait que le syndicat y aurait mis obstacle : CA Paris, pôle 4, ch. 2, 7 janv. 2015, n° 13/00674 : *JCP* N 2015, n° 25, 1103, note M. Soulié.

(88) H. Périnet-Marquet, *Les meublés touristiques dans les immeubles en copropriété – Évolutions jurisprudentielles récentes* : *JCP* N 2017, n° 26, 1216. – E. de Kerret et I. Penchinat, *Les meublés touristiques dans les rapports privés : moyens de régulation à disposition des copropriétaires et du bailleur* : *Actes prat. ing. immobilière* 2021, n° 3, étude 19.

(89) Cass. 3e civ., 8 mars 2018, n° 14-15.864. – Cass. 3e civ., 27 févr. 2020, n° 18-14.305.

(90) CA Paris, pôle 4, ch. 2, 21 mai 2014, n° 12/17679. – CA Paris, pôle 4, ch. 2, 15 juin 2016, n° 15/18917. – CA Montpellier, 2e ch. civ., 29 oct. 2020, n° 19/04215 : *Rev. loyers* 2020, p. 502. V. égal. Rép. min. n° 33168 : *JOAN* Q 23 mars 2021, p. 2626.

(91) A. Jonville, *Location meublée : l'autorisation administrative* : *JCP* N 1993, n° 13, 2590.

(92) Rép. min. n° 14565 : *JOAN* Q 16 juin 2003, p. 4783.

(93) Cass. 3e civ., 6 déc. 1977, n° 76-13.893 : *Bull. civ.* III, n° 429.

Plusieurs circulaires de l'administration, aujourd'hui abrogées, ont insisté sur la limitation de telles transformations en les subordonnant à compensation[94] ; toutefois, les pièces louées ou sous-louées en meublé dans une habitation principale étaient dispensées d'autorisation[95].

2° Régime de l'ordonnance du 8 juin 2005

201. – L'ordonnance du 8 juin 2005 ne prend plus en compte la qualité de loueur professionnel du bailleur. Les logements meublés donnés en location dans les conditions de l'article L. 632-1 du Code de la construction et de l'habitation sont considérés comme des locaux à usage d'habitation pour l'application de l'article L. 631-7.

202. – Conformément à l'article L. 632-1, le statut de la location meublée s'applique, sans condition relative au nombre de logements loués par le bailleur, en cas de location meublée d'un logement constituant la résidence principale de son occupant.

Le logement doit faire l'objet d'un bail écrit d'un an renouvelable, pouvant être réduit à neuf mois pour les étudiants sans possibilité de reconduction tacite. La loi n'indiquait pas le type de mobilier et d'équipement devant garnir le logement en quantité et en qualité suffisantes pour recevoir la qualification de location meublée qui restait soumise, sur ce point[96] comme celui de la qualification de résidence principale[97], à l'appréciation du juge. Il n'y a pas lieu de tenir compte d'une clause du bail stipulant que le logement ne constitue pas la résidence principale du locataire dès lors que les faits démontrent le contraire[98].

(94) Circ. n° 53-190, 31 déc. 1953, I-C (annexes : « Circulaires », ann. 2) ; Circ. 1er oct. 1960, n° 30 (annexes : « Circulaires », ann. 3) ; Circ. 27 juin 1962, n° 34 (annexes : « Circulaires », ann. 4) relatives aux changements d'affectation et démolitions de locaux.

(95) Circ. n° 72-158, 3 oct. 1972, relative aux changements d'affectation et démolitions de locaux, note technique, 1.6 (annexes : « Circulaires », ann. 5).

(96) CA Paris, 6e ch. B, 19 juin 2008, n° 07/08030 : *Loyers et copr.* 2008, comm. 189 : la convention des parties qui « malgré l'utilisation d'un imprimé intitulé "contrat de location meublée", ne mentionne, en fait de mobilier, que la présence d'un "évier et lavabo alimentés en eau chaude et froide, radiateur de chauffage central dans chaque chambre avec lit, armoire et table, WC à l'étage", sans préciser si le local était équipé au jour de l'entrée dans les lieux d'une literie, de draps, de couvertures, d'appareils et d'ustensiles permettant de cuisiner ou même d'une simple chaise », a été requalifiée en bail soumis à la loi n° 89-462 du 6 juillet 1989. Un décret n° 2015-981 pris le 31 juillet 2015 en application de la loi ALUR fixe à compter du 1er septembre 2015 la liste du mobilier que doit contenir un logement meublé régi par l'article 25-4 de la loi du 6 juillet 1989.

(97) Cass. 3e civ., 20 sept. 2006, n° 05-16.363 : *Loyers et copr.* 2007, comm. 27, note B. Vial-Pedroletti.

(98) Cass. 3e civ., 4 févr. 2009, n° 07-20.980 : *Bull. civ.* III, n° 30 ; *AJDI* 2009, p. 608, note N. Damas : en l'espèce, le meublé était loué à un étudiant domicilié fiscalement chez ses parents dans un autre département. Une réponse ministérielle avait déjà énoncé que le régime de protection de la location meublée « ne bénéficie toutefois qu'aux locataires dont le logement loué constitue la résidence principale, à savoir un logement habité par le locataire de manière effective et permanente, correspondant au siège essentiel de ses activités personnelles et le cas échéant professionnelles, ce qui est le cas pour un étudiant même s'il est par ailleurs rattaché au foyer fiscal de ses parents. Le rattachement d'un enfant majeur au foyer fiscal de ses parents n'est en effet pas soumis à la condition que l'enfant réside habituellement chez ses parents ; de jeunes mariés peuvent par exemple opter pour leur rattachement fiscal au foyer des parents de l'un des conjoints » (Rép. min. n° 44220 : *JOAN* Q 30 nov. 2004, p. 9508). – V. égal., Cass. 3e civ., 5 févr. 2013, n° 12-12.954, jugeant qu'en l'espèce « les dispositions d'ordre public de l'article L. 632-1 étaient applicables et que le logement pris à bail par un étudiant constitue sa résidence principale au sens de ce texte, nonobstant toute clause

Le statut d'ordre public des locations meublées a été retouché et intégré par la loi ALUR du 24 mars 2014 au sein de la loi n° 89-462 du 6 juillet 1989 sous un titre Ier bis[99]. L'article L. 632-1 subsiste néanmoins.

203. - Il convenait de distinguer parmi les locations meublées :

– le logement occupé à titre de résidence principale par le preneur pour une durée de douze ou neuf mois, qui est assimilé à un local à usage d'habitation ;

– et les autres logements qui ne sont pas des locaux à usage d'habitation au sens de l'article L. 631-7.

Le passage d'un logement nu en logement meublé loué autrement qu'à titre de résidence principale constitue un changement d'usage soumis à autorisation.

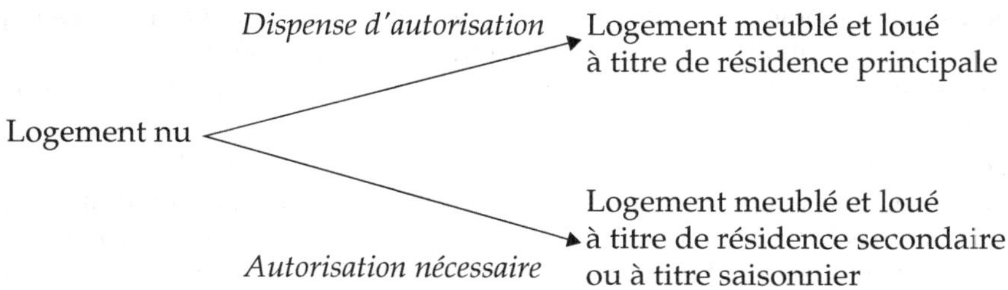

204. - L'usage des locaux meublés peut évoluer rapidement. Par exemple, lorsqu'un logement meublé est loué pendant l'année universitaire à un étudiant puis reloué pendant la période estivale sous forme de location saisonnière, une autorisation de changement d'usage devait être obtenue avant la relocation touristique.

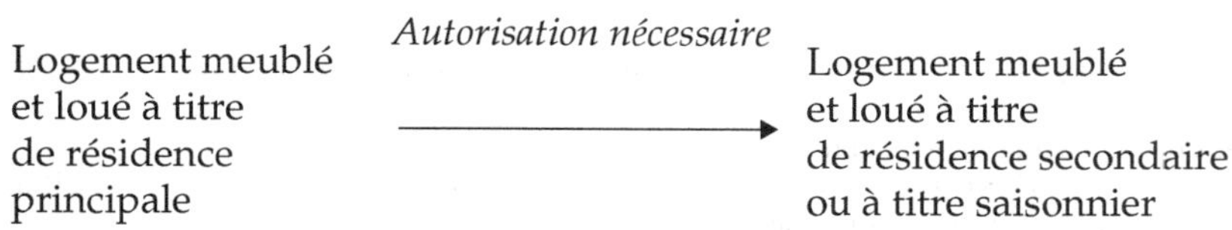

Toutefois, les services de la ville de Paris tenaient alors compte de l'occupation dominante à titre de résidence principale lorsque le local d'habitation est loué meublé neuf mois à un étudiant, puis trois mois en meublé de tourisme. Une tolérance pouvait être accordée à une location en meublé saisonnier de manière résiduelle dans le temps compte tenu du bail spécifique de neuf mois non renouvelable accordé aux étudiants ; une telle situation ne nécessitait donc pas de demande d'autorisation, selon la pratique adoptée par la ville de Paris[100].

205. - Peu importe que « la location s'accompagne ou non de prestations secondaires » indiquait l'article L. 632-1 (dans sa rédaction antérieure à la loi ALUR du

contraire insérée au contrat de location ». La mention figurant dans le bail selon laquelle le preneur, en l'occurrence un étudiant, est domicilié chez ses parents est sans incidence sur la détermination de sa résidence principale : CA Paris, pôle 4, ch. 4, 13 nov. 2012, n° 10/04560. Il a également été décidé que la domiciliation à l'étranger pour des raisons fiscales n'empêche pas d'avoir sa résidence principale en France : Cass. 1re civ., 31 janv. 2006, n° 02-15.028 : *Bull. civ.* I, n° 43 ; *Loyers et copr.* 2006, comm. 73, note B. Vial-Pedroletti.

(99) J.-L. Puygauthier, *La loi ALUR et la location meublée : JCP* N 2014, n° 15, 1162.

(100) V. *infra*, nos 1044 et s.

24 mars 2014). Cette précision sur le domaine d'application de la location meublée a rejailli sur celui de l'article L. 631-7 : les pensions de famille, les résidences de services et autres établissements similaires sont assimilables à des locaux à usage d'habitation s'ils sont occupés à titre de résidence principale, nonobstant l'existence éventuelle de services qui auraient pu les rapprocher de l'activité hôtelière.

206. – La circulaire du 22 mars 2006 compare le régime du 8 juin 2005 au précédent dispositif et tire plusieurs conclusions :

> « À la différence de la situation antérieure où les locaux d'habitation et les meublés relevaient de deux catégories distinctes de locaux, l'article L. 631-7 nouveau précise que les meublés constituent des locaux destinés à l'habitation dès lors qu'ils rentrent dans le champ d'application de l'article L. 632-1 du CCH c'est-à-dire qu'ils constituent la résidence principale du preneur et qu'ils font l'objet d'un bail écrit obligatoire d'un an renouvelable, pouvant être ramené à 9 mois pour les étudiants.
>
> Pour cette raison, la transformation d'un logement nu en meublé n'est plus soumise à autorisation comme dans l'ancien dispositif.
>
> En revanche, le changement à un tout autre usage, sans autorisation préalable, de logements meublés à titre de résidence principale, en hôtel de tourisme, en location meublée saisonnière ou en location meublée à usage de résidence secondaire, demeure irrégulier. Il est à noter que la notion de loueur professionnel est abandonnée. Ainsi, les dispositions du L. 631-7 s'appliquent dès lors que le bailleur donne à la location un seul local.
>
> Ne rentrent pas dans la catégorie des logements meublés et à ce titre ne constituent pas des locaux destinés à l'habitation au sens de l'article L. 631-7 les résidences de tourisme. Ces établissements ont vocation à être loués à des touristes et ne s'adressent en principe qu'à des clients de passage n'y établissant pas leur résidence principale ».

207. – La circulaire du 22 mars 2006 tranche la délicate question des résidences de tourisme, villages de vacances, gîtes et autres établissements de para-hôtellerie. Envisager ces résidences comme des structures regroupant des unités d'habitation conduirait à les assimiler à des logements. À l'inverse, l'exploitation commerciale de ces établissements les rapprocherait de l'hébergement hôtelier qui n'est pas visé par l'article L. 631-7.

Le critère de la résidence principale appliqué aux locations meublées et aux logements-foyers est réemployé par la circulaire du 22 mars 2006 pour exclure les établissements accueillant une clientèle de passage. La distinction entre le caractère temporaire/saisonnier ou continu de l'hébergement poursuit un objectif de protection d'un certain type de logements qui forment l'habitat permanent d'une ville. Le tourisme dans les grandes villes ne doit pas se développer au détriment des logements destinés à la population résidente. Le cadre de vie et l'environnement urbain sont également en jeu.

208. – Ces dispositions ne sont pas sans importance à Paris où il existe des milliers de logements meublés qui sont proposés en location pour des séjours touristiques ou des voyages d'affaires, avec ou sans prestations hôtelières. Pourtant, peu de demandes d'autorisation ont été déposées pour leur transformation. La quasi-absence de saisonnalité de la fréquentation touristique de la capitale atténue sensiblement la visibilité de ces locations dont l'étendue des effets sur le nombre de logements disponibles est difficile à évaluer. L'impact sur la tranquillité des autres résidents est en revanche indiscutable.

Pour mieux cerner l'ampleur du phénomène, la ville de Paris a demandé à l'Atelier parisien d'urbanisme (Apur) la réalisation d'une étude sur *les locations meublées de courte durée à Paris*[101]. Celle-ci a dressé en 2011 un tableau relativement complet de l'état du marché parisien :

– il existerait plus de 20 000 logements proposés en location de courte durée, totalisant environ 42 000 annonces ;

– l'offre est concentrée dans des quartiers centraux, en particulier dans les 3e, 4e, 5e et 6e arrondissements, déjà affectés par une forte présence des résidences secondaires, logements occasionnels ou vacants ;

– les studios et les appartements d'une pièce forment plus des deux tiers de l'offre ;

– le montant des loyers, exprimé à la semaine et à la nuitée, est proche des tarifs hôteliers ;

– la clientèle touristique domine largement et, à un degré moindre, les actifs en déplacement professionnel ;

– la moitié des séjours serait inférieure à deux semaines et les deux tiers à un mois.

L'étude de l'Apur n'a pas permis de quantifier avec précision – mais est-ce possible ? – la proportion des baux meublés répondant à des besoins intermédiaires entre la location de courte durée et celle de longue durée. Des preneurs en situation de transition professionnelle ou familiale trouvent en effet, dans la location meublée, un moyen commode de se loger temporairement dans la capitale. À supposer que l'on puisse identifier clairement ces situations intermédiaires, encore faudrait-il pouvoir affiner le contrôle de l'usage des meublés alors qu'un même local peut accueillir, successivement, des occupants pour des séjours de courte, moyenne et longue durée. Le bail mobilité qui a été créé par la loi n° 2018-1021 du 23 novembre 2018 devrait désormais répondre aux attentes d'une partie d'entre eux[102].

209. - Consciente que certains quartiers se vident de leurs habitants permanents, la ville de Paris a fait savoir qu'elle recevait de nombreuses plaintes du voisinage et qu'elle entendait « mettre bon ordre à ces transformations »[103]. La poursuite de ces locations meublées temporaires nécessite l'obtention, par le bailleur[104], d'autorisations soumises à compensation selon le ratio applicable à leur secteur[105] ; faute d'autorisation de changement d'usage, ces locaux doivent retrouver leur usage initial d'habitation. De surcroît, suite à la modification générale du plan local d'urbanisme approuvée par le Conseil de Paris dans sa séance des 29 et 30 septembre 2009, une autorisation d'urbanisme de changement de destination (déclaration préalable ou permis de construire) est nécessaire, y compris en l'absence de travaux, en plus de l'autorisation de changement d'usage[106].

210. - La situation des chambres d'hôtes louées, pour une ou plusieurs nuits, au sein d'un logement occupé est différente. Il est en effet possible d'exercer une activité de location de chambres d'hôtes dans le cadre et le respect des conditions prévues par les articles L. 324-3 et D. 324-13 et suivants du Code du tourisme sans qu'il soit

(101) *Les locations meublées de courte durée à Paris – État des lieux et propositions*, nov. 2011.

(102) V. *infra*, nos 233 et s.

(103) *Jurishebdo Immobilier* 10 mars 2009, n° 346, p. 8.

(104) En cas de conclusion d'un bail avec une société exploitant une activité de sous-location de type hébergement hôtelier l'obligation d'obtenir l'autorisation de changement d'usage repose également sur le bailleur : CA Paris, pôle 1, ch. 2, 2 juill. 2015, nos 14/01491, 14/01498, 14/01509 et 14/01642 (4 esp.).

(105) V. *infra*, nos 1044 et s.

(106) V. *infra*, nos 1048 et s.

nécessaire d'obtenir une autorisation de changement d'usage[107], ni même une autorisation de changement de destination[108]. Les loueurs sont simplement tenus de déclarer leurs chambres à la mairie suivant les modalités fixées à l'article D. 324-15 du Code du tourisme.

La chambre chez l'habitant, non définie par le Code du tourisme, semble suivre le même régime que celui des chambres d'hôtes, à ceci près qu'elle n'a pas à faire l'objet d'une déclaration en mairie[109].

211. – L'interprétation consistant à déduire de la référence faite par l'article L. 631-7 à l'article L. 632-1, que les locaux meublés qui ne sont pas la résidence principale de leurs occupants ne constituent pas des locaux d'habitation a été largement discutée[110]. Elle a cependant été confirmée à plusieurs reprises par les juges parisiens, lesquels se montrent de plus en plus sévères au regard de l'augmentation régulière du montant des sanctions financières infligées aux bailleurs[111]. Cette lecture des textes pouvait également se recommander de réponses ministérielles ayant annoncé une évolution législative dont la loi ALUR est l'aboutissement[112].

3° Régime de la loi ALUR du 24 mars 2014

212. – La prolifération des meublés touristiques, proposés à la location principalement *via* Internet et dans des conditions de légalité souvent douteuses[113], n'est pas sans conséquence sur le nombre de logements disponibles pour les ménages cherchant à se loger. Le législateur, qui y voit un facteur de tension supplémentaire du marché locatif notamment dans la capitale[114], a souhaité développer et approfondir l'encadrement de cette activité. La position partagée par la doctrine administrative

(107) Cass. 3e civ., 24 sept. 2020, n° 18-22.142 : *Bull. civ.* III ; *AJDI* 2021, p. 433, note N. Damas.

(108) Rép. min. n° 13349 : *JO* Sénat Q 9 juill. 2020, p. 3168 ; *Defrénois* 15 oct. 2020, p. 41, note G. Daudré.

(109) E. de Kerret, *La régulation de la location meublée touristique par la réglementation administrative : Actes prat. ing. immobilière* 2021, n° 3, étude 18, § 41 et s.

(110) Comme en témoigne une littérature abondante et parfois critique, V. not. dans la presse juridique : M. Pialoux, *Les locations meublées de courte durée* vs *CCH et copropriété : Rev. loyers* 2013, p. 378. – L. de Redon et M. Seraine, *La location saisonnière d'un bien meublé à Paris : qui peut faire quoi, où et comment ? : Loyers et copr.* 2013, étude 11. – L. Goutalier, *L'affectation de logements d'habitation en appartements meublés pour des locations de courte durée (à vocation touristique ou de loisir) : Cah. Cridon Lyon* 2012, n° 64, p. 39. – V. Canu, *Les locations meublées touristiques à Paris : D.* 2012, p. 600. – G. Daudré et P. Wallut, *Locations meublées de courte durée. Le permis de louer à Paris : JCP* N 2012, n° 15, act. 429 ; *Loyers et copr.* 2012, alerte 40. – V. Canu et A. Rebibo, *Changement d'usage et location meublée de courte durée : Gaz. Pal.* 18 sept. 2010, p. 22.

(111) CA Paris, pôle 1, ch. 3, 24 mai 2011, n° 10/23802 : *AJDI* 2011, p. 532, note G. Daudré. – CA Paris, pôle 1, ch. 4, 8 juin 2012, n° 11/13256. – CA Paris, pôle 1, ch. 3, 4 sept. 2012, n° 11/21971 : *Loyers et copr.* 2012, repère 9, J. Monéger. – CA Paris, pôle 1, ch. 2, 5 déc. 2013, n° 12/05884. – *Adde*, D. Blaise, *Locations meublées touristiques de locaux d'habitation d'habitation à Paris : des infractions sanctionnées en l'absence d'autorisation préalable de changement d'usage : AJDI* 2012, p. 676.

(112) Rép. min. nos 20649 et 21017 : *JOAN* Q 11 juin 2013, p. 6111. – Rép. min. n° 26887 : *JOAN* Q 10 sept. 2013, p. 9478 ; *JCP* N 2013, n° 38, act. 919.

(113) D'après la ville de Paris, qui réalise plusieurs centaines de vérifications par an sur ces locaux, la très grande majorité des meublés contrôlés n'a pas fait l'objet d'une autorisation. Les propriétaires sont alors sommés de régulariser la situation, soit en procédant au changement d'usage avec compensation, soit en cessant de louer à titre saisonnier et, le cas échéant, des poursuites judiciaires sont engagées à leur encontre.

(114) AN, Compte-rendu de la 2e séance : *JOAN* CR 12 sept. 2013, p. 8772. V. égal. le rapport d'information n° 587 de V. Artigalas et P. Morhet-Richaud, au nom du groupe de travail « Tourisme » de la commission des affaires économiques du Sénat, enregistré le 20 juin 2018.

et la jurisprudence, assimilant ce type d'occupation à un changement d'usage, se trouve confortée par des dispositions spécifiques introduites par la loi ALUR, mais avec quelques adaptations introduisant davantage de flexibilité.

213. - Selon une étude de l'Institut Paris Région de mai 2021, analysant l'activité touristique en région Île-de-France avant la crise sanitaire, l'impact des nouvelles mesures de régulation sur les locations saisonnières est encore incertain[115]. Le meublé touristique a connu une progression fulgurante à Paris : d'environ 20 000 logements mis en location en 2011 à quasiment 80 000 dès 2016, le parc de logements concernés aurait atteint son pic en 2017 avec 88 500 logements avant d'entamer une légère décrue puisqu'en 2019 ce chiffre serait retombé à 81 000. Si elle reste largement concentrée dans Paris *intra-muros*, l'offre se développe progressivement en petite et grande couronne.

Le faible impact de la régulation doit cependant être relativisé :

– les procédures judiciaires relatives aux locations de meublés de tourisme à Paris ont été longtemps gelées dans l'attente des décisions de la Cour de justice de l'Union européenne[116] et de la Cour de cassation[117] relative à la légalité du dispositif français et de sa déclinaison parisienne[118] ;

– les limitations et les sanctions qui y sont liées n'ont été déployées par les communes franciliennes qu'à partir de la période 2018-2019 ;

– la faculté d'instaurer l'autorisation de location d'un local commercial en tant que meublé de tourisme n'est ouverte que depuis le 1er juillet 2021 et demeure réservée aux seules communes soumises – de plein droit ou volontairement – à la réglementation du changement d'usage et ayant mis en place l'obligation d'enregistrement des meublés de tourisme (C. tourisme, art. L. 324-1-1, IV bis)[119].

Les confinements et les restrictions de déplacements qui ont accompagné la crise sanitaire ont certes réduit l'activité des plateformes de locations ; toutefois, selon une étude de l'Atelier parisien d'urbanisme[120], cette chute momentanée n'a pas suscité un retour massif vers les baux de longue durée. Le redémarrage du secteur touristique après la crise permettra donc de mesurer le véritable effet de la régulation. D'autres mesures de renforcement sont déjà à l'étude, telle la possibilité pour la commune d'abaisser le seuil des jours de location autorisés[121], voire d'interdire les meublés de tourisme ou sinon d'instaurer des quotas dans les quartiers les plus affectés[122].

(115) *Les locations saisonnières en Île-de-France – État des lieux d'avant-crise*, mai 2021. V. égal. la note n° 177 de l'Atelier parisien d'urbanisme, *Locations meublées touristiques à Paris – Situation 2020 et comparaison avec sept autres grandes villes*, sept. 2020.

(116) CJUE, Gde ch., 22 sept. 2020, aff. jtes C-724/18 et C-727/18 : *Europe* 2020, comm. 337, note D. Simon et A. Rigaux.

(117) Cass. 3e civ., 18 févr. 2021, n° 17-26.156 (annexes : « Jurisprudence », ann. 5).

(118) V. *infra*, n° 724.

(119) Le Conseil de Paris a instauré cette procédure d'autorisation en décembre 2021, V. *infra*, nos 1032 et s.

(120) *Quel impact de la crise de la covid-19 sur les locations meublées touristiques à Paris ?*, note n° 205, oct. 2021.

(121) J.-L. Lagleize, *La maîtrise des coûts du foncier dans les opérations de construction*, Rapport au Premier ministre, nov. 2019, proposition 43. Toutefois, à l'occasion de l'examen du projet de loi relatif à l'engagement dans la vie locale et à la proximité de l'action publique, un amendement sénatorial permettant aux communes de réduire à soixante jours la durée maximale annuelle des locations meublées de tourisme a été rejeté par le Gouvernement au motif que « fixer une limite inférieure à 120 jours présenterait un risque constitutionnel évident » (débats de la commission des lois de l'Assemblée nationale, compte-rendu n° 20, 7 nov. 2019, p. 23 et 24).

(122) V. le règlement municipal de la ville de Saint-Malo du 17 juin 2021.

214. - Le régime actuel, issu principalement de la loi ALUR, repose sur une définition de la location contrôlée (*a*), assortie d'une exception (*b*), ainsi que sur un dispositif facultatif d'autorisation temporaire (*c*). Les obligations des intermédiaires, rémunérés ou non, sont précisées par ailleurs[123].

a) Définition de la location meublée opérant un changement d'usage du local d'habitation

215. - La location contrôlée fait l'objet d'une définition légale, insérée au dernier alinéa de l'article L. 631-7 :

> « Le fait de louer un local meublé destiné à l'habitation de manière répétée pour de courtes durées à une clientèle de passage qui n'y élit pas domicile constitue un changement d'usage au sens du présent article ».

Cette définition s'inspire largement de celle donnée par l'article D. 324-1 du Code du tourisme pour les meublés de tourisme[124].

216. - La définition apportée par le législateur de 2014 a eu le mérite d'entériner expressément la doctrine administrative et les solutions jurisprudentielles antérieures[125]. Mais elle laissait présager quelques difficultés d'application relevées dans la précédente édition de cet ouvrage. L'une d'entre elles trouve sa source dans la décision rendue par le Conseil constitutionnel dans le cadre du contrôle de la loi ALUR avant sa promulgation. Le juge constitutionnel a en effet estimé que « la location d'un local meublé destiné à l'habitation qui ne répond pas à l'une des conditions [de l'alinéa 6 de l'article L. 631-7-1 du CCH], notamment lorsque le logement est loué dans les conditions fixées par l'article L. 632-1 du Code de la construction et de l'habitation, n'entre donc pas dans le champ d'application du régime de l'autorisation de changement d'usage institué par ces dispositions »[126].

L'emploi de l'adverbe « notamment » avant la référence aux locations visées à l'article L. 632-1 pouvait laisser entendre que ces dernières n'étaient citées qu'à titre d'exemple et que, par conséquent, toute autre location d'un meublé qui ne remplit pas toutes les conditions énoncées au dernier alinéa de l'article L. 631-7 échapperait également au régime d'autorisation du changement d'usage.

217. - Cette dernière interprétation n'est pas celle retenue par la Cour de cassation dans l'un des arrêts du 18 février 2021 qu'elle a consacré aux meublés de tourisme[127]. En l'espèce, un local meublé, dont l'usage initial d'habitation au 1er janvier 1970

(123) V. *infra*, nos 751 et s.

(124) C. tourisme, art. D. 324-1 : « Les meublés de tourisme sont des villas, appartements, ou studios meublés, à l'usage exclusif du locataire, offerts en location à une clientèle de passage qui y effectue un séjour caractérisé par une location à la journée, à la semaine ou au mois, et qui n'y élit pas domicile ». Cette définition est reprise au I de l'article L. 324-1-1 du Code du tourisme dans sa version issue de la loi n° 2018-1021 du 23 novembre 2018 (dite « loi ELAN »).

(125) V. par ex., des décisions rappelant que le droit antérieur à la loi ALUR soumettait à autorisation la location meublée de courte durée : CA Paris, pôle 1, ch. 3, 27 sept. 2016, n° 15/00953. – CA Paris, pôle 1, ch. 2, 13 déc. 2018, n° 17/19569.

(126) Cons. const., 20 mars 2014, n° 2014-691 DC, consid. 36 : *JO* 26 mars 2014.

(127) Cass. 3e civ., 18 févr. 2021, n° 19-13.191 : *Bull. civ.* III ; V. not. G. Daudré et P. Wallut, *Locations meublées de courtes durées : trois arrêts pour les sept ans de la loi Alur : JCP* N 2021, n° 10, 1130. – L. Jariel, *Locations de tourisme : conformité de la règlementation française au droit de l'Union : Defrénois*, 20 janv. 2022, p. 59. – J. Laurent, *Les arrêts récents en matière de locations de tourisme : analyse et portée : Defrénois*, 20 janv. 2022, p. 68.

est établi par la ville de Paris et qui ne constitue pas la résidence principale de ses propriétaires, a été loué une première fois pour une durée de quatre mois à une société, puis une deuxième fois pour une durée de six mois à une autre société pour y loger le même salarié qui n'y avait pas fixé sa résidence principale.

Selon la Haute juridiction, « le fait de louer, à plus d'une reprise au cours d'une même année, un local meublé pour une durée inférieure à un an, telle qu'une location à la nuitée, à la semaine ou au mois, à une clientèle de passage qui n'y fixe pas sa résidence principale, au sens de l'article 2 de la loi du 6 juillet 1989, constitue un changement d'usage d'un local destiné à l'habitation et, par conséquent, est soumis à autorisation ». Il s'ensuit que les deux locations consenties à deux sociétés sur une période de moins d'un an, et pour des durées respectives inférieures à un an, constituaient un changement d'usage et nécessitaient une autorisation préalable.

218. - La définition légale est ainsi précisée sur trois points :

– la « courte durée » s'entend de la location meublée d'une durée inférieure à un an ;

– la condition de répétition est remplie à partir de la deuxième location meublée[128] ;

– la période de référence pendant laquelle la répétition caractérise un changement d'usage est fixée à une année.

219. - L'existence de différentes formes de location meublée soulève d'inévitables problèmes de frontière. Souhaitant faire preuve de pédagogie, et surtout satisfaire l'exigence de clarté et de non-ambiguïté requise par le droit européen, la Cour de cassation précise que relèvent de la catégorie des locaux d'habitation, et ne nécessitent donc pas une autorisation de changement d'usage, « les cas d'une location consentie à un étudiant pour une durée d'au moins neuf mois, de la conclusion, depuis l'entrée en vigueur de la loi du 23 novembre 2018, d'un bail mobilité d'une durée de un à dix mois et de la location du local à usage d'habitation constituant la résidence principale du loueur pour une durée maximale de quatre mois ».

Les locations qui relèvent de la catégorie des logements n'ont pas à être prises en considération dans le décompte des baux meublés dont la répétition sur une période d'un an caractérise un changement d'usage à partir du deuxième bail. Si, par exemple, au cours d'une même année, un local d'habitation fait l'objet successivement d'une location meublée à un étudiant de neuf mois, puis d'un bail mobilité de deux mois, et enfin d'une location touristique de deux semaines, aucune autorisation de changement d'usage n'est à obtenir.

220. - Le tableau ci-après permet de synthétiser les enseignements de l'arrêt précité du 18 février 2021 :

CONTRAT	LOGEMENT	DURÉE	USAGE
Bail de l'article L. 632-1 du CCH *(L. n° 89-462, 6 juill. 1989, art. 25-3)*	Résidence principale du preneur	12 mois/9 mois pour les étudiants	Usage d'habitation

(128) V. par ex., des décisions où le caractère répété des locations n'a pas été établi : CA Paris, pôle 1, ch. 3, 24 janv. 2018, n° 17/13016. – CA Paris, pôle 1, ch. 2, 13 déc. 2018, n° 17/22957.

CONTRAT	LOGEMENT	DURÉE	USAGE
Bail mobilité *(L. n° 89-462, 6 juill. 1989, art. 25-12)*	Résidence principale ou secondaire du preneur	1 à 10 mois	Usage d'habitation
Bail meublé *(C. civ., art. 1709 à 1762)*	Résidence principale du loueur	Si louée moins de 4 mois cumulés par an	Usage d'habitation
	Résidence secondaire du loueur et du preneur	Inférieure à 12 mois	Usage autre que d'habitation dès la 2e location la même année

Un auteur relève que la Cour de cassation « laisse subsister une ambiguïté : l'année peut en effet renvoyer à l'année civile ou à une période de douze mois glissants. Le renvoi aux douze derniers mois écoulés nous paraît être une approche pragmatique à privilégier »[129].

221. – Par ailleurs, il est utile de rappeler que seul l'usage des locaux d'habitation est contrôlé au titre de l'article L. 631-7. Les propriétaires qui le souhaitent peuvent donc habiter leur appartement en fin de location meublée saisonnière, le louer nu ou meublé à titre de résidence principale ou dans le cadre d'un bail mobilité sans qu'il soit besoin d'une autorisation de changement d'usage en sens inverse.

b) L'exception de la résidence principale du loueur

222. – La définition des locations contrôlées souffre d'une importante exception figurant au dernier alinéa de l'article L. 631-7-1 A :

« Lorsque le local à usage d'habitation constitue la résidence principale du loueur, au sens de l'article 2 de la loi n° 89-462 du 6 juillet 1989 tendant à améliorer les rapports locatifs et portant modification de la loi n° 86-1290 du 23 décembre 1986, l'autorisation de changement d'usage prévue à l'article L. 631-7 du présent code ou celle prévue au présent article n'est pas nécessaire pour le louer pour de courtes durées à une clientèle de passage qui n'y élit pas domicile ».

223. – Selon l'article 2 de la loi n° 89-462 du 6 juillet 1989, lui-même modifié par la loi ALUR :

« La résidence principale est entendue comme le logement occupé au moins huit mois par an, sauf obligation professionnelle, raison de santé ou cas de force majeure, soit par le preneur ou son conjoint, soit par une personne à charge au sens du Code de la construction et de l'habitation ».

Cette définition sert notamment à délimiter le domaine d'application du statut d'ordre public des contrats de location de logements meublés (L. n° 89-462, 6 juill. 1989, art. 25-3) dont la durée légale demeure fixée à un an minimum et neuf mois pour les étudiants (L. n° 89-462, 6 juill. 1989, art. 25-7)[130].

(129) N. Damas, note ss Cass. 3e civ., 18 févr. 2021, 19-13.191 : *AJDI* 2022, p. 26.

(130) La loi ALUR a introduit dans la loi de 1989 un titre Ier bis intitulé « Des rapports entre bailleurs et locataires dans les logements meublés résidence principale » auquel renvoie l'article L. 632-1.

224. - L'exception de la résidence principale est bienvenue pour les loueurs en meublés. Elle concerne toutes les autorisations de changement d'usage, y compris les autorisations temporaires[131]. La ville de Paris, en ce qui la concerne, avait déjà officiellement admis cette exception sous le régime de l'ordonnance du 8 juin 2005.

Le propriétaire, ou le locataire[132] dûment autorisé par son bailleur[133], peut librement, si le local demeure sa résidence principale, soit louer certaines des pièces de son logement en chambres d'hôtes[134], soit le louer en totalité lorsqu'il s'absente de celui-ci pour des vacances ou un déplacement professionnel de relative courte durée.

225. - Mais, l'exception une fois admise, restent les limites de son application : s'il s'agit de la location provisoire de l'entier logement, quelle est la limite de durée acceptable sur l'année ? La référence à l'article 2 de la loi du 6 juillet 1989 apporte une réponse à la fois précise et adaptable aux diverses situations particulières des loueurs.

Une occupation effective pendant huit mois par le loueur, son conjoint ou une personne à charge est suffisante sauf circonstances justifiant une occupation d'une durée moindre[135] ; le reste de l'année, le logement peut être loué sans qu'il soit exigé d'obtenir une autorisation de changement d'usage, ni même de déposer une déclaration en mairie (C. tourisme, art. L. 324-1-1, II, al. 2) sauf si la procédure d'enregistrement a été mise en place par la commune (C. tourisme, art. L. 324-1-1, III, al. 2)[136].

226. - De principe, il incombe au loueur qui se prévaut de l'exception prévue à l'article L. 631-7-1 A d'apporter la preuve qu'il remplit ses conditions[137] ; mais en pratique, des poursuites ne sont engagées que si la mairie dispose d'éléments de preuve contraire[138].

227. - La situation des Français établis à l'étranger ayant conservé un logement dans les communes où s'applique l'article L. 631-7 a été longuement discutée lors du vote de la loi ALUR. Mais les débats parlementaires ne font qu'entretenir la casuistique. Des salariés détachés à l'étranger par leur employeur seraient dans « l'obligation professionnelle » d'habiter en France moins de huit mois par an et pourraient ainsi louer sans autorisation leur résidence principale pour de courtes durées

(131) V. *infra*, n°s 228 et s.

(132) Ce qui ressort de l'emploi du mot « loueur » par le dernier alinéa de l'article L. 631-7-1 A.

(133) L. n° 89-462, 6 juill. 1989, art. 8, al. 1. À défaut le bailleur principal est en droit de demander le remboursement des sous-loyers indûment perçus : Cass. 3e civ., 12 sept. 2019, n° 18-20.727 : *Bull. civ.* III ; *JCP* N 2019, n° 51, 1342, § 9, chron. H. Périnet-Marquet ; *RTD civ.* 2019, p. 888, note P.-Y. Gautier ; *Defrénois* 19 déc. 2019, p. 25, note M. Soulié ; *RDC* 2020, p. 25, note critique R. Libchaber.

(134) V. *supra*, n° 210.

(135) Pour un exemple de non-respect du critère d'occupation minimale : Cass. 3e civ., 25 mars 2021, n° 20-14.009. Pour un cas où a été admise une durée moindre d'occupation pour raisons de santé concernant une personne entretenant des liens affectifs étroits avec le loueur : TJ Paris, 31 janv. 2022, n° 21/50521. Le juge vérifie que le motif impérieux invoqué par le loueur correspond exactement aux périodes de location utilisées : TJ Paris, 31 janv. 2022, n° 21/50970.

(136) La ville de Paris a instauré une procédure d'enregistrement en juillet 2017 avec effet au 1er décembre 2017 ainsi qu'un service de déclaration en ligne. De nombreuses autres villes ont adopté un dispositif similaire.

(137) CA Paris, pôle 1, ch. 2, 20 déc. 2018, n° 18/10506.

(138) V. par ex., des décisions où la preuve du caractère de résidence principale du local loué n'a pas été apportée : CA Paris, pôle 1, ch. 2, 18 oct. 2018, n° 18/00651. – CA Paris, pôle 1, ch. 8, 9 nov. 2018, n° 18/00646. Et des décisions où cette preuve a été apportée : CA Paris, pôle 1, ch. 3, 13 juin 2018, n° 17/22509. – CA Paris, pôle 1, ch. 2, 28 juin 2018, n° 17/19589. – CA Paris, pôle 1, ch. 3, 3 oct. 2018, n° 18/01810.

pendant plus de quatre mois. En revanche, ceux qui partent à l'étranger pour y créer leur entreprise, y travailler sous contrat local ou pour suivre leur conjoint ne pourraient pas invoquer le bénéfice de cette exception[139]. Ce subtil *distinguo*, élément de complication, est peu satisfaisant, voire injuste. Des sénateurs en avaient d'ailleurs conscience lorsqu'ils ont proposé au Gouvernement, en vain, de remplacer la notion « d'obligation professionnelle » par celle moins étroite de « raison professionnelle ».

Dans un sens plus restrictif, on peut citer un rapport parlementaire : « la résidence principale se définit donc selon la durée d'occupation du logement : huit mois par an. Bien évidemment, afin de prendre en compte les situations d'urgence, le texte prévoit des exceptions, en cas de force majeure, en raison d'une évolution de l'état de santé ou la situation professionnelle des occupants »[140]. La position rigoureuse des auteurs du rapport qui consiste à cantonner l'application des exceptions aux « situations d'urgence » est vraisemblablement la plus proche de l'intention du législateur qui a écarté par ailleurs tous les amendements visant à réserver un traitement favorable aux expatriés. C'est également la position de la ville de Paris qui estime que les causes ne permettant pas l'occupation du logement « au moins huit mois par an » doivent s'entendre comme des raisons imprévues (obligation professionnelle exceptionnelle telle que la signature d'un contrat requérant une présence à l'étranger plusieurs mois par an). Suivant cette interprétation, un contrat d'expatrié, comportant une obligation de vivre et de travailler dans un pays tiers ne pourrait être regardé comme une « obligation professionnelle » ponctuelle.

La question a été de nouveau débattue dans le cadre de l'examen du projet de loi pour la croissance, l'activité et l'égalité des chances économiques (dite « loi Macron »), le Sénat ayant notamment introduit une exception visant à permettre aux Français expatriés disposant d'un seul logement en France de le louer meublé pour de courtes durées sans être soumis à la procédure de changement d'usage[141]. L'Assemblée nationale s'y est opposée et cette dérogation n'a pas été retenue par le texte de loi définitif[142].

c) Régime facultatif d'autorisation temporaire

228. - La véritable innovation de la loi ALUR en la matière réside aux alinéas 1 à 4 de l'article L. 631-7-1 A. Ces dispositions accordent aux communes et aux établissements publics de coopération intercommunale (EPCI) compétents la faculté d'instaurer un régime d'autorisation limitée dans le temps et soumise à des critères spécifiques pour les locations meublées[143] constitutives d'un changement d'usage :

> « Une délibération du conseil municipal peut définir un régime d'autorisation temporaire de changement d'usage permettant à une personne physique de louer pour de courtes durées des locaux destinés à l'habitation à une clientèle de passage qui n'y élit pas domicile.

(139) *JO* Sénat CR 22 oct. 2013, p. 9961 et 23 oct. 2013, p. 10057.

(140) V. le rapport n° 1329 de M. D. Goldberg et Mme A. Linkenheld, au nom de la Commission des affaires économiques de l'Assemblée nationale, enregistré le 26 juillet 2013, p. 61.

(141) Projet de loi adopté par le Sénat le 12 mai 2015, art. 24 bis nouveau.

(142) Des doutes ont été émis sur la compatibilité d'une telle exception avec la Convention de sauvegarde des droits de l'homme et des libertés fondamentales : *Loyers et copr.* 2015, repère 6, J. Monéger.

(143) On s'étonne de l'imprécision du texte qui omet d'indiquer que seules sont visées les locations « meublées » ainsi qu'en attestent les travaux préparatoires et les discussions parlementaires particulièrement animées sur ce sujet.

La délibération fixe les conditions de délivrance de cette autorisation temporaire par le maire de la commune dans laquelle est situé l'immeuble après avis, à Paris, Marseille et Lyon, du maire d'arrondissement concerné. Elle détermine également les critères de cette autorisation temporaire, qui peuvent porter sur la durée des contrats de location, sur les caractéristiques physiques du local ainsi que sur sa localisation en fonction notamment des caractéristiques des marchés de locaux d'habitation et de la nécessité de ne pas aggraver la pénurie de logements. Ces critères peuvent être modulés en fonction du nombre d'autorisations accordées à un même propriétaire personne physique.

Si la commune est membre d'un établissement public de coopération intercommunale compétent en matière de plan local d'urbanisme, la délibération est prise par l'organe délibérant de cet établissement.

Le local à usage d'habitation bénéficiant de cette autorisation temporaire ne change pas de destination, au sens du troisième alinéa de l'article L. 151-9 du Code de l'urbanisme ».

La loi n° 2018-1021 du 23 novembre 2018 (dite « loi ELAN ») a apporté une précision rédactionnelle à la fin du deuxième alinéa de l'article L. 631-7-1 A afin de réaffirmer que cet article ne vise que les personnes physiques[144].

229. - Ce dispositif offre une grande liberté de mise en œuvre aux collectivités ; en pratique, il suscite plusieurs difficultés :

– la « délibération du conseil municipal » (ou de l'EPCI) constitue-t-elle une modification du règlement municipal en vigueur, s'il existe ? Si la ville (ou l'EPCI) n'a pas établi de règlement communal, peut-elle, indépendamment, prendre une telle délibération ne visant que les autorisations temporaires pour les locations meublées ? Cette question en soulève une autre, propre aux communes non visées par l'article L. 631-7 et qui se placent volontairement sous sa protection : est-il possible d'instaurer, sur le fondement de l'article L. 631-9, un contrôle de l'usage ayant pour seul et unique objet les locations des meublés de tourisme ?

– cette délibération « peut définir un régime d'autorisation temporaire » ; cette initiative est laissée au bon vouloir de l'organe délibérant, qui en fixe les limites et modalités selon les caractéristiques locales et la nécessité de ne pas aggraver la pénurie de logements ; il en résulte que ce régime d'autorisation pourrait être instauré dans certains périmètres seulement du territoire communal (par ex. les quartiers touristiques) ;

– le terme « temporaire » doit-il s'entendre sur la durée de validité de l'autorisation ou faut-il comprendre que la possibilité accordée au bailleur est limitée à certaines périodes de l'année ?

– le bailleur doit être « une personne physique » ; on en comprend bien la raison : le législateur veut écarter de ce dispositif dérogatoire les sociétés qui font profession de loueurs en meublés saisonniers ; mais fallait-il, pour autant, en exclure les sociétés à caractère familial ? On peut le regretter et souhaiter une évolution de la loi car beaucoup d'entités familiales propriétaires de logements ont préféré constituer des sociétés plutôt que de rester dans l'indivision[145] ;

– qu'est-ce que « louer pour de courtes durées » ? Il s'agit, selon la Cour de cassation, de toute location meublée d'une durée inférieure au délai d'un an visé par l'article 25-7 de la loi n° 89-462 du 6 juillet 1989 fixant la durée minimum des contrats de locations meublées à titre de résidence principale, à l'exclusion, cependant, de la

(144) V. le rapport n° 630 de D. Estrosi Sassone, au nom de la commission des affaires économiques du Sénat, déposé le 4 juillet 2018, t. I, p. 481.

(145) P. Wallut et G. Daudré, *Un oubli dans la réforme des locations meublées de courtes durées : les sociétés familiales : JCP* N 2020, n° 49, 981.

location consentie à un étudiant pour une durée de neuf mois, de la conclusion d'un bail mobilité d'une durée de un à dix mois et de la location de la résidence principale du loueur pendant une période maximale de quatre mois[146]. Mais peut-être le législateur entend-il voir fixer par la délibération la durée de chaque location en nombre de jours, semaines ou mois ?

– la délibération doit déterminer « les critères de cette autorisation » ; l'application en est sans doute délicate et certains critères seront difficiles à définir ; des conditions restrictives, qui imposeraient par exemple une durée minimum trop longue aux contrats de location meublée, aboutiraient, dans les faits, à une interdiction.

230. – La question de la péremption de l'autorisation temporaire se pose du fait du silence de la loi. Selon le Conseil constitutionnel[147] :

– il appartient aux autorités locales « de préciser les conditions dans lesquelles cette autorisation temporaire cesse de produire effet » ;

– « une telle autorisation (...) ne peut voir sa délivrance subordonnée à une compensation », ce qui est logique dans la mesure où l'article L. 631-7-1 A prévoit que le local bénéficiant de l'autorisation temporaire ne change pas de destination au sens du Code de l'urbanisme.

231. – Ce dispositif concerne exclusivement les communes où la police de l'usage trouve à s'appliquer. En effet, la définition de la location meublée soumise à contrôle figure à l'article L. 631-7, lequel débute par la phrase « La présente section est applicable aux communes... ».

En l'absence de délibération définissant un régime d'autorisation temporaire, ces locations ne sont pas interdites ; cependant, elles restent soumises au régime de droit commun des articles L. 631-7 et L. 631-7-1.

La ville de Paris a fait savoir qu'elle ne projetait pas d'instaurer un tel dispositif. Par conséquent, en application du règlement parisien, il demeure nécessaire d'obtenir, selon la procédure classique, une autorisation préalable de changement d'usage avec compensation, sauf si le logement constitue la résidence principale du loueur.

À notre connaissance, Nice a été la première ville de plus de 200 000 habitants à mettre en place un régime d'autorisation temporaire, suivie par Marseille, Strasbourg, Nantes, Lille, Toulouse et Montpellier (leurs règlements sont commentés dans le chapitre IV du présent ouvrage). D'autres collectivités, notamment des villes côtières pour lesquelles le développement du tourisme ne doit pas s'opérer au détriment de leurs résidents, ont fait de même.

232. – L'article L. 631-7-1 A ne prévoit pas de dérogation aux obligations de déclaration préalable (C. tourisme, art. L. 324-1-1, II) et, le cas échéant, d'enregistrement (C. tourisme, art. L. 324-1-1, III) auprès de la commune[148]. Il n'est d'ailleurs pas possible aux loueurs d'échapper à ces formalités – quand bien même aucune autorisation de changement d'usage ne serait nécessaire – car la grande majorité des villes qui ont recours à l'article L. 631-7-1 A décident de soumettre à enregistrement toute location d'un meublé de tourisme, y compris lorsqu'il constitue la résidence principale du loueur.

(146) V. *supra*, n°s 217 et s.
(147) Cons. const., 20 mars 2014, préc., consid. 37.
(148) V. *infra*, n° 751.

H. – Les locaux meublés donnés en location dans le cadre d'un bail mobilité

233. – La loi n° 2018-1021 du 23 novembre 2018 (dite « loi ELAN ») a introduit dans la loi n° 89-462 du 6 juillet 1989 un nouveau bail, dit « bail mobilité », destiné aux personnes en situation de mobilité professionnelle ayant besoin d'un logement meublé sur une courte durée :

> « Le bail mobilité est un contrat de location de courte durée d'un logement meublé au sens de l'article 25-4 à un locataire justifiant, à la date de la prise d'effet du bail, être en formation professionnelle, en études supérieures, en contrat d'apprentissage, en stage, en engagement volontaire dans le cadre d'un service civique prévu au II de l'article L. 120-1 du code du service national, en mutation professionnelle ou en mission temporaire dans le cadre de son activité professionnelle ».

Cette définition est donnée par l'article 25-12 de la loi du 6 juillet 1989 qui consacre un titre entier – le titre Ier ter, qui est d'ordre public – au régime du bail mobilité[149]. Selon le même article 25-12, le bail mobilité ne s'applique ni aux logements-foyers, ni aux logements faisant l'objet d'une convention avec l'État portant sur leurs conditions d'occupation et leurs modalités d'attribution.

234. – Contrairement au bail meublé classique, le logement loué *via* un bail mobilité ne constitue pas nécessairement la résidence principale du locataire au sens de l'article 2 de la loi du 6 juillet 1989.

La durée du bail ne peut être inférieure à un mois ni supérieure à dix mois ; elle est en outre non renouvelable et non reconductible ; les parties peuvent toutefois la modifier par avenant, mais une seule fois et dans la limite des dix mois (L. n° 89-462, 6 juill. 1989, art. 25-14, al. 1 et 2).

235. – Les locaux donnés en location dans le cadre du bail mobilité constituent des locaux d'habitation au sens de l'article L. 631-7. Il s'ensuit qu'un logement peut être loué meublé dans le cadre d'un bail mobilité, même de manière répétée à différents locataires, sans qu'il soit nécessaire d'obtenir au préalable une autorisation de changement d'usage. Il n'est pas davantage nécessaire d'effectuer une déclaration en mairie, ni d'obtenir un numéro d'enregistrement dans les communes qui ont mis en place cette procédure.

236. – Si, au terme du bail mobilité, les parties concluent un nouveau bail sur le même logement, celui-ci sera soumis aux dispositions gouvernant les locations meublées de résidence principale (L. n° 89-462, 6 juill. 1989, art. 25-14, al. 3). Dans cette hypothèse, aucun changement d'usage n'intervient puisque le bail qui succède au bail mobilité est celui de l'article L. 632-1, également visé par l'article L. 631-7[150].

I. – Tableau récapitulatif de l'usage d'habitation

237. – Ce tableau reprend les différentes catégories de « locaux destinés à l'habitation » au sens de l'article L. 631-7, sous réserve des précisions apportées *supra* :

(149) D. Lagau-Lacrouts, *Le bail mobilité : nouvel outil législatif adapté à un nouveau quotidien sociétaire de mobilité croissante : Actes prat. ing. immobilière* 2021, n° 3, étude 25.
(150) V. *supra*, nos 201 et s.

	USAGE D'HABITATION (ART. L. 631-7)
Principe	Toutes catégories de logement
Illustrations légales	Annexes au logement
	Logements foyers
	Logements de gardien
	Chambres de service
	Logements de fonction
	Logements inclus dans un bail commercial
	Locaux loués meublés à titre de résidence principale
	Locaux loués meublés dans le cadre d'un bail mobilité

§ 2. – Locaux à usage mixte

238. – Le contrôle de l'usage ne peut ignorer les besoins immobiliers de professions dont l'activité au cœur même des quartiers résidentiels répond aux besoins de leurs habitants (professionnels libéraux, commerces de proximité...). Une réglementation trop rigide se retournerait contre ceux qu'elle entend protéger. Le conflit d'intérêts entre la préservation du nombre de logements et le développement des activités trouve, avec l'usage mixte, un compromis qui permet d'utiliser la résidence principale comme le support d'une activité professionnelle[151]. En outre, le large développement du télétravail, déjà amorcé avant la pandémie de Covid-19, pourrait conférer à l'usage mixte un intérêt pratique encore plus grand.

239. – Le dispositif en vigueur avant l'ordonnance du 8 juin 2005 permettait, sous certaines conditions, d'affecter partiellement des locaux d'habitation à l'exercice d'une profession, suivant un régime d'autorisation spéciale ou de dispense d'autorisation :

– l'ancien article L. 631-7, alinéa 3, soumettait à autorisation « l'exercice (...), dans une partie d'un local d'habitation, d'une profession qui ne puisse à aucun moment revêtir un caractère commercial si ce local constitue en même temps la résidence du demandeur » ; cette disposition, qui trouve son origine dans l'ordonnance n° 58-1441 du 31 décembre 1958, visait essentiellement l'installation de professionnels libéraux pouvant recevoir de la clientèle mais aucune marchandise ;

– l'ancien article L. 631-7-3, créé par l'article 11 de la loi n° 98-546 du 2 juillet 1998 portant diverses dispositions d'ordre économique et financier, dispensait d'autorisation « l'exercice d'une activité professionnelle, y compris commerciale, (...) dans une partie d'un local à usage d'habitation, dès lors que l'activité considérée n'est exercée que par le ou les occupants ayant leur résidence principale dans ce local et ne conduit à y recevoir ni clientèle ni marchandises »[152] ; la

(151) N. Randoux, *La résidence principale*, Defrénois, coll. « Doctorat & Notariat », t. 38, juin 2009, n°s 168 et s.

(152) A. Hinfray, *Changement d'affectation des locaux : l'incidence de la loi du 2 juillet 1998 : AJDI* 1998, p. 1026. – S. Pérignon, *L'exercice d'une activité dans un logement : Bull. Cridon Paris* 15 févr. 1999, n° 4, p. 95. – G. Liet-Veaux, *Une petite mesure en faveur du télétravail dans les locaux d'habitation : loi du*

loi n° 2003-721 du 1er août 2003 pour l'initiative économique a précisé que cette dispense était également applicable « aux représentants légaux des personnes morales »[153].

240. - L'ordonnance du 8 juin 2005 a maintenu le régime antérieur, avec quelques modifications :

- le nouvel article L. 631-7-2 a repris les dispositions de l'ancien alinéa 3 de l'article L. 631-7, en précisant que le local d'habitation devait être « utilisé par le demandeur comme sa résidence principale », ce qui constitue un durcissement par rapport au droit antérieur[154] ; l'autorisation devait être délivrée selon les conditions édictées par un arrêté préfectoral pris pour l'application des articles L. 631-7 et suivants ;
- le nouvel article L. 631-7-3 a été modifié par l'ordonnance simplement pour viser l'article L. 631-7-2 nouveau dont il n'est qu'une variante.

241. - La préfecture de Paris avait noté que, depuis l'entrée en vigueur de l'ordonnance de 2005, la grande majorité des demandes concernait des installations de professionnels libéraux et, parmi celles-ci, des occupations mixtes, notamment au rez-de-chaussée des immeubles. Mais elle relevait également que beaucoup de projets, qui recevaient son assentiment, ne pouvaient être menés à bien par suite du contenu de certains règlements de copropriété interdisant un usage autre que le logement.

242. - Le législateur, soucieux de favoriser l'installation dans des locaux d'habitation de professionnels libéraux et d'entreprises naissantes, a libéralisé de tels modes d'occupation à l'occasion de la loi n° 2008-776 du 4 août 2008 de modernisation de l'économie (dite « LME ») modifiant les articles L. 631-7-2 et L. 631-7-3 et instituant un nouvel article L. 631-7-4 pour les locaux situés au rez-de-chaussée. Les logements appartenant au secteur HLM suivent un régime spécial réglementé à l'article L. 631-7-5 créé à cet effet ; leur situation est exposée par ailleurs[155]. Certaines de ces modifications s'inspirent du rapport *En faveur d'une meilleure reconnaissance du travail indépendant* présenté le 10 janvier 2008 par M. Hurel[156].

243. - Les mesures destinées à faciliter l'utilisation des logements à des fins professionnelles ont en commun plusieurs conditions d'application (A). Toutefois, ces mesures n'ont pas toutes la même portée ; il convient de distinguer :

- les changements d'usage partiels nécessitant une autorisation préalable (B) ;
- les changements d'usage partiels pouvant intervenir sans autorisation préalable (C).

2 juillet 1998 : Administrer avr. 1999, p. 16. - J. Rémy, *La prohibition des changements d'affectation et l'exercice d'une profession à domicile : Rev. loyers* 1999, p. 270.

(153) S. de Vendeuil, *Les dispositions de droit des sociétés de la loi n° 2003-721 du 1er août 2003 pour l'initiative économique : JCP* E 2003, act. 204.

(154) CE, 29 déc. 1999, n° 191522 : *Lebon* T., p. 873 ; *JCP* N 2000, n° 5, p. 218 : « l'autorisation d'affecter partiellement à l'exercice d'une profession libérale un local d'habitation est subordonnée à la condition que le demandeur y réside effectivement sans qu'il y ait lieu d'opérer une distinction que la loi ne prévoit pas, suivant que la résidence a le caractère d'une résidence principale ou secondaire ».

(155) V. *infra*, nos 418 et s.

(156) Rapport *En faveur d'une meilleure reconnaissance du travail indépendant*, remis au secrétaire d'État en charge des Entreprises et du Commerce extérieur, 10 janv. 2008, par M. F. Hurel, p. 22.

Les régimes applicables aux usages mixtes, en dehors du secteur HLM (art. L. 631-7-5), trouvent leurs sources aux articles suivants du Code de la construction et de l'habitation :

USAGE MIXTE (HORS HLM)		
RÉGIME D'AUTORISATION	***RÉGIME DE DISPENSE D'AUTORISATION***	
Tous niveaux	Tous niveaux	Rez-de-chaussée
Art. L. 631-7-2	Art. L. 631-7-3	Art. L. 631-7-4

L'apparente complexité de la réglementation de l'usage mixte ne doit pas dissimuler sa capacité à faire du logement un outil de développement ; plusieurs tableaux synthétisent les conditions de chaque régime, un tableau final récapitule l'ensemble (D).

A. – Conditions communes aux usages mixtes

244. – Si la LME du 4 août 2008 a étendu le domaine des dispositions relatives à l'usage mixte, elle a également ajouté de nouvelles conditions à leur application. Ces conditions communes tiennent au local d'habitation (1°), à l'activité économique projetée (2°) et, plus curieusement, au respect de certaines règles de droit privé (3°).

1° Résidence principale

245. – Le local d'habitation dont le changement d'usage partiel est envisagé doit être la résidence principale de son ou ses habitants. La résidence principale est une situation de fait, souverainement appréciée par le juge en cas de litige[157], qui s'entend du logement constituant la résidence habituelle et effective de son occupant et exclut toute pluralité d'habitations principales.

246. – Cette présence effective et habituelle peut se déduire de la période d'occupation du local et, à cet égard, il semble possible de s'appuyer sur la définition donnée à l'article 2 de la loi n° 89-462 du 6 juillet 1989, bien que les dispositions des articles L. 631-7-2 à L. 631-7-3 ne s'y réfèrent pas.

Selon cet article 2, la résidence principale est « le logement occupé au moins huit mois par an, sauf obligation professionnelle, raison de santé ou cas de force majeure, soit par le preneur ou son conjoint, soit par une personne à charge au sens du code de la construction et de l'habitation ». Le recours à cette définition légale constituerait un gage de constance dans la caractérisation de la résidence principale, mais également un gage de cohérence dans l'application du contrôle de l'usage puisque la même définition est utilisée par l'article L. 631-7-1 A pour délimiter le champ d'application de l'autorisation en cas de location meublée de courte durée[158].

247. – La nature des droits de l'occupant sur sa résidence principale (propriété, usufruit, location ou sous-location, prêt…) n'est pas une condition d'application du régime de l'usage mixte.

(157) Cass. 1re civ., 31 janv. 2006, n° 02-15.028 : *Bull. civ.* I, n° 43 ; *Loyers et copr.* 2006, comm. 73, note B. Vial-Pedroletti : en l'espèce, il a été admis qu'un locataire puisse avoir son habitation principale dans les lieux loués en France bien qu'il soit fiscalement domicilié à l'étranger. Les juges du fond apprécient souverainement la valeur et la portée des éléments de preuve soumis à leur examen.

(158) V. *supra*, nos 222 et s.

248. – L'exercice de l'activité ne peut porter que sur une partie du local[159] ; en disposer autrement conduirait le local à perdre son usage d'habitation et aboutirait, en définitive, à pénaliser le logement. Les locaux mixtes doivent rester, sur le plan matériel et sur le plan juridique, la résidence principale de leurs occupants. Le passage clandestin de la transformation partielle à la transformation totale constituerait une infraction à l'article L. 631-7[160].

249. – L'application de ces dispositions « n'est pas subordonnée à une utilisation professionnelle exclusive de la pièce d'habitation affectée à l'exercice d'une profession »[161] : une même pièce affectée concurremment ou alternativement à l'habitation et à l'activité est considérée comme à usage mixte.

2° Activités professionnelles ou commerciales

250. – La LME du 4 août 2008 a marqué une étape décisive en offrant à davantage de professionnels la faculté d'exercer dans leur résidence principale (*a* et *b*). Le régime de domiciliation des entreprises, distinct du contrôle de l'usage, n'a pas été modifié (*c*).

a) Évolution de l'usage mixte

251. – La notion d'usage mixte a évolué dans un double sens : celui d'une plus grande permissivité et celui d'une meilleure cohérence. En effet, les professions soumises à autorisation et celles qui en étaient dispensées n'ont pas toujours été les mêmes ; l'ordonnance du 8 juin 2005 n'avait apporté aucune modification sur la gamme des activités susceptibles d'être exercées dans une partie d'un logement.

252. – La volonté du législateur de 2008 « de faciliter le démarrage d'activités et la création d'entreprises »[162] l'a conduit à revenir sur l'autorisation de l'article L. 631-7-2 jusque-là limitée à « l'exercice d'une profession à la condition que celle-ci ne revête à aucun moment un caractère commercial ». La possibilité d'obtenir une telle autorisation est désormais ouverte à « l'exercice d'une activité professionnelle, y compris commerciale »[163].

253. – Le régime de dispense d'autorisation de l'article L. 631-7-3 a toujours permis l'exercice d'une activité professionnelle ou commerciale depuis sa création en 1998. Le nouvel article L. 631-7-4, créé dix ans plus tard pour les rez-de-chaussée, reprend ces mêmes activités.

b) Nature des activités concernées

254. – L'usage mixte reçoit aujourd'hui une acception très large : toutes les professions libérales et commerciales sont *a priori* concernées. Il n'y a plus lieu de distinguer l'activité professionnelle de l'activité commerciale pour l'application des

(159) Ne pourrait donc recevoir un usage mixte un logement ne comportant qu'une seule pièce : CA Paris, pôle 4, ch. 3, 12 avr. 2018, n° 15/17862.
(160) CA Paris, pôle 4, ch. 3, 2 juill. 2009, n° 08/03896.
(161) Cass. soc., 7 déc. 1967, n° 66-12.614 : *Bull. civ.* IV, n° 776.
(162) Extrait de l'exposé des motifs du projet de la loi n° 2008-776 du 4 août 2008 de modernisation de l'économie (dite « LME »).
(163) La formulation peut étonner mais, sur le fond, elle s'inscrit dans la continuité de la conception extensive du « local à usage professionnel » retenue par la Cour de cassation dans son arrêt de principe du 20 décembre 1995 (V. *supra*, n° 162).

mesures favorables à l'usage mixte des locaux d'habitation, sauf dans le secteur des logements HLM[164].

En la matière, la ville de Paris assimile les activités artisanales aux activités commerciales ; il est vrai que les critères d'appartenance à l'une ou l'autre de ces catégories manquent de netteté[165], à tel point que le droit de l'urbanisme a renoncé à les distinguer[166]. Toute activité dans le système marchand est concernée à condition d'être licite.

255. - Les conditions d'exercice de ces activités restent diversement encadrées par les articles L. 631-7-2, L. 631-7-3 et L. 631-7-4, avec le souci manifeste de préserver la tranquillité du voisinage.

c) Domiciliation des entreprises

256. - L'exercice d'une activité, quelle que soit sa nature, doit être distingué de la domiciliation qui consiste à établir le siège d'une entreprise individuelle ou d'une société dans un local d'habitation appartenant ou pris à bail par l'entrepreneur ou le représentant légal de la société[167]. La domiciliation correspond à l'adresse administrative déclarée au centre de formalités des entreprises pour la réception des courriers, la centralisation de la ligne téléphonique et de la télécopie, la tenue de la comptabilité et autres tâches administratives.

257. - La simple domiciliation d'une entreprise dans un local d'habitation ne modifie pas l'affectation de ce local[168] et ne requiert aucune autorisation de changement d'usage[169]. En pratique, la domiciliation précède, dans la plupart des cas, le démarrage d'une activité et la transformation d'une ou plusieurs pièces d'habitation. L'exercice effectif de l'activité dans le logement où l'entreprise est domiciliée relève de la police de l'usage ; une autorisation est alors nécessaire, sauf à bénéficier du régime de dispense des articles L. 631-7-3 et L. 631-7-4.

258. - Le régime de la domiciliation, codifié aux articles L. 123-10 et suivants du Code de commerce, n'est pas totalement indépendant de la police de l'usage ; en effet :

- permanente pour les personnes physiques (C. com., art. L. 123-10), la domiciliation des sociétés est limitée à cinq ans lorsque l'exercice d'activités dans le logement de leur représentant est soumis à des stipulations contractuelles (bail, règlement de copropriété, cahier des charges...) ou des dispositions

(164) V. *infra*, n°s 418 et s.

(165) *Propriétés incorporelles de l'entreprise*, 105e Congrès des notaires de France (2009), Première commission, *Le fonds de commerce et le fonds artisanal*, par Mes A. Dejoie et F. Phan Thanh, n°s 1080 et s.

(166) V. l'article R. 151-28 du Code de l'urbanisme qui, au sein de la destination « Commerce et activités de service », regroupe dans une sous-destination unique l'artisanat et le commerce de détail.

(167) *Division de l'immeuble : le sol, l'espace, le bâti*, 103e Congrès des notaires de France (2007), Troisième commission, *La division de l'immeuble bâti*, par Mes S. Lelièvre et S. Chaix Bryan, n°s 3309 et s.

(168) Cass. 3e civ., 20 juin 1995, n° 93-12.532 ; *Loyers et copr.* 1995, comm. 412 ; *Rev. loyers* 1995, p. 512 : dans une affaire où une association avait établi son siège social dans un appartement et disposait d'un second local à usage exclusif de bureaux, il a été jugé que la présence dans l'appartement de machines à écrire ou de micro-ordinateurs et d'une photocopieuse ne suffisait pas à transformer des pièces d'habitation en bureaux.

(169) TA Lyon, 2e ch., 18 oct. 1989, n° 8941711.

législatives contraires (C. com., art. L. 123-11-1), résultant par exemple de l'article L. 631-7[170] ;

– l'activité des sociétés de domiciliation ne peut être exercée dans un local à usage d'habitation principale ou à usage mixte professionnel (C. com., art. L. 123-11-2).

3° Respect des dispositions du bail et du règlement de copropriété

259. - Des contradictions peuvent exister entre la réglementation des changements d'usage et certaines règles de droit privé. Depuis 2005, la préfecture de Paris s'était émue de la difficulté d'installation de professionnels ou d'activités en rez-de-chaussée des immeubles du fait de l'opposition des copropriétaires, soit à travers le règlement de copropriété, soit par assemblée générale. Nombre d'autorisations étaient de ce fait inutilisables.

260. - La LME du 4 août 2008 est venue préciser que les autorisations et dispenses concernant la résidence principale sont possibles à la condition « qu'aucune stipulation contractuelle prévue dans le bail ou le règlement de copropriété ne s'y oppose ».

261. - Cette nouvelle exigence peut surprendre dans le régime d'autorisation de l'article L. 631-7-2 : ces compatibilités avec les stipulations du règlement de copropriété et du bail ressortent du domaine du droit privé et devraient rester étrangères au contrôle de l'administration. Elle intervient à contre-courant de la réforme des autorisations d'urbanisme de 2005-2007 qui permet au pétitionnaire de déclarer qu'il est habilité à déposer sa demande, sans avoir à en justifier[171] : si l'autorisation conférée ne peut être mise à exécution comme étant contraire à une règle de droit privé, c'est l'affaire du titulaire de cette autorisation.

La police de l'usage se singularise en ce qu'elle invite le maire à examiner ces problèmes et appliquer des règles de droit privé[172]. Une méconnaissance du bail ou du règlement de copropriété affecterait la validité de l'autorisation de changement d'usage. Toutefois, le contrôle de l'autorité administrative ne peut la conduire à trancher des litiges d'ordre privé susceptibles de s'élever entre les copropriétaires – ou entre un bailleur et son locataire – qui relèvent, en vertu du principe de séparation des pouvoirs, du seul juge judiciaire.

L'interprétation des dispositions du bail et du règlement de copropriété par le maire n'a aucune conséquence en dehors de son domaine de compétence. Selon la traditionnelle réserve du droit des tiers, l'autorisation délivrée ne peut créer ni droits ni obligations au profit ou à la charge des tiers (copropriétaires, bailleurs, voisins...).

(170) Rép. min. n° 14295 : *JO* Sénat Q 7 juill. 2005, p. 1834.

(171) C. urb., art. R. 431-5 (permis de construire), R. 431-35 (déclaration préalable portant sur un projet de construction, sur des travaux sur une construction existante ou sur un changement de destination d'une construction), R. 441-1 (permis d'aménager), R. 441-9 (déclaration préalable portant sur un projet d'aménagement), R. 451-1 (permis de démolir). La qualité de pétitionnaire ressort de la seule attestation d'être autorisé à exécuter les travaux, réserve faite de la fraude : CE, 15 févr. 2012, n° 333631 : *Lebon*, p. 41. – CE, 13 déc. 2013, n° 356097 : *Lebon* T., p. 880 ; *Defrénois* 15 mars 2014, p. 230, note G. Daudré. L'administration doit toutefois s'opposer à la déclaration ou refuser la demande de permis si elle dispose d'informations – sans les avoir recherchées – lui permettant de déceler une fraude ou d'affirmer, sans contestation sérieuse, que le pétitionnaire n'a pas qualité pour présenter la demande ou souscrire la déclaration : CE, 23 mars 2015, n° 348261 : *Lebon*, p. 117. V. égal. CE, 12 févr. 2020, n° 424608 : *Lebon* T., p. 1058-1062 ; *JCP* A 2020, n° 24, 2173, note F. Polizzi. – CE, 23 oct. 2020, n° 425457 : *Lebon* T., p. 1057-1061 ; *Defrénois* 28 janv. 2021, p. 26, note G. Daudré.

(172) V. *infra*, nos 551 et s. ; nos 1019 et s.

262. - Dans le régime de dispense d'autorisation des articles L. 631-7-3 et L. 631-7-4, l'exigence de compatibilité avec les stipulations du règlement de copropriété et du bail se justifie davantage. Elle devrait mettre fin à la jurisprudence de la cour d'appel de Paris[173], confirmée par la Cour de cassation[174], selon laquelle la clause d'un bail qui fait interdiction au locataire d'exercer une activité professionnelle dans le local loué devait céder devant les dispositions impératives de l'article L. 631-7-3.

Les articles L. 631-7-3 et L. 631-7-4 ne concernent que les rapports entre l'administration et les administrés et n'ont pas vocation à s'appliquer dans les rapports entre bailleurs et locataires ou entre copropriétaires. L'installation d'une activité dispensée d'autorisation administrative par la loi n'est possible que si les dispositions du bail et du règlement de copropriété ne l'interdisent pas.

263. - En dehors du règlement de copropriété et du bail, il existe d'autres règles de droit privé pouvant faire obstacle à l'affectation partielle d'un logement à un usage commercial ou professionnel : états descriptifs de division volumétrique, cahiers des charges de lotissement, statuts d'associations syndicales de propriétaires, servitudes, clauses de non-concurrence... bien qu'ignorées des articles L. 631-7-2, L. 631-7-3 et L. 631-7-4, ces dispositions demeurent opposables sinon par l'administration, du moins par les tiers eux-mêmes.

264. - Le bail d'habitation de la résidence principale partiellement affectée à un usage commercial n'est pas soumis au statut des baux commerciaux et ne peut être un élément constitutif du fonds de commerce, précisent les derniers alinéas des articles L. 631-7-2 et L. 631-7-4 dans leur rédaction issue de la LME du 4 août 2008. Le bail de la résidence principale, par hypothèse, n'a pas pour objet l'exploitation d'un fonds de commerce : le bail reste d'habitation, seule l'affectation administrative change pendant la durée d'exercice de l'activité du locataire[175]. Il en est de même pour les changements d'usage partiels intervenus antérieurement à la LME[176].

B. – L'usage mixte soumis à autorisation préalable

265. - Le régime d'autorisation de l'usage mixte trouve son siège à l'article L. 631-7-2 :

« Dès lors qu'aucune stipulation contractuelle prévue dans le bail ou le règlement de copropriété ne s'y oppose, le maire peut autoriser, dans une partie d'un local d'habitation

(173) CA Paris, 6e ch. C, 11 déc. 2001, n° 2000/07434 ; *Rev. loyers* mars 2002, p. 151, note J. Rémy ; *Loyers et copr.* sept. 2002, comm. 197, note B. Vial-Pedroletti.

(174) Cass. 3e civ., 14 janv. 2004, n° 02-12.476 : *Bull. civ.* III, n° 2 ; *AJDI* avr. 2004, p. 289, note Y. Rouquet.

(175) J. Monéger et Ph.-H. Brault, *La modernisation du statut des baux commerciaux dans la loi de modernisation de l'économie n° 2008-776 du 4 août 2008 : JCP* E 2 oct. 2008, n° 40, 2200. – J.-P. Blatter, *La loi n° 2008-776 du 4 août 2008 de modernisation de l'économie et les baux commerciaux : AJDI* sept. 2008, p. 649.

(176) Cass. 3e civ., 9 déc. 2009, n° 08-18.038 : *Bull. civ.* III, n° 277 ; *Rev. loyers* mars 2010, p. 124, note B. Humblot-Gignoux ; *AJDI* 2010, p. 543, note N. Damas : « ayant relevé que le bail liant les parties stipulait un usage d'habitation, que l'autorisation accordée par [le bailleur] d'affecter une des pièces de la maison louée à l'exercice d'une activité de coiffure n'avait été donnée que pour requérir l'autorisation administrative nécessaire et sous la réserve exprimée que cet accord ne modifiât pas la nature de la location qui demeurait exclusivement à usage d'habitation, et retenu à bon droit que l'autorisation accordée en vertu l'article L. 631-7, qui présente un caractère personnel et qui est limitée dans sa durée, ne pouvait modifier l'affectation principale et originelle du bâtiment, la cour d'appel en a exactement déduit que l'autorisation donnée par la bailleresse d'exercer une activité professionnelle dans le logement n'avait fait que régulariser une situation administrative sans modifier les rapports contractuels entre le bailleur et le preneur ». La solution jurisprudentielle, fondée sur le régime antérieur, anticipe la LME.

utilisé par le demandeur comme sa résidence principale, l'exercice d'une activité professionnelle, y compris commerciale, pourvu qu'elle n'engendre ni nuisance, ni danger pour le voisinage et qu'elle ne conduise à aucun désordre pour le bâti ».
Le bail d'habitation de cette résidence principale n'est pas soumis aux dispositions du chapitre V du titre IV du livre Ier du Code de commerce et ne peut être un élément constitutif du fonds de commerce.

Les conditions d'obtention de l'autorisation de l'article L. 631-7-2 sont moins restrictives que les conditions d'application du régime de dispense des articles L. 631-7-3 et L. 631-7-4 ; toutefois l'administration, qui n'est pas tenue d'autoriser, conserve les moyens d'exercer un contrôle approfondi du projet qui lui est présenté.

266. - En plus des conditions communes à tout usage mixte exposées ci-avant[177], l'article L. 631-7-2 exige que cette activité « n'engendre ni nuisance, ni danger pour le voisinage » et « ne conduise à aucun désordre pour le bâti ». Cette disposition permet aux maires d'apprécier si les activités ne sont pas créatrices de troubles trop importants pour le voisinage[178].

La condition d'absence de nuisance et de désordre apparaît comme le contrepoids nécessaire à l'ouverture du régime d'autorisation aux commerces qui sont le lieu d'une plus grande animation que les professions libérales jusqu'alors seules bénéficiaires de l'article L. 631-7-2.

L'autorisation accordée par le maire ne prive pas les tiers de leurs recours judiciaires sur le fondement de la théorie des troubles anormaux de voisinage. En raison du principe de séparation des pouvoirs, déjà évoqué au sujet du respect de certaines règles de droit privé[179], c'est au juge judiciaire qu'il appartient d'apprécier souverainement l'anormalité du trouble ou le caractère excessif des nuisances occasionnées par l'exercice de l'activité.

267. - L'article L. 631-7-2 n'interdit pas la réception de marchandises ou d'une clientèle. De même, la présence de salariés n'est pas prohibée puisqu'il est simplement exigé que le local d'habitation soit « utilisé par le demandeur comme sa résidence principale », sans restriction quant aux personnes exerçant l'activité autorisée dans la résidence principale du pétitionnaire. La ville de Paris considère que les collaborateurs tiennent leur possibilité de travailler du pétitionnaire autorisé à exercer. En revanche, l'activité autorisée ne peut être exercée par un tiers dans la résidence principale du pétitionnaire ; le règlement parisien a été précisé en ce sens afin d'exclure notamment les activités de *coworking* du champ d'application de l'article L. 631-7-2[180].

268. - Mais l'administration pourra s'appuyer sur les contraintes, les risques de nuisances et les désordres occasionnés par l'accueil des clients, le passage des salariés et la livraison de marchandises pour refuser l'autorisation. La police de l'usage, destinée à maintenir le nombre de logements, trouve ici une nouvelle fonction dans la préservation de la qualité de vie des habitants d'immeubles à usage mixte.

269. - Depuis l'ordonnance du 8 juin 2005, la surface maximale du local pouvant être affectée à l'activité doit être fixée par un arrêté préfectoral ou par un règlement

(177) V. *supra*, nos 244 et s.
(178) V. *infra*, n° 554.
(179) V. *supra*, n° 261.
(180) V. *infra*, n° 1018.

municipal, bien que l'article L. 631-7-2 ne fasse référence ni à l'un ni à l'autre suite à sa réécriture par la LME du 4 août 2008.

Avant la réforme de 2005, il n'existait pas d'arrêté préfectoral ou de règlement municipal pour établir les règles du jeu. L'administration disposait d'un large pouvoir d'appréciation pour déterminer dans quelle mesure le local pouvait recevoir un usage mixte sans remettre en cause l'équilibre résidentiel de l'immeuble[181]. Les tribunaux administratifs se réservaient la possibilité d'apprécier la proportion du local qui pouvait être transformée eu égard au nombre de logements disponibles dans le secteur considéré[182].

270. - Le tableau ci-dessous récapitule les principaux caractères du régime d'autorisation de l'article L. 631-7-2 :

	USAGE MIXTE SOUMIS À AUTORISATION ART. L. 631-7-2
Niveau	Tous niveaux
Local	Résidence principale du demandeur
Surface affectée à l'activité	Voir l'arrêté préfectoral ou le règlement municipal
Nature de l'activité	Activités libérales/commerciales sauf opposition du bail et/ou du règlement de copropriété
Encadrement de l'activité	Aucune nuisance ni danger pour le voisinage ni désordre pour le bâti

Ce dispositif pourrait n'occuper à l'avenir qu'une place résiduelle en raison de l'élargissement du régime de dispense des articles L. 631-7-3 et L. 631-7-4.

271. - À Paris, l'autorisation délivrée sur le fondement de l'article L. 631-7-2 est dispensée de compensation et n'est donc pas attachée au local d'habitation[183] ; conformément à l'article L. 631-7-1, « elle cesse de produire effet lorsqu'il est mis fin, à titre définitif, pour quelque raison que ce soit, à l'exercice professionnel du bénéficiaire »[184]. La décision d'autorisation qui vise expressément la profession exercée par son bénéficiaire n'est valable que tant que l'activité initiale est maintenue, toute autre activité professionnelle nécessiterait le dépôt d'une nouvelle demande et l'obtention d'une nouvelle autorisation.

C. – L'usage mixte dispensé d'autorisation préalable

272. - Le régime de dispense d'autorisation est calqué sur la configuration des immeubles protégés par l'article L. 631-7 :

– plus strict pour les logements les plus recherchés, c'est-à-dire ceux situés dans les étages (art. L. 631-7-3) ;

(181) Circ. n° 89-69, 3 nov. 1989, relative aux changements d'affectation des locaux à usage d'habitation (annexes : « Circulaires », ann. 8).

(182) D. Blaise : *JCl. Construction-Urbanisme*, Fasc. 30, mis à jour en février 2015, *Changement d'usage des immeubles*, n° 80.

(183) V. *infra*, n°s 879 et s.

(184) V. *infra*, n°s 595 et s.

– plus libéral pour les locaux les moins adaptés à l'habitation, c'est-à-dire ceux situés en pied d'immeuble, davantage exposés aux nuisances de la voie publique et aux risques d'effraction (art. L. 631-7-4)[185].

273. – Le dispositif en vigueur est cohérent mais en deçà du souhait du Gouvernement qui proposait, à l'occasion de l'adoption de la LME du 4 août 2008, de totalement libéraliser l'usage des pieds d'immeuble. Son projet s'est heurté aux élus locaux qui entendent maintenir leur contrôle pour préserver la diversité de l'offre commerciale dans les centres urbains et pouvoir agir en amont de leur faculté de préempter, notamment, les cessions de fonds de commerce et de baux commerciaux[186]. Ce n'est pas seulement la pénurie de logements qui est en jeu : avec la libéralisation de l'installation des commerces, encouragée par d'autres dispositions de la LME réformant l'urbanisme commercial[187], les maires auraient perdu une part de leur maîtrise de l'aménagement des centres-villes[188].

274. – Ces dispenses d'autorisation n'ont aucun caractère réel transmissible. En cas de vente ou de location du local d'habitation, les articles L. 631-7-3 et L. 631-7-4 cesseront de produire effet si leurs critères d'application respectifs ne sont pas respectés par le nouveau propriétaire ou locataire.

275. – Sous certaines conditions particulières, en plus des conditions communes exposées ci-avant[189], le Code de la construction et de l'habitation dispense d'autorisation l'affectation à un usage mixte :
– des locaux ne recevant ni clientèle ni marchandises, à tous les niveaux (1°) ;
– des locaux situés en rez-de-chaussée, recevant une clientèle et des marchandises (2°).

1° Locaux ne recevant ni clientèle ni marchandises

276. – L'article L. 631-7-3 dispose :

« Dès lors qu'aucune stipulation contractuelle prévue dans le bail ou le règlement de copropriété ne s'y oppose, l'exercice d'une activité professionnelle, y compris commerciale, est autorisé dans une partie d'un local à usage d'habitation, dès lors que l'activité considérée n'est exercée que par le ou les occupants ayant leur résidence principale dans ce local et ne conduit à y recevoir ni clientèle ni marchandises.
Les dispositions du présent article sont applicables aux représentants légaux des personnes morales ».

277. – Cet article a été créé en 1998 dans l'objectif de favoriser le développement du télétravail et du commerce électronique pour lesquels il n'est pas nécessaire

(185) V. le rapport de Cl. Robert, *La transformation des logements en locaux d'activité*, sept. 1990, rendu au ministère délégué chargé du logement, p. 57, qui proposait déjà pour les rez-de-chaussée « d'accorder les autorisations de transformation sans limitation de surface, avec le plus grand libéralisme, voire même systématiquement ». En pratique, les autorisations étaient fréquemment accordées pour ces locaux.

(186) C. urb., art. L. et R. 214-1 et s. – V. D. Marchand et R.-N. Schütz, *La purge du droit de préemption commercial : Defrénois* 2009, n° 38952 et R.-N. Schütz, *Les suites de la préemption commerciale : Defrénois* 2009, n° 39002. Son utilisation est au demeurant assez faible en pratique, V. le rapport de D. Moreno, CCI Paris-Île de France, *Préemption commerciale : opportunités et précautions à prendre*, mise à jour sept. 2015. – M. Mattiussi-Poux, *Le droit de préemption commercial : outil méconnu à disposition des collectivités territoriales : Actes prat. ing. immobilière* 2021, n° 1, p. 54.

(187) L. n° 2008-776, 4 août 2008, de modernisation de l'économie (art. 102).

(188) Sur cet aspect de la LME, V. la chronique de H. Périnet-Marquet, *La réforme de l'équipement commercial : trois voyelles (UEA) et un guépard : Constr.-Urb.* juin 2008, p. 1.

(189) V. *supra*, n°s 244 et s.

de recevoir des clients ou des marchandises[190]. D'autres professions, qui n'appartiennent pas au secteur de la nouvelle économie, comme celle de styliste[191], peuvent bénéficier de l'article L. 631-7-3 sous réserve d'en respecter les conditions.

278. - L'activité ne peut être « exercée que par le ou les occupants ayant leur résidence principale dans ce local », ce qui pourrait exclure l'emploi de salariés dans ledit local s'il ne constitue pas également leur résidence principale[192]. Pour sa part, la ville de Paris considère que la présence de collaborateurs ne fait pas obstacle à l'application de l'article L. 631-7-3, à l'exclusion toutefois de toute personne exerçant une autre activité que celle du titulaire de la résidence principale.

279. - L'application de l'article L. 631-7-3 aux personnes morales était controversée[193] jusqu'à la loi n° 2003-721 du 1er août 2003 pour l'initiative économique qui a levé toute ambiguïté en prévoyant que la dépense bénéficiait « aux représentants légaux des personnes morales »[194].

280. - La LME du 4 août 2008 a modifié la rédaction de l'article L. 631-7-3 pour ajouter « qu'aucune stipulation contractuelle prévue dans le bail ou le règlement de copropriété » ne doit s'opposer à l'exercice de l'activité dans le local. La condition relative à l'absence de nuisance ou de danger pour le voisinage et de désordre pour le bâti n'a pas été reprise en raison de l'impossibilité d'accueillir des clients et des marchandises.

281. - La surface du local d'habitation pouvant être affectée à l'activité n'est pas précisée par l'article L. 631-7-3.

282. - Le tableau ci-dessous récapitule les principaux caractères du régime de dispense de l'article L. 631-7-3 :

	USAGE MIXTE DISPENSÉ D'AUTORISATION ART. L. 631-7-3
Niveau	Tous niveaux
Local	Résidence principale de la personne exerçant l'activité
Surface affectée à l'activité	Partie du local d'habitation
Nature de l'activité	Activités libérales/commerciales sauf opposition du bail et/ou du règlement de copropriété
Encadrement de l'activité	Interdiction de recevoir la clientèle et des marchandises

En pratique, l'application de l'article L. 631-7-3 se limite aux activités menées dans les étages, les implantations au rez-de-chaussée bénéficiant, avec l'article L. 631-7-4, d'un régime plus favorable.

(190) L. n° 98-546, 2 juill. 1998, portant diverses dispositions d'ordre économique et financier (art. 126).
(191) Cass. 3e civ., 14 janv. 2004, n° 02-12.476 : *Bull. civ.* III, n° 2 ; *AJDI* avr. 2004, p. 289, note Y. Rouquet.
(192) Avant la LME du 4 août 2008, la question de l'accueil des salariés divisait déjà les auteurs, partagés entre la lettre de l'article L. 631-7-3 (qui exclut uniquement la clientèle et les marchandises) et son esprit (limité aux services et activités intellectuelles). Depuis, les précautions prises par le législateur dans la LME pour préserver la tranquillité des voisins, après de longs débats parlementaires, invitent à la prudence, surtout s'agissant de locaux situés en étage.
(193) V. not. J. Rémy, *La prohibition des changements d'affectation et l'exercice d'une profession à domicile : Rev. loyers* 1999, p. 270, et F.-G. Trébulle, *Domiciliation des sociétés : Dr. sociétés* oct. 2003, n° 161.
(194) S. de Vendeuil, *Les dispositions de droit des sociétés de la loi n° 2003-721 du 1er août 2003 pour l'initiative économique : JCP* E 2003, act. 204.

2° Locaux en rez-de-chaussée

283. – L'article L. 631-7-4 dispose :

« Dès lors qu'aucune stipulation contractuelle prévue dans le bail ou le règlement de copropriété ne s'y oppose, l'exercice d'une activité professionnelle, y compris commerciale, est autorisé dans une partie d'un local d'habitation situé au rez-de-chaussée, pourvu que l'activité considérée ne soit exercée que par le ou les occupants ayant leur résidence principale dans ce local, qu'elle n'engendre ni nuisance, ni danger pour le voisinage et qu'elle ne conduise à aucun désordre pour le bâti.
Le bail d'habitation de cette résidence principale n'est pas soumis au chapitre V du titre IV du livre Ier du Code de commerce et ne peut être un élément constitutif du fonds de commerce ».

284. – Cet article, entré en vigueur le 1er avril 2009, cherche à favoriser la création de commerces et l'exercice de professions libérales au pied des immeubles, sans diminuer pour autant le nombre de logements. L'article L. 631-7-4 permet la réception d'une clientèle et des marchandises dans la partie de la résidence principale affectée à l'activité. Il est toutefois exigé que l'activité ne soit « exercée que par le ou les occupants ayant leur résidence principale dans ce local ».

Cet emprunt à l'article L. 631-7-3 peut étonner : puisque l'article L. 631-7-4 autorise la réception d'une clientèle, il devrait être envisageable d'accueillir d'autres tiers comme des employés, sauf à cantonner l'objectif de modernisation de l'économie aux seules structures individuelles ou familiales. D'autant plus que l'article L. 631-7-4 pose un garde-fou : l'implantation de l'activité n'est dispensée d'autorisation que si elle « n'engendre ni nuisance, ni danger pour le voisinage » et « ne conduise à aucun désordre pour le bâti ». Selon la ville de Paris, l'absence de collaborateurs n'est pas une condition d'application de l'article L. 631-7-4 sur son territoire ; en revanche, le titulaire de la résidence principale ne peut y accueillir des personnes tierces qui exerceraient leurs propres activités (par exemple de type *coworking*).

285. – L'article L. 631-7-4 ne reprend pas le dernier alinéa de l'article L. 631-7-3 selon lequel la dispense d'autorisation bénéficie aux représentants légaux des personnes morales (et non pas seulement aux entrepreneurs individuels). La dispense paraît néanmoins transposable à l'article L. 631-7-4[195].

286. – Le local d'habitation doit être accessible de plain-pied par rapport à la chaussée, sans escalier, ni ascenseur[196]. La surface du local pouvant être affectée à l'activité n'est pas précisée par l'article L. 631-7-4. Pour les résidences principales sur plusieurs niveaux (maisons, duplex…), la totalité du rez-de-chaussée peut être affectée à un autre usage que l'habitation, à la double condition que le rez-de-chaussée ne présente pas d'autonomie fonctionnelle par rapport aux autres niveaux et que ceux-ci restent affectés à l'habitation.

(195) *JO* Sénat CR 1er juill. 2008, p. 3723 : selon le secrétaire d'État chargé du Commerce, « le Gouvernement est favorable à l'idée simple que les entrepreneurs, qu'ils soient organisés sous forme indépendante, sous forme auto-entrepreneuriale ou sous forme de société, puissent utiliser des locaux d'habitation pour mener leur activité professionnelle ».

(196) *JO* Sénat CR 1er juill. 2008, p. 3724 : « S'il y a deux rues, il peut y avoir deux rez-de-chaussée. S'il existe un accès direct à la voie publique, à la chaussée, on est au niveau de la chaussée ».

287. – Le tableau ci-dessous récapitule les principaux caractères du régime de dispense de l'article L. 631-7-4 :

	USAGE MIXTE DISPENSÉ D'AUTORISATION ART. L. 631-7-4
Niveau	Rez-de-chaussée uniquement
Local	Résidence principale de la personne exerçant l'activité
Surface affectée à l'activité	Partie du local d'habitation
Nature de l'activité	Activités libérales/commerciales sauf opposition du bail et/ou du règlement de copropriété
Encadrement de l'activité	Aucune nuisance ni danger pour le voisinage ni désordre pour le bâti

L'article L. 631-7-4 lève un frein à l'utilisation des pieds d'immeubles de centre-ville.

D. – Tableau récapitulatif de l'usage mixte

288. – Ce tableau permet de comparer les régimes d'autorisation et de dispense :

	USAGE MIXTE SOUMIS À AUTORISATION	USAGE MIXTE DISPENSÉ D'AUTORISATION	
	ART. L. 631-7-2	ART. L. 631-7-3	ART. L. 631-7-4
Niveau	Tous niveaux		Rez-de-chaussée
Local	Résidence principale du demandeur de l'autorisation	Résidence principale de la personne exerçant l'activité	
Activités	Activités libérales/commerciales sauf opposition du bail et/ou du règlement de copropriété		
Réception de clientèle	Oui	Non	Oui
Réception de marchandises	Oui	Non	Oui
Tranquillité des tiers	Aucune nuisance ni danger pour le voisinage ni désordre pour le bâti	Pas de restriction particulière	Aucune nuisance ni danger pour le voisinage ni désordre pour le bâti

L'étude de l'usage mixte dévoile un droit moderne et plus dynamique qu'on ne le dit parfois. L'avenir dira si ces mesures rencontreront leur public.

SECTION 3 DATE DE RÉFÉRENCE DE L'USAGE

289. – L'ancienne législation distinguait entre les locaux d'habitation, commerciaux, professionnels ou administratifs, sans déterminer à quel moment et de quelle manière un local pouvait acquérir ou perdre de tels usages.

Une forme de présomption – ou de suspicion – d'usage d'habitation s'était installée vis-à-vis des locaux anciens affectés à un autre usage.

290. - En pratique, le propriétaire devait apporter la preuve à l'administration que le local est à usage autre qu'habitation et l'était resté jusqu'à la vente ou la mise en location, de différentes manières :

– soit, s'il l'était déjà à la date de l'ordonnance du 11 octobre 1945 instituant la police de l'affectation, par tout mode de preuve tel que la copie des baux, titres de propriété... mais cette preuve devenait très difficile au fur et à mesure que l'on s'éloignait du point de départ de 1945 ; en particulier, les baux des années 1950 et 1960 sont souvent perdus ; par ailleurs, les titres de propriété sont souvent muets sur les conditions d'occupation du local vendu avant le milieu des années 1970 ;

– soit, s'il a été construit depuis 1945, par la production du permis de construire d'origine ;

– soit, s'il a fait l'objet d'un arrêté portant changement d'affectation avec compensation, par la production de cet arrêté et la preuve que les anciens locaux à usage autre qu'habitation proposés en compensation ont bien été transformés en logements.

291. - De plus, il ne suffisait pas d'établir que le local était bien à usage autre qu'habitation en vertu des modes de preuve ci-dessus. Il convenait également de s'assurer qu'entre, selon le cas, la date de 1945, la date du permis de construire ou la date de l'arrêté portant changement d'affectation avec compensation, d'une part, et la date de la vente ou de la location du bien, d'autre part, ce dernier n'avait, à aucun moment, été utilisé, en tout ou en partie, à usage d'habitation. L'administration parisienne faisait preuve d'une certaine tolérance pour tenir compte de quelques situations particulières et anecdotiques[197].

292. - L'administration pouvait s'appuyer sur diverses sources officielles ou officieuses pour établir l'usage d'un local. À Paris, pour répertorier les logements existants en 1945, la préfecture et la ville ont utilisé, pendant soixante ans, le fichier des déclarations effectuées, durant cette même année 1945, par tous les habitants pour pouvoir bénéficier des cartes de rationnement alimentaire. Chaque habitant devait décrire précisément l'adresse de l'immeuble ainsi que la situation et la composition du logement qu'il occupait. L'accès à ce fichier, propriété de la ville de Paris, était réservé exclusivement à la ville et à la préfecture. Le fichier de 1945 était perfectible : tout le monde avait eu tendance à élargir de manière importante le nombre de logements puisque c'était la condition pour bénéficier des cartes alimentaires.

293. - Cette réglementation était devenue, au fil des décennies, difficilement gérable pour les administrés et contribuait largement à l'insécurité juridique dans l'utilisation et l'acquisition de locaux anciens à usage autre qu'habitation, dans la mesure où les bailleurs, les preneurs, les vendeurs, les acquéreurs, les banquiers et leurs conseils ne pouvaient connaître avec certitude le statut administratif des locaux

(197) *Urbanisme et Sécurité juridique*, 89e Congrès des notaires de France (1993), *Changement d'affectation des locaux*, annexe au rapport de la quatrième commission, réponse de la préfecture de Paris à la question n° 3 au sujet d'un local affecté à un usage commercial depuis plus de trente ans, occupé provisoirement à usage d'habitation, puis réutilisé commercialement : « s'il a été occupé, à un moment quelconque, à usage d'habitation, il perd le caractère commercial. Toutefois, la préfecture fait une nuance : si ce local a été occupé, soit partiellement, soit très momentanément, soit sans volonté délibérée du propriétaire, à usage d'habitation, il ne sera pas tenu compte de cette occupation pour considérer que le statut de locaux commerciaux a été perdu ».

objet de la location ou de la vente[198]. Plusieurs Congrès des notaires et colloques de l'Observatoire régional de l'immobilier d'entreprise en Île-de-France (ORIE) ont analysé ces difficultés et proposé des projets de réforme pour y remédier.

294. – Le problème de la preuve de l'usage a été parfaitement identifié dans le cadre des travaux parlementaires de la loi n° 2004-1343 du 9 décembre 2004 de simplification du droit autorisant le Gouvernement « à prendre par ordonnance les dispositions nécessaires pour adapter et simplifier le régime juridique applicable aux changements d'affectation des locaux ». L'idée d'une prescription acquisitive, très discutée avec les pouvoirs publics, n'a pas été retenue. Le projet de réforme s'est orienté vers une modernisation des sources de référence et une simplification des démarches administratives, sur la base d'une classification des usages des immeubles établie à l'occasion de la révision foncière de 1970.

295. – L'ordonnance du 8 juin 2005 invite les usagers et leurs conseils à suivre une nouvelle méthodologie. Un compromis innovant et consensuel s'est établi entre :

– d'une part, **l'instauration d'une date de référence plus rapprochée** sur la base d'un **fichier fiable et accessible aux usagers, la simplification des différentes catégories d'usage, la fin de l'exigence d'un usage continu des immeubles** ;

– et d'autre part, la consécration légale de **l'imprescriptibilité de l'usage**, la **suppression du certificat d'affectation, l'abrogation du dispositif d'affectation temporaire à l'habitation**.

296. – La loi n° 2006-872 du 13 juillet 2006 portant engagement national pour le logement (dite loi « ENL ») a partiellement retouché ce fragile équilibre en modifiant l'article L. 631-7 pour tenir compte des changements de destination autorisés après le 1er janvier 1970.

297. – La réforme de 2005 prend appui sur une date de référence fixée au 1er janvier 1970 (§ 1), à partir de laquelle il faut distinguer entre les immeubles construits ou transformés avant (§ 2) et après cette date (§ 3).

§ 1. – Le 1er janvier 1970

298. – Le compromis trouvé par les auteurs de l'ordonnance du 8 juin 2005 repose sur la fixation d'une date à laquelle il convient de se reporter pour considérer l'usage des immeubles (A). La sécurité juridique en résultant justifie assurément la suppression de certaines mesures d'information (B) et, de façon plus discutable, la consécration de l'imprescriptibilité de l'usage (C).

A. – Pourquoi le 1er janvier 1970 ?

299. – À partir de 1970, il a été établi un recensement des locaux et de leurs usages pour la mise à jour de l'assiette des impôts locaux prescrite par loi n° 68-108 du 2 février 1968 mise en application par le décret n° 69-1076 du 28 novembre 1969. Le choix du 1er janvier 1970 a été avancé par les travaux parlementaires de la loi n° 2004-1343 du 9 décembre 2004 de simplification du droit, pour correspondre à la révision des valeurs foncières intervenue à cette même date[199].

(198) G. Vidalenc, *Les bureaux : définition et preuve de la commercialité : AJPI* 1995, p. 12.

(199) V. le rapport n° 1635 de M. E. Blanc, au nom de la Commission des lois de l'Assemblée nationale, enregistré le 2 juin 2004, p. 183 et s. : « l'usage d'habitation serait ainsi apprécié sur la base du

300. - Durant les premières années de la décennie 1970 chaque propriétaire de bien immobilier bâti a dû souscrire une déclaration en vue de l'établissement du fichier :

– les déclarations « modèle H1 » (maisons individuelles) ou « modèle H2 » (appartements et dépendances situés dans un immeuble collectif) pour les locaux d'habitation ou à usage professionnel ; par local à usage professionnel, il faut entendre, selon la notice explicative du formulaire de déclaration, « un local utilisé pour l'exercice d'une profession libérale ou d'une profession salariée à domicile, à l'exclusion des activités commerciales, artisanales et industrielles » ;

– les déclarations « modèle C » (par construction individuelle ou par local dépendant d'un immeuble collectif) pour les locaux commerciaux ou artisanaux, les locaux administratifs occupés par des administrations, des organismes privés ou publics, des entreprises ou sociétés, les locaux utilisés par des associations, œuvres, collectivités, et plus généralement toutes les autres affectations qui ne font pas l'objet d'un modèle de déclaration spécifique (locaux de stockage, laboratoires pharmaceutiques...) ;

– les déclarations « modèle ME » pour les locaux présentant un caractère exceptionnel sur le plan architectural (grands hôtels, grands magasins, grands cinémas, grandes cliniques, magasins généraux, sièges sociaux des banques, châteaux, certains bâtiments classés parmi les monuments historiques ou inscrits à l'inventaire des monuments historiques...) quelle que soit leur affectation (habitation ou autre) ;

– les déclarations « modèle U » pour les usines et autres établissements industriels ; lorsqu'un tel établissement comprend des locaux affectés à l'habitation, il est souscrit une déclaration particulière pour chacun d'eux.

Pour les immeubles collectifs, une déclaration était souscrite par local, c'est-à-dire pour chaque fraction d'immeuble destinée, en raison de son aménagement, à être utilisée par un même occupant ; en outre, une déclaration « modèle R » devait être renseignée pour l'ensemble de l'immeuble, par le propriétaire ou le syndic de copropriété, avec l'indication de la date de construction, du nombre de déclarations connexes et le récapitulatif des locaux privatifs.

301. - Le fichier des propriétés bâties révisé en 1970 est riche d'informations. Chaque déclaration mentionne :

– l'identité du propriétaire, l'état d'occupation du local et, le cas échéant, l'identité et l'activité du locataire ;

– la description précise du local, c'est-à-dire son emplacement dans l'immeuble (bâtiment, escalier, étage, porte), sa consistance et surtout sa surface par affectation physique, les dépendances...

Les déclarations indiquent « à la date de leur souscription, les renseignements utiles à l'évaluation de chaque propriété ou fraction de propriété » et précisent « en cas de location, le montant annuel du loyer est celui en vigueur au 1er janvier 1970, date à retenir également pour l'évaluation des charges » (D. n° 69-1076, 28 nov. 1969, art. 40).

302. - Ce fichier, qui concerne la France entière, est consultable, selon la circulaire du 22 mars 2006, par le propriétaire actuel ou son conseil dûment mandaté (notaire, avocat, géomètre-expert...) auprès du centre des impôts foncier (CDIF).

fichier des propriétés bâties, révisé en 1970 » ; V. égal. le rapport n° 5 de M. B. Saugey, au nom de la Commission des lois du Sénat, déposé le 7 octobre 2004, examen de l'article 27 du projet de loi : « l'ordonnance envisagée par le Gouvernement permettrait de prévoir que le fichier établi lors de la réforme foncière de 1970 sera désormais utilisé pour établir la nature du local envisagé ».

Pour les biens situés à Paris, les CDIF ont archivé, puis numérisé les fiches de révision foncière de 1970 et celles qui les ont suivies dans l'application informatique VIDOC (Visualisation de la documentation cadastrale). Les copies numérisées des fiches ont été délivrées par les CDIF parisiens jusqu'au 1er mars 2016, date à laquelle, pour des raisons de rationalisation des charges des services, la Direction générale des finances publiques (DGFiP) a décidé de ne plus assurer leur délivrance ; fort heureusement, depuis mars 2018, les fiches sont de nouveau accessibles, selon de nouvelles modalités permettant un gain de temps appréciable.

En pratique

La DGFiP et la Chambre des notaires de Paris ont signé une convention en octobre 2017 afin de mettre en place un service en ligne permettant de consulter les fiches de révision foncière des biens immobiliers situés à Paris.

L'application VIDOC est accessible par voie électronique depuis le 1er mars 2018 à tous les notaires de France, qui peuvent l'interroger soit pour le compte de leurs clients propriétaires ou locataires, soit pour le compte de tiers professionnels dûment mandatés, et ce dans le cadre de la vérification de l'usage au titre de l'article L. 631-7. VIDOC est par ailleurs ouvert à la Direction du Logement et de l'Habitat de la ville de Paris.

Grâce aux traitements de l'intelligence artificielle sur la documentation et la mise en place d'un référentiel fiable des noms des voies de Paris, le taux de réussite des recherches s'est nettement amélioré en comparaison des réponses précédemment produites par les CDIF.

La base de données ne comporte pas moins de 2 583 785 déclarations référencées sur 100 017 immeubles à Paris.

Il faut espérer que des conventions de mise à disposition soient conclues avec les services fiscaux des autres villes de plus de 200 000 habitants où les CDIF demeurent, à ce jour, les seuls à détenir et délivrer les déclarations foncières.

303. – En 2009, les CDIF de Paris ont décidé, unilatéralement, de procéder à la suppression des déclarations de 1970 lorsqu'elles ne sont plus nécessaires à la détermination de l'assiette des impôts locaux. Les raisons alors invoquées par l'administration fiscale étaient sans rapport avec l'utilité du fichier de 1970 pour le contrôle de l'usage. Le fichier étant mis à jour annuellement, suite aux déclarations modificatives effectuées pour signaler les changements tels que construction nouvelle, changement de consistance ou d'affectation des biens, il est possible qu'une partie des informations collectées au tout début des années 1970 n'ait pas été conservée en cas de déclaration postérieure. La base VIDOC n'est donc véritablement fiable que pour les locaux recensés n'ayant fait l'objet depuis 1970 d'aucuns travaux ayant nécessité une autorisation d'urbanisme (déclaration de travaux, permis de construire).

B. – Suppression des attestations et certificats d'affectation

304. – L'information délivrée par les services des préfectures avant l'ordonnance du 8 juin 2005 prenait la forme soit d'attestations (1°), soit, à partir de 1994, de certificats d'affectation (2°). Les administrés comme leurs conseils doivent être prudents vis-à-vis de ces documents dont la portée reste limitée.

1° Fin de la pratique des attestations

305. - Pour répondre aux interrogations des usagers sur la qualification exacte de leurs locaux, certaines préfectures, notamment à Paris, ont accepté de délivrer des renseignements par écrit. Il s'agissait de simples lettres ou d'attestations, le plus souvent libellées de la façon suivante : « l'usage de bureau ou de commerce des locaux ne soulève pas d'objection au regard des dispositions de l'article L. 631-7 » ou « toute autre affectation que l'habitation constituerait une infraction à l'article L. 631-7, passible des sanctions prévues à l'article L. 651-2, je vous mets donc en garde contre une affectation professionnelle, commerciale ou de meublé ».

En outre, dans les communes assujetties à l'ancienne redevance pour création de bureaux, ces courriers attiraient l'attention de leurs destinataires sur les dispositions des articles L. et R. 520-1 et suivants du Code de l'urbanisme, sans toutefois se prononcer sur leur application au cas d'espèce[200].

306. - Ces courriers ou attestations, qui participaient d'une pratique sans base légale à l'époque, sont dépourvus de tout caractère décisoire[201] et ne peuvent avoir pour effet de conférer à leurs destinataires des droits contraires à ceux déterminés par la loi applicable[202]. Leur valeur probante a été discutée devant la Cour de cassation qui considère :

- que « tout acte administratif est présumé légal et les renseignements délivrés par l'administration présumés exacts » ;
- qu'on ne saurait reprocher à un conseil de n'avoir pas relevé l'erreur éventuelle de la préfecture s'il n'avait pas « des raisons de soupçonner le caractère erroné de cette information »[203].

À notre sens, la faute de l'administration n'exonère pas en toutes circonstances la responsabilité des praticiens qui restent personnellement tenus de vérifier s'il existe, par ailleurs, des éléments en contradiction avec la réponse de la préfecture[204].

307. - Cette pratique administrative a donné lieu à quelques abus. Au début des années 1990, il est apparu que certaines attestations délivrées par un fonctionnaire, pour l'essentiel entre juillet 1986 et 1990, étaient fausses. Suite à ce scandale, la création par le législateur d'un certificat d'affectation officiel ne pouvait que réjouir les professionnels.

2° Abrogation du certificat d'affectation

308. - Devant la complexité de la situation, et l'administration se montrant de plus en plus réticente à fournir une attestation confirmant que le local était bien, selon

(200) Le régime de la redevance n'a été rendu applicable aux changements d'affectation autorisés qu'à compter de l'abrogation, par la loi n° 71-537 du 7 juillet 1971, du troisième alinéa de l'article 9 de la loi n° 60-790 du 2 août 1960. V., sur le régime actuel de cette redevance rebaptisée « taxe » depuis le 1er janvier 2016, G. Daudré et J.-Ph. Meng, *De la redevance à la taxe sur la création de bureaux, de commerces et d'entrepôts en région Île-de-France : Bull. Cridon Paris* 15 mars-1er avr. 2016, n° spécial. – G. Daudré, *Taxe pour création de bureaux, commerces et entrepôts en Île-de-France : dispositions réglementaires : Defrénois* 1er mars 2018, p. 28. – M. Collet et M. Raunet, *Taxe sur la création de bureaux : quelles conditions d'exonération ? : AJDA* 2020, p. 1648.

(201) Cass. 3e civ., 9 oct. 2012, n° 11-23.580.

(202) CAA Paris, 11 juin 2015, n° 14PA00119.

(203) Cass. 1re civ., 4 mars 2003, n° 99-18.259 : *Bull. civ.* I, n° 62 ; *Constr.-Urb.* 2003, comm. 161, note P. Cornille ; *Rev. loyers* 2003, p. 429, note A. Hinfray ; *Defrénois* 2003, art. 37810-95, note J.-L. Aubert.

(204) CA Paris, pôle 4, ch. 1, 18 juin 2009, n° 08/05484.

elle, à usage autre qu'habitation, la loi n° 94-624 du 21 juillet 1994 relative à l'habitat a institué, par un article L. 631-7-2, l'obligation pour le préfet de délivrer sur demande de tout intéressé, un « certificat indiquant si le local peut être régulièrement ou non affecté à l'usage mentionné dans la demande »[205].

309. - Il n'existait pas de formulaire unique applicable sur l'ensemble du territoire[206] comme c'est le cas, par exemple, pour les demandes de certificat d'urbanisme. Dans la pratique, l'administration parisienne réclamait au demandeur tellement d'éléments de preuve de l'affectation que, ces éléments étant fournis, le certificat n'était bien souvent que la confirmation de ce que le pétitionnaire savait déjà[207]. Le délai de deux mois imparti à la préfecture par l'article L. 631-7-2 pour délivrer le certificat n'était pas toujours respecté, sans que le silence de l'administration puisse valoir délivrance d'un certificat tacite ou reconnaissance de la régularité de l'usage. Les préfectures autres que celles de Paris et Nanterre étaient bien souvent embarrassées pour répondre aux demandes de certificats émanant des notaires parisiens, peu familiarisées qu'elles étaient avec le sujet de l'affectation.

310. - Toutefois, ce certificat avait son utilité :

- pour analyser la situation en 1945, le fichier des cartes d'alimentation, souvent déterminant, n'était accessible que par la préfecture et la ville de Paris ;
- l'administration pouvait aisément consulter d'autres fichiers tels que les archives concernant les taxes professionnelles ou les taxes d'habitation ;
- au fil des années, les changements de propriétaire ou de gérant de l'immeuble ne permettaient pas, bien souvent, de retrouver la chaîne complète de la situation d'occupation de l'immeuble, notamment par les baux ;
- durant soixante ans, la mémoire des uns et des autres ne pouvait confirmer avec une absolue certitude qu'aucune partie de l'immeuble n'avait jamais été utilisée, même temporairement, à usage d'habitation.

311. - Le certificat de l'ancien article L. 631-7-2 ne pouvait suppléer au défaut d'autorisation administrative. Il n'a qu'une portée relative puisqu'il était notamment établi en fonction des éléments portés à la connaissance de l'administration par le pétitionnaire, qu'il ne préjugeait pas de l'usage régulier du local au regard des autres législations et qu'il était délivré sous réserve du droit des tiers. Il était néanmoins possible d'intenter un recours en annulation contre le certificat[208].

Par ailleurs, l'affectation attestée par le certificat n'est pas toujours une situation acquise au regard des règles actuelles ; en outre, elle ne revêt pas forcément un caractère transmissible, elle peut résulter d'autorisations administratives personnelles qu'il sera nécessaire de renouveler en cas de vente ou de changement

(205) G. Liet-Veaux, *Le certificat d'affectation : Dr. adm.* déc. 1994, chron. 14.

(206) À Paris, il existait deux imprimés de demande de certificat d'affectation, l'un concernant un local isolé, l'autre concernant un immeuble entier ou un bâtiment entier dans un immeuble complexe.

(207) J.-L. Marty, *À propos de l'investissement immobilier en zone urbaine : le problème du changement d'affectation des locaux : LPA* 23 avr. 1997, n° 49, p. 36.

(208) CAA Paris, 18 oct. 2001, n° 99PA01458 : « compte tenu, d'une part, de ce que la délivrance d'un certificat comportant les indications mentionnées à l'article L. 631-7-2 (...) constitue une obligation pour l'administration et, d'autre part, de ce qu'un tel certificat, selon son contenu, est susceptible (...) de dissuader son destinataire de réaliser, le cas échéant, l'opération ayant motivé sa demande, un certificat délivré (...) sur le fondement des dispositions de l'article L. 631-7-2 (...) présente le caractère d'acte faisant grief, pouvant faire l'objet d'un recours pour excès de pouvoir ».

d'occupant par exemple[209]. Pour sa part, la ville de Paris ne s'estime pas liée par la réponse donnée par la préfecture à la demande de certificat.

312. – La circulaire du 22 mars 2006 justifie en ces termes la suppression du certificat par l'ordonnance de 2005 :

> « Ce régime de certificat a été supprimé dans le nouveau dispositif en raison notamment :
> – de la suppression du régime d'autorisation des changements d'usage sur les locaux administratifs, professionnels, commerciaux,
> – de la référence de l'usage du bien au 1er janvier 1970 au lieu de 1945, les recherches à cette date étant plus aisées et surtout plus accessibles au demandeur et à ses conseils mandatés, tels que les notaires ».

L'administration s'est déchargée d'une responsabilité dont elle aurait pu s'exonérer, en tout ou partie, si le dossier présenté par le pétitionnaire s'était révélé incomplet ou erroné. La responsabilité des conseils des usagers, déjà très exposée[210], est désormais exclusive dans la compréhension et l'application de cette réglementation dont certains textes sont encore sujets à interprétation.

313. – L'abrogation du certificat s'accompagne de l'instruction faite à l'administration, par la circulaire du 22 mars 2006, de répondre aux demandes des administrés et de leurs conseils à l'effet de savoir si le local, entre le 1er janvier 1970 et le 10 juin 2005, a bénéficié d'une autorisation préfectorale avec compensation ou a servi de compensation[211] ou a été affecté temporairement à l'habitation en vertu de l'ancien article L. 631-7-1[212]. En effet, l'intervention de l'administration reste nécessaire pour les autorisations avec compensation antérieures à l'entrée en vigueur de l'ordonnance du 8 juin 2005 puisque celles-ci n'étaient pas soumises à l'obligation de publication au fichier immobilier[213].

À Paris, ces informations sont consultables depuis un portail cartographique d'information sur le site Internet de la mairie[214] ; cette application permet d'obtenir la copie numérisée des autorisations délivrées avec compensation depuis le 1er janvier 1970 et de générer une attestation indiquant :

– si les locaux ont été l'objet d'une autorisation de changement d'usage subordonnée à une compensation depuis 1970 ;

– s'ils ont été offerts en compensation depuis 1970 ;

– si l'administration a connaissance de locaux affectés temporairement à l'habitation entre le 1er janvier 1970 et le 10 juin 2005.

314. – Les dossiers de demande de certificat regorgent le plus souvent d'informations sur l'usage encore pertinentes aujourd'hui. En cas de difficulté à déterminer la situation des locaux en 1970, par exemple, il peut être utile de les consulter, soit en se rapprochant de l'auteur de la demande (généralement un géomètre-expert ou un conseil spécialisé), soit, pour les certificats délivrés par le préfet de Paris, du Bureau de la protection des locaux d'habitation (BPLH) de la ville de Paris.

(209) V. *infra*, nos 611 et s.
(210) V. *infra*, nos 742 et s.
(211) V. *infra*, nos 369 et s.
(212) V. *infra*, nos 378 et s.
(213) V. *infra*, nos 575 et s.
(214) www.paris.fr/pages/exercer-une-activite-dans-un-logement-172#consultation-des-decisions-de-changement-d-usage-avec-compensation-depuis-1970.

C. – Imprescriptibilité de l'usage

315. – La réglementation antérieure à la réforme de 2005 ne comportait aucune disposition sur une éventuelle prescription acquisitive ou extinctive. Les administrations parisiennes (préfecture et mairie) admettaient qu'il ne pouvait plus être constaté d'infraction, mais pour une utilisation par un même utilisateur pendant trente ans. Le délit venait de l'utilisation, non de la propriété : en cas de changement d'utilisateur, il était constitué une nouvelle infraction. Il est rare qu'un local professionnel soit utilisé par le même occupant pendant une aussi longue durée. Par ailleurs, le caractère de l'affectation du local est lié au départ ou non de l'occupant. Ce point avait été confirmé par deux réponses ministérielles[215]. Suivant cette doctrine, l'infraction aux règles posées par l'ancien article L. 631-7 est, de fait, imprescriptible.

316. – La question de la prescription et l'interprétation de l'administration ont été longuement débattues[216], notamment pendant les Congrès des notaires de 1993[217] et de 2003[218]. Par exemple, le Congrès de 2003 sur les ventes immobilières a proposé d'insérer, dans le Code de la construction et de l'habitation, un nouvel article disposant que l'administration ne pourrait opposer à la demande de certificat d'affectation, alors prévu par l'ancien article L. 631-7-2, le caractère irrégulier d'une activité exercée depuis plus de dix ans[219].

317. – La cour d'appel de Paris s'est montrée favorable à la prescription acquisitive : faute d'autorisation administrative, l'affectation d'un local pouvait s'établir par la justification d'un usage continu trentenaire[220]. L'écoulement du temps pouvait ainsi sécuri-

(215) Rép. min. n° 37322 : *JOAN* Q 9 sept. 1996, p. 4852. – Rép. min. n° 54809 : *JOAN* Q 2 avr. 2001, p. 2010 : « Les infractions aux dispositions de l'article L. 631-7 du CCH sont passibles d'une amende civile prononcée par le tribunal de grande instance à la demande du ministère public. À l'expiration du délai de prescription trentenaire prévu à l'article 2262 du Code civil, l'action publique ne peut plus être mise en œuvre à l'égard du contrevenant qui utilise depuis au moins trente ans, sans autorisation, des locaux à un usage autre que l'habitation. C'est en ce sens que la prescription en matière d'amende civile est extinctive. En revanche, la durée trentenaire de l'occupation ne permet pas au contrevenant d'acquérir par prescription l'autorisation de changement d'affectation d'un local. En effet, la personne occupant un local sans autorisation est en situation d'infraction pendant toute la durée de cette occupation, quelle que soit la date à laquelle celle-ci a débuté ». V. égal. la note de la préfecture de Paris, *Critères posés par l'administration en matière de transformation de locaux à usage professionnel*, publiée *in Gaz. Pal.* 1er au 4 janvier 1997, p. 43 et 44 (annexes : « Circulaires », ann. 10).

(216) J. Monéger, *Les articles L. 631-7 et suivants du Code de la construction et de l'habitation sont-ils des armes fatales ? : Loyers et copr.* mars 1997, p. 3. – G. Liet-Veaux, *Les mesures de rétorsion imprescriptibles : une prétention administrative méconnue : JCP* G 1997, I, 4005.

(217) *Urbanisme et Sécurité juridique*, 89e Congrès des notaires de France (1993), Quatrième commission, *L'espace bâti : protection et évolution*, par Mes G. Vidalenc et H. Wargny, nos 4371 et s. ; V. égal. en annexe du rapport de la Quatrième commission, la réponse de la préfecture de Paris à la question n° 8 : « il ne peut plus être exercé de poursuites après trente ans pour un même occupant à l'encontre de celui-ci, mais comme il ne peut y avoir de prescription acquisitive, l'arrivée d'un nouvel occupant crée une nouvelle infraction ».

(218) *La vente d'immeuble : sécurité et transparence*, 99e Congrès des notaires de France (2003), Première commission, *La période précontractuelle, les actes préparatoires*, par Mes Th. Delesalle et O. Herrnberger, nos 1056 et s.

(219) Compte-rendu des travaux des commissions du 99e Congrès des notaires de France (2003), p. 50.

(220) CA Paris, 2e ch. B, 8 janv. 1993, n° 92/2084 : *Defrénois* 1994, art. 35803-3, note S. Pérignon. – CA Paris, 2e ch. B, 29 juin 2000, nos 1999/05303 et 1999/05419. – CA Paris, 2e ch. B, 24 janv. 2002,

ser bon nombre d'usagers de bonne foi. La jurisprudence devra confirmer l'application ou non d'une prescription acquisitive sous le régime antérieur à l'ordonnance du 8 juin 2005 et si le bénéfice d'une prescription acquise avant l'entrée en vigueur du nouveau régime des changements d'usage, le 10 juin 2005, peut être maintenu.

Si l'on en croit quelques décisions postérieures à l'ordonnance, il semble que la cour d'appel de Paris souhaite maintenir sa jurisprudence[221]. Faut-il y voir la réaffirmation de l'existence d'une prescription acquisitive de l'usage sous l'empire des textes précédents, dont les effets purgatifs pourraient survivre à la nouvelle rédaction de l'article L. 631-7-1 ? Si le mécanisme de la prescription devait s'appliquer aujourd'hui, encore ne pourrait-il bénéficier, à notre sens, qu'aux situations acquises avant l'entrée en vigueur du nouveau régime issu de l'ordonnance, soit le 10 juin 2005, c'est-à-dire aux locaux dont l'affectation trentenaire et continue à un autre usage que l'habitation est établie au 9 juin 2005. En pratique, une reconnaissance tardive du jeu de la prescription acquisitive présenterait, selon toute vraisemblance, un intérêt limité dans la mesure où, depuis la réforme de 2005, la date de référence de l'usage a été avancée de 1945 à 1970 et qu'il n'est plus nécessaire de dérouler le « film » de l'usage depuis cette date.

318. - Pour lever toute ambiguïté et mettre un terme à la querelle entre privatistes et publicistes portant sur l'éventuelle prescription qui pourrait résulter d'une utilisation à usage autre qu'habitation sur une longue durée, l'alinéa 3 de l'article L. 631-7-1, dans sa rédaction issue de l'ordonnance de 2005, apporte une précision qui ne figurait pas dans le texte ancien :

> « L'usage des locaux définis à l'article L. 631-7 n'est en aucun cas affecté par la prescription trentenaire prévue par l'article 2262 du Code civil ».

L'article 2262 du Code civil disposait alors d'une portée générale commune à l'ensemble des prescriptions acquisitives et extinctives :

> « Toutes les actions, tant réelles que personnelles, sont prescrites par trente ans, sans que celui qui allègue cette prescription soit obligé d'en rapporter un titre ou qu'on puisse lui opposer l'exception déduite de la mauvaise foi ».

La circulaire du 22 mars 2006 ajoute, dans la droite ligne de la doctrine administrative préexistante à l'ordonnance :

> « En application de l'article 2262 du Code civil, l'action civile se prescrit par trente ans. Ainsi, l'action publique ne peut plus être mise en œuvre à l'égard du contrevenant qui utilise depuis au moins 30 ans, sans autorisation, les locaux à un usage autre que l'habitation. C'est en ce sens que la prescription en matière d'amende civile est extinctive. En revanche, la durée trentenaire de l'occupation ne permet pas au contrevenant d'acquérir par prescription l'autorisation du changement d'usage d'un local. En effet, la personne occupant un

n° 2000/09658 : « les intimés ne justifient pas d'une telle dérogation ou autorisation administrative ayant permis le changement d'affectation du pavillon, lequel, en l'absence de permis de construire un local commercial ou à usage de bureau, et à défaut de preuve d'un semblable usage trentenaire, doit être tenu ayant été destiné à l'habitation ».

(221) CA Paris, 16e ch. A, 27 mai 2009, n° 08/02585 : *AJDI* 2009, p. 792 : « les bailleurs ne justifient pas à la date de conclusion du bail litigieux, le 15 janvier 1999, d'une possession commerciale des lieux depuis plus de trente ans ». – CA Paris, pôle 4, ch. 1, 15 avr. 2010, n° 09/08921 : *AJDI* 2010, p. 657, note G. Daudré : « la société [venderesse] ne justifiait pas de la régularité du changement d'affectation par un usage contraire trentenaire ».

local sans autorisation est en situation irrégulière pendant toute la durée de cette occupation, quelle que soit la date à laquelle celle-ci a débuté ».

319. – Depuis la loi n° 2008-561 du 17 juin 2008 portant réforme de la prescription en matière civile, l'alinéa 3 de l'article L. 631-7-1 renvoie à l'article 2227 du Code civil :

« L'usage des locaux définis à l'article L. 631-7 n'est en aucun cas affecté par la prescription trentenaire prévue par l'article 2227 du Code civil ».

L'article 2227 n'est pourtant relatif qu'à la prescription extinctive des actions réelles immobilières :

« Le droit de propriété est imprescriptible. Sous cette réserve, les actions réelles immobilières se prescrivent par trente ans à compter du jour où le titulaire d'un droit a connu ou aurait dû connaître les faits lui permettant de l'exercer ».

La référence à l'article 2227 du Code civil, bien que difficilement compréhensible dans le cadre d'une réforme dissociant la prescription extinctive de la prescription acquisitive[222], ne modifie pas la règle de fond antérieure si l'on en croit les travaux parlementaires[223]. Selon la lettre du texte de l'article L. 631-7-1, c'est pourtant « l'usage des locaux définis à l'article L. 631-7 » qui n'est pas affecté par la prescription, fût-elle de la durée la plus longue, c'est-à-dire trentenaire.

320. – Suivant cette lecture, l'irrégularité de l'usage est perpétuelle, nonobstant la prescription des sanctions encourues. Si l'administration ne peut plus poursuivre le contrevenant, ce dernier ne peut davantage revendiquer de nouveaux droits sur l'affectation du local dont la situation irrégulière s'oppose, par exemple, à ce qu'il puisse servir de compensation pour une opération de transformation d'un autre local d'habitation.

321. – La plupart des commentateurs de l'ordonnance du 8 juin 2005 n'ont pas caché leur déception. La prescription, bien connue en matière civile, est de moins en moins ignorée du droit administratif. Par exemple, dans le domaine de l'urbanisme, à la suite des travaux de la Commission Pelletier pour une meilleure sécurité juridique des autorisations d'urbanisme, la loi n° 2006-872 du 13 juillet 2006 portant engagement national pour le logement a mis fin à l'imprescriptibilité administrative de certaines constructions irrégulières en introduisant un article L. 111-12 dans le Code de l'urbanisme aujourd'hui repris à l'article L. 421-9 ; ce texte instaure, sous

(222) Peut-être qu'une référence à l'article 2272 du Code civil eut été plus adéquate : « Le délai de prescription requis pour acquérir la propriété immobilière est de trente ans. Toutefois, celui qui acquiert de bonne foi et par juste titre un immeuble en prescrit la propriété par dix ans ».

(223) L'exposé des motifs de la proposition de loi n° 432 portant réforme de la prescription en matière civile indique que la nouvelle référence de l'article L. 631-7-1 procède d'une mesure de coordination. V. le rapport n° 83 de M. L. Béteille au nom de la Commission des lois du Sénat, déposé le 14 novembre 2007, p. 64 : il s'agit de modifier « l'article L. 631-7-1, aux termes duquel, dans le cadre de la procédure de changement d'affectation des locaux à usage d'habitation, la prescription extinctive trentenaire est sans effet sur cet usage », cette modification de l'article L. 631-7-1 « permet de maintenir l'application de cette prescription trentenaire désormais mentionnée à l'article 2227 nouveau du Code civil ». V. égal. le rapport n° 847 de M. E. Blessig, au nom de la Commission des lois de l'Assemblée nationale, enregistré le 30 avril 2008, p. 73 : la modification « tire les conséquences de la renumérotation de l'article 2262 du Code civil, qui prévoit une prescription extinctive trentenaire. Il convient donc de modifier la référence au Code civil figurant à l'article L. 631-7-1 qui précise que, lors d'une procédure de changement d'affectation des locaux à usage d'habitation, la prescription extinctive trentenaire est sans effet sur cet usage ».

de nombreuses exceptions, une prescription décennale à l'issue de laquelle l'irrégularité de la construction ne peut plus être opposée par l'administration pour refuser l'autorisation de nouveaux travaux[224]. Autre exemple en matière de division foncière, la non-observation de la réglementation des lotissements ne peut plus être invoquée après un délai de dix ans (C. urb., art. L. 480-16), notamment par l'autorité administrative pour s'opposer à la délivrance d'une autorisation de subdivision ou de construire sur un terrain issu de cette division[225]. Et, dans le cadre de la police des installations classées pour la protection de l'environnement, le Conseil d'État reconnaît que l'action administrative au titre de la remise en état d'un site pollué peut se prescrire par trente ans[226].

322. – En l'absence de prescription acquisitive, la référence à une date fixe deviendra, au fil du temps, une source grandissante de difficultés. Les années passant, la mémoire de l'immeuble devient de plus en plus incertaine…

En réponse à cette préoccupation, plusieurs pistes peuvent être explorées :

– l'Observatoire régional de l'immobilier d'entreprise en Île-de-France (ORIE) recommande d'avancer la date de référence d'une vingtaine d'années, soit au 1er janvier 1990[227] ;

– le Congrès des notaires de 2020 propose de reconnaître un usage de fait constitué par l'utilisation continue d'un bien pendant une durée de plus de trente ans[228].

Cette dernière proposition a reçu l'assentiment de la doctrine, partant du constat que « si les communes en cause ont laissé pendant trente ans un usage contraire à la réglementation se développer et se pérenniser sans agir, c'est qu'elles considéraient que cette illégalité était sans importance majeure pour elles »[229].

§ 2. – L'usage des immeubles construits ou transformés avant le 1er janvier 1970

323. – L'ordonnance du 8 juin 2005 instaure un principe (A), qu'il convient d'illustrer par divers exemples (B), assorti de quelques exceptions (C).

(224) La prescription décennale bénéficie notamment aux travaux ou modifications relevant de la déclaration préalable et réalisés sans décision de non-opposition ou en violation de celle-ci : CE, 3 févr. 2017, n° 373898 : *Lebon*, p. 32 ; *Defrénois* 15 mai 2017, p. 560, note G. Daudré. V. égal. E. Carpentier et M. Raunet, *Les travaux sur construction existante en droit de l'urbanisme : Dr. et ville* 2021, n° 92, p. 123, spéc. p. 133 et s.

(225) CAA Marseille, 21 janv. 2021, n° 19MA02364 ; *Defrénois* 8 juill. 2021, p. 27, note J-Ph. Menç.

(226) CE, ass., 8 juill. 2005, n° 247976 : *Lebon*, p. 311. Le législateur a depuis confirmé l'application d'une prescription trentenaire pour les dommages causés à l'environnement (C. envir., art. L. 152-1 et L. 161-4). – V. égal. CE, 13 avr. 2013, n° 363282 : *Lebon* T., p. 415-712. – CE, 13 nov. 2019, n° 416860 : *Lebon*, p. 390.

(227) Rapport févr. 2020 de l'Observatoire régional de l'immobilier d'entreprise (ORIE) intitulé « Usage et destination des locaux en Île-de-France : quel futur ? », p. 40.

(228) *Protéger : les vulnérables, les proches, le logement, les droits*, 116e Congrès des notaires de France (2020), Troisième commission, *Protéger le logement, l'habitat et le cadre de vie*, par Mes A. Muzard et B. Pavy. V., sur les propositions de la Troisième commission : *JCP* N 2020, suppl. au n° 47, p. 32 et nos obs. p. 38 ; *Rev. loyers* 2020, p. 447.

(229) H. Périnet-Marquet, *Deux réformes pour adapter l'article L. 631-7 du Code de la construction et de l'habitation à son nouvel environnement économique : RDI* 2022, p. 8.

A. – Principe : l'usage de fait

324. – L'article L. 631-7, troisième alinéa, pose le principe suivant :

« Pour l'application de la présente section, un local est réputé à usage d'habitation s'il était affecté à cet usage au 1er janvier 1970 ».

Les immeubles qui étaient matériellement affectés à un usage d'habitation au 1er janvier 1970 sont des locaux d'habitation au sens de l'article L. 631-7 et sont soumis à son contrôle en cas de changement d'usage.

325. – Peu importe qu'en 1970 le local soit à usage professionnel, administratif ou commercial : il est bien à usage autre qu'habitation ; il n'y a pas à distinguer là où le texte ne distingue plus.

326. – L'usage du local s'apprécie par rapport aux circonstances de fait et non aux circonstances de droit[230] ; pour rappel, la dénomination du titre d'occupation est sans incidence sur la qualification de l'usage[231].

327. – L'article L. 631-7 précise, avec un certain pragmatisme :

« Cette affectation peut être établie par tout mode de preuve ».

Le fichier des propriétés bâties révisé en 1970, s'il est beaucoup plus fiable que celui de 1945 sur Paris et s'il a l'avantage de concerner la France entière, n'est pas à l'abri d'erreurs ou d'incertitudes compte tenu de son caractère déclaratif et des difficultés inhérentes à tout archivage. En outre, la configuration du bien résultant de la description qui est faite dans les déclarations foncières ne permet pas toujours de préjuger avec certitude du mode d'occupation effective des lieux. Il était donc souhaitable que l'on puisse prouver également l'usage par la production de baux en vigueur en 1970, surtout s'ils ont été enregistrés, ou de titres de propriété de cette époque[232].

328. – Il n'y a pas de prééminence d'un mode de preuve sur l'autre, ce que reconnaît expressément la circulaire du 22 mars 2006 :

« La possibilité de recourir par ailleurs aux déclarations établies lors de la révision foncière de 1970 et consultables par le demandeur ou son conseil dûment mandaté (notaires, avocats, géomètres-experts) ne revêt pas un caractère prééminent et n'exclut pas pour autant d'autres moyens de preuve à la charge de ces derniers tels que les baux, les actes de vente, les permis de construire ».

Les déclarations foncières de 1970 étaient déjà prises en considération par les tribunaux avant l'ordonnance du 8 juin 2005[233] ; depuis la réforme de 2005, la

(230) Rapport n° 5 (2004-2005) de M. B. Saugey, au nom de la Commission des lois du Sénat, déposé le 7 octobre 2004, examen de l'article 27 du projet de loi de simplification du droit.

(231) Cass. 3e civ., 28 avr. 1971, n° 69-14.208 : *Bull. civ.* III, n° 262 ; *AJPI* 1972, p. 25, note J. Viatte.

(232) Ou encore : le règlement de copropriété, le cahier des charges de lotissement, les autorisations d'urbanisme, le paiement de certaines taxes (l'ancienne contribution sur les patentes, l'ancienne contribution mobilière, l'ancienne contribution foncière…) ou participations d'urbanisme (ancienne redevance pour création de bureaux en région Île-de-France…), les annuaires des postes (consultables à la Bibliothèque historique des postes et des télécommunications), les listes électorales politiques, les extraits Kbis, la correspondance sur papier à en-tête, les témoignages…

(233) CA Paris, 2e ch. B, 24 janv. 2002, n° 2000/09658.

cour d'appel de Paris a consacré leur valeur probatoire[234]. Mais encore faut-il que les renseignements figurant dans la déclaration foncière soient de nature à établir l'usage du bien au 1er janvier 1970. Tel n'est pas le cas d'une déclaration illisible[235] ou qui ne correspond pas au local concerné[236]. Et tel n'est pas le cas non plus d'un formulaire modèle H2 souscrit en 1978 dont l'auteur n'était ni le propriétaire, ni l'occupant du bien au 1er janvier 1970 et qui ne livre aucun indice sur l'état d'occupation du local à cette date[237].

Il serait toutefois hâtif d'écarter une fiche de révision foncière au seul motif qu'elle a été souscrite après 1970 : si, par exemple, le bien était loué au 1er janvier 1970, les mentions de l'imprimé H2 relatives à l'occupation du local et à l'année d'entrée dans les lieux du locataire peuvent donner d'utiles informations sur l'usage du local antérieurement à la date attestée ou supposée de la fiche[238]. La seule indication de l'occupant n'est cependant pas suffisante[239].

329. – Pour autant, d'autres preuves de l'usage n'en sont pas moins admissibles[240].

Parmi les moyens permettant de suppléer à la carence éventuelle des déclarations de 1970, citons le dossier de demande de certificat d'affectation de l'ancien article L. 631-7-2, si toutefois un tel certificat a été obtenu pendant sa période d'application de 1994 à 2005[241]. À Paris, les dossiers de demande archivés par la préfecture ont été transférés à la mairie où ils sont consultables sur demande auprès du Bureau de la protection des locaux d'habitation (BPLH). Il est également envisageable d'interroger l'auteur de la demande de certificat (établie le plus souvent par un géomètre-expert ou un conseil spécialisé).

En revanche, un relevé cadastral de propriété, sur lequel figure la lettre H (pour habitation) dans la case « Af » (pour affectation) du bien concerné n'est pas une preuve suffisante[242].

(234) CA Paris, 16e ch. A, 28 mai 2008, n° 07/10477. En l'espèce, des locaux étaient loués à usage de bureaux en vertu d'un bail commercial ; le bailleur entendait prouver l'usage des locaux au moyen d'une attestation d'une voisine occupant l'immeuble depuis 1965 ; le locataire lui opposa une déclaration foncière dont il résultait que les locaux étaient loués à usage d'habitation à la date du 1er janvier 1970. Il n'a pas été retrouvé d'autorisation administrative sollicitée ou obtenue pour un autre usage. Les juges ont considéré que l'attestation était trop vague sur les périodes d'occupation des lieux et qu'il résultait suffisamment des pièces fournies qu'au 1er janvier 1970 les locaux étaient à usage d'habitation. La nullité du bail commercial pour violation de l'article L. 631-7 fut donc prononcée.

(235) CA Paris, pôle 1, ch. 2, 19 sept. 2019, n° 18/21009.

(236) CA Paris, pôle 1, ch. 3, 3 oct. 2018, n° 18/02473.

(237) Cass. 3e civ., 18 févr. 2021, n° 19-11.462 : *Bull. civ.* III.

(238) V., par ex., CA Paris, pôle 1, ch. 2, 13 déc. 2018, n° 17/19569 (fiche H2 complétée par le propriétaire du local en 1985). – CA Paris, pôle 1, ch. 2, 12 mai 2021, n° 20/18842 (fiche H2 datée du 1er décembre 1970). – CA Paris, pôle 1, ch. 2, 16 sept. 2021, n° 20/14318 (fiche H2 indiquant une entrée dans les lieux au 1er septembre 1969).

(239) CA Paris, pôle 1, ch. 2, 16 sept. 2021, n° 20/14312 (fiche H2 non signée, non datée, ne mentionnant aucun loyer à la date du 1er janvier 1970 ni date d'entrée dans les lieux).

(240) Sur la difficulté à établir la preuve incontestable de l'usage autre qu'habitation, dans une affaire où il n'a pas été possible de produire la déclaration de l'affectation des locaux au 1er janvier 1970, ni le bail dont les lieux faisaient l'objet à cette même date, V. CA Paris, pôle 4, ch. 1, 20 janv. 2011, n° 09/18686.

(241) V. *supra*, nos 308 et s.

(242) Cass. 3e civ., 18 févr. 2021, n° 19-11.462, préc. : « l'absence de mention de travaux postérieurement au 1er janvier 1970 dans le relevé cadastral n'est pas de nature à établir que le local était affecté à usage d'habitation au 1er janvier 1970 ».

330. – La preuve par tous moyens de l'usage d'habitation a pour corollaire la liberté de la preuve de tout autre usage : s'agissant de rapporter l'existence d'un fait juridique (l'usage effectif du local au 1er janvier 1970), le principe de la liberté de la preuve est applicable quel que soit l'usage à établir. Une décision du Conseil d'État de 2019 s'inscrit cependant à contre-courant de la logique déployée par l'ordonnance du 8 juin 2005 et de la pratique généralement admise sur la preuve de l'usage autre que d'habitation[243].

331. – La question de la démonstration de la preuve de l'usage étant réglée, reste la question de la charge de cette preuve. Sur ce point, l'article L. 631-7 n'est pas d'une totale clarté. L'alinéa 3 de l'article L. 631-7 affirme que le « local est réputé à usage d'habitation », puis il ajoute que « cette affectation peut être établie par tout mode de preuve », ce qui semble impliquer qu'il revient au pétitionnaire de rapporter la preuve de l'usage autre qu'habitation et non à l'administration de prouver l'usage d'habitation du local, conformément à l'esprit protecteur du texte[244].

Une autre lecture est possible[245] : « un local est réputé à usage d'habitation **s'il était affecté à cet usage au 1er janvier 1970** ». Il ne peut y avoir de présomption d'usage d'habitation si, pour ces immeubles, il faut établir leur usage effectif à cette date, et ce « par tout mode de preuve ». Cette preuve rapportée, l'usage sera « réputé » être l'usage démontré. La charge de la preuve incombera à celui qui prend l'initiative de la contestation, étant entendu que l'autre partie ne manquera pas d'opposer ses propres éléments de preuve. La qualification de l'usage du local au 1er janvier 1970 est alors livrée à l'appréciation souveraine des juges du fond.

332. – Cette dernière lecture est celle retenue par la cour d'appel de Paris[246], puis par la Cour de cassation[247] qui écarte toute présomption d'usage d'habitation. C'est donc à la commune qui entend se prévaloir d'un changement illicite au sens de l'article L. 631-7 qu'incombe la charge de la preuve d'un usage d'habitation au 1er janvier 1970. À défaut de réunir des éléments de preuve attestant soit d'un usage d'habitation existant au 1er janvier 1970, soit d'un usage d'habitation autorisé après cette date, l'administration n'est pas fondée à exercer des poursuites, et ceci sans que le propriétaire soit invité par le juge judiciaire à justifier de la régularité de l'usage de son bien[248]. L'imputation de la charge de la preuve sur celui qui se prévaut d'un changement irrégulier d'usage opère alors un déplacement – salutaire

(243) V. *infra*, nos 337 et s.

(244) A. Hinfray, *La réforme de l'affectation immobilière : RDI* 2005, p. 309 et *La réforme des changements d'usage immobilier : Loyers et copr.* nov. 2006, p. 4, n° 6.

(245) G. Vidalenc, *Du changement d'affectation au changement d'usage : Defrénois* 2005, art. 38215.

(246) CA Paris, pôle 1, ch. 3, 22 nov. 2017, n° 17/08188 : *AJDI* 2018, p. 359, note G. Daudré.

(247) Cass. 3e civ, 7 nov. 2019, n° 18-17.800. – Cass. 3e civ., 28 nov. 2019, nos 18-23.769 et 18-24.157 (2 arrêts) : *Bull. civ.* III ; *AJDI* 2020, p. 206, note G. Daudré. – Cass. 3e civ., 28 mai 2020, nos 18-26.366 : *Bull. civ.* III ; *AJDI* 2021, p. 128, note N. Damas. – Cass. 3e civ., 18 févr. 2021, nos 17-26.156, 19-13.191 et 19-11.462 (3 arrêts) : *Bull. civ.* III ; V. not. G. Daudré et P. Wallut, *Locations meublées de courtes durées : trois arrêts pour les sept ans de la loi Alur : JCP* N 2021, n° 10, 1130.

(248) Faute de démontrer que le local était affecté à un usage d'habitation au 1er janvier 1970 ou l'a été en vertu d'une autorisation postérieure, une des deux conditions nécessaires à l'application des dispositions de l'article L. 631-7, en plus de celle tenant à la localisation du bien dans une commune visée par le premier alinéa dudit article, n'est pas remplie. Il ne serait donc pas pertinent d'exiger la

au regard des difficultés suscitées par un arrêt du Conseil d'État[249] – de l'objet de cette preuve : il ne s'agit pas ici d'apporter la preuve d'un usage autre que l'habitation, mais celle d'un usage d'habitation.

Dit autrement, la commune qui invoque le non-respect des dispositions de l'article L. 631-7 doit apporter la double preuve de l'existence d'un local à usage d'habitation au sens de cet article et d'un changement illicite, sans autorisation préalable, de cet usage[250].

B. – Application du principe

333. – Le principe de l'usage de fait, propre à servir les objectifs de simplification et de régularisation de l'ordonnance du 8 juin 2005 (1°), a été partiellement remis en cause après quinze années d'application par un arrêt du Conseil d'État dont la mise en œuvre s'avère particulièrement complexe (2°). Ce principe reçoit encore d'autres applications, non démenties à ce jour (3°).

1° Objectifs de l'ordonnance du 8 juin 2005

334. – Le report de la date de référence de 1945 à 1970 devait aboutir à une simplification évidente, comme l'a souligné la circulaire du 22 mars 2006 :

> « Il n'y a donc plus lieu de rechercher l'usage, légal ou de fait, du bien avant le 1er janvier 1970 ».

Dès avant la publication de la circulaire, le sous-directeur du droit de l'habitat à la Direction générale de l'urbanisme, de l'habitat et de la construction (DGUHC) affirmait déjà[251] :

> « Avec la réforme, tout bien qui n'était pas à usage d'habitation au 1er janvier 1970 est totalement libre d'usage et peut être affecté à n'importe quelle activité (bureau, commerce, habitation, etc.) et en changer sans demander d'autorisation ».

335. – Cette simplification devait s'accompagner d'une régularisation pour un certain nombre de locaux du seul fait de la modification de la date de référence. En effet, comme l'ont relevé plusieurs commentateurs de l'ordonnance[252], il suffit de rapporter la preuve d'une situation de fait au 1er janvier 1970, peu importe que cette situation ait été régulièrement autorisée ou non. L'expérience révèle que, d'une part, c'est dans les années 1950 et 1960 que les transformations sauvages ont été les plus fréquentes et, d'autre part, c'est à partir du début des années 1970 que les professionnels et les notaires ont commencé réellement à prendre en considération

preuve du caractère régulier d'un local au regard d'une législation dont il n'est pas établi qu'elle lui est applicable.

(249) V. *infra*, nos 337 et s.

(250) S. Piedelièvre, *Remarques sur la preuve de la location en meublée de court séjour : Actes prat. ing. immobilière* 2021, n° 3, étude 23. – G. Daudré et P. Wallut, *La difficile preuve de l'usage des locaux au sens de l'article L. 631-7 du Code de la construction et de l'habitation : Actes prat. ing. immobilière* 2021, n° 3, étude 22.

(251) M. Leconte, *Du changement d'affectation au changement d'usage : la réforme attendue de l'article L. 631-7 du CCH : Lamy Droit Immobilier* 2005, bull. n° 127, p. 1.

(252) V. not. G. Vidalenc, *Du changement d'affectation au changement d'usage : Defrénois* 2005, art. 38215 : « le législateur n'exige pas que le local ait été "régulièrement" affecté à un autre usage au 1er janvier 1970 : il suffit de démontrer une situation de fait. Le texte a alors pour résultat heureux de purger les vices et les équivoques de la période 1945-1969 ».

le problème de l'affectation et à en tenir compte dans la rédaction des actes de vente. À partir de 1970, la situation est ainsi plus claire.

336. – Par exemple, un logement déclaré comme tel en 1945 puis transformé en bureaux sans autorisation et recensé à cet usage en 1970 :

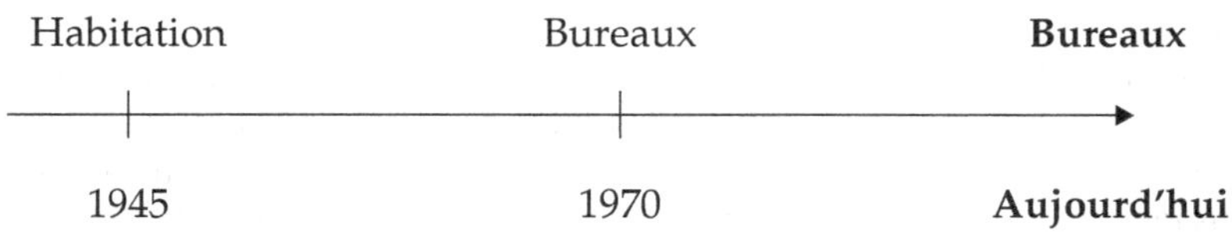

Le report de la date de référence au 1er janvier 1970 avait notamment pour effet de transformer une situation de fait en droit acquis attaché au local.

2° Interprétation du Conseil d'État

337. – La sécurité juridique recherchée par l'ordonnance de 2005 qui tenait pour acquis l'usage de fait au 1er janvier 1970 a été remise en cause par le Conseil d'État au détour d'un contentieux engagé sur la responsabilité d'une commune. Dans un arrêt de cassation du 5 avril 2019 (*Commune de Neuilly-sur-Seine*)[253], la Haute juridiction administrative confirme que c'est la situation de fait qui compte pour les locaux affectés à l'habitation au 1er janvier 1970 mais elle ajoute, contre toute attente, que c'est la situation de droit qui doit être prise en compte pour ceux qui étaient affectés à un autre usage à cette date :

> « Il résulte des termes mêmes de [l'article L. 631-7] qu'en l'absence d'autorisation de changement d'affectation ou de travaux postérieure, un local est réputé être à usage d'habitation s'il était affecté à cet usage au 1er janvier 1970, sans qu'il y ait lieu de rechercher si cet usage était fondé en droit à cette date. En revanche, ces dispositions n'ont ni pour objet ni pour effet d'attacher pareilles conséquences au constat, au 1er janvier 1970, de l'affectation d'un local à un autre usage que l'habitation ».

338. – Cette interprétation, inattendue et inédite, s'appuie sur deux arguments : d'une part l'esprit du texte, qui cherche à maintenir un parc de logements le plus fourni possible, d'autre part la lettre du texte, qui vise les seuls locaux d'habitation. Ce faisant, le Conseil d'État n'admet qu'une photographie partielle de la situation existante au 1er janvier 1970, c'est-à-dire en faveur exclusivement des locaux affectés à l'habitation à cette date. La rigueur de la solution est extrême car, faute de pouvoir s'appuyer uniquement sur la situation de fait au 1er janvier 1970 pour caractériser l'usage autre que d'habitation, l'arrêt du 5 avril 2019 oblige à vérifier si cette situation était fondée en droit, et ce conformément à la législation alors en vigueur que l'ordonnance du 8 juin 2005 a pourtant abrogée[254] !

(253) CE, 5 avr. 2019, n° 410039 (annexes : « Jurisprudence », ann. 4) : *Lebon* T., p. 814 ; *Constr.-Urb.* 2019, repère 5, note critique H. Périnet-Marquet ; *Defrénois* 13 juin 2019, p. 38, note critique G. Daudré.

(254) La cour de renvoi, qui s'est inclinée devant cette nouvelle doctrine, a ainsi vérifié si l'affectation commerciale du local litigieux aurait dû nécessiter une autorisation administrative en vertu des dispositions auparavant applicables au changement d'affectation des locaux ; son analyse l'a conduite à conclure que ce n'était pas le cas : CAA Versailles, 3 sept. 2020, n° 19VE01246.

339. – Une telle argumentation peine à convaincre :

– s'il est vrai que la législation des changements d'usage poursuit depuis l'origine un objectif de préservation des locaux d'habitation existants, tel n'est pas spécialement le but de l'ordonnance du 8 juin 2005 dont la ligne directrice est « la simplification des règles de procédure et leur adaptation au contexte actuel »[255] ;

– l'argument de texte souffre d'un manque de cohérence car, en interprétant l'article L. 631-7 par un *a contrario* littéral, l'arrêt exige une preuve de nature différente selon qu'il s'agit d'un usage d'habitation (situation de fait au 1er janvier 1970) ou d'un usage autre que d'habitation (situation de droit au 1er janvier 1970), alors que ce dernier usage se définit par défaut puisqu'il englobe tout ce qui ne se rattache pas à un usage d'habitation, qui est le seul usage soumis au contrôle de l'administration et donc le seul expressément visé par l'article L. 631-7.

340. – Un exemple, cité lors de l'Université des Notaires du Grand Paris du 7 janvier 2020[256], permet d'illustrer l'impact de la jurisprudence *Commune de Neuilly-sur-Seine* sur un local d'habitation existant en 1945 et transformé en bureaux sans autorisation en 1955 :

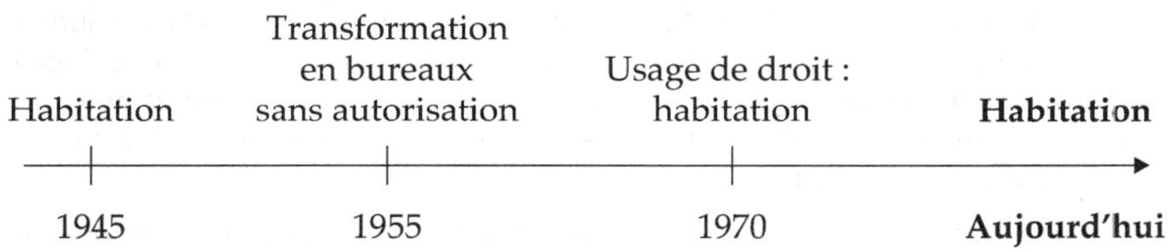

L'interprétation donnée par l'arrêt du 5 avril 2019 nourrit l'inquiétude des praticiens. Elle pourrait remettre en cause la qualification des locaux autres que d'habitation à laquelle il a été procédé depuis une quinzaine d'années conformément au consensus de place. Elle apparaît du reste difficilement praticable car elle impliquerait de rechercher la preuve que tout local à usage autre que d'habitation en 1970 n'a jamais été affecté à un usage d'habitation depuis l'origine de la législation (1945) ou, s'il l'a été, que le changement d'usage a été autorisé de manière pérenne.

341. – C'est en se fondant sur le caractère de l'usage autre que d'habitation au 1er janvier 1970 que la plupart des communes sont à même de juger de la validité de l'offre de compensation qui leur est présentée à l'appui d'une demande d'autorisation réelle.

L'arrêt du 5 avril 2019 impacte non seulement pour l'avenir les décisions d'autorisation avec compensation que les communes concernées seraient amenées à prendre, mais porterait une suspicion sur les décisions antérieures par lesquelles elles ont admis une offre de compensation au seul vu de la situation en 1970, sans rechercher si le local n'était pas à usage d'habitation en 1945 ou si la transformation avait été régulière entre 1945 et 1970. Les contrats, de vente ou de location, conclus

(255) Rapport au Président de la République relatif à l'ordonnance n° 2005-655 du 8 juin 2005 : *JO* n° 133, 9 juin 2005, p. 10081, texte n° 7.
(256) UNGP 2020, Module 3 : *La pratique de l'usage et de la destination des immeubles*, par H. Périnet-Marquet, H. Sarazin et M. Cagniart.

en suite de ces autorisations réelles s'en trouvent fragilisés d'autant, du moins tant que les délais de recours ne sont pas expirés.

En pratique, les services compétents des communes concernées sont, le plus souvent, dans l'incapacité de rechercher dans les archives antérieures à 1970, qu'elles considèrent comme obsolètes depuis 2009 (date de la décentralisation à leur profit). La solution rigoureuse du Conseil d'État, impraticable dans de nombreux cas, est *de facto* peu suivie par une majorité de communes qui s'en tiennent à la situation de fait au 1er janvier 1970, sauf si elles disposent d'éléments contraires qui laisseraient à penser que cette situation ne correspondait pas à l'usage de droit (par ex., si le local a fait l'objet d'un constat d'infraction ou d'une action publique concernant son usage).

342. – Il est à espérer que le Conseil d'État accepte de revenir sur sa position ; mais, outre le fait qu'il s'agit d'un arrêt de principe, de par sa formulation très générale et sa publication aux tables du *recueil Lebon*, il est peu fréquent qu'il ait à connaître de cette question et un tel revirement de jurisprudence pourrait prendre quelques années. Il pourrait être envisagé une modification de l'article L. 631-7 précisant que la « réputation » figurant dans le texte actuel concerne tant l'usage d'habitation que l'usage inverse « autre qu'habitation » ; ainsi, le troisième alinéa de l'article L. 631-7 pourrait être précisé de la manière suivante (par ajout des termes en gras) :

> « Pour l'application du présent chapitre, un local est réputé à usage d'habitation **ou à un usage autre que l'habitation** s'il était affecté à cet usage au 1er janvier 1970 ».

Par suite, il ne pourrait être contesté que l'appréciation de fait vaut tant pour l'usage d'habitation à cette date, que pour les locaux à un usage « autre qu'habitation » à cette même date ; une proposition similaire a d'ailleurs été adoptée à une très large majorité par le Congrès des notaires de 2020[257]. Pour éviter toute remise en cause des autorisations réelles et des conventions antérieures, il conviendrait toutefois d'attacher à cette précision rédactionnelle une portée interprétative et donc rétroactive. Cette modification législative – en fait, une simple confirmation de l'opinion générale – contribuerait largement à la sécurité juridique, indispensable à l'investissement immobilier dans les locaux de bureaux ou d'activités, notamment à Paris et dans les grandes métropoles, pour les investisseurs et utilisateurs tant Français qu'étrangers.

3° Solutions inchangées

343. – À l'inverse de la situation évoquée *supra* aux paragraphes 336 et 340, un immeuble achevé avant le 1er janvier 1970 dont le permis de construire mentionne une destination de bureaux mais qui était affecté à un usage d'habitation à cette date doit être regardé comme un local d'habitation au sens de l'article L. 631-7[258] :

(257) *Protéger : les vulnérables, les proches, le logement, les droits*, 116e Congrès des notaires de France (2020), Troisième commission, *Protéger le logement, l'habitat et le cadre de vie*, par Mes A. Muzard et B. Pavy. Sur les propositions de la Troisième commission : *JCP* N 2020, suppl. au n° 47, p. 32 et nos obs. p. 38 ; *Rev. loyers* 2020, p. 447.

(258) P. Soler-Couteaux et E. Vilchez, *Changement d'usage des locaux d'habitation : Droit de l'aménagement*, éd. Le Moniteur, déc. 2019, V. 400-2, p. 7.

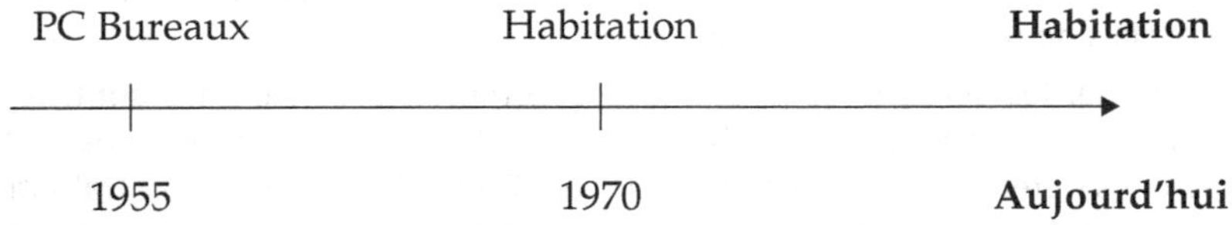

L'usage autorisé avant le 1er janvier 1970 cède le pas devant la preuve de l'usage effectif du local à cette date.

344. - La novation de l'ordonnance de 2005 ne résidait pas tant dans le report de la date de référence de 1945 à 1970 que dans le fait que la situation au 1er janvier 1970 devait être une photographie de la situation administrative du bien au regard de l'article L. 631-7. En effet, dans sa rédaction issue de l'ordonnance du 8 juin 2005, l'article L. 631-7, alinéa 3, disposait :

> « Pour l'application du présent chapitre, un local est réputé à usage d'habitation s'il était affecté à cet usage au 1er janvier 1970. Cette affectation peut être établie par tout mode de preuve. Les locaux construits postérieurement au 1er janvier 1970 sont réputés avoir l'usage pour lequel la construction a été autorisée ».

Seule la situation au 1er janvier 1970 était alors prise en compte ; il n'est pas fait référence à l'évolution de l'usage du bien depuis 1970, sauf exceptions[259].

345. - Suite à l'ordonnance du 8 juin 2005, il était toutefois permis de s'interroger sur le sort des locaux à usage autre qu'habitation au 1er janvier 1970[260] :

– fallait-il considérer qu'ils sortent définitivement du champ d'application de la police de l'affectation, sauf s'ils avaient fait ultérieurement l'objet d'une autorisation soumise à compensation ou servi de compensation ? Cette interprétation correspond à l'objectif de simplification mis en avant par l'ordonnance. En ce cas, peu importe que l'usage ait évolué entre 1970 et ce jour. Paradoxalement, un local loué en 2005 à usage d'habitation pourrait être ainsi qualifié à usage autre qu'habitation s'il l'était en 1970. Mieux, ce local aurait pu servir de monnaie d'échange pour une autorisation soumise à compensation[261] !

– fallait-il prendre en compte les transformations ultérieures ayant pu changer l'usage des locaux depuis le 1er janvier 1970 ? Cette interprétation revient, peu ou prou, à la situation antérieure à la réforme de 2005, mais sur une période plus courte (de 1970 jusqu'à aujourd'hui). On ne pouvait exclure que la jurisprudence assimile à des locaux d'habitation au sens de l'article L. 631-7 des locaux transformés en logements, après le 1er janvier 1970, dans le cadre d'un changement de destination soumis à permis de construire ou déclaration préalable[262].

346. - Par exemple, un local qui était à usage autre qu'habitation au 1er janvier 1970 est transformé par la suite en logement, sans avoir servi de compensation, à la suite

(259) V. *infra*, n° 353.

(260) J.-Ph. Meng, *Les nouvelles dispositions de l'article L. 631-7 du CCH : Bull. Cridon Paris* 1er oct. 2005, n° 19, p. 4.

(261) P. Wallut, *De l'affectation à l'usage : la réforme attendue de l'article L. 631-7 du CCH : JCP* N 2005, n° 43, p. 1745.

(262) S. Pérignon, *Le nouveau régime du changement d'usage des locaux d'habitation : AJDA* 2005, p. 2112.

d'un permis de construire ; quelques années plus tard, il est envisagé de changer à nouveau l'usage de ce local ; l'article L. 631-7 est-il applicable ?

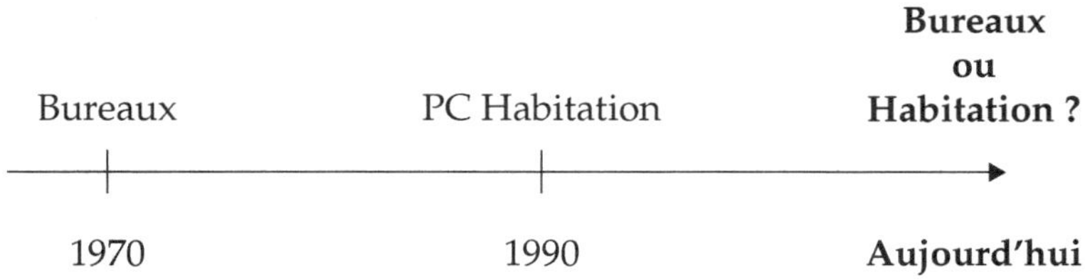

Selon la première interprétation, le retour du local d'habitation à un usage de bureau ne requiert pas d'autorisation ; selon la seconde interprétation, une autorisation préalable est nécessaire.

347. - La circulaire du 22 mars 2006 a tranché cette difficulté d'interprétation, pour éviter une trop grande diminution du nombre de logements :

> « Les locaux ayant, depuis cette date, fait l'objet de travaux avec pour effet d'en changer la destination, ont l'usage résultant du permis de construire obtenu ou de la déclaration préalable effectuée ».

348. - La loi n° 2006-872 du 13 juillet 2006 portant engagement national pour le logement a modifié l'article L. 631-7, alinéa 3 (les modifications figurent en gras) dans le sens de la circulaire :

> « Pour l'application du présent chapitre, un local est réputé à usage d'habitation s'il était affecté à cet usage au 1er janvier 1970. Cette affectation peut être établie par tout mode de preuve. Les locaux construits **ou faisant l'objet de travaux ayant pour conséquence d'en changer la destination** postérieurement au 1er janvier 1970 sont réputés avoir l'usage pour lequel la construction **ou les travaux** sont autorisés ».

Un local à usage autre qu'habitation au 1er janvier 1970 qui aurait été utilisé à usage de logement postérieurement perd son caractère d'usage « autre qu'habitation », dans la mesure où des travaux (installation d'une cuisine ou d'une salle de bains...) auront été effectués et autorisés. L'usage de droit postérieur à 1970 prime sur l'usage de fait au 1er janvier 1970.

349. - C'est ainsi que, reprenant l'exemple ci-dessus :

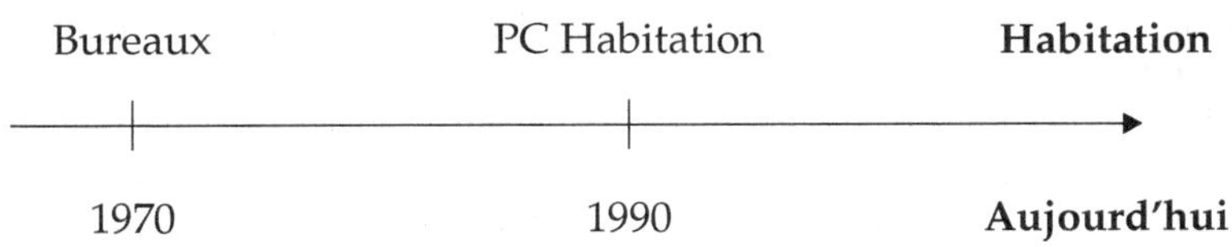

Une autorisation devra être obtenue pour changer l'usage du local d'habitation.

350. - *A contrario*, à défaut d'avoir sollicité et obtenu une autorisation d'urbanisme de changement de destination, l'usage de fait au 1er janvier 1970 prime :

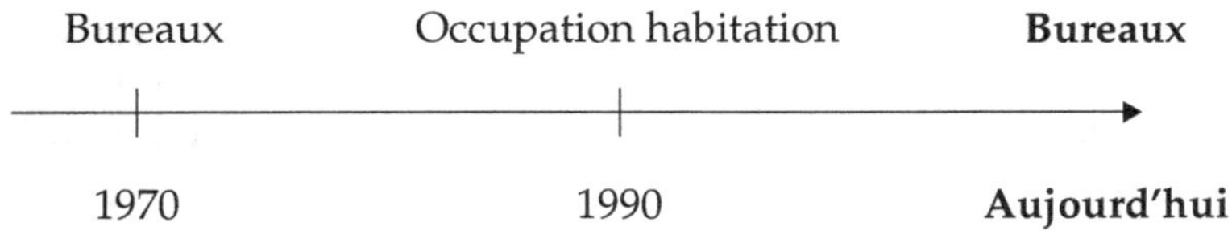

Ce local pourrait revenir à son usage initial de bureaux sans avoir à solliciter d'autorisation de changement d'usage. Telle était la position des initiateurs de la réforme de 2005 et telle semble être aujourd'hui celle des services de la ville de Paris. Le Conseil d'État pose néanmoins une condition supplémentaire et particulièrement rigoureuse tenant à la régularité de l'usage autre que d'habitation au 1er janvier 1970[263].

351. - Enfin, pour les locaux à usage mixte au 1er janvier 1970, la circulaire du 22 mars 2006 précise :

> « Un local unique qui, à la date de référence est à usage mixte (une partie des mètres carrés à usage d'habitation et le reste à usage autre que d'habitation) est à considérer selon cette répartition, pour partie à usage d'habitation et pour partie à un autre usage ».

Cette application distributive de l'article L. 631-7 n'est pas la plus simple :

– peu de locaux mixtes ont conservé depuis 1970 la même répartition des surfaces affectées à l'habitation et à un autre usage ; les locaux ont pu être redistribués ou reconfigurés en fonction du développement de l'activité professionnelle exercée ;

– le problème risque de se compliquer s'agissant de certaines pièces du logement à usage mixte (par ex., le salon de la famille qui sert de salle d'attente) pour lesquelles il faudra espérer que la déclaration faite en 1970 soit exempte de toute ambiguïté ;

– la solution de la circulaire permet la survivance d'une catégorie d'usage mixte totalement étrangère aux dispositions des articles L. 631-7-2 à L. 631-7-4 pourtant favorables à l'exercice d'activités dans la résidence principale, notamment au pied des immeubles[264].

352. - La cour d'appel de Paris s'est clairement prononcée dans le sens indiqué par la circulaire : « Les appelants ne sont pas fondés à prétendre que l'affectation professionnelle à hauteur de 83 % l'emporte sur l'affectation à usage d'habitation tout à fait minoritaire, et que l'accessoire suivant le principal, le local loué doit être réputé professionnel sur le tout ; qu'en effet, l'usage majoritairement professionnel ne fait pas pour autant disparaître l'usage d'habitation, qui existait au 1er janvier 1970, par Madame (...) qui était domiciliée personnellement (...), et que l'importance respective des surfaces consacrées à l'usage d'habitation et de celles consacrées à l'usage professionnel et celle consacrée à l'usage d'habitation est indifférente ; que l'article L. 637-1 ne restreint pas la définition des locaux destinés à l'habitation, et ne pose aucune condition relative à la surface destinée à l'usage d'habitation dont la qualification du bail, portant sur l'intégralité des locaux et indivisible, ne peut donc dépendre »[265].

(263) V. *supra*, nos 337 et s.
(264) V. *supra*, nos 283 et s.
(265) CA Paris, pôle 4, ch. 3, 25 juin 2015, n° 14/12864 : *Jurishebdo Immobilier* 13 juill. 2015, n° 608, p. 4.

Saisie d'un pourvoi contre ce dernier arrêt, la Cour de cassation l'a purement et simplement rejeté[266].

C. – Exceptions au principe

353. – La situation des locaux au 1er janvier 1970 ne permet pas d'établir définitivement leur affectation. Ces immeubles peuvent basculer d'une catégorie d'usage à l'autre, suite à des événements ou autorisations exposés ci-après aux paragraphes 368 et suivants consacrés aux locaux construits ou transformés après le 1er janvier 1970.

§ 3. – L'usage des immeubles construits ou transformés après le 1er janvier 1970

354. – Le principe (A) et son application (B) connaissent quelques exceptions (C).

A. – Principe : l'usage de droit

355. – L'article L. 631-7, troisième alinéa, pose le principe suivant :

> « Les locaux construits ou faisant l'objet de travaux ayant pour conséquence d'en changer la destination postérieurement au 1er janvier 1970 sont réputés avoir l'usage pour lequel la construction ou les travaux sont autorisés ».

Pour les immeubles construits ou ayant changé de destination après le 1er janvier 1970, la preuve de l'usage résultera de l'autorisation obtenue.

356. – L'usage autorisé n'est pas toujours lié à une autorisation de changement d'usage, laquelle n'est d'ailleurs pas requise pour construire un immeuble. Comme par le passé, les autorisations d'urbanisme permettent de déduire l'usage des locaux construits ou transformés en exécution de celles-ci. La circulaire du 22 mars 2006 s'y réfère explicitement :

> « Pour les locaux construits après le 1er janvier 1970, l'usage est celui résultant du permis de construire. Les locaux ayant, depuis cette date, fait l'objet de travaux avec pour effet d'en changer la destination, ont l'usage résultant du permis de construire obtenu ou de la déclaration préalable effectuée ».

L'usage d'habitation du local résulte de la destination autorisée[267] :

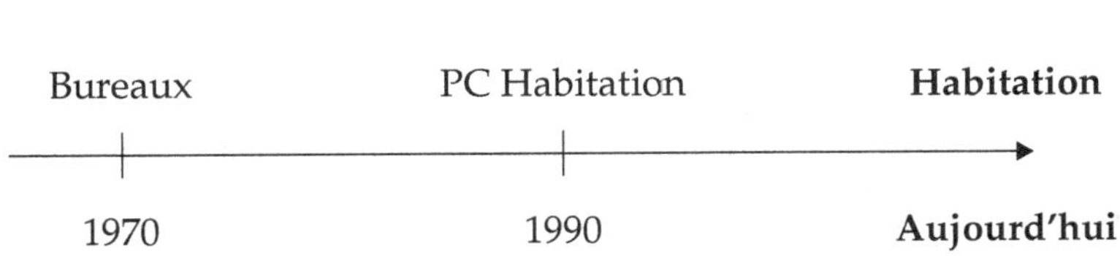

(266) Cass. 3e civ., 22 juin 2017, n° 16-17.946 : *Bull. civ.* III, n° 81 ; *Jurishebdo Immobilier* 10 juill. 2017, n° 689, p. 5, note G. Daudré ; *RJDA* 2017, p. 699, note R. Parneix ; *Loyers et copr.* 2017, comm. 191, note B. Vial-Pedroletti ; *AJDI* 2017, p. 854, note N. Damas.

(267) V. par ex., CA Paris, pôle 1, ch. 2, 13 déc. 2018, n° 17/19569. – CA Paris, pôle 1, ch. 2, 6 mai 2021, n° 20/18848. Ce dernier arrêt a fait l'objet de deux pourvois en cassation enregistrés sous les nos P 21-20.819 et F 21-20.467, en cours d'examen à la date de parution du présent ouvrage.

357. – Cette entorse au principe d'indépendance des législations[268] conduit à une solution certes opportune mais pénalisante pour le logement en cas de transformation inverse[269] :

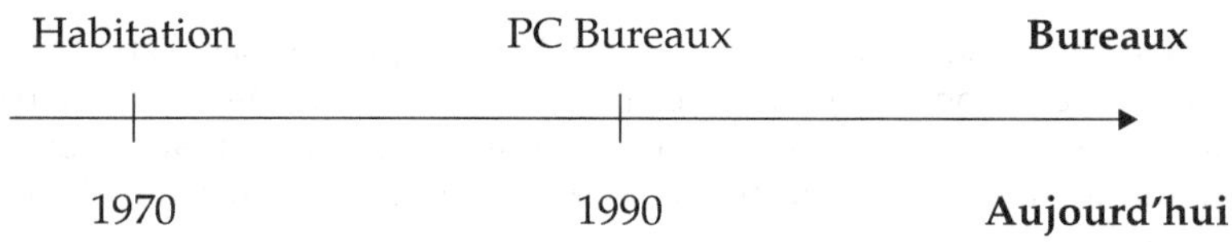

Sauf hypothèse de la fraude[270], lorsque le changement de destination d'un local d'habitation est autorisé par un permis de construire mais n'a fait l'objet d'aucune autorisation de changement d'usage, la référence à la destination autorisée par le permis est suffisante selon la circulaire du 22 mars 2006.

358. – La reconnaissance d'un usage autre qu'habitation résultant du permis de construire se heurte pourtant à quelques difficultés :

– un permis de construire peut avoir été délivré alors qu'une autorisation de changement d'usage a été refusée : la demande de permis de construire tient lieu

(268) Le permis de construire et la déclaration préalable n'ont pas pour objet de contrôler l'application de l'article L. 631-7, V. CAA Paris, 29 juin 1999, n° 97PA01507 : « l'instruction du permis de construire obéissant à une procédure distincte de celle prévue par les dispositions de l'article L. 631-7, la circonstance invoquée par la requérante qu'un permis de construire a été délivré est sans influence sur l'affectation du local en cause ». – TA Paris, 7e sect., 1re ch., 19 févr. 2015, n° 1311461/7-1 : « la circonstance que M. B. se soit vu accorder, le 21 août 2013, sur le fondement de l'article R. 421-17 du Code de l'urbanisme, une décision de non-opposition à l'exécution de travaux en vue d'un changement de destination de son appartement est sans influence sur la décision querellée lui refusant le changement d'usage de cet appartement, laquelle a été prise en application du Code de la construction et de l'habitation ». La circonstance que, postérieurement à l'octroi du permis, l'usage pour lequel il a été accordé n'aurait pas été respecté par son bénéficiaire est sans incidence sur sa légalité, V. CE, 20 déc. 2000, n° 204907 : *Constr.-Urb.* 2001, comm. 130, note P. Cornille. En conséquence, « la conformité avec le permis de construire doit s'apprécier, y compris en ce qui concerne les prévisions ou prescriptions relatives à la destination des constructions, au regard des travaux réalisés et non pas au regard de la façon dont l'ouvrage est ensuite utilisé », V. CE, 4 nov. 1996, n° 160910 : *Lebon*, p. 440 ; *Defrénois* 1997, art. 36574-1, note S. Pérignon. – V. égal. CE, 11 déc. 2006, n° 274851 : *Lebon* T., p. 1108 ; *Constr.-Urb.* 2007, comm. 104, note P. Cornille : « si l'affectation de la construction réalisée à une autre destination que celle prévue par le permis de construire expose le titulaire, le cas échéant, au retrait du permis pour fraude, il résulte (...) du Code de l'urbanisme que l'autorité compétente pour délivrer le certificat de conformité doit fonder son appréciation, y compris en ce qui concerne les prévisions ou prescriptions relatives à la destination des constructions, sur les seules caractéristiques des travaux réalisés, et non sur l'utilisation qui est faite de l'ouvrage après son achèvement ; qu'il en va ainsi même dans le cas où la construction aurait dû être soumise, compte tenu de l'usage qui en est fait, à des règles d'urbanisme différentes ».

(269) P. Soler-Couteaux et E. Vilchez, *Changement d'usage des locaux d'habitation : Droit de l'aménagement*, éd. Le Moniteur, déc. 2019, V. 400-2, p. 7.

(270) Ce serait le cas si le pétitionnaire avait omis de signaler dans la demande de permis de construire le caractère d'habitation de l'immeuble objet des travaux. Le permis de construire délivré sur la base d'indications inexactes produites sciemment par le pétitionnaire ne peut créer de droit au profit de celui-ci et l'autorité administrative est en droit de rapporter cette décision à tout moment, V. CE, 14 oct. 1983, n° 39583. – CE, 24 avr. 1992, n° 94513. Un permis délivré sur la base d'un dossier qui ne mentionnerait pas le changement d'affectation serait nul dès lors qu'il « n'est pas établi que cette omission ait été dépourvue d'influence sur l'appréciation à laquelle se sont livrées les autorités chargées de l'examen de cette demande », V. CE, 25 janv. 1989, n° 85402 : *Lebon* T., p. 997.

de demande d'autorisation de changement d'usage[271], mais le silence gardé par l'autorité compétente pendant un délai de deux mois était réputé valoir, jusqu'au 12 novembre 2015, rejet implicite de la demande de changement d'usage[272] ; de surcroît, le permis de construire ne peut pas être refusé au seul motif que l'autorisation de changement d'usage n'a pas été délivrée[273] et inversement[274] ;

– le système des compensations s'en trouve malmené : le permis de construire autorisant le changement de destination d'un logement n'est pas subordonné à la reconstitution des surfaces d'habitation transformées ; ces changements d'usage sont consolidés par l'effet réel du permis obtenu sans qu'aucune compensation ne soit intervenue. Mais n'appartenait-il pas à l'instructeur du permis de construire de transmettre le dossier au service chargé du contrôle de l'usage ?

– pour les permis de construire délivrés depuis l'ordonnance du 8 juin 2005, les dispositions de l'alinéa 2 de l'article L. 631-8, reprises à l'article L. 425-9 du Code de l'urbanisme, exigent que les travaux soient exécutés après l'obtention de l'autorisation de changement d'usage. Si toutefois ces travaux devaient être réalisés en exécution du permis de construire alors qu'aucune autorisation de changement d'usage n'est intervenue, il paraît difficile d'admettre que l'usage des locaux soit celui résultant du permis sans contrevenir à ces dispositions.

359. – Suivant l'esprit de la réforme de 2005 qui conduit à cristalliser l'usage de droit en vigueur à la date de l'ordonnance, il conviendrait, à notre sens, de distinguer en cas de transformation d'un local d'habitation[275] :

– les permis de construire délivrés avant l'entrée en vigueur de l'ordonnance du 8 juin 2005, auxquels l'article L. 631-7 confère un effet de régularisation des situations antérieures puisqu'ils tiendraient lieu d'autorisations de changement d'usage ; l'effet recherché vient en contrepoint de l'affirmation du principe d'exclusion de la prescription acquisitive de l'usage (CCH, art. L. 631-7-1, al. 3) ;

– les permis de construire délivrés après l'entrée en vigueur de l'ordonnance, soumis aux dispositions des articles L. 631-8 du Code de la construction et de

(271) CCH, art. L. 631-8. Antérieurement à la réforme des autorisations d'urbanisme de 2005-2007, la règle figurait dans le Code de l'urbanisme à l'ancien article R. 421-11 (ayant lui-même remplacé l'ancien article R. 421-10-1 du même code) dont le dernier alinéa précisait : « la procédure d'instruction de cette demande d'autorisation est toutefois indépendante de celle du permis de construire ».

(272) V. *infra*, n°s 518 et s.

(273) CE, 31 mars 1995, n° 110325 : *Lebon* T., p. 889 : « l'instruction de la demande exigée par l'article L. 631-7 étant distincte de celle du permis de construire, le maire, contrairement à ce qu'il soutient, n'était pas tenu de refuser la demande de permis au motif que l'autorisation de changement de destination du local n'avait pas été délivrée en application de l'article L. 631-7 préalablement à la demande de permis de construire ». – CAA Paris, 16 févr. 1995, n° 92PA01228 : « aucune disposition législative ou réglementaire n'impose qu'une autorisation de changement d'affectation des locaux soit jointe au dossier de demande de permis de construire ; que dès lors, le moyen tiré de ce qu'à défaut pour le pétitionnaire d'avoir joint une telle autorisation à sa demande de permis de construire, ce dernier aurait été délivré au vu d'un dossier irrégulièrement constitué doit être écarté ». – CAA Paris, 14 juin 2012, n° 11PA02282. Cependant, dans un souci de coordination, la circulaire du 6 juin 1984 relative au transfert de compétences en matière de permis de construire invitait les maires « à veiller à ce que le permis de construire ne soit pas délivré tant que n'aura pas été délivrée l'autorisation préfectorale de changement d'affectation des locaux ».

(274) CE, 5 avr. 1996, n° 133813 : *Lebon*, p. 123 : « l'autorisation accordée au titre de l'article L. 631-7 était sans incidence sur l'application des dispositions du Code de l'urbanisme ».

(275) V. égal. J.-Ph. Meng, *L'urbanisme et les collectivités locales*, éd. Berger Levrault, t. 1 : Fasc. 2.24, n°s 21 et 37, mis à jour en oct. 2020.

l'habitation et L. 425-9 du Code de l'urbanisme, qui ne pourraient valoir, en eux-mêmes, autorisations de changement d'usage des locaux d'habitation.

En revanche, s'agissant des locaux convertis à l'habitation en vertu d'un permis de construire, il n'y a pas lieu de distinguer selon la date du permis pour établir l'usage d'habitation, aucune autorisation de changement d'usage n'étant requise en pareille hypothèse.

360. – Depuis que le contrôle de l'usage a été transféré aux communes, également compétentes pour délivrer les autorisations d'urbanisme[276], la question sera sans doute assez théorique pour les transformations à venir[277]. La doctrine, motivée par un souci pragmatique d'adapter l'article L. 631-7 au « monde d'après » la pandémie de Covid-19, suggère cependant au juge de renforcer encore davantage les liens de l'autorisation de changement d'usage avec celles de l'urbanisme[278].

B. – Application du principe

361. – L'article L. 631-7, alinéa 3 ne se réfère qu'à l'usage autorisé et n'accorde aucun effet aux situations de fait :

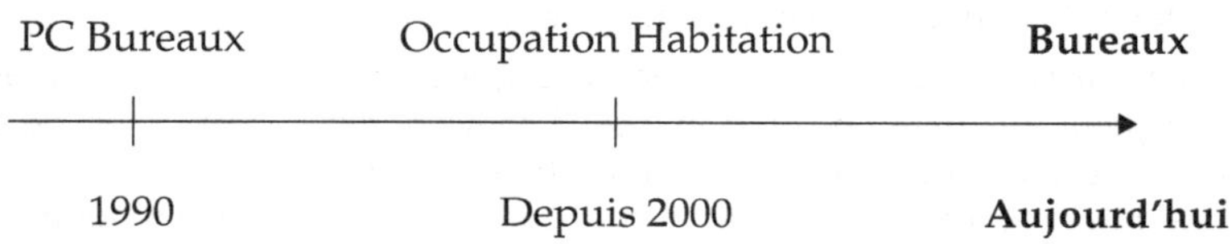

Tant que l'usage effectif n'a pas été autorisé, le local n'entre pas dans la catégorie des locaux d'habitation ; il pourra retrouver son usage primitif pour lequel il est autorisé par le permis de construire sans qu'il soit nécessaire de solliciter une autorisation de changement d'usage.

362. – De même, lorsque l'usage d'un local est établi au 1er janvier 1970, les changements postérieurs non autorisés ne sont pas pris en compte[279] :

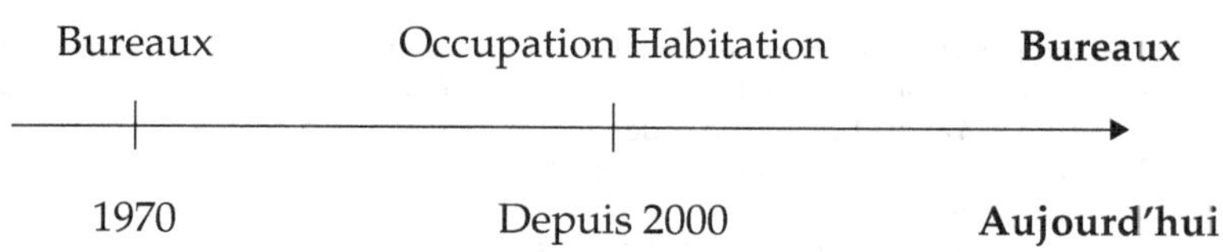

(276) Du moins pour celles dotées d'un PLU, ce qui semble être le cas de la totalité des communes visées par l'article L. 631-7, sous réserve des compétences déléguées aux EPCI dont elles dépendent le plus souvent.

(277) Pour prévenir toute confusion, la ville de Paris, lorsqu'elle est saisie d'une demande de changement de destination d'un local d'habitation, précise dans son autorisation (décision de non-opposition ou permis de construire) : « La présente décision prise au titre du Code de l'urbanisme ne dispense pas de l'autorisation de changement d'usage au titre du Code de la construction et de l'habitation (article L. 631-7) et ne pourra en aucun cas être mise en œuvre avant l'obtention de cette dernière autorisation ».

(278) H. Périnet-Marquet, *Deux réformes pour adapter l'article L. 631-7 du Code de la construction et de l'habitation à son nouvel environnement économique : RDI* 2022, p 8.

(279) B. Cheuvreux et M. Raunet, *Les incidences de la réforme de l'article L. 631-7 sur la vente d'immeubles et sur la pratique des cessions de commercialité : Lamy Droit immobilier*, bull. sept. 2005, p. 5.

Au sens de l'article L. 631-7, ce local est à considérer comme étant à usage autre qu'habitation, malgré son occupation actuelle. La ville de Paris accepte cet état de fait au regard de l'article L. 631-7 mais estime, néanmoins, que ce local ne peut servir de compensation en l'état[280]. Il faut cependant préciser que, suivant l'interprétation rigoureuse adoptée par le Conseil d'État en 2019, une affectation de fait autre qu'habitation au 1er janvier 1970 pourrait ne pas être prise en considération s'il est établi qu'elle n'est pas régulière[281].

363. - Dans le cas particulier où l'occupation d'habitation s'implante sur la base d'un permis délivré à titre précaire, dans les conditions prévues aux articles L. 433-1 et suivants du Code de l'urbanisme, on peut s'interroger sur l'existence d'un changement d'usage. L'objet du permis précaire est d'autoriser, à titre exceptionnel et temporaire, un projet qui ne respecte pas – de manière non disproportionnée[282] – les règles d'urbanisme. Du fait de son caractère temporaire, cette variété de permis ne semble pas modifier la destination juridique du bâtiment et, partant, son usage de droit. Il est donc possible de considérer que le retour à l'usage initial autre que l'habitation dans le délai que peut ou doit fixer le permis précaire ne nécessitera pas d'autorisation de changement d'usage[283].

364. - Comment déterminer l'usage d'un local lorsqu'il n'a pas été possible de produire d'autorisation administrative ? Il existe plusieurs hypothèses.

365. - Pour les locaux édifiés ou transformés avant le 1er janvier 1970 : faute d'autorisation de changement d'usage ou de destination postérieure à 1970, il faudra se référer à l'usage de fait au 1er janvier 1970 dont la preuve peut être rapportée par tous moyens, sous réserve, s'agissant des locaux à usage autre que l'habitation, de la régularité de cet usage.

Plusieurs décisions de la Cour de cassation ont ainsi jugé inopérantes[284] :
– une occupation d'habitation postérieure au 1er janvier 1970 ;
– l'incidence de travaux réalisés postérieurement au 1er janvier 1970 dont il n'était pas établi qu'ils avaient fait l'objet d'une autorisation de l'administration.

366. - Pour les locaux édifiés après le 1er janvier 1970 : s'il n'existe aucune preuve d'autorisation obtenue ou demandée, la construction est vraisemblablement illégale et insusceptible d'être régularisée par le seul écoulement du temps[285] ; l'usage

(280) V. *infra*, n° 1058.
(281) V. *supra*, nos 337 et s.
(282) CE, 18 févr. 2015, n° 385959 : *Lebon*, p. 919 ; *BJDU* 2015, n° 3, p. 180, concl. X. de Lesquen.
(283) Apur, *Urbanisme transitoire – Solutions juridiques*, étude en partenariat avec le Lab Cheuvreux, nov. 2021, spéc. p. 10 et 13.
(284) Cass. 3e civ, 7 nov. 2019, n° 18-17.800. – Cass. 3e civ., 28 nov. 2019, nos 18-23.769 et 18-24.157 (2 arrêts) : *Bull. civ.* III ; *AJDI* 2020, p. 206, note G. Daudré. – Cass. 3e civ., 28 mai 2020, n° 18-26.366 : *Bull. civ.* III ; *AJDI* 2021, p. 128, note N. Damas.
(285) C. urb., art. L. 421-9 (ancien art. L. 111-12) : « Lorsqu'une construction est achevée depuis plus de dix ans, le refus de permis de construire ou de déclaration de travaux ne peut être fondé sur l'irrégularité de la construction initiale au regard du droit de l'urbanisme. Les dispositions du premier alinéa ne sont pas applicables : (…) 5° Lorsque la construction a été réalisée sans qu'aucun permis de construire n'ait été obtenu alors que celui-ci était requis ». Aux constructions initialement réalisées sans permis la jurisprudence assimile non seulement celles transformées sans cette autorisation (CE, 16 mars 2015, n° 369553 : *Defrénois* 2015, p. 731, note J.-Ph. Meng) mais aussi celles édifiées en méconnaissance du permis obtenu en cas de non-conformités substantielles (CAA Marseille, 22 sept. 2011, n° 09MA03419. – CAA Douai, 23 déc. 2011, n° 10DA01601).

résultera du permis de régularisation à condition que les règles d'urbanisme en vigueur le permettent.

367. - Pour les locaux édifiés avant ou après le 1er janvier 1970 et transformés après le 1er janvier 1970, la référence au permis de construire peut poser quelques difficultés : ce n'est que depuis la loi n° 76-1285 du 31 décembre 1976 portant réforme de l'urbanisme que les travaux ayant pour conséquence de changer la destination de l'immeuble sont soumis à permis de construire. Le problème peut se rencontrer, si aucune autorisation de changement d'usage ou de destination n'a pu être retrouvée :

- pour les locaux transformés après le 1er janvier 1970 jusqu'au 1er janvier 1977[286] ;
- pour les locaux ayant changé de destination, sans faire l'objet de travaux, entre le 1er janvier 1977 et le 1er octobre 2007, puisqu'un permis de construire n'était requis à l'époque qu'en cas de changement de destination accompagné de travaux.

Faut-il s'en tenir, en cas de construction édifiée avant le 1er janvier 1970, à l'usage observé à cette date ou, en cas de construction édifiée après le 1er janvier 1970, aux termes du permis de construire d'origine ? Cette approche, sans doute la plus respectueuse de la lettre de l'article L. 631-7, alinéa 3, semble recevoir la faveur de la Cour de cassation[287]. Ou peut-on considérer, pour la détermination de l'usage autorisé du local, que ces changements de destination postérieurs au 1er janvier 1970 ont été implicitement mais nécessairement autorisés par la loi dans les cas où elle n'exigeait pas de permis de construire ? Cette dernière interprétation, si tant est qu'elle soit possible[288], suppose néanmoins la preuve que la transformation a été réalisée à une époque où elle était dispensée de permis de construire.

C. - Exceptions au principe

368. - Le principe de l'usage de droit pour les immeubles construits ou transformés après le 1er janvier 1970 connaît trois exceptions :

- en cas de procédure de compensation (1°) ;
- en cas de régularisation sur demande d'autorisation intervenue avant le 1er juillet 2006 (2°) ;
- en cas d'affectation temporaire au logement dans le cadre de l'ancien article L. 631-7-1 ou de l'actuel article L. 631-7-1 B (3°).

(286) Rép. min. n° 15870 : *JOAN* Q 22 févr. 1975, p. 651 : « depuis l'intervention de la loi d'orientation foncière [du 30 décembre 1967], les simples transformations intérieures de locaux, qui ne s'accompagnent pas de reprise de gros œuvre et n'ont pas d'incidence sur l'aspect extérieur des bâtiments ne sont plus soumises au permis de construire, non plus que les changements de destination de locaux existants ».

(287) Cass. 3e civ., 28 nov. 2019, n° 18-24.157, préc. : « les locaux faisant l'objet de travaux ayant pour conséquence d'en changer la destination postérieurement au 1er janvier 1970 sont réputés avoir l'usage pour lequel les travaux sont autorisés ; (...) la cour d'appel (...) n'était pas tenue de procéder à une recherche inopérante relative à l'incidence de travaux qui avaient été réalisés postérieurement à cette date et dont il n'était pas soutenu qu'ils avaient fait l'objet d'une autorisation ».

(288) On pourrait objecter, à juste titre, qu'un changement de destination ne relevant pas de la procédure du permis de construire n'était pas nécessairement autorisé par les règles de fond alors applicables (nature des constructions admises dans certaines zones, règles de densité, de prospect et de gabarit des immeubles, obligation d'aménager des aires de stationnement...).

Ces exceptions concernent également les locaux dont l'usage est en principe déterminé au 1er janvier 1970.

1° Autorisation soumise à compensation

369. – En application du quatrième alinéa de l'article L. 631-7, l'usage autorisé aux termes d'une autorisation soumise à compensation se substitue à l'usage de fait ou de droit du local :

> « Toutefois, lorsqu'une autorisation administrative subordonnée à une compensation a été accordée après le 1er janvier 1970 pour changer l'usage d'un local mentionné à l'alinéa précédent, le local autorisé à changer d'usage et le local ayant servi de compensation sont réputés avoir l'usage résultant de l'autorisation ».

Deux situations doivent être distinguées selon que le local a fait l'objet d'une compensation ou a été offert en compensation.

370. – Lorsqu'un local d'habitation a fait l'objet d'un changement d'usage avec compensation :

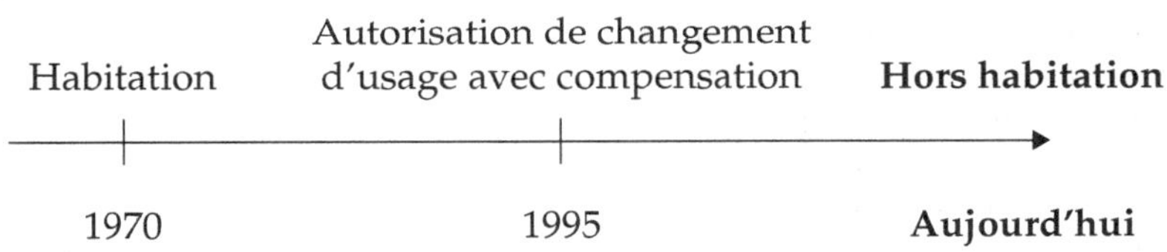

L'usage autre qu'habitation pour lequel le local a été autorisé se substitue à son précédent usage d'habitation constaté en 1970. La situation est identique lorsque l'immeuble a été construit ou transformé après 1970 :

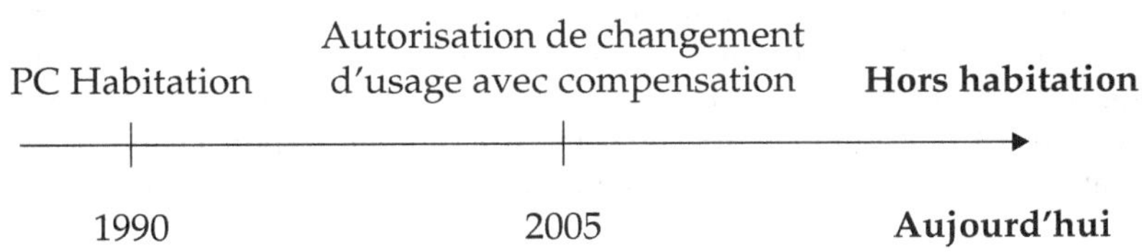

Mais, s'agissant des autorisations délivrées sous le régime antérieur à l'ordonnance du 8 juin 2005, encore faut-il s'assurer de la pérennité de l'usage autorisé, notamment lorsque les locaux ont changé de propriétaire avant l'entrée en vigueur de l'ordonnance le 10 juin 2005[289].

371. – Lorsqu'un local autre qu'habitation est affecté à l'habitation en servant de compensation[290] :

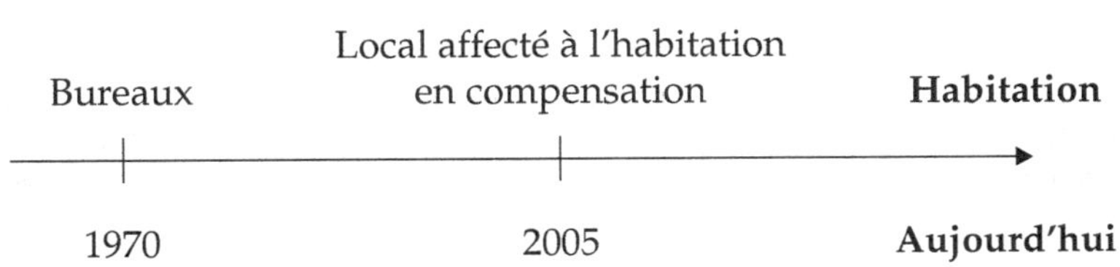

(289) V. *infra*, nos 633 et s.
(290) V. par ex., CA Paris, pôle 1, ch. 2, 20 déc. 2018, n° 18/10506.

L'usage d'habitation se substitue à celui de 1970. De même, lorsque l'immeuble a été construit ou transformé après 1970 :

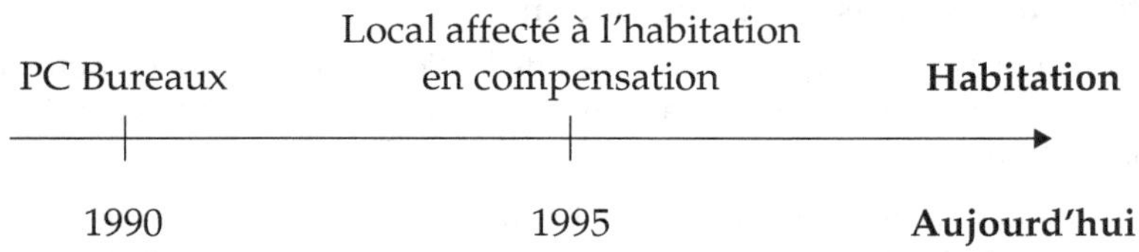

372. – Depuis l'ordonnance du 8 juin 2005, les autorisations soumises à compensation sont publiées au fichier immobilier ou inscrites au livre foncier (art. L. 631-7-1 al. 2) par les soins et aux frais de leurs bénéficiaires ; la formalité concerne à la fois l'immeuble dont le changement d'usage est autorisé et celui apporté en compensation[291]. Cette mesure de publicité n'existait pas pour les arrêtés portant changement d'affectation avec compensation délivrés antérieurement à l'ordonnance. En conséquence, pour vérifier si un immeuble a changé d'usage dans le cadre d'une compensation, il faut s'adresser à deux administrations :

– pour la période comprise entre le 1er janvier 1970 et le 10 juin 2005, il convient d'interroger la mairie ou la préfecture, selon que les archives préfectorales ont été ou non transférées aux services municipaux désormais compétents ;

– pour la période à compter du 10 juin 2005, il faut demander un état hypothécaire auprès du service de la publicité foncière ou, pour les départements de la Moselle, du Bas-Rhin et du Haut-Rhin, un extrait du livre foncier auprès du tribunal judiciaire du ressort de l'immeuble.

À Paris, un portail cartographique permet d'obtenir la copie numérisée des autorisations délivrées avec compensation depuis le 1er janvier 1970 et de générer une attestation indiquant si les locaux ont été l'objet d'une autorisation de changement d'usage subordonnée à une compensation ou s'ils ont été offerts en compensation depuis 1970[292]. L'attestation précise également si l'administration a connaissance de locaux affectés temporairement à l'habitation entre le 1er janvier 1970 et le 10 juin 2005[293].

2° Régularisation avant le 1er juillet 2006

373. – À défaut d'instaurer une prescription acquisitive de l'usage, l'ordonnance de 2005 a entrouvert une possibilité de régularisation à titre transitoire et dérogatoire. Son article 29, I (non codifié) accorde une autorisation personnelle de plein droit pour les personnes (exerçant à titre professionnel ou commercial) qui justifieraient, à la date du 10 juin 2005, qu'elles occupent les locaux de manière continue et non contestée, depuis plus de vingt ans (soit une date antérieure au 10 juin 1985), même si ces locaux sont illégalement occupés à usage autre qu'habitation :

> « Les personnes qui, avant l'entrée en vigueur de la présente ordonnance, ont changé, sans autorisation, l'usage d'un local auquel était applicable l'article L. 631-7 du Code de la construction et de l'habitation, bénéficient sur demande d'une autorisation à titre personnel

(291) V. *infra*, nos 575 et s.
(292) www.paris.fr/pages/exercer-une-activite-dans-un-logement-172#consultation-des-decisions-de-changement-d-usage-avec-compensation-depuis-1970.
(293) V. *infra*, nos 378 et s.

si elles justifient, avant le 1er juillet 2006, de l'usage continu et non contesté des lieux à des fins autres que l'habitation depuis au moins vingt ans à la date d'entrée en vigueur de la présente ordonnance ».

Pour bénéficier de cette autorisation, les personnes concernées devaient faire la déclaration de leur situation, à la préfecture dont elles dépendent, et apporter les justifications nécessaires avant le 1er juillet 2006.

374. – La circulaire du 22 mars 2006 apporte de nombreuses précisions[294] :

– sur les justificatifs à fournir et la continuité de l'usage :

« Cette régularisation n'est possible que sur demande d'autorisation intervenue avant le 1er juillet 2006. Cette dernière doit être accompagnée des justificatifs prouvant l'usage continu et non contesté durant une période minimale de 20 ans à la date d'entrée en vigueur de l'ordonnance.

Les justificatifs sont de même nature que ceux cités au § I-1-3-1[295].

La continuité de l'usage est appréciée au regard de l'activité exercée. Il faut entendre par "activité exercée" celle de même nature, comme par exemple un cabinet d'avocat ou une étude de notaire, ou un cabinet médical, etc.

Peu importe que cette activité ait été exercée successivement par des personnes différentes avant l'entrée en vigueur de l'ordonnance. Toutefois, c'est bien l'occupant se trouvant, à la date du 10 juin 2005, dans le local irrégulièrement transformé, qui doit procéder à la demande de régularisation accompagnée des justificatifs prouvant l'usage continu du lieu durant au moins 20 ans à cette date. Il dispose d'un délai ne pouvant dépasser le 30 juin 2006 pour établir cette demande ».

– sur l'absence de contestation de l'usage :

« Cet usage ne doit avoir fait l'objet d'aucune contestation encore en cours émanant soit de l'administration soit du syndicat de copropriété, ni d'aucune action en justice pendante.

À titre d'exemple, un refus d'autorisation intervenu depuis moins de 20 ans doit être considéré comme une contestation encore en cours ».

– et sur les effets de l'autorisation :

« L'autorisation délivrée en régularisation présente obligatoirement un caractère personnel et incessible, ce qui signifie qu'à la cessation de l'activité ou au départ de l'occupant ayant obtenu la régularisation, le local devra revenir à l'habitation ».

375. – Par exemple, un immeuble d'habitation transformé en bureaux sans autorisation en 1985, dont l'occupant au 10 juin 2005 justifie d'un usage continu et non contesté des locaux depuis leur transformation et obtient une autorisation de régularisation :

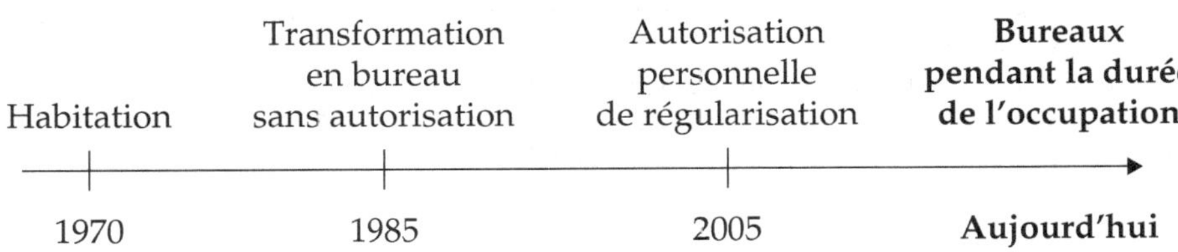

(294) V. égal. *infra*, nos 789 et s.
(295) À cet endroit la circulaire vise les baux, les actes de vente, les permis de construire…

Toutefois, l'autorisation obtenue est personnelle et deviendra caduque en cas de changement d'occupant à l'occasion d'une vente ou d'une relocation par exemple. Une nouvelle autorisation devra alors être obtenue pour maintenir un usage autre qu'habitation, sinon le local rejoindra la catégorie des locaux d'habitation à laquelle il appartenait en 1970.

376. – L'ordonnance ne se prononce pas sur l'étendue de la régularisation opérée par l'autorisation, notamment sur le sort des contrats conclus, avant sa délivrance, en infraction avec l'ancien article L. 631-7. La validité d'un contrat doit s'apprécier à la date de sa formation ; mais l'autorisation de régularisation obtenue dans les conditions de l'article 29, I peut-elle avoir un effet rétroactif ? La cour d'appel de Paris répond par la négative : « cette disposition, d'application immédiate, ne régit que les situations futures et ne saurait valider rétroactivement un contrat conclu antérieurement en infraction aux dispositions jusqu'alors applicables »[296]. Le contrat est donc nul en application de l'article L. 631-7, avant-dernier alinéa[297].

3° Affectation temporaire à l'habitation

377. – Le changement d'usage temporaire à l'habitation, apparu avec une loi du 21 juillet 1994 puis abrogé par l'ordonnance du 8 juin 2005, a été réintroduit dans le droit positif en 2015. Ce dispositif est demeuré d'application marginale et fait plus figure de « curiosité juridique »[298] que de réelle solution d'hébergement.

a) Dispositif instauré en 1994

378. – La loi n° 94-624 du 21 juillet 1994 relative à l'habitat avait institué un nouvel article L. 631-7-1 (numérotation reprise par l'ordonnance de 2005 mais sous un autre contenu) autorisant les propriétaires de locaux régulièrement affectés à un usage autre qu'habitation à affecter temporairement ces mêmes locaux à un usage d'habitation pendant une période qui ne saurait excéder treize années[299] :

> « Les locaux régulièrement affectés à un usage autre que l'habitation peuvent être temporairement affectés à l'habitation pour une durée n'excédant pas treize ans. Ce délai commence à courir à compter de la déclaration d'affectation temporaire des locaux.
>
> Jusqu'à l'expiration du délai mentionné à l'alinéa précédent, les locaux peuvent, nonobstant les dispositions de l'article L. 631-7, retrouver leur affectation antérieure sur simple déclaration. Les locaux qui, à l'expiration de ce délai, demeurent affectés à l'habitation sont régis par les dispositions applicables aux locaux à usage d'habitation.
>
> Les déclarations mentionnées au présent article sont adressées conjointement au maire et au préfet.
>
> En cas de location d'un local temporairement affecté à l'habitation en application du présent article, le contrat doit mentionner le caractère temporaire de cette affectation. Sous cette réserve, le retour des locaux à leur usage primitif est un motif légitime et sérieux au sens de l'article 15 de la loi n° 89-462 du 6 juillet 1989 tendant à améliorer les rapports locatifs et portant modification de la loi n° 86-1290 du 23 décembre 1986. Il ne constitue pas un événement au sens de l'article 11 de cette même loi ».

(296) CA Paris, 16e ch. A, 27 mai 2009, n° 08/02585 : *AJDI* 2009, p. 792.
(297) V. *infra*, nos 661 et s.
(298) Selon l'expression de D. Blaise : *JCl. Construction-Urbanisme*, Fasc. 30, mis à jour en février 2015, *Changement d'usage des immeubles*, n° 85.
(299) A. Hinfray, *La transformation en logements de locaux affectés à un autre usage : Administrer* oct. 1994, p. 21.

Cette transformation temporaire ne faisait pas disparaître l'affectation originaire du bien à la double condition :

- que le propriétaire en fasse la déclaration au préfet et au maire ;
- que l'utilisation à l'habitation n'excède pas le délai de treize ans.

D'autres considérations tirées du droit privé (copropriété, baux)[300] ou du droit de l'urbanisme[301] pouvaient faire obstacle à la mise en œuvre de la procédure de l'ancien article L. 631-7-1.

379. - Ce texte de circonstance a été voté dans un contexte économique bien particulier : l'éclatement de la bulle spéculative des années 1988/1991 avait laissé sur le marché de nombreux mètres carrés de bureaux ne trouvant pas preneur ; il était souhaitable d'inciter les propriétaires à laisser occuper ces locaux pour de l'habitation, sans perdre le précieux label « bureaux ». Par ailleurs, certains immeubles haussmanniens se prêtaient plus à l'habitation qu'au bureau.

Force est de constater que cette possibilité a été relativement peu utilisée, sinon pour de petites surfaces, et presque toujours par des particuliers plutôt que par des institutionnels. En effet, la loi du 21 juillet 1994 prévoyait bien une réduction d'impôt destinée à amortir le coût de la transformation, mais seules les personnes physiques pouvaient en bénéficier.

380. - Le dispositif de l'article L. 631-7-1 a été abrogé par l'ordonnance du 8 juin 2005. Les modalités de retour à leur usage initial des locaux affectés temporairement à l'habitation sont prévues à l'article 29, III de l'ordonnance (non codifié) :

> « Les locaux régulièrement affectés à un usage autre que l'habitation qui, à la date d'entrée en vigueur de la présente ordonnance, sont temporairement affectés à l'habitation en vertu d'une déclaration d'affectation temporaire des locaux, peuvent, nonobstant les dispositions de l'article L. 631-7 du Code de la construction et de l'habitation, retrouver leur affectation antérieure sur simple déclaration adressée au préfet avant l'expiration du délai mentionné dans la déclaration d'affectation temporaire.
>
> En l'absence de déclaration, les locaux qui, à l'expiration de ce délai, demeurent affectés à l'habitation sont régis par les dispositions applicables aux locaux à usage d'habitation ».

En revanche, les articles R. 631-6 à R. 631-8 organisant la procédure d'affectation temporaire n'ont pas été supprimés. Gageons qu'un décret de simplification du droit vienne un jour y mettre bon ordre !

381. - La circulaire du 22 mars 2006 commente ces dispositions :

> « Les dispositions antérieures instituées par la loi n° 94-624 du 21 juillet 1994 permettant d'affecter à l'usage d'habitation, pour une durée maximale de 13 ans, des locaux affectés régulièrement à un autre usage sont supprimées.
>
> Il est cependant prévu, afin de préserver les droits de ceux qui s'y sont soumis, que les locaux autres que d'habitation qui ont été temporairement affectés à l'habitation, peuvent retrouver leur usage antérieur sur simple déclaration adressée au préfet avant l'expiration du délai mentionné dans la déclaration temporaire d'habitation.
>
> En l'absence de déclaration, le local reste à usage d'habitation et soumis aux dispositions du L. 631-7 ».

(300) Ch. Weil, *La réversibilité de la transformation en logements : AJPI* 1995, p. 578.
(301) S. Pérignon, *Le nouvel ordre urbanistique*, éd. Cridon-Defrénois 2004, p. 22 et 23.

Par ailleurs, la circulaire de 2006 invite les préfectures à répondre aux demandes de renseignements des administrés et de leurs conseils à l'effet de savoir si le local a été affecté temporairement à l'habitation en vertu de l'ancien article L. 631-7-1. À Paris, un portail cartographique permet de générer une attestation indiquant si l'administration a connaissance de locaux affectés temporairement à l'habitation entre le 1er janvier 1970 et le 10 juin 2005[302].

382. - Les locaux qui n'ont pas retrouvé leur affectation antérieure sont des locaux à usage d'habitation au sens de l'article L. 631-7. Par exemple, un local à usage autre qu'habitation affecté temporairement à l'habitation et n'ayant pas fait l'objet d'une déclaration de retour à l'usage initial, reste d'habitation :

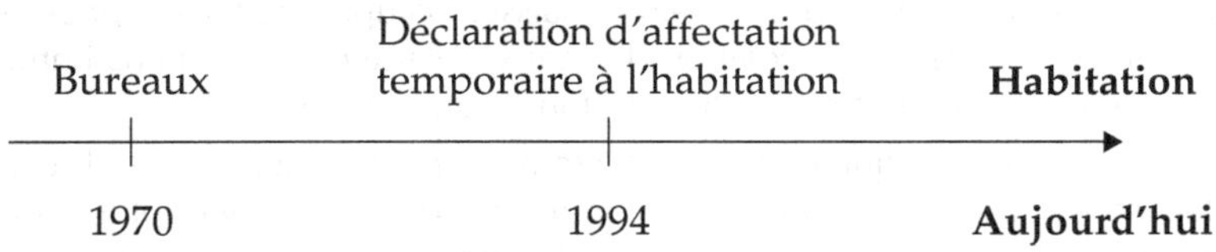

L'usage d'habitation se substitue à celui de 1970. Pour qu'il en soit autrement, il aurait fallu, dans l'exemple ci-dessus, qu'une déclaration de retour à l'usage initial de bureaux soit effectuée au plus tard à l'issue du délai d'affectation temporaire à l'habitation (soit en 2007 si l'engagement avait été pris en 1994 pour la durée maximale de treize ans).

383. - Selon le tribunal administratif de Paris[303], si la déclaration d'affectation temporaire à l'habitation a été suivie d'un permis de construire pour des travaux en vue d'un changement de destination, l'usage des locaux possède un caractère d'habitation définitif en vertu du permis octroyé :

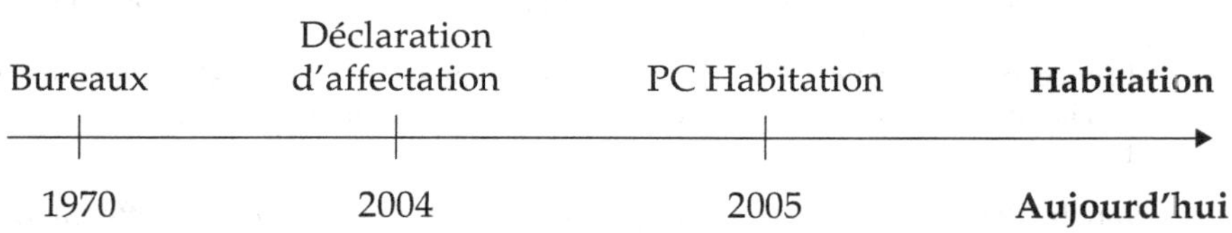

Cette décision nous paraît critiquable à un double titre :

– la transformation provisoire en habitation est réversible au regard de l'ancien article L. 631-7-1, en ce sens qu'un retour à l'affectation de bureaux dans le délai mentionné dans la déclaration d'affectation temporaire doit être possible sans qu'il soit nécessaire d'obtenir une autorisation de changement d'usage ; or, en retenant que les locaux étaient définitivement à usage d'habitation, le tribunal conditionne implicitement mais nécessairement la réaffectation à usage de bureaux à l'obtention de cette autorisation ;

– c'est en raison du principe d'indépendance des législations que les locaux ayant fait l'objet de la déclaration d'affectation temporaire à l'habitation ont également fait l'objet d'un permis de construire de changement de destination ; on comprend

(302) www.paris.fr/pages/exercer-une-activite-dans-un-logement-172#consultation-des-decisions-de-changement-d-usage-avec-compensation-depuis-1970.

(303) TA Paris, 7e sect., 3e ch., 5 juin 2014, n° 1307240/7-3.

difficilement que ce même principe d'autonomie ne trouve pas à s'appliquer lors du retour à l'usage initial des mêmes locaux.

Certes, l'article L. 631-7, alinéa 3, prévoit que les locaux sont réputés avoir l'usage pour lequel la construction ou les travaux ont été autorisés[304]. Mais il s'agit là d'une disposition à laquelle déroge expressément l'article 29, III de l'ordonnance de 2005 en prévoyant que les locaux peuvent « nonobstant les dispositions de l'article L. 631-7 » retrouver leur affectation antérieure sur simple déclaration adressée à l'administration.

b) Dispositif instauré en 2015

384. - La loi du 6 août 2015 pour la croissance, l'activité et l'égalité des chances économiques, dite « loi Macron », fait du neuf avec du vieux avec l'article L. 631-7-1 B :

> « Une délibération du conseil municipal peut définir un régime de déclaration préalable permettant d'affecter temporairement à l'habitation des locaux destinés à un usage autre que l'habitation, pour une durée n'excédant pas quinze ans.
>
> Si la commune est membre d'un établissement public de coopération intercommunale compétent en matière de plan local d'urbanisme, la délibération est prise par l'organe délibérant de cet établissement.
>
> Jusqu'à l'expiration du délai mentionné au premier alinéa, les locaux peuvent, par dérogation à l'article L. 631-7, retrouver leur usage antérieur.
>
> En cas de location d'un local temporairement affecté à l'habitation en application du présent article, le contrat doit mentionner le caractère temporaire de cette affectation. Sous cette réserve, le retour des locaux à leur usage antérieur est un motif légitime et sérieux, au sens de l'article 15 de la loi n° 89-462 du 6 juillet 1989 tendant à améliorer les rapports locatifs et portant modification de la loi n° 86-1290 du 23 décembre 1986. Il ne constitue pas un événement au sens de l'article 11 de cette même loi ».

À la différence du précédent dispositif applicable jusqu'en 2005, le nouveau système est purement facultatif et nécessite pour sa mise en œuvre une délibération du conseil municipal ou de l'EPCI compétent.

385. - Selon les auteurs de l'amendement devenu l'article L. 631-7-1 B, « cette disposition est susceptible d'avoir un effet réel sur le déblocage de nombreuses opérations foncières et immobilières, générant ainsi de l'activité économique pour le BTP, et d'optimiser ainsi le potentiel des territoires économiques où l'usage du foncier est le plus tendu. Les opérations de transformations de bureaux en logements ont notamment vocation à être incitées par cette disposition »[305].

386. - Il est cependant permis de douter de l'efficacité de cette disposition au regard des obstacles réglementaires, notamment sur le plan de l'urbanisme, et surtout économiques qui persistent à entraver les opérations de transformation de bureaux inoccupés en logements[306]. D'autant que l'article L. 631-7-1 B soulève lui-même bien des interrogations, notamment sur son articulation avec le droit et la fiscalité de l'urbanisme et sur les conséquences du dépassement du délai maximal d'affectation de quinze ans.

(304) V. *supra*, n°s 355 et s.

(305) Amendement n° 397 rect., 4 avr. 2015 présenté par M. Madec avec d'autres sénateurs.

(306) Sur ces difficultés, V. not. l'étude de l'ORIE, *Actualisation de l'étude sur la transformation des immeubles de bureaux*, nov. 2014. – O. de la Roussière et P. Soler-Couteaux, *La difficile reconversion du tertiaire en résidentiel : Opérations immo.* sept. 2015, p. 6.

Cette durée de quinze ans est d'ailleurs difficilement explicable puisque, contrairement à la précédente déclaration temporaire d'une durée de treize ans, elle ne peut pas se comprendre par la durée légale du bail à usage d'habitation fixée respectivement à trois et six ans pour les bailleurs personnes physiques et les bailleurs personnes morales, qu'il s'agisse du contrat initial, du renouvellement ou de la tacite reconduction[307]. Le législateur prend néanmoins le soin de préciser que le retour des locaux à leur usage antérieur n'est pas un événement justifiant pour un bailleur personne physique la conclusion d'un bail pour une durée réduite. Ce retour constitue cependant un motif légitime et sérieux de délivrer congé mais, semble-t-il, seulement pour les baux de locaux nus, et non pour les locations meublées[308].

387. – Des doutes subsistent également sur les démarches à suivre par le déclarant et sur le contrôle opéré par l'administration. Faut-il justifier de la régularité de l'usage déclaré ? S'agit-il d'une simple déclaration à des fins informatives à laquelle l'administration ne peut s'opposer ou d'une déclaration préalable donnant lieu une décision de l'autorité compétente ? À l'issue du délai d'affectation temporaire, faut-il prévoir une déclaration de retour à l'usage primitif et sous quelle forme ? Il appartient certainement à la délibération instaurant le dispositif de régler ces aspects procéduraux, l'article L. 631-7-1 B précisant qu'il incombe au conseil municipal (ou à l'organe délibérant de l'EPCI) de « définir un régime de déclaration préalable ». Et sans doute serait-il souhaitable d'indiquer dans la délibération que cette affectation provisoire à l'habitation n'est pas un changement de destination rendant nécessaire une autorisation d'urbanisme ; il est en effet regrettable que le texte de loi ne l'ait pas précisé comme cela a été fait par l'article L. 631-7-1 A pour le régime de l'autorisation temporaire des meublés de tourisme.

388. – À ce jour, et à notre connaissance, ce dispositif n'a été instauré sur le territoire d'aucune commune à l'exception notable de Paris[309].

S'agissant d'une procédure déclarative, la ville de Paris considère qu'il ne lui appartient pas de vérifier la conformité de l'usage initial (autre que l'habitation) et n'exige donc aucun justificatif à ce titre ; elle se contente d'une attestation sur l'honneur du déclarant lors du dépôt du dossier, se réservant ainsi la possibilité de contrôler le caractère régulier de l'usage initial en cas de retour à celui-ci à l'expiration du délai de quinze ans.

S'agissant d'une transformation par nature réversible, il semble que les services en charge de l'urbanisme ne demandent pas d'autorisation au titre du changement de destination dans le cadre spécifique et transitoire de l'affectation temporaire. Si, à l'inverse, une telle autorisation avait été exigée au nom du principe d'indépendance des législations, alors une autre autorisation permettant cette fois le retour à la destination initiale aurait été nécessaire. Or cette dernière autorisation aurait pu s'avérer impossible à obtenir si les règles d'urbanisme en vigueur à la fin de la période d'occupation en logement s'y opposent. Et encore pourrait-elle être obtenue qu'elle

(307) L. n° 89-462, 6 juill. 1989, art. 10 modifié.

(308) Pour lesquelles le congé est régi par l'article 25-8 de la loi du 6 juillet 1989, et non par l'article 15 qui est le seul visé par l'article L. 631-7-1 B, V. en ce sens N. Damas, *La loi Macron et les baux d'habitation : AJDI* 2015, p. 654.

(309) V. *infra*, n°s 989 et s.

constituerait, sauf cas d'exonération, le fait générateur d'une taxe pour création de bureau, commerce ou entrepôt qui viendrait alourdir les coûts de retransformation du local[310]. Lorsqu'il est possible d'y recourir, le permis précaire peut constituer une parade à ces difficultés[311].

389. – Toutefois même à Paris, le nombre de déclarations demeure très faible. D'après les renseignements transmis par la ville, les déclarations d'affectation temporaire sont au nombre de huit pour les années 2017 et 2018 et de sept pour l'année 2019 ; à noter cependant que, en lien sans doute avec la crise sanitaire et économique ayant particulièrement frappé le secteur des bureaux, les demandes s'élèvent à onze en 2020 et à cinq pour les trois premiers mois de 2021. Les surfaces concernées sont généralement faibles et concernent, le plus souvent, des anciens appartements devenus des bureaux antérieurement à 1970.

SECTION 4 CHAMP D'APPLICATION QUANT AUX PERSONNES

390. – L'article L. 631-7 s'applique à toutes les **personnes privées (physiques ou morales) et publiques** sans distinction. Ce principe a néanmoins connu, et connaît encore, quelques exceptions qui alimentent des discussions récurrentes sur la pérennité des droits conférés à leurs titulaires. C'est toute l'ambiguïté d'une réglementation qui ajuste le contrôle de l'usage des locaux selon la personne à l'origine du changement d'affectation.

391. – Entre 1972 et 2005, plusieurs groupements professionnels ont bénéficié de dispenses d'autorisation provisoires[312] :

– l'article 39 de la loi n° 71-1130 du 31 décembre 1971 a dispensé les groupements d'avocats de l'application de l'article L. 631-7 pendant un délai de cinq ans[313] prorogé jusqu'au 1er janvier 1979 par la loi du n° 77-574 du 7 juin 1977 (art. 48)[314] ;

(310) V. au sujet de cette taxe, G. Daudré et J.-Ph. Meng, *De la redevance à la taxe sur la création de bureaux, de commerces et d'entrepôts en région Île-de-France : Bull. Cridon Paris* 15 mars-1er avr. 2016, n° spécial. – G. Daudré, *Taxe pour création de bureaux, commerces et entrepôts en Île-de-France : dispositions réglementaires : Defrénois* 1er mars 2018, p. 28. – M. Collet et M. Raunet, *Taxe sur la création de bureaux : quelles conditions d'exonération ? : AJDA* 2020, p. 1648.

(311) Apur, *Urbanisme transitoire – Solutions juridiques*, étude en partenariat avec le Lab Cheuvreux, nov. 2021, p. 12 et s.

(312) Sur cette évolution : V. le rapport de M. Cl. Robert, *La transformation des logements en locaux d'activité*, sept. 1990, rendu au ministère délégué chargé du logement, p. 31. – R. Martin, *Les avatars de l'article L. 631-7 du CCH : Ann. loyers* 1999, n° 3, p. 328 et s. – D. Blaise, *JCl. Construction-Urbanisme*, Fasc. 30, mis à jour en février 2015, *Changement d'usage des immeubles*, n° 35.

(313) Une réponse ministérielle permettait l'application anticipée de la loi du 31 décembre 1971, sans attendre l'entrée en vigueur fixée au 16 septembre de l'année suivante : Rép. min. n° 22294 : *JOAN* Q 24 mai 1972, p. 1850.

(314) CAA Paris, 29 juin 1999, n° 97PA01507. En l'espèce, une société d'avocats s'est installée en 1973 dans des locaux d'habitation qu'elle a affectés à un usage professionnel sans solliciter d'autorisation conformément à la loi du 31 décembre 1971 : « dès lors que la SCP a quitté ces locaux en 1991, ceux-ci ont retrouvé leur affectation initiale à usage d'habitation ». – Également en faveur du caractère personnel de cette dispense, CAA Paris, 11 juin 2015, n° 14PA00119. – V. déjà en ce sens, Lettre-circ. 20 nov. 1975, I-5°) (annexes : « Circulaires », ann. 6).

– l'article 57 de la loi n° 86-1290 du 23 décembre 1986 (dite « loi Méhaignerie ») a dispensé les sociétés civiles professionnelles et certains regroupements de professionnels libéraux[315] de toute procédure d'autorisation de changement d'usage[316] ;

– l'article 37 de la loi n° 89-462 du 6 juillet 1989 a abrogé l'article 57 de la loi Méhaignerie, en permettant à ces professionnels de conserver les droits qui leur avaient été conférés par l'article 57, à condition de déclarer leur situation dans les trois mois de la publication de la loi[317] ; les bénéficiaires de ces dispositions sont réputés être titulaires, à titre personnel et pour le local en cause, d'une autorisation de changement d'usage[318] ; en l'absence de déclaration le local doit retrouver son usage initial[319] ;

– l'article 51 de la loi n° 2000-642 du 10 juillet 2000 a dispensé les sociétés de ventes volontaires de meubles aux enchères publiques de l'application de l'article L. 631-7 jusqu'au 10 juillet 2005.

392. - Ces anciennes dispenses sont par nature précaires, puisqu'elles ont été spécialement accordées en considération des professionnels dont elles entendaient favoriser l'activité à titre temporaire. Dépourvues de tout caractère réel et affranchies de toute compensation, ces dispositions d'exception cessent de produire effet lorsqu'il est mis fin à l'activité de leurs bénéficiaires.

Toutefois, au départ de ces professionnels, les locaux ne retrouvent pas nécessairement leur usage initial d'habitation : si une autorisation de travaux ayant eu pour objet de changer la destination du local a été obtenue après le 1er janvier 1970, alors, en application de l'article L. 631-7, ce local sera considéré à usage autre que l'habitation[320]. À défaut de produire une telle autorisation, l'affectation d'habitation des locaux résultera de leur usage de fait au 1er janvier 1970[321] ou, pour les immeubles édifiés après cette date, de la destination indiquée dans le permis de construire autorisant la construction.

393. - Au jour de l'entrée en vigueur de l'ordonnance du 8 juin 2005, il ne subsistait plus que deux catégories de personnes dont la situation particulière est prise en compte pour l'application des articles L. 631-7 et suivants :

– certaines personnes publiques (§ 1) ;

– et les organismes d'habitations à loyer modéré (§ 2).

Tandis que les premières ont connu un régime d'exception de courte durée, les seconds bénéficient de mesures dérogatoires régulièrement étoffées.

(315) Dont les sociétés civiles de moyens, CE, 26 mai 1995, n° 138567 : *Lebon* T., p. 889 ; *Administrer* janv. 1996, p. 75, note A. Hinfray ; *JCP* G 1995, IV, 1840.

(316) Selon une réponse ministérielle, cette dispense « a eu pour conséquence une diminution du parc d'environ 1 000 logements par an à Paris », Rép. min. n° 23692 : *JOAN* Q 5 mars 1990, p. 1090 et 16 avr. 1990, p. 1901.

(317) Les conditions d'application de cette mesure ont fait l'objet de la circulaire n° 89-69 du 3 novembre 1989 relative aux changements d'affectation des locaux à usage d'habitation (annexes : « Circulaires », ann. 8).

(318) CAA Paris, 31 déc. 2015, nos 14PA00487, 14PA00488 et 14PA00489.

(319) Cass. 3e civ., 15 nov. 2000, n° 98-20.414 : *Bull. civ.* III, n° 173. – CE, 20 févr. 2002, n° 224691 : *Collectivités-Intercommunalité* mai 2002, comm. 119, note L. Erstein.

(320) V. *supra*, nos 355 et s.

(321) CA Versailles, 12e ch., 5 déc. 2017, n° 16/08990.

§ 1. – Lorsque l'immeuble appartient à une personne publique

394. – L'application de l'article L. 631-7 aux locaux détenus ou occupés par les personnes publiques a pu soulever quelques interrogations :

– pendant leur période de détention ou d'occupation par la personne publique (A) ;

– lorsque la personne publique cède ses locaux à une personne de droit privé (B).

A. – Détention ou occupation de l'immeuble par une personne publique

395. – La police de l'usage ne dispense pas d'autorisation les changements d'usage opérés par les personnes publiques. Celles-ci, au même titre que les personnes de droit privé, doivent se conformer aux réglementations relatives à l'utilisation des sols et des constructions[322]. La jurisprudence administrative semblait pourtant disposée à reconnaître le droit pour ces personnes de modifier l'affectation de leurs locaux, sans requérir d'autorisation particulière[323]. Par un arrêt rendu le 3 décembre 1993, le Conseil d'État considère « qu'un conseil municipal peut à tout moment modifier l'affectation d'un immeuble communal pour un motif tiré de la bonne utilisation de cet immeuble ou des nécessités de l'ordre public »[324].

En l'espèce, il s'agissait de la transformation d'une bourse du travail en office du tourisme. En application de l'article L. 631-7 antérieurement en vigueur, une autorisation préfectorale aurait été nécessaire pour passer de la catégorie « local administratif » (bourse du travail) à la catégorie « bureaux commerciaux » (office du tourisme) ; faute d'autorisation préalable, la bourse du travail aurait dû être réaffectée à un usage d'habitation. Ce moyen, qui aurait pu conduire à l'annulation de la délibération du conseil municipal sauf à écarter l'article L. 631-7, n'a pas été soulevé devant le juge administratif.

396. – La portée de cette jurisprudence reste limitée en l'absence de référence à l'article L. 631-7 par le Conseil d'État. La question débattue devant la Haute juridiction avait pour objet l'éventualité d'un détournement de pouvoir de la part du conseil municipal, question à laquelle il a été répondu « qu'il n'appartient pas au juge administratif de contrôler l'opportunité du choix opéré par la commune pour le lieu d'implantation de ses services ». Sans doute s'agissait-il moins d'exclure la réglementation des changements d'usage que de réaffirmer le droit pour une collectivité territoriale d'affecter un bien, appartenant en l'occurrence au domaine public, à n'importe lequel de ses services[325].

(322) *Propriétés publiques – Quels contrats pour quels projets ?*, 109e Congrès des notaires de France (2013), Troisième commission, *Valoriser*, par Mes M.-H. Péro Augereau-Hue et B. Delorme, n° 3029.

(323) D. Blaise : *JCl. Construction-Urbanisme*, Fasc. 30, mis à jour en février 2015, *Changement d'usage des immeubles*, n° 16.

(324) CE, 3 déc. 1993, n° 98074 : *RDI* 1994, p. 227, note J.-B. Auby.

(325) CE, 30 oct. 1987, n° 065367 : *Lebon*, p. 335 ; *AJDA* 1988, p. 43. En l'espèce, il s'agissait d'une bourse du travail réaffectée par la ville à l'installation de services techniques : « considérant qu'aucune disposition législative ou réglementaire n'interdit à un conseil municipal de modifier à tout moment l'affectation d'un immeuble communal pour un motif tiré de la bonne administration de cet immeuble ou des nécessités de l'ordre public ».

D'un point de vue factuel, les locaux en cause dans l'arrêt du 3 décembre 1993 sont situés dans une ville de province où la police de l'usage était en théorie applicable mais, selon toute vraisemblance, ignorée des autorités locales puisque le préfet, alors compétent en la matière, n'a soulevé aucune objection lors du contrôle de légalité.

397. - Par plusieurs circulaires, l'administration a rappelé que les changements d'affectation opérés par « les services publics de l'État, des collectivités territoriales, des établissements publics ne présentant pas un caractère industriel ou commercial » étaient dispensés de compensation, non d'autorisation[326].

398. - Depuis la réforme de 2005, l'application de la réglementation aux immeubles détenus ou occupés par les personnes publiques est clairement établie. L'article L. 631-7, alinéa 2, assimile les logements de fonction à des locaux d'habitation dont le changement d'usage est contrôlé ; or, ces logements peuvent constituer, sous certaines conditions, des dépendances du domaine public[327]. En ce sens, la circulaire du 22 mars 2006 précise que :

> « L'article L. 631-7 définit les locaux à usage d'habitation par référence à la notion de logement, cette notion (...) recouvre tous les locaux d'habitation ainsi que leurs annexes quels que soient les parcs dont ils relèvent, privé ou public ».

399. - Les personnes publiques elles-mêmes considèrent que le contrôle de l'usage leur est applicable puisque les auteurs des documents d'application de l'article L. 631-7 tiennent compte de la personnalité du pétitionnaire public, non pour le dispenser d'autorisation, ce qui d'ailleurs n'entrerait pas dans le cadre de leur habilitation législative[328], mais uniquement pour l'exonérer de compensation :

– à Paris, l'arrêté préfectoral du 1er décembre 2005[329], applicable jusqu'au 31 mars 2009, exonérait de compensation la demande d'autorisation présentée « par un pétitionnaire public et/ou poursuivant une mission d'intérêt général » ; des dispositions semblables avaient été prises par l'arrêté préfectoral des Hauts-de-Seine du 28 mars 2006[330] et, avec davantage de précisions, par l'arrêté préfectoral du Rhône du 20 décembre 2006 applicable à Lyon[331] et celui de la Seine-Saint-Denis du 6 février 2007[332] ;

– le règlement municipal applicable à Paris depuis le 1er avril 2009 permet la délivrance d'une autorisation sans compensation lorsqu'elle est demandée en vue d'exercer dans le local « une mission d'intérêt général » ; selon l'exposé des motifs de la délibération ayant adopté le règlement municipal, il s'agit, notamment, de la ville de Paris elle-même dans le cadre de sa mission de service public, de l'État et de ses établissements publics ainsi que des locaux diplomatiques. Ce pétitionnaire peut être également une personne de droit privé, telle une association ou une fondation,

(326) Circ. 1er oct. 1960, nos 26 et s. (annexes : « Circulaires », ann. 3) ; Circ. 27 juin 1962, nos 30 et s. (annexes : « Circulaires », ann. 4) ; Circ. 3 oct. 1972, II/3.1 (annexes : « Circulaires », ann. 5).

(327) P. Soler-Couteaux et E. Vilchez, *Changement d'usage des locaux d'habitation : Droit de l'aménagement*, éd. Le Moniteur, déc. 2019, V. 400-2, p. 6.

(328) V. *infra*, n° 777.

(329) V. *infra*, n° 811.

(330) V. *infra*, n° 826.

(331) V. *infra*, n° 838.

(332) V. *infra*, n° 842.

l'administration étant juge de la « mission d'intérêt général » qui lui est présentée[333]. Les modificatifs successifs au règlement n'ont pas modifié cette position.

B. – Cession de l'immeuble par une personne publique

400. – L'application de l'article L. 631-7 aux immeubles cédés par les personnes publiques a connu ces dernières années une histoire mouvementée. Plusieurs périodes doivent être distinguées selon que le législateur, à la manière d'un balancier, a souhaité tantôt faciliter les cessions immobilières de l'État, tantôt restaurer l'équité entre ce dernier et les autres personnes publiques ou privées.

1° De 1948 jusqu'au 31 décembre 2003

401. – Les difficultés suscitées par l'article L. 631-7 à l'occasion des ventes d'immeubles du secteur public ont été analysées en 2002 par l'Observatoire régional de l'immobilier d'entreprise en Île-de-France (ORIE). L'étude ainsi réalisée révèle une situation complexe « de nature à décourager l'investissement, notamment étranger, dans des surfaces de bureaux anciennes, et à bloquer le lancement d'opérations de réhabilitation ».

402. – Pour rappel, depuis la loi Grimaud du 1er septembre 1948, le changement d'affectation des locaux administratifs était soumis à autorisation[334]. Lorsqu'il s'agissait de mettre sur le marché de tels locaux, le contrôle de l'usage pouvait se retourner contre l'administration :

– plusieurs incertitudes sur le statut juridique des locaux administratifs constituaient un frein à leur mutation : un local peut-il être « pollué » par l'occupation temporaire d'une administration[335], quels types de locaux administratifs sont concernés, une sortie définitive du champ d'application de l'article L. 631-7 est-elle possible... autant d'interrogations qui faisaient débat et s'avéraient nuisibles à la commercialisation du patrimoine immobilier des administrations ;

– les bureaux administratifs subissaient une décote par rapport aux bureaux commerciaux puisque leurs nouveaux propriétaires privés ne pouvaient louer ces locaux qu'à des administrations publiques ou privées à but non lucratif, sauf à obtenir une autorisation de changement d'usage pour les insérer sur le marché des bureaux commerciaux[336].

(333) V. *infra*, n° 870.

(334) Circ. 31 déc. 1953, I/E (annexes : « Circulaires », ann. 2) : « l'article 21 de l'ordonnance du 11 octobre 1945 ne prohibait pas le changement d'affectation des locaux à usage administratif. Par contre, sous l'empire de la loi du 1er septembre 1948, l'affectation de ces locaux au départ des services qui les occupaient, est régie par les articles 9 et 76 (2°) de ce texte ». Les locaux administratifs ne recouvraient pas seulement les bureaux occupés par « des administrations publiques de l'État, des départements ou des communes ou des établissements publics », mais recoupaient également les locaux occupés par « un organisme privé que son caractère juridique et le régime fiscal auquel il est soumis ne permettent pas de considérer comme possédant un caractère commercial (ex. : syndicats professionnels, associations régies par loi du 1er juillet 1901, sociétés civiles, etc.) ».

(335) *Urbanisme et Sécurité juridique*, 89e Congrès des notaires de France (1993), *Changement d'affectation des locaux*, annexe au rapport de la Quatrième commission, réponse de la préfecture de Paris à la question n° 4 : « un local à usage de bureaux commerciaux qui est loué pour une activité administrative ou professionnelle, conserve la qualité de bureaux commerciaux : dans ce cas la qualité "commerciale" ne se perd pas par le non-usage ».

(336) Circ. 31 déc. 1953, I/E (annexes : « Circulaires », ann. 2) ; Circ. 1er oct. 1960, nos 7 et s. (annexes : « Circulaires », ann. 3) et Circ. 27 juin 1962, nos 10 et s. (annexes : « Circulaires », ann. 4) relatives aux changements d'affectation et démolitions de locaux.

La compensation en logements pour obtenir une telle autorisation entraînait des frais considérables pour l'investisseur privé.

403. - Ces nombreuses zones d'ombre militaient en faveur d'une réforme globale qui devait aboutir, avec l'ordonnance du 8 juin 2005, à la suppression des catégories intermédiaires en dehors de l'habitation (locaux administratifs, commerciaux, professionnels), pour recentrer le contrôle sur les seuls locaux d'habitation[337]. Le calendrier des cessions programmées par l'État ne pouvait attendre cette réforme annoncée de longue date et toujours repoussée ; des mesures palliatives furent mises en place à l'occasion des lois de finances rectificatives pour 2003 et 2004.

2° Du 1er janvier 2004 au 16 juillet 2006

404. - L'État s'est doté des moyens juridiques lui permettant de céder son patrimoine aux meilleures conditions du marché[338]. En notre matière, l'article 81 de la loi n° 2003-1312 du 30 décembre 2003 (loi de finances rectificative pour 2003) est venu préciser[339] :

> « I. – Les dispositions du troisième alinéa (2°) de l'article L. 631-7 du Code de la construction et de l'habitation ne sont pas applicables aux locaux appartenant à une personne publique affectés à un autre usage que l'habitation et dont le produit de la cession donne lieu au versement d'une recette non fiscale au profit du budget de l'État.
> II. – Les dispositions du I s'appliquent aux locaux cédés à compter du 1er janvier 2004 ».

Cette mesure a soulevé des interrogations peu compatibles avec les objectifs de sécurité et de valorisation recherchés par le législateur. En effet, la rédaction de l'article 81 restait silencieuse sur la pérennité de la dispense conférée aux locaux cédés par la personne publique, notamment en cas de revente par l'investisseur ou de relocation suite au départ des services administratifs[340].

405. - La loi n° 2004-1485 du 30 décembre 2004 (loi de finances rectificative pour 2004) a mis fin à ces hésitations en complétant l'article 81 de la loi de finances rectificative pour 2003 (la modification figure en gras) :

> « I. – Les dispositions du troisième alinéa (2°) de l'article L. 631-7 du Code de la construction et de l'habitation ne sont pas applicables aux locaux appartenant à une personne publique affectés à un autre usage que l'habitation et dont le produit de la cession donne lieu au versement d'une recette non fiscale au profit du budget de l'État. **Les mêmes dispositions demeurent inapplicables aux locaux qui auront fait l'objet d'une telle cession.**
> II. – Les dispositions du I s'appliquent aux locaux cédés à compter du 1er janvier 2004 ».

Le caractère réel de la dispense d'application de l'article L. 631-7 aux locaux cédés depuis le 1er janvier 2004 constitue une excellente sauvegarde des droits acquis de l'État. Dès lors que l'immeuble reste affecté à un usage autre que l'habitation, aucune autorisation n'était requise pour passer entre les catégories intermédiaires (locaux administratifs, commerciaux, professionnels) alors en vigueur. Les acquéreurs de l'État ont bénéficié, avant les autres administrés, de la suppression de ces catégories par l'ordonnance du 8 juin 2005.

(337) V. *supra*, n° 167.
(338) A. Robbes, *La vente du patrimoine de l'État : Lamy Droit immobilier*, bull. févr. 2005.
(339) J.-Ph. Meng, *D'une clarification légale quant au champ d'application de l'article L. 631-7 CCH, relative et presque tardive : Bull. Cridon Paris* 15 mai 2004, n° 9, p. 6.
(340) C. Carbonnel, *Locaux commerciaux : les ambiguïtés de l'État : Les Échos* 8 mars 2004, p. 12.

406. – L'ordonnance du 8 juin 2005 a intégré dans l'article L. 631-7 un sixième alinéa qui reprend et complète l'article 81 de la loi de finances rectificative pour 2003 (la modification figure en gras) :

> « Les dispositions du présent article ne sont pas applicables aux locaux appartenant à une personne publique, affectés à un autre usage que l'habitation **à la date de leur cession** et dont le produit de la cession donne lieu au versement d'une recette non fiscale au profit du budget de l'État. Elles demeurent inapplicables aux locaux qui auront fait l'objet d'une telle cession ».

La portée de cette mesure est plus restreinte que les précédentes. Il ne s'agit plus de permettre la transformation des bureaux administratifs en bureaux commerciaux, puisque d'une façon générale le changement d'usage de ces locaux n'est plus contrôlé par l'article L. 631-7 réécrit par l'ordonnance de 2005. En revanche, cette mesure permet toujours d'effacer l'historique de l'affectation de l'immeuble pour ne retenir que sa situation au jour de la cession, ce que confirme la circulaire du 22 mars 2006 :

> « La cession de ces locaux n'est pas soumise au dispositif du L. 631-7. Il n'y a donc pas lieu de rechercher quelle était l'occupation à la date du 1er janvier 1970 ».

407. – Pour ces immeubles, la date de référence de l'usage est celle de leur vente ; la loi fait table rase de leur passé. Il faut en déduire que :
– les locaux cédés par l'État et à usage autre que l'habitation au moment de la cession sont administrativement à cet usage, quelle que soit la date de leur transformation ou leur situation au 1er janvier 1970 ;
– ce qui est vrai pour l'État, l'est également pour les propriétaires successifs ; cet usage a donc un caractère réel.

408. – Par exemple, un local à usage d'habitation au 1er janvier 1970, réaffecté à un autre usage sans autorisation, puis vendu par l'État :

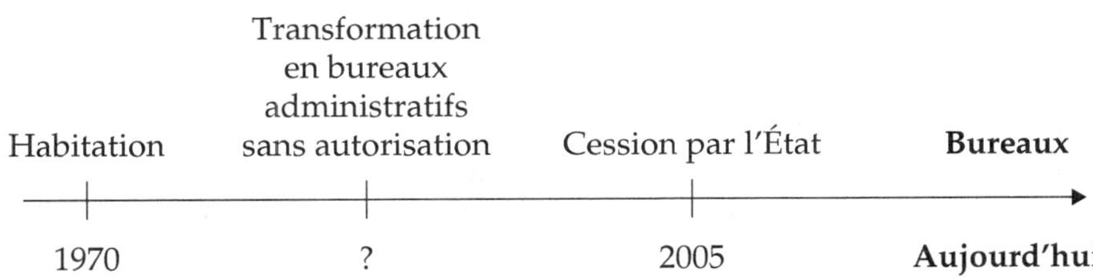

Peu importe l'usage de fait ou de droit antérieur à la date de cession ; le local conserve, en quelques mains qu'il se trouve, l'usage auquel l'État l'avait affecté à la date de cession. L'effet purgatif de la mesure est évident ; un tel local pourrait d'ailleurs servir de compensation.

409. – Cette dispense revêt un caractère définitif selon la circulaire du 22 mars 2006 :

> « L'article L. 631-7 du CCH dispense du régime d'autorisation, les locaux, affectés à un autre usage que l'habitation lors de leur cession, qui appartiennent à une personne publique et dont le produit de la vente est versé au profit du budget de l'État.
>
> Cette dispense qui revêt un caractère définitif a été instaurée par les mesures des lois de finances rectificatives pour 2003 (article 81) et 2004 (article 131) relatives aux locaux appartenant aux personnes publiques ».

Il est permis de s'interroger sur la situation des locaux cédés par l'État s'ils devaient être transformés en logements puis de nouveau réaffectés à leur usage initial. Est-il bien dans la volonté du législateur d'affranchir ces immeubles, à titre perpétuel, de tout contrôle s'ils devaient un jour rejoindre le parc des logements ? À la lecture des travaux parlementaires, il est seulement question d'aligner les locaux du secteur public sur les autres immeubles en pérennisant l'usage qu'en faisait l'administration, dans le seul but de les vendre « au prix du marché, de la même manière que les immeubles de bureaux classiques »[341].

Par « caractère définitif », il faut comprendre, à notre sens, qu'aucun événement antérieur (changement d'usage sauvage...) ou postérieur (revente à une personne privée, départ de l'administration locataire...) à la cession n'est susceptible de remettre en cause l'usage pour lequel l'immeuble a été cédé par l'État, sous la réserve habituelle des compensations[342] et autres changements de destination ultérieurement autorisés[343].

410. - Cette exception est restée limitée aux cessions de locaux dont le produit de la vente rentre dans le budget de l'État, conformément à l'objectif de réduction de la dette publique nationale ; les établissements publics et les collectivités territoriales n'ont jamais été concernés.

3° Depuis le 17 juillet 2006

411. - À l'occasion de la ratification de l'ordonnance de 2005 par la loi n° 2006-872 du 13 juillet 2006 portant engagement national pour le logement (dite « loi ENL »), le Sénat a supprimé purement et simplement le sixième alinéa de l'article L. 631-7, considérant sans doute que l'État ne devait pas être traité différemment des autres personnes privées ou publiques[344]. Il s'agissait, ni plus ni moins, d'une absolution des transformations illégales antérieures à la date de cession des locaux. « Ce régime dérogatoire est en effet apparu inopportun » précise le rapporteur du projet de loi à l'Assemblée nationale[345]. Certes l'intention est louable et l'équité ne peut que s'en réjouir, mais cette mesure n'était pas sans intérêt pour les acquéreurs des biens de l'État.

412. - Ce retour au droit commun, depuis l'entrée en vigueur de la loi ENL (le 17 juillet 2006), doit attirer la vigilance des investisseurs et de leurs conseils qui seront tenus de vérifier l'usage des locaux des personnes publiques en application

(341) V. le rapport n° 114 (2004-2005) de M. Ph. Marini, au nom de la Commission des finances du Sénat, déposé le 15 décembre 2004, examen de l'art. 60 ter du projet de loi de finances rectificative pour 2004 : « Le dispositif proposé a pour objet de lever une incertitude juridique et de sécuriser ainsi les conditions de cession d'immeubles de l'État à des opérateurs privés. Il est en effet apparu que la dérogation instituée par l'article 81 de la loi de finances rectificative pour 2003 ne permettait pas de lever le doute subsistant dans l'esprit des opérateurs privés sur le traitement réservé à un immeuble cédé par l'État encore occupé par ses services. Lors de la libération des bureaux par les services de l'État, le nouveau propriétaire doit pouvoir être assuré de l'affectation en bureaux ».

(342) V. *supra*, n°s 369 et s.

(343) V. *supra*, n°s 348 et 349.

(344) V. le rapport n° 81 (2005-2006) de M. D. Braye, au nom de la Commission des affaires économiques du Sénat, déposé le 15 novembre 2005, p. 132 : « ces locaux doivent, dans les conditions de droit commun, retrouver leur destination primitive en cas de cession, sauf à avoir obtenu une autorisation de changement d'usage ».

(345) V. le rapport n° 2771 de M. G. Hamel, au nom de la Commission des affaires économiques de l'Assemblée nationale, enregistré le 21 décembre 2005, p. 239.

de l'article L. 631-7. Si des locaux d'habitation ont été transformés sans autorisation, il sera nécessaire de régulariser la situation préalablement à leur cession ou leur location.

§ 2. – Lorsque l'immeuble appartient à un organisme d'habitations à loyer modéré[346]

413. – Les locaux appartenant aux organismes d'habitations à loyer modéré (HLM)[347] bénéficient de dispositions spéciales, figurant aux articles L. 443-15-1-1 et L. 631-7-5 du Code de la construction et de l'habitation, destinées à faciliter les opérations de changement d'usage total (A) ou partiel (B) qui participent à la revalorisation et à l'animation des quartiers d'habitat social.

A. – Location avec changement d'usage

414. – Les dispositions de l'ancien article L. 443-11 relatives à la mise à disposition de locaux pour des usages autres que l'habitation ont été rassemblées dans un nouvel article L. 443-15-1-1 créé par la loi n° 2018-1021 du 23 novembre 2018 portant évolution du logement, de l'aménagement et du numérique (dite « loi ELAN »). Cet article maintient la possibilité offerte aux organismes HLM de louer leurs locaux à des associations ou des acteurs économiques en rez-de-chaussée, dans certains quartiers :

> « Afin d'assurer l'équilibre économique et social d'un ou plusieurs ensembles d'habitations ou d'un quartier connaissant des difficultés particulières, l'organisme d'habitations à loyer modéré propriétaire peut, après accord du représentant de l'État dans le département, qui consulte la commune d'implantation, louer à toute personne physique ou morale pour des usages autres que l'habitation. Afin de contribuer aux politiques de développement social des quartiers, et notamment de ceux connaissant des difficultés particulières, un organisme d'habitations à loyer modéré peut mettre à disposition d'une association des locaux moyennant, éventuellement, le paiement des charges locatives correspondant à ces locaux.
>
> Dans les quartiers prioritaires de la politique de la ville ou dans les territoires définis à l'article 6 de la loi n° 2003-710 du 1er août 2003 d'orientation et de programmation pour la ville et la rénovation urbaine, les organismes d'habitations à loyer modéré peuvent, après avis de la commune d'implantation, louer des locaux d'habitation situés en rez-de-chaussée, en vue d'y exercer des activités économiques. Passé le délai d'un mois à compter du jour où le maire a reçu la consultation, cet avis est réputé favorable. Le bail d'habitation de ces locaux n'est pas soumis au chapitre V du titre IV du livre Ier du code de commerce et ne peut être un élément constitutif du fonds de commerce.

(346) Ne seront évoqués ici que les changements d'usages opérés à l'initiative des organismes HLM ou de leurs locataires auxquels la police de l'usage réserve un régime particulier. Les transformations réalisées par les bénéficiaires d'opérations d'accession à la propriété autres que les locataires relèvent pour leur part de l'article R. 443-4 du CCH dont les dispositions sont indépendantes des articles L. 631-7 et s.

(347) CCH, art. L. 411-2 : « Les organismes d'habitations à loyer modéré comprennent :
- les offices publics de l'habitat ;
- les sociétés anonymes d'habitations à loyer modéré ;
- les sociétés anonymes coopératives de production et les sociétés anonymes coopératives d'intérêt collectif d'habitations à loyer modéré ;
- les fondations d'habitations à loyer modéré ;
- les sociétés de coordination mentionnées à l'article L. 423-1-2 ;
- les sociétés de vente d'habitations à loyer modéré mentionnées à l'article L. 422-4 ».

Dans ce cas, les dispositions prévues aux articles L. 311-3, L. 631-7, L. 631-7-4 et L. 631-7-5 du présent code ne s'appliquent pas ».

Depuis leur création par la loi n° 86-1290 du 23 décembre 1986, ces dispositions dérogatoires ont été réécrites à plusieurs reprises, notamment par la loi n° 2007-290 du 5 mars 2007 qui a autorisé, à titre temporaire, l'exercice d'activités professionnelles au rez-de-chaussée des HLM des zones urbaines sensibles. Sur ce dernier point, la loi n° 2008-776 du 4 août 2008 de modernisation de l'économie est venue pérenniser la loi du 5 mars 2007, d'où l'utilité de préciser que le bail d'habitation de ces locaux ne peut être soumis au statut des baux commerciaux ni constituer un élément constitutif du fonds de commerce[348]. Les autres dispositions de l'ancien article L. 443-11 ont été modifiées par la loi n° 2009-323 du 25 mars 2009 de mobilisation pour le logement et la lutte contre l'exclusion[349]. Suite à la loi n° 2014-173 du 21 février 2014, la référence aux zones urbaines sensibles (ZUS) a été remplacée, à compter du 1er janvier 2015, par celle de « quartiers prioritaires de la politique de la ville »[350]. Enfin, la loi ELAN du 23 novembre 2018 a procédé à une clarification de rédaction, en rassemblant au sein d'un article spécifique, à savoir l'article L. 443-15-1-1 précité, les dispositions relatives à la possibilité pour les organismes HLM de louer leurs logements à un autre usage que l'habitation[351].

415. - Le dispositif, dans sa rédaction antérieure à la loi ELAN, a été commenté par l'administration aux termes de deux circulaires :
- la circulaire n° 98-96 du 22 octobre 1998 relative aux démolitions de logements locatifs sociaux, à la programmation des logements PLA construction-démolition et au changement d'usage de logements sociaux ;
- et la circulaire n° 2001-77 du 15 novembre 2001 relative à la déconcentration des décisions de financement pour démolition et changement d'usage de logements locatifs sociaux.

Les opérations de changement d'usage des logements sociaux peuvent, le cas échéant, bénéficier du soutien financier de l'État.

416. - Si aucune autorisation de changement d'usage n'est requise au titre de l'article L. 631-7 en cas de location dans les conditions ci-dessus (art. L. 443-15-1-1, al. 3), il demeure nécessaire d'obtenir l'accord préalable du préfet pour toute location accompagnée d'un changement d'usage (art. L. 443-15-1-1, al. 1), sauf pour la location du rez-de-chaussée des immeubles situés dans les quartiers prioritaires de la politique de la ville et dans les quartiers classés en ZUS avant la publication de la loi du 21 février 2014 (art. L. 443-15-1-1, al. 2).

417. - En dehors des dérogations visées à l'article L. 443-15-1-1, la procédure d'autorisation des changements d'affectation est applicable lorsqu'un organisme d'habitations à loyer modéré souhaite modifier l'usage d'un local d'habitation[352].

(348) D. Dutrieux, *Urbanisme, construction et loi de modernisation de l'économie* : *JCP* N 2008, n° 45, 1312, n° 5.
(349) A.-M. Sollier, *Panorama du logement social après la loi « Molle »* : *JCP* N 2009, n° 14, 1130.
(350) J.-Ph. Brouant, *Ville et cohésion urbaine – La continuité dans le changement, c'est maintenant !* : *AJDA* 2014, n° 17, p. 973.
(351) B. Wertenschlag, *La loi ELAN et le logement social* : *AJDI* 2019, p. 12.
(352) Circ. n° 2006-19 UHC/DH2, 22 mars 2006 sur l'application des mesures relatives au changement d'usage des locaux d'habitation, I-7-1 (annexes : « Circulaires », ann. 1). Pour mémoire,

B. – Usage mixte

418. – Les dispositions relatives à l'usage mixte des logements appartenant aux organismes d'habitations à loyer modéré sont regroupées à l'article L. 631-7-5 :

> « I. – L'article L. 631-7-2 est applicable aux logements appartenant aux organismes mentionnés à l'article L. 411-2, sauf pour l'exercice d'une activité commerciale.
>
> L'article L. 631-7-3 est applicable aux logements appartenant à ces mêmes organismes.
>
> Par dérogation à l'article L. 631-7-4, l'exercice d'une activité professionnelle, y compris commerciale, dans une partie d'un local d'habitation appartenant à ces mêmes organismes et situé au rez-de-chaussée est soumis à une autorisation délivrée dans les conditions fixées à l'article L. 631-7-2.
>
> II. – L'autorisation délivrée en application de l'article L. 631-7-2 dans les cas visés au premier ou au dernier alinéa du I du présent article est précédée d'un avis du propriétaire du local. Passé un délai d'un mois, cet avis est réputé favorable ».

Cet article spécifique aux locaux d'habitations à loyer modéré a été créé par la loi n° 2008-776 du 4 août 2008 de modernisation de l'économie (dite « LME »), s'inspirant d'une proposition du rapport présenté par M. Hurel, le 10 janvier 2008, *En faveur d'une meilleure reconnaissance du travail indépendant*[353].

419. – Le secteur du logement social n'a bénéficié qu'en partie des mesures favorables à l'usage mixte accordées par la LME[354]. Au cours des débats parlementaires, la sauvegarde des logements HLM l'a emporté sur la libéralisation souhaitée par ailleurs dans le secteur locatif privé, les dispositions dérogatoires de l'ancien article L. 433-11 étant jugées suffisantes[355].

420. – Les articles L. 631-7-2, L. 631-7-3 et L. 631-7-4, exposés ci-avant[356], sont applicables aux logements HLM, mais avec des nuances :

– le régime d'autorisation de l'article L. 631-7-2 est limité aux seules activités professionnelles à l'exclusion des activités commerciales ;

– le régime de dispense d'autorisation de l'article L. 631-7-3 s'applique, en revanche, sans restriction particulière[357] ;

– et le régime de dispense d'autorisation de l'article L. 631-7-4 spécifique aux rez-de-chaussée des immeubles devient un régime d'autorisation.

421. – Lorsqu'une autorisation de changement d'usage est requise au titre des articles L. 631-7-2 et L. 631-7-4, le maire doit solliciter l'avis du bailleur, le silence de celui-ci pendant un mois valant accord.

l'article L. 631-7 n'était pas applicable dans les zones franches urbaines (ZFU) avant le 27 mars 2014, V. *supra*, n°s 149 et s.

(353) Rapport *En faveur d'une meilleure reconnaissance du travail indépendant*, remis au secrétaire d'État en charge des Entreprises et du Commerce extérieur, le 10 janvier 2008, par M. F. Hurel, p. 22.

(354) V. *supra*, n°s 242 et s.

(355) V. *supra*, n°s 414 et s.

(356) V. *supra*, n°s 238 et s.

(357) V. *supra*, n°s 276 et s.

422. – Ce tableau compare les régimes d'autorisation et de dispense des HLM :

	USAGE MIXTE SOUMIS À AUTORISATION		USAGE MIXTE DISPENSE D'AUTORISATION
	ART. L. 631-7-2	ART. L. 631-7-4	ART. L. 631-7-3
Niveau	Tous niveaux	Rez-de-chaussée	Tous niveaux
Local	Résidence principale du demandeur de l'autorisation	Résidence principale de la personne exerçant l'activité	
Activités	Activités libérales sauf opposition du bail et/ou du règlement de copropriété	Activités libérales/commerciales sauf opposition du bail et/ou du règlement de copropriété	
Réception de clientèle	Oui		Non
Réception de marchandises	Oui		Non
Tranquillité des tiers	Aucune nuisance ni danger pour le voisinage ni désordre pour le bâti		Pas de restriction particulière

CHAPITRE 2

LA DÉLIVRANCE DE L'AUTORISATION DE CHANGEMENT D'USAGE

423. - La police de l'affectation des locaux est placée, dès l'origine, sous l'autorité de l'État qui décidait de tous les aspects de la politique du logement de l'après-guerre. Avec les réformes décentralisatrices des années 1980, les collectivités locales n'ont cessé d'élargir leurs compétences[1]. Dans ce mouvement favorable aux communes, la question d'un possible transfert de compétence s'est naturellement posée à une époque où le contrôle de l'usage s'étendait aux villes de plus de 10 000 habitants.

Ce transfert nécessitait au préalable une refonte de la réglementation : il n'était pas envisageable de laisser aux communes un pouvoir encore très largement discrétionnaire dans un domaine où l'État engage de lourds investissements. Sur le modèle de la décentralisation de l'urbanisme, conditionnée à l'existence d'un plan d'occupation des sols, il a été proposé de transférer la police de l'affectation aux communes, sous la double réserve d'encadrer leurs nouvelles attributions par l'instauration de règles locales et de réserver les droits de l'État sur l'affectation des logements sociaux[2].

424. - Dans ce contexte, la compétence préfectorale participait de la singularité d'une réglementation vieillissante que tous les professionnels de l'immobilier appelaient à réformer. C'est ainsi qu'en 1993, lors du Congrès des notaires de France consacré à l'Urbanisme et la Sécurité juridique, le vœu suivant fut adopté :

> « Que l'autorisation administrative relève désormais de la compétence de l'autorité chargée de délivrer le permis de construire ».

Le débat était ouvert, chaque autorité ayant sa propre légitimité[3] :

– pour le maintien de la compétence préfectorale, on retient le principe d'indépendance des législations et l'importance des aides de l'État dans le secteur du logement ;

– pour la compétence communale, on fait valoir la proximité des maires à l'égard des administrés, leur connaissance du tissu urbain et la logique de la décentralisation.

(1) Sur l'évolution de la gouvernance du logement et la nécessité de clarifier le rôle de l'État, V. le rapport public 2009 du Conseil d'État, *Droit au logement, droit du logement*, Doc. fr., p. 77 et 203.

(2) V. le rapport de M. Cl. Robert, *La transformation des logements en locaux d'activité*, sept. 1990, rendu au ministère délégué chargé du logement, p. 43 et s.

(3) Rapport du colloque de l'Observatoire régional de l'immobilier d'entreprise en Île-de-France (ORIE) du 16 janvier 1997, *Les bureaux administratifs, professionnels et commerciaux : les évolutions nécessaires de la réglementation.*

425. - Un consensus a fini par s'établir en faveur de la décentralisation du pouvoir décisionnel. Par exemple, la Chambre de commerce et d'industrie de Paris, favorable au transfert de compétence au maire de la commune, suggérait l'insertion d'un chapitre spécifique dans le règlement du plan local d'urbanisme ou la mise en annexe à celui-ci d'un règlement particulier[4].

En effet, depuis les lois Defferre de 1982 et 1983, les collectivités territoriales se sont vues attribuer des missions de plus en plus nombreuses sur le plan social et notamment en matière de logement, avec l'instauration, par exemple, des programmes locaux de l'habitat.

426. - L'idée de décentraliser le contrôle de l'usage, un temps évoquée lors des travaux préparatoires de l'ordonnance du 8 juin 2005[5], a été écartée au motif suivant : « l'État étant le garant du droit au logement, il reste compétent pour délivrer l'autorisation »[6]. Le maintien de la compétence préfectorale à l'occasion d'une réforme qui prévoit l'instauration de règles au niveau local peut surprendre. Sans doute faut-il y voir la volonté de préserver les frontières de la police de l'usage et de ne pas interférer avec la réforme des autorisations d'urbanisme alors en discussion. La question s'est de nouveau posée lors de la ratification de l'ordonnance par la loi n° 2006-872 du 13 juillet 2006 portant engagement national pour le logement, suite à l'amendement d'un sénateur, finalement rejeté à la demande du Gouvernement[7].

427. - À l'occasion des débats parlementaires qui devaient aboutir au vote de la loi n° 2008-776 du 4 août 2008 de modernisation de l'économie (dite « LME »), un amendement a proposé de transférer la compétence aux maires, jusqu'alors seulement consultés par le préfet. Le premier motif invoqué par l'auteur de l'amendement n'est pas le plus convaincant : il s'agissait de rendre la procédure plus efficace et de gagner du temps « puisqu'on éviterait un aller-retour entre le maire et le préfet »[8]. Le délai d'instruction est pourtant resté inchangé.

Dans le cadre d'une loi libéralisant par ailleurs les implantations commerciales, les parlementaires ont surtout été sensibles au fait que la réglementation des changements d'usage permettrait aux maires de lutter, en amont, contre le développement de certains commerces dans les centres urbains (succursales de banques, franchises de marque...) au détriment des commerces de bouche. La double perspective de protéger les logements et la diversité commerciale a emporté l'adhésion des élus municipaux à la reconquête de leur centre-ville[9]. Cette nouvelle étape s'inscrit dans la démarche de désengagement progressif de l'État au profit d'une multitude d'acteurs territoriaux.

428. - Depuis le 1er avril 2009, date d'entrée en vigueur des dispositions de la LME en la matière, la même entité politique et administrative gère l'urbanisme et le maintien de l'offre de logements sur son territoire.

(4) *Changement d'affectation des locaux : perspectives de réforme – Position de la CCIP* – Rapport présenté par M. B. Irion au nom de la Commission du commerce extérieur et après avis de la Commission de l'aménagement régional, de l'environnement, du tourisme et des transports, adopté à l'Assemblée générale du 22 janvier 2004.

(5) P. Wallut, *Changement d'affectation de locaux : réforme en vue : Dr. & patr.* oct. 2003, n° 119, p. 16.

(6) Rapport au Président de la République relatif à l'ordonnance n° 2005-655 du 8 juin 2005 : *JO* n° 133, 9 juin 2005, p. 10081, texte n° 7.

(7) *JO* Sénat CR 26 nov. 2005, p. 8084 et s.

(8) AN, Compte-rendu de la deuxième séance : *JOAN* CR 4 juin 2008, p. 2956 et s.

(9) C. Debouy, *Commune et commerce : un intérêt renouvelé : JCP* A 2009, n° 48, 2284.

Ce transfert de compétence ne modifie pas en profondeur les principes qui avaient présidé à la réforme de 2005. Là où l'administration avait, avant cette date, un pouvoir discrétionnaire, en l'absence de tout texte d'application de la loi, elle se doit, depuis 2005, de fixer les règles du jeu entre les administrés et elle-même : entre 2005 et 2009 par un arrêté préfectoral et, depuis 2009, par un règlement de la commune ou de l'établissement public de coopération intercommunale compétent en matière d'urbanisme.

Mais le préfet ne perd pas tout pouvoir : par le biais du contrôle de légalité, il peut s'opposer à la délibération du conseil municipal[10] ; il peut également se saisir ou être saisi de la licéité des décisions individuelles qui seront prises en vertu de cette même délibération[11].

429. - La décentralisation du contrôle de l'usage ouvre des perspectives. En effet, l'urbanisme interfère de plus en plus avec le développement durable, les déplacements urbains et le logement. La décision de confier à la commune la maîtrise de cet urbanisme élargi pourrait conduire à une « fusion-absorption » de la police de l'affectation, le maintien et la répartition des logements au sein de la cité devenant une composante des documents de planification urbaine.

430. - La procédure conduisant à la délivrance de l'autorisation de changement d'usage comporte trois grandes étapes :
- le dépôt de la demande d'autorisation (Section 1) ;
- l'instruction de la demande d'autorisation (Section 2) ;
- l'autorisation de changement d'usage (Section 3).

SECTION 1 LA DEMANDE D'AUTORISATION

431. - La vérification de l'usage du local au sens de l'article L. 631-7 constitue le préalable nécessaire au dépôt de toute demande d'autorisation[12]. Le cas échéant, d'anciennes autorisations peuvent continuer à bénéficier au local[13].

432. - En l'absence de textes d'application (décret ou arrêté), non prévus par la loi, les modalités de présentation de la demande d'autorisation sont fixées par l'autorité administrative chargée de recueillir, d'instruire et de statuer sur le dossier, à savoir la commune depuis le 1er avril 2009. L'ordonnance du 8 juin 2005 et les textes qui l'ont modifiée n'ont pas introduit de règles formelles qui auraient pu doter la matière de la rigueur et de la précision qui caractérisent les demandes d'autorisations d'urbanisme. Mais il est vrai qu'à la différence de ces dernières, l'autorisation de changement d'usage ne sanctionne qu'un seul corps de règles et ne concerne qu'un nombre limité de situations. Cette lacune nourrit toutefois l'incertitude et la subjectivité.

433. - La demande d'autorisation doit être déposée par une personne répondant à certaines conditions (§ 1) et établie selon certaines formes (§ 2).

(10) V. *infra*, n° 782.
(11) V. *infra*, n° 569.
(12) V. *supra*, nos 323 et s. (immeubles construits ou transformés avant le 1er janvier 1970), nos 354 et s. (immeubles construits ou transformés après le 1er janvier 1970).
(13) V. *infra*, nos 611 et s.

§ 1. – L'auteur de la demande d'autorisation

434. – Le droit de transformer un bien est d'abord attaché à sa propriété, il préexiste donc à l'autorisation de changement d'usage qui octroie au titulaire la permission d'exercer ce droit sur un local d'habitation.

L'auteur de la demande doit être titulaire de droits sur le local lui permettant d'en changer l'usage, à défaut l'autorisation obtenue serait, sinon illégale, tout au moins inutilisable (A). Dans le silence des textes, l'administration attend du pétitionnaire qu'il justifie de ses droits sur le local (B). Par ailleurs, lorsque l'immeuble est donné à bail, la question de savoir à qui incombe la charge d'obtenir l'autorisation de changement d'usage suscite un contentieux important (C).

A. – Principe : le propriétaire ou la personne autorisée par lui

435. – Sur le plan administratif, il n'existe pas, à l'exception de l'article L. 631-7-1 A, de texte législatif précisant la qualité requise pour déposer une demande d'autorisation de changement d'usage d'un local d'habitation. Sous le régime antérieur à l'ordonnance du 8 juin 2005, il était permis d'en déduire que l'autorisation ne sanctionnait pas le titre du pétitionnaire et que toute personne qui avait intérêt au changement sollicité pouvait déposer une demande[14]. Pourtant l'administration ne manquait pas d'exiger l'autorisation du bailleur lorsque les locaux étaient loués par le pétitionnaire[15]. Désormais, la rédaction actuelle de l'article L. 631-7-1, alinéa 4, permet à l'autorité locale compétente de fixer « les conditions dans lesquelles sont délivrées les autorisations », ce qui l'autorise à examiner le titre du pétitionnaire si elle l'estime nécessaire. En fait, le demandeur est généralement invité par l'administration à déclarer sa qualité, voire à en justifier et, s'il n'est pas le propriétaire, à produire l'accord de celui-ci.

L'article L. 631-7-1 A relatif aux autorisations temporaires de changement d'usage en meublés touristiques est le seul qui lie la délivrance de l'autorisation à la qualité du pétitionnaire. Ce dernier doit être non seulement le « propriétaire » du local mais encore une « personne physique »[16].

436. – Lorsque l'opération nécessite la délivrance d'une autorisation d'urbanisme, l'article L. 631-8 prévoit que « la demande de permis de construire ou la déclaration préalable vaut demande de changement d'usage ». Mais, depuis la réforme des autorisations d'urbanisme entrée en vigueur le 1er octobre 2007, l'administration n'a plus à vérifier la qualité de l'auteur de la demande de permis ou de la déclaration préalable[17], sauf fraude ou absence manifeste du droit du

(14) V. Gernez-Ryssen, *Les baux professionnels dans l'attente d'un nouveau statut : JCP* N 1991, I, p. 65, n° 12.

(15) V. Circ. 31 déc. 1953, I/F (annexes : « Circulaires », ann. 2) ; Circ. 1er oct. 1960, n° 48 (« Circulaires », ann. 3) ; Circ. 27 juin 1962, n° 54 (« Circulaires », ann. 4).

(16) V. *supra*, nos 228 et s.

(17) C. urb., art. R. 423-1 : « Les demandes de permis de construire, d'aménager ou de démolir et les déclarations préalables sont adressées par pli recommandé avec demande d'avis de réception ou déposées à la mairie de la commune dans laquelle les travaux sont envisagés :

a) Soit par le ou les propriétaires du ou des terrains, leur mandataire ou par une ou plusieurs personnes attestant être autorisées par eux à exécuter les travaux ;

b) Soit, en cas d'indivision, par un ou plusieurs co-indivisaires ou leur mandataire ;

pétitionnaire à déposer sa demande[18] ; cette question relève dorénavant du seul droit privé.

Le principe d'unicité des demandes d'autorisations d'urbanisme et de changement d'usage s'accommode mal avec la dualité de contrôle de la qualité requise pour déposer et obtenir ces deux autorisations ; en effet, la plupart des règlements d'application de l'article L. 631-7 ou des formulaires qui leur sont parfois annexés exigent du pétitionnaire qu'il justifie de sa qualité pour changer l'usage des locaux, ce qui conforte la pratique consistant à déposer deux dossiers distincts[19].

437. – Sur le plan civil, la faculté de transformer ou de modifier un bien étant un attribut du droit de propriété, la demande doit être déposée, en principe, par le propriétaire du local ou toute personne autorisée ou mandatée par lui. On peut s'interroger sur l'étendue du contrôle à opérer par l'administration, notamment depuis la loi de modernisation de l'économie du 4 août 2008 qui charge les maires de vérifier, le cas échéant, qu'aucune disposition du bail ou du règlement de copropriété ne s'oppose au changement d'usage partiel du local (usage mixte).

Faute de précision légale sur les informations qui doivent être justifiées à l'aide de documents ou simplement déclarées par le pétitionnaire, le partage de responsabilité entre ce dernier et l'administration n'est pas clairement établi.

438. – Le pétitionnaire n'est pas nécessairement la personne qui va occuper le local : lorsqu'une compensation est réalisée, l'autorisation demeure attachée au local et bénéficie à tous ses propriétaires et occupants successifs, quelle que soit leur activité. En ce cas, par exemple, l'autorisation pourra être sollicitée par un investisseur qui destine l'immeuble à la location.

En revanche, lorsqu'il n'y a pas de compensation, l'autorisation est accordée à titre personnel et « cesse de produire effet lorsqu'il est mis fin, à titre définitif, pour quelque raison que ce soit, à l'exercice professionnel du bénéficiaire » selon l'article L. 631-7-1. En ce cas, suivant la pratique de la ville de Paris, l'autorisation doit être obtenue par le futur occupant du local, sous certaines réserves lorsque le local est loué[20].

439. – En cas de démembrement de propriété, il convient de distinguer selon le type de demande :

– la demande sans proposition de compensation doit pouvoir être déposée par le seul usufruitier, en raison du caractère personnel et incessible de l'autorisation délivrée qui cessera de produire ses effets au départ de l'usufruitier ; toutefois, lorsque le changement d'usage s'accompagne d'un changement de destination, l'effet réel des autorisations d'urbanisme (permis de construire ou déclaration préalable), qui n'est conditionné à aucune compensation, rend nécessaire l'accord du

c) Soit par une personne ayant qualité pour bénéficier de l'expropriation pour cause d'utilité publique ».

(18) CE, 23 mars 2015, n° 348261 : *Lebon*, p. 117. – CE, 19 juin 2015, n° 368667 : *Lebon*, p. 212 ; *BJDU* 2015, n° 5, p. 321, concl. X. de Lesquen, note M. Vialettes. V. égal. CE, 12 févr. 2020, n° 424608 : *Lebon* T., p. 1058-1062 ; *JCP* A 2020, n° 24, 2173, note F. Polizzi. – CE, 23 oct. 2020, n° 425457 : *Lebon* T. p. 1057-1061 ; *Defrénois* 28 janv. 2021, p. 26, note G. Daudré.

(19) V. *infra*, nos 462 et s.

(20) V. *infra*, nos 447 et s.

nu-propriétaire pour réaliser l'opération[21] ; à cet égard, les services de la ville de Paris estiment qu'une autorisation d'urbanisme n'est pas requise en raison de la réversibilité de l'usage autorisé[22] ;

– la demande avec proposition de compensation doit être approuvée par le nu-propriétaire, en raison du caractère réel et transmissible de l'autorisation dont les effets survivent à l'extinction de l'usufruit et modifient la substance de l'immeuble au sens de l'article 578 du Code civil.

De son côté, le nu-propriétaire ne peut déposer aucune demande de changement d'usage sans l'accord de l'usufruitier : le changement d'affectation du logement de l'usufruitier constituerait, à l'évidence, une atteinte à ses droits prohibée par l'article 599 du Code civil.

Usufruit et nu-propriétaire peuvent diminuer ou augmenter conventionnellement leurs pouvoirs respectifs en ce domaine comme ailleurs[23].

440. - En cas d'indivision, et sauf convention contraire, le consentement unanime des indivisaires est requis pour la mise en application de toute opération de changement d'usage excédant « l'exploitation normale des biens indivis » au sens de l'article 815-3 du Code civil.

Cet accord unanime n'est pas nécessaire pour le dépôt des demandes d'autorisations administratives. Ainsi, selon l'article R. 423-1, *b*) du Code de l'urbanisme, un seul coïndivisaire peut déposer une demande d'autorisation d'urbanisme valant demande de changement d'usage (art. L. 631-8, al. 1er), alors même que les travaux en cause pourraient être contestés par les autres coïndivisaires devant le juge judiciaire[24].

441. - En matière de régimes matrimoniaux, lorsque le local d'habitation constitue « le logement de la famille » au sens de l'article 215, alinéa 3 du Code civil, le double consentement des conjoints est nécessaire pour déposer une demande de changement d'affectation, même si l'immeuble appartient en propre à l'un des conjoints. L'hypothèse la plus courante est celle où l'affectation à usage mixte de la résidence principale du couple doit être autorisée en vertu de l'article L. 631-7-2[25]. Pour les autres locaux d'habitation, une ancienne réponse ministérielle concernant l'aptitude à demander un permis de construire paraît transposable aux demandes de changement d'usage qui seraient instruites au regard d'un règlement imposant un contrôle de la qualité du pétitionnaire[26].

(21) Cass. 3e civ., 5 déc. 1968, n° 66-11.052 : *Bull. civ.* III, n° 532 : « en transformant une maison de plaisance en maison de commerce, veuve Dorel a changé la destination du bien dont elle était usufruitière ; (...) que veuve Dorel a contrevenu aux dispositions de l'article 578 du Code civil qui l'obligeait à conserver la substance de la chose ».

(22) V. *supra*, nos 108 et s.

(23) *Division de l'immeuble : le sol, l'espace, le bâti*, 103e Congrès des notaires de France (2007), Première commission, *La division contrôlée du foncier*, par Mes J.-P. Mas et L. Calmels, nos 1307 et s.

(24) CE, 13 déc. 2013, n° 356097 : *Lebon* T., p. 880 ; *Defrénois* 15 mars 2014, p. 27, note G. Daudré. – CE, 17 oct. 2014, n° 360968 : *Lebon* T., p. 908.

(25) V. *supra*, nos 265 et s.

(26) Rép. min. n° 35172 : *JOAN* Q 3 juin 1996, p. 2996 ; *Defrénois* 1997, n° 36544 : « Lorsque la demande concerne un terrain faisant partie de la communauté de biens appartenant à un couple marié, l'un des conjoints propriétaires indivis peut valablement déposer cette demande pour le compte de l'indivision. Lorsque la demande de permis concerne un terrain ou une construction existante qui n'entre pas dans la communauté de biens, l'époux ou le concubin titulaire d'un droit de propriété

B. – Application du principe

442. – Malheureusement il n'existe pas de formulaire type CERFA pour les demandes d'autorisation de changement d'usage qui serait applicable sur l'ensemble du territoire des communes concernées. C'est à chaque mairie qu'il revient d'établir son formulaire et de déterminer les pièces qu'elle estime utiles à l'exercice de son contrôle.

443. – Les formulaires utilisés sont relativement proches et envisagent trois profils de demandeur :

- le propriétaire (ou son mandataire) ;
- le locataire ;
- l'occupant à titre gratuit[27].

La production du titre de propriété, de l'accord ou du mandat du propriétaire est encore fréquemment exigée. En revanche, il est moins souvent demandé au pétitionnaire d'apporter la justification de la conformité de la demande de changement d'usage à la destination de l'immeuble telle qu'elle ressort du règlement de copropriété ou de l'objet du bail ; à cet égard, un nombre croissant de communes instaurent un régime déclaratif, sauf pour les demandes d'usage mixte déposées sur le fondement de l'article L. 631-7-2 puisque, dans ce cas, le texte de l'article impose un contrôle de la part du service instructeur.

444. – Le droit à déposer une demande d'autorisation de changement d'usage ne résulte pas nécessairement d'un titre de propriété ou d'occupation sur le local qui en est l'objet. Il est admis que le bénéficiaire d'une promesse de vente puisse déposer une demande de changement d'usage si le promettant l'y autorise ; une copie de la promesse de vente ou une attestation du promettant devra alors être produite. D'évidence, la demande devra être déposée avant l'expiration du délai de validité de la promesse.

445. – Lorsqu'elle sollicite la production de ces titres et autorisations, l'administration prend la responsabilité de vérifier que la personne qui l'a saisie était bien habilitée à le faire, ce qui la place, *mutatis mutandis*, dans une situation comparable à celle qui était la sienne en matière de permis de construire avant la réforme des autorisations d'urbanisme. La théorie jurisprudentielle du propriétaire apparent avait conduit le Conseil d'État à considérer que « sous réserve de l'hypothèse où l'autorité administrative a connaissance d'éléments établissant que le pétitionnaire ne dispose pas à l'évidence d'un titre satisfaisant aux exigences posées par l'article R. 421-1-1, cette autorité, lorsqu'elle est saisie d'une demande de permis de construire, ne saurait se faire juge d'un litige de droit privé qui s'élèverait entre le demandeur et des particuliers ; qu'elle ne peut ni trancher un tel litige, ni se fonder sur son existence pour refuser d'examiner la demande qui lui est présentée »[28].

Le défaut de qualité du pétitionnaire, constaté sur la base des documents exigés par le règlement municipal, peut avoir pour sanction la nullité de l'autorisation, son

sur le bien concerné peut valablement déposer cette demande, ou encore donner son accord à son conjoint ou à un tiers, pour effectuer une telle demande ».

(27) Par ex., l'occupant bénéficiant d'un prêt à usage régi par les articles 1875 et suivants du Code civil (encore appelé « commodat » jusqu'à la loi n° 2009-526 du 12 mai 2009 de simplification et de clarification du droit et d'allègement des procédures).

(28) CE, 20 juin 1997, n° 122151 : *BJDU* 1997, n° 4, p. 302. – V. égal. CE, 20 oct. 1965, n° 60997 : *Lebon*, p. 537. – CE, 26 avr. 1972, n° 82690 : *Lebon*, p. 325. – CE, 8 déc. 2000, n° 188236 : *Lebon* T., p. 1284 ; *BJDU* 2001, n° 1, p. 28.

refus ou son retrait, étant précisé que cette qualité s'apprécie à la date de la décision et non de la demande. En cas de déclaration frauduleuse du pétitionnaire susceptible d'affecter la légalité de l'autorisation, l'administration peut exercer son droit de retrait à tout moment. Toute erreur de l'autorité administrative sur le titre du demandeur est sans conséquence sur les droits des tiers.

446. - La ville de Paris a précisé le formulaire administratif et la liste des pièces justificatives nécessaires selon le type d'autorisation demandée :

- demande de changement d'usage à caractère réel (avec compensation) ;
- demande de changement d'usage personnel (sans compensation) ;
- demande d'usage mixte d'un local d'habitation (sans compensation).

Ces formulaires et listes figurent en annexes du règlement municipal après avoir été approuvés par une délibération du Conseil de Paris des 14, 15, 16 et 17 décembre 2021, ce qui leur confère incontestablement une valeur réglementaire[29].

D'autres villes ont procédé de la sorte, telles Lyon, Nice, Toulouse et Montpellier.

C. - Relations bailleur/locataire

447. - L'obligation de délivrer un local dont l'usage est régulier au regard de l'article L. 631-7 fait partie de l'essence même du contrat de bail (1°) ; plusieurs solutions contractuelles peuvent être mises en place pour permettre une affectation des lieux loués conforme à leur usage légalement autorisé (2°).

1° Obligation de délivrance du bailleur

448. - L'obligation de délivrance du bailleur lui impose de nombreuses diligences préalablement à la conclusion du bail :

- il doit vérifier si, conformément aux dispositions impératives des articles L. 631-7 et suivants, les locaux peuvent être affectés à l'usage auquel le bail les destine ;
- il doit s'assurer que les autorisations qui ont pu être obtenues par de précédents propriétaires ou locataires ne sont pas devenues caduques, notamment en raison de leur caractère personnel, et si elles peuvent bénéficier à d'autres occupants[30] ;
- la vérification doit porter sur l'intégralité des locaux ; le bailleur ne peut « faire l'impasse » sur certaines pièces qui ne seraient pas susceptibles d'être affectées à l'usage prévu au bail sans commettre de négligence fautive[31].

En somme, il appartient au bailleur de s'informer de la situation administrative des locaux et de se préconstituer la preuve de leur usage régulier en vue de la location[32].

(29) V. les annexes 3, 4 et 5 du règlement municipal reproduit en annexe du livre : « Documents d'application : Règlements municipaux », ann. 9.

(30) Cass. 3e civ., 19 janv. 2000, n° 98-13.194 : « la cour d'appel, qui a pu relever que, la position de l'administration étant demeurée inchangée, la remise en cause de l'autorisation opérée antérieurement à la conclusion du bail ne pouvait être qualifiée d'événement imprévisible, a souverainement apprécié le montant du préjudice causé [au locataire] par la carence de la bailleresse à s'assurer, avant la conclusion du bail, que la destination commerciale des locaux loués était toujours autorisée ».

(31) Cass. 1re civ., 20 févr. 2001, n° 99-13.848. - Cass. 3e civ., 22 juin 2017, n° 16-17.946 : *Bull. civ.* III, n° 81 ; *Jurishebdo Immobilier* 10 juill. 2017, n° 689, p. 5, note G. Daudré ; *RJDA* 2017, p. 699, note R. Parneix ; *Loyers et copr.* 2017, comm. 191, note B. Vial-Pedroletti ; *AJDI* 2017, p. 854, note N. Damas.

(32) Cass. 3e civ., 23 mars 2010, n° 09-11.359 : « ayant retenu qu'il n'était pas justifié d'un manquement aux dispositions de l'article L. 631-7 par [la société bailleresse], la cour d'appel a pu, sans inverser la charge de la preuve, en déduire que n'était pas établi un manquement par la bailleresse à son obligation de délivrance justifiant la résolution du bail ».

449. – Le bailleur doit rester diligent pendant toute la durée du bail : si l'administration remet en cause l'affectation des locaux, le propriétaire a l'obligation de communiquer au preneur les éléments lui permettant de démontrer la régularité de l'usage[33]. Si une compensation est proposée par le bailleur, le locataire doit en être informé[34].

450. – La jurisprudence n'admet aucune décharge de garantie du bailleur en ce domaine : est illicite la clause selon laquelle « le preneur devrait faire son affaire personnelle de l'obtention des autorisations administratives en fonction de l'utilisation projetée des locaux »[35]. Une telle clause ne saurait empêcher un locataire, invité par l'administration à réaffecter les locaux à usage d'habitation, d'engager la responsabilité du bailleur pour trouble de jouissance[36] ; elle ne saurait davantage entraver l'action en nullité du locataire[37], ni faire obstacle aux recours du syndicat des copropriétaires[38]. Le bailleur ne pourrait invoquer le non-respect de l'obligation mise ainsi à la charge du preneur pour lui délivrer congé[39].

451. – Lorsque l'usage des locaux loués n'est pas régulier à la date de prise d'effet du bail, le locataire peut intenter une action en résiliation du bail aux torts du bailleur qui devra l'indemniser de son préjudice, notamment en cas de réalisation de travaux d'aménagement. Inversement, cette action n'est pas ouverte au bailleur lorsque l'infraction n'est pas le fait du locataire mais du précédent propriétaire[40].

(33) Cass. 3e civ., 29 janv. 1985, n° 83-12.406 : « la cour d'appel a pu en déduire qu'en laissant le preneur isolé face à l'administration et démuni des éléments qui auraient pu lui permettre de démontrer la régularité de l'affectation commerciale des locaux, [les bailleurs] ont commis une faute à l'égard du preneur qui ne pouvait admettre la précarité de sa situation, ni s'exposer à des pénalités en restant illégalement dans les lieux ; qu'ayant ainsi caractérisé la relation de causalité entre la faute commise par les bailleurs et le départ [du preneur], la cour d'appel a pu (...) prononcer la résiliation du bail et condamner les bailleurs a réparer le préjudice subi par [le preneur] ».

(34) CA Paris, 16e ch. B, 6 févr. 1998, n° 96/86304.

(35) Cass. 3e civ., 11 déc. 1996, n° 95-10.215 : *RDI* 1997, p. 299, note F. Collart-Dutilleul ; *Rev. loyers* 1997, p. 570 ; *Administrer* avr. 1997, n° 288, p. 35.

(36) Cass. 3e civ., 29 avr. 2002, n° 00-20.213 : *Rev. loyers* 2002, p. 410, note M.-O. Vaissié ; *Constr.-Urb.* 2002, comm. 210, note P. Cornille. – CA Paris, 16e ch. A, 17 janv. 1995, n° 93/14107.

(37) CA Paris, 16e ch. A, 22 févr. 1994, n° 91/17773 : *Loyers et copr.* juin 1994, comm. 240, note Ph.-H. Brault et C. Mutelet. – CA Paris, 16e ch. B, 11 mai 2001, n° 1999/21014 : *Loyers et copr.* nov. 2001, comm. 259, note Ph.-H. Brault. – CA Paris, pôle 4, ch. 3, 24 nov. 2011, n° 09/12392.

(38) CA Paris, pôle 1, ch. 2, 29 janv. 2015, n° 13/20018 : *Jurishebdo Immobilier* 17 févr. 2015, n° 590, p. 3 : « [le bailleur] n'est pas fondé à se retrancher derrière les termes du bail pour soutenir qu'il appartenait à la locataire d'obtenir "toutes autorisations dont administratives qui seraient nécessaires pour l'exploitation des locaux loués et ce sans jamais pouvoir engager la responsabilité du bailleur à ce sujet" alors qu'il lui appartenait, et à lui seul, d'effectuer les diligences requises pour obtenir l'autorisation de changement d'affectation des lieux et de pouvoir saisir valablement la copropriété d'une demande d'autorisation avant l'exécution des travaux ».

(39) CA Paris, 6e ch. C, 4 juin 2002, n° 2000/16264. En l'espèce, un bail mettait à la charge exclusive du locataire d'obtenir les autorisations nécessaires à l'exercice de son activité professionnelle. Le bailleur a délivré un congé au motif que le preneur n'avait « jamais justifié avoir fait le nécessaire auprès des services compétents de la ville de Paris pour obtenir l'autorisation administrative d'exercer son activité libérale dans les lieux loués ». Après avoir rappelé que « la condition d'autorisation préalable ainsi instituée par ce texte [l'article L. 631-7], impliquant nécessairement que cette autorisation ait été obtenue par le bailleur avant la conclusion du bail », les juges d'appel ont annulé le congé du bailleur. Surtout, ils ont enjoint ce dernier de compléter l'annexe de la demande de changement d'usage destinée aux bailleurs, intitulé encore aujourd'hui « Engagement à souscrire par le propriétaire d'un local objet d'une demande d'autorisation », et sans laquelle le locataire ne pouvait espérer obtenir d'autorisation...

(40) Cass. 3e civ., 28 avr. 2009, n° 08-15.215.

L'action en résiliation doit être distinguée de l'action en nullité prévue au dernier alinéa de l'article L. 631-7 qui peut être invoquée par toute personne qui y a intérêt, notamment le bailleur[41].

452. - La responsabilité du bailleur n'est pas en cause lorsque le changement d'usage est le fait du locataire[42], par exemple si ce dernier utilise un appartement à usage exclusif d'habitation à des fins commerciales sans autorisation administrative[43].

La transformation sauvage du local peut entraîner la résiliation judiciaire du bail à la demande du propriétaire sans avoir à justifier d'un quelconque préjudice[44] ou être sanctionnée par un refus de renouvellement avec privation de l'indemnité d'éviction pour la partie du local dont l'affectation n'a pas été autorisée[45]. Le bailleur ne peut être débouté de son action en résiliation au motif qu'il a donné son agrément à la cession du droit au bail[46]. Le preneur qui sous-loue un local d'habitation pour un autre usage en infraction avec l'article L. 631-7 engage sa responsabilité envers le sous-locataire destinataire d'une mise en demeure de l'administration de remettre les lieux à l'habitation[47]. Et il s'expose à la résiliation du bail et à reverser l'intégralité des sous-loyers au bailleur principal qui n'a pas autorisé la sous-location[48].

453. - La situation est différente en présence d'un bail autorisant expressément le locataire à consentir à des tiers des sous-locations meublées de courtes durées alors que le local loué est à usage d'habitation et qu'il n'a fait l'objet d'aucune autorisation de changement d'usage. Le propriétaire, bailleur principal, bien qu'il n'ait pas lui-même procédé aux sous-locations irrégulières, demeure personnellement responsable de ces sous-locations et encourt ainsi l'amende civile de l'article L. 651-2[49]. Le loueur professionnel est également responsable et s'expose au paiement d'une telle amende si les circonstances de l'espèce démontrent qu'il devait nécessairement avoir connaissance de la violation de l'article L. 631-7[50]. La responsabilité du propriétaire n'est pas exclusive de celle du loueur professionnel ; des amendes distinctes peuvent donc être prononcées à leur encontre[51].

2° Aménagements conventionnels

454. - Pour louer à titre professionnel ou commercial un local d'habitation, une autorisation administrative préalable est nécessaire. Est-il envisageable de transférer au locataire la charge d'obtenir l'autorisation de changement d'usage, sans

(41) V. *infra*, nos 661 et s.
(42) CA Paris, 6e ch. B, 17 nov. 1995, nos 94/013184 et 94/017988.
(43) Cass. 3e civ., 8 déc. 1993, n° 92-15.348 : *Bull. civ.* III, n° 164.
(44) CA Paris, 16e ch. B, 5 janv. 1995, n° 94/3481 : *Loyers et copr.* août-sept. 1995, comm. 372.
(45) CA Paris, 16e ch. A, 2 sept. 1998, n° 96/86633.
(46) Cass. 3e civ., 23 mai 1973, n° 72-11.793 : *Bull. civ.* III, n° 366.
(47) CA Paris, 6e ch. C, 20 juin 2000, n° 1998/11828.
(48) Cass. 3e civ., 12 sept. 2019, n° 18-20.727 : *Bull. civ.* III ; *JCP* N 2019, n° 51, 1342, § 9, chron. H. Périnet-Marquet ; *RTD civ.* 2019, p. 888, note P.-Y. Gautier ; *Defrénois* 19 déc. 2019, p. 25, note M. Soulié ; *RDC* 2020, p. 25, note critique R. Libchaber.
(49) Cass. 3e civ., 12 juill. 2018, n° 17-20.654 : *Bull. civ.* III, n° 91 ; *Loyers et copr.* 2018, comm. 197, note B. Vial-Pedroletti ; *AJDI* 2029, p. 118, note N. Damas ; *LPA* 23 oct. 2018, p. 13, note A. Valmary ; *Gaz. Pal.* 9 oct. 2018, p. 23, note critique B. Waltz-Teracol. V. égal. CA Paris, pôle 1, ch. 8, 18 janv. 2019, n° 18/03025. – CA Paris, pôle 1, ch. 8, 25 janv. 2019, n° 17/12795.
(50) CA Paris, pôle 1, ch. 2, 30 sept. 2021, n° 21/03183.
(51) CA Paris, pôle 1, ch. 2, 20 déc. 2018, n° 18/09762.

contrevenir à l'obligation de délivrance du bailleur, ni tomber sous le coup de la nullité de l'article L. 631-7 ? Toutes les solutions ne sont pas admises par le juge judiciaire.

455. - En réaction à quelques décisions parfois audacieuses des juges du fond[52], la Cour de cassation affirme, de façon constante et rigoureuse, le principe selon lequel « l'autorisation administrative exigée par la loi doit être obtenue, par le propriétaire, préalablement à la signature du bail »[53]. La solution prétorienne ne soulève pas d'objection particulière[54] lorsque l'autorisation délivrée au propriétaire est soumise à compensation et, de ce fait, attachée au local quel que soit l'occupant.

En revanche, elle semble difficile à mettre en œuvre lorsque l'opération de changement d'usage est dispensée de compensation par l'arrêté préfectoral ou le règlement municipal, en raison de la qualité et/ou de l'activité du locataire (professions libérales réglementées, organismes poursuivant une mission d'intérêt général...). Pour l'application de cette dispense, le locataire devra présenter sa propre demande d'autorisation. La question concerne également les locaux d'habitation situés en rez-de-chaussée dont le changement d'usage est dispensé de compensation à Paris dans certains cas, notamment depuis que la ville, conformément aux dispositions de son règlement, n'accorde plus aux bailleurs « d'autorisations d'occuper ou de louer à un autre usage que l'habitation » auparavant délivrées par la préfecture de Paris en application de son arrêté[55].

456. - Cette jurisprudence de la Cour de cassation est indifférente au caractère réel ou personnel de l'autorisation : elle sanctionne la méconnaissance d'une obligation contractuelle et non celle d'une obligation administrative. La première obligation peut être contractuellement aménagée entre les parties pour permettre l'exécution de la seconde à l'égard de l'administration.

457. - Il est envisageable, sous certaines conditions, de déroger au principe selon lequel l'autorisation doit être obtenue par le bailleur avant la signature du bail. La date de signature du bail importe moins que la date de prise d'effet du contrat, car c'est seulement à cette date que le bailleur exécute son obligation de délivrance et que le changement d'usage se matérialise par l'occupation du preneur.

(52) CA Paris, 16e ch. A, 24 juin 1997, n° 95/17825 : *Gaz. Pal.* 1997, 2e sem., p. 478, note Ph.-H. Brault. En l'espèce, un bail conclu à usage de « bureaux commerciaux » faisait obligation au preneur de justifier avant l'expiration du bail des autorisations requises pour affecter les locaux à cet usage. Selon la cour d'appel, cette clause « ne fait qu'organiser les modalités de demande de la dérogation qu'il prévoit en la mettant à la charge du locataire, à la place de celle du propriétaire ; dès lors, ladite clause ne saurait encourir la sanction de nullité de plein droit prévue par le dernier alinéa de l'article L. 631-7 ».

(53) Cass. 3e civ., 23 nov. 1993, n° 92-16.508. – Cass. 3e civ., 11 déc. 1996, n° 95-10.215 : *RDI* 1997, p. 299, note F. Collart-Dutilleul ; *Rev. loyers* 1997, p. 570 ; *Administrer* avr. 1997, n° 288, p. 35. – Cass. 3e civ., 29 avr. 2002, n° 00-20.213 : *Rev. loyers* 2002, p. 410, note M.-O. Vaissié ; *Constr.-Urb.* 2002, comm. 210, note P. Cornille. – Cass. 3e civ., 7 juill. 2004, n° 03-11.427 : *Bull. civ.* III, n° 144 ; *Rev. loyers* déc. 2004, p. 696, note A. Hinfray. – Cass. ch. mixte, 9 nov. 2007, n° 06-19.508 : *Bull. civ.* ch. mixte, n° 10 ; *Jurishebdo Immobilier* 11 déc. 2007, n° spécial 18, p. 12, note P. Poupelin ; *Defrénois* 2009, p. 752, art. 38926-1, note L. Ruet.

(54) Encore qu'elle pourrait se heurter à des dispositions légales plus récentes selon J.-Ph. Meng, *L'urbanisme et les collectivités locales*, éd. Berger Levrault, t. 1 : Fasc. 2.24, n° 29, mis à jour en oct. 2020.

(55) V. *infra*, nos 812 (arrêté préfectoral du 1er décembre 2005, aujourd'hui caduc), 869 (règlement municipal des 15, 16 et 17 décembre 2008, modifié depuis).

L'autorisation de changement d'usage devra être obtenue par le propriétaire ou le futur preneur avec son accord[56], selon le caractère réel ou personnel de l'autorisation requise, avant la signature du bail lorsqu'à cette date le local délivré par le bailleur reçoit l'affectation prévue au bail et autorisée par l'administration.

458. – Mais rien n'interdit de prévoir que le bail ne prendra effet qu'à l'obtention de l'autorisation administrative[57] : il est possible de signer une promesse de bail ou un bail sous condition suspensive d'obtention de l'autorisation, dès lors que le changement d'affectation sera autorisé avant l'entrée dans les lieux du preneur et donc avant le changement matériel de l'usage des locaux[58].

En effet, la nullité du bail n'est encourue que si le contrat lui-même méconnaît la loi, par exemple s'il affecte les locaux à un usage n'ayant fait l'objet d'aucune autorisation susceptible de bénéficier au preneur. De son côté, le bailleur n'engage sa responsabilité que s'il signe un « bail annulable » à charge pour le preneur d'obtenir l'autorisation qui lui permettra de régulariser la situation des locaux loués[59].

Une ancienne jurisprudence a validé le mécanisme de la promesse de bail sous condition suspensive d'obtention de l'autorisation par le preneur[60].

En revanche, la prise d'effet différée du bail à une date fixe – et non à la date de réalisation d'une condition suspensive portant sur l'obtention de cette autorisation – ne permet pas aux parties d'envisager un report sur le preneur des démarches nécessaires au changement d'affectation[61].

459. – La rédaction de cette condition suspensive doit être entourée de quelques précautions :

– la condition suspensive doit porter sur l'obtention d'une autorisation devenue définitive, c'est-à-dire purgée de tout retrait et recours[62] ;

– conformément à l'article 1304-6, alinéa 1er du Code civil issu de l'ordonnance n° 2016-131 du 10 février 2016, la condition suspensive, une fois réalisée, doit être dépourvue de toute rétroactivité en raison du caractère préalable de l'autorisation requise, le bail ne prenant effet qu'à compter de l'obtention de l'autorisation devenue définitive ;

– la condition suspensive peut être stipulée soit dans l'intérêt commun des deux parties, soit dans l'intérêt exclusif d'une partie mais seulement si celle-ci s'interdit d'y renoncer par une dérogation expresse aux dispositions supplétives de

(56) En cas de demande par un locataire ou un occupant à titre gratuit, les formulaires établis par les mairies prévoient le plus souvent d'annexer l'accord du propriétaire à la demande d'autorisation.

(57) G. Liet-Veaux, *Des responsabilités en cas de changement d'affectation irrégulier de certains locaux : Administrer* oct. 2001, n° 337, p. 37. – E. Briand, *Bail et changement d'usage : Rev. loyers* avr. 2012, p. 146.

(58) A été déclaré nul un bail soumis à la condition suspensive d'obtention d'une autorisation à titre personnel de changement d'usage, dans une espèce où les clés des locaux ont été remises au locataire pour lui permettre de réaliser des travaux d'aménagement et débuter son exploitation alors que la condition suspensive n'était pas levée : CA Paris, pôle 5, ch. 3, 15 sept. 2021, n° 18/15421.

(59) P. Cornille, note ss Cass. 3e civ., 29 avr. 2002 : *Constr.-Urb.* 2002, comm. 210.

(60) Cass. com., 22 févr. 1965, n° 63-12.730 : *Bull. civ.* III, n° 144.

(61) Cass. 3e civ., 10 juin 2015, n° 14-15.961 : *Loyers et copr.* sept. 2015, comm. 191, note B. Vial-Pedroletti ; *AJDI* 2015, p. 773, note N. Damas. On observe qu'il est indifférent que la date de prise d'effet soit compatible avec le délai d'instruction de deux mois de la demande d'autorisation puisqu'en l'espèce le bail litigieux a été signé les 21 et 28 juillet 1994 et a pris effet le 1er janvier 1995.

(62) V. *infra*, nos 581 et s. (retrait), nos 586 et s. (recours).

l'article 1304-4 du Code civil, tel que modifié par la loi n° 2018-287 du 20 avril 2018 ratifiant l'ordonnance précitée ;

– le bailleur doit expressément autoriser, dans le bail ou la promesse de bail, le dépôt de la demande d'autorisation administrative par le locataire et s'engager à réitérer cet accord sur tout document à annexer au formulaire de demande.

460. – Le cas échéant, les parties devront s'accorder sur l'imputation du coût de réalisation des compensations à fournir pour la délivrance de l'autorisation de changement d'usage si elle est sollicitée à titre réel.

§ 2. – La présentation de la demande d'autorisation

461. – Selon les termes de l'article L. 631-7, la demande d'autorisation doit être présentée préalablement au changement d'usage des locaux :

> « Dans ces communes, le changement d'usage des locaux destinés à l'habitation est, dans les conditions fixées par l'article L. 631-7-1, soumis à autorisation préalable ».

Mais il est toujours possible de déposer une demande d'autorisation afin de régulariser la situation d'un local d'habitation affecté à un autre usage, à condition que la réglementation en vigueur le permette. Toutefois, l'administration n'est pas tenue de délivrer une autorisation de régularisation, alors même qu'elle aurait été informée, depuis plusieurs années, de la transformation des locaux d'habitation[63].

462. – La demande de changement d'usage ne fait l'objet d'aucun texte spécial ; toutefois, lorsqu'une autorisation d'urbanisme est déposée, l'article L. 631-8 prévoit :

> « Lorsque le changement d'usage fait l'objet de travaux entrant dans le champ d'application du permis de construire, la demande de permis de construire ou la déclaration préalable vaut demande de changement d'usage.
> Ces travaux ne peuvent être exécutés qu'après l'obtention de l'autorisation mentionnée à l'article L. 631-7 ».

La règle posée au 1er alinéa de l'article L. 631-8 n'est pas nouvelle[64]. À notre avis, elle s'applique également en cas d'absence de travaux dès lors qu'il y a changement de destination soumis à déclaration préalable ; en effet, si ces dispositions ne visent que « les travaux entrant dans le champ d'application du permis de construire » et l'exécution de « travaux », c'est semble-t-il en raison de leur antériorité à la réforme des autorisations d'urbanisme de 2005-2007 ayant soumis à déclaration préalable les changements de destination sans réalisation de travaux.

La possibilité de fusionner les deux demandes a pour seule vocation de simplifier les procédures ; les autorisations d'urbanisme et de changement d'usage qui seraient octroyées sur la base d'un dossier unique n'en demeurent pas moins des

(63) CAA Paris, 5 juill. 2007, n° 05PA02541 : « la circonstance que l'administration connaissait l'usage de ces locaux et qu'elle aurait tacitement accepté cette situation, notamment en effectuant une visite de conformité le 1er avril 1996 et en percevant la taxe sur les bureaux, ces circonstances, qui relèvent d'une législation distincte, sont sans incidence sur la légalité de la décision [de refus de dérogation] contestée ».

(64) L'article L. 631-8, alinéa 1er, ne fait que reprendre l'ancien article R. 421-11 du Code de l'urbanisme alors en vigueur au jour de l'ordonnance du 8 juin 2005, lequel article précisait, en outre, que « la procédure d'instruction de cette demande d'autorisation est toutefois indépendante de celle du permis de construire ». V. G. Liet-Veaux, *Transfert d'affectation et permis de construire : AJDI* 1992, p. 25.

décisions distinctes, ayant chacune leur objet propre[65], ce que ne manquent pas de rappeler certaines communes dans le corps de leurs autorisations[66].

463. - Néanmoins, les formulaires CERFA applicables pour les demandes de permis et les déclarations préalables ne sont pas adaptés aux opérations de changement d'usage, notamment lorsqu'il est nécessaire de présenter une compensation. Les articles R. 431-4 à R. 431-37 du Code de l'urbanisme énumèrent limitativement les pièces que l'administration est en droit d'attendre de l'auteur d'une demande de permis de construire ou d'une déclaration préalable. Bien qu'il soit distingué, à l'article R. 431-4 dudit code, entre les pièces à joindre en toutes hypothèses et les « pièces complémentaires » requises selon la nature du projet, aucun document particulier n'est prévu en cas de changement d'usage. Un premier bilan de la réforme des autorisations d'urbanisme de 2005-2007 révèle l'insuffisance de la complétude réglementaire face à la grande diversité des situations possibles[67].

En pratique, il est courant de déposer deux demandes distinctes, d'autant que la procédure de changement d'usage se déroule parallèlement à l'instruction de l'autorisation d'urbanisme. À Paris, le règlement d'application de l'article L. 631-7 prévoit que les dossiers de changement d'usage et d'urbanisme doivent être déposés séparément mais simultanément. Il en est de même à Bordeaux, Lyon, Nantes, Nice ou encore Montpellier.

464. - Le 2e alinéa du même article L. 631-8 (« Ces travaux ne peuvent être exécutés qu'après l'obtention de l'autorisation mentionnée à l'article L. 631-7 ») prolonge le principe d'indépendance des législations, en confirmant que les autorisations de changement d'usage et d'urbanisme sont délivrées indépendamment l'une de l'autre[68] ; le commencement des travaux – ou le changement de destination sans travaux – est cependant conditionné à l'obtention de l'autorisation de changement d'usage. Ce qui est logique puisque le local cesse d'être affecté à l'habitation dès le début des travaux – et *a fortiori* en l'absence de travaux dès qu'il reçoit une nouvelle destination –, et non pas seulement une fois la transformation achevée.

Ces dispositions sont reprises à l'article L. 425-9 du Code de l'urbanisme et la décision d'urbanisme autorisant les travaux – ou le changement de destination sans travaux – doit expressément mentionner cette réserve (C. urb., art. R. 424-6). Le point de départ du délai de péremption de l'autorisation d'urbanisme est en conséquence différé jusqu'à la date d'obtention de l'autorisation de changement d'usage (C. urb., art. R. 424-20).

(65) La recherche d'une plus grande simplification pourrait, dans une visée d'unification, conduire à intégrer l'autorisation d'urbanisme requise par la transformation du local d'habitation dans l'autorisation de changement d'usage lorsque celle-ci revêt un caractère réel par suite de la réalisation d'une compensation, V. *supra*, n° 103.

(66) Par ex., lorsqu'elle est saisie d'une demande de changement de destination d'un local d'habitation, la ville de Paris indique dans son autorisation (décision de non-opposition ou permis de construire) : « La présente décision prise au titre du Code de l'urbanisme ne dispense pas de l'autorisation de changement d'usage au titre du Code de la construction et de l'habitation (article L. 631-7) et ne pourra en aucun cas être mise en œuvre avant l'obtention de cette dernière autorisation ».

(67) F. Polizzi, *Évaluation de la nouvelle procédure d'instruction des autorisations d'urbanisme : AJDA* 2009, p. 79. – V. égal., du même auteur, *Composition du dossier d'autorisation d'urbanisme : comment sortir de l'ambiguïté actuelle ? : BJDU* 2011, n° 4, p. 261.

(68) V. *supra*, n°s 97 et s.

465. - Il n'existe pas de règles légales encadrant au niveau national la forme ou le contenu du dossier de demande d'autorisation de changement d'usage. En pratique, le formulaire et les pièces justificatives à fournir sont déterminés par l'autorité locale en fonction du type d'autorisation. Seront abordés successivement le dépôt (A) puis le contenu de la demande avec ou sans proposition de compensation (B et C).

A. - Dépôt de la demande

466. - La demande de changement d'usage doit être adressée ou déposée à la mairie du lieu d'implantation de l'immeuble[69]. C'était déjà le cas avant la décentralisation intervenue le 1er avril 2009 : selon le système du « guichet unique », les services de la mairie se chargeaient de transmettre un exemplaire de la demande à la préfecture alors compétente pour instruire et délivrer les autorisations.

À Paris, les pétitionnaires (ou leurs mandataires) peuvent transmettre leurs dossiers par voie dématérialisée depuis la plateforme de téléservice « Mon Paris ». Ils peuvent également les envoyer ou les déposer par courrier auprès du Bureau de la Protection des Locaux d'Habitation (BPLH) situé à Paris (75013) 103 avenue de France.

467. - En application du droit commun siégeant, depuis le 1er janvier 2016, aux articles L. 112-2 et suivants du Code des relations entre le public et l'administration (CRPA), l'administration compétente saisie d'une demande de changement d'usage doit délivrer un accusé de réception au pétitionnaire. Elle n'est cependant tenue par aucun délai.

L'accusé de réception comporte les mentions suivantes :

- la date de réception de la demande et la date à laquelle, à défaut d'une décision expresse, celle-ci sera réputée acceptée ;
- la désignation, l'adresse postale et, le cas échéant, électronique, ainsi que le numéro de téléphone du service chargé du dossier ;
- le cas échéant, la liste des informations et pièces manquantes et le délai fixé pour leur production, dans les conditions fixées à l'article L. 114-5 du Code des relations entre le public et l'administration.

En outre, il précise que la demande de changement d'usage est susceptible de donner lieu à une décision implicite d'acceptation et mentionne la possibilité offerte au demandeur de se voir délivrer une attestation de l'administration en cas d'obtention d'une telle autorisation.

L'absence de délivrance de l'accusé de réception ou l'omission des mentions obligatoires n'est pas sans incidence sur les délais de recours du pétitionnaire[70].

(69) À Paris, Marseille et Lyon, les demandes effectuées par courrier doivent être adressées ou déposées à l'adresse mentionnée sur le formulaire et non à la mairie d'arrondissement.

(70) CRPA, art. L. 112-6 : « Les délais de recours ne sont pas opposables à l'auteur d'une demande lorsque l'accusé de réception ne lui a pas été transmis ou ne comporte pas les indications exigées par la réglementation. Le défaut de délivrance d'un accusé de réception n'emporte pas l'inopposabilité des délais de recours à l'encontre de l'auteur de la demande lorsqu'une décision expresse lui a été régulièrement notifiée avant l'expiration du délai au terme duquel est susceptible de naître une décision implicite ».

B. – Demande sans proposition de compensation

468. – En plus des pièces qui sont parfois exigées pour attester de la qualité du pétitionnaire[71], le dossier de demande d'autorisation non soumise à compensation comporte un minimum d'informations relatives au local :

– le plan, l'indication de la surface et du nombre de pièces ;

– les conditions actuelles d'occupation et d'utilisation ;

– l'affectation envisagée (l'activité et le nombre de professionnels) ;

– la nature et l'importance des travaux nécessaires, notamment si une demande d'autorisation d'urbanisme a été déposée (permis de construire ou déclaration préalable) ;

– le cas échéant, la copie de toute autorisation précédemment délivrée.

Le Code de la construction et de l'habitation reste silencieux sur les pièces à produire obligatoirement à l'appui de la demande d'autorisation ; l'administration reste libre, selon les spécificités du projet, de demander tout autre document complémentaire qu'elle estimerait nécessaire à sa prise de décision. Toutefois, certaines villes notamment Paris, Lyon, Nice, Toulouse et Montpellier ont fait le choix d'annexer à leur règlement la liste des pièces à produire, ce qui confère une base réglementaire solide à leurs demandes de compléments au dossier lorsque celui-ci ne comporte pas l'ensemble des éléments prévus par cette liste.

469. – La liste ci-dessus n'est pas limitative ; d'autres documents peuvent être joints au dossier de demande, notamment pour bénéficier de certaines dispenses de compensation prévues par le règlement municipal.

Par exemple, lorsque la demande est présentée pour l'exercice d'une profession libérale réglementée, c'est-à-dire soumise à un statut législatif ou réglementaire ou dont le titre est protégé, il convient de produire la carte professionnelle ou une attestation de l'ordre ou une copie du diplôme[72]. En cas d'exercice conjoint dans le même local, chaque professionnel doit déposer sa propre demande d'autorisation. En cas d'exercice par le biais d'une société, les statuts et le Kbis sont annexés à la demande. Par exemple, à Paris, l'autorisation est conférée non à la structure sociétaire mais à chaque professionnel pris individuellement, sauf l'autorisation d'installation en rez-de-chaussée qui peut être accordée à une personne physique ou morale exerçant une activité libérale (réglementée ou non)[73].

470. – Lorsque le changement d'usage porte sur une partie de la résidence principale du demandeur dans le cas prévu à l'article L. 631-7-2 (usage mixte), il convient de fournir également[74] :

– un plan du local indiquant la partie réservée à l'activité ;

– un extrait du règlement de copropriété ou du procès-verbal de l'assemblée générale des copropriétaires autorisant le changement d'usage ou, si la demande est présentée par le locataire, une attestation du propriétaire justifiant que le règlement de copropriété ne s'oppose pas au changement d'usage ;

– un extrait du bail ou l'accord du bailleur autorisant le changement d'usage du local loué ;

(71) V. *supra*, n°s 442 et s.

(72) V. la liste indicative des professions libérales réglementées figurant sur le site Internet de l'Agence pour la création d'entreprises (APCE).

(73) V. *infra*, n°s 972 et s.

(74) V. *supra*, n°s 265 et s.

– une attestation sur l'honneur d'établir et de maintenir sa résidence principale et celle de la famille dans le local objet de la demande ; à Paris, il est en outre exigé de fournir l'avis de taxe d'habitation de l'année de la demande et une attestation de la Direction générale des finances publiques (DGFiP) du lieu de résidence principale.

Ces justificatifs sont destinés à répondre aux exigences de contrôle que l'article L. 631-7-2 impose à l'administration.

C. – Demande avec proposition de compensation

471. – L'une des particularités de la procédure tient aux compensations que l'administration peut exiger des pétitionnaires (1°) qui doivent parfois recourir à des tiers pour les réaliser (2°).

1° Finalité et mode de réalisation des compensations

472. – Pour atteindre son objectif de préservation des logements existants, la police de l'usage s'est appuyée sur une technique originale : le système des compensations. La compensation consiste en un investissement dans la production de logements ; il s'agit ni plus ni moins d'une contrepartie proposée par le pétitionnaire en échange de l'obtention d'une autorisation de changement d'usage. Par hypothèse, toute transformation d'un local d'habitation entame, provisoirement ou définitivement, le nombre de logements. La contrepartie offerte par l'auteur de cette transformation doit compenser, c'est-à-dire reconstituer, les ressources en logements qu'il est autorisé à diminuer.

473. – Le système des compensations apparaît, semble-t-il, pour la première fois dans une loi du 1er avril 1926[75] mais n'a pas été repris par l'ordonnance du 11 octobre 1945, ce qui n'empêcha pas l'administration d'y avoir recours sous diverses formes (*a*). L'ordonnance du 8 juin 2005 est venue conférer une base légale à ce mécanisme de rééquilibrage (*b*).

a) Les compensations exigées avant l'ordonnance du 8 juin 2005

474. – L'administration a longtemps admis deux formes de compensation, en nature et en argent[76] :

– « l'investissement direct », c'est-à-dire la construction de logements, la surélévation et l'addition de construction, la mise en habitabilité de locaux inhabitables en l'état et, surtout, la transformation en habitations de locaux affectés à un autre usage ;

– le « versement à fonds perdus » sous la forme de prêts sans intérêts à des organismes construisant des logements sociaux, de subventions, d'achats de droits sociaux de sociétés immobilières ou de contributions calculées en fonction des surfaces utiles transformées.

475. – La compensation en argent présentait les avantages de tout paiement en numéraire : rapidité et simplicité ; à l'inverse de la compensation en nature plus longue à mettre en place et soumise à l'appréciation de l'autorité administrative qui, de manière toujours discrétionnaire :

– acceptait ou refusait la compensation proposée ;

– privilégiait l'offre de compensation dans le même arrondissement ou le même quartier ;

(75) V. *supra*, n° 10.

(76) *Urbanisme et Sécurité juridique*, 89e Congrès des notaires de France (1993), Quatrième commission, *L'espace bâti : protection et évolution*, par Mes G. Vidalenc et H. Wargny, nos 4340 et s.

– et, à Paris, requérait une compensation de 1,5 m² de bureaux pour transformer 1 m² d'habitation en bureaux dans certains quartiers dits « sensibles ».

476. – La pratique administrative des compensations ne pouvait s'appuyer sur aucune disposition légale ou réglementaire. Elle reposait simplement sur des circulaires[77] à caractère interprétatif[78].

L'administration devant en toutes circonstances agir conformément au principe de légalité, il convenait qu'elle veille à ce que les compensations imposées soient en relation avec les buts que poursuit la loi et ne soient pas disproportionnées : les notions de détournement de procédure et de proportionnalité des mesures de police administrative se conjuguaient pour limiter les prétentions de l'autorité publique.

477. – Le système des compensations souffrait d'un regrettable manque de transparence[79]. Même si le préfet pouvait s'appuyer sur des circulaires pour se faire une doctrine, il n'en restait pas moins que sa décision avait un caractère discrétionnaire. Les nombreuses décisions de refus ou d'autorisation, avec ou sans compensation, délivrées à Paris entre 1945 et 2005, ont été basées sur des critères parfois subjectifs et fluctuants, ne reposant sur aucun règlement qui aurait permis au pétitionnaire de s'opposer avec quelque succès au refus ou à l'exigence de compensation du préfet consécutif à sa demande[80].

478. – La licéité des compensations en nature a néanmoins été très tôt reconnue : à propos d'une disposition similaire interdisant toute démolition d'un logement sans autorisation, aujourd'hui abrogée, le Conseil d'État a jugé que l'administration pouvait subordonner l'autorisation de démolir à la reconstitution d'une surface habitable équivalente[81].

479. – Un doute subsistait sur les contreparties financières. Le juge administratif a condamné cette pratique après l'avoir, dans un premier temps, admise[82]. Le tribunal administratif de Paris, dans un jugement du 20 mars 1989, a constaté que le versement réclamé n'avait ni le caractère d'une rémunération pour services rendus ni celui d'une taxe parafiscale et qu'il s'analysait dès lors comme un impôt dont l'assiette, le taux et les modalités de recouvrement relèvent exclusivement du

(77) Circ. 31 déc. 1953, IV/A (annexes : « Circulaires », ann. 2) ; Circ. 1er oct. 1960, nos 51 et s. (« Circulaires », ann. 3) ; Circ. 27 juin 1962, nos 57 et s. (« Circulaires », ann. 4) ; Circ. 3 oct. 1972, II/1.2 (« Circulaires », ann. 5) ; Circ. n° 89-69, 3 nov. 1989, relative aux changements d'affectation des locaux à usage d'habitation (« Circulaires », ann. 8).

(78) Sur l'absence de caractère réglementaire de la circulaire du 27 juin 1962 : CE, 21 déc. 1973, n° 85439 : *Lebon*, p. 742 ; *AJDA* févr. 1974, p. 91, comm. p. 81. – Sur l'absence de caractère réglementaire de la circulaire du 3 octobre 1972 : CE, 7 janv. 1970, n° 73052. – Rép. min. n° 25755 : *JO* Sénat Q 27 juin 1978, p. 1804.

(79) L'encadrement des procédures de décision sur la base d'une délibération municipale faisait partie des propositions du rapport de M. Cl. Robert, *La transformation des logements en locaux d'activité*, sept. 1990, rendu au ministère délégué chargé du logement, p. 48 : « les communes devront prendre position sur l'ensemble du dispositif (zones et règles du jeu) à l'issue d'un débat contradictoire, lequel, il y a tout lieu de le penser, sera souvent précédé d'une concertation ville/professionnels ».

(80) CAA Paris, 22 mai 2008, n° 07PA01575 : « le préfet pouvait légalement se fonder sur le motif tiré de ce que les requérants ne proposaient aucune compensation pour refuser la dérogation sollicitée ; qu'il n'a pas ce faisant entaché sa décision d'une erreur manifeste d'appréciation alors même que le coût du logement dans ce quartier rend cette compensation particulièrement difficile à mettre en œuvre ».

(81) CE, 15 mars 1963, n° 523213 : *Lebon*, p. 167 : il est indifférent que les occupants des locaux démolis aient pu être relogés en région parisienne, l'obligation étant « imposée dans l'intérêt général de compenser la démolition envisagée de locaux d'habitation par la reconstitution d'une surface habitable de même superficie que ceux-ci ».

(82) CE, 24 avr. 1981, n° 14296, cité par G. Liet-Veaux, note ss CE, 6 mars 1992 : *JCP* N 1992, II, p. 365.

législateur[83]. Ce versement trouvant sa source dans une décision administrative, il était donc dépourvu de toute base légale.

Le Conseil d'État a adopté une position identique dans une décision du 6 mars 1992 (*Mérand et Morvan*) : « considérant qu'aucune disposition de l'article L. 631-7 précité du Code de la construction ni aucune autre disposition législative alors en vigueur ne conférait à l'autorité administrative le pouvoir de subordonner l'autorisation prévue par ledit article au versement d'une compensation financière »[84]. Cet arrêt est remarquable en ce qu'il prononce une annulation partielle de la décision préfectorale, permettant à ces titulaires de bénéficier d'une autorisation sans avoir à régler de compensation.

480. - Sans attendre ce revirement de jurisprudence, l'administration a officiellement abandonné en 1989 la pratique des contreparties financières[85], à la faveur des compensations en nature aujourd'hui consacrées par l'ordonnance du 8 juin 2005.

b) Les compensations exigées depuis l'ordonnance du 8 juin 2005

481. - L'article L. 631-7-1, alinéa 1er confère une base légale à la pratique parisienne des compensations en nature :

> « L'autorisation préalable (...) peut être subordonnée à une compensation sous la forme de la transformation concomitante en habitation de locaux ayant un autre usage ».

L'objectif de préservation des surfaces à usage d'habitation est atteint de façon pérenne si un changement d'usage dans un sens est compensé par un autre changement d'usage en sens inverse :

Local A à usage d'habitation	⟶	Local A à usage autre qu'habitation
	Compensation	
Local B à usage autre qu'habitation	⟶	Local B à usage d'habitation

La conversion à l'habitation du local B sert de compensation au changement d'affectation du local A, pour permettre au maire de délivrer l'autorisation de changement d'usage visée à l'article L. 631-7-1.

(83) TA Paris 20 mars 1989 : *Lebon*, p. 381 ; *Gaz. Pal.* 1989, 2e sem., p. 661, note G. Mattei-Dawance. Le tribunal administratif de Versailles, dans un jugement du 1er octobre 1969, avait déjà relevé « que l'institution d'un tel système de compensation excède les limites normales du pouvoir réglementaire » : *Lebon*, p. 658 ; *Gaz. Pal.* 1969, 2e sem., p. 263 ; toutefois, selon le professeur G. Liet-Veaux, « le jugement rendu par le tribunal administratif de Versailles pouvait être considéré comme la condamnation d'un barème, mais non pas l'interdiction de compensation financière calculée en fonction de chaque cas d'espèce ». Une circulaire du 7 avril 1981 (annexes : « Circulaires », ann. 7) considère que les compensations financières « ne peuvent que, conformément à une jurisprudence constante du Conseil d'État, revêtir la forme de prêts sans intérêt à des bailleurs sociaux (offices et sociétés anonymes d'HLM, SEM de construction) dont les modalités de versement et de remboursement seront fixées ponctuellement ».

(84) CE, 6 mars 1992, n° 69902 : *Lebon*, p. 113 ; *JCP* N 1992, II, p. 365, note G. Liet-Veaux ; *Administrer* févr. 1993, p. 33, note A. Hinfray ; *JCP* G 1993, II, 22028, note P.-H. Prélot. - V. égal. CE, 12 févr. 1993, n° 111225. - CE, 18 févr. 1994, n° 107828. - CE, 15 juill. 2004, n° 248680.

(85) Circ. n° 89-69, 3 nov. 1989, relative aux changements d'affectation des locaux à usage d'habitation (annexes : « Circulaires », ann. 8).

482. - Le caractère « concomitant » des opérations de transformation des locaux A et B vise à éviter l'effet d'aubaine : la conversion à l'habitation du local apporté en compensation (local B) doit être directement liée au changement d'affectation du local d'habitation (local A). Cette exigence n'est pas nouvelle[86].

Il n'est en effet pas possible de mettre en réserve des logements dont la création aurait une cause étrangère au projet de transformation du local d'habitation et qui seraient issus, par exemple, d'un programme de construction que le demandeur aurait déjà réalisé dans le passé ou qu'il se proposerait d'entreprendre dans l'avenir. L'adjectif « concomitant » interdit que l'on puisse dans un premier temps convertir en habitation des locaux ayant un autre usage, puis dans un second temps effectuer une demande d'autorisation de changement d'usage de locaux d'habitation en arguant de cette compensation. Les demandes d'autorisations administratives nécessaires à la transformation des locaux A et B doivent être déposées de concert.

483. - L'ambiguïté de la concomitance n'échappera pas au praticien. En effet, au regard du droit de l'urbanisme, les deux transformations correspondent, dans la plupart des cas, à des changements de destination nécessitant le dépôt d'une demande de permis de construire ou d'une déclaration préalable dont les délais d'instruction peuvent ne pas être identiques[87], non plus que ceux aux termes desquels ils peuvent être considérés comme insusceptibles de recours en annulation ou de retrait. Par ailleurs, les travaux de transformation peuvent varier en fonction du degré de rénovation de chacun des deux immeubles.

La procédure d'instruction de la demande de changement d'usage avec compensation suivie par la ville de Paris tient compte de la concomitance des opérations de transformation[88]. La municipalité parisienne considère en effet que la demande ne peut être déposée qu'à compter de l'obtention de l'autorisation d'urbanisme de changement de destination du local offert en compensation, et jusqu'à l'achèvement des travaux le rendant habitable ; elle opère « en amont » une visite des locaux (celui objet du changement d'usage et celui offert en compensation) et contrôle sur place « en aval », après achèvement des travaux de transformation du local de compensation, que celui-ci est effectivement à usage d'habitation[89].

484. - La rare jurisprudence rendue sur le critère de la concomitance se borne à vérifier l'exactitude des faits invoqués par l'administration pour rejeter l'offre de compensation[90].

(86) Circ. 31 déc. 1953, IV/B (annexes : « Circulaires », ann. 2) ; Circ. 1er oct. 1960, n° 58 (« Circulaires », ann. 3) ; Circ. 27 juin 1962, n° 64 (« Circulaires », ann. 4).

(87) Dans certains secteurs, les travaux conduisant à la création de plusieurs locaux à usage d'habitation dans un immeuble existant peuvent être soumis à une autorisation préalable sur le fondement des articles L. 126-18 (ancien art. L. 111-6-1-1) et L. 126-19 (ancien art. L. 111-6-1-2) du CCH. L'autorisation d'urbanisme tient lieu de cette même autorisation préalable, dès lors qu'elle a fait l'objet de l'accord de l'autorité compétente (C. urb., art. R. 425-15-2). V., sur ces autorisations préalables, *Protéger : les vulnérables, les proches, le logement, les droits*, 116e Congrès des notaires de France (2020), Troisième commission, *Protéger le logement, l'habitat et le cadre de vie*, par Mes A. Muzard et B. Pavy nos 3315 et s.

(88) V. *infra*, n° 533.

(89) D. Blaise : *JCl. Construction-Urbanisme*, Fasc. 30, mis à jour en février 2015, *Changement d'usage des immeubles*, n° 84.

(90) TA Paris, 7e sect., 2e ch., 4 févr. 2013, n° 1116716/7-2 : en relevant que les locaux offerts en compensation étaient « déjà occupés depuis plusieurs années à l'habitation », le maire a entaché sa décision de

485. – L'exigence de concomitance ne s'oppose pas à la régularisation des situations existantes. Lorsqu'un local a été transformé sans autorisation, l'administration est fondée à exiger la réaffectation matérielle des lieux à usage d'habitation[91]. Mais, à cette mesure coercitive, elle peut préférer, selon le cas d'espèce, la réalisation d'une compensation *a posteriori* pour délivrer une autorisation qui validera l'affectation actuelle des anciens locaux d'habitation.

486. – L'article L. 631-7-1, alinéa 1er, ajoute une autre exigence, d'après laquelle la compensation revêt la forme d'une « transformation (...) en habitation de locaux ayant un autre usage ». L'emploi du terme « transformation » ne semble admettre en compensation que des surfaces existantes nouvellement affectées à l'habitation, à l'exclusion des locaux d'habitation en cours d'édification. En ce sens, il a été jugé qu'un refus d'autorisation pouvait être fondé sur l'inexistence de la compensation proposée, dès lors que le local avait été cédé par son propriétaire à une société devant édifier un ensemble immobilier à usage d'habitation aux lieu et place de l'immeuble existant[92].

Cette dernière exigence est, du reste, cohérente avec la doctrine selon laquelle la législation des changements d'usage n'est pas applicable aux locaux d'habitation en cours de construction[93]. Mais elle présente l'inconvénient de priver les pétitionnaires de toute possibilité de compenser par création de surfaces nouvelles. C'est pourquoi, sans déroger au principe selon lequel la compensation a pour objet un immeuble bâti, il a été proposé qu'en complément des opérations de transformation, soient également admises à titre compensatoire les opérations d'extension et/ou de surélévation de bâtiments existants[94].

487. – Pour atteindre son objectif, la compensation doit permettre la reconstitution d'une superficie habitable au moins égale à celle des locaux à transformer. La circulaire du 22 mars 2006 précise à cet égard :

> « Les annexes attachées au logement apporté en compensation sont comptées dans le calcul de la surface à compenser ».

À Paris, la surface habitable est calculée conformément à l'article R. 111-2 du Code de la construction et de l'habitation[95], devenu l'article R. 156-1 depuis le 1er juillet 2021 :

> « La surface et le volume habitables d'un logement doivent être de 14 mètres carrés et de 33 mètres cubes au moins par habitant prévu lors de l'établissement du programme de construction pour les quatre premiers habitants et de 10 mètres carrés et 23 mètres cubes au moins par habitant supplémentaire au-delà du quatrième.
>
> La surface habitable d'un logement est la surface de plancher construite, après déduction des surfaces occupées par les murs, cloisons, marches et cages d'escaliers, gaines, embrasures de portes et de fenêtres. Le volume habitable correspond au total des surfaces habitables ainsi définies multipliées par les hauteurs sous plafond.

refus pour défaut de concomitance d'une « erreur de fait » dès lors qu'aucune pièce du dossier ne fait état de cette occupation à la date de dépôt de la demande d'autorisation. Le propriétaire des locaux a été débouté de sa demande d'indemnisation du préjudice qu'il estimait, pour l'essentiel, au montant non perçu du prix de la commercialité, au motif que celui-ci ne présente qu'un « caractère éventuel ».

(91) V. *infra*, nos 726 et s.

(92) CAA Paris, 19 oct. 1995, n° 95PA00652.

(93) V. *supra*, n° 181.

(94) Observatoire régional de l'immobilier d'entreprise (ORIE), Rapport, « Usage et destination des locaux en Île-de-France : quel futur ? », févr. 2020, p. 20 et 41.

(95) V. *infra*, n° 801.

Il n'est pas tenu compte de la superficie des combles non aménagés, caves, sous-sols, remises, garages, terrasses, loggias, balcons, séchoirs extérieurs au logement, vérandas, volumes vitrés prévus à l'article R. 155-1, locaux communs et autres dépendances des logements, ni des parties de locaux d'une hauteur inférieure à 1,80 mètre ».

488. – L'une des innovations majeures de l'ordonnance du 8 juin 2005 est de prévoir qu'un document d'application devra être pris par l'autorité administrative compétente pour instaurer un dispositif de compensation[96]. Ce document de nature réglementaire (arrêté préfectoral ou règlement municipal) détermine les critères quantitatifs et qualitatifs tenant à la surface, au lieu de situation et aux qualités des biens susceptibles de servir de compensation ainsi que les opérations qui en sont exonérées. Les règles ainsi fixées peuvent donc varier d'une commune à l'autre, d'un quartier ou d'un arrondissement à l'autre, en fonction de l'acuité des problèmes liés au maintien du logement et de la pression plus ou moins forte exercée par la demande de locaux à usage de bureaux, d'activités, de commerces ou, plus récemment, de meublés de tourisme.

489. – Le principe de la compensation a été jugé conforme au droit communautaire par la Cour de justice de l'Union européenne, sous certaines réserves notamment celle que les autorités locales n'imposent pas aux pétitionnaires des obligations au-delà de ce qui est nécessaire pour atteindre l'objectif recherché, ce qu'il appartient au juge national de vérifier[97]. S'agissant du dispositif d'autorisation des meublés de tourisme mis en place par la ville de Paris, la Cour de cassation a procédé à cet examen et a conclu à sa conformité[98], du moins dans sa version antérieure à celle modifiée en décembre 2021 qui est encore plus restrictive. Le juge administratif est parvenu à la même conclusion s'agissant de l'obligation de compensation applicable dans l'hyper-centre de Lyon[99].

490. – Un local correspondant aux critères exigés par le règlement municipal ne peut être proposé en compensation dès lors que son affectation à un autre usage que l'habitation est irrégulière[100] ou autorisée à titre personnel. La « commercialité » du local doit être reconnue à titre réel par l'administration pour que sa transformation en habitation puisse servir de compensation.

491. – Des pièces complémentaires doivent être jointes au dossier de changement d'usage concernant le local proposé en compensation ; il convient généralement de produire :

– les plans actuels et futurs du local ;

– une copie de la « cession de commercialité » ou une attestation relative au « transfert de commercialité » (cette question est étudiée *infra* aux paragraphes 494 et s.) ;

(96) V. *infra*, nos 775 et s.

(97) CJUE, Gde ch., 22 sept. 2020, aff. jtes C-724/18 et C-727/18 : *Europe* 2020, comm. 337, note D. Simon et A. Rigaux.

(98) Cass. 3e civ., 18 févr. 2021, n° 17-26.156 (annexes : « Jurisprudence », ann. 5) : *Bull. civ.* III ; V. not. G. Daudré et P. Wallut, *Locations meublées de courtes durées : trois arrêts pour les sept ans de la loi Alur : JCP* N 2021, n° 10, 1130. – L. Jariel, *Locations de tourisme : conformité de la règlementation française au droit de l'Union : Defrénois*, 20 janv. 2022, p. 59. – J. Laurent, *Les arrêts récents en matière de locations de tourisme : analyse et porté : Defrénois*, 20 janv. 2022, p. 68. V. égal. Cass. 3e civ., 26 janv. 2022, n° 18-22.142.

(99) CAA Lyon, 1er juin 2021, n° 19LY03470.

(100) CAA Paris, 15 déc. 1994, n° 93PA01428 : « l'offre de compensation faite primitivement (....) ne pouvait être retenue, ces locaux ne bénéficiant pas eux-mêmes d'une autorisation d'occupation à usage professionnel, et ayant d'ailleurs été exclusivement utilisés pour l'habitation jusqu'à leur acquisition par [le requérant] ».

– la justification de l'usage régulier du local affecté à un usage autre que l'habitation ;
– le cas échéant, la copie de toute autorisation précédemment délivrée.

Si le local est en copropriété ou s'il est loué, il peut être demandé aux pétitionnaires de justifier de l'absence d'opposition du bail ou du règlement de copropriété ou de l'accord des copropriétaires au changement d'usage du local objet de la compensation.

492. – Le mécanisme de la compensation, que pratiquent de longue date les autorités compétentes à Paris et à Lyon, tend à se généraliser dans la plupart des communes de plus de 200 000 habitants telles Marseille, Nice, Strasbourg, Lille, Nantes, Bordeaux ou encore Montpellier.

Des villes comme Paris et Strasbourg distinguent selon l'auteur de la compensation, raison pour laquelle on parle de « compensations sociales » et de « compensations privées » : si l'auteur de la compensation se trouve être un bailleur social, la compensation est réduite à une surface équivalente à celle du logement transformé et peut être réalisée dans un secteur géographique sensiblement plus étendu que pour une offre émanant d'une autre personne. À Paris, l'offre de compensation sociale peut également revêtir la forme de logements en bail réel solidaire[101].

493. – Une autre autorisation administrative, distincte du permis de construire et spécifique à la région Île-de-France, recourt à un procédé assez proche : l'agrément régi par les articles L. 510-1 à L. 510-4 et R. 510-1 à R. 510-15 du Code de l'urbanisme. Un système de compensation en nature est défini dans le cadre des orientations d'aménagement actualisées en septembre 2021 par la préfecture d'Île-de-France[102]. Bien que les articles précités ne le prévoient pas expressément[103], la délivrance de l'agrément peut être motivée par la création de logements, dans des cas et selon des ratios déterminés par ces orientations.

Les autorisations de changement d'usage et d'agrément relèvent de procédures indépendantes et les compensations qu'elles exigent ne répondent pas *a priori* aux mêmes critères, s'agissant de réglementations et d'objectifs distincts. Cette indépendance a plusieurs conséquences :
– un logement provenant de la transformation de surfaces à usage autre que l'habitation ne peut pas être utilisé dans le cadre de deux compensations distinctes, en vue de permettre à une opération d'obtenir une autorisation de changement d'usage et à une autre opération d'obtenir un agrément ;

(101) V., sur ce type de montage, A. Lefort, J. Marion et J.-L. Tixier, *La nature des droits issus d'un bail réel solidaire (BRS : Opérations immo.* janv.-févr. 2021, p. 7. V. égal. F. Roussel, *Projet de loi 3DS : vers une simplification attendue du BRS ? : JCP* N 2022, n° 6, 244.

(102) DRIEAT Île-de-France, *Fiche repère – Instruction des demandes d'agrément relatives aux bureaux*, sept. 2021.

(103) Ces compensations s'appuient sur le fondement seulement réglementaire de l'article R. 510-9 du Code de l'urbanisme : « La décision accordant l'agrément fixe la surface de plancher autorisée et détermine les conditions et réserves auxquelles est subordonnée l'opération.

La décision peut, soit subordonner la réalisation de l'opération à l'exécution effective d'engagements souscrits par le bénéficiaire, notamment quant à la création ou l'extension d'activités hors de la zone définie à l'article R. 510-1, soit imposer des conditions concernant notamment la nature des activités susceptibles d'être exercées dans les locaux ou installations en cause, la durée pendant laquelle elles peuvent être exercées, la localisation des bâtiments et installations, la désaffectation, l'abandon ou la démolition de certains locaux ou installations, l'effectif qui pourra être employé ».

– lorsque la réalisation d'une même opération nécessite des compensations au titre des deux procédures, des compensations distinctes sont en principe exigées ; en pratique cependant, la préfecture prend parfois en considération la compensation apportée pour changer l'usage[104].

2° Pratique des « cessions de commercialité »

494. - Si le pétitionnaire ne peut lui-même offrir les mètres carrés nécessaires dans une autre opération dans laquelle il transforme en habitations des surfaces affectées à un autre usage, il lui reste la possibilité de faire réaliser la compensation par un tiers.

a) Présentation de la cession de commercialité

495. - En première approche, la cession de commercialité est un contrat au terme duquel un opérateur, qui transforme en habitation des locaux affectés à un autre usage, « cède sa commercialité » à un autre opérateur qui transforme des locaux d'habitation en locaux d'un autre usage :

Local A à usage d'habitation	**Transformation par le cessionnaire du local compensé** ——————→	Local A à usage autre qu'habitation
Local B à usage autre qu'habitation	**Transformation par le cédant du local offert en compensantion** ——————→	Local B à usage d'habitation

Le cédant s'engage à transformer le local B en compensation de la transformation inverse du local A par le cessionnaire.

b) Notion de commercialité

496. - La notion de « commercialité » désigne l'affectation d'un local à un autre usage que l'habitation lorsque cette affectation est permise par la loi ou autorisée par l'administration à titre réel et non personnel. L'expression permet de décrire la situation des locaux vis-à-vis de la réglementation des changements d'affectation[105].

497. - La référence au caractère « commercial » de l'affectation trouve son origine dans le régime antérieur à l'ordonnance du 8 juin 2005 qui distinguait entre les locaux d'habitation, commerciaux, professionnels et administratifs. Sous l'empire des textes précédents, tels qu'ils étaient interprétés par l'administration en dépit de la jurisprudence de la Cour de cassation[106], seuls les locaux commerciaux pouvaient librement changer d'usage ; les locaux professionnels ou administratifs étaient

(104) La demande d'agrément doit alors comporter la copie de la demande d'autorisation de changement d'usage ou de l'autorisation provisoire acceptant l'offre de compensation.

(105) Des règles tirées d'autres législations sont susceptibles de limiter, voire d'annihiler la commercialité d'un local.

(106) V. *supra*, n° 162.

censés revenir à l'habitation si leur affectation primitive n'était pas conservée[107]. La qualité « commerciale » d'un local est synonyme de liberté d'affectation à tout autre usage que l'habitation.

c) *Nature de la cession de commercialité : un ensemble d'obligations personnelles*

498. – L'expression « cession de commercialité », qui semble disposer d'une certaine légitimité historique en la matière, procède d'un abus de langage[108] car il ne s'agit aucunement de la cession d'un droit réel ou d'un bien incorporel[109], ni de la constitution d'une servitude[110], ni même du transfert d'une autorisation administrative[111]. D'apparition plus récente, la formule « acquérir des titres de compensation » n'est pas moins abusive : les compensations ne sont pas incorporées de manière dématérialisée dans des titres représentatifs qui seraient susceptibles d'être cédés ou échangés entre eux[112].

499. – L'affectation d'un immeuble n'est pas susceptible de cession en elle-même ; elle suit l'immeuble auquel elle peut être rattachée par l'effet de la loi ou d'une autorisation administrative[113]. En effet, les possibilités d'affectation d'un local au sens de l'article L. 631-7 résultent non d'un accord entre personnes privées mais de l'application d'une réglementation d'ordre public chargée d'encadrer l'usage des locaux d'habitation[114]. L'auteur de la compensation (le cédant) fait naître un droit sans le céder pour autant ; ce droit (celui de transformer un local d'habitation), une fois accordé par l'administration à titre réel, naît dans le patrimoine du

(107) *Urbanisme et Sécurité juridique*, 89ᵉ Congrès des notaires de France (1993), *Changement d'affectation des locaux*, annexe au rapport de la quatrième commission, réponse de la préfecture de Paris à la question n° 1. V. égal. le rapport du colloque de l'Observatoire régional de l'immobilier d'entreprise en Île-de-France (ORIE) du 11 déc. 2002, *Le régime juridique des bureaux administratifs.*

(108) Sur ces dérives sémantiques, V. S. Pérignon, *Peut-on vendre des « droits à construire » ? : Defrénois* 1993, art. 35486 et, du même auteur, *Le nouvel ordre urbanistique*, éd. Cridon-Défrénois 2004, p. 50 et s.

(109) V. l'analyse des droits de commercialité par le professeur W. Dross, rejetant la qualification de biens incorporels pour lui préférer celle de droits de créance contre l'État : *RTD civ.* 2021, p. 449, note ss Cass. 3ᵉ civ., 18 févr. 2021, n° 19-11.577.

(110) La jurisprudence admet que l'interdiction d'affecter un immeuble à un usage déterminé dans l'intérêt d'un autre immeuble puisse constituer une servitude, V. Cass. 3ᵉ civ., 24 mars 1993, n° 91-11.690 : *Bull. civ.* III, n° 45 ; *RTD civ.* 1993, p. 853, note F. Zénati : « l'interdiction faite à l'acquéreur d'un fonds de l'affecter à un usage déterminé peut constituer une charge pour un héritage au profit d'un autre et revêt ainsi le caractère d'une servitude établie par le fait de l'homme ». À notre sens, il n'est pas besoin de grever l'immeuble offert en compensation d'une servitude privée interdisant tout autre usage que l'habitation : le vœu de l'article L. 631-7-1 est satisfait dès l'instant que la compensation est effectivement réalisée et constatée par l'administration. Par la suite, en cas de changement d'affectation du local converti à l'habitation, une demande d'autorisation devra être déposée.

(111) L'autorisation soumise à compensation est délivrée au cessionnaire, non au cédant.

(112) Le « titre », « attaché au local et non à la personne », visé par l'alinéa 2 de l'article L. 631-7-1 doit être entendu comme synonyme d'autorisation ; dans un sens similaire, la circulaire du 22 mars 2006 précise que « l'autorisation est attachée au local concerné s'il y a compensation effective » (§ I.2.4.2.).

(113) *A contrario*, si l'on devait reconnaître la possibilité d'une telle cession, l'utilité du démembrement de propriété qu'elle opère resterait à prouver : la commercialité cédée quitterait le patrimoine du cédant pour entrer dans celui du cessionnaire, pour autant ce droit demeurerait attaché à l'immeuble du cédant et ne pourrait s'appliquer à l'immeuble du cessionnaire…

(114) Pour rappel, selon l'article 544 du Code civil, le propriétaire ne doit pas faire « un usage prohibé par les lois ou par les règlements » de son droit de propriété.

propriétaire du local d'habitation transformé (le cessionnaire) puisqu'il demeure attaché à son local.

Dans l'exemple ci-dessus (n° 495), le local B pourrait retrouver sa commercialité si l'administration l'autorise (et peut-être faudra-t-il réaliser une nouvelle compensation pour obtenir son autorisation), sans devoir la « racheter » auprès de celui à qui elle a été prétendument « cédée » et sans remettre en cause le changement d'usage du local A.

500. – La cession de commercialité correspond à la possibilité, pour une personne qui souhaite affecter un local d'habitation à un autre usage, de présenter à l'administration une opération en sens inverse réalisée par un tiers, à l'appui d'une demande d'autorisation subordonnée à compensation. La « cession de commercialité » s'analyse donc comme un droit de présentation exclusif par le cédant en faveur du cessionnaire vis-à-vis de l'administration[115].

Les appellations trompeuses telles que « cession de commercialité », « cédant » et « cessionnaire » pourraient être remplacées par les vocables « convention d'offre de compensation » ou « accord de compensation », « promettant » ou « offrant », « bénéficiaire » ou « présenté ».

501. – Ces accords de droit privé reposent sur un ensemble d'obligations personnelles et bilatérales concourant à la réalisation de la compensation exigée par l'administration, pour permettre au cessionnaire d'obtenir une autorisation de changement d'usage qui marquera le terme de ses rapports contractuels avec le cédant. Ce dernier souscrit des obligations de faire (affectation à l'habitation) et de ne pas faire (engagement de ne pas réaffecter à un autre usage jusqu'à l'obtention de l'autorisation définitive)[116] qui peuvent valablement donner lieu à une contrepartie financière de la part du cessionnaire. En l'absence de texte spécial, les parties jouissent d'une grande liberté dans la rédaction de leur convention.

Un modèle de contrat ayant pour objet des locaux situés à Paris est proposé en fin d'ouvrage[117].

502. – La cession de commercialité n'est pas publiée au fichier immobilier (service de publicité foncière ou livre foncier). Seule l'autorisation administrative produit un effet réel puisqu'elle impose au cédant et aux propriétaires successifs du local offert en compensation une obligation *propter rem* de maintenir ce local à l'usage d'habitation[118] ; cette obligation réelle qui trouve sa source dans un acte administratif unilatéral

(115) V., pour une discussion approfondie de cette analyse, V. Zalewski-Sicard, *La cession de commercialité et l'article L. 631-7 du Code de la construction et de l'habitation : Gaz. Pal.* 19 mai 2020, n° 19, p. 60.

(116) Le cédant peut valablement accepter une limitation de l'usage de l'immeuble converti à l'habitation jusqu'à la délivrance de l'autorisation, sans constituer pour autant une servitude d'interdiction à un usage déterminé, et s'engager à faire figurer une clause identique dans tout acte de vente qu'il consentirait avant l'expiration de la cession de commercialité, V. Cass. 3e civ., 4 juill. 2001, n° 99-14.784 : *Bull. civ.* III, n° 94 ; *JCP* G 2002, I, 126, n° 17, chron. H. Périnet-Marquet : « l'interdiction faite à l'acquéreur d'un fonds immobilier de l'affecter à un usage déterminé peut revêtir le caractère d'une obligation personnelle ». Dans une perspective plus générale, X. Pradel, *Réflexions sur les relations entre les servitudes et le droit des obligations : Defrénois* 2005, art. 38161.

(117) V. annexes : « Formules », ann. 1.

(118) V. *supra*, nos 369 et s.

ne confère aucun droit au cessionnaire sur le local du cédant[119]. L'autorisation est soumise à la publicité foncière[120].

d) Portée de la cession de commercialité

503. – La cession de commercialité présente une certaine gravité. L'abandon de commercialité, c'est-à-dire l'engagement de transformer en habitation un local jusque-là affecté à un autre usage, touche à la substance même du local qui en bénéficiait ; sa valeur vénale et son rendement potentiel doivent être réévalués en conséquence. Côté cessionnaire, la transformation du local d'habitation modifie substantiellement sa consistance et la gravité économique de l'opération n'est pas moins importante en raison de l'investissement qu'elle représente.

504. – Il en résulte plusieurs conséquences :

– pour signer la cession de commercialité, chaque partie doit jouir de la capacité juridique de disposer du local[121] ou être autorisée par son propriétaire à le transformer ;

– la proposition de compensation peut être rejetée par l'administration au motif que son auteur n'a pas la qualité suffisante pour mener à terme la conversion du local à l'habitation[122] ;

– la transformation de l'immeuble, s'il est hypothéqué, devra recevoir l'accord préalable du créancier inscrit, lequel ne dispose d'aucun droit de préférence sur la somme versée au cédant en contrepartie de la compensation, sauf stipulation contraire dans l'acte de prêt[123].

Au plan administratif, la validité de la convention au moyen de laquelle la compensation est réalisée n'est pas une condition de légalité de l'autorisation de changement d'usage, toujours délivrée à son titulaire sous réserve du droit des tiers. Les dispositions de cette convention relèvent du seul droit privé et de la compétence du juge judiciaire en cas de litige[124].

(119) Le transfert de commercialité peut être rapproché du transfert de constructibilité de l'article L. 151-25 du Code de l'urbanisme pour la protection de certains espaces naturels. Dans les deux cas, un accord purement privé organise le transfert d'un immeuble à l'autre d'une charge imposée par une loi de police. Sous leur apparente similitude, ces conventions présentent des différences :
– quant à leur nature : le transfert de constructibilité repose sur la constitution d'une servitude administrative *non aedificandi*, tandis que le transfert de commercialité se limite à un jeu d'obligations personnelles entre les parties ;
– quant à leurs effets : depuis l'abrogation de l'ancien article R. 332-13 du Code de l'urbanisme, le conseil municipal n'a plus à délibérer pour fixer les nouvelles possibilités de construire suite au transfert, en revanche le maire peut toujours s'opposer à la mise en œuvre du transfert de commercialité en rejetant la compensation proposée.

(120) V. *infra*, n°s 575 et s.

(121) V. *supra*, n°s 437 et s.

(122) CAA Paris, 1er févr. 1996, n° 94PA01963 : *Gaz. Pal.* 1997, 2e sem., p. 115.

(123) Dans les contrats de crédit, il existe généralement une clause protectrice en faveur du prêteur qui lui permet d'invoquer l'exigibilité anticipée du crédit notamment en cas de diminution de la valeur du gage hypothécaire ou d'une modification substantielle de sa consistance juridique ou technique. Néanmoins cette clause n'est pas suffisante puisqu'elle risque de mettre le prêteur devant le fait accompli, celui-ci ayant certes la possibilité de réaliser son gage mais dont la valeur aura probablement diminué. Pour mémoire, l'article 1305-4 du Code civil dispose que « le débiteur ne peut réclamer le bénéfice du terme s'il ne fournit pas les sûretés promises au créancier ou s'il diminue celles qui garantissent l'obligation ».

(124) Dans ce domaine où le contentieux est peu fréquent, V. not. Cass. 3e civ., 15 juin 2017, n° 16-16.102 : *RDC* 2018, p. 16, note Y.-M. Laithier ; CA Paris, pôle 4, ch. 3, 29 mai 2020, n° 18/06927.

e) Prix de la cession de commercialité

505. – S'il existe un marché de la commercialité, il n'y a pas de cote officielle des compensations : les prix se négocient de gré à gré, selon le jeu normal de l'offre et de la demande et, surtout, en fonction des obligations de compensation fixées par le règlement municipal.

Il se trouve que, pour des raisons de rareté de l'offre de locaux d'activités à transformer en habitation et de forte demande inverse de transformation de logements en un usage autre qu'habitation, le propriétaire de ces derniers est disposé à payer une somme parfois importante ; c'est cette différence quantitative entre offre et demande qui fait le prix. Il résulte de statistiques établies par des professionnels parisiens chargés de l'intermédiation entre ceux qui projettent de transformer des logements en activités et ceux qui acceptent la transformation inverse que la valeur moyenne des cessions de commercialité varie, non pas tant en fonction de l'intérêt économique que cette transaction représente pour le cédant, mais bien plutôt en rapport avec la plus-value apportée au cessionnaire : plus la pénurie de logements est importante dans l'arrondissement des surfaces d'habitation transformées, plus le prix de la compensation est élevé[125].

506. – L'administration reconnaît et même encourage de tels accords de manière désormais officielle, notamment à Paris, pour faciliter le financement des logements sociaux[126]. Des organismes HLM et des sociétés d'économie mixte convertissent en habitation d'anciens locaux d'activités qui leur sont donnés à bail emphytéotique par la ville de Paris et tirent des cessions de commercialité liées aux opérations de transformation une source complémentaire de financement de leurs travaux, à côté des prêts et autres subventions. Le logement locatif social représente une large part sinon la majorité des compensations[127].

507. – Le tableau ci-dessous donne une indication des valeurs moyennes des cessions de commercialité à Paris au quatrième trimestre 2021 (avant le durcissement des règles de compensations en décembre 2021)[128] :

ARRONDISSEMENTS	COEFFICIENT 2 *CESSION PAR PERSONNE MORALE OU PHYSIQUE (NON SOCIAUX) HT LE M²*	COEFFICIENT 1 *CESSION PAR BAILLEURS SOCIAUX HT LE M²*
Premier	1 300 €	2 600 €
Deuxième	1 300 €	2 600 €
Troisième	1 100 €	2 200 €
Quatrième	1 000 €	2 000 €
Cinquième	1 000 €	2 000 €
Sixième	1 200 €	2 400 €

(125) P. Morel, *Cession de commercialité : une opportunité à saisir ? : Réflexions Immobilières* 2012, n° 60, p. 54 ; *Immeubles à Paris : l'obscure clarté de l'autorisation de changement d'usage : Réflexions Immobilières* 2017, n° 79, p. 49. – J.-Ph. Duchêne, *Article L. 631-7 du CCH : compensations et marché de la commercialité à Paris de 2009 à 2016 : AJDI* 2017, p. 401. – P. Morel et X.-A. Lacoste, *Changement d'usage de locaux et cession de commercialité : mode d'emploi : Revue de l'Habitat* 2018, n° 640, p. 32.
(126) V. *infra*, n°s 863 et s.
(127) V. *infra*, n° 1075.
(128) Source : *SOVEICO, opérateur en cession de commercialité.*

ARRONDISSEMENTS	COEFFICIENT 2 CESSION PAR PERSONNE MORALE OU PHYSIQUE (NON SOCIAUX) HT LE M²	COEFFICIENT 1 CESSION PAR BAILLEURS SOCIAUX HT LE M²
Septième	1 200 €	2 400 €
Huitième	à partir de 4 000 €	à partir de 8 000 €
Neuvième	1 200 €	2 400 €
Dixième	600 €	1 200 €
Onzième	1 100 €	
Douzième	800 €	
Treizième	800 €	
Quatorzième	400 €	800 €
Quinzième	500 €	1 000 €
Seizième	1 200 €	2 400 €
Dix-septième	1 100 €	2 200 €
Dix-huitième	500 €	1 000 €
Dix-neuvième	500 €	
Vingtième	450 €	

On constate que le prix convenu est la contrepartie d'une valeur ajoutée certaine pour le cessionnaire, et celle-ci est d'autant plus élevée que ses locaux sont situés dans un arrondissement recherché en termes de locaux de bureaux, de commerces ou de meublés touristiques. Le cédant y trouve également son intérêt : le prix de la compensation est un moyen de financer une partie de ses travaux et la conversion à l'habitation un moyen de revaloriser un actif obsolescent[129].

508. – En province, la majorité des villes de plus de 200 000 habitants ont adopté un système de compensation (Lyon, Bordeaux, Lille, Marseille, Nantes, Nice, Strasbourg, Montpellier…), au risque de dissuader les demandeurs d'autorisations réelles qui peinent à trouver des locaux à transformer en habitation. Si, dans certaines villes, un marché de la commercialité tarde encore à émerger, dans d'autres comme Lyon[130], il est possible d'indiquer des valeurs moyennes des prix de commercialité, ici présentées au quatrième trimestre 2021[131] :

ARRONDISSEMENTS	PRIX HT LE M²
Premier	350 €
Deuxième	450 €
Troisième	380 €

(129) V. not. les études de l'ORIE sur *La transformation et la mutation des immeubles de bureaux* actualisée en novembre 2014 et *La vacance structurelle : comment accélérer la reconversion d'actifs immobiliers ?*, juill. 2018.

(130) V. *infra*, n°s 1145 et s.

(131) Source : *SOVEICO, opérateur en cession de commercialité.*

ARRONDISSEMENTS	PRIX HT LE M²
Quatrième	350 €
Cinquième	400 €
Sixième	400 €
Septième	300 €
Huitième	250 €
Neuvième	Non concerné par l'obligation de compensation

509. – En attendant l'émergence d'un marché des compensations dans leur ville, les pétitionnaires pourraient trouver dans l'affichage en mairie (ou la publication par voie électronique sur le site Internet de la commune) des demandes de permis de construire et des déclarations préalables une source utile d'informations. Cet avis d'affichage (ou publication électronique) indique les caractéristiques essentielles des projets en cours d'instruction à partir desquelles il devrait être possible d'identifier des opérations de changement de destination potentiellement pourvoyeuses de compensations[132].

Ce type de recherche est facilité à Paris *via* un outil de géolocalisation disponible sur le site Internet de la mairie qui permet de connaître la date de dépôt et la description des demandes d'autorisations d'urbanisme jusqu'à six mois d'ancienneté[133].

f) Fiscalité de la cession de commercialité

510. – Les aspects fiscaux de ce contrat sont traités *infra* aux paragraphes 1257 et suivants.

511. – La cession de commercialité sous seing privé n'est pas expressément soumise à la formalité de l'enregistrement par les dispositions du Code général des impôts. Mais, si elle est rédigée sous signatures privées, elle peut être volontairement présentée à la formalité en vue de lui conférer date certaine.

(132) C. urb., art. R. 423-6 : « Dans les quinze jours qui suivent le dépôt de la demande ou de la déclaration et pendant la durée d'instruction de celle-ci, le maire procède à l'affichage en mairie ou à la publication par voie électronique sur le site Internet de la commune d'un avis de dépôt de demande de permis ou de déclaration préalable précisant les caractéristiques essentielles du projet, dans des conditions prévues par arrêté du ministre chargé de l'urbanisme.

Dans le cas d'une publication par voie électronique, pour l'application des articles L. 600-1-1 et L. 600-1-3, la date de publication tient lieu de la date d'affichage ».

L'arrêté ministériel ne semble pas avoir été édicté à ce jour, toutefois l'ancien article R. 421-9 du Code de l'urbanisme prévoyait que cet avis mentionnait le nom du demandeur, le numéro et la date d'enregistrement de la demande, l'adresse du terrain, la surface hors œuvre nette et la hauteur du projet et la destination de la construction.

(133) www.paris.fr/pages/paris-ouvre-la-consultation-de-ses-donnees-d-urbanisme-3319#carte-des-demandes-recentes.

SECTION 2 L'INSTRUCTION DE LA DEMANDE D'AUTORISATION

512. – La réglementation des changements d'usage ne possède pas son propre régime d'instruction. L'ordonnance du 8 juin 2005 a clarifié les conditions dans lesquelles sont délivrées les autorisations et déterminées les compensations, en renvoyant à un document d'application local opposable aux demandes d'autorisation. Mais elle n'a pas encadré la procédure qui permet d'aboutir à la prise de décision. Pourtant, la reconnaissance légale des compensations en nature aurait pu justifier que les demandes d'autorisation proposant de telles contreparties fassent l'objet de dispositions particulières mettant fin aux errements administratifs antérieurs.

513. – La loi n° 2008-776 du 4 août 2008 de modernisation de l'économie a décentralisé le contrôle de l'usage au profit des maires sans autre précision sur la procédure à suivre. Aucun décret d'application n'est venu mettre à jour la partie réglementaire du Code de la construction et de l'habitation qui se réfère toujours à la compétence du préfet (art. R. 631-4).

514. – Le pouvoir de conduire l'instruction suit le pouvoir de décision. Toutefois, pour assumer cette nouvelle responsabilité, certaines communes ont passé avec les directions départementales de l'équipement des conventions de mise à disposition de moyens. Ces conventions ont permis d'assurer la transition entre la compétence pour octroyer les autorisations, qui appartient aux maires depuis le 1er avril 2009, et la mise en place du service instructeur de la commune. À Paris, les services de la ville ont repris l'instruction des dossiers en cours dès le 1er avril 2009 suivant les principes exposés ci-avant au paragraphe 61 ; un décret n° 2009-1726 du 30 décembre 2009 du ministère de l'Intérieur, suivi d'un arrêté pris par la préfecture de Paris le 31 décembre 2009 sous le n° 2009-365-3, définit les modalités de transfert des services déconcentrés de l'État à la ville de Paris. Le montant et la répartition par commune bénéficiaire de la compensation financière résultant de ce transfert ont été fixés par un arrêté du ministre de l'Intérieur et du ministre du Budget du 29 février 2012 ; des droits à compensation complémentaires ont été accordés à la ville de Paris par trois arrêtés du 28 mai 2014.

515. – En dépit de la décentralisation, l'instruction des demandes de changement d'usage demeure indépendante de celle des demandes d'autorisations d'urbanisme nécessaires à la réalisation de l'opération. Il existe un net décalage entre le droit commun sur lequel repose la procédure des changements d'usage et le dispositif réformé des autorisations d'urbanisme. À ce stade, le principe d'indépendance des législations produit son plein effet :

– chaque autorisation ne vaut que pour l'application de la réglementation qui l'impose[134] ;

(134) CE, 5 avr. 1996, n° 133813 : *Lebon*, p. 123 : « l'autorisation accordée au titre de l'article L. 631-7 était sans incidence sur l'application des dispositions du Code de l'urbanisme ». – CAA Paris, 29 juin 1999, n° 97PA01507 : « considérant que l'instruction du permis de construire obéissant à une procédure distincte de celle prévue par les dispositions de l'article L. 631-7, la circonstance invoquée par la requérante qu'un permis de construire a été délivré est sans influence sur l'affectation du local en cause ».

– chaque autorisation ne peut être refusée au seul motif que l'autre autorisation n'a pas été préalablement obtenue par le pétitionnaire[135].

516. – La présentation des conditions d'instruction de la demande d'autorisation (§ 1) sera suivie de l'exposé des règles qui lui sont opposables (§ 2).

§ 1. – Le déroulement de l'instruction

517. – Le déroulement de l'instruction suit le régime de droit commun (A), même si quelques particularités subsistent (B), provenant essentiellement de la pratique administrative (C).

A. – Délai

518. – Aucun texte spécial ne prévoit – et n'a d'ailleurs jamais prévu – de délai spécifique pour statuer sur une demande d'autorisation de changement d'usage[136]. L'administration dispose donc d'un délai de **deux mois** pour se prononcer, conformément aux règles de droit commun rassemblées, depuis le 1er janvier 2016, dans le Code des relations entre le public et l'administration (CRPA).

Le silence gardé par l'autorité compétente face à la demande qui lui est présentée à un sens juridique qui a évolué favorablement à l'égard des pétitionnaires.

Pour les demandes présentées avant le 12 novembre 2015, l'absence de réponse de l'administration équivalait à une décision implicite de rejet[137]. Malgré la substitution, par l'ordonnance du 8 juin 2005, d'un régime de dérogation par un régime d'autorisation, le principe est resté celui de l'interdiction des changements d'usage des locaux d'habitation sauf décision expresse d'autorisation ou dispense légale d'autorisation. Il s'agissait là d'une différence importante avec les demandes d'autorisations d'urbanisme pour lesquelles le non-respect du délai d'instruction est en principe sanctionné par la délivrance d'une décision implicite d'acceptation, sauf

(135) CE, 31 mars 1995, n° 110325 : « l'instruction de la demande exigée par l'article L. 631-7 étant distincte de celle du permis de construire, le maire, contrairement à ce qu'il soutient, n'était pas tenu de refuser la demande de permis au motif que l'autorisation de changement de destination du local n'avait pas été délivrée en application de l'article L. 631-7 préalablement à la demande de permis de construire ». – CAA Paris, 16 févr. 1995, n° 92PA01228 : « aucune disposition législative ou réglementaire n'impose qu'une autorisation de changement d'affectation des locaux soit jointe au dossier de demande de permis de construire ; que dès lors, le moyen tiré de ce qu'à défaut pour le pétitionnaire d'avoir joint une telle autorisation à sa demande de permis de construire, ce dernier aurait été délivré au vu d'un dossier irrégulièrement constitué doit être écarté ». – CAA Paris, 14 juin 2012, n° 11PA02282. Cependant, dans un souci de coordination, la circulaire du 6 juin 1984, relative au transfert de compétences en matière de permis de construire invitait les maires « à veiller à ce que le permis de construire ne soit pas délivré tant que n'aura pas été délivré l'autorisation préfectorale de changement d'affectation des locaux ».

(136) V. le rapport de M. Cl. Robert, *La transformation des logements en locaux d'activité*, sept. 1990, rendu au ministère délégué chargé du logement, p. 50, qui propose « d'introduire dans la loi une disposition tendant à limiter le délai d'instruction à deux mois ».

(137) L. n° 2000-321, 12 avr. 2000, relative aux droits des citoyens dans leurs relations avec les administrations, art. 21 dans sa rédaction initiale : « Sauf dans les cas où un régime de décision implicite d'acceptation est institué dans les conditions prévues à l'article 22, le silence gardé pendant plus de deux mois par l'autorité administrative sur une demande vaut décision de rejet ».

exceptions[138]. Depuis le 1er octobre 2007, le pétitionnaire peut bénéficier d'une autorisation d'urbanisme à caractère tacite, même lorsqu'une autorisation de changement d'usage est requise ; auparavant l'ancien article R. 421-19, a) du Code de l'urbanisme excluait cette possibilité.

Pour les demandes présentées à compter du 12 novembre 2015, en application du III de l'article 1er de la loi n° 2013-1005 du 12 novembre 2013 habilitant le Gouvernement à simplifier les relations entre l'administration et le citoyen, le principe est inversé[139] : le silence gardé pendant plus de deux mois par l'administration vaut dorénavant autorisation et non plus rejet (CRPA, art. L. 231-1). Des dérogations au principe d'acceptation tacite peuvent être prévues pour des motifs tenant à l'objet de la décision ou pour des motifs de bonne administration mais aucune, à ce jour, ne vise la procédure de changement d'usage des locaux d'habitation[140].

519. – L'autorité compétente délivre un accusé de réception sur lequel figure un certain nombre de mentions obligatoires, notamment le délai à l'issue duquel une autorisation tacite est susceptible d'intervenir (CRPA, art. L. 112-3 et R. 112-5). La délivrance de l'accusé de réception n'est encadrée par aucun délai. Cependant, l'abstention de l'administration saisie d'une demande à en accuser réception n'a pas d'incidence sur le délai d'instruction et ne fait pas obstacle à la délivrance d'une autorisation tacite[141] ; en revanche elle peut avoir un impact sur les délais de recours du pétitionnaire[142].

Le pétitionnaire a naturellement intérêt à conserver la preuve de la date de réception de sa demande (récépissé de dépôt, avis de réception postal)[143] qui servira de point de départ au délai de deux mois. Dans le cadre de l'ancien principe « silence vaut refus », cette preuve lui aura permis de contester, le cas échéant, la décision implicite de rejet. Dans le cadre du nouveau principe « silence vaut acceptation », elle permet d'établir la date d'acquisition d'une éventuelle décision implicite d'autorisation.

(138) C. urb., art. R. 424-1 : « À défaut de notification d'une décision expresse dans le délai d'instruction déterminé comme il est dit à la section IV du chapitre III ci-dessus, le silence gardé par l'autorité compétente vaut, selon les cas :
a) Décision de non-opposition à la déclaration préalable ;
b) Permis de construire, permis d'aménager ou permis de démolir tacite ».
Il existe des exceptions énumérées aux articles R. 424-2 et R. 424-3 du Code de l'urbanisme où le silence de l'administration vaut décision implicite de rejet.
Le principe est également applicable aux demandes de certificats d'urbanisme (C. urb., art. R. 410-12).

(139) V. l'étude du Conseil d'État, *L'application du nouveau principe « silence de l'Administration vaut acceptation »*, Doc. fr., 2014.

(140) Et ce en dépit du fait que la liste des « démarches pour lesquelles le silence de l'administration vaut acceptation de la demande (silence vaut accord) » disponible sur service-public.fr ait omis de viser l'autorisation de l'article L. 631-7. Cette liste est cependant dénuée de toute valeur juridique.

(141) V. la jurisprudence pénale relative aux autorisations d'urbanisme, Cass. crim., 9 sept. 2014, n° 13-85.985 : *Bull. crim.*, n° 183 ; *RDI* 2014, p. 585, note P. Soler-Couteaux.

(142) CRPA, art. L. 112-6 : « Les délais de recours ne sont pas opposables à l'auteur d'une demande lorsque l'accusé de réception ne lui a pas été transmis ou ne comporte pas les indications exigées par la réglementation. Le défaut de délivrance d'un accusé de réception n'emporte pas l'inopposabilité des délais de recours à l'encontre de l'auteur de la demande lorsqu'une décision expresse lui a été régulièrement notifiée avant l'expiration du délai au terme duquel est susceptible de naître une décision implicite ».

(143) Il peut également s'agir du récépissé de dépôt d'une demande de permis de construire ou d'une déclaration préalable valant demande de changement d'usage conformément à l'article L. 631-8 du CCH.

En cas d'obtention d'une autorisation implicite l'administration doit délivrer une attestation à la demande du pétitionnaire (CRPA, art. L. 232-3) ; toutefois, aucun délai n'est prescrit pour la délivrance de l'attestation, et aucune sanction n'est prévue en cas de refus de délivrance, ce qui renforce la nécessité pour le pétitionnaire et ses ayants droit de conserver la preuve de la date de dépôt de la demande.

Une décision expresse n'empêche la formation d'une décision implicite d'acceptation que si elle a été notifiée au demandeur avant l'expiration du délai d'acquisition de la décision implicite[144].

520. - Lorsque la demande est adressée à une autorité incompétente, cette dernière la transmet à l'administration compétente et en avise le pétitionnaire (CRPA, art. L. 114-2).

Suivant le régime des décisions implicites de refus, applicable aux demandes de changement d'usage présentées antérieurement au 12 novembre 2015, le délai courrait dès la date de réception de la demande par l'autorité initialement saisie. Au contraire, dans le cadre du régime des décisions implicites d'acceptation, applicable aux dossiers déposés à compter du 12 novembre 2015, le délai ne court qu'à compter de la date de réception de la demande par l'autorité administrative compétente.

521. - Le point de départ du délai d'instruction ne peut valablement courir qu'à compter de la réception d'un dossier complet et régulier permettant à l'administration de statuer (CRPA, art. L. 114-5 et L. 114-6). Une éventuelle insuffisance ou irrégularité du dossier serait de nature à retarder, voire à bloquer l'obtention de l'autorisation si, toutefois, l'administration a pris la peine d'en informer préalablement le pétitionnaire. En l'absence de dispositions légales ou réglementaires ou dans le document local d'application précisant le contenu de la demande d'autorisation et la liste des pièces qui doivent être jointes, la question de la recevabilité de la demande reste ouverte selon les cas d'espèce. Pour sa part, le Conseil de Paris, dans sa séance des 14, 15, 16 et 19 novembre 2018, a fixé les renseignements et les pièces à fournir à l'appui d'une demande de changement d'usage en fonction de l'objet de l'autorisation sollicitée (usage personnel, réel ou mixte)[145].

En cas de dossier incomplet, le service instructeur doit indiquer au pétitionnaire les pièces et informations manquantes et fixer un délai pour la réception de celles-ci. La liste des documents et renseignements à fournir, ainsi que le délai fixé pour leur production figurent dans l'accusé de réception ; lorsque celui-ci a déjà été délivré, ces éléments sont communiqués par lettre au demandeur. Toutefois, contrairement à ce que prévoit le Code de l'urbanisme pour les autorisations d'occupation des sols, aucun délai n'est imparti à l'administration pour formuler une telle demande, laquelle pourrait donc intervenir jusqu'à la veille du terme du délai d'instruction. En cas de dossier affecté par un vice de forme ou de procédure faisant obstacle à son examen, et que ce vice est susceptible d'être couvert dans les délais légaux, l'administration doit inviter l'auteur de la demande à la régulariser en lui indiquant le délai imparti pour cette régularisation, les formalités ou les procédures à respecter ainsi que les dispositions légales et réglementaires qui les prévoient[146].

(144) CE, sect., 24 janv. 1986, n° 50925 : *Lebon*, p. 13.
(145) V. *supra*, n°s 1006 et s.
(146) Si la réponse de l'administration ne comporte pas ces indications, les délais de recours sont inopposables au pétitionnaire (CRPA, art. L. 114-6, al. 2).

522. - Dans le cadre de l'ancien principe « silence vaut refus », une autorisation expresse de changement d'usage pouvait néanmoins être valablement prise au-delà des deux mois pour retirer la décision implicite de rejet née du silence de l'administration. En effet, en tant qu'acte individuel non créateur de droits, le refus peut faire l'objet d'un retrait à tout moment, et pour tout motif, aussi bien d'opportunité que de légalité, et sous la forme notamment d'une décision tardive d'autorisation.

Sous l'empire du nouveau principe « silence vaut acceptation », il est possible que la situation inverse se produise : l'autorisation tacitement accordée à l'issue du délai d'instruction peut faire l'objet d'un retrait sous la forme d'un refus tardif. Toutefois, s'agissant cette fois d'un acte individuel créateur de droits, l'autorisation ne pourra être retirée que si elle est illégale et seulement à l'intérieur d'un délai de quatre mois à compter de son obtention[147].

523. - Les délais d'instruction, mais également les délais de recours et de retrait des autorisations de changement d'usage ont connu quelques adaptations du fait de la crise sanitaire liée au Covid-19.

La loi n° 2020-290 du 23 mars 2020 a autorisé le Gouvernement à prendre des mesures d'urgence provisoires relevant du domaine de la loi. Ces mesures pouvaient entrer en vigueur, de façon rétroactive, dès le 12 mars 2020. Parmi les vingt-cinq ordonnances prises le 25 mars 2020 en application de la loi précitée, aucune ne traite spécifiquement des changements d'usage des locaux d'habitation. Et les différentes ordonnances qui les ont suivies pour doter les procédures d'urbanisme d'un régime spécifique ne s'y sont pas davantage intéressées[148].

Les questions relevant de ce domaine ont donc trouvé l'essentiel de leurs réponses dans un texte certes d'exception mais à portée générale, plusieurs fois modifié, à savoir l'ordonnance n° 2020-306 du 25 mars 2020 relative à la prorogation des délais échus pendant la période d'urgence sanitaire et à l'adaptation des procédures pendant cette même période dont le titre Ier est consacré aux « dispositions générales relatives à la prorogation des délais » et le titre II aux « autres dispositions particulières aux délais et procédures en matière administrative ».

B. – Consultations

524. - Certaines consultations sont obligatoires (1° et 2°), d'autres sont facultatives (3°) ; toutes donnent lieu à des avis simples. S'il le demande, le pétitionnaire est en droit de se faire délivrer la copie des avis au vu desquels la décision est prise, et ce dès leur envoi à l'autorité compétente (CRPA, art. L. 114-7).

1° Consultation obligatoire du maire d'arrondissement

525. - À Paris, Marseille et Lyon, le maire de l'arrondissement concerné doit rendre un avis préalable sur la demande d'autorisation de changement d'usage. Cette consultation est requise par l'article L. 631-7-1, alinéa 1er :

> « L'autorisation préalable au changement d'usage est délivrée par le maire de la commune dans laquelle est situé l'immeuble, après avis, à Paris, Marseille et Lyon, du maire d'arrondissement concerné ».

(147) V. *infra*, nos 581 et s.
(148) V. not. J.-Ph. Meng et G. Daudré, *Impact de la prorogation des délais du fait de l'urgence sanitaire : Defrénois* 14 mai 2020, p. 29 et s.

L'intervention du maire d'arrondissement remonte à la loi n° 2002-276 du 27 février 2002 relative à la démocratie de proximité (CGCT, art. L. 2511-30, al. 3).

526. - Lors des débats parlementaires de la loi n° 2008-776 du 4 août 2008 de modernisation de l'économie, la possibilité que les maires d'arrondissement puissent délivrer les autorisations de changement d'usage, un temps envisagée par souci de proximité, fut écartée au profit du maire dont la compétence exclusive doit permettre une application unifiée du contrôle de l'usage sur l'ensemble du territoire communal[149]. Pour autant, l'élaboration du règlement municipal et la délivrance sur son fondement des autorisations individuelles ne relèvent pas toujours de la même autorité : « si la commune est membre d'un établissement public de coopération intercommunale compétent en matière de plan local d'urbanisme, la délibération est prise par l'organe délibérant de cet établissement » (art. L. 631-7-1, al. 4).

527. - L'avis du maire d'arrondissement est simplement consultatif et ne lie pas le maire dans sa décision. S'il est toujours possible de passer outre en cas de non-réponse, cette consultation préalable constitue une formalité substantielle dont l'omission entacherait d'illégalité la décision prise par l'autorité compétente[150].

528. - Avant la décentralisation du contrôle de l'usage, le préfet devait solliciter l'avis du directeur départemental de l'équipement, du maire de la commune et du maire d'arrondissement à Paris, Marseille et Lyon. Une circulaire du 7 avril 1981 a commenté les modalités de consultation en vue « d'accélérer la procédure »[151]. L'article R. 631-4 n'a pas été mis à jour et continue de se référer à ces avis dans le cadre de l'instruction des dérogations et autorisations alors prévues à l'article L. 631-7, alinéas 2 et 3, dans sa rédaction antérieure à l'ordonnance du 8 juin 2005 !

2° Consultation obligatoire du bailleur d'habitations à loyer modéré

529. - Pour les immeubles appartenant aux organismes d'habitations à loyer modéré, l'article L. 631-7-5 prévoit une consultation particulière :

> « II. – L'autorisation délivrée en application de l'article L. 631-7-2 dans les cas visés au premier ou au dernier alinéa du I du présent article est précédée d'un avis du propriétaire du local. Passé un délai d'un mois, cet avis est réputé favorable ».

Lorsqu'une autorisation de changement d'usage partiel (usage mixte) est requise au titre des articles L. 631-7-2 et L. 631-7-4, le maire doit solliciter l'avis du bailleur, le silence de celui-ci pendant un mois valant accord[152].

3° Consultations facultatives

530. - Le service instructeur peut, s'il l'estime opportun, procéder à des consultations internes en se rapprochant, par exemple, du service chargé de l'urbanisme lorsque le projet requiert une autorisation de cette nature, de l'adjoint en charge du tourisme s'agissant des demandes de changement d'usage en vue d'autoriser la location meublée saisonnière ou encore de l'adjoint en charge des professions

(149) *JO* Sénat CR 1er juill. 2008, p. 3720 et s.

(150) CE, 4 mars 1959, n° 42532 : *Lebon*, p. 154. – CAA Paris, 16 avr. 1998, n° 96PA01611 ; *Gaz. Pal.* 1998, 2e sem., p. 119.

(151) Circ. n° 81/30, 7 avr. 1981, complétant la circulaire n° 72-158 du 3 octobre 1972 relative aux changements d'affectation et transformation de locaux dans le cadre des mesures de simplification administrative (annexes : « Circulaires », ann. 7).

(152) V. *supra*, nos 418 et s.

libérales pour les demandes présentées par ces professionnels… L'instructeur peut également consulter le fichier des déclarations foncières de 1970 depuis la base VIDOC pour les biens situés à Paris et auprès des centres des impôts fonciers pour les immeubles localisés dans les autres villes[153].

C. – Compensation

531. – Lorsque la réalisation d'une compensation est requise en contrepartie de l'autorisation de changement d'usage, les contrôles administratifs sont plus approfondis. Le service instructeur doit vérifier :

– si le local proposé en compensation répond aux conditions qualitatives, quantitatives et géographiques posées par le règlement municipal ;

– la régularité de l'affectation du local qui doit être converti à l'habitation[154] ;

– la réalité de cette transformation en logement.

532. – Si un règlement municipal précise les règles du jeu applicables, notamment le coefficient des surfaces à compenser pour obtenir l'autorisation, la procédure à suivre n'est pas fixée et résulte d'une pratique fondée sur le caractère concomitant des opérations de transformation.

Pour rappel, il n'est pas possible de « mettre en conserve » des compensations, qui ne deviendraient effectives que plusieurs années plus tard, après l'achèvement de la rénovation lourde d'un immeuble entier destiné à l'habitation par exemple[155].

533. – À Paris, la ville a mis en place une procédure organisée en deux étapes ; le pétitionnaire doit obtenir successivement une autorisation intermédiaire (dite également provisoire)[156] (1°) puis une autorisation définitive (2°).

1° Autorisation intermédiaire de changement d'usage

534. – À ce stade, il s'agit d'apprécier la conformité du local offert en compensation aux critères définis par le règlement municipal. Afin de vérifier le respect de ces critères et la concomitance des opérations, l'instructeur visite le local objet de la demande de changement d'usage et celui proposé en compensation. L'administration contrôle également l'état de droit du local ; en l'absence de prescription acquisitive de l'usage, s'il y a eu transformation irrégulière du local, celui-ci ne pourra servir de monnaie d'échange.

Le dossier de demande doit notamment comporter :

– pour le local d'habitation à transformer, un plan de l'état actuel mentionnant les surfaces habitables définies par l'article R. 156-1 (ancien art. R. 111-2), certifié par un architecte ou un géomètre ;

– pour le local de compensation, un plan et un état des surfaces actuelles (avant travaux) exprimées en surface de plancher, un plan et un état futur des surfaces habitables projetées, une copie de l'acte ou une attestation de mise à disposition de compensation (usuellement nommée « cession de commercialité »), la preuve de

(153) V. *supra*, n°s 302 et s.

(154) CAA Paris, 15 déc. 1994, n° 93PA01428 : « l'offre de compensation faite primitivement (….) ne pouvait être retenue, ces locaux ne bénéficiant pas eux-mêmes d'une autorisation d'occupation à usage professionnel, et ayant d'ailleurs été exclusivement utilisés pour l'habitation jusqu'à leur acquisition par [le requérant] ».

(155) V. *supra*, n° 482.

(156) L'appellation « autorisation intermédiaire » est sans doute préférable à celle « d'autorisation provisoire » afin de ne pas heurter une jurisprudence rendue dans un autre contexte, V. *infra*, n° 614.

son affectation régulière à un usage autre que l'habitation, ainsi qu'une étude du caractère juridique des locaux de compensation[157].

La mairie de Paris exige également une copie de l'autorisation d'urbanisme de changement de destination du local proposé en compensation. Cette exigence est contraignante puisqu'elle implique d'engager les frais de constitution d'une demande de permis de construire sur le local de compensation sans que ne puisse plus être levé préalablement le risque d'un refus d'autorisation de changement d'usage. Auparavant la préfecture de Paris acceptait de se prononcer sur la recevabilité de la compensation proposée en amont du dépôt de la demande de changement de destination et, en cas de compensation suffisante, elle délivrait un accord de principe d'une durée limitée (en général une année) ; les pétitionnaires étaient donc fixés sur le sort de leurs demandes avant d'entreprendre d'autres démarches.

535. – La délivrance d'une autorisation de changement d'usage permet de débuter les travaux de transformation du local d'habitation conformément à l'article L. 631-8, alinéa 2, sous réserve d'obtenir par ailleurs les autres autorisations requises (autorisation d'urbanisme, accord de la copropriété…). En effet, le local cessant d'être affecté à l'habitation dès le démarrage des travaux, et non pas seulement une fois la transformation achevée, l'autorisation doit être obtenue avant leur commencement.

Cette première autorisation conserve cependant un caractère intermédiaire puisque, par hypothèse, aucune compensation n'a pu être réalisée à ce stade ; un délai de deux ans est usuellement accordé à compter de la décision d'autorisation.

536. – On peut s'interroger sur les effets d'une telle décision par nature temporaire et néanmoins créatrice de droits. À notre sens le changement d'usage est immédiatement autorisé – puisque la réalisation des travaux de transformation qu'elle permet aboutit à conférer au local un nouvel usage qui n'est pas d'habitation – mais seulement pendant le délai accordé par l'administration afin de constater la réalisation de la compensation. Il s'ensuit que le local bénéficiant d'une autorisation intermédiaire de changement d'usage pourrait être régulièrement occupé à un autre usage que l'habitation durant cette période transitoire sans devoir attendre la bonne fin de la transformation du local de compensation[158]. Mais si finalement aucune autorisation définitive n'intervient dans le délai prévu (faute d'avoir apporté les compensations promises), le local transformé entre-temps devra retrouver son usage initial d'habitation, sauf obtention d'une décision modificative prolongeant le délai initial de l'autorisation intermédiaire.

L'administration parisienne fait preuve ici d'une certaine souplesse et délivre des décisions modificatives également en ce qui concerne le titulaire de l'autorisation en cas

(157) Selon l'exposé des motifs de la délibération 2021 DLH 459 modifiant le règlement municipal, il s'agit d'apporter la « preuve de l'usage autre qu'habitation au 1er janvier 1970 (permettant de localiser et de préciser la surface de ces locaux) ou d'un changement d'usage régulier ultérieur ».

(158) Par ex., un bail commercial pourrait être conclu et prendre effet sur le local autorisé à changer d'usage, et ce aux risques et périls du propriétaire bailleur si l'autorisation définitive n'était finalement pas obtenue (retour à l'habitation dans ce cas et indemnisation du preneur pour l'intégralité du préjudice subi par la fin anticipée de son droit d'occupation).

de changement de propriétaire du local[159], ou les surfaces de compensation en cas de substitution de l'offre initiale de compensation par une nouvelle tout autant recevable.

2° Autorisation définitive de changement d'usage

537. – L'autorisation dite définitive n'intervient qu'après réalisation effective et conforme, dans le délai imparti, de la compensation qui constitue le dénouement de l'opération de changement d'usage[160] ; à défaut de réalisation de la compensation, l'autorisation sera refusée[161].

La municipalité parisienne délivre une telle autorisation :

– sur production de la déclaration attestant l'achèvement et la conformité des travaux[162] de transformation du local de compensation (sans attendre l'attestation de non-contestation de la conformité)[163] ;

– sur présentation de plans de l'état réalisé, avec mention des surfaces habitables, certifiés par un géomètre-expert ou un architecte ;

– et après avoir constaté sur place la transformation physique des locaux de compensation, avec les équipements nécessaires à l'habitation (cuisine, salle de bains, sanitaires...).

Il convient en outre de fournir, en cas de compensation apportée par un bailleur social, le numéro d'identifiant du local tel que figurant dans la convention APL (aide personnalisée au logement).

538. – La préfecture de Paris considérait qu'elle ne pouvait délivrer l'autorisation définitive que lorsqu'elle avait constaté que les locaux offerts en compensation, non seulement étaient bien matériellement transformés en logements, mais encore qu'ils étaient physiquement occupés par des propriétaires-accédants ou par des locataires. Cette exigence présentait l'inconvénient de retarder, parfois de plusieurs mois, la conclusion du changement d'usage si la commercialisation en vente ou location venait à tarder.

La mairie de Paris, en revanche, n'exige pas que le local de compensation soit effectivement occupé à usage d'habitation.

(159) Une telle décision modificative ne paraît pas utile en cas de vente en l'état futur d'achèvement par le titulaire de l'autorisation intermédiaire : le vendeur conservant les pouvoirs de maître de l'ouvrage jusqu'à la réception des travaux (C. civ., art. 1601-3, al. 2), il est tenu personnellement d'achever les travaux de transformation autorisés.

(160) C'est en ce sens qu'est ici utilisée l'expression « autorisation définitive », et non pour viser l'absence de retrait et de recours.

(161) CAA Paris, 19 oct. 1995, n° 95PA00652 : « Considérant qu'il ressort des pièces versées au dossier et notamment d'une lettre de Me ... notaire, que le local proposé en compensation par le requérant, a été vendu par une société à responsabilité limitée à une société civile immobilière laquelle s'est engagée à édifier un ensemble immobilier à usage d'habitation en place de la construction où était sis le local proposé en compensation ; que ce seul document ne suffit pas à établir que le local ait été effectivement rendu à un usage d'habitation ; que dès lors le refus de l'autorisation sollicitée fondé sur l'inexistence de la compensation proposée ne repose pas sur des faits matériellement inexacts ou qui ne seraient pas de la nature de ceux qui peuvent justifier la décision attaquée ».

(162) Depuis la réforme des autorisations d'urbanisme de 2005-2007, pratiquement tous les changements d'usage avec compensation sont accompagnés soit d'un permis de construire, soit d'une déclaration préalable, et ce sur chaque local transformé. Mais si tel n'est pas le cas, le procès-verbal de réception des travaux pourra être produit en lieu et place de la DAACT.

(163) Le délai permettant à l'administration chargée de l'urbanisme de contester les travaux oscillant entre trois et cinq mois, selon que le récolement est facultatif ou obligatoire (C. urb., art. 462-6 et R. 462-7), l'exigence d'une attestation de non-contestation de la conformité aboutirait à des longueurs comparables à la pratique préfectorale antérieure.

§ 2. – Les règles sanctionnées

539. - Sous le régime antérieur à 2005, il n'existait pas un corps de règles affichées et connues dont le respect était sanctionné par la délivrance d'une autorisation de changement d'usage. L'administration recevait des instructions d'application à caractère interprétatif et non réglementaire. Cette situation contribuait à l'opacité du système des compensations[164] ; en outre, elle favorisait le contentieux sur le bien-fondé des compensations exigées par l'administration[165] ou sur le caractère suffisant de celles proposées par les pétitionnaires[166].

540. - L'ordonnance du 8 juin 2005 a remédié à ce manque de transparence : un arrêté préfectoral devait définir, au niveau départemental ou communal, les conditions de délivrance des autorisations ainsi que les règles de compensation. Le modèle de cet arrêté figure en annexe de la circulaire du 22 mars 2006. Avec la décentralisation du contrôle de l'usage, l'arrêté préfectoral est remplacé, depuis le 1er avril 2009, par une délibération du conseil municipal (ou de l'organe délibérant de l'EPCI compétent en matière de PLU) chargée des mêmes objectifs par l'article L. 631-7-1, alinéa 4 :

> « Pour l'application de l'article L. 631-7, une délibération du conseil municipal fixe les conditions dans lesquelles sont délivrées les autorisations et déterminées les compensations par quartier et, le cas échéant, par arrondissement, au regard des objectifs de mixité sociale, en fonction notamment des caractéristiques des marchés de locaux d'habitation et de la nécessité de ne pas aggraver la pénurie de logements. Si la commune est membre d'un établissement public de coopération intercommunale compétent en matière de plan local d'urbanisme, la délibération est prise par l'organe délibérant de cet établissement ».

Le Conseil d'État a estimé que les dispositions ci-dessus prévoyant l'édiction des règles de délivrance des autorisations, sous le contrôle du juge de l'excès de pouvoir,

(164) V. le rapport de M. Cl. Robert, *La transformation des logements en locaux d'activité*, sept. 1990, rendu au ministère délégué chargé du logement, p. 28 : « ainsi les services compétents sont-ils condamnés à évoluer entre deux écueils, celui de la rigidité bureaucratique et celui de l'arbitraire. On en conclura qu'il serait souhaitable (...) de rechercher plus de clarté à la fois par une réforme du mécanisme de décision et par un affichage des règles du jeu ».

(165) CAA Paris, 22 mai 2008, n° 07PA01575 : « le préfet pouvait légalement se fonder sur le motif tiré de ce que les requérants ne proposaient aucune compensation pour refuser la dérogation sollicitée ; qu'il n'a pas ce faisant entaché sa décision d'une erreur manifeste d'appréciation alors même que le coût du logement dans ce quartier rend cette compensation particulièrement difficile à mettre en œuvre ».

(166) CAA Paris, 6 mars 2008, n° 05PA02794 : « pour compenser la diminution du parc de logements résultant du changement d'affectation qu'elle sollicitait pour un local de 108 m² situé ..., la société ... offrait de convertir à l'habitation deux appartements d'une superficie totale de 180 m², situés l'un ... et l'autre ... ; qu'il n'est pas contesté que lesdits appartements n'étaient pas à usage d'habitation lorsqu'ils ont été proposés en compensation ; que d'une qualité qui n'est pas excessivement inférieure à celle du local objet de la demande, ils sont localisés, à relativement courte distance dudit local, dans des arrondissements limitrophes du 17e arrondissement dont le préfet ne soutient pas qu'ils présenteraient des caractéristiques substantiellement différentes en termes d'équilibre entre les logements et les locaux dévolus à des activités professionnelles ; que la circonstance que ces appartements se trouvaient dans des immeubles majoritairement à usage de bureau n'est pas de celles qui peuvent être pertinemment prises en compte pour apprécier la possibilité d'une dérogation ; que, dans ces conditions, le préfet a, en refusant une dérogation assortie de telles compensations, entaché sa décision d'une erreur manifeste d'appréciation au regard des circonstances qu'il doit prendre en compte eu égard à l'objet des dispositions de l'article L. 631-7 ».

ne méconnaissaient pas les exigences constitutionnelles s'attachant à la garantie du droit de propriété[167].

541. - S'agissant plus spécialement des locations meublées de courtes durées, l'article L. 631-7-1 A, introduit dans le Code de la construction et de l'habitation par la loi ALUR, permet à la collectivité ou à l'EPCI compétent d'instaurer, s'ils le souhaitent, un régime d'autorisation temporaire réservée aux seules personnes physiques propriétaires[168].

542. - De façon plus originale, des préoccupations de droit privé se sont introduites dans le contrôle des changements d'usage mixte. Suite à la loi n° 2008-776 du 4 août 2008 de modernisation de l'économie, l'administration est notamment chargée de prévenir les troubles de voisinage et les risques de dégradation du bâti existant qui pourraient résulter de l'implantation d'activités dans un local d'habitation.

La loi encourage les initiatives professionnelles au sein de la résidence principale pour lui permettre de jouer un rôle d'enrichissement du patrimoine des ménages, sous réserve que le développement de ces activités ne trouble pas la paix des autres habitants[169]. La recherche d'un équilibre entre la satisfaction des intérêts des pétitionnaires et l'intérêt général attaché à la protection de l'habitat urbain n'a pas contribué à clarifier le rôle de l'administration en la matière.

543. - Le contrôle au fond des demandes d'autorisation s'opère à partir des règles de la police de l'usage (A). En outre, certaines règles de droit privé sont prises en considération pour la délivrance des autorisations d'usage mixte (B).

A. - Règles de droit public

544. - La situation des communes dotées d'un document d'application (1°) doit être distinguée de celles n'en disposant pas (2°).

1° Communes couvertes par un document d'application

545. - La demande d'autorisation de changement d'usage est instruite :

- d'une façon générale, « au regard des objectifs de mixité sociale, en fonction notamment des caractéristiques des marchés de locaux d'habitation et de la nécessité de ne pas aggraver la pénurie de logements » (art. L. 631-7-1, al. 4) ;

(167) CE, 8 juin 2012, n° 357797 : « les dispositions de l'alinéa contesté prescrivent à la commune ou à l'établissement public de coopération intercommunale d'arrêter, sous le contrôle du juge de l'excès de pouvoir, les règles selon lesquelles le maire exercera la compétence définie au premier alinéa du même article, qui doivent être justifiées par les objectifs de mixité sociale que la commune ou l'établissement public se fixe en application de la législation de l'urbanisme, notamment des dispositions de l'article L. 121-1 du Code de l'urbanisme et, au regard de ces objectifs, par la situation des marchés de locaux d'habitation et l'éventuelle existence d'une pénurie de logements ; que le législateur a ainsi soumis l'acte réglementaire en cause au respect de considérations objectives, en rapport avec l'objet de la loi, qui sont de nature à prémunir les intéressés contre tout arbitraire dans l'appréciation de la situation propre à chaque commune ou groupement de communes ; qu'il n'a dès lors méconnu ni le principe d'égalité, ni les exigences constitutionnelles s'attachant à la garantie du droit de propriété et de la liberté d'entreprendre ; que, par suite, la question soulevée, qui n'est pas nouvelle, ne présente pas un caractère sérieux ».

(168) V. *supra*, n°s 228 et s.

(169) N. Randoux, *La résidence principale*, éd. Defrénois, coll. « Doctorat & Notariat », t. 38, juin 2009, n°s 168 et s.

– et en fonction des dispositions particulières de l'arrêté préfectoral ou du règlement municipal, si l'un ou l'autre de ces documents existe.

546. – Pour rappel, selon la circulaire du 22 mars 2006, ces documents d'application ont pour objet de fixer, en toute transparence, les conditions dans lesquelles :

« – sont délivrées les autorisations,

– sont déterminées les compensations par quartier et, le cas échéant, par arrondissement, au regard des objectifs de mixité sociale, en fonction notamment des caractéristiques des marchés de locaux d'habitation et de la nécessité de ne pas aggraver la pénurie de logements,

– sont fixées les conditions d'exercice d'une profession non commerciale dans la résidence principale du demandeur ».

547. – Depuis l'ordonnance du 8 juin 2005, en matière d'autorisation, l'administration est liée par les règles qu'elle aura préalablement édictées au niveau du département ou de la commune concernée. C'est à l'aune des objectifs de la loi et des documents locaux pris pour son application que seront examinées les demandes d'autorisation de changement d'usage. Toutefois, la référence qui est parfois faite dans les dispositions de ces arrêtés préfectoraux ou règlements municipaux à d'autres documents locaux relevant de législations différentes (plan local d'urbanisme, programme local de l'habitat) peut avoir pour effet d'accroître sensiblement le pouvoir d'appréciation de l'autorité compétente[170].

Les règlements en vigueur dans les villes de plus de 200 000 habitants et la plupart des communes de la petite couronne parisienne, ainsi que les arrêtés préfectoraux qui les ont parfois précédés, sont commentés ci-après[171].

2° Communes non couvertes par un document d'application

548. – Dans les communes où il n'existe ni arrêté préfectoral ni règlement municipal, la circulaire du 22 mars 2006 précise que, dans l'attente de ces documents, le « régime antérieur de délivrance de ces autorisations continue à s'appliquer ».

549. – Le régime antérieur à l'ordonnance du 8 juin 2005 ne reposait sur aucun document d'application au niveau local et conférait « les plus larges pouvoirs d'appréciation à l'autorité administrative pour octroyer ou refuser les autorisations »[172]. La décision de refus ou prescrivant une compensation ne pouvait « être légalement fondée que sur des considérations tirées du nombre de logements disponibles dans la commune ou l'agglomération »[173] ou dans un secteur particulier[174], étant précisé que l'appréciation de l'autorité compétente « peut tenir compte de données propres au secteur dans lequel le local est situé »[175] ainsi que des autorisations qu'elle a précédemment accordées[176] ; en outre, elle « peut, sans méconnaître le principe d'égalité, modifier les critères, notamment géographiques, sur lesquels elle fonde

(170) V. *infra*, n°s 897 et s.

(171) V. *infra*, n°s 792 et s.

(172) CE, 21 déc. 1973, n° 85439 : *Lebon*, p. 742 ; *AJDA* 1974, p. 91, comm. p. 81.

(173) CE, 18 déc. 1992, n° 107442 : *JCP* E 1993, pan. 44.

(174) Tel que celui du quartier de la Défense, CE, 30 déc. 2010, n° 308067 : *Lebon*, p. 533 ; *RJEP* 2011, comm. 27, concl. G. Dumortier ; *JCP* A 2011, 2141, note G. Pellissier ; *Dr. adm.* 2011, alerte 12, R. Noguellou.

(175) CE, 15 déc. 2000, n° 212175 : *Gaz. Pal.* 2001, 2e sem., p. 1642.

(176) CE, 30 déc. 2010, préc.

cette appréciation, lorsqu'un intérêt général en relation avec les objectifs de la législation en cause le justifie »[177].

550. – En l'absence de règles définies au niveau local, l'autorité administrative devrait à tout le moins statuer « au regard des objectifs de mixité sociale, en fonction notamment des caractéristiques des marchés de locaux d'habitation et de la nécessité de ne pas aggraver la pénurie de logements » (art. L. 631-7-1, al. 4).

B. – Règles de droit privé

551. – Par principe, le respect des règles privées n'est pas sanctionné par la délivrance d'une autorisation de changement d'usage[178]. La pratique administrative exigeant un accord de la copropriété ou un certificat de non-opposition du syndic préalablement à la délivrance de toute autorisation a été invalidée par le Conseil d'État considérant qu'un « motif tiré des rapports entre les copropriétaires de l'immeuble n'est pas au nombre de ceux qui peuvent légalement justifier l'octroi ou le refus de l'autorisation »[179]. Cette jurisprudence, antérieure à l'ordonnance du 8 juin 2005, pourrait dorénavant se heurter à l'article L. 631-7-1, alinéa 4, qui invite l'autorité locale compétente à fixer, par un document réglementaire, « les conditions dans lesquelles sont délivrées les autorisations »[180].

Parmi ces conditions, certains règlements municipaux font figurer l'autorisation de l'assemblée générale des copropriétaires lorsqu'elle est nécessaire au changement d'usage sollicité. L'autorisation de changement d'usage délivrée à un copropriétaire ne le dispense pourtant nullement d'obtenir l'accord de la copropriété ; il est même admis que cet accord puisse être régulièrement obtenu une fois les travaux commencés ou effectués[181].

552. – Depuis la loi n° 2008-776 du 4 août 2008 de modernisation de l'économie, les droits des tiers ne sont plus totalement ignorés par la police de l'usage. Dans les cas prévus aux articles L. 631-7-2, L. 631-7-3 et L. 631-7-4, les autorisations et dispenses d'autorisation concernant l'usage mixte de la résidence principale sont possibles à la condition « qu'aucune stipulation contractuelle prévue dans le bail ou le règlement de copropriété ne s'y oppose ». Cette précision est déroutante : les règles civiles s'appliquent concurremment à celles issues de la police de l'usage[182] ; il n'était pas

(177) CE, 30 déc. 2010, préc.

(178) CAA Paris, 11 févr. 2016, n° 14PA00693 : lorsqu'elle est saisie d'une demande d'autorisation de changement d'usage, « l'administration n'est pas liée par l'usage des locaux défini par un règlement de copropriété ».

(179) CE, 9 juin 1982, n° 24635 : *Lebon*, p. 663. – CE, 2 mai 1990, n° 77543 : *Lebon*, p. 109 ; *AJDA* 1990, p. 642, note L. Richer. – V. égal. CAA Paris, 31 oct. 2000, n° 98PA03914 : « les circonstances que l'affectation à usage professionnel du local est conforme à celle prévue au règlement de copropriété, que de nombreux praticiens exercent dans les mêmes conditions que [le requérant] sont sans incidence sur la légalité [du refus d'autorisation] ».

(180) V. par ex. une espèce où la légalité d'une autorisation de changement d'usage a pu être discutée au regard des dispositions du règlement de copropriété : CAA Paris, 14 déc. 2017, n° 16PA01887. L'article 7 du règlement parisien alors en vigueur obligeait tout pétitionnaire à justifier que le règlement de copropriété ne s'oppose pas à sa demande ou à défaut de produire l'accord de la copropriété ; cet article 7 a depuis été modifié afin de viser uniquement l'usage mixte pour lequel la loi impose une vérification de la compatibilité avec les stipulations du règlement de copropriété et du bail (art. L. 631-7-2).

(181) Cass. 3e civ., 20 nov. 1985, n° 84-16.414 : *Bull. civ.* III, n° 150. – Cass. 3e civ., 30 sept. 1998, n° 96-16.689 : *Bull. civ.* III, n° 181 ; *RDI* 1999, p. 145, note C. Giverdon.

(182) CA Paris, 16e ch. B, 25 sept. 2008, n° 07/19445.

nécessaire de conférer à l'autorité administrative une compétence quelconque pour assurer l'application d'une règle dont elle n'est pas l'auteur[183].

553. – Le législateur invite l'administration, lorsqu'elle est saisie d'une demande d'autorisation d'usage mixte dans le cadre de l'article L. 631-7-2, à examiner, le cas échéant, sa compatibilité avec le bail et le règlement de copropriété[184]. L'exercice de ce contrôle n'est pas sans difficulté[185]. Il est à craindre que le contentieux du « titre habilitant à construire », opportunément écarté par la réforme des autorisations d'urbanisme de 2005-2007[186], ne réapparaisse à l'encontre des autorisations d'usage mixte.

554. – La tranquillité des tiers est également prise en compte : l'activité peut être autorisée dans une partie de la résidence principale à condition qu'elle « n'engendre ni nuisance, ni danger pour le voisinage » et « ne conduise à aucun désordre pour le bâti » (art. L. 631-7-2). Le service instructeur est appelé à réaliser une sorte « d'étude d'impact » de l'activité envisagée, c'est-à-dire évaluer ses incidences sur le voisinage et les parties communes de l'ensemble immobilier dont le caractère bourgeois doit être maintenu. Les désagréments temporaires occasionnés par les travaux éventuellement nécessaires sont, à notre sens, exclus du contrôle administratif qui reste cantonné à l'examen des conditions d'exercice de l'activité à autoriser.

Le pétitionnaire aura tout intérêt à présenter à l'appui de sa demande les mesures qu'il entend mettre en œuvre pour réduire les inconvénients attachés à son activité (isolation acoustique du local, conditions d'accueil de la clientèle, volume et fréquence des livraisons de marchandises...). L'administration serait fondée à exiger de tels justificatifs. À l'évidence, certaines professions (radiologues, vétérinaires...) sont plus concernées que d'autres (avocats, architectes...) par ce contrôle.

Mais, en dehors du domaine d'application de l'article L. 631-7-2, c'est-à-dire en cas de changement d'usage de la totalité du local, le principe demeure que l'autorisation « n'a pas vocation à contrôler le respect des règles régissant la construction, la sécurité ou l'accessibilité des locaux »[187].

555. – La compétence de l'administration se limite à la demande dont elle est saisie ; les litiges privés entre les copropriétaires, les bailleurs et les locataires ou les voisins demeurent, conformément au principe de séparation des pouvoirs, du seul ressort du juge judiciaire. L'interprétation des dispositions du bail et du règlement de copropriété par le maire n'a aucune conséquence en dehors de son domaine d'intervention ; l'autorisation administrative, toujours délivrée sous réserve du droit des tiers, ne peut créer ni droits ni obligations à la charge ou au profit des copropriétaires, bailleurs, voisins...

(183) V. *supra*, n°s 259 et s.

(184) O. Herrnberger, *La retouche de l'article L. 631-7 par la LME : Lamy Droit immobilier*, bull. déc. 2008, p. 1.

(185) *La vente d'immeuble : sécurité et transparence*, 99e Congrès des notaires de France (2003), Première commission, *La période précontractuelle, les actes préparatoires*, par M^es^ Th. Delesalle et O. Herrnberger, n°s 1037 et s. – *La propriété immobilière : entre liberté et contraintes*, 112e Congrès des notaires de France (2016), Troisième commission, *La propriété immobilière face à ses défis*, par M^es^ Th. Vaillant et A. Muzard, n°s 3303 et s. – L.-A. Poletti, *De quelques problèmes récurrents en copropriété autour de la destination de l'immeuble : Bull. Cridon Paris*, 1er sept. 2017, n° 17.

(186) L'absence ou le refus d'autorisation de travaux par la copropriété n'ont pas d'incidence sur la qualité du copropriétaire à déposer une demande d'autorisation d'urbanisme : CE, 23 oct. 2020, n° 425457 : *Lebon* T., p. 1057-1061 ; *Constr.-Urb.* 2020, repère 10, note H. Périnet-Marquet ; *Defrénois* 28 janv. 2021, p. 26, note G. Daudré ; *Defrénois* 22 avr. 2021, p. 27, note M.-A. Le Floch.

(187) CAA Paris, 14 déc. 2017, n° 16PA01887.

556. – La violation du règlement de copropriété ou du bail et les nuisances ou désordres potentiels peuvent désormais fonder un refus d'autorisation ou être invoqués à l'encontre de la validité d'une autorisation de changement d'usage mixte délivrée sur le fondement de l'article L. 631-7-2.

Qu'en est-il des limitations, non visées par l'article L. 631-7-2, résultant des états descriptifs de division volumétrique, cahiers des charges de lotissement, statuts d'associations syndicales de propriétaires, servitudes et autres clauses de non-concurrence ? La question risque de demeurer théorique : le projet ne pourra être réalisé s'il contrevient à ces différentes règles.

557. – En pratique, suivant les dispositions prises par le règlement local d'application de l'article L. 631-7, la plupart des services instructeurs demandent au pétitionnaire de justifier de la conformité du changement d'usage envisagé, qu'il soit mixte ou total, avec les règles de l'ensemble immobilier soumis au régime de la copropriété[188]. L'autorité administrative, pour des raisons aisément compréhensibles, tient à conserver un « droit de regard » sur le contexte de l'opération lui permettant de prévenir d'éventuelles polémiques tenant à la méconnaissance, par les bénéficiaires des autorisations comme par les tiers, de la distinction entre droit public et droit privé. Cette pratique administrative semble toutefois de plus en plus minoritaire au regard des règlements d'application récemment adoptés ou modifiés.

Par souci de clarification, sans doute aurait-il été préférable de préciser le rôle exact de l'administration en indiquant dans la loi : « Nonobstant les stipulations contractuelles prévues dans le bail ou le règlement de copropriété, le maire peut autoriser... ».

558. – À cet égard, les autorisations de changement d'usage délivrées par la mairie de Paris rappellent opportunément que « cette autorisation est délivrée sous réserve du droit des tiers, elle ne préjuge pas de la suite donnée à toute demande éventuelle d'autorisation d'urbanisme concernant le même local ».

Il n'existe pas de formule légale imposée comme c'est le cas pour les permis de construire, d'aménager et de démolir : « Le permis est délivré sous réserve du droit des tiers : il vérifie la conformité du projet aux règles et servitudes d'urbanisme. Il ne vérifie pas si le projet respecte les autres réglementations et les règles de droit privé. Toute personne s'estimant lésée par la méconnaissance du droit de propriété ou d'autres dispositions de droit privé peut donc faire valoir ses droits en saisissant les tribunaux civils, même si le permis respecte les règles d'urbanisme » (C. urb., art. A. 424-8).

SECTION 3 L'AUTORISATION DE CHANGEMENT D'USAGE

559. – Le statut juridique des autorisations de changement d'usage a suscité de nombreuses interrogations entretenant un sentiment d'insécurité juridique, auquel s'ajoutait un sentiment d'injustice engendré par un

(188) V. *infra*, n°s 883 et s.

système où les autorisations revêtaient un caractère personnel et donc temporaire, alors que les compensations exigées étaient réalisées à titre définitif[189].

560. - La réglementation en vigueur avant l'ordonnance du 8 juin 2005 reposait sur un triple principe d'interdiction des changements d'affectation[190]. L'ancienne rédaction de l'article L. 631-7 permettait qu'il ne soit « dérogé à ces interdictions que par autorisation administrative préalable et motivée, après avis du maire » (ancien art. L. 631-7, al. 2). En outre, le même article prévoyait que le préfet pouvait « autoriser l'exercice, sous certaines conditions, dans une partie d'un local d'habitation, d'une profession qui ne puisse à aucun moment revêtir un caractère commercial si ce local constitue en même temps la résidence du demandeur » (ancien art. L. 631-7, al. 3).

561. - Par l'emploi des verbes « déroger » et « autoriser », la loi organisait un régime de tempérament selon deux modalités différentes[191] :

– la « dérogation » s'entendait d'un changement complet d'affectation d'un local quels que soient la personne de l'affectataire et le type d'affectation,

– « l'autorisation » s'entendait d'un changement partiel d'affectation réalisé par un non commerçant qui affecte à son activité professionnelle une partie du local constituant en même temps sa résidence.

562. - Dans un cas comme dans l'autre, l'administration pouvait subordonner son accord à une compensation, quoiqu'elle fût invitée à ne pas en exiger en cas de demande d'autorisation[192]. En pratique, la compensation était toujours liée à une dérogation[193]. La doctrine administrative n'utilisait pas les termes « dérogation » ou « autorisation » dans la stricte acception que leur donnait la loi, ce qui ne contribuait pas à la clarté du système !

563. - L'ordonnance du 8 juin 2005 met fin au régime d'interdiction pour lui substituer un régime d'autorisation préalable reposant, pour l'essentiel, sur le droit commun des actes administratifs. La simplification par la standardisation n'est pas sans inconvénient ; en l'occurrence elle favorise la vulnérabilité des autorisations de changement d'usage[194].

564. - Sans contredire son objectif protecteur des logements, l'ordonnance traite plus favorablement le pétitionnaire qui propose des compensations en pérennisant la situation des locaux transformés. En l'absence de compensation, les locaux d'habitation peuvent être provisoirement affectés à un autre usage pendant l'exercice professionnel du bénéficiaire de l'autorisation.

(189) G. Liet-Veaux, *L'extravagante procédure du changement d'affectation des locaux : Administrer* mars 1998, n° 298, p. 24.

(190) V. *supra*, n° 161.

(191) CE, 5 mars 1982, n° 25113 : *Lebon*, p. 103 : « considérant que l'article 340, alinéa 1er, 1°, du Code de l'urbanisme et de l'habitation [ancien art. L. 631-7 du CCH] interdit, sous réserve des dérogations prévues à l'alinéa 2 du même article, l'affectation des locaux d'habitation à un autre usage, même non commercial ; que, toutefois, le 3e alinéa de l'article 340, qui concerne l'affectation simultanée de locaux d'habitation à la résidence et à la profession des personnes qui les occupent, donne compétence au préfet pour autoriser l'exercice, sous certaines conditions, dans une partie d'un local d'habitation, d'une profession qui ne puisse à aucun moment revêtir un caractère commercial, si ce local constitue en même temps la résidence du demandeur ». – CE, 3 déc. 1993, n° 138568 : « M... relevait (...) du régime de l'autorisation prévu au 3e alinéa de l'article L. 631-7 du Code de la construction et de l'habitation (...) ce régime, distinct de celui de la dérogation prévu au 2e alinéa du même article... ».

(192) Circ. n° 89-69, 3 nov. 1989 relative aux changements d'affectation des locaux à usage d'habitation (annexes : « Circulaires », ann. 8).

(193) G. Vidalenc, *Les bureaux : définition et preuve de la commercialité : AJPI* 1995, p. 12.

(194) V. *infra*, nos 582 et 587.

565. - Sur ce point, l'ordonnance s'inspire d'une proposition avancée par la profession notariale à l'occasion du congrès consacré en 1993 à l'Urbanisme et la Sécurité juridique :

> « Que la loi consacre le caractère définitif et réel d'une affectation nouvelle issue d'un changement assorti d'une affectation compensatoire acceptée par l'administration et réalisée ».

Les travaux de l'Observatoire régional de l'immobilier d'entreprise en Île-de-France (ORIE) sur les évolutions nécessaires de la réglementation aboutissent à la même conclusion en 1996 et 2002 : la compensation étant attachée au local transformé en logement, il est souhaitable que l'autorisation soit pareillement rattachée au local d'habitation changeant d'affectation.

566. - Une fois l'autorisation devenue définitive (§ 1), il reste à saisir la portée de ses effets (§ 2).

§ 1. - Le caractère définitif de l'autorisation

567. - Le régime de l'autorisation de changement d'usage emprunte beaucoup au droit commun des actes administratifs. Sa présentation suivra un ordre chronologique : l'entrée en vigueur (A), la publicité (B), le retrait (C) et enfin les possibilités de recours (D) seront examinés.

A. - Entrée en vigueur de l'autorisation

568. - L'autorisation expresse de changement d'usage devient exécutoire lorsqu'elle a été notifiée à son bénéficiaire en application de l'article L. 2131-1 du Code général des collectivités territoriales (CGCT), dans sa rédaction issue de l'ordonnance n° 2021-1310 du 7 octobre 2021. Le délai de notification n'est encadré par aucun texte.

569. - À la différence des autorisations d'urbanisme prises au nom de la commune, les décisions individuelles de changement d'usage ne sont pas soumises à l'obligation de transmission au préfet pour l'exercice du contrôle de légalité. En effet, ces décisions ne sont pas au nombre de celles visées par l'article L. 2131-2 du Code général des collectivités territoriales. On peut s'en étonner depuis la décentralisation intervenue le 1er avril 2009.

Néanmoins, le préfet conserve la possibilité d'en demander communication et, s'il estime la décision illégale, il peut la déférer au tribunal administratif, dans un délai de deux mois à compter de sa communication, si sa demande de communication a été présentée dans les deux mois suivant la notification de la décision au pétitionnaire (CGCT, art. L. 2131-3, dans sa version modifiée à compter du 1er juillet 2022). Le préfet peut donc s'autosaisir à partir des informations dont il dispose ; il peut également être saisi par le demandeur en cas de refus ou par un tiers en cas d'autorisation.

570. - Il ne faut pas confondre la question de l'entrée en vigueur de l'autorisation avec celle du déclenchement du délai de recours dont elle peut faire l'objet[195].

B. - Publicité de l'autorisation

571. - Aucune mesure de publicité collective n'est prévue par les textes (1°), sauf pour les autorisations soumises à compensation (2°).

(195) V. *infra*, nos 586 et s.

1° Publicité administrative

572. - En tant que mesure individuelle, l'autorisation expresse de changement d'usage, qu'elle soit ou non soumise à compensation, est simplement notifiée à son bénéficiaire. Sa publication au recueil des actes administratifs ou sur le site Internet de la commune n'est pas obligatoire ; la loi ne prévoit pas d'affichage de l'autorisation en mairie ou sur l'immeuble[196].

573. - À notre connaissance, sur Paris, les autorisations de changement d'usage constatant la réalisation des compensations sont publiées au Bulletin officiel de la ville de Paris (BOVP). Ces mêmes autorisations sont, en outre, consultables depuis un portail cartographique d'information sur le site Internet de la mairie de Paris[197]. Antérieurement, les autorisations préfectorales étaient publiées au recueil des actes administratifs de la préfecture de Paris ; celles délivrées avec compensation depuis 1970 sont aussi accessibles sur le portail cartographique de la mairie.

574. - S'agissant des autorisations tacites de changement d'usage, nées du silence observé sur une demande, l'absence de signature et de notification n'empêche pas leurs bénéficiaires de s'en prévaloir. Elles produisent leurs effets indépendamment de toute mesure de publicité.

2° Publicité foncière

575. - Depuis l'ordonnance de 2005, les autorisations soumises à compensation sont publiées au service de la publicité foncière ou inscrites au livre foncier (art. L. 631-7-1, al. 2) :

> « Toutefois, lorsque l'autorisation est subordonnée à une compensation, le titre est attaché au local et non à la personne. Les locaux offerts en compensation sont mentionnés dans l'autorisation qui est publiée au fichier immobilier ou inscrite au livre foncier ».

La référence au livre foncier ne concerne que les départements de la Moselle, du Bas-Rhin et du Haut-Rhin[198], c'est-à-dire, en notre matière, la ville de Strasbourg et, le cas échéant, les communes de ces départements auxquelles l'article L. 631-7 aura été rendu applicable en vertu de l'article L. 631-9[199]. Pour les communes des autres départements, le système de publicité foncière repose sur le fichier immobilier tenu par les services de la publicité foncière qui ont remplacé les conservations des hypothèques depuis le 1er janvier 2013.

576. - Selon la circulaire du 22 mars 2006, la publicité foncière permet d'assurer la « traçabilité » des effets réels de l'autorisation sur tous les locaux transformés :

> « Les locaux offerts en compensation doivent être mentionnés dans l'autorisation qui doit faire l'objet des mesures de publicité adéquates par une inscription au fichier immobilier ou au livre foncier.

(196) Lorsqu'en vertu de l'article L. 631-8, la demande de permis de construire ou la déclaration préalable vaut demande de changement d'usage, cette dernière bénéficie indirectement d'une mesure de publicité réservée aux demandes d'autorisations d'urbanisme : un avis de dépôt de la demande de permis ou de la déclaration préalable précisant les caractéristiques essentielles du projet (emplacement, destination de la construction, surface projetée…) est affiché en mairie pendant la durée de l'instruction (C. urb., art. R. 423-6).

(197) www.paris.fr/pages/exercer-une-activite-dans-un-logement-172#consultation-des-decisions-de-changement-d-usage-avec-compensation-depuis-1970.

(198) Mayotte, où il existe un livre foncier, est également concernée (CCH, art. L. 661-2).

(199) V. *supra*, nos 134 et s.

Cette formalité est faite par les soins du titulaire de l'autorisation, qui en assume les frais ; elle concerne à la fois l'immeuble dont le changement d'usage est autorisé et celui apporté en compensation. Le respect des règles de forme attachées à la publicité foncière implique l'établissement d'un acte authentique de dépôt par un notaire.

La publicité des autorisations subordonnées à une compensation est destinée à assurer la sécurité des transactions immobilières puisqu'elle permet de vérifier le caractère régulier de l'usage d'un bien et la pérennité de cet usage ».

La précision de la circulaire selon laquelle « cette formalité est faite par les soins du titulaire de l'autorisation » signifie simplement que la publication de l'autorisation est laissée à l'initiative de son bénéficiaire et non de l'autorité administrative qui l'a délivrée. Cependant, par application de la règle de l'effet relatif édictée à l'article 3 du décret n° 55-22 du 4 janvier 1955, la publication de l'autorisation ne peut intervenir qu'à la requête des propriétaires dont les titres auront préalablement été publiés sur les locaux concernés.

577. - La décision d'autorisation[200] est publiée au fichier immobilier exclusivement pour l'information des usagers, au même titre que les autres décisions administratives tendant à limiter l'exercice du droit de propriété visées à l'article 36 du décret n° 55-22 du 4 janvier 1955 et dont la plupart sont énumérées à l'article 73 du décret n° 55-1350 du 14 octobre 1955.

L'accomplissement de cette formalité :

– ne conditionne pas l'entrée en vigueur – et donc l'effet réel – de la décision municipale et ne fait pas courir le délai de recours des tiers[201] ;

– n'est enfermé dans aucun délai ; il est donc possible – et même souhaitable – d'attendre l'expiration des délais de recours et de retrait avant de procéder au dépôt et à la publication de l'autorisation ;

– ne nécessite pas la publication préalable d'un état descriptif de division lorsque soit le local autorisé à changer d'usage, soit le local offert en compensation, soit les deux, dépendent d'un immeuble entier appartenant à un unique propriétaire[202] ; toutefois, si l'immeuble est destiné à être mis en copropriété ou en volumes, il semble opportun de publier d'abord l'état descriptif de division puis l'autorisation sur les lots ou volumes concernés.

578. - Le dépôt de l'autorisation au rang des minutes d'un notaire[203] est soumis au droit fixe de 125 € prévu par l'article 680 du Code général des impôts. En dehors des

(200) En cas d'autorisation tacite sans doute faudra-t-il publier l'attestation prévue par l'article L. 232-3 du Code des relations entre le public et l'administration.

(201) V. la jurisprudence relative à la publication de l'autorisation de lotir (C. urb., ancien art. R. 315-27) : CE, 22 juill. 1977, n° 03701. – CE, 27 janv. 1978, n°s 99560 et 99796. Il est vrai que ces arrêtés faisaient également l'objet d'un affichage en mairie et sur le terrain…

(202) Au motif notamment que la publication de l'autorisation n'entraîne pas la constitution de « droits réels concurrents » sur l'immeuble au sens de l'article 7 du décret n° 55-2 du 4 janvier 1955 et de l'article 71-2 du décret n° 55-1350 du 14 octobre 1955.

(203) Cette pratique du dépôt à des fins de publicité foncière n'est pas remise en cause par la loi n° 2011-331 du 28 mars 2011 de modernisation des professions judiciaires ou juridiques et certaines professions réglementées qui a introduit dans le Code civil l'article 710-1. En effet le 3e alinéa de l'article précité a maintenu à titre d'exception la possibilité de publier les « documents portant limitation administrative au droit de propriété ou portant servitude administrative ». Et l'autorisation de changement d'usage à caractère réel entre bien dans les prévisions de cette exception puisqu'elle restreint les possibilités d'utilisation du local de compensation.

départements de la Moselle, du Bas-Rhin et du Haut-Rhin où la publicité foncière est assurée par le juge du livre foncier, il est perçu une contribution de sécurité immobilière d'un montant fixe s'élevant à 15 €. Un modèle d'acte de dépôt est proposé en fin d'ouvrage[204].

579. - Pour vérifier si un immeuble a changé d'usage dans le cadre d'une procédure d'autorisation avec compensation, il faut s'adresser à deux administrations :

- pour la période entre le 1er janvier 1970 et le 10 juin 2005, il convient d'interroger la mairie ou la préfecture, selon que les archives préfectorales ont été ou non transférées aux services municipaux désormais compétents ;
- pour la période à compter du 10 juin 2005, il faut demander un état hypothécaire auprès du service de la publicité foncière ou, pour les départements de la Moselle, du Bas-Rhin et du Haut-Rhin, un extrait du livre foncier auprès du tribunal judiciaire.

À Paris, un portail cartographique permet d'obtenir la copie numérisée des autorisations délivrées avec compensation depuis le 1er janvier 1970 et de générer une attestation indiquant si les locaux ont été l'objet d'une autorisation de changement d'usage subordonnée à une compensation ou s'ils ont été offerts en compensation depuis 1970[205]. L'attestation précise également si l'administration a connaissance de locaux affectés temporairement à l'habitation entre le 1er janvier 1970 et le 10 juin 2005[206].

580. - La publication des autorisations soumises à compensations délivrées avant l'ordonnance du 8 juin 2005 (anciennement les « dérogations-compensations ») n'est pas prévue par les textes. L'article 29 de l'ordonnance leur reconnaît pourtant un caractère réel depuis le 10 juin 2005 sous certaines conditions[207]. Le service de la publicité foncière et le juge du livre foncier ne se livrent cependant qu'à un contrôle formel ; la publication de ces autorisations ne saurait donc préjuger de leur portée réelle.

C. – Retrait de l'autorisation

581. - Suivant le régime des décisions individuelles créatrices de droits, l'autorisation de changement d'usage est susceptible d'être retirée, si elle est illégale, dans les **quatre mois** suivant son édiction expresse ou tacite (CRPA, art. L. 242-1)[208]. Ce délai a été réduit par l'article L. 424-5 du Code de l'urbanisme à trois mois à compter de la date de la décision[209]. Ce régime n'intéresse cependant que les permis de construire,

(204) V. annexes : « Formules », ann. 2.

(205) www.paris.fr/pages/exercer-une-activite-dans-un-logement-172#consultation-des-decisions-de-changement-d-usage-avec-compensation-depuis-1970.

(206) V. *supra*, nos 378 et s.

(207) V. *infra*, nos 633 et s.

(208) Pour les autorisations tacites intervenues avant le 1er juin 2016 en application du nouveau principe « silence vaut acceptation », le retrait est régi par l'article 23 de la loi n° 2000-321 du 12 avril 2000 relative aux droits des citoyens dans leurs relations avec les administrations :

« Une décision implicite d'acceptation peut être retirée, pour illégalité, par l'autorité administrative :

1° Pendant le délai de recours contentieux, lorsque des mesures d'information des tiers ont été mises en œuvre ;

2° Pendant le délai de deux mois à compter de la date à laquelle est intervenue la décision, lorsqu'aucune mesure d'information des tiers n'a été mise en œuvre ;

3° Pendant la durée de l'instance au cas où un recours contentieux a été formé ».

(209) F. Polizzi, *La sortie de vigueur d'une autorisation d'urbanisme* : *BJDU* 2013, n° 5, p. 327.

d'aménager et de démolir ainsi que, depuis la loi ALUR, les décisions de non-opposition à déclaration préalable, et ne concerne pas les autorisations de changement d'usage des locaux d'habitation, lesquelles continuent de relever du régime de droit commun.

582. - Le délai de quatre mois n'inclut pas la notification de la décision de retrait selon le dernier état de la jurisprudence[210]. La position du Conseil d'État est respectueuse du principe selon lequel les conditions de publicité d'un acte sont sans influence sur sa légalité ; toutefois, elle ne favorise pas la sécurité juridique et connaît donc des exceptions[211]. Le Conseil d'État n'est pas moins respectueux des droits du pétitionnaire, en censurant la décision de retrait dès lors que la personne intéressée n'aura pas été invitée, avant l'expiration du délai de quatre mois, à présenter ses observations écrites et, le cas échéant, orales sur le projet de retrait[212], comme l'exigent les articles L. 120-1 et suivants du Code des relations entre le public et l'administration[213].

583. - Pour se prémunir d'un retrait occulte, c'est-à-dire d'une décision de retrait prise à l'intérieur du délai de quatre mois et notifiée après son expiration, il est toujours possible de solliciter, passé le délai de retrait, une attestation de non-retrait, étant précisé qu'aucun texte n'encadre le délai de réponse de l'administration.

584. - Une autorisation administrative obtenue par fraude ne crée aucun droit et peut être retirée à tout moment[214], y compris au-delà du « délai raisonnable » d'un an[215]. La procédure contradictoire des articles L. 120-1 et suivants du Code des relations entre le public et l'administration s'applique également au retrait des décisions obtenues par fraude[216].

585. - L'autorisation tacite ou expresse de changement d'usage, même légale, peut être retirée à la demande de son bénéficiaire sans condition de délai si le retrait ne

(210) CE, 21 déc. 2007, n° 285515 : *Lebon*, p. 519 ; *Defrénois* 2008, art. 38861-2, note Ph. Benoit-Cattin. En l'espèce, la décision de retrait avait été notifiée un mois après sa signature !

(211) C'est au nom de « l'objectif de sécurité juridique poursuivi par le législateur, qui ressort des travaux préparatoires de la loi n° 2006-872 du 13 juillet 2006 dont l'article L. 424-5 du Code de l'urbanisme est issu » que le Conseil d'État a jugé que le délai de retrait des autorisations d'urbanisme incluait celui nécessaire à sa notification : CE, 13 févr. 2012, n° 351617 : *Lebon*, p. 38 ; *Defrénois* 2012, art. 40472, note J.-Ph. Meng. – E. Carpentier, *Le point sur le retrait des autorisations d'urbanisme : JCP* N 2019, n° 6, 1093. Il faut espérer que cette solution dégagée en matière d'urbanisme soit étendue à l'ensemble des décisions individuelles créatrices de droits : A. Duguit-Larcher, *Délai de retrait d'une décision créatrice de droits : particularités du droit de l'urbanisme ? : AJDA* 2019, p. 2045.

(212) CE, 29 nov. 2004, n° 265642 : *Constr.-Urb.* 2005, comm. 47, note P. Cornille. – CE, 21 juill. 2009, n° 309501 : *Defrénois* 2009, art. 39047-1, note Ph. Benoit-Cattin.

(213) Antérieurement au 1er janvier 2016 la procédure contradictoire était prévue par l'article 24 de la loi n° 2000-321 du 12 avril 2000.

(214) CE, 17 juin 1955, n° 13588 : *Lebon*, p. 334. – CE, 29 nov. 2002, n° 223027 : *Lebon*, p. 414 ; *JCP* A 2003, n° 1, 1003, note D. Jean-Pierre : « considérant que, si un acte administratif obtenu par fraude ne crée pas de droits et, par suite, peut être retiré ou abrogé par l'autorité compétente pour le prendre, alors même que le délai de retrait de droit commun serait expiré, il incombe à l'ensemble des autorités administratives de tirer, le cas échéant, toutes les conséquences légales de cet acte aussi longtemps qu'il n'y a pas été mis fin ». La solution jurisprudentielle est reprise depuis le 1er janvier 2016 à l'article L. 241-2 du Code des relations entre le public et l'administration.

(215) CE, 16 août 2018, n° 412663. V., sur la notion de délai raisonnable, CE, ass., 13 juill. 2016, n° 387763 : *Lebon*, p. 340. – C. Barrois de Sarigny, *Les contours de la jurisprudence Czabaj après trois années d'application : Dr. adm.* 2020, étude 1.

(216) CE, 30 mai 1994, n° 145604. – CAA Bordeaux, 2 nov. 2006, n° 04BX01608 : *Constr.-Urb.* 2007, comm. 41, note N. Rousseau.

porte pas atteinte aux droits des tiers et s'il s'agit de la remplacer par une décision plus favorable pour lui (CRPA, art. L. 242-4). Ce retrait peut valablement intervenir sans avoir à respecter la procédure contradictoire préalable, conformément à l'article L. 121-1 du Code des relations entre le public et l'administration qui exclut de cette obligation les décisions prises sur demande.

L'administration n'est pas tenue de faire droit à la demande de retrait du bénéficiaire d'une autorisation légale alors même que les conditions ci-dessus seraient réunies. Elle pourrait s'y opposer notamment si le changement d'usage autorisé a été mis œuvre et que le local n'est pas rendu à son usage d'habitation, sauf obtention d'une nouvelle autorisation[217]. En revanche, le retrait est de droit si l'autorisation est illégale (CRPA, art. L. 242-3) ; mais en ce cas également, le local devra retrouver son usage initial car l'autorisation retirée est réputée n'avoir jamais existé.

D. – Recours contre l'autorisation

586. – L'autorisation ou le refus d'autorisation peut faire l'objet d'un recours contentieux (CJA, art. R. 421-1, al. 1er), formé en principe dans les **deux mois** de la notification ou de la publication de la décision, selon les conditions de droit commun[218]. Il s'agit d'un délai franc, ce qui signifie qu'il faut ajouter un jour au délai de recours lui-même et que si ce délai expire un samedi, un dimanche ou un jour férié, il sera prorogé jusqu'au premier jour ouvrable suivant.

Ce délai de deux mois peut être augmenté dans un certain nombre d'hypothèses. Le recours contentieux est soumis aux délais de distance avec l'Outre-mer (un mois supplémentaire) ou lorsque le requérant réside à l'étranger (deux mois supplémentaires) (CJA, art. R. 421-7). L'exercice d'un recours administratif (CRPA, art. L. 411-2), la demande au préfet d'utiliser les pouvoirs que lui confère le Code général des collectivités territoriales (CGCT, art. L. 2131-8), une demande d'aide juridictionnelle[219], une demande de protection juridique à l'assureur (C. assur., art. L. 127-4), et même la saisine d'une juridiction incompétente, ont chacun pour effet, dès lors qu'ils ont été exercés ou présentés dans le délai du recours contentieux, d'interrompre le cours de ce délai.

587. – Si le démarrage du délai contentieux ne fait pas difficulté pour l'exercice des recours du pétitionnaire, il peut être difficile à déclencher vis-à-vis des tiers intéressés s'agissant d'autorisations pour lesquelles la loi ne prévoit aucune mesure de publicité administrative[220]. La difficulté n'est pas propre aux autorisations acquises tacitement et touche aussi celles expressément délivrées. En effet, pour que le délai de recours puisse courir à l'égard des requérants potentiels, il faut que la décision ait été portée à leur connaissance par une mesure d'information jugée suffisante pour

(217) Cette nouvelle autorisation retire implicitement l'ancienne, dès lors qu'elle est délivrée à la demande du même bénéficiaire et sur le même local. L'alinéa 2 de l'article L. 424-5 du Code de l'urbanisme en dispose autrement au sujet des autorisations d'urbanisme.

(218) Les dispositions de l'ordonnance n° 2013-638 du 18 juillet 2013 relative au contentieux de l'urbanisme et des textes qui l'ont complétée ou modifiée, visant notamment à restreindre l'intérêt à agir et à lutter contre les recours abusifs, ne sont pas applicables aux actions dirigées contre les autorisations de changement d'usage.

(219) D. n° 91-1266, 19 déc. 1991, art. 38 modifié, devenu depuis le 1er janvier 2021, D. n° 2020-1717, 28 déc. 2020, art. 43.

(220) V. *supra*, nos 572 et s.

ce type de décision (publication dans un recueil administratif officiel, affichage sur l'immeuble, notification par le pétitionnaire...). À défaut, les tiers sont recevables à exercer un recours contre la décision sans condition de délai ; mais leur intérêt à agir s'amenuise au fil du temps. En ce qui concerne Paris, seules les autorisations constatant la réalisation des compensations sont publiées au Bulletin officiel de la ville de Paris (BOVP).

588. - L'autorisation de changement d'usage n'est pas soumise à l'obligation de notification des recours de l'article R. 600-1 du Code de l'urbanisme, limitée aux décisions relatives à l'occupation ou l'utilisation du sol et aux certificats d'urbanisme. Le bénéficiaire de l'autorisation de changement d'usage n'est donc pas informé en temps réel de ce que l'autorisation est attaquée. À l'expiration du délai de recours contentieux, il devra vérifier lui-même, auprès de la mairie et du greffe du tribunal administratif, l'existence ou non d'un recours contre l'autorisation qu'il entend mettre en œuvre. Ces autorités n'ont cependant aucune obligation de délivrer des attestations de non-recours[221].

589. - Depuis la loi n° 2008-776 du 4 août 2008 de modernisation de l'économie, les autorisations de changement mixte ne peuvent être délivrées qu'à la condition, notamment, que l'activité « n'engendre ni nuisance, ni danger pour le voisinage » et « ne conduise à aucun désordre pour le bâti » (art. L. 631-7-2). Ces dispositions ouvrent de nouvelles possibilités de recours aux voisins qui n'avaient pas la qualité suffisante pour déférer au juge de l'excès de pouvoir les autorisations de changement d'usage[222]. En revanche, les associations devront continuer à justifier d'un intérêt à agir en rapport avec leur objet social[223].

590. - Le délai de validité du permis de construire ou de la décision de non-opposition à déclaration préalable dont la mise en œuvre a été différée, conformément à l'article L. 631-8, alinéa 2, jusqu'à l'obtention de l'autorisation de changement d'usage, est suspendu en cas de recours contentieux contre ladite autorisation

(221) L'article R. 600-7 du Code de l'urbanisme qui permet à toute personne qui le demande de se faire délivrer par le greffe de la juridiction un document attestant de l'absence de recours ou, en cas de recours, la date d'enregistrement de ce recours, ne concerne que les décisions relatives à l'occupation ou l'utilisation du sol régies par ledit code.

(222) CE, 9 févr. 1996, n° 124066 : « considérant que pour demander l'annulation de l'arrêté par lequel le préfet a autorisé la société M. à utiliser une partie d'un local d'habitation pour y créer des bureaux et y domicilier la société, Mme T. se prévaut, de ce qu'elle est propriétaire d'un terrain voisin et de ce que l'activité commerciale de la société M. provoque des nuisances ; que l'intérêt ainsi invoqué par la requérante n'est pas de nature à lui donner qualité pour déférer au juge de l'excès de pouvoir l'arrêté préfectoral (...) intervenu pour l'application de dispositions législatives prises pour maintenir et augmenter le nombre de logements ». - V. égal. CE, 20 avr. 1988, n° 79844. - CE, 25 févr. 1991, n° 115956. - CE, 9 févr. 1996, n° 118585.

(223) CAA Paris, 15 oct. 1998, n° 97PA01867 : « considérant que l'objet social de l'association consiste (...) à protéger l'habitat et l'environnement, à améliorer la qualité de la vie dans la rue... à... et les rues avoisinantes et à entreprendre toute action concourant à la réalisation de ces objectifs ; considérant, en premier lieu, qu'en admettant même que le but de protection de l'habitat puisse conférer un intérêt à agir à l'association requérante dans l'hypothèse où la violation de la législation conduirait à la disparition d'un immeuble d'habitation, il ressort des pièces du dossier qu'avant d'être utilisés comme atelier de mécanique automobile par la société ..., les locaux du ... n'étaient pas affectés à l'habitation mais à un usage administratif ; considérant, en second lieu, qu'eu égard au but poursuivi par la législation qui vise à accroître le parc de logements disponibles, l'association requérante ne peut exciper du but qu'elle poursuit de protection de l'environnement pour justifier de son intérêt à agir ».

(C. urb., art. R. 424-19, al. 2). Le délai recommencera à courir, pour la durée restante, à compter d'une décision juridictionnelle irrévocable.

En revanche, le recours exercé par le pétitionnaire contre la décision lui refusant le changement d'usage ne devrait pas avoir d'incidence sur le cours du délai de validité de l'autorisation d'urbanisme qu'il a pu obtenir[224].

§ 2. – Les effets de l'autorisation

591. – L'autorisation de changement d'usage ne vaut que pour l'application des articles L. 631-7 et suivants qui l'imposent. Son bénéficiaire ne peut se prévaloir d'autre droit que celui d'affecter le local à un autre usage que l'habitation, sous réserve des autorisations rendues nécessaires par l'application d'autres législations (urbanisme, copropriété, baux...).

592. – La loi ne prévoit pas de délai pour mettre en œuvre l'autorisation de changement d'usage. Les règles locales (arrêté préfectoral ou règlement municipal) sur la base desquelles les autorisations ont été délivrées sont pourtant évolutives. Il revient donc à l'administration de fixer, si elle le juge nécessaire, la période à l'issue de laquelle l'autorisation sera caduque faute pour son bénéficiaire d'avoir réalisé le changement d'usage autorisé.

593. – L'étendue des droits conférés par l'autorisation est clairement établie par l'ordonnance du 8 juin 2005 (A). L'imprécision des textes précédents, l'évolution de la doctrine administrative et les hésitations jurisprudentielles conduisent, dans de nombreux cas, à s'interroger sur les effets exacts des décisions délivrées sous le régime antérieur à l'ordonnance (B).

A. – Autorisations délivrées depuis le 10 juin 2005

594. – L'ordonnance du 8 juin 2005 maintient le principe du caractère personnel de l'autorisation (1°) ; cependant la réforme introduit une exception lorsqu'il y a compensation (2°). En pratique, le principe peut être inversé par le document local pris pour l'application de l'article L. 631-7 : par exemple, le règlement municipal parisien soumet à compensation toute opération de changement d'usage, sauf exceptions[225]. Il faut distinguer selon qu'il y a ou non compensation pour déterminer les effets de l'autorisation. Un tableau synthétique résume les principales caractéristiques des autorisations (3°).

1° Caractère personnel de l'autorisation non soumise à compensation

595. – Selon le principe édicté par l'article L. 631-7-1, toute autorisation est accordée à titre personnel pour la durée d'occupation du local par le bénéficiaire de cette autorisation :

> « L'autorisation de changement d'usage est accordée à titre personnel. Elle cesse de produire effet lorsqu'il est mis fin, à titre définitif, pour quelque raison que ce soit, à l'exercice professionnel du bénéficiaire ».

(224) Rappr. CE, 21 févr. 2018, n° 402109 : *Lebon* T., p. 961 – 963 ; *Defrénois* 26 juill. 2018, p. 30, note G. Daudré.
(225) V. *infra*, n°s 947 et s.

Le terme « professionnel » pour qualifier l'exercice du bénéficiaire, repris de l'ancienne rédaction de l'article L. 631-7 résultant de la loi n° 86-1290 du 23 décembre 1986, doit être pris au sens large et recouvre toutes les formes d'activités (commerciale, artisanale ou libérale)[226].

596. - La circulaire du 22 mars 2006 commente le caractère personnel de l'autorisation non soumise à compensation :

> « L'autorisation est attachée à la personne qui l'a sollicitée. Elle devient caduque dès que cesse son activité et n'est transmissible à aucune autre personne, exerçant ou non la même activité, telle qu'un nouvel acquéreur du bien ».

L'autorisation devenue caduque, le local doit retrouver son usage initial d'habitation.

597. - L'objectif de protection du logement justifie le principe de personnalité dès lors qu'aucune compensation en nature n'a été réalisée : si tous les usagers successifs étaient en droit de bénéficier de l'autorisation obtenue par leur prédécesseur, le local perdrait définitivement son usage initial d'habitation[227]. La police des changements d'affectation est alors une police des changements d'affectataire des locaux.

598. - L'autorisation demeure attachée à son bénéficiaire, c'est-à-dire à la personne qui occupe un local d'habitation pour y exercer sa profession, quelle que soit sa qualité, propriétaire ou locataire. L'autorisation, délivrée *intuitu personae* en l'absence de compensation, est intransmissible : en cas de changement d'occupant, une nouvelle autorisation devra être délivrée à son successeur pour lui permettre d'exercer son activité professionnelle dans le local.

599. - À Paris, certaines professions libérales réglementées peuvent bénéficier d'autorisations personnelles dans les conditions prévues au règlement municipal[228]. Si la profession est exercée sous forme sociétaire ou associative (société civile professionnelle, société d'exercice libéral, association d'avocats, société civile de moyens...), la ville considère qu'il est nécessaire de solliciter une nouvelle autorisation à chaque changement d'associé. L'autorisation est conférée non à la structure sociétaire mais à chaque professionnel pris individuellement.

Le règlement prévoit cependant une exception favorable aux professions libérales (réglementées ou non) qui s'installent en rez-de-chaussée puisqu'en pareil cas l'autorisation peut être accordée tant à une personne physique qu'à une personne morale.

600. - Selon la Cour de cassation, en cas de vente du local par le bénéficiaire de l'autorisation, la caducité de celle-ci au jour de la vente ne constitue pas un vice rendant le local impropre, pour l'acquéreur, à l'usage auquel il le destine, la régularité de cet usage ne dépendant que de l'obtention par lui-même d'une nouvelle autorisation[229]. En l'occurrence, le vice n'est pas imputable à l'immeuble lui-même

(226) A. Hinfray, *La réforme de l'affectation immobilière : RDI* 2005, p. 309.

(227) M. Lecomte, *Du changement d'affectation au changement d'usage : la réforme attendue de l'article L. 631-7 du CCH : Lamy Droit immobilier*, bull. sept. 2005. – Pour une illustration, TGI Paris, ord. réf., 5 juin 2014, n° 14/52314.

(228) V. *infra*, n°s 957 et s.

(229) Cass. 3e civ., 30 oct. 2007, n° 05-15.744 : « attendu que pour déclarer [les vendeurs] responsables du préjudice subi par les [acquéreurs] sur le fondement du vice caché, la cour d'appel a retenu que les biens immobiliers vendus étaient affectés d'un vice juridique les rendant impropres à leur destination dès lors que l'administration a mis en demeure tant les propriétaires que le locataire de les restituer à leur usage antérieur d'habitation ; qu'en se prononçant ainsi, alors que le vice allégué

mais à l'utilisation qui en est faite par l'acquéreur ; encore faut-il que ce dernier ait été correctement informé de la situation juridique dans laquelle se trouve le bien vendu. La stipulation, dans la promesse de vente ou la vente, d'une condition suspensive de réitération de l'autorisation au profit du futur occupant du local permet d'éviter ces difficultés[230].

601. - Lorsque le local est destiné à la location, le caractère personnel de l'autorisation ne diminue pas l'obligation de délivrance du bailleur ; des aménagements contractuels sont cependant envisageables pour transférer au locataire la charge d'obtenir l'autorisation[231].

602. - Depuis l'ordonnance du 8 juin 2005, la loi ne distingue plus entre les locaux à usage professionnel, administratif ou commercial ; mais il n'en résulte pas nécessairement la possibilité pour le bénéficiaire d'une autorisation personnelle de changer librement d'activité professionnelle[232]. La plupart des autorisations sont exemptées de compensation en considération de l'activité exercée par leurs bénéficiaires, et ce conformément aux dispositions de l'arrêté préfectoral ou du règlement municipal. Si le professionnel met un terme définitif à l'activité qui l'avait expressément dispensé de compensation pour exercer une autre activité dans le local, une nouvelle autorisation, éventuellement subordonnée à compensation, peut être nécessaire.

C'est ainsi qu'à Paris, en application du règlement municipal actuel, le professionnel libéral susceptible de bénéficier d'une autorisation personnelle ne peut s'appuyer sur celle-ci pour exercer une activité différente de celle initialement autorisée ; l'autorisation est autant attachée à la personne de son bénéficiaire qu'à la profession exercée par ce dernier. S'agissant des autorisations à usage mixte conférées sur le fondement de l'article L. 631-7-2 et suivant les conditions du règlement parisien, des considérations tirées de l'intérêt général peuvent conduire l'administration à n'autoriser que l'exercice de la profession indiquée par le pétitionnaire.

Une nouvelle autorisation ne paraît pas nécessaire si l'activité autorisée est maintenue et qu'il lui est simplement adjoint une activité connexe ou complémentaire, à condition que celle ayant fait l'objet de l'autorisation reste exercée à titre principal.

2° Caractère réel de l'autorisation soumise à compensation

603. - Par exception, l'autorisation peut avoir un effet réel selon l'article L. 631-7-1, alinéa 2 :

> « Toutefois, lorsque l'autorisation est subordonnée à une compensation, le titre est attaché au local et non à la personne ».

L'autorisation sera octroyée en considération du local d'habitation à transformer et du local proposé en compensation. En conditionnant expressément le caractère réel de l'autorisation de changement d'usage à la réalisation d'une compensation,

est consécutif à une absence de démarche administrative de la part des acquéreurs postérieure à la vente, la cour d'appel a violé l'article [L. 631-7] ».

(230) Cass. 3e civ., 24 janv. 2012, n° 10-24.156 : *JCP* N 2013, 1007, n° 6, chron. S. Piedelièvre.

(231) V. *supra*, nos 447 et s.

(232) D. Blaise : *JCl. Construction-Urbanisme*, Fasc. 30, mis à jour en février 2015, *Changement d'usage des immeubles*, n° 70.

et non à l'obtention d'une autorisation d'urbanisme valant changement de destination, l'ordonnance du 8 juin 2005 devrait mettre un terme à certaines pratiques juridiquement fragiles et contestables au regard du principe d'indépendance des législations[233].

604. – La circulaire du 22 mars 2006 commente le caractère réel de l'autorisation soumise à compensation :

> « L'autorisation est attachée au local concerné s'il y a compensation effective. En effet, l'objectif du régime étant de ne pas "perdre des mètres carrés" utilisés pour l'habitation, cet objectif est atteint de façon pérenne si un changement dans un sens est compensé par un autre en sens inverse. Dans ce cas, l'autorisation devient juridiquement un droit réel transmissible ».

Le recours à la notion de « droit réel » est sans doute abusif ; la réglementation en cause a pour objet de restreindre l'usage du droit de propriété et l'autorisation délivrée n'a d'autre effet que de permettre l'exercice de prérogatives attachées à ce droit : transformer, utiliser et louer le local à un autre usage que l'habitation.

605. – Le caractère réel du changement d'usage accompagné d'une compensation est une mesure d'équité : par l'effet de la compensation réalisée, le parc de logements a pu se maintenir ou s'étendre selon le coefficient de surface appliqué. L'efficacité du mécanisme des compensations en nature, enfin doté d'une base juridique, justifie la pérennité du changement d'usage autorisé. L'investissement du pétitionnaire ayant engagé des frais importants pour la transformation des locaux est valorisé ; il pourra céder, par la suite, cet investissement à un autre professionnel.

606. – L'autorisation, délivrée *intuitu rei* en cas de compensation, est automatiquement transmissible avec le local sur lequel elle porte : les propriétaires et tous les occupants successifs du local réaffecté à un autre usage que l'habitation bénéficient de l'autorisation obtenue par leur prédécesseur, sans qu'il soit nécessaire d'obtenir son agrément ou celui de l'administration au titre de l'article L. 631-7, ni de poursuivre la même activité professionnelle.

607. – L'autorisation demeure attachée aux locaux qu'elle désigne et seulement à ceux-là :

Local A à usage d'habitation	——————→	Local A à usage <u>autre</u> qu'habitation
	Autorisation de compensation	
Local B à usage <u>autre</u> qu'habitation	——————→	Local B à usage d'habitation

La conversion à l'habitation du local B ne peut servir de compensation qu'à la transformation concomitante du local A. En cas d'abandon du projet de changement d'usage du local A, la transformation achevée du local B perd son caractère compensatoire et ne peut fonder aucune nouvelle demande d'autorisation.

(233) B. Cheuvreux et M. Raunet, *Les incidences de la réforme de l'article L. 631-7 sur la vente d'immeubles et sur la pratique des cessions de commercialité : Lamy Droit immobilier*, bull. sept. 2005, p. 5.

608. - La personne réalisant la compensation est indifférente[234] ; il importe, en revanche, qu'elle soit effectivement réalisée suivant les conditions autorisées et dans le délai imparti[235].

609. - Dans les communes non couvertes par un arrêté préfectoral ou un règlement municipal fixant les règles de compensation, la circulaire du 22 mars 2006 précise :

> « Il y a lieu en outre de considérer qu'une autorisation délivrée postérieurement au 10 juin 2005 dans les conditions du régime antérieur revêt un caractère réel dès lors qu'elle est subordonnée à une compensation et que cette compensation est effective ».

L'absence de document d'application au niveau local affecte les conditions de délivrance des autorisations, non leurs effets légaux.

3° Tableau des effets des autorisations délivrées depuis le 10 juin 2005

610. - Ce tableau résume les principaux caractères des autorisations délivrées sous le régime de l'ordonnance du 8 juin 2005 :

AUTORISATIONS DÉLIVRÉES DEPUIS LE 10 JUIN 2005	
Autorisation non soumise à compensation	Caractère personnel intransmissible Caduque en cas de cessation d'activité définitive du bénéficiaire
Autorisation soumise à compensation	Caractère réel transmissible Publiée au fichier immobilier

B. – Dérogations et autorisations délivrées avant le 10 juin 2005

611. - Le régime antérieur reposait sur le principe de personnalité des dérogations et autorisations (1°) ; l'ordonnance du 8 juin 2005 en atténue les effets et confère, à compter de son entrée en vigueur, un caractère réel aux dérogations soumises à compensation (2°). Un tableau récapitule les effets actuels des décisions antérieures (3°).

1° Principe : caractère personnel

612. - Le champ d'application du principe selon lequel les dérogations et autorisations sont accordées à titre personnel fut longuement discuté[236]. L'évolution du principe permet de comprendre les pièges qu'il recèle encore aujourd'hui.

(234) G. Vidalenc, *De quelques applications de l'article L. 631-7 du Code de la construction et de l'habitation : l'administration n'a pas toujours tort : Constr.-Urb.* sept. 1999, p. 5.

(235) CAA Paris, 19 oct. 1995, n° 95PA00652 : « Considérant qu'il ressort des pièces versées au dossier et notamment d'une lettre de Me... notaire, que le local proposé en compensation par le requérant, a été vendu par une société à responsabilité limitée à une société civile immobilière laquelle s'est engagée à édifier un ensemble immobilier à usage d'habitation en place de la construction où était sis le local proposé en compensation ; que ce seul document ne suffit pas à établir que le local ait été effectivement rendu à un usage d'habitation ; que dès lors le refus de l'autorisation sollicitée fondé sur l'inexistence de la compensation proposée ne repose pas sur des faits matériellement inexacts ou qui ne seraient pas de la nature de ceux qui peuvent justifier la décision attaquée ».

(236) V. not. G. Liet-Veaux, *Caractère personnel des dérogations ou autorisations en matière de changements d'affectation des locaux : principe et exceptions : AJDI* 2001, p. 319.

a) Le mutisme originel du législateur

613. – En l'absence de précision légale sur la nature réelle ou personnelle des changements d'affectation autorisés, la doctrine administrative procédait à la distinction suivante[237] :

– la dérogation consentie en vue d'un changement d'affectation définitif présente elle-même un caractère « définitif » ; le caractère définitif de la transformation se déduisait de l'étendue du changement d'usage lorsqu'il portait sur la totalité ou la majeure partie du local, avec ou sans réalisation de travaux ;

– en revanche, l'autorisation visant l'exercice d'une activité au domicile du demandeur est accordée « à titre essentiellement personnel, précaire et révocable et ne saurait profiter à un nouvel occupant au cas où le bénéficiaire viendrait à quitter les lieux ».

Sauf exceptions, le bénéficiaire d'une dérogation accordée à titre définitif était invité à fournir une compensation.

614. – La jurisprudence a très tôt considéré que « l'autorité administrative, si elle accorde ladite autorisation de désaffectation, ne peut le faire qu'à titre définitif et non à titre de mesure provisoire »[238]. Le préfet ne peut délivrer une autorisation en spécifiant qu'elle est « révocable à tout moment et limitée pour une durée d'un an », de même qu'il ne peut l'accorder « à titre personnel, précaire et révocable »[239]. De telles restrictions rendent pratiquement inutilisable l'autorisation en raison de l'importance des aménagements nécessités par l'implantation de certaines activités.

615. – L'administration a modifié sa doctrine suite à la jurisprudence du Conseil d'État qui « ne permet plus de continuer à délivrer des autorisations personnelles, précaires et révocables. Les autorisations de changement d'affectation ne peuvent être accordées qu'à titre définitif et non provisoire »[240]. Pour autant, une décision peut être à la fois personnelle et temporaire ou personnelle et non révocable : suivant cette distinction, une dérogation ou une autorisation peut être « définitive » sans être rattachée au local transformé mais simplement attachée à la personne du bénéficiaire tant qu'elle reste propriétaire ou locataire dudit local.

616. – Dans la pratique, la préfecture de Paris a pu délivrer, à partir du milieu des années 1970, des autorisations « à condition que le local, s'il n'est pas rendu à l'usage d'habitation, reste occupé par un membre d'une profession libérale réglementée ». Cette condition est fréquente dans les anciennes décisions d'autorisation ou de dérogation accordées aux professionnels libéraux. Elle vise à empêcher que le bénéficiaire puisse se prévaloir de l'autorisation pour un usage autre que l'exercice d'une profession libérale réglementée, comme, par exemple, l'exercice d'une activité commerciale. Mais la rédaction, parfois ambiguë, de ces décisions laisse planer un doute sur l'étendue exacte de leurs effets. Prise au pied de la lettre, une décision assortie d'une telle condition bénéficierait automatiquement à tout nouvel occupant au cas où les bénéficiaires qu'elle désigne viendraient à quitter les lieux

(237) Circ. n° 53-190, 31 déc. 1953, III-D (annexes : « Circulaires », ann. 2) ; Circ. 1er oct. 1960, nos 10 et s. (« Circulaires », ann. 3) ; Circ. 27 juin 1962, nos 13 et s. (« Circulaires », ann. 4) relatives aux changements d'affectation et démolitions de locaux.

(238) CE, 27 mai 1960, n° 42927 : *Lebon*, p. 370.

(239) CE, 11 févr. 1972, n° 81042 : *Lebon*, p. 1147.

(240) Circ. n° 72-158, 3 oct. 1972, relative aux changements d'affectation et démolitions de locaux (annexes : « Circulaires », ann. 5).

dès lors qu'il exerce lui aussi une activité libérale réglementée[241]. Toutefois, cette extension des effets de la décision à d'autres personnes que celles initialement autorisées apparaît en contradiction avec la jurisprudence considérant qu'une autorisation de changement d'usage ne pouvait s'attacher qu'à la personne et non au local, y compris avant l'intervention de la loi du 23 décembre 1986[242].

Dans une espèce où l'autorisation préfectorale avait été accordée sous la condition précitée, le Conseil d'État a estimé que la cour administrative d'appel de Paris n'avait pas commis d'erreur de qualification juridique, ni d'erreur de droit lorsqu'elle a jugé que « l'autorisation préfectorale délivrée à titre personnel le (...) a pris fin lors de la cessation d'activité de ses bénéficiaires » et que cette condition « n'a pu créer de droits à l'occupation permanente [du local], sans nouvelle autorisation, par tout membre d'une profession libérale »[243]. Dit autrement, les bénéficiaires de la dérogation ne pouvaient s'en prévaloir que tant qu'ils occupaient eux-mêmes le local en qualité de membres d'une profession libérale réglementée[244]. Ce n'est là que l'effet d'une autorisation de nature personnelle, délivrée eu égard à la situation de la personne qui la sollicite, et qui ne peut bénéficier à un nouvel occupant au cas où le bénéficiaire viendrait à quitter les lieux.

b) La loi du 23 décembre 1986 (art. 58)

617. - Les articles 57 et 58 de la loi n° 86-1290 du 23 décembre 1986 (dite « loi Méhaignerie ») ont modifié la réglementation[245]. L'article 57 concernait le champ d'application de l'article L. 631-7[246] tandis que l'article 58 s'intéressait aux effets des dérogations et autorisations :

> « Ces dérogations et autorisations sont accordées à titre personnel. Cependant, les bénéficiaires membres d'une profession libérale réglementée, qui rendent à l'habitation le local qui était devenu totalement ou partiellement professionnel, peuvent être autorisés à transformer un autre local d'habitation en local professionnel pour une surface équivalente.
>
> La dérogation et l'autorisation cessent de produire effet lorsqu'il est mis fin, à titre définitif, pour quelque raison que ce soit, à l'exercice professionnel du bénéficiaire ».

La dernière phrase est sans doute redondante par rapport à la première puisqu'une décision personnelle est, par définition, liée à une personne et cesse lorsque cesse la qualité professionnelle qui l'a justifiée.

618. - La circulaire du 3 novembre 1989 commentait ces dispositions[247] :

> « Les dérogations accordées le sont à titre personnel ; elles n'entraînent pas transformation définitive du local, et cessent lorsque cesse l'exercice professionnel du bénéficiaire dans

(241) Comme le suggère l'extrait ci-après en italique d'une lettre-circulaire du 20 novembre 1975 (Annexes : « Circulaires », ann. 6) : « Les dérogations ainsi accordées seront assorties de la condition prescrivant l'obligation de maintenir le local *en cas de cession* au seul usage d'une profession répondant aux mêmes critères, à l'exception bien entendu du retour à usage d'habitation ».

(242) V. *infra*, n°s 629 et 631.

(243) CE, 23 déc. 2020, n° 428800 : *Defrénois* 25 févr. 2021, p. 22, note G. Daudré.

(244) V. égal. en ce sens, dans une affaire où le courrier d'accompagnement de l'autorisation précisait qu'elle était accordée « à la condition qu'au départ des [bénéficiaires de l'autorisation], le local soit rendu à l'habitation, s'il ne reste utilisé par un membre d'une profession libérale réglementée » : CAA Paris, 9 févr. 2017, n° 15PA04419.

(245) G. Liet-Veaux, *La loi Méhaignerie et le changement d'affectation des locaux : JCP* G 1987, I, 3307.

(246) V. *supra*, n°s 391 et 392.

(247) Circ. n° 89-69, 3 nov. 1989, relative aux changements d'affectation des locaux à usage d'habitation (annexes : « Circulaires », ann. 8). – V. égal. Rép. min. n° 38765 : *JOAN* Q 9 sept. 1991, p. 3629.

ce local ; ceci entraîne le retour au logement de toutes les surfaces transformées, dès le départ d'un bénéficiaire ».

619. – Les dispositions de l'article 58 ne distinguaient pas selon qu'il y a ou non compensation : en toute hypothèse, la décision de l'administration ne profitait qu'à son bénéficiaire. L'administration préfectorale parisienne, consciente des difficultés suscitées par le texte issu de la loi Méhaignerie, avait admis que la dérogation assortie d'une compensation avait un « caractère réel et définitif », c'est-à-dire attachée au local et transférable en même temps que celui-ci. Toutefois, elle ne pouvait se prononcer explicitement sur ce point dans les arrêtés de dérogation sans enfreindre l'article L. 631-7 dans sa rédaction alors applicable.

Cette position n'était satisfaisante qu'en apparence : il n'en résultait aucun droit acquis ; l'administration restait fondée à appliquer purement et simplement la loi à un requérant qui prétendrait exciper du caractère réel de la dérogation assortie de compensation[248].

620. – La jurisprudence administrative a pris acte de l'affirmation, pour la première fois dans la loi, de la personnalité des dérogations et autorisations accordées sur son fondement : la dérogation obtenue par le vendeur ne pouvait bénéficier à l'acquéreur des locaux[249].

621. – Les professionnels déploraient l'iniquité du principe de personnalité en cas de compensation[250]. Dans un « accord-cadre pour faciliter l'installation et la croissance d'activités des professions libérales à Paris » conclu le 22 février 1998, renouvelé en février 2001, entre la préfecture de Paris, la ville de Paris, la Délégation interministérielle aux professions libérales et l'Union nationale des professions libérales, l'administration s'est engagée « à examiner favorablement le renouvellement des dérogations, s'il y a eu compensation par transformation de locaux professionnels, administratifs ou commerciaux en logement dans le même secteur ». Les stipulations de cet accord sont « dépourvues de toute valeur normative »[251].

622. – Le même article 58 de la loi Méhaignerie prévoyait également la possibilité, pour les professions libérales réglementées, de transférer une autorisation d'usage professionnel d'un local à un autre (transfert de professionnalité). Les bénéficiaires de cet article, « qui rendent à l'habitation le local qui était devenu totalement ou partiellement professionnel », pouvaient être autorisés à « transformer un autre local d'habitation pour une surface équivalente ».

L'administration faisait une application littérale du texte, en excluant les transferts portant sur des locaux ayant à l'origine un caractère professionnel : sont seuls

(248) *Urbanisme et Sécurité juridique*, 89e Congrès des notaires de France (1993), Quatrième commission, *L'espace bâti : protection et évolution*, par Mes G. Vidalenc et H. Wargny, n° 4360.

(249) CE, 28 févr. 1997, n° 158194 : *Lebon*, p. 69 ; *RDI* 1997, p. 421, note J. Morand-Deviller et L. Touvet ; *Administrer* mars 1998, n° 298, p. 49 : « considérant qu'à supposer même que la lettre adressée le 6 janvier 1989 par la préfecture de Paris à M. X... puisse être regardée comme ayant accordé à ce dernier, pour les locaux dont il était alors propriétaire, une dérogation à l'interdiction édictée par l'article L. 631-7 précité, une telle dérogation, qui (...) présentait un caractère personnel, n'aurait pu produire aucun effet postérieurement à la vente de ces locaux, le 28 févr. 1989, à la SCPI Y et autres, et créer des droits au profit de ces dernières ».

(250) P. Mendak, *Le changement d'affectation de locaux : entre certitudes et interrogations : RLDA* janv. 1998, n° 1.

(251) CAA Paris, 22 mai 2008, n° 07PA01575.

concernés les locaux qui n'étaient pas à usage professionnel mais qui le sont devenus par voie de dérogations ou d'autorisations[252]. Une autorisation devait être demandée, elle était obtenue de plein droit[253] sous réserve que l'usage professionnel du local rendu à l'habitation ne soit pas irrégulier[254] : il s'agissait ni plus ni moins qu'une autorisation de déménagement.

623. - Le transfert de professionnalité s'apparentait davantage à une restitution d'usage d'habitation qu'à une compensation par création de nouvelles surfaces affectées à cet usage, ce qui renforce le caractère personnel de la dérogation ou de l'autorisation accordée sur le nouveau local professionnel. Ce caractère est d'ailleurs réaffirmé par la dernière phrase de l'article 58 de ladite loi, anéantissant tout espoir d'effet réel fondé sur la conjonction « cependant » apparemment en opposition avec le principe posé précédemment[255]. Le transfert n'aurait pu réaliser de véritable compensation qu'à la condition de transformer en habitation un local affecté à un usage professionnel dès l'origine.

624. - Néanmoins, force est de constater que certaines autorisations délivrées par la préfecture de Paris en application de l'article 58 ont improprement qualifié le transfert d'activités professionnelles de « compensation ». La situation se complique encore davantage lorsque l'on constate qu'il arrivait à l'administration de pratiquer de tels transferts avant l'intervention de la loi de 1986 en empruntant un vocabulaire déjà extrêmement ambigu[256].

Ces regrettables confusions terminologiques n'emportent cependant aucun effet sur la véritable nature de ces autorisations qui demeurent personnelles et incessibles. C'est également l'avis de la ville de Paris qui considère que la simple restitution à l'habitation du local professionnel constituait une condition d'octroi de la nouvelle autorisation en remplacement de l'ancienne, et non une obligation conditionnant ses effets sur le nouveau local. Le Conseil d'État partage cette analyse et estime, par conséquent, que « l'engagement pris par [la bénéficiaire de l'autorisation] de rendre à l'habitation la superficie (...) qu'elle utilisait pour un usage professionnel dans un autre appartement (...) dans lequel elle résidait (...) ne pouvait être regardé comme une "compensation effective" au sens des dispositions [de l'article 29, II, de l'ordonnance n° 2005-655 du 8 juin 2005] »[257].

625. - Plusieurs indices permettent d'identifier ces décisions de transfert assorties de soi-disant compensations :

– elles étaient accordées dans leur grande majorité pour un usage professionnel (s'entendant de l'exercice d'une profession libérale réglementée) ou un usage mixte professionnel et d'habitation, mais jamais pour un usage commercial ou industriel ;

(252) V. la note de la préfecture de Paris, *Critères posés par l'administration en matière de transformation de locaux à usage professionnel*, publiée *in Gaz. Pal.* 1er au 4 janvier 1997, p. 43 et 44 (annexes : « Circulaires », ann. 10).

(253) V. le rapport de M. Cl. Robert, *La transformation des logements en locaux d'activité*, sept. 1990, rendu au ministère délégué chargé du logement, p. 51.

(254) CAA Paris, 27 juin 2000, n° 98PA03867 : « les membres d'une profession libérale réglementée qui rendent à l'habitation un local qui était devenu totalement ou partiellement professionnel, ne peuvent être autorisés à transformer un autre local d'habitation en local professionnel pour une surface équivalente que s'ils étaient bénéficiaires, pour le local rendu à l'habitation, d'une autorisation ou dérogation ».

(255) *Urbanisme et Sécurité juridique*, 89e Congrès des notaires de France (1993), Quatrième commission, *L'espace bâti : protection et évolution*, par Mes G. Vidalenc et H. Wargny, n° 4353.

(256) Lettre-circ. 20 nov. 1975, I-3°) (Annexes : « Circulaires », ann. 6).

(257) CE, 23 déc. 2020, n° 428800 : *Defrénois* 25 févr. 2021, p. 22, note G. Daudré.

– elles avaient pour objet des locaux qui ne présentaient pas nécessairement des surfaces équivalentes[258] ;

– elles visaient – et parfois prenaient le soin d'abroger – la précédente décision préfectorale sous couvert de laquelle le local rendu à l'habitation était jusqu'alors affecté à un autre usage ;

– elles se contentaient de « donner acte de la compensation proposée » sans constater sa réalisation ;

– elles étaient parfois délivrées sous la réserve expresse « qu'aucune transformation matérielle nécessitant l'octroi d'un permis de construire ne soit effectuée ».

En cas de doute, la prudence recommande de consulter à la mairie de Paris le dossier de demande d'autorisation archivé par la préfecture.

c) Le caractère interprétatif de la loi du 23 décembre 1986

626. – L'administration voit dans la loi Méhaignerie la consécration du caractère personnel des dérogations et autorisations, quelle que soit leur date de délivrance[259]. Suivant cette interprétation, l'article 58 de la loi n'apporte aucune novation sur ce point et présente un caractère interprétatif des dispositions antérieures.

627. – Cette interprétation n'a pas recueilli l'adhésion des praticiens[260]. La doctrine a soutenu la thèse de la non-rétroactivité de la loi du 23 décembre 1986, faute de disposition législative explicite modifiant les situations existantes[261].

628. – La cour d'appel de Paris s'est d'abord prononcée en ce sens : « la dérogation obtenue antérieurement à la loi du 23 décembre 1986 a créé une situation dont les effets étaient déjà acquis ; l'article 58 de la loi n'est donc pas applicable immédiatement à cette situation et ne comporte aucune disposition formelle de portée rétroactive sur ce point »[262].

En 2004, la Cour de cassation a confirmé cette lecture de l'article L. 631-7 dans sa rédaction antérieure à la loi Méhaignerie, en cassant un arrêt d'appel qui avait considéré comme personnelle et non transmissible une décision délivrée avant l'entrée en vigueur de la loi : « qu'en statuant ainsi, alors qu'elle avait constaté que l'autorisation permettant d'utiliser la totalité des lieux à usage professionnel avait été délivrée avant l'entrée en vigueur de l'article 58 de la loi du 23 décembre 1986, ce dont il se déduisait qu'elle était accordée à titre réel et définitif, la cour

(258) Par ex. dans l'affaire jugée par l'arrêt précité (CE, 23 déc. 2020), le local restitué à l'usage d'habitation par la pétitionnaire présentait une surface (39 m^2) nettement inférieure à l'appartement qu'elle avait été autorisée à occuper à usage professionnel (105 m^2). D'un point de vue factuel, les deux changements d'usage n'ont pas pu se compenser, puisqu'au final le bilan des surfaces est défavorable au logement.

(259) V. la note de la préfecture de Paris, *Critères posés par l'administration en matière de transformation de locaux à usage professionnel*, publiée *in Gaz. Pal.* 1er au 4 janv. 1997, p. 43 et 44 (annexes : « Circulaires », ann. 10).

(260) Rapport du colloque de l'Observatoire régional de l'immobilier d'entreprise en Île-de-France (ORIE) du 16 janvier 1997, *Les bureaux administratifs, professionnels et commerciaux : les évolutions nécessaires de la réglementation*.

(261) G. Liet-Veaux, *Réflexions nouvelles sur les changements de destination ou affectation des locaux : JCP* N 1990, I, p. 289. – S. Pérignon, *Vente d'immeubles et droit de l'urbanisme*, Defrénois-LGDJ avr. 1991, n° 155.

(262) CA Paris, 6e ch. C, 19 juin 1996, n° 94/26624. L'arrêt précise, après avoir rappelé les dispositions de l'article L. 631-7 dans sa rédaction antérieure à la loi de 1986, « qu'il s'agit de deux régimes distincts, le premier dérogatoire à caractère réel, le second d'autorisation à caractère personnel ».

d'appel a violé le texte susvisé »[263]. La Haute juridiction n'a pas toujours été de cet avis[264].

629. – L'affaire *Nakache* a fourni à la cour d'appel de Paris[265], puis à la Cour de cassation[266], l'occasion – attendue – de mettre à jour leur jurisprudence antérieure au regard des derniers développements intervenus en la matière. En l'occurrence il s'agissait d'une dérogation :

– accordée le 27 février 1985, c'est-à-dire avant la loi du 23 décembre 1986 ayant expressément inscrit dans le Code de la construction et de l'habitation le principe de personnalité des autorisations ou dérogations délivrées en application de l'article L. 631-7 ;

– moyennant une compensation sous forme financière, comme cela se pratiquait avant que le juge administratif ne l'interdise ;

– délivrée à un locataire pour exercer dans un local d'habitation la profession d'huissier de justice, lequel a cédé sa clientèle dans les années 1990 à un confrère qui entendait se prévaloir de cette dérogation pour maintenir l'affectation professionnelle du local.

S'inspirant de la jurisprudence du Conseil d'État exposée ci-après, les Hauts magistrats approuvent les juges du fond d'avoir retenu que « l'autorisation donnée à M. X… le 27 février 1985, qui avait un caractère personnel, avait pris fin avec le départ de son titulaire et que Mme Y… ne pouvait se prévaloir de cette autorisation et ne bénéficiait, à la date d'entrée en vigueur de l'article 29 de l'ordonnance du 8 juin 2005 d'aucune dérogation personnelle ».

Dans une autre espèce, la cour d'appel de Paris applique logiquement la même solution : « s'il est exact que la loi du 23 décembre 1986 dispose que les autorisations de changement d'usage délivrées après son entrée en vigueur étaient personnelles et non réelles, il ne saurait en être nécessairement déduit, *a contrario*, que celles délivrées antérieurement étaient attachées au local. C'est seulement depuis l'entrée en vigueur de l'ordonnance du 8 juin 2005 que les autorisations ayant donné lieu à compensation et elles seules, ont bien un caractère réel, attaché au local et non à la personne »[267].

630. – Saisie de la question du caractère personnel ou réel des dérogations et autorisations intervenues avant la loi Méhaignerie, la cour administrative d'appel de Paris a jugé que « les autorisations délivrées en application des dispositions de l'article L. 631-7 du Code de la construction et de l'habitation dans leur rédaction antérieure à la loi du 23 décembre 1986, sont afférentes aux locaux pour lesquels elles

(263) Cass. 3e civ., 7 avr. 2004, n° 02-19.062 : *AJDI* 2004, p. 882.

(264) Cass. 3e civ., 19 janv. 2000, n° 98-13.194 : « l'autorisation préfectorale donnée le 20 juillet 1972 ne l'avait été qu'à la locataire de l'époque et sous la condition de compensation par la conversion d'une certaine superficie de locaux à usage commercial en locaux d'habitation, la cour d'appel, qui a pu relever que, la position de l'administration étant demeurée inchangée, la remise en cause de l'autorisation opérée antérieurement à la conclusion du bail ne pouvait être qualifiée d'événement imprévisible, a souverainement apprécié le montant du préjudice causé [au nouveau locataire] par la carence de la bailleresse à s'assurer, avant la conclusion du bail du 23 novembre 1987, que la destination commerciale des locaux loués était toujours autorisée ».

(265) CA Paris, pôle 1, ch. 3, 1er févr. 2011, n° 10/13565 : *AJDI* 2011, p. 370, note G. Daudré.

(266) Cass. 3e civ., 9 mai 2012, n° 11-16.139 (annexes : « Jurisprudence », ann. 3) : *Bull. civ.* III, n° 73 ; *AJDI* 2012, p. 432, note G. Daudré ; *Rev. loyers* 2012, p. 256, note E. Briand ; *Loyers et copr.* juill. 2012, comm. 195, note B. Vial-Pedroletti.

(267) CA Paris, pôle 4, ch. 3, 25 avr. 2013, n° 11/10711.

ont été accordées et non aux personnes ou sociétés qui y exercent ; que cette loi n'a eu ni pour objet, ni pour effet de conférer un caractère personnel aux autorisations accordées avant son entrée en vigueur »[268]. Les juges du Palais Royal devaient néanmoins censurer cette jurisprudence en 2007.

631. – Le Conseil d'État confère une portée générale au principe de personnalité dans une importante décision du 25 juillet 2007 (*Min. Emploi c/ Caballero*) : « il résulte des termes, de l'objet et de l'économie générale des dispositions de la loi du 1er septembre 1948, dont est issu l'article 340 de l'ancien Code de l'urbanisme et de l'habitation, que les dérogations et autorisations de changement d'affectation s'attachaient à la personne et non au local avant même l'adoption des dispositions de la loi du 23 décembre 1986 »[269].

Il est vrai que les travaux préparatoires à la loi de 1986, sur lesquels s'appuyait la cour administrative d'appel de Paris pour considérer que « le législateur n'avait pas entendu préciser quel était le sens des dispositions antérieures, mais au contraire mettre fin à un régime qui attachait les autorisations aux locaux auxquels elles se rapportent », sont empreints d'une certaine confusion[270].

632. – Soucieux de ne pas voir sa propre jurisprudence éventuellement contredite par le juge constitutionnel, le Conseil d'État a refusé de transmettre une question prioritaire de constitutionnalité portant sur la conformité du caractère personnel des autorisations de changement d'usage aux droits et libertés garantis par la Constitution.

Aux requérants qui soutenaient que les dispositions légales successives sur les effets des autorisations, « telles qu'interprétées par le Conseil d'État, portent atteinte aux situations légalement acquises ou remettent en cause les effets qui peuvent légitimement être attendus de telles situations, en méconnaissance de l'article 16 de la Déclaration des droits de l'homme et du citoyen de 1789 », le Conseil d'État répond que, par sa décision du 25 juillet 2007 précitée, il « s'est borné à juger que les dérogations et autorisations prévues par le législateur avaient toujours présenté un caractère personnel, sans remettre en cause aucune interprétation qu'il aurait précédemment retenue et sans que, par elle-même, sa décision n'ait de conséquences sur les situations particulières nées de décisions prises par les autorités compétentes sur la base d'interprétations différentes de la loi »[271].

2° Exception : caractère réel (Ord. 8 juin 2005, art. 29, II)

633. – Fort opportunément, l'article 29 de l'ordonnance du 8 juin 2005, non codifié, indique dans sa rédaction initiale :

> « II. – Les autorisations définitives accordées sur le fondement du même article L. 631-7 avant l'entrée en vigueur de la présente ordonnance et qui ont donné lieu à compensation effective, sont attachées au local et non à la personne ».

(268) CAA Paris, 29 févr. 2000, n° 97PA03543 : *Lebon* T., p. 1084 ; *Defrénois* 2000, art. 37252-16, note S. Pérignon ; *Constr.-Urb.* 2000, comm. 284, note P. Cornille.

(269) CE, sect., 25 juill. 2007, n° 277960 (annexes : « Jurisprudence », ann. 1) : *Lebon*, p. 394 ; *Defrénois* 2007, art. 38713-1, note J.-Ph. Meng ; *JCP* N 2008, I, 1134, note M. Jorat. Les dispositions des articles 340 et suivants du Code de l'urbanisme et de l'habitation ont été reprises en 1978 dans le Code de la construction et de l'habitation aux articles L. 631-7 et suivants.

(270) V. concl. comm. gouv. Y. Struillou ss l'arrêt du 25 juillet 2007 : *RFDA* 2007, p. 1238.

(271) CE, 28 mai 2014, n° 376996.

Pour clarifier la situation née du régime antérieur et légaliser l'interprétation bienveillante de l'administration parisienne, l'ordonnance conforte les dérogations avec compensation intervenues avant son entrée en vigueur le 10 juin 2005. Néanmoins, le texte de l'article 29 II ne parvient pas à dissiper toutes les incertitudes.

634. – L'effet réel ne peut être accordé qu'aux autorisations « qui ont donné lieu à compensation effective ». L'autorisation dite définitive de changement d'usage, c'est-à-dire celle par laquelle le préfet, alors compétent, a constaté la réalisation de la compensation[272], permet à l'évidence de justifier de son caractère effectif.

Des difficultés pratiques peuvent cependant apparaître du fait de l'absence d'autorisation définitive, celle-ci n'ayant pas été délivrée alors que les agents de la préfecture ont constaté sur place la conversion à l'habitation du local de compensation. L'accord de principe de la préfecture et l'autorisation dite provisoire qui l'a suivi ne peuvent suffire à établir la réalité de cette compensation puisque, par hypothèse, ces décisions sont intervenues en amont de sa réalisation. En tant que tel, le caractère effectif d'une compensation est une pure question de fait, qui peut s'élucider par tout moyen de preuve[273]. C'est pourquoi, consciente de ces difficultés, la ville de Paris accepte de considérer aujourd'hui comme effective une compensation qui n'a pas fait l'objet d'une autorisation définitive, dès lors qu'est apportée la preuve que la compensation a été réalisée conformément à l'accord de principe ou à l'autorisation provisoire.

635. – Une autre difficulté tient au fait que des compensations financières étaient parfois exigées par l'administration préfectorale jusqu'à leur condamnation par la jurisprudence[274] ; le versement de telles compensations peut-il néanmoins conférer un caractère réel aux dérogations obtenues en contrepartie ? Il est à craindre qu'une dérogation dont la compensation a été réalisée dans des conditions jugées illégales par le Conseil d'État ne puisse être regardée par ce dernier que comme accordée à titre personnel[275]. Certes, ces dérogations sont aujourd'hui devenues définitives bien que leurs bénéficiaires aient été fondés à demander l'annulation de la seule compensation financière ; et il est vrai que la question ne devrait concerner que celles délivrées postérieurement au 1er janvier 1970, date à laquelle il est unanimement admis, à l'exception notable d'une décision récente[276], que la situation de fait prime la situation de droit. Mais il est également vrai que l'article 29, II précité doit être replacé

(272) C'est en ce sens qu'est utilisée l'appellation « autorisation définitive » dans le présent paragraphe, et non pour viser l'absence de retrait et de recours des autorisations, qui seront considérées comme déjà définitives à cet égard.

(273) Par ex., le rapport de visite de l'agent de la préfecture, la déclaration d'achèvement des travaux indiquant la nouvelle destination et la surface du local de compensation…

(274) V. *supra*, n° 479.

(275) Mais peut-être faudrait-il distinguer au sein des compensations financières :

- celles acquittées sous forme de versements à fonds perdus ou de prêts sans intérêt consentis à des groupements poursuivant, sans but lucratif, la construction de logements – condamnées à plusieurs reprises par la jurisprudence – et qui seraient impropres à caractériser une compensation telle que définie par l'ordonnance de 2005 ;
- celles réalisées sous forme d'acquisition ou de souscription de parts ou d'actions auprès de sociétés désignées par le préfet, ayant entraîné pour le souscripteur la propriété indirecte du logement construit à l'aide de ce versement, et qui se rapprocheraient peut-être davantage d'une compensation en nature…

(276) CE, 5 avr. 2019, n° 410039 (annexes : « Jurisprudence », ann. 4) : *Lebon* T., p. 814 ; *Constr.-Urb.* 2019, repère 5, note critique H. Périnet-Marquet ; *Defrénois* 13 juin 2019, p. 38, note critique G. Daudré. V. *supra*, nos 337 et s.

dans son contexte, puisque par ailleurs l'ordonnance du 8 juin 2005 n'accorde de base légale qu'aux compensations qui revêtent « la forme de la transformation concomitante en habitation de locaux ayant un autre usage » (art. L. 631-7-1).

Dans l'affaire *Nakache*[277], le juge judiciaire semble admettre implicitement qu'une telle compensation puisse tenir lieu de « compensation effective » au sens de l'article 29, II. En l'espèce, l'autorisation litigieuse avait été accordée en 1985 moyennant le versement à fonds perdu, à un organisme désigné par le préfet de Paris, d'une somme qualifiée de compensation. Or, ce n'est pas en raison de la nature de la compensation que l'application de l'article 29, II a été écartée par le juge, ce qui pourrait accréditer la thèse de l'assimilation des compensations en argent à celles apportées en nature, seul important qu'elles aient été effectivement payées ou réalisées à la date du 10 juin 2005. Cependant, le débat judiciaire ne portait pas précisément sur ce point, il paraît donc difficile de se prévaloir en ce sens de la jurisprudence *Nakache*.

Pour sa part, la ville de Paris considère que les anciennes compensations financières obéissent au même régime que les compensations physiques pour l'application de l'article 29, II. Cette position respecte la stabilité des situations constituées autant qu'elle préserve la responsabilité de l'État d'éventuels recours indemnitaires intentés par ceux à qui serait refusé le bénéfice de l'article 29, II au motif que les compensations indûment perçues ne confèrent aucun caractère réel aux dérogations obtenues en contrepartie.

636. – L'effet réel bénéficie aux « autorisations définitives accordées (...) avant l'entrée en vigueur de la présente ordonnance ». La portée *rationae temporis* de cette disposition est susceptible de recevoir deux interprétations :

– soit les dérogations avec compensations sont attachées au local à compter de la date d'entrée en vigueur de l'ordonnance le 10 juin 2005, d'où il suit que seules les dérogations en cours de validité à cette date sont concernées ;

– soit les dérogations avec compensations sont attachées au local *ab initio*, en ce cas toutes les dérogations, y compris celles devenues caduques antérieurement à l'entrée en vigueur de l'ordonnance en application du principe de personnalité alors applicable, revêtent un caractère réel.

Dans la première hypothèse, le caractère réel ne produit ses effets que pour l'avenir ; dans la seconde hypothèse, le caractère réel est rétroactif. La ratification de l'ordonnance du 8 juin 2005 a permis de lever cette ambiguïté.

637. – La ratification de l'ordonnance par la loi n° 2006-872 du 13 juillet 2006 portant engagement national pour le logement (dite « loi ENL ») s'est accompagnée d'une précision rédactionnelle (la modification figure en gras)[278] :

> « II. – Les autorisations définitives accordées sur le fondement du même article L. 631-7 avant l'entrée en vigueur de la présente ordonnance et qui ont donné lieu à compensation effective, sont attachées, **à compter de cette entrée en vigueur**, au local et non à la personne ».

Tout effet rétroactif est écarté ; l'article 29, II produit un effet immédiat, c'est-à-dire à compter de son entrée en vigueur.

(277) V. *supra*, n° 629 et *infra* n° 642.

(278) V. le rapport n° 81 (2005-2006) de M. D. Braye, au nom de la Commission des affaires économiques et du plan du Sénat, déposé le 15 novembre 2005, p. 131 : il s'agit « de préciser les dispositions transitoires de l'article 29, non codifié, relatives aux dispositions concernant le régime d'autorisation de changement d'usage des locaux ».

638. – Le Conseil d'État, par un arrêt du 7 mars 2008 (*SCI Haussmann Boétie*), a qualifié les dispositions de la loi ENL modifiant l'article 29, II de l'ordonnance de 2005 de « purement interprétatives et confirmatives »[279].

Les dérogations délivrées avec compensation avant l'entrée en vigueur de l'ordonnance ne peuvent bénéficier d'un caractère réel qu'à compter du 10 juin 2005 : « considérant (…) que [le requérant] avait revendu l'appartement en litige en mars 1998, [il] ne pouvait utilement se prévaloir des dispositions de l'article 29 de l'ordonnance du 8 juin 2005, prévoyant que les autorisations définitives accordées sur le fondement de l'article L. 631-7 et ayant donné lieu à compensation effective, sont attachées au local et non à la personne, (…), dès lors que (…) ces dispositions ne sont applicables qu'à compter de l'entrée en vigueur de ladite ordonnance ».

639. – En l'occurrence, la société requérante avait acquis en 1987 des locaux à usage d'habitation qu'elle avait été autorisée à transformer en bureaux, moyennant plusieurs compensations en nature[280]. L'administration a retiré la dérogation au motif que toutes les compensations n'avaient pas été réalisées ; la décision de retrait fut toutefois annulée par le tribunal administratif en raison de son caractère tardif.

Par suite du refus de renouveler la dérogation dont elle bénéficiait à titre personnel, la société a dû revendre en 1998 l'immeuble pour un usage d'habitation et non de bureaux, en adéquation avec les termes de la loi Méhaignerie alors en vigueur[281]. La société souhaitait être indemnisée par l'État du préjudice résultant de la différence entre le prix de vente effectif et celui qu'elle était en droit d'attendre d'un local à usage de bureaux.

640. – Le schéma ci-dessous résume les principales données du litige :

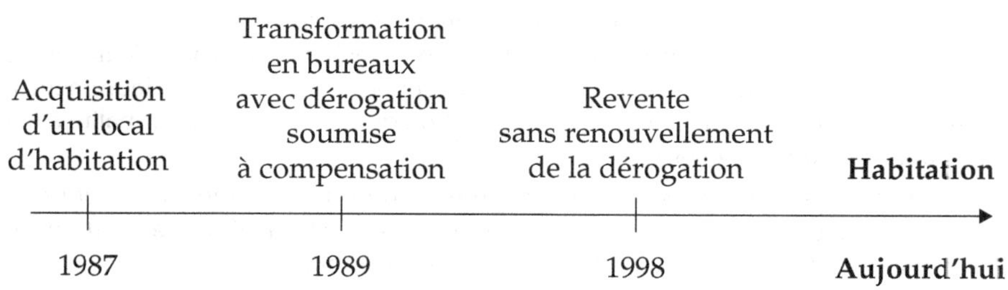

Selon la jurisprudence du Conseil d'État, la vente de l'immeuble par le bénéficiaire de la dérogation entraîne la caducité de celle-ci en raison de son caractère personnel ; l'immeuble doit donc retrouver son usage originel d'habitation.

(279) CE, 7 mars 2008, n° 293343 (annexes : « Jurisprudence », ann. 2) : *AJDA* 2008, p. 2077, note S. Pérignon ; *Defrénois* 2008, art. 38861-3, note J.-Ph. Meng.

(280) La lecture des conclusions du commissaire du gouvernement permet de confirmer le type de compensation réalisée (compensation en nature), en dépit de la rédaction de la décision selon laquelle « des compensations avaient été trouvées et leur prix acquitté ». Sans doute s'agit-il d'une confusion avec la redevance (dénommée « taxe » depuis le 1er janvier 2016) pour création de bureaux prévue à l'article L. 520-9 du Code de l'urbanisme qui, dans sa rédaction alors en vigueur, assimilait « à la construction de locaux à usage de bureaux ou de locaux de recherche le fait de transformer en de tels locaux des locaux précédemment affectés à un autre usage ». En l'espèce, la circonstance que le propriétaire se soit acquitté de la redevance est jugée inopérante.

(281) V. *supra*, nos 617 et s.

641. – Il en aurait été autrement si la vente était intervenue après l'entrée en vigueur de l'ordonnance :

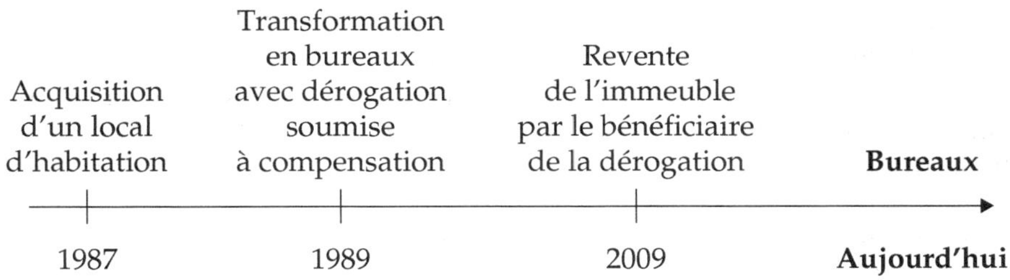

Il n'est pas nécessaire de demander le renouvellement de la dérogation obtenue en 1989 : l'ordonnance lui a conféré un caractère réel depuis le 10 juin 2005, sous réserve que la compensation ait bien été réalisée. L'immeuble peut être vendu ou loué à usage de bureaux par le bénéficiaire de la dérogation et les propriétaires successifs.

642. – Dans l'arrêt *Nakache* du 8 juin 2012[282], la Cour de cassation a repris à son compte le raisonnement du Conseil d'État pour écarter l'application de l'article 29, II de l'ordonnance de 2005. En l'espèce, un huissier de justice prétendait bénéficier de l'autorisation avec compensation accordée à son prédécesseur en 1985 bien que celui-ci ait quitté les lieux en 1998. Les juges du droit estiment que cette autorisation a cessé de produire effet au départ de son titulaire de sorte que, n'étant plus valable au jour de l'entrée en vigueur de l'ordonnance, elle ne pouvait être considérée comme ayant acquis un caractère réel au 10 juin 2005.

643. – Seules les dérogations ayant donné lieu à compensation effective et en cours de validité au 10 juin 2005 ont un caractère réel depuis cette date. Cette dernière condition n'est pas à négliger : de nombreuses dérogations avec compensations, délivrées entre 1945 et 2005, sont devenues caduques avant le 10 juin 2005 en raison de la cessation d'activité de leurs bénéficiaires suite, par exemple, à la vente, l'apport en société ou la relocation des locaux concernés.

Il existe des situations où la validité de l'autorisation au 10 juin 2005 peut être appréciée différemment selon que l'on privilégie la qualité de propriétaire ou d'occupant du bénéficiaire de l'autorisation. Tel est le cas des opérations de cession-bail (ou *lease back*) réalisées avant le 10 juin 2005 ; la jurisprudence ne s'est pas prononcée explicitement sur ce cas, mais, à notre avis, l'autorisation peut être regardée comme en cours de validité nonobstant la vente par son bénéficiaire, si toutefois il n'a pas cessé d'occuper l'immeuble et d'y exercer son activité au 10 juin 2005.

Parfois, c'est l'identification même du bénéficiaire qui pose difficulté[283].

644. – Suivant à la lettre la jurisprudence du Conseil d'État et de la Cour de cassation, la ville de Paris n'entend pas poursuivre la doctrine de la préfecture qui considérait que toute dérogation avec compensation effective accordée avant l'entrée en vigueur de l'ordonnance avait bien un caractère « réel et définitif ». Il n'est plus possible de s'appuyer sur ces dérogations si leur bénéficiaire a revendu l'immeuble ou s'il a quitté les locaux entre la date de la dérogation et le 10 juin 2005.

(282) V. *supra*, n° 629.
(283) CAA Paris, 20 mai 2021, n° 19PA00594.

Une nouvelle autorisation de changement d'usage devra être demandée, sauf à justifier d'un usage de fait ou de droit autre que l'habitation, selon que l'immeuble a été construit ou transformé avant ou après le 1er janvier 1970, en application de l'article L. 631-7[284]. Cependant, cette dernière affirmation doit désormais être nuancée dans certains cas (V. *infra* l'exemple cité au paragraphe 647).

645. - Par exemple, un immeuble affecté à usage de bureaux suite à une dérogation avec compensation obtenue en 1969, puis revendu en 1989, est aujourd'hui à usage de bureaux :

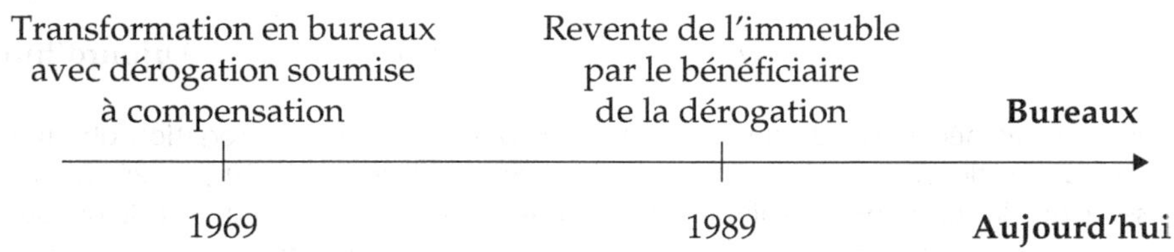

La revente de l'immeuble en 1989 a pu bénéficier de la tolérance de la préfecture qui considérait comme « définitives » les dérogations avec compensation et ne remettait pas en question la transformation en cas de changement d'occupant ou de propriétaire. En application de l'article L. 631-7, alinéa 3, et conformément à l'objectif de l'ordonnance du 8 juin 2005 d'opérer une cristallisation générale des différentes occupations au 1er janvier 1970, le local n'est pas considéré à usage d'habitation puisqu'il n'était pas affecté à cet usage en 1970 ; peu importe la caducité de la dérogation.

Cette solution ne semble pas remise en cause par la jurisprudence la plus récente du Conseil d'État qui prend pour référence l'usage autre que l'habitation au 1er janvier 1970 seulement si cet usage était fondé en droit à cette date[285]. Dans le cas ci-dessus, l'usage du local au 1er janvier 1970 peut s'appuyer sur une dérogation-compensation en cours de validité ; il est donc possible de se référer à la situation du local en 1970 pour lui reconnaître aujourd'hui un usage régulier.

646. - Autre exemple, la transformation d'un immeuble d'habitation en bureaux après l'obtention d'une dérogation-compensation et d'un permis de construire autorisant le changement de destination :

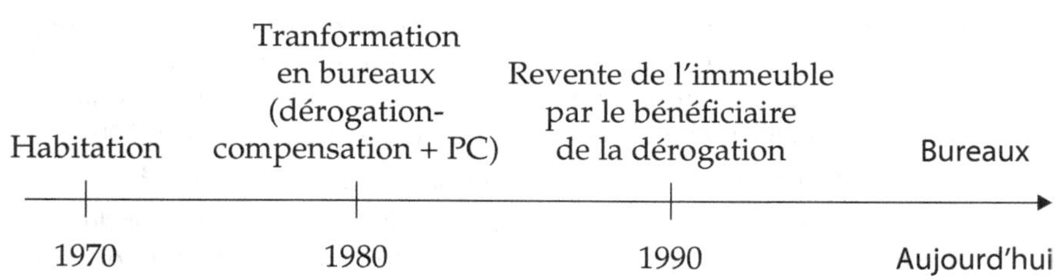

(284) V. *supra*, nos 289 et s.

(285) CE, 5 avr. 2019, n° 410039 (annexes : « Jurisprudence », ann. 4) : *Lebon* T., p. 814 ; *Constr.-Urb.* 2019, repère 5, note critique H. Périnet-Marquet ; *Defrénois* 13 juin 2019, p. 38, note critique G. Daudré. V. *supra*, nos 337 et s.

En effet, s'il n'est plus possible de se référer à la dérogation-compensation, devenue caduque suite à la vente des locaux par son bénéficiaire en 1990, l'usage autre que l'habitation peut se déduire de la nouvelle destination autorisée par le permis de construire (art. L. 631-7, al. 3). Néanmoins, les dérogations délivrées postérieurement au 1er janvier 1970 ne se sont pas toujours accompagnées d'une autorisation de changement de destination[286] ; ce n'était pas le cas, notamment :

– entre le 1er janvier 1970 et le 1er janvier 1977, parce que les changements de destination échappaient au champ d'application du permis de construire[287] ;

– postérieurement au 1er janvier 1977 et jusqu'au 10 juin 2005, lorsque le changement de destination n'entraînait pas de travaux et donc pas de permis de construire[288] ;

– et, dans tous les autres cas où un permis de construire aurait dû être sollicité et ne l'a pas été ou a été refusé.

Dans ces dernières hypothèses, la jurisprudence *Haussmann Boétie* produira son plein effet.

647. – Enfin un dernier exemple, cité lors de l'Université des Notaires du Grand Paris du 7 janvier 2020[289], permet d'illustrer les difficultés qui pourraient résulter de la combinaison de la jurisprudence *Haussmann Boétie* avec une décision plus récente du Conseil d'État :

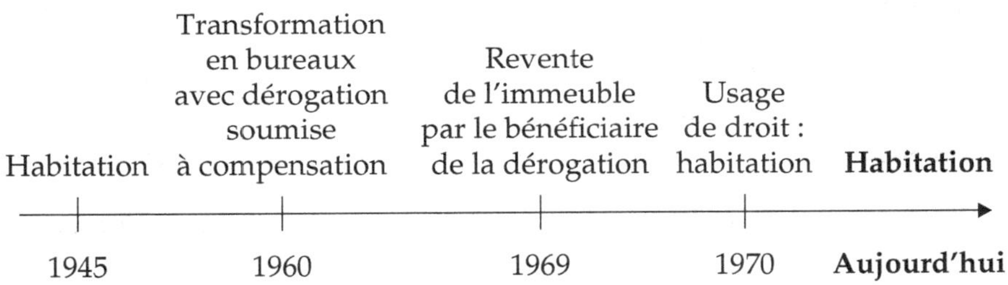

Selon un arrêt du 5 avril 2019 (*Commune de Neuilly-sur-Seine*)[290], c'est la situation de fait qui compte pour les locaux affectés à l'habitation au 1er janvier 1970 mais, en revanche, c'est la situation de droit qui doit être prise en considération pour ceux qui étaient affectés à un autre usage à cette date[291]. Dans le cas ci-dessus, le

(286) V. *supra*, nos 355 et s.

(287) Rép. min. n° 15870 : *JOAN* Q 22 févr. 1975, p. 651 : « depuis l'intervention de la loi d'orientation foncière [du 30 décembre 1967], les simples transformations intérieures de locaux, qui ne s'accompagnent pas de reprise de gros œuvre et n'ont pas d'incidence sur l'aspect extérieur des bâtiments ne sont plus soumises au permis de construire, non plus que les changements de destination de locaux existants ». La loi n° 76-1285 du 31 décembre 1976 portant réforme de l'urbanisme a mis fin à cette situation en étendant le champ d'application du permis de construire notamment aux travaux ayant pour effet de changer la destination des constructions existantes (C. urb., ancien art. L. 421-1, al. 2).

(288) V. *supra*, n° 367.

(289) UNGP 2020, Module 3 : *La pratique de l'usage et de la destination des immeubles*, par H. Périnet-Marquet, H. Sarazin et M. Cagniart.

(290) CE, 5 avr. 2019, n° 410039 (annexes : « Jurisprudence », ann. 4) : *Lebon* T., p. 814 ; *Constr.-Urb.* 2019, repère 5, note critique H. Périnet-Marquet ; *Defrénois* 13 juin 2019, p. 38, note critique G. Daudré.

(291) V. *supra*, nos 337 et s.

changement d'usage a été autorisé par une dérogation-compensation, toutefois la vente du local ayant entraîné sa caducité avant le 1er janvier 1970, l'usage de bureaux à cette date n'était déjà plus fondé en droit. Le local devrait alors être considéré, si l'on suit rigoureusement les principes de la jurisprudence *Neuilly-sur-Seine*, comme étant à usage d'habitation.

Cet exemple souligne l'artifice juridique tenant à distinguer entre les situations de fait au 1er janvier 1970 pour ne cristalliser à cette date que le seul usage d'habitation. Si, en effet, selon la lettre de l'article L. 631-7, « pour l'application de la présente section, un local est réputé à usage d'habitation s'il était affecté à cet usage au 1er janvier 1970 », il s'avère que, dans l'exemple précité, cette condition d'application de l'article L. 631-7 fait manifestement défaut, ce qui n'est pas le moindre des paradoxes de cette nouvelle jurisprudence.

3° Tableau des effets actuels des dérogations et autorisations délivrées avant le 10 juin 2005

648. – Ce tableau récapitule les effets actuels des dérogations et autorisations délivrées avant le 10 juin 2005 :

DÉROGATIONS ET AUTORISATIONS DÉLIVRÉES AVANT LE 10 JUIN 2005	
Caractère personnel intransmissible	Principe : – décisions délivrées depuis la loi du 23 décembre 1986 (art. 58) ; – décisions délivrées avant la loi du 23 décembre 1986 (CE, 25 juill. 2007. – Cass. 3e civ., 9 mai 2012. – CE, 28 mai 2014).
Caractère réel transmissible	Exception si réunion de trois conditions : – changement d'usage soumis à compensation (art. 29, II, Ord. 8 juin 2005) ; – réalisation effective de la compensation (art. 29, II, Ord. 8 juin 2005) ; – dérogation en cours de validité au 10 juin 2005 (CE, 7 mars 2008. – Cass. 3e civ., 9 mai 2012).

CHAPITRE 3 LES SANCTIONS

649. – L'article 42 de la loi n° 2004-1343 du 9 décembre 2004 de simplification du droit a autorisé le Gouvernement « à prendre par ordonnance les dispositions nécessaires pour adapter et simplifier le régime juridique applicable aux changements d'affectation des locaux ». Cette habilitation ne permettait pas au Gouvernement de réformer, dans le cadre de l'ordonnance du 8 juin 2005, le dispositif de sanction existant. Ce fut donc à l'occasion de la ratification de l'ordonnance par la loi n° 2006-872 du 13 juillet 2006 portant engagement national pour le logement que les sanctions civiles et pénales ont pu être renforcées. Près de dix ans plus tard, la recherche d'une meilleure régulation du marché des meublés de tourisme conduit à un nouveau renforcement du dispositif de sanction par les lois n° 2016-1321 du 7 octobre 2016 pour une République numérique et n° 2016-1547 du 18 novembre 2016 de modernisation de la justice du XXIe siècle.

650. – La réglementation d'ordre public du contrôle de l'usage dispose d'un arsenal de sanctions juridiques et financières qui n'a rien à envier au droit de l'urbanisme. La simple existence de ces sanctions suffit pour se convaincre qu'on ne peut ignorer les règles applicables sans prendre des risques inconsidérés. Néanmoins, le caractère dissuasif des amendes, astreintes et réaffectations à l'habitation, qui sont à la disposition de l'administration pour sanctionner les comportements frauduleux, ne sera réellement efficace qu'à la condition que les communes se dotent des moyens suffisants pour procéder à des contrôles fréquents et inopinés.

651. – Il est cependant remarquable d'observer que la sanction la plus redoutée reste la nullité de plein droit des accords ou conventions conclus en violation de l'article L. 631-7 qui peut être invoquée par tout intéressé, y compris l'auteur de la fraude ! Plusieurs décisions de justice seront présentées dans les développements qui suivent, pour illustrer ses conséquences désastreuses sur la situation des parties et sur la responsabilité des professionnels qui les accompagnent.

652. – Pour importantes qu'elles soient, ces sanctions ne doivent pas occulter les autres problèmes qu'une même situation de fait peut soulever du point de vue de l'urbanisme, de la fiscalité, du droit privé ou encore du droit du tourisme.

Le non-respect de la législation de l'usage peut constituer une infraction au permis de construire obtenu et être ainsi doublement sanctionné[1]. La situation d'un

(1) Cass. crim. 5 janv. 1993, n° 92-83.260 : *Bull. crim.*, n° 7 : « Attendu que [l'auteur du pourvoi] a été poursuivi pour exécution de travaux de construction immobilière en méconnaissance des obligations imposées par le permis de construire ; que, pour déclarer le prévenu coupable de cette dernière infraction et écarter les conclusions par lesquelles il soutenait que le changement de destination de l'immeuble caractérisait seulement l'infraction prévue par l'article L. 631-7

immeuble peut être régulière au regard de la police de l'usage et ne pas l'être au regard d'une autre législation, ou inversement[2]. C'est notamment le cas en région Île-de-France où plusieurs réglementations particulières et autonomes se superposent sans se correspondre (agrément de l'article L. 510-1 du Code de l'urbanisme, redevance – rebaptisée « taxe » depuis le 1er janvier 2016 – pour la création de bureaux, locaux commerciaux et locaux de stockage de l'article L. 520-1 du Code de l'urbanisme[3], taxe annuelle sur les bureaux, locaux commerciaux et locaux de stockage de l'article 231 ter du Code général des impôts…).

Plusieurs règles de droit privé sont susceptibles de restreindre l'usage de l'immeuble (bail, règlement de copropriété, état descriptif de division en volumes, cahier des charges de lotissement, servitude…). S'ajoutent également des règles restrictives posées dans le cadre du Code du tourisme et pesant sur les locations meublées de courtes durées. L'indépendance de ces réglementations conduit à l'indépendance et, le cas échéant, au cumul des sanctions qu'elles prévoient.

653. - Seront abordées successivement :

– les prérogatives des agents de l'administration (Section 1) ;

– la nullité des accords et conventions conclus en violation de l'article L. 631-7 (Section 2) ;

– l'amende civile de l'article L. 651-2 (Section 3) ;

– la remise en état des lieux sous astreinte judiciaire (Section 4) ;

– les sanctions pénales (Section 5) ;

– la responsabilité civile des intermédiaires immobiliers et administrateurs de biens, et les obligations des plateformes numériques d'intermédiation (Section 6).

du Code de la construction et de l'habitation et sanctionnée d'une amende civile par l'article L. 651-2 de ce Code, la juridiction du second degré retient que les travaux réalisés afin de permettre l'affectation de l'ensemble de l'immeuble à un usage de résidence hôtelière différent de ceux autorisés par le permis de construire ; que les juges ajoutent que, si l'affectation en résidence hôtelière de l'immeuble relève de l'application de l'article L. 631-7 précité, les travaux effectués en vue de ce changement de destination des lieux, au mépris des prescriptions du permis de construire et constatés lors de l'enquête, tombent sous le coup de l'article L. 480-4 du Code de l'urbanisme ; qu'en l'état de ces motifs, la cour d'appel a justifié sa décision sans encourir les griefs allégués ». V. égal. M. Poumarède, *La violation de la destination et de l'usage de l'immeuble : Dr. et ville* 2016, n° 80, p. 33.

(2) CA Versailles, 12e ch., 5 déc. 2017, n° 16/08990 : « Le fait que le procureur de la République ait classé sans suite le procès-verbal d'infraction dressé par la ville pour changement d'affectation d'une habitation en bureaux est sans incidence en l'espèce, dès lors que ce procès-verbal était uniquement fondé sur les dispositions du Code de l'urbanisme. Le fait qu'aucune infraction ne soit caractérisée sur le fondement du Code de l'urbanisme ne préjudicie pas du fait qu'une infraction puisse être établie pour les mêmes faits sur le fondement du Code de la construction ».

(3) Cette superposition de régimes n'a pas toujours existé car, jusqu'à son abrogation par la loi n° 71-537 du 7 juillet 1971, le troisième alinéa de l'article 9 de la loi n° 60-790 du 2 août 1960 instituant cette redevance exonérait la création de bureaux issus d'un changement d'affectation autorisé. V., sur le régime actuel de cette taxe, G. Daudré et J.-Ph. Meng, *De la redevance à la taxe sur la création de bureaux, de commerces et d'entrepôts en région Île-de-France : Bull. Cridon Paris* 15 mars-1er avr. 2016, n° spécial. – G. Daudré, *Taxe pour création de bureaux, commerces et entrepôts en Île-de-France : dispositions réglementaires : Defrénois* 1er mars 2018, p. 28. – M. Collet et M. Raunet, *Taxe sur la création de bureaux : quelles conditions d'exonération ? : AJDA* 2020, p. 1648.

SECTION 1 LES POUVOIRS DE CONTRÔLE DE L'AUTORITÉ ADMINISTRATIVE

654. – Le respect des affectations des locaux à usage d'habitation est contrôlé par des agents assermentés du service municipal ou départemental du logement. Nommés par le maire, les agents prêtent serment devant le juge du tribunal judiciaire et sont astreints aux règles concernant le secret professionnel. Leur nombre est contingenté, sauf décision ministérielle favorable à une augmentation, à 1 pour 30 000 habitants.

Les contrôles sont facilités depuis que la loi n° 2014-366 du 24 mars 2014 pour l'accès au logement et un urbanisme rénové (dite « loi ALUR ») a doté les agents du service départemental du logement existant à Paris et dans les départements de la petite couronne des mêmes prérogatives que les agents municipaux (CCH, art. L. 621-4). Dans les métropoles de province ces prérogatives appartenaient déjà à leurs agents.

Les agents assermentés sont dotés de larges pouvoirs de contrôle et d'enquête.

655. – Ils disposent d'abord du droit de visiter les locaux qu'ils soupçonnent avoir changé d'usage. La visite ne peut avoir lieu qu'en présence de l'occupant ou du gardien du local, sur présentation de l'ordre de mission de l'agent, et entre huit et dix-neuf heures (CCH, art. L. 651-6).

Suite à une décision d'inconstitutionnalité[4], ces agents ne sont plus habilités à pénétrer dans le local en cas de carence de l'occupant ou du gardien. Le droit de visite que leur octroyait déjà l'ordonnance du 11 octobre 1945[5] permettait en effet aux agents de se faire « ouvrir les portes » et de visiter les lieux en présence du maire ou du commissaire de police (ou tout autre officier de police judiciaire délégué). Toutefois la mise en œuvre de ce droit se heurtait au principe d'inviolabilité du domicile dès lors qu'aucune autorisation judiciaire ne devait préalablement être obtenue. Pour surmonter le désaccord ou l'absence de l'occupant, peut-être conviendrait-il d'organiser en la matière un dispositif comparable à celui permettant d'assurer le contrôle administratif des règles d'urbanisme[6] ou des règles de construction et d'accessibilité[7] ; la réflexion sur une refonte du cadre normatif du droit de visite gagnerait à s'inspirer des recommandations émises par le Conseil d'État dans son étude sur les pouvoirs d'enquête de l'administration[8].

(4) Cons. const., 5 avr. 2019, n° 2019-772 QPC : *JO* 6 avr. 2019 (applicable à toutes les affaires non jugées définitivement au 6 avril 2019) ; *LPA* 20 juin 2019, p. 14, note M. Richevaux ; *Constitutions* 2019, p. 248, note L. Domingo.

(5) Ord. n° 45-2394, 11 oct. 1945, instituant des mesures exceptionnelles et temporaires en vue de remédier à la crise du logement, art. 35 : *JO* 19 oct. 1945.

(6) C. urb., art. L. 461-3. V., sur la judiciarisation du droit de visite, M. Morales, *Réforme du droit de visite par la loi ELAN : quand le législateur prophétise une violation du droit de la CEDH : BJDU* 2019, n° 5, p. 307. – Ph. Coleman, *Le droit de visite en matière d'urbanisme méconnaît le droit au respect du domicile : AJDA* 2019, p. 1826. – A. Meynaud-Zeroual, *L'affaire Halabi contre France : un coup d'épée dans l'eau ? : Dr. adm.* 2019, comm. 47.

(7) CCH, art. L. 181-3 et s.

(8) V. l'étude publiée par le Conseil d'État le 6 juillet 2021 sur les pouvoirs de contrôle et d'enquête de l'Administration vis-à-vis des entreprises et des citoyens.

656. - La censure constitutionnelle a conduit la ville de Paris à saisir le président du tribunal judiciaire sur le fondement de l'article 145 du Code de procédure civile[9], afin d'obtenir l'autorisation de faire visiter par un agent assermenté les locaux suspectés d'être occupés à d'autres usages que l'habitation. L'autorisation judiciaire est accordée pour une durée limitée, au vu des éléments de preuve déjà recueillis par l'administration ; elle permet à l'agent de se faire assister d'un serrurier et de la force publique.

657. - Les agents disposent par ailleurs du droit de recevoir toute déclaration et de se faire présenter par les propriétaires, locataires ou autres occupants toute pièce ou document établissant les conditions dans lesquelles les locaux sont occupés (CCH, art. L. 651-7)[10]. Les administrations doivent leur communiquer, sans pouvoir opposer le secret professionnel, tous renseignements nécessaires à l'accomplissement de leur mission de recherche et de contrôle.

658. - Ils ne sont pas habilités à apprécier la légalité des opérations locatives emportant un changement d'usage, une telle appréciation relève *in fine* de la compétence du juge[11]. Mais ils sont autorisés à contrôler le respect des obligations des loueurs et des intermédiaires au regard du Code du tourisme (C. tourisme, art. L. 324-2-1, IV)[12].

659. - Tout individu faisant obstacle à l'exercice par les agents assermentés de leurs pouvoirs de constatation des infractions s'expose à six mois d'emprisonnement et 7 500 € d'amende (CCH, art. L. 183-11, ancien art. L. 152-10)[13], et encourt en outre une amende civile de 2 250 € (CCH, art. L. 651-4 auquel renvoie l'article L. 651-7, alinéa 2).

660. - À Paris, le nombre d'enquêtes réalisées par les contrôleurs est récapitulé dans le tableau ci-dessous :

	2010	2011	2012	2013	2014	2015	2016	2017	2018	2019	2020*
Enquêtes sur présomptions d'infraction	283	314	323	526	293	414	765	753	692	946	305
dont enquêtes concernant les meublés touristiques	154	189	210	420	177	392	503	381	349	693	194

* *période sanitaire*

À la suite d'un signalement, d'une demande de renseignement ou d'un dépôt de dossier sur un local, il n'est pas rare qu'une enquête soit réalisée sur l'entier immeuble. Le cas échéant, un courrier est adressé au propriétaire afin d'obtenir tout justificatif ;

(9) CPC, art. 145 : « S'il existe un motif légitime de conserver ou d'établir avant tout procès la preuve de faits dont pourrait dépendre la solution d'un litige, les mesures d'instruction légalement admissibles peuvent être ordonnées à la demande de tout intéressé, sur requête ou en référé ».

(10) Ces dispositions ont été déclarées conformes à la Constitution : Cons. const., 5 avr. 2019, préc.

(11) Rép. min. n° 17225 : *JO* Sénat Q 18 mars 2021, p. 1836.

(12) V. *infra*, n°s 751 et s.

(13) La chambre criminelle de la Cour de cassation n'a pas jugé utile de transmettre au juge constitutionnel une QPC contestant la conformité du délit d'obstacle au droit de visite : Cass. crim., 7 janv. 2014, n° 13-90.029 ; *Constr.-urb.* 2014, comm. 59, note critique L. de Graëve.

et, en l'absence de régularisation, la mairie saisit le juge judiciaire pour la mise en œuvre des sanctions prévues par le Code de la construction et de l'habitation.

SECTION 2 LA NULLITÉ DES ACCORDS ET CONVENTIONS CONCLUS EN VIOLATION DE L'ARTICLE L. 631-7

661. – L'ordonnance du 8 juin 2005 a maintenu la sanction de la nullité qui avait été instituée par l'article 76 de la loi n° 48-1360 du 1er septembre 1948 (dite « loi Grimaud ») et codifiée, depuis 1978, à l'article L. 631-7 du Code de la construction et de l'habitation.

Pour autant, l'ordonnance de 2005 n'a pas repris la totalité des dispositions qui figuraient alors au dernier alinéa de l'ancien article L. 631-7. Auparavant, la nullité était tempérée de la façon suivante : « Toutefois le locataire ou occupant d'un local d'habitation irrégulièrement transformé en meublé et réaffecté à la location nue bénéficie de plein droit, quelle que soit la date de son entrée dans les lieux, du maintien dans les lieux dans les conditions prévues aux chapitres Ier et II du titre Ier de la loi précitée du 1er septembre 1948 ».

La suppression de cette dernière disposition, introduite par l'ordonnance n° 58-1441 du 31 décembre 1958 réglementant les changements d'affectation et la démolition des locaux (art. 1er), s'explique par l'évolution du régime des locaux meublés qui sont aujourd'hui assimilés, dans certains cas, à des locaux d'habitation[14].

662. – La mise en œuvre de la nullité des accords et conventions conclus en violation de l'article L. 631-7 nécessite le recours du juge, sauf accord amiable des parties. Celui qui prétend qu'un contrat est nul doit le démontrer ; quatre questions peuvent alors se poser :
- quels sont les actes susceptibles d'être annulés (§ 1) ?
- qui peut agir en nullité (§ 2) ?
- existe-t-il une prescription (§ 3) ?
- quelles sont les conséquences du prononcé de la nullité (§ 4) ?

§ 1. – Domaine de l'action en nullité

663. – L'avant-dernier alinéa de l'article L. 631-7 du Code de la construction et de l'habitation dispose :

> « Sont nuls de plein droit tous accords ou conventions conclus en violation du présent article ».

Cette atteinte au principe de la liberté de disposition des immeubles doit alerter les professionnels comme leurs conseils.

En principe, « les infractions commises à la législation d'urbanisme ne peuvent par elles-mêmes ni frapper l'immeuble d'une inaliénabilité légale, ni entraîner la

(14) V. *supra*, nos 200 et s.

nullité des conventions dont cet immeuble est l'objet »[15]. La nullité de plein droit demeure une sanction exceptionnelle en droit de l'urbanisme : elle n'est prévue que par les textes relatifs aux droits de préemption[16], au lotissement[17], au bornage[18] et au permis de construire délivré à titre précaire[19].

Ce n'est pas le cas des infractions commises à la législation de l'usage qui se montre, sur ce point, toujours aussi sévère.

664. – La sanction de la nullité n'est pas une nouveauté de l'ordonnance du 8 juin 2005. Plusieurs exemples tirés de la jurisprudence rendue sous l'empire des textes antérieurs permettent d'illustrer ces aspects de la question, lourds de conséquences et toujours d'actualité en dépit de la réforme intervenue en 2005.

665. – Les dispositions de l'avant-dernier alinéa de l'article L. 631-7 ne souffrent aucune restriction tenant à la nature de « l'accord » ou de la « convention ». Il importe cependant que ces accords et conventions portent sur l'affectation du bien pour méconnaître par eux-mêmes la législation des changements d'usage. De nombreuses opérations sont susceptibles d'être compromises lorsqu'elles ont pour objet un local dont l'usage n'est pas régulier : vente d'immeuble, bail, cession de droit au bail ou de fonds de commerce, crédit-bail immobilier[20]... sans compter les nullités en cascade pouvant résulter de l'annulation du contrat principal.

666. – Pour autant, les actes préparatoires à ces opérations, comme les promesses de vente ou les promesses de bail, sont moins exposés à la nullité en raison des conditions suspensives qu'ils peuvent stipuler sur la régularité de l'usage du local.

De même, les décisions sociales tendant à la régularisation des actes nécessaires à ces opérations sont valables, dès lors qu'elles n'excluent pas l'application de la législation sur l'usage des locaux d'habitation. Par exemple, la Cour de cassation a refusé d'annuler la résolution d'une assemblée des actionnaires d'une société anonyme ayant décidé le changement d'usage d'un immeuble lui appartenant avant d'avoir obtenu l'autorisation administrative requise[21]. Il devrait en être de même des décisions prises en assemblée générale des copropriétaires[22], d'autant que la plupart des règlements municipaux exigent du pétitionnaire qu'il produise au dossier de

(15) Cass. 3e civ., 15 juin 1982, n° 81-10.509 : *Bull. civ.* III, n° 155, cité par S. Pérignon, *Vente d'immeubles et droit de l'urbanisme*, éd. Defrénois-LGDJ, avr. 1991, n° 157.

(16) C. urb., art. L. 213-2 et R. 213-26 (dispositions communes au droit de préemption urbain, aux zones d'aménagement différé et aux périmètres provisoires), L. 214-1, L. 214-2 et R. 214-10 (droit de préemption sur les fonds artisanaux, les fonds de commerce, les baux commerciaux et les terrains faisant l'objet de projets d'aménagement commercial), L. 215-14, L. 215-16 et R. 215-7 (droit de préemption des espaces naturels sensibles des départements), L. 218-8 et L. 218-9 (droit de préemption pour la préservation des ressources en eau destinées à la consommation humaine).

(17) C. urb., art. L. 115-3, L. 480-15 et L. 480-16.

(18) C. urb., art. L. 115-5.

(19) C. urb., art. L. 433-7.

(20) Pour mémoire, les biens financés au moyen d'un crédit-bail immobilier doivent être destinés à un « usage professionnel » (C. mon. fin., art. L. 313-7, 2°, al. 1er).

(21) Cass. 3e civ., 20 oct. 1993, n° 91-13.357 : *Bull. civ.* III, n° 125 ; *AJDI* 1994, p. 42 ; *RDI* 1994, p. 60, note J.-Cl. Groslière et C. Saint-Alary-Houin.

(22) CA Toulouse, ch. 1, sect. 1, 15 nov. 2010, n° 09/04649 : « l'autorisation de l'assemblée générale pour le changement d'affectation sollicité est indépendante de la procédure d'autorisation administrative que le copropriétaire devra, par ailleurs, solliciter en vertu du CCH ». L'arrêt n'est pas totalement probant, le moyen tiré du non-respect de l'article L. 631-7 par l'assemblée générale constituant un moyen nouveau et donc irrecevable, néanmoins la solution ne semble guère douteuse.

demande d'autorisation la copie de l'accord qu'il aura préalablement obtenu de la copropriété.

En revanche, les accords ou conventions qui seraient pris en exécution de ces seules décisions sociales ou autorisations des copropriétaires, sans autorisation administrative préalable, ne pourraient échapper à la nullité.

667. – Pour caractériser la violation de l'article L. 631-7 par des accords contractuels, il faut déterminer si, à la date de l'acte, l'usage auquel les parties conviennent d'affecter les locaux est régulier ou non[23]. La nullité ne peut être encourue que si le contrat lui-même méconnaît la loi, ce qu'il appartient à l'auteur de la demande en nullité de démontrer[24] car, comme il a été remarqué à propos des locations meublées de tourisme, « il n'existe en la matière aucune présomption qui aurait conduit à exiger du propriétaire qu'il démontre l'usage du bien qu'il décide de mettre en location. En application de l'article 1353 du Code civil, il appartient à celui qui conteste la régularité du contrat de location de démontrer que le local loué est à usage d'habitation »[25]. Le juge saisi d'une telle demande doit quant à lui vérifier que la totalité des locaux faisant objet de la convention peut être régulièrement affectée à l'usage contractuellement prévu[26]. Il a été jugé qu'un bail exclusivement professionnel alors qu'il porte sur des locaux initialement à usage mixte au sens de l'article L. 631-7 encourt une nullité globale pour la totalité de ses dispositions, nonobstant le fait que la partie à usage d'habitation soit minoritaire[27].

Si un écart entre l'usage légal et l'usage matériel du local est constaté, la régularisation de la situation par le retour à l'usage initial d'habitation ou l'obtention d'une autorisation administrative est un impératif préalable à « tous accords ou conventions » sur l'usage du local, sauf à stipuler une condition suspensive ou résolutoire portant sur cette régularisation et dont la mise en jeu – à défaut de régularisation – aurait pour effet d'entraîner l'anéantissement rétroactif de l'acte.

668. – En revanche, le changement d'usage du local intervenu sans autorisation administrative après la conclusion de l'acte est sans effet sur la validité de celui-ci

(23) Cass. 3e civ., 18 juin 1969, n° 67-13.868 : *Bull. civ.* III, n° 494. – Cass. 3e civ., 28 avr. 1971, n° 69-14.208 : *Bull. civ.* III, n° 262 ; *AJPI* 1972, p. 25, note J. Viatte : un bail commercial peut englober la location d'un appartement destiné à l'habitation des commerçants sans contrevenir aux dispositions de l'article L. 631-7 ; peu importe le caractère commercial de la location dès lors que le local d'habitation est loué pour cet usage.

(24) Pour un exemple où cette preuve n'a pas pu être apportée par un locataire : CA Paris, pôle 1, ch. 8, 21 déc. 2017, n° 16/19599, ou par un bailleur : CA Colmar, ch. 1, sect. A, 13 mai 2020, n° 18/01715.

(25) S. Piedelièvre, *Remarques sur la preuve de la location en meublée de court séjour : Actes prat. ing. immobilière* 2021, n° 3, étude 23.

(26) Cass. 3e civ., 22 janv. 2014, n° 12-19.494 : *Administrer* mars 2014, p. 31 : encourt la cassation l'arrêt qui retient « que si, jusqu'au 26 novembre 1970, l'ensemble des lieux était à usage d'habitation, à cette date, une petite partie des locaux, soit le lot actuel n° 29, a été déclarée à usage de boutique et que le bailleur n'a violé aucune des dispositions de l'article L. 631-7, dans sa rédaction alors en vigueur, le bail ne modifiant pas la destination du lot n° 30 à usage d'habitation (...) sans constater que la modification de la destination du lot n° 29, initialement affecté à un usage d'habitation, avait fait l'objet d'une autorisation administrative ».

(27) Cass. 3e civ., 22 juin 2017, n° 16-17.946 : *Bull. civ.* III, n° 81 ; *Jurishebdo Immobilier* 10 juill. 2017, n° 689, p. 5, note G. Daudré ; *RJDA* 2017, p. 699, note R. Parneix ; *Loyers et copr.* 2017, comm. 191, note B. Vial-Pedroletti ; *AJDI* 2017, p. 854, note N. Damas. L'arrêt est également remarquable en ce qu'il aura permis à un locataire congédié qui s'était maintenu dans les lieux d'obtenir la nullité du bail portant sur les mêmes locaux que les bailleurs avaient conclu avec un nouveau locataire.

au regard de l'article L. 631-7. La Cour de cassation a ainsi rejeté l'action en nullité intentée contre un bail portant sur un appartement à usage exclusif d'habitation et utilisé par les héritiers du preneur à des fins commerciales sans autorisation de changement d'affectation[28].

Dans le cas d'un bail commercial ayant pour objet un bâtiment industriel et un pavillon d'habitation, la cour d'appel de Paris a rejeté l'action en nullité au motif que « l'usage réel du local d'habitation, utilisé comme local commercial, ne peut être sanctionné par la nullité édictée par l'article L. 631-7 du Code de la construction et de l'habitation qui frappe seulement les conventions conclues en violation de l'interdiction d'affecter à un autre usage les locaux à usage d'habitation sis dans certaines communes dont la ville de Paris. Seules les sanctions prévues par l'article L. 651-2 du Code de la construction et de l'habitation sont applicables »[29]. Dans cette dernière affaire, la désignation précise des locaux figurant dans le bail de 1933 permettait d'établir sans ambiguïté la double affectation dès avant 1945.

669. - Il faut donc distinguer :

– l'acte qui n'est pas conclu en violation de l'article L. 631-7 et qui n'encourt pas la nullité édictée par cet article ;

– l'usage matériel non conforme aux prévisions de l'acte, qui n'est pas de nature à affecter la validité de cet acte mais qui encourt d'autres sanctions légales exposées ci-après.

670. - En matière de baux, l'action en nullité ne doit pas être confondue avec la résiliation du bail aux torts du bailleur pour défaut de délivrance des locaux loués[30]. Dès lors que la sanction de l'obligation de délivrance conforme ne peut être que la résiliation ou l'exécution forcée du bail, ni l'une ni l'autre ne sont compatibles avec la nullité lorsqu'elle est prononcée[31].

§ 2. – Titulaires de l'action en nullité

671. - La nullité a été instituée pour des motifs relevant de l'ordre public de protection du logement. Ce qui est en jeu, ce n'est pas tant la protection des intérêts particuliers des cocontractants à l'acte litigieux, que le maintien de l'intégrité du parc de logements, notamment contre la prolifération des bureaux. Cet intérêt général justifie le caractère absolu de la nullité de l'article L. 631-7, sur lequel le juge ne manque pas de s'appuyer pour admettre l'action en nullité des cocontractants comme des tiers.

672. - Concernant les parties au contrat litigieux, selon la jurisprudence actuelle, la « règle *nemo auditur propriam turpitudinem allegans*, qui n'empêche pas de se prévaloir du caractère illicite de la convention, n'interdit pas au bailleur ayant autorisé une modification de la destination des lieux loués, prohibée par la loi, ou à ses ayants droit, de poursuivre la résiliation du bail »[32].

(28) Cass. 3e civ., 8 déc. 1993, n° 92-15.348 : *Bull. civ.* III, n° 164.
(29) CA Paris, 16e ch. A, 3 févr. 1999 : *JCP* N 2000, p. 706, note J. Monéger.
(30) V. *supra*, nos 447 et s.
(31) CA Paris, pôle 4, ch. 1, 24 mai 2019, n° 17/18789.
(32) Cass. 3e civ., 24 juin 1992, n° 90-21.276 : *Bull. civ.* III, n° 219 ; *Defrénois* 1992, art. 35395-131, note J.-L. Aubert ; *RTD civ.* 1993, p. 121, note J. Mestre.

En l'espèce, la cour d'appel de Paris ayant constaté que l'autorisation de changement d'affectation du local artisanal avait été donnée par le propriétaire, en a déduit que ce dernier ne pouvait invoquer sa propre faute pour poursuivre son locataire sur le fondement d'une affectation irrégulière. La Cour de cassation casse l'arrêt d'appel. En effet, selon l'auteur du pourvoi, la nullité édictée par l'article L. 631-7 « n'a nullement été instituée dans l'intérêt de l'une des parties, mais pour des motifs touchant à l'ordre public de sorte qu'elle peut être invoquée par tout intéressé, même par celui qui l'a provoquée ».

673. - Il faut signaler l'évolution remarquable de la jurisprudence de la Cour de cassation sur cette question à l'occasion de litiges opposant bailleurs et locataires[33].

Dans un premier temps, la Cour de cassation, par un arrêt du 26 décembre 1955, a décidé que la nullité atteignait le bail tout entier et que la règle *nemo auditur...* ne faisait point obstacle à ce que chacune des parties puisse se prévaloir du caractère illicite de la convention pour en écarter les effets[34]. La solution semblait alors acquise puisque quelques années plus tard la première chambre civile de la Cour de cassation rendait une décision identique dans une autre affaire[35].

Puis, la position de la Cour de cassation a évolué dans un sens favorable au maintien des droits du locataire dès l'instant que le propriétaire avait donné son consentement à l'affectation irrégulière. Par un arrêt du 29 octobre 1969, la troisième chambre civile a décidé que la cour d'appel avait admis à tort que l'affectation commerciale de locaux à usage d'habitation entraînait la nullité de plein droit du bail et qu'au contraire « un propriétaire ne peut se prévaloir à son propre profit d'un changement d'utilisation des locaux (...) pour demander non le rétablissement de la destination primitive des lieux mais la résiliation du bail, dès lors que ce changement a été autorisé soit par lui-même soit par les personnes dont il tient les droits »[36]. De même, aux termes d'un arrêt du 11 décembre 1974, la Haute juridiction a considéré « que les dispositions (...) selon lesquelles est interdit le changement de destination des locaux à usage d'habitation, ne peuvent être invoquées, pour obtenir la déchéance du droit au maintien, par un propriétaire qui a autorisé ce changement »[37].

674. - Voilà une évolution qui privait largement de leur portée les dispositions de l'article L. 631-7 : l'administration n'avait pas de meilleur allié possible que le propriétaire repentant et l'arme que la loi plaçait entre ses mains était tout à fait propre à dissuader le locataire de participer à la fraude. Indépendamment de ces considérations, on pouvait s'étonner de la position prise par la Cour de cassation dans le traitement de ce qui est une disposition claire et d'ordre public de la loi. Avec l'arrêt du 24 juin 1992 précité, la Cour de cassation est revenue à sa position initiale.

Il s'ensuit que la nullité peut être demandée par n'importe lequel des contractants, quelle que soit sa qualité. Ainsi, par exemple, la constatation que le locataire

(33) *Urbanisme et Sécurité juridique*, 89e Congrès des notaires de France (1993), Quatrième commission, *L'espace bâti : protection et évolution*, par Mes G. Vidalenc et H. Wargny, nos 4374 et s.
(34) Cass. com., 26 déc. 1955 : *Bull. civ.* III, n° 383 ; *Ann. loyers* 1956, p. 540.
(35) Cass. 1re civ., 15 juin 1967, n° 65-10.548 : *Bull. civ.* I, n° 218.
(36) Cass. 3e civ., 29 oct. 1969, n° 67-13.684 : *Rev. loyers* 1970, p. 32.
(37) Cass. 3e civ., 11 déc. 1974, n° 73-13.838 : *Bull. civ.* III, n° 459.

est un professionnel de l'immobilier et le rédacteur du contrat de bail ne le prive pas du droit d'invoquer la nullité[38].

675. - Concernant les tiers au contrat litigieux, la Cour de cassation a jugé, le 15 janvier 2003, que « les dispositions d'ordre public de l'article L. 631-7 du Code de la construction et de l'habitation peuvent être invoquées par toute personne qui y a intérêt »[39]. Les tiers, comme les cocontractants, ont *a priori* la qualité suffisante pour agir en nullité absolue. Mais encore faut-il que l'auteur de cette action se prévale d'un intérêt en rapport avec la nullité.

Il semble que l'intérêt à agir soit assez largement entendu par cette jurisprudence qui s'est prononcée en faveur de la recevabilité de l'action d'un syndicat des copropriétaires à l'encontre d'un bail portant sur un lot de copropriété à usage d'habitation affecté, sans autorisation administrative, à un usage professionnel.

L'explosion des mises en location de type touristique au sein des copropriétés notamment a donné l'occasion aux juges du fond de rappeler l'attendu de principe précité[40].

L'appréciation de l'intérêt du syndicat à agir sur le fondement de l'article L. 631-7 est totalement étrangère aux clauses d'affectation du règlement de copropriété : l'arrêt du 15 janvier 2003 de la Cour de cassation ne fait nullement référence à ces dispositions et ne reprend pas sur ce point les arguments exposés par l'auteur du pourvoi. L'habilitation conférée au syndic par les copropriétaires doit être suffisamment précise pour lui permettre d'engager une action en nullité[41]. En tout état de cause, les restrictions contenues dans le règlement de copropriété s'appliquent indépendamment de la police de l'usage[42] et des stipulations du bail[43].

676. - Selon l'article L. 651-9, « les dispositions des articles L. 611-1, L. 621-1 à L. 621-6, L. 631-7 à L. 631-9, L. 641-1 à L. 641-10, L. 651-1 à L. 651-4, L. 651-6 à L. 651-8 sont d'ordre public ». Comme l'a souligné un auteur[44], il n'est pas exclu que le juge puisse

(38) CA Orléans, ch. com., 29 nov. 2012, n° 12/00694. V. égal., dans une affaire où les protagonistes (bailleur, locataire et rédacteur du bail) étaient tous notaires, CA Paris, pôle 4, ch. 3, 12 janv. 2017, n° 15/17010 (arrêt partiellement cassé, mais seulement sur le montant de l'indemnité d'occupation : Cass. 3e civ., 14 juin 2018, nos 17-13.422 et 17-15.498 : *Bull. civ.* III, n° 65, rectifié 21 févr. 2019).

(39) Cass. 3e civ., 15 janv. 2003, n° 01-03.076 : *Bull. civ.* III, n° 8 ; *AJDI* 2003, p. 426, note Y. Rouquet.

(40) CA Paris, pôle 4, ch. 2, 7 janv. 2015, n° 13/00674 : *JCP* N 2015, n° 25, 1103, note M. Soulié : « le syndicat des copropriétaires est fondé à opposer [aux copropriétaires] les dispositions d'ordre public de [l'article L. 631-7] qui peuvent être invoquées par toute personne y ayant intérêt ». Pour un cas où le syndicat obtient la condamnation d'une locataire exerçant une activité de sous-location touristique dans un local d'habitation, TGI Paris, ord. réf., 16 juin 2015, n° 14/60303.

(41) Cass. 3e civ., 17 nov. 2004, nos 03-10.039, 03-10.728 et 03-11.422 : *Bull. civ.* III, n° 200 : « Mais attendu qu'ayant relevé que l'assemblée générale du 10 mai 1996 avait autorisé le syndic à demander la résolution du bail et de toutes conventions portant sur le lot 127 et seulement la résiliation partielle du bail en ce qui concerne le lot 128, compte tenu de la violation répétée du règlement de copropriété, la cour d'appel en a exactement déduit que cette décision n'habilitait pas le syndic à agir en annulation du bail et des conventions portant sur les lots 127 et 128 en application de l'article L. 631-7 ».

(42) CA Paris, 16e ch. B, 25 sept. 2008, n° 07/19445. Le règlement de copropriété peut toutefois obliger le copropriétaire à justifier de l'obtention de l'autorisation de changement d'usage lorsqu'elle est nécessaire, CA Paris, pôle 4, ch. 2, 7 avr. 2021, n° 18/04125.

(43) CA Paris, pôle 1, ch. 2, 29 janv. 2015, n° 13/20018 : *Jurishebdo Immobilier* 17 févr. 2015, n° 590, p. 3.

(44) J. Viatte, note ss CA Paris 8 juill. 1965 : *Rev. loyers* 1965, p. 438 : « Appelés à trancher un litige né de l'application d'une stipulation contractuelle entachée d'une nullité absolue édictée dans l'intérêt général, les juges doivent soulever cette nullité malgré le silence des parties, car il n'est

soulever d'office le moyen d'ordre public tiré de cette nullité malgré le silence des parties à l'instance. Toutefois la jurisprudence actuelle est plus que réservée[45].

677. - Le caractère d'ordre public de la nullité exclut, par principe, toute possibilité de confirmation ou de ratification des accords ou conventions conclus en violation de l'article L. 631-7[46].

§ 3. - Prescription de l'action en nullité

678. - En l'absence de dispositions particulières encadrant le délai pour agir en nullité sur le fondement de l'article L. 631-7, l'existence d'une prescription de l'action peut être discutée (A). La loi n° 2008-561 du 17 juin 2008 portant réforme de la prescription en matière civile fait naître de nouvelles interrogations (B).

A. - Une question discutée

679. - Il convient de distinguer :

- la prescription acquisitive permettant de régulariser, sur une longue durée, un changement d'usage illégal, qui est expressément exclue par l'article L. 631-7-1, alinéa 3, dans sa rédaction issue de l'ordonnance du 8 juin 2005[47] ;
- la prescription extinctive permettant de clore l'action en nullité, qui n'est exclue par aucun texte et qui a pu être admise par la jurisprudence antérieure à l'ordonnance de 2005.

680. - Ceux qui déplorent l'imprescriptibilité de l'action en nullité se fondent sur l'absence de prescription acquisitive[48]. Ils font observer que la circulaire du 22 mars 2006[49],

pas concevable que les tribunaux donnent effet à une convention intervenue contrairement à une interdiction légale inspirée par des motifs qui ne sont pas de simple protection d'un des cocontractants ou d'un tiers méritant considération. Autrement dit, les juges peuvent rejeter ou accueillir une demande en invoquant d'office un moyen d'ordre public ».

(45) Cass. 3e civ., 1er juin 2005, n° 04-12.824 : *Bull. civ.* III, n° 118 : « le juge n'étant pas tenu de rechercher d'office les dispositions légales de nature à justifier une demande dont il est saisi sur le fondement d'un texte déterminé, la cour d'appel n'avait pas à examiner le litige au regard de l'article 76 de la loi du 1er septembre 1948 que les parties n'avaient pas invoqué ». – CA Versailles, 12e ch., sect. 2, 20 mars 2008, n° 07/00029 : « s'il est exact que, par application de l'article L. 631-7, alinéa 6, sont nuls de plein droit tous accords ou convention conclus en violation des règles édictées à l'article L. 631-7, Mme ... ne saurait se prévaloir de ce texte, dans le cadre de la présente action dans la mesure où elle demande non la nullité du bail qu'elle a illégalement signé, mais au contraire l'exécution de la clause résolutoire qui y est insérée ».

(46) CA Paris, 16e ch. A, 22 févr. 1994, n° 91/17773 : « le bail litigieux est nul, d'une nullité absolue non susceptible de régularisation ». – CA Paris, 16e ch. B, 11 mai 2001, n° 1999/21014 : « en application du dernier alinéa de l'article L. 631-7 susvisé, le bail est affecté d'une nullité absolue non susceptible de régularisation ». – CA Aix-en-Provence, 11e ch. A, 21 déc. 2012, n° 11/15847 : « la nullité prévue à l'article L. 631-7 étant une nullité d'ordre public, celle-ci n'est pas susceptible de régularisation, soit par l'existence d'une autorisation non équivoque qui aurait été donnée par le bailleur, soit du fait de la modification ultérieure du texte fixant le seuil d'habitants à partir duquel une autorisation de changement d'usage des locaux doit être sollicitée ». – CA Rennes, 5e ch, 11 janv. 2017, n° 14/09270 : « cette nullité de plein droit n'est pas susceptible de régularisation ».

(47) V. *supra*, nos 315 et s.

(48) A. Hinfray, *La réforme de l'affectation immobilière : RDI* 2005, p. 309 et *La réforme des changements d'usage immobilier : Loyers et copr.* nov. 2006, p. 4, nos 48 et s.

(49) Circ. n° 2006-19 UHC/DH2, 22 mars 2006 sur l'application des mesures relatives au changement d'usage des locaux d'habitation, paragraphe I-2-5 (annexes : « Circulaires », ann. 1).

si elle admet une prescription extinctive de l'action publique, refuse toute prescription acquisitive pour le changement d'usage sans se prononcer sur l'action en nullité[50] :

« En application de l'article 2262 du Code civil, l'action civile se prescrit par trente ans. Ainsi, l'action publique ne peut plus être mise en œuvre à l'égard du contrevenant qui utilise depuis au moins 30 ans, sans autorisation, les locaux à un usage autre que l'habitation. C'est en ce sens que la prescription en matière d'amende civile est extinctive. En revanche, la durée trentenaire de l'occupation ne permet pas au contrevenant d'acquérir par prescription l'autorisation du changement d'usage d'un local. En effet, la personne occupant un local sans autorisation est en situation irrégulière pendant toute la durée de cette occupation, quelle que soit la date à laquelle celle-ci a débuté ».

On peut leur objecter que l'administration, avant comme après l'ordonnance du 8 juin 2005, n'a jamais réfuté qu'une action judiciaire ne puisse être intentée après le délai de droit commun ; en revanche, elle a toujours refusé l'idée d'une prescription acquisitive de l'usage en arguant que la prescription de l'action publique ne peut avoir d'effet sur la qualification juridique de l'affectation d'un local[51].

681. - D'autres soutiennent que l'action en nullité se prescrit suivant le régime de droit commun[52]. En effet, la Cour de cassation a considéré, dans un arrêt certes ancien mais non démenti, que « l'article 76 de la loi du 1er septembre 1948 en vigueur au moment des faits interdisait d'affecter les locaux à usage d'habitation en locaux commerciaux et que la sanction de cette transformation était la nullité, laquelle nullité n'était soumise à aucune prescription autre que la prescription trentenaire de droit commun, et que la sanction civile édictée par ce texte était indépendante de la sanction pénale prévue par l'article 55 de la même loi »[53].

La nullité civile alors prévue par le dernier alinéa de l'article 76 de la loi n° 48-1360 du 1er septembre 1948 (dite « loi Grimaud ») était libellée en des termes identiques à l'avant-dernier alinéa de l'actuel article L. 631-7 : « sont nuls de plein droit tous accords ou conventions conclus en violation du présent article ».

682. - Ces auteurs s'appuient également sur un arrêt rendu par la cour d'appel de Paris le 8 janvier 1993 aux termes duquel « sont commerciaux les locaux originellement construits comme tels en vertu d'un permis de construire, et ceux qui, ayant été bâtis à usage d'habitation, bénéficient soit d'une dérogation administrative de transformation d'affectation, soit d'un usage continu trentenaire, les actions aux fins de nullité des conventions, de condamnation à une amende civile et de réaffectation

(50) C. Carbonnel, *Le droit à l'oubli à géométrie variable ! : JCP* E 2007, art. 1942, nos 22 et s.

(51) Rép. min. n° 37322 : *JOAN* Q 9 sept. 1996, p. 4852. – Rép. min. n° 54809 : *JOAN* Q 2 avr. 2001, p. 2010 : « Les infractions aux dispositions de l'article L. 631-7 du CCH sont passibles d'une amende civile prononcée par le tribunal de grande instance à la demande du ministère public. À l'expiration du délai de prescription trentenaire prévu à l'article 2262 du Code civil, l'action publique ne peut plus être mise en œuvre à l'égard du contrevenant qui utilise depuis au moins trente ans, sans autorisation, des locaux à un usage autre que l'habitation. C'est en ce sens que la prescription en matière d'amende civile est extinctive. En revanche, la durée trentenaire de l'occupation ne permet pas au contrevenant d'acquérir par prescription l'autorisation de changement d'affectation d'un local. En effet, la personne occupant un local sans autorisation est en situation d'infraction pendant toute la durée de cette occupation, quelle que soit la date à laquelle celle-ci a débuté ».

(52) S. Pérignon, *Le nouveau régime du changement d'usage des locaux d'habitation : AJDA* 2005, p. 2112. – D. Blaise : *JCl. Construction-Urbanisme*, Fasc. 30, mis à jour en février 2015, *Changement d'usage des immeubles*, n° 95.

(53) Cass. soc., 7 juin 1961, n° 59-12.972 : *Bull. civ.* IV, n° 607.

à l'usage antérieur étant soumises à la prescription trentenaire de droit commun »[54]. Toutefois cette décision, mêlant prescription acquisitive et prescription extinctive, n'est plus pertinente au regard du nouvel alinéa 3 de l'article L. 631-7-1, introduit par l'ordonnance du 8 juin 2005, qui mit un terme à la querelle entre publicistes et privatistes sur l'éventuelle prescription de l'usage.

Dans un autre arrêt[55], la même cour d'appel distingue la prescription de l'action d'un syndicat des copropriétaires fondée sur les dispositions du règlement de copropriété et la prescription de l'action en nullité intentée sur le fondement du dernier alinéa de l'article L. 631-7.

Elle a depuis, dans un arrêt du 16 mai 2012, très clairement affirmé sa position en faveur de l'application de la prescription de droit commun à l'action en nullité fondée sur l'article L. 631-7[56]. Cette dernière décision confirme et actualise la solution précitée de la Cour de cassation.

683. – En l'état du droit en vigueur lors de l'adoption de l'ordonnance du 8 juin 2005 et de sa ratification par la loi du 13 juillet 2006 portant engagement national pour le logement, la prescription acquisitive comme la prescription extinctive de droit commun s'étendaient sur une même durée, à savoir trente ans, conformément à l'ancien article 2262 du Code civil.

La prescription de l'action en nullité absolue courait du jour de la conclusion du contrat[57], ce qui signifiait qu'en pratique il était souvent très difficile de faire jouer la prescription, notamment en matière de baux où la violation de l'article L. 631-7 se perpétuait à chaque renouvellement.

B. – De nouvelles interrogations

684. – Depuis, la loi n° 2008-561 du 17 juin 2008 portant réforme de la prescription en matière civile a rebattu les cartes[58] :

– la prescription acquisitive est inchangée en matière immobilière (C. civ., art. 2272) ;

– mais la prescription extinctive de droit commun des actions personnelles ou mobilières est réduite à cinq ans (C. civ., art. 2224), à l'exception des actions réelles immobilières qui restent soumises à la prescription trentenaire (C. civ., art. 2227).

Si, de la même manière qu'antérieurement, l'usage régulier des locaux ne peut s'acquérir par prescription, les nouveaux délais de la prescription extinctive ne dépendent plus du caractère absolu ou relatif de la nullité, leur durée varie selon la nature de l'action : par exemple, l'action en nullité d'un bail étant de nature personnelle, la prescription quinquennale lui est applicable.

685. – À titre transitoire, lorsque la loi du 17 juin 2008 réduit le délai de prescription, la nouvelle prescription commence à courir du jour de l'entrée en vigueur de la loi (le 19 juin 2008), sans que la durée totale ne puisse cependant excéder la durée

(54) CA Paris, 2e ch. B, 8 janv. 1993, n° 92/2084 : *Defrénois* 1994, art. 35803-3, note S. Pérignon.

(55) CA Paris, 23e ch. B, 5 juin 1992 : *D.* 1992, p. 248.

(56) CA Paris, pôle 5, ch. 3, 16 mai 2012, n° 10/08589 : *Gaz. Pal.* 31 oct.-1er nov. 2012, p. 37, note B. Raimbert ; *Defrénois* 2013, p. 116, note J.-Ph. Meng et G. Daudré.

(57) Cass. 1re civ., 26 janv. 1983, n° 82-10.426 : *Bull. civ.* I, n° 39. – CA Paris, pôle 5, ch. 3, 16 mai 2012 préc.

(58) Ph. Malaurie, *La réforme de la prescription civile : Defrénois* 2008, art. 38842.

prévue par la loi antérieure[59]. Par exemple, s'agissant des baux conclus avant le 19 juin 2008 en violation des dispositions de l'article L. 631-7, l'action en nullité est prescrite depuis le 19 juin 2013.

686. - Le point de départ de la prescription extinctive, subjectif et flottant, court désormais « à compter du jour où le titulaire d'un droit a connu ou aurait dû connaître les faits lui permettant de l'exercer » (C. civ., art. 2224), avec un délai butoir de vingt ans « à compter du jour de la naissance du droit » pour les actions personnelles ou mobilières (C. civ., art. 2232).

Selon l'un des commentateurs de la réforme, « il est difficile de se faire une idée précise sur l'apport réel du régime nouveau, qui pourrait être insignifiant »[60]. Le même auteur poursuit : « l'article 2224 détermine le point de départ, non au jour des faits permettant l'exercice du droit, mais au jour de la connaissance de ces faits. Le plus souvent, ce jour sera le même : le titulaire sait qu'il est titulaire parce qu'il est directement à l'origine du fait ou de l'acte donnant naissance à son droit. La jurisprudence la plus récente le confirme. La connaissance du droit est immédiate. Si le droit a une origine légale, nul n'étant censé ignoré la loi, le titulaire sera censé avoir eu connaissance de son droit au jour de sa naissance ».

687. - Il n'est pas certain que la date de l'acte conclu en violation de l'article L. 631-7 soit le seul et unique point de départ de la prescription. En effet, le degré de connaissance - avérée ou supposée - de l'usage légal de l'immeuble peut s'apprécier différemment selon la personne (cocontractant ou tiers) qui invoque la nullité.

Le nouvel article 2224 du Code civil laisse au juge une grande liberté d'appréciation pour déterminer, en fonction des cas d'espèce, la date à laquelle le titulaire du droit à agir en nullité a eu connaissance ou aurait dû connaître les faits lui permettant d'exercer ce droit. À notre sens, ce sera à celui qui est assigné et qui oppose la prescription de rapporter la preuve de la connaissance qu'aurait dû avoir celui qui l'attrait en justice.

688. - Ces incertitudes doivent renforcer la recherche de solutions en amont, destinées à régulariser la situation de l'immeuble pour permettre sa commercialisation et son exploitation dans les meilleures conditions de sécurité juridique.

§ 4. - Conséquences de la nullité : quelques illustrations jurisprudentielles

689. - Les conséquences de la nullité diffèrent selon le contrat en cause. Les exemples jurisprudentiels ci-après ne donnent qu'un aperçu des risques encourus, étant rappelé que chaque décision de justice est affaire d'espèce.

A. - Bail

690. - La nullité du bail pour violation de l'article L. 631-7 est une arme redoutable à laquelle ont recours les bailleurs et les preneurs au gré de leurs intérêts. Attention cependant à « l'effet boomerang » : le prononcé de la nullité affecte autant la partie qui la subit que la partie qui l'invoque ! Mais parfois, lorsqu'elle est habilement

(59) L. n° 2008-561 du 17 juin 2008, art. 26, II.

(60) M. Mignot, *Réforme de la prescription : le point de départ du délai* : *Defrénois* 2009, art. 38896.

instrumentalisée, l'action en nullité devient une « arme de négociation massive »[61], et ce à des fins totalement étrangères à la préservation du parc locatif d'habitation.

1° Locaux d'habitation loués et occupés à usage de bureaux[62]

691. - Ayant constaté la nullité d'un bail commercial, la cour d'appel de Paris retient que l'indemnité d'occupation, dont est redevable le preneur par suite de l'annulation du bail, doit être évaluée par référence à un usage d'habitation : « la nullité du contrat de bail entraîne la restitution du loyer perçu et le versement d'une indemnité d'occupation sur la base d'un loyer à usage d'habitation ».

Compte tenu des différences de niveau entre les valeurs locatives, le remboursement des loyers commerciaux perçus par le bailleur n'est pas totalement compensé par le versement, à la charge du preneur devenu occupant sans titre, d'une indemnité d'occupation de locaux à usage d'habitation[63]. À l'évidence, le différentiel entre les deux types d'usage n'est pas très favorable au bailleur contrevenant à l'article L. 631-7 !

692. - La solution n'est pas nouvelle : la cour d'appel de Paris s'est déjà clairement prononcée en ce sens le 20 octobre 2004, considérant que « l'indemnité d'occupation dont il s'agit n'a pas le caractère compensatoire habituel, le locataire n'ayant pas occupé les lieux contre le gré de la bailleresse ; qu'elle est destinée à être la contrepartie d'une occupation légale des lieux, c'est-à-dire à usage d'habitation ; que la bailleresse, contrairement à ce qu'elle soutient, n'a pas rempli son obligation de délivrance selon les exigences légales, et partant, ne peut prétendre percevoir une indemnité d'occupation égale au loyer contractuel ; que si le locataire bénéficie de l'application de ce principe, c'est non à titre indemnitaire mais en application de la règle selon laquelle la violation de la loi doit entraîner une sanction du contrevenant, sous forme en l'espèce de la nullité du bail et des revenus illégaux que celui-ci en a tirés, seuls les revenus, tels qu'ils auraient résulté du respect des règles légales étant admissibles ; que ce faisant il est inexact de dire que le locataire bénéficie d'un enrichissement sans cause, l'indemnité d'occupation calculée en fonction d'un appartement d'habitation dont il est redevable était la résultante de la simple application de la loi et non d'une faveur tenant à la personne du locataire »[64].

693. - Un autre arrêt, rendu le 16 mai 2012, a donné l'occasion aux juges parisiens de rappeler que « l'indemnité d'occupation après annulation du bail ne peut se faire ni en fonction du contrat qui est réputé n'avoir jamais existé, ni sur la base d'une valeur locative calculée à partir de l'exploitation commerciale puisque celle-ci en l'absence de bail valable, est réputée également n'avoir jamais existé. La référence à des locaux d'habitation comparables est pertinente et doit être admise »[65].

(61) Expression empruntée à N. Leblond, *Nullité du bail en cas d'absence d'autorisation de changement d'affectation : LEDC* sept. 2017, p. 2.

(62) CA Paris, 16e ch. A, 28 mai 2008, n° 07/10477.

(63) Si, en contrepartie de l'occupation qui a eu lieu sans titre, le bailleur peut obtenir le versement d'une indemnité, encore faut-il qu'il en formule la demande : CA Paris, pôle 5, ch. 3, 6 janv. 2016, n° 13/22726.

(64) CA Paris, 6e ch. A, 20 oct. 2004, n° 02/06015 : *Rev. loyers* 2005, n° 853, p. 25, note P. Labayle-Pabet. - CA Paris, 6e ch. C, 1er févr. 2005, n° 2003/08065. - CA Paris, 16e ch. A, 27 mai 2009, n° 08/02585 : *AJDI* 2009, p. 792.

(65) CA Paris, pôle 5, ch. 3, 16 mai 2012, n° 10/08589 : *Gaz. Pal.* 31 oct.-1er nov. 2012, p. 37, note B. Raimbert ; *Defrénois* 2013, p. 116, note J.-Ph. Meng et G. Daudré.

Le contexte de cette affaire avait ceci de particulier qu'une vente avait été régularisée après la signature du bail. La cour d'appel a fait droit à la demande de remboursement des sommes versées par le locataire depuis son entrée dans les lieux, y compris pour la période où le bailleur actuel n'était pas encore propriétaire, et ce par application d'une clause de subrogation stipulée dans l'acte de vente au titre des baux en cours.

694. - Les données statistiques établies par l'Observatoire des loyers de l'agglomération parisienne (OLAP) peuvent servir de référence pour déterminer le montant de l'indemnité allouée au bailleur.

Mais la valeur locative n'est pas le seul critère d'évaluation de l'indemnité d'occupation. Les juges s'adaptent aux circonstances de l'espèce et prennent parfois en considération l'existence d'une situation conflictuelle fortement préjudiciable à l'exploitation des locaux dès lors que la preuve en est rapportée. Ainsi, la cour d'appel de Paris a-t-elle pu retenir l'absence de jouissance paisible des lieux, notamment lorsque ce sont manifestées dans l'immeuble et de la part des services de l'administration, des oppositions à cette occupation des lieux en raison de leur statut[66].

695. - Les restitutions consécutives à l'annulation doivent couvrir l'intégralité de la période d'exécution du bail. La nullité entraîne, d'une part, l'obligation pour le bailleur de restituer la totalité des sommes perçues depuis la date du bail et, d'autre part, l'obligation pour le preneur de verser une indemnité correspondant à l'entière période de son occupation[67]. Et, lorsqu'un dépôt de garantie a été versé au bailleur, l'annulation du bail entraîne sa restitution au preneur.

Ces restitutions sont la conséquence logique de la nullité. Elles ne représentent pas en elles-mêmes, pour le bailleur, un préjudice réparable qu'il appartiendrait au notaire rédacteur du bail d'indemniser[68]. En effet, comme l'observe un auteur, « si le bailleur solvable pouvait éviter de restituer les loyers en en reportant la charge sur le notaire, l'annulation du contrat n'aurait finalement qu'un effet limité à son égard : il pourrait prétendre à une indemnité d'occupation de la part du preneur, mais serait dispensé de rembourser les loyers grâce à une "garantie" du notaire ! »[69]. Toutefois, en cas d'insolvabilité du bailleur, le locataire peut solliciter la garantie du notaire à condition que celui-ci ait commis une faute à l'origine de la conclusion du bail.

696. - Si la nullité du bail donne lieu à des restitutions, elle ne peut cependant entraîner d'autre indemnisation sous forme de dommages-intérêts au titre de la responsabilité contractuelle, sous réserve de l'application des règles de droit commun de la responsabilité extracontractuelle (C. civ., art. 1178, al. 4).

Faisant application de ce principe, la cour d'appel de Paris a jugé que la nullité de plein droit d'un bail commercial « exclut tout droit au renouvellement et ne

(66) CA Paris, pôle 5, ch. 3, 10 juin 2009, n° 07/01944.

(67) CA Paris, pôle 4, ch. 3, 14 févr. 2019, n° 17/19356, rendu sur renvoi après cassation partielle (Cass. 3e civ., 14 juin 2018, nos 17-13.422 et 17-15.498 : *Bull. civ.* III, n° 65, rectifié 21 févr. 2019) et ayant lui-même fait l'objet d'un pourvoi finalement rejeté (Cass. 3e civ., 10 sept. 2020, n° 19-14.931).

(68) S'agissant de la restitution du dépôt de garantie, Cass. 1re civ., 28 oct. 2015, n° 14-17.518 : *Bull. civ.* I, n° 258 ; *RTD civ.* 2016, p. 133, note P. Jourdain ; *RDC* 2016, p. 224, note O. Deshayes ; *Defrénois* 2016, p. 78, note L. Ruet, et p. 701, note M. Latina. S'agissant de la restitution des loyers, Cass. 3e civ., 14 juin 2018, nos 17-13.422 et 17-15.498 : *Bull. civ.* III, n° 65, rectifié 21 févr. 2019 : *RJDA* 2018, n° 798 ; *AJDI* 2018, p. 201, note N. Damas ; *RLDA* sept. 2018, p. 11.

(69) N. Damas, note ss Cass. 3e civ., 14 juin 2018, préc.

peut entraîner une perte du droit au bail, [le preneur] ne pouvant se prévaloir de la perte du droit au maintien dans les lieux résultant de la privation d'un local qui ne lui permettait pas d'exercer l'activité prévue au bail »[70]. Par suite, le preneur a été débouté de sa demande d'indemnisation du préjudice subi au titre de la perte du bail et du fonds de commerce.

C'était d'ailleurs déjà la position adoptée par la même juridiction dans une précédente affaire où elle avait estimé que la société locataire « était particulièrement mal fondée à se prévaloir de la perte de la propriété commerciale résultant de la privation d'un local accessoire à son activité principale alors qu'il était à usage d'habitation et ne lui permettait pas d'exercer l'activité prévue au bail »[71]. La solution eût sans doute été différente si le bail commercial avait été résilié aux torts du bailleur, et non pas annulé[72].

697. – Enfin, la clause générique insérée dans le bail aux termes de laquelle le preneur doit « faire son affaire personnelle de toute autorisation administrative qui pouvait être nécessaire », ne peut produire effet et n'est censée n'avoir jamais existé en raison de la nullité de la convention locative[73], sauf à prévoir une condition suspensive notamment pour les autorisations à caractère personnel.

2° Locaux d'habitation loués à usage commercial et d'habitation et occupés à usage d'habitation[74]

698. – En l'espèce, la locataire entendait rester dans l'appartement qu'elle occupait aux termes d'un bail commercial à usage mixte, malgré le congé avec dénégation de statut qui lui avait été signifié par le nouveau propriétaire au motif de l'absence d'exploitation commerciale au sein du local et de l'utilisation de celui-ci à titre d'habitation principale par la locataire.

Faute pour le bailleur d'avoir rapporté la preuve de la commercialité des locaux alors que la locataire avait pu établir leur usage d'habitation, la cour d'appel de Paris prononce la nullité du bail emportant de plein droit la nullité du congé délivré dans les formes prévues par les dispositions relatives au bail commercial.

Faute pour la locataire d'avoir rapporté la preuve qu'elle bénéficiait d'un bail régi par la loi du 1er septembre 1948, la cour d'appel décide que la locataire ne peut se prévaloir que d'un « bail verbal (...) soumis au droit commun des baux d'habitation et mixtes et que le prix du loyer est celui versé par le preneur et accepté par le bailleur ».

699. – Cette solution est conforme à un précédent arrêt rendu par la même cour le 17 janvier 2007 considérant que « la sanction de la violation par un bail commercial des dispositions de l'article L. 631-7 du Code de la construction et de l'habitation est sa nullité et non sa requalification »[75].

(70) CA Paris, pôle 4, ch. 1, 24 mai 2019, n° 17/18789.
(71) CA Paris, pôle 5, ch. 3, 23 sept. 2016, n° 14/13608.
(72) V. *supra*, nos 447 et s.
(73) CA Paris, 16e ch. A, 22 févr. 1994, n° 91/17773 : *Loyers et copr.* 1994, comm. 240, note Ph.-H. Brault et C. Mutelet.
(74) CA Paris, 16e ch. B, 11 oct. 2007, n° 06/10625 : *AJDI* 2008, p. 586 ; *Loyers et copr.* 2008, comm. 57, note E. Chavance : nullité du bail commercial consenti le 20 novembre 1977, à effet au 1er octobre 1969, sans autorisation administrative préalable, sur des locaux affectés au 1er janvier 1970 à usage d'habitation.
(75) CA Paris, 16e ch. A, 17 janv. 2007, n° 05/21813 : *Loyers et copr.* 2007, comm. 173, note P. Pereira-Osouf.

3° Sort des travaux effectués par le preneur[76]

700. – Ayant prononcé la nullité d'un bail commercial portant sur des locaux à usage d'habitation, la cour d'appel de Paris condamne le bailleur à rembourser les travaux réalisés par le preneur, nonobstant les stipulations contractuelles sur la prise en charge des travaux par le bailleur par le biais d'une réfaction de loyer et d'une franchise devenues inapplicables du fait de la nullité du bail. L'acte nul est censé n'avoir jamais existé, les parties doivent être remises dans l'état où elles se trouvaient avant la conclusion du bail pour revenir au *statu quo ante*. Toutefois, l'indemnisation des travaux d'aménagement effectués à l'entrée des lieux du preneur tient compte de sa durée d'occupation des locaux[77].

B. – Promesse de vente

701. – La jurisprudence concernant les promesses de vente est peu abondante en comparaison de celle relative aux baux. Les deux décisions ci-dessous ont en commun de trancher un litige né d'une promesse de vente qui ne stipulait pas une condition suspensive claire et précise sur la régularité de l'usage de l'immeuble.

1° Promesse de vente ayant pour objet des locaux dont l'usage est irrégulier[78]

702. – Ayant relevé que la promesse portait sur un pavillon d'habitation affecté à usage de bureau et d'atelier-laboratoire sans « l'autorisation administrative impérativement exigée », alors même que le promettant avait déclaré « être en règle avec l'Administration » concernant la transformation des locaux, la Cour de cassation confirme l'annulation de la promesse de vente par les premiers juges.

L'auteur du pourvoi soutenait que « la nullité de plein droit prévue à l'article L. 631-7 du Code de la construction et de l'habitation suppose que la convention consacre par elle-même une violation des règles régissant l'affectation des locaux, qu'en cas de vente d'un immeuble, l'article L. 631-7 n'est violé que si, postérieurement à la vente, le vendeur délivre à l'acquéreur un immeuble, destiné à un usage commercial ou professionnel, sans être en mesure de justifier d'une autorisation permettant un tel usage ; qu'en décidant qu'en soi, la promesse de vente tombait sous le coup de la nullité prévue par l'article L. 631-7, sans rechercher quelle était la situation de l'immeuble au moment de la délivrance, les juges du fond ont privé leur décision de base légale au regard de l'article 1116 du Code civil ».

La Cour de cassation retient que l'affectation irrégulière des locaux à la date de signature de la promesse suffit pour prononcer sa nullité et dispense le juge de « procéder à une recherche que ses constatations rendaient inopérante ».

Dans cette affaire, la nullité de la promesse entraîna la restitution de l'acompte versé et le paiement de dommages et intérêts au bénéficiaire.

703. – En revanche, lorsque la promesse de vente prend la précaution de stipuler une condition suspensive sur la justification de l'usage régulier des locaux, la Cour

(76) CA Paris, 16e ch. A, 20 févr. 2008, n° 06/21003.
(77) CA Paris, 16e ch. A, 27 mai 2009, n° 08/02585 : *AJDI* 2009, p. 792.
(78) Cass. 3e civ., 25 juin 1997, n° 95-17.028.

de cassation approuve les juges du fond de rechercher si cette condition est ou non réalisée pour déterminer le sort de l'indemnité d'immobilisation[79].

Le document attestant de l'usage des locaux et dont l'obtention est érigée en condition suspensive de la promesse de vente ne doit pas être équivoque ou contredit par d'autres éléments du dossier[80]. Des indices subjectifs ne sont pas assimilables à une preuve parfaite dès lors qu'ils ne seraient pas susceptibles de lier l'autorité compétente[81]. Il convient toutefois d'observer que l'appréciation portée par le juge judiciaire sur la commercialité des locaux au 1er janvier 1970 ne s'impose ni à l'administration, ni au juge administratif.

704. – L'article L. 631-7 n'est pas le fondement exclusif de l'action en nullité. D'autres recours en contestation de la validité de la promesse sont envisageables sur le fondement du droit commun des contrats.

Ainsi, le fait pour un promettant d'affirmer que les locaux sont affectés en totalité à usage commercial alors qu'il résulte d'un imprimé de révision foncière de 1970 qu'une partie est à usage d'habitation, a pu avoir pour effet de vicier le consentement du bénéficiaire qui aura été induit en erreur sur la substance de la chose objet de la promesse[82].

Ou encore, le fait pour un promettant de déclarer et garantir au bénéficiaire que les biens sont affectés à usage commercial alors qu'il résulte du règlement de copropriété que les lots n'ont pas cette affectation et qu'aucune autorisation administrative d'affectation commerciale n'a été produite, constitue un manquement à son obligation de délivrance[83].

2° Promesse de vente ayant pour objet des locaux dont l'usage n'est pas établi[84]

705. – Dans cette affaire, le juge n'était pas saisi d'une action en nullité de la promesse de vente, mais il devait se prononcer sur les conséquences de la découverte, après la signature de la promesse, d'une éventuelle irrégularité d'affectation des locaux.

La promesse stipulait, sous le titre « affectation des locaux », que ceux-ci étaient à usage commercial, professionnel et d'habitation, ce dont le bénéficiaire, en sa

(79) Cass. 3e civ., 8 juin 1988, n° 86-11.396 : en l'espèce, les justifications apportées par le promettant sur l'usage régulier des locaux ont été jugées satisfaisantes par la cour d'appel, l'indemnité d'immobilisation fut donc attribuée au promettant en raison de la défaillance du bénéficiaire. – Cass. 3e civ., 9 oct. 1996, n° 95-10.139 : faute pour le promettant de produire une attestation du géomètre-expert sur l'affectation de l'immeuble comme il s'y était pourtant engagé aux termes de la promesse de vente, le bénéficiaire est fondé à refuser de lever l'option.

(80) CA Paris, 2e ch. B, 28 mai 2003, n° 2002/02512 et CA Paris 2e ch. B, 9 déc. 2004, n° 03/13576 (rejetant le recours en révision contre l'arrêt du 28 mai 2003).

(81) CA Paris, pôle 4, ch. 1, 20 janv. 2011, n° 09/18686 : ont été jugées insuffisantes les pièces consistant en deux extraits du bottin du commerce de l'année 1970 mentionnant la présence d'une société à l'adresse de l'immeuble, un état locatif du 9 novembre 1978 se référant à un bail ayant couru à compter du 1er janvier 1972, une attestation de l'ancien directeur de la société et des documents émanant d'EDF. Ni la déclaration d'affectation des locaux dans le cadre de la révision foncière de 1970, ni le bail dont les locaux faisaient l'objet au 1er janvier 1970 n'ont pu être produits par le promettant.

(82) CA Paris, pôle 4, ch. 1, 15 avr. 2010, n° 09/08921 : *AJDI* 2010, p. 657, note G. Daudré.

(83) Cass. 3e civ., 9 oct. 2012, n° 11-23.580.

(84) Cass. 3e civ., 16 déc. 2008, n° 05-19.435.

qualité de professionnel de l'immobilier, avait déclaré faire son affaire personnelle et reconnu qu'il ne lui serait produit aucune justification.

En réponse à la déclaration d'intention d'aliéner, la mairie de Paris a fait savoir que, selon ses informations, l'affectation de plusieurs locaux avait été modifiée et qu'elle faisait réserve sur l'intervention de la préfecture, alors compétente, à laquelle les « anomalies apparentes » avaient été notifiées.

Ce doute sur l'affectation régulière des locaux conduit le bénéficiaire à renoncer à l'acquisition et demander la restitution de l'indemnité d'immobilisation, se fondant sur une clause générale, sous le titre « conditions suspensives », aux termes de laquelle les locaux étaient vendus sous la condition que le promettant ou les précédents propriétaires aient respecté toute obligation administrative ou légale relative auxdits locaux.

La Cour de cassation approuve la cour d'appel de Paris d'avoir retenu, sans dénaturation, que la clause sur l'affectation « s'analysait en une clause spéciale dérogeant à la clause générale figurant au titre des conditions suspensives », de sorte que le bénéficiaire « qui avait déclaré faire son affaire personnelle de l'affectation des locaux, ne pouvait refuser de régulariser la vente au motif que l'affectation de certains lots ne correspondait pas à celle qui avait été déclarée à l'administration ».

L'indemnité d'immobilisation fut donc acquise au promettant.

SECTION 3 L'AMENDE CIVILE DE L'ARTICLE L. 651-2

706. - Les deux premiers alinéas de l'article L. 651-2 du Code de la construction et de l'habitation disposent :

> « Toute personne qui enfreint les dispositions de l'article L. 631-7 ou qui ne se conforme pas aux conditions ou obligations imposées en application dudit article est condamnée à une amende civile dont le montant ne peut excéder 50 000 € par local irrégulièrement transformé.
>
> Cette amende est prononcée par le président du tribunal judiciaire statuant selon la procédure accélérée au fond, sur assignation de la commune dans laquelle est situé le local irrégulièrement transformé ou de l'Agence nationale de l'habitat. Le produit de l'amende est intégralement versé à la commune dans laquelle est situé ce local. Le tribunal judiciaire compétent est celui dans le ressort duquel est situé le local ».

L'amende est accompagnée, le cas échéant, de mesures de restitution[85]. Elle s'est substituée aux peines correctionnelles instaurées par l'ordonnance n° 45-2394 du 11 octobre 1945 (art. 30) et reprises par la loi n° 48-1360 du 1er septembre 1948 (art. 55) qui se prescrivaient alors par trois ans en raison de leur caractère pénal.

707. - L'amende sanctionnant le non-respect de l'article L. 631-7 affiche une certaine singularité qui la distingue des amendes pénales et administratives. Prononcée au terme d'une procédure accélérée (§ 1), l'amende civile de l'article L. 651-2 se caractérise par un montant assez modéré (§ 2) et, bien que le cercle des redevables soit étroit, elle constitue une source de recettes pour les communes (§ 3).

(85) V. *infra*, nos 726 et s.

§ 1. – Procédure de l'article L. 651-2

708. – L'article L. 651-2 s'appuie sur une procédure rapide, distincte des cas d'ouverture à référé : la « procédure accélérée au fond », régie par l'article 481-1 du Code de procédure civile issu du décret n° 2019-1419 du 20 décembre 2019. Cette procédure s'est substituée, le 1er janvier 2020, à la procédure dite « en la forme des référés » dont les conditions d'application différaient déjà sensiblement de celles relatives aux autres procédures de référé[86]. Ce changement terminologique met ainsi fin à de possibles confusions[87].

Le nouveau régime est très proche de l'ancien. Comme auparavant, il s'agit d'une procédure rapide, la décision est rendue au fond et n'est donc pas provisoire. Elle revêt désormais la forme d'un jugement et non plus d'une ordonnance, même si la décision est l'œuvre d'un seul juge, à savoir le président du tribunal judiciaire dans le ressort duquel est situé le local. Le jugement est susceptible d'appel dans un délai de quinze jours.

709. – Il n'est pas nécessaire de démontrer l'urgence et l'absence de contestation sérieuse, ni même l'imminence d'un dommage ou l'existence d'un trouble manifestement illicite : il suffit que l'infraction soit constituée[88]. Mais encore faut-il cependant que le requérant apporte la preuve des éléments constitutifs de l'infraction[89].

710. – Le déclenchement de la procédure incombe à la commune dans laquelle est situé le local irrégulièrement transformé ou à l'Agence nationale de l'habitat (ANAH). Antérieurement à la loi n° 2016-1547 du 18 novembre 2016 de modernisation de la justice du XXIe siècle, cette compétence était exercée à titre principal par le procureur de la République. Il est vrai que les maires et l'ANAH ont une meilleure connaissance des locaux concernés et ont intérêt au premier chef à engager des poursuites. Le droit en vigueur ne rend donc plus nécessaire l'intervention systématique du parquet dans ces procédures[90].

711. – Le transfert de compétence opéré par la loi de modernisation de la justice du XXIe siècle a soulevé quelques difficultés procédurales, aujourd'hui résolues.

La première a trait à l'application dans le temps de la loi nouvelle. Il a été jugé que les dispositions de la loi du 18 novembre 2016, en ce qu'elles confèrent qualité au maire de la commune ou à l'ANAH pour saisir le juge, revêtent le caractère d'une loi de procédure et sont, à ce titre, applicables aux instances en cours. Il s'ensuit que les communes sont fondées à intervenir volontairement et à titre principal dans les

(86) CA Paris, pôle 1, ch. 3, 4 sept. 2012, n° 11/21971. – CA Paris, pôle 1, ch. 2, 5 déc. 2013, n° 12/05884.
(87) Y. Strickler, *De la forme des référés à la procédure accélérée au fond : JCP* G 2019, doctr. 928 ; *Les procédures rapides (procédure accélérée au fond, procédures d'urgence) : Procédures* 2020, étude 7.
(88) TGI Paris, ord. de refus de transmission de QPC, 5 juin 2014, n° 14/52877. – TGI Paris, 17 juin 2014, n° 14/53010.
(89) Cass. 3e civ, 7 nov. 2019, n° 18-17.800. – Cass. 3e civ., 28 nov. 2019, nos 18-23.769 et 18-24.157 (2 arrêts) : *Bull. civ.* III ; *AJDI* 2020, p. 206, note G. Daudré, et p. 165, point de vue J.-L. Seynaeve. V. égal. Cass. 3e civ., 28 mai 2020, n° 18-26.366 : *Bull. civ.* III. – Cass. 3e civ., 18 févr. 2021, n° 19-11.462 : *Bull. civ.* III.
(90) Durant une période comprise entre la loi du 18 novembre 2016 et la loi n° 2019-222 du 23 mars 2019 de programmation 2018-2022 et de réforme pour la justice, le procureur de la République était partie jointe avisée de la procédure, ce qui l'obligeait à faire connaître son avis.

procédures diligentées avant l'entrée en vigueur de ladite loi, et ce même à hauteur d'appel et alors que l'appel du ministère public serait irrecevable[91].

Une autre difficulté tenait à la qualité du demandeur à l'action. Dans sa rédaction issue de la loi du 18 novembre 2016, l'article L. 651-2 disposait que le juge était saisi « sur requête du maire de la commune » sans préciser à quel titre le maire, qui peut agir en tant qu'organe exécutif du conseil municipal ou au titre de ses pouvoirs propres, était ainsi désigné. Compte tenu de leur imprécision, ces dispositions ont été interprétées à la lumière de la loi n° 2018-1021 du 23 novembre 2018 (dite « loi ELAN ») qui a remplacé « maire de la commune » par « commune » et supprimé la référence faite au maire. Il en résulte que l'article L. 651-2, dans sa rédaction intermédiaire entre la loi du 18 novembre 2016 et la loi ELAN, devait être interprété comme conférant qualité pour agir à la commune représentée par son maire[92]. Dit autrement, le maire n'agit au nom de la commune qu'en qualité de représentant légal.

712. – L'action en cas de manquement à l'obligation de disposer d'une autorisation de changement d'usage est soumise à la prescription civile de droit commun. L'administration, avant[93] comme après[94] l'ordonnance du 8 juin 2005, l'a toujours admis. Mais elle considère également qu'il est constitué une nouvelle infraction à chaque changement d'utilisateur, ce qui rend, de fait, la sanction imprescriptible[95].

Antérieurement à la loi n° 2008-561 du 17 juin 2008 portant réforme de la prescription en matière civile, la jurisprudence a pourtant précisé qu'en raison de son caractère instantané et non continu, l'infraction se prescrivait trente ans à compter du jour où l'usage illicite a commencé, et non à compter de sa cessation[96].

713. – Suite à la réforme de la prescription civile, l'action doit désormais être intentée dans les cinq ans à compter du jour où l'autorité requérante « a connu ou aurait dû connaître » l'affectation irrégulière des locaux (C. civ., art. 2224). Le démarrage d'une activité dans des locaux d'habitation au vu et au su de tous (publicité, annuaire,

(91) Cass. 3e civ., 16 mai 2019, n° 17-24.474 : *Bull. civ.* III ; *AJDI* 2020, p. 204, note N. Damas.

(92) Cass. 3e civ., 24 sept. 2020, n° 18-22.142 : *Bull. civ.* III ; *AJDI* 2021, p. 433, note N. Damas.

(93) Rép. min. n° 37322 : *JOAN* Q 9 sept. 1996, p. 4852. – Rép. min. n° 54809 : *JOAN* Q 2 avr. 2001, p. 2010 : « Les infractions aux dispositions de l'article L. 631-7 du CCH sont passibles d'une amende civile prononcée par le tribunal de grande instance à la demande du ministère public. À l'expiration du délai de prescription trentenaire prévu à l'article 2262 du Code civil, l'action publique ne peut plus être mise en œuvre à l'égard du contrevenant qui utilise depuis au moins trente ans, sans autorisation, des locaux à un usage autre que l'habitation. C'est en ce sens que la prescription en matière d'amende civile est extinctive. En revanche, la durée trentenaire de l'occupation ne permet pas au contrevenant d'acquérir par prescription l'autorisation de changement d'affectation d'un local. En effet, la personne occupant un local sans autorisation est en situation d'infraction pendant toute la durée de cette occupation, quelle que soit la date à laquelle celle-ci a débuté ».

(94) Circ. n° 2006-19 UHC/DH2, 22 mars 2006, sur l'application des mesures relatives au changement d'usage des locaux d'habitation, paragraphe I-2-5 (annexes : « Circulaires », ann. 1) : « En application de l'article 2262 du Code civil, l'action civile se prescrit par trente ans. Ainsi, l'action publique ne peut plus être mise en œuvre à l'égard du contrevenant qui utilise depuis au moins 30 ans, sans autorisation, les locaux à un usage autre que l'habitation. C'est en ce sens que la prescription en matière d'amende civile est extinctive ».

(95) V. la note de la préfecture de Paris, *Critères posés par l'administration en matière de transformation de locaux à usage professionnel*, publiée *in Gaz. Pal.* 1er au 4 janv. 1997, p. 43 et 44 (annexes : « Circulaires », ann. 10).

(96) Cass. soc., 7 juin 1961, n° 59-12.972 : *Bull. civ.* IV, n° 607. – V. la jurisprudence citée par S. Pérignon, *Vente d'immeubles et droit de l'urbanisme*, éd. Defrénois-LGDJ avr. 1991, n° 155, et par C. Carbonnel, *Le droit à l'oubli à géométrie variable ! : JCP* E 2007, art. 1942.

pose d'une plaque...), y compris de l'administration (paiement de taxes, inscription au registre du commerce et des sociétés ou au répertoire des métiers...), devrait être pris en compte dans la détermination du point de départ de la prescription extinctive.

§ 2. – Montant et nature de l'amende

714. – L'amende est relativement peu élevée si l'on considère qu'elle vient sanctionner une faute qui peut s'avérer très lucrative. Maintenu à 22 5000 € par l'ordonnance du 8 juin 2005, le montant de l'amende a été porté à 25 000 € par la loi n° 2006-872 du 13 juillet 2006 portant engagement national pour le logement (dite « loi ENL »), puis à 50 000 € par la loi n° 2016-1547 du 18 novembre 2016 de modernisation de la justice du XXIe siècle[97].

Si l'infraction a débuté avant l'entrée en vigueur de la loi du 18 novembre 2016, c'est-à-dire avant le 20 novembre 2016, mais qu'elle s'est poursuivie après, le montant de l'amende encourue est de 50 000 €[98].

715. – La loi de modernisation de la justice du XXIe siècle est venue préciser que « le montant [de l'amende] ne peut excéder 50 000 € par local irrégulièrement transformé ». Ainsi se trouve confortée une solution dégagée par la jurisprudence à partir de l'ancienne rédaction de l'article L. 651-2[99]. Le montant de l'amende est modulable en fonction de la gravité de l'infraction et des circonstances de l'espèce, et ce dans la limite de 50 000 € par infraction constatée, c'est-à-dire par local d'habitation en situation irrégulière. La jurisprudence pléthorique autour des locations touristiques enseigne que l'amende est fixée en proportion des profits réalisés et en considération de la bonne foi du contrevenant et de ses diligences pour se mettre en conformité avec la loi[100]. Il est aussi tenu compte du gain théorique des locations touristiques, déduction faite de diverses charges (mise en location, entretien du bien, charges courantes) et du coût du changement d'usage, par rapport aux loyers moyens d'un bail d'habitation[101].

En cas de condamnation individuelle du propriétaire et de l'intermédiaire professionnel, le montant des amendes prononcées n'est pas nécessairement identique et dépend des revenus encaissés par chacun[102].

716. – La même loi du 18 novembre 2016 a également rétabli la qualification civile de l'amende, qui remonte à l'ordonnance n° 58-1441 du 31 décembre 1958 réglementant les changements d'affectation et les démolitions de locaux, et qui avait été supprimée par la loi ENL sans que l'on parvienne à identifier pour quelle raison[103].

(97) En vertu du principe de non-rétroactivité des lois (C. civ., art. 2), l'amende de 50 000 € n'est pas applicable à des faits antérieurs à la loi du 18 novembre 2016 et donc commis à une époque où l'amende de 25 000 € était encourue : CA Paris, pôle 1, ch. 2, 14 déc. 2017, n° 17/09316. – CA Paris, pôle 1, ch. 2, 28 juin 2018, n° 17/21131. – CA Paris, pôle 1, ch. 2, 5 juill. 2018, n° 17/19332.

(98) CA Paris, pôle 1, ch. 2, 16 sept. 2021, n° 20/14318.

(99) V. par ex., TGI Paris, ord., 5 juin 2014 et 17 juin 2014, préc. – CA Paris, pôle 1, ch. 3, 4 sept. 2012, préc.

(100) Pour un exemple d'appréciation judiciaire indulgente, CA Paris, pôle 1, ch. 2, 1er mars 2018, n° 17/06701.

(101) CA Paris, pôle 1, ch. 2, 16 sept. 2021, préc.

(102) CA Paris, pôle 1, ch. 2, 30 sept. 2021, n° 21/03183.

(103) Les travaux parlementaires de la loi ENL n'apportent aucune précision sur cette modification. La volonté du législateur de durcir les sanctions est en revanche clairement affirmée et ne paraît pas compatible avec une éventuelle « pénalisation » de l'article L. 651-2 qui aboutirait à diviser par dix la

Pour autant, compte tenu de la finalité de l'amende (le financement de l'ANAH, remplacé en 2014 par la participation au budget de la commune chargée de contrôler l'usage) et de la juridiction compétente pour la prononcer, sa nature civile n'a, semble-t-il, jamais été remise en cause[104].

717. – Un débat s'est ouvert sur la constitutionnalité de l'amende prévue en cas de violation des règles relatives au changement d'usage, mais seulement devant le juge judiciaire.

La Cour de cassation a en effet refusé de saisir le Conseil constitutionnel d'une QPC portant sur l'article L. 651-2. Elle estime que « l'amende encourue, d'abord, constitue une sanction ayant le caractère d'une punition de sorte que le grief tiré d'une atteinte au droit de propriété apparaît inopérant, ensuite, est en lien direct avec l'agissement fustigé et ne paraît pas manifestement disproportionnée au regard de celui-ci et de l'objectif de lutte contre la pénurie de logements destinés à la location dans certaines zones du territoire national, lequel constitue un motif d'intérêt général ». Par ailleurs, « la disposition critiquée n'opère aucune discrimination entre les propriétaires de logements situés dans le même périmètre et n'ayant pas satisfait aux exigences de l'article L. 631-7 », par conséquent « elle n'est pas de nature à porter atteinte au principe d'égalité devant la loi »[105].

De son côté, la cour d'appel de Paris a été saisie de plusieurs demandes de transmission de QPC, qu'elle a toutes rejetées par des arrêts particulièrement motivés[106].

§ 3. – Redevables et bénéficiaires de l'amende

718. – L'amende civile de l'article L. 651-2, même si elle n'est pas prononcée par une juridiction répressive, est une sanction ayant le caractère d'une punition[107] ; à ce titre, le principe de personnalité des peines, initialement envisagée en matière pénale, est applicable au prononcé de cette sanction.

719. – De principe, la personne susceptible de se voir infliger une telle amende est l'auteur de l'infraction, quelle que soit sa qualité, c'est-à-dire la personne qui a irrégulièrement opéré un changement d'usage[108].

Comme l'exprime très clairement la cour d'appel de Paris, réformant sur ce point la décision du premier juge : « si l'article L. 651-2 du Code de la construction et de l'habitation prévoit effectivement, et d'une manière générale, que toute personne qui enfreint les dispositions de l'article L. 631-7 du même code est punissable d'une amende civile, ce texte ne saurait s'appliquer qu'à celle qui a le pouvoir effectif de transformer sans autorisation administrative les lieux afin de les destiner à un usage autre que d'habitation, qu'elle ait agi en qualité de propriétaire, de locataire, ou d'occupant de bonne foi, et ne saurait certainement pas s'appliquer à des bailleurs qui ne sont pas eux-mêmes à l'origine de la transformation des lieux loués, et *a fortiori*

prescription des sanctions, basculant d'un régime civil alors trentenaire à un régime pénal et donc triennal (et aujourd'hui sexennal).

(104) TGI Paris, ord., 5 juin 2014 et 17 juin 2014, préc. : « il résulte de la lecture même de l'infraction sanctionnée que la peine est de nature civile ».

(105) Cass. 3e civ., 5 juill. 2018, n° 18-40.014.

(106) CA Paris, pôle 1, ch. 2, 5 juill. 2018, nos 18/07242 et 18/06375 (deux arrêts).

(107) Cass. 3e civ., 5 juill. 2018, préc.

(108) Par ex. un locataire : CA Paris, pôle 1, ch. 2, 20 déc. 2018, n° 18/10506.

s'imposer au mandataire de ceux-ci »[109]. La cour précise, en outre, « qu'une telle amende à caractère personnel ne saurait être "garantie" par une tierce personne ».

Ce caractère personnel s'oppose à ce qu'un tiers soit condamné à garantir le contrevenant du montant de l'amende prononcée[110]. Mais il ne s'oppose pas à ce que sa liquidation puisse être poursuivie contre plusieurs codébiteurs. Ont ainsi été condamnés *in solidum* au paiement de l'amende un bailleur et son locataire[111], une société civile immobilière et son gérant[112], une société civile familiale et ses associés[113].

720. – Le contentieux des locations touristiques devait néanmoins conduire à une inflexion du principe car à la différence des autres changements d'usage, il n'y a pas à proprement parler de transformation matérielle du logement ; l'usage d'habitation est ici perdu du seul « fait de louer un local meublé destiné à l'habitation de manière répétée pour de courtes durées à une clientèle de passage qui n'y élit pas domicile » (CCH, art. L. 631-7, dernier al.).

Le propriétaire encourt les sanctions prévues à l'article L. 651-2 s'il consent, sans avoir obtenu l'autorisation de changement d'usage, un bail autorisant le locataire à sous-louer le logement meublé à des touristes : « il résultait de l'enquête diligentée par la Direction du logement et de l'habitat que l'appartement de M. Y... avait été loué ou proposé à la location sur plusieurs sites Internet et que, par contrat du 2 juin 2010, il avait été donné en location meublée à la société Z... avec autorisation expresse donnée au locataire de le sous-louer de manière temporaire, la cour d'appel a retenu à bon droit qu'une telle location en connaissance de cause ne pouvait dégager M. Y... de la responsabilité qu'il encourait en qualité de propriétaire et a pu, sans méconnaître les dispositions des articles 8 et 9 de la Déclaration des droits de l'homme et du citoyen de 1789 et de l'article 6, § 1, de la Convention de sauvegarde des droits de l'homme et des libertés fondamentales, le condamner au paiement de l'amende civile prévue par l'article L. 651-2 »[114].

721. – La solution peut sembler sévère puisque le propriétaire n'a pas conclu les sous-locations touristiques et n'est donc pas l'auteur direct du changement d'usage ; elle est pourtant pleinement justifiée par l'obligation de ce dernier d'obtenir préalablement à la conclusion du bail l'autorisation de changement d'usage nécessaire[115].

De surcroît, ainsi que l'observe le conseiller rapporteur de l'arrêt précité, « toute autre interprétation aurait, en effet, pour conséquence d'anéantir l'objectif du législateur puisqu'il suffirait aux propriétaires de locaux à usage d'habitation ou aux loueurs de donner le local à bail à un tiers qui se chargerait lui-même des locations à une clientèle de passage pour ne pas être inquiétés »[116]. Ce tiers est souvent un professionnel de l'immobilier de tourisme ; sa responsabilité civile peut être engagée

(109) CA Paris, 6e ch. B, 17 nov. 1995, nos 94/013184 et 94/017988. – V. égal. Cass. 3e civ., 7 juin 1979, n° 78-10.970 : *Bull. civ.* III, n° 123 ; *JCP* G 1979, IV, 263.

(110) Des décisions en matière d'astreinte semblent toutefois amorcer une évolution, V. *infra*, n° 728.

(111) TGI Paris, ord. réf., 29 mai 2015, n° 15/53256.

(112) CA Paris, pôle 1, ch. 3, 16 juin 2015, n° 14/12051.

(113) CA Paris, pôle 1, ch. 2, 5 déc. 2013, préc.

(114) Cass. 3e civ., 12 juill. 2018, n° 17-20.654 : *Bull. civ.* III, n° 91 ; *Loyers et copr.* 2018, comm. 197, note B. Vial-Pedroletti ; *AJDI* 2029, p. 118, note N. Damas ; *LPA* 23 oct. 2018, p. 13, note A. Valmary ; *Gaz. Pal.* 9 oct. 2018, p. 23, note critique B. Waltz-Teracol. V. égal. CA Paris, pôle 1, ch. 8, 18 janv. 2019, n° 18/03025. – CA Paris, pôle 1, ch. 8, 25 janv. 2019, n° 17/12795.

(115) V. *supra*, nos 447 et s.

(116) A.-L. Collomp : *D.* 2018, p. 2435, n° 2.

en plus de celle du propriétaire, et une amende être prononcée à son encontre, s'il est démontré qu'il devait nécessairement avoir connaissance d'un manquement à l'article L. 631-7[117]. Deux amendes distinctes peuvent être ainsi infligées respectivement au propriétaire et au loueur professionnel pour un même local[118].

722. - En application d'une jurisprudence européenne, une amende civile peut être prononcée contre la société qui a recueilli le patrimoine d'une autre pour des faits commis par cette dernière, sans que cette condamnation heurte le principe de la personnalité des peines[119]. Une telle solution, qui prend en compte la spécificité de la transmission universelle de patrimoine opérée en cas de fusion ou de scission de sociétés, paraît transposable à l'amende de l'article L. 651-2.

723. - Depuis la loi ALUR du 24 mars 2014, le produit des amendes et astreintes prononcées par le juge judiciaire en cas d'infraction aux dispositions de l'article L. 631-7 est attribué à la commune dans laquelle se situe l'immeuble. Auparavant, le produit des amendes était intégralement versé à l'Agence nationale de l'habitat (ANAH). Ce versement au profit d'un établissement public d'État avait été mis en place bien avant la décentralisation des compétences opérée en la matière par la loi n° 2008-776 de modernisation de l'économie du 4 août 2008 ; aussi n'est-il pas incohérent que le montant des sanctions financières soit désormais affecté au budget des communes ayant la charge du contrôle de l'usage. Celles-ci y trouveront une incitation supplémentaire à la poursuite des contrevenants !

724. - Le tableau ci-dessous fait ressortir les contentieux engagés par la ville de Paris sur le fondement de l'article L. 631-7 :

	2016	2017	2018	2019	2020
Nbre de saisines du tribunal judiciaire	43	212	144	240	112
Nbre d'ordonnances + appels	22	83	157	236	124
Nbre de sursis à statuer*	–	–	–	203	124
Montant des amendes en euros*	337 500	1 512 500	2 138 051	398 500	0

** tribunal judiciaire + cour d'appel*

(117) CA Paris, pôle 1, ch. 2, 30 sept. 2021, préc. : « le locataire, contrairement au propriétaire, n'a en principe ni la compétence ni la capacité lui permettant d'affecter le bien à un usage spécifique ; cependant, la responsabilité civile du locataire peut être engagée si les circonstances de l'espèce démontrent qu'il devait nécessairement avoir connaissance de la violation des dispositions d'ordre public, dispositions qui s'appliquent en effet à "toute personne qui enfreint les dispositions de l'article L. 631-7 ou qui ne se conforme pas aux conditions ou obligations imposées en application dudit article", peu important le titre juridique au terme duquel la personne est intervenue dans la gestion du bien ».

(118) CA Paris, pôle 1, ch. 2, 20 déc. 2018, n° 18/09762 : « l'article L. 651-2 ne saurait donc être lu comme instaurant une amende unique par local irrégulièrement transformé, quel que soit le nombre de personnes ayant concouru à cette transformation illicite. Il prévoit au contraire que toute personne ayant enfreint l'article L. 631-7 encourt une peine d'amende de 50 000 euros et que cette amende peut être prononcée pour chaque local irrégulièrement transformé ».

(119) CEDH, 5e sect., 1er oct. 2019, n° 37858/14 : *Dr. sociétés* 2020, comm. 20, note R. Mortier ; *RTD civ.* 2020, p. 107, note H. Barbier.

Suite à la saisine de la Cour de justice de l'Union européenne en novembre 2018 sur la conventionnalité de la législation française, et en attendant la position de la Cour de cassation sur le régime parisien de la compensation, les juridictions judiciaires ont prononcé des sursis à statuer dans les affaires mettant en cause des locations meublées touristiques. Les arrêts du 18 février 2021 de la Cour de cassation ont permis la reprise des instances en cours contre les loueurs, qui ne pourront échapper à une condamnation si l'infraction est établie[120].

725. - Au plan fiscal, l'amende n'est pas déductible du résultat imposable[121].

SECTION 4 LA REMISE EN ÉTAT DES LIEUX SOUS ASTREINTE JUDICIAIRE

726. - Les deux derniers alinéas de l'article L. 651-2 du Code de la construction et de l'habitation disposent :

> « Sur assignation de la commune dans laquelle est situé le local irrégulièrement transformé ou de l'Agence nationale de l'habitat, le président du tribunal ordonne le retour à l'usage d'habitation du local transformé sans autorisation, dans un délai qu'il fixe. À l'expiration de celui-ci, il prononce une astreinte d'un montant maximal de 1 000 € par jour et par mètre carré utile du local irrégulièrement transformé. Le produit en est intégralement versé à la commune dans laquelle est situé le local irrégulièrement transformé.
> Passé ce délai, l'administration peut procéder d'office, aux frais du contrevenant, à l'expulsion des occupants et à l'exécution des travaux nécessaires ».

Il s'agit d'une sanction accessoire au prononcé de l'amende civile prévue par les deux premiers alinéas du même article[122]. Mais c'est la sanction la plus efficace au regard de l'objectif protecteur de la police de l'usage.

727. - La remise en état des lieux était déjà prévue par le dispositif antérieur à la loi n° 2006-872 du 13 juillet 2006 portant engagement national pour le logement qui lui a associé une possibilité d'astreinte judiciaire fortement dissuasive.

À la différence de l'amende civile, l'astreinte susceptible d'assortir l'injonction de retour à l'habitation n'est pas constitutive d'une sanction ayant le caractère d'une punition. Par suite, elle n'est pas tenue de satisfaire aux exigences de nécessité et de proportionnalité des peines. Pour la Cour de cassation, qui a refusé de transmettre une QPC visant ces dispositions, l'astreinte est justifiée par un motif d'intérêt général tenant à l'objectif de lutter contre la pénurie de logements destinés à la location dans certaines zones du territoire national. De surcroît, en ce qu'elle est soumise à l'appréciation du juge, qui en fixe le montant au regard des circonstances de l'espèce et de la volonté du propriétaire de se conformer à son injonction, l'astreinte

(120) Cass. 3e civ., 18 févr. 2021, n° 17-26.156 (annexes : « Jurisprudence », ann. 5) : *Bull. civ.* III ; I. Penchinat, *La consécration des réglementations française et parisienne de régulation des locations meublées touristiques : Actes prat. ing. immobilière* 2021, n° 3, étude 20.

(121) CGI, art. 39, 2 : « Les sanctions pécuniaires et pénalités de toute nature mises à la charge des contrevenants à des obligations légales ne sont pas admises en déduction des bénéfices soumis à l'impôt ».

(122) V. *supra*, nos 706 et s.

n'est pas susceptible de porter une atteinte disproportionnée au droit de propriété. Enfin, elle n'est pas de nature à porter atteinte au principe d'égalité devant la loi[123].

728. - Cette mesure de restitution est destinée à faire cesser la situation illicite résultant d'une infraction aux dispositions de l'article L. 631-7. L'auteur de l'infraction, quel qu'il soit (propriétaire, locataire ou occupant de bonne foi), est assujetti à la remise en état des lieux[124]. Le caractère réel, c'est-à-dire attaché aux locaux litigieux, de ce type de mesure est maintes fois affirmé par la jurisprudence en droit de l'urbanisme[125].

L'astreinte présente quant à elle un caractère personnel. Toutefois, ce caractère personnel ne s'oppose pas à ce que la liquidation de l'astreinte puisse être poursuivie à l'encontre d'une société pour des faits commis par une autre société dont elle a recueilli le patrimoine[126]. Il ne s'oppose pas non plus à ce que le débiteur se décharge du poids de l'astreinte prononcée contre lui et le transmette à son ayant droit à titre particulier par le jeu d'une clause de garantie[127].

729. - La réaffectation à l'usage antérieur est soumise à la prescription quinquennale de droit commun, à compter du jour où l'administration « a connu ou aurait dû connaître » l'affectation irrégulière des locaux.

730. - La mise en demeure de revenir à l'usage antérieur constitue une décision susceptible de faire l'objet d'un recours[128] qui, lorsqu'elle est illégale, engage la responsabilité de l'administration[129]. Cette mise à demeure, lorsqu'elle fait suite à une décision de refus d'autorisation de changement d'usage, n'a pas à être motivée pour être valable[130].

731. - La jurisprudence relative aux meublés de tourisme enseigne que l'infraction est constatée, et l'amende due, même si le propriétaire a obtempéré suite à la mise en demeure de la ville de cesser de louer ou sous-louer pour de courtes durées ; seule l'astreinte journalière n'a plus lieu d'être[131].

732. - En raison de sa finalité qui est de contraindre la personne qui s'y refuse à exécuter les obligations qui lui ont été assignées par une décision de justice et ainsi à respecter l'autorité de la chose jugée, les dépenses relatives au paiement de l'astreinte ne sont pas au nombre des frais généraux susceptibles d'être déduits du résultat imposable[132].

(123) Cass. 3e civ., 5 juill. 2018, n° 18-40.014.

(124) Comp. avec l'article L. 480-7 du Code de l'urbanisme qui sanctionne le « bénéficiaire des travaux irréguliers ou de l'utilisation irrégulière du sol » par des mesures de démolition, de mise en conformité ou de réaffectation susceptibles d'être assorties d'astreintes.

(125) Cass. crim., 8 juin 1989, n° 88-86.756 : *Bull. crim.*, n° 248. – Cass. crim., 23 nov. 1994, n° 94-80.870 : *Bull. crim.*, n° 377. – Cass. 3e civ., 22 nov. 2006, n° 05-14.833 : *Bull. civ.* III, n° 235 – Cass. 3e civ., 9 sept. 2009, n° 07-20.189 : *Bull. civ.* III, n° 187 : « les travaux de démolition et de remise en état ordonnés au titre de l'article L. 480-5 du Code de l'urbanisme ne sont pas des sanctions pénales mais des mesures à caractère réel et sont opposables aux acquéreurs des constructions illégales sans que la décision qui a ordonné ces mesures ait à être réitérée à leur encontre ».

(126) Rappr. Cass. 2e civ., 1er sept. 2016, n° 15-19.524 : *Bull. civ.* II, n° 193 ; *Dr. sociétés* 2016, comm. 182, note R. Mortier ; *Gaz. Pal.* 29 nov. 2016, p. 81, note L. Lauvergnat.

(127) Rappr. Cass. 3e civ., 17 sept. 2020, nos 17-14.407 et 17-14.408 : *Bull. civ.* III ; *RTD civ.* 2021, p. 138, note H. Barbier. La solution est justifiée par la nature civile des sanctions, en l'espèce prononcées sur le fondement de l'article L. 480-5 du Code de l'urbanisme.

(128) CAA Paris, 19 sept. 2000, n° 98PA00332.

(129) CAA Paris, 5 déc. 1989, n° 89PA00708.

(130) CE, 29 nov. 2002, n° 228664 : *Constr.-Urb.* 2003, comm. 60, note P. Cornille.

(131) V. *infra*, nos 1052 et s.

(132) CE, 20 juin 2012, n° 342714 : *Lebon* T., p. 245 : *Dr. fisc.* 2012, n° 38, comm. 440, concl. E. Cortot-Boucher.

SECTION 5 LES SANCTIONS PÉNALES

733. – L'article L. 651-3 du Code de la construction et de l'habitation dispose :

« Quiconque a, pour l'une quelconque des déclarations prévues aux titres Ier (chapitre II), II (chapitre Ier), III et IV du présent livre, à l'exclusion des articles L. 612-1, L. 631-1 à L. 631-6, L. 641-12 et L. 641-14, ou par les textes pris pour leur application, sciemment fait de fausses déclarations, quiconque a, à l'aide de manœuvres frauduleuses, dissimulé ou tenté de dissimuler les locaux soumis à déclaration, est passible d'un emprisonnement d'un an et d'une amende de 80 000 euros ou de l'une de ces deux peines seulement.

Le tribunal correctionnel prononce, en outre, la résiliation du bail et l'expulsion des locataires irrégulièrement installés ».

734. – Ces sanctions pénales figuraient déjà à l'article 32 de l'ordonnance n° 45-2394 du 11 octobre 1945 instituant des mesures exceptionnelles et temporaires en vue de remédier à la crise du logement. À l'époque le montant des amendes débutait à 200 F ! Bien que le contrôle de l'usage soit aujourd'hui un régime d'autorisation et non de déclaration, la doctrine administrative la plus récente considère que les dispositions de l'article L. 651-3 sont toujours applicables en la matière[133].

735. – La loi n° 2006-872 du 13 juillet 2006 portant engagement national pour le logement (dite « loi ENL ») a fixé le montant de l'amende pénale à 80 000 €, au lieu de 6 000 € antérieurement. La loi ENL a abrogé l'alinéa 2 de l'article L. 651-3 consacré à la récidive. Toutefois, on ne peut exclure l'application des articles 132-8 et suivants (personnes physiques) ou 132-12 et suivants (personnes morales) du Code pénal en cas de récidive.

736. – En raison de leur caractère personnel, les peines d'amende et d'emprisonnement prévues par l'article L. 651-3 ne peuvent être prononcées par le tribunal correctionnel qu'à l'encontre de l'auteur des faits incriminés[134].

L'affirmation mérite toutefois d'être nuancée depuis que la chambre criminelle de la Cour de cassation, opérant un revirement de jurisprudence sur la base d'une interprétation d'une directive européenne sur les fusions, a décidé que la société absorbante pouvait être déclarée responsable pénalement pour des faits constitutifs d'une infraction commis par la société absorbée[135].

737. – L'article L. 651-3 ne prévoyant aucune prescription particulière, c'est celle prévue en matière délictuelle qui est ici applicable. Néanmoins, un doute subsiste sur le caractère occulte ou dissimulé des infractions à la législation des changements d'usage, qui rejaillit sur le calcul des délais de la prescription pénale.

738. – Selon le régime général, l'action publique doit être exercée dans un délai porté de trois à six ans par la loi n° 2017-242 du 27 février 2017 portant réforme de

(133) Circ. n° 2006-19 UHC/DH2, 22 mars 2006, sur l'application des mesures relatives au changement d'usage des locaux d'habitation, II-2 (annexes : « Circulaires », ann. 1).

(134) Comp. avec l'article L. 480-4 du Code de l'urbanisme dont les sanctions pénales peuvent être « prononcées contre les utilisateurs du sol, les bénéficiaires des travaux, les architectes, les entrepreneurs ou autres personnes responsables de l'exécution desdits travaux ».

(135) Cass. crim., 25 nov. 2020, n° 18-86.955 : *Bull. crim.* ; *Dr. sociétés* 2021, comm. 13, note R. Salomon. – A. de Konn et J. Pereira, *Fusion-absorption et transfert de responsabilité pénale : l'immobilier concerné ? : Dr. & patr.* oct. 2021, n° 317, p. 43.

la prescription en matière pénale[136]. Le nouveau délai de six ans est entré en vigueur le 1er mars 2017 ; il s'applique aux infractions commises avant cette date pour autant qu'elles n'aient pas déjà été prescrites en vertu du droit antérieur[137].

739. – La violation de la législation des changements d'usage se consomme instantanément, c'est-à-dire dès l'instant où le local a cessé d'être affecté à l'usage d'habitation, et non pendant toute la durée de l'occupation illicite.

Si la nouvelle affectation (à un autre usage que l'habitation) ne nécessite aucun aménagement, l'infraction est consommée dès l'exercice d'une activité dans les lieux. Si elle est précédée par une transformation matérielle du local, l'infraction nous semble réalisée dès le début des travaux et se consommer jusqu'à leur achèvement[138].

740. – Mais encore faut-il que l'infraction soit connue pour pouvoir être poursuivie. Des règles particulières sont prévues pour les infractions occultes[139] ou dissimulées[140] (CPP, art. 9-1). Pour ces infractions, le point de départ du délai de prescription est reporté au jour où l'infraction est apparue et a pu être constatée dans des conditions permettant la mise en mouvement ou l'exercice de l'action publique. Ce report ne permet cependant pas d'exercer des poursuites au-delà de douze années révolues à compter du jour où l'infraction a été commise.

L'avenir dira peut-être si les infractions prévues à l'article L. 651-3 sont par nature occultes ou dissimulées, ou si, au contraire, elles relèvent du régime général.

741. – Le principe de non-déductibilité des sommes affectées au paiement des amendes pénales est consacré de longue date par la jurisprudence[141].

SECTION 6 LA RESPONSABILITÉ CIVILE DES INTERMÉDIAIRES IMMOBILIERS ET ADMINISTRATEURS DE BIENS ET LES OBLIGATIONS DES PLATEFORMES D'INTERMÉDIATION

742. – De nombreux professionnels et conseils immobiliers sont susceptibles d'engager leur responsabilité en ce domaine (notaires[142],

(136) J.-Ph. Meng, *Incidence de la réforme de la prescription en matière pénale sur les infractions d'urbanisme : Defrénois* 2017, p. 567.

(137) Cass. crim., 31 mars 2020, n° 19-86.806 : *RDI* 2020, p. 461, note C. de Jacobet de Nombel.

(138) Rappr. Cass. crim., 20 mai 1992, n° 90-87.350 : *Bull. crim.*, n° 202, à propos du délit de construction sans permis de construire pour lequel la date d'achèvement constitue le point de départ de la prescription de l'action publique.

(139) Est occulte l'infraction qui, en raison de ses éléments constitutifs, ne peut être connue ni de la victime ni de l'autorité judiciaire.

(140) Est dissimulée l'infraction dont l'auteur accomplit délibérément toute manœuvre caractérisée tendant à en empêcher la découverte.

(141) V. not. CE, 8 juill. 1998, n° 158891 : *Lebon* T., p. 866 ; *Dr. fisc.* 1998, n° 49, comm. 1084, concl. G. Goulard.

(142) Cass. 1re civ., 28 oct. 2015, n° 14-17.518 : *Bull. civ.* I, n° 258 ; *RTD civ.* 2016, p. 133, note P. Jourdain ; *RDC* 2016, p. 224, note O. Deshayes ; *Defrénois* 2016, p. 78, p. 701, note M. Latina : le notaire rédacteur d'un bail mentionnant l'affectation commerciale de l'ensemble de l'immeuble est tenu de s'assurer de la

avocats, géomètres, architectes, maîtres d'ouvrage...), au premier rang desquels les intermédiaires immobiliers et administrateurs de biens. L'activité de ces derniers est actuellement réglementée par :

– la loi n° 70-9 du 2 janvier 1970 (dite « loi Hoguet »), modifiée en dernier lieu par la loi n° 2019-486 du 22 mai 2019 relative à la croissance et la transformation des entreprises ;

– et son décret d'application n° 72-678 du 20 juillet 1972, modifié en dernier lieu par le décret n° 2021-1420 du 29 octobre 2021.

Ces textes ne prévoient aucune disposition particulière sur la responsabilité civile de l'intermédiaire immobilier et de l'administrateur de biens qui suit, par conséquent, le régime de droit commun du Code civil.

743. – Les exploitants de plateformes numériques d'intermédiation sont devenus des acteurs incontournables du marché de la location meublée touristique, ce qui explique la volonté des pouvoirs publics de les utiliser comme des auxiliaires dans la lutte contre les annonces irrégulières[143]. Le Code de la consommation les définit comme « toute personne physique ou morale proposant, à titre professionnel, de manière rémunérée ou non, un service de communication au public en ligne reposant sur :

1° Le classement ou le référencement, au moyen d'algorithmes informatiques, de contenus, de biens ou de services proposés ou mis en ligne par des tiers ;

2° Ou la mise en relation de plusieurs parties en vue de la vente d'un bien, de la fourniture d'un service ou de l'échange ou du partage d'un contenu, d'un bien ou d'un service » (C. consom., art. L. 111-7).

N'étant pas assimilables à un agent immobilier, de tels opérateurs ne sont pas assujettis aux obligations afférentes au statut des intermédiaires immobiliers, en particulier la détention de la carte professionnelle imposée par la loi Hoguet[144]. Ils ne supportent pas non plus la responsabilité civile pesant sur le rédacteur d'actes, auquel ils ne peuvent être davantage assimilés. Pour autant, ces plateformes ne peuvent se retrancher derrière leur fonction de prestataire technique pour échapper à leurs responsabilités[145].

744. – La présentation des principes directeurs de la responsabilité civile de ces professions (§ 1) et des obligations particulières qui leur sont imposées, ainsi qu'aux

situation réelle des locaux au regard de l'article L. 631-7 ; V. égal. Cass. 3e civ., 14 juin 2018, n° 17-13.422 : *Bull. civ.* III, n° 65, rectifié 21 févr. 2019. – Cass. 1re civ., 30 oct. 2007, n° 05-15.744 : le notaire rédacteur d'une vente doit attirer l'attention de l'acquéreur sur la nécessité de requérir une autorisation de changement d'usage. – Cass. 1re civ., 10 juill. 2002, n° 99-15.217 : un avertissement aux termes duquel le notaire informe les parties des dispositions des articles L. 631-7 et suivants et des conséquences résultant de leur inobservation, l'acquéreur déclarant faire son affaire personnelle de la demande d'autorisation, écarte la responsabilité du notaire en cas de refus ultérieur de cette autorisation. – CA Paris, 2e ch. B, 6 mai 1999, n° 1997/01153 : *Gaz. Pal.* 20-22 févr. 2000, p. 4 : le notaire doit vérifier la réalité de l'affectation de l'immeuble vendu. – Cass. 3e civ., 15 avr. 2021, n° 19-22.334 : pas de responsabilité du notaire sans preuve de sa connaissance du changement d'usage concomitant à la vente.

(143) Conseil d'État, Étude annuelle 2017, *Puissance publique et plateformes numériques : accompagner l'« ubérisation »*, Doc. fr., p. 69 et s.

(144) CJUE, 19 déc. 2019, aff. C-390/18 : *AJDI* 2020, p. 458, note M. Thioye. – J.-D. Bretzner, *État des lieux après l'arrêt de la Cour de justice de l'Union européenne du 19 décembre 2019*, in *L'émergence d'un droit des plateformes*, Dalloz, 2021, p. 65.

(145) L. Godefroy, *La responsabilité des plateformes d'intermédiation dans la réservation d'hébergement entre particuliers : Comm. com. électr.* 2019, étude 5. – V. Steinberg et A. Destremau, *Lutte contre les locations meublées touristiques irrégulières et responsabilisation des plateformes : Actes prat. ing. immobilière* 2021, n° 3, étude 24.

plateformes d'intermédiation, en cas d'offre de location meublée touristique (§ 2) sera suivie de plusieurs illustrations jurisprudentielles (§ 3).

§ 1. – Principes directeurs de la responsabilité civile

745. – L'exercice de ces professions, dans le cadre de mandats d'entremise ou de mandats de gestion, comporte un certain nombre d'obligations, parmi lesquelles :

– une obligation générale d'information, de prudence et de diligence, sur les données techniques, économiques et juridiques de l'opération ;

– une obligation de validité et d'efficacité en leur qualité de rédacteurs d'actes.

746. – Le devoir de conseil et d'assistance doit conduire le professionnel à des investigations : pour informer, il faut être soi-même informé. Selon la Cour de cassation, « si l'agent immobilier est tenu d'une obligation de conseil à l'occasion des opérations réalisées par son entremise, (...), cette obligation, qui est de moyen, doit s'apprécier en fonction des circonstances de la cause, et, en particulier, de la volonté, de la situation et des connaissances des parties »[146].

747. – Les intermédiaires immobiliers et les administrateurs de biens doivent contrôler la validité et l'efficacité des actes qu'ils établissent dans le cadre de leurs activités professionnelles. Selon la Cour de cassation, « l'intermédiaire professionnel, qui prête son concours à la rédaction d'un acte, après avoir été mandaté par l'une des parties, est tenu de s'assurer que se trouvent réunies toutes les conditions nécessaires à l'efficacité juridique de la convention même à l'égard de l'autre partie »[147].

748. – Le mandataire « est responsable du dommage subi par toutes les personnes parties à une opération dont l'échec est imputable à ses fautes professionnelles, le fondement de cette responsabilité étant contractuel à l'égard de ses clients et délictuel à l'égard des autres parties »[148]. Pour engager la responsabilité contractuelle ou délictuelle de l'intermédiaire immobilier ou de l'administrateur de biens en tant que rédacteur d'acte, il est nécessaire d'établir :

– soit une faute contractuelle, sur le fondement de l'article 1992 du Code civil aux termes duquel : « Le mandataire répond non seulement du dol, mais encore des fautes qu'il commet dans sa gestion. Néanmoins, la responsabilité relative aux fautes est appliquée moins rigoureusement à celui dont le mandat est gratuit qu'à celui qui reçoit un salaire » ;

– soit une faute délictuelle, sur le fondement de l'article 1240 (ancien art. 1382) du Code civil aux termes duquel : « Tout fait quelconque de l'homme, qui cause à autrui un dommage, oblige celui par la faute duquel il est arrivé à le réparer » ou une faute quasi délictuelle, sur le fondement de l'article 1241 (ancien art. 1383) du même code aux termes duquel « Chacun est responsable du dommage qu'il a causé non seulement par son fait, mais encore par sa négligence ou par son imprudence ».

749. – En cas de manquement à son obligation d'information et d'assistance, la faute est généralement présumée en raison des compétences professionnelles du mandataire[149] qui doit prouver qu'il n'a pas commis de faute pour dégager sa responsabilité. Il est prudent de préconstituer la preuve de l'accomplissement du devoir de conseil par des courriers circonstanciés et des reconnaissances de conseils donnés.

(146) Cass. 1re civ., 10 févr. 1987, n° 85-14.435 : *Bull. civ.* I, n° 43.
(147) Cass. 1re civ., 25 nov. 1997, n° 96-12.325 : *Bull. civ.* I, n° 321.
(148) Cass. 1re civ., 16 déc. 1992, n° 90-18.151 : *Bull. civ.* I, n° 316.
(149) Cass. 1re civ., 18 avr. 1989, n° 87-12.053 : *Bull. civ.* I, n° 150.

La responsabilité n'est retenue que s'il existe un lien de causalité entre la faute et le préjudice[150]. Le mandataire peut s'exonérer de toute responsabilité s'il rapporte la preuve que le préjudice subi est dû à un cas fortuit ou de force majeure ; de même sa responsabilité ne peut être engagée en cas de faute du mandant ou de son cocontractant. Par exemple, la responsabilité d'un agent immobilier a été écartée dans une espèce où l'acquéreur d'une maison avait déclaré vouloir l'habiter alors qu'il projetait une affectation professionnelle[151].

750. - La responsabilité civile des intermédiaires immobiliers se prescrit par cinq ans en application de l'article L. 110-4 du Code de commerce, ceux-ci ayant la qualité de commerçant. La prescription court à compter du jour où les faits reprochés à l'intermédiaire ont été connus ou auraient dû l'être par celui qui a subi le dommage (C. civ., art. 2224). L'action en responsabilité civile peut en outre s'éteindre par la ratification des actes irréguliers faits par le mandataire (C. civ., art. 1998, al. 2) ou par le quitus qui lui est donné de sa gestion par le mandant.

§ 2. – Obligations en cas d'offre de location d'un meublé de tourisme

751. - Devant le constat que le cadre législatif et réglementaire n'est pas respecté par un nombre important de mises en locations meublées pour de courtes durées, il est apparu nécessaire aux auteurs de la loi n° 2014-366 du 24 mars 2014 (dite « loi ALUR ») de préciser que les intermédiaires, qu'ils utilisent ou non des moyens numériques, ont le devoir d'informer les loueurs de leurs obligations administratives.

Un article L. 324-2-1 a été créé à cette fin dans le Code du tourisme[152]. Sa rédaction a été modifiée et complétée par la loi n° 2016-1321 du 7 octobre 2016 pour une République numérique[153], puis modifiée par la loi n° 2018-1021 du 23 novembre 2018 (dite « loi ELAN »)[154], l'ordonnance n° 2019-738 du 17 juillet 2019 et la loi n° 2019-1461 du 27 décembre 2019 (dite « loi Engagement et proximité »).

752. - À l'issue de ces compléments et modifications, « toute personne qui se livre ou prête son concours contre rémunération ou à titre gratuit, par une activité d'entremise ou de négociation ou par la mise à disposition d'une plateforme numérique, à la mise en location d'un meublé de tourisme » (C. tourisme, art. L. 324-2-1) est tenue à des obligations d'information et de surveillance consistant à[155] :

(150) Cass. 1re civ., 11 juin 2002, n° 99-21.147. – CA Paris, pôle 2, ch. 2, 3 déc. 2010, n° 09/13893 : rejet de l'action en responsabilité pour absence de préjudice. – CA Rennes, ch. 4, 13 sept. 2012, n° 10/01807 et 21 nov. 2013, n° 12/06925 : rejet pour absence de lien de causalité.

(151) Cass. 1re civ., 29 mars 2017, n° 15-50.102 : *Bull. civ.* I, n° 74 ; *Defrénois* 14 sept. 2017, p. 31, note H. Lécuyer.

(152) La Cour de cassation a refusé de transmettre une QPC visant les dispositions dudit article, au motif qu'elles sont justifiées par un motif d'intérêt général – la lutte contre la pénurie de logements destinés à la location et la régulation des dysfonctionnements du marché – et qu'elles ne créent pas de rupture d'égalité dès lors qu'elles s'imposent à toutes les personnes placées dans une situation identique, Cass. 3e civ., 31 janv. 2019, nos 18-40.042 et 18-40.043 : *Bull. civ.* III ; *AJDI* 2019, p. 539, note F. de La Vaissière.

(153) D. Richard, *La location Airbnb ou la « disruption » rattrapée par la réglementation de la République numérique : AJDI* 2017, p. 336.

(154) F. de La Vaissière, *Les « meublés touristiques » après la loi ELAN : Defrénois* 13 juin 2019, p. 19. – Y. Rouquet, *Location meublée de tourisme : la loi Élan durcit le ton ! : JT* 2019, n° 216, p. 22.

(155) D. Richard et E. Taleb, *Location meublée de tourisme – Airbnb et meublé de tourisme : tour d'horizon de la réglementation applicable : Loyers et copr.* 2020, étude 6. – E. de Kerret, *La régulation de la location meublée touristique par la réglementation administrative : Actes prat. ing. immobilière* 2021, n° 3, étude 18.

– informer le loueur de ses obligations de déclaration ou d'autorisation préalables ;
– recueillir une déclaration sur l'honneur attestant du respect de ces obligations et indiquant si le logement constitue ou non sa résidence principale ;
– faire apparaître, lorsqu'il fait l'objet d'un enregistrement, le numéro de déclaration du logement obtenu en application du III de l'article L. 324-1-1 du Code du tourisme ;
– veiller à ce que le logement déclaré comme la résidence principale du loueur ne soit pas loué plus de 120 jours par an et, le cas échéant, retirer l'offre irrégulière de location ;
– transmettre à la commune, dans le mois suivant sa demande, le nombre de jours de location, le nom du loueur, l'adresse du meublé et son numéro de déclaration ainsi que, le cas échéant, le fait que le bien constitue ou non sa résidence principale[156].

753. - Ces obligations contraignantes pèsent uniquement sur les « meublés de tourisme », ces derniers s'entendant « des villas, appartements ou studios meublés, à l'usage exclusif du locataire, offerts à la location à une clientèle de passage qui n'y élit pas domicile et qui y effectue un séjour caractérisé par une location à la journée, à la semaine ou au mois » (C. tourisme, art. L. 324-1-1, I).

La location de chambres d'hôtes, qui sont définies par ailleurs (C. tourisme, art. L. 324-3 et D. 324-13), n'est pas concernée par ce dispositif ; elle doit simplement faire l'objet d'une déclaration préalable en mairie, laquelle donne lieu à un accusé de réception (C. tourisme, art. D. 324-15). Le non-respect de l'obligation de déclaration est sanctionné par les peines prévues pour les contraventions de la troisième classe (C. tourisme, art. R. 324-16), soit une amende au plus de 450 € (C. pén., art. 131-13).

754. - Le contrôle du respect des obligations imposées aux intermédiaires et notamment aux plateformes numériques de location est assuré par les agents assermentés du service municipal ou départemental du logement (C. tourisme, art. L. 324-2-1, IV). Ces derniers ne peuvent cependant apprécier la légalité d'une location touristique ; cette question relève de la compétence du juge judiciaire[157].

755. - Le non-respect de l'article L. 324-2-1 du Code du tourisme est sanctionné par des amendes civiles prononcées par le président du tribunal judiciaire, statuant selon la procédure accélérée au fond et sur demande de la commune dans laquelle est situé le meublé de tourisme. Les amendes ne peuvent excéder :
– 12 500 € par meublé de tourisme, en cas d'absence d'information au loueur sur ses obligations, de non-obtention de la déclaration sur l'honneur, ou encore en cas d'absence de publication du numéro de déclaration d'enregistrement[158] ;
– 50 000 € par meublé de tourisme, en cas de refus ou de défaut de transmission dans le délai imparti des informations demandées par la commune ayant mis en œuvre la procédure d'enregistrement mentionnée au III de l'article L. 324-1-1 du Code du tourisme[159] ;

(156) Ce décompte annuel détaillé est transmis selon les modalités prévues aux articles R. 324-2 et R. 324-3 du Code du tourisme et sous forme de tableaux dont les modèles sont annexés à l'arrêté du 31 octobre 2019 (*JO* 5 nov. 2019) entré en vigueur le 1er décembre 2019.

(157) Rép. min. n° 17225 : *JO* Sénat Q 18 mars 2021, p. 1836.

(158) L'amende est alors fixée en fonction du nombre d'annonces publiées sans numéro d'enregistrement et du préjudice « irréversible » causé à la collectivité par leur publication : TJ Paris, 1er juill. 2021, n° 19/54288 : *JT* 2021, n° 244, p. 12, note X. Delpech.

(159) Le montant de l'amende infligée tient compte du « calendrier contraint » auquel ont été soumises ces plateformes à la suite de l'entrée en vigueur de l'arrêté du 31 octobre 2019 précisant

– 50 000 € par annonce, en cas de maintien d'une offre de location au-delà de 120 jours dans l'année alors que le meublé de tourisme a été déclaré en tant que résidence principale du loueur.

De son côté, le loueur encourt :

– les peines prévues pour les contraventions de la troisième classe en l'absence de déclaration préalable (C. tourisme, art. R. 324-1-2), ou une amende de 5 000 € maximum dans les communes ayant mis en place la procédure d'enregistrement (C. tourisme, art. L. 324-1-1, V) ;

– une amende de 10 000 € maximum en cas de dépassement du seuil de 120 jours (C. tourisme, art. L. 324-1-1, V) ;

– une amende de 10 000 € maximum en cas d'absence de communication des informations demandées par la commune ayant mis en œuvre la procédure d'enregistrement (C. tourisme, art. L. 324-1-1, V) [160];

– une amende de 25 000 € maximum à défaut d'obtention de l'autorisation de louer un local commercial en meublé de tourisme (C. tourisme, art. L. 324-1-1, V)[161].

Le produit des amendes civiles est versé à la commune.

756. – Les opérateurs de plateforme d'intermédiation sont tenus d'apporter aux loueurs « une information loyale, claire et transparente » sur leurs obligations fiscales et sociales (CGI, art. 242 bis, 1°), sous peine d'une amende forfaitaire globale plafonnée à 50 000 € (CGI, art. 1731 ter). Mais surtout, ils doivent transmettre à l'administration fiscale le montant des sommes perçues par leurs utilisateurs et le nombre de transactions effectuées au cours de l'année civile (CGI, art. 242 bis, 3° ; CGI, ann. IV, art. 23 L sexies à 23 L undecies). Le non-respect de cette obligation entraîne l'application d'une amende égale à 5 % des sommes non déclarées (CGI, art. 1736, III).

Ils doivent, en outre, déclarer aux communes qui ont instauré la taxe de séjour, pour chaque hébergement loué et pour chaque perception de la taxe de séjour, la date de la perception, l'adresse de l'hébergement, le nombre de personnes ayant séjourné, le nombre de nuitées constatées, le prix de chaque nuitée réalisée lorsque l'hébergement n'est pas classé, le montant de la taxe perçue ainsi que le numéro d'enregistrement de l'hébergement (CGCT, art. L. 2333-34, III).

757. – Un double contentieux est né de la soumission des meublés touristiques au Code de la construction et de l'habitation et au Code du tourisme. Le tableau ci-après dresse le bilan des actions contentieuses de la ville de Paris pour la seule année 2021 :

CONTENTIEUX AU TITRE DU CODE DE LA CONSTRUCTION ET DE L'HABITATION	
Nbre de jugements du tribunal judiciaire	167 dont 54 déboutés
Montant des amendes	2 797 502 € Moyenne des condamnations : 24 244 €
Nbre de dossiers à instruire par le tribunal judiciaire	231

le format des tableaux relatifs aux transmissions d'informations : TJ Paris, 18 oct. 2021, n° 21/52480 : *JT* 2021, n° 246, p. 11, note X. Delpech.

(160) La Cour de cassation a refusé de transmettre au juge constitutionnel une QPC visant cette sanction : Cass. 3e civ., 26 janv. 2022, n° 21-40.026.

(161) La ville de Paris a instauré la procédure d'autorisation de location des locaux commerciaux en décembre 2021, V. *infra*, nos 1032 et s.

CONTENTIEUX AU TITRE DU CODE DU TOURISME	
Nbre de jugements du tribunal Judiciaire	88 dont 12 déboutés
Montant des amendes contre les loueurs	334 900 € Moyenne des condamnations : 4 552 €
Montant des amendes contre les intermédiaires	9 234 000 €
Nbre de dossiers à instruire par le tribunal judiciaire	69

§ 3. – Illustrations jurisprudentielles

758. – D'une façon générale, la responsabilité civile des intermédiaires immobiliers et administrateurs de biens est appréciée sévèrement par les tribunaux. La responsabilité de ces professionnels est particulièrement exposée, tant en qualité de rédacteur que de mandataire.

Par ailleurs, il existe un contentieux émergent sur les obligations et responsabilités des plateformes numériques d'intermédiation.

A. – Responsabilité encourue en qualité de rédacteur d'un bail conclu en violation de l'article L. 631-7[162]

759. – Des locaux, affectés par le précédent locataire à un usage d'habitation, sont loués à une société pour l'exercice de ses activités commerciales. Une agence immobilière est intervenue comme intermédiaire dans la conclusion et la rédaction du bail commercial. Le changement d'usage des locaux n'a fait l'objet d'aucune autorisation administrative préalable.

Une mise en demeure de l'administration est notifiée au locataire et aux bailleurs, leur indiquant que l'utilisation commerciale des locaux loués constitue une infraction aux dispositions de l'article L. 631-7. La société locataire quitte les lieux pour échapper à la sanction d'une amende civile, voire à une mesure d'expulsion à la demande de l'administration, et se retourne contre les bailleurs et l'agent immobilier.

760. – La cour d'appel de Paris confirme la décision des premiers juges qui ont prononcé la nullité du bail commercial et condamné le bailleur à indemniser la société locataire de son préjudice. Mais la cour infirme le jugement pour avoir mis hors de cause l'agence immobilière en l'absence de mandat écrit.

La responsabilité de l'intermédiaire est engagée pour avoir manqué à son devoir de conseil et à son obligation d'efficacité envers les deux parties. La cour retient, d'une part, que l'agence « était parfaitement informée de l'affectation des locaux à usage d'habitation pour avoir procédé à l'état des lieux de sortie » du précédent locataire qui occupait les locaux à usage d'habitation et, d'autre part, « qu'en sa qualité de rédacteur du bail, l'agence se devait pour assurer l'efficacité de l'acte de renseigner utilement toutes les parties en présence ».

(162) CA Paris, 16e ch. A, 22 févr. 1994, n° 91/17773 : *Loyers et copr.* juin 1994, comm. 240, note H. Brault et C. Mutelet.

761. – L'intermédiaire est condamné :

– vis-à-vis des bailleurs, à leur garantir l'ensemble des condamnations prononcées à leur encontre, à l'exception du remboursement du dépôt de garantie qui incombe aux bailleurs exclusivement ;

– vis-à-vis de la société locataire, à lui payer, solidairement avec les bailleurs, l'indemnisation de son préjudice.

762. – Dans une autre espèce, la circonstance que les locaux litigieux aient été précédemment affectés à un usage professionnel ne diminue en rien l'obligation du cabinet de gestion « de vérifier la nature exacte des locaux préalablement à leur location ». Le mandataire « n'est pas fondé à prétendre que le préjudice invoqué par [le locataire] a pour cause le refus de dérogation de la préfecture, refus lié à des considérations personnelles [au locataire], et non à une faute de sa part, puisque (...) la cause génératrice de l'interruption du bail réside dans le défaut d'information du bailleur de la nature des locaux loués »[163].

763. – Un arrêt de la cour d'appel de Rennes du 11 janvier 2017 confirme la sévérité adoptée par les juges à l'endroit de l'agent immobilier qui intervient en qualité de mandataire, négociateur et rédacteur d'un bail commercial conclu en méconnaissance de l'article L. 631-7. L'intermédiaire expose tout autant sa responsabilité contractuelle que sa responsabilité délictuelle puisqu'il est « tenu de s'assurer que se trouvaient réunies toutes les conditions nécessaires à l'efficacité juridique de la convention et ce, même à l'égard de la partie qui ne l'avait pas mandaté »[164]. Il peut donc lui être reproché d'avoir commis à la fois une faute contractuelle à l'égard des bailleurs qui l'ont mandaté, et une faute délictuelle à l'égard du locataire qui était tiers par rapport au contrat de mandat.

Par suite, l'agence « sera tenue de réparer les préjudices [du locataire] en lien de causalité directe avec cette faute comme elle sera tenue de garantir les bailleurs des condamnations prononcées à leur encontre en lien de causalité directe avec sa faute ». Elle n'est cependant pas tenue des restitutions qui sont la conséquence de la remise en l'état antérieur, comme l'a confirmé la Cour de cassation dans cette même affaire[165].

B. – Responsabilité encourue en qualité de rédacteur d'un bail résilié pour manquement à l'obligation de délivrance[166]

764. – Un administrateur de biens, agissant au nom du propriétaire, conclut un bail commercial avec une société qui souhaite effectuer d'importants aménagements dans les locaux loués. Dans le cadre des demandes d'autorisations d'urbanisme déposées par la société locataire, celle-ci apprend de l'administration que ses travaux d'aménagement constituent un changement d'affectation des locaux.

Contrainte de revoir les délais et les coûts de l'opération qui nécessite d'obtenir une autorisation de changement d'usage soumise à compensation, la société locataire abandonne son projet et assigne le bailleur et son mandataire pour faire prononcer la résiliation du bail et obtenir réparation du dommage subi.

(163) CA Paris, 6e ch. B, 2 juill. 1998, n° 96/80985.
(164) CA Rennes, 5e ch, 11 janv. 2017, n° 14/09270.
(165) Cass. 3e civ., 28 mars 2019, n° 17-14.484.
(166) Cass. 1re civ., 20 févr. 2001, n° 99-13.848.

765. - La Cour de cassation confirme l'arrêt rendu par la cour d'appel de Paris qui retient à l'encontre de l'administrateur de biens[167] :

- « il est de principe que l'intermédiaire professionnel qui prête son concours à la rédaction d'un acte, (...), après avoir été mandaté par l'une des parties, est tenu de s'assurer que se trouvent réunies toutes les conditions nécessaires à l'efficacité juridique de la convention, même à l'égard de l'autre partie » ;
- « il ressort des faits que [la société administrateur de biens] n'a pas vérifié si les lieux qu'elle a loués (...) comme étant à usage commercial en leur intégralité l'étaient au regard de l'article L. 631-7 du Code de la construction et de l'habitation comme doit le faire impérativement tout mandataire de gestion immobilière exerçant en région parisienne » ;
- « le mandat reçu par [la société administrateur de biens] était donc extrêmement étendu ; qu'en conséquence [le bailleur] est fondé à se prévaloir du fait que celle-ci n'a pas accompli des vérifications nécessaires pour l'efficacité du bail litigieux dont elle était la négociatrice des conditions, la rédactrice et qu'elle avait signé en son nom ; que sa faute est d'autant plus patente qu'elle gérait l'immeuble abritant les locaux loués depuis dix ans à la date de signature du bail et qu'elle avait donc en main les éléments, notamment les baux et plans antérieurs relatifs aux lieux loués, pour s'assurer de la commercialité de ceux-ci en intégralité ; qu'elle ne pouvait ignorer, pas plus que [le bailleur], que cette affectation commerciale des lieux était une des conditions déterminantes du bail litigieux ».

L'administrateur de biens a commis une faute contractuelle à l'égard du bailleur qui l'a mandaté et une faute quasi délictuelle à l'égard du locataire.

766. - En conséquence de la résiliation du bail prononcé aux torts du bailleur, l'intermédiaire est condamné :

- vis-à-vis du bailleur, à lui garantir l'ensemble des condamnations prononcées à son encontre, à l'exception du remboursement du dépôt de garantie qui incombe au bailleur exclusivement ;
- vis-à-vis de la société locataire, à lui payer, solidairement avec le bailleur, l'indemnisation de son préjudice.

Maigre consolation, l'administrateur de biens n'est pas tenu de rembourser au bailleur les frais de remise en état des locaux suite aux travaux commencés par le locataire, « s'agissant là d'un éventuel dommage ne se rattachant pas à sa faute dans l'exécution de son contrat dont elle serait une conséquence prévisible mais à raison du fait imprévisible d'un tiers ».

C. – Responsabilité encourue en qualité de rédacteur d'un bail à usage mixte professionnel et d'habitation[168]

767. - En l'espèce, un administrateur de biens a vu sa responsabilité engagée en sa qualité de rédacteur d'un bail portant des locaux à usage mixte professionnel et d'habitation. Les locataires affectent les locaux à un usage exclusivement professionnel, sans demander d'autorisation administrative. Le bail ne comporte aucune mention ou avertissement sur la nécessité d'obtenir une telle autorisation.

(167) CA Paris, 1re ch. G, 13 janv. 1999 : *JCP* N 2000, p. 706, note J. Monéger.
(168) CA Paris, 6e ch. B, 17 nov. 1995, n° 94-013184/94-017988.

Condamnés en première instance à rendre les locaux à leur usage initial et à payer l'amende prévue par l'article L. 651-2, les locataires engagent la responsabilité de l'intermédiaire en sa qualité de rédacteur du bail.

768. – La cour d'appel de Paris retient que l'administrateur de biens « était tenu de s'assurer que se trouvaient réunies toutes les conditions nécessaires à l'efficacité juridique du contrat de location (...) et qu'en ne subordonnant pas à sa conclusion l'autorisation administrative préalable nécessaire aux locataires pour permettre à ces derniers d'exercer régulièrement leur activité professionnelle de kinésithérapeute dans les lieux loués conformément aux stipulations du bail, il a commis une faute professionnelle en manquant à son devoir de renseignement et de conseil ».

L'intermédiaire, reconnu « responsable de l'inefficacité du bail conclu (...) par lui-même ès qualités de rédacteur professionnel d'acte juridique », a été condamné à verser des dommages et intérêts aux locataires. La solution est rigoureuse, car la cour d'appel reconnaît par ailleurs que les locataires ne pouvaient arguer de leur bonne foi et qu'ils avaient « manifestement et en connaissance de cause, enfreint (...) l'article L. 631-7 du Code de la construction et de l'habitation ».

Enfin, la cour infirme l'ordonnance du premier juge en ce qu'elle avait condamné l'administrateur de biens à régler l'amende prévue par l'article L. 651-2 qui doit rester à la charge des locataires ayant commis l'infraction.

D. – Responsabilité encourue en qualité d'intermédiaire[169]

769. – Des faits trop simples pour mériter de longs commentaires se trouvent à l'origine du litige. Il s'agissait de locaux à usage d'habitation irrégulièrement affectés à un autre usage en vertu d'un bail commercial. Une fois prononcée la nullité du contrat de bail dont la rédaction avait été confiée à un notaire, la question se posait des responsabilités encourues, notamment celle de l'agent immobilier qui avait été mandaté par les propriétaires, parmi lesquels figurait un architecte et expert judiciaire, de rechercher un locataire pour des locaux à usage de bureaux.

Très classiquement, la cour d'appel de Paris rappelle que l'agent immobilier « est redevable d'un devoir d'information et de conseil à l'égard des parties qu'elle met en relation sans pouvoir s'en décharger en invoquant la prétendue connaissance qu'aurait dû avoir son mandant des vices affectant le bien proposé à la location et ne peut avoir pour seule mission de transmettre les offres au bailleur ». L'agent est, sans surprise, condamné *in solidum* avec le notaire rédacteur du bail au paiement de dommages et intérêts.

E. – Responsabilité encourue en qualité de mandataire chargé d'obtenir une autorisation de changement d'usage[170]

770. – Dans cette affaire peu commune, ayant donné lieu à une importante décision du Conseil d'État sur les effets des autorisations antérieures à l'ordonnance du 8 juin 2005[171], un intermédiaire immobilier est mandaté afin de procéder aux formalités nécessaires pour obtenir l'autorisation de transformer des locaux à usage d'habitation en locaux commerciaux.

(169) CA Paris, pôle 5, ch. 3, 23 sept. 2016, n° 14/13608.
(170) Cass. 1re civ., 6 oct. 1998, n° 95-12.519 : *RJDA* 1998, n° 1362.
(171) V. *supra*, nos 638 et s.

L'autorisation, soumise à compensation, est délivrée le 13 novembre 1989 par la préfecture de Paris, alors compétente, puis retirée le 10 mai 1991 au motif qu'elle a été obtenue par fraude et qu'une compensation n'a pas été réalisée. La décision de retrait de l'autorisation est ensuite annulée par le tribunal administratif le 16 décembre 1993, la preuve n'étant pas rapportée d'une collusion entre l'agent de la préfecture et les mandants.

771. - La cour d'appel de Paris prononce la résolution du contrat aux torts de l'intermédiaire immobilier et le condamne à rembourser la commission payée par ses mandants. La Cour de cassation rejette le pourvoi de l'intermédiaire qui soutenait, notamment, qu'en dépit de ces « péripéties juridiques » la convention avait été intégralement exécutée. Toutefois, les mandants n'avaient pu disposer normalement de leurs nouveaux locaux qu'après avoir dû soutenir une longue procédure administrative. Le retard dans l'exécution du contrat présentait un caractère de gravité suffisant pour entraîner sa résolution prononcée par la cour d'appel.

F. – Responsabilité encourue en qualité d'opérateur d'une plateforme d'intermédiation[172]

772. - Les manquements d'une plateforme numérique à ses obligations légales de vérification sont susceptibles d'engager sa responsabilité à l'égard du propriétaire dont le bien a été irrégulièrement sous-loué dès lors qu'elle contribue à la violation par le locataire de ses propres obligations contractuelles.

Tel est, en substance, l'apport du jugement rendu par le tribunal d'instance de Paris du 8 février 2018, à l'origine d'une saga judiciaire aujourd'hui terminée. Une plateforme de location n'avait pas rempli ses obligations au titre de l'article L. 324-2-1 du Code du tourisme. Ce faisant, elle a fourni au loueur – ici un locataire – « le moyen de s'affranchir de ses obligations contractuelles sans que les agissements illicites de ce dernier soient de nature à exclure sa propre responsabilité ». En outre, l'opérateur a « avec une certaine mauvaise foi et peut-être en connivence avec [le loueur] laissé perdurer ces manquements ».

773. - En l'occurrence le locataire avait, sans autorisation de changement d'usage et malgré l'opposition du bailleur, sous-loué son appartement plus de quatre mois dans l'année. Le propriétaire a alors assigné la plateforme d'intermédiation sur le fondement de la responsabilité civile délictuelle (C. civ., art. 1240, ancien art. 1382). Cette dernière a été condamnée à lui verser des dommages-intérêts au titre de la réparation de son préjudice et au titre du droit d'accession, c'est-à-dire du droit aux fruits correspondant aux loyers engendrés par la sous-location et qui appartiennent, par accession, au propriétaire sauf s'il l'a autorisée[173].

774. - Une autre décision a condamné une plateforme numérique, mais en se fondant sur sa qualité d'éditeur au sens de la loi n° 2004-575 du 21 juin 2004 pour la confiance dans l'économie numérique. La plateforme intervient comme éditeur de site Internet,

(172) TI Paris, 8 févr. 2018, n° 11-17-000190 : *Comm. com. électr.* 2018, comm. 27, note G. Loiseau ; *JT* 2018, n° 206, p. 10, note X. Delpech.

(173) Les sous-loyers sont des fruits civils appartenant au propriétaire par accession, Cass. 3e civ., 12 sept. 2019, n° 18-20.727 : *Bull. civ.* III ; *JCP* N 2019, n° 51, 1342, § 9, chron. H. Périnet-Marquet ; *RTD civ.* 2019, p. 888, note P.-Y. Gautier ; *Defrénois* 19 déc. 2019, p. 25, note M. Soulié ; *RDC* 2020, p. 25, note critique R. Libchaber.

et non comme simple hébergeur en ligne de contenus ; elle est ainsi tenue à une obligation générale de surveillance de la licéité des contenus de son site[174].

Selon le tribunal judiciaire de Paris, « dès lors que l'hôte exerce une activité illicite par son intermédiaire, compte tenu de son droit de regard sur le contenu des annonces et des activités réalisées par son intermédiaire en qualité d'éditeur, [la société éditrice du site] commet une faute en s'abstenant de toute vérification, laquelle concourt au préjudice subi par le propriétaire ». Par conséquent, la société éditrice du site a été condamnée *in solidum* avec le locataire fautif à verser au propriétaire la totalité des sous-loyers.

(174) TJ Paris, 5 juin 2020, n° 11-19-005405 ; *Comm. com. électr.* 2020, comm. 62, note G. Loiseau ; *JT* 2020, n° 232, p. 11, note X. Delpech. – A. Forestier, *Sous-location illicite via Airbnb : quelles conséquences pour le locataire et la plateforme ? : Rev. loyers* 2020, p. 402. V. égal. en ce sens, TJ Paris, 3 févr. 2021, n° 11-19-014761. *Contra*, en faveur de la qualification d'hébergeur, CA Rouen, ch. civ. et com., 10 juin 2021, n° 19/04335.

CHAPITRE 4

LES DOCUMENTS D'APPLICATION

775. – L'adoption de mesures d'application au niveau local constitue l'un des apports les plus importants de la réforme issue de l'ordonnance du 8 juin 2005. Le préfet de chaque département concerné fut invité à prendre un arrêté « fixant les conditions dans lesquelles sont délivrées les autorisations et déterminées les compensations par quartier et, le cas échéant, par arrondissement, au regard des objectifs de mixité sociale, en fonction notamment des caractéristiques des marchés locaux d'habitation et de la nécessité de ne pas aggraver la pénurie de logements » (art. L. 631-7-1, al. 4 dans sa rédaction en vigueur au 10 juin 2005).

776. – Jusqu'à l'intervention de la grande réforme de 2005, les textes législatifs régissant la matière n'imposaient aucunement au préfet de fixer officiellement sa doctrine quant aux modalités d'application, le pouvoir du représentant de l'État étant discrétionnaire. Plusieurs circulaires ont été prises pour aiguiller la pratique, mais leur caractère interprétatif n'offrait aucune garantie aux administrés. Puisqu'il est illusoire d'inscrire dans la loi ou par décret des critères précis d'instruction des dossiers, un système à deux étages (texte réglementaire local/décisions individuelles) apparaît plus conforme à l'évolution actuelle[1] et permet de répondre aux conditions de proportionnalité posées, notamment, par la Cour de justice de l'Union européenne[2].

777. – Par l'ordonnance du 8 juin 2005, la loi fixe au préfet une « feuille de route » et lui impose de concrétiser par un arrêté les « règles du jeu » qu'il s'impose à lui-même et qu'il entend faire appliquer par les propriétaires et occupants. L'habilitation législative est toutefois limitée : elle ne porte que sur « les conditions dans lesquelles sont délivrées les autorisations et déterminées les compensations » ; elle ne permet pas, par exemple, de moduler les effets légaux des autorisations de changement d'usage[3].

L'essentiel reste, pour l'autorité compétente, de pouvoir délimiter des zones de compensation et de fixer l'équilibre entre l'habitat et les différentes formes d'activités. Aucune obligation de compatibilité ou de conformité avec d'autres documents d'urbanisme ou d'aménagement urbain (SCOT, PLU...) n'est formellement prévue, sans doute dans le prolongement du principe d'indépendance des législations.

(1) V. le rapport de M. Cl. Robert, *La transformation des logements en locaux d'activité*, sept. 1990, rendu au ministère délégué chargé du logement, p. 48.

(2) J.-Ph. Brouant, *Européanisation, territorialisation, contractualisation : quel avenir pour l'encadrement de l'intervention publique dans le domaine du logement ? : RDI* 2004, p. 508. V. égal. *infra*, n° 783.

(3) V. *supra*, n°s 594 et s.

En pratique, une « obligation de prise en considération » de ces documents, notamment du programme local de l'habitat (PLH), est néanmoins souhaitable !

778. - Le plus complet et le plus important des arrêtés préfectoraux fut, naturellement, celui signé par le préfet de Paris le 1er décembre 2005 ; mais d'autres arrêtés ont été pris par les préfets des Hauts-de-Seine, de Seine-Saint-Denis et du Rhône, qui ont eu le mérite d'exister, même s'ils sont plus succincts et si leur portée est sensiblement plus limitée.

779. - L'article 13 de la loi n° 2008-776 du 4 août 2008 de modernisation de l'économie (dite « LME ») ayant édicté que, désormais, le contrôle de l'usage d'habitation était de la compétence du maire de chaque commune concernée et non plus du préfet, l'article L. 631-7-1, alinéa 4, devient :

> « Pour l'application de l'article L. 631-7, une délibération du conseil municipal fixe les conditions dans lesquelles sont délivrées les autorisations et déterminées les compensations par quartier et, le cas échéant, par arrondissement, au regard des objectifs de mixité sociale, en fonction notamment des caractéristiques des marchés de locaux d'habitation et de la nécessité de ne pas aggraver la pénurie de logements. Si la commune est membre d'un établissement public de coopération intercommunale compétent en matière de plan local d'urbanisme, la délibération est prise par l'organe délibérant de cet établissement ».

Mais, si l'élaboration du règlement peut être de la compétence de l'Établissement public de coopération intercommunale (EPCI), son exécution et le contrôle devant être exercé restent du ressort exclusif du maire au nom de la commune. En effet, aux termes du premier alinéa de l'article L. 631-7-1, « l'autorisation préalable au changement d'usage est délivrée par le maire de la commune dans laquelle est situé l'immeuble ».

Dans la pratique, pour les villes de plus de 200 000 habitants qui ont déjà procédé à l'établissement d'un règlement, c'est la ville elle-même qui prend l'initiative de cette élaboration, fait délibérer son conseil municipal et requiert l'organe délibérant de l'EPCI de statuer sur ce projet, afin de respecter la dernière phrase de l'article L. 631-7-1.

780. - La ville de Paris, sensibilisée depuis l'origine au contrôle du changement d'usage d'habitation sur son territoire, a décidé, la première et sans attendre l'entrée en vigueur de l'article 13 de la LME, d'élaborer son règlement communal, voté lors de la séance du Conseil de Paris des 15, 16 et 17 décembre 2008. D'importantes modifications lui ont ensuite été apportées.

781. - Depuis cette entrée en vigueur de la réforme, d'autres communes concernées (soit des villes de plus de 200 000 habitants, soit des communes de moindre importance mais situées au sein des départements de la petite couronne parisienne) ont pris conscience, la décentralisation aidant, que le changement d'usage d'habitation sur leur territoire, et notamment dans leur hyper-centre, nécessitait la mise en œuvre d'un contrôle de l'usage.

Ainsi, à ce jour, Marseille, Nice, Lyon, Strasbourg, Bordeaux, Nantes, Toulouse, Lille et Montpellier ont voté, et fait voter par l'organe délibérant de leur communauté urbaine ou de leur métropole, un règlement d'application. La plupart de ces règlements ont déjà connu plusieurs modifications. À notre connaissance, Rennes devrait prochainement rejoindre la liste des communes dotées d'un règlement.

Également, et sans prétention d'exhaustivité, les villes de Gagny, Villemomble et Saint-Denis, en Seine-Saint-Denis, divers groupements de communes dans les Hauts-de-Seine ont éprouvé le besoin de contrôler le changement d'usage d'habitation en élaborant un règlement.

Parmi les villes n'entrant pas de plein droit dans le champ d'application territorial du contrôle de l'usage, nombreuses sont celles qui ont instauré un tel contrôle, comme le permet l'article L. 631-9 ; et, le plus souvent, elles optent pour un règlement destiné à encadrer les locations meublées de courtes durées dans les conditions prévues par l'article L. 631-7-1 A créé par la loi ALUR du 24 mars 2014.

D'autres communes suivront certainement dans les mois ou années à venir si elles jugent menacé l'équilibre habitat/emploi ou l'équilibre locations longue durée/courte durée dans certaines parties de leur territoire. Les praticiens auront tout intérêt à consulter les services compétents de chaque commune, notamment les cités littorales et touristiques, afin de vérifier si elles sont couvertes ou non par un règlement d'application.

782. – Les délibérations du conseil municipal et/ou de l'EPCI approuvant le règlement d'application de l'article L. 631-7-1 ou de l'article L. 631-7-1 A sont transmises au préfet dans le cadre du contrôle de légalité.

783. – La Cour de justice de l'Union européenne (CJUE), par un arrêt du 22 septembre 2020, considère que le régime d'autorisation mis en place par la loi française est compatible avec la libre prestation de services au sein de l'Union européenne[4]. Le cadre légal du contrôle de l'usage tel que réformé par l'ordonnance du 8 juin 2005, en ce qu'il repose sur des dispositions nationales qui renvoient à des mesures adoptées au niveau municipal, est validé.

Mais les juges français sont invités par la Cour de justice à opérer un contrôle minutieux des documents locaux d'application : analyses objectives justifiant les conditions d'octroi des autorisations de changement d'usage, adéquation des conditions – notamment de compensation – avec la situation du marché local, compatibilité avec l'exercice de l'activité économique, enfin, clarté, objectivité et non-ambiguïté de la formulation des critères retenus. Les auteurs de règlements ont donc tout intérêt à :

– exposer les motifs d'intérêt général permettant de justifier l'ensemble du dispositif (la lutte contre la pénurie de logements, l'insuffisance de l'offre de logements abordables, la politique du logement social, la protection de l'environnement urbain, la pression foncière...) ;

– définir, avec des termes objectifs et précis, le champ d'application géographique des mesures, les conditions de délivrance des autorisations, la localisation et les caractéristiques des locaux de compensation ;

– assurer une information la plus large et accessible possible à destination des administrés (affichage en mairie et mise en ligne du règlement et des comptes-rendus des séances de l'organe délibérant qui l'a adopté).

Le dispositif mis en place à Paris pour le contrôle des locations meublées de courtes durées répondait, selon la Cour de cassation, à ces exigences[5] ; mais

(4) CJUE, Gde ch., 22 sept. 2020, aff. jtes C-724/18 et C-727/18 : *Europe* 2020, comm. 337, note D. Simon et A. Rigaux.

(5) Cass. 3e civ., 18 févr. 2021, nos 17-26.156, 19-13.191 et 19-11.462 (3 arrêts) : *Bull. civ.* III. – I. Penchinat, *La consécration des réglementations française et parisienne de régulation des locations meublées touristiques : Actes prat. ing. immobilière* 2021, n° 3, étude 20. – L. Jariel, *Locations de tourisme : conformité de la règlementation française au droit de l'Union : Defrénois*, 20 janv. 2022, p. 59. – J. Laurent,

il a été modifié dans un sens plus restrictif en décembre 2021, ce qui pourrait ouvrir, une nouvelle fois, la question de la proportionnalité des obligations de compensation au regard de la directive Services. Le règlement de la métropole de Lyon a été validé par le juge administratif en application des mêmes critères[6]. L'étude des autres règlements municipaux révèle cependant qu'ils sont loin d'être homogènes et qu'ils ne recourent pas toujours à des critères d'une irréprochable clarté !

784. - Sans attendre la ratification de l'ordonnance du 8 juin 2005, la Direction générale de l'urbanisme, de l'habitat et de la construction a publié une circulaire n° 2006-19 UHC/DH2 du 22 mars 2006 sur l'application des mesures relatives au changement d'usage des locaux d'habitation. Même si elle est postérieure à l'arrêté du préfet de Paris, elle n'en constitue pas moins un vade-mecum destiné, à l'époque, aux préfets des différents départements concernés par la réforme de 2005, et elle explicite certaines difficultés d'interprétation apparues après la publication de l'ordonnance du 8 juin 2005. Son analyse fera l'objet de la Section 1.

785. - Avant d'exposer les principaux règlements votés et publiés à ce jour (Section 3), il convient de rappeler le contenu des arrêtés préfectoraux rendus avant le 1er avril 2009 (Section 2), même si celui émanant du préfet de Paris et celui du préfet du Rhône sont aujourd'hui caducs, et ce pour différentes raisons :

- l'arrêté du préfet de Paris a trouvé à s'appliquer entre le 15 décembre 2005 et le 31 mars 2009 ;
- la version initiale du règlement de la ville de Paris s'inspire beaucoup de l'arrêté préfectoral et s'y réfère souvent, au moins dans son exposé des motifs ;
- les autres arrêtés intervenus avant le 1er avril 2009 (soit ceux des Hauts-de-Seine et de Seine-Saint-Denis) continuent à s'appliquer, même si le contrôle est désormais de la compétence du maire, tant que la commune (ou l'EPCI) n'a pas élaboré son propre règlement ; en effet, l'alinéa X de l'article 13 de la LME tel qu'il a été modifié par l'article 6 de la loi n° 2009-179 du 17 février 2009 pour l'accélération des programmes de construction et d'investissement publics et privés, prend soin de préciser que :

> « L'arrêté du préfet visé au dernier alinéa de l'article L. 631-7-1 du même code, dans sa rédaction en vigueur avant le 1er avril 2009, demeure applicable jusqu'à l'entrée en vigueur de la délibération du conseil municipal prévu au dernier alinéa du même article L. 631-7-1 dans sa rédaction applicable à partir du 1er avril 2009 ».

Néanmoins ces arrêtés ne s'appliquent que dans la mesure où leur contenu n'est pas en contradiction avec la nouvelle rédaction des articles L. 631-7 et suivants issue de la LME du 4 août 2008[7]. Depuis le 1er avril 2009, la mission de contrôle et la faculté d'autorisation étant passées du préfet au maire, ce dernier a désormais la charge d'appliquer le contenu de l'arrêté préfectoral tant que le conseil municipal (ou l'organe délibérant de l'EPCI) n'a pas approuvé son propre règlement.

Les arrêts récents en matière de locations de tourisme : analyse et portée : Defrénois, 20 janv. 2022, p. 68. V. égal. Cass. 3e civ., 26 janv. 2022, n° 18-22.142.
(6) CAA Lyon, 1er juin 2021, n° 19LY03470.
(7) V. *supra*, nos 242 et s.

SECTION 1 LA CIRCULAIRE ADMINISTRATIVE DU 22 MARS 2006[8]

786. - Dans la plupart de ses dispositions, la circulaire du 22 mars 2006 n'apporte pas beaucoup d'informations complémentaires : le contenu de la réforme est simplement explicité. Toutefois, plusieurs développements méritent une attention particulière.

787. - La circulaire donne, en premier lieu, **des instructions aux préfets** (« Vous devrez... ») :

- si le département entre dans le champ d'application du nouveau dispositif, le préfet doit élaborer l'arrêté visé à l'article L. 631-7-1, en prévoyant, le cas échéant, des dispositions adaptées à chaque commune concernée ;
- si le département n'est pas concerné par le champ d'application obligatoire, le préfet doit consulter les maires des communes où la situation du logement lui semblerait justifier des mesures de protection ;
- enfin, chaque arrêté devra être élaboré en concertation avec les professionnels concernés et devra faire l'objet d'une large publicité.

Force est de constater que bien peu des préfets destinataires de ces prescriptions les ont réellement appliquées ; la raison en vient sans doute du fait que les maires des villes visées par l'ordonnance de 2005 n'étaient pas eux-mêmes demandeurs de l'exercice effectif d'un contrôle. Toutefois, depuis une période récente, on assiste à un fort regain d'intérêt de la part des élus locaux ; la circulaire du 22 mars 2006 peut donc également aider à l'élaboration et à l'application des règlements pris par les autorités communales ou intercommunales, compétentes depuis le 1er avril 2009.

788. - Il est apporté des **précisions sur la définition des locaux à usage d'habitation**. L'article L. 631-7, alinéa 2 dispose, dans sa version issue de l'ordonnance du 8 juin 2005, que « constituent des locaux destinés à l'habitation toutes catégories de logements et leurs annexes, y compris les logements-foyers, logements de gardiens, chambres de service, logements de fonction, logements inclus dans un bail commercial, locaux meublés donnés en location dans les conditions de l'article L. 632-1 ». À la demande de certains praticiens, l'administration apporte des compléments d'information sur le problème délicat du champ d'application quant aux biens[9] :

- les annexes : il s'agit de tous les locaux attachés à un logement situés dans le même immeuble que celui-ci et inclus dans le bail d'habitation (caves, celliers, greniers, garages)[10] ;
- les logements meublés : ceux qui constituent la résidence principale du preneur et qui font l'objet d'un bail écrit d'un an renouvelable (neuf mois pour les étudiants) ; par contre, la location saisonnière en meublé constitue un changement d'usage soumis à autorisation[11] ;

(8) V. annexes : « Circulaires », ann. 1.
(9) V. *supra*, nos 160 et s.
(10) V. *supra*, nos 183 et s.
(11) La loi ALUR du 24 mars 2014 a créé un cadre spécifique aux locations meublées de courte durée, V. *supra*, nos 198 et s.

– les logements-foyers : les résidences pour personnes âgées, médicalisées ou non, constituent des logements[12] ;

– les chambres de services : il s'agit, notamment, des chambres sous les combles des immeubles haussmanniens ; il semble, même si la circulaire ne le dit pas expressément, que toutes les chambres de service soient concernées, même si elles constituent l'accessoire d'un bail professionnel ou commercial. En l'espèce, c'est la situation matérielle du local dans l'immeuble qui est à prendre en considération, plutôt que le titre de son occupation (notamment comme locaux d'archives) ; il en serait différemment si des bureaux étaient régulièrement aménagés dans des chambres de service réunies entre elles[13] ;

– les logements inclus dans un bail commercial : ces logements, accessoires aux locaux commerciaux, constituent des « locaux d'habitation » au sens de l'article L. 631-7, bien qu'ils fassent partie du bail commercial aux termes d'une jurisprudence constante sur le statut des baux commerciaux[14].

789. - La mesure transitoire et dérogatoire prévue par l'article 29-I de l'ordonnance du 8 juin 2005 concernant **les locaux illégalement occupés à un usage autre qu'habitation** méritait d'être explicitée[15]. Cet article dispose :

« I. – Les personnes qui, avant l'entrée en vigueur de la présente ordonnance, ont changé, sans autorisation, l'usage d'un local auquel était applicable l'article L. 631-7 du Code de la construction et de l'habitation, bénéficient sur demande d'une autorisation à titre personnel si elles justifient, avant le 1er juillet 2006, de l'usage continu et non contesté des lieux à des fins autres que l'habitation depuis au moins vingt ans à la date d'entrée en vigueur de la présente ordonnance ».

Étaient donc concernées les personnes occupant de manière illicite un local depuis une période antérieure au 10 juin 1985. Mais que faut-il entendre par « usage continu » des locaux dont s'agit ?

790. - La circulaire apporte des éléments de réponse :

– il doit s'agir d'une même activité exercée : un cabinet d'avocats, une étude de notaires, un cabinet médical… ;

– peu importe que cette activité ait été exercée successivement, pendant la période considérée, par des personnes différentes ;

– mais, le jour où la ou les personnes exerçant à la date du 10 juin 2005 cesseront leur activité, le local devra revenir à l'habitation et toute cession au profit d'un successeur nécessitera une autorisation au profit de ce dernier ;

– pour que la mesure de tempérament trouve à s'appliquer, il faut qu'il n'y ait pas eu de « contestation » soit de la part de l'administration, soit de celle du syndicat des copropriétaires, soit par une action en justice ; un refus d'autorisation de la préfecture constitue une contestation ;

– il est rappelé que les personnes concernées devaient procéder, au plus tard le 30 juin 2006, à une demande de régularisation accompagnée des justificatifs de l'occupation continue ; mais la circulaire est muette sur le sort de ceux qui n'auraient pas procédé à cette démarche dans le délai qui leur était imparti : sont-ils déchus de cette mesure transitoire de faveur ? À notre sens, il n'est plus possible de déposer une telle

(12) V. *supra*, nos 186 et s.
(13) V. *supra*, nos 190 et s.
(14) V. *supra*, nos 195 et s.
(15) V. *supra*, nos 373 et s.

demande d'autorisation passé le 30 juin 2006, l'ordonnance du 8 juin 2005 précisant que ces justificatifs devaient être rapportés « **avant** le 1er juillet 2006 » et non pas « **au** 1er juillet 2006 ». L'article 29, I de l'ordonnance, comme toute mesure d'exception, ne peut recevoir qu'une interprétation étroite. Telle est également l'analyse observée par la cour d'appel de Paris qui a rejeté la démonstration faite plusieurs années après la date limite que les locaux ont eu un usage continu et non contesté autre qu'habitation depuis au moins vingt ans à la date d'entrée en vigueur de l'ordonnance[16].

791. – Enfin, la circulaire apporte des précisions sur l'entrée en vigueur de l'ordonnance du 8 juin 2005[17]. Les précédentes circulaires n° 72-158 du 3 octobre 1972 et n° 89-69 du 3 novembre 1989, n'étant plus conformes à l'état actuel du droit, sont abrogées par la circulaire du 22 mars 2006 qui est donc, à ce jour, la dernière circulaire en date. Les anciennes circulaires conservent toutefois leur pertinence lorsqu'il s'agit de déterminer l'état du droit et des pratiques administratives alors applicables ; elles sont reproduites, en intégralité ou par extraits, en annexes du présent ouvrage.

Conformément aux articles L. 312-3 et D. 312-11 du Code des relations entre le public et l'administration, la circulaire de 2006 a été reprise sur un site Internet officiel permettant de maintenir son opposabilité[18].

SECTION 2 LES ARRÊTÉS PRÉFECTORAUX PRIS EN APPLICATION DE L'ARTICLE L. 631-7-1 DANS SA RÉDACTION ISSUE DE L'ORDONNANCE DU 8 JUIN 2005

792. – Hormis l'arrêté du préfet de Paris, seuls les préfets des départements suivants :

- Hauts-de-Seine (28 mars 2006, 3 oct. 2006 et 21 févr. 2008) ;
- Rhône (20 déc. 2006), pour la ville de Lyon ;
- et Seine-Saint-Denis (6 févr. 2007) ;

ont rendu un arrêté pris en conformité avec le dernier alinéa de l'article L. 631-7-1, dans sa rédaction issue de l'ordonnance du 8 juin 2005.

793. – Les préfets ayant été dessaisis du pouvoir de contrôle par la loi n° 2008-776 du 4 août 2008 de modernisation de l'économie (dite « LME »), à compter du 1er avril 2009, plus aucun autre arrêté préfectoral n'a pu intervenir en application de l'article L. 631-7-1.

794. – L'article L. 631-7-1, alinéa 4, fixe une « feuille de route » au préfet : celui-ci devait élaborer son arrêté en fonction de trois objectifs :

- « au regard des objectifs de mixité sociale ;
- en fonction des caractéristiques des marchés locaux d'habitation ;
- et de la nécessité de ne pas aggraver la pénurie de logements ».

(16) CA Paris, pôle 5, ch. 3, 6 janv. 2016, n° 13/22726.
(17) V. *supra*, nos 46 et s.
(18) www.bulletin-officiel.developpement-durable.gouv.fr.

Le préfet n'agissait plus de manière discrétionnaire, mais en fonction des objectifs qui lui ont été assignés ; le contenu de son arrêté fixe les « règles du jeu » entre les administrés et ses services en s'appuyant, lorsqu'il en existe un, sur le contenu du programme local de l'habitat (PLH) précise la circulaire du 22 mars 2006 ; les décisions individuelles qu'il a pu prendre jusqu'au 1er avril 2009 devaient l'être en conformité avec les prescriptions de cet arrêté. Les recours pour excès de pouvoir s'en sont trouvés plus aisés, même si le préfet s'octroyait une marge d'appréciation.

795. - La LME du 4 août 2008 n'ayant pas modifié les objectifs ci-dessus rappelés, ce qui vient d'être indiqué s'applique, à compter du 1er avril 2009, au règlement communal qui remplace l'arrêté préfectoral.

§ 1. - L'arrêté du préfet de Paris du 1er décembre 2005[19]

796. - Le territoire de la ville de Paris ayant été, de tout temps, le principal concerné par le contrôle du changement d'affectation puis d'usage, il était naturel que le préfet de Paris, investi d'une mission précise par l'ordonnance du 8 juin 2005, prenne l'initiative d'élaborer rapidement un arrêté conforme au dernier alinéa de l'article L. 631-7-1 ; et ce d'autant plus que, l'ordonnance étant d'application immédiate, il convenait de ne pas faire perdurer le vide juridique résultant de l'absence d'un arrêté local.

797. - L'arrêté préfectoral n° 2005-335-4 portant application à Paris des dispositions des articles L. 631-7 et suivants du Code de la construction et de l'habitation est daté du 1er décembre 2005 ; il a été publié dans le bulletin des actes administratifs du département en date du 15 décembre 2005. Il convient d'en faire l'analyse, article par article, pour comprendre la pratique préfectorale antérieure qui, sur certains points, n'a pas été reprise par la ville de Paris compétente, depuis le 1er avril 2009, sur la base du règlement qu'elle a édicté[20].

A. - Article 1er

798. - Cet article rappelle le principe posé par l'article L. 631-7 ; l'autorisation de transformation est subordonnée à une compensation, « dès lors que la transformation consiste à affecter les locaux [d'habitation] à un usage autre qu'habitation ».

799. - Comme le précise l'article L. 631-7-1, le préfet doit prendre l'avis préalable du maire, et, puisqu'il s'agit de Paris, du maire d'arrondissement. À défaut de précisions à ce sujet dans l'article L. 631-7-1, il faut considérer que cet avis n'est que consultatif et qu'il ne lie pas le préfet[21].

B. - Articles 2 et 3

800. - L'arrêté définit ce que doivent être les locaux apportés en compensation.

Il doit s'agir de locaux qui étaient à usage autre qu'habitation au 1er janvier 1970 et qui n'ont pas déjà été apportés en compensation depuis cette date. Le préfet aurait pu ajouter qu'il peut s'agir également de locaux construits ou rénovés après le

(19) V. annexes : « Documents d'application : Arrêtés préfectoraux », ann. 1.
(20) V. *infra*, nos 848 et s.
(21) V. *supra*, nos 525 et s.

1er janvier 1970 en vertu d'une autorisation d'urbanisme pour une destination autre que l'habitation.

801. - Ces locaux doivent être « de qualité et de surface équivalentes ».

Sur la notion de « qualité », la préfecture de Paris est attentive à ce que la transformation porte sur un véritable logement équipé comme tel en fonction de sa surface (cuisine, salle de bain, sanitaires...).

Quant à la « surface équivalente », il faut en déduire que la préfecture exige une compensation de 1 m^2 d'habitation pour 1 m^2 de local autre qu'habitation (et non plus 1,5 m^2 pour 1 m^2 comme il était d'usage depuis de nombreuses années pour les quartiers dits « sensibles »). La « surface » retenue est celle de l'article R. 111-2 du Code de la construction et de l'habitation.

Le règlement de la ville de Paris est plus exigeant et opte pour un coefficient de compensation de 2 m^2 d'habitation pour 1 m^2 de local autre qu'habitation, sauf exceptions.

802. - Les locaux en rez-de-chaussée ne peuvent être apportés en compensation ; la préfecture, comme la ville de Paris dans son PLU, veut réduire le nombre de logements en rez-de-chaussée, pour des raisons tenant tant à la sécurité qu'à l'hygiène. Le Plan de prévention des risques d'inondation de Paris (PPRI) restreint également la possibilité d'aménager des logements en rez-de-chaussée en zone inondable. Dans le même esprit, l'article 5 ci-après facilite, à l'inverse, la transformation des logements existants en rez-de-chaussée.

C. - Article 3

803. - « Les locaux de compensation doivent être situés dans le même arrondissement » que ceux devant être transformés ; cette règle était déjà celle appliquée de fait par la préfecture avant la réforme. Il n'y a pas là de nouveauté.

804. - Par contre, dans les quartiers dits « sensibles », définis comme ceux « où a été constatée une prédominance des surfaces de bureaux par rapport aux surfaces de logements », les locaux de compensation doivent être situés dans le même quartier.

Il s'agit des quartiers administratifs divisant chaque arrondissement (généralement au nombre de quatre par arrondissement). Les quartiers concernés sont répertoriés à l'article 3 ; leur liste correspond au Quartier central des affaires (QCA), c'est-à-dire aux secteurs dans lesquels l'équilibre habitat/emploi est sensiblement rompu au détriment de l'habitation.

805. - À l'usage, il est apparu que la notion territoriale du « même quartier » pour les locaux offerts en compensation dans les quartiers sensibles était beaucoup trop restrictive et conduisait à des impasses ; à titre d'exemple, il n'était pas possible de compenser des locaux situés de part et d'autre de l'avenue des Champs-Élysées, cette dernière constituant une limite entre deux quartiers administratifs.

En ce qui le concerne, et fort de l'expérience précédente, le règlement de la ville de Paris revient à la notion d'arrondissement.

D. - Article 4

806. - Les locaux ainsi compensés doivent être « transformés de façon concomitante ». L'ambiguïté de la concomitance n'échappera pas au praticien. En effet, au regard du droit de l'urbanisme, les deux transformations dont il s'agit correspondent à des changements de destination nécessitant l'obtention de permis de construire ou de déclarations préalables dont les délais d'instruction peuvent ne pas être identiques, non plus que ceux aux termes desquels ils peuvent être considérés comme insusceptibles de recours en annulation ou de retraits. Par ailleurs, la pratique nous enseigne que les travaux de transformation peuvent varier en fonction du degré de rénovation de chacun des deux immeubles.

807. - La préfecture perdure sur sa pratique ancienne qui consiste à délivrer d'abord un accord acceptant la compensation sur le plan du principe, puis une autorisation provisoire permettant de débuter les travaux, enfin une autorisation définitive constatant que les locaux anciennement à usage autre qu'habitation ont bien été transformés en logement.

808. - La préfecture n'acceptait de signer l'arrêté d'autorisation définitive que lorsqu'elle avait pu être à même de constater que, non seulement les anciens locaux d'activité avaient bien été transformés physiquement en logements, mais encore qu'ils étaient réellement occupés comme tels ; la confirmation de dérogation-compensation était donc soumise au rythme de vente ou de location des nouveaux logements.

La ville de Paris, pour l'application de son règlement, semble plus libérale sur ce point : même si elle maintient la dualité de décisions provisoire et définitive, elle accepte de constater le caractère définitif de la compensation sur production de la déclaration attestant de l'achèvement et de la conformité des travaux (DAACT) de l'immeuble transformé en logements et après une simple visite de contrôle de la transformation effective pour la surface annoncée.

809. - En fait, il semble que la préfecture de Paris, par l'emploi de l'expression « concomitante » veuille mettre un terme à la pratique qui consistait à « mettre en conserve » des compensations, qui ne devenaient effectives que plusieurs années plus tard, après l'achèvement de la rénovation lourde d'un immeuble entier destiné à l'habitation. Par ailleurs, la « concomitance » interdit que l'on offre en compensation d'anciens locaux à usage d'habitation pour lesquels le dossier de demande de permis de construire de changement de destination a déjà été déposé ou, *a fortiori*, des locaux déjà transformés en habitation.

E. – Article 5

810. - Cet article vise les cas où les transformations de locaux d'habitation « peuvent » être exonérées de compensation et ceux où ils le sont de plein droit. Par le terme « peuvent », l'administration laisse entendre qu'elle n'a pas de compétence liée et qu'elle se réserve d'exiger une telle compensation. Il faut donc l'interroger une première fois pour savoir si elle dispensera ou non d'une compensation.

811. - Il est regrettable que l'arrêté du 1er décembre 2005, qui doit fixer des « règles du jeu » objectives, laisse ainsi dans l'expectative le pétitionnaire. D'autant plus que cette dispense de compensation est tributaire de la qualité du demandeur (« un pétitionnaire public et/ou poursuivant une mission d'intérêt général ») et que, même si ce pétitionnaire peut être une personne de droit privé, telles une association ou une fondation, seule l'administration sera juge de la « mission d'intérêt général » dont il n'existe aucune définition. Il ne restera plus au pétitionnaire « recalé » qu'à avoir recours au juge administratif... ou à offrir un local à titre de compensation. Une liste des personnes ou des activités concernées aurait contribué à une meilleure sécurité juridique[22].

812. – Par contre, l'exonération de compensation est de droit, et « quelle que soit la qualité du pétitionnaire », dès lors qu'il s'agit de locaux situés en rez-de-chaussée (et quel que soit le quartier). L'initiative est heureuse et elle constitue le pendant du contenu de l'article 2 précisant que les locaux du rez-de-chaussée ne peuvent être apportés en compensation. C'est seulement l'exonération de compensation qui est de droit, non l'autorisation : il convient toujours de la requérir ; s'en dispenser serait constitutif d'une faute susceptible d'être sanctionnée par les amendes civiles et pénales prévues et d'entraîner l'injonction de remettre en l'état sous astreinte.

Sur la base de cette disposition (« quelle que soit la qualité du pétitionnaire »), la préfecture a pu rendre des « autorisations d'occuper ou de louer à un autre usage que l'habitation ». Il fallait en déduire que le bénéficiaire de l'autorisation n'était pas seulement son titulaire mais également tout occupant du local ayant conclu un bail avec le titulaire de l'autorisation tant que celui-ci reste propriétaire des locaux. Sans reprendre cette rédaction de l'arrêté préfectoral, le règlement de Paris a, dans un premier temps, maintenu la dispense de compensation pour les changements d'usage des locaux d'habitation en rez-de-chaussée, puis est revenu partiellement sur cette doctrine à l'occasion de la modification, en février 2011, de son règlement.

813. – En application du deuxième alinéa de l'article L. 631-7-1, l'autorisation ainsi conférée (avec exonération de compensation à la seule volonté de l'administration ou de droit) ne peut avoir qu'un caractère personnel au profit du seul bénéficiaire de l'autorisation, puisqu'il n'y a pas de compensation ; au départ du bénéficiaire, les locaux dont s'agit doivent revenir à l'habitation.

F. – Article 6

814. – Cet article règle le sort des professionnels libéraux et rétablit, de fait, la notion que l'on croyait disparue depuis l'ordonnance du 8 juin 2005, à savoir celle de « locaux professionnels ».

815. – Sont concernées les « profession[s] libérale[s] soumise[s] à un statut législatif réglementaire ou dont le titre est protégé ». On peut regretter cette limitation pour les professionnels qui ne rentrent pas dans ces catégories, mais l'encadrement de la notion de « professionnel » semble nécessaire[23].

816. – Pour ces professionnels libéraux, l'autorisation est exonérée de compensation (exonération de compensation de droit pour le pétitionnaire, et non à la seule volonté de la préfecture comme énoncé à l'article 5 ci-dessus) :

– soit dans les quartiers autres que ceux dits « sensibles » (V. l'article 3 ci-dessus), pour les installations inférieures ou égales à « 50 m^2 par professionnel et dans la limite de 150 m^2 ». Cette disposition reprend une notion qui était déjà connue sous l'ancienne législation. Elle n'est pas plus satisfaisante qu'auparavant : les besoins en surfaces ne sont pas les mêmes selon les différentes professions concernées ;

(22) La circulaire relative aux changements d'affectation et démolitions de locaux du 1er octobre 1960 (V. annexes : « Circulaires », ann. 3) préconisait déjà de dispenser de compensation les associations reconnues d'utilité publique, les administrations et établissements publics.

(23) Sur ces professions, V. *Propriétés incorporelles*, 105e Congrès des notaires de France (2009), Troisième commission, *Le fonds libéral*, par Mes J.-Y. Mazan et R. Samson, nos 3044 et s.

– soit, en zones urbaines sensibles (ZUS), dont les périmètres sont rappelés en annexe de l'arrêté, « sans limite de surface » ;

– soit, dans tous les quartiers, « Pour le remplacement d'un professionnel régulièrement installé dans la limite de 250 m^2 ». Ainsi, un professionnel pourra toujours trouver un successeur à la même adresse, mais à condition d'être « régulièrement installé ».

817. - Pour rappel :

– l'exonération de compensation ne dispense pas de l'autorisation ;

– l'autorisation est personnelle ;

– les limites de 150 et 250 m^2 ci-dessus constituent une franchise et non un seuil : la compensation n'est exigée que pour la partie excédant ces limites.

G. – Article 7

818. - Il s'agit d'une simple précision apportée à la règle énoncée par l'article L. 631-7-2 : en ce qui concerne l'utilisation de sa résidence principale par un professionnel libéral pour l'exercice de sa profession, l'autorisation sans compensation n'est susceptible d'être accordée que si la partie « professionnelle » n'excède pas 50 % de la surface du local. Le problème risque de se compliquer pour les pièces du logement à usage mixte (le salon de la famille qui sert de salle d'attente) ! L'arrêté n'apportant pas de restriction, il faut considérer que cette règle s'applique sur l'ensemble du territoire parisien, y compris les quartiers « sensibles ». La LME du 4 août 2008 a, postérieurement à cet arrêté, sensiblement assoupli le régime des locaux mixtes[24]. Mais la quote-part de 50 % garde toute sa valeur ; elle est d'ailleurs reprise dans le règlement de la ville de Paris.

819. - **L'arrêté du préfet de Paris** est devenu **caduc**, depuis le 1er avril 2009, suite à l'élaboration par la ville de Paris de son règlement ; **mais le règlement communal s'en inspire fortement.**

§ 2. – Les autres arrêtés préfectoraux

820. - En dehors du préfet de Paris, seuls trois préfets (ceux des Hauts-de-Seine, du Rhône et de Seine-Saint-Denis) ont répondu aux prescriptions de l'article L. 631-7-1, rappelées dans la circulaire du 22 mars 2006, en publiant un arrêté d'application des articles L. 631-7 et suivants, dans leur rédaction issue de l'ordonnance du 8 juin 2005.

821. - Leur contribution à la mise en application du contrôle de changement d'usage est sensiblement plus modeste que celle du préfet de Paris ; il est vrai que le sujet présentait sans doute une moindre sensibilité sur le territoire couvert par leur administration.

822. - **Ces arrêtés continueront à trouver application sur l'ensemble des communes de leur ressort**, en vertu de l'alinéa X de l'article 13 de la LME du 4 août 2008 tel que complété par la loi du 17 février 2009, **tant que ces communes n'auront pas établi leurs propres règlements communaux**. Ils gardent donc toute leur importance, à l'exception cependant de celui du Rhône.

(24) V. *supra*, nos 238 et s.

A. – L'arrêté du préfet des Hauts-de-Seine du 21 février 2008[25]

823. – Le préfet du département des Hauts-de-Seine avait rendu un premier arrêté en date du 28 mars 2006, sous les références DDE/SDS n° 2006.171 ; une première modification est intervenue par arrêté du 3 octobre 2006, sous les références DDE/SDS n° 2006.418, abrogeant le précédent. À son tour, le nouvel arrêté préfectoral du 21 février 2008, publié sous les références DDE/SEU n° 2008.089, abroge l'arrêté précédent du 3 octobre 2006.

La tâche du préfet des Hauts-de-Seine n'était pas aisée, tant ce département présente peu d'homogénéité entre le centre, très tertiaire, et le nord et le sud, au tissu urbain plus mixte habitat/emploi. C'est sans doute pour cette raison que le préfet a élaboré ses arrêtés *a minima*, reprenant à son compte certaines des préconisations du préfet de Paris.

824. – Il eut sans doute été préférable que le préfet des Hauts-de-Seine étoffe les dispositions de son arrêté en distinguant commune par commune ou en les groupant par zones ; mais, compte tenu du faible impact de la réglementation dans un certain nombre de communes concernées, le jeu n'en valait sans doute pas la peine.

825. – L'arrêté énonce que l'autorisation de changement d'usage est subordonnée, au plan du principe, à une compensation concomitante.

826. – Toutefois, ne sont pas soumis à compensation :

1) Les changements d'usage demandés par « un pétitionnaire public ou poursuivant une mission d'intérêt général » (V. l'arrêté du préfet de Paris).

2) Les transformations en locaux mixtes, à condition que la partie logement soit la résidence principale du demandeur ; mais cet énoncé est antérieur à la publication de la LME du 4 août 2008, qui a sensiblement libéralisé le régime des locaux mixtes, et ne saurait plus s'appliquer en l'état, comme n'étant pas conforme à la nouvelle rédaction des articles L. 631-7-2 à L. 631-7-5.

3) Les deux arrêtés préfectoraux précédents des 28 mars et 3 octobre 2006, abrogés, contenaient une autre exception à l'obligation générale de compensation qui ne figure plus dans la version du 21 février 2008 : « La transformation demandée par des professionnels non libéraux de locaux d'habitation d'une surface inférieure à 200 m^2 hors œuvre nette et situés dans les communes ayant signé une convention d'équilibre habitat-activités avec l'État, sous réserve de l'existence de mètres carrés résiduels en activité et sous réserve de conserver les pièces humides dans le(s) logement(s) intéressé(s) par le changement d'usage ».

Cette disposition faisait référence aux différentes conventions signées entre les préfets des départements de l'agglomération parisienne et certaines communes du département concerné. En vertu du II de l'article L. 510-1 du Code de l'urbanisme, une commune peut conclure avec le préfet du département « une convention ayant pour objet de définir les modalités locales du respect des objectifs mentionnés au second alinéa du I. Dans ce cas, la décision d'agrément… relève du représentant de l'État dans le département, sous réserve du respect des termes de cette convention par l'autre partie ». L'article R. 510-5 dudit code précise que « la convention…

(25) V. annexes : « Documents d'application : Arrêtés préfectoraux », ann. 2.

est passée pour une durée de trois à cinq ans… Par cette convention, les signataires s'engagent notamment à prendre, dans les limites de leurs compétences, les mesures nécessaires pour assurer l'équilibre entre les constructions destinées à l'habitation et celles destinées aux activités… Cet équilibre se mesure par le rapport de la surface de logements à la surface de locaux destinés à des activités ».

En ce qui concerne le département des Hauts-de-Seine, quatorze communes avaient alors signé une telle convention avec le préfet ; la mise à jour de la liste des communes concernées est consultable sur le site Internet de la Direction régionale et interdépartementale de l'équipement et de l'aménagement d'Île-de-France (DRIEA). La référence du préfet à la SHON tient au fait que l'unité de compte de ces conventions est elle-même la SHON. Par cette disposition, le préfet indiquait que :

- au sein des communes concernées ;
- si, en vertu de l'application de la convention, il reste encore des possibilités de construire des surfaces de locaux d'activités ;
- tout logement peut être autorisé à être transformé, sans compensation, en « autre qu'habitation » dans la limite de 200 m².

Bien que les arrêtés des 28 mars et 3 octobre 2006 ne le précisent pas, il aurait été logique que les surfaces ainsi transformées soient mises au débit des surfaces de bureaux prévues dans la convention. Dans les considérants de son arrêté du 21 février 2008, le préfet des Hauts-de-Seine s'explique sur la suppression de cette exemption : « il est apparu que ces exemptions conduisaient à supprimer des logements sans qu'ils soient compensés par les conventions habitat-activité ». Il n'en reste pas moins que les autorisations qui auraient été conférées conformément au texte ainsi abrogé, et antérieurement au 21 février 2008, l'ont été en vertu d'un arrêté pris en application de l'article L. 631-7-1 et ne semblent pas pouvoir être remises en question.

4) La transformation de logements en bureaux ou activités peut être autorisée sans contrepartie (et sans limite) dans les zones urbaines sensibles, les zones emploi de ville et les zones de redynamisation urbaine[26].

5) Pour les professionnels libéraux (comme pour le préfet de Paris, il s'agit des « professions libérales réglementées » mais les « professions dont le titre est protégé » ne sont pas mentionnées et le champ d'application de la mesure en est plus restreint), ils peuvent être autorisés à titre personnel à transformer une surface inférieure à 70 m² (il faut comprendre, sans doute, une surface conforme à la définition de l'article R. 111-2 du Code de la construction et de l'habitation), mais à condition de conserver les pièces humides (cuisine, salle de bains…) « afin de faciliter le retour à l'habitation lors de la cessation d'activité ». La surface de 70 m² est portée à 200 m² pour les professionnels exerçant en groupe.

827. - Cet arrêté du préfet des Hauts-de-Seine continue à s'appliquer, sauf pour les communes ou groupements de communes qui ont élaboré leur propre règlement municipal ou intercommunal. On ne peut que conseiller aux praticiens de consulter les services compétents des autres communes de ce département, afin de s'assurer qu'elles n'ont pas adopté à leur tour un règlement.

(26) Les zones de redynamisation urbaine ont été supprimées le 1er janvier 2015 tandis que les zones urbaines sensibles ont été remplacées par les quartiers prioritaires de la politique de la ville.

B. – L'arrêté du préfet du Rhône du 20 décembre 2006[27]

828. – L'arrêté rendu par le préfet du Rhône le 20 décembre 2006 concernait la seule ville de Lyon et, sur le territoire de celle-ci, principalement son hyper-centre, dont la délimitation ressort du plan qui y est annexé. Les quartiers concernés consistent en :

– sur la rive gauche du Rhône : parties des 3e, 6e et 7e arrondissements entre le fleuve et la voie ferrée de la gare de La Part-Dieu ;

– sur la presqu'île : partie du 2e arrondissement, comprenant les quartiers des Cordeliers et de Bellecour jusqu'à la gare de Perrache ;

– sur la rive droite de la Saône : le Vieux Lyon dans le 5e arrondissement.

829. – La ville de Lyon est une des rares communes, antérieurement concernées, à s'être inquiétée, avant 2005, de la disparition progressive de ses habitants dans son hyper-centre. Il était naturel que le préfet du Rhône rende un arrêté conforme à l'article L. 631-7-1 dans sa rédaction issue de l'ordonnance du 8 juin 2005.

830. – Cet arrêté contient des dispositions originales qui se démarquent assez nettement de l'arrêté rendu par le préfet de Paris ; il est suivi d'une « notice technique d'information du public » très instructive.

831. – L'autorisation à titre personnel semble concerner l'ensemble du territoire de la ville de Lyon, à défaut de précisions complémentaires ; on peut aussi penser que, toujours sur l'ensemble du territoire, sont visés sans distinction les locaux professionnels et ceux à usage commercial. Pour rappel, depuis sa création en 2006, et jusqu'à l'abrogation de l'article L. 631-10 par la loi ALUR du 24 mars 2014[28], la zone franche urbaine « La Duchère » située à Lyon (9e) fut exclue de tout contrôle de changement d'usage.

832. – En ce qui concerne l'hyper-centre de Lyon, et pour lui seul, l'autorisation est soumise au principe de compensation (quelle que soit la destination projetée, professionnelle ou commerciale, précise la notice technique), à partir du moment où la transformation sollicitée porte sur une surface égale ou supérieure à 100 m^2 ; il est précisé que ce seuil ne constitue pas une franchise : s'il est atteint, la compensation est exigée depuis le premier mètre carré de surface concernée par le changement d'usage. Il s'applique également pour toute extension, sur une période de dix ans à compter de la première autorisation.

833. – Le préfet précise que, si une précédente autorisation a été conférée sans compensation (toujours dans l'hyper-centre), notamment pour un professionnel libéral, une nouvelle occupation sera soumise à autorisation avec compensation.

La notice technique donne un exemple : si une première autorisation personnelle est accordée en 2007 pour 90 m^2, et si une extension de 40 m^2 est sollicitée en 2012, une compensation sera exigée pour 130 m^2.

834. – Afin de préserver l'équilibre habitat-emploi dans un même immeuble, sur l'ensemble du territoire de la commune, la demande de changement d'usage ne pourra porter sur plus de 50 % de la surface de la construction concernée. La notice technique indique qu'il s'agit de la surface hors œuvre nette.

On comprend bien la raison de cette disposition, mais elle contient une difficulté d'interprétation : quelle est « la construction concernée » ? Si l'ensemble immobilier

(27) V. annexes : « Documents d'application : Arrêtés préfectoraux », ann. 3.
(28) V. *supra*, nos 156 et s.

comporte plusieurs bâtiments, peut-on les prendre individuellement ou doit-on considérer qu'il s'agit de l'ensemble des constructions bâties sur une même unité foncière appartenant à un même propriétaire ou à une même indivision, telle qu'une copropriété horizontale ou verticale, ou faisant partie d'un même démembrement en volumes ?

835. - Cette dernière règle souffre deux exceptions ; il y est dérogé :
- si l'implantation d'activité concerne l'intégralité de l'immeuble ;
- pour les petits immeubles de moins de 300 m².

836. - Toujours sur l'ensemble du territoire de la commune, l'autorisation à usage mixte ne peut porter que sur un maximum de 50 % de la surface ; il est rappelé que le local doit être la résidence principale du demandeur et que cette autorisation est personnelle, comme n'étant pas soumise à compensation.

La LME du 4 août 2008 a sensiblement revu, dans un sens libéral, la notion de local mixte ; mais il n'en reste pas moins que le seuil de 50 % ci-dessus reste applicable à Lyon.

837. - Les locaux de compensation doivent être situés sur le territoire de la ville de Lyon (et non dans le même arrondissement, comme à Paris). Les deux transformations doivent être concomitantes et les locaux transformés en logement doivent correspondre à la définition des « logements décents » donnée par le décret n° 2002-120 du 30 janvier 2002.

838. - L'autorisation peut être exonérée de compensation (il faut entendre, dans l'hyper-centre) :

1) Quand elle est demandée pour la réalisation « d'un équipement public ou d'intérêt collectif » ; la notice technique donne une définition de ces termes : « ils sont destinés à accueillir des fonctions d'intérêt général, notamment dans les domaines administratif, hospitalier, sanitaire, social, de l'enseignement et des services annexes, culturel, sportif, de la défense et de la sécurité, qu'il s'agisse d'équipements répondant aux besoins d'un service public ou d'organisme privé chargé de satisfaire un intérêt collectif ».

Cette précision est bienvenue : le préfet de Paris, et après lui le conseil municipal de Paris, n'ont pas pris la peine de définir les notions de « pétitionnaire public et/ou poursuivant une mission d'intérêt général ».

2) Si la transformation est demandée pour des logements situés en rez-de-chaussée « et que leur habitabilité ne soit pas de bonne qualité » ; la notice technique indique qu'*a contrario* cette dispense ne concerne pas les locaux de bonne qualité : rez-de-chaussée surélevés, immeubles sur cour ou locaux présentant un ensoleillement ou une luminosité correcte.

Cette dernière restriction fait apparaître que les motivations du préfet de Lyon, en cette matière, sont nettement en deçà de celles du préfet et de la ville de Paris, pour lesquels il convient, d'une manière générale, de réduire systématiquement le nombre de logements au rez-de-chaussée, pour des raisons d'hygiène et de sécurité.

839. - Toujours dans l'hyper-centre, si la demande de changement d'usage porte sur au moins dix logements, il devra être intégré au moins 20 % de logements sociaux dans les locaux objets de la compensation. Les proportions sont calculées en surfaces et non en nombre de logements.

840. - Cet arrêté préfectoral est resté applicable jusqu'au 27 juin 2011, date à laquelle s'est substitué, conformément à la loi LME du 4 août 2008, le règlement municipal de la ville de Lyon approuvé par délibération du conseil de communauté de la communauté urbaine du Grand Lyon, règlement lui-même modifié depuis[29].

C. – L'arrêté du préfet de Seine-Saint-Denis du 6 février 2007[30]

841. – L'arrêté du préfet de Seine-Saint-Denis du 6 février 2007 est non seulement le plus tardif de ceux qui ont été rendus, mais encore il est, de loin, le plus succinct. Comme dans les Hauts-de-Seine, la disparité entre les différentes communes du département ne portait sans doute pas à l'énoncé de règles très strictes.

842. – Il ne contient qu'un seul article ; sont soumis à autorisation, sans compensation (c'est-à-dire à titre personnel et incessible) :

1) Les locaux mixtes pour l'exercice d'une profession non commerciale, à condition qu'une partie du local reste la résidence principale du demandeur.

Comme cela a été rappelé pour les autres arrêtés, rendus avant la réforme issue de la LME du 4 août 2008, cette disposition n'est plus d'actualité compte tenu de la nouvelle rédaction des articles L. 631-7-2 à L. 631-7-5.

2) Si la transformation est demandée par « un pétitionnaire public ou poursuivant une mission d'intérêt général » ; il est précisé qu'il s'agit des « activités concernant la santé, l'assistance, la bienfaisance, l'enseignement ou la culture ».

3) La transformation en vue de l'exercice d'une profession libérale réglementée. Ne sont pas concernées, à la différence de Paris, les « professions dont le titre est protégé ».

4) La transformation « en vue de l'extension d'une activité commerciale existante ». Cette disposition originale doit, sans doute, être comprise comme autorisant une entreprise à agrandir ses locaux, dans le même immeuble ou dans un immeuble contigu, en appréhendant un ou des logements existants.

5) Le transfert, à surface équivalente, d'une activité « ayant fait l'objet d'une autorisation préfectorale ». Ainsi, il peut être effectué un échange entre un local d'activité (au sens large) et des logements ; il faut, sans doute, comprendre que l'ancien local d'activité doit être transformé en logements, même si l'arrêté ne le dit pas. Pourquoi limiter cette mesure aux activités « ayant fait l'objet d'une autorisation préfectorale » ? L'arrêté semble ignorer qu'un local peut également être à usage autre qu'habitation soit parce qu'il l'était avant le 1er janvier 1970, soit parce qu'il avait cette destination en vertu d'un permis de construire délivré à une date ultérieure. Il eut été préférable de ne pas apporter cette précision, qui n'ajoute rien et sème inutilement le doute.

6) La transformation de locaux d'habitation situés au sous-sol ou en rez-de-chaussée. À noter, les locaux d'habitation « au sous-sol » n'ont pas d'existence légale, il ne peut donc s'agir que d'annexes.

843. – Pour le reste, il faut considérer, *a contrario*, que tout autre projet de transformation d'un local à usage d'habitation est soumis à une autorisation avec compensation ; et ce sur l'ensemble du territoire du département de la Seine-Saint-Denis ; ne semblent donc exclues du processus de compensation ni les zones urbaines

(29) V. *infra*, nos 1133 et s.

(30) V. annexes : « Documents d'application : Arrêtés préfectoraux », ann. 4.

sensibles (hors zones franches urbaines sous l'empire de l'ancien article L. 631-10), ni les zones d'emploi de ville, ni les zones de redynamisation urbaine.

En effet, il résulte des considérants précédant l'article unique de l'arrêté préfectoral :

– « considérant que le changement d'usage… peut être soumis à compensation » ;

– « considérant que la compensation consiste en la transformation concomitante en habitation de locaux ayant un autre usage et que ces locaux de compensation doivent être situés dans la même commune et de qualité et surface équivalentes à celles faisant l'objet du changement d'usage… ».

Il faut en déduire que les considérants ci-dessus énoncent la doctrine préfectorale en matière de compensation. On peut s'étonner d'une telle rigueur concernant un département, la Seine-Saint-Denis, dans lequel l'emploi, c'est-à-dire l'implantation d'activités, est par ailleurs privilégié ; mais il est vrai que les zones franches urbaines, au nombre de dix dans ce département, échappaient au contrôle de l'usage en application de l'ancien article L. 631-10 (abrogé par la loi ALUR du 24 mars 2014).

844. – Cet arrêté du préfet de Seine-Saint-Denis continue à s'appliquer, sauf pour les communes qui ont élaboré leur propre règlement municipal (à notre connaissance, sans aucune visée d'exhaustivité, Gagny, Villemomble et Saint-Denis). Ici encore, les praticiens seraient avisés de consulter les services compétents des autres communes du département pour s'assurer qu'elles n'ont pas délibéré pour instaurer leurs propres règles.

SECTION 3 LES RÈGLEMENTS MUNICIPAUX PRIS EN APPLICATION DE L'ARTICLE L. 631-7-1 DANS SA RÉDACTION ACTUELLE

845. – Pour rappel, ne sont plus concernées de plein droit, pour l'application de l'article L. 631-7, que les villes de plus de 200 000 habitants (au nombre de onze) et l'ensemble des communes des trois départements de la petite couronne parisienne. En vertu de l'article L. 631-9, d'autres communes peuvent solliciter l'application du contrôle de l'usage sur tout ou partie de leur territoire ; dans ce cas, la décision d'extension du champ d'application territoriale est prise par arrêté du préfet, sauf pour les communes visées par le décret mentionné à l'article 232 du Code général des impôts, lesquelles peuvent en décider par simple délibération de leur conseil municipal ou de l'organe délibérant de l'EPCI dont elles dépendent, en vertu de la modification apportée par la loi ALUR à l'article L. 631-9[31]. Certaines communes de moins de 10 000 habitants l'avaient demandé au début des années 1960 ; d'autres en ont usé sous l'empire des nouveaux textes[32].

846. – Chacune des onze communes de plus de 200 000 habitants a fait le choix d'appartenir à un EPCI organisé sous un statut métropolitain. Conformément à l'article L. 631-7-1, si cet EPCI est compétent en matière de plan local d'urbanisme, la

(31) V. *supra*, nos 139 et s.
(32) V. *supra*, nos 134 et s.

délibération instituant le règlement local d'application est prise par cet établissement public. Dans la pratique, l'initiative revient à la ville concernée, qui fait délibérer son conseil municipal sur un projet de règlement comme le prévoit l'article L. 5211-57 du Code général des collectivités territoriales (relatif aux hypothèses dans lesquelles une décision de l'EPCI ne concerne qu'une seule commune), puis transmet ce même projet au conseil de la métropole pour que celui-ci l'approuve, avec ou sans modifications.

847. - La ville de Paris, qui dépend depuis le 1er janvier 2016 d'une métropole à statut particulier (la métropole du Grand Paris) non compétente en matière de plan local d'urbanisme, a décidé seule de son règlement (Sous-section 1). En mars 2022, toutes les autres villes de plus de 200 000 habitants, à l'exception encore de Rennes, ont déjà pris cette initiative, d'abord en faisant délibérer leur conseil municipal à cet effet, puis en faisant approuver un règlement par l'organe délibérant de leur métropole. Il s'agit des villes de Marseille (Sous-section 2), Strasbourg (Sous-section 3) Lyon (Sous-section 4), Nice (Sous-section 5), Bordeaux (Sous-section 6), Nantes (Sous-section 7), Lille (Sous-section 8), Toulouse (Sous-section 9) et Montpellier (Sous-section 10).

De leur côté, plusieurs communes des départements des Hauts-de-Seine et de Seine-Saint-Denis ont éprouvé le besoin de mettre un terme à l'application de l'arrêté préfectoral les concernant et ont établi leur propre règlement communal ou intercommunal (Sous-section 11).

Enfin de nombreuses communes, non assujetties de plein droit à la police de l'usage, mais qui s'y sont volontairement soumises en application de l'article L. 631-9, ont adopté un règlement d'application, usant, généralement, de la possibilité qui leur est offerte par l'article L. 631-7-1 A de contrôler les locations meublées de courtes durées. Il s'agit bien souvent, mais pas seulement, de communes situées sur le littoral ou à vocation touristique[33].

SOUS-SECTION 1 LE RÈGLEMENT MUNICIPAL DE LA VILLE DE PARIS

848. - La ville de Paris, pionnière dans l'exercice du contrôle de l'usage d'habitation, a adopté son règlement municipal en décembre 2008 (§ 1), puis l'a modifié à huit reprises en février 2011 (§ 2), novembre 2014 (§ 3), novembre 2015 (§ 4), en février 2016 (§ 5), juillet 2017 (§ 6), décembre 2017 (§ 7), novembre 2018 (§ 8) et en décembre 2021 (§ 9). Il convient d'examiner les versions successives du règlement parisien afin de comprendre l'évolution de la doctrine et de la pratique administratives (§ 10)[34].

Au fil de ces modifications, la ville de Paris a pris en compte les ajustements nécessaires ressortant de son expérience, de la nécessité de favoriser le logement social et d'endiguer le développement exponentiel des locations touristiques.

(33) Par ex., et sans visée d'exhaustivité, les communes d'Aix-en-Provence, Colmar, Les Sables-d'Olonne, Saint-Malo, Sète, Versailles, ou encore les communautés d'agglomération Pays Basque, Grand Annecy...

(34) F. Plottin, *La réglementation du changement d'usage de locaux d'habitation à Paris : Dr. et ville* 2016, n° 80, p. 77.

§ 1. - Le règlement initial adopté en décembre 2008[35]

849. - Le territoire de la ville de Paris fut, à l'origine, le premier véritablement concerné par l'application de l'article L. 631-7. Il était naturel que la mairie de Paris se préoccupe, dès la publication de la loi n° 2008-776 du 4 août 2008 de modernisation de l'économie (dite « LME »), d'élaborer un règlement conforme aux principes énoncés par l'article L. 631-7-1.

850. - L'article 13 de la LME du 4 août 2008 a décidé du principe de la décentralisation, le contrôle du changement d'usage passant du préfet au maire de la commune ; cet article prévoyait que l'entrée en vigueur de cette modification substantielle se réaliserait le 1er janvier 2009. La loi n° 2009-179 du 17 février 2009 pour l'accélération des programmes de construction et d'investissement publics et privés a reporté cette entrée en vigueur au 1er avril 2009[36]. Prévoyant une « prise de contrôle » de l'article L. 631-7 au 1er janvier 2009, le conseil municipal de Paris a, dès sa séance des 15, 16 et 17 décembre 2008, délibéré pour approuver son règlement municipal en conformité avec le dernier alinéa de l'article L. 631-7-1 dans sa rédaction issue de la LME.

851. - Il restait à préciser la date d'entrée en vigueur de ce règlement puisqu'elle était subordonnée à celle de l'entrée en vigueur de l'article 13 de la LME relative au transfert de compétence. En suite de la loi du 17 février 2009, qui fixe l'entrée en vigueur de cet article 13 au 1er avril 2009, le Conseil de Paris a précisé, dans sa séance des 9 et 10 mars 2009, que le règlement municipal s'appliquerait « à toutes les décisions relatives au changement d'usage des locaux d'habitation délivrées par M. le Maire de Paris à compter du 1er avril 2009 »[37]. Le règlement municipal a fait l'objet d'une publication au bulletin municipal officiel de la ville de Paris en date du 10 mars 2009 ainsi que d'un affichage dans les mairies d'arrondissement.

852. - L'adoption du règlement par le conseil municipal en décembre 2008, c'est-à-dire avant l'entrée en vigueur de la LME transférant aux communes la compétence pour délibérer, peut susciter quelques interrogations. Certes, ce règlement ne peut plus faire l'objet d'un recours en annulation, mais cette situation n'ouvre-t-elle pas la possibilité d'un recours en exception d'illégalité ?

Interrogés à l'époque, les services de la ville de Paris avaient estimé que la loi du 17 février 2009 contient une validation de la procédure adoptée en édictant : « l'arrêté du préfet visé au dernier alinéa de l'article L. 631-7-1, dans sa rédaction en vigueur avant le 1er avril 2009, demeure applicable jusqu'à l'entrée en vigueur de la délibération du conseil municipal prévue au dernier alinéa du même article L. 631-7-1 dans sa rédaction applicable à partir du 1er avril 2009 ». Il est vrai qu'en droit commun, la jurisprudence reconnaît la légalité des mesures réglementaires prises sur le fondement d'un texte non encore entré en vigueur à la date de leur édiction ; ces mesures prennent alors effet à la date d'entrée en vigueur du texte de base dont elles procèdent[38]. Et, jusqu'au 1er avril 2009, la compétence communale pour délibérer par

(35) V. annexes : « Documents d'application : Règlements municipaux », ann. 5.

(36) V. *supra*, nos 56 et s.

(37) S'agissant des demandes d'autorisation qui étaient en cours d'instruction au 1er avril 2009, V. *supra*, nos 60 et 61.

(38) CE, 27 janv. 1961, nos 46910 à 46914 : *Lebon*, p. 57. - CE, 25 juill. 1975, n° 95849. - CE, 20 mai 1996, n° 143939 : *Lebon* T., p. 698.

anticipation sur un règlement d'application de l'article L. 631-7 relevait de la clause générale de compétence de l'article L. 2121-29 du Code général des collectivités territoriales, sans empiéter sur la compétence alors préfectorale.

Le bien-fondé de cette analyse a été confirmé par la cour administrative d'appel de Paris qui a rejeté le moyen tiré par les requérants de l'exception d'illégalité du règlement parisien, dans les termes suivants : « des mesures réglementaires peuvent légalement être prises pour l'application d'une disposition législative promulguée, mais non encore entrée en vigueur, à la condition que ces mesures réglementaires n'entrent pas en vigueur avant que la disposition législative sur laquelle elles se fondent soit elle-même entrée en vigueur (...) ; par suite, le moyen tiré de ce que le règlement municipal des 15, 16 et 17 décembre 2008 serait entaché d'incompétence *ratione temporis* en ce qu'il est intervenu antérieurement à l'entrée en vigueur des nouvelles dispositions de l'article L. 631-7-1 ne peut qu'être écarté »[39].

853. – Le Conseil de Paris met plus l'accent sur la mixité sociale que ne le faisait l'arrêté préfectoral. Son règlement reprend beaucoup des dispositions de cet arrêté préfectoral mais est novateur dans certaines des règles qu'il édicte : parfois dans un sens plus libéral, le plus souvent de manière restrictive[40].

854. – L'exposé des motifs présenté au conseil municipal en vue de sa délibération de décembre 2008 indique que « le transfert de compétences va permettre de mettre en cohérence le dispositif des autorisations de changement d'usage des locaux d'habitation avec le PLU et les priorités municipales en faveur du logement, notamment social ». La gestion de l'urbanisme et de l'usage de logement par une même entité politique et administrative crée les conditions d'une meilleure cohérence dans la politique de la ville.

855. – Le même exposé des motifs fixe, après avoir rappelé que le règlement « reprend et adapte » les règles contenues dans l'arrêté préfectoral de 2005, les objectifs du règlement :

– maintenir l'exigence de compensation ;

– favoriser l'installation des professions libérales hors des quartiers à prédominance de bureaux ;

– permettre l'installation d'activités dans des locaux en rez-de-chaussée ;

– faciliter l'exercice de missions d'intérêt général.

Il indique que le règlement se démarque principalement de l'arrêté préfectoral sur deux points :

– le doublement des surfaces compensées dans les quartiers sensibles,

– le fait de favoriser le logement social.

856. – Les différents articles de ce règlement sont commentés ci-après.

A. – Principes généraux (art. 1er)

« **Article 1er :** Conformément aux dispositions de la section 2 (changements d'usage et usages mixtes de locaux d'habitation) du chapitre 1er du titre III du livre VI du Code de la construction et de l'habitation, le changement d'usage de locaux destinés à l'habitation est soumis à autorisation préalable délivrée par le maire de Paris après avis du maire

(39) CAA Paris, 1er juill. 2014, n° 13PA00424.

(40) A. Colybes, *Changement d'usage des locaux d'habitation : nouvelles règles pour Paris : Les Échos* 2 avr. 2009, p. 33.

d'arrondissement. Au regard des objectifs de mixité sociale, de l'équilibre entre habitat et emploi dans les différents quartiers parisiens et de la nécessité de ne pas aggraver l'insuffisance de logements, l'autorisation de changement d'usage est subordonnée à une compensation déterminée selon les modalités prévues aux articles 2 et 3 sous réserve des exceptions prévues aux articles 3 et 4 ».

857. - Cet article énonce les missions dévolues à la commune en vertu de l'article L. 631-7-1 et les objectifs qui lui sont assignés. Il est rappelé que le maire doit prendre l'avis du maire d'arrondissement ; il s'agit d'un avis simple et non d'un avis conforme : le maire n'est pas lié par l'avis du maire d'arrondissement[41].

858. - L'exposé des motifs du règlement insiste sur les objectifs de mixité sociale, sur l'équilibre habitat/emploi et sur la nécessité de ne pas aggraver la pénurie de logements. Notamment, l'exposé des motifs prévient que la ville aura le souci de préservation du nombre de logements et veillera à éviter que, dans certains arrondissements, soit proposée la constitution de très grands logements pour compenser plusieurs petits logements de taille modeste, entraînant une déperdition du nombre de logements et contribuant à remettre sur le marché des logements de prestige.

La ville se réserve donc une marge d'appréciation sur la configuration des nouveaux logements offerts en compensation.

859. - Lorsqu'un immeuble est en cours de construction, en vertu d'un permis de construire à destination exclusive d'habitation ou à usage mixte, l'obtention d'un permis modificatif en cours de travaux pour changer en partie la destination (par ex., créer ou augmenter les surfaces de bureaux ou commerces), s'agit-il d'un changement d'usage nécessitant une autorisation conforme à l'article L. 631-7 et à l'article 1 du règlement de la ville de Paris ? Selon les services de la ville, les logements initialement prévus n'ont jamais existé et le changement de destination ne s'accompagne pas d'un changement d'usage. Aucune compensation, ni même autorisation, ne sera donc exigée en cas de changement du projet de construction initial.

B. – Nature de la compensation en cas de changement d'usage (art. 2)

« **Article 2 :** La compensation consiste en la transformation en habitation de locaux ayant un autre usage que l'habitation au 1er janvier 1970 ou ayant fait l'objet d'une autorisation d'urbanisme changeant leur destination postérieurement au 1er janvier 1970 et n'ayant pas déjà été utilisés à titre de compensation.

Les locaux proposés en compensation doivent être de qualité et de surface équivalentes à celles faisant l'objet du changement d'usage et situés dans le même arrondissement que les locaux d'habitation faisant l'objet du changement d'usage.

Toutefois, dans le secteur de compensation renforcée défini en annexe n° 1, les locaux proposés en compensation doivent représenter une surface double de celle faisant l'objet de la demande du changement d'usage, sauf si ces locaux sont transformés en logements locatifs sociaux faisant l'objet d'une convention conclue en application de l'article L. 351-2 du Code de la construction et de l'habitation d'une durée minimale de 20 ans ;

Les surfaces sont calculées conformément à l'article R. 111-2 du Code de la construction et de l'habitation.

Les locaux situés en rez-de-chaussée ne peuvent en aucun cas servir de compensation ».

(41) V. *supra*, nos 525 et s.

860. – Dans le sens d'un allégement, le règlement abandonne, comme l'article L. 631-7-1 l'y autorise, la règle émise par l'arrêté du préfet de Paris, qui édictait que la compensation ne pouvait s'opérer, dans les quartiers « sensibles », que dans le même « quartier » administratif pour revenir à celle, en vigueur avant 2005, de la compensation au sein du même arrondissement, et ce sur l'ensemble du territoire parisien.

Cette mesure est bienvenue : il était admis que la notion de quartier était inutilement restrictive. Toutefois le règlement édicte, comme le faisait déjà l'arrêté préfectoral, que « les locaux offerts en compensation doivent être de qualité équivalente » ; cet élément subjectif confère à l'administration un large pouvoir d'appréciation. La « qualité » s'apprécie notamment au vu de l'environnement ou de l'aspect (l'exposé des motifs donne comme exemples : le secteur, l'immeuble, le mitage par des bureaux déjà observés en étages, l'immeuble impropre à l'habitation...).

861. – L'une des grandes innovations du règlement par rapport à l'arrêté préfectoral réside dans la création d'un **secteur de compensation renforcée (SCR)**, dans lequel la règle générale de compensation de 1 m^2 de logement pour 1 m^2 de bureau (qui reprend le principe de l'arrêté préfectoral) devient 2 m^2 pour 1 m^2.

Dans ce secteur, la récupération en logements dans l'arrondissement sera d'une surface double de celle transformée. La ville justifie sa décision par cohérence avec le PLU dans cette zone où le coefficient d'occupation des sols (COS) est de 1 pour les bureaux et de 3 pour l'habitat.

862. – Le périmètre du SCR reprend celui du « secteur de protection de l'habitation » du PLU actuel de Paris repris en annexe du règlement de décembre 2008. Il est sensiblement plus important que les quartiers à « prédominance de surfaces de bureaux » définis par l'arrêté préfectoral ; en effet, outre les arrondissements traditionnels du centre et de l'ouest parisien (1er, 2e, 4e ouest, 7e Invalides, 8e, 9e sud, 16e Chaillot, 17e ouest), il couvre désormais la totalité des 3e, 4e, 5, 6e, 7e, 9e et 16e arrondissements, la quasi-totalité du 15e arrondissement, une partie des 10e, 14e et 18e arrondissements, auxquels s'ajoutent quelques îlots éparts dans l'arc nord-est-sud...

863. – Mais le règlement, cohérent avec la volonté de la ville de développer la mixité sociale, contient une incitation forte aux compensations sous forme de logements locatifs sociaux conventionnés à l'APL (aide personnalisée au logement) ; la compensation ne sera plus, au sein du SCR, que de 1 m^2 pour 1 m^2 si les locaux de compensation sont transformés en logements locatifs sociaux faisant l'objet du conventionnement prévu à l'article L. 351-2 du Code de la construction et de l'habitation, pour une durée minimale de vingt ans.

L'exposé des motifs donne l'exemple de bailleurs sociaux qui achèteraient des immeubles de bureaux et céderaient la commercialité, finançant ainsi les travaux de transformation : « ceci permettrait aux bailleurs sociaux de vendre les titres de compensation ou commercialités attachées aux locaux qu'ils achètent et transforment en logements et d'en faciliter ainsi le financement ».

À noter qu'il est, pour la première fois, reconnu officiellement par l'autorité administrative que la cession de commercialité existe et à un prix ! Jusqu'ici, la préfecture mettait un voile pudique sur ce mode de transactions à titre onéreux[42].

(42) V. *supra*, n°s 494 et s.

864. - Cette mesure incitative à la création de logements sociaux au sein du SCR contient en elle-même un aspect préjudiciable à la bonne redistribution, dans un même ensemble immobilier, des logements et des autres locaux.

Il est fréquent qu'un propriétaire unique d'un immeuble ou d'un ensemble immobilier à usage pour partie d'habitation et pour le surplus à usage autre qu'habitation, décide de regrouper de manière plus cohérente les deux types d'usage (par ex., regrouper les bureaux dans l'immeuble sur rue et l'habitation dans l'immeuble sur cour ou les bureaux dans les étages bas et l'habitation en étages hauts). Sous l'empire du règlement initial de la ville de Paris, cette redistribution n'est pas possible, quand bien même la même surface de locaux d'habitation serait recréée dans le même immeuble, sauf à perdre des surfaces importantes de bureaux en application de la règle du doublement des surfaces de compensation.

865. - Par exemple, un immeuble développant 900 m² de bureaux aux étages et 300 m² d'habitation au rez-de-chaussée, situé dans un secteur de compensation renforcée, doit être restructuré pour remonter les logements au dernier étage et redescendre les bureaux au rez-de-chaussée :

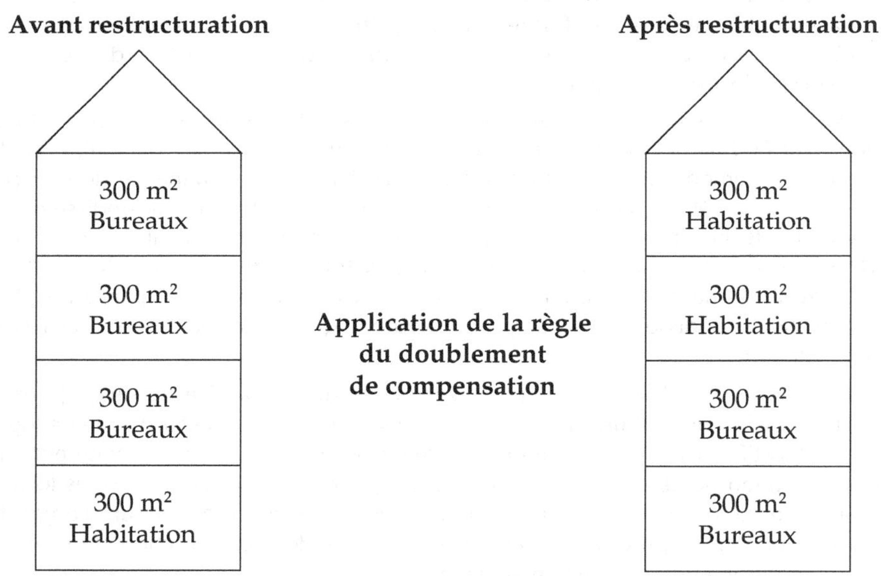

La transformation en bureaux du rez-de-chaussée à usage d'habitation (300 m²) doit être compensée par la création d'une surface double de logements (soit 600 m²), laquelle diminue d'autant la surface de bureaux existante (réduite de 900 à 600 m²).

Nous avions émis le souhait que la mairie de Paris, lors d'une prochaine modification de son règlement, érige cette situation en exception de la règle générale, ce qui permettrait de restructurer à surface d'habitation constante dans le même immeuble. Ce vœu a été satisfait à l'occasion du premier modificatif du règlement[43].

(43) V. *infra*, n°s 906 et s.

866. - Ces opérations de transformation et de restructuration doivent également tenir compte, lorsqu'elles sont situées dans la **zone de déficit en logement social**, du paragraphe 1 de l'article « UG.2.2.3 – Conditions particulières relatives à l'habitation et à la création de logements locatifs sociaux » de l'actuel PLU de Paris[44] (en cours de révision) :

> « (...) tout projet de construction neuve, de restructuration lourde ou de changement de destination, entrant dans le champ d'application du permis de construire ou de la déclaration préalable portant sur la création de surfaces d'habitation doit prévoir d'affecter au logement locatif social au moins 30 % de la surface de plancher relevant de la destination Habitation, créée, transformée ou objet du changement de destination.
> Ces dispositions ne sont pas applicables si la surface de plancher d'habitation est inférieure à 800 m^2 (...) ».

Selon les services de la ville, cette disposition est applicable en cas de redistribution entre des surfaces d'habitation existantes au sein du même immeuble à destination mixte, mais toujours au-delà de 800 m^2.

La zone de déficit en logement social ne doit pas être confondue avec les servitudes d'emplacement réservé de logement social qui font l'objet du paragraphe 2 de l'article UG.2.2.3 du PLU de Paris[45]. Lorsqu'un projet est situé dans la zone de déficit en logement social et fait en outre l'objet d'un tel emplacement réservé, seules les dispositions du paragraphe 2 s'appliquent aux travaux projetés, à l'exclusion de celles du paragraphe 1 : ces dispositions « ne sont pas cumulatives »[46].

Des dispositions similaires (règle des 30 % et emplacements réservés) sont prévues en faveur des logements locatifs intermédiaires dans la **zone non déficitaire en logement social** (Règlement du PLU modifié en juillet 2016, art. UG.2.2.4, paragraphes 1 et 2).

867. - L'article 2 du règlement municipal édicte que « les locaux situés en rez-de-chaussée ne peuvent en aucun cas servir de compensation » ; il reprend ainsi un principe déjà contenu dans l'arrêté préfectoral. Prescrite pour des raisons d'hygiène et de sécurité, cette règle s'inscrit dans une tendance générale de la réglementation parisienne : le plan local d'urbanisme favorise l'implantation d'activités en rez-de-chaussée et le plan de prévention des risques d'inondation interdit la création de logements en rez-de-chaussée dans les zones inondables.

(44) La doctrine s'est interrogée sur la légalité de ces dispositions pour défaut de base légale à la date d'approbation du PLU de Paris. L'article 4 de la loi n° 2006-872 du 13 juillet 2006 portant engagement national pour le logement a introduit à l'article L. 123-2 du Code de l'urbanisme un alinéa *d)* les validant sous forme de servitudes. Sous cette forme, les terrains grevés d'une telle servitude pouvaient donner lieu à l'exercice par le propriétaire du droit de délaissement prévu à l'article L. 230-1 du même code. L'article 32 de la loi n° 2009-323 du 25 mars 2009 de mobilisation pour le logement et la lutte contre l'exclusion a modifié le fondement légal de cette obligation de réalisation d'un pourcentage de logements sociaux. Il résulte de cette dernière modification que les propriétaires ne bénéficient plus du droit de délaissement. V. G. Godfrin, *Le plan local d'urbanisme victime des politiques anticrise : Constr.-Urb.* mai 2009, p. 5. – J. Trémeau, *L'urbanisme au service du logement : AJDA* 2009, p. 1291. – E. Carpentier, *Loi Boutin : au service du logement, notamment... : BJDU* 2009, n° 2, p. 92.

(45) C. urb., art. L. 151-41 (ancien art. L. 123-2) : « Le règlement peut délimiter des terrains sur lesquels sont institués : 4° Dans les zones urbaines et à urbaniser, des emplacements réservés en vue de la réalisation, dans le respect des objectifs de mixité sociale, de programmes de logements qu'il définit ». V. l'étude de l'Atelier parisien de l'urbanisme sur les dispositifs en faveur du logement dans les PLU des communes de la Métropole du Grand Paris, déc. 2017.

(46) TA Paris, 7e sect., 3e ch., 2 juill. 2015, n° 1409769.

C. – Les exceptions au principe de compensation (art. 3)

« **Article 3 :** L'autorisation visant au changement d'usage de locaux d'habitation est accordée sans compensation lorsqu'elle porte sur des locaux d'habitation situés en rez-de-chaussée. Elle peut être autorisée sans compensation lorsqu'elle est demandée en vue d'y exercer une mission d'intérêt général ».

868. – Reprenant des règles déjà contenues dans l'arrêté préfectoral, l'article 3 vise deux cas d'exception au principe de compensation. Toutefois une autorisation de changement d'usage reste nécessaire.

Pour rappel, conformément à l'alinéa 2 de l'article L. 631-7-1, s'il n'y a pas de compensation, l'autorisation ne peut être que personnelle et incessible. Elle cesse de produire effet lorsqu'il est mis fin, à titre définitif, pour quelque raison que ce soit, à l'exercice professionnel de son bénéficiaire[47].

869. – « L'autorisation… est accordée sans compensation lorsqu'elle porte sur des locaux situés en rez-de-chaussée ».

Cette mesure, qui est dans la même ligne que l'interdiction d'offrir en compensation des locaux situés en rez-de-chaussée, tend à faciliter l'installation d'activités (et notamment de professions libérales) en rez-de-chaussée ; d'ailleurs, 30 % des dossiers instruits par la préfecture entre 2005 et 2009 concernaient de telles demandes. Le règlement n'apportant pas de restriction, on doit considérer que cette autorisation vaut pour tout type d'occupation, libérale, commerciale ou artisanale.

Si « l'autorisation est accordée sans compensation » quelle que soit l'activité exercée à condition qu'elle ne soit pas illégale, il n'en va pas de même de la nature du pétitionnaire puisque la mention « quelle que soit la qualité du pétitionnaire » qui figurait dans l'arrêté préfectoral de 2005 a été supprimée par le règlement municipal[48]. L'autorisation ainsi obtenue ne peut bénéficier qu'à son titulaire, conformément à l'article L. 631-7-1. Pour les locaux non soumis à compensation, et donc les rez-de-chaussée à Paris, l'autorisation est **donnée à la personne qui exerce sa profession dans le local**, quelle que soit sa qualité de propriétaire ou de locataire[49]. En ce sens, la note explicative annexée au formulaire de demande précise, concernant l'identité du demandeur : « il s'agit de l'identité de la personne qui va occuper le local ».

870. – « Elle peut être autorisée sans compensation lorsqu'elle est demandée en vue d'y exercer une mission d'intérêt général ».

L'exposé des motifs donne des exemples de ce que la ville entend par des « organismes poursuivant une mission d'intérêt général » : il s'agit, notamment, de la ville elle-même dans le cadre de sa mission de service public, des associations ou fondations, l'État et ses établissements publics ainsi que les locaux diplomatiques.

L'arrêté préfectoral de 2005 visait les demandes « par un pétitionnaire, public et/ou poursuivant une mission d'intérêt général » ; la formulation du règlement est légèrement différente, mais les exemples fournis par l'exposé des motifs laissent à penser que l'expression recouvre le même champ d'application quant aux personnes concernées.

(47) V. *supra*, n°s 595 et s.
(48) V. *supra*, n° 812.
(49) V. *supra*, n°s 447 et s.

871. - Comme il a déjà été indiqué à propos de l'arrêté préfectoral[50], le pétitionnaire devra, dans un premier temps, interroger les services instructeurs afin de savoir s'il rentre dans la définition de « mission d'intérêt général » ; si la réponse est négative, il devra offrir des locaux en compensation s'il veut mener à bien son projet. Les services de la ville de Paris donnent l'exemple d'une crèche :

- s'il s'agit d'une crèche destinée à tout public, elle remplit indéniablement une telle mission ;

- mais il n'en est pas de même si une entreprise transforme, dans ses locaux, un logement en crèche mise à la disposition de son personnel : dans ce cas, il doit être sollicité une autorisation de changement d'usage, susceptible de nécessiter une compensation. La crèche est assimilée aux autres services offerts par l'entreprise à ses salariés (cafétéria, local *fitness*...).

Concernant les établissements d'enseignement privés, la ville distingue entre les écoles liées par un contrat d'association avec l'État, qui sont rattachées au service public, et les autres établissements totalement privés, comme c'est le cas pour certaines écoles de langues par exemple, qui n'exercent pas de mission d'intérêt général.

872. - La ville garde une marge d'appréciation : elle n'est pas tenue d'autoriser, même à titre personnel. Il existe une nuance sémantique entre les deux cas d'exception ci-dessus : dans le premier cas, « l'autorisation est accordée » ; dans le second cas, « l'autorisation peut être accordée ». La ville prend acte du fait qu'en vertu du nouvel article L. 631-7-4, l'autorisation est de droit pour les rez-de-chaussée en ce qui concerne les locaux mixtes[51] ; mais avec une nuance importante : s'il s'agit d'un changement d'usage mixte, aucune autorisation n'est requise alors que, pour un changement d'usage de l'intégralité du local, en rez-de-chaussée, il convient de formuler la demande, même si celle-ci « est accordée ».

D. - L'installation des professions libérales (art. 4)

« **Article 4 :** L'autorisation visant au changement d'usage de locaux d'habitation peut être accordée sans compensation lorsqu'elle est demandée par une personne en vue d'y exercer une profession libérale soumise à un statut législatif ou réglementaire ou dont le titre est protégé dans les cas suivants :

- dans les quartiers autres que ceux où a été constatée une prédominance des surfaces de bureaux par rapport aux surfaces de logements définis à l'annexe n° 2 lorsque la surface du local, objet du changement d'usage, ne dépasse pas 50 m^2 par professionnel et dans la limite de 150 m^2 ;
- sans limite de surface dans les zones urbaines sensibles relevant du décret n° 96-1156 du 26 décembre 1996 mentionnés en annexe n° 3 et dans les quartiers du Contrat urbain de cohésion sociale 2007/2009 signé le 30 mars 2007 par le Maire de Paris et le préfet de la région Île-de-France, préfet de Paris figurant en annexe n° 4 ;
- dans tous les quartiers à l'occasion du remplacement d'un professionnel régulièrement installé dans la limite de 250 m^2 ».

873. - À l'instar de l'arrêté préfectoral, le règlement privilégie l'installation des professions libérales, en limitant ce régime de faveur aux « professions libérales soumises à un statut législatif ou réglementaire ou dont le titre est protégé »[52].

(50) V. *supra*, n° 811.
(51) V. *supra*, n°s 283 et s.
(52) Sur ces professions, V. *Propriétés incorporelles*, 105e Congrès des notaires de France (2009), Troisième commission, *Le fonds libéral*, par Mes J.-Y. Mazan et R. Samson, n°s 3044 et s.

Les services de la ville de Paris distinguent entre, d'une part, les professions réglementées, rattachées à un ordre et remplissant une mission sociale ou d'intérêt général (médecins, avocats, notaires...) et, d'autre part, les professions dont seul le titre est protégé. En ce qui concerne les premières, les limites par « professionnel » ci-dessus rappelées sont regardées avec plus de bienveillance que pour les secondes. La ville a établi une liste, pour l'application de l'article 4 de son règlement, des professions libérales pouvant bénéficier d'une possibilité d'exonération au principe de compensation (la liste est annexée à la première édition de l'ouvrage).

874. - Les règles et les exceptions édictées sont identiques à celles contenues dans l'arrêté préfectoral[53] :

- dans les quartiers (19 sur 80) « à prédominance de surfaces de bureaux » figurant à l'annexe 2 du règlement, les professionnels libéraux sont traités comme les activités commerciales et leur installation n'est possible sans compensation que dans les locaux du rez-de-chaussée ou pour un usage mixte (en conformité avec les articles L. 631-7-2 à L. 631-7-5 visés aux articles 5 et 6 ci-après du règlement) ou encore par remplacement d'un professionnel déjà autorisé ;
- dans les autres quartiers, l'installation sans compensation peut être autorisée dans la limite de 50 m^2 par professionnel et pour une surface maximum de 150 m^2 ;
- l'installation peut être autorisée sans limite de surface dans les « zones urbaines sensibles », figurant à l'annexe 3 du règlement, et, novation par rapport à l'arrêté, dans les quatorze quartiers du « contrat urbain de cohésion sociale 2007/2009 », figurant en annexe 4 du règlement ;
- et, dans tous les quartiers, pour le remplacement d'un professionnel régulièrement installé, dans la limite de 250 m^2.

875. - Par « professionnel », il s'agit, dans l'esprit du règlement, du seul professionnel titulaire du titre protégé et donc de l'autorisation de changement d'usage, non de ses collaborateurs.

On peut déplorer que la limite de 50 m^2 par professionnel et la surface maximale de 150 m^2 pour une activité en groupe, soient fixées de manière générale et unique pour toutes les professions libérales, sans qu'il soit distingué entre les besoins respectifs de professions aussi différentes qu'une infirmière libérale et une étude de notaire ou un cabinet d'avocat.

876. - Les tolérances de 50, 150 et 250 m^2 sont appréciées « par professionnel » et non par local ; les services de la ville de Paris s'attachent à vérifier que le professionnel ne bénéficie pas d'autres autorisations sur d'autres locaux (y compris ceux situés au rez-de-chaussée) dont les surfaces seraient alors décomptées.

877. - La ville n'a pas de compétence liée en ce domaine ; en outre une telle autorisation n'a qu'un caractère personnel, en l'absence de compensation.

L'autorisation ainsi conférée est personnelle à chaque professionnel libéral. Si la profession est exercée sous forme sociétaire ou associative (société civile professionnelle, société d'exercice libéral, association d'avocats, société civile de moyens...), il est nécessaire de solliciter une nouvelle autorisation à chaque changement d'associé. En d'autres termes, l'autorisation est conférée, non à la structure sociale, mais à chaque professionnel pris individuellement. La décision d'autorisation est accordée

(53) V. *supra*, n°s 814 et s.

pour une profession précise ; tout changement d'activité du bénéficiaire nécessite la délivrance d'une nouvelle autorisation préalable.

878. – Par ailleurs, l'exposé des motifs précise, comme le faisait l'arrêté préfectoral de 2005, que les limites ci-dessus de 50, 150 et 250 m² constituent des franchises, la compensation n'étant exigée que pour la partie excédant ces limites. S'il s'agit d'un local unique, difficilement divisible, le statut hybride en résultant risque de poser quelques difficultés lors de la cessation d'activité du demandeur !

Dans l'hypothèse où le local occupé excéderait la limite de 250 m² et qu'il résulterait de plusieurs demandes d'autorisation personnelle distinctes qu'elles couvrent l'ensemble dudit local sans qu'il soit justifié par leurs auteurs d'une quelconque division matérielle ou juridique entre les différents occupants, le juge administratif a donné raison à la ville d'avoir rejeté ces demandes « en prenant en considération la situation de l'ensemble du local mis en commun entre les professionnels » (en l'espèce associés d'une société civile de moyens)[54]. Cette jurisprudence conserve sa pertinence, les modificatifs au règlement parisien n'ayant pas modifié la règle dont s'agit.

E. – L'usage mixte (art. 5 et 6)

« **Article 5 :** L'autorisation prévue à l'article L. 631-7-2 du Code de la construction et de l'habitation qui vise à l'exercice, dans une partie du local d'habitation utilisé par le demandeur comme sa résidence principale, d'une activité professionnelle, y compris commerciale, pourvu qu'elle n'engendre ni nuisance, ni danger pour le voisinage et qu'elle ne conduise à aucun désordre pour le bâti, peut être accordée si la surface réservée à un autre usage que l'habitation est inférieure à 50 % de la surface totale du local. Cette surface n'est pas soumise à compensation.

Article 6 : Dès lors qu'aucune stipulation contractuelle prévue dans le bail ou le règlement de copropriété ne s'y oppose, est autorisé, sans qu'il soit nécessaire d'en faire la demande :

– l'exercice d'une activité professionnelle, y compris commerciale, dans une partie d'un local à usage d'habitation, dès lors que l'activité considérée n'est exercée que par le ou les occupants ayant leur résidence principale dans ce local et ne conduit à y recevoir ni clientèle ni marchandises conformément à l'article L. 631-7-3 du Code de la construction et de l'habitation ;

– l'exercice d'une activité professionnelle, y compris commerciale, dans une partie d'un local d'habitation situé au rez-de-chaussée, pourvu que l'activité considérée ne soit exercée que par le ou les occupants ayant leur résidence principale dans ce local, qu'elle n'engendre ni nuisance, ni danger pour le voisinage et qu'elle ne conduise à aucun désordre pour le bâti conformément à l'article L. 631-7-4 du Code de la construction et de l'habitation. Toutefois, si le logement appartient à un organisme d'habitations à loyer modéré visé à l'article L. 411-2 du même code, une autorisation doit être demandée au maire ».

879. – Le règlement reprend et explicite les nouveaux articles L. 631-7-2, L. 631-7-3 et L. 631-7-4 tels qu'issus de la loi n° 2008-776 du 4 août 2008 de modernisation de l'économie, concernant l'usage mixte logement/activité[55]. La notion « d'activité professionnelle, y compris commerciale » doit être prise au sens large ; notamment, sont concernées les activités artisanales. Selon l'article 5 du règlement, l'autorisation prévue à l'article L. 631-7-2 ne peut être délivrée qu'à titre personnel ; elle n'est pas directement liée à une profession particulière puisque toute activité est susceptible

(54) CAA Paris, 31 déc. 2015, n°s 14PA00487, 14PA00488 et 14PA00489.
(55) V. *supra*, n°s 238 et s.

d'être autorisée, à la différence de l'article 4 du règlement limité à un nombre restreint de professions libérales.

Toutefois, cette autorisation est conférée en fonction de considérations d'intérêt général et l'activité exercée peut faire partie de ces considérations (notamment au regard des nuisances, dangers, désordres...) ; en conséquence, la décision d'autorisation qui vise l'activité exercée ne serait valable que tant que l'activité initiale est maintenue, l'exercice d'une autre profession nécessiterait le dépôt d'une nouvelle demande.

880. - Comme l'arrêté préfectoral de 2005, l'article 5 précise que la surface du local destinée à l'activité (professionnelle ou commerciale) ne doit pas excéder 50 %. L'autorité administrative n'indique pas comment elle contrôlera le respect de cette limite, notamment au fil du temps.

Par ailleurs, peuvent se rencontrer des difficultés lorsque des pièces du logement seront elles-mêmes à usage mixte (par ex., le salon familial qui sert aussi de salle d'attente). Les services de la ville de Paris indiquent que, en ce cas, les pièces à usage mixte (ou partagées) sont prises pour moitié à chaque usage[56].

Enfin, à défaut de précision en ce sens, la limite des 50 % imposée par l'article 5 du règlement ne paraît pas applicable aux situations envisagées par l'article 6 (cas de dispense d'autorisation).

881. - L'usage mixte n'étant autorisé que dans la résidence principale du demandeur, l'exposé des motifs s'essaye à une définition, tout en rappelant que cette notion se fonde sur une appréciation de fait[57]. La notion de résidence principale résulterait :
- du lieu du centre des intérêts économiques (lieu de travail et domicile) ;
- du lieu de scolarité des enfants ;
- du séjour habituel des autres membres de la famille (conjoint et/ou enfants).

L'adoption d'une définition légale de la résidence principale par la loi ALUR du 24 mars 2014 pourrait toutefois avoir pour conséquence opportune d'objectiver cette appréciation[58].

882. - Le professionnel (libéral ou commercial) qui installe son activité dans sa résidence principale doit pouvoir s'adjoindre des collaborateurs, à condition, toutefois, de respecter la limite de 50 % ; ces salariés tiennent leur possibilité de travailler du pétitionnaire autorisé à exercer.

Cette situation n'aggrave en aucune manière la perte de surfaces destinées à l'habitation. En outre, l'article L. 631-7-2 pose un garde-fou : l'autorisation ne peut être accordée que si l'activité « n'engendre ni nuisance, ni danger pour le voisinage » et « ne conduise à aucun désordre pour le bâti »[59].

F. – Les conditions de délivrance des autorisations (art. 7, 8, 9 et 10)

« **Article 7 :** Dès lors qu'une autorisation de changement d'usage est requise, le pétitionnaire doit déposer un formulaire de demande accompagné des pièces justificatives listées en annexe du formulaire à la mairie de Paris, direction du logement et de l'habitat, 17 boulevard Morland, 75004 Paris.

(56) V., pour un cas de dépassement du plafond de 50 %, CAA Paris, 21 nov. 2019, n° 18PA03205.
(57) V. *supra*, n°s 245 et s.
(58) V. *supra*, n°s 246.
(59) V. *supra*, n°s 266 et 267.

Si le pétitionnaire est propriétaire du local faisant l'objet de la demande et que celui-ci est situé dans une copropriété, il devra justifier que le règlement de copropriété ne s'oppose pas au changement d'usage ou à l'usage mixte ou à défaut produire l'accord de la copropriété.

Si le pétitionnaire est locataire du local faisant l'objet de la demande il devra produire l'accord du propriétaire pour le changement d'usage ou pour l'usage mixte ainsi que, si le local est en copropriété, une attestation du propriétaire justifiant que le règlement de copropriété ne s'oppose pas au changement d'usage ou à défaut l'accord de la copropriété.

Pour les locaux proposés en compensation, une attestation du propriétaire devra également être produite justifiant que le règlement de copropriété ne s'oppose pas au changement d'usage ou à défaut l'accord de la copropriété.

Article 8 : Lorsque le logement faisant l'objet du changement d'usage appartient à un organisme d'habitations à loyer modéré mentionné à l'article L. 441-2 du Code de la construction et de l'habitation, le maire de Paris lui demande son avis. Passé un délai d'un mois, cet avis est réputé être favorable.

Article 9 : En cas d'infraction aux dispositions de l'article L. 631-7 du CCH, des poursuites auprès du tribunal de grande instance de Paris peuvent être engagées pour mettre en œuvre les sanctions prévues aux articles L. 651-2 et L. 651-3 du CCH.

Article 10 : En application de l'article L. 631-8 du CCH, lorsque le changement d'usage fait l'objet de travaux entrant dans le champ d'application du permis de construire, la demande de permis de construire ou la déclaration préalable vaut demande de changement d'usage.

Ces travaux ne peuvent être exécutés qu'après l'obtention de l'autorisation mentionnée à l'article L. 631-7 du CCH ».

883. - Pour toute demande avec ou sans compensation, si le local est en copropriété ou s'il est loué, le règlement municipal indique que le demandeur devra justifier que le changement d'usage, qu'il soit total ou partiel, n'est pas contraire aux stipulations du règlement de copropriété ou du bail ou qu'il a reçu l'accord de l'assemblée générale des copropriétaires. Ce point est repris par le formulaire qui requiert que soient jointes à la demande d'autorisation :

- la justification de l'accord du propriétaire-bailleur (si le demandeur n'est pas le propriétaire) ;
- et/ou une attestation du propriétaire justifiant que le règlement de copropriété ne s'oppose pas au changement d'usage ;
- ou, à défaut, « l'accord de la copropriété ».

884. - Cette exigence peut surprendre ; en effet, si ces conditions sont expressément visées par les articles L. 631-7-2, L. 631-7-3 et L. 631-7-4 sur l'usage mixte, elles ressortent du domaine du droit privé et devraient rester étrangères au contrôle par l'administration. D'ailleurs, dans le cadre de la réforme des autorisations d'urbanisme, le décret du 5 janvier 2007 se contente d'indiquer que le pétitionnaire doit seulement déclarer qu'il est habilité à déposer sa demande, sans avoir à en justifier : si l'autorisation conférée ne peut être mise à exécution comme étant contraire à une règle de droit privé, c'est l'affaire du détenteur de cette autorisation. Une autorisation administrative est toujours conférée sous réserve des droits des tiers.

885. - En exigeant la production de ces justificatifs, les services en charge du contrôle auront à se faire juge de la qualité des documents fournis et valideront en quelque sorte ces mêmes documents[60]. Des difficultés ne manqueront pas

(60) V. *supra*, n°s 445, 551 et s.

d'apparaître, par exemple lorsqu'il s'agira d'interpréter les stipulations des règlements de copropriété les plus anciens[61].

886. - Les termes « accord de la copropriété » recouvrent sans doute la production du procès-verbal de l'assemblée générale du syndicat des copropriétaires. En cette matière, chacun sait combien la question est délicate : l'ensemble des copropriétaires ont-ils été régulièrement convoqués, les documents joints à la convocation ont-ils été suffisamment explicites, le vote de chaque résolution est-il transcrit dans le procès-verbal en respectant le formalisme imposé par la Cour de cassation, le procès-verbal a-t-il été envoyé en recommandé aux opposants ou défaillants, peut-on justifier de l'absence de recours dans le délai de deux mois...

La ville de Paris n'indique pas jusqu'où ira sa demande de justification de « l'accord de la copropriété » ; il n'existe aucune liste légale des justificatifs à fournir à l'appui de la demande d'autorisation[62].

887. - Ces critiques tenant au fait qu'il n'appartient pas à l'administration de se prononcer sur les règles de la copropriété auront finalement été entendues à l'occasion du septième modificatif du règlement, adopté en novembre 2018[63].

888. - L'article 8 indique que, conformément à l'article L. 631-7-5 issu de la LME du 4 août 2008, si le local appartient à un organisme HLM, le maire doit demander au bailleur son avis, qui est réputé favorable passé le délai d'un mois[64].

889. - L'article 9 vise les infractions aux dispositions de l'article L. 631-7, des poursuites auprès du tribunal de grande instance de Paris pouvant être engagées pour mettre en œuvre les sanctions prévues aux articles L. 651-2 et L. 651-3.

890. - L'article 10 rappelle que, en application de l'article L. 631-8, lorsque « le changement d'usage fait l'objet de travaux entrant dans le champ d'application du permis de construire, la demande de permis de construire ou la déclaration préalable vaut demande de changement d'usage ». Il convient de dissocier :

– d'une part, l'autorisation personnelle et sans compensation, laquelle semble ne pas entraîner de changement de destination au sens du Code de l'urbanisme puisque le changement d'usage est réversible au départ de l'occupant ; c'est, du moins, la doctrine actuelle de la direction de l'urbanisme de la ville de Paris, même pour les autorisations portant sur la totalité du local, et l'analyse retenue par le tribunal administratif de Paris[65] ;

– et, d'autre part, l'autorisation réelle avec compensation, pour laquelle il y a aussi changement de destination.

891. - Pour l'application du « COS de fait », abrogé par la loi ALUR du 24 mars 2014 avec effet immédiat pour les PLU et les plans de sauvegarde et de mise en valeur, les dispositions générales du PLU de Paris tenaient compte des autorisations de changement d'usage : « Pour l'application de l'article 14, seules seront prises en

(61) *La vente d'immeuble : sécurité et transparence*, 99e Congrès des notaires de France (2003), Première commission, *La période précontractuelle, les actes préparatoires*, par Mes Th. Delesalle et O. Herrnberger, nos 1037 et s.
(62) V. *supra*, nos 431 et s.
(63) V. *infra*, nos 1019 et s.
(64) V. *supra*, nos 413 et s.
(65) TA Paris, 7e sect., 2e ch., 31 oct. 2013, n° 1216405/7-2.

considération les destinations correspondant à des droits réels ou certains établis par le droit ou l'usage ; les décisions et actes administratifs résultant de la législation relative aux changements d'usage de locaux seront notamment pris en compte »[66].

En vertu de la règle du COS de fait, tirée de l'ancien article L. 123-1-5 du Code de l'urbanisme, les bâtiments existants dont la SHON construite dépassait la limite du COS réglementaire, pouvaient être restructurés ou reconstruits en conservant la densité initialement bâtie. Ces droits acquis ne préjugeaient pas de l'application des autres prescriptions du PLU.

Dans les secteurs où il n'est pas possible de transformer des surfaces d'habitation en une autre destination au sens de l'urbanisme, il pouvait être fait exception de ce principe dans l'hypothèse où une autorisation de changement d'usage a été obtenue[67]. En d'autres termes, un local d'habitation ayant donné lieu à une autorisation de changement d'usage, préalablement au dépôt d'une demande de permis de construire ou d'une déclaration préalable nécessaire à la réalisation du projet, était considéré avoir la destination résultant de l'autorisation de changement d'usage délivrée. Seules les autorisations soumises à compensation, c'est-à-dire à caractère réel, étaient susceptibles d'être prises en considération.

892. - La préfecture de Paris considérait qu'elle ne pouvait refuser la transformation au sens de l'article L. 631-7 pour des motifs liés à l'urbanisme et notamment au motif que les locaux transformés seraient en surdensité au regard du COS affecté aux bureaux dans la zone considérée[68]. La mairie de Paris, dans une note d'information du 6 juillet 1992, acceptait de tenir compte des autorisations préfectorales, sous certaines conditions, pour la qualification juridique des destinations[69]. C'est encore le cas aujourd'hui puisque le PLU de Paris (en cours de révision) précise : « Pour l'application du règlement, seules seront prises en considération les destinations correspondant à des droits réels ou certains établis par le droit ou l'usage ; les décisions et actes administratifs résultant de la législation relative aux changements d'usage de locaux seront notamment pris en compte »[70].

893. - Enfin, le règlement municipal rappelle les termes de l'article L. 631-8 qui indique que, lorsque le changement d'usage fait l'objet de travaux entrant dans le champ d'application du permis de construire ou de la déclaration préalable, « ces travaux ne peuvent être exécutés qu'après l'obtention de l'autorisation mentionnée à l'article L. 631-7 ». La mairie confirme ainsi qu'elle entend bien maintenir deux autorisations distinctes : l'une relative à l'usage, l'autre relative à l'urbanisme. Le principe est rappelé en des termes identiques à l'article L. 425-9 du Code de l'urbanisme.

(66) La règle était également reprise à l'annexe I du Plan de sauvegarde et de mise en valeur (PSMV) du Marais pour l'application du COS de fait prévu à l'article U.S.M. 14 du PSMV.

(67) M. Raunet et C. Lvovschi-Blanc, *La destination de l'immeuble et l'usage des lieux loués lors de la création ou l'acquisition d'un commerce : exemple de Paris : Administrer* mars 2009, n° 419, p. 8.

(68) *Urbanisme et Sécurité juridique*, 89ᵉ Congrès des notaires de France (1993), *Changement d'affectation des locaux*, annexe au rapport de la Quatrième commission, réponse de la préfecture de Paris à la question n° 10.

(69) Note d'information de la Direction de la construction et du logement de la Mairie de Paris du 6 juillet 1992 (annexes : « Circulaires », ann. 9).

(70) V. *infra*, nos 1069 et 1070.

894. - La notice explicative du formulaire de demande d'autorisation rappelle qu'il n'y a pas à formuler de demande :

– lorsqu'il s'agit d'un projet d'installation à usage mixte en rez-de-chaussée[71] ; sauf s'il s'agit d'un logement appartenant à un organisme d'habitations à loyer modéré puisque, dans ce cas, l'article L. 631-7-5 dispose qu'une autorisation est requise[72] ;

– lorsque le projet d'installation porte sur un usage mixte en étage ne conduisant à recevoir ni clientèle, ni marchandises[73].

La mairie de Paris reconnaît ainsi explicitement que les termes « est autorisé » employés par les articles L. 631-7-3 et L. 631-7-4, confèrent une autorisation de plein droit aux deux cas susvisés et ne nécessitent pas son intervention. Dans ces cas, elle renonce donc à vérifier que le changement d'usage n'est pas contraire au bail ou au règlement de copropriété.

§ 2. - Le premier modificatif adopté en février 2011[74]

895. - Après deux ans d'application de son règlement municipal, adopté en décembre 2008 et en vigueur depuis le 1er avril 2009, la ville de Paris a jugé utile de modifier certaines de ses dispositions, soit pour éviter certains blocages contraires aux buts poursuivis, soit pour asseoir avec plus de sécurité la légalité de certaines définitions restrictives, mais sans, pour autant, remettre en question l'économie générale de ce règlement. Ces modifications ont fait l'objet d'une délibération du conseil municipal de Paris en date des 7 et 8 février 2011 publiée au bulletin municipal officiel le 18 février 2011[75].

896. - La rédaction des principes généraux, énoncés à l'article 1er, est complétée pour viser le programme local de l'habitat (PLH) et le plan local d'urbanisme (PLU) de Paris, mais leurs orientations avaient déjà été prises en compte par les services instructeurs :

> « L'autorisation de changement d'usage est accordée :
>
> – d'une part, en tenant compte des objectifs de mixité sociale, de l'équilibre entre habitat et emploi dans les différents quartiers parisiens et de la nécessité de ne pas aggraver l'insuffisance de logements, précisés par le Programme Local de l'Habitat et le Plan Local d'Urbanisme de Paris en vigueur ;
>
> – d'autre part, au regard des compensations proposées, sous réserve des dispenses à l'obligation de compensation prévues aux articles 3 et 4 ».

897. - Les références au plan local d'urbanisme et, plus particulièrement, au programme local de l'habitat ont un impact certain, quoique indirect, sur des transformations qui pourraient satisfaire, d'un simple point de vue formel, aux conditions fixées par le règlement modifié mais préjudicier gravement à la politique locale du logement. Elles introduisent, dans l'exercice du contrôle de l'usage

(71) V. *supra*, nos 283 et s.
(72) V. *supra*, nos 418 et s.
(73) V. *supra*, nos 276 et s.
(74) V. annexes : « Documents d'application : Règlements municipaux », ann. 6.
(75) G. Daudré et P. Wallut, *Contrôle de l'usage d'habitation : de nouvelles règles pour Paris : JCP* N 2011, n° 13, 1113 ; *Loyers et copr.* 2011, étude 4. – D. Blaise, *Le régime de l'autorisation préalable de changement d'usage des locaux d'habitation : le cas parisien : Dr. adm.* 2012, étude 15.

d'habitation, une obligation de « prise en compte » des orientations définies par ces documents[76].

Leur prise en compte, adaptée à chaque situation, peut s'avérer décisive, par exemple, dans les arrondissements ou les quartiers où le ratio habitat/activités est par trop défavorable au logement. Il est indéniable que cette mesure de coordination entre le règlement d'application de l'article L. 631-7 et les documents de planification urbaine accroît le pouvoir d'appréciation de l'administration qui bénéficie déjà d'une marge de manœuvre proportionnelle au déficit de logements, comme l'a rappelé le Conseil d'État, dans un contexte différent, sous le régime antérieur à l'ordonnance du 8 juin 2005[77].

898. - La jurisprudence postérieure à cette modification du règlement a déjà pris en considération le ratio susvisé pour conforter ses décisions, tantôt dans un sens, tantôt dans l'autre :

– jugement du tribunal administratif de Paris du 29 novembre 2012 (req. n° 1107051/7-1) : « considérant que, si le cabinet d'avocats... invoque la situation spécifique du 16e arrondissement, qui peut bénéficier dans son ensemble, à l'exception du quartier Chaillot, de l'exonération de compensation, il ressort des pièces du dossier que les 8e et 16e arrondissements ne sont pas dans une situation comparable au regard des critères retenus ; qu'ainsi le 8e arrondissement compte 7,9 emplois pour un actif résident alors que le 16e arrondissement en compte 1,5 ; qu'en outre, (...) le nombre de logements a baissé entre 1975 et 2007 de 9 % dans le 8e arrondissement alors qu'il est resté stable dans le 16e ; qu'ainsi la ville de Paris justifie que ces deux arrondissements se trouvaient dans une situation différente au regard des objectifs ayant conduit à déterminer les quartiers dans lesquels les professions libérales ne peuvent bénéficier de l'exonération de compensation » ; ce jugement a été confirmé par arrêt de la cour administrative d'appel de Paris du 1er juillet 2014[78] ;

– jugement du tribunal administratif de Paris du 19 juin 2014 (req. n° 1404050/7-3) : « considérant que, pour refuser l'autorisation sollicitée pour transformer un local d'habitation situé au rez-de-chaussée du... avenue Daumesnil, la ville de Paris s'est notamment fondée sur la nécessité de préserver le parc de résidences principales et sur les dispositions du programme local de l'habitat, auquel renvoie l'article 1er du règlement ; que... ces préconisations ne peuvent avoir pour effet d'interdire tout changement d'usage et qu'il appartient à la ville de tenir compte des spécificités du secteur dans lequel se trouve le local en cause ; que si la ville fait état dans sa décision de ce que le ratio habitat/activité est de 1,5 emploi pour un actif résident... il ressort d'un document intitulé "Paris 12e, éléments de diagnostic" élaboré dans le cadre de la préparation du programme local de l'habitat, produit par la ville en défense, que ce ratio correspond à la moyenne parisienne, et que, par ailleurs, après des années de hausse dans cet arrondissement, l'emploi privé y a connu une baisse importante entre 2002 et 2009, chutant de 7,9 % dans le 12e, contre 3,9 % à Paris ; ...

(76) Sur la notion de « prise en compte », familière au droit public de l'organisation de l'espace, J.-Cl. Bonichot, *Compatibilité, cohérence, prise en compte : jeux de mots ou jeu de rôle ?*, in *Mél. en l'honneur de H. Jacquot*, PU Orléans, 2006, p. 49.

(77) CE, 30 déc. 2010, n° 308067 : *Lebon*, p. 533 ; *RJEP* 2011, comm. 27, concl. G. Dumortier ; *JCP* A 2011, 2141, note G. Pellissier ; *Dr. adm.* 2011, alerte 12, R. Noguellou.

(78) CAA Paris, 1er juill. 2014, n° 13PA00424.

que par ailleurs, il ne fait pas partie des secteurs à compensation renforcée… ; … que la requérante est dès lors fondée à soutenir que la décision est entachée d'erreur manifeste d'appréciation et à en demander pour ce motif l'annulation ».

899. - Par ailleurs, l'article 1er prend soin, désormais, de préciser que l'autorisation de changement d'usage est conférée « au regard des compensations proposées » ; ainsi, est conforté le droit, teinté de subjectivité, pour les services de la ville de refuser une proposition de compensation qu'ils ne jugeraient pas « de qualité équivalente » aux locaux à transformer.

900. - Pour l'essentiel, les modifications apportées au règlement municipal concernent :

- les règles de compensation (A) ;
- l'installation des professions libérales (B).

Ces dispositions ont été opposables aux dossiers déposés à partir du 1er mars 2011 (C).

A. – Les règles de compensation

901. - Les règles édictées par les articles 2 et 3 du règlement de 2008 sont revues :

- tantôt dans un sens plus permissif, s'agissant, d'une part, des compensations apportées sous forme de logements sociaux (1°) et, d'autre part, de la redistribution des locaux d'habitation et des autres locaux au sein d'un même immeuble (2°) ;
- tantôt dans un sens plus restrictif, s'agissant des locaux d'habitation situés en rez-de-chaussée (3°).

1° Compensation sous forme de logements sociaux (art. 2)

902. - Sous le règlement adopté en 2008, les opérations de compensation sous forme de logements sociaux échappaient à la règle du 2 m² pour 1 m², mais à condition d'être réalisées à l'intérieur du même arrondissement que les logements transformés. À l'usage, il s'est avéré que cette exigence restrictive a empêché la réalisation de logements sociaux dans des arrondissements limitrophes, voire au sein de l'ensemble du secteur de compensation renforcée. Il convient de rappeler qu'un des objectifs majeurs de la ville de Paris, énoncé tant dans son règlement de 2008 qu'au sein du modificatif présentement analysé, réside dans l'extension du parc locatif social.

903. - Afin de pallier cet inconvénient, l'article 2 est complété, concernant la création de logements sociaux, comme suit :

> « Dans ce dernier cas, les locaux proposés en compensation peuvent être situés dans l'ensemble du secteur de compensation renforcé ».

904. - On en comprend bien la raison ; si un secteur de compensation renforcé a été défini, c'est bien parce que, sur l'ensemble de cette zone, il existe un déficit de logements et, singulièrement, de logements sociaux. Le champ d'investigation des bailleurs sociaux s'en est trouvé considérablement élargi et les opportunités pour eux sensiblement améliorées.

905. - Mais, après trois années d'utilisation de cette nouvelle opportunité, on peut faire un double constat :

- certains arrondissements, au sein desquels la demande est la plus forte pour transformer des logements en locaux d'un autre usage, subissent une perte nette importante de logements et donc d'habitants, alors que c'est justement dans ces mêmes arrondissements qu'il conviendrait de maintenir, voire d'augmenter, le nombre de logements ;

– fort de cet avantage par rapport aux demandeurs du secteur privé, ajouté au fait que la compensation les concernant n'est demandée que pour une surface équivalente et non de 2 m^2 pour 1 m^2, les bailleurs sociaux offrent aux demandeurs de compensation un intérêt non négligeable ; sur l'année 2014, 58,30 % des compensations concernaient la création de logements sociaux.

D'ailleurs, il est à noter que la ville de Paris, consciente du risque de vider certains quartiers de ses habitants, use dans certains cas, pour refuser une compensation en création de logements sociaux dans un autre arrondissement, du constat de la faiblesse du ratio habitat/activités dans le secteur des locaux à transformer. Elle y est d'autant plus encline qu'elle peut s'appuyer désormais sur le programme local de l'habitat, expressément visé par l'article 1er de son règlement. Ainsi, à titre d'exemple, dans le 3e arrondissement et pour un nombre important de logements à transformer, la ville a suggéré que la moitié au moins des surfaces à compenser soit offerte dans le même arrondissement.

2° Redistribution des locaux d'habitation au sein d'un même immeuble (art. 2)

906. – Dans le secteur de compensation renforcée, la règle du 2 m^2 pour 1 m^2 est préjudiciable à la répartition judicieuse des logements et des autres locaux au sein d'un ensemble immobilier appartenant à un même propriétaire. Les redistributions internes n'étaient pas possibles, quand bien même une surface identique de locaux d'habitation serait recréée au sein de l'immeuble, sauf à perdre d'importantes surfaces d'activités en application du principe du doublement des surfaces de compensation.

907. – Conscient de l'obstacle ainsi rencontré pour une distribution harmonieuse des différentes catégories de locaux au sein d'un même immeuble, le règlement modifié édicte, à l'article 2, avant-dernier alinéa :

> « Si des locaux sont transformés et compensés par un propriétaire unique au sein d'une même unité foncière, dans le cadre d'une rationalisation des surfaces d'habitation de cette unité, la surface minimale exigée, au titre de la compensation, correspond à la surface des locaux transformés ».

908. – Le recours à la notion d'unité foncière semble approprié ; en effet, le Conseil d'État a défini l'unité foncière comme « l'îlot de propriétés d'un seul tenant, composé d'une parcelle ou d'un ensemble de parcelles appartenant à un même propriétaire ou à une même indivision »[79].

Cette définition englobe les immeubles en copropriété, puisque la copropriété constitue une « indivision organisée », au sein de laquelle le sol est une partie commune à l'ensemble des copropriétaires. Mais il semble que le règlement ainsi modifié soit plus restrictif puisqu'il ne vise que « le propriétaire unique », excluant de ce fait les compensations entre copropriétaires au sein d'un immeuble en copropriété.

909. – Par application de cette nouvelle règle, le propriétaire d'un ensemble immobilier peut ainsi : soit décider de cantonner les logements dans un même bâtiment

(79) CE, 27 juin 2005, n° 264667 : *Lebon*, p. 1070 ; *Defrénois* 2005, art. 38264-4, note Ph. Benoit-Cattin.

et les autres locaux dans un autre, soit privilégier les logements dans les étages supérieurs et les autres locaux dans les étages inférieurs.

Mais cette nouvelle rédaction n'exclut pas totalement le retour à la règle du 2 m^2 pour 1 m^2. L'indication selon laquelle la compensation exigée correspond *au minimum* à la surface des locaux d'habitation transformés laisse une marge d'appréciation à l'administration, qui pourra toujours appliquer, dans le secteur de compensation renforcée, la règle du doublement des surfaces de compensation si elle l'estime nécessaire au regard des objectifs fixés par le règlement. Toutefois, si elle usait de cette faculté, l'administration irait à l'encontre du but poursuivi par cette réforme...

910. - Par ailleurs, il est à noter que peut trouver à s'appliquer en la circonstance, si l'opération réalisée se situe dans la « zone de déficit en logement social », l'obligation imposée par le plan local d'urbanisme de Paris modifié en juillet 2016 (en cours de révision) de créer une proportion de logements sociaux si la transformation venait à excéder 800 m^2 de surfaces de logements (Règlement du PLU, art. UG.2.2.3). Un dispositif similaire a été introduit dans la « zone non déficitaire en logement social » (art. UG.2.2.4)[80].

911. - Cet assouplissement de la règle générale en vigueur dans le secteur de compensation renforcée semble avoir suscité peu de demandes.

3° Transformation des locaux en rez-de-chaussée (art. 2 et 3)

912. - Pour des raisons d'hygiène et de sécurité, l'arrêté préfectoral de 2005 puis le règlement municipal de 2008 dispensaient de compensation la transformation de locaux d'habitation en rez-de-chaussée[81]. Cette dérogation s'appliquait de plein droit, quelle que soit l'activité exercée et quel que soit le secteur considéré. Ainsi, ce sont plus de 10 000 m^2 de logements qui ont disparu en 2010 et 9 000 m^2 en 2009.

Les services de la ville de Paris ont pris conscience de la perte de logements occasionnée, notamment dans le secteur de compensation renforcée, par cette mesure d'exception.

913. - L'article 3 du règlement, dans sa version résultant de la délibération des 15, 16 et 17 décembre 2008, prévoyait que :

> « L'autorisation visant au changement d'usage des locaux d'habitation est accordée sans compensation lorsqu'elle porte sur des locaux d'habitation situés en rez-de-chaussée. Elle peut être autorisée sans compensation lorsqu'elle est demandée en vue d'y exercer une mission d'intérêt général ».

Il devient désormais :

> « Lorsque la demande de changement d'usage porte sur des locaux d'habitation situés en rez-de-chaussée ou lorsqu'elle est demandée en vue d'y exercer une mission d'intérêt général, aucune compensation n'est exigée pour les autorisations accordées à titre personnel ».

914. - Sans doute faut-il comprendre qu'une compensation peut désormais être exigée par la ville, notamment dans le secteur de compensation renforcée et, *a fortiori*, dans les quartiers à prédominance de surfaces de bureaux, où elle constitue la règle, de manière à ce que la transformation puisse revêtir un caractère réel au sens de ces dispositions.

(80) V. *supra*, n° 866.
(81) V. *supra*, n°s 812 et 869.

Dans un premier temps, le tribunal administratif de Paris a suivi l'interprétation de la ville[82] :

– jugement du 3 octobre 2013 (req. n°s 1207519, 1207520 et 1207521/7-3) : « considérant qu'il résulte [des art. 3 et 4 du règlement] qu'une autorisation de changement d'usage sur des locaux situés au rez-de-chaussée n'est accordée sans compensation que lorsqu'il s'agit d'une autorisation personnelle et qu'une telle autorisation ne peut être accordée dans les quartiers où a été constatée une prédominance des surfaces de bureaux… ; considérant qu'en l'espèce, il est constant que le quartier dans lequel se situe l'avenue de Friedland fait partie de ceux énumérés à l'annexe 2 du règlement précité comme comportant une prédominance de surfaces de bureaux… ; que, dès lors, les requérants ne sont pas fondés à soutenir qu'en opposant un refus à leur demande la ville aurait commis une erreur de droit » ;

– jugement du 31 octobre 2013 (req. n° 1216405/7-2) : « le maire a la faculté, et non l'obligation, d'accorder une autorisation de changement d'usage à titre personnel sans compensation, lorsqu'elle porte sur des locaux d'habitation situés en rez-de-chaussée » ;

– jugement du 19 juin 2014 (req. n° 1404050/7-3) : « considérant que, contrairement à ce que soutient la requérante, il résulte de ces dispositions combinées que le maire de Paris a la faculté, et non l'obligation, d'accorder une autorisation de changement d'usage à titre personnel sans compensation, lorsqu'elle porte sur des locaux d'habitation en rez-de-chaussée, alors même qu'elle est demandée à titre personnel ».

915. – Le même tribunal est cependant revenu sur sa position par trois jugements rendus en formation plénière de section le 25 juin 2015, considérant que l'article 3 du règlement s'applique indépendamment de l'article 1er dès lors que celui-ci exclut précisément les exemptions prévues aux articles 3 et 4[83].

Ainsi a-t-il estimé, dans une espèce concernant un logement avenue Montaigne, que « le local pour lequel M. G. a présenté une demande d'autorisation de changement d'usage est situé en rez-de-chaussée ; que cette demande entrait ainsi dans le champ d'application des dispositions de l'article 3 du règlement municipal susvisé ; que lesdites dispositions excluant expressément toute obligation de compensation pour une demande de changement d'usage présentée à titre personnel, le maire de Paris ne pouvait légalement se fonder, pour imposer une obligation de compensation au requérant, sur les dispositions de l'article 1er du règlement mentionnant, à titre de principes généraux, que les demandes d'autorisation de changement d'usage sont instruites en tenant compte notamment de la nécessité de ne pas aggraver l'insuffisance de logements ; qu'il ne saurait pas plus légalement faire valoir que M. G. aurait réalisé des travaux qui auraient fait perdre au local sa destination d'habitation et qu'ainsi seule une autorisation réelle pouvait être délivrée ; que, dès lors, en rejetant la demande de changement d'usage de M. G. au motif qu'elle n'était pas assortie d'une obligation de compensation justifiée par la prédominance des surfaces de bureaux par rapport aux surfaces de logements constatée dans le 8e arrondissement de Paris, le maire de Paris a entaché sa décision d'erreur de droit ». Ce jugement a été confirmé en appel[84].

(82) D. Blaise, *L'autorisation personnelle de changement d'usage de locaux d'habitation en rez-de-chaussée à Paris : Dr. adm.* 2014, comm. 17.

(83) TA Paris, 7e sect., 25 juin 2015, n°s 1317461, 1305104 et 1406995.

(84) CAA Paris, 26 janv. 2017, n° 15PA03319. V. égal. CAA Paris, 26 janv. 2017, n° 15PA03320.

Une précédente décision annonçait déjà un infléchissement de la jurisprudence[85].

916. - Cette modification devait dissuader la transformation de ces mêmes rez-de-chaussée que les dispositions du plan local d'urbanisme et du plan de prévention des risques d'inondation incitent pourtant à affecter à d'autres usages que l'habitation. Sans doute aurait-il été plus cohérent d'ajouter une nouvelle exception à la règle du 2 m^2 pour 1 m^2, au bénéfice de la transformation des logements en rez-de-chaussée, afin de concilier la défense de l'habitat avec la volonté de diversifier les activités au pied des immeubles.

917. - Corrélativement est supprimé le dernier alinéa de l'article 2 du règlement, qui énonçait que « les locaux situés en rez-de-chaussée ne peuvent en aucun cas servir de compensation », et qui était repris de l'ancien arrêté préfectoral. Ainsi, il n'est plus interdit de proposer en compensation des locaux d'activité situés en rez-de-chaussée. Mais cette nouvelle possibilité ne doit pas faire oublier que les locaux proposés en compensation doivent être d'une « qualité équivalente » à celle des logements faisant l'objet de la demande de changement d'usage : si des compensations de rez-de-chaussée à rez-de-chaussée peuvent être admises, il n'est pas davantage possible de compenser par la transformation de locaux en rez-de-chaussée la suppression de logements aux niveaux supérieurs. En outre, il importe de vérifier que les dispositions du plan local d'urbanisme ou du plan de prévention des risques d'inondation ne s'opposent pas à la transformation en logements des locaux en rez-de-chaussée.

918. - Enfin, le règlement modifié conserve la possibilité de dispenser de compensation l'autorisation demandée en vue d'exercer « une mission d'intérêt général », qui reste soumise à l'appréciation, au cas par cas, de l'administration, sous le contrôle du juge de l'excès de pouvoir. Cette dispense n'est pas cantonnée aux rez-de-chaussée.

En l'absence de définition dans le règlement, il revient à la jurisprudence de caractériser la mission d'intérêt général. La situation des officiers publics ministériels au regard de cette disposition du règlement a été débattue devant le juge administratif[86]. S'agissant d'une association à but non lucratif ayant pour objet la promotion

(85) TA Paris, 7e sect., 3e ch., 6 févr. 2014, n° 1217828/7-3 : « il résulte des dispositions combinées des articles 3 et 4 du règlement municipal qu'une autorisation sans compensation peut être accordée, dans les cas où l'autorisation demandée en vue d'exercer dans le local concerné une mission d'intérêt général, ou bien, sous certaines conditions, lorsqu'elle est demandée par une personne en vue d'y exercer une profession libérale réglementée, ou encore lorsque, comme en l'espèce, le local en cause se situe en rez-de-chaussée ; que, contrairement à ce que soutient le maire de Paris, le caractère personnel de l'autorisation sollicitée ne constitue pas une condition supplémentaire applicable aux demandes portant sur des locaux situés en rez-de-chaussée pour bénéficier des exonérations de compensation prévues aux articles 3 et 4 du règlement municipal, dès lors que ce caractère personnel de l'autorisation n'est que la simple conséquence de ce que, étant exonérées de compensation, elles sont attachées à la personne du bénéficiaire et non au local en cause ». En l'espèce, un loueur en meublé sollicitait une autorisation personnelle pour transformer un logement en location meublée de courtes durées au rez-de-chaussée d'un immeuble rue Saint-Paul (4e). La ville exigeait une compensation estimant que la demande ne remplissait aucune des conditions fixées par les articles 3 et 4 du règlement. Sa décision de refus d'autorisation personnelle fut annulée par le juge de première instance puis d'appel (CAA Paris, 9 févr. 2017, n° 16PA00187).

(86) CAA Paris, 22 juin 2017, n° 15PA03513 (annulant TA Paris, 7e sect., 2e ch., 3 juill. 2015, n° 1409954/7-2) : « il résulte clairement des termes mêmes des dispositions combinées des articles 1er, 3 et 4 du règlement municipal [dans sa rédaction alors applicable issue de la délibération

de l'arbitrage pour le règlement des différends, un arrêt de la cour administrative d'appel de Paris s'est montré plus réticent après avoir opéré un contrôle limité à l'erreur manifeste d'appréciation[87].

B. – Professions libérales

919. – Les dispositions spécifiques aux professions libérales sont précisées dans le premier modificatif au règlement :
- quant aux professions concernées (1°) ;
- en cas de remplacement d'un professionnel régulièrement installé (2°) ;
- en cas de changement d'activité par un même professionnel (3°).

1° Définition des professions visées (art. 4)

920. – Il a toujours été délicat de définir ce que l'on entend par professions libérales ; en dehors d'un critère fiscal (les agents économiques soumis à la fiscalité directe des BNC), qui ne peut être raisonnablement retenu sur un plan juridique, la notion de professionnel libéral recouvre un vaste espace qu'il convient de cantonner si l'on veut éviter certains débordements.

À l'instar de l'arrêté préfectoral qui l'a précédé, le règlement municipal de 2008 visait toute « profession libérale soumise à un statut législatif ou réglementaire ou dont le titre est protégé ». Cette définition ouvrait une marge d'appréciation importante à l'administration ; les services de la ville de Paris ont établi une liste de ces professions mais celle-ci manquait singulièrement de base légale et était inévitablement soumise au contrôle du juge.

921. – Le règlement modifié se réfère à une définition réglementaire puisqu'il renvoie aux professions libérales « ayant fait l'objet d'un décret d'application au titre de la loi du 29 novembre 1966 sur les sociétés civiles professionnelles ou de la loi du 31 décembre 1990 sur les sociétés d'exercice libéral » (art. 4, al. 1er). Ces textes soumettent leur entrée en vigueur à la publication, pour chaque profession, d'un décret d'application.

En vertu de ces deux lois, chaque profession intéressée a sollicité la publication d'un décret la concernant ; certaines professions ont fait l'objet de deux décrets successifs, d'autres d'un seul décret. Cet effort de clarification et de base légale s'adresse, selon l'exposé des motifs de la délibération des 7 et 8 février 2011, aux « professions libérales disposant d'un ordre, qui exercent véritablement une mission reconnue d'intérêt général ou une mission sociale ».

2011 DLH 24 des 7 et 8 février 2011 du conseil de Paris], sans qu'il soit nécessaire, pour en apprécier la portée, de se référer aux travaux préparatoires de la délibération dont elles sont issues, que les locaux en étages utilisés par les membres des professions libérales réglementées sont soumis aux seules dispositions de l'article 4 du règlement municipal pour l'examen des dérogations à l'exigence de compensation dont ils peuvent bénéficier, quand bien même les membres des professions libérales réglementées pourraient être regardés par ailleurs, le cas échéant, comme exerçant des missions d'intérêt général ».

(87) CAA Paris, 31 déc. 2015, nos 14PA00487, 14PA00488 et 14PA00489 : « alors même que son objet répond à la volonté du législateur de développer les modes alternatifs de résolution des conflits et qu'elle est membre de la fédération des centres d'arbitrage dont elle aurait suscité la création, la maire de Paris a pu, sans commettre d'erreur manifeste d'appréciation, refuser de lui accorder l'autorisation dérogatoire prévue à l'article 3 du règlement municipal pour affecter sans compensation à ses activités 84 m² ».

922. – Les professions ayant fait l'objet, en février 2011, d'un décret d'application concernant soit la loi de 1966 sur les sociétés civiles professionnelles (*), soit la loi de 1990 sur les sociétés d'exercice libéral (+) ou les deux, sont les suivantes :

Professions du droit

1. Avocats (*) (+)
2. Avocats au Conseil d'État et à la Cour de cassation (*)
3. Avoués à la Cour (*) (+)
4. Commissaires-priseurs judiciaires (*) (+)
5. Huissiers de justice (*) (+)
6. Notaires (*) (+)
7. Greffiers de tribunal de commerce (*) (+)
8. Administrateurs judiciaires (*) (+) et mandataires liquidateurs (*) (+)

Professions de santé

1. Chirurgiens-dentistes (*) (+)
2. Infirmiers (*) (+)
3. Médecins (*) (+)
4. Masseurs kinésithérapeutes (*) (+)
5. Pédicures podologues (+)
6. Orthophonistes (+)
7. Orthoptistes (+)
8. Diététiciens (+)
9. Directeurs de laboratoires d'analyses de biologie médicale (*) (+)
10. Sages-femmes (+)
11. Vétérinaires (*) (+)
12. Pharmaciens (+)

Professions techniques

1. Architectes (*) (+)
2. Commissaires aux comptes (*) (+)
3. Experts-comptables (+)
4. Géomètres-experts (*) (+)
5. Experts agricoles et fonciers ou forestiers (*) (+)
6. Conseils en propriété industrielle (*) (+)

923. – Il faut considérer cette liste comme limitative. C'est bien ainsi que l'analyse le juge administratif, qui a refusé le statut privilégié des professionnels libéraux à une esthéticienne, considérant « qu'il n'est pas contesté que l'activité d'esthéticienne qu'entend exercer Mme C. n'est pas au nombre des professions libérales visées par les dispositions précitées de l'article 4 »[88].

(88) TA Paris, 7e sect., 3e ch., 19 sept. 2013, n° 1121429/7-3.

2° Remplacement dans les installations actuelles (art. 4)

924. - Le règlement municipal de 2008 distinguait :

– les installations nouvelles des professionnels libéraux qui bénéficient d'une dispense de compensation de 50 m^2 par professionnel et dans la limite de 150 m^2 (sauf dans les quartiers à prédominance de surfaces de bureaux) ;

– le remplacement de ces mêmes professionnels libéraux dans les installations actuelles, qui bénéficient d'une dispense de compensation dans la limite de 250 m^2 dans tous les quartiers.

925. - Pour mettre fin à cette différence de traitement en faveur des successeurs dans les installations actuelles, le règlement modifié organise une sortie progressive des locaux régulièrement occupés à titre professionnel : « dans le cas où la totalité des professionnels exerçant dans le local cessent leur activité, le local est alors soumis aux dispositions communes du présent règlement » (art. 4, dernier al.).

926. - Ainsi, ce dispositif dérogatoire prend fin en cas de remplacement total des professionnels régulièrement installés. Lorsque le professionnel autorisé à titre personnel mettra fin à son activité, le local cessera de bénéficier du seuil de 250 m^2 et se trouvera soumis au droit commun : demande d'autorisation personnelle sans limite de surface dans les ZUS et les quartiers du contrat urbain de cohésion sociale ; dans la limite de 50 m^2 par professionnel et pour un maximum de 150 m^2, dans les quartiers autres qu'à prédominance de bureaux ; demande d'autorisation avec compensation dans les quartiers à prédominance de bureaux[89].

Mais, surtout, il est important de noter qu'un professionnel libéral titulaire d'une autorisation personnelle pour lui-même et exerçant seul dans les lieux ne pourra plus envisager que son successeur puisse bénéficier automatiquement d'une nouvelle autorisation en remplacement de son activité puisque, dorénavant, la cessation totale d'activité dans le local entraîne le retour au droit commun des installations nouvelles. Peut-on suggérer que, dans ce cas, le professionnel et son successeur exercent en commun quelque temps dans le cadre d'une structure commune ?

3° Changement d'activité du professionnel installé (art. 4 bis)

927. - L'insertion d'un article 4 bis est destinée à préciser la portée des autorisations conférées à titre personnel dont bénéficient, notamment, les professionnels libéraux :

> « Les autorisations visées aux articles 3 et 4 délivrées à titre personnel cessent de produire effet lorsqu'il est mis fin à titre définitif, pour quelque raison que ce soit, à l'activité du bénéficiaire au titre de laquelle l'autorisation a été accordée ».

Il faut comprendre que la décision d'autorisation est accordée à une personne nommément désignée et pour une profession précise ; tout changement d'activité du bénéficiaire, passant ainsi de l'une des professions ci-dessus désignées à autre

(89) TA Paris, 7e sect., 2e ch., 2 oct. 2015, n° 1312654/7-2 : « les dispositions précitées de la dernière phrase de l'article 4 du règlement municipal n'ont ni pour objet ni pour effet d'introduire une différence de traitement entre les demandeurs selon que le local était, précédemment, occupé par un ou plusieurs professionnels, mais de préciser que, dans le cas où le ou les professionnels bénéficiaires d'une autorisation accordée à titre personnel pour exercer cessent leur activité, dans ce local, la demande d'autorisation d'usage présentée par la personne qui, telle M. T., se propose d'exercer une profession libérale réglementée en remplacement d'un ou de tels professionnels est soumise aux dispositions communes prévues à l'article 1er de ce règlement ».

également sus-désignée, nécessite la délivrance d'une nouvelle autorisation préalable. Ainsi en est-il pour un infirmier libéral qui deviendrait kinésithérapeute.

928. - Cette disposition est justifiée lorsque le bénéficiaire de l'autorisation cesse d'exercer une profession libérale visée par un décret d'application de l'une des lois de 1966 et 1990, pour pratiquer une activité non régie par ces textes et qui devra, à ce titre, faire l'objet d'une nouvelle autorisation (mais sans pouvoir bénéficier du statut dérogatoire des professions libérales puisque sa nouvelle profession n'est pas visée par les décrets d'application des lois de 1966 et 1990).

Elle se justifie moins, en opportunité, lorsque la profession nouvellement exercée est au nombre de celles prévues par l'article 4 du règlement ; sauf à penser que, par cette mesure, l'administration veut pouvoir quantifier la densité d'installation d'une profession précise dans un quartier donné et, le cas échéant, dissuader le demandeur de s'installer dans un secteur dans lequel sa nouvelle profession est surreprésentée (rappelons que l'autorisation *peut* être accordée).

Elle apparaît, en revanche, pleinement fondée lorsque le bénéficiaire de l'autorisation n'exerce plus aucune mission d'intérêt général au sens de l'article 3 du règlement.

C. – Entrée en vigueur du règlement modifié

929. - Les dispositions qui suivent présentent moins d'intérêt aujourd'hui, mais elles ont conforté le sens des décisions prises par la ville de Paris pendant les périodes transitoires entre, d'une part, l'application de l'arrêté préfectoral de 2005 et celle du règlement municipal de 2008 et, d'autre part, la doctrine administrative résultant du règlement de 2008 et de son modificatif de 2011.

930. - L'article 2 de la délibération des 7 et 8 février 2011 précise les conditions de son entrée en vigueur :

> « Les dispositions de l'article 1er entreront en vigueur pour les dossiers déposés à partir du 1er jour qui suit la date de la publication de la présente délibération au Bulletin municipal officiel de la ville de Paris, mais seront dès publication applicables aux demandes mentionnées au dernier alinéa de l'article 2 du règlement ».

931. - La délibération ayant été publiée le 18 février 2011, l'article 1er portant approbation du règlement modifié est entré en vigueur le 1er mars 2011 ; en conséquence, les règles nouvelles ont été opposables aux demandes déposées à compter de cette date.

932. - Par exception, le dernier alinéa de l'article 2 du règlement modifié, entré en vigueur dès le 18 février 2011, date de la publication de la délibération, réserve un sort particulier aux demandes d'autorisation soumises à compensation déposées avant le transfert de compétence du préfet au maire :

> « S'agissant des demandes enregistrées à la préfecture de Paris avant le 1er avril 2009, la compensation exigée correspond à la surface des locaux transformés ».

Cette précision était importante pour les opérations initiées avant le 1er avril 2009 et situées dans le périmètre du secteur de compensation renforcée instauré par le règlement initial. Il s'agissait de donner une base réglementaire à la pratique de la ville de Paris qui avait repris le contrôle des compensations en cours de réalisation au 1er avril 2009, en appliquant la règle du 1 m^2 pour 1 m^2 alors prévu par l'arrêté préfectoral sur l'ensemble du territoire communal.

§ 3. – Le deuxième modificatif adopté en novembre 2014[90]

933. – Le Conseil de Paris a approuvé, dans sa séance des 17, 18 et 19 novembre 2014, une nouvelle modification de son règlement (BMO 2014 DLH 1120)[91]. Si certaines nouveautés sont importantes, il n'y a pas de bouleversement en la matière. Cependant, le régime des autorisations de changement d'usage évolue dans le sens d'une précision accrue et, partant, dans le sens d'une plus grande complexité, voire, parfois, d'une trop grande subtilité.

934. – Les principales modifications apportées par ce deuxième modificatif portent sur :
- les règles de compensation (A) ;
- les locations meublées de courte durée (B) ;
- les professions libérales réglementées (C) ;
- les rez-de-chaussée (D) ;
- le dépôt des demandes d'autorisations d'urbanisme et de changement d'usage (E).

Les nouvelles dispositions sont applicables aux dossiers déposés à compter du 1er janvier 2015.

A. – Règles de compensation (art. 2)

935. – Les critères qualitatifs (1°) et géographiques (2°) permettant d'apprécier la recevabilité des compensations sont revus dans le sens d'un renforcement des conditions imposées aux demandeurs d'autorisations à caractère réel.

1° Nature des compensations

936. – Outre l'exigence tenant à leur « qualité équivalente » aux surfaces d'habitation transformées, les locaux offerts en compensation doivent désormais, en application de l'article 2-I du nouveau règlement :
- correspondre à une « unité de logement », c'est-à-dire un logement en totalité et non une éventuelle partie d'un logement existant ;
- et répondre aux normes définies par le décret n° 2002-120 du 30 janvier 2002 relatif aux caractéristiques du logement décent.

937. – Dit autrement, ne pourront pas être proposées en compensation :
- des surfaces correspondant à l'extension d'un logement ;
- des surfaces non conformes aux normes impératives d'habitabilité, ce qui exclut notamment les caves, sous-sols et combles dont le projet d'aménagement ne permettrait pas de créer un logement de qualité suffisante au regard de ces normes.

2° Localisation des compensations

938. – D'emblée, soulignons que les coefficients de compensation demeurent inchangés :
- en dehors du secteur de compensation renforcée (SCR), la compensation est de 1 m^2 offert pour 1 m^2 de surface d'habitation transformée ;

(90) V. annexes : « Documents d'application : Règlements municipaux », ann. 7.

(91) G. Daudré et P. Wallut, *Changement d'usage des locaux d'habitation à Paris – Nouvelle modification du règlement municipal : JCP* N 2015, n° 1-2, 1000 ; *Loyers et copr.* 2015, étude 5. – D. Blaise, *Quelles sont les principales modifications apportées par le Conseil de Paris au règlement municipal relatif aux changements d'usage ? : Dr. adm.* 2015, prat. 6. – A. Belaud-Guillet, *Le nouveau règlement municipal parisien en matière d'autorisations de changement d'usage et l'ouverture de la chasse aux touristes : AJDI* 2015, p. 237.

– à l'intérieur du SCR, la compensation est de 2 m^2 offerts pour 1 m^2 transformé, sauf si les locaux de compensation sont convertis en logements locatifs sociaux auquel cas la compensation requise est de 1 m^2 pour 1 m^2 ;
– par ailleurs, si des locaux sont transformés et compensés par un propriétaire identique, au sein d'une même unité foncière, dans le cadre d'une rationalisation des surfaces d'habitation de cette unité, la règle de compensation est de 1 m^2 pour 1 m^2, même en SCR[92].

Et, comme auparavant, les surfaces sont calculées conformément à l'article R. 111-2.

939. – Le principe de la compensation dans le même arrondissement que le local d'habitation faisant l'objet d'un changement d'usage est également maintenu.

En revanche, la localisation des compensations à caractère social est en partie modifiée.

940. – Par l'effet du décloisonnement du champ des compensations sociales au sein du SCR, opéré lors du modificatif de 2011 (possibilité de compenser dans tout le SCR), des arrondissements déjà déficitaires en logements ont continué à perdre en surfaces d'habitation.

Les maires concernés, consultés dans le cadre de la procédure d'autorisation, rendaient des avis défavorables sur les offres de compensations situées intégralement en dehors de leur propre arrondissement. Et, le cas échéant, la ville de Paris suivait leur avis, sans y être tenue, prenant appui sur les dispositions du programme local de l'habitat – auquel renvoie le règlement depuis 2011 – visant à « préserver le parc de résidences principales par un encadrement des changements d'usage des locaux d'habitation ».

941. – Les auteurs du règlement cherchent ainsi à corriger les déséquilibres engendrés par la précédente modification de 2011 en défaveur du logement dans les arrondissements centraux de Paris, sans pénaliser pour autant les opérations de transformation de locaux d'activités en logements sociaux qui tirent des « cessions de commercialité » une source de financement complémentaire.

942. – La possibilité d'offrir des compensations sociales sur l'ensemble du SCR n'est donc pas supprimée mais sa portée est plus restreinte.

Il est dorénavant prévu, à l'article 2-II du règlement, qu'au moins 50 % de la surface d'habitation transformée devra être compensée à l'intérieur des limites de l'arrondissement pour les arrondissements où le taux d'emploi est supérieur au ratio moyen de la capitale qui est de 1,3 emploi salarié pour un actif résident[93].

Huit arrondissements sont concernés : les 1er, 2e, 4e, 5e, 6e, 7e, 8e et 9e arrondissements. Les 3e, 16e et 17e arrondissements les ont rejoints lors du huitième modificatif voté en décembre 2021[94].

(92) Selon le Conseil d'État (CE, 27 juin 2005, n° 264667) : « l'unité foncière est un îlot de propriété d'un seul tenant, composé d'une parcelle ou d'un ensemble de parcelles appartenant à un même propriétaire ou à la même indivision ». Cette définition englobe les immeubles en copropriété, puisque la copropriété constitue une indivision organisée, au sein de laquelle le sol est une partie commune à l'ensemble des copropriétaires. Il semble que le règlement municipal soit plus restrictif puisqu'il ne vise que le « propriétaire unique », excluant de ce fait l'application de la règle du 1 pour 1 pour les compensations entre copropriétaires au sein d'un immeuble en copropriété. Cette restriction potentielle a été levée à l'occasion du septième modificatif de novembre 2018, V. *infra*, n° 1011.
(93) Source : INSEE, recensement 2010, *CLAP* 2009.
(94) V. *infra*, n° 1028.

943. – La transformation du logement reste néanmoins soumise aux coefficients de superficie applicables selon la nature sociale ou privée de la compensation offerte.

Ainsi, pour une surface d'habitation transformée de 100 m² dans un de ces arrondissements, la compensation requise pourra aller de 100 m² en cas de compensation totalement sociale (règle du 1 pour 1) à 200 m² en cas de compensation totalement privée (règle du 2 pour 1) dont la moitié devra être réalisée dans l'arrondissement de transformation.

Exemple

En cas de changement d'usage d'un logement de 100 m² du 8e arrondissement, au moins 50 % de la surface d'habitation transformée devra faire l'objet d'une compensation dans cet arrondissement, soit 50 m² s'il s'agit d'un logement social (règle du 1 pour 1) ou 100 m² s'il s'agit d'un logement privé (règle du 2 pour 1).

Le solde de la compensation pourra être réalisé dans le 8e arrondissement (50 m² en compensation sociale ou 100 m² en compensation privée suivant les mêmes règles) ou en dehors du 8e arrondissement mais, dans ce dernier cas, uniquement sous forme de compensation sociale dans l'ensemble du SCR.

944. – Le pétitionnaire a le choix :
– soit de compenser intégralement dans l'arrondissement de transformation ;
– soit de fractionner la compensation entre, d'une part, l'arrondissement de transformation et, d'autre part, un ou plusieurs autres arrondissements du SCR à condition que cette partie de compensation revête une forme sociale.

Lorsqu'il n'y a pas de compensation sociale disponible dans l'arrondissement de transformation, on relèvera qu'en application de la règle du 2 pour 1 le nouveau dispositif garantit de retrouver dans l'arrondissement une nouvelle surface d'habitation au minimum identique à celle transformée.

Exemple

Pour un changement d'usage de 200 m² d'habitation dans le 6e arrondissement, 50 % de la transformation est compensée dans l'arrondissement sous forme de logement privé (soit la totalité de la surface d'habitation transformée avec la règle du 2 pour 1) et les 50 % restant en dehors de l'arrondissement avec un bailleur social (soit la moitié de la surface d'habitation transformée avec la règle du 1 pour 1). Soit une surface d'habitation de 200 m² apportée en compensation privée dans le 6e arrondissement et une surface d'habitation de 100 m² apportée en compensation sociale sur un autre arrondissement du SCR (ou elle-même répartie sur différents arrondissements du SCR).

945. – La principale faiblesse du nouveau dispositif pourrait bien résider dans sa mise en œuvre concrète, dans la mesure où il favorise un fractionnement des compensations et que les multiples combinaisons qu'il permet accentuent la complexité des opérations de changement d'usage dans ces arrondissements.

Un tel fractionnement ne facilite pas le respect de l'obligation de créer des logements entiers[95], en particulier si la demande de changement d'usage porte sur une petite surface.

946. - Par ailleurs, il est précisé que, lorsque la compensation peut être entièrement proposée en dehors de l'arrondissement de transformation des surfaces d'habitation, le nombre de logements offerts en compensation doit être au minimum égal au nombre de logements transformés.

Cette restriction s'est, dans un premier temps, appliquée à l'hypothèse où les logements transformés étant situés dans le SCR et en dehors de la zone de la règle des 50 %, il était proposé des compensations sociales à l'extérieur de l'arrondissement mais à l'intérieur du SCR. Elle a été étendue, à l'occasion d'un nouveau modificatif au règlement, à l'ensemble des arrondissements ou parties d'arrondissements du SCR[96].

947. - Une compensation est en principe requise, sauf dans les cas prévus par l'article 4 du nouveau règlement où une faculté de dispense est instaurée. Ces cas se répartissent en trois catégories et concernent les professions libérales réglementées définies par le règlement[97], les missions d'intérêt général[98] et certaines activités en rez-de-chaussée[99].

B. – Locations meublées de courte durée (art. 3)

948. - Les activités de location meublée soumises au contrôle de l'usage sont définies à l'article L. 631-7 depuis sa modification par la loi ALUR[100] :

> « Le fait de louer un local meublé destiné à l'habitation de manière répétée pour de courtes durées à une clientèle de passage qui n'y élit pas domicile constitue un changement d'usage au sens du présent article ».

Lorsque le local d'habitation constitue la résidence principale du loueur au sens de l'article 2 de la loi n° 89-462 du 6 juillet 1989 tendant à améliorer les rapports locatifs, une autorisation de changement d'usage n'est pas nécessaire, ainsi que le précise le dernier alinéa de l'article L. 631-7-1 A créé par la loi ALUR.

À Paris, ces activités de location faisaient déjà l'objet d'autorisations de changement d'usage en tant qu'activité professionnelle et, à ce titre, soumises à compensation. Mais, pour la première fois, le règlement parisien réserve à ces locations un traitement particulier par rapport aux autres changements d'usage (1°), sur lequel il est toutefois permis de s'interroger (2°).

1° Régime spécifique

949. - L'article 3 du règlement modifié impose aux locations meublées contrôlées une règle spécifique applicable sur l'ensemble du territoire parisien : la compensation devra être située dans le même arrondissement que celui du logement destiné à être transformé en hébergement meublé de courte durée.

(95) V. *supra*, n° 936.
(96) V. *infra*, n° 1028.
(97) V. *infra*, n°s 957 et s.
(98) V. *infra*, n° 969.
(99) V. *infra*, n°s 970 et s.
(100) V. *supra*, n°s 212 et s.

Jusqu'alors, ces locations relevaient du régime de droit commun des autorisations de changement d'usage : une compensation était exigée[101] et, dans le SCR, une compensation sociale pouvait être apportée sur l'ensemble de ce secteur.

La nouveauté consiste à soumettre ce type de transformation à une règle plus stricte que les autres changements d'usage, en acceptant seulement les compensations intégralement réalisées dans l'arrondissement de transformation, quelle que soit la nature de la compensation et quel que soit l'arrondissement.

950. - Ce dispositif n'est pas limité aux secteurs touristiques de la capitale et concerne l'ensemble du territoire communal. En effet, une étude réalisée par l'Atelier parisien d'urbanisme en 2011 avait constaté que le phénomène des meublés de tourisme s'étendait à tout Paris et que tous les arrondissements étaient peu ou prou concernés[102].

951. - En revanche, il n'est pas instauré un régime d'autorisation temporaire propre aux meublés, facultatif, que permet le nouvel article L. 631-7-1 A.

2° Interrogations

952. - On comprend bien qu'il s'agit d'endiguer le développement de ces locations meublées dont le succès contribue sans nul doute à réduire l'offre de logements disponibles pour les ménages parisiens.

Et, selon l'article L. 631-7-1, le règlement doit bien fixer « les conditions dans lesquelles sont délivrées les autorisations et déterminées les compensations (...) par arrondissement (...) en fonction notamment (...) de la nécessité de ne pas aggraver la pénurie de logements ».

953. - Mais, pour simple qu'elle soit, la règle énoncée par l'article 3 du règlement suscite pourtant quelques interrogations quant à son fondement et à sa portée.

954. - D'abord, il peut sembler étonnant qu'un sort particulier soit réservé à une sous-catégorie de locaux parmi ceux ayant un autre usage que l'habitation. L'objet du contrôle au titre de l'article L. 631-7 est cantonné, depuis la réforme opérée par l'ordonnance du 8 juin 2005, au seul usage d'habitation ; et, s'agissant d'une autorisation attachée au local, le type d'activité qui y est exercée devrait n'avoir que peu d'importance dès lors qu'une compensation a été fournie.

955. - Il faut toutefois observer que les modifications introduites par la loi ALUR confèrent une certaine particularité à la location meublée de courte durée qui peut justifier un traitement dérogatoire. D'une part, c'est le seul usage autre qu'habitation défini par l'article L. 631-7, d'autre part un régime spécial d'autorisation temporaire lui est consacré à l'article L. 631-7-1 A.

La législation des changements d'usage lui accorde donc déjà un certain nombre de règles originales. Pourquoi en irait-il autrement du règlement d'application de cette législation ?

956. - Ensuite, cette disposition est exposée à un risque de contournement. Pour échapper à l'exigence de compensation dans le même arrondissement, un pétitionnaire pourrait être tenté de présenter une demande pour un autre usage que la location meublée de courte durée (par ex., bureau) et ainsi bénéficier, dans les 1er, 2e,

(101) Cependant V. *supra*, n° 915 et la jurisprudence citée au sujet des rez-de-chaussée.
(102) V. *supra*, n° 208.

4e, 5e, 6e, 7e, 8e et 9e arrondissements, de la règle sus-énoncée des 50 % ou, dans les autres arrondissements du SCR, de la faculté de proposer des compensations sociales sur l'ensemble du SCR.

Il obtiendrait une autorisation à caractère réel lui permettant d'affecter les locaux à tout autre usage que l'habitation et donc, s'il le souhaite, à la location meublée de courte durée, et ce sans autre possibilité de contrôle administratif *a priori* que celui du changement de destination.

Très probablement, une telle manœuvre d'évitement des dispositions du règlement s'apparenterait à une démarche frauduleuse si le second changement de destination (de bureau à hébergement hôtelier)[103] était pratiquement concomitant au premier (d'habitation à bureau), et priverait d'effet l'autorisation ainsi obtenue, faute d'avoir fourni les compensations exigées spécialement pour ce type de changement d'usage.

C. – Professions libérales réglementées (art. 4, 1°)

957. – Le régime des autorisations pouvant être accordées à titre personnel (sans compensation) fait l'objet d'une modification quant au champ d'application concernant les professions libérales réglementées (1°) et de quelques précisions de moindre importance (2°).

1° Élargissement des professions visées

958. – Le règlement, dans sa version initiale de décembre 2008, visait toute « profession libérale soumise à un statut législatif ou réglementaire ou dont le titre est protégé ». Cette définition reprenait celle issue de l'ancien arrêté préfectoral du 1er décembre 2005 et demeurait sujette à interprétation.

Moins d'un an après l'entrée en vigueur du règlement, une liste de ces professions a été établie par les services instructeurs de la ville de Paris. Mais, faute d'avoir été approuvée par une délibération du conseil municipal, son opposabilité pouvait être discutée.

Le règlement, dans sa version modifiée en février 2011, a clarifié la situation en visant les professions « ayant fait l'objet d'un décret d'application au titre de la loi du 29 novembre 1966 sur les sociétés civiles professionnelles ou de la loi du 31 décembre 1990 sur les sociétés d'exercice libéral ».

Le tribunal administratif de Paris a depuis confirmé que la définition des professions résultant du règlement de 2011 était limitative[104].

959. – Toutefois certaines professions, relevant du domaine libéral et dont le titre est protégé, n'ont pas fait l'objet d'un décret d'application des lois de 1966 et 1990 ; d'ailleurs la loi de 1990 ne conditionne pas expressément la possibilité de créer une société d'exercice libéral pour une profession déterminée à la parution d'un décret d'application, mais en prévoit simplement la possibilité « en tant que de besoin »[105].

(103) Selon la définition que donne à cette destination l'actuel plan local d'urbanisme de Paris (en cours de révision), les locations meublées d'une durée inférieure à un an pour la clientèle de passage et à neuf mois pour les étudiants sont assimilées à des hébergements hôteliers.

(104) TA Paris, 19 sept. 2013, n° 1121429/7-3, au sujet d'une esthéticienne.

(105) L. n° 90-1258, 31 déc. 1990, art. 21 modifié.

960. – Le nouveau règlement en prend acte et supprime toute référence à un décret d'application. Désormais, les professions libérales réglementées concernées sont celles « entrant dans le champ d'application de la loi du 29 novembre 1966 sur les sociétés civiles professionnelles ou de la loi du 31 décembre 1990 sur les sociétés d'exercice libéral ».

961. – Si l'on en croit l'exposé des motifs de la délibération des 17, 18 et 19 novembre 2014, huit nouvelles professions viendraient ainsi s'ajouter aux vingt-six déjà visées par le règlement dans sa version de 2011. Il s'agit des professions suivantes : agent général d'assurance, chiropracteur, conseil en investissement financier, ergothérapeute, ostéopathe, psychologue, psychomotricien et psychothérapeute.

Sur ce point, l'exposé des motifs renvoie à une liste établie par l'Agence pour la création d'entreprises ; cette liste étant indicative, il n'est pas exclu que d'autres professions puissent correspondre à la nouvelle définition du règlement, en particulier certains auxiliaires médicaux tels les audioprothésistes.

962. – Ces nouveaux professionnels devront, toujours selon l'exposé des motifs, produire une attestation selon laquelle ils ont bien obtenu les diplômes exigés par la loi ou le règlement pour exercer leur métier.

963. – La définition limitative des professions libérales réglementées telle qu'elle résulte du règlement ne s'impose véritablement qu'aux demandes d'autorisation personnelle portant sur des locaux situés en étage. En effet, les locaux en rez-de-chaussée sont ouverts à toutes les formes d'activités libérales[106].

964. – Les conditions de superficie prévues par le règlement dans sa version antérieure ne sont pas modifiées. Une autorisation personnelle peut donc être accordée aux professions ci-dessus définies dans les cas énumérés au 1°) de l'article 4 du règlement :

– dans les quartiers autres que ceux où a été constatée une prédominance des surfaces de bureaux par rapport aux surfaces de logements définis en annexe du règlement, lorsque la surface du local, objet du changement d'usage, ne dépasse pas 50 m^2 par professionnel et dans la limite de 150 m^2 par local[107] ;

– sans limite de surface dans les quartiers prioritaires définis par l'article 5 de la loi n° 2014-173 du 21 février 2014 de programmation pour la ville et la cohésion urbaine ;

– dans tous les quartiers à l'occasion du remplacement d'un professionnel régulièrement installé dans la limite de 250 m^2 ; toutefois, dans le cas où la totalité des professionnels exerçant dans le local cessent leur activité, le local revient à son usage d'habitation.

965. – Ces limites de surfaces constituent une franchise et une compensation sera donc exigée pour la partie transformée excédentaire. Le point mérite d'être souligné, car il en résulte qu'un même local peut faire l'objet, pour la fraction de surface inférieure à ces limites, d'une autorisation personnelle, et, pour la fraction de surface supérieure, d'une autorisation réelle.

966. – Fidèle à la jurisprudence qu'elle a initiée sous l'empire du premier modificatif au règlement[108], la cour administrative d'appel de Paris considère que « les locaux

(106) V. *infra*, n°s 972 et s.

(107) *A contrario*, dans les quartiers à prédominance de bureaux, ces professionnels libéraux sont traités comme les entreprises commerciales : leur installation dans un logement nécessite, quelle que soit la surface, une autorisation avec compensation.

(108) V. *supra*, n° 918.

utilisés par les membres des professions libérales réglementées sont soumis aux seules dispositions du 1° et du 3° de l'article 4 du règlement municipal pour l'examen des dérogations à l'exigence de compensation dont ils peuvent bénéficier, quand bien même les membres des professions libérales réglementées pourraient être regardés par ailleurs, le cas échéant, comme exerçant des missions d'intérêt général »[109].

En l'occurrence, le pétitionnaire exerçait la profession d'avocat et faisait valoir, à tort selon la ville, qu'en tant qu'il assiste des personnes bénéficiant de l'aide juridictionnelle, il concourt à une mission d'intérêt général d'accès à la justice des plus démunis et entre, de ce fait, dans l'exemption de compensation dont peuvent bénéficier les personnes exerçant une mission d'intérêt général. Mais le juge administratif ne ferme pas définitivement la porte de la qualification de mission d'intérêt général, considérant qu'en l'espèce il n'était pas établi que l'assistance aux personnes bénéficiant de l'aide juridictionnelle représentait une part substantielle de l'activité de l'avocat.

Pour mettre fin à toute hésitation, sans doute faudrait-il préciser la rédaction de l'article 4 du règlement afin d'exclure les professions libérales réglementées des personnes susceptibles d'être dispensées de compensation au titre de l'exercice d'une mission d'intérêt général.

2° Précisions diverses

967. – Premièrement, s'agissant des autorisations personnelles en vue d'exercer une profession libérale réglementée telle que ci-dessus définie, il est indiqué que ces autorisations ne peuvent être accordées qu'à « une personne physique ». Il s'agit, ni plus ni moins, de la traduction d'une pratique ancienne, mais qui n'était pas formalisée.

Cette limitation aux personnes physiques ne concerne pas les « professions libérales » exerçant leurs activités en rez-de-chaussée[110].

968. – Deuxièmement, suite à la réforme opérée par la loi de programmation pour la ville et la cohésion urbaine du 21 février 2014, il n'est plus fait référence par le règlement municipal et ses annexes aux zones urbaines sensibles et aux quartiers du contrat urbain de cohésion sociale 2007/2009. Ceux-ci sont remplacés par les quartiers prioritaires visés par l'article 5 de ladite loi.

969. – Troisièmement, la possibilité d'autorisation personnelle est maintenue, sans restriction de surface, en cas d'exercice d'une mission d'intérêt général et fait l'objet de deux précisions :

– d'une part, elle peut être sollicitée par une personne « physique ou morale » ;

– d'autre part, la mission d'intérêt général doit être précisément exercée « dans le local » objet de la demande.

Ce cas d'obtention d'autorisation personnelle est prévu par le 2°) de l'article 4 du règlement.

D. – Locaux d'habitation en rez-de-chaussée (art. 4, 3°)

970. – Dans la première version du règlement municipal, il était mentionné que l'autorisation de transformation de logement en rez-de-chaussée « est accordée

(109) CAA Paris, 14 févr. 2019, n° 17PA03017.
(110) V. *infra*, n°s 972 et s.

sans compensation ». Le règlement s'inscrivait alors dans la continuité de l'arrêté préfectoral de 2005 qui prévoyait pour ces mêmes rez-de-chaussée une exonération « de plein droit de compensation quelle que soit la qualité du pétitionnaire ».

Suite à la modification intervenue en 2011, cette autorisation n'était plus systématiquement accordée à titre personnel. Il s'agissait, selon l'interprétation que faisait la ville de son règlement, d'une simple faculté d'autorisation personnelle, l'administration conservant la possibilité d'exiger une compensation, notamment dans le SCR et, *a fortiori*, dans les quartiers à prédominance de surfaces de bureaux. Le tribunal administratif de Paris a confirmé à plusieurs reprises cette interprétation avant d'opérer un revirement de jurisprudence[111].

Selon l'exposé des motifs de la délibération d'approbation du nouveau règlement, c'est une surface globale de 7 700 m^2 en 2013, correspondant à environ 200 logements en rez-de-chaussée, qui a fait l'objet d'autorisations personnelles.

971. - L'objectif du règlement modifié est d'encadrer davantage les installations en rez-de-chaussée. Le système mis en place au 3° de l'article 4 du règlement repose sur trois possibilités d'obtention d'autorisation personnelle concernant :

- les professions libérales (1°) ;
- les activités artisanales disposant d'une protection particulière (2°) ;
- les associations et fondations (3°) ;
- et, dans tous les cas, sans condition de surface, sauf dans le 8e arrondissement (4°).

Rappelons que, par ailleurs, en application de l'article L. 631-7-4[112], l'exercice d'une activité dans une partie d'un local d'habitation situé en rez-de-chaussée est autorisé de plein droit[113], sous réserve de respecter les conditions énoncées au même article.

1° Professions libérales

972. - Sont concernées toutes les professions libérales, réglementées ou non.

973. - L'autorisation personnelle peut être accordée pour une activité libérale en rez-de-chaussée tant aux personnes physiques qu'aux personnes morales.

2° Activités artisanales

974. - Par souci de cohérence avec le PLU actuel de Paris (en cours de révision), et guidés par la volonté de faciliter l'implantation d'activités liées aux besoins de la population résidente, les auteurs du nouveau règlement ont prévu une disposition en faveur des activités artisanales sur rue en rez-de-chaussée.

975. - Les activités concernées sont celles répondant à la définition de la destination « Artisanat » donnée par le règlement du PLU et celui du plan de sauvegarde et de mise en valeur (PSMV) du Marais[114].

(111) V. *supra*, nos 914 et 915.

(112) V. *supra*, nos 283 et s.

(113) Toutefois, par dérogation à l'article L. 631-7-4, une autorisation demeure nécessaire si le logement appartient à un organisme HLM (CCH, art. L. 631-7-5, I, al. 3).

(114) Cette destination comprend les locaux et leurs annexes où sont exercées des activités de production, de transformation, de réparation ou de prestation de service relevant de l'artisanat. Pour être rattachés à cette destination, les locaux d'entreposage ne doivent pas représenter plus de 1/3 de la surface de plancher totale.

976. - Les voies concernées sont celles « comportant une protection particulière de l'artisanat » au titre de l'article UG.2.2 a) – zone UG – du règlement du PLU ou de l'article article US.2.2 a) du règlement du PSMV.

Ne sont donc pas concernées les « voies comportant une protection du commerce et de l'artisanat » et les « voies comportant une protection renforcée du commerce et de l'artisanat », également définies par les dispositions précitées du PLU et du PSMV.

977. - Les personnes physiques et morales peuvent bénéficier d'une autorisation personnelle pour une activité artisanale.

3° Associations et fondations

978. - Une faculté de dispense de compensation est accordée à ces personnes morales « compte tenu de l'absence de but lucratif », précise l'exposé des motifs de la délibération approuvant la modification du règlement.

4° Cas particulier du 8e arrondissement

979. - Les possibilités de dispense de compensation au rez-de-chaussée ne sont soumises à aucune limite de surface.

Sauf pour les installations dans le 8e arrondissement. En effet, cet arrondissement présente le ratio entre le nombre d'emplois salariés et le nombre d'actifs résidents le plus élevé de la capitale (9,41 emplois salariés pour un actif résident) ; par conséquent, une limitation de surface de 50 m^2 par local est prévue par le nouveau règlement.

980. - Là encore il s'agit d'une franchise, ce qui signifie que seules les surfaces d'habitation transformées au-delà de 50 m^2 doivent être compensées.

981. - La limite des 50 m^2 est une exception propre au 3°) de l'article 4 du règlement, et non une exception commune aux autres possibilités d'autorisations personnelles visées aux 1°) et 2°) du même article. Par conséquent :

– elle s'applique aux autorisations sollicitées à titre personnel du seul fait que le local est situé en rez-de-chaussée et que l'activité qui y est exercée entre dans l'une des trois catégories ci-dessus (professions libérales, activités artisanales protégées, associations et fondations) ;

– elle n'est pas opposable aux autorisations demandées sur ces mêmes rez-de-chaussée par les personnes poursuivant une mission d'intérêt général[115].

982. - Il résulte de l'article 4 du règlement que, s'agissant de l'installation des professions libérales dans les « quartiers à prédominance de surfaces de bureaux » :

– en étage, l'autorisation ne peut être conférée qu'avec compensation, dès le premier mètre carré d'habitation transformé ;

– en rez-de-chaussée, l'autorisation peut être conférée sans compensation, comme sur l'ensemble du territoire de Paris ; seulement elle est limitée à 50 m^2 dans le 8e arrondissement, par local et quel que soit le nombre de professionnels.

E. – Dépôt des demandes d'autorisations d'urbanisme et de changement d'usage (art. 7 et 9)

983. - Le règlement modifié instaure une règle de coordination entre les demandes d'autorisations d'urbanisme et de changement d'usage.

(115) V. *supra*, n° 969.

Il est expressément exigé le dépôt simultané de deux dossiers distincts, l'un constitué et instruit au regard du droit des sols, l'autre au regard de la législation des changements d'usage, auprès d'un guichet unique, le Pôle accueil et service à l'usager de la Direction de l'urbanisme (Sous-direction du permis de construire et du paysage de la rue).

984. - Cette mesure ne concerne que les demandes d'autorisation de changement d'usage assortie d'une obligation de compensation.

En effet, selon la doctrine de la ville de Paris, les opérations de changements d'usage autorisées à titre personnel ne requièrent pas d'autorisation d'urbanisme au titre du changement de destination des locaux d'habitation transformés. La rare jurisprudence sur le sujet partage cette analyse[116].

985. - La nouvelle règle ne peut que favoriser la concomitance des contrôles administratifs et donc le bon déroulement de l'opération de transformation à caractère réel.

Certes, en imposant le dépôt de deux dossiers séparés, le règlement vient heurter la lettre du premier alinéa de l'article L. 631-8 selon lequel la demande de permis de construire ou la déclaration préalable, lorsqu'elle est requise, « vaut demande de changement d'usage ».

Mais, en exigeant que ce dépôt soit simultané, le nouveau règlement respecte bien l'esprit de cet article qui est d'assurer une coordination procédurale – et donc des contrôles – entre des législations réputées indépendantes.

986. - Rappelons, enfin, qu'en application du deuxième alinéa du même article L. 631-8, les travaux autorisés au titre du permis de construire ou de la déclaration préalable ne peuvent être engagés avant l'obtention de l'autorisation de changement d'usage[117]. La décision d'urbanisme autorisant les travaux doit expressément mentionner cette réserve (C. urb., art. R. 424-6). Le point de départ du délai de péremption de l'autorisation d'urbanisme est en conséquence différé jusqu'à la date d'obtention de l'autorisation de changement d'usage (C. urb., art. R. 424-20).

§ 4. - Le troisième modificatif adopté en novembre 2015

987. - Le Conseil de Paris a approuvé, dans sa séance du 23 novembre 2015 (Délib. n° 2015 DLH 165 : *BMO* n° 11, 22 janv. 2016), un nouveau modificatif à son règlement municipal. Ce modificatif n'avait qu'un objet limité ; les formulaires de demandes d'autorisations sont désormais annexés au règlement lui-même.

Mais cette modification confère à ces formulaires un caractère réglementaire, de même valeur que le règlement lui-même. Ainsi, sont ajoutées deux nouvelles annexes :

– annexe 3 : le formulaire de demande de changement d'usage à caractère réel (avec compensation) et la liste des pièces à joindre ;

– annexe 4 : le formulaire de demande de changement d'usage personnel (sans compensation) et la liste des pièces à joindre.

(116) Dans une affaire où était discutée la légalité d'un refus d'autorisation de changement d'usage à titre personnel, le tribunal administratif de Paris a considéré que « les dispositions du Code de l'urbanisme relatives au changement de destination ne trouvent pas à s'appliquer à la présente demande régie par le Code de la construction et de l'habitation » (TA Paris, 31 oct. 2013, n° 1216405/7-2).

(117) Ces dispositions sont reprises à l'article L. 425-9 du Code de l'urbanisme.

988. - De ce fait, non seulement le formulaire dûment rempli ne peut être refusé par le service instructeur de la demande, mais encore la liste des documents et renseignements à joindre à la demande est limitative et le service ne peut en exiger d'autres, pour l'instruction de la demande. Il pourra seulement avertir le pétitionnaire que son dossier n'est pas complet et lui indiquer que l'instruction ne commencera à courir que lors de la complétude du dossier ; ce point n'est pas négligeable dans la mesure où, dorénavant, le silence de l'administration pendant une durée de deux mois à compter de l'acceptation du dossier de demande vaut acquiescement à celle-ci[118].

§ 5. - Le quatrième modificatif adopté en février 2016

989. - La loi n° 2015-990 du 6 août 2015 pour la croissance, l'activité et l'égalité des chances économiques, dite « loi Macron », a inséré dans le Code de la construction et de l'habitation un article L. 631-7-1 B, lequel reprend une mesure instituée lors du vote de la loi n° 94-624 du 21 juillet 1994 mais abrogée par l'article 29, III de l'ordonnance du 8 juin 2005[119].

Le nouvel article L. 631-7-1 B incite les communes entrant dans le champ d'application de l'article L. 631-7 à instituer une autorisation d'affecter temporairement à l'habitation, pour une durée maximum de quinze ans, des locaux affectés à un autre usage. En effet, sous l'ancienne législation, la déclaration par le propriétaire était de droit ; la loi de 2015 a voulu que le régime ainsi réintroduit soit précédé d'une délibération de la commune ou de l'EPCI décidant de la mise en application sur le territoire communal.

En conséquence, par une délibération n° 2016 DLH 59 adoptée lors du conseil des 15, 16 et 17 février 2016, la ville de Paris a modifié une nouvelle fois son règlement pour y insérer un article d'application de cette mesure. Il semble que Paris soit la seule commune ayant opté, à ce jour, pour une telle délibération.

990. - L'article 1er du règlement est complété par un dernier alinéa :

> « Conformément à l'article L. 631-7-1 B du Code de la construction et de l'habitation, un régime de déclaration de changement d'usage temporaire permettant de transformer en habitation des locaux à un autre usage est institué dans les conditions précisées à l'article 10 du présent règlement ».

L'ancien article 10 devient l'article 11, intitulé « Modalités d'exécution du présent règlement », et la nouvelle mesure prend la place de l'article 10 sous le titre « Le régime de la déclaration de changement d'usage temporaire ».

991. - L'article L. 631-7-1 B renvoyant au conseil municipal (ou à l'organe délibérant de l'EPCI compétent en matière de plan local d'urbanisme) le soin de « définir un régime de déclaration préalable », le nouvel article 10 apporte d'utiles précisions sur l'application pratique du nouveau texte :

1) le pétitionnaire doit adresser sa déclaration par lettre recommandée avec accusé de réception à la mairie, Pôle Accueil et Service à l'Usager de la Direction de l'Urbanisme (Sous-Direction du Permis de Construire et du Paysage de la Rue) ; le service lui en délivrera récépissé ;

(118) V. *supra*, nos 518 et s.
(119) V. *supra*, nos 377 et s.

2) lors de sa déclaration, le pétitionnaire doit justifier, par tous moyens, de la régularité du caractère autre qu'habitation des locaux dont s'agit ;

3) avant l'expiration du délai de quinze ans, le pétitionnaire doit avertir le même service que les locaux ont retrouvé leur usage antérieur autre qu'habitation ; toujours par lettre recommandée avec demande d'avis de réception ;

4) s'il ne respecte pas ce dernier formalisme dans le délai de quinze ans de la déclaration initiale, il est déchu de son droit à réaffecter les locaux à leur usage antérieur autre qu'habitation ; dit autrement, ces mêmes locaux sont définitivement à usage d'habitation au regard de l'article L. 631-7 (sauf à déposer une demande d'autorisation de changement d'usage, au résultat incertain). La sanction peut paraître sévère, mais elle n'en est pas moins dans l'esprit du texte législatif. L'article 29-III de l'ordonnance du 8 juin 2005, qui avait supprimé la mesure instituée en 1994, avait pris soin, quant à lui, de préciser que : « En l'absence de déclaration, les locaux qui, à l'expiration de ce délai, demeurent affectés à l'habitation sont régis par les dispositions applicables aux locaux à usage d'habitation ».

992. – L'article 10 rappelle les termes du dernier alinéa de l'article L. 631-7-1 B ainsi rédigé :

> « En cas de location d'un local temporairement affecté à l'habitation en application du présent article, le contrat doit mentionner le caractère temporaire de cette affectation. Sous cette réserve, le retour des locaux à leur usage antérieur est un motif légitime et sérieux, au sens de l'article 15 de la loi n° 89-462 du 6 juillet 1989 tendant à améliorer les rapports locatifs et portant modification de la loi n° 86-1290 du 23 décembre 1986. Il ne constitue pas un événement au sens de l'article 11 de cette même loi ».

993. – Se pose la question de savoir si ce changement temporaire d'usage doit ou non s'accompagner d'un changement de destination ; la délibération est muette sur ce point. L'article L. 631-7-1 A sur les autorisations temporaires de locations meublées de courtes durées avait pris soin, en ce qui le concerne, de préciser que « le local à usage d'habitation bénéficiant de cette autorisation temporaire ne change pas de destination ». L'article L. 631-7-1 B ne reprend pas cette précision.

Toutefois, un début de réponse, en ce qui concerne la ville de Paris, peut venir du fait que, dans le cas des autorisations de caractère personnel visées par l'article L. 631-7-1, la Direction de l'urbanisme a convenu que le caractère temporaire de cette décision impliquait qu'il n'était pas nécessaire de solliciter une autorisation d'urbanisme de changement de destination. Or, l'autorisation personnelle de l'article L. 631-7-1 peut avoir une durée de validité beaucoup plus longue que celle de quinze ans maximum visée par le nouvel article L. 631-7-1 B.

Dans le cas qui nous occupe présentement, la même position devrait être adoptée ; elle serait la bienvenue face à une décision discutable du tribunal administratif de Paris du 5 juin 2014, rendue sur le régime résultant de la loi de 1994, lequel dénie à un propriétaire le droit de considérer que le local est bien toujours à usage autre qu'habitation au motif que, parallèlement à la déclaration d'usage temporaire à l'habitation, ce même propriétaire avait déposé une demande et obtenu un permis de construire de changement de destination[120].

(120) TA Paris, 7e sect., 3e ch., 5 juin 2014, n° 1307240/7-3 ; V. *supra*, n° 383.

À notre connaissance, les services de l'urbanisme de la ville de Paris n'exigent pas d'autorisation de changement de destination dans le cadre spécifique et transitoire de l'affectation temporaire. Sur un plan pratique, cette doctrine paraît assez opportune ; sur un plan plus théorique, elle heurte sans doute le principe d'indépendance des législations mais, paradoxalement, l'application de ce même principe aurait pu s'opposer au retour à l'usage initial au cas où les règles d'urbanisme applicables lors de la retransformation du local ne permettent pas le retour à la destination initiale.

994. - Sous l'empire de la loi de 1994, les services de la préfecture de Paris avaient indiqué que ce régime de déclaration temporaire avait rencontré relativement peu de succès. D'après les informations fournies par la ville de Paris, depuis 2016 les déclarations visant au changement d'usage temporaire sont peu nombreuses et portent, en règle générale, sur de petites surfaces, issues le plus souvent d'immeubles haussmanniens pour des locaux qui étaient à usage d'habitation à l'origine.

995. - Une autre délibération (2016 DFA 32), également adoptée lors du Conseil de Paris des 15, 16 et 17 février 2016, use de la faculté que lui offre l'article 1384 F nouveau du Code général des impôts. Cette disposition, introduite par la loi n° 2015-1785 du 29 décembre 2015 de finances pour 2016, permet aux communes et aux EPCI à fiscalité propre qui le souhaitent d'instituer une exonération de taxe foncière sur les propriétés bâties pour une durée de cinq ans au profit des propriétaires de locaux affectés à l'habitation principale issus de la transformation de locaux mentionnés au 1° du III de l'article 231 ter du Code général des impôts.

L'article 231 ter concerne la taxe annuelle sur les locaux à usage de bureaux, les locaux commerciaux et les locaux de stockage situés en Île-de-France ; la référence au 1° du III de cet article limite l'impact de la mesure en faveur des locaux de bureaux proprement dits et de leurs « dépendances immédiates et indispensables », ainsi que « ceux à usage professionnel destinés à l'exercice d'activités libérales ou utilisés par des associations ou organismes privés poursuivant ou non un but lucratif ». Ainsi, seules les transformations de ces locaux en habitation principale pourront en bénéficier ; ne sont pas concernés les autres locaux soumis à la taxe annuelle.

L'article 1384 F n'emprunte aucune autre disposition au régime de la taxe annuelle, de sorte que taxe foncière et taxe annuelle continuent de s'appliquer indépendamment l'une de l'autre dans les limites de leurs domaines respectifs[121].

996. - Cette mesure, à l'évidence destinée à accompagner les futures déclarations d'affectation temporaire à l'habitation, n'est cependant pas réservée à ces dernières et peut parfaitement bénéficier aux locaux à usage de bureaux offerts en compensation dans le cadre d'une procédure d'autorisation de changement d'usage à titre réel si les autres conditions, notamment celle d'affectation à l'habitation principale, sont remplies.

997. - L'exonération de taxe foncière s'applique, précise l'article 1384 F, à compter de l'année qui suit celle de l'achèvement des travaux de transformation. En pratique, pour connaître le point de départ de l'exonération, il convient de se placer non pas à la date de la déclaration d'affectation temporaire, ni à celle de l'arrêté d'autorisation intermédiaire ou définitive de changement d'usage, mais à la date d'achèvement de la transformation du local déclaré ou proposé en compensation.

(121) L'exonération temporaire de taxe foncière peut être instituée à l'extérieur de la région Île-de-France où reste cantonnée la taxe annuelle.

L'exonération s'applique aux locaux dont les travaux de transformation sont achevés à compter du 1er janvier 2016[122]. La ville de Paris ayant instauré ce dispositif fiscal avant le 1er octobre 2016, l'exonération devrait donc logiquement s'appliquer pour la première fois aux impositions de taxe foncière établies au titre de l'année 2017.

Pour bénéficier de l'exonération, le propriétaire doit adresser au service des impôts du lieu de situation du bien une déclaration comprenant tous les éléments d'identification des locaux accompagnée d'une copie de la déclaration de changement d'affectation prévue à l'article 1406 du Code général des impôts et de l'ensemble des éléments justifiant qu'il s'agit bien de bureaux transformés en logements d'habitation. Cette déclaration doit être souscrite avant le 1er janvier de la première année au titre de laquelle l'exonération est applicable.

§ 6. – Le cinquième modificatif adopté en juillet 2017

998. - La loi n° 2016-1321 du 7 octobre 2016 pour une République numérique a modifié l'article L. 324-1-1 du Code du tourisme :

« II. – Dans les communes où le changement d'usage des locaux destinés à l'habitation est soumis à autorisation préalable au sens des articles L. 631-7 et L. 631-9 du code de la construction et de l'habitation une délibération du conseil municipal peut décider de soumettre à une déclaration préalable soumise à enregistrement auprès de la commune toute location pour de courtes durées d'un local meublé en faveur d'une clientèle de passage qui n'y élit pas domicile ».

Ces dispositions figurent aujourd'hui au III du même article L. 324-1-1 ; il est en outre précisé que « la déclaration indique si le meublé de tourisme offert à la location constitue la résidence principale du loueur au sens de l'article 2 de la loi n° 89-462 du 6 juillet 1989 ».

999. - Par ailleurs, l'article L. 324-2-1 du Code du tourisme prévoit que « toute personne qui se livre ou prête son concours contre rémunération, par une activité d'entremise ou de négociation ou par la mise à disposition d'une plateforme numérique, à la mise en location d'un local meublé soumis à l'article L. 324-1-1 (...) doit informer le loueur des obligations de déclaration ou d'autorisation préalables (...) ».

Les obligations imposées aux intermédiaires et notamment aux plateformes de location ont depuis été renforcées et s'appliquent désormais même lorsque ces plateformes interviennent à titre gratuit ; leur méconnaissance est lourdement sanctionnée[123].

1000. - Le Conseil de Paris, dans sa séance des 3, 4 et 5 juillet 2017 (Délib. n° 2017 DLH 128 affichée à l'Hôtel de Ville et transmise au représentant de l'État le 13 juillet 2017), a décidé de mettre en œuvre les dispositions prévues par les articles L. 324-1-1, II et L. 324-2-1. À cet effet, sont créés, dans le règlement :

1) une modification du titre rassemblant les articles 7 à 9, qui devient : « Conditions et modalités de délivrance des autorisations » ;

(122) L. fin. 2016, n° °2015-1785, 29 déc. 2015, art. 93, II.
(123) V. *supra*, nos 751 et s.

2) un nouvel article 7 bis, en application des deux articles précités du Code du tourisme :

– « toute location pour de courtes durées d'un local meublé en faveur d'une clientèle de passage qui n'y élit pas domicile, situé ou non dans la résidence principale du loueur, doit faire l'objet d'une déclaration préalable soumise à enregistrement (...) » ;

– « (...) toute personne qui prête son concours (...) doit informer le loueur des obligations de déclaration et/ou d'autorisation préalables (...) et obtenir de ce dernier, préalablement à la location du bien, une déclaration sur l'honneur attestant du respect de ces obligations, indiquant si le logement constitue ou non sa résidence principale (...) ainsi que, le cas échéant, le numéro de déclaration du logement... ».

Enfin, la délibération indique que le numéro de déclaration est obligatoire à compter du 1er décembre 2017.

1001. – L'exposé des motifs préalable à cette délibération indique les mentions à renseigner lors de l'enregistrement :

– le déclarant devra fournir son identité, son adresse, son adresse électronique ;

– il devra fournir l'adresse du local, précisant, pour ce dernier, le bâtiment, l'escalier, l'étage et le numéro d'appartement ;

– il pourra également, en lieu et place de ces dernières informations, fournir le numéro invariant identifiant le logement tel qu'il ressort de son avis de taxe d'habitation ;

– il devra indiquer s'il s'agit d'une résidence principale ou non ;

– il mentionnera le nombre de pièces, le nombre de lits et, le cas échéant, la date et le niveau de classement ou de toute autre reconnaissance de qualité des meublés de tourisme.

1002. – Un téléservice[124] permet d'effectuer la déclaration et donne lieu à la délivrance d'un accusé-réception comprenant un numéro d'enregistrement qui doit être mentionné dans toute annonce relative à ce meublé.

§ 7. – Le sixième modificatif adopté en décembre 2017

1003. – L'encre du cinquième modificatif est à peine sèche que le Conseil de Paris y revient. Déjà, lors de son deuxième modificatif de novembre 2014, la ville avait durci le régime des compensations applicable aux locations de meublés touristiques, en indiquant que la compensation ne pouvait s'opérer, dans ce cas, que dans le même arrondissement[125].

Depuis lors, le phénomène de développement de ce type de location s'est sensiblement amplifié. Dans le rapport de présentation préalable au vote du sixième modificatif, le rapporteur note que plus de 20 000 logements échappaient, en 2017, à la location traditionnelle et que les meublés touristiques pouvaient représenter jusqu'à 20 % de l'offre locative globale dans les arrondissements du centre de Paris. Également, les changements d'usage ne sont pas apparus homogènes au sein d'un même arrondissement.

1004. – En conséquence, dans sa délibération n° 2017 DLH 362 des 11, 12 et 13 décembre 2017 (affichée à l'Hôtel de Ville et transmise au représentant de l'État

(124) https://meubles-tourisme.paris.fr/meubles-tourisme.

(125) V. *supra*, nos 948 et s.

le 20 décembre 2018), le Conseil de Paris a renforcé encore la règle de compensation pour les locations touristiques en décidant que, dans ce cas, la surface de compensation offerte devrait, désormais, se situer dans le « **même quartier administratif** ».

Rappelons que Paris est divisé administrativement en vingt arrondissements et quatre-vingts quartiers, soit quatre quartiers par arrondissement ; par suite, le changement d'usage d'habitation en meublé de tourisme, nécessitant obligatoirement une offre de compensation à Paris, devient, pour le demandeur, d'une sensible plus grande difficulté.

§ 8. – Le septième modificatif adopté en novembre 2018[126]

1005. – Par délibération n° 2018 DLH 254 des 14, 15, 16 et 19 novembre 2018 (affichée à l'Hôtel de Ville et transmise au représentant de l'État le 22 novembre 2018), le Conseil de Paris a opéré une nouvelle modification de son règlement municipal. Les changements apportés se répartissent en deux catégories, d'inégales longueurs :

– la prise en compte de la dématérialisation de la demande de changement d'usage par la création d'un service numérique (A) ;

– l'ajout de diverses, mais non moins importantes, modifications rédactionnelles (B).

A. – Création d'un service numérique de dématérialisation (art. 7)

1006. – Jusque-là, les demandes d'autorisation de changement d'usage devaient être obligatoirement rédigées sur deux formulaires distincts, l'un concernant les demandes d'autorisation personnelle sans compensation, le second les demandes d'autorisation réelle avec compensation. Les modèles de formulaires et les listes de pièces à joindre à la demande ont eux-mêmes un caractère réglementaire, comme étant annexés au règlement[127].

1007. – Désormais, il existe un troisième formulaire, spécialement pour les demandes d'usage mixte. Mais surtout, il est créé un téléservice, disponible sur le site Internet de la ville de Paris. Ce service offre la possibilité aux usagers de déposer et compléter leur demande (formulaire et pièces justificatives), de suivre l'avancement de leur dossier et de télécharger la décision délivrée.

1008. – Conscients que tout pétitionnaire n'est pas nécessairement familiarisé avec le numérique, et qu'à ce jour aucun fondement juridique ne permettrait d'imposer une saisine exclusivement par voie électronique[128], les auteurs du règlement ont pris le soin de préciser que cette possibilité est facultative. Le demandeur peut continuer à utiliser les formulaires sur papier avec les pièces à joindre. Il doit désormais les adresser, non plus au « Pôle Accueil et Service à l'Usager de la Direction de l'Urbanisme (Sous-Direction du Permis de Construire et du Paysage de la Rue) » mais à la « Direction du Logement et de l'Habitat (Bureau de la Protection des Locaux d'Habitation) »[129].

(126) V. annexes : « Documents d'application : Règlements municipaux », ann. 8.

(127) V. *supra*, n°s 987 et s.

(128) Le recours au téléservice est en principe admis comme une simple faculté offerte à l'administré (CRPA, art. L. 112-8).

(129) Il en va de même de la déclaration de changement d'usage temporaire déposée sur le fondement de l'article 10 du règlement modifié.

B. – Modifications et précisions rédactionnelles

1009. – Les différents articles du règlement subissent des modifications de rédaction qui sont le résultat de l'expérience du service en charge du contrôle, et qui visent à corriger certaines ambiguïtés résultant des nombreux dossiers de demande analysés. Mais derrière une modification de détail se cache parfois une évolution de la règle de fond.

1° Critères de recevabilité des compensations (art. 2)

1010. – Sur la nature ou, plus exactement, le mode de réalisation des locaux proposés en compensation : ils ne doivent plus seulement correspondre « à des unités de logements » mais « à la création d'unités de logements » ; ainsi, il est clairement exprimé qu'il ne peut pas être proposé « une extension d'un logement existant », mais uniquement un nouveau logement, en contrepartie de la suppression d'un autre. Ce n'est là que la confirmation d'une pratique à notre connaissance constante de la part des services de la ville.

1011. – Lors de son premier modificatif de février 2011, la ville de Paris avait admis que les compensations au sein d'une même unité foncière, même en secteur de compensation renforcée, pouvaient s'opérer à surface égale et non du double ; mais il devait s'agir d'un propriétaire unique sur cette unité foncière. Désormais, il est admis qu'il puisse s'agir d'un « même propriétaire » au sein d'une copropriété.

Ce régime de faveur est applicable dans tous les arrondissements.

1012. – Si le local est situé dans les arrondissements 1 à 9 à l'exception du 3e, la moitié au plus de la surface du local d'habitation peut être compensée en dehors de son arrondissement. Cette disposition, introduite par le deuxième modificatif de novembre 2014 et parfois appelée « règle des 50 % », fait l'objet :

– d'une actualisation portant sur la justification de cette protection particulière, fondée sur les taux d'emploi comptabilisés par l'INSEE à partir de tout type d'emploi (salarié ou non) ;

– et d'une précision visant à éclaircir la situation des autres arrondissements et parties d'arrondissements du secteur de compensation renforcée (les 3e, 10e, 14e, 15e, 16e, 17e et 18e).

2° Autorisations personnelles (art. 4)

1013. – Dans les quartiers autres que ceux à prédominance de bureaux (figurant à l'annexe 2 du règlement), il est admis que des autorisations de changement d'usage à caractère personnel puisse être accordées à des professionnels à hauteur de 50 m² par professionnel, dans la limite de 150 m² ; il est désormais précisé qu'il ne peut s'agir que de professionnel « exerçant une profession libérale réglementée », dont la liste limitative résulte du premier modificatif de février 2011, complété par le deuxième modificatif de novembre 2014.

1014. – Cette précision concerne également la règle de 250 m² permettant le remplacement d'un professionnel ; mais avec cette précision importante qu'il ne peut s'agir que « d'une personne exerçant la même profession que celle autorisée ». Ainsi, le remplacement ne peut se faire qu'au sein de la même profession, et ce dans tous les quartiers.

1015. – Il était déjà admis qu'une autorisation personnelle peut être accordée pour une activité artisanale en rez-de-chaussée dans les voies comportant une protection particulière de l'artisanat telles que définies au PLU ou aux PSVM du Marais et du 7e arrondissement. Mais cette possibilité était limitée à une activité « sur rue » ; elle est étendue à une activité « sur cour ».

1016. - En vue de favoriser l'implantation de commerces de proximité, peut être autorisée, à titre personnel, la transformation des logements en rez-de-chaussée en activité commerciale à la condition que le propriétaire ou le locataire du local soit un organisme d'habitation à loyer modéré ou une société d'économie mixte ; cette possibilité est ouverte uniquement hors du secteur de compensation renforcée.

1017. - Un nouvel article 4 bis indique que la limitation des autorisations personnelles en rez-de-chaussée à 50 m^2 dans le huitième arrondissement ne concerne pas, par renvoi à l'article 4, 3°), les personnes physique ou morales exerçant « une mission d'intérêt général » visées au 2°) du même article. Dit autrement, l'exercice de ces missions peut être autorisé en étage comme en rez-de-chaussée sans compensation et sans limite de surface, ce qu'admettaient déjà les services de la ville[130].

Par suite, l'ancien article 4 bis devient 4 ter, sans changement rédactionnel.

3° Autorisation d'usage mixte (art. 5)

1018. - L'autorisation prévue à l'article L. 631-7-2 du Code de la construction et de l'habitation, pour les locaux à usage mixte accordée à une personne qui y réside à titre principal, ne peut être accordée que s'il s'agit, non plus « d'une », mais de « son activité » ; ceci afin d'éviter l'installation de tiers dans la journée, notamment en *coworking*.

4° Instruction des demandes d'autorisation (art. 7)

1019. - Depuis l'élaboration du règlement d'origine[131], le service instructeur exigeait que le demandeur apporte la preuve que le changement d'usage ne dérogeait pas au règlement de copropriété, s'il était copropriétaire, ou au bail, s'il était locataire ; le service instructeur devait être à même de vérifier sur pièces avant de donner l'autorisation. Mais il est parfois difficile d'analyser la destination résultant du règlement de copropriété ou du bail, source de contentieux en cas de mauvaise interprétation ; en outre, cette vérification s'accordait mal avec le principe qu'une autorisation administrative est toujours conférée sous réserve des droits des tiers.

1020. - Cette critique a été entendue et, dans sa sagesse, le Conseil de Paris a revu le règlement et les formulaires de demande afin qu'il ne soit plus exigé du pétitionnaire de justification ou d'attestation sur l'absence d'opposition de la copropriété ou sur l'existence de l'accord du bailleur quant au changement d'usage sollicité. Lors des débats en séance du Conseil, devant l'opposition d'une minorité de conseillers, le rapporteur s'en est expliqué : « Cette obligation ressort normalement du domaine privé et reste étrangère au contrôle de l'administration. (...) Comment d'ailleurs l'administration pourrait-elle appliquer et donc interpréter les clauses de règlements ou de baux souvent anciens ? Il s'agirait d'un travail titanesque, mobilisant des moyens humains considérables et accessoirement une source de contentieux non négligeables »[132].

(130) V. *supra*, nos 969 et 981.
(131) V. *supra*, nos 883 et s.
(132) Bull. officiel des débats de la séance des 14, 15, 16 et 19 nov. 2018, p. 120.

1021. – La nécessité pour le demandeur d'apporter la preuve de la conformité au règlement de copropriété ou au bail n'est conservée que dans le cas d'une demande d'autorisation en locaux mixtes puisque, dans ce cas, l'article L. 631-7-2 du Code de la construction et de l'habitation le prévoit expressément.

5° Déclaration de changement d'usage temporaire (art. 10)

1022. – Dans la logique de la décision prise en matière de demande d'autorisation, et décrite ci-dessus aux paragraphes 1019 et suivants, le Conseil de Paris indique que, pour l'application de l'article L. 631-7-1, B du Code de la construction et de l'habitation concernant la déclaration d'usage temporaire à l'habitation d'un local à usage autre qu'habitation[133], le déclarant n'a pas à apporter la preuve que ce local est régulièrement à ce dernier usage ; une simple attestation sur l'honneur de sa part est suffisante.

L'administration conserve cependant la possibilité de contrôler la régularité de l'usage initial lorsque les locaux cessent d'être affectés à l'habitation.

§ 9. – Le huitième modificatif adopté en décembre 2021[134]

1023. – Dans sa séance des 14, 15, 16 et 17 décembre 2021, le Conseil de Paris a une nouvelle fois modifié son règlement municipal (Délib. n° 2021 DLH 459 affichée à l'Hôtel de Ville et transmise au représentant de l'État le 20 décembre 2021)[135]. Les principales innovations concernent le système de compensation par lequel les autorisations de changement d'usage acquièrent un caractère réel (A). Les formulaires de demande d'autorisation (réelle, personnelle et mixte) sont également revus à cette occasion (B). Adoptée lors du même conseil, une autre délibération (Délib. n° 2021 DLH 460) cible uniquement les locaux à usage commercial que les loueurs souhaiteraient transformer en meublés touristiques (C).

A. – Modification des règles de compensation

1024. – Les changements d'usage en locations meublées de tourisme sont les premiers concernés par les nouvelles règles de compensation (1°), mais ils ne sont pas les seuls (2°).

1° Nouveau périmètre encadrant les meublés de tourisme

1025. – Dans son sixième modificatif de décembre 2017, la ville de Paris avait déjà durci la règle de compensation concernant les locations meublées touristiques en exigeant que, dans un tel cas, l'offre de compensation provienne du même quartier administratif (la ville de Paris est divisée en quatre-vingts quartiers). Elle va plus loin encore, devant le développement du phénomène dans les quartiers centraux et touristiques : dans un périmètre à l'intérieur duquel se situent les arrondissements Paris Centre (regroupant les 1er, 2e, 3e et 4e arrondissements), 5e, 6e, 7e, 8e, 9e, 10e, 11e et 18e, l'offre de compensation – sociale ou privée – doit être impérativement de **3 m² pour 1 m² d'habitation transformé**.

(133) V. *supra*, n°s 989 et s.

(134) V. annexes : « Documents d'application : Règlements municipaux », ann. 9.

(135) G. Daudré, *De nouveaux obstacles à la transformation des logements et des commerces à Paris : JCP* N 2021, n° 51-52, 1157. Le règlement modifié a lui-même été publié sous format papier au *BOVP* n° 5 du 18 janvier 2022, date à partir de laquelle il est devenu opposable.

Une nouvelle annexe 6 au règlement fait figurer ce périmètre sur le plan de Paris.

1026. - Pour étayer sa décision, la ville s'appuie sur le nombre de numéros d'enregistrement délivrés par ses services, lorsque le chiffre est supérieur à 50 pour 1 000 résidences principales dans un même arrondissement ; de même, dans l'exposé des motifs, elle fait état d'une étude publiée par l'Atelier parisien de l'urbanisme (Apur) en octobre 2021[136]. En effet, l'instauration d'une règle de triple compensation – qui ne souffre aucune exception – n'est pas sans soulever, une nouvelle fois, la question de la proportionnalité au regard de l'article 10 de la directive Services, et l'on sait que la réponse du juge français dépend, en partie, de l'examen des études que peuvent produire les collectivités[137].

1027. - En dehors du périmètre de la règle du 3 pour 1, les coefficients de compensation des meublés de tourisme restent identiques à ceux applicables aux autres changements d'usage (en bureau, commerce...) :

– 1 m^2 de compensation pour 1 m^2 d'habitation transformé, ou 2 m^2 de compensation si le logement transformé est situé dans le secteur de compensation renforcée (SCR) ;

– et 1 m^2 pour les compensations sociales, que le logement soit situé ou non dans le SCR.

Lors des débats devant le Conseil de Paris, le maire-adjoint en charge du logement a annoncé qu'une charte venait d'être signée avec dix organismes de logement social par laquelle ces opérateurs s'étaient engagés à ne plus offrir de compensation en vue de la création de locations meublées touristiques ; en fait, cela revient à dire que la compensation pour de telles créations ne pourra plus provenir que d'une offre privée.

Quel que soit l'arrondissement, la compensation doit toujours être réalisée, en totalité, dans le même quartier administratif que celui du local transformé en meublé de tourisme.

2° Élargissement et renforcement de règles existantes

1028. - Deux règles impératives introduites en 2015 voient leur champ d'application territorial s'élargir :

– le règlement prévoit que, dans certains arrondissements, 50 % de la surface transformée doit être compensée dans l'arrondissement[138] ; ce dispositif est étendu aux 3e, 16e et 17e arrondissements, qui rejoignent ainsi les arrondissements 1, 2 et 4 à 9 où la règle était déjà en vigueur ;

– le modificatif étend à l'ensemble du SCR l'obligation de proposer un nombre de logements créés au moins équivalent au nombre de logements transformés ; cette obligation ne concernait jusqu'à présent que les arrondissements ou parties d'arrondissements des 3e, 10e, 14e, 15e, 16e, 17e et 18e du SCR ; toute offre de compensation, sociale ou privée, en SCR doit donc proposer autant, sinon davantage, de logements créés que de logements transformés, et ce afin d'empêcher que la création d'un grand logement ne permette de transformer plusieurs logements plus petits.

(136) *Quel impact de la crise de la covid-19 sur les locations meublées touristiques à Paris ?*, note n° 205, oct. 2021.

(137) I. Penchinat, *La consécration des réglementations française et parisienne de régulation des locations meublées touristiques : Actes prat. ing. immobilière* 2021, n° 3, étude 20, § 38.

(138) V. *supra*, nos 942 et s.

Le périmètre du SCR demeure quant à lui inchangé.

1029. – La règle de compensation au sein d'une même unité foncière[139] fait l'objet d'une nouvelle clarification : la compensation doit être réalisée « en totalité » au sein de cette unité.

1030. – Dès la première version de son règlement, la ville de Paris avait estimé que, dans le SCR, les offres de compensation émanant des bailleurs sociaux pouvaient être prises de 1 m² pour 1 m² ; elle étend ce dispositif aux logements faisant l'objet d'un bail réel solidaire par un organisme de foncier solidaire, au premier chef la Foncière de la Ville de Paris, qui a pour objectif de créer un parc parisien de logements abordables en accession à la propriété, sous forme de logements en bail réel solidaire[140].

B. – Modification des formulaires de demande d'autorisation

1031. – Les formulaires de demande d'autorisation de changement d'usage sont précisés.

Dans l'annexe 3 (demande de changement d'usage avec compensation) : après « Plan de l'état actuel avec mention des surfaces » il est ajouté « exprimées en surface de plancher définitive ».

Dans l'annexe 4 (demande d'autorisation personnelle) :

– s'agissant de la nature des plans à joindre, il n'est plus exigé que les plans soient certifiés par un architecte ou un géomètre-expert ; il suffit désormais qu'ils soient simplement cotés, sous la responsabilité du demandeur ;

– pour justifier du remplacement d'un professionnel (dans la limite de 250 m²), il convient de joindre une attestation de départ de l'ancien professionnel, datant de moins d'un an.

Dans l'annexe 5 (demande d'autorisation pour un usage mixte) : lors du dépôt d'une demande d'usage mixte (principalement en étage), il convient de joindre un plan coté (faisant apparaître les surfaces habitation et activité) et un justificatif de résidence principale, qui peut consister en un appel de taxe d'habitation ou une attestation des services fiscaux.

C. – Nouvelle autorisation encadrant la transformation des commerces en meublés de tourisme

1032. – Par une autre délibération (Délib. n° 2021 DLH 460 affichée après transmission au contrôle de légalité le 7 janvier 2022), le Conseil de Paris des 14, 15, 16 et 17 décembre 2021 a adopté un règlement fixant les conditions de délivrance des autorisations pour la location d'un local à usage commercial en tant que meublé de tourisme[141].

La ville de Paris, usant de la possibilité accordée par l'article L. 324-1-1, IV bis du Code du tourisme, est, à notre connaissance, la première à y recourir. Il est vrai que cette faculté n'est ouverte que depuis le 1er juillet 2021, et qu'elle demeure réservée aux seules communes soumises – de plein droit ou volontairement – à la réglementation

(139) V. *supra*, nos 906 et s., n° 1011.

(140) V., sur ce type de montage, A. Lefort, J. Marion et J.-L. Tixier, *La nature des droits issus d'un bail réel solidaire (BRS) : Opérations immo.* janv.-févr. 2021, p. 7. V. égal. F. Roussel, *Projet de loi 3DS : vers une simplification attendue du BRS ? : JCP* N 2022, n° 6, 244.

(141) Le règlement a lui-même été publié sous format papier au *BOVP* n° 5 du 18 janvier 2022, date à partir de laquelle il est devenu opposable.

du changement d'usage et ayant mis en place l'obligation d'enregistrement des meublés de tourisme.

Les modalités d'application du régime d'autorisation ont été précisées par le décret n° 2021-757 du 11 juin 2021 (*JO* 13 juin) ; néanmoins il incombe au conseil municipal d'identifier les périmètres concernés et de définir les critères retenus pour la délivrer ou la refuser. Ces critères « peuvent être mis en œuvre de manière différenciée sur le territoire de la commune, en fonction de la situation particulière de certains quartiers ou zones » (C. tourisme, art. R. 324-1-5, 2°)[142].

1033. – Les principales dispositions de ce règlement, totalement distinct de celui dédié aux changements d'usage, concernent le champ d'application (1°), l'instruction (2°) et les conditions d'obtention de l'autorisation (3°).

1° Champ d'application du régime d'autorisation

1034. – Sont seuls concernés les « locaux à usage commercial ». Le règlement indique qu'il s'agit :

– jusqu'à l'approbation de la révision du plan local d'urbanisme (PLU) de Paris prescrite par délibération 2020 DU 104 des 15, 16 et 17 décembre 2020, des locaux inclus dans des constructions dont la destination est le commerce, l'hébergement hôtelier et/ou l'artisanat au sens de l'ancien article R. 123-9 du Code de l'urbanisme ;

– à compter de cette approbation, des locaux inclus dans des constructions dont la destination est le commerce et les activités de service au sens du 3° de l'article R. 151-27 du même code.

Ce n'est là que l'application des dispositions de l'article R. 324-1-4 du Code du tourisme, qui distinguent entre les PLU mis en conformité avec la loi ALUR du 24 mars 2014 et ceux qui ne le sont pas encore comme celui de Paris.

1035. – Lors des débats devant le Conseil de Paris, de nombreux conseillers ont regretté que cette mesure s'applique seulement aux commerces et activités et non aux bureaux ; mais le règlement dont s'agit ne pouvait pas l'édicter sans enfreindre le texte de la loi comme de son décret d'application.

1036. – L'ensemble du territoire parisien est couvert par le nouveau régime d'autorisation.

Aucune autorisation ne sera toutefois accordée aux locaux à usage commercial situés dans une emprise foncière comportant un linéaire commercial et artisanal faisant l'objet d'une protection au PLU (protection simple, protection renforcée, protection particulière de l'artisanat).

2° Instruction de la demande d'autorisation

1037. – La demande d'autorisation est déposée sous format numérique ou papier auprès de la Direction de l'urbanisme.

Le contenu de la demande et la procédure d'instruction varient selon que la transformation du local commercial en meublé de tourisme est par ailleurs soumise, ou non, à une autorisation d'urbanisme au titre d'un changement de destination ou de sous-destination. Si tel est le cas, l'autorisation délivrée tiendra lieu de permis

(142) V., sur ce nouveau régime d'autorisation, M. Raunet, *Réglementer l'hébergement touristique de courte durée : AJDA* 2021, p. 1401.

de construire ou de décision de non-opposition à déclaration préalable, elle est donc demandée, instruite, délivrée et exécutée dans les conditions prévues par le Code de l'urbanisme.

Sur ce point, le règlement ne fait que reprendre les dispositions réglementaires du Code du tourisme (art. R. 324-1-6 et R. 324-1-7).

1038. - Dans sa version actuelle, le PLU de Paris classe les meublés touristiques dans la destination d'hébergement hôtelier ; sauf si le local relevait déjà de cette destination, sa transformation en meublé de tourisme constitue un changement de destination et nécessite le dépôt d'une demande d'autorisation d'urbanisme[143]. Cette demande devra, désormais, préciser qu'elle est également déposée au titre du Code du tourisme et comporter des éléments d'informations complémentaires sur le local.

Cette instruction commune est facilitée par le fait que la maire de Paris est compétente pour délivrer tant les autorisations de louer que celles d'urbanisme.

3° Critères d'autorisation

1039. - Le règlement n'a retenu que des critères négatifs, qui excluent la délivrance de l'autorisation. Ainsi, la transformation du local ne doit ni contribuer à rompre l'équilibre entre emploi, habitat, commerces et services, ni entraîner de nuisances pour l'environnement urbain.

1040. - Le respect de l'objectif de maintien de l'équilibre s'apprécie en fonction :

- de la densité de meublés de tourisme, au vu notamment du nombre de numéros d'enregistrement par rapport au nombre de résidences principales, et du nombre d'autorisations d'urbanisme changeant la destination de commerce en hébergement hôtelier sur une période récente[144] ;
- de la densité et de la diversité de l'offre commerciale du secteur, au vu notamment de la présence d'une zone de redynamisation commerciale et de la densité commerciale par types de commerce ;
- de la densité de l'offre hôtelière existante.

1041. - La protection de l'environnement urbain est appréciée notamment au vu :

- des caractéristiques du meublé de tourisme (surface, nombre de pièces, nombre maximum de personnes accueillies, moyens d'accès) et, si le local fait partie d'un immeuble comportant plusieurs locaux, l'absence de nuisance sera appréciée selon la consistance de l'immeuble et la localisation du meublé au sein de celui-ci ;
- de la bonne insertion dans le tissu urbain, en considérant les caractéristiques du quartier.

1042. - La définition des critères s'est appuyée sur plusieurs études de l'Apur citées dans l'exposé des motifs de la délibération, qui peuvent témoigner d'une analyse particulière de la situation de la commune. La ville de Paris estime avoir ainsi perdu 59 000 m^2 de locaux commerciaux transformés, entre 2015 et juin 2021, en locations touristiques, par un simple changement de destination au sens du Code de l'urbanisme.

(143) Sous réserve cependant de l'issue du pourvoi (n° 454789) contre l'arrêt de la cour administrative d'appel de Paris du 20 mai 2021 (n° 19PA00986 : *Constr.-Urb.* 2021, comm. 93, note L. Santoni) jugeant que le champ d'application des autorisations d'urbanisme doit être déterminé au regard, non pas des destinations de l'article R. 123-9 du Code de l'urbanisme utilisées par le PLU de Paris, mais des destinations et sous-destinations énumérées aux articles R. 151-27 et R. 151-28 dudit code.

(144) Cette période s'entend des cinq dernières années selon l'exposé des motifs de la délibération.

Ces conditions incitent à penser que les services instructeurs auront une large faculté d'appréciation et que l'autorisation pourrait être fréquemment refusée ; mais peut-être est-ce l'objectif poursuivi.

§ 10. – Mise en pratique par la ville de Paris de son règlement

1043. – La Direction du logement et de l'habitat de la ville de Paris, consultée, apporte les précisions suivantes sur l'application du règlement qui régit son territoire.

A. – Locations meublées et chambres d'hôtes

1° L'encadrement des meublés de tourisme par le changement d'usage

1044. – La transformation de logements nus ou loués en meublés à l'année en logements loués de manière saisonnière, à la semaine ou au mois, constitue un changement d'usage soumis à autorisation[145]. En effet, l'article L. 631-7 précisait déjà, dans sa rédaction issue de l'ordonnance de 2005, que « constituent des locaux destinés à l'habitation… les locaux meublés donnés en location dans les conditions de l'article L. 632-1 », c'est-à-dire loués à l'année en vertu d'un bail écrit ; *a contrario*, ne constituent pas des locaux d'habitation ceux qui sont loués meublés de manière fragmentée. La ville de Paris a montré, depuis lors, qu'elle était très attentive au respect, sur ce point, de la réglementation, pour les raisons rappelées ci-avant[146]. La loi ALUR du 24 mars 2014 est venue encore préciser l'intention du législateur en insérant à la fin de l'article L. 631-7 :

> « Le fait de louer un local meublé destiné à l'habitation de manière répétée pour de courtes durées à une clientèle de passage qui n'y élit pas domicile constitue un changement d'usage au sens du présent article ».

1045. – L'autorisation avec compensation étant fixée comme règle générale par l'article 1er du règlement dans sa version initiale et la transformation de logements nus en locations meublées saisonnières n'entrant pas dans le champ des exceptions visées à l'article 3 dudit règlement, il fallait nécessairement en déduire qu'un tel changement d'usage ne pouvait être autorisé que si une compensation est offerte par le bailleur et acceptée par l'administration. Le deuxième modificatif édicte désormais expressément, en son article 3, cette exigence de compensation. Et, à l'issue du sixième modificatif, cette compensation doit toujours être réalisée dans le même quartier administratif que celui du local d'habitation transformé en meublé de tourisme. Enfin, dans les arrondissements les plus impactés, elle peut représenter jusqu'à une surface triple de celle du logement transformé.

1046. – La sanction peut paraître lourde… aussi la ville a-t-elle toléré, en cas de location meublée étudiante pendant l'année universitaire, que le même local puisse être loué de manière résiduelle en meublé de tourisme sans exiger d'autorisation de changement d'usage. En ce cas, le local qui est loué pendant neuf mois à un

(145) V. *supra*, nos 198 et s.
(146) V. *supra*, nos 208 et s.

étudiant, dans les conditions de l'article L. 632-1, pouvait être librement reloué les trois mois restant, en meublé saisonnier.

Cette tolérance administrative n'a pas été remise en cause par la loi ALUR ; elle a cependant été sensiblement atténuée par la jurisprudence la Cour de cassation qui admet la possibilité de louer à une clientèle de passage – sans avoir à solliciter d'autorisation de changement d'usage – une unique fois par an[147]. Dans l'exemple ci-dessus, le local meublé loué à un étudiant durant l'année universitaire ne peut être reloué pendant les trois mois restant en meublé de tourisme qu'à une seule reprise ; mais rien n'interdit de le relouer le reste de l'année par le biais d'un (ou plusieurs) bail mobilité d'une durée minimale d'un mois.

1047. – La ville de Paris n'a pas jugé nécessaire, dans son deuxième modificatif, ni par la suite, d'utiliser la faculté que lui octroyait le nouvel article L. 631-7-1 A, issu de la loi ALUR[148], de délibérer pour « définir un régime d'autorisation temporaire de changement d'usage permettant à une personne physique de louer pour de courtes durées des locaux destinés à l'habitation à une clientèle de passage qui n'y élit pas domicile ». En effet, la ville a considéré que l'application, tant de l'article L. 631-7, dernier alinéa, que de son propre règlement, lui permettait suffisamment d'exercer la police du contrôle de l'usage d'habitation dans le cas des locations meublées de courtes durées. Elle a délibérément opté pour une position radicale : toute autorisation de changement d'usage pour l'utilisation du logement en meublé touristique ne peut être que réelle, avec compensation ; et, au fil des modificatifs successifs, les critères de recevabilité de la compensation ont été renforcés.

2° L'encadrement des meublés de tourisme par le plan local d'urbanisme

1048. – Le plan local d'urbanisme (PLU) de Paris s'est également préoccupé des locations meublées de courte durée. Jusqu'à la modification générale du PLU des 29 et 30 septembre 2009, le passage de logements nus en logements meublés loués autrement qu'à l'année et à titre de résidence principale ne constituait pas un changement de destination soumis à autorisation d'urbanisme ; seule une autorisation de changement d'usage était requise. Ce n'est plus le cas depuis le 23 novembre 2009, date d'entrée en vigueur du PLU modifié qui complète la définition des destinations « Habitation » et « Hébergement hôtelier » (la modification figure en gras) :

« **Habitation :** Cette destination comprend les logements, y compris les logements de fonction et les chambres de service. **Elle exclut les logements visés dans la définition de l'hébergement hôtelier. Elle inclut les chambres d'hôtes et les logements mis à disposition occasionnellement en cas d'absence de durée limitée de leurs occupants en titre** (...).

Hébergement hôtelier : Cette destination comprend les établissements commerciaux d'hébergement classés, **ou ayant vocation à l'être,** de type hôtels et résidences de tourisme définies par l'arrêté du 14 février 1986 ou tout texte qui s'y substituera. **Elle comprend également les logements meublés donnés en location qui ne relèvent pas de l'article L. 632-1 du Code de la construction et de l'habitation** ».

(147) V. *supra*, n°s 217 et s.
(148) V. *supra*, n°s 228 et s.

Selon le rapport de présentation de la modification du PLU, « il a été constaté que des locations de courte durée d'appartements sont effectuées de manière récurrente et quasi permanente, générant de fait un détournement de la vocation initiale des logements concernés. Ces occupations, qui génèrent des besoins spécifiques, s'apparentent plus à l'hébergement hôtelier qu'à l'habitation. Ce phénomène, qui affecte parfois des immeubles entiers, se développe depuis plusieurs années de manière préoccupante à Paris, il est évidemment préjudiciable à la politique municipale du logement. Les dispositions qui définissent les destinations habitation et équipement hôtelier doivent être précisées pour que ce détournement du règlement puisse être endigué ». L'exigence d'une autorisation d'urbanisme de changement de destination (déclaration préalable ou permis de construire), même en l'absence de travaux, est en adéquation avec la pérennité de l'affectation du local résultant du caractère réel de l'autorisation de changement d'usage soumise à compensation en pareil cas. Inversement, aucune autorisation d'urbanisme n'est requise au titre d'un changement de destination si le logement meublé constitue la résidence principale du loueur ou de l'occupant, car il demeure un local d'habitation.

1049. – Cette modification du PLU de 2009 ne semble pas contredite par le décret n° 2015-1783 du 28 décembre 2015 révisant la nomenclature des destinations au sens du Code de l'urbanisme ; au regard de cette nouvelle nomenclature, dont l'application à Paris est actuellement discutée devant le Conseil d'État[149], une autorisation d'urbanisme serait nécessaire mais au titre du changement de la sous-destination « Logement » (de la destination « Habitation ») à la sous-destination « Autres hébergements touristiques » (de la destination « Commerce et activités de service »). La nécessité d'obtenir une autorisation d'urbanisme est néanmoins battue en brèche par la doctrine ministérielle pour qui l'exploitation d'un logement en meublé de tourisme n'emporte de changement de destination et sous-destination que si des services hôteliers sont proposés aux occupants[150]. Cependant, de nouvelles et importantes évolutions sont attendues dans le cadre de la révision du PLU qui a été prescrite par le Conseil de Paris des 15, 16 et 17 décembre 2020.

3° Le cas des chambres d'hôtes

1050. – Qu'en est-il des chambres d'hôtes qui peuvent être louées, pour une ou plusieurs nuits, au sein d'un logement ? La loi n° 2006-437 du 14 avril 2006 les définit comme « des chambres meublées situées chez l'habitant en vue d'accueillir des touristes, à titre onéreux, pour une ou plusieurs nuitées, assorties de prestations » (C. tourisme, art. L. 324-3). La location de chambres d'hôtes est assortie, au minimum, de la fourniture du linge de maison et du petit-déjeuner. Elles peuvent être exploitées toute l'année ou à la saison ; leur capacité d'accueil est limitée à cinq chambres maximum et à quinze personnes simultanément (C. tourisme, art. D. 324-13).

(149) V., sur l'entrée en vigueur des nouvelles destinations et sous-destinations, CAA Paris, 20 mai 2021, n° 19PA00986 : *Constr.-Urb.* 2021, comm. 93, note L. Santoni. Cet arrêt a fait l'objet d'un pourvoi devant le Conseil d'État sous le n° 454789, en cours d'instruction à la date de parution du présent ouvrage.

(150) Ministère du Logement et de l'Habitat durable, « Fiche technique 6 : réforme des destinations des constructions », spéc. p. 10, consultable à l'adresse suivante : www.cohesion-territoires.gouv.fr/demarche-et-outils-pour-elaborer-un-plan-local-durbanisme-plu-et-un-plui.

1051. – L'ouverture de chambres d'hôtes chez l'habitant, qui ne constitue pas un changement de destination du local d'habitation au sens du PLU modifié, ni même au sens de la nouvelle nomenclature des destinations et sous-destinations[151], doit être déclarée à la mairie en vertu de l'article L. 324-4 du Code du tourisme. Les services de la ville de Paris, dès avant le vote de la loi ALUR, avaient estimé qu'il n'y a pas changement d'usage, au sens de l'article L. 631-7, si la location ne porte pas sur la totalité du logement et si celui-ci constitue la résidence principale de l'habitant hébergeant ses hôtes, qu'il soit lui-même propriétaire ou locataire.

Ce point de vue a été conforté par le dernier alinéa du nouvel article L. 631-7-1 A susvisé. Au fond, et avec un certain pragmatisme, la ville de Paris, suivie en cela par la loi ALUR, considère que l'essentiel réside dans le fait qu'une personne occupe ce logement, qui constitue sa résidence principale. Une position partagée par la Cour de cassation, qui admet toutefois la location de chambres d'hôtes dans un bâtiment distinct de la résidence principale sous la double condition qu'il puisse être regardé comme une annexe du lieu d'habitation du loueur et qu'il ne constitue pas un logement autonome et indépendant[152].

4° Le contrôle du respect de la réglementation

1052. – La ville de Paris a toujours été particulièrement préoccupée du développement, sur son territoire, et singulièrement dans les zones touristiques du centre-ville, des locations meublées de courtes durées ; sans attendre les modifications intervenues dans le cadre de la loi ALUR, elle n'a jamais hésité à diligenter de nombreuses procédures à l'encontre des propriétaires louant leurs locaux d'habitation en meublés pour de courtes durées au mépris des conditions posées par l'article L. 631-7.

Pour détecter les infractions et pour mener à bien son enquête, la ville de Paris utilise cumulativement divers procédés d'investigation, dont il est fait état dans les différentes décisions judiciaires :

– elle consulte les sites Internet proposant des locations meublées de courtes durées ; le plus souvent, ces annonces indiquent les adresses et numéros d'enregistrement des biens et sont accompagnées de photos du local et des tarifs de location ;

– elle simule des réservations sur l'un de ces sites et constate que ces demandes sont acceptées ;

– ses agents assermentés rencontrent et interrogent des touristes locataires, certains prestataires en charge d'installer les locataires et de l'entretien des locaux ; se font confirmer par les voisins de l'immeuble de la réalité des allers et venues des différents occupants successifs ;

– enfin, si le tribunal condamne le propriétaire à une astreinte journalière limitée dans le temps, elle vérifie, à l'issue de ce délai, que le local considéré est bien loué en conformité avec l'article L. 632-1 ou en location nue.

(151) Rép. min. n° 13349 : *JO* Sénat Q 9 juill. 2020, p. 3168 ; *Defrénois* 15 oct. 2020, p. 41, note G. Daudré.

(152) Cass. 3e civ., 24 sept. 2020, n° 18-22.142 : *Bull. civ.* III ; *AJDI* 2021, p. 433, note N. Damas.

Avant d'engager une procédure judiciaire, la ville, comme chaque fois qu'elle a connaissance d'une infraction à l'article L. 631-7, met en demeure le propriétaire, par lettre recommandée avec demande d'avis de réception, de régulariser sa situation ; c'est seulement sur le refus ou le silence du propriétaire qu'elle saisit le président du tribunal judiciaire.

1053. – Les poursuites engagées par la ville de Paris ont été placées, depuis novembre 2018, en sursis à statuer dans l'attente de la position qui serait prise par la Cour de justice de l'Union européenne. Dans sa décision très attendue du 22 septembre 2020, celle-ci a validé dans son principe, la législation française du changement d'usage en la déclarant conforme à la directive 2006/123 du 12 décembre 2006 et a renvoyé au juge français le soin de vérifier la proportionnalité des mesures prises par les règlements locaux, en l'occurrence celui de Paris[153]. Par un arrêt du 18 février 2021 suivi de quatre autres rendus le même jour, la Cour de cassation a déclaré, au nom de l'impérieuse nécessité de lutter contre la pénurie de logements, que le règlement parisien (avant sa modification en décembre 2021) devait être approuvé en ce qu'il imposait une offre de compensation, parfois équivalente au double de la surface d'habitation transformée, pour toute demande en vue de louer meublé pour de courtes durées[154].

Par suite, les procédures diligentées par la ville ont repris. D'après les informations données par ses services, plus de 400 dossiers de procédures en instance, à la date de mars 2021, vont être à nouveau soumis à la décision du président du tribunal judiciaire ou de la cour d'appel de Paris :

CONTENTIEUX ENGAGÉS PAR LA VILLE DE PARIS AU TITRE DU CCH	2016	2017	2018	2019	2020
Nombre de saisines du tribunal judiciaire	43	212	144	240	118
Nombre d'ordonnances + appels	22	83	157	236	133
Nombre de sursis à statuer (tribunal judiciaire + cour d'appel)	–	–	91	203	133
Montant des amendes (tribunal judiciaire + cour d'appel) en €	337 500	1 512 500	2 138 051	398 500	50 000

1054. – L'infraction est constatée, et l'amende due, même si le propriétaire a obtempéré suite à l'injonction du juge de cesser de louer pour de courtes durées ;

(153) CJUE, Gde ch., 22 sept. 2020, aff. jtes C-724/18 et C-727/18 : *Europe* 2020, comm. 337, note D. Simon et A. Rigaux.

(154) Cass. 3e civ., 18 févr. 2021, n° 17-26.156 (annexes : « Jurisprudence », ann. 5) : *Bull. civ.* III ; V. not. G. Daudré et P. Wallut, *Locations meublées de courtes durées : trois arrêts pour les sept ans de la loi Alur : JCP* N 2021, n° 10, 1130. – L. Jariel, *Locations de tourisme : conformité de la règlementation française au droit de l'Union : Defrénois*, 20 janv. 2022, p. 59. – J. Laurent, *Les arrêts récents en matière de locations de tourisme : analyse et portée : Defrénois*, 20 janv. 2022, p. 68. V. égal. Cass. 3e civ., 26 janv. 2022, n° 18-22.142.

seule l'astreinte journalière n'a plus lieu d'être. Par ailleurs, le délai de carence de la mise en jeu de l'astreinte est généralement assez court ; mais la mise en conformité à la loi peut être quasi instantanée, le local étant déjà configuré en habitation.

B. – Dénouement de la procédure de compensation

1055. – Pour rappel, la préfecture de Paris considérait qu'elle ne pouvait délivrer l'arrêté constatant le caractère définitif de la dérogation avec compensation que si le nouveau logement était effectivement occupé comme tel[155].

La ville de Paris adopte une attitude plus libérale : l'autorisation définitive sera prise au vu de la copie de la déclaration attestant de l'achèvement et de la conformité des travaux (DAACT) et de la justification de son envoi auprès des services instructeurs du permis de construire ou de la déclaration préalable ; un plan de l'état réalisé avec mention des surfaces habitables et un état récapitulatif des surfaces habitables, certifiés par un géomètre-expert ou un architecte, devront être joints à cet envoi. En ce qui concerne les « compensations sociales », il est en outre exigé de produire le numéro d'identifiant du local tel que figurant dans la convention APL (aide personnalisée au logement).

1056. – La transformation des anciens locaux à « usage autre qu'habitation » en « habitation » est toujours précédée d'un permis ou d'une déclaration préalable, comme constituant un changement de destination ; et la réforme des autorisations d'urbanisme a uniformisé l'exigence d'une DAACT pour les deux procédures. La DAACT semble donc bien être le document qui permet à l'administration de considérer que la transformation est effective. Mais les services compétents se réservent la possibilité – et ils en usent – de vérifier que le local est bien physiquement transformé en habitation, et pour la surface annoncée, mais sans pour autant exiger qu'il soit effectivement occupé.

Les délais nécessaires à la bonne fin de l'opération s'en trouvent sensiblement réduits, par rapport à la situation antérieure à 2009, si la commercialisation (par vente ou location) du logement nouvellement créé présente des difficultés.

1057. – L'ordonnance du 8 juin 2005 et ses textes modificatifs sont muets sur les mesures de publicité de la décision d'autorisation et, par conséquent, sur le caractère définitif de celle-ci. La ville de Paris, en ce qui la concerne, publie les décisions constatant la réalisation de la compensation dans son bulletin officiel. Le délai de recours des tiers est de deux mois à compter de cette publication[156].

C. – Locaux à usage autre qu'habitation occupés à usage d'habitation

1058. – Si un local à usage autre qu'habitation au 1er janvier 1970 est aujourd'hui, de fait et sans autorisation de changement de destination, à usage d'habitation, en tout ou en partie, peut-il être considéré comme étant à usage autre qu'habitation ? Bien plus, peut-il être offert en compensation ?

La Direction de l'habitat du ministère de l'Équipement avait répondu positivement, en 2005, à ces deux questions, privilégiant le statut juridique du local en 1970. La position de la ville de Paris est plus nuancée : au regard de la réglementation

(155) V. *supra*, nos 533 et s.
(156) V. *supra*, nos 586 et s.

actuelle sur l'usage, le propriétaire d'un tel local ne sera pas poursuivi s'il le remet à usage de bureaux ou d'activités ; par contre, il est exclu qu'il puisse, en l'état de son occupation actuelle, l'offrir en compensation[157] :

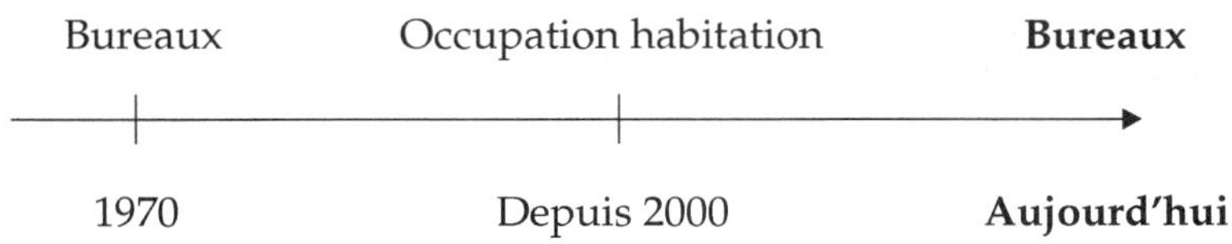

D. – Procédure suivie pour les autorisations avec compensation

1059. – La préfecture de Paris, suivie en cela par la ville de Paris les premières années qui ont suivi le 1er avril 2009, procédait en trois temps :

– une première lettre de principe reconnaissait l'équivalence entre les locaux d'habitation à transformer et ceux offerts en compensation et engageait les parties à poursuivre ;

– après dépôt d'un dossier complet et instruction de celui-ci, un arrêté provisoire était rendu sous condition de la bonne fin du changement de destination effectif du local de compensation ;

– enfin, un arrêté définitif constatait la matérialité de la transformation en habitation du local de compensation et autorisait le changement d'usage, de caractère réel, attaché au local anciennement à usage d'habitation.

1060. – Désormais, la ville de Paris ne procède plus qu'en deux temps :

– le dossier de demande doit contenir notamment l'autorisation d'urbanisme de changement de destination (permis de construire ou non-opposition à la déclaration préalable) concernant le local offert en compensation ; la maire ou son délégué rend une première décision (encore appelée « autorisation provisoire ») en vue de permettre le démarrage des travaux de transformation du local d'habitation ;

– après constatation par le service instructeur de la réalité de la transformation du local de compensation en habitation, la maire rend une seconde décision dite « autorisation définitive », à caractère réel ; cette dernière autorisation doit être publiée au service de la publicité foncière sur chacun des deux immeubles.

1061. – Cette procédure peut paraître contraignante pour le propriétaire du local de compensation, puisqu'il devra solliciter et obtenir l'autorisation de changement de destination sans être assuré que la ville acceptera la compensation proposée ; mais, il faut considérer que son objectif est de « céder » la commercialité attachée à son local et que, si l'équivalence entre les deux locaux n'est pas acceptée pour le dossier considéré, il le sera sans doute pour un autre dossier à présenter. Il pourra, d'ailleurs, entreprendre les travaux sans attendre la décision de la ville ; à condition de ne pas les avoir achevés avant le rendu de la première décision d'autorisation.

1062. – Pour l'application de l'article 7 du règlement et si le local est en copropriété, le service instructeur se contentait, pour le dépôt du dossier de demande

(157) V. *supra*, nos 361 et s.

d'autorisation, d'une attestation sur l'honneur du pétitionnaire indiquant que le changement d'usage n'est pas contraire à la destination de l'immeuble telle qu'elle ressort du règlement de copropriété ; cette position était en retrait par rapport à l'ancienne rédaction de l'article 7, mais était conforme à la liste des pièces exigées annexée au formulaire de demande (lequel fait maintenant partie intégrante du règlement, en vertu de la délibération du 23 novembre 2015).

Depuis la modification du règlement intervenue en novembre 2018, une telle attestation n'est plus exigée[158].

E. – Notion de concomitance

1063. – L'article L. 631-7-1 exige que la conversion à l'habitation soit concomitante pour servir de compensation à l'opération de changement d'usage[159].

Pour la ville de Paris, les locaux offerts en compensation peuvent l'être pendant une période comprise entre la délivrance de l'autorisation d'urbanisme de changement de destination et l'achèvement des travaux de transformation ; soit antérieurement à l'établissement de la déclaration attestant de l'achèvement et de la conformité des travaux (DAACT) ou du procès-verbal de réception.

F. – Sort des anciennes compensations financières

1064. – Jusqu'en 1989, la préfecture de Paris admettait que la compensation puisse être opérée sous la forme financière[160], par le biais de « versements à fonds perdus » en vue de la construction de logements sociaux ; mais elle agissait ainsi sans base légale et simplement en vertu de circulaires émanant d'elle-même.

À partir de 1989, et sans attendre l'arrêt du Conseil d'État du 6 mars 1992 (*Mérand et Morvan*), la préfecture avait abandonné cette procédure pour revenir à l'orthodoxie de l'exigence d'une compensation en nature.

Il n'en reste pas moins que, entre 1945 et 1989, de nombreuses autorisations avaient été conférées sous cette forme.

1065. – Avec un certain pragmatisme, la ville de Paris accepte de considérer que les autorisations ayant fait l'objet d'une compensation financière sont bien, conformément à l'article 29-II de l'ordonnance du 8 juin 2005, devenues « définitives », qu'elles « ont donné lieu à compensation effective » et que, en conséquence, elles « sont attachées au local et non à la personne ».

En décider autrement aurait été juridiquement plus conforme aux textes aujourd'hui en vigueur, mais aurait pénalisé les pétitionnaires qui avaient agi en toute bonne foi et, le plus souvent, sous l'instigation de la préfecture elle-même. Sans oublier que la responsabilité de l'État aurait été engagée lourdement.

Bien entendu, il convient, conformément à l'arrêt du Conseil d'État du 7 mars 2008, *SCI Haussmann Boétie*, que le bénéficiaire de l'autorisation n'ait pas cédé ou quitté les locaux entre la compensation financière et le 9 juin 2005 inclus[161].

(158) V. *supra*, n°s 1019 et s.
(159) V. *supra*, n°s 481 et s.
(160) V. *supra*, n°s 475 et s.
(161) V. *supra*, n°s 638 et s.

G. – Consultation des anciens dossiers de la préfecture

1066. – À compter du 1er avril 2009, date de l'entrée en vigueur de la compétence de la ville de Paris, l'intégralité des anciens dossiers de la préfecture a été transférée à la ville (Bureau de la protection du logement et de l'habitat – BPLH) et peut être consultée auprès du BPLH ; il est donc inutile, et même contre-productif, de continuer à interroger la préfecture sur la période antérieure à 2009.

1067. – Conformément à la circulaire administrative du 22 mars 2006 (art. I.1.3.2.), tout pétitionnaire, ou son mandataire, peut interroger l'administration pour savoir si un local à usage « autre qu'habitation » n'a pas été offert en compensation entre 1970 et 2005. La ville de Paris a mis en ligne sur son site Internet les arrêtés préfectoraux intervenus depuis 1970, qui sont ainsi aisément consultables ; les autorisations réelles délivrées par elle depuis le 1er avril 2009 sont accessibles suivant les mêmes modalités[162].

1068. – Par ailleurs, le BPLH détient les copies des anciens certificats d'affectation que la préfecture devait délivrer en vertu de la loi de 1994 (ancien art. L. 631-7-2) jusqu'à leur suppression par l'ordonnance du 8 juin 2005. Afin d'obtenir un tel certificat, les pétitionnaires devaient apporter la preuve que les locaux faisant l'objet de la demande étaient bien à usage commercial en 1945 et qu'ils l'étaient restés sans intermède jusqu'à la date de la demande de certificat ; ce dossier, parfois volumineux, est riche d'informations.

Il est toujours possible de demander au BPLH un rendez-vous afin de consulter un dossier ; mais le service compétent fait savoir que, bien souvent, le dossier a été expurgé, avant archivage, de beaucoup des pièces qu'il contenait et que sa consultation est hasardeuse…

H. – Prise en compte des autorisations de changement d'usage dans l'application du PLU

1069. – Dans ses dispositions générales, le PLU de Paris (en cours de révision) indique : « Pour l'application du règlement, seules seront prises en considération les destinations correspondant à des droits réels ou certains établis par le droit ou l'usage ; les décisions et actes administratifs résultant de la législation relative aux changements d'usage de locaux seront notamment pris en compte »[163].

Cette disposition, ancienne puisqu'elle existait déjà depuis le POS[164], a pour objet de permettre le passage de logements en bureaux ou en locaux commerciaux, la perte de surfaces d'habitation étant compensée par ailleurs. Elle est importante pour l'application de l'article « UG.2.2.1 – Dispositions visant au rééquilibrage territorial de l'habitat et de l'emploi » du règlement du PLU. Si, de principe, toute diminution de la surface de plancher initialement destinée à l'habitation est interdite (sauf à destiner cette surface à des constructions et installations nécessaires aux services publics ou d'intérêt collectif) dans le **secteur de protection de l'habitation** (art. UG.2.2.1, 2°) et le **secteur d'incitation à la**

(162) www.paris.fr/pages/exercer-une-activite-dans-un-logement-172#consultation-des-decisions-de-changement-d-usage-avec-compensation-depuis-1970.
(163) Règlement, t. 1, p. 24, définition « Destinations des locaux ».
(164) V. *supra*, nos 891 et 892.

mixité habitat-emploi (art. UG.2.2.1, 3°)[165], par exception, il est tenu compte des droits réels pouvant résulter des autorisations délivrées sur le fondement de l'article L. 631-7.

1070. - Cette prise en compte par les dispositions du PLU ne dispense aucunement le pétitionnaire de solliciter une autorisation de changement de destination que l'administration n'est d'ailleurs pas tenue de lui délivrer[166]. En revanche, elle ne pourrait pas lui refuser au motif d'une réduction de la surface destinée à l'habitation, ce qui semble assez logique, puisque l'autorisation de changement d'usage revêtant un caractère réel suppose l'existence d'une compensation, c'est-à-dire la satisfaction de l'objectif prévu par le PLU de préservation de la part consacrée à l'habitation, et que le secteur de compensation renforcée du règlement municipal correspond au secteur de protection de l'habitation du PLU. Mais sans doute s'agit-il d'une logique plus apparente que réelle dans la mesure où le règlement municipal admet encore, dans certains cas, la possibilité de réaliser une partie voire la totalité de la compensation en dehors de l'arrondissement du local d'habitation transformé.

I. – Zones réglementaires du changement d'usage

1071. - À Paris, les notices de renseignements d'urbanisme permettent d'obtenir une information sur la situation de la parcelle au regard des différentes zones réglementaires du changement d'usage (secteur de compensation renforcée, quartiers prioritaires de la politique de la ville, quartier à prédominance de surfaces de bureaux, voies comportant une protection particulière de l'artisanat). Cette information est toutefois incomplète ; à ce jour, plusieurs règles opposables dans certains secteurs du territoire parisien ne sont pas mentionnées par les renseignements d'urbanisme :

– la règle des 50 % applicable dans les arrondissements 1 à 9, 16 et 17[167] ;

– la limitation à 50 mètres carrés, spécifique au 8e arrondissement[168] ;

– l'exigence de triple compensation imposée aux meublés de tourisme au sein des arrondissements 1 à 11 et 18[169].

1072. - Une telle note de renseignements ne confère aucun droit acquis pendant un délai déterminé.

La délivrance expresse ou tacite d'un certificat d'urbanisme, qu'il soit d'information ou pré-opérationnel, ne permet pas davantage de se prémunir d'une éventuelle évolution défavorable du règlement municipal en vue du dépôt d'une demande de changement d'usage accompagnée, si elle présente un caractère réel, d'une demande de changement de destination. Pour une double raison : d'une part, l'effet de stabilisation attaché audit certificat ne concerne que les demandes d'autorisation d'urbanisme, et non celles de changement d'usage, d'autre part, les dispositions du règlement ne sont pas susceptibles de fonder un refus d'autorisation d'urbanisme[170].

(165) Les surfaces situées en rez-de-chaussée en bordure de voie et en sous-sol ne sont pas prises en compte dans ces surfaces.

(166) CE, 15 mars 2019, n° 414361.

(167) V. *supra*, n°s 938 et s, n° 1028.

(168) V. *supra*, n°s 979 et s.

(169) V. *supra*, n°s 1025 et s.

(170) V., sur les garanties intrinsèquement limitées des certificats d'urbanisme, S. Marie, *Les protections contre l'évolution défavorable des règles d'urbanisme : RFDA* 2020, p. 966, spéc. p. 967.

J. – Bilan des changements d'usage autorisés par la ville de Paris

1073. – L'évolution, sur une dizaine d'années, des superficies des changements d'usage avec et sans compensation est résumée dans les deux tableaux ci-dessous :

	2010	2011	2012	2013	2014	2015
Superficie décisions personnelles (*mixte, mission d'intérêt général, professionnel*)	18 887	18 483	17 798	19 568	24 372	23 950
Superficie décisions définitives (*avec compensation*)	8 916	9 107	7 854	5 875	27 887	15 738
TOTAL	27 803	27 590	25 652	25 443	52 259	39 688

	2016	2017	2018	2019	2020
Superficie décisions personnelles (*mission d'intérêt général, professionnel*)*	21 974	22 825	22 914	22 697	22 350
Superficie décisions provisoires (*avec compensation*)	14 216	13 614	16 526	20 386	14 917
TOTAL	36 190	36 439	39 440	43 083	37 267

* *sans l'usage mixte*

1074. – L'évolution sur la même période du nombre de dossiers traités est résumée dans les deux tableaux suivants :

	2010	2011	2012	2013	2014	2015
Nbre d'autorisations personnelles	298	259	308	290	351	351
Nbre d'autorisations définitives	37	48	37	43	140	81
Nbre de refus	0	33	37	16	36	25
Nbre de demandes en RdC	151	122	140	147	187	192
Nbre de demandes à usage mixte	66	67	92	72	90	80
Nbre de décisions provisoires avec compensation sous forme de logement social	11	30	52	67	87	59

	2016	2017	2018	2019	2020
Nbre d'autorisations personnelles*	306	306	373	326	329
Nbre d'autorisations définitives	108	49	78	108	83
Nbre de refus	44	24	16	9	11
Nbre de demandes en RdC**	204	193	253	232	203
Nbre de demandes à usage mixte	83	70	70	90	85
Nbre de décisions provisoires avec compensation sous forme de logement social	47	36	55	59	50

** usages « total professionnel » et « mission d'intérêt général »*
*** autorisations personnelles*

1075. – Il résulte des tableaux ci-dessous que la proportion de compensations offertes pour le logement social est plus importante que celles offertes pour le logement de caractère privé, grâce aux avantages indéniables concédés au secteur social par la réglementation parisienne :

	2010	2011	2012	2013	2014	2015
Surfaces offertes en compensation sous forme de logements sociaux (m²)	3 190	5 590	12 046	11 861	16 573	12 389
Part des compensations logements sociaux / logements privés	14,6 %	34,7 %	79,5 %	69,6 %	58,3 %	51,0 %

	2016	2017	2018	2019	2020
Surfaces offertes en compensation sous forme de logements sociaux (m²)	9 186	10 682	11 469	6 303	12 563
Part des compensations logements sociaux / logements privés	43 %	62 %	47 %	64 %	67 %

1076. – Le 8e arrondissement présente un ratio habitat/activités très défavorable au logement (7,9 emplois pour un actif résident), la législation du changement d'usage y est donc appliquée en vue de limiter au maximum les suppressions de logements. Les tableaux ci-après révèlent un tassement du nombre de dossiers de changement d'usage dans cet arrondissement avant la survenance de la crise sanitaire :

	2010	2011	2012	2013	2014	2015
Mixte	6	7	6	7	7	7
Professionnel	16	10	4	3	5	6
Mission d'intérêt général	0	3	0	2	3	0
Commercial avec décision définitive	22	12	12	11	46	19
Refus	0	18	13	2	5	4
Total Nbre dossiers	44	50	35	25	66	36
Superficie autorisation	7 225	2 785	3 590	2 436	15 152	6 453
Superficie refus	0	1 967	1 477	102	635	487
Total superficie	7 225	4 752	5 067	2 538	15 787	6 940

	2016	2017	2018	2019	2020
Mixte	8	6	6	9	10
Professionnel	2	6	14	6	5
Mission d'intérêt général	0	0	3	0	1
Commercial avec décision définitive	10	25	17	25	9
Refus	5	5	2	3	2
Total Nbre dossiers	25	42	42	43	27
Superficie autorisation*	2 141	5 878	4 348	4 748	1 890
Superficie refus	393	460	156	264	158
Total superficie	2 534	6 338	4 504	5 012	2 048

** hors usage mixte*

1077. – Le bilan de 2008-2015, à partir des décisions personnelles et celles définitives en cas de compensation, est résumé dans le tableau suivant :

	2008	2009	2010	2011	2012	2013	2014	2015
Nombre total de dossiers (changements d'usage, signalements et renseignements)	445	952	1 384	1 682	2 117	2 261	3 078	3 485
Nombre d'enquêtes sur présomptions d'infraction	169	176	283	314	323	526	293	414
Total des changements d'usage de locaux d'habitation en un autre usage (m²)	49 853	37 142	27 803	27 590	25 652	25 443	52 259	39 688
Total des compensations par retour à un usage d'habitation (m²) (% des changements d'usage)	9 214 (18 %)	13 743 (37 %)	12 176 (44 %)	13 142 (48 %)	10 094 (39 %)	7 706 (30 %)	32 867 (63 %)	22 095 (56 %)
dont surfaces de logement social (m²) (% des compensations)	0	0	2 247 (18 %)	4 296 (33 %)	4 032 (40 %)	4 209 (55 %)	22 713 (69 %)	9 503 (43 %)
Solde (m²) entre les transformations de locaux d'habitation et les compensations sous forme de logement	– 40 639	– 23 399	– 15 627	– 14 448	– 15 558	– 17 737	– 19 392	– 17 593

1078. – Le tableau ci-après dresse un bilan sur la période 2016-2020, à partir des autorisations personnelles et celles provisoires en cas d'offre de compensation :

	2016	2017	2018	2019	2020
Nombre total de dossiers (changements d'usage, renseignements et signalements)	2 263	1 545	1 541	1 407	1 081
Nombre d'enquêtes sur présomptions d'infraction	503	381	349	693	194
Total des changements d'usage de locaux d'habitation en un autre usage (m^2)*	36 190	36 439	39 440	43 083	37 267
Total des compensations par retour à un usage d'habitation (m^2) (% des changements d'usage)	21 575 (60 %)	17 319 (48 %)	24 421 (62 %)	25 277 (59 %)	18 640 (50 %)
dont surfaces de logement social (m^2) (% des compensations)	9 186 (43 %)	10 682 (62 %)	11 469 (47 %)	16 303 (64 %)	12 563 (67 %)
Solde (m^2) entre les transformations de locaux d'habitation et les compensations sous forme de logement	– 14 615	– 19 120	– 15 019	– 17 806	– 18 627

** hors usage mixte*

SOUS-SECTION 2 LE RÈGLEMENT MUNICIPAL DE LA VILLE DE MARSEILLE

§ 1. – L'ancien règlement municipal de 2010

1079. – Dans sa séance du 25 mai 2009, le conseil municipal de Marseille a pris la décision de solliciter la communauté urbaine Marseille-Provence-Métropole afin que celle-ci délibère sur les modalités de délivrance des arrêtés municipaux autorisant les changements d'usage sur le territoire de la ville de Marseille. Le conseil municipal a déterminé les modalités d'autorisation qu'il voulait voir approuver par la communauté urbaine. Le Conseil de la communauté urbaine a approuvé le règlement de la ville de Marseille, sans modification, dans sa séance du 25 mars 2010.

1080. – La ville de Marseille dissocie les critères généraux d'autorisation de changement d'usage (art. 2) et ceux spécifiques aux autorisations avec compensation (art. 3).

1081. – En ce qui concerne les principes devant présider à toutes autorisations, qu'elles soient personnelles ou réelles, il est tenu compte :

– de la nature des activités et de l'importance du projet concerné par la demande, tels que : l'installation en rez-de-chaussée ou au 1er étage d'activités (commerciale ou libérale) liées aux besoins de la population résidente, l'extension ou la modernisation d'activités existantes, la création d'un équipement d'intérêt collectif ;

– de l'habitabilité du local (y compris en étage) ou des transformations déjà autorisées sur un même local pour un précédent demandeur.

1082. – Si une compensation est offerte en vue d'une autorisation réelle et définitive :

– le local offert en compensation, pour lequel un permis de construire a été accordé, doit être de surface équivalente ; il peut être situé sur l'ensemble du territoire de Marseille ;

– si les locaux ainsi offerts en compensation constituent un « programme de construction de plus de dix logements », il devra être inclus dans ce programme 20 % de « logements à coûts maîtrisés ou sociaux ».

1083. – Les règles du jeu ainsi définies peuvent apparaître relativement succinctes. Elles appellent les remarques suivantes :

1) la ville privilégie l'installation de commerçants, artisans ou professions libérales de proximité en rez-de-chaussée ou 1er étage ;

2) elle ne s'oppose pas à l'agrandissement de locaux déjà à usage autre que d'habitation, même au détriment de logements existants ;

3) elle prend en considération l'installation d'un équipement d'intérêt collectif, mais sans pour autant définir cet intérêt collectif ;

4) il sera tenu compte de « l'habitabilité du local », termes qui peuvent surprendre puisque ce local est destiné à ne plus être utilisé en habitation ; il faut sans doute comprendre que la demande sera d'autant plus aisément acceptée que le logement n'est pas « habitable » ;

5) sur ces quatre premiers critères, le règlement laisse aux services compétents une large possibilité d'appréciation, compte tenu des termes généraux employés ;

6) si le local avait déjà fait l'objet antérieurement d'une autorisation de changement d'usage (il faut comprendre qu'il s'agissait d'une autorisation personnelle), une nouvelle demande sera analysée avec bienveillance ;

7) pour les locaux offerts en compensation, le règlement opte expressément pour l'équivalence de surface ; de plus, ces locaux peuvent être situés sur l'ensemble du territoire de Marseille. Sur ces deux points, la ville de Marseille est sensiblement moins stricte que la ville de Paris. Il est fait référence au permis de construire qui serait accordé pour le changement de destination du local offert en compensation ; outre le fait que cette précision est inutile, le règlement semble ignorer que le changement de destination peut également être soumis à une simple déclaration préalable ;

8) si la compensation consiste en « un programme de construction de plus de dix logements » (il faut comprendre qu'il peut s'agir, également, d'une opération de rénovation), la ville applique la réglementation actuelle en précisant que l'opération devra inclure 20 % de logements « à coûts maîtrisés ou sociaux » ; de par les termes employés, on peut penser que les logements dits « intermédiaires » entrent dans le champ d'application de cette mesure.

1084. – Les dispositions de ce premier règlement municipal ont eu vocation à s'appliquer sur l'ensemble du territoire de Marseille, étant précisé que le contrôle de l'usage n'était pas applicable dans les zones franches urbaines « Nord Littoral » et « 14e et 15e Sud », conformément à l'article L. 631-10 avant son abrogation par la loi ALUR du 24 mars 2014[171].

§ 2. – L'ancien règlement spécifique aux locations meublées de courtes durées

1085. – L'activité touristique s'étant considérablement développée à Marseille ces dernières années, la ville s'est inquiétée du nombre croissant de logements donnés en locations meublées de courtes durées au détriment des résidences principales. Usant de la faculté qui lui était donnée par l'article L. 631-7-1 A issu de la loi ALUR du 24 mars 2014, mais consciente de la nécessité de proposer un hébergement alternatif à l'hôtellerie proprement dite, la municipalité a décidé d'établir un règlement spécifique contrôlant et encadrant ce type d'usage.

1086. – Par délibération du conseil municipal du 26 octobre 2015, la ville de Marseille a sollicité la communauté urbaine afin que celle-ci approuve un projet de règlement conforme à l'article L. 631-7-1 A dans les termes ci-après :

1) la durée de la location ne devra pas être supérieure à huit mois consécutifs pour un même locataire. Cette durée maximum peut paraître longue, mais la ville a voulu tenir compte des locations meublées au profit, non seulement des simples touristes, mais encore des professionnels détachés temporairement à Marseille, comme des dé-cohabitations temporaires ;

2) un même foyer fiscal ne pourra solliciter concomitamment plus de cinq autorisations ; chaque autorisation portant sur un logement distinct. La référence au « foyer fiscal » interdit le contournement de la règle par deux époux ; de plus, le règlement prend soin de rappeler que, conformément à l'article L. 631-7-1 A, le demandeur ne peut être qu'une personne physique ;

3) l'autorisation conférée, temporaire par essence, a une durée de validité de six ans. Elle ne sera pas reconduite automatiquement et, à l'issue des six ans, il conviendra de solliciter une nouvelle autorisation ;

4) pour bénéficier de l'autorisation, le logement devra répondre aux normes de décence telles que définies par le décret n° 2002-120 du 30 janvier 2002. Le pétitionnaire devra attester sur l'honneur du respect de cette disposition ; en cas d'attestation mensongère, le pétitionnaire s'expose à un retrait, au-delà de la limite classique de quatre mois, comme pour toute autorisation administrative obtenue par fraude ;

5) si le logement dépend d'une copropriété, le pétitionnaire devra également attester sur l'honneur que l'usage projeté ne contrevient pas aux dispositions du règlement de copropriété. Avec sagesse, le règlement municipal préfère cette solution à celle consistant à faire vérifier cette conformité par le service instructeur ; si l'usage de location meublée est contraire à la destination de l'immeuble, les copropriétaires sauront faire respecter la règle qui les régit… ;

6) enfin, si le logement a fait l'objet de subventions (notamment de l'ANAH ou d'autres organismes), il ne peut être occupé à cet usage ; sauf à ce que les subventions obtenues soient remboursées.

(171) V. *supra*, nos 150 et s.

1087. – Le règlement n'apportant pas de précisions sur son application territoriale, il convient d'en déduire qu'il s'applique sur l'ensemble du territoire de la ville de Marseille. Un modèle de formulaire de demande est annexé à la délibération du conseil municipal, qui précise qu'il convient de remplir un formulaire par logement ; le contenu de ce modèle fait donc partie intégrante du règlement lui-même.

1088. – Conformément aux termes du troisième alinéa de l'article L. 631-7-1 A, ce règlement n'est opposable que s'il a fait l'objet d'une délibération de l'organe délibérant de la communauté urbaine. En conséquence, son contenu ci-dessus rapporté a été confirmé par une délibération du conseil communautaire de la communauté urbaine Marseille Provence Métropole dans sa séance du 21 décembre 2015.

§ 3. – Le règlement municipal adopté en juin 2021

1089. – La nouvelle municipalité issue des élections de juin 2020 a décidé de modifier sa réglementation, tout d'abord en fusionnant les deux règlements précédents (général et spécifique aux locations meublées touristiques), puis en durcissant sensiblement les conditions d'octroi des autorisations concernant les meublés touristiques. Un projet de règlement en ce sens a été arrêté par le conseil municipal lors de sa séance du 21 mai 2021.

Sollicité par la ville de Marseille, le Conseil de la Métropole Aix-Marseille-Provence a approuvé, par délibération du 4 juin 2021, ce nouveau règlement. En l'absence de précision sur sa date d'application, on doit considérer que cette dernière est entrée en vigueur dans les conditions de droit commun.

Les principales dispositions de ce nouveau règlement sont ci-après résumées.

1090. – En cas d'autorisation personnelle, doivent être conservés les aménagements existants indispensables à l'habitation, sauf si l'autorisation est accompagnée d'un changement de destination (art. 2).

L'autorisation ne sera pas accordée pour des logements faisant l'objet d'un conventionnement ou ayant bénéficié d'une aide publique (art. 3).

1091. – Pour toute autorisation (personnelle ou réelle), elle ne devra pas conduire à ce que la surface d'habitation soit inférieure à 50 % de la surface totale du bâtiment (art. 5). Le règlement précise que la définition de la surface habitable est celle résultant de l'article R. 111-2 du Code de la construction et de l'habitation (devenu l'article R. 156-1 depuis le 1er juillet 2021).

Toutefois, il pourra être dérogé à cette règle :
- si l'activité envisagée affecte la totalité du bâtiment ;
- dans le cas d'un bâtiment comprenant un seul logement ;
- dans le cadre de la création ou de l'extension d'un hôtel étoilé ou d'une auberge de jeunesse ;
- dans le cas de la réalisation d'un équipement d'intérêt public ou collectif ; l'article 7 donne une définition, assez étendue, de cette notion (en particulier, il peut s'agir « d'équipements répondant aux besoins d'un service public ou d'un organisme privé chargé de satisfaire un intérêt collectif ») dans les domaines administratif, hospitalier, sanitaire, social, de l'enseignement, culturel, sportif, de la défense et de la sécurité.

1092. – L'article 6 du règlement traite plus spécialement des autorisations avec compensation. Les locaux offerts en compensation doivent être de qualité et de surface équivalentes ; la notion de « qualité équivalente », comme dans la plupart des autres règlements, amène à considérer que le service instructeur bénéficie d'une large marge d'appréciation.

Le règlement différencie les règles de territorialité applicables selon le type d'activité. S'il s'agit de la création d'un local professionnel, l'offre de compensation peut provenir de l'ensemble du territoire communal. Pour la création de meublés de tourisme, l'offre de compensation doit provenir du même groupe d'arrondissement :

- 1-2-3es arrondissements ;
- 4-5-6es arrondissements ;
- 7-8-9es arrondissements ;
- 10-11-12es arrondissements ;
- 13-14es arrondissements ;
- 15-16es arrondissements.

Si la demande de changement d'usage porte sur au moins 10 logements, les locaux de compensation devront contenir au moins 20 % de logements sociaux (voire plus en fonction des exigences du PLU) ; le pourcentage se calculant en surfaces et non en nombre de logements.

1093. - Sont autorisés sans compensation (art. 7), les changements d'usage :

- des professions libérales s'installant au premier étage, en distinguant : un ou deux professionnels dans la limite de 150 m² et trois professionnels ou plus dans la limite de 250 m² ; le règlement précise qu'il s'agit des professions libérales visées par la loi n° 66-879 du 29 novembre 1966 et par celle n° 90-1258 du 31 décembre 1990 et rappelle que l'autorisation est conférée aux professionnels et non à la structure juridique, chaque changement de professionnel devant entraîner une nouvelle demande d'autorisation.
- au profit d'un hôtel étoilé ou une auberge de jeunesse ;
- pour toute activité, professionnelle ou commerciale, en rez-de-chaussée, à condition de permettre l'accès aux personnes à mobilité réduite ;
- pour toute activité en rez-de-chaussée, installée depuis au moins deux ans, en vue de son extension.
- pour la réalisation d'un équipement public ou d'intérêt collectif ;
- en cas de transformations déjà autorisées pour un précédent demandeur, y compris en étage, ayant fait perdre l'habitabilité du local ;
- pour conduire une mission d'intérêt général (cette notion n'étant pas définie) ;
- pour la création de meublés de tourisme, dans les cas prévus à l'article 10 du règlement.

1094. - Les articles 8 et 9 du règlement rappellent des cas dans lesquels aucune autorisation de changement d'usage n'est requise, notamment en cas d'occupation mixte d'une résidence principale, visée par les articles L. 631-7-3 et L. 631-7-4 du Code de la construction et de l'habitation. Il est précisé que la partie dévolue à l'habitation doit être au moins égale à 50 % de la surface.

1095. - L'article 10 n'est pas le moins important du règlement car il vise les changements d'usage pour exercer une activité de location meublée touristique.

Curieusement, le règlement indique qu'il convient « que le demandeur bénéficie de l'autorisation écrite de la copropriété », alors que le règlement précédent de 2015 énonçait que le service instructeur pouvait se contenter d'une attestation sur l'honneur du demandeur ; faut-il penser qu'il s'agit seulement du cas où la destination de l'immeuble telle qu'elle ressort du règlement de copropriété ne permettrait pas de louer en meublé ? En tout cas, le présent règlement ne reprend pas la formulation de 2015 ; il serait souhaitable qu'elle figure dans le formulaire de demande. Par ailleurs, en quoi consiste cette « autorisation » ? Elle ne peut provenir que d'une décision de l'assemblée générale des copropriétaires, seule habilitée à en décider.

1096. - Le règlement distingue les autorisations de ce type avec ou sans compensation.

L'autorisation peut être accordée sans compensation aux conditions cumulatives suivantes :
- sur l'ensemble du territoire communal ;
- pour un demandeur personne physique et à titre personnel ;
- pour une durée de quatre ans, tout renouvellement nécessitant une nouvelle demande ;
- à raison d'un seul logement par foyer fiscal ;
- sans pouvoir excéder huit mois de locations au total et sans pouvoir dépasser 90 jours en continu pour un même occupant.

Il est précisé que les autorisations délivrées en vertu du précédent règlement restent soumises à ce dernier, tant en termes de nombre que de durée.

Elle peut être accordée avec compensation (sous les conditions territoriales prévues à l'article 6) :
- pour les personnes physiques, dès la seconde demande ;
- pour les personnes morales, dès la première demande.

1097. - Les sanctions civiles et pénales sont rappelées aux articles 8 et 9 du règlement.

1098. - De manière étonnante, le règlement indique que l'absence de réponse du service instructeur pendant deux mois vaut refus (art. 12) ; comme nous le faisons remarquer ci-après dans l'analyse du règlement en vigueur à Lille, qui adopte le même point de vue, cette disposition est contraire aux principes régissant la matière : la décision dont s'agit est de celles pour lesquelles le silence de l'administration pendant deux mois vaut autorisation tacite[172].

1099. - L'article 13 du règlement rappelle que, conformément à l'article L. 631-7-1, et comme pour les villes de Paris et Lyon, la mairie doit recueillir l'avis préalable du maire d'arrondissement, lequel ne lie pas la décision définitive.

1100. - Comme il est maintenant d'usage, la demande doit être effectuée *via* un formulaire « délivré par la ville de Marseille » (art. 14) ; mais, alors que c'était le cas dans les règlements précédents, il n'est pas indiqué que les différents types de formulaires soient annexés au règlement, donc à la délibération (il en est de même de la liste des pièces à joindre à la demande). Certes, les modèles de formulaires doivent figurer sur le site Internet de la ville, mais la conséquence en est que ni ces formulaires, ni la liste des pièces n'ont un caractère réglementaire et que le service instructeur rencontrera sans doute quelques difficultés à prouver que le dossier de demande est incomplet.

(172) V. *supra*, n° 518.

Par ailleurs, le même article 14 précise que le dossier est à déposer « au service des autorisations d'urbanisme » et non à la direction du logement ; ce qui peut sembler étonnant compte tenu de l'indépendance des législations.

1101. – L'article 15 rappelle que les meublés de tourisme doivent être déclarés en mairie et qu'il convient d'obtenir un numéro d'enregistrement. En effet, une délibération spécifique instituant l'enregistrement obligatoire a été prise lors du conseil municipal du 27 janvier 2020 ; elle est entrée en vigueur le 1er octobre de la même année sur tout le territoire de la commune.

1102. – En définitive, ce nouveau règlement présente l'avantage, par rapport au précédent, de préciser les modalités concernant le changement d'usage professionnel sans compensation ; mais surtout, il a pour objet de durcir sensiblement les conditions de recevabilité des demandes d'autorisation pour les locations meublées touristiques : le précédent règlement autorisait cinq demandes par foyer fiscal sans compensation, pour une durée de six ans et permettait l'offre de compensation, lorsqu'elle était requise, sur l'ensemble du territoire communal.

SOUS-SECTION 3 LE RÈGLEMENT MUNICIPAL DE LA VILLE DE STRASBOURG

§ 1. – L'ancien règlement municipal adopté en 2009

1103. – La ville de Strasbourg a adopté un règlement de transition, dans l'attente d'une prochaine délibération chargée de fixer des règles autrement plus précises et adaptées aux caractéristiques du marché local actuel. Dans sa séance du 14 septembre 2009, le conseil municipal :

– a pris acte du transfert de compétence du préfet au maire ;

– a prévu qu'une convention serait passée entre la commune et les services de l'État en vue de la mise à disposition de ces derniers pour instruire les dossiers de demandes, dans l'attente de la loi devant fixer les compensations financières de l'État aux communes du fait de la décentralisation ;

– a considéré que, bien que le préfet du Bas-Rhin n'ait rendu aucun arrêté en suite de l'entrée en vigueur de l'ordonnance du 8 juin 2005, il convenait de perpétuer (jusqu'à la publication d'un règlement communal plus étoffé) les principes retenus dans un rapport du préfet au conseil départemental de l'habitat du 18 janvier 1994 ;

– a demandé au conseil de communauté de confirmer, dans un premier temps, les critères de décisions formulés en 1994 et de programmer une étude permettant de connaître l'état actuel de l'équilibre activités/logements sur la commune de Strasbourg.

1104. – Le conseil de communauté de la communauté urbaine de Strasbourg, dans sa séance du 29 septembre 2009, a pris en compte l'intégralité des vœux exprimés par la ville de Strasbourg en confirmant les critères de décisions en vigueur depuis 1994 et en décidant de lancer l'étude du bilan préparatoire à l'élaboration du futur règlement.

Même s'il s'agit d'un règlement intermédiaire, la ville entendait provisoirement instruire les demandes de changement d'usage au vu des critères précédemment définis ; pour ce faire, et pour respecter le formalisme prévu à l'article L. 631-7-1, elle a fait entériner ce règlement *a minima* par le conseil de communauté.

1105. – Les critères de décision en vigueur jusqu'à la mise en application du nouveau règlement adopté en 2016 étaient les suivants :

– la localisation de l'immeuble (les changements d'usage ne sont pas souhaités dans le secteur sauvegardé – ellipse insulaire, quartier des halles – afin d'y conserver des logements en nombre suffisant) ;

– l'accord du propriétaire et du syndic, le cas échéant ;

– un équilibre « logements/locaux professionnels » à respecter au sein de l'immeuble (pas plus de 50 % de professionnels) ; toutefois, le règlement de 2009 est assez lacunaire sur les modalités d'appréciation de cet équilibre : le pourcentage de 50 % doit-il être évalué en nombre de locaux, en surface hors œuvre nette ou en surface habitable telle que définie à l'article R. 111-2 du Code de la construction et de l'habitation ? La notion « d'immeuble » n'est pas définie : s'agit-il d'un même bâtiment ou d'un ensemble immobilier édifié sur une même unité foncière ?

Ces principes ont pu paraître succincts, mais ils devaient être étoffés lors du vote du règlement définitif. En particulier, ce règlement ne distingue pas les cas d'autorisations personnelles et celles ayant un caractère réel après compensation.

La délibération du 14 septembre 2009 indique qu'une cinquantaine de dossiers sont instruits en moyenne chaque année à Strasbourg.

1106. – Les dispositions du règlement municipal de 2009 ont eu vocation à s'appliquer sur l'ensemble du territoire de la ville, étant précisé que le contrôle de l'usage n'était pas applicable dans les zones franches urbaines « Neuhof » et « Hautepierre » conformément à l'article L. 631-10 avant son abrogation par la loi ALUR du 24 mars 2014[173].

§ 2. – Le règlement municipal adopté en juin 2016

1107. – Ainsi que cela avait été annoncé lors de l'élaboration du règlement municipal de 2009, la ville de Strasbourg entendait se donner le temps d'études plus approfondies pour rédiger un nouveau règlement cernant au plus près les besoins spécifiques de contrôle propres à son territoire. Par ailleurs, les modifications législatives issues de la loi ALUR du 24 mars 2014 lui fournissaient de nouvelles opportunités en matière de locations meublées de courtes durées.

Le Conseil de l'Eurométropole de Strasbourg a adopté, dans sa séance du 30 juin 2016, après communication au conseil municipal de Strasbourg le 24 avril 2016, ce nouveau règlement dont le contenu est, effectivement, plus précis et complet que le précédent.

1108. – Conformément à l'article L. 631-7-1, le règlement pose le principe que le changement d'usage est accordé à titre personnel ; il n'est attaché au local que si l'autorisation est subordonnée à une compensation (art. 1).

1109. – Si l'autorisation est personnelle, les aménagements existants indispensables à l'habitation doivent être conservés (article 2) ; ainsi, le retour à l'habitation est plus sûrement assuré lorsque le bénéficiaire de l'autorisation cesse son activité.

(173) V. *supra*, n°s 150 et s.

Ce même article précise que les logements faisant l'objet d'un conventionnement ne peuvent recevoir d'autorisation de changement d'usage.

1110. – Selon l'article 3, les décisions sont prises en tenant compte des impératifs nés du programme local de l'habitat et du plan local d'urbanisme de Strasbourg.

1111. – Sur l'ensemble du territoire de la ville de Strasbourg, toute autorisation (personnelle ou réelle) ne doit pas conduire à ce que, dans une même copropriété ou sur une même unité foncière, la partie habitation soit inférieure à 50 % de la surface totale (article 4) ; la surface retenue étant celle résultant de la définition fournie par l'article R. 111-2 du Code de la construction et de l'habitation (devenu l'article R. 156-1 depuis le 1er juillet 2021). Mais cette règle souffre des exceptions et il peut y être dérogé dans les cas suivants :

- si l'activité projetée affecte la totalité de l'immeuble ;
- si l'objet est la réalisation d'un « équipement d'intérêt public ou collectif ».

La définition de tels « équipements » est donnée à l'article 7 : ils « sont destinés à accueillir des fonctions d'intérêt général notamment dans les domaines administratifs, hospitalier, sanitaire, social, de l'enseignement, culturel, sportifs, de la défense et de la sécurité », que les équipements concernés soient gérés par un service public ou par un organisme privé. Cette nomenclature peut paraître large, mais le règlement prenait soin de préciser que l'autorisation sera soumise à l'appréciation du maire « selon la pertinence du projet, la nature de l'activité et la surface concernée » ; ainsi, il convenait d'interroger préalablement la mairie pour savoir si le projet entre bien dans l'exception au principe posé par l'article 4.

1112. – L'une des préoccupations majeures de la ville (avec le développement de la location meublée de courtes durées) semble être la concentration des implantations des professions libérales au sein de secteurs dits « sensibles » tels que la « Grande Île » et le secteur du Plan de sauvegarde et de mise en valeur (PSMV), délimité sur le plan 1B annexé au règlement (art. 5) ; cette préoccupation est matérialisée dans le traitement de ces professions par rapport aux domaines respectifs des autorisations personnelles et réelles.

1113. – Les articles 6 et 7 traitent du domaine des autorisations nécessitant une offre de compensation. Le principe posé est que les locaux de compensation doivent être de qualité et de surface équivalentes et doivent être situés dans le même « secteur » que les locaux d'habitation dont le changement d'usage est sollicité ; les différents « secteurs » de la ville figurent sur le plan 1A annexé au règlement.

Mais, dans le secteur « sensible » ou « de compensation renforcée » (le plan 1B figurant le PSMV), les locaux de compensation doivent présenter une surface égale à 1,5 fois celle des locaux d'habitation devant changer d'usage ; sauf si ces locaux de compensation sont destinés à recevoir du logement social.

Pour des raisons d'hygiène et de sécurité, les locaux « autres qu'habitation » situés en rez-de-chaussée ne peuvent être offerts en compensation ; à l'exception des rez-de-chaussée surélevés et de ceux situés sur cour. Mais, sur ce dernier point, la ville se réserve d'examiner l'offre « en fonction de la qualité d'habitabilité des locaux » ; elle possède donc une marge d'appréciation.

Enfin, s'il résulte de la compensation que douze logements au moins sont ainsi transformés, il doit être intégré au moins 20 % de logements sociaux dans les locaux de compensation ; les 20 % étant calculés en surface et non en nombre de logements.

1114. - Par dérogation aux règles ci-dessus énoncées, une compensation n'est pas exigée dans les cas suivants :

1) le local pour lequel est demandé le changement d'usage est situé dans l'un des treize quartiers prioritaires de la politique de la ville (QPV) et dans le périmètre de 300 mètres entourant chacun d'eux ; le périmètre de chacun des QPV est délimité sur le plan annexé au règlement (annexe 2). Il est naturel que, dans ces quartiers soit défavorisés, soit où le rapport emploi/résidents est faible en ce qui concerne l'emploi, l'implantation d'entreprises ou de professions libérales de proximité soit facilitée. Dans ce cas, il n'y a pas de limite de surface (sauf application de la règle des 50 % posée à l'article 4) ;

2) l'implantation nouvelle d'une personne exerçant une profession libérale, mais seulement en étage et dans la limite de 70 m². Demeure annexée au règlement une liste des professions concernées ; force est de constater que cette liste contient un nombre impressionnant de professions concernées et qu'il semble, selon le « chapeau » de cette annexe, qu'elle ne soit pas exhaustive… Mais l'annexe se réfère à la définition des professions libérales résultant de l'article 29 de la loi n° 2012-387 du 22 mars 2012 relative à la simplification du droit et à l'allégement des démarches administratives ;

3) la limite de 70 m² est portée à 100 m² si la demande concerne un groupement de trois personnes ou plus exerçant une profession libérale ; le règlement ne précise pas si les personnes concernées doivent exercer la même profession.

Selon les informations fournies par le service compétent de la mairie, les surfaces indiquées aux 2) et 3) ci-dessus constituent non des franchises mais des « seuils » et, dès lors qu'elles sont dépassées, il convient de solliciter une demande d'autorisation avec compensation dès le premier mètre carré dans les secteurs où cette offre de compensation est obligatoire ;

4) toute activité professionnelle, même commerciale, en rez-de-chaussée et à condition que les locaux soient accessibles aux personnes à mobilité réduite ;

5) la réalisation d'un équipement public ou d'intérêt collectif (cf. la définition qui en est donnée ci-dessus) ;

6) la location meublée de courte durée, dont le régime est traité à l'article 10 ;

7) le changement d'usage de partie d'un local restant, pour le surplus, la résidence principale du demandeur (il s'agit des « locaux mixtes » traités aux articles 8 et 9).

1115. - Le règlement prend soin de préciser que, en ce qui concerne les professions libérales, l'autorisation est conférée à chaque professionnel et non à la structure sociale ; et qu'une nouvelle autorisation devra être sollicitée à l'arrivée d'un nouveau professionnel, que celui-ci remplace ou non un partant.

Il rappelle également (c'est une évidence, mais qu'il convient de rappeler) que les autorisations ainsi dispensées de compensation sont bien des autorisations personnelles et qu'elles cessent de produire effet lors de la cessation d'activité du bénéficiaire ; ainsi, même un successeur dans la même activité devra solliciter une nouvelle autorisation… qui ne lui sera peut-être pas accordée !

1116. - En dehors des cas d'exceptions ci-dessus visés, dans l'ensemble des « secteurs » délimités dans l'annexe 1A, toute demande de changement d'usage doit être accompagnée d'une offre de compensation ; même pour les professions libérales (dès lors qu'elles excèdent les limites de 70 et 100 m² ci-dessus visées).

1117. - Les articles 8 et 9 reprennent les dispositions concernant les « locaux mixtes » énoncées aux articles L. 631-7-2 à L. 631-7-5 du Code de la construction et de l'habitation issus de la loi du 4 août 2008. Ils précisent que ces règles s'appliquent sur l'ensemble du territoire de la ville de Strasbourg et que la partie « habitation » doit rester au moins égale à 50 % de la surface du logement et que la surface ainsi transformée, lorsqu'elle est soumise à autorisation, n'est pas astreinte à compensation.

1118. - Le règlement use de la faculté que lui a laissée l'article 16 de la loi ALUR du 24 mars 2014 lui permettant d'instituer un régime particulier pour les locations meublées de courtes durées (art. 10 : « Meublé de tourisme et location saisonnière »). Il prend soin de préciser, en rappel à la loi, que, si le local meublé constitue la résidence principale du loueur (principe des « chambres d'hôtes » ou des locations pour une durée inférieure à quatre mois par an), aucune autorisation n'est à demander et que la résidence principale est entendue comme le logement occupé par son résident au moins huit mois par an. Ainsi, sur l'ensemble du territoire communal et sans qu'il soit besoin d'offrir une compensation, une personne physique peut solliciter une autorisation, aux fins de louer en meublé pour de courtes durées, dans les conditions suivantes :

- pour une durée de neuf ans, non reconductible ;
- pour le changement d'usage de deux logements au maximum ; cette précision laisse à penser que, par demandes successives, le demandeur ne peut détenir plus de trois logements loués sous ce régime dans le même laps de temps.

En ce qui concerne les autorisations qui auraient été conférées avant l'entrée en vigueur du règlement, elles bénéficient d'une prolongation de validité, sans pouvoir excéder neuf ans décomptés de l'autorisation.

Par contre (mais il s'agit d'un rappel des limites de la loi), les locations meublées de courtes durées ne peuvent être accordées qu'avec une offre de compensation, sur les secteurs où elle est requise en vertu de l'article 6 :

- pour les personnes physiques, au-delà de deux logements concomitamment dans ces conditions ;
- pour les personnes morales (même pour les sociétés familiales), dès le premier logement.

1119. - L'article 11 rappelle les sanctions en cas d'infractions à la loi et au présent règlement.

1120. - Les articles 12 et 13 précisent les conditions de délivrance des autorisations. Le règlement rappelle que, en vertu de l'article L. 631-8, la demande de permis de construire ou la déclaration préalable vaut demande de changement d'usage, mais il indique que le demandeur doit néanmoins déposer concomitamment un formulaire complété de demande de changement d'usage ; cette initiative est heureuse car il s'agit bien de deux autorisations distinctes, régies par des codes différents et instruites par deux services distincts, comme le règlement prend soin de le préciser.

Afin de donner un caractère réglementaire au formulaire de demande que le pétitionnaire doit remplir, le modèle de ce formulaire est annexé au règlement lui-même ; en fait, il dissocie deux formulaires distincts : l'un pour les demandes d'autorisation réelle avec compensation (annexe 5), l'autre pour les demandes d'autorisation personnelle ou pour usage mixte (annexe 6).

De plus, au formulaire « réel » est jointe une liste des pièces justificatives à joindre au dossier de demande (annexe 4) ; ainsi, le demandeur a connaissance des seules pièces qui pourraient être exigées de lui, tant lors du dépôt de la demande que pour obtenir l'arrêté définitif d'autorisation après transformation effective des locaux de compensation. Ce point présente un intérêt tout particulier dans la mesure où, dorénavant, le silence de l'administration pendant une durée de deux mois vaut acceptation de la demande.

Enfin, est également annexé (annexe 7) un modèle d'attestation du propriétaire (si le demandeur est locataire) confirmant qu'il est d'accord pour le changement d'usage et que celui-ci n'est pas contraire aux stipulations du règlement de copropriété (si le local est en copropriété) ; cette exigence ne vaut que s'il s'agit d'une demande d'autorisation personnelle puisque, si la demande porte sur un changement « réel », elle doit émaner du propriétaire lui-même.

1121. - Par une délibération du 19 novembre 2018, applicable depuis le 1er mars 2019, le conseil municipal de Strasbourg a institué l'obligation, avant toute mise en location meublée touristique, d'obtenir un numéro d'enregistrement.

§ 3. - Le premier modificatif de novembre 2019

1122. - Après trois années d'application, le nouveau règlement de Strasbourg a fait l'objet de plusieurs adaptations afin de prendre en compte la géographie des changements d'usage, répondre aux questions posées par des copropriétés dont le règlement n'anticipait pas le développement des meublés de tourisme et, enfin, traiter de certaines situations récurrentes qui n'avaient pas été envisagées en 2016.

Ces modifications ont été approuvées par le Conseil de l'Eurométropole de Strasbourg du 29 novembre 2019 ; elles ont été appliquées aux dossiers déposés à compter du 1er janvier 2020.

1123. - Le périmètre du Secteur de compensation renforcée (SCR) se définit désormais par rapport au Site patrimonial remarquable de Strasbourg. Le cœur de la Neustadt est ainsi ajouté au périmètre correspondant à la Grande Île (art. 5 du règlement). Un nouveau plan figurant le SCR est annexé au règlement (nouvelle annexe 1).

1124. - Les conditions générales pour l'obtention d'une autorisation de changement d'usage en meublé de tourisme ou location saisonnière sont complétées par la précision suivante : « Dès lors qu'aucune stipulation contractuelle prévue dans le bail ou le règlement de copropriété ne s'y oppose et que le demandeur bénéficie de l'autorisation écrite de la copropriété, le changement d'usage d'un local d'habitation peut être autorisé à condition que l'activité n'engendre ni nuisance, ni danger pour le voisinage et qu'elle ne conduise à aucun désordre pour le bâti et les parties communes » (art. 10.1). On s'étonne de cet ajout, le principe étant rappelé à titre liminaire par le règlement que « toute autorisation de changement d'usage, qu'elle soit accordée à titre personnel ou à titre réel, est accordée sous réserve des droits des tiers et, en particulier, des stipulations du bail ou du règlement de copropriété » (art. 2).

L'exigence d'une autorisation écrite de la copropriété est reprise pour les usages mixtes en résidence principale (art. 8) ; mais, pour ce type d'occupation, ce n'est que l'application de la loi n° 2008-776 du 4 août 2008[174].

(174) V. *supra*, nos 259 et s.

1125. - Le principe selon lequel une demande de changement d'usage (personnel ou réel) ne doit pas conduire à ce que la surface d'habitation soit inférieure à 50 % de la surface totale du bâtiment fait l'objet de deux nouvelles exceptions (art. 4)[175] : d'une part, en cas de présence d'un seul logement dans la totalité du bâtiment, d'autre part, en cas de création ou d'extension d'un hôtel étoilé ou d'une auberge collective (type auberge de jeunesse).

1126. - La liste des dérogations à l'obligation de compensation est étoffée (art. 7)[176] ; sont aussi exemptés de compensation les changements d'usage d'un ou plusieurs locaux d'habitation sollicités :

– au profit d'un hôtel étoilé ou d'une auberge collective (auberge de jeunesse) ;

– pour un commerce installé en rez-de-chaussée et en exploitation depuis au moins deux ans souhaitant étendre son activité à un local jouxtant son local actuel.

Les plafonds de surface prévus pour les dispenses de compensation en faveur des nouvelles installations de professions libérales sont rehaussés respectivement de 70 m^2 à 100 m^2 et de 100 m^2 à 150 m^2. Il est précisé que ces surfaces peuvent accueillir les employés des professionnels libéraux. L'annexe du règlement contenant la liste des professions libérales concernées est supprimée ; on peut le regretter, bien qu'elle ne fût pas exhaustive.

1127. - Sont aussi supprimées les annexes contenant les formulaires de demandes de changement d'usage, sans doute en raison de leur future dématérialisation ; en attendant, les formulaires sont accessibles sur le site Internet de l'Eurométropole. Les articles 12 et 13 relatifs aux conditions de délivrance des autorisations ont été supprimés par la même occasion.

§ 4. - Le deuxième modificatif de novembre 2021

1128. - Le 19 novembre 2021, le règlement municipal a été une nouvelle fois modifié par le Conseil de l'Eurométropole de Strasbourg, avec pour principal objectif de restreindre encore davantage les possibilités d'autorisation des meublés de tourisme. D'autres modifications et diverses clarifications ont été apportées au règlement à cette occasion.

Les dispositions présentées ci-après s'appliquent aux autorisations délivrées depuis le 1er janvier 2022.

1129. - La portée des autorisations temporaires délivrées sur le fondement de l'article L. 631-7-1 A, c'est-à-dire octroyées sans compensation et uniquement aux personnes physiques en vue de la création d'un meublé de tourisme, est amoindrie (art. 10.2 du règlement). Désormais, elles ne peuvent être accordées pour le changement d'usage que d'un seul logement par personne physique (au lieu de deux précédemment)[177], et pour une durée de six ans (au lieu de neuf) assortie d'une possibilité de reconduction unique de trois ans conditionnée à la justification (par tout moyen) d'une amélioration énergétique du local. Aucune limitation de durée n'est cependant imposée lorsque le local est situé dans l'un des treize quartiers prioritaires de la politique de la ville (QPV).

(175) V. *supra*, n° 1111.
(176) V. *supra*, n° 1114.
(177) Une compensation est donc exigée dès le second logement transformé en meublé de tourisme par une personne physique.

Les autorisations temporaires délivrées avant le 1er janvier 2022 restent soumises au régime en vigueur et à la durée de validité prévus à la date de leur obtention (art. 10.4).

1130. - Si l'on en croit l'exposé des motifs de la délibération, les auteurs du modificatif ont souhaité « limiter la mise en location de meublés touristiques des logements situés le long des axes de tramway dans le Secteur de compensation renforcée » et « y privilégier le développement d'activités de bureaux, bénéficiant ainsi d'une visibilité et d'un positionnement favorables dans le centre-ville ».

Dans cette nouvelle zone, les obligations de compensation exigées pour la transformation de logements en bureaux exclusivement sont rendues plus favorables que celles prévues pour les autres transformations, notamment en meublés de tourisme (art. 6.2). Le coefficient de surface de compensation pour la création de bureau est fixé à 0,5 fois la surface d'habitation transformée. Il s'agit d'une surface minimale, précise le règlement ; mais c'est toujours moins que les coefficients de surface applicables aux autres changements d'usage à caractère réel du secteur de compensation renforcée (1,5 pour les compensations privées et 1 pour les compensations sociales).

La zone définie par rapport aux différents axes de circulation du tramway inclus dans le secteur de compensation renforcée est figurée sur une carte annexée au règlement (nouvelle annexe 3).

1131. - Le règlement de 2016 et son modificatif de 2019 réservaient déjà des dispositions particulières à la « mixité d'usage au sein d'une copropriété ou d'une unité foncière » (art. 4)[178]. Ces règles évoluent dans deux directions opposées :

– dans un sens restrictif, le pourcentage d'habitation à respecter par immeuble ou unité foncière étant relevé à 60 % de la surface totale du bâtiment (au lieu de 50 % précédemment) ;

– dans un sens libéral, avec l'ajout d'une dérogation supplémentaire permettant l'installation de locaux d'activité au-dessus d'un bar-restaurant ou de toute activité générant des nuisances sonores durant les horaires nocturnes.

La règle suivant laquelle « l'autorisation sera soumise à l'appréciation du/de la Maire qui l'accordera selon la pertinence du projet, la nature de l'activité et la surface concernée » est supprimée. L'exposé des motifs justifie cette suppression : « une autorisation dérogatoire au régime général ne peut pas être, en plus, conditionnée à l'appréciation du/de la Maire ». Il est fort probable qu'une telle suppression soit également motivée par le souci de répondre au critère d'objectivité de l'article 10 de la directive 2006/123 du 12 décembre 2006 (dite directive « Services »)[179]. De même que l'ajout d'explications dans les principes généraux du règlement et de titres définissant les chapitres et les articles sont vraisemblablement destinés à satisfaire aux exigences de clarté et de non-ambiguïté de la directive Services[180].

(178) V. *supra*, nos 1111 et 1125.

(179) V. *supra*, n° 783.

(180) Il est ainsi apporté des précisions sur la procédure de compensation : « Dans le cas où le dossier de compensation est conforme et que les conditions de changement d'usage sont remplies, une autorisation provisoire peut être délivrée. Elle a une durée de validité de deux ans maximum. Lorsque les travaux de transformation en logement des locaux de compensation sont achevés, le demandeur transmet la Déclaration attestant l'achèvement et la conformité des travaux (DAACT) incontestée justifiant que les travaux effectués correspondent à ceux autorisés dans le cadre d'un permis de construire ou d'une déclaration préalable depuis moins de 1 an » (art. 5).

1132. – La liste des dérogations à l'obligation de compensation s'allonge à nouveau (art. 7)[181]. Sont dispensées de compensation les demandes de changement d'usage en vue :

– du remplacement d'un professionnel régulièrement installé dans le cas du partage du local par plusieurs professionnels, dans la continuité de la même activité et dans le respect des critères ayant justifié la dérogation initiale ; toutefois, dans le cas où la totalité des professionnels exerçant dans le local cessent leur activité, le local revient à son usage d'habitation ;

– de l'installation de locaux d'activités au-dessus d'un bar-restaurant ou de toute activité générant des nuisances sonores durant les horaires nocturnes.

SOUS-SECTION 4 LE RÈGLEMENT MUNICIPAL DE LA VILLE DE LYON

§ 1. – L'ancien règlement municipal adopté en 2011

1133. – En application des dispositions de l'article L. 631-7-1, la ville de Lyon a décidé d'arrêter son propre règlement municipal, afin que celui-ci se substitue à l'arrêté du préfet du Rhône du 20 décembre 2006. Conformément à la procédure prévue par cet article, le règlement a été approuvé par délibération du conseil de communauté de la communauté urbaine du Grand Lyon dans sa séance du 27 juin 2011 (Délib. n° 2011-2362). Cette délibération a été publiée dans le *Bulletin officiel communautaire* (*BOC*) n° 408 de juin 2011.

Le règlement annexé à la délibération susvisée s'inspire fortement des règles instituées par l'arrêté préfectoral du 20 décembre 2006, mais s'en écarte sur certains points.

1134. – La définition de l'hyper-centre de Lyon, au sein duquel s'appliquent des règles spécifiques et plus contraignantes, est identique à celle résultant de l'arrêté préfectoral :

– sur la rive gauche du Rhône : parties des 3e, 6e et 7e arrondissements entre le Rhône et la gare de la Part-Dieu ;

– sur la presqu'île entre Rhône et Saône : partie du 2e arrondissement comprenant les quartiers des Cordeliers et de Bellecour, jusqu'à la gare de Perrache ;

– sur la rive droite de la Saône : le Vieux Lyon dans le 5e arrondissement.

1135. – L'article 1er se contente de rappeler textuellement l'alinéa 2 de l'article L. 631-7-1 : l'autorisation est personnelle, mais devient réelle si l'autorisation est subordonnée à une compensation. Il semble qu'il faille considérer, à défaut d'autre précision, que cet énoncé concerne bien l'ensemble du territoire de la ville de Lyon.

1136. – L'article 2 concerne les règles plus spécifiquement applicables à l'hyper-centre ci-dessus défini ; au sein de ce secteur, le principe, qui souffre des exceptions, réside dans l'obligation de solliciter une autorisation avec compensation. Il reprend

(181) V. *supra*, nos 1114 et 1126.

textuellement les conditions d'application énoncées à l'article 2 de l'arrêté préfectoral. Ainsi, la compensation est obligatoire, « dès lors :

– que la transformation consiste à affecter les locaux à un autre usage que l'habitation ;

– que ces locaux, objet du changement d'usage, représentent une surface hors œuvre nette (ou notion équivalente applicable selon la réglementation du Code de l'urbanisme)[182] égale ou supérieure à 100 m^2 ;

– et qu'ils se situent à l'intérieur d'un périmètre dit hyper-centre ».

Si les locaux étaient occupés pour un usage autre qu'habitation en vertu d'une ancienne autorisation personnelle, un nouvel occupant devra solliciter une autorisation avec compensation ; le texte ne prévoyant pas de mesure dérogatoire, il faut en conclure qu'il en est ainsi, même pour un successeur dans l'activité commerciale ou la profession libérale précédemment exercée.

La surface de 100 m^2 ci-dessus énoncée constitue un seuil et non une franchise :

– au-delà de 100 m^2, l'obligation de compensation s'applique dès le premier m^2 ;

– il en est de même si ce seuil est atteint par suite d'extensions réalisées dans les dix ans de la première autorisation ; il faut comprendre que cette règle s'applique tant si la première autorisation avait été personnelle comme portant sur un local inférieur à 100 m^2, que pour toute extension d'une occupation déjà supérieure à 100 m^2 ;

– enfin, si des surfaces inférieures à 100 m^2 sont issues d'une division de lots remontant à moins de dix ans, une demande d'autorisation doit être accompagnée d'une compensation ; on en comprend bien la raison : il convient d'éviter la fraude qui consisterait à diviser un grand appartement en plusieurs locaux à un autre usage que l'habitation mais chacun inférieur à 100 m^2.

1137. – L'article 3 apporte des précisions sur les biens qui pourront être offerts en compensation. Il faut comprendre que ces règles sont applicables à toutes les autorisations avec compensation, que celle-ci soit obligatoire ou facultative et qu'elle concerne l'hyper-centre ou le reste du territoire lyonnais :

1) les biens objet de la compensation doivent être « de qualité et de surface équivalentes ». Contrairement à Paris, qui a institué un « secteur de compensation renforcée » au sein duquel la compensation doit être de 2 m^2 pour 1 m^2, Lyon se contente d'exiger que les surfaces en cause soient équivalentes, même dans l'hyper-centre. Par contre, nous retrouvons ici le principe parisien de la « qualité équivalente », qui permet au service instructeur de refuser une offre de compensation, avec la relative subjectivité qui l'accompagne. Le règlement donne, toutefois, une indication sur la « qualité d'habitabilité » (que l'arrêté préfectoral n'avait fait qu'énoncer) des locaux offerts en compensation : les nouveaux logements ainsi créés « doivent répondre, à l'issue de leur transformation, aux normes définies par le décret du 30 janvier 2002 relatif aux caractéristiques du logement décent ainsi qu'aux différentes règles applicables en matière d'hygiène et de sécurité incendie » ;

2) comme à Paris (du moins jusqu'à la modification en février 2011 du règlement parisien), et sans doute pour les mêmes raisons d'hygiène et de sécurité, « les locaux situés en rez-de-chaussée ne pourront pas servir de compensation ». Mais ce

(182) Il convient d'y substituer, depuis le 1er mars 2012, la notion de « surface de plancher ».

principe souffre des dérogations : « à l'exception de ceux situés en rez-de-chaussée surélevé ou dans des immeubles sur cour » ;

3) les offres de compensation ne peuvent se faire que dans le même arrondissement ; cette précision, toujours comme à Paris, doit éviter que certains secteurs ne se dépeuplent au bénéfice d'autres moins concernés par la protection du nombre d'habitants. Il convient de rappeler que cette mesure est plus restrictive que l'arrêté préfectoral pour lequel la compensation pouvait provenir de l'ensemble du territoire de la ville de Lyon ;

4) les transformations de l'ensemble des locaux concernés doivent être « concomitantes » ; mais il s'agit d'une notion bien connue depuis l'arrêté de 2005 du préfet de Paris et dont le but est d'éviter de « mettre en conserve » des compensations précédemment obtenues.

1138. - L'article 4 énonce les cas dans lesquels l'autorisation « peut être exonérée de compensation dès lors :

- qu'elle est demandée pour la réalisation d'un équipement public ou d'intérêt collectif,
- s'il s'agit de locaux situés en rez-de-chaussée ».

Deux remarques :

- le terme « peut » laisse entendre que le maire n'a pas de compétence liée et qu'il est juge de l'exonération ou non ;
- cette possibilité d'exonération ne vise que l'hyper-centre défini à l'article 2 puisque c'est dans ce seul périmètre que la compensation est obligatoire et au-delà de la surface de 100 m^2 prévue dans ce même article.

Le règlement donne une définition des équipements publics ou d'intérêt collectif qui « sont ceux destinés à accueillir des fonctions d'intérêt général notamment dans les domaines administratif, hospitalier, sanitaire, social, de l'enseignement, culturel, sportif, de la défense et de la sécurité. Il peut s'agir d'équipements répondant aux besoins d'un service public ou d'un organisme privé chargé de satisfaire un intérêt collectif ». Cette liste n'est sans doute pas exhaustive, compte tenu du terme « notamment » employé. Mais elle est suffisamment large pour couvrir un certain nombre de cas d'exonération. En particulier, la demande d'exonération peut venir d'un organisme tant privé que public (alors que, en ce qui concerne l'enseignement, le règlement parisien n'exonère que l'enseignement public).

Peuvent également être exonérées de compensation, les demandes visant les locaux en rez-de-chaussée ; cette mesure favorable est le pendant de celle instituée par l'article 3, interdisant d'offrir en compensation des locaux en rez-de-chaussée et elle est édictée pour les mêmes raisons.

1139. - L'article 5, reprenant une mesure originale qui figurait déjà dans l'arrêté préfectoral, énonce que « en vue de préserver l'équilibre au sein d'un même immeuble, sur l'ensemble du territoire de la ville de Lyon, la demande de changement d'usage ne pourra être accordée sur plus de 50 % de la surface totale de la construction concernée ». Plusieurs remarques :

- cette restriction concerne tant les autorisations personnelles que celles réelles ;
- elle s'applique à tout le territoire ;
- le texte ne précise pas ce que l'on doit entendre par « surface » : surface utile, habitable, surface de plancher... ?

Conscient du caractère trop général de ce principe, le règlement indique qu'il « pourra être dérogé à cette règle :

– dans le cas d'implantation d'activité commerciale ou libérale, affectant la totalité de l'immeuble ;

– pour les immeubles de petite taille dont la surface totale est inférieure à 300 m^2 ;

– dans le cas de la réalisation d'un équipement public ou d'intérêt collectif ».

Là encore, il s'agit d'une simple possibilité pour le maire ; la notion de surface n'est pas explicitée ; pour la définition des équipements publics et d'intérêt collectif, il convient de se reporter à celle donnée dans l'article 4.

1140. – L'article 6 applique à la ville de Lyon le régime des « locaux mixtes » visé à l'article L. 631-7-2, issu de la LME du 4 août 2008, en précisant que « la surface réservée à un autre usage que l'habitation ne peut être supérieure à 50 % ». Cette mesure est reprise du règlement parisien et on peut se reporter aux remarques formulées sur celle-ci dans l'analyse du premier règlement de la ville de Paris[183].

Il est ajouté (mais était-ce nécessaire ?) que « cette surface n'est jamais soumise à compensation ». Dans les cas où une autorisation est nécessaire (appartement en étage avec réception de clientèle ou de marchandises), elle ne peut être que personnelle.

1141. – L'article 7 rappelle que, conformément à l'article L. 631-7-1, alinéa 4, les autorisations de changement d'usage avec compensation (mais pourquoi seulement celles-là ?) doivent être prises en considération de la mixité sociale et des modalités prévues au plan local d'urbanisme.

1142. – Enfin, les articles 8 et 9 se contentent de rappeler que :

– toute infraction est soumise aux sanctions prévues à l'article L. 651-2 ;

– la législation sur le contrôle du changement d'usage ne préjuge pas de celles afférentes au droit de l'urbanisme ou au statut de la copropriété.

Il pourrait être ajouté que, en matière de locations meublées de courtes durées, il convient de se mettre en conformité avec le Code du tourisme.

1143. – Pour rappel, depuis sa création en 2006, et jusqu'à l'abrogation de l'article L. 631-10 par la loi ALUR du 24 mars 2014, la zone franche urbaine « La Duchère » située à Lyon (9e) était exclue de tout contrôle de changement d'usage[184].

1144. – Les services compétents de la ville de Lyon ont délivré quatre-vingts autorisations de changement d'usage en 2011, soixante-treize en 2012 et quatre-vingt-huit en 2013.

§ 2. – Le règlement municipal adopté en décembre 2017

1145. – Par délibération n° 2017-2404 du 20 décembre 2017, le Conseil de la Métropole du Grand Lyon a procédé à la modification de son règlement municipal du 27 juin 2011 ci-dessus analysé ; mais seulement en ce qui concerne les locations meublées de courtes durées. Comme le note le rapport de présentation, les demandes de changement d'usage de logements en meublés de tourisme sont passées de 24 en 2013 à 164 en 2016 ; ces demandes étaient essentiellement concentrées dans l'hyper-centre de Lyon.

(183) V. *supra*, nos 879 et s.
(184) V. *supra*, nos 150 et s.

En application de l'article L. 631-7-1 A du Code de la construction et de l'habitation issu de la loi ALUR du 24 mars 2014, le Conseil a donc décidé d'instituer un régime particulier pour les autorisations de changement d'usage des logements en meublés touristiques.

1146. - En vertu de cette délibération, le règlement :
- conserve les conditions de délivrance de toute autorisation de changement d'usage ; la règle des 50 % est cependant renforcée avec la suppression de l'exception dont bénéficiaient les immeubles de moins de 300 m^2 (art. 5)[185] ;
- maintient les règles existantes pour les changements d'usage de logements en bureaux, services (autres que les meublés), commerces ou équipements publics et d'intérêt collectif ;
- institue un régime particulier pour les meublés de tourisme.

Il est ainsi créé, dans le règlement, un titre IV intitulé « Conditions supplémentaires de délivrance applicables aux meublés de courte durée » rassemblant les articles 12 à 15.

1147. - Dans le périmètre hyper-centre, tel que défini en 2011 :

a) tout logement d'une surface égale ou supérieure à 60 m^2 est soumis à compensation avec obligation de compenser par un logement de même taille, situé au sein de l'arrondissement et du périmètre hyper-centre, et ce quelle que soit la qualité du demandeur ;

b) pour les logements d'une surface inférieure à 60 m^2, une distinction est introduite entre deux types de propriétaires :
- pour les propriétaires personnes physiques, une autorisation temporaire peut être accordée, pour une durée de neuf ans non reconductible ; pour toute demande supplémentaire, le même demandeur devra fournir une compensation, dans les mêmes conditions qu'en *a)* ; il faut en déduire que Lyon n'accepte de conférer une autorisation temporaire de l'article L. 631-7-1 A que pour un seul logement par personne ;
- pour les personnes morales, comme elles ne peuvent bénéficier de l'autorisation temporaire en vertu de cet article, elles devront fournir une compensation, dans les mêmes conditions qu'en *a)*.

1148. - En dehors du périmètre hyper-centre, tout propriétaire, personne physique ou morale, désirant transformer un logement en location touristique doit aussi déposer une demande d'autorisation de changement d'usage ; mais cette dernière n'est pas soumise à compensation, ni à limitation dans le temps ou par propriétaire ; par suite, il s'agit d'un simple cas d'autorisation personnelle, donc incessible. Mais libre au demandeur d'opérer un changement d'usage réel en offrant une compensation.

1149. - Le règlement dans sa nouvelle version s'applique depuis le 1er février 2018. Des demandes d'autorisation déposées avant l'adoption de la délibération le 20 décembre 2017, mais sur lesquelles l'autorité administrative ne s'était pas encore prononcée au 1er février 2018, se sont donc vu appliquer ces nouvelles dispositions, les pétitionnaires ne disposant qu'aucun droit au maintien de la réglementation en vigueur à la date de leur demande[186].

1150. - Par un arrêt du 1er juin 2021, la cour administrative d'appel de Lyon a jugé que l'obligation de compensation mise en œuvre par les dispositions de l'article 12 du

(185) V. *supra*, n° 1139.
(186) CAA Lyon, 1er juin 2021, nos 19LY03088, 19LY03470 et 19LY04713 (3 arrêts).

règlement dans le périmètre de l'hyper-centre répondait aux objectifs poursuivis par la directive 2006/123 du 12 décembre 2006 (dite directive « Services »)[187]. Pour aboutir à une conclusion favorable, le juge administratif a dû procéder à un contrôle de proportionnalité des conditions d'octroi de l'autorisation de changement d'usage, conformément à la grille de lecture élaborée par la Cour de justice de l'Union européenne[188].

SOUS-SECTION 5 LE RÈGLEMENT MUNICIPAL DE LA VILLE DE NICE

1151. – Dès le 29 janvier 2010, le conseil communautaire de la communauté urbaine de Nice Côte d'Azur avait délibéré pour approuver le projet de règlement applicable sur le territoire de la ville de Nice en vue de l'application des articles L. 631-7 et suivants et en conformité avec l'article L. 631-7-1.

Le Bureau métropolitain de la métropole Nice Côte d'Azur (succédant à la communauté urbaine) a abrogé le règlement établi en 2010 pour en instituer un nouveau par délibération du 16 octobre 2014.

Mais ce dernier a eu une durée de vie relativement courte, puisque, par délibération en date du 22 mai 2105, le Bureau métropolitain abroge le précédent règlement et institue un nouveau règlement.

Par ailleurs, la loi ALUR n° 2014-366 du 24 mars 2014 ayant créé un nouvel article L. 631-7-1 A accordant aux communes la faculté d'instaurer un régime d'autorisation limitée dans le temps et soumise à des critères spécifiques pour les locations meublées de courtes durées, la métropole Nice Côte d'Azur a délibéré le 25 juin 2015 pour appliquer à la ville de Nice ce régime d'autorisation temporaire.

1152. – Pour mémoire, rappelons que, depuis sa création en 1997, et jusqu'à l'abrogation de l'article L. 631-10 par la loi ALUR du 24 mars 2014, la zone franche urbaine « L'Ariane » située en partie sur le territoire de la commune de Nice était exclue de tout contrôle de changement d'usage[189].

1153. – Après une rapide analyse du règlement de 2010 (abrogé en 2014, mais applicable pendant près de cinq ans) (§ 1), on fera l'économie de traiter du règlement de 2014, compte tenu de sa brève existence ; par contre, il convient de traiter le règlement institué le 22 mai 2015 (§ 2) ainsi que celui spécifique aux locations meublées résultant de la délibération du 25 juin 2015 (§ 3). Ces deux derniers ont été abrogés par un unique règlement adopté en décembre 2018 (§ 4) et lui-même modifié par un nouveau règlement en mai 2021 (§ 5).

§ 1. – Le règlement municipal appliqué entre 2010 et 2014

1154. – Ce règlement n'envisageait que les autorisations de caractère personnel, sans compensation.

(187) CAA Lyon, 1er juin 2021, n° 19LY03470, préc.
(188) V. *supra*, n° 783.
(189) V. *supra*, nos 150 et s.

Il pose le principe que, pour maintenir la mixité activité-logement, la demande « ne pourra être accordée sur plus de 50 % de la surface totale de la construction concernée » ; on peut penser que le terme « construction » vise l'ensemble des bâtiments édifiés une même « unité foncière » (telle que définie par le Conseil d'État) et que la « surface » retenue est celle résultant de l'article R. 111-2 du Code de la construction et de l'habitation.

1155. – Mais cette règle souffre des exceptions, qui ne lient pas pour autant la ville dans sa décision :

– « Dans le cas de l'implantation d'une activité en rez-de-chaussée » ;

– « Dans le cas de l'implantation d'une activité justifiant l'utilisation de la surface totale de l'immeuble » ;

– « Pour les immeubles de petite taille dont la surface totale est inférieure à 300 m^2 habitables ».

1156. – Enfin, le règlement indique que « le changement d'usage ne peut être autorisé pour les logements pour lesquels les propriétaires ont bénéficié de subventions, sauf engagement de ces derniers à rembourser au *prorata temporis* les subventions perçues » ; sont ainsi visés les logements ayant bénéficié, entre autres, d'une aide de l'ANAH.

1157. – Limiter les autorisations à celles de caractère personnel peut sembler être une facilité pour les pétitionnaires ; mais l'inconvénient majeur réside dans le fait qu'une nouvelle autorisation doit être sollicitée à chaque changement d'occupant et que le renouvellement de l'autorisation n'est pas acquis de plein droit. Les modifications ultérieures de ce règlement pallient cet inconvénient en instituant, dès la délibération du 16 octobre 2014, une autorisation avec compensation sur une partie du territoire de la ville.

§ 2. – L'ancien règlement municipal de mai 2015

1158. – Le Bureau métropolitain abroge la délibération du 16 octobre 2014, instituant un règlement qui n'aura eu qu'une durée de vie de quelques mois, mais en reprend certaines de ses dispositions, en l'étoffant.

D'entrée, le règlement indique que les demandes devront être établies suivant un formulaire annexé à la délibération ; en cela, la ville de Nice précède la ville de Paris, qui a, en novembre 2015, adopté deux formulaires facilitant la démarche du demandeur et l'instruction de la demande. Une notice explicative accompagne le pétitionnaire dans ses démarches.

D'une manière générale, concernant l'ensemble des autorisations personnelles et réelles, le nouveau règlement reprend les prescriptions élaborées en 2010 : l'autorisation ne doit pas conduire à modifier l'usage de plus de 50 % de la surface de l'immeuble, avec les mêmes exceptions.

1159. – La nouveauté principale (contenue déjà dans le règlement éphémère de 2014) réside dans l'instauration d'une autorisation avec compensation au sein d'un périmètre défini dans la délibération et correspondant à l'hyper-centre de la ville (un plan est annexé à la délibération).

Il est précisé que le local offert en compensation « devra être de surface et de qualité équivalentes ». Comme on a pu le constater à Paris, la notion « d'équivalence » laisse toute latitude au service instructeur pour accepter ou refuser la compensation proposée.

Mais cela est d'autant plus important pour la ville de Nice que le règlement indique que le local offert en compensation « peut être situé en dehors du périmètre soumis à compensation mais doit être sur la commune de Nice ». La notion d'équivalence trouve donc ici tout son intérêt.

L'inconvénient pour la politique de la ville et le maintien du rapport activité-habitation dans l'hyper-centre réside dans le fait que, sur le long terme, le centre de la ville risque de perdre ses résidents au bénéfice des autres quartiers de la ville ; alors que le but poursuivi était sans doute de maintenir un rapport équilibré entre résidents et emplois dans les secteurs concernés par la compensation. Mais les pétitionnaires ne s'en plaindront pas. À la date du 18 septembre 2015, les services compétents de la ville de Nice ont indiqué qu'ils n'avaient eu à instruire aucun dossier concernant la compensation instituée depuis le 16 octobre 2014.

1160. - La nécessité d'offrir une compensation comporte des exceptions :

– « Lorsque la demande de changement d'usage porte sur des locaux d'habitation situés en rez-de-chaussée ». On en comprend bien le motif lié à l'hygiène et à la sécurité ; et sans doute, aussi, afin d'animer les artères en commerces, artisanats ou activités libérales ;

– « Lorsque la superficie du local situé en étage est inférieure ou égale à 200 m^2 ». Sont donc seules soumises à compensation les transformations importantes. On peut penser que le service instructeur sera vigilant à ce que, par demandes successives, un même pétitionnaire ne vienne pas à solliciter des autorisations personnelles pour des surfaces cumulées supérieures à 200 m^2, ce qui constituerait une fraude au règlement ;

– « Lorsqu'elle est demandée en vue d'y exercer une mission d'intérêt général ». Le règlement ne donne pas de définition de cet intérêt général ; sans doute, il en sera ainsi pour des locaux de caractère administratif ou devant être utilisés par le monde associatif. Mais le service instructeur est juge de considérer que le pétitionnaire entre ou non dans cette catégorie ;

– « Lorsque la demande de changement d'usage est sollicitée par une personne en vue d'y exercer une profession libérale réglementée ou non réglementée ». Le règlement s'essaie à une définition des professions concernées : « toute profession exercée sur la base de qualifications appropriées, à titre personnel, sous sa responsabilité et de façon professionnellement indépendante, en offrant des services intellectuels et conceptuels dans l'intérêt du client et du public ». Cette définition est à la fois vague et large... En cas de refus de la part du service instructeur, on peut craindre des recours contentieux. Mais il est vrai que la définition des professions dites « libérales » est difficile à cerner (la ville de Paris a elle-même évolué lors de l'élaboration de ses trois règlements successifs) ;

– Lorsqu'il s'agit de locaux mixtes, conformément aux articles L. 631-7-2 et suivants ; le règlement prend soin de préciser que la partie « activité » ne doit pas excéder 50 % de la surface du local.

1161. - Mais cette dispense de compensation n'exonère pas pour autant le pétitionnaire de solliciter une demande d'autorisation personnelle. Par ailleurs, l'introduction dans le règlement, en 2014 repris en 2015, de l'autorisation avec compensation permet au pétitionnaire de solliciter, même dans les cas de dispenses ci-dessus énoncées, une autorisation avec compensation s'il désire pérenniser son droit d'usage et valoriser son local.

1162. - D'une manière générale, pour toute demande personnelle ou réelle, le pétitionnaire devra :

- si le local est en copropriété : fournir une attestation sur l'honneur « que le règlement de copropriété ne s'oppose pas à l'utilisation du bien pour un usage professionnel ou commercial » ;
- s'il est locataire : fournir, en plus, « une attestation du propriétaire stipulant qu'il accorde ce changement d'usage » ; on peut penser que la fourniture du bail indiquant l'activité devant être exercée produira le même effet.

On comprend bien les motivations de ces exigences ; mais il n'en reste pas moins que, les autorisations administratives étant conférées sous réserve des droits des tiers, la ville de Nice ne devrait pas s'immiscer dans des rapports de droit privé : l'autorisation ne pourra être utilisée si les tiers, copropriétaires ou bailleur, s'y opposent comme contraire à leurs droits.

1163. - Le changement d'usage ne sera pas autorisé sur les immeubles visés par un projet inscrit au plan local d'urbanisme.

1164. - Comme en 2010, le règlement indique que le changement d'usage ne sera pas accordé aux propriétaires dont le logement a fait l'objet de subvention, sauf s'ils acceptent de rembourser cette dernière.

1165. - Enfin, sont rappelées les sanctions prévues par l'article L. 651-2 en cas de non-respect des dispositions susvisées.

§ 3. - L'ancien règlement spécifique aux locations meublées de courtes durées de juin 2015

1166. - En application de l'article L. 631-7-1 A, issu de la loi ALUR du 24 mars 2014, la métropole Nice Côte d'Azur a délibéré le 25 juin 2015 afin d'instituer un régime propre aux autorisations temporaires de changement d'usage portant sur des locations meublées de courtes durées sur le territoire de la ville de Nice.

Compte tenu du caractère éminemment touristique de la ville de Nice, il était assez naturel que les élus locaux se dotent d'un instrument de contrôle spécifique pour ce genre de situations.

La Métropole revient sur une précédente délibération du 10 juillet 2014 visant le même objet et qu'elle assouplit. En effet, l'instauration d'une demande de compensation en 2015 dans l'hyper-centre était difficilement compatible avec une autorisation de caractère temporaire. Par conséquent, et par exception aux principes posés dans le règlement du 22 mai 2015, ci-dessus analysé, « le principe de compensation sur un secteur déterminé (l'hyper-centre) est supprimé pour ce type de changement d'usage ».

La ville de Nice a établi, là encore, un formulaire spécial à ce type de demandes, ainsi qu'une notice explicative.

1167. - Le règlement ne le précise pas, mais il est rappelé que, en vertu de l'article L. 631-7-1 A, le demandeur ne peut être qu'une « personne physique ». Sont donc exclues toutes personnes morales, en ce compris les sociétés à caractère familial.

1168. - « L'autorisation temporaire délivrée est valable pour une durée de trois ans, reconductibles deux fois, soit neuf ans au total ». La reconduction n'est pas automatique et nécessitera une nouvelle demande mais on peut penser que l'instruction de cette demande et l'acquiescement à celle-ci seront facilités par application du principe du précédent ; mais la reconduction n'en est pas moins laissée à l'appréciation du service instructeur.

Pour se conformer à l'article L. 631-7-1 A, le règlement indique que « le nombre maximal d'autorisations accordées à un même propriétaire sera de trois ». Il faut entendre par là qu'un même propriétaire ne peut louer pour de courtes durées qu'un maximum de trois appartements distincts et qu'il devra solliciter une autorisation pour chaque logement ; ceci afin d'écarter les résidences-services et les professionnels agissant sur une grande échelle du champ d'application d'une telle autorisation.

1169. - En droit transitoire et concernant les autorisations qui auraient été antérieurement conférées (entre le 10 juillet 2014 et le 25 juin 2015), le règlement précise que « les autorisations temporaires déjà délivrées pourront bénéficier d'une prolongation de validité d'une durée maximum de trois ans, formulée selon le principe d'une demande de renouvellement, sans dépasser toutefois la durée maximum de neuf ans sur toutes les périodes considérées ».

1170. - Afin de réserver ce type d'autorisation aux locations de tourisme, il est précisé que « le contrat de location... sera conclu pour une durée maximale de quatre-vingt-dix jours consécutifs ». Sont donc exclues les locations d'une durée plus longue visant plus particulièrement les locataires en déplacement professionnel ou les personnes en instance de décohabitation ; sauf à convenir d'un bail meublé d'un an conforme à l'article L. 632-1. Bien entendu, ne sont pas soumises à une telle autorisation les chambres d'hôtes ou la location temporaire et inférieure à quatre mois de la résidence principale, conformément au dernier alinéa de l'article L. 631-7-1 A.

1171. - Enfin, ce règlement spécifique rappelle les conditions posées dans celui du 22 mai 2015 : ces demandes ne doivent pas porter sur plus de 50 % de l'immeuble (mais les exceptions à ce principe ne sont pas ici rappelées et celui-ci ne souffre donc pas d'exceptions pour les locations meublées de courtes durées) ; il doit être fourni une attestation sur l'honneur que l'usage n'est pas contraire au règlement de copropriété et/ou que le logement est bien décent au sens de l'article R. 111-2 ; si le logement a été subventionné, la subvention doit être remboursée ; l'autorisation ne peut être délivrée sur les immeubles visés par un projet inscrit au PLU.

§ 4. – Le règlement municipal adopté en décembre 2018

1172. - Par délibération du bureau métropolitain de la Métropole Nice Côte d'Azur en date du 21 décembre 2018, la Métropole a décidé d'abroger les règlements du 22 mai 2015 (sur le contrôle général) et du 25 juin 2015 (sur le contrôle des meublés touristiques) et a approuvé un nouveau règlement, regroupant les deux types de réglementations et refondant les règles jusque-là en vigueur.

Un plan faisant ressortir un « périmètre de compensation » est annexé au règlement.

Les principaux articles du règlement sont ci-après exposés.

1173. - Selon l'article 2, si l'autorisation est délivrée à titre personnel, les locaux doivent conserver les aménagements existants indispensables à l'habitation. L'autorisation ne sera pas accordée pour les logements faisant l'objet d'un conventionnement.

1174. - Les logements dispensés d'autorisation sont visés à l'article 4.

Sont classiquement visés : la résidence principale louée moins de 120 jours par an, les chambres d'hôtes, les occupations mixtes telles que réglementées par les articles L. 631-3 et L. 631-4, mais avec la précision qu'il ne doit s'agir que de l'activité exercée par l'occupant.

1175. - Les articles 5, 6 et 7 ont pour objet les locations meublées touristiques.

1) En ce qui concerne les personnes physiques :
- il ne peut être délivré qu'une seule autorisation, « par foyer fiscal », pour une durée non renouvelable de six ans ;
- la fourniture d'une compensation est obligatoire pour une deuxième autorisation ou pour une prorogation au-delà de six ans ;
- bien entendu, il est rappelé que le demandeur ne peut être que le propriétaire du logement.

2) En ce qui concerne les personnes morales (hors établissements répertoriés comme « recevant du public ») : elles ont l'obligation d'offrir une compensation dès le premier logement.

3) Pour les autorisations temporaires délivrées sous l'empire du précédent règlement de juin 2015, l'article 10 indique qu'elles pourront bénéficier d'une prolongation de validité d'une durée de trois ans, sans dépasser toutefois la durée maximale de neuf ans (durée maximale prévue dans le règlement de 2015) ; les demandes de reconduction doivent être formulées avant l'expiration de l'autorisation en cours, faute de quoi elles sont soumises au nouveau régime sans excéder, au total, six ans depuis la première autorisation.

Les principes ci-dessus énoncés concernent les locations touristiques sur la totalité du territoire communal de Nice (et non pas seulement au sein du périmètre de compensation), mais les compensations peuvent être offertes sur l'ensemble du territoire.

1176. - L'article 8 vise les autorisations pour les activités professionnelles ou commerciales.

Selon la superficie et la situation ou non au sein du « périmètre de compensation », l'autorisation est personnelle ou réelle avec compensation. L'autorisation personnelle est délivrée pour une activité déclarée ; tout changement d'activité est soumis à une nouvelle autorisation.

Sont soumis à cet article les hôtels meublés classés en ERP (établissement recevant du public).

Pour les professionnels libéraux, l'autorisation est conférée à chaque professionnel et non à la structure sociale ; tout changement de professionnel entraîne une nouvelle demande d'autorisation.

Le règlement dissocie, pour les activités tant commerciales que professionnelles :

a) en dehors du périmètre de compensation : l'autorisation est personnelle et non limitée en superficie ;

b) au sein du périmètre de compensation : la compensation est obligatoire si le pétitionnaire transforme plus de 500 m^2 d'habitation dans le même immeuble. *A contrario*, une simple autorisation personnelle suffit en deçà de 500 m^2. Mais la règle des 500 m^2 souffre plusieurs exceptions :
- pas de compensation pour des locaux en rez-de-chaussée,

– non plus si l'autorisation est sollicitée par une personne en vue d'y exercer une profession libérale, réglementée ou non (la liste des professions visées figure en annexe du règlement),

– non plus encore si la demande porte sur une mission d'intérêt général ; mais le règlement ne définit pas une telle activité et l'on peut penser que le bien-fondé d'une telle demande est laissé à l'appréciation du service instructeur.

1177. – L'article 9 est un simple rappel des textes législatifs ayant trait à l'usage mixte.

1178. – Les critères des compensations sont énoncés à l'article 11.

Le local en compensation doit être de surface équivalente ; il peut être proposé plusieurs logements pour atteindre la surface à transformer. La compensation peut être offerte sur l'ensemble du territoire communal et, pour constater la bonne fin de la compensation, il faut produire la déclaration attestant l'achèvement et la conformité des travaux.

Le périmètre de compensation, tel qu'il ressort du plan annexé au règlement, est bordé par des voies : ledit périmètre concerne tant les numéros pairs que les numéros impairs de ces voies, dont la liste figure en fin d'article.

1179. – Sont annexées au règlement les listes des pièces à fournir pour chacun des types de demandes.

Pour la conformité du changement d'usage demandé avec le règlement de copropriété ou le bail, le service instructeur se contente d'une simple attestation sur l'honneur du pétitionnaire ; mais, si le fait de requérir une simple attestation du pétitionnaire est une décision de bon sens, celle-ci ne peut s'appliquer dans le cadre des autorisations pour des locaux mixtes, puisque l'article L. 631-7-2 dispose expressément que, dans ce cas, le service instructeur se doit de vérifier que le projet est bien conforme au règlement de copropriété ou au bail.

1180. – Dès avant l'instauration de ce nouveau règlement par la Métropole de Nice Côte d'Azur en 2018, le conseil municipal de la ville de Nice, en application de l'article L. 324-1-1 du Code du tourisme, a instauré l'obligation de solliciter et d'obtenir un numéro d'enregistrement avant toute mise en location touristique (Délib. n° 3.4, 23 juin 2017). La délibération indique les renseignements qui doivent être fournis pour la déclaration : adresse du déclarant, adresse du local, son statut de résidence principale ou non, nombre de pièces et de lits…

§ 5. – Le modificatif de mai 2021

1181. – Le Conseil Métropolitain de Nice Côte d'Azur, dans sa séance du 31 mai 2021 a modifié le règlement municipal de la ville de Nice. En fait, le précédent règlement a été abrogé et remplacé par le nouveau.

Les principales novations par rapport au règlement de 2018 concernent les locations meublées touristiques.

1182. – En application de l'article 6-A, une seule autorisation est octroyée par « foyer fiscal », mais d'une durée d'un an, renouvelable cinq fois ; le renouvellement est tacite, mais la ville se réserve le droit de ne pas reconduire l'autorisation par courrier recommandé dans les deux mois qui précèdent la date anniversaire de l'autorisation en cas de nuisances avérées et répétées dans le logement ayant nécessité l'intervention des forces de police ou des constats des agents assermentés.

Par ailleurs, au-delà de six ans, le propriétaire, s'il désire continuer à louer en meublé touristique, devra offrir une compensation.

1183. – L'originalité de ce règlement réside dans son annexe 2 « Dispositif expérimental dit Location Mixte » : tout propriétaire peut obtenir plus d'une autorisation dérogatoire de changement d'usage (ou au-delà de la validité de six ans de la première autorisation) en vue de pratiquer la location meublée touristique les mois de juin, juillet et août dès lors qu'il loue à un étudiant allocataire CAF les neuf autres mois de l'année en respectant un plafond de loyer. Les personnes morales comme les personnes physiques peuvent bénéficier de ce type d'autorisation.

L'annexe 2 détaille la procédure à suivre par le propriétaire et, notamment, la signature d'une convention tripartite entre lui, la commune et le Centre régional des œuvres universitaires et scolaires (CROUS).

1184. – Les autres modifications apportées au règlement de 2018 ne sont que de détail et de forme.

1185. – Le tableau ci-après précise le nombre et les types d'autorisations qui ont été accordées de 2014 à avril 2021 :

	2014	2015	2016	2017	2018	2019	2020	AU 30 AVRIL 2021
Nbre d'autorisations temporaires de locations touristiques	18	122	620	710	1599	2041	1100	329
Nbre d'autorisations personnelles (hors locations touristiques)	27	36	15	38	81	73	99	37
Nbre d'autorisations réelles et définitives (avec compensations)	0	0	0	0	0	6	8	7

SOUS-SECTION 6 LE RÈGLEMENT MUNICIPAL DE LA VILLE DE BORDEAUX

1186. – Jusqu'à une date récente, la ville de Bordeaux n'avait pas jugé utile de réglementer, sur son territoire, le contrôle de l'usage d'habitation ; mais le développement exponentiel des locations touristiques l'a incitée à prendre des dispositions assez radicales sur ce dernier phénomène. En effet, les services municipaux ont constaté que les hébergements en locations de courtes durées avaient progressé de 200 % entre 2013 et 2014, 100 % en 2015 et 100 % en 2016 ; il convenait d'intervenir.

Par délibération du 7 juillet 2017, le Conseil de Bordeaux Métropole a institué un règlement municipal pour la ville de Bordeaux au titre de l'article L. 631-7-1 seulement ; le régime des autorisations temporaires de l'article L. 631-7-1 A n'est donc pas appliqué. Il faut en retenir que, si le règlement est plutôt clément pour les transformations de logements en bureaux, commerces ou activités, il apparaît comme strict pour l'usage de locations meublées de courtes durées. Par une délibération du 10 juillet 2017, le Conseil municipal de Bordeaux a, par application des articles L. 324-1 et L. 324-2 du Code du tourisme, institué l'obligation d'obtenir un numéro d'enregistrement, préalable à toute location touristique, et ce dès la première nuitée.

Les principales dispositions du règlement du 7 juillet 2017 sont ci-après commentées.

1187. - L'article 3 du règlement traite des autorisations de changement d'usage avec compensation.

Ne sont concernés que les changements d'usage en locations meublées de courtes durées. Les locaux offerts en compensation doivent être de surface et de qualité équivalentes ; mais ceux situés en rez-de-chaussée ne peuvent pas être offerts en compensation.

Un plan annexé au règlement divise le territoire de Bordeaux en trois zones : A, B et C. Les locaux de compensation devront être situés :
- dans la zone A (intra-cours), lorsque le bien objet de la demande de changement d'usage se situe dans cette même zone ;
- dans les zones A ou B (intra-boulevard), lorsque le même bien se situe dans la zone B ;
- dans les zones A, B ou C (surplus du territoire communal), lorsque le même bien se situe dans la zone C.

1188. - L'article 4 s'intéresse quant à lui aux autorisations de changement d'usage à titre personnel.

Les autorisations de changement d'usage dans un autre but que celui prévu à l'article 3 (locations touristiques), sont accordées à titre personnel, sans compensation. On comprend bien que, même dans l'hyper-centre, la municipalité ait voulu traiter avec bienveillance les changements d'usage autres que pour les locations touristiques ; mais l'inconvénient est que ces autorisations personnelles pourraient durablement supprimer des logements.

1189. - L'article 5 rappelle que sont dispensés d'autorisation les locaux mixtes visés par les articles L. 631-7-3 et L. 631-7-4 du Code de la construction et de l'habitation, ainsi que les locations touristiques au sein de la résidence principale.

1190. - Les articles 7, 8 et 9 énoncent les conditions de délivrance des autorisations, les sanctions pour non-respect de la réglementation et la nécessité de déposer, s'il y a compensation, deux dossiers de changement d'usage et de changement de destination ; mais ces rappels sont contenus dans la plupart des règlements.

Il semble que les modèles de formulaires ne soient pas annexés au règlement ; ils n'ont donc pas de valeur réglementaire. Il n'est pas non plus prévu d'annexer au règlement des listes de pièces à fournir.

SOUS-SECTION 7 LE RÈGLEMENT MUNICIPAL DE LA VILLE DE NANTES

1191. - Dix ans après la décentralisation du contrôle de l'usage d'habitation, la ville de Nantes a jugé utile d'intervenir. Par délibération n° 2018-77 en date du 22 juin 2018, le Conseil Métropolitain de Nantes Métropole a édicté un règlement devant s'appliquer sur le territoire de la ville de Nantes, en conformité avec les articles L. 631-7 et suivants du Code de la construction et de l'habitation. Ses principaux articles sont exposés ci-dessous.

1192. - Les autorisations à titre personnel peuvent être accordées à condition que les locaux conservent les aménagements existants indispensables à l'habitation (art. 4 du règlement) ; même, semble-t-il, pour les changements d'usage en bureaux ou activités.

1193. - En vue de préserver l'équilibre au sein d'un même immeuble (mais le règlement ne dit pas s'il s'agit d'un immeuble collectif ou de tout immeuble, même individuel), la demande de changement d'usage ne devra pas conduire à ce que la surface d'habitation soit inférieure à 50 % de la surface totale (art. 6) ; il s'agit de la surface habitable au sens de l'article R. 111-2 du Code de la construction et de l'habitation (devenu l'article R. 156-1 depuis le 1er juillet 2021). Mais une diminution de la surface d'habitation à moins de 50 % peut être acceptée en cas d'activité préexistante et sur justificatif de l'extension.

1194. - Les dispositions de l'article 7 du règlement fixent les conditions des offres de compensation. Les locaux offerts doivent cumulativement :

– correspondre à la typologie du logement et être de surface équivalente ;

– être dans le même quartier ; est annexé au règlement un plan faisant apparaître les onze quartiers nantais.

Les locaux en rez-de-chaussée ne peuvent pas être proposés en compensation (sauf s'ils sont surélevés de plus d'un mètre).

1195. - Les articles 10, 11 et 12 encadrent les changements d'usage en meublés de tourisme.

Pour un demandeur personne physique, l'autorisation est délivrée sans compensation, dans la limite d'un logement et pour une durée de quatre ans, renouvelable une fois. Mais une autorisation avec compensation est requise, pour les personnes morales, dès la première demande, et pour les personnes physiques, à compter de la deuxième demande.

1196. - Les autres changements d'usage sont traités à l'article 13. Cet article énumère les situations dans lesquelles l'autorisation peut être délivrée sans compensation :

a) pour une personne physique en vue d'y exercer une profession libérale réglementée (au sens des lois des 29 novembre 1966 et 31 décembre 1990) :

– sans limitation de surface dans les quartiers prioritaires de la ville ;

– dans la limite de 50 m^2 par professionnel et 200 m^2 par local pour un local situé en étage, dans les autres quartiers, hors Site Patrimonial Remarquable ;

b) pour réaliser un équipement public ;

c) par une personne physique pour y exercer une mission d'intérêt général ; mais le règlement ne définit pas ce qu'est un intérêt général et ceci est soumis à l'appréciation de l'instruction et, en cas de litige, du juge administratif ;

d) par une personne physique ou morale, en rez-de-chaussée et accessible aux handicapés, pour y exercer toute activité professionnelle ou commerciale ou d'y accueillir une association ou fondation, avec un accès direct ;

e) dans tous les autres cas, une compensation est requise ; c'est donc le cas pour l'installation de bureaux commerciaux, commerces, activités, artisanat ou associations, sauf en rez-de-chaussée comme indiqué au *d)* ci-dessus.

1197. – Les changements d'usage sont interdits pour les locaux d'habitation faisant l'objet d'un conventionnement, ainsi que pour ceux ayant bénéficié d'une aide publique dans le cadre de programmes d'amélioration de l'habitat (art. 14).

1198. – Le pétitionnaire propriétaire doit justifier que le règlement de copropriété ne s'oppose pas au changement d'usage ; s'il est locataire, il devra fournir l'accord du propriétaire (art. 15).

1199. – Le règlement est exécutoire depuis le 1er janvier 2019. C'est également à compter de cette date que le conseil municipal de Nantes a instauré l'obligation de déclaration préalable avec enregistrement des meublés de tourisme (Délib. n° 10, 29 juin 2018).

SOUS-SECTION 8 LE RÈGLEMENT MUNICIPAL DE LA VILLE DE LILLE

1200. – Le Conseil de la Métropole européenne de Lille a délibéré une première fois, le 19 octobre 2018, pour doter Lille d'un tel règlement (§ 1), puis une deuxième fois, le 13 décembre 2019, afin d'y apporter quelques modifications mineures (§ 2). Les dispositions du règlement modifié de Lille s'appliquent également sur le territoire des communes associées de Lomme et de Hellemmes.

§ 1. – Le règlement municipal adopté en octobre 2018

1201. – En cas d'autorisations personnelles, les locaux doivent conserver les « aménagements existants indispensables à l'habitation » (art. 2 du règlement). Pour tous changements d'usage (personnel ou réel), les locaux en étage doivent conserver un accès direct et indépendant depuis la voirie publique ; sur ce dernier point, la ville de Lille nous a précisé qu'il fallait entendre que les changements d'usage de logements en rez-de-chaussée ne doivent pas rendre inaccessibles les logements situés en étage.

Au sein d'une même copropriété ou d'une même unité foncière, la demande de changement d'usage (personnelle ou réelle) ne doit pas conduire à ce que la surface d'habitation (au sens de l'article R. 111-2 du Code de la construction et de l'habitation, devenu l'article R. 156-1 depuis le 1er juillet 2021) soit inférieure à 50 % ; mais il peut être dérogé à cette règle :

– dans le cas d'implantation d'activité affectant la totalité de l'immeuble ;

– dans le cas de la réalisation d'un équipement d'intérêt public ou collectif ; il est donné une définition d'un tel équipement : « Une installation assurant un service d'intérêt général correspondant à un besoin collectif de la population, indépendamment du caractère privé ou public du porteur du projet, de son mode de gestion ou de son objet » ; à la lecture de cette définition, il semble que le service instructeur ait une marge d'appréciation sur l'opportunité de la demande.

1202. – L'article 3.1 délimite le champ d'application des autorisations soumises à compensation. Le règlement fait référence à trois zones différentes ; il n'indique pas que le plan de zonage lui est annexé, mais ce plan figure sur le site de la mairie de Lille :

1) zone 1, dite de linéaires commerciaux : pour l'ensemble des locaux d'habitation dans ces périmètres ;

2) zone 2, dite de grand déficit de logements familiaux :

i) les logements en accession sociale à la propriété pendant dix ans ; une définition en est donnée,

ii) les logements faisant l'objet d'un conventionnement avec l'État ou avec l'ANAH,

iii) les logements familiaux de trois pièces principales ou plus ou d'une surface supérieure à 60 m^2,

iv) les logements livrés depuis cinq ans ;

3) zone 3 dite de déficit relatif en logements familiaux : en plus des cas visés en *i*), *ii*) et *iv*) de la zone 2, les logements familiaux de quatre pièces principales ou plus ou d'une surface supérieure à 70 m^2.

1203. - L'article 3.2 vise les cas de dérogation à l'exigence de compensation. Peuvent être autorisés sans compensation (le terme « peuvent » laisse entendre que le service instructeur possède une marge d'appréciation) :

– les changements d'usage pour la réalisation d'un équipement public ou d'intérêt collectif ; mais, comme on le constate souvent, la notion d'intérêt collectif n'étant pas définie, son contenu est laissé à l'appréciation de l'administration et de son juge ;

– ceux pour la réalisation d'activité en rez-de-chaussée avec vitrine dans la zone 1 ;

– les demandes déposées à l'occasion du remplacement d'un professionnel régulièrement installé ou d'un renouvellement de demande d'autorisation pour les professionnels régulièrement installés ; pour ces derniers, il semble qu'il s'agisse de l'arrivée d'un nouveau membre de la profession dans une structure sociale installée ;

– les demandes portant sur des locaux en étage pour une occupation mixte, conformément à l'article L. 631-7-2 ;

– les activités professionnelles, même commerciales, en locaux mixtes, dans un logement HLM (telles qu'autorisées sous conditions par l'article L. 631-7-5).

1204. - L'article 3.3 fixe les conditions visant l'offre de compensation.

Les locaux proposés en compensation doivent être de qualité et de surface au moins équivalentes et situés dans la même zone ; la notion d'équivalence laisse toute latitude au service instructeur pour accepter l'offre de compensation : celui-ci se réserve d'examiner la qualité d'habitabilité des locaux. Ils doivent, en outre, être situés dans la même zone de servitude de mixité sociale (découlant du plan local d'urbanisme intercommunal du 12 décembre 2019, dit « PLU2 »), si le logement a bénéficié de l'accession sociale à la propriété ou d'un conventionnement avec l'État ou l'ANAH ; ou dans la même zone de servitude de taille de logement en vertu du PLU2, si le fait générateur de la compensation est la taille du logement.

1205. - L'article 4 réunit les dispositions relatives aux changements en meublé de tourisme.

L'autorisation temporaire, visée par l'article L. 631-7-1 A, peut être accordée sans compensation, à raison d'un logement par propriétaire, pour une durée de deux ans, renouvelable dans la limite de six ans. Il est indiqué que, lorsque le local à usage d'habitation ne constitue qu'une partie de la résidence principale du loueur, l'autorisation est également nécessaire, sans compensation, au-delà de la limite de 120 jours par an ; il semble que, dans la mesure où cette disposition concernerait la location de chambres d'hôtes, elle irait au-delà, et même à l'encontre du texte de l'article L. 631-7-1 A qui n'impose pas de limites de jours pour la location de chambres d'hôtes.

1206. – L'article 5 précise les conditions et modalités d'instruction des demandes d'autorisation. Cet article indique le lieu où il convient de déposer les formulaires complétés de demande, qui peuvent également être transmis par voie électronique ; mais surtout, il comporte trois dispositions qui méritent réflexion :

1) Il est précisé que si le pétitionnaire est le propriétaire du local et que celui-ci est en copropriété, il « doit fournir une attestation justifiant que le règlement de copropriété ne s'oppose pas au changement d'usage » ; le formulaire de demande précise : « Joindre l'extrait du règlement de copropriété justifiant la non-opposition au changement d'usage ». Si le pétitionnaire est locataire, il doit fournir l'accord du propriétaire et le règlement de copropriété.

Certaines villes ont abandonné cette exigence, se contentant de demander au pétitionnaire une déclaration sur l'honneur de la conformité de son projet au règlement de copropriété ou au bail, estimant, à juste raison, qu'il s'agissait de rapports de droit privé étrangers à l'administration.

2) Le règlement indique que « la Ville informera la copropriété de la demande d'autorisation de changement d'usage » ; dans quel but et quel est le fondement juridique d'une telle démarche de la part de la ville ?

3) Il est indiqué que, à compter de la réception du formulaire, la mairie de Lille dispose de deux mois pour délivrer l'autorisation ou la refuser, ce qui est conforme à la loi. Mais, il est ajouté que, en l'absence de réponse passé ce délai, l'autorisation est réputée refusée ; pourtant, dans le cas d'une telle décision administrative, il n'est pas fait exception au principe selon lequel le silence pendant deux mois vaut acquiescement[190].

1207. – Par délibération en date du 1er décembre 2017, la ville de Lille a institué l'obligation de déclarer l'activité de loueur en meublé touristique afin d'obtenir un numéro d'enregistrement.

§ 2. – Le modificatif de décembre 2019

1208. – Par délibération du 13 décembre 2019, le Conseil Métropolitain a apporté quelques modifications au règlement de 2018, sans en changer fondamentalement l'esprit :

– l'article 3.2 dispense de compensation les locaux en rez-de-chaussée sur les linéaires commerciaux en zone 1 ; cette possibilité est désormais étendue aux locaux en étage des mêmes immeubles, dans le but de favoriser l'occupation des locaux vacants au-dessus des commerces ;

– l'autorisation personnelle et temporaire pour l'usage de locations meublées touristique est toujours délivrée pour deux ans, mais c'est sur demande qu'elle peut être renouvelée dans la limite de six ans (art. 4 modifié) ;

– conformément à notre remarque ci-dessus au paragraphe 1205, le modificatif supprime l'obligation d'autorisation pour la location de chambres d'hôtes au-delà de 120 jours par an.

(190) V. *supra*, n° 518.

SOUS-SECTION 9 LE RÈGLEMENT MUNICIPAL DE LA VILLE DE TOULOUSE

1209. – La ville de Toulouse a longtemps considéré qu'il n'était pas nécessaire de fixer les conditions de délivrance des autorisations de changement d'usage. Mais la loi du 24 mars 2014, dite « loi ALUR », en instituant un régime particulier pour les locations meublées touristiques, l'a incitée à encadrer le développement de ce type de location ; et lui seul.

Par délibération n° DEL-18-0641 du 28 juin 2018, le Conseil de la Métropole de Toulouse Métropole a adopté un règlement applicable sur le territoire de la commune de Toulouse au vu de l'article L. 631-7-1 A du Code de la construction et de l'habitation, issu de la loi ALUR. Donc, il s'agit de réglementer un régime d'autorisation temporaire de changement d'usage pour l'utilisation d'un logement en locations meublées de courtes durées.

1210. – Les principales dispositions de ce règlement sont les suivantes :

1) l'autorisation temporaire est accordée pour une durée de deux ans ;

2) il peut être conféré deux autorisations par personne physique ;

3) le pétitionnaire doit attester sur l'honneur que le logement correspond aux exigences réglementaires des « logements décents » et que le règlement de copropriété ne s'oppose pas au changement d'usage sollicité ;

4) le changement d'usage n'est pas autorisé :

– sur les immeubles visés par un projet inscrit au plan local d'urbanisme,

– pour les logements faisant l'objet d'un conventionnement public ou privé,

– pour les logements ayant fait l'objet de subvention, sauf si le pétitionnaire s'engage à rembourser les subventions, *prorata temporis* ;

5) le pétitionnaire doit déposer un formulaire de demande dont le modèle est annexé au règlement avec une liste des pièces justificatives.

1211. – Le règlement s'est appliqué depuis la date du 1er janvier 2019.

Ce règlement est succinct mais clair. Il opte pour une déclaration sur l'honneur du pétitionnaire pour la conformité au règlement de copropriété, ce qui sous-entend qu'il laisse le soin aux copropriétaires de s'opposer, le cas échéant, à l'exécution de l'autorisation. Il prend soin de préciser que le modèle de formulaire et la liste des pièces à joindre sont annexés au règlement, rendant ainsi ceux-ci réglementaires.

Il concerne uniformément l'ensemble du territoire communal. La ville de Toulouse n'a donc pas envisagé de différencier les mesures applicables selon les différentes zones, hyper-centre et périphérie.

SOUS-SECTION 10 LE RÈGLEMENT MUNICIPAL DE LA VILLE DE MONTPELLIER

1212. – Montpellier était, jusqu'à une date récente, avec Rennes, l'une des dernières villes de plus de 200 000 habitants à ne pas s'être dotée d'un règlement.

Par délibération du 28 juillet 2021, le Conseil de Montpellier Méditerranée Métropole a institué, sur la commune de Montpellier, un règlement fixant les conditions de délivrance des autorisations de changement d'usage des locaux d'habitation.

Ce règlement vise tant l'article L. 631-7-1 permettant aux communes de conférer des autorisations personnelles comme réelles, que l'article L. 631-7-1 A leur permettant de créer les modalités d'autorisations personnelles et temporaires pour des locations meublées touristiques. Il applique donc l'ensemble du spectre envisagé par les articles L. 631-7 et suivants.

Le règlement s'applique depuis le 6 août 2021 ; ses principales dispositions sont ci-après exposées.

1213. - Le règlement précise que, pour toutes les autorisations personnelles (de l'article L. 631-7-1 comme de l'article L. 631-7-1 A), le local objet de la demande doit conserver les aménagements existants indispensables à l'habitation et le demande est dispensée d'une autorisation ou déclaration pour le changement de destination au sens du Code de l'urbanisme ; cette dernière précision est intéressante, car d'autres municipalités se sont interrogées sur la nécessité ou non de solliciter une autorisation d'urbanisme.

Comme il est maintenant usuel, l'article indique que la surface habitable est celle définie à l'ancien article R. 111-2 du Code de la construction et de l'habitation, repris à l'article R. 156-1 depuis le 1er juillet 2021.

1214. - Le changement d'usage d'un local d'habitation faisant l'objet d'un conventionnement privé ou public n'est pas autorisé ; à une nuance près : en cas de conventionnement public, il peut être autorisé pour une occupation mixte.

1215. - Toute autorisation de changement d'usage, personnelle ou réelle, est accordée sous réserve des droits des tiers, résultant notamment du bail ou du règlement de copropriété ; la liste des pièces devant être jointes à la demande se contente, d'ailleurs, d'une attestation sur l'honneur du pétitionnaire.

1216. - L'article 4 du règlement rappelle les cas prévus par la loi de l'exonération de demande d'autorisation.

1217. - Les autorisations sont soumises à compensation et accordées à titre réel, dès lors que les locaux se situent à l'intérieur du périmètre du plan de sauvegarde et de mise en valeur (PSMV) de la ville de Montpellier (tel qu'il apparaît au plan figurant sur l'annexe 1 du règlement) **et** qu'ils représentent une surface égale ou supérieure à 100 m^2, la compensation s'appliquant à l'ensemble de la surface concernée. Il est précisé que les demandes successives, pendant dix ans, aboutissant à créer un local de plus de 100 m^2, nécessitent une autorisation réelle pour le tout !

1218. - L'article 6 du règlement traite des autorisations personnelles non soumises à compensation. Il s'agit, tout d'abord, des demandes ne remplissant pas les critères cumulatifs susvisés pour les autorisations réelles. Sont, en outre, concernés, quelles que soient la localisation et la superficie :

– les locaux en rez-de-chaussée ;

– les locaux destinés à un équipement public ou d'intérêt collectif ; ni le règlement, ni l'exposé des motifs ne donnent une définition de tels équipements ; on peut penser que cela ressort de l'appréciation des services instructeurs, sous le contrôle du juge de l'excès de pouvoir ;

– les locaux destinés à l'exercice d'une profession libérale, réglementée ou non, telle que définie à l'article 29 de la loi n° 2012-387 du 22 mars 2012 ; il est rappelé que l'autorisation est conférée à chaque professionnel et non à la structure sociétale et qu'un changement de professionnel nécessite une nouvelle autorisation ;

– les occupations mixtes, dans la mesure où elles sont soumises à autorisation en application de l'article L. 631-2, et si la partie habitation est d'au moins 50 %.

1219. – Les autorisations temporaires pour la location meublée de courtes durées sont conférées, conformément à l'article L. 631-7-1 A, au seul propriétaire personne physique, et sans compensation :

– dans la limite d'une autorisation, pour un seul logement distinct, par foyer fiscal ; le formulaire de demande prévoit que le pétitionnaire doit attester qu'aucune autre personne du même foyer fiscal ne bénéficie déjà d'une autorisation ;

– pour une durée de trois ans, reconductible une seule fois, pour une durée maximale de six ans ; la demande de reconduction doit être formulée avant l'expiration de l'autorisation temporaire ; à défaut, la demande sera assimilée à une nouvelle demande soumise à compensation ;

– si le bénéficiaire de l'autorisation cède, à titre gratuit ou onéreux, le logement dont s'agit avant l'expiration de l'autorisation temporaire, il peut demander que cette dernière soit reportée sur un autre local lui appartenant ;

– au-delà de la durée de l'autorisation, éventuellement renouvelée une fois, si le propriétaire veut conserver son activité, sa demande est soumise à une offre de compensation.

Pour les personnes ne remplissant pas les conditions ci-dessus (et notamment pour les personnes morales), la demande doit s'accompagner d'une offre de compensation, afin d'obtenir une autorisation réelle.

1220. – Les caractéristiques de la compensation sont précisées à l'article 10 du règlement. Les locaux offerts en compensation doivent être de surface et de qualité au moins équivalentes et situés :

– au sein du secteur sauvegardé si les locaux objet de la demande sont eux-mêmes situés dans ce périmètre.

– sinon, soit dans le même quartier de Montpellier, tels que définis sur la carte formant l'annexe 2 du règlement, soit dans le secteur sauvegardé.

Les locaux en rez-de-chaussée ne peuvent servir de compensation, sauf les rez-de-chaussée surélevés ou dans des immeubles sur cour.

Le service instructeur se réserve le droit de juger de la qualité d'habitabilité du local de compensation.

Le bien proposé en compensation doit faire l'objet d'une autorisation d'urbanisme de changement de destination et d'une DAACT non contestée. La formule employée peut porter à confusion, mais la liste des pièces à joindre à une demande avec offre de compensation ne cite que le permis de construire ou la déclaration préalable ; il faut donc en déduire que la DAACT n'est exigée que pour obtenir l'autorisation définitive de changement d'usage réel (cette liste cite la DAACT ou le procès-verbal de réception des travaux parmi « les pièces obligatoires à fournir permettant la poursuite de l'instruction de l'autorisation définitive »).

L'offre de compensation peut porter sur une pluralité de locaux, à condition qu'ils soient situés dans le même secteur défini à l'annexe 2 du règlement.

1221. - Les formulaires de demande, tant personnelle que réelle, et la liste des pièces à fournir sont annexés au règlement ; ils ont donc un caractère réglementaire qui lie tant la ville que le pétitionnaire.

1222. - En cas de demande personnelle, la décision est adressée dans un délai maximum de deux mois ; si le dossier est incomplet, dans ce même délai, le pétitionnaire est invité à le compléter dans un délai lui aussi de deux mois. À défaut de réponse du pétitionnaire dans ce délai, on peut penser que le dossier est classé sans suite.

1223. - En cas de demande réelle avec compensation, le service instructeur enverra au demandeur, dans un délai de deux mois, un courrier attestant de la recevabilité de l'offre de compensation et l'invitant à « compléter » son dossier (en fournissant la DAACT ou le procès-verbal de réception) dans un délai de dix-huit mois. Ce délai serait donc un maximum et ne tient pas compte du temps imparti aux travaux de transformation du local de compensation, lequel pourrait excéder les dix-huit mois ; peut-il être obtenu un délai supplémentaire ? Là encore, la décision définitive est adressée dans le délai maximum de deux mois du dossier complété.

1224. - Le règlement ne le spécifie pas, mais, conformément à la réglementation, l'absence de réponse dans les délais de deux mois rapportés ci-dessus vaut acceptation tacite.

1225. - Par une délibération complémentaire du 30 novembre 2021, le Conseil municipal de Montpellier a institué une procédure d'enregistrement préalable telle que prévue à l'article L. 324-1-1 du Code du tourisme ; cette obtention d'un numéro d'enregistrement est obligatoire à compter du 31 décembre 2021.

SOUS-SECTION 11 LES RÈGLEMENTS MUNICIPAUX DES COMMUNES DE LA PETITE COURONNE PARISIENNE

§ 1. – Montée en puissance des règlements intercommunaux

1226. - De principe, et conformément à l'article 13, alinéa X de la LME du 4 août 2008, les territoires des communes des départements des Hauts-de-Seine et de Seine-Saint-Denis sont régis par les arrêtés rendus avant le 1er avril 2009 par les préfets respectifs de ces deux départements.

1227. - Si certaines de ces communes veulent s'affranchir des règles résultant de ces arrêtés préfectoraux, il leur est nécessaire d'établir leur propre règlement communal. À la date du 1er mars 2016, et à notre connaissance, plusieurs municipalités avaient déjà pris cette initiative. Il s'agissait des communes suivantes :

– en Seine-Saint-Denis : les villes de Gagny (délibération du 15 juin 2009), Villemomble (délibération du 8 juillet 2010) et Saint-Denis (délibération du 10 décembre 2015)[191] ;

(191) Le règlement constitue une annexe du PLU de Saint-Denis.

– dans les Hauts-de-Seine : les villes de Asnières-sur-Seine (délibération du 25 juin 2009), Levallois-Perret (délibération du 29 juin 2009), de Sceaux (délibération du 30 septembre 2009 à laquelle s'est substituée celle du 12 mai 2011), de Rueil-Malmaison (délibération du 12 octobre 2009), de Malakoff (délibération du 12 décembre 2012), de Chaville (délibération du 24 juin 2013) et de Neuilly-sur-Seine (délibération du 21 novembre 2013 modifiée le 15 décembre 2015).

1228. – À l'issue de la loi n° 2015-991 du 7 août 2015, dite « loi NOTRe », et depuis le 1er janvier 2016, les communes (à l'exception de Paris) dépendant du territoire de la Métropole du Grand Paris, créée à compter de cette même date par la loi n° 2014-58 du 27 janvier 2014, sont regroupées en onze établissements publics territoriaux (EPT)[192], lesquels sont des établissements publics de coopération intercommunale (EPCI).

Chaque établissement public territorial est compétent, de plein droit, pour élaborer un PLU intercommunal (CGCT, art. L. 5219-5, II) ; de cette compétence en matière de PLU, il s'instille que les EPT sont également compétents pour adopter un règlement d'application des articles L. 631-7-1 et L. 631-7-1 A du Code de la construction et de l'habitation.

1229. – Depuis lors, des communes regroupées dans l'établissement public territorial Grand Paris Seine Ouest sont placées, à la date du 26 juin 2018, sous un règlement commun (§ 2) ; il en est de même des communes regroupées dans l'établissement public territorial Paris Ouest La Défense qui ont élaboré, à la date du 24 septembre 2019, un règlement intercommunal (§ 3). Au sein de ces établissements publics territoriaux, les nouveaux règlements ont abrogé ceux des communes qui avaient auparavant établi leur propre règlement.

Mais cette présentation n'est pas exhaustive, et il convient de se rapprocher des communes des autres EPT pour déterminer le document local d'application à partir duquel les demandes d'autorisation de changement d'usage sont instruites.

§ 2. – Le règlement intercommunal de Grand Paris Seine Ouest de juin 2018

1230. – Par délibération du 26 juin 2018, le Conseil de l'établissement public territorial (EPT) Grand Paris Seine Ouest (GPSO) a élaboré un règlement concernant l'ensemble des communes du GPSO, avec des particularités pour certaines d'entre elles. Sont ainsi couvertes par ce règlement intercommunal les communes de **Boulogne-Billancourt**, **Chaville**, **Issy-les-Moulineaux**, **Meudon**, **Marnes-la-Coquette**, **Sèvres**, **Vanves** et **Ville-d'Avray**.

Ces communes sont regroupées au sud-ouest de Paris, autour de la boucle de la Seine. Il était naturel qu'elles envisagent ensemble, à travers leur EPT, de définir un régime de contrôle de l'usage ; mais elles se différencient sur le traitement de la question des locations meublées touristiques : si Boulogne-Billancourt et Issy-les-Moulineaux sont particulièrement impactées (elles représentent près de 80 % des locations touristiques) et n'acceptent pas un tel changement d'usage sans compensation, les autres communes se contentent d'une simple

(192) Créés par décrets du 11 décembre 2015.

application de l'article L. 631-7-1 A, à savoir une autorisation temporaire (dispensée de compensation).

Le règlement est entré en vigueur le 1er janvier 2019 ; ses principales dispositions sont ci-après commentées.

1231. - Pour toutes les autorisations personnelles (et sans changement de destination), doivent être conservés les aménagements existants indispensables à l'habitation (art. 2) ; on en comprend la raison, mais cela peut représenter un inconvénient non négligeable pour des professionnels désirant s'installer pour une longue durée.

1232. - Aux termes de l'article 4, dans les cas où l'autorisation est soumise à compensation, les locaux offerts en compensation doivent être de surface et de qualité équivalente ; en ce qui concerne la « qualité équivalente », celle-ci, comme dans la plupart des autres règlements, est laissée à l'appréciation de la ville.

La compensation ne peut être offerte que dans la même commune.

1233. - L'article 5 pose le principe, dans toutes les communes, que l'autorisation de changement d'usage est subordonnée à une compensation. Par dérogation, peuvent être autorisées sans compensation :

– la réalisation d'un équipement public ou d'intérêt collectif ; le règlement définit ces notions de manière assez large, l'intérêt collectif pouvant émaner d'un organisme privé ;

– l'installation de membres d'une profession libérale réglementée, dont la liste figure en annexe au règlement, dans la limite de 70 m^2 pour un ou deux professionnels, et dans la limite de 200 m^2 pour un groupe de professionnels ; une nouvelle autorisation est requise au cas où un professionnel libéral remplacera ou reprendra l'activité d'un confrère, et il est à souhaiter que cette demande soit instruite avec indulgence ; les pièces humides du logement (cuisine, salles de bains) doivent être conservées ;

– une occupation mixte, mais à usage professionnel, à l'exclusion d'une activité commerciale.

1234. - L'article 6 concerne les locations meublées touristiques. Si, sur les autres demandes de changement d'usage, le *corpus* était identique pour toutes les communes de l'EPT, elles se différencient dans le traitement des demandes ayant trait aux locations meublées touristiques.

En ce qui concerne Boulogne-Billancourt et Issy-les-Moulineaux, le demandeur « personne physique » doit offrir une compensation (dans les conditions fixées à l'article 4).

En ce qui concerne les autres communes, l'autorisation est délivrée de manière temporaire, conformément à l'article L. 631-7-1 A, dans les conditions suivantes : pour une durée de trois ans non reconductible (il faut sans doute entendre qu'une nouvelle demande devra être déposée) et un seul logement par demandeur. Le demandeur devra attester sur l'honneur que le logement est « décent » au sens de la réglementation.

Il est rappelé que, pour l'ensemble des communes, toute demande émanant d'une personne morale sera soumise à compensation ; il en est de même pour une demande présentée par une personne physique portant sur un second logement pour les communes autres que Boulogne-Billancourt et Issy-les-Moulineaux.

Toute demande en vue d'un usage de location touristique sera refusée pour un logement ayant bénéficié d'une subvention ou d'un conventionnement.

1235. – L'article 9 précise, pour chaque commune, les adresses des services auprès desquels doivent être formulées les demandes. Sont annexés au règlement les formulaires de demande (avec ou sans compensation) et la liste des pièces à joindre à cette demande.

§ 3. – Le règlement intercommunal de Paris Ouest La Défense de septembre 2019

1236. – Par délibération du 24 septembre 2019, le Conseil de Territoire de l'établissement public territorial (EPT) Paris Ouest La Défense (POLD) a élaboré un règlement applicable, avec des nuances pour chaque commune, à **Courbevoie**, **Garches**, **La Garenne-Colombes**, **Levallois-Perret**, **Neuilly-sur-Seine**, **Nanterre**, **Puteaux**, **Rueil-Malmaison**, **Saint-Cloud**, **Suresnes** et **Vaucresson**.

Ces communes, toutes situées peu ou prou dans le périmètre économique de Paris La Défense, ont une réflexion commune sur le contrôle de l'usage d'habitation ; même si les problèmes liés à l'habitat sont différents au sein de villes comme Nanterre ou Neuilly-sur-Seine, d'où certaines différences de traitement entre elles.

1237. – Les articles 1 à 5 et 11 sont des dispositions générales applicables à toutes les communes (A).

Les autres dispositions du règlement sont propres à certaines villes. Ainsi, les articles 6 et 7 fixent les conditions de délivrance des autorisations sur les communes de Courbevoie, Garches, Nanterre, Puteaux, Rueil-Malmaison, Saint-Cloud, Suresnes et Vaucresson (B) ; tandis que les articles 8, 9 et 10 concernent respectivement Levallois-Perret (C) Neuilly-sur-Seine (D) et La Garenne-Colombes (E).

Ces dispositions sont entrées en vigueur le 1er janvier 2020.

A. – Dispositions applicables à toutes les communes

1238. – S'agissant des autorisations avec compensation (art. 2), les locaux offerts en compensation doivent être de surface et de qualité équivalentes et situés dans la même commune.

1239. – S'agissant des autorisations sans compensation (art. 3), il est rappelé que de telles autorisations sont personnelles et incessibles. Devront être conservés les aménagements existants et indispensables à l'habitation.

En cas d'exercice conjoint de l'activité dans le local, chaque professionnel devra déposer une demande en son nom propre.

1240. – L'article 4 rappelle les cas dans lesquels les locaux mixtes ne donnent pas lieu à autorisation, conformément aux articles L. 631-7-3 et L. 631-7-4 du Code de la construction et de l'habitation.

L'article 5 rappelle quant à lui les sanctions encourues en cas d'infraction.

1241. – L'article 11 indique, pour chaque commune, l'adresse du service auprès duquel doit être déposée la demande ; certaines adresses sont en blanc, mais le pétitionnaire peut sans doute l'obtenir en consultant le site de la mairie.

Compte tenu de la pluralité de régimes entre les différentes communes, un modèle de formulaire de demande ne pouvait être annexé au règlement, non plus que la liste des pièces à joindre à la demande.

B. – Dispositions applicables à Courbevoie, Garches, Nanterre, Puteaux, Rueil-Malmaison, Saint-Cloud, Suresnes et Vaucresson

1242. - Doivent être distinguées les autorisations de locations meublées pour de courtes durées (2°) des autres autorisations de changement d'usage (1°).

1° Critères d'autorisation pour les activités autres que la location meublée touristique (art. 6)

1243. - Pour l'ensemble des communes concernées, le principe est celui d'une autorisation avec compensation, mais, par dérogation, il peut en être différemment dans les cas suivants :

– pour la réalisation d'un équipement public ou d'intérêt collectif ; le règlement définit de tels équipements, de manière assez large ;

– sur une surface inférieure à 70 m² de surface habitable (au sens de l'ancien article R. 111-2, aujourd'hui repris à l'article R. 156-1), pour une personne exerçant une activité professionnelle limitativement énumérée dans une liste annexée au règlement ; la surface est portée à 200 m² pour une activité en groupe ; il est rappelé que, pour les professions libérales, l'autorisation est conférée à chaque professionnel et non à la structure juridique, et qu'une nouvelle autorisation doit être sollicitée dès lors qu'un nouveau professionnel reprend l'activité ;

– l'autorisation d'usage mixte, sous certaines conditions ;

– le changement d'usage de locaux situés en rez-de-chaussée.

L'obligation de conserver les pièces humides de l'habitation ne concerne pas les locaux en rez-de-chaussée ni ceux affectés à un équipement public ou d'intérêt collectif.

1244. - Sur le seul territoire de Nanterre, le changement d'usage n'est pas autorisé pour les logements relevant du dispositif de l'accession encadrée et il est tenu compte de l'équilibre entre habitat et activité dans les différents quartiers.

2° Critères d'autorisation pour la location meublée touristique (art. 7)

1245. - L'autorisation de changement d'usage pour des locations meublées de courtes durées est subordonnée à compensation.

L'autorisation est refusée si le logement a bénéficié d'une subvention à l'amélioration de l'habitat depuis moins de quatre ans ; sauf à rembourser la subvention au *prorata temporis*. Il en est de même si le logement fait l'objet d'un conventionnement.

1246. - Par dérogation à l'obligation de compensation, sur les seuls territoires des communes de Garches, Rueil-Malmaison, Saint-Cloud, Suresnes et Vaucresson, il peut être accordé une autorisation sans compensation sous les conditions suivantes : une seule autorisation par personne physique, pour une durée de trois ans non reconductible.

C. – Dispositions applicables à Levallois-Perret (art. 8)

1247. - Le principe reste que toute demande de changement d'usage, même pour une location en meublé de tourisme, est soumise à compensation.

Les locaux en rez-de-chaussée ne peuvent servir de compensation.

1248. - Sont dispensés de compensation et donnent lieu à une autorisation personnelle :

– les locaux mixtes conformément aux articles L. 631-7-2 et L. 631-7-5 ;

– les changements d'usage en vue d'y exercer une mission d'intérêt général ; mais celle-ci n'est pas définie et son approbation est soumise à l'appréciation de la ville (et du juge administratif en cas de contentieux) ;

– les locaux en étage destinés aux professions libérales (dont la liste est annexée au règlement), dans la limite de 70 m² de surface habitable pour un professionnel seul et de 150 m² pour une pluralité de professionnels ;

– les locaux au rez-de-chaussée pour les activités professionnelles, même commerciales, sans limitation de surface (sauf pour les locations meublées touristiques).

1249. - Bien entendu, les articles 1 à 5 du règlement s'appliquent à la commune de Levallois-Perret.

D. – Dispositions applicables à Neuilly-sur-Seine (art. 9)

1250. - De principe, toute demande de changement d'usage est soumise à compensation. Les exceptions ci-après ne valent pas pour les changements d'usage en vue de locations en meublés touristiques ; en effet, ces demandes sont toujours soumises à compensation.

1251. - Sont dispensés de compensation et donnent lieu à une autorisation personnelle :

1) pour les locaux mixtes, en étage, les professions libérales (dont la liste est annexée au règlement), mais dans la limite de 25 % de la surface du logement ;

2) pour la totalité de la surface du logement :

– mais pour les professions libérales seules, même en étage, dans les immeubles dépendant d'une unité foncière ayant une façade sur la partie non couverte de l'avenue Charles de Gaulle,

– pour les professions libérales listées, mais seulement en rez-de-chaussée, dans un immeuble sur rue ayant une adresse dans les linéaires figurant au plan annexé au règlement ; ce cas inclut les locaux situés dans des immeubles d'angle n'ayant pas d'adresse dans les linéaires précités, mais ayant une ou plusieurs fenêtres donnant sur ces linéaires,

– pour toute activité commerciale, au premier étage, sur les linéaires précités, mais à condition que le local soit relié intérieurement à un commerce ayant une façade sur rue au rez-de-chaussée,

– pour le remplacement d'un professionnel régulièrement installé et figurant sur la liste annexée, mais seulement sur une unité foncière bordant la partie couverte de l'avenue Charles de Gaulle.

1252. - De l'analyse de ces prescriptions propres à Neuilly-sur-Seine et relativement strictes, nous pouvons en déduire que :

1) en dehors des linéaires visés sur le plan, et des professions libérales listées, toute demande de changement d'usage pour un entier logement est soumise à une offre de compensation ; donc, l'autorisation réelle avec compensation est exigée :

– sur tout le reste du territoire communal, pour les professions libérales,

– et sur l'ensemble du territoire pour les bureaux, commerces, activités ou locations meublées de tourisme (sauf dans certains cas au 1er étage pour les activités liées aux commerces installés sur le linéaire annexé) ;

2) pour une occupation mixte, ne sont autorisées à titre personnel que les professions libérales listées et pour moins de 25 % de la surface (habituellement, les règlements fixent la norme à 50 %) ;

3) l'autorisation personnelle pour le remplaçant d'un professionnel libéral n'est possible que pour la partie couverte de l'avenue Charles de Gaulle ; on doit en déduire que, en dehors de cette partie du linéaire annexé au règlement, le successeur d'un professionnel libéral devra solliciter une autorisation réelle ;

4) l'article 4, qui rappelle le régime légal de dispense d'autorisation des locaux mixtes visés aux articles L. 631-7-3 et L. 631-7-4, s'applique à Neuilly-sur-Seine ;

5) ne sont pas concernés par les autorisations personnelles les demandeurs en vue de l'exercice d'une mission d'intérêt général ou collectif ; ceux-ci sont donc astreints au principe général d'une compensation.

1253. – Si les articles 1 à 5 du règlement sont applicables à toutes les communes concernées au sein de POLD, il n'en est pas de même de l'article 6 qui permet une autorisation personnelle pour les professions libérales dans les limites de 70 m^2 (professionnel seul) ou 200 m^2 (professionnels groupés), dont la ville de Neuilly-sur-Seine est exclue.

E. – Dispositions applicables à La Garenne-Colombes (art. 10)

1254. – Le principe demeure que toute demande de changement d'usage est soumise à compensation.

Par exception, sont autorisées sans compensation :

– toute demande de changement d'usage mixte en étage, même pour y recevoir clientèle ou marchandises, mais seulement pour les professionnels libéraux figurant sur la liste annexée ; cette disposition est plus restrictive que l'article L. 631-7-2, qui vise toute activité, même commerciale ;

– comme pour Neuilly-sur-Seine, toute demande de changement d'usage au premier étage d'un immeuble donnant sur le linéaire propre à cette commune et relié au commerce situé au rez-de-chaussée ;

– toute demande en vue d'exercer une mission d'intérêt général ; mais celle-ci n'est pas défini et une telle mission est laissée à l'appréciation du service instructeur ;

– toute demande en vue d'exercer une activité professionnelle, même commerciale, pour des locaux en rez-de-chaussée, sauf pour la location meublée touristique ;

– toute demande pour une activité professionnelle listée en annexe au règlement, dans la limite de 100 m^2 de surface habitable pour une personne seule et de 300 m^2 pour une activité en groupe.

1255. – Les demandes présentées par des personnes physiques en vue de la location meublée de courte durée peuvent être accordées sans compensation : à raison d'un ou plusieurs logements par demandeur, pour une durée de trois ans, non reconductible. Le pétitionnaire devra attester sur l'honneur que le logement est « décent » au sens de la réglementation.

Avertissement aux lecteurs

Les règlements d'application ci-dessus relatés, concernant le champ territorial visé par le 1er alinéa de l'article L. 631-7, tiennent compte, dans les villes dont s'agit, de la situation en mars 2022 ; celle-ci peut évoluer à la suite de modificatifs ultérieurs. Il est hautement recommandé de vérifier, sur les sites Internet de ces communes, si les règlements n'ont pas subi de modifications par des délibérations tenant compte de l'expérience et du vécu de chacune d'entre elles.

Par ailleurs, de nombreuses communes, notamment touristiques, ont usé de la faculté que leur laisse l'article L. 631-9 et ont délibéré pour instaurer un règlement municipal ; en général, ces communes ont eu pour objectif de réguler le développement, sur leur territoire, des locations meublées de courtes durées. Là encore, il convient de consulter leurs sites afin de connaître celles qui ont usé de cette possibilité.

CHAPITRE 5 LA FISCALITÉ

1256. – L'autorisation de changement d'usage, à la différence des autorisations d'occupation du sol, ne constitue pas par elle-même le fait générateur d'une taxe ou d'une participation. On pourrait s'en étonner... Mais, en réalité, les auteurs des opérations de changement d'usage et de compensation sont, dans la plupart des cas, déjà mis à contribution dans le cadre de la fiscalité de l'urbanisme.

S'il n'existe pas à proprement parler une fiscalité des changements d'usage, il demeure que la transformation du local d'habitation et celle du local de compensation emportent des conséquences fiscales spécifiques. En ce domaine, les problématiques les plus significatives, et sans doute les plus délicates à cerner, sont celles attachées à la pratique contractuelle précédemment analysée[1] des « cessions de commercialité » (Section 1).

Par ailleurs, un dispositif incitatif temporaire peut accompagner les opérations de compensation (Section 2).

SECTION 1 ASPECTS FISCAUX DE LA « CESSION DE COMMERCIALITÉ »

1257. – Dans le cadre de l'autorisation de changement d'usage conditionnée par une compensation, l'offre de compensation émanant du « promettant » (que l'on pourrait également dénommer « l'offrant » ou « l'auteur de la compensation » ou encore, selon la terminologie un peu malencontreuse utilisée par la pratique, « le cédant »), le « bénéficiaire » (ou, suivant la même terminologie, « le cessionnaire »), soit celui qui sollicite le changement d'usage d'un logement, s'acquitte auprès du promettant d'un « prix » (plutôt que d'une « indemnité »), dont le montant est variable en fonction de la situation géographique du local d'habitation appelé à changer d'usage au sens de l'article L. 631-7 ; en fait, il s'agit d'une simple application de la loi de l'offre et de la demande, selon que le local devant changer d'usage est situé dans un secteur où les bureaux, les commerces ou les meublés touristiques sont très, relativement, ou peu demandés[2].

1258. – Cette demande est à l'origine des « cessions de commercialité » ; même si le « cédant » y trouve également son intérêt : pour ce dernier, le prix de la

(1) V. *supra*, n°s 494 et s.
(2) Sur le marché de la commercialité, V. *supra*, n°s 505 et s.

compensation est un moyen de financer une partie de ses travaux et la conversion à l'habitation un moyen de revaloriser un immeuble obsolescent[3]. Le gain de valeur pour le « cessionnaire » n'entraîne pas une perte de valeur pour le « cédant » ou, dit autrement, il n'y a pas de transfert de valeur d'un bien au profit ou au détriment d'un autre ; au contraire, la « cession de commercialité » participe à l'augmentation de valeur à la fois du local transformé et du local de compensation.

Le prix ne constitue donc pas à proprement parler une indemnité compensatrice d'une éventuelle diminution de valeur du local du « cédant », mais bien la contrepartie de l'obligation souscrite par celui-ci de changer l'usage de son local en le transformant en habitation et de souscrire cet engagement au bénéfice du « cessionnaire », et en exclusivité pour ce dernier ; et ce pendant toute la durée de la procédure d'autorisation, depuis les prémices jusqu'à la constatation par l'administration communale de la transformation effective de son local en habitation.

1259. – Le prix ainsi fixé entre les parties ne peut échapper à la fiscalité, compte tenu du flux financier qui en découle. Cette fiscalité doit être analysée tant à l'égard de celui qui perçoit le prix de l'obligation souscrite (le « cédant », « l'offrant » ou « l'auteur de la compensation ») qu'à l'égard de celui qui la verse (« le cessionnaire » ou le « bénéficiaire »). Mais ni la doctrine administrative ni la jurisprudence ne nous éclairent réellement sur les modes de taxation applicables.

Par ailleurs, le mécanisme de la compensation ne peut être rattaché à aucune catégorie juridique connue et constitue, en quelque sorte, un « objet juridique non identifié ». Les solutions applicables à des notions apparemment voisines ne sont donc pas d'une grande utilité.

1260. – Il convient d'analyser la fiscalité afférente à cette convention tant au regard de la mutation et de la fiscalité indirecte (§ 1) qu'à celui de la fiscalité directe, pour l'offrant comme pour le bénéficiaire (§ 2).

Dans les développements qui vont suivre, nous nous inspirerons de la jurisprudence existante, peu abondante et ne concernant que le « cessionnaire », d'une étude, inédite, de M. Éric Pornin, consultant fiscaliste au Centre de recherches, d'information et de documentation notariales (CRIDON) de Paris et, enfin, d'une analyse comptable émanant de la Compagnie nationale des commissaires aux comptes (CNCC)[4]. Mais force est de constater que ce domaine, parfois considéré comme un secteur de niche, souffre encore aujourd'hui d'un faible investissement doctrinal, en particulier de l'administration fiscale ; ce constat surprend au regard

(3) C'est notamment le cas des immeubles d'activités objet des baux emphytéotiques entre la ville de Paris et les bailleurs sociaux : ces locaux, le plus souvent, ne peuvent raisonnablement être utilisés, en l'état de leur destination et de leur vétusté, avec une espérance de bonne rentabilité. Soit parce qu'ils nécessitent des travaux de restructuration importants, soit parce qu'ils se situent dans des quartiers où le logement est en plus forte demande que le bureau, la transformation de ces immeubles en logements neufs correspondant aux exigences actuelles de confort et aux normes environnementales récentes apporte une indéniable plus-value.

Sur la problématique des immeubles de bureaux devenus des non-valeurs, V. not. le rapport de l'ORIE actualisé en novembre 2014 : *La transformation et la mutation des immeubles de bureaux* et celui de juillet 2018 : *La vacance structurelle : comment accélérer la reconversion d'actifs immobiliers ?*

Sur les obstacles réglementaires et fiscaux, V. not. F. de La Vaissière, *Conversion des bureaux en logements : un remède à la pénurie de locative ? : Ann. loyers* sept. 2021, p. 60.

(4) *Bull. CNCC* n° 171, sept. 2013, EC 2012-40.

du nombre croissant de règlements d'application imposant des obligations de compensation aux pétitionnaires de changement d'usage.

§ 1. – La fiscalité de la convention de « cession de commercialité »

1261. – Ni l'ordonnance du 8 juin 2005 – ce n'était pas son rôle –, ni la jurisprudence, ni les commentaires officiels de l'administration, ni même la doctrine ne se sont prononcés sur le régime applicable à ce type de convention (qu'il nous semble plus exact de nommer « convention d'offre de compensation » ou « accord de compensation ») au regard de la fiscalité de la mutation. Il convient de distinguer la fiscalité propre au service de la publicité foncière (A) de la fiscalité indirecte induite par le flux financier que représente le prix de réalisation de la compensation (B).

A. – La publication de l'arrêté définitif d'autorisation

1262. – L'article L. 631-7-1 édicte que « les locaux offerts en compensation sont mentionnés dans l'autorisation qui est publiée au fichier immobilier ou inscrite au livre foncier ». La circulaire du 22 mars 2006 précise que « cette formalité (la publication) est faite par les soins du titulaire de l'autorisation, qui en assume les frais ; elle concerne à la fois l'immeuble dont le changement d'usage est autorisé et celui apporté en compensation » ; et d'ajouter que l'arrêté doit être déposé au rang des minutes d'un notaire en vue d'assurer cette publication.

1263. – La « cession de la commercialité » ne saurait être assimilée à un transfert de droit réel immobilier, passible des droits d'enregistrement au taux proportionnel. Ceux-ci, payables lors de la publication, par suite de la formalité fusionnée, ne sont donc pas exigibles sur le prix convenu.

La publication de l'arrêté définitif sur les immeubles concernés incite à penser que seul le droit fixe peut être réclamé par le service de la publicité foncière. La publication est donc soumise au droit fixe de 125 € prévu à l'article 680 du Code général des impôts, majoré de 15 € au titre de la contribution de sécurité immobilière.

1264. – Cette analyse est à rapprocher de la publication au service de la publicité foncière d'une décision administrative comme un arrêté de lotir ou de la décision du préfet d'inscrire tout ou partie d'un immeuble sur la liste des monuments historiques. Comme l'indique la circulaire ci-dessus rappelée, la fonction de cette publication est essentiellement informative à l'égard des tiers : « La publicité de l'autorisation subordonnée à une compensation est destinée à assurer la sécurité des transactions immobilières puisqu'elle permet de vérifier le caractère régulier de l'usage d'un lieu et de la pérennité de cet usage. »

Mais, outre les frais inhérents à la publication au fichier immobilier ou à l'inscription au livre foncier, il faut s'interroger sur l'assujettissement ou non du prix à la TVA.

B. – La fiscalité indirecte

1265. – Au regard de l'assujettissement du prix à la TVA, l'administration a estimé, dans la réponse ministérielle Martin de 1999[5], laquelle vise expressément

(5) Rép. min. n° 20381 : *JOAN* Q 12 avr. 1999, p. 2205.

l'article L. 631-7, qu'« en application de l'article 256 du Code général des impôts, la cession d'un droit à titre onéreux constitue une prestation de services imposable à la taxe sur la valeur ajoutée ».

La réponse Martin, bien qu'ancienne et non reprise au BOFiP, n'a pas été remise en cause à ce jour et nous semble toujours d'actualité, en dépit de la réforme de la TVA immobilière intervenue entre-temps.

La cession de commercialité est, à juste titre, considérée comme une prestation de service au sens de l'article 256 précité et non comme entrant dans le champ d'application de la TVA immobilière visée par l'article 257 I du Code général des impôts ; il ne s'agit pas de la cession d'un « droit réel immobilier »[6] ni encore moins d'un droit relatif à une promesse de vente au sens de l'article 257 I. En effet, un prestataire peut faire naître un droit sans le céder pour autant ; en l'occurrence, ce droit (celui de transformer un local d'habitation), une fois accordé par l'administration à titre réel, naît dans le patrimoine du « cessionnaire » (et constitue pour lui un élément d'actif) puisqu'il demeure attaché à son immeuble.

Notons qu'à l'avenir, le raisonnement fiscal pourrait être conforté par l'analyse civile à l'issue d'une prochaine réforme du droit des contrats spéciaux[7].

1266. - Cette analyse fiscale ne semble pas non plus modifiée par l'ordonnance n° 2005-655 du 8 juin 2005 qui attache un caractère réel à l'autorisation de changement d'usage lorsqu'elle est octroyée au regard d'une compensation. Ce caractère réel ne change pas la nature de la cession de commercialité dont l'objet n'est pas d'accorder au « cessionnaire » des droits sur le local du « cédant », ni de transférer l'autorisation de changement d'usage qui est, rappelons-le, transmissible uniquement avec le local lui-même. Ce n'est donc pas la compensation ni l'autorisation elle-même qui est achetée, mais une prestation de services concourant à la réalisation de la compensation[8].

Il s'ensuit que l'autorisation avec compensation est publiée au fichier immobilier (CCH, art. L. 631-7-1, al. 2) et que la cession de commercialité ne l'est pas[9]. On observe d'ailleurs que ces autorisations sont régulièrement publiées à la requête du propriétaire du local de compensation (le « cédant ») et du propriétaire du local d'habitation transformé (le « cessionnaire »), depuis plus d'une quinzaine d'années, sans que l'administration fiscale ait procédé à la taxation d'office de la cession de commercialité pour défaut de présentation à la formalité de l'enregistrement dans le délai légal d'un mois.

1267. - En vertu de l'article 283 du Code général des impôts, c'est l'assujettissement ou non du « cédant » à la TVA qui est seul à prendre en compte pour savoir

(6) V. *supra*, n°s 498 et s.

(7) L'offre de réforme du droit des contrats spéciaux de l'Association Henri Capitant définit le contrat de prestation de service comme « celui par lequel le prestataire doit accomplir un travail de manière indépendante au profit du client » (art. 69). La réalisation de la compensation par le « prestataire », suivant les spécifications nécessaires à l'obtention de l'autorisation de changement d'usage sollicitée par le « client », pourrait faire partie des prestations de service envisageables.

(8) V. cependant, pour une opinion assimilant la cession de commercialité à celle d'un droit réel immobilier, E. Ashworth, G. Berger-Picq et F. Gerner, *Le régime fiscal des « cessions de commercialité » : Option fin. – La lettre de l'Immobilier* 12 févr. 2018, suppl. au n° 1449.

(9) V. égal. en ce sens, A. Chap, *Mémento – Mémento fiscal de publicité foncière*, éd. Pottier, 2022, § 171-1.

si le prix de la compensation est ou non soumis à la TVA. Peu importe la qualité du « cessionnaire ». Par suite, si le « cédant » agit en tant qu'assujetti, le prix sera soumis à la TVA.

1268. - La taxe est exigible au taux actuel de droit commun de 20 % ; son fait générateur est constitué par la constatation de la transformation effective de l'immeuble du « cédant » et l'obtention de l'arrêté définitif d'autorisation de changement d'usage de l'immeuble du « cessionnaire » ou du paiement effectif du prix (ce qui correspond, le plus souvent, à la même date).

§ 2. - La fiscalité directe

1269. - La doctrine administrative sur la fiscalité directe, applicable tant au regard de la comptabilité du cédant que de celle du cessionnaire, est inexistante.

On peut, certes, procéder par comparaison avec des notions voisines sur lesquelles l'administration se serait prononcée, mais chacun sait qu'en matière fiscale, comparaison n'est pas toujours raison et que la méthode est aléatoire.

1270. - La jurisprudence administrative n'est guère plus éclairante. D'autant qu'elle s'appuie sur une terminologie non dénuée d'ambiguïté, et sans doute défectueuse au regard de l'analyse économique et juridique que l'on peut porter des conventions de droit privé permettant la réalisation des compensations.

À notre connaissance, il n'existe, concernant les redevables personnes physiques soumises à l'impôt sur le revenu (IR), que deux décisions du tribunal administratif de Paris du 10 avril 2013, confirmées par la cour administrative d'appel de Paris le 15 avril 2014[10] ; elles concernent la même affaire, ne traitent que de la fiscalité des particuliers et ne tranchent la question soulevée par le sort du prix de réalisation de la compensation que sous l'angle de la fiscalité du « cessionnaire », seul en cause dans ce litige... En ce qui concerne les entreprises soumises à l'impôt sur les sociétés (IS) ou aux bénéfices industriels et commerciaux (BIC), il semble n'exister qu'un seul arrêt de la cour administrative d'appel de Paris du 29 octobre 2015 confirmé par une décision du Conseil d'État du 21 juillet 2017, traitant, eux aussi, de la seule fiscalité du « cessionnaire »[11].

Il semble qu'il n'existe aucune jurisprudence sur la fiscalité applicable au « cédant » tant en ce qui concerne les personnes physiques que les entreprises soumises à l'IS ou aux BIC.

1271. - Il convient néanmoins de tenter de dégager une vue d'ensemble de la fiscalité directe applicable tant au « cessionnaire » (A) qu'au « cédant » (B).

A. - La fiscalité directe du « cessionnaire »

1272. - Il convient naturellement de distinguer entre les personnes soumises à l'IR (1°) et celles soumises à l'IS ou aux BIC (2°).

(10) Volet de l'affaire relatif aux revenus fonciers : TA Paris, 10 avr. 2013, n° 1120392, confirmé par CAA Paris, 15 avr. 2014, n° 13PA01737. Volet de l'affaire relatif aux plus-values : TA Paris, 10 avr. 2013, n° 1102832, confirmé par CAA Paris, 15 avr. 2014, n° 13PA01738.

(11) CAA Paris, 29 oct. 2015, n° 13PA03054 : *Dr. fisc.* 2015, n° 49, comm. 719, note O. Lemaire. – CE, 21 juill. 2017, n° 395457 : *Lebon* T., p. 542-576-580 ; *Dr. fisc.* 2017, n° 41, comm. 505, concl. M.-A. Nicolazo de Barmon, note M. Masclet de Barbarin ; *Constr.-Urb.* 2017, comm. 171, note N. Gonzalez-Gharbi.

1° Le « cessionnaire » personne physique soumise à l'IR

1273. – Dans quel objectif le « cessionnaire » projette-t-il de transformer un local à usage d'habitation pour un usage « autre qu'habitation » (bureaux, commerce, activité, hôtellerie, location meublée de courte durée…) ?

Il convient de distinguer le cas où le « cessionnaire » envisage de vendre le local devenu à usage autre qu'habitation (*a*), de celui où l'objet du changement d'usage est de conforter ou d'améliorer le revenu qu'il en escompte (*b*).

a) Changement d'usage avant cession

1274. – Le cas évoqué concernera, le plus souvent, la nécessaire régularisation d'une occupation illégale au regard de l'article L. 631-7 du Code de la construction et de l'habitation de tout ou partie de l'immeuble avant la vente de celui-ci. Si, donc, l'objectif est de vendre le local devant ainsi changer d'usage (par ex. : si seul ce local dans l'ensemble immobilier est à usage d'habitation), les deux jugements du tribunal administratif de Paris du 10 avril 2013, confirmés par deux arrêts de la cour administrative d'appel de Paris du 15 avril 2014, apportent un début de solution, tant au regard des charges éventuellement déductibles (*1*) qu'à celui de la détermination de la plus-value nette taxable (*2*).

1) Le prix de la compensation est-il une charge déductible du revenu foncier ?

1275. – Par le jugement du 10 avril 2013 (n° 1120392) et l'arrêt confirmatif du 15 avril 2014 (n° 13PA01737), précités, les juges administratifs parisiens décident que la dépense supportée pour obtenir, moyennant compensation, l'autorisation de changement d'usage ne peut être considérée comme une charge et donc être déductible des revenus fonciers dans l'affaire considérée.

1276. – La raison invoquée par l'administration fiscale, suivie en cela par les juges, réside dans le fait qu'il n'est pas contesté par le contribuable que l'immeuble dans son entier était manifestement destiné à la vente après régularisation d'une situation illégale concernant une partie de cet immeuble ; les décisions rappellent, d'ailleurs, qu'une promesse de vente de cet immeuble avait été conclue deux mois après l'autorisation de principe de la préfecture (à l'époque compétente) et sous la condition suspensive du rendu de l'arrêté définitif.

L'administration invoquait l'article 13 du Code général des impôts, lequel dispose que : « Le bénéfice ou revenu imposable est constitué par l'excédent du produit brut, y compris la valeur des profits et avantages en nature, sur **les dépenses effectuées en vue de l'acquisition et de la conservation des revenus** ».

Or, il était indéniable que la dépense ainsi réalisée n'était pas effectuée en vue de l'accroissement ou du maintien du revenu locatif (d'autant que le bail avait été résilié préalablement à la vente), mais constituait bien une dépense engagée pour faciliter la vente de l'immeuble en régularisant une situation illégale.

1277. – Par ailleurs, le contribuable invoquait l'article 31 du Code général des impôts, lequel énumère les charges de la propriété déductibles pour la détermination du revenu net. Toutefois, s'il est admis par la doctrine administrative et par la jurisprudence[12] que la liste des dépenses et charges foncières énoncées à l'article 31

(12) CE, 11 mai 1977, n° 00450 : *Lebon* T., p. 778-799. – CE, 8 nov. 1978, n° 08603 : *Lebon* T., p. 784.

du Code général des impôts n'a pas un caractère limitatif, la jurisprudence ne reconnaît pas de caractère déductible à des dépenses d'investissement qui ne sont pas engagées en vue de l'acquisition ou de la conservation du revenu[13].

1278. – Les décisions jurisprudentielles de 2013 et 2014 ci-dessus analysées ne semblent pas critiquables.

Si ces décisions sont uniques en cette matière précise (le contribuable ne s'est pas pourvu devant le Conseil d'État), la Haute assemblée a, à de nombreuses reprises et au vu de l'article 13 susvisé, refusé la déduction des revenus fonciers dans les cas où l'indemnité d'éviction versée à un locataire n'a pas pour but de libérer les locaux en vue de les relouer dans de meilleures conditions, mais bien, comme dans le cas présent, que cette même dépense soit engagée en vue de la réalisation d'un gain en capital[14].

2) Le prix de la compensation est-il constitutif du prix de revient de l'immeuble pour la détermination de la plus-value taxable ?

1279. – Le second jugement (n° 1102832), confirmé par la cour de Paris (n° 13PA01738), ne retient pas cette possibilité. S'appuyant sur les termes de la proposition de rectification de l'administration fiscale, selon laquelle « cette cession de commercialité porte sur l'acquisition d'un élément du droit de propriété dont elle est un complément du prix d'acquisition » et « l'acquisition de commercialité a donc eu pour objet et pour effet d'augmenter la valeur de l'actif des indivisaires et ne peut donc être admise en déduction des revenus fonciers », et compte tenu du jugement et de l'arrêt susvisés, le contribuable pouvait raisonnablement penser que le prix par lui acquitté constituait un élément du prix de revient pour la détermination de la plus-value nette taxable.

1280. – En vertu de l'article 150 VB, II, du Code général des impôts :

> « II – Le prix d'acquisition est, sur justificatifs, majoré : 1° de toutes les charges et indemnités mentionnées au deuxième alinéa du I de l'article 683 du Code civil... 4° Des dépenses de construction, de reconstruction, d'agrandissement ou d'amélioration supportées par le vendeur... depuis l'achèvement de l'immeuble ou son acquisition si elle est postérieure, lorsqu'elles n'ont pas été déjà prises en compte pour la détermination de l'impôt sur le revenu et qu'elles ne présentent pas le caractère de dépenses locatives ».

Mais, s'appuyant sur un arrêt de la cour administrative d'appel de Paris[15], lequel refusait que le prix de la compensation entre dans le prix de revient de l'immeuble, l'administration rejette les prétentions du contribuable. Pourtant, le contribuable avait relevé, dans ses conclusions, que l'arrêt dont s'agit avait précisé que « Les frais... avancés par le requérant, et **dont il est constant qu'ils n'ont pas été exposés par la société venderesse à l'occasion de la cession de l'immeuble**, mais dans le but de modifier l'affectation de ce dernier, ne relèvent pas des frais constituant le prix de revient de cet immeuble, ne peuvent être pris en compte pour le calcul de la plus-value litigieuse » ; son objectif étant, justement, de régulariser la situation en vue de vendre, le contribuable pouvait espérer que, *a contrario*, la décision

(13) TA Amiens, 10 févr. 2005, n° 03-320, *Deseine : RJF* 12/2005, n° 1403.

(14) CE, 29 mars 1989, n° 81836 : *Lebon* T., p. 608-644, repris au BOI-RFPI-BASE-20-20, n° 10. – CE, 6 janv. 1988, n° 46658.

(15) CAA Paris, 6 nov. 1997, n° 95PA03989, confirmé par CE, 3 déc. 1999, n° 193028 : *AJDI* 2001, p. 46, note J.-P. Maublanc.

précédemment rendue ne lui soit pas opposable. Les juges ne l'ont pas suivi dans cet argument.

1281. - Le juge valide la position de l'administration, laquelle a considéré que les frais et dépenses admis par l'article 150 VB du Code général des impôts en majoration du prix d'acquisition sont limitativement énumérés et que les dépenses non répertoriées restent sans influence pour la détermination du prix de revient de l'immeuble ; or, le prix acquitté pour faire réaliser la compensation requise pour changer l'usage d'un local d'habitation au sens de l'article L. 631-7 ne figure pas au nombre des dépenses visées par l'article 150 VB. Il est à noter que le caractère limitatif des dépenses admises par l'article 150 VB du Code général des impôts constitue une position constante et officielle de l'administration fiscale[16].

Les juges n'ont pas rejeté l'idée, émise par le contribuable et confirmée par l'administration, que le prix de la compensation constituait une dépense ayant permis un gain en capital et une plus-value certaine pour la valeur de l'immeuble, mais ont soulevé l'obstacle du caractère limitatif des dépenses admises par l'article 150 VB pour donner raison à l'administration et considérer que la dépense en cause n'était pas constitutive du prix de revient.

1282. - En conclusion sur la fiscalité vue sous l'angle du « cessionnaire » personne physique soumise à l'IR dont le projet est de vendre l'immeuble, il peut paraître contradictoire de retenir, à la fois :

- que le prix de la compensation ne constitue pas une dépense déductible des revenus fonciers, puisque l'immeuble est destiné à la vente, conformément à l'article 13 du Code général des impôts (position dont le bien-fondé peut être admis) ;
- et que ce même prix, bien qu'il n'ait pas été déduit des revenus taxables, ne soit pas admis comme constitutif du prix de revient de l'immeuble.

Une autre solution pourrait néanmoins être suggérée, qui serait celle de l'acquisition d'un « droit attaché au local », ce que laisse entendre un arrêt de la cour administrative d'appel de Paris du 29 octobre 2015[17]. Si l'on retient cette qualification (et non celle de dépense), l'analyse serait différente puisqu'en cas de vente du local par le « cessionnaire », on se fonde sur la revente d'un droit qui lui est attaché, et non plus sur une impense dont la déductibilité est limitée.

b) Changement d'usage destiné à améliorer ou à conforter le revenu

1283. - Des considérants du jugement n° 1120392, confirmé par l'arrêt n° 13PA01737, ci-dessus analysés, on pourrait déduire, *a contrario*, que, si l'objectif du « cessionnaire » était, en sollicitant une autorisation de changement d'usage, de conforter ou d'améliorer le revenu locatif de ses propres locaux, il pourrait déduire de ses revenus fonciers le prix par lui payé.

1284. - Tel pourrait être le cas si l'autorisation a pour but le maintien de la location avec le locataire en place ou la location au profit d'un nouveau preneur pour un loyer plus élevé.

Le « cessionnaire » pourrait alors s'appuyer sur les termes de l'article 13 du Code général des impôts, comme le lui suggèrent l'administration fiscale et le juge administratif.

(16) BOI-RFPI-PVI-20-10-20-20, n° 1.
(17) V. *infra*, n°s 1286 et s.

En effet, même si l'article 31 du même code dresse la liste des dépenses déductibles des revenus fonciers, celle-ci n'est pas interprétée par la jurisprudence du Conseil d'État comme étant exhaustive. Ainsi en a jugé la Haute assemblée dans un arrêt relatif aux indemnités d'éviction[18].

2° Le « cessionnaire » entreprise soumise à l'IS ou aux BIC

1285. - Il convient de rappeler que les développements qui précèdent concernent les contribuables particuliers soumis à l'impôt sur le revenu ; les entreprises soumises à l'impôt sur les sociétés ou aux BIC n'ont pas les mêmes contraintes : il leur est loisible de tenir compte de l'indemnité ainsi versée dans leur comptabilité.

1286. - Il semble que les seules décisions jurisprudentielles, traitant de la même affaire, susceptibles d'éclairer le contribuable soumis à l'impôt sur les sociétés soient un arrêt de la cour administrative d'appel de Paris du 29 octobre 2015 confirmant un jugement du tribunal administratif de Paris du 19 juin 2013, et une décision du Conseil d'État du 21 juillet 2017 validant à son tour la position des juges du fond[19] ; de la convergence de vues entre les différentes juridictions il résulte que la cause est entendue.

La société « cessionnaire » soutenait, en premier lieu, que le prix par elle versé constituait une charge déductible et non un coût engagé pour la mise en état d'utilisation des constructions ; elle avait d'ailleurs déduit le montant de cette indemnité de son bénéfice de l'exercice en cours.

Elle prétendait également que l'autorisation préfectorale de changement d'usage (en 2003, le préfet était compétent) n'était pas la contrepartie de la somme versée et que cette dernière avait une nature indemnitaire.

1287. - Sur ces deux points, les juges administratifs ont rejeté les prétentions de la société :

– le prix versé constituait bien une immobilisation devant être inscrite au bilan comme l'immeuble lui-même : « cette indemnité, versée en contrepartie de l'autorisation préfectorale qui constitue en outre un droit réel, doit être regardée, au sens et pour l'application des dispositions de l'article 38 quinquies de l'annexe III au Code général des impôts, comme un coût directement engagé pour la mise en état du bien en cause que l'intéressée avait inscrit en immobilisation, peu important la circonstance que cette indemnité représente, du point de vue de la société... (le "cédant"), la réparation du préjudice qu'elle a subi, précisément du fait de la dépréciation de son bien généré par sa conversion d'immeuble initialement affecté à usage de bureaux en immeuble affecté à l'habitation » ;

– même si le préfet n'exigeait pas que la compensation ait une contrepartie à titre onéreux, il n'en reste pas moins que le paiement de l'indemnité à l'auteur de la compensation a permis d'obtenir l'autorisation.

1288. - L'intérêt de cette jurisprudence réside dans le fait que le prix (plutôt que la terminologie « d'indemnité » adoptée par l'administration et par les juges) versé doit être mis en immobilisation dans le bilan. La cour administrative d'appel de

(18) CE, 8 juill. 2005, n° 253291 : *Lebon*, p. 329, repris au BOI-RFPI-BASE-20-20, n° 10.
(19) CAA Paris, 29 oct. 2015, n° 13PA03054 : *Dr. fisc.* 2015, n° 49, comm. 719, note O. Lemaire. – CE, 21 juill. 2017, n° 395457 : *Lebon* T., p. 542-576-580 ; *Dr. fisc.* 2017, n° 41, comm. 505, concl. M.-A. Nicolazo de Barmon, note M. Masclet de Barbarin ; *Constr.-Urb.* 2017, comm. 171, note N. Gonzalez-Gharbi.

Paris prend soin de préciser que : « Dès lors que l'autorisation préfectorale (...) était nécessaire pour que la société (...) puisse utiliser le bien acquis conformément à la destination qu'elle lui a immédiatement attribuée, lui ouvrant d'ailleurs un droit attaché au local, la somme en litige, quelle que soit la qualification que lui ont donnée les parties dans la convention du (...), n'a pas d'autre cause que la mise en état d'utilisation du bien, à laquelle elle se rattache directement ; (...) que, par suite, c'est à bon droit que le service a regardé la somme en litige, non pas comme une charge déductible, mais comme un coût directement engagé pour la mise en état d'utilisation du bien, au sens des dispositions précitées de l'article 38 quinquies de l'annexe III du Code général des impôts ».

Le Conseil d'État reprend à son compte la démonstration de la cour : « la société requérante souhaitait installer son siège social dans l'immeuble en litige et (...) l'autorisation administrative (...) était nécessaire pour qu'elle puisse l'affecter à cet usage. Dès lors que l'autorisation était attachée au local et non à la personne de son bénéficiaire (...) la cour n'a pas commis d'erreur de droit en jugeant que l'indemnité versée, qui a pour effet d'accroître la valeur de l'immeuble, constituait un coût directement engagé pour la mise en état d'utilisation de celui-ci (...), et non une charge déductible, quand bien même (...) l'autorisation administrative n'exigeait pas que la compensation fasse l'objet d'une indemnisation ».

1289. - De son côté, la Commission des études comptables de la Compagnie nationale des commissaires aux comptes (CNCC) s'est interrogée sur le fait de savoir si la dépense ainsi engagée par le « cessionnaire » constitue une charge ou un actif ; elle a répondu qu'elle comporte les différents attributs de la définition d'un actif[20]. En effet, elle génère un avantage économique futur constitué par la rentabilité complémentaire (en valeur locative ou en augmentation de la valeur de revente) que le « cessionnaire » peut espérer de l'obtention du droit de commercialité pour un immeuble qui en était précédemment privé. Par ailleurs, toujours selon l'opinion émise par la Commission, ce droit de commercialité est un attribut de l'immeuble, puisqu'il ne peut être détenu en dehors de l'immeuble auquel il se rattache, et non une immobilisation incorporelle isolée. Cette opinion, formulée antérieurement aux décisions jurisprudentielles ci-dessus analysées, corrobore celle du juge administratif.

1290. - Il en résulte que le prix versé par le cessionnaire, représentatif de l'actif ainsi incorporé à l'immeuble, doit être comptabilisé à l'actif de son bilan. Il s'agit d'un coût complémentaire encouru sur un immeuble figurant déjà à l'actif de son bilan ; ce coût en tant que coût ultérieur encouru post comptabilisation initiale est ajouté à la valeur brute de l'immeuble et comptabilisé en tant qu'immobilisation corporelle. Selon le juge administratif, tel que cela résulte de l'extrait de l'arrêt d'appel du 28 octobre 2015 ci-dessus rapporté, ce droit se « rattache directement » au bien ; nous pouvons en déduire que, pour le juge également, il ne s'agit pas d'un élément incorporel.

1291. - Pour la CNCC, le droit de commercialité doit être rattaché au terrain et non aux constructions ; suivant son analyse, il continue à bénéficier à l'immeuble, même si celui-ci est remanié, voire détruit et reconstruit. Par ailleurs, ce droit n'a pas de durée d'utilité, comme cela est le cas pour les constructions. Selon la Commission, il faut en déduire que, à l'égal du terrain, il n'est pas amortissable.

(20) *Bull. CNCC* n° 171, sept. 2013, EC 2012-40.

Toutefois, il est permis d'objecter que l'usage au sens de l'article L. 631-7 du Code de la construction et de l'habitation a pour objet un local et qu'il ne peut y avoir de « contenu » (d'usage) sans « contenant » (sans local). La « commercialité » acquise nous paraît nécessairement rattachée à un bâtiment existant – et non au terrain qui le supporte –, son « coût » devrait être par conséquent amortissable au même titre que les constructions elles-mêmes. L'arrêt susvisé du 28 octobre 2015 semble incliner en ce sens lorsqu'il vise « un droit attaché au local ».

B. – La fiscalité directe du « cédant »

1292. - Il semble qu'il n'existe pas de jurisprudence non plus que de doctrine administrative quant à la fiscalité applicable au cédant dans le cas précis qui nous occupe. Nous ne pouvons que nous appuyer sur les analyses précitées de M. Éric Pornin, consultant fiscaliste au CRIDON de Paris et de la Commission des études comptables de la Compagnie nationale des commissaires aux comptes.

Rappelons qu'il ne s'agit pas à proprement parler d'un prix de cession, mais de la contrepartie financière d'un engagement du « cédant » de modifier l'usage du local destiné à servir de compensation. En d'autres termes, « l'indemnité » dont s'agit serait la contrepartie de la démarche entreprise auprès de l'administration pour permettre au « cessionnaire » d'obtenir l'autorisation de changement d'usage.

1293. - Comment cette rémunération doit-elle être traitée, fiscalement et comptablement, du point de vue de l'auteur de la compensation (le « cédant ») ?

Il serait tentant pour l'administration de considérer qu'il s'agit d'un revenu imposable au titre des revenus fonciers ; même dans ce cas, il convient de distinguer selon que le « cédant » est une entreprise (1°) ou un particulier (2°) et de prendre en compte la situation particulière des bailleurs sociaux (3°).

1° Le « cédant » relevant de l'IS ou des BIC

1294. - Pour une entreprise relevant des BIC ou de l'IS (ou encore pour une entreprise individuelle relevant d'un régime réel d'imposition), le prix perçu serait de plein droit imposable. Elle le serait sur le fondement de l'article 38, 2° du Code général des impôts en raison de l'enrichissement occasionné qui emporte variation d'actif au sens dudit article ; sauf si l'on peut établir qu'elle provoque une dépréciation équivalente à la valeur du bien, ce qui n'est pas nécessairement le cas. En effet, nous avons vu que l'immeuble du « cédant » peut consister en un immeuble d'activités de faible valeur, valorisé par sa transformation en habitation et destiné à la location ou à la vente.

1295. - Sur un plan comptable, ce droit d'usage « autre qu'habitation », attaché au local, se trouvait incorporé dans l'immeuble ; l'abandon de ce droit doit donner lieu à sortie du bilan de la fraction de la valeur comptable de l'immeuble correspondant à ce droit. Mais il ne s'agit sans doute pas de l'intégralité de la somme reçue (laquelle, rappelons-le, est fixée en fonction de la situation géographique de l'immeuble du « cessionnaire » et non de celle de l'immeuble du « cédant ») ; une fois déterminée la quote-part de « l'indemnité » perçue représentative de la baisse réelle de valeur de l'immeuble, sa valeur comptable est déterminée en appliquant à la valeur nette comptable de l'immeuble le rapport entre cette quote-part et la valeur vénale de l'immeuble avant l'abandon du droit.

2° Le « cédant » relevant de l'IR

1296. – Pour les particuliers, et plus généralement pour les personnes non imposables sur le fondement de l'article 38, 2° du Code général des impôts, le prix perçu étant le fruit d'une diligence particulière caractériserait une recette qui serait de ce fait imposable dans la catégorie des bénéfices non commerciaux, à défaut de pouvoir se rattacher à une autre catégorie (revenus innommés imposables sur le fondement de l'article 92, 2° du CGI).

Le Conseil d'État en juge ainsi dans le cas des particuliers qui ont conservé des dédits en cas de non-levée de l'option par le bénéficiaire d'une promesse unilatérale de vente, l'indemnité d'immobilisation étant assimilée au prix de l'immobilisation pendant la durée de la promesse[21].

1297. – Si l'on considère que, du point de vue du « cessionnaire », la contrepartie réelle de l'obtention de l'autorisation administrative est l'augmentation du montant des loyers, puisqu'en règle générale le rendement locatif des locaux professionnels est supérieur à celui des locaux d'habitation, il est tentant pour l'administration de considérer que le prix versé constitue en fait, pour le « cédant », la contrepartie de la perte de recettes locatives pour le futur et est imposable de ce fait au titre des revenus fonciers.

1298. – Cette analyse ne serait pas incohérente avec celle énoncée, du point de vue du cessionnaire, par les décisions précitées du tribunal administratif de Paris (n° 1120392) et de la cour administrative d'appel de Paris (n° 13PA01737). Elle n'aurait un sens que si le bien du « cédant », après changement d'usage, continuait à être loué (en habitation cette fois) et s'il y avait effectivement perte de loyer de ce fait.

Toutefois, dans bien des cas (et notamment si l'immeuble du « cédant » est transformé d'un immeuble professionnel obsolète en un immeuble d'habitation de qualité), la liaison entre la perte de la commercialité et la perte de recettes n'est pas forcément évidente ; enfin, cette analyse s'intègre mal si le bien du « cédant » est occupé en habitation par son propriétaire ou destiné à être vendu.

1299. – Ainsi, pour les particuliers, on pourrait prétendre que la somme reçue ne constitue pas un revenu et présente un caractère « indemnitaire » (et donc non taxable) constituant la contrepartie d'une perte en capital qui diminuerait, selon le cas, le rendement et/ou la valeur vénale des locaux.

Mais ce point de vue risque de ne pas être retenu par l'administration fiscale ; elle serait sans doute tentée de mettre la somme ainsi perçue dans la catégorie des « revenus innommés », comme elle le fait pour l'indemnité que conserve le promettant dans le cadre d'une promesse de vente non réalisée du fait du bénéficiaire.

1300. – Le législateur entend imposer les plus-values de cession « à titre onéreux de biens et de droits de toute nature », comme l'indique expressément l'intitulé du VII ter du Code général des impôts sous lequel sont placés les articles 150-0 A à 150 VH bis ; ainsi, le régime des plus-values des particuliers est susceptible de trouver application en cas de cession par un particulier de droits très divers tels que la nue-propriété d'une marque ou d'un nom commercial.

(21) CE, 19 févr. 2014, n° 354380.

Par ailleurs, le régime des plus-values immobilières est également susceptible de s'appliquer à des droits autres que des droits réels immobiliers, telle par exemple la cession d'un droit de jouissance ou d'un bail civil[22].

1301. – Mais le prix reçu constitue-t-il réellement la contrepartie d'une « cession » de droit incorporel ?

À notre sens, il serait plutôt la contrepartie d'une obligation de faire (transformer un local professionnel en habitation) et d'une obligation de ne pas faire (s'interdire l'occupation à usage professionnel pour l'avenir et maintenir l'usage futur d'habitation ou s'engager à l'égard d'un tiers au contrat jusqu'à l'obtention de l'autorisation définitive). Mais si l'on retient la notion de détachement d'un élément d'actif de l'immeuble, la taxation de l'indemnité au titre des plus-values immobilières peut permettre de s'interroger.

Tout dépend du devenir du local dont est détaché ce droit ; s'il en résulte une dépréciation de l'immeuble, il ne peut être question d'une plus-value quelconque, mais plutôt d'une moins-value ; mais si ce même local se trouve valorisé par son changement d'usage en habitation, la plus-value ainsi constatée peut faire l'objet d'une taxation (sous la réserve de quantifier cette plus-value, ce qui peut porter à discussion).

En conclusion, pour le « cédant », entre la vente de droit incorporel, le revenu innommé et le gain en capital, la marge de manœuvre du contribuable paraît bien étroite, même si, comme nous l'avons vu, les situations ne sont pas toutes comparables, et il serait temps que l'administration fiscale se prononce clairement et indique aux contribuables la marche à suivre…

3° Le « cédant » bailleur social

1302. – En ce qui concerne le logement social, l'article 207-1-4° du Code général des impôts dispose que les bailleurs sociaux, quelle que soit leur forme juridique, bénéficient d'une exonération d'impôt sur les sociétés pour leurs opérations qui se rattachent au « service d'intérêt général ».

1303. – Les cessions de commercialité par les bailleurs sociaux participent-elles du service d'intérêt général ? Il est indéniable que le produit de ces cessions permet, en réduisant le prix de revient des immeubles, de rendre possible l'aménagement de locaux d'habitation destinés à être loués avec des loyers plafonnés au profit de personnes de ressources modestes.

Certes, l'administration fiscale soutient que des activités comme la location à des tiers d'emplacements pour l'installation de panneaux publicitaires ou d'antennes-relais ne rentrent pas dans l'exonération visée ci-dessus ; mais la cession de commercialité constitue une opération unique et rentre bien dans la minoration du prix de revient de la transformation en vue de la location sociale.

1304. – Il convient donc, selon le service juridique de la Direction du logement et de l'habitat de la ville de Paris, « de retenir la solution consistant à rattacher les produits des opérations de cessions de commercialité au service de l'intérêt général du logement social, comme participant au financement global de l'opération, et donc de les considérer comme exonérés d'IS ».

(22) TA Paris, 8 déc. 1987, n° 61 043/85-1 : *RJF* 12/1988, n° 1323. – TA Montpellier, 3 oct. 2000, n° 95-1692 : *RJF* 2/2001, n° 167.

SECTION 2 INCITATION FISCALE À LA TRANSFORMATION DE LOCAUX D'ACTIVITÉS EN LOGEMENTS

1305. - Les pouvoirs publics ont recensé un certain nombre d'immeubles de bureaux, commerces ou activités, situés au sein des territoires couverts par le champ d'application de l'article L. 631-7 du Code de la construction et de l'habitation, obsolètes ou ne correspondant plus aux normes actuelles et qui seraient susceptibles d'être transformés en habitation. Ils ont récemment, à plusieurs reprises, émis le vœu que certains de ces immeubles soient effectivement affectés à l'habitation. L'idée n'est pas nouvelle. Mais ces locaux sont-ils toujours aisément ainsi transformables ?

Il résulte de plusieurs études de l'Observatoire régional de l'immobilier d'entreprise en Île-de-France (ORIE)[23] que les obstacles à la transformation de bureaux en habitations par rapport à celle en commerces ou hôtels sont d'ordre technique, réglementaire ou financier. Notamment, il semble que la transformation ainsi opérée soit financièrement équilibrée dans l'objectif d'une mise en vente des logements créés, mais que l'opération destinée à la production de logements locatifs risque d'être déficitaire sans une aide importante des pouvoirs publics, ce qui est le cas pour la création de logements du secteur social.

Mais, en 2020, le ministère chargé du logement, la ville de Paris et divers investisseurs institutionnels sont convenus de passer à la vitesse supérieure en recensant les bureaux susceptibles d'être transformés en logements. Déjà, depuis 2018, le processus s'est accéléré en France métropolitaine : 417 000 m^2 issus de la transformation de bureaux ont fait l'objet d'une demande de permis de construire[24].

1306. - Les obstacles à une transformation financièrement équilibrée pourraient être réduits par l'effet d'une fiscalité incitative, notamment en matière de TVA ; cela n'a pas été la voie choisie par le Gouvernement. Par contre, une mesure intéressante (même si elle n'est que temporaire pour l'instant) a été instituée pour les entreprises au regard de l'impôt sur les sociétés (IS).

La loi de finances rectificative pour 2011 a créé l'article 210 F du Code général des impôts, lequel prévoyait, dans sa rédaction initiale, de taxer au taux réduit de 19 % les plus-values réalisées par des personnes morales soumises à l'IS dans les conditions de droit commun à l'occasion de la cession d'immeubles de bureaux ou de locaux commerciaux destinés à être transformés par l'acquéreur en immeubles d'habitation dans un certain délai[25]. Cette niche fiscale a par la suite été étendue aux locaux à usage industriel[26] puis aux terrains à bâtir[27].

1307. - La loi de finances rectificative pour 2011 avait prévu que cette mesure ne concernait que les cessions intervenues entre le 1er janvier 2012 et le 31 décembre

(23) V. not. *La transformation et la mutation des immeubles de bureaux*, févr. 2013, actualisé en novembre 2014 ; *La vacance structurelle : comment accélérer la reconversion d'actifs immobiliers ?*, juill. 2018.

(24) « Habiter la France de demain », Dossier de presse, mai 2021, p. 9.

(25) L. fin. rect. 2011, n° 2011-1978, 28 déc. 2011, art. 42, I-6°.

(26) L. fin. 2017, n° 2016-1917, 29 déc. 2016, art. 18.

(27) L. fin. 2018, n° 2017-1837, 30 déc. 2017, art. 25.

2014 ; elle a été prorogée à plusieurs reprises et, pour la dernière fois, par la loi de finances pour 2022[28]. Le dispositif est ainsi prorogé pour les cessions réalisées jusqu'au 31 décembre 2023, ainsi que pour les cessions réalisées jusqu'au 31 décembre 2024 afférentes à des promesses unilatérales ou synallagmatiques de vente conclues entre le 1er janvier 2021 et le 31 décembre 2023 inclus.

Il est à souhaiter que la mesure soit à nouveau prorogée ou enfin déclarée pérenne par une prochaine loi de finances. Certes, on comprend bien la motivation qui préside à des prorogations successives et limitées dans le temps de ce régime incitatif : il convient de créer un « choc de l'offre », d'autant plus percutant qu'il est bref. Mais on peut regretter que le temporaire s'éternise sans pour autant devenir permanent[29].

1308. – L'administration fiscale a commenté dans sa base ce dispositif, sous les références BOI-IS-BASE-20-30-10.

1309. – Le bénéfice de ce régime est soumis à des conditions liées aux cédants et aux cessionnaires (§ 1) et à la nature de l'engagement (§ 2). Des sanctions sont prévues en cas de rupture de l'engagement par le cessionnaire (§ 3).

§ 1. – Personnes concernées

1310. – Le cédant doit être une personne morale soumise (de plein droit ou sur option) à l'IS dans les conditions de droit commun. Sont donc exclues :

– les personnes morales visées par l'article 8 du Code général des impôts (imposées aux BNC ou aux BIC), y compris pour la quote-part de la plus-value nette revenant à leurs associés qui sont soumis à l'IS ;

– les personnes morales bénéficiant d'une exonération, totale ou partielle, de l'IS ; toutefois, celles possédant un secteur d'activité exonéré et un secteur taxable, telles que les sociétés d'investissement immobilier cotées (SIIC) visées à l'article 206 du Code général des impôts, peuvent bénéficier de ce dispositif pour les cessions de locaux ou de terrains affectés à leur secteur taxable ; il en est de même pour les organismes à but non lucratif pour les immeubles affectés à leur secteur « lucratif ».

Les établissements stables de sociétés étrangères soumis à l'IS sont également concernés.

1311. – Le cessionnaire, avant la dernière modification résultant de la loi de finances pour 2021, devait correspondre à l'une des trois catégories suivantes :

– les personnes morales soumises à l'IS dans les conditions de droit commun ;

– les sociétés immobilières spécialisées telles que les SIIC, les sociétés françaises ou étrangères autres que les SIIC admises aux négociations sur un marché réglementé, les filiales de SIIC, les SCPI et les sociétés agréées par l'Autorité des marchés financiers (AMF) telles que les SPPICAV ;

– les organismes d'habitation à loyers modérés (HLM, SEM...).

Désormais, en vertu de l'article 25 de la loi de finances pour 2021, le cessionnaire peut être toute personne morale, sans distinguer qu'elle soit ou non assujettie à

(28) L. fin. 2022, n° 2021-1900, 30 déc. 2021, art. 90.

(29) V. not. N. Gonzalez-Gharbi, *L'imposition réduite des plus-values immobilières au service de la création de locaux à usage d'habitation : un régime d'exception qui n'en finit pas de muter : Constr.-Urb.* 2021, comm. 58.

l'impôt sur les sociétés. Sur ce point, la nouvelle rédaction de l'article 210 F du Code général des impôts est conforme à la décision n° 2020-854 QPC du Conseil constitutionnel, pour lequel : « Il n'y a pas de lien entre le régime fiscal du cessionnaire et sa capacité à respecter son engagement de transformer en logements les locaux cédés »[30]. Sont donc notamment concernées par cette extension les sociétés civiles de construction-vente.

1312. – Les opérations de cession réalisées entre des personnes qui ont entre elles des liens de dépendance, au sens du 12 de l'article 39 du Code général des impôts, ne sont pas éligibles au bénéfice des dispositions prévues à l'article 210 F. Pour rappel, il existe des liens de dépendance entre deux entreprises, au sens de l'article 39, 12[31] :

– lorsque l'une détient directement ou par personne interposée la majorité du capital social de l'autre ou y exerce en fait le pouvoir de décision ;

– ou, lorsqu'elles sont placées l'une et l'autre sous le contrôle d'une même tierce entreprise.

Cette restriction ne s'est pas appliquée aux cessions réalisées à compter du 1er janvier 2014 ayant fait l'objet d'une promesse de vente signée avant cette date[32].

§ 2. – Nature de l'engagement

1313. – Les dispositions de l'article 210 F du Code général des impôts s'appliquent aux locaux à usage de bureaux, à usage commercial ou industriel, et aux terrains à bâtir. En pratique, les opérations concernées sont essentiellement les ventes et les apports.

1314. – Les locaux d'habitation que s'engage à créer le cessionnaire s'entendent de ceux définis par les anciens articles R. 111-1-1 à R. 111-17 du Code de la construction et de l'habitation, ce qui pourrait correspondre, dans la plupart des cas, à la définition de « l'usage d'habitation » résultant de l'article L. 631-7 du même code[33]. La démolition d'un immeuble de bureaux et la reconstruction de logements en lieu et place permettent également de bénéficier du régime.

Mais l'administration indique, allant de ce fait au-delà de la loi, qu'il faut qu'il y ait une véritable transformation matérielle ; ainsi, un local constitué comme un appartement mais occupé par une profession libérale (même légalement au sens de l'article L. 631-7) n'est pas éligible ; par contre, le fait d'installer une cuisine et/ou une

(30) Cons. const., 31 juill. 2020, n° 2020-854 QPC : *JO* 1er août 2020 ; *AJDI* 2021, p. 295, note J.-P. Maublanc.

(31) V., sur la notion de liens de dépendance, BOI-BIC-CHG-40-20-10 au I-A-2, § 20 et s.

(32) L. fin. rect. 2013, n° 2013-1279, 29 déc. 2013, art. 36, II.

(33) Sont ainsi visés les foyers de jeunes travailleurs et ceux pour personnes âgées autonomes, les résidences étudiantes et celles pour personnes âgées. En revanche, sont notamment exclus : les résidences de tourisme y compris d'affaires, hôtels, résidences proposant à la location des appartements meublés et équipés avec services pour des séjours de courte et moyenne durée, les villages résidentiels de tourisme, meublés de tourisme, villages de vacances et maisons familiales de vacances (BOI-IS-BASE-20-30-10-20, § 50). Cette exclusion du secteur du tourisme conduit l'administration à écarter les chambres d'hôtes alors qu'elles constituent pourtant des locaux à usage d'habitation au regard de l'article L. 631-7.

salle de bains dans un local qui en était dépourvu, fait entrer ce local dans le champ d'application de la mesure fiscale.

1315. – Le délai désormais fixé à quatre ans (auparavant de trois ans) imparti au cessionnaire pour transformer en habitation court de date à date par rapport à l'engagement pris dans l'acte de vente. La date d'achèvement prise en compte est celle figurant sur la déclaration attestant l'achèvement et la conformité des travaux (DAACT) au permis de construire ou à la déclaration préalable. Le délai de quatre ans est un délai maximum ; rien n'empêche le cessionnaire d'achever les travaux et de revendre le logement avant le terme de quatre ans.

1316. – Depuis la loi de finances pour 2021, le cessionnaire peut demander une prolongation d'un an, le cas échéant renouvelable une fois dans les mêmes conditions[34] ; les modalités de formulation de cette prolongation ont été précisées par le décret n° 2021-185 du 18 février 2021.

La demande de prolongation doit être formulée trois mois avant l'expiration du délai initial de quatre ans. À l'occasion de l'intégration au BOFiP de ses commentaires sur l'ensemble de ces aménagements, l'administration a confirmé que la faculté de demander une prolongation s'applique aux engagements en cours au 1er janvier 2021[35].

La demande est adressée au service des impôts des entreprises (SIE) dont dépend le lieu de situation de l'immeuble. Elle doit être motivée par des circonstances particulières rendant impossible l'achèvement des travaux de transformation ou de construction dans le délai initial et accompagnée de pièces justifiant de cette situation ; elle précise l'objet de l'engagement initial (consistance des travaux notamment), la nature des travaux restant à achever et le délai sollicité pour les réaliser.

L'administration accepte ou refuse cette demande de prolongation en fonction des éléments apportés par le contribuable ; à titre d'exemple justifiant une prolongation du délai initial, le BOFiP cite l'obligation de réaliser des travaux lourds tels que le désamiantage ou la dépollution. Les demandes de prolongation doivent être distinguées des situations dans lesquelles le cessionnaire fait état de « circonstances exceptionnelles » pour justifier du non-respect de son engagement dans les conditions décrites ci-après.

§ 3. – Rupture de l'engagement

1317. – En cas de non-respect de l'engagement de transformation ou de construction :

– conformément au III de l'article 1764 du Code général des impôts, dans sa rédaction résultant de la loi de finances pour 2021, le cessionnaire est redevable d'une amende égale « au montant de l'économie d'impôt réalisé par le cédant en application du même article 210 F » ; selon l'administration[36], cette sanction s'applique, ce qui peut paraître excessif et susceptible de discussion, si l'intégralité des logements prévus n'est pas achevée ;

– le cédant, en ce qui le concerne, n'est pas impacté par cette situation.

(34) L. fin. 2021, n° 2020-1721, 29 déc. 2020, art. 17.
(35) BOI-IS-BASE-20-30-10-20, § 65.
(36) BOI-IS-BASE-20-30-10-20, § 120.

1318. - Mais cette sanction, pour le cessionnaire, souffre deux exceptions :

- en cas de fusion, si la société absorbante reprend l'engagement de l'absorbée[37] ; les opérations de scission et d'apport partiel d'actifs ne bénéficient pas de cette dérogation ;
- en cas de « circonstances exceptionnelles » indépendantes de la volonté du cessionnaire, telles que la force majeure ou une catastrophe naturelle[38].

(37) En cas de non-respect de l'engagement de transformation ou de construction, la société absorbante substituée aux droits de la société cessionnaire sera sanctionnée par l'amende prévue au III de l'article 1764 du CGI.

(38) BOI-IS-BASE-20-30-10-20, § 210.

Table des annexes

– Annexe 7 : Règlement municipal de la Ville de Paris des 17, 18 et 19 novembre 2014

– Annexe 8 : Règlement municipal de la Ville de Paris des 14, 15, 16 et 19 novembre 2018

– Annexe 9 : Règlement municipal de la Ville de Paris des 14, 15, 16 et 17 décembre 2021

Jurisprudence

– Annexe 1 : CE, 25 juillet 2007 *(Caballero)*

– Annexe 2 : CE, 7 mars 2008 *(SCI Haussmann Boétie)*

– Annexe 3 : Cass. 3e civ., 9 mai 2012 (*Nakache*)

– Annexe 4 : CE, 5 avril 2019 *(Cne de Neuilly-sur-Seine)*

– Annexe 5 : Cass. 3e civ., 18 février 2021 *(Cali Apartments)*

Formules

– Annexe 1 : Convention d'offre de compensation sous condition résolutoire

– Annexe 2 : Acte de dépôt d'autorisation de changement d'usage

Annexes

LÉGISLATION

Annexe 1

CODE DE LA CONSTRUCTION ET DE L'HABITATION

PREMIÈRE PARTIE (LÉGISLATIVE)

Livre VI – Mesures tendant à remédier à des difficultés exceptionnelles de logement

Titre III – Dispositions tendant à maintenir ou à augmenter le nombre des logements

Chapitre Ier – Dispositions générales

SECTION 2 – CHANGEMENTS D'USAGE ET USAGES MIXTES DES LOCAUX D'HABITATION

Art. L. 631-7. – La présente section est applicable aux communes de plus de 200 000 habitants et à celles des départements des Hauts-de-Seine, de la Seine-Saint-Denis et du Val-de-Marne. Dans ces communes, le changement d'usage des locaux destinés à l'habitation est, dans les conditions fixées par l'article L. 631-7-1, soumis à autorisation préalable.

Constituent des locaux destinés à l'habitation toutes catégories de logements et leurs annexes, y compris les logements-foyers, logements de gardien, chambres de service, logements de fonction, logements inclus dans un bail commercial, locaux meublés donnés en location dans les conditions de l'article L. 632-1 ou dans le cadre d'un bail mobilité conclu dans les conditions prévues au titre Ier *ter* de la loi n° 89-462 du 6 juillet 1989 tendant à améliorer les rapports locatifs et portant modification de la loi n° 86-1290 du 23 décembre 1986.

Pour l'application de la présente section, un local est réputé à usage d'habitation s'il était affecté à cet usage au 1er janvier 1970. Cette affectation peut être établie par tout mode de preuve. Les locaux construits ou faisant l'objet de travaux ayant pour conséquence d'en changer la destination postérieurement au 1er janvier 1970 sont réputés avoir l'usage pour lequel la construction ou les travaux sont autorisés.

Toutefois, lorsqu'une autorisation administrative subordonnée à une compensation a été accordée après le 1er janvier 1970 pour changer l'usage d'un local mentionné à l'alinéa précédent, le local autorisé à changer d'usage et le local ayant servi de compensation sont réputés avoir l'usage résultant de l'autorisation.

Sont nuls de plein droit tous accords ou conventions conclus en violation du présent article.

Le fait de louer un local meublé destiné à l'habitation de manière répétée pour de courtes durées à une clientèle de passage qui n'y élit pas domicile constitue un changement d'usage au sens du présent article.

Art. L. 631-7-1 A. – Une délibération du conseil municipal peut définir un régime d'autorisation temporaire de changement d'usage permettant à une personne physique de louer pour de courtes durées des locaux destinés à l'habitation à une clientèle de passage qui n'y élit pas domicile.

La délibération fixe les conditions de délivrance de cette autorisation temporaire par le maire de la commune dans laquelle est situé l'immeuble après avis, à Paris, Marseille et Lyon, du maire d'arrondissement concerné. Elle détermine également les critères de cette autorisation temporaire, qui peuvent porter sur la durée des contrats de location, sur les caractéristiques physiques du local ainsi que sur sa localisation en fonction notamment des caractéristiques des marchés de locaux d'habitation et de la nécessité de ne pas aggraver la pénurie de logements. Ces critères peuvent être modulés en fonction du nombre d'autorisations accordées à un même propriétaire personne physique.

Si la commune est membre d'un établissement public de coopération intercommunale compétent en matière de plan local d'urbanisme, la délibération est prise par l'organe délibérant de cet établissement.

Le local à usage d'habitation bénéficiant de cette autorisation temporaire ne change pas de destination, au sens du troisième alinéa de l'article L. 151-9 du code de l'urbanisme.

Lorsque le local à usage d'habitation constitue la résidence principale du loueur, au sens de l'article 2 de la loi n° 89-462 du 6 juillet 1989 tendant à améliorer les rapports locatifs et portant modification de la loi n° 86-1290 du 23 décembre 1986, l'autorisation de changement d'usage prévue à l'article L. 631-7 du présent code ou celle prévue au présent article n'est pas nécessaire pour le louer pour de courtes durées à une clientèle de passage qui n'y élit pas domicile.

Art. L. 631-7-1 B. – Une délibération du conseil municipal peut définir un régime de déclaration préalable permettant d'affecter temporairement à l'habitation des locaux destinés à un usage autre que l'habitation, pour une durée n'excédant pas quinze ans.

Si la commune est membre d'un établissement public de coopération intercommunale compétent en matière de plan local d'urbanisme, la délibération est prise par l'organe délibérant de cet établissement.

Jusqu'à l'expiration du délai mentionné au premier alinéa, les locaux peuvent, par dérogation à l'article L. 631-7, retrouver leur usage antérieur.

En cas de location d'un local temporairement affecté à l'habitation en application du présent article, le contrat doit mentionner le caractère temporaire de cette affectation. Sous cette réserve, le retour des locaux à leur usage antérieur est un motif légitime et sérieux, au sens de l'article 15 de la loi n° 89-462 du 6 juillet 1989 tendant à améliorer les rapports locatifs et portant modification de la loi n° 86-1290 du 23 décembre 1986. Il ne constitue pas un événement au sens de l'article 11 de cette même loi.

Art. L. 631-7-1. – L'autorisation préalable au changement d'usage est délivrée par le maire de la commune dans laquelle est situé l'immeuble, après avis, à Paris, Marseille et Lyon, du maire d'arrondissement concerné. Elle peut être subordonnée à une compensation sous la forme de la transformation concomitante en habitation de locaux ayant un autre usage.

L'autorisation de changement d'usage est accordée à titre personnel. Elle cesse de produire effet lorsqu'il est mis fin, à titre définitif, pour quelque raison que ce soit, à l'exercice professionnel du bénéficiaire. Toutefois, lorsque l'autorisation est subordonnée à une compensation, le titre est attaché au local et non à la personne. Les locaux offerts en compensation sont mentionnés dans l'autorisation qui est publiée au fichier immobilier ou inscrite au livre foncier.

L'usage des locaux définis à l'article L. 631-7 n'est en aucun cas affecté par la prescription trentenaire prévue par l'article 2227 du code civil.

Pour l'application de l'article L. 631-7, une délibération du conseil municipal fixe les conditions dans lesquelles sont délivrées les autorisations et déterminées les compensations par quartier et, le cas échéant, par arrondissement, au regard des objectifs de mixité sociale, en fonction notamment des caractéristiques des marchés de locaux d'habitation et de la nécessité de ne pas aggraver la pénurie de logements. Si la commune est membre d'un établissement public de coopération intercommunale compétent en matière de plan local d'urbanisme, la délibération est prise par l'organe délibérant de cet établissement.

Art. L. 631-7-2. – Dès lors qu'aucune stipulation contractuelle prévue dans le bail ou le règlement de copropriété ne s'y oppose, le maire peut autoriser, dans une partie d'un local d'habitation utilisé par le demandeur comme sa résidence principale, l'exercice d'une activité professionnelle, y compris commerciale, pourvu qu'elle n'engendre ni nuisance, ni danger pour le voisinage et qu'elle ne conduise à aucun désordre pour le bâti.

Le bail d'habitation de cette résidence principale n'est pas soumis aux dispositions du chapitre V du titre IV du livre Ier du code de commerce et ne peut être un élément constitutif du fonds de commerce.

Art. L. 631-7-3. – Dès lors qu'aucune stipulation contractuelle prévue dans le bail ou le règlement de copropriété ne s'y oppose, l'exercice d'une activité professionnelle, y compris commerciale, est autorisé dans une partie d'un local à usage d'habitation, dès lors que l'activité considérée n'est exercée que par le ou les occupants ayant leur résidence principale dans ce local et ne conduit à y recevoir ni clientèle ni marchandises.

Les dispositions du présent article sont applicables aux représentants légaux des personnes morales.

Art. L. 631-7-4. – Dès lors qu'aucune stipulation contractuelle prévue dans le bail ou le règlement de copropriété ne s'y oppose, l'exercice d'une activité professionnelle, y compris commerciale, est autorisé dans une partie d'un local d'habitation situé au rez-de-chaussée, pourvu que l'activité considérée ne soit exercée que par le ou les occupants ayant leur résidence principale dans ce local, qu'elle n'engendre ni nuisance, ni danger pour le voisinage et qu'elle ne conduise à aucun désordre pour le bâti.

Le bail d'habitation de cette résidence principale n'est pas soumis au chapitre V du titre IV du livre Ier du code de commerce et ne peut être un élément constitutif du fonds de commerce.

Art. L. 631-7-5. – I. – L'article L. 631-7-2 est applicable aux logements appartenant aux organismes mentionnés à l'article L. 411-2, sauf pour l'exercice d'une activité commerciale.

L'article L. 631-7-3 est applicable aux logements appartenant à ces mêmes organismes.

Par dérogation à l'article L. 631-7-4, l'exercice d'une activité professionnelle, y compris commerciale, dans une partie d'un local d'habitation appartenant à ces mêmes organismes et situé au rez-de-chaussée est soumis à une autorisation délivrée dans les conditions fixées à l'article L. 631-7-2.

II. – L'autorisation délivrée en application de l'article L. 631-7-2 dans les cas visés au premier ou au dernier alinéa du I du présent article est précédée d'un avis du propriétaire du local. Passé un délai d'un mois, cet avis est réputé favorable.

Art. L. 631-8. – Lorsque le changement d'usage fait l'objet de travaux entrant dans le champ d'application du permis de construire, la demande de permis de construire ou la déclaration préalable vaut demande de changement d'usage.

Ces travaux ne peuvent être exécutés qu'après l'obtention de l'autorisation mentionnée à l'article L. 631-7.

Art. L. 631-9. – Dans les communes autres que celles mentionnées au premier alinéa de l'article L. 631-7, les dispositions dudit article peuvent être rendues applicables par décision de l'autorité administrative sur proposition du maire ou, pour les communes appartenant à une zone d'urbanisation continue de plus de 50 000 habitants dont la liste est fixée par le décret mentionné au I de l'article 232 du code général des impôts, par une délibération de l'organe délibérant de l'établissement public de coopération intercommunale compétent en matière de plan local d'urbanisme ou, à défaut, du conseil municipal.

Ces dispositions peuvent également, dans les mêmes conditions, être rendues applicables sur une partie seulement de la commune.

PREMIÈRE PARTIE (LÉGISLATIVE)

Livre VI – Mesures tendant à remédier à des difficultés exceptionnelles de logement

Titre V – Sanctions et dispositions diverses

Chapitre unique

Art. L. 651-2. – Toute personne qui enfreint les dispositions de l'article L. 631-7 ou qui ne se conforme pas aux conditions ou obligations imposées en application dudit article est condamnée à une amende civile dont le montant ne peut excéder 50 000 € par local irrégulièrement transformé.

Cette amende est prononcée par le président du tribunal judiciaire statuant selon la procédure accélérée au fond, sur assignation de la commune dans laquelle est situé le local irrégulièrement transformé ou de l'Agence nationale de l'habitat. Le produit de l'amende est intégralement versé à la commune dans laquelle est situé ce local. Le tribunal judiciaire compétent est celui dans le ressort duquel est situé le local.

Sur assignation de la commune dans laquelle est situé le local irrégulièrement transformé ou de l'Agence nationale de l'habitat, le président du tribunal ordonne le retour à l'usage d'habitation du local transformé sans autorisation, dans un délai qu'il fixe. À l'expiration de celui-ci, il prononce une astreinte d'un montant maximal de 1 000 euros par jour et par mètre carré utile du local irrégulièrement transformé. Le produit en est intégralement versé à la commune dans laquelle est situé le local irrégulièrement transformé.

Passé ce délai, l'administration peut procéder d'office, aux frais du contrevenant, à l'expulsion des occupants et à l'exécution des travaux nécessaires.

Art. L. 651-3. – Quiconque a, pour l'une quelconque des déclarations prévues aux titres Ier (chapitre II), II (chapitre Ier), III et IV du présent livre, à l'exclusion des articles L. 612-1, L. 631-1 à L. 631-6, L. 641-12 et L. 641-14, ou par les textes pris pour leur application, sciemment fait de fausses déclarations, quiconque a, à l'aide de manœuvres frauduleuses, dissimulé ou tenté de dissimuler les locaux soumis à déclaration, est passible d'un emprisonnement d'un an et d'une amende de 80 000 euros ou de l'une de ces deux peines seulement.

Le tribunal correctionnel prononce, en outre, la résiliation du bail et l'expulsion des locataires irrégulièrement installés.

Annexe 2

ORDONNANCE N° 2005-655 DU 8 JUIN 2005 RELATIVE AU LOGEMENT ET À LA CONSTRUCTION

TITRE IV : DISPOSITIONS RELATIVES AU CHANGEMENT D'USAGE DES LOCAUX D'HABITATION

Article 29

Modifié par la loi n° 2006-872 du 13 juillet 2006 portant engagement national pour le logement (art. 79).

I. – Les personnes qui, avant l'entrée en vigueur de la présente ordonnance, ont changé, sans autorisation, l'usage d'un local auquel était applicable l'article L. 631-7 du code de la construction et de l'habitation, bénéficient sur demande d'une autorisation à titre personnel si elles justifient, avant le 1er juillet 2006, de l'usage continu et non contesté des lieux à des fins autres que l'habitation depuis au moins vingt ans à la date d'entrée en vigueur de la présente ordonnance.

II. – Les autorisations définitives accordées sur le fondement du même article L. 631-7 avant l'entrée en vigueur de la présente ordonnance et qui ont donné lieu à compensation effective, sont attachées, à compter de cette entrée en vigueur, au local et non à la personne.

III. – Les locaux régulièrement affectés à un usage autre que l'habitation qui, à la date d'entrée en vigueur de la présente ordonnance, sont temporairement affectés à l'habitation en vertu d'une déclaration d'affectation temporaire des locaux, peuvent, nonobstant les dispositions de l'article L. 631-7 du code de la construction et de l'habitation, retrouver leur affectation antérieure sur simple déclaration adressée au préfet avant l'expiration du délai mentionné dans la déclaration d'affectation temporaire. En l'absence de déclaration, les locaux qui, à l'expiration de ce délai, demeurent affectés à l'habitation sont régis par les dispositions applicables aux locaux à usage d'habitation.

Annexe 3

ORDONNANCE N° 2005-655 DU 8 JUIN 2005 (*JO* 9 JUIN 2005) ARTICLES 24 À 29

TITRE IV : DISPOSITIONS RELATIVES AU CHANGEMENT D'USAGE DES LOCAUX D'HABITATION

Article 24

L'article L. 631-7 du code de la construction et de l'habitation est remplacé par les dispositions suivantes :

« *Art. L. 631-7.* – Dans les communes de plus de 200 000 habitants et dans les départements des Hauts-de-Seine, de la Seine-Saint-Denis et du Val-de-Marne, le changement d'usage des locaux destinés à l'habitation est soumis à autorisation préalable.

« Constituent des locaux destinés à l'habitation toutes catégories de logements et leurs annexes, y compris les logements-foyers, logements de gardien, chambres de service, logements de fonction, logements inclus dans un bail commercial, locaux meublés donnés en location dans les conditions de l'article L. 632-1.

« Pour l'application du présent chapitre, un local est réputé à usage d'habitation s'il était affecté à cet usage au 1er janvier 1970. Cette affectation peut être établie par tout mode de preuve. Les locaux construits postérieurement au 1er janvier 1970 sont réputés avoir l'usage pour lequel la construction a été autorisée.

« Toutefois, lorsqu'une autorisation administrative subordonnée à une compensation a été accordée après la date de référence pour changer l'usage d'un local mentionné à l'alinéa précédent, le local autorisé à changer d'usage et le local ayant servi de compensation sont réputés avoir l'usage résultant de l'autorisation.

« Sont nuls de plein droit tous accords ou conventions conclus en violation du présent article.

« Les dispositions du présent article ne sont pas applicables aux locaux appartenant à une personne publique, affectés à un autre usage que l'habitation à la date de leur cession et dont le produit de la cession donne lieu au versement d'une recette non fiscale au profit du budget de l'État. Elles demeurent inapplicables aux locaux qui auront fait l'objet d'une telle cession. »

Article 25

L'article L. 631-7-1 du code de la construction et de l'habitation est remplacé par les dispositions suivantes :

« *Art. L. 631-7-1.* – L'autorisation préalable au changement d'usage est délivrée, après avis du maire et, à Paris, Marseille et Lyon, après avis du maire d'arrondissement, par le préfet du département dans lequel est situé l'immeuble. Elle peut être subordonnée à une compensation sous la forme de la transformation concomitante en habitation de locaux ayant un autre usage.

« L'autorisation de changement d'usage est accordée à titre personnel. Elle cesse de produire effet lorsqu'il est mis fin, à titre définitif, pour quelque raison que ce soit, à l'exercice professionnel du bénéficiaire. Toutefois, lorsque l'autorisation est subordonnée à une compensation, le titre est attaché au local et non à la personne. Les locaux offerts en compensation sont mentionnés dans l'autorisation qui est publiée au fichier immobilier ou inscrite au livre foncier.

« L'usage des locaux définis à l'article L. 631-7 n'est en aucun cas affecté par la prescription trentenaire prévue par l'article 2262 du code civil.

« Dans chaque département où l'article L. 631-7 est applicable, le préfet prend un arrêté fixant les conditions dans lesquelles sont délivrées les autorisations et déterminées les compensations par quartier et, le cas échéant, par arrondissement, au regard des objectifs de mixité sociale, en fonction notamment des caractéristiques des marchés de locaux d'habitation et de la nécessité de ne pas aggraver la pénurie de logements. »

Article 26

L'article L. 631-7-2 du code de la construction et de l'habitation est remplacé par les dispositions suivantes :

« *Art. 631-7-2.* – Dans les conditions prévues par l'arrêté prévu à l'article L. 631-7-1, le préfet peut autoriser, dans une partie d'un local d'habitation utilisé par le demandeur comme sa résidence principale, l'exercice d'une profession à la condition que celle-ci ne revête à aucun moment un caractère commercial. »

Article 27

À l'article L. 631-7-3 du code de la construction et de l'habitation, les mots « aux dispositions de l'article L. 631-7 » sont remplacés par les mots : « aux dispositions des articles L. 631-7 et L. 631-7-2 ».

Article 28

L'article L. 631-8 du code de la construction et de l'habitation est remplacé par les dispositions suivantes :

« *Art. 631-8.* – Lorsque le changement d'usage fait l'objet de travaux entrant dans le champ d'application du permis de construire, la demande de permis ou la déclaration de travaux vaut demande de changement d'usage.

« Ces travaux ne peuvent être exécutés qu'après l'obtention de l'autorisation mentionnée à l'article L. 631-7. »

Article 29

I. – Les personnes qui, avant l'entrée en vigueur de la présente ordonnance, ont changé, sans autorisation, l'usage d'un local auquel était applicable l'article L. 631-7 du code de la construction et de l'habitation, bénéficient sur demande d'une autorisation à titre personnel si elles justifient, avant le 1er juillet 2006, de l'usage continu et non contesté des lieux à des fins autres que l'habitation depuis au moins vingt ans à la date d'entrée en vigueur de la présente ordonnance.

II. – Les autorisations définitives accordées sur le fondement du même article L. 631-7 avant l'entrée en vigueur de la présente ordonnance et qui ont donné lieu à compensation effective, sont attachées au local et non à la personne.

III. – Les locaux régulièrement affectés à un usage autre que l'habitation qui, à la date d'entrée en vigueur de la présente ordonnance, sont temporairement affectés à l'habitation en vertu d'une déclaration d'affectation temporaire des locaux, peuvent, nonobstant les dispositions de l'article 631-7 du code de la construction et de l'habitation, retrouver leur affectation antérieure sur simple déclaration adressée au préfet avant l'expiration du délai mentionné dans la déclaration d'affectation temporaire. En l'absence de déclaration, les locaux qui, à l'expiration de ce délai, demeurent affectés à l'habitation sont régis par les dispositions applicables aux locaux à usage d'habitation.

Annexe 4

LOI N° 2006-872 DU 13 JUILLET 2006 PORTANT ENGAGEMENT NATIONAL POUR LE LOGEMENT (*JO* 16 JUILL. 2006)

Article 79 (extraits)

I. – L'ordonnance n° 2005-655 du 8 juin 2005 relative au logement et à la construction est ratifiée.

II. – Dans le II de l'article 29 de la même ordonnance, après les mots : « sont attachées », sont insérés les mots : « , à compter de cette entrée en vigueur, ».

(...)

IV. – Le code de la construction et de l'habitation est ainsi modifié :

(...)

19° L'article L. 631-7 est ainsi modifié :

a) La dernière phrase du troisième alinéa est ainsi rédigée :

« Les locaux construits ou faisant l'objet de travaux ayant pour conséquence d'en changer la destination postérieurement au 1er janvier 1970 sont réputés avoir l'usage pour lequel la construction ou les travaux sont autorisés. » ;

b) Dans le quatrième alinéa, les mots : « la date de référence » sont remplacés par les mots : « le 1er janvier 1970 » ;

c) Le dernier alinéa est supprimé ;

(...)

Annexe 5

LOI N° 2008-776 DU 4 AOÛT 2008 DE MODERNISATION DE L'ÉCONOMIE (*JO* 5 AOÛT 2008)

Article 13

I. – L'article L. 443-11 du code de la construction et de l'habitation est ainsi modifié :

1° L'avant-dernier alinéa est ainsi modifié :

a) Dans la première phrase, les mots : « à titre temporaire » sont supprimés ;

b) Il est ajouté une phrase ainsi rédigée :

« Le bail d'habitation de ces locaux n'est pas soumis au chapitre V du titre IV du livre Ier du code de commerce et ne peut être un élément constitutif du fonds de commerce. » ;

2° Dans le dernier alinéa, les mots : « et L. 631-7 » sont remplacés par les références : « , L. 631-7, L. 631-7-4 et L. 631-7-5 ».

II. – Dans le chapitre Ier du titre III du livre VI du même code, il est créé :

1° Une section 1 intitulée : « Prime de déménagement et de réinstallation », comprenant les articles L. 631-1 à L. 631-6 ;

2° Une section 2 intitulée : « Changements d'usage et usages mixtes des locaux d'habitation », comprenant les articles L. 631-7 à L. 631-10 dans leur rédaction résultant des III à IX du présent article ;

3° Une section 3 intitulée : « La résidence hôtelière à vocation sociale », comprenant l'article L. 631-11.

III. – L'article L. 631-7 du même code est ainsi modifié :

1° Le premier alinéa est ainsi rédigé :

« La présente section est applicable aux communes de plus de 200 000 habitants et à celles des départements des Hauts-de-Seine, de la Seine-Saint-Denis et du Val-de-Marne. Dans ces communes, le changement d'usage des locaux destinés à l'habitation est, dans les conditions fixées par l'article L. 631-7-1, soumis à autorisation préalable. » ;

2° Dans le troisième alinéa, les mots : « du présent chapitre » sont remplacés par les mots : « de la présente section ».

IV. – L'article L. 631-7-1 du même code est ainsi modifié :

1° La première phrase du premier alinéa est ainsi rédigée :

« L'autorisation préalable au changement d'usage est délivrée par le maire de la commune dans laquelle est situé l'immeuble, après avis, à Paris, Marseille et Lyon, du maire d'arrondissement concerné. » ;

2° Le dernier alinéa est ainsi rédigé :

« Pour l'application de l'article L. 631-7, une délibération du conseil municipal fixe les conditions dans lesquelles sont délivrées les autorisations et déterminées les compensations par quartier et, le cas échéant, par arrondissement, au regard des objectifs de mixité sociale, en fonction notamment des caractéristiques des marchés de locaux d'habitation et de la nécessité de ne pas aggraver la pénurie de logements. Si la commune est membre d'un établissement public de coopération intercommunale compétent en matière de plan local d'urbanisme, la délibération est prise par l'organe délibérant de cet établissement. »

V. – L'article L. 631-7-2 du même code est ainsi rédigé :

« *Art. L. 631-7-2.* – Dès lors qu'aucune stipulation contractuelle prévue dans le bail ou le règlement de copropriété ne s'y oppose, le maire peut autoriser, dans une partie d'un local d'habitation utilisé par le demandeur comme sa résidence principale, l'exercice d'une activité professionnelle, y compris commerciale, pourvu qu'elle n'engendre ni nuisance, ni danger pour le voisinage et qu'elle ne conduise à aucun désordre pour le bâti.

« Le bail d'habitation de cette résidence principale n'est pas soumis aux dispositions du chapitre V du titre IV du livre Ier du code de commerce et ne peut être un élément constitutif du fonds de commerce. »

VI. – Au début du premier alinéa de l'article L. 631-7-3 du même code, les mots : « Par dérogation aux dispositions des articles L. 631-7 et L. 631-7-2 » sont remplacés par les mots : « Dès lors qu'aucune stipulation contractuelle prévue dans le bail ou le règlement de copropriété ne s'y oppose ».

VII. – Après l'article L. 631-7-3 du même code, il est inséré un article L. 631-7-4 ainsi rédigé :

« *Art. L. 631-7-4.* – Dès lors qu'aucune stipulation contractuelle prévue dans le bail ou le règlement de copropriété ne s'y oppose, l'exercice d'une activité professionnelle, y compris commerciale, est autorisé dans une partie d'un local d'habitation situé au rez-de-chaussée, pourvu que l'activité considérée ne soit exercée que par le ou les occupants ayant leur résidence principale dans ce local, qu'elle n'engendre ni nuisance, ni danger pour le voisinage et qu'elle ne conduise à aucun désordre pour le bâti.

« Le bail d'habitation de cette résidence principale n'est pas soumis au chapitre V du titre IV du livre Ier du code de commerce et ne peut être un élément constitutif du fonds de commerce. »

VIII. – Après l'article L. 631-7-3 du même code, il est inséré un article L. 631-7-5 ainsi rédigé :

« *Art. L. 631-7-5.* – I. – L'article L. 631-7-2 est applicable aux logements appartenant aux organismes mentionnés à l'article L. 411-2, sauf pour l'exercice d'une activité commerciale.

« L'article L. 631-7-3 est applicable aux logements appartenant à ces mêmes organismes.

« Par dérogation à l'article L. 631-7-4, l'exercice d'une activité professionnelle, y compris commerciale, dans une partie d'un local d'habitation appartenant à ces mêmes organismes et situé au rez-de-chaussée est soumis à une autorisation délivrée dans les conditions fixées à l'article L. 631-7-2.

« II. – L'autorisation délivrée en application de l'article L. 631-7-2 dans les cas visés au premier ou au dernier alinéa du I du présent article est précédée d'un avis du propriétaire du local. Passé un délai d'un mois, cet avis est réputé favorable. »

IX. – Dans le premier alinéa de l'article L. 631-9 du même code, les mots : « après avis » sont remplacés par les mots : « sur proposition ».

X. – Les I à IX entrent en vigueur le 1er janvier 2009 sous réserve de l'entrée en vigueur des dispositions, relevant de la loi de finances, prévoyant la compensation des charges assumées par les communes du fait du transfert de compétences prévu par les mêmes I à IX.

Annexe 6

LOI N° 2009-179 DU 17 FÉVRIER 2009 POUR L'ACCÉLÉRATION DES PROGRAMMES DE CONSTRUCTION ET D'INVESTISSEMENT PUBLICS ET PRIVÉS (*JO* 18 FÉVR. 2009)

Article 6

Le X de l'article 13 de la loi n° 2008-776 du 4 août 2008 de modernisation de l'économie est ainsi rédigé :

« X. – Les services et parties de services de l'État qui participent à l'exercice des compétences transférées par le présent article sont transférés selon les modalités prévues au titre V de la loi n° 2004-809 du 13 août 2004 relative aux libertés et responsabilités locales, sous réserve des alinéas suivants.

« Seront transférés aux communes les emplois pourvus au 31 décembre de l'année précédant l'année du transfert de compétences, sous réserve que leur nombre global ne soit pas inférieur à celui constaté le 31 décembre 2006.

« Les modalités de répartition entre les communes de la compensation financière des charges résultant de ce transfert de compétences seront déterminées en loi de finances.

« Les articles L. 443-11, L. 631-7 à L. 631-7-5 et L. 631-9 du code de la construction et de l'habitation, tels qu'ils résultent de la présente loi, entrent en vigueur le 1er avril 2009. L'arrêté du préfet visé au dernier alinéa de l'article L. 631-7-1 du même code, dans sa rédaction en vigueur avant le 1er avril 2009, demeure applicable jusqu'à l'entrée en vigueur de la délibération du conseil municipal prévue au dernier alinéa du même article L. 631-7-1 dans sa rédaction applicable à partir du 1er avril 2009. »

CIRCULAIRES

CIRCULAIRE EN VIGUEUR

Annexe 1

CIRCULAIRE UHC/DH2 N° 2006-19 DU 22 MARS 2006

SUR L'APPLICATION DES MESURES RELATIVES AU CHANGEMENT D'USAGE DES LOCAUX D'HABITATION

Textes abrogés

Circulaire n° 72-158 du 3 octobre 1972 relative aux changements d'affectation et démolitions de locaux ;

Circulaire n° 89-69 du 3 novembre 1989 relative aux changements d'affectation des locaux à usage d'habitation.

Publication : Bulletin officiel

Le directeur général à Mesdames et Messieurs les préfets de département ; Mesdames et Messieurs de la direction départementale de l'équipement (pour attribution), Mesdames et Messieurs les préfets de région ; Mesdames et Messieurs de la direction régionale de l'équipement ; Mesdames et Messieurs des centres interrégionaux de formation professionnelle ; Mesdames et Messieurs de l'Agence nationale pour l'amélioration de l'habitat ; Mesdames et Messieurs de la direction générale de l'urbanisme, de l'habitat et de la construction ; Mesdames et Messieurs de la mission interministérielle d'inspection du logement social (pour information).

Le régime de changement d'affectation, dont l'origine remonte à l'année 1945, a vu sa pratique essentiellement concentrée sur Paris, sa proche banlieue et dans quelques villes de grande ou moyenne importance. En raison de la complexité et de l'inadaptation du dispositif instauré par les articles L. 631-7 et suivants du code de la construction et de l'habitation, le Gouvernement, conscient des difficultés d'application de la réglementation actuelle et soucieux de maintenir une protection des locaux à usage d'habitation, a souhaité par une réforme de la procédure rendre les règles plus lisibles et mieux adaptées au contexte actuel.

C'est l'ordonnance n° 2005-655 du 8 juin 2005 relative au logement et à la construction qui, dans ses articles 24 à 29, fixe les lignes de cette réforme dont le changement premier porte sur le champ d'application géographique et dont la mise en œuvre nécessite que vous définissiez localement dans un arrêté les « règles du jeu », en vous appuyant notamment, lorsqu'il en existe un, sur le contenu du programme local de l'habitat (PLH).

La procédure ne s'applique plus désormais obligatoirement qu'à Paris, aux villes des départements des Hauts-de-Seine, de Seine-Saint-Denis et du Val-de-Marne, ainsi qu'aux villes de plus de 200 000 habitants (et non plus aux villes de plus de 10 000 habitants). Néanmoins, la possibilité d'en décider la mise en œuvre pour tout ou partie de commune dont la population est inférieure à ce nouveau seuil demeure, en application de l'article L. 631-9 du CCH.

Vous devrez donc :

– si votre département est en totalité ou en partie dans le champ d'application du nouveau dispositif élaborer l'arrêté mentionné à l'article L. 631-7-1, définissant les conditions de délivrance des autorisations ainsi que les règles de compensations. Cet arrêté pourra, le cas échéant, prévoir des dispositions adaptées à chaque commune concernée (*cf.* annexe I) ;

– si votre département ne comprend aucune commune entrant dans le champ d'application obligatoire, consulter les maires des communes où la situation du logement vous semblerait justifier des mesures de protection, notamment si ces communes appliquaient le dispositif. À l'issue de cette consultation, il vous appartiendra, si nécessaire, de prendre la décision d'étendre à ces communes le nouveau régime d'autorisation (*cf.* § I-6-1 de la notice technique) et de prendre ensuite l'arrêté mentionné à l'article L. 631-7-1.

Vous veillerez, lors de l'élaboration de cet arrêté, à organiser des réunions de concertation avec les représentants des professionnels les plus concernés par les changements d'usage des locaux d'habitation, notamment les professions libérales.

Vous vous attacherez également, en complément de sa publication au recueil des actes administratifs du département, à assurer une large publicité de cet arrêté, notamment par voie électronique, afin de permettre aux professionnels tels que notaires, avocats, géomètres-experts... appelés à intervenir sur plusieurs départements, d'avoir accès à ce document.

La présente circulaire est accompagnée d'une notice technique destinée à :

– vous commenter les dispositions nouvelles essentielles, celles qui sont maintenues, celles qui sont abrogées, les autres dispositions ainsi que les modalités d'entrée en vigueur ;

– vous donner les indications nécessaires à la prise de l'arrêté préfectoral prévu à l'article L. 631-7-1 (*cf.* annexe I).

Par ailleurs, les circulaires n° 72-158 du 3 octobre 1972 et n° 89-69 du 3 novembre 1989 qui donnaient des instructions notamment sur le régime des compensations et sur le caractère personnel des autorisations n'étant plus adaptées à la situation actuelle du logement, sont abrogées.

Le directeur général de l'urbanisme, de l'habitat et de la construction

A. Lecomte

NOTICE TECHNIQUE

I. – LE NOUVEAU RÉGIME

I.1. ARTICLE L. 631-7

Il convient de noter que le terme « usage » a remplacé le terme « affectation », ce dernier étant souvent source de confusion avec la notion de « destination » utilisée en matière de permis de construire.

I.1.1. Champ d'application géographique réduit

Le dispositif s'applique dorénavant à Paris, aux villes des départements des Hauts-de-Seine, de la Seine-Saint-Denis et du Val-de-Marne, ainsi qu'aux villes de plus de 200 000 habitants. En effet, l'application de l'article L. 631-7 ne se justifie que lorsqu'il existe une forte spéculation immobilière, de nature à réduire les surfaces destinées à l'habitation. Or, cette situation se rencontre pour l'essentiel dans les villes importantes (ou à leur périphérie), d'où le relèvement du seuil de population pour les villes répondant à ce critère de tension du marché immobilier.

À ce jour, les villes de plus de 200 000 habitants concernées par ce dispositif sont : Paris, Lille, Lyon, Marseille, Toulouse, Nice, Bordeaux, Nantes, Strasbourg, Rennes, Montpellier.

I.1.2. Un domaine d'application mieux défini et simplifié

I.1.2.1. Définition des locaux à usage d'habitation

Locaux concernés

L'article L. 631-7 définit les locaux à usage d'habitation par référence à la notion de logement, cette notion devant être comprise dans un sens très large, éclairé par le critère de la résidence principale ; elle recouvre tous les locaux d'habitation ainsi que leurs annexes quels que soient les parcs dont ils relèvent, privé ou public, et leur date de construction.

Quelques définitions complémentaires

Les annexes :

Constituent des annexes tous les locaux attachés à un logement situés dans le même immeuble que celui-ci et inclus dans le bail d'habitation tels que caves, celliers, greniers, garages, parkings privatifs. Il en est également ainsi dans un immeuble ou dans un groupe d'immeubles collectifs d'habitation des locaux communs tels que les locaux à vélos, locaux techniques qui sans être spécifiés dans le bail n'en demeurent pas moins attachés à l'usage d'habitation de l'immeuble.

À l'inverse ne sont pas considérés comme des annexes les locaux tels que les garages lorsqu'ils font l'objet de contrats de location distincts et qu'ils sont situés dans un immeuble à destination autre qu'habitation.

Logements meublés :

À la différence de la situation antérieure où les locaux d'habitation et les meublés relevaient de deux catégories distinctes de locaux, l'article L. 631-7 nouveau précise que les meublés constituent des locaux destinés à l'habitation dès lors qu'ils rentrent dans le champ d'application de l'article L. 632-1 du CCH, c'est-à-dire qu'ils constituent la résidence principale du preneur et qu'ils font l'objet d'un bail écrit obligatoire d'un an renouvelable, pouvant être ramené à neuf mois pour les étudiants.

Pour cette raison, la transformation d'un logement nu en meublé n'est plus soumise à autorisation comme dans l'ancien dispositif.

En revanche, le changement à un tout autre usage, sans autorisation préalable, de logements meublés à titre de résidence principale, en hôtel de tourisme, en location meublée saisonnière ou en location meublée à usage de résidence secondaire, demeure irrégulier. Il est à noter que la notion de loueur professionnel est abandonnée. Ainsi, les dispositions du L. 631-7 s'appliquent dès lors que le bailleur donne à la location un seul local.

Ne rentrent pas dans la catégorie des logements meublés et à ce titre ne constituent pas des locaux destinés à l'habitation au sens de l'article L. 631-7 les résidences de tourisme.

Ces établissements ont vocation à être loués à des touristes et ne s'adressent en principe qu'à des clients de passage n'y établissant pas leur résidence principale.

Les logements foyers – les résidences pour personnes âgées :

Les résidences pour personnes âgées dont les logements foyers, qu'ils soient ou non médicalisés, constituent une catégorie de logement.

Les chambres de service ou chambre de « bonne » :

Rentrent dans cette catégorie les chambres situées sous les combles, telles que celles qui existent notamment dans les immeubles haussmanniens à Paris.

Les logements inclus dans un bail commercial :

Il s'agit des locaux d'habitation accessoires aux locaux commerciaux et qui font partie d'un même bail « commercial » en vertu de la jurisprudence existante.

I.1.2.2. Suppression du régime d'autorisation des changements d'usage sur les locaux administratifs et professionnels

Le régime de 1945 visait à protéger les locaux d'habitation sous forme d'une double obligation. En effet, en vertu du 1° de l'article L. 631-7 ancien, les locaux à usage d'habitation devaient conserver cet usage ; pour les autres visés au 2° du même article, notamment ceux qui étaient à usage administratif, professionnel ainsi que les meublés, hôtels, pensions de famille ou établissements similaires, s'ils ne conservaient pas leur destination primitive, ils devenaient à usage d'habitation.

La réforme a supprimé cette deuxième obligation, le nouveau dispositif étant recentré sur la protection de l'habitat existant.

I.1.3. Une nouvelle date de référence

I.1.3.1. L'année 1970

La réforme prévoit qu'un local est réputé à usage d'habitation s'il était affecté à cet usage au 1er janvier 1970.

Il n'y a donc plus lieu de rechercher l'usage, légal ou de fait, du bien avant le 1er janvier 1970. La nouvelle référence au 1er janvier 1970 présente un intérêt particulier, car il était nécessaire auparavant de recherche l'usage d'habitation, notamment pour Paris dans les fichiers de 1945 conçus pour la distribution des cartes de ravitaillement, et auxquels seule l'administration avait accès. La possibilité de recourir par ailleurs aux déclarations établies lors de la révision foncière de 1970 et consultables par le demandeur ou son conseil dûment mandaté (notaires, avocats, géomètres-experts...) ne revêt pas un caractère prééminent et n'exclut pas pour autant d'autres moyens de preuve à la charge de ces derniers, tels que les baux, les actes de vente, les permis de construire... La référence à cette nouvelle date ainsi que l'abrogation du 2° du L. 631-7 ancien a entraîné la suppression du certificat administratif instauré par la loi n° 94-624 du 21 juillet 1994 (*cf.* § I.3.1 de la présente notice).

I.1.3.2. Les changements d'usage intervenus après le 1er janvier 1970 en vertu d'une autorisation subordonnée à compensation ou résultant d'une affectation temporaire à l'habitation

Si une autorisation administrative subordonnée à une compensation a été donnée après le 1er janvier 1970, le local d'habitation ayant changé d'usage et le local ayant servi de compensation ont l'usage mentionné dans l'autorisation.

En effet, l'autorisation a pu être soumise à une compensation qui consiste, pour le demandeur, à rendre à l'habitation des locaux qui étaient affectés auparavant à un autre usage pour une surface au moins équivalente à celle qui a été transformée en local commercial ou professionnel. Dès lors, ces locaux apportés à l'habitation en compensation, entrent dans le champ des locaux d'habitation « protégés ».

Entrent également dans ce champ, les locaux qui, à la suite d'une affectation temporaire au logement (*cf.* § II.1.3), n'ont pas ou n'auront pas retrouvé leur affectation antérieure.

En fait, trois cas peuvent ainsi se présenter :

– local d'habitation en 1970 ayant fait l'objet d'un changement d'usage avec compensation. L'usage pour lequel il a été autorisé se substitue à celui de 1970 ;

– local autre qu'habitation en 1970 étant devenu habitation en servant de compensation. L'usage d'habitation se substitue à celui de 1970 ;

– local autre qu'habitation affecté temporairement à l'habitation et n'ayant pas fait l'objet d'une déclaration de retour à l'usage initial, reste habitation. Cet usage se substitue donc à celui de 1970.

L'administration devra, à la demande d'un pétitionnaire ou de son conseil dûment mandaté (notaires, avocats, géomètres-experts...), rechercher si tel ou tel bien a pu faire l'objet, entre le 1er janvier 1970 et le 10 juin 2005, d'une autorisation avec compensation ou a servi de compensation ou a été affecté temporairement à l'habitation en vertu de l'ancien article L. 631-7-1.

Il est souligné que, si l'intervention de l'administration est nécessaire pour la période indiquée, elle n'a plus lieu d'être pour la recherche des autorisations délivrées au-delà du 10 juin 2005, celles-ci étant soumises à l'obligation de publicité (*cf.* § I.2.4.2).

Un local unique qui, à la date de référence est à usage mixte (une partie des mètres carrés à usage d'habitation et le reste à usage autre que d'habitation) est à considérer selon cette répartition, pour partie à usage d'habitation et pour partie à un autre usage.

I.1.3.3. Locaux construits après 1970

Pour les locaux construits après le 1er janvier 1970, l'usage est celui résultant du permis de construire.

Les locaux ayant, depuis cette date, fait l'objet de travaux avec pour effet d'en changer la destination, ont l'usage résultant du permis de construire obtenu ou de la déclaration préalable effectuée.

I.1.3.4. Un régime spécifique pour les locaux appartenant à une personne publique

L'article L. 631-7 du CCH dispense du régime d'autorisation, les locaux, affectés à un autre usage que l'habitation lors de leur cession, qui appartiennent à une personne publique et dont le produit de la vente est versé au profit du budget de l'État. Cette dispense qui revêt un caractère définitif a été instaurée par les mesures des lois de finances rectificatives pour 2003 (art. 81) et 2004 (art. 131) relatives aux locaux appartenant aux personnes publiques.

Ainsi, la cession de ces locaux n'est pas soumise au dispositif du L. 631-7. Il n'y a donc pas lieu de rechercher quelle était l'occupation à la date du 1er janvier 1970.

I.2. ARTICLE L. 631-7-1

I.2.1. Abrogation du régime temporaire

Les dispositions antérieures permettant d'affecter à l'usage d'habitation, pour une durée maximale de treize ans, des locaux affectés à un autre usage, sont supprimées.

Il est cependant prévu, dans les mesures transitoires, la possibilité, pour les locaux concernés par ce régime temporaire, de retrouver leur usage antérieur, avant la fin du délai (*cf.* § II.1.3 de la présente notice).

I.2.2. Maintien de la compétence du préfet

L'État, garant du droit au logement, reste compétent pour délivrer l'autorisation de changement d'usage, après avis du maire et du maire d'arrondissement, le cas échéant. Sa compétence est liée au contenu de l'arrêté qui devra s'appuyer sur des critères locaux visant à maintenir, dans chaque quartier, une répartition équilibrée entre habitat et activité, et entre les diverses formes d'habitat permettant d'accueillir des ménages de différents niveaux de revenus. Ces critères résulteront en conséquence du PLH ou de tout autre document de référence équivalent garantissant la diversité de l'habitat, dont le contenu comprend un diagnostic portant notamment sur le fonctionnement du marché local de l'habitat et de son éventuelle tension.

I.2.3. Une définition législative de la compensation

La compensation consiste, pour le demandeur, à rendre à l'habitation des locaux dont l'usage est autre qu'habitation, pour une surface équivalente à celle qui va être transformée en un usage autre qu'habitation, ceci afin de ne pas perdre des mètres carrés de logement. Les annexes attachées au logement apporté en compensation sont comptées dans le calcul de la surface à compenser.

L'ordonnance instaure le mécanisme de la compensation qui est aujourd'hui principalement pratiqué à Paris, en lui conférant une portée juridique. En effet, une autorisation avec compensation lui donne un caractère réel, attaché au local et non à la personne.

L'autorisation ayant donné lieu à compensation est publiée au fichier immobilier ou inscrite au livre foncier (*cf.* § I.2.4.2).

I.2.4. Maintien du caractère personnel de l'autorisation, assorti d'une exception

Le principe du caractère personnel est maintenu. Cependant, la réforme introduit une exception lorsqu'il y a compensation.

Dorénavant, une distinction est faite selon qu'il y a ou non compensation.

I.2.4.1. Caractère personnel

L'autorisation est attachée à la personne qui l'a sollicitée. Elle devient caduque dès que cesse son activité et n'est transmissible à aucune autre personne, exerçant ou non la même activité, telle qu'un nouvel acquéreur du bien.

I.2.4.2. Caractère réel

L'autorisation est attachée au local concerné s'il y a compensation effective. En effet, l'objectif du régime étant de ne pas « perdre des mètres carrés » utilisés pour l'habitation, cet objectif est atteint de façon pérenne si un changement dans un sens est compensé par un autre en sens inverse. Dans ce cas, l'autorisation devient juridiquement un droit réel transmissible.

Les locaux offerts en compensation doivent être mentionnés dans l'autorisation qui doit faire l'objet des mesures de publicité adéquates par une inscription au fichier immobilier ou au livre foncier.

Cette formalité est faite par les soins du titulaire de l'autorisation, qui en assume les frais ; elle concerne à la fois l'immeuble dont le changement d'usage est autorisé et celui apporté en compensation. Le respect des règles de forme attachées à la publicité foncière implique l'établissement d'un acte authentique de dépôt par un notaire.

La publicité des autorisations subordonnées à une compensation est destinée à assurer la sécurité des transactions immobilières puisqu'elle permet de vérifier le caractère régulier de l'usage d'un bien et la pérennité de cet usage.

I.2.5. Prescription trentenaire écartée

En application de l'article 2262 du code civil, l'action civile se prescrit par trente ans. Ainsi, l'action publique ne peut plus être mise en œuvre à l'égard du contrevenant qui utilise depuis au moins trente ans, sans autorisation, les locaux à un usage autre que l'habitation. C'est en ce sens que la prescription en matière d'amende civile est extinctive. En revanche, la durée trentenaire de l'occupation ne permet pas au contrevenant d'acquérir par prescription l'autorisation du changement d'usage d'un local. En effet, la personne occupant un local sans autorisation est en situation irrégulière pendant toute la durée de cette occupation, quelle que soit la date à laquelle celle-ci a débuté.

I.2.6. Les modalités de délivrance des autorisations et conditions du régime des compensations définies par arrêté préfectoral

L'arrêté préfectoral prévu à l'article L. 631-7-1 conditionne l'entrée en vigueur du nouveau régime des changements d'usage.

Il fixe les conditions dans lesquelles sont délivrées les autorisations et il détermine les règles de compensation. Compte tenu de la diversité des situations locales, cet arrêté pourra prévoir des dispositions adaptées à chaque commune concernée (*cf.* annexe I).

I.3. ARTICLE L. 631-7-2

I.3.1. Suppression du certificat administratif

Le certificat administratif délivré par le préfet avait été institué par la loi n° 94-624 du 21 juillet 1994. Il permettait d'indiquer à toute personne qui le demandait si l'usage d'un local mentionné dans la demande était régulier ou non.

Ce régime de certificat a été supprimé dans le nouveau dispositif en raison notamment :

– de la suppression du régime d'autorisation des changements d'usage sur les locaux administratifs, professionnels, commerciaux ;

– de la référence de l'usage du bien au 1er janvier 1970 au lieu de 1945, les recherches à cette date étant plus aisées et surtout plus accessibles au demandeur et à ses conseils mandatés, tels que les notaires.

Cependant l'administration s'attachera à donner les réponses aux demandes qui lui seront faites telles que définies dans le paragraphe I.1.3.2.

I.3.2. Maintien de la dérogation spéciale en faveur des professions libérales dans une partie d'un local d'habitation

Cet article reprend pour partie la rédaction du sixième alinéa du texte antérieur de l'article L. 631-7 qui permettait, sous certaines conditions, l'installation, dans une partie d'un local d'habitation, d'une activité professionnelle ne revêtant pas de caractère commercial, à la condition que ce local constitue la résidence du demandeur.

Il précise néanmoins que les conditions nécessaires à l'obtention d'une telle autorisation seront fixées dans l'arrêté prévu à l'article L. 631-7-1 et que l'habitation constitue la résidence principale du demandeur.

I.4. ARTICLE L. 631-7-3

I.4.1. Maintien de la dérogation de droit permettant l'exercice d'une activité y compris commerciale dans une partie d'un local d'habitation

Cet article a pour but de préciser que le régime de l'autorisation de droit prévu dans cet article déroge non seulement aux dispositions générales de l'article L. 631-7 mais aussi au régime particulier de l'article L. 631-7-2.

Sont donc maintenues les dispositions de l'article L. 631-7-3 qui consistaient à permettre, dans une partie d'un local d'habitation, l'exercice d'une activité professionnelle, y compris commerciale, sans qu'il soit nécessaire de déposer une demande de changement d'usage, à la condition que ce local soit la résidence principale du demandeur et ne conduise à y recevoir ni clientèle ni marchandises.

Les règles de domiciliation des entreprises dans les locaux d'habitation prévues aux articles L. 123-10 et L. 123-11 du code de commerce, ne sont pas affectées par les dispositions de l'ordonnance.

I.5. ARTICLE L. 631-8

I.5.1. Les dispositions sur les stations balnéaires et thermales sont abrogées

I.5.2. Mesure nouvelle permettant la coordination avec le code de l'urbanisme

Cet article dispose que pour les changements d'usage de locaux d'habitation faisant l'objet de travaux entrant dans le champ d'application du permis de construire, la demande de permis ou la déclaration préalable vaut demande de changement d'usage. Cette disposition ressortant jusqu'à présent du seul code de l'urbanisme (art. R. 421-11 du code de l'urbanisme), il est apparu souhaitable, pour plus de lisibilité, de la rappeler également dans le CCH.

Par ailleurs, l'article L. 631-8 précise que les travaux soumis à permis ne pourront être exécutés qu'après obtention de l'autorisation au titre du L. 631-7. Cette disposition est reprise dans la section 4 de l'ordonnance n° 2005-1527 du 8 décembre 2005 relative aux permis de construire et aux autorisations d'urbanisme qui prévoit un nouvel article L. 425-9 dans le code de l'urbanisme.

I.6. ARTICLE L. 631-9

I.6.1. Disposition inchangée extension possible à d'autres communes par arrêté

Cet article, qui n'a pas été modifié par l'ordonnance, donne la possibilité de rendre le dispositif applicable à d'autres communes, sur tout ou partie de leur territoire, par décision de l'autorité administrative après avis du maire.

Il donne aujourd'hui la possibilité aux communes dont la population est inférieure à 200 000 habitants et qui n'ont plus à appliquer le dispositif, de pouvoir, à leur demande, y rentrer de nouveau.

La réglementation actuelle telle qu'elle résulte de l'article R. 631-5 du CCH prévoit que la décision d'extension du dispositif à d'autres communes est prise par arrêté du ministre chargé de la construction et de l'habitation après avis du maire et du préfet.

Un décret à paraître permettra aux préfets de prendre cet arrêté à la place du ministre.

Par ailleurs, il est demandé aux préfets de se rapprocher des communes pour lesquelles des arrêtés ministériels ont été pris dans les années 1960 et 1961, rendant applicables les dispositions du L. 631-7 (*cf.* annexe II), ceci afin de recueillir leur avis sur le maintien ou non du régime des changements d'usage. Ces arrêtés sont caducs en raison du manque de base légale.

I.7. ARTICLE L. 631-10

I.7.1. Disposition inchangée

Le régime du L. 631-7 reste non applicable dans les zones franches urbaines.

Par ailleurs, par référence à l'article L. 443-11 du CCH, il ne s'applique pas non plus aux bailleurs de logements HLM qui, dans les quartiers sensibles, connaissant des difficultés particulières, peuvent après accord du préfet louer à toute personne physique ou morale des locaux d'habitation à un autre usage ou mettre des locaux à la disposition d'une association. Cette procédure d'accord du préfet ne doit pas être confondue avec celle de l'autorisation prévue à l'article L. 631-7, laquelle demeure applicable lorsqu'un organisme HLM souhaite procéder à un changement d'usage d'un local en dehors des quartiers visés à l'article L. 443-11.

II. – AUTRES DISPOSITIONS

II.1. DISPOSITIONS TRANSITOIRES

II.1.1. Régularisations

L'article 29-I de l'ordonnance prévoit une possibilité de régularisation pour les locaux d'habitation illégalement affectés à un autre usage depuis plus de 20 ans à la date d'entrée en vigueur de ladite ordonnance, soit le 10 juin 2005.

Cette régularisation n'est possible que sur demande d'autorisation intervenue avant le 1er juillet 2006. Cette dernière doit être accompagnée des justificatifs prouvant l'usage continu et non contesté durant une période minimale de 20 ans à la date d'entrée en vigueur de l'ordonnance.

Les justificatifs sont de même nature que ceux cités au paragraphe I.1.3.1.

La continuité de l'usage est appréciée au regard de l'activité exercée. Il faut entendre par « activité exercée » celle de même nature, par exemple un cabinet d'avocat ou une étude de notaire, ou un cabinet médical, etc.

Peu importe que cette activité ait été exercée successivement par des personnes différentes avant l'entrée en vigueur de l'ordonnance. Toutefois, c'est bien l'occupant se trouvant, à la date du 10 juin 2005, dans le local irrégulièrement transformé qui doit procéder à la demande de régularisation accompagnée des justificatifs prouvant l'usage continu du lieu durant au moins 20 ans à cette date. Il dispose d'un délai ne pouvant dépasser le 30 juin 2006 pour établir cette demande.

Cet usage ne doit avoir fait l'objet d'aucune contestation encore en cours émanant soit de l'administration, soit du syndicat de copropriété, ni d'aucune action en justice pendante.

À titre d'exemple, un refus d'autorisation intervenu depuis moins de 20 ans doit être considéré comme une contestation encore en cours.

L'autorisation délivrée en régularisation présente obligatoirement un caractère personnel et incessible, ce qui signifie qu'à la cessation de l'activité ou au départ de l'occupant ayant obtenu la régularisation le local devra revenir à l'habitation.

II.1.2. Caractère réel des autorisations accordées avec compensations

L'article 29-II de l'ordonnance prévoit une disposition qui conforte les autorisations assorties de compensation intervenues avant le 10 juin 2005, lesquelles revêtent, à compter de cette date, un caractère réel.

Afin de pallier la non-publication de ces autorisations au fichier immobilier, l'administration devra répondre aux demandes qui lui seront faites en vue d'apporter tous les éléments en sa possession justifiant de l'effectivité de la compensation.

II.1.3. Suppression du régime d'autorisation temporaire (art. 29-III)

Les dispositions antérieures instituées par la loi n° 94-624 du 21 juillet 1994 permettant d'affecter à l'usage d'habitation, pour une durée maximale de 13 ans, des locaux affectés régulièrement à un autre usage sont supprimées. Il est cependant prévu, afin de préserver les droits de ceux qui s'y sont soumis, que les locaux autres que d'habitation qui ont été temporairement affectés à l'habitation peuvent retrouver leur usage antérieur sur simple déclaration adressée au préfet avant l'expiration du délai mentionné dans la déclaration temporaire d'habitation. En l'absence de déclaration, le local reste à usage d'habitation et soumis aux dispositions du L. 631-7.

II.2. SANCTIONS MAINTENUES

L'ordonnance n'a pas modifié les sanctions encourues en cas de non-respect des dispositions de l'article L. 631-7, car la loi habilitant le Gouvernement à simplifier le droit par ordonnance ne le permettait pas. En conséquence, elles demeurent fixées par les articles L. 651-2 et L. 651-3 du CCH.

Cependant, il est envisagé de les renforcer dans le projet de loi ratifiant l'ordonnance, qui devrait être un article du projet de loi « Engagement national pour le logement » en cours d'examen au Parlement.

III. – Modalités d'entrée en vigueur des nouvelles dispositions

L'ordonnance n° 2005-655 du 8 juin 2005, publiée au *Journal officiel* du 9 juin 2005, est entrée en vigueur le 10 juin 2005. À cette date, les nouveaux articles L. 631-7 à L. 631-8 se sont substitués aux anciens articles du CCH portant le même numéro.

Cependant, l'application complète du nouveau régime d'autorisation de changements d'usage reste subordonnée à la publication, dans chaque département concerné, de l'arrêté préfectoral, mentionné à l'article L. 631-7-1, qui doit définir les conditions dans lesquelles sont délivrées les autorisations et déterminées les compensations.

III.1. DISPOSITIONS APPLICABLES À COMPTER DU 10 JUIN 2005

III.1.1. Champ d'application géographique

Dans toutes les communes de plus de 10 000 habitants et de moins de 200 000 habitants, à l'exception de celles qui sont situées dans les départements 92, 93 et 94, les changements d'usage de locaux ne sont plus soumis, depuis le 10 juin 2005, à autorisation ou dérogation préfectorale au titre des articles L. 631-7 et suivants du CCH. Il en est de même dans les communes de moins de 10 000 habitants où les dispositions de l'article L. 631-7 avaient été rendues applicables par décision ministérielle sur tout ou partie de la commune en application de l'article L. 631-9 ; toutefois, ce dernier article n'ayant pas été abrogé, les nouvelles dispositions pourront toujours y être rendues applicables (*cf.* § I.6.1).

III.1.2. Domaine d'application

Dans toutes les communes, y compris celles où s'applique le nouveau régime, les changements d'usage des locaux à usage autre qu'habitation sont libres depuis le 10 juin 2005 (*cf.* § I.1.2.2).

Depuis cette même date, il convient, pour apprécier si un local est à usage d'habitation ou autre qu'habitation, d'appliquer la définition des locaux d'habitation mentionnée au deuxième alinéa de l'article L. 631-7 nouveau.

III.1.3. Régime spécifique pour les locaux appartenant à l'État

Ce régime était déjà entré en vigueur avant la publication de l'ordonnance (*cf.* § I.1.3.4).

III.1.4. Autres dispositions

Les modifications apportées à l'article L. 631-7-3 (*cf.* § I.4), l'abrogation des dispositions relatives aux stations balnéaires (ancien article L. 631-9 ; *cf.* § I.5.1), la suppression du certificat administratif (ancien article L. 631-7-2 ; *cf.* § I.3.1), les mesures de coordination avec le code de l'urbanisme (*cf.* § I.5.2) ainsi que les dispositions transitoires (*cf.* § II.1) sont entrées en vigueur le 10 juin 2005.

III.2. DISPOSITIONS DONT L'APPLICATION EST SUBORDONNÉE À LA PUBLICATION DE L'ARRÊTÉ PRÉFECTORAL

Les nouvelles dispositions relatives à la délivrance des autorisations ne seront applicables qu'à la date de publication de l'arrêté préfectoral prévu à l'article L. 631-7-1.

Ainsi, dans les communes où les changements d'usage des locaux d'habitation demeurent soumis à autorisation, le régime antérieur de délivrance de ces autorisations continue à s'appliquer jusqu'à la publication de cet arrêté, sous réserve toutefois des précisions figurant aux paragraphes III.1.2 à III.1.4 ci-dessus.

Il y a lieu en outre de considérer qu'une autorisation délivrée postérieurement au 10 juin 2005 dans les conditions du régime antérieur revêt un caractère réel dès lors qu'elle est subordonnée à une compensation et que cette compensation est effective.

ANNEXE I

FICHE SUR LE CONTENU DE L'ARRÊTÉ PRÉFECTORAL

L'ordonnance n° 2005-655 du 8 juin prévoit aux articles 25 et 26 un arrêté préfectoral fixant les conditions dans lesquelles :

– sont délivrées les autorisations ;

– sont déterminées les compensations par quartier et, le cas échéant, par arrondissement, au regard des objectifs de mixité sociale, en fonction notamment des caractéristiques des marchés de locaux d'habitation et de la nécessité de ne pas aggraver la pénurie de logements ;

– sont fixées les conditions d'exercice d'une profession non commerciale dans la résidence principale du demandeur.

Article 1er

Rappel du principe général : autorisation délivrée par le préfet, après avis du maire, selon les modalités définies dans l'arrêté qui fixe les conditions :

– de délivrance de l'autorisation ;

– de fixation des compensations ;

– d'exercice d'une profession non commerciale dans la résidence principale du demandeur.

Article 2

Objectifs de protection :

– non-aggravation de la pénurie de logements ;

– répartition proportionnée entre habitations et activités de proximité ;

– respect de l'équilibre social de l'habitat.

Article 3

Définition de la géographie sensible de la ville : liste des secteurs.

Article 4

Définition des règles d'autorisation par secteur géographique.

Par exemple secteurs où :

– transformation interdite ;

– autorisation accordée avec compensation ;

– autorisation accordée sans compensation.

Article 5

Les cas d'exonération de compensation liés à la nature de l'activité dans les secteurs où l'autorisation doit normalement être accordée avec compensation.

Article 6

Conditions spécifiques pour les professionnels qui exercent dans leur local d'habitation (L. 631-7-2), par exemple, surface limitée de l'activité par rapport à la superficie totale de l'habitation, locaux non soumis éventuellement à compensation.

ANNEXE II

LISTE DES COMMUNES AUXQUELLES ONT ÉTÉ RENDUES APPLICABLES LES DISPOSITIONS DU RÉGIME DES CHANGEMENTS D'USAGE

Aube

Bar-sur-Aube, * Saint-André-les-Vergers, Saint-Julien-les-Villas : arrêté du 4 mai 1961 (*JO* du 10 mai 1961).

Alpes-de-Haute-Provence

* Digne : arrêté du 4 mai 1961 (*JO* du 10 mai 1961).

Finistère

Guilvinec, Kerlaz, * Le Relecq-Kerhuon, * Quimperlé : arrêté du 4 mai 1961 (*JO* du 10 mai 1961).

Jura

Morez : arrêté du 4 mai 1961 (*JO* du 10 mai 1961).

Landes

Labouheyre, Peyrehorade : arrêté du 4 mai 1961 (*JO* du 10 mai 1961).

Loiret

Châteauneuf-sur-Loire : arrêté du 5 octobre 1960 (*JO* du 7 octobre 1960).

Meurthe-et-Moselle

Essey-lès-Nancy, Jarville, * Laxou, Malzéville, Maxéville, * Saint-Max, Tomblaine, * Vandoueuvre, * Villers-lès-Nancy : arrêté du 12 juin 1961 (*JO* du 18 juin 1961).

Haut-Rhin

Bollwiller, Buhl, Ensisheim, Ingersheim, Issenheim, Munster, Ostheim, Ribeauvillé, Rouffach, Sainte-Marie-aux-Mines, Soultz, Thann, Wintzenheim : arrêté du 4 mai 1961 (*JO* du 10 mai 1961).

Vosges

Charmes, Mirecourt, Neufchâteau, Rambervilliers : arrêté du 4 mai 1961 (*JO* du 10 mai 1961).

** Il est à noter que les villes mentionnées avec un astérisque ont dépassé depuis le seuil des 10 000 habitants.*

CIRCULAIRES ABROGÉES

Annexe 2

MINISTÈRE DE LA RECONSTRUCTION ET DU LOGEMENT CIRCULAIRE N° 53-190 DU 31 DÉCEMBRE 1953 (EXTRAITS)

(Art. 76 de la loi du 1er septembre 1948, art. 22 et 23 de l'ordonnance du 11 octobre 1945, art. 11 et 13 de la loi du 1er septembre 1948)

Circulaire abrogée par la présente circulaire :

Néant.

Circulaires complétées ou modifiées par la présente circulaire :

C. G. 177 du 10 janvier 1946.

C. G. 409 *bis* du 4 juillet 1946.

C. G. 700 du 8 janvier 1947.

C. G. 1272 du 2 décembre 1948, 2e partie II.

51-126 du 30 juin 1951.

Le ministre de la reconstruction et du logement

à Messieurs les préfets et Messieurs les directeurs des services départementaux.

L'examen des affaires soumises à l'administration centrale, ainsi que les rapports d'ensemble adressés par MM. les préfets, ont fait apparaître la nécessité de préciser et compléter les instructions données pour l'application de l'article 76 de la loi du 1er septembre 1948 : changements d'affectation de locaux et des articles 22 de l'ordonnance n° 45-2394 du 11 octobre 1945 et 11 de la loi n° 48-1360 du 1er septembre 1948 : démolitions de locaux.

J'insiste tout d'abord, en raison de la persistance de la crise du logement, sur l'intérêt qui s'attache à la stricte application des dispositions légales dont la mise en œuvre doit permettre d'attendre que la politique de construction à laquelle je consacre tous mes efforts ait produit ses effets.

Malgré les instructions confirmées de façon pressante à diverses reprises, il ne semble pas, au vu du nombre d'infractions relevées et de plaintes déposées à ce jour, que les services intéressés aient accordé l'importance qu'elles méritent à la recherche et à la poursuite des transformations ou démolitions frauduleuses.

Je rappelle donc qu'il appartient à MM. les préfets de rechercher activement, par tous les moyens en leur pouvoir, notamment par l'action des services ou bureaux du logement agissant en liaison avec les administrations compétentes, les changements d'affectation ou les démolitions de locaux opérés sans autorisation et de mettre tout en œuvre pour faire cesser ces infractions ou en poursuivre les auteurs. La bonne foi des contrevenants ou le peu d'importance du local considéré ne doivent pas conduire à considérer comme superflue l'action de l'administration : la soustraction d'une seule pièce à l'habitation aggrave la crise du logement et, indirectement, empêche l'amélioration des conditions de logement d'une famille.

D'autre part, les intérêts économiques, pour légitimes qu'ils soient, ne doivent pas, en la matière, primer ceux des mal-logés. Le système des compensations dont les modalités sont exposées ci-après (voir paragraphe IV) doit permettre de concilier les uns et les autres.

I. – Changements d'affectation.

(Art. 76 de la loi du 1er septembre 1948.)

A. – Champ d'application.

Statuant sur le pourvoi dans l'intérêt de la loi formé par M. le garde des sceaux, la cour de cassation a rendu, le 31 juillet 1952, un arrêt (*Gaz. Pal.* des 5, 6 et 7 octobre 1952) qui infirme l'arrêt de la cour d'appel de Douai du 18 octobre 1950 et confirme l'avis émis par le conseil d'État le 13 juillet 1949 (*B. O. S. L.* n° 20, page 17).

En conséquence, les dispositions de l'article 76 de la loi du 1er septembre 1948 sont applicables non seulement dans les communes pourvues d'un service du logement, mais également dans celles qui ne sont qu'assujetties à la taxe de compensation sur les locaux inoccupés ou insuffisamment occupés.

B. – *Locaux faisant l'objet d'un bail commercial mais utilisés à d'autres fins ou inutilisés.*

Il me paraît utile de préciser, ci-après, la position qui doit être adoptée à l'égard des locaux ayant fait l'objet d'une location commerciale avant la loi du 1er septembre 1948 mais qui n'ont été affectés à un usage de cette nature qu'après la publication de ce texte.

Il résulte des débats ayant précédé le vote de la loi du 1er septembre 1948 et de la jurisprudence intervenue sous le régime de l'article 20 de la loi du 1er avril 1926 repris par l'article 76, qu'un local ne peut être considéré comme possédant un caractère commercial que si, à la date du 1er septembre 1948, il faisait l'objet d'une location commerciale et était, en fait, utilisé commercialement (cf. avis du conseil d'État du 13 juillet 1949, *B. O. S. L.* n° 20, page 17 ; décisions de la commission supérieure de cassation des 25 février 1932, 19 octobre 1933, 13 décembre 1934, 6 mai 1939, respectivement publiées à la *Revue des loyers* 1932-382, 1934-107, 1934-186, 1939-632 et cassation 20 décembre 1946, *Gaz. Pal.*, 1947-119).

Il suffit qu'à la date susvisée une modification ait été apportée en droit ou en fait à l'usage d'habitation qu'un local présentait, pour que les dispositions d'ordre public de l'article 76 soient applicables.

Toutefois, les locaux dont l'utilisation s'est trouvée modifiée avant la publication de la loi du 1er septembre 1948, non pas en vertu d'un contrat de droit commun (auquel cas le changement d'affectation demeure définitivement acquis), mais à la suite d'une réquisition, reprennent leur caractère primitif lors de la levée de cette mesure. Un acte administratif exceptionnel et exclusif de tout consentement de la part du détenteur du local n'a pu, en effet, modifier la nature juridique que celui-ci possédait antérieurement à la réquisition.

Dans les villes où un service du logement a été institué, la date à prendre en considération, en matière de changements d'affectation (ou de démolitions) de locaux, est non pas celle de la publication de la loi du 1er septembre 1948, mais celle de la publication de l'ordonnance du 11 octobre 1945 ou la date de publication de l'arrêté ayant institué un tel service postérieurement à la publication de l'ordonnance.

C. – *Transformation de locaux nus en locations meublées.*

Si, dans la pratique, l'affectation de locaux d'habitation à des fins commerciales est nettement caractérisée et ne donne pas lieu à de sérieuses difficultés d'appréciation, il n'en est pas de même pour les locations en meublé. En vue de déterminer la qualité commerciale ou non commerciale du loueur en meublé, je rappelle qu'il convient de se reporter aux dispositions de l'article 14 de l'ordonnance n° 45-2394 du 11 octobre 1945.

Je ne saurais trop insister sur la nécessité d'apporter un soin tout particulier à limiter les transformations de locaux nus en locaux meublés. Contrairement à une opinion fréquemment exprimée, une telle transformation se révèle préjudiciable aux intérêts des familles dépourvues de logement. L'installation du locataire dans un local loué nu qu'il garnit de ses propres meubles constitue le mode de logement normal de la grande majorité de la population, et ce n'est que faute d'obtenir une location de cette nature que certaines personnes acceptent de payer les loyers très élevés qui leur sont demandés pour l'occupation de locaux meublés. L'affectation de la plus grande partie de leurs ressources aux dépenses de logement ne peut manquer d'avoir les plus graves répercussions sur la vie familiale en raison des sacrifices qu'elle impose dans d'autres domaines.

Les dérogations ne doivent donc être accordées à cet effet que si un nouveau local d'habitation d'une surface au moins égale à celle du local transformé en meublé est loué nu par le demandeur, à titre de compensation.

J'ajoute que les dispositions de la circulaire n° 51-126 du 30 juin 1951, I, premier paragraphe, relatives à la mise en location de nouvelles chambres dans les établissements hôteliers classés « hôtels de tourisme » demeurent applicables. Par contre, est abrogé le deuxième alinéa de ce paragraphe prévoyant dans certains cas une dispense d'affichage pour les hôtels et meublés non classés « hôtels de tourisme ». Les propriétaires ou gérants de ces établissements doivent donc désormais procéder à l'affichage de leur demande.

Par contre, les locations meublées consenties dans le cadre de l'article 43 de la loi du 1er septembre 1948 ne sont pas soumises à l'autorisation prévue à l'article 76 de ce texte. Toutefois, les dispositions de cet article 43 devant être interprétées strictement, j'estime que le propriétaire qui, en raison de son départ, loue en plusieurs logements meublés l'immeuble dans lequel il habitait personnellement doit être considéré comme loueur professionnel en meublé.

En revanche, il serait inopportun à mon sens, compte tenu des circonstances actuelles, d'assimiler aux loueurs professionnels en meublé les personnes qui se resserrent pour louer, aux conditions de prix fixées par l'article 43 de la loi du 1er septembre 1948, plusieurs pièces de leur propre logement à des personnes différentes.

D. – *Locaux devant être affectés à un usage professionnel.*

La transformation des locaux d'habitation en locaux professionnels (de même que la transformation des locaux professionnels en locaux commerciaux) pouvait être librement opérée en vertu de l'article 21 de l'ordonnance du 11 octobre 1945.

Les dispositions de la loi du 1er septembre 1948 ne sont pas plus strictes à l'égard de la transformation des locaux d'habitation en locaux professionnels puisque l'article 76, quatrième alinéa, ne permet pas de refuser l'autorisation d'exercer dans un local d'habitation ou administratif une profession qui ne risque pas de revêtir par la suite un caractère commercial.

Il doit donc être réservé une suite favorable aux demandes de dérogation présentées par les personnes exerçant une profession libérale (architectes, avoués, avocats, notaires, etc.) dont l'activité est soumise à un statut prohibant tout acte de commerce, sous le contrôle d'un organisme de discipline professionnelle (conseil de l'ordre notamment). La dérogation ne peut être refusée même si le local envisagé doit être affecté en totalité à l'exercice de la profession du demandeur.

Mais, pour assurer une application satisfaisante de ce texte, il convient d'apporter un soin minutieux au contrôle de la nature de l'activité exercée, étant donné que certaines professions, celles d'agent d'affaires, artisan ou façonnier par exemple, permettent aux intéressés d'accomplir des actes de commerce pour leur propre compte. À l'égard de ces demandes, l'autorité administrative recouvre son pouvoir d'appréciation. S'il s'agit d'affecter l'ensemble d'un local à une telle activité ; le demandeur doit être appelé à fournir une compensation dans les conditions ci-dessous énoncées (voir paragraphe IV, sous réserve des prescriptions du paragraphe III).

Même dans les cas visés à l'article 76, 4e alinéa, la dérogation doit être sollicitée et se trouve subordonnée aux formalités de publicité prescrites par cet article ; elle doit être accordée à titre essentiellement personnel et révocable. Il importe, en effet, d'éviter qu'à l'occasion du départ du bénéficiaire, le local soit utilisé à des fins commerciales par le nouvel occupant (par exemple, transformation d'un cabinet de dentiste en clinique dentaire).

E. – *Locaux libérés par des services administratifs.*

L'article 21 de l'ordonnance du 11 octobre 1945 ne prohibait pas le changement d'affectation des locaux à usage administratif.

Par contre, sous l'empire de la loi du 1er septembre 1948, l'affectation de ces locaux au départ des services qui les occupaient, est régie par les articles 9 et 76 (2e) de ce texte.

L'article 9 ne s'applique qu'aux locaux qui étaient ou sont occupés par des administrations publiques de l'État, des départements ou des communes ou des établissements publics. Aux termes de cet article et de l'article 2, l'obligation d'affecter ces locaux à l'habitation s'impose aux propriétaires qui, à l'expiration du bail les liant à l'administration, ont demandé et obtenu son éviction.

En pareil cas, l'autorisation d'affecter lesdits locaux à un usage autre que l'habitation ne doit être accordée, en application de l'article 76 (1°), qu'à titre tout à fait exceptionnel, notamment s'ils sont totalement impropres à l'habitation.

Quant à l'article 76 (2°), il s'applique tant aux locaux qu'une administration publique abandonne de son plein gré qu'à ceux précédemment occupés par un organisme administratif privé que son caractère juridique et le régime fiscal auquel il est soumis ne permettent pas de considérer comme possédant un caractère commercial (Ex. syndicats professionnels, associations régies par la loi du 1er juillet 1901, sociétés civiles, etc.).

F. – *Accord du propriétaire.*

Le requérant doit joindre à sa demande l'accord écrit du propriétaire au changement d'affectation envisagé. Il n'y a pas lieu de délivrer l'autorisation si cet accord ne peut être produit.

Il en est toutefois autrement lorsque le demandeur exerce une profession libérale, en raison, d'une part, des dispositions de l'article 76, 4° alinéa, d'autre part, de la jurisprudence des tribunaux judiciaires aux termes de laquelle la location d'un appartement à usage bourgeois ne s'oppose pas, en l'absence d'une clause restrictive spéciale insérée dans le bail, à ce que le preneur exerce dans les lieux une profession libérale. Mais l'arrêté préfectoral doit préciser que la dérogation ne saurait, en aucune manière, porter atteinte aux droits que le propriétaire entendrait éventuellement faire valoir à l'encontre du bénéficiaire pour lui interdire d'user de l'autorisation administrative.

II. – Démolitions de locaux inoccupés ou dont les occupants ne bénéficient pas du droit au maintien dans les lieux.

(Art. 22 de l'ordonnance du 11 octobre 1945.)

(...)

III. – Octroi des autorisations.

A. – *Locaux dont le changement d'affectation ne peut, en aucun cas, être autorisé.*

J'insiste particulièrement sur le fait qu'aucune autorisation ne doit être accordée, même moyennant une compensation, en vue de la transformation des locaux d'habitation qui sont, dans leur ensemble, adaptés à ce dernier usage, en raison de leur disposition, de la dimension des pièces, de leur équipement et de leur état d'entretien. D'une manière générale, il en est notamment ainsi des appartements qui sont effectivement habités au moment du dépôt de la demande d'autorisation.

Cette règle peut subir des dérogations limitées :

– Lorsque l'appartement à transformer se trouve situé dans un immeuble qui, bien que compris dans une zone résidentielle, comporte déjà plusieurs locaux commerciaux, sous réserve que le demandeur réalise la compensation soit dans le même immeuble (transformation d'un local commercial en logement, aménagement de combles ou surélévation), soit dans un quartier présentant le même caractère résidentiel. Il importe, en effet, d'une part, d'éviter l'extension progressive des locaux commerciaux dans les immeubles d'habitation, d'autre part, de limiter le développement des banlieues au détriment des zones centrales des agglomérations.

La compensation doit alors être fixée à un chiffre supérieur de 20 p. 100 au minimum à la superficie réelle du local à transformer.

– Lorsque l'appartement faisant l'objet de la demande d'autorisation est également situé dans un immeuble comportant déjà des locaux commerciaux et présente, notamment en ce qui concerne la dimension et la disposition des pièces, des caractères comparables à ceux des hôtels particuliers. Mais la compensation doit être fixée à un chiffre sensiblement supérieur à celui que donne le mode de calcul exposé au paragraphe IV C. Il y a lieu, dans ce cas, de retenir la superficie réelle majorée de 20 p. 100.

B. – *Conditions d'octroi des autorisations.*

a) La réglementation des changements d'affectation revêtant un caractère définitif et des démolitions de locaux a incontestablement pour objet d'éviter la diminution des ressources en logements déjà existants ou en locaux susceptibles d'être utilisés pour l'habitation. Des autorisations ne peuvent donc être délivrées, sous réserve, en toute hypothèse, du respect des prescriptions figurant au paragraphe A, que dans la mesure où elles n'ont pas, en définitive, pour effet de provoquer une telle diminution.

Tout demandeur doit, en règle générale, être formellement invité à fournir une contrepartie, selon l'une des modalités exposées au paragraphe IV.

b) Qu'il s'agisse de transformation ou de démolition, l'autorisation ne doit, en aucun cas, être délivrée avant que le demandeur qui a opté pour l'un des investissements prévus par le décret n° 53-701 du 9 août 1953 (cf. paragraphe IV, A), autre que des travaux de construction effectués directement par ses soins, ait justifié du versement de la totalité de la somme fixée.

J'attache le plus grand prix à la stricte observation de ce point particulier de la présente instruction et invite MM. les préfets à poursuivre avec la plus grande diligence, devant les tribunaux, la répression des transformations ou démolitions réalisées sans que l'autorisation ait été préalablement sollicitée et obtenue, si le contrevenant n'entreprend pas, dès la découverte de l'infraction, la réalisation d'une compensation. Il demeure entendu que si l'infraction concerne une transformation non susceptible de faire l'objet d'une autorisation, le contrevenant doit nécessairement, sous peine de poursuites, réaffecter dans un délai imparti, les locaux à l'habitation.

C. – *Changements d'affectation non soumis en principe à une compensation.*

Il demeure entendu que, lorsque la demande présentée a pour objet de permettre l'exercice d'une activité professionnelle, même commerciale, dans un logement constituant par ailleurs la résidence principale du requérant, il n'y a pas lieu d'exiger une compensation.

Il convient, toutefois, de réserver le cas où la pièce destinée à l'exercice de l'activité professionnelle doit faire l'objet de travaux de transformation ou d'aménagement (pose d'une devanture, ouverture d'une porte sur rue, par exemple). Ces travaux étant de nature à conférer définitivement à ladite pièce un caractère commercial et l'ensemble du local risquant par la suite de revêtir le même caractère, l'autorisation doit être purement et simplement refusée. S'il apparaît qu'en conformité des indications figurant au paragraphe III A une dérogation peut être accordée, le bénéficiaire doit alors fournir la compensation correspondant à un changement d'affectation définitif dont l'étendue est déterminée ainsi qu'il est exposé à ce paragraphe.

D. – *Nature de l'autorisation accordée.*

L'autorisation consentie en vue de la réalisation d'un changement d'affectation définitif présente elle-même un caractère définitif. Le bail afférent au local transformé peut donc revêtir un caractère commercial.

En revanche, l'autorisation visant l'exercice d'une profession ou d'un commerce au domicile du demandeur, est accordée à titre essentiellement personnel, précaire et révocable et ne saurait, en particulier, profiter à un nouvel occupant au cas où le bénéficiaire viendrait à quitter les lieux. Elle ne peut évidemment être délivrée que si le demandeur remplit les conditions d'occupation suffisante prévues par l'article 4 du décret du 16 janvier 1947.

L'octroi d'une telle autorisation ne saurait avoir pour conséquence de modifier le caractère bourgeois du local. Pour éviter toute équivoque sur ce point, il convient d'exiger que, si un contrat de location est en cours, un avenant soit conclu précisant la nature de l'autorisation délivrée et stipulant que cette autorisation ne modifie en rien le caractère de la location primitivement consentie. Le même avenant doit préciser que les parties entendent formellement ne pas invoquer par la suite le bénéfice de la législation commerciale. Si le bail n'a pas encore été établi, une clause identique doit y être incluse.

E. – *Instruction des demandes d'autorisation de transformation.*

a) Communes dotées d'un service du logement.

La circulaire C. G. 177 du 10 janvier 1946, complétée par la circulaire du 2 décembre 1948 (n° 67, *Journal officiel* du 4 décembre 1948) a précisé les modalités de dépôt et d'instruction des demandes d'autorisation de transformation. Ces instructions demeurent valables, mais j'insiste sur l'intérêt que j'attache à ce que chaque demande concernant même les changements d'affectation non définitifs soit transmise, accompagnée des résultats de l'enquête et de l'avis du service du logement, au directeur des services départementaux du ministère de la reconstruction et du logement, qui doit ensuite soumettre le dossier au préfet pour décision, en y joignant son propre avis.

Sur le bien-fondé et l'opportunité de l'octroi de l'autorisation.

Sur le montant de la compensation à exiger (cf. paragraphe IV C).

b) Communes non dotées d'un service du logement.

Les demandes doivent être déposées auprès du maire qui procède à leur instruction dans les mêmes conditions que le service municipal du logement et les transmet, avec son avis au directeur des services départementaux du ministère de la reconstruction et du logement. Celui-ci soumet le dossier accompagné de ses propres avis et observations au préfet qui prend la décision.

Dans tous les cas où la décision préfectorale ne sera pas conforme à l'avis émis par le directeur des services départementaux du ministère de la reconstruction et du logement, il conviendra d'adresser le dossier, à titre de compte rendu, à l'administration centrale (direction de l'aménagement du territoire, service des affaires foncières, de l'habitat et du logement, sous-direction du logement, 1er bureau).

IV. – Compensations.

A. – *Modes de réalisation des compensations.*

Le bénéficiaire d'une dérogation accordée à titre définitif en application de l'article 76 de la loi du 1er septembre 1948 ou en conformité de l'article 22 de l'ordonnance n° 45-2394 du 11 octobre 1945, doit être invité à fournir une compensation en procédant à un investissement dans les conditions prévues par le décret n° 53-701 du 9 août 1953 (*Journal officiel* du 10 août 1953) relatif à la participation des employeurs à l'effort de construction.

Le bénéficiaire a le choix entre les modalités d'investissement énumérées à l'article 2 de ce texte et à l'article 1er de l'arrêté du 2 décembre 1953 (*Journal officiel* du 3 décembre 1953). Toutes précisions utiles sont données, à cet égard, par la circulaire du 15 décembre 1953 (*Journal officiel* du 16 décembre 1953).

Parmi les modalités en cause figurent notamment :

Les travaux de construction directe de logements économiques et familiaux ou de logements répondant aux normes prévues pour les habitations à loyer modéré ;

Les versements à fonds perdus, de cotisations à des groupements poursuivant, sans but lucratif, la construction de logements (groupements professionnels ou interprofessionnels, chambres de commerce, offices et sociétés d'habitations à loyer modéré par exemple) ou au fonds de construction, d'équipement rural et d'expansion économique prévu à l'article 9 de la loi du 11 juillet 1953 dont les modalités de fonctionnement seront ultérieurement précisées ;

La participation sous forme de prêts, de subventions ou de souscriptions d'actions ou d'obligations, aux opérations de construction effectuées par les organismes d'habitations à loyer modéré ;

Les opérations de surélévation et d'addition de construction, ainsi que les travaux de mise en état d'habitabilité au sens de la législation sur les primes à la construction.

En règle générale, lorsque la compensation n'est pas réalisée par construction directe, le montant de l'investissement doit être calculé sur la base de 35 000 F par mètre carré de surface habitable à reconstituer, par référence aux barèmes des prix de construction des logements économiques et familiaux.

Bien entendu, la compensation ne peut, en aucun cas, tenir lieu de l'investissement imposé aux employeurs par le décret du 9 août 1953.

La circulaire du 15 décembre 1953 (deuxième partie, section 9) confiant aux agents du ministère de la reconstruction et du logement le soin de contrôler ce dernier investissement, les directeurs des services départementaux qui sont, par ailleurs, avisés par les services préfectoraux des autorisations de transformation ou de démolition, possèdent les éléments d'information nécessaires à l'exercice d'un contrôle efficace.

B. – *Lieu de réalisation des compensations.*

Étant observé qu'il convient de reconstituer les ressources en logements de la commune où se trouve situé le local à transformer ou à démolir, les nouveaux logements doivent, en principe, être édifiés dans cette commune ou tout au moins dans la même agglomération. Il convient donc que l'investissement soit effectué en faveur d'un organisme dont le programme de construction doit être réalisé dans la localité considérée. Ce n'est qu'à titre tout à fait exceptionnel que les locaux de compensation pourront être construits dans une autre commune. En pareil cas, MM. les préfets devront m'adresser, sous le présent timbre, les demandes de l'espèce, accompagnées de leur avis motivé.

Il importe également que la compensation soit directement liée à l'opération de démolition ou de transformation et qu'elle soit, de ce fait, distincte d'un programme de construction que le demandeur aurait déjà réalisé dans le passé ou qu'il se proposerait d'entreprendre dans l'avenir.

En matière de transformations, la compensation peut être fournie par le propriétaire ou par le locataire des locaux transformés.

C. – *Mode de calcul des compensations.*

L'étendue de la compensation est fixée compte tenu non seulement de la superficie des locaux à transformer ou à démolir, mais encore de leur disposition et de leur aménagement.

Ces locaux se prêtant mal, par hypothèse, à l'habitation, du fait par exemple de la disposition des pièces ou de leurs dimensions trop importantes (hôtels particuliers notamment) ou de l'inexistence du plus élémentaire confort ou encore de leur vétusté, des abattements, plus ou moins importants suivant les cas, peuvent être consentis au bénéficiaire de la dérogation qui est ainsi appelé à construire une superficie habitable de moindre importance (la définition de la superficie habitable est celle prévue à l'article 4 du décret n° 50-898 du 2 août 1950 relatif aux primes à la construction, *Journal officiel* du 3 août 1950).

Il appartient à MM. les préfets, chargés de l'application des dispositions légales, de fixer, en liaison avec le directeur des services départementaux du ministère de la reconstruction et du logement, la surface habitable qui peut être exigée en contrepartie des autorisations délivrées.

Cependant, il est apparu que, pour déterminer de la manière à la fois la plus simple et la plus satisfaisante pour les intérêts du logement l'équivalence superficielle des locaux qui ne sont pas parfaitement propres à l'habitation, il convenait de se conformer au mode de calcul suivant.

Chaque pièce du local à transformer ou à démolir considérée comme habitable au sens défini par le décret n° 48-1766 du 22 novembre 1948 (*Journal officiel* du 23 novembre 1948, *B. O. S. L.* n° 11-12, page 34) doit être compensée par une superficie de remplacement égale à sa surface réelle ; les pièces habitables ne doivent toutefois pas être décomptées pour plus de 30 m² et les pièces secondaires pour plus de 9 m² ; les annexes sont négligées. Par référence aux préoccupations qui ont inspiré l'article 11 de la loi du 1er septembre 1948, il y a lieu d'affecter l'équivalence ainsi obtenue d'une majoration de 10 p. 100, afin d'aboutir à une augmentation de la superficie habitable à reconstituer.

Exemple : soit un hôtel particulier de 350 m² comprenant deux pièces habitables de 50 m², trois pièces habitables de 33 m², une de 12 m², une de 10 m², six pièces secondaires de 9,50 m² et une de 6 m², plus les annexes, la surface de la compensation à exiger serait de :

$(30\ m^2 \times 5) + 12\ m^2 + 10\ m^2 + (9\ m^2 \times 6) + 6\ m^2 = 232\ m^2 + 232 \times 10/100 = 255\ m^2$

Pour éviter les contestations toujours possibles, il importe que l'arrêté d'autorisation mentionne la surface habitable demandée en compensation.

D. – *Financement des constructions de compensation.*

En cas de construction directe des locaux de compensation par les soins du bénéficiaire, ce financement doit être assuré sans que l'intéressé puisse prétendre au bénéfice des primes à la construction, ni des prêts spéciaux du Crédit foncier ou du Sous-Comptoir des entrepreneurs, non plus que du concours du fonds national d'amélioration de l'habitat en cas d'aménagement de locaux et plus généralement du concours financier de l'État. Étant donné qu'en définitive il importe de reconstituer la surface en logement supprimée, la position contraire aboutirait indirectement à faire financer par l'État, la création de locaux commerciaux ou administratifs. L'arrêté d'autorisation doit préciser que la surface de compensation ne donnera pas droit aux primes à la construction.

Ces primes ainsi que les prêts spéciaux peuvent, par contre, être consentis pour la partie des locaux construits en excédent de la surface de compensation. En pareil cas, le directeur des services départementaux du ministère de la reconstruction et du logement doit en faire mention dans la décision provisoire attributive de la prime.

Mais, lorsque le bénéficiaire de l'autorisation réalise la compensation à l'aide d'un versement à fonds perdus ou sous forme de prêt, de subvention ou de tout autre versement à l'un des organismes prévus par le décret n° 53-701 du 9 août 1953, n'entraînant pas, pour le souscripteur, la propriété du logement construit à l'aide de ce versement, l'organisme constructeur pourra bénéficier des primes et des prêts spéciaux pour la totalité du programme dans lequel les fonds seront investis.

Il importe que l'arrêté d'autorisation mentionne le mode de réalisation de la compensation, en indiquant, lorsqu'elle consiste en une construction réalisée directement par le bénéficiaire, la surface de cette construction et son emplacement exact. Une copie de l'arrêté doit être transmise par MM. les préfets au directeur des services départementaux du ministère de la reconstruction et du logement qui a été appelé à formuler son avis sur l'étendue de la compensation.

En cas de démolition, il sera opportun dans bien des cas, notamment si cette opération affecte un immeuble vétuste ou facilite la réalisation d'une opération d'urbanisme, d'apporter un assouplissement à la règle figurant au premier alinéa du présent paragraphe. Le bénéfice des primes à la construction pourra alors être calculé sans tenir compte de la totalité de la surface de compensation. Il pourra en être de même lorsque le bénéficiaire s'engagera à reconstruire une surface très supérieure à la surface de compensation. À cet effet, la demande sera adressée par le directeur des services départementaux du ministère de la reconstruction et du logement avec son avis motivé, à mon service central (sous-direction de l'aide financière à la construction) en vue de son examen par la commission consultative des primes à la construction.

E. – *Destination des locaux de compensation.*

Ces locaux doivent être loués nus pour une période minimum de cinq ans.

V. – Contentieux.

Je rappelle à MM. les préfets qu'ils doivent transmettre à mon service central (sous-direction du logement, 2e bureau) copie de toutes les plaintes déposées pour transformations ou démolitions irrégulières de locaux et me tenir informé de la suite qui leur est réservée.

Il me parait opportun d'attirer en outre leur attention sur les deux points suivants :

A. – *Obligation de réaffecter les lieux à leur usage primitif.*

Certains tribunaux, après avoir constaté l'existence du délit et fait application à son auteur des peines prévues, omettent d'ordonner la réaffectation des lieux. Cette omission risque de rendre inopérante la prohibition légale, compte tenu du montant généralement faible des amendes prononcées.

J'invite donc MM. les préfets à indiquer expressément dans les mémoires adressés au parquet, qu'outre la condamnation aux sanctions édictées par la loi, l'administration demande que soit ordonnée la réaffectation des lieux à leur usage primitif.

Conformément aux indications contenues dans la lettre ci-jointe de M. le garde des sceaux (voir annexe) une telle requête reste possible même dans les cas où, notamment par le jeu de la prescription (trois ans pour les infractions de l'espèce), l'action publique se trouverait éteinte.

La réaffectation à leur usage primitif des locaux frauduleusement transformés est alors ordonnée à la demande du ministère public par la juridiction civile compétente.

B. – *Intérêt pour l'administration de connaître en temps utile la décision de l'autorité judiciaire.*

L'administration peut intervenir auprès du parquet afin d'obtenir que soient frappées d'appel les décisions contestables. Si le délai de dix jours laissé au procureur de la République est expiré, il reste à MM. les préfets la possibilité, le cas échéant, après avoir consulté mes services, de saisir de l'affaire le procureur général près la cour compétente qui dispose d'un délai de deux mois à compter du jour de la prononciation du jugement pour appeler de cette décision (art. 205 du code d'instruction criminelle)

En conséquence, il me paraît nécessaire de demander dans chaque plainte à être tenu informé en temps utile de la date et du contenu de la décision à intervenir.

VI. – Démolitions de locaux d'habitation occupés en vue de leur reconstruction.

(Art. 11 et 13 de la loi du 1er septembre 1948.)

(...)

***

La présente circulaire contient un certain nombre de directives mais ne saurait envisager tous les cas susceptibles de se présenter. Il appartient à MM. les préfets de saisir l'administration centrale (Direction de l'aménagement du territoire. – Service des affaires foncières, de l'habitat et du logement. – Sous-direction du logement, 1er bureau) des difficultés rencontrées, ainsi que des cas d'espèce qui paraîtraient nécessiter un examen approfondi ou poser une question de principe.

Le ministre de la reconstruction et du logement,

Maurice Lemaire.

ANNEXE

MINISTÈRE DE LA JUSTICE

DIRECTION CIVILE – LOYERS

Paris, le 30 novembre 1950.

Le garde des sceaux, ministre de la justice, à Monsieur le ministre de la reconstruction et de l'urbanisme,

Par lettre en date du 11 octobre 1950, vous avez bien voulu appeler l'attention de la direction criminelle de ma chancellerie sur le nombre croissant de délits constitués par le changement d'affectation de locaux à usage d'habitation en locaux à usage commercial que les tribunaux répressifs ne peuvent sanctionner, l'action publique se trouvant éteinte notamment par le jeu de la prescription.

Vous estimez regrettable que les auteurs de ces transformations frauduleuses échappent aux peines édictées à leur encontre, et vous me demandez s'il m'apparaît possible d'obtenir de la juridiction civile le retour à l'habitation des locaux irrégulièrement transformés.

J'ai l'honneur de vous faire connaître, ainsi que le relèvent les décisions judiciaires jointes à votre lettre, que l'obligation de réaffectation des locaux dans leur état primitif ne paraît constituer en aucune façon une peine accessoire des sanctions pénales prévues ; tant par l'article 30 de l'ordonnance du 11 octobre 1945 que par l'article 35 de la loi du 1er septembre 1948, mais apparaît bien comme une sanction civile dont l'application est autonome de celle du délit pénal.

Par ailleurs les articles 38 de l'ordonnance du 11 octobre 1945 et 87 de la loi du 1er septembre 1948 précisent que les dispositions de ces deux textes sont d'ordre public. L'article 76 de la loi du 1er septembre 1948 qui prévoit l'interdiction de transformations précise que sont nuls de plein droit tous accords ou conventions conclus en violation du présent article.

Si l'on considère également que d'après le droit commun la prescription pénale ne peut faire acquérir de droits sur l'objet du délit, il n'apparaît pas douteux que l'obligation de réaffectation des locaux à leur destination primitive survit à l'extinction de l'action publique.

Deux hypothèses sont toutefois à envisager :

1° La transformation a eu lieu avant la promulgation de la loi du 1er septembre 1948.

L'article 84 de cette loi prévoit en effet l'abrogation des articles 21 et 30 de l'ordonnance du 11 octobre 1945. Mais son article 86 prévoit expressément que les actes punissables en vertu des dispositions abrogées et qui ont été commis antérieurement à la publication de la loi continueront à être poursuivis, instruits et jugés conformément aux dispositions des textes en vigueur au moment où ils ont été commis.

Il ne paraît pas douteux que le législateur a entendu considérer que le délit de transformation illégale survivait à l'abrogation des dispositions qui l'instituaient, alors surtout que l'interdiction des transformations de locaux d'habitation en locaux à usage commercial a été reprise par l'article 76 de la loi du 1er septembre 1948 et se trouve sanctionnée par l'article 53, dans des conditions analogues à celles prévues par l'article 30 de l'ordonnance du 11 octobre 1945.

Ainsi, les tribunaux répressifs qui demeurent compétents pour prononcer des sanctions à l'encontre des délinquants se trouvent par là même dans l'obligation d'ordonner, dans tous les cas, la réaffectation des locaux à usage d'habitation. Si l'on admet par ailleurs que l'obligation de réaffectation des locaux à leur destination primitive survit normalement à l'extinction de l'action publique, il convient d'en déduire que cette obligation survit également et indépendamment de l'exercice de toute action, à l'abrogation des articles 21 et 30 de l'ordonnance du 11 octobre 1945.

Quelle sera toutefois la juridiction compétente pour en connaître ?

Lorsque le tribunal correctionnel était saisi, notamment par suite de la prescription de l'action publique, seuls les tribunaux civils paraissent qualifiés pour prononcer la réaffectation.

En effet, il est de principe que le tribunal de première instance a compétence pour toutes les affaires que la loi n'a pas expressément réservées à une autre juridiction.

Or, il convient, semble-t-il, d'estimer que la loi n'a pas entendu réserver aux tribunaux répressifs une compétence exclusive pour ordonner la réaffectation. Les dispositions de l'article 30 de l'ordonnance du 11 octobre 1945 constituant, au contraire, une confirmation du principe selon lequel les tribunaux répressifs sont qualifiés pour connaître des réparations civiles, sans qu'il soit nécessaire de renvoyer les parties devant la juridiction civile.

L'expression « dans tous les cas » employée dans l'alinéa 2 de l'article 30 précité paraît plus particulièrement viser l'hypothèse dans laquelle un acquittement ou une absolution interviendrait.

Dans cette hypothèse, en effet, en l'absence de toute précision, le tribunal correctionnel serait normalement tenu de se dessaisir au profit de la juridiction civile. Mais l'on ne saurait considérer cette obligation particulière, édictée dans un but évident de simplification, comme un obstacle absolu au principe de la compétence générale des tribunaux civils ;

2° La transformation a eu lieu après le 1er septembre 1948.

Bien que la prescription de l'action publique ne soit pas encore à envisager dans ce cas, il n'est pas douteux que l'amnistie ou le décès du délinquant peut néanmoins mettre obstacle aux poursuites.

Mais qui de la juridiction des loyers ou du tribunal civil est compétent pour statuer sur les réparations civiles ?

La juridiction des loyers est une juridiction exceptionnelle qui n'est compétente que pour statuer sur les causes dont la connaissance lui a été expressément attribuée par la loi (Cass. Req. mai 1947, D. II. 1947. 762).

La question paraît toutefois complexe du fait que l'article 46 de la loi du 1er septembre 1948 prévoit que toutes les contestations relatives à l'application du présent titre sont instruites et jugées suivant les règles et dispositions de procédure instituées par les articles suivants ; or l'article 76 se trouve dans ce titre. L'article 47 confirme par ailleurs la compétence du juge pour connaître de toutes les contestations auxquelles les dispositions du présent titre peuvent donner lieu.

Sans doute, les intitulés de la loi du 1er septembre 1948 et du titre 1er en particulier, paraissent restreindre les dispositions de la loi aux seuls rapports entre bailleurs et locataires ou occupants, mais cette présomption se trouve en fait, déduite par la généralité des termes des dispositions telles que celles de l'article 76, qui imposent aux propriétaires l'observation de certaines prescriptions dans l'intérêt général.

Si l'on considère, par ailleurs, que la compétence du juge des loyers ne saurait faire de doute pour prononcer les sanctions civiles prévues par la loi (argument : art. 68), il convient d'estimer, sous réserve de l'appréciation souveraine des tribunaux, que la juridiction des loyers est seule qualifiée pour connaître de l'obligation de réaffectation des locaux au cas où les tribunaux répressifs ne pourraient plus être saisis pour une raison quelconque.

Sur le point de savoir si les actions devront être engagées à la diligence de votre département ou à la demande du ministère public, il m'apparaît qu'il appartient au ministère public de saisir le tribunal. Toutefois, votre administration qui a la charge de veiller à l'exécution des dispositions de l'ordonnance du 11 octobre 1945 et qui est seule compétente pour accorder les autorisations prévues à l'article 76 de la loi du 1er septembre 1948, est plus particulièrement qualifiée pour déceler les transformations illégales.

Il conviendrait, en conséquence, que votre département signale au parquet les cas de transformations illégales qui viendraient à sa connaissance.

Pour le garde des sceaux, ministre de la justice, et par délégation :

Le directeur des affaires civiles et du sceau,

Louis Bodars.

Annexe 3

MINISTÈRE DE LA CONSTRUCTION CIRCULAIRE DU 1ER OCTOBRE 1960

relative aux changements d'affectation et démolitions de locaux (réglementation générale et contentieux) (*JO* 9 oct. 1960) (extraits)

(Art. 340, 340-1, 340-2, 341 et 351 du code de l'urbanisme et de l'habitation : art. 11 et 13 de la loi du 1er septembre 1948 ; art. 3-8° de la loi n° 49-458 du 2 avril 1949, modifiée par l'ordonnance n° 58-1008 du 24 octobre 1958 ; décrets n° 58-1460 et n° 58-1461 du 31 décembre 1958 modifiés ; loi n° 60-790 du 2 août 1960 ; décret n° 60-942 du 5 septembre 1960.)

Circulaires abrogées par la présente circulaire :

C.G. 177 du 10 janvier 1940.

C.G. 409 bis du 4 juillet 1946.

C.G. 700 du 8 janvier 1947.

C.G. 1272 du 2 décembre 1948, 2e partie II.

51-126 du 20 juin 1951.

53-190 du 30 décembre 1953.

55-33 du 7 mars 1955.

56-72 du 20 août 1956.

Circulaires modifiées ou complétées par la présente circulaire :

néant.

Paris, le 1er octobre 1960.

Le ministre de la construction à Messieurs les préfets, Monsieur le commissaire à la construction et à l'urbanisme pour la région parisienne, Messieurs les directeurs départementaux du ministère de la construction.

La législation relative aux changements d'affectation et aux démolitions de locaux a été très sensiblement modifiée par l'ordonnance n° 58-1461 du 31 décembre 1958 (publiée au *Journal officiel* du 4 janvier 1959).

D'autre part, les décrets n° 58-1460 et n° 58-1461 du 31 décembre 1958 (*Journal officiel* du 4 janvier 1959), modifiés respectivement par les décrets n° 60-270 du 28 mars 1960 (*Journal officiel* du 30 mars 1960) et n° 60-370 du 15 avril 1960 (*Journal officiel* du 16 avril 1960), ont étendu les mesures de contrôle relatives aux extensions industrielles, commerciales ou administratives dans la région parisienne.

Ces mesures ont été, au surplus, renforcées par les dispositions de la loi n° 60-790 du 3 août 1960 (*Journal officiel* du 4 août 1960) et ses textes d'application (notamment le décret n° 60-942 du 6 septembre 1960) tendent à limiter l'extension des locaux à usage de bureaux et à usage industriel dans la région parisienne. Les dispositions de ces textes ont pour objet, d'une part, d'encourager, par l'octroi de primes, les suppressions de locaux industriels ou de bureaux et, d'autre part, de freiner, par la perception d'une redevance la construction des installations nouvelles dans les cas où elles seraient autorisées.

(1) Au moment où la nation fait un effort considérable de construction de logements, il ne peut être admis que cet effort puisse être en partie annulé par une diminution du nombre de locaux affectés à l'habitation et encore utilisables.

Maintenir le nombre de logements existants est donc une nécessité qui s'impose, du moins là où existe encore la crise du logement.

C'est pourquoi le législateur a donné aux préfets un pouvoir de décision et de contrôle en ce qui concerne :

– les changements d'affectation de locaux ;

– les démolitions des immeubles.

(2) Si la conservation des logements existants est en la matière le premier motif d'intérêt général qui justifie l'intervention de l'administration, les données de l'urbanisme ou de l'aménagement du territoire ne doivent pas être absentes de ses préoccupations : les règles relatives au zonage ou à la décentralisation doivent guider le sens des décisions à prendre.

Dans la région parisienne en particulier, la transformation de locaux en ateliers ou bureaux relève de la politique générale poursuivie en matière d'aménagement du territoire.

Cette politique a pour objectif à la fois de freiner la congestion croissante de cette région et de provoquer l'implantation en province d'activités nouvelles.

D'abord axée principalement sur le secteur industriel privé et public, l'action engagée a été étendue progressivement au secteur tertiaire, y compris les services et administrations relevant de l'État.

Cette action se traduit à la fois par une aide susceptible d'être accordée en faveur des opérations de décentralisation et par le contrôle des créations ou extensions d'ateliers et de bureaux dans la région parisienne.

Ce contrôle résulte de l'obligation d'obtenir un agrément du ministre de la construction pour les établissements ne relevant pas de l'État ou un avis favorable du « Comité de décentralisation », dont le secrétariat est assuré par les services du ministère de la construction, pour les établissements relevant de l'État.

Ainsi, les changements d'affectation de locaux dans la région parisienne sont soumis, d'une part, s'il y a lieu, à cet agrément ou avis favorable et, d'autre part, à l'autorisation préfectorale visée ci-dessus, toujours obligatoire.

Par ailleurs, la loi du 2 août 1960 complète la réglementation des transformations de locaux résultant de l'article 340 du code de l'urbanisme et de l'habitation. Mais s'ils sont parallèles, les deux régimes ne doivent pas se superposer. Il convenait donc d'exposer avec clarté les cas dans lesquels l'une des réglementations est applicable et non l'autre.

(3) Enfin les règles tracées par la présente circulaire, en tant qu'elles régissent les opérations de démolition entreprises par l'initiative privée, commandant en fait le développement de la rénovation urbaine par des voies de droit privé. Comme pour les opérations de rénovation entreprises par les collectivités publiques – dont la circulaire du 8 novembre 1959 a déterminé le cadre – il convient, pour les opérations de rénovation privées, de concilier avec l'intérêt général que présentent de telles entreprises, les intérêts personnels des locataires ou occupants et ceux des propriétaires des immeubles qu'elles concernent.

Compte tenu de ces trois ordres de préoccupations, la présente circulaire a pour objet de donner des instructions complètes pour la délivrance des autorisations préfectorales en matière de changements d'affectation et de démolition de locaux. Elle abroge et remplace les circulaires antérieures traitant soit de l'ensemble de la question comme la circulaire n° 53-190 du 31 décembre 1953, soit de certains points particuliers, comme les autres circulaires ci-dessus visées.

Après avoir défini les principes généraux qui doivent régir les changements d'affectation et les démolitions de locaux (titres Ier et II), le présent document indique les procédures à suivre, la composition des dossiers et les clauses à introduire (titre III), les modalités de calcul et de réalisation des compensations éventuelles à exiger (titre IV) ; il traite ensuite des cas particuliers que posent les locaux neufs ou assimilés, reconstruits et H. L. M. (titre V), des règles spéciales applicables dans la région parisienne et à l'intérieur de cette région, dans les communes soumises aux dispositions de la loi du 2 août 1960 (titre VI), enfin des nouvelles sanctions édictées en matière de transformations et de démolitions illicites (titre VII).

Pour résumer l'ensemble des principes exposés, deux tableaux ont été joints en annexes IV et V, étant précisé que leur consultation ne peut dispenser de se référer à la circulaire elle-même qui seule vaut instruction.

Titre Ier
CHANGEMENTS D'AFFECTATION

Les articles 76 et 55 de la loi du 1er septembre 1948 ont été abrogés par l'ordonnance n° 58-1441 du 31 décembre 1958. La nouvelle réglementation a été incorporée au code de l'urbanisme et de l'habitation (art. 340, 340-I, 341 et 351) dans lequel figurait déjà l'ancienne réglementation des démolitions (anciens art. 340 et 341).

§ A. – Champ d'application territorial

(4) I. – Toute référence à l'existence d'un service du logement ou de la taxe de compensation sur les locaux inoccupés ou insuffisamment occupés est désormais abandonnée.

En vertu de l'article 340 nouveau du code de l'urbanisme et de l'habitation, les transformations de locaux (comme les démolitions, voir ci-dessous titre II) sont interdites dans les communes visées à l'article 10 (7e) de la loi du 1er septembre 1948 tel qu'il a été lui-même modifié par l'ordonnance n° 58-1343 du 27 décembre 1958 (*Journal officiel du 28 décembre*). Le critère choisi réalise l'unification du champ d'application territorial des mesures prises pour remédier à la crise du logement, qu'il s'agisse soit des conditions d'occupation suffisante des locaux d'habitation auquel est subordonné le droit au maintien dans les lieux, soit des transformations et des démolitions[1].

Les communes énumérées à l'article 10 (7e) sont les suivantes :

a) Paris ;

b) Les communes situées dans un rayon de 50 km des anciennes fortifications de Paris, soit au total 1 192 communes dont les 80 communes du département de la Seine, 645 en Seine-et-Oise, 277 en Seine-et-Marne et 190 dans l'Oise. Certaines de ces communes entrent également, en raison de leur chiffre de population, dans la catégorie suivante :

c) Les communes dont la population municipale est égale ou supérieure à 10 000 habitants. Il est rappelé, à ce sujet, que le chiffre de population à retenir est celui de la population municipale totale déterminé compte tenu des dispositions de l'article 2 du décret n° 54-297 du 15 mars 1954 déclarant la nécessité d'un nouveau dénombrement général de la population (*Journal officiel* du 20 mars). Cet article énumère les catégories de personnes qui ne doivent pas être prises en considération pour déterminer le chiffre de la population municipale totale (occupants des casernes, hôpitaux, asiles, prisons, etc.) ;

d) Les communes n'entrent pas dans l'une des catégories précédentes mais auxquelles l'article 10 (7e) aura été rendu applicable par décret pris sur le rapport du ministre de la construction. À la date de la présente circulaire, aucun décret n'a encore été pris en ce sens.

II. – En vertu de l'article 341 du code de l'urbanisme et de l'habitation, les dispositions de l'article 340 peuvent être étendues à d'autres communes par arrêté du ministre de la

(1) Voir cependant le champ d'application particulier à la catégorie de locaux visés au numéro 8.

construction pris après avis du maire ou du préfet. Une telle extension n'entraînant que le contrôle des changements d'affectation et des démolitions sans celui des conditions d'occupation ne pourrait être consentie qu'exceptionnellement.

III. – Dans les localités entrant dans l'énumération ci-dessus visée, mais qui présentent le caractère de stations balnéaires, climatiques ou thermales, classées ou en voie de classement, demeurent néanmoins exclus du champ d'application de la réglementation les locaux qui, avant le 2 septembre 1939, étaient habituellement affectés à la location saisonnière ou occupés pendant la saison par leur propriétaire (art. 340-1). Ces locaux peuvent, en conséquence, faire notamment l'objet d'une location en meublé présentant un caractère commercial.

§ B. – Locaux dont la transformation est soumise à autorisation

(5) La nouvelle réglementation, à la différence de la loi du 1er septembre 1948, vise non seulement les locaux anciens, mais également les locaux neufs ou assimilés, qu'ils aient été ou non construits avec l'aide financière de l'État. En ce qui concerne les locaux neufs, l'autorisation est nécessaire, que le local considéré soit terminé ou en cours de construction ou même qu'il ait fait seulement l'objet d'un permis de construire délivré au moment de la demande de transformation.

Les locaux dont la transformation est soumise à autorisation sont :

(6) *I. – Les locaux occupés par des personnes privées* :

a) À usage d'habitation (art. 340-1°) ainsi que les meublés, hôtels, pensions de famille et établissements similaires (art. 340-2°) qui, bien que présentant juridiquement un caractère commercial, sont affectés à l'habitation :

b) À usage professionnel (art. 340-2°), cet usage s'entendant de l'exercice d'une profession non commerciale ;

c) À usage administratif (art. 340-2°), c'est-à-dire utilisés par un organisme administratif privé que son caractère juridique et le régime fiscal auquel il est soumis ne permettent pas de considérer comme présentant un caractère commercial (syndicats professionnels, associations règles par la loi du 1er juillet 1901, sociétés civiles, etc.).

(7) *II. – Les locaux loués par des administrations publiques de l'État, des départements et des communes ou par des établissements publics.*

Ces locaux ne peuvent, à l'expiration des baux, être affectés qu'à l'habitation (loi du 1er septembre 1948, articles 2 et 9). Leur changement d'affectation éventuel entre donc dans le champ d'application de l'article 340-1°.

(8) III. – *Les locaux acquis à un titre quelconque par les établissements publics de toute nature ; les offices, les entreprises publiques et nationalisées, les organismes de sécurité sociale soumis au contrôle de la cour des comptes et d'une manière générale, tous les organismes dans lesquels l'État dispose d'une participation financière majoritaire et qui étaient affectée antérieurement à usage d'habitation ou qui sont susceptibles d'être utilisés à cet usage.*

Ces locaux ne peuvent, lors de leur cession, être utilisés que pour l'habitation, sauf impossibilités techniques dûment constatées par la commission centrale de contrôle des opérations immobilières (loi n° 53-318 du 15 avril 1953, art. 8).

Il en résulte que, si les locaux dont il s'agit sont destinés à être utilisés par le cessionnaire à un usage autre que l'habitation, celui-ci est tenu de solliciter préalablement l'autorisation de transformation prévue par l'article 340-1°. L'enquête technique destinée à établir la possibilité ou l'impossibilité d'affecter lesdits locaux à l'habitation est effectuée, sur la demande du cédant ou du cessionnaire, par le service municipal du logement ou le maire en liaison avec le directeur départemental du ministère de la construction.

Les dispositions du présent paragraphe ont toutefois un champ d'application territorial différent de celui de l'article 340 du code de l'urbanisme et de l'habitation et concernent les communes visées par l'article 14 du décret n° 49-1209 du 28 août 1949, c'est-à-dire :

1° Les villes, chefs-lieux de département ;

2° Les villes qui sont tenues d'avoir un projet d'aménagement en application de l'article 6 du décret n° 58-1463 du 31 décembre 1958 ;

3° Les autres villes dont la liste sera établie par la commission centrale sur proposition du préfet après avis de la commission départementale de contrôle des opérations immobilières.

(9) *IV. – Les locaux utilisés commercialement avant le 1er juin 1948 et postérieurement affectés à l'habitation.*

Ces locaux étaient, exclus de l'application de l'article 76 de la loi du 1er septembre 1948 en vertu de l'article 3, 2e paragraphe, de cette loi. Mais l'article 340 du code de l'urbanisme et de l'habitation ne contenant pas de disposition analogue, les locaux de cette catégorie ne peuvent être réutilisés commercialement sans autorisation (cf. d'autre part n° 76).

§ C. – Conditions d'octroi des autorisations de transformation

Ces conditions diffèrent suivant l'affectation qui doit être donnée au local considéré.

Elles sont applicables en général à tous les locaux, sauf indications contraires données ci-dessous au titre V pour certains cas particuliers et au titre VI pour les locaux situés dans la région parisienne.

I. – Affectation à une activité commerciale ou artisanale.

(10) a) Autorisation personnelle, précaire et révocable.

Conditions de l'autorisation :

En vertu des instructions données antérieurement, une telle autorisation pouvait être délivrée à un commerçant ou à un artisan pour lui permettre d'exercer son activité dans une partie de son logement le surplus demeurant affecté à l'habitation.

Cette possibilité est maintenue, mais étant donné qu'elle est essentiellement subordonnée à la condition que le local du demandeur conserve son caractère de local d'habitation, elle doit être assortie des conditions suivantes :

1° Si le local sur lequel porte la demande d'autorisation fait l'objet d'une location, il importe de vérifier que cette dernière a bien été consentie à usage d'habitation dans le cadre des dispositions de la loi du 1er septembre 1948 sur les loyers, notamment au regard du prix du loyer. Rien ne s'oppose d'ailleurs à ce qu'il soit fait mention, dans l'acte, de l'autorisation à solliciter (ou déjà obtenue) de l'administration, en application de l'article 340 du code de l'urbanisme et de l'habitation, en vue d'exercer temporairement dans les lieux une activité professionnelle.

En toute hypothèse, le commerçant ou l'artisan demandeur doit être invité à produire une attestation du propriétaire mentionnant que, la location originaire devant d'après leur volonté réciproque conserver un caractère d'habitation, il reconnaît, en ce qui le concerne, au locataire ou occupant, la faculté d'exercer son activité dans une partie de son logement, dans les conditions où l'intéressé y sera lui-même autorisé par l'administration. Un modèle d'attestation figure en annexe de la présente circulaire (annexe I).

En règle générale, la jurisprudence tient compte, en effet, pour déterminer la nature d'un bail concernant des locaux utilisés à la fois pour l'habitation et pour l'exercice d'un commerce, de la destination que, dans leur commune intention, les parties ont entendu donner au local loué. Cette intention s'apprécie, en particulier, d'après l'importance respective de la partie réservée au logement et de celle affectée à l'activité professionnelle ;

2° Le demandeur doit remplir, en prenant en considération la totalité de son local, les conditions d'occupation suffisantes fixées par l'article 4 du décret n° 55-933 du 11 juillet 1955. Aux locaux neufs construits avec l'aide d'une prime à la construction, cette condition ne sera appliquée cependant qu'en prenant en considération la seule partie du local ne faisant pas l'objet de la transformation ;

3° L'autorisation préfectorale doit mentionner expressément le nombre total de places habitables du local et le nombre de celles pouvant être utilisées professionnellement ;

4° L'autorisation doit interdire toute transformation matérielle telle que pose d'une devanture, ouverture d'une porte sur rue, de nature à conférer à tout ou partie du local un caractère commercial ;

5° L'autorisation doit préciser qu'en raison de sa nature, elle ne saurait être cédée à un tiers au cas où le bénéficiaire viendrait à quitter les lieux ;

6° Elle doit être notifiée par lettre recommandée avec demande d'avis de réception non seulement au demandeur, mais, si celui-ci est locataire ou occupant, au propriétaire et au gérant.

(11) *Situation des artisans* :

La loi n° 57-6 du 5 janvier 1957 (*Journal officiel* du 6 janvier) modifiant et complétant l'article 1er du décret n° 53-960 du 30 septembre 1953, a étendu le régime de la propriété commerciale aux artisans, qu'ils accomplissent ou non des actes de commerce. Ceux des intéressés dont le bail est antérieur à la promulgation de la loi précitée ont été soumis au même régime dès lors qu'à la date de cette promulgation, le bail était en cours ou tacitement reconstruit ou que le locataire avait la qualité d'occupant régulièrement maintenu dans les lieux (art. 12 de la loi du 5 janvier 1957).

Les prescriptions figurant ci-dessous ne concernent pas les artisans titulaires d'un bail antérieur à la publication de la présente circulaire, mais seulement ceux qui obtiennent une location postérieurement à cette publication ainsi que les personnes désirant exercer à leur domicile une activité artisanale qu'elles n'y exerçaient pas auparavant.

Les intéressés peuvent obtenir une autorisation personnelle, précaire et révocable, sous réserve de l'observation de l'ensemble des conditions énumérées ci-dessus.

Cette solution présente l'avantage de ne pas mettre en difficulté toute une catégorie de petits artisans (couturières, modistes, horlogers, etc.) qui peuvent exercer leur activité à leur domicile particulier sans qu'il en résulte de préjudice pour la politique du logement, compte tenu de ce que les intéressés n'auront pas, en réalité, de fonds de commerce à céder et ne pourront donc se prévaloir de la loi du 5 janvier 1957.

Il en est de même pour les artisans, tels que peintres, plombiers, maçons, électriciens, qui ne possèdent pas de magasin de vente et exercent leur activité chez les clients. Il ne paraît pas qu'il y ait lieu de leur refuser l'autorisation de s'inscrire au registre des métiers à l'adresse de leur domicile, et même d'entreposer du petit matériel dans une partie réduite de leur logement.

L'autorisation personnelle, précaire et révocable ne saurait, par contre, être délivrée à un artisan pas plus qu'à un commerçant, lorsque l'exercice de l'activité professionnelle s'avère, en raison de sa nature ou de son importance, incompatible avec les conditions ci-dessus exprimées.

Installation du siège social d'une société commerciale dans un local d'habitation :

(12) Il m'a été signalé que des demandes étaient fréquemment présentées tendant à la domiciliation du siège social d'une société commerciale dans un local d'habitation. Statuant sur des litiges survenus entre bailleur et locataire, la cour de cassation a décidé, à diverses reprises (Cass. soc. 15 janvier 1954, 11 mai 1956, 5 décembre 1957, 4 janvier 1958) que la simple domiciliation d'une entreprise commerciale dans les lieux loués, par exemple

l'établissement du siège social d'une société commerciale, suffit pour qu'il y ait affectation commerciale et pour faire encourir au locataire la perte du droit au maintien dans les lieux. Je n'estime pas, toutefois, sous réserve des décisions judiciaires qui pourraient éventuellement intervenir et conduire à réviser la présente position, qu'on puisse considérer qu'une telle domiciliation opère la transformation d'un local d'habitation en local commercial au sens de l'article 340, étant observé au surplus que la domiciliation s'avère dans bien des cas faite uniquement en vue du bon accomplissement d'un certain nombre de formalités juridiques et n'entraîne pas l'exercice d'une activité commerciale dans le local. Lorsqu'il en est ainsi, et seulement dans ce cas, une autorisation personnelle, précaire et révocable peut donc être accordée en vue de cette domiciliation sur production d'une attestation du propriétaire du modèle ci-annexé (annexe 1).

b) Autorisation de transformation définitive :

(13) Les autorisations de transformation définitive peuvent être délivrées dans les conditions suivantes :

1° En vertu des instructions antérieures, une autorisation de cette nature pouvait être accordée à un commerçant qui entendait devenir titulaire d'un bail commercial. Elle était subordonnée à la réalisation d'une compensation et conférait un caractère commercial définitif du local.

Sous réserve des prescriptions figurant au 2° ci-dessous, les commerçants ou artisans peuvent continuer à obtenir une telle autorisation, l'obligation de réaliser une compensation étant elle-même maintenue (voir titre IV).

Cette condition est également exigée lorsque l'autorisation sollicitée porte sur la majeure partie du local en raison des risques de commercialisation qu'une telle demande comporte.

Il en est de même dans le cas où la ou les pièces destinées à l'exercice de l'activité professionnelle doivent faire l'objet de travaux de transformation ou d'aménagement de nature à conférer définitivement auxdites pièces un caractère commercial susceptible de s'étendre par la suite à l'ensemble du local. L'étendue de la compensation sera d'ailleurs différente selon que le demandeur obtiendra un bail commercial portant sur les seules pièces transformées et un bail d'habitation sur le reste du local ou obtiendra un bail commercial englobant la totalité du local loué.

(14) 2° J'insiste particulièrement sur le fait qu'aucune autorisation ne doit être accordée, même moyennant une compensation, en vue de la transformation des locaux d'habitation qui sont effectivement habités au moment du dépôt de la demande d'autorisation ou parfaitement propres à l'habitation.

(15) Cette règle peut subir des dérogations limitées au prix d'une compensation majorée (cf. n° 61) :

Lorsque l'appartement à transformer se trouve dans un immeuble situé en dehors d'une zone de protection spéciale de l'habitation et que cet immeuble comporte déjà plusieurs locaux commerciaux.

Lorsque le local faisant l'objet de la demande d'autorisation se prête mal à l'habitation du fait de la disposition des pièces ou de leurs dimensions trop importantes (hôtels particuliers).

(16) 3° Lorsque la demande présentée par le propriétaire porte sur un local occupé par un tiers, l'autorisation doit préciser qu'elle ne saurait en aucun cas porter préjudice à l'exercice des droits que l'occupant peut tenir de son titre d'occupation.

Il doit y être mentionné, le cas échéant, qu'elle ne dispense pas le requérant de solliciter le permis de construire pour l'exécution des travaux ou aménagements subordonnés à l'obtention de ce permis.

(17) 4° L'autorisation de transformation doit être notifiée par lettre recommandée avec demande d'avis de réception, non seulement au demandeur, mais, si celui-ci est locataire ou occupant, au propriétaire et au gérant.

c) Contrôle des inscriptions au registre du commerce et au registre des métiers.

(18) L'application efficace des présentes directives implique le contrôle des inscriptions au registre du commerce et au registre des métiers.

En ce qui concerne les commerçants, les conditions de ce contrôle ont été déterminées par la lettre-circulaire n° 50-274 du 23 février 1954, étant précisé que le nouveau champ d'application de la réglementation a été porté à la connaissance des greffes des tribunaux de commerce et des tribunaux de grande instance statuant commercialement par M. le ministre de l'industrie et du commerce (lettre-circulaire n° 74-D. C. I./8 du 9 avril 1959).

Je rappelle, en effet, qu'à l'occasion de la réforme du registre du commerce réalisée par le décret n° 53-705 du 9 août 1953 (*Journal officiel* du 10 août), il a été prescrit à tout demandeur d'une inscription (ou d'une rectification) à ce registre dans une commune soumise à la réglementation des transformations de locaux, de remettre au greffier un certificat délivré par le maire (service municipal du logement s'il en existe un ; dans le cas contraire : bureau qualifié pour suivre les questions de logement). Ce certificat établit que le demandeur a déclaré à ce service du bureau la demande qu'il entend déposer au greffe pour être inscrit au registre du commerce à l'adresse du local devant constituer le siège de son activité (art. 3, III, de l'arrêté interministériel du 17 février 1954, *Journal officiel* du 21 février, pris en application de l'article 11 du décret du 6 janvier 1954). Ce certificat peut être conforme au modèle joint à la présente circulaire (annexe II) et doit être établi en double exemplaire, l'un étant remis au déclarant, l'autre conservé par le service.

Il est bien entendu que, pour rendre efficace la production d'une telle pièce, les services municipaux ne doivent pas se contenter de délivrer le certificat susvisé mais qu'ils doivent procéder, par la suite, à un contrôle de la situation juridique du local dans lequel le commerçant a installé son exploitation.

Lors de la délivrance du certificat, il peut être utilement remis au déclarant une notice analogue au modèle également ci-joint (annexe III) rappelant les dispositions des articles 340 et 351 du code de l'urbanisme et de l'habitation.

En ce qui concerne les artisans, il convient, dans l'attente de la réforme du registre des métiers, que les services du logement et les maires exercent le contrôle nécessaire par la consultation du *Bulletin officiel du registre du commerce et du registre des métiers* dans lequel sont obligatoirement publiées toutes les immatriculations, inscriptions, modifications et radiations au registre des métiers.

II. – Affectation à une activité libérale.

(19) Les dispositions extrêmement larges de l'article 76 (2e alinéa) de la loi du 1er septembre 1948, qui ouvraient, en fait, la possibilité d'affecter la totalité d'un appartement à l'exercice d'une profession libérale, n'ont pas été reproduites dans l'article 340 (3e alinéa) du code de l'urbanisme et de l'habitation (ordonnance n° 58-1441 du 31 décembre 1958). Aux termes de cet article : « Le préfet peut autoriser l'exercice, sous certaines conditions, dans une partie d'un local d'habitation, d'une profession qui ne puisse à aucun moment revêtir un caractère commercial si ce local constitue en même temps la résidence du demandeur ».

L'autorisation sollicitée par les personnes dont l'activité présente un caractère strictement libéral (médecin, architecte, avoué, avocat, notaire, etc.) ne peut donc désormais être accordée que dans les conditions suivantes :

(20) *a)* Autorisation personnelle, précaire et révocable.

Pour bénéficier d'une telle autorisation, le requérant doit :

1° Limiter l'exercice de sa profession à une partie seulement d'un local d'habitation dont l'importance est laissée à l'appréciation du préfet, compte tenu de la consistance de l'ensemble du local.

L'autorisation doit mentionner le nombre des pièces affectées à l'activité professionnelle ;

2° Posséder son habitation effective et celle de sa famille dans le local considéré ;

3° Remplir les conditions d'occupation suffisante à l'égard de la partie du local restant affectée au logement, étant donné qu'aux termes de l'article 4 du décret n° 55-933 du 11 juillet 1955 les pièces effectivement utilisées pour l'exercice d'une profession ne sont pas prises en considération pour déterminer les conditions d'occupation.

(21) Une seule dérogation à cette règle peut être admise dans le cas de première installation d'un jeune praticien célibataire, le nombre de pièces d'habitation pouvant alors être élargi à trois. La limitation à deux pièces risquerait, en effet, d'obliger l'intéressé à un déménagement rapproché dès l'apparition des premiers besoins familiaux éventuels, au moment où se forme la clientèle.

(22) MM. les préfets demeurent juges des conditions supplémentaires que les circonstances locales ou la nature d'une affaire déterminée sont susceptibles de justifier.

En toute hypothèse, l'autorisation doit préciser :

1° Qu'elle ne saurait profiter à un nouvel occupant au cas où le bénéficiaire viendrait à quitter les lieux. Il demeure entendu que le nouvel occupant, éventuellement le cessionnaire d'un bail professionnel, pourra obtenir l'autorisation susvisée dans les mêmes conditions que le précédent ;

2° Qu'elle ne saurait, en aucune manière, porter atteinte aux droits que le propriétaire entendrait éventuellement faire valoir pour interdire au bénéficiaire d'user de l'autorisation administrative, lorsque celui-ci n'a pas produit l'accord écrit de son bailleur.

b) Autorisation de transformation définitive.

(23) Une autorisation de cette nature peut être délivrée lorsque la demande de transformation affecte la totalité d'un local d'habitation ; mais elle est alors abandonnée à la réalisation d'une compensation dans les conditions fixées au titre IV ci-après.

(24) Il en est de même lorsque la transformation est sollicitée, par une personne morale : société civile, association, syndicat professionnel, etc.

Toute autorisation personnelle, précaire et révocable en définitive concernant l'exercice d'une activité libérale doit être notifiée aux parties intéressées dans les mêmes conditions que pour l'exercice d'une activité commerciale ou artisanale.

III. – Affectation à une association reconnue d'utilité publique.

(25) Les changements d'affectation ayant pour objet de permettre l'installation d'organismes de cette nature ne sont pas subordonnés à la réalisation d'une compensation, mais l'autorisation ne peut être consentie à l'association qu'à titre essentiellement personnel.

IV. – Affectation à des administrations ou établissements publics.

(26) D'une manière générale, les autorisations de changement d'affectation ne doivent être accordées à des administrations ou établissements publics qu'à titre exceptionnel.

En effet, la commission centrale et les commissions départementales de contrôle des opérations immobilières sont fréquemment saisies, par des administrations ou des établissements publics, de projets de location ou d'acquisition d'immeubles à usage d'habitation ou professionnel destinés à l'installation de leurs services.

Les commissions susvisées sont tenues de subordonner leur avis à l'octroi d'une dérogation aux dispositions de l'article 340 qui sont applicables aux opérations de l'espèce.

Le président de la commission centrale a appelé mon attention sur l'importance grandissante du nombre des autorisations délivrées au préjudice des intérêts du logement.

(27) Or, du fait que la réalisation d'une compensation ne peut être demandés aux administrations publiques, je me vois dans l'obligation d'insister particulièrement sur le caractère exceptionnel que doivent revêtir les autorisations accordées à ces personnes morales.

(28) Je recommande également qu'il soit veillé à ce que les locaux éventuellement libérés par les services administratifs soient réaffectés à l'habitation en application des dispositions légales (cf. ci-dessus n°s 7 et 8).

(29) Je rappelle d'ailleurs que seuls les services publics administratifs proprement dits sont dispensés de l'obligation de compensation, à l'exclusion des services publics industriels ou commerciaux ainsi que des caisses de sécurité sociale, de retraites ou d'allocations familiales. Ces derniers organismes demeurent tenus de fournir une compensation, celle-ci devant être imputées sur les fonds de gestion et non sur ceux d'action sociale qui sont déjà affectés normalement à des opérations de construction.

§ D. – Affectation de locaux nus à la location en meublé

I. – Locations en meublé à caractère commercial.

(30) La transformation en meublé des locaux nus, qu'ils soient neufs ou anciens, est prohibée par l'article 340, 1°, qui se réfère à la définition du loueur professionnel en meublé donnée par l'article 2 de la loi n° 49-458 du 2 avril 1949 modifiée par l'ordonnance n° 58-1008 du 24 octobre 1958 (*Journal officiel* du 28 octobre). Ce dernier texte a, en effet, abrogé l'article 14 de l'ordonnance du 11 octobre 1945 auquel il convenait de se reporter sous l'empire de l'article 76 de la loi du 1er septembre 1948 pour apprécier la qualité de loueur professionnel en meublé.

a*) Champ d'application de la prohibition* :

Définition du loueur professionnel en meublé.

(31) Le loueur professionnel en meublé, au sens de l'article 2 de la loi du 2 avril 1949 modifiée, est « le bailleur qui loue habituellement plusieurs logements meublés, que la location s'accompagne ou non de prestations secondaires telles que location de linge, nettoyage des locaux, préparations culinaires ».

Mais aux termes du deuxième alinéa, « N'est pas considéré comme exerçant la profession de loueur en meublé le bailleur d'une ou plusieurs pièces de sa propre habitation ».

(32) Ainsi, compte tenu de ce deuxième alinéa, la personne qui loue ou sous-loue en meublé une ou plusieurs pièces de sa propre habitation et en outre un autre logement n'a pas la qualité de loueur professionnel, sous réserve de l'appréciation souveraine des tribunaux.

Cette nouvelle définition exclut de tout caractère commercial pour les replacer dans le cadre de la loi du 1er septembre 1948, s'il s'agit d'un immeuble construit antérieurement à la promulgation de cette loi, la location ou la sous-location d'un seul logement meublé, quelle que soit l'importance de ce logement. De même et conformément à la position déjà préconisée dans la circulaire du 31 décembre 1953, relèvent également de cette dernière loi les locations ou sous-locations consenties par des personnes sur une partie de l'appartement qu'elles habitent, que cette partie soit ou non matériellement divisible du reste de l'appartement. Ainsi, la location ou sous-location meublée de deux chambres de bonnes isolées de l'appartement loué par un même bail ne constitue pas une opération commerciale.

(33) Le terme « habitation » figurant au deuxième alinéa de l'article 2 précité s'entend de la résidence principale du bailleur, à l'exclusion de toutes résidences secondaires ou occasionnelles[2].

Son interprétation est cependant susceptible d'être discutée lorsque l'habitation du bailleur est constituée non par un appartement unique, mais par un immeuble comportant plusieurs étages.

(2) Cf. également circulaire n° 800 du 10 mars 1959 du secrétaire d'État aux affaires économiques (Direction générale des prix et des enquêtes économiques, commissariat général aux prix).

Il semble pouvoir être admis, sous réserve de l'appréciation souveraine des tribunaux, que si le bailleur et les membres de sa famille n'occupaient pas eux-mêmes la totalité de l'immeuble au moment où la location ou la sous-location a été conclue, on ne puisse considérer l'ensemble dudit immeuble comme constituant « la propre habitation » du bailleur au sens du deuxième alinéa de l'article 2. En conséquence, la location ou sous-location à plusieurs personnes de plusieurs pièces de l'immeuble non comprises dans la partie constituant son propre logement doit être considérée comme une location ou une sous-location commerciale.

b) Dérogation à la prohibition : Conditions d'octroi de l'autorisation de louer en meublé – Contrôle.

(34) L'autorisation de transformer un local nu en meublé devant revêtir un caractère commercial ne peut être accordée que si un nouveau local d'habitation d'une surface au moins égale à celle du local à transformer est loué nu par le demandeur à titre de compensation (voir titre IV et, en ce qui concerne les locaux neufs, n°s 71 à 75 inclus).

J'insiste auprès de MM. les préfets sur le soin particulier que les services du contrôle économique doivent apporter à ce que leurs enquêtes concernant le classement et les prix de location des meublés professionnels soient effectuées en liaison étroite avec les services chargés eux-mêmes du contrôle des transformations de locaux. L'expérience a, en effet, démontré que de nombreuses transformations en meublé sont illégalement opérées dans un but spéculatif, au détriment des familles dépourvues de logement, à des taux de loyers exorbitants. Les contrevenants doivent être mis en demeure, sous peine de poursuites, de réaffecter les locaux à la location nue. Cette régularisation ne saurait porter préjudice à la situation des locataires, étant donné qu'aux termes du dernier alinéa de l'article 340 et nonobstant la nullité de la location en meublé l'intéressé bénéficie de plein droit, quelle que soit la date de son entrée dans le local du maintien dans les lieux prévu par les chapitres Ier et II du titre Ier de la loi du 1er septembre 1948.

II. – Locations en meublé à caractère non commercial

(35) Elles ne sont pas soumises à autorisation administrative. Toutefois, en ce qui concerne la réglementation des prix des loyers et du maintien dans les lieux, nous rappelons qu'elles sont régies soit par l'article 3 bis de la loi du 1er septembre 1948 modifiée, soit par les articles 43 et 45 de ce texte.

(36) Aux termes de l'article 3 bis, les locations consenties postérieurement au 1er janvier 1959 dans les communes d'une population inférieure à 10 000 habitants, à l'exclusion de celles situées dans un rayon de 50 km de l'emplacement des anciennes fortifications de Paris, échappent à la réglementation des prix des loyers et du maintien dans les lieux.

(37) Quant aux locations conclues dans toutes les communes antérieurement au 1er janvier 1959 ou, postérieurement à cette date, dans les communes d'une population supérieure à 10 000 habitants, elles sont soumises à la réglementation du prix des loyers édictée par l'article 43 de la loi du 1er septembre 1948 et du maintien dans les lieux visé par l'article 45 de ce texte.

Titre II
DÉMOLITIONS DE LOCAUX

(...)

Titre III
DÉPÔT ET INSTRUCTION DES DEMANDES D'AUTORISATION

(47) Les opérations de transformation et de démolition sont subordonnées à l'autorisation du préfet donnée après avis du maire et du directeur départemental du ministère de la construction (art. 340, 2e alinéa, et art. 340-2, 2e alinéa).

Cas général

(48) La demande doit être déposée à la mairie (au service municipal du logement s'il en existe un) du lieu de situation du local à transformer ou à démolir[3]. Elle doit notamment préciser :

Les conditions actuelles d'utilisation ou d'occupation du local ;

Les motifs de l'opération projetée ;

La nature et l'importance des travaux nécessaires en cas de transformation définitive entraînant une modification matérielle des lieux ou en cas de démolition partielle ;

Comporter l'accord écrit du propriétaire si la demande est présentée par le locataire.

La production de cet accord ne s'avère cependant pas indispensable lorsque le demandeur sollicite l'autorisation d'exercer à son domicile une profession libérale. Il est, en effet, de jurisprudence que la location d'un appartement à usage bourgeois ne s'oppose pas, en l'absence d'une clause restrictive spéciale insérée dans le bail, à ce que le preneur exerce dans les lieux une profession libérale.

(49) Lorsque la demande de transformation concerne un local neuf construit avec l'aide financière de l'État, elle doit obligatoirement être accompagnée de la copie certifiée conforme d'une demande de désistement de prime et de remboursement anticipé du prêt adressé au directeur départemental en même temps que la déclaration visée au n° 74 ci-après. Cette demande doit émaner du propriétaire du local considéré, éventuellement en cas de vente dudit local, du cédant lorsque celui-ci s'est réservé le bénéfice de la prime.

(50) La mairie ou le service municipal du logement procède à une enquête sur chacun des divers points exposés par le demandeur ainsi que sur l'opportunité de l'opération envisagée.

Chaque demande accompagnée des résultats de l'enquête et de l'avis du maire est transmise par ce dernier au directeur départemental du ministère de la construction dont la mission consiste, en particulier, à évaluer le montant de la compensation exigible en application de la présente circulaire. Le directeur départemental soumet ensuite la demande, accompagnée de son propre avis, à la décision du préfet[4]. Celui-ci notifie sa décision directement au requérant, une copie en étant adressée au directeur départemental et au maire intéressé.

Dans tous les cas où la décision préfectorale concernant une transformation ou une démolition n'est pas conforme à l'avis émis par le directeur départemental, le préfet adressera le dossier à titre d'information à l'administration centrale (direction de la législation et de la documentation, division des travaux législatifs, bureau du logement).

En cas de démolition, la décision préfectorale doit intervenir dans un délai de trois mois à compter de la réception de la demande (l'ancien délai était fixé à un mois).

(3) Des règles spéciales sont cependant applicables dans la région parisienne.

Dans le département de la Seine, qu'il s'agisse de locaux situés à Paris ou dans les communes suburbaines du département, les demandes doivent être adressées au service départemental du logement, 50, rue de Turbigo, à Paris : bureau de l'habitat et du contrôle des démolitions d'immeubles pour les démolitions et bureau du contrôle des transformations de locaux pour les changements d'affectation.

En ce qui concerne les communes des départements de Seine-et-Oise, Seine-et-Marne et Oise dans lesquelles la suppression de locaux industriels est susceptible d'ouvrir droit à la prime instituée par la loi n° 60-790 du 2 août 1960 (art. 3 du décret n° 60-942 du 5 septembre 1960), la demande d'autorisation de démolir des locaux de cette nature devra être adressée de préférence directement au directeur départemental du ministère de la construction.

(4) À titre exceptionnel, s'agissant de locaux industriels situés dans les communes visées au renvoi (1) ci-dessus, l'autorisation de démolir sera délivrée par le directeur départemental du ministère de la construction auquel chaque préfet intéressé aura délégué le pouvoir qu'il détient en vertu de l'article 340-2 du code de l'urbanisme et de l'habitation. L'autorisation de démolir et la décision de liquidation de prime feront l'objet d'un document unique.

Titre IV
COMPENSATIONS

(51) La réglementation des changements d'affectation et de démolitions de locaux visés à l'article 340-2 a pour objet d'éviter la diminution des ressources en logements déjà existants ou en locaux susceptibles d'être utilisés pour l'habitation. Les autorisations de transformation totale ou de démolition ne peuvent donc être délivrées que dans la mesure où elles n'ont pas, en définitive, pour effet de provoquer une telle diminution. Tout demandeur doit, en conséquence, être formellement invité à fournir une contrepartie, selon l'une des modalités exposées aux n°s 53 à 56 inclus.

(52) Lorsqu'il s'agit, en revanche, d'une démolition entreprise au titre de l'article II de la loi du 1er septembre 1948, cette opération étant, en toute hypothèse, suivie de la reconstruction d'un immeuble d'habitation, il n'y a pas à prescrire de compensation ; il convient seulement, pour tenir compte de la surface d'habitation supprimée, de procéder à un abattement sur la surface du nouvel immeuble devant donner lieu à l'octroi des primes et des prêts spéciaux du Crédit foncier. Cet abattement est déterminé en conformité des dispositions du n° 60 ci-dessous, sauf transmission éventuelle au service central ainsi qu'il est indiqué au n° 66.

§ A. – Modes de réalisation des compensations

Cas général

(53) Il est, tout d'abord, admis que le débiteur de la compensation peut la réaliser en affectant jusqu'à due concurrence des locaux commerciaux à l'habitation.

(54) En outre, le débiteur de la compensation a le choix entre ceux des modes de réalisation énumérés ci-après, prévus par l'article 273 du code de l'urbanisme et de l'habitation (décret n° 53-701 du 9 août 1953 relatif à la participation des employeurs à l'effort de construction) et l'arrêté du 2 décembre 1953 auquel renvoie le dernier alinéa de cet article :

1° Les travaux de construction directe de logements qui, s'ils ne sont pas reconstruits sur le même emplacement après démolition, ne devront pas excéder les normes prévues pour les logements économiques et familiaux (arrêté du 14 avril 1960, *Journal officiel* du 15 avril). À titre exceptionnel, pourront être retenues les constructions présentant les normes fixées pour l'attribution de la prime à 6 NF ;

2° Les opérations de surélévation et d'addition de construction, ainsi que les travaux de mise en état d'habitabilité de locaux inhabitables dans leur état actuel ;

3° Les versements à fonds perdus à des groupements poursuivant, sans but lucratif, la construction de logements : groupements professionnels ou interprofessionnels, chambres de commerce, offices et sociétés d'habitations à loyer modéré par exemple ;

4° La participation sous forme de subventions ou de souscriptions d'actions ou d'obligations, aux opérations de construction effectuées par les organismes d'habitations à loyer modéré par des groupements à caractère désintéressé ou par des sociétés immobilières dont les statuts prévoient le réinvestissement des bénéfices dans la construction de logements, la rémunération des capitaux engagés étant limitée à 6 p. 100 et les titres étant incessibles pendant dix ans.

Si les sommes investies sous la forme d'une souscription d'actions ou d'obligations sont remboursées avant l'expiration d'un délai de dix ans, elles doivent, conformément aux prescriptions de l'article 5 du décret n° 53-1184 du 2 décembre 1953, être réinvesties sous l'une de ces mêmes formes pour la durée restant à courir et ce, dans un délai de trois mois à partir du remboursement.

5° Les subventions destinées à compléter les prêts accordés aux salariés du débiteur de la compensation, par des sociétés de crédit immobilier ou par le Crédit foncier de France.

(55) L'attention est appelée sur le fait que les compensations ne peuvent plus être réalisées sous la forme des prêts visés par l'article 273 du code de l'urbanisme et de l'habitation et ses textes d'application.

(56) Lorsque la compensation est réalisée par le moyen d'un investissement, le montant doit en être calculé sur la base de 600 NF par mètre carré de surface habitable à reconstituer.

(57) Bien entendu, la compensation ne peut, en aucun cas, tenir lieu de l'investissement imposé aux employeurs par l'article 273 susvisé.

L'article 275 du code de l'urbanisme et de l'habitation confiant aux agents du ministère de la construction le soin de contrôler ce dernier investissement, les directeurs départementaux qui sont, par ailleurs, avisés par les services préfectoraux des autorisations de transformation ou de démolition, possèdent les éléments d'information nécessaires à l'exercice d'un contrôle efficace.

§ B. – Lieu et date de réalisation des compensations

(58) Étant observé qu'il convient de reconstituer les ressources en logements de la commune où se trouve situé le local à transformer ou à démolir, les nouveaux logements doivent, en principe, être édifiés dans cette commune où tout au moins dans la même agglomération. Il convient donc que l'investissement soit effectué en faveur d'un organisme dont le programme de construction doit être réalisé dans la localité considérée. Ce n'est qu'à titre tout à fait exceptionnel que les locaux de compensation pourront être construits dans une autre commune. En pareil cas, MM. les préfets devront m'adresser, sous le présent timbre, les demandes de l'espèce accompagnées de leur avis motivé.

Il importe également que la compensation soit directement liée à l'opération de démolition ou de transformation et qu'elle soit, de ce fait, distincte d'un programme de construction que le demandeur aurait déjà réalisé dans le passé ou qu'il se proposerait d'entreprendre dans l'avenir.

En matière de transformation, la compensation peut être fournie par le propriétaire ou par le locataire des locaux transformés.

C. – Mode de calcul des compensations

I. – Principe général

(59) En principe, la compensation doit permettre la reconstitution d'une superficie habitable au moins égale à la superficie des locaux à transformer. Elle doit donc être calculée d'après cette dernière.

II. – Locaux se prêtant mal à l'habitation.

(60) Toutefois, pour les locaux se prêtant mal à l'habitation, du fait par exemple de la disposition des pièces ou de leurs dimensions trop importantes (hôtels particuliers notamment) ou de l'inexistence du plus élémentaire confort ou encore de leur vétusté, des abattements, plus ou moins importants suivant les cas, peuvent être consentis au bénéficiaire de la dérogation qui est ainsi appelé à construire une superficie habitable de moindre importance la définition de la superficie habitable est celle prévue à l'article 4 du décret n° 50-898 du 2 août 1950 relatif aux primes à la construction, *Journal officiel* du 3 août 1950).

Il est apparu que, pour déterminer de la manière à la fois la plus simple et la plus satisfaisante pour les intérêts du logement l'équivalence superficielle des locaux qui ne sont pas parfaitement propres à l'habitation, il convenait de se conformer au mode de calcul suivant.

Chaque pièce du local à transformer ou à démolir considérée comme habitable au sens défini par l'article 2 du décret n° 48-1766 du 22 novembre 1948 modifié doit être compensée par une superficie du remplacement égale à la surface réelle ; les pièces habitables ne doivent toutefois pas être décomptées pour plus de 30 m² et les pièces secondaires pour plus de 9 m² : les annexes sont négligées. Par référence aux préoccupations qui ont inspiré l'article 11 de la loi du 1er septembre 1948, il y a lieu d'affecter l'équivalence ainsi obtenue d'une majoration de 10 p. 100, afin d'aboutir à une augmentation de la superficie habitable à reconstituer.

Exemple : soit un hôtel particulier de 350 m^2 comprenant deux pièces habitables de 50 m^2, trois pièces habitables de 33 m^2, une de 12 m^2, une de 10 m^2, six pièces secondaires de 9,50 m^2 et une de 6 m^2 plus les annexes, la surface de la compensation à exiger serait de :

$(30\ m^2 \times 5) + 12\ m^2 + 10\ m^2 + (9\ m^2 \times 6) + 6\ m^2 = 232 + 232 \times 10/100 = 255\ m^2$

III. – Locaux habités lors du dépôt de la demande.

(61) Par contre, dans le cas où une autorisation de changement d'affectation est exceptionnellement accordée pour un local habité au moment du dépôt de la demande d'autorisation ou parfaitement propre à l'habitation (cf. n° 15), la compensation doit être fixée à un chiffre supérieur de 20 p. 100 au minimum à la superficie réelle du local à transformer ou à démolir.

Il appartient à MM. les préfets de fixer, en liaison avec les directeurs départementaux, la surface habitable qui peut être exigée en contrepartie des autorisations sollicitées.

Pour éviter les contestations toujours possibles, il importe que l'arrêté d'autorisation mentionne la surface habitable demandée en compensation.

IV. – Locaux non encore habités lors du dépôt de la demande.

(61 *bis*) Aucune compensation ne sera exigée si, lors du dépôt de la demande d'autorisation, le local n'a pas encore été effectivement habité.

§ D. – Financement des locaux de compensation

(62) En cas de construction directe des locaux de compensation par les soins du bénéficiaire, ce financement doit être assuré sans que l'intéressé puisse prétendre au bénéfice des primes à la construction, ni des prêts spéciaux du Crédit foncier ou du Sous-Comptoir des entrepreneurs, non plus que du concours du fonds national d'amélioration de l'habitat en cas d'aménagement de locaux et plus généralement du concours financier de l'État. Étant donné qu'en définitive, il importe de reconstituer la surface en logement supprimée, la position contraire aboutirait indirectement à faire financer par l'État la création de locaux commerciaux ou administratifs. L'arrêté d'autorisation doit préciser que la surface de compensation ne donnera pas droit aux primes à la construction.

(63) Ces primes ainsi que les prêts spéciaux peuvent, par contre, être consentie pour la partie des locaux construits en excédent de la surface de compensation. En pareil cas, le directeur départemental doit en faire mention dans la décision provisoire attributive de la prime.

(64) Mais, lorsque le bénéficiaire de l'autorisation réalise la compensation à l'aide d'un versement à fonds perdus ou sous forme de subvention ou de tout autre versement à l'un des organismes prévus par l'article 273 du code de l'urbanisme et de l'habitation, n'entraînant pas, pour le souscripteur, la propriété du logement construit à l'aide de ce versement, l'organisme constructeur pourra bénéficier des primes et des prêts spéciaux pour la totalité du programme dans lequel les fonds seront investis.

(65) Il importe que l'arrêté d'autorisation mentionne le mode de réalisation de la compensation, en indiquant, lorsqu'elle consiste en une construction réalisée directement par le bénéficiaire, la surface de cette construction et son emplacement exact.

(66) En cas de démolition d'un immeuble d'habitation effectuée au titre de l'article 340-2 ou de démolition d'un hôtel ou d'une maison meublée soumise à l'obligation de compensation, il sera opportun, dans bien des cas, notamment si cette opération affecte un immeuble vétuste ou facilite la réalisation d'une opération d'urbanisme, d'apporter un assouplissement à la règle figurant au premier alinéa du présent paragraphe. Le bénéfice des primes à la construction pourra alors être calculé sans tenir compte de la totalité de la surface de compensation. Il pourra en être de même lorsque le bénéficiaire s'engagera à reconstruire une surface très supérieure à la surface de compensation. À cet effet, la demande sera

adressée par le directeur départemental avec son avis motivé, au service central (sous-direction de l'aide à la construction privée) en vue de son examen par la commission consultative des primes à la construction.

§ E. – Destination des locaux de compensation

(67) Ces locaux doivent être loués nus pour une période de cinq ans au minimum.

§ F. – Date d'application du présent titre

(68) Les dispositions du présent titre doivent être appliquées aux demandes qui seront déposées postérieurement à la date de la présente circulaire.

TITRE V
CAS PARTICULIERS

§ A. – Locaux construits après le 1er septembre 1948

(Soit terminés, soit en cours de construction au moment de la demande ou ayant seulement fait l'objet d'un permis de construire)

a) Autorisation de transformation personnelle, précaire et révocable.

(69) Lorsque le propriétaire ou le locataire d'un local construit sans l'aide financière de l'État sollicite l'autorisation d'exercer son activité professionnelle dans une partie de ce local, l'octroi de cette autorisation n'est subordonné à aucune condition particulière.

(70) Si le local a été construit avec l'aide financière de l'État, il y a lieu d'observer les prescriptions figurant aux n° 10 (Affectation à une activité commerciale ou artisanale) ou 20 (Affectation à une activité libérale).

b) Autorisation de transformation définitive ou de démolition.

(71) Il appartient à MM. les préfets d'apprécier en premier lieu l'opportunité d'autoriser la transformation ou la démolition lorsque l'autorisation paraît pouvoir être délivrée.

Si le local a été construit avec l'aide financière de l'État, cette autorisation est subordonnée à la réalisation d'une compensation évaluée dans les mêmes conditions que pour les locaux situés dans les immeubles anciens et nécessairement majorés puisque les normes du local considéré répondent en principe à toutes les conditions d'habitabilité voulues (cf. n° 61).

Toutefois, si le local n'a jamais encore été habité, aucune compensation ne sera exigible.

(72) Si le local à transformer ou à démolir a été édifié sans l'aide financière de l'État, la compensation n'est pas exigible.

(73) L'autorisation ne peut bien entendu, dans un cas comme dans l'autre, être accordée si l'opération se révélait contraire à la réglementation relative au zonage ou si l'agrément ou l'avis favorable relatif à la décentralisation de la région parisienne n'a pas été délivré (cf. nos 84 et 89).

c) Incidence des transformations en matière de primes et prêts.

(74) Les changements d'occupation ou d'utilisation concernant des locaux construits avec l'aide de primes à la construction doivent être déclarés par lettre recommandée adressée au directeur départemental du ministère de la construction, dans le délai d'un mois à dater de leur réalisation en application de l'article 12 du décret n° 50-898 du 2 août 1950 relatif aux primes à la construction. Il y aura lieu de rappeler cette obligation lors de la délivrance de l'autorisation de changement d'affectation.

(75) La transformation partielle ou totale, provisoire ou définitive, d'un local neuf en local commercial ou professionnel ou sa location en meublé à titre permanent, même si le bailleur ne présente pas la qualité de loueur professionnel, entraîne la suppression totale ou partielle des primes et le remboursement total ou partiel des prêts spéciaux à la construction en application de l'article 12, 1er alinéa du décret du 2 août 1950 susvisé et de l'article 6 du décret n° 58-887 du 25 septembre 1958 relatif aux bonifications d'intérêt, modifié par le décret du 8 août 1960.

Il appartient au directeur départemental de faire application de ces principes en conformité avec les dispositions de l'arrêté du 16 mars 1953 modifiant l'arrêté du 2 août 1950 (*Journal officiel* du 17 mars) et de la circulaire n° 53-119 du 12 août 1953 complétée par les circulaires ultérieures.

Il est rappelé qu'en pareille matière, les directives applicables sont les suivantes :

1° La prime est supprimée et le prêt est immédiatement remboursé pour la partie du local affectée à l'exercice de la profession libérale ou commerciale ;

2° Si la profession présente un caractère libéral et que le local ait été primé à 10 NF, la prime est ramenée à 6 NF pour la partie habitation.

Si la profession présente un caractère commercial, la prime est ramenée à 3 NF pour la partie habitation, que le local ait été primé à 10 NF ou à 6 NF,

Lorsque la décision de prime sera intervenue postérieurement au 31 décembre 1958, la bonification d'intérêt sera réduite ou supprimée dans les conditions qui ont été indiquées aux l° et 2° ci-dessus pour la prime et le prêt spécial sera lui-même réduit ou supprimé :

3° Si la profession présente un caractère artisanal, la prime est maintenue au taux de 10 NF ou 6 NF initialement fixé pour la totalité du local (art. 8, § VIII, de la loi n° 57-908 du 7 août 1957).

L'ensemble de ces règles vaut pour le propriétaire occupant lui-même son appartement ou pour son locataire. Cependant pour ne pas décourager les locations de locaux neufs, la commission consultative des primes adopte généralement une position plus souple consistant à maintenir la prime au taux initial. Le directeur départemental devra transmettre le dossier au service central qui saisira la commission.

§ B. – Locaux utilisés commercialement avant le 1er juin 1948 et affectés ultérieurement à l'habitation

(76) En l'absence, dans l'article 340 du code de l'urbanisme et de l'habitation, de dispositions analogues à celles de l'article 3 de la loi du 1er septembre 1948 modifiée, la réutilisation commerciale de ces locaux est soumise à autorisation et le bénéficiaire est tenu de l'obligation de compensation dans les mêmes conditions que si les locaux en cause n'avaient jamais été affectés à usage commercial.

§ C. – Locaux sinistrés reconstruits

(77) Ces immeubles sont soumis à la réglementation des changements d'affectation et des démolitions de locaux, étant observé d'une façon générale que l'octroi des autorisations prévues par les articles 340 et 340-2 du code de l'urbanisme et de l'habitation ne saurait porter atteinte aux conditions qui ont pu être imposées aux propriétaires de ces locaux à l'occasion de la reconstruction, sauf dérogation formelle accordée par l'administration. Il appartient au directeur départemental de faire connaître ces conditions dans son avis au préfet.

Les indications données ci-après concernent exclusivement les opérations de transformation, les opérations de démolition étant peu susceptibles de se présenter.

a) Transformation réalisée après la reconstruction.

(78) 1° L'ensemble des règles énoncées dans la présente circulaire en matière d'autorisation personnelle, précaire et révocable et d'autorisation de transformation définitive pour les logements anciens sont applicables aux locaux sinistrés, remis en état ou reconstruits.

(79) 2° Au cas où le local sinistré était situé dans une commune non visée à l'article 10, 7e alinéa, de la loi du 1er septembre 1948, mais où il a été reconstruit dans une commune visée à cet article à la suite d'une autorisation de transfert de l'indemnité de dommages de guerre, la transformation ultérieure de ce local est soumise à l'autorisation édictée par l'article 340.

Le demandeur devra, en pareil cas, justifier lors du dépôt de sa requête de l'obtention préalable d'une dérogation aux conditions qui lui avaient été imposées lors de l'octroi de l'autorisation de transfert. D'autre part, les obligations particulières de relogement ou d'autre nature auxquelles cette dernière autorisation aurait été subordonnée se trouveraient reportées sur les locaux de compensation que l'intéressé serait tenu de réaliser en conformité du titre IV.

b) Transformation réalisée à l'occasion de la reconstruction ou de la reconstitution.

(80) La règle applicable en pareil cas est que l'emploi de l'indemnité de dommages de guerre concernant un local d'habitation, professionnel ou administratif, à la reconstruction d'un local d'une autre nature est subordonné à l'autorisation prévue par l'article 31 de la loi du 28 octobre 1946 sur les dommages de guerre.

(81) La circulaire n° 60-8 du 25 janvier 1960 (cf. § 39) autorise cependant, à titre d'assouplissement, l'affectation à la reconstitution d'un bien de quelque nature qu'il soit, dans la mesure où le projet n'apparaît ni déraisonnable, ni somptuaire, des indemnités ou reliquats d'indemnités inférieures à 10.000 NF.

§ D. – Immeubles H. L. M.

(82) En attendant l'intervention d'instructions ultérieures en matière d'habitations à loyer modéré, il conviendra, dans le cadre de la présente circulaire, de suivre les prescriptions particulières suivantes :

1° Dans le cas de demandes visant des immeubles locatifs :

Les demandes de transformation définitive devant affecter la totalité d'un local ne seront pas recevables ;

Les demandes d'autorisation, à titre personnel, précaire et révocable affectant partiellement un local maintenu à destination principale d'habitation constituées et déposées selon les indications données au titre III seront transmises par le maire ou le service municipal du logement avec l'avis de l'organisme propriétaire au directeur départemental du ministère de la construction. Celui-ci saisira l'administration centrale (direction de la construction, service de l'aide à la construction, sous-direction des H. L. M., bureau des organismes) ;

2° Dans le cas de demandes visant des immeubles en accession à la propriété pendant la durée du concours de l'État :

Le dossier, en application de l'article 230 du code de l'urbanisme et de l'habitation, devra être soumis, par l'organisme par l'intermédiaire auquel ce concours a été obtenu, à l'examen du comité départemental des H. L. M.

Les demandes de transformation définitive devant affecter la totalité d'un local seront, bien entendu, rejetées.

TITRE VI
DISPOSITIONS SPÉCIALES APPLICABLES AUX LOCAUX SITUÉS DANS LA RÉGION PARISIENNE ET, À L'INTÉRIEUR DE CETTE RÉGION, DANS LES COMMUNES SOUMISES AUX DISPOSITIONS DE LA LOI N° 60-790 DU 2 AOÛT 1960 TENDANT À LIMITER L'EXTENSION DES LOCAUX À USAGE DE BUREAUX ET À USAGE INDUSTRIEL

Les règles générales exposées ci-dessus en matière d'autorisation personnelle précaire et révocable sont applicables. Il convient donc de se reporter en ce cas aux n°s 10, 11 et 12 (Affectation à une activité commerciale ou artisanale), 20, 21 et 22 (Affectation à une activité libérale) pour les locaux achevés avant le 1er septembre 1948 et aux n°s 69 et 70 pour les locaux achevés après cette date.

En matière d'autorisation définitive de transformation ou de démolition, les dispositions particulières suivantes sont applicables.

§ A. – Dispositions particulières applicables dans l'ensemble de la région parisienne

(83) Il est rappelé que dans la région parisienne telle qu'elle est définie par l'article 48 du code de l'urbanisme et de l'habitation – c'est-à-dire dans la Seine, la Seine-et-Oise, la Seine-et-Marne et les communes du département de l'Oise appartenant aux cantons de Creil, Neuilly-en-Thelle. Pont Sainte-Maxence, Senlis et Nanteuil-le-Haudoin – des mesures de contrôle ont été prises par les décrets n° 58-1460 et n° 58-1461 du 31 décembre 1958 modifiés en matière d'extensions industrielles, commerciales ou administratives.

I. – Application du décret n° 58-1460 du 31 décembre 1958 modifié.

(84) Toute construction de locaux industriels privés est subordonnée à un agrément du ministre de la construction lorsque l'établissement emploie, dans l'ensemble de la région parisienne, un effectif supérieur à cinquante personnes ou occupe dans l'ensemble de cette région, une superficie de planchers supérieure à 500 mètres carrés et que l'extension des locaux est égale ou supérieure à 10 p. 100 des surfaces de planchers utilisées au 5 janvier 1955.

(85) De même, dans cette région, est subordonnée au même agrément ministériel, toute construction de bureaux commerciaux ou professionnels privés dont la surface de planchers excède 500 mètres carrés.

(86) Est assimilée à une construction nouvelle pour l'application du décret précité, sous les mêmes conditions, la transformation en ateliers ou bureaux de locaux précédemment affectés à un autre usage, lorsque cette transformation comporte des travaux nécessitant l'intervention d'un permis de construire.

(87) L'application du décret n° 58-1460 du 31 décembre 1958 incombe au ministère de la construction (direction de l'aménagement du territoire, service des opérations d'aménagement national et régional, sous-direction du développement régional) auquel les demandes d'agrément doivent être présentées et qui fournit aux requérants toutes indications utiles à ce sujet.

(88) Les demandes d'autorisation préfectorale de changement d'affectation au titre de l'article 340 du code de l'urbanisme et de l'habitation devront être accompagnées d'une copie certifiée conforme de la décision d'agrément. Toutefois, pour éviter les retards provenant de la succession de deux instructions, le dossier de changement d'affectation pourra être reçu et son instruction pourra être faite sous réserve de la production de cette pièce, mais l'autorisation préfectorale ne pourra en aucun cas intervenir avant qu'il ait été justifié de l'agrément ministériel. En toute hypothèse, ce dernier agrément ne saurait engager la propre décision de l'autorité préfectorale au regard de l'article 340.

II. – Application du décret n° 58-1461 du 31 décembre 1958 modifié.

(89) Les services ou établissements civils ou militaires relevant de l'État ou soumis à son contrôle et dont l'activité est d'ordre administratif, industriel, commercial, scientifique, technique ou social, sont tenus de soumettre au comité de décentralisation tous leurs projets de création ou d'extension en région parisienne.

La réalisation de ces projets, notamment la faculté d'utiliser des bâtiments existants, est subordonnée à l'avis favorable de ce comité.

Il convient, en conséquence, qu'avant de procéder à l'étude de la demande de transformation sous l'angle de l'article 340 du code de l'urbanisme et de l'habitation, MM. les préfets intéressés transmettent cette demande au secrétariat du comité (ministère de la construction, direction de l'aménagement du territoire).

La délivrance de l'autorisation préfectorale de transformation est subordonnée à la production, par l'organisme demandeur d'une copie certifiée conforme de l'avis favorable du comité.

§ B. – Dispositions particulières applicables dans les communes soumises à la loi n° 60-790 du 2 août 1960

(90) Aux termes de l'article 9, dernier alinéa, de la loi du 2 août 1960, les locaux visés à l'article 340 du code de l'urbanisme et de l'habitation restent soumis aux seules dispositions de cet article.

Cependant, ledit article ne saurait être valablement mis en œuvre sans qu'il soit tenu compte des dispositions de la loi précitée, qui renforce elle-même la réglementation édictée par les décrets du 31 décembre 1958.

I. – Transformations de locaux à l'intérieur des zones délimitées pour les locaux à usage industriel par l'article 3 du décret n° 60-942 du 5 septembre 1960 pris en application de la loi du 2 août 1960.

(91) Toute transformation de locaux d'habitation, ou professionnels, ou administratifs ou locaux à usage industriel est interdite dans l'ensemble de cette zone.

(92) Il convient d'entendre par locaux « à usage industriel » :

Tout local situé « dans l'enceinte d'un établissement industriel » quelle que soit son utilisation (fabrication, conditionnement, magasinage, stockage, entretien, garages de véhicules de toute nature, laboratoires, chaufferies, postes de transformation, dépendances diverses, circulations, dégagements, etc.).

Tout local qui, sans être dans l'enceinte même de l'établissement, en constitue néanmoins une dépendance directe.

La détermination des locaux constituant des « dépendances directes » sera faite en fonction de chaque cas d'espèce. Cependant, d'une manière générale, on considère comme dépendant directement d'un établissement industriel les locaux nécessaires à son fonctionnement et qui, habituellement située dans son enceinte, ne s'en trouvent séparés que par des circonstances fortuites (par exemple acquisitions successives, percement d'une voie publique, etc.).

II. – Transformations ou démolitions de locaux à l'intérieur de la zone délimitée pour les locaux à usage de bureaux par l'article 1er du décret n° 60-942 du 5 septembre 1960 pris en application de la loi du 2 août 1960.

(93) Dans cette zone dont le périmètre est sensiblement moins étendu que celui des zones délimitées pour les locaux à usage industriel, devront être observées les règles particulières ci-après :

a) Locaux achevée avant le 1er septembre 1948.

(94) Aucune autorisation de transformation définitive ne doit être accordée, même moyennant compensation, lorsque le local est effectivement habité au moment du dépôt de la demande ou parfaitement propre à l'habitation.

(95) Cependant, une autorisation de transformation définitive peut être délivrée à titre exceptionnel, au prix d'une compensation majorée (cf. n° 61) si l'immeuble dans lequel est compris le local à transformer comporte déjà pour sa quasi-totalité des locaux commerciaux et si la transformation a pour objet de faciliter le fonctionnement d'une entreprise déjà installée à proximité immédiate.

(96) Dans tous les cas de transformation définitive, la compensation est fixée à 800 NF le mètre carré de surface habitable à reconstituer.

(97) La compensation doit obligatoirement être fournie sous la forme de l'un des investissements visés au titre IV, § A (versements à fonds perdus, subventions ou souscriptions d'actions ou d'obligations, subventions aux salariés du débiteur) à l'exclusion d'opérations de construction, surélévation, addition de construction ou mise en état d'habitabilité entreprises directement par le demandeur.

(98) Cependant l'affectation de locaux commerciaux à l'habitation peut valoir compensation sous réserve que la superficie de ces locaux soit égale à 150 p. 100 de la surface à transformer.

(99) Dans le cas d'une démolition est admise cependant la compensation par construction directe de logements sur le même emplacement. Si la compensation est réalisée sous la forme d'un investissement, le montant en est calculé sur la base de 600 NF le mètre carré de surface habitable à reconstituer.

b) Locaux construits après le 1er septembre 1948 (soit terminés, soit en cours de construction au moment de la demande ou ayant seulement fait l'objet d'un permis de construire).

(100) En cas de demande d'autorisation de démolir, les règles fixées ci-dessus au n° 71 sont applicables.

(101) Les demandes d'autorisation de transformation définitive feront l'objet d'une décision de refus lorsque la superficie des locaux à transformer excède 500 mètres carrés dans un immeuble dont le permis de construire a été délivré postérieurement au 1er janvier 1959 (date d'entrée en vigueur du décret n° 58-1460 du 31 décembre 1958 dont l'article 3 soumet à agrément les constructions de bureaux dans la région parisienne).

Dans les autres cas :

(102) 1° Si le local considéré n'a jamais été utilisé, l'autorisation de transformation définitive est subordonnée à la réalisation d'une compensation calculée sur la base de 200 NF le mètre carré.

(103) Toutefois lorsque le local est destiné à être utilisé exclusivement par des membres d'une profession libérale ou des officiers ministériels ou à être affecté à un groupement constitué dans les formes prévues par l'article 10 de la loi du 1er juillet 1901, les personnes passibles de la compensation pourront en être exonérées à la condition de s'engager, pour le cas où cette affectation cesserait, à en faire la déclaration dans le délai d'un mois à compter de cette cessation et à acquitter la compensation due selon les règles en vigueur à la date de cette nouvelle transformation.

(104) 2°) Si le local a déjà été effectivement habité, l'autorisation de transformation définitive est susceptible d'être accordée en exigeant une compensation réalisée dans des conditions identiques à celles de la transformation d'un local achevé avant le 1er septembre 1948 (cf. nos 96 à 99 inclus) et calculée sur la base de :

800 NF le mètre carré si le local a été construit avec l'aide financière de l'État ;

200 NF le mètre carré si le local a été construit sans l'aide financière de l'État sans omettre d'appliquer s'il y a lieu la majoration de surface prévue au n° 61 pour les locaux habités au moment du dépôt de la demande d'autorisation ou parfaitement propres à l'habitation.

(105) 3° Si le local fait l'objet d'un usage professionnel ou administratif, ce transformation en local commercial est assujettie à une compensation chiffrée à 200 NF le mètre carré, en particulier lorsque la construction de ces locaux a été exonérée, en vertu des dispositions de la loi du 2 août 1960, du paiement de la redevance instituée par ce texte. Bien entendu dans ce cas, lors de la transformation, aucune redevance ne sera exigée en sus de la compensation.

Si les locaux au moment de leur construction ont donné lieu au paiement de la redevance au titre de la loi du 2 août 1960 et subissent ultérieurement une transformation en locaux commerciaux au sens de l'article 340 du code de l'urbanisme, aucune compensation ne sera exigée.

§ C. – Date d'application du présent titre

(106) Les dispositions du présent titre doivent être appliquées aux demandes qui seront déposées postérieurement à la date de la présente circulaire.

TITRE VII
CONTENTIEUX

(107) Le nouvel article 351 du code de l'urbanisme et de l'habitation modifie complètement le régime des sanctions précédemment instauré pour réprimer les transformations et les démolitions illicites de locaux.

Désormais l'affaire est portée par le ministère public devant la juridiction civile, le président du tribunal de grande instance statuant en référé ayant compétence pour condamner l'auteur de la transformation ou de la démolition au paiement d'une amende civile de 1.000 à 150.000 NF et ordonner la réaffectation des locaux à leur usage antérieur ainsi que, s'il y a lieu, leur remise en état aux frais du contrevenant.

§ A. – Procédure

(108) Il appartient à MM. les préfets de saisir le procureur de la République d'une requête exposant les faits et demandant l'application des dispositions de l'article 351. Cette requête doit mettre en cause les divers auteurs de la transformation ou de la démolition incriminée (propriétaire, locataire, etc.).

La nouvelle procédure ne donnant pas au parquet les mêmes facilités d'investigation que la procédure pénale (enquêtes de police effectuées officieusement à l'initiative du parquet, mesures d'investigation dont disposait le juge d'instruction éventuellement saisi). Il est indispensable que les services préfectoraux déposent en outre un dossier très complet comportant notamment les rapports d'enquête établis par un agent assermenté et, s'il y a lieu, par un technicien attaché à la mairie, notamment en cas de démolition. L'avis du directeur départemental peut utilement être joint à ce dossier.

(109) En raison du bref délai imparti pour interjeter appel des ordonnances de référé (art. 809 C, proc. civ. au plus tard quinze jours après la signification du jugement), il est utile qu'un représentant de l'administration assiste à l'audience afin que celle-ci soit en mesure d'apprécier rapidement l'opportunité de suivre cette procédure.

L'efficacité de la réforme dépendra évidemment de la rigueur des décisions qui seront prises par les magistrats. Tant qu'une jurisprudence ne se sera pas dégagée, il convient de ne saisir le ministère public que des infractions nettement caractérisées et importantes, sauf à déférer pour avis à l'administration centrale les affaires dont le caractère illicite est moins bien établi.

(110) Je rappelle que l'action prévue à l'article 351 du code de l'urbanisme et de l'habitation est soumise à la prescription de trente ans à la différence de l'action pénale qui se trouvait éteinte par la prescription triennale. L'action de l'administration doit ainsi se révéler plus efficace que sous l'empire des articles 30 et 31 de l'ordonnance du 11 octobre 1945 et de l'article 55 de la loi du 1er septembre 1948.

§ B. – Affaires en cours

(111) Il est probable que des dossiers concernant des infractions aux textes précédemment en vigueur et qui ont été signalés aux procureur de la République sont encore en instance dans les parquets. Compte tenu des dispositions de l'article 5 de l'ordonnance n° 58-1441 du 31 décembre 1958, ces affaires ne peuvent plus recevoir de suite pénale.

Pour chacune d'elles, MM. les préfets voudront bien faire connaître par lettre aux procureurs de la République s'ils entendent que l'instruction soit poursuivie en application du nouvel article 351 ou s'ils y renoncent.

Dans le premier cas, ils auront soin de demander d'une part que le jugement statue non seulement sur l'amende et sur la réaffectation, mais aussi, le cas échéant, sur la libération des locaux par leurs occupants et sur l'obligation d'exécuter les travaux de remise en état et, d'autre part, que passé le délai imparti, l'administration puisse procéder d'office, aux frais du contrevenant, à l'expulsion des occupants et à l'exécution des travaux nécessaires.

§ C. – Remise en état et réaffectation des locaux transformés ou partiellement démolis

(112) Aux termes de l'article 351, cette remise en état et cette réaffectation doivent être opérées dans un délai de six mois ou dans le délai éventuellement imparti par le juge. Lorsqu'il n'a pas été fixé par le juge, le point de départ du délai de six mois est celui de la signification du jugement. Il y a donc lieu, en saisissant le parquet, de lui demander de tenir l'administration informée de la décision rendue et de la date à laquelle elle a été signifiée.

(113) À défaut de réaffectation par les soins du contrevenant, l'administration peut procéder d'office, c'est-à-dire avec le concours des représentants de la force publique s'il y a lieu, à l'expulsion des occupants des locaux et à l'exécution des travaux nécessaires aux frais du contrevenant.

MM. les préfets doivent, en conséquence, à l'expiration du délai applicable dans une affaire déterminée, faire vérifier par un agent assermenté du service du logement ou de la mairie si le contrevenant a satisfait à ses obligations.

Dans la négative, il convient de mettre l'intéressé en demeure de prendre les dispositions nécessaires dans un ultime délai de dix jours, faute de quoi il sera procédé d'office à l'expulsion de toute personne exerçant dans les lieux une activité commerciale, professionnelle ou artisanale, ainsi qu'au déménagement du matériel ou des marchandises entreposées. Dans le cas où le propriétaire de ces biens refuserait d'en prendre possession, ces objets devraient, après inventaire dressé par un huissier, être placés sous scellés dans l'une des pièces du local si la disposition des lieux le permet, sinon ils seraient transférés dans un garde-meubles. Les frais d'inventaire, de déménagement et d'entrepôt seront à la charge du propriétaire des biens.

Lorsque les locaux devront être remis en état d'habitabilité, l'administration pourra, en cas de carence du contrevenant, procéder d'office à l'exécution des travaux nécessaires au moyen des crédits qui seront spécialement mis à la disposition des directeurs départementaux. Les sommes ainsi avancées seront recouvrées à l'encontre du débiteur au moyen d'un ordre de reversement.

Je précise que toute affaire nécessitant l'exécution d'office de travaux de remise en état devra m'être soumise préalablement pour examen, sous le timbre de la direction de la législation et de la documentation, division des travaux législatifs, bureau du logement.

§ D. – Infractions commises antérieurement à la publication de l'ordonnance n° 58-1441 du 31 décembre 1958

(114) L'article 5 de cette ordonnance abroge l'article 55 de la loi du 1er septembre 1948 et dispose que les infractions à l'article 76 de cette dernière loi et à l'article 340 du code de l'urbanisme et de l'habitation, commises antérieurement à la publication

de ladite ordonnance, seront poursuivies et jugées conformément aux dispositions de l'article 851.

(115) Les infractions à l'article 21 de l'ordonnance du 11 octobre 1945 auquel s'est substitué l'article 76 précité, sont également passibles des sanctions édictées par l'article 351.

MM. les préfets sont donc habilités à prendre à l'égard de ces infractions les mesures énoncées au paragraphe A ci-dessus en vue d'obtenir d'une part la condamnation du contrevenant à l'amende civile, d'autre part la réaffectation du local et sa remise en état. Les demandes de réaffectation au civil encore en instance devront donc être reprises en conformité des présentes instructions. Dans certains cas, cependant, des considérations d'opportunité seront susceptibles de faire renoncer l'autorité administrative à demander le prononcé de l'amende civile, laquelle ne saurait, en tout état de cause, être requise lorsqu'un jugement correctionnel est déjà intervenu pour sanctionner la transformation tout en omettant de statuer sur la réaffectation du local ou lorsque le délinquant a bénéficié des dispositions légales portant amnistie.

Il convient, en outre, de préciser que l'amende civile ne peut pas être légalement poursuivie dans les cas où sont intervenus des jugements ou arrêts répressifs ou civils qui ont acquis l'autorité de la chose jugée et aux termes desquels il aurait été décidé que les faits reprochés à l'intéressé ne justifiaient pas l'application des sanctions prévues par la législation antérieure au 31 décembre 1958.

(116) Je rappelle à MM. les préfets qu'ils doivent transmettre au service central (direction de la législation et de la documentation, service de la législation et du contentieux, sous-direction du contentieux, bureau LD/LC 2) copie de toutes les demandes déposées auprès des parquets en vue d'obtenir l'application des sanctions prévues par l'article 351 du code de l'urbanisme et de l'habitation et me tenir informé de la suite qui sera réservée à ces demandes.

Pour le ministre et par délégation :

Le directeur du cabinet,

Claude Lasry.

Annexe 4

MINISTÈRE DE LA CONSTRUCTION CIRCULAIRE DU 27 JUIN 1962

relative aux changements d'affectation et démolitions de locaux (*JO* 18 juill. 1962) (extraits)

Circulaire abrogée par la présente circulaire :

Circulaire du 1er octobre 1960 relative aux changements d'affectation et démolitions de locaux (réglementation générale et contentieux, *Journal officiel* du 9 octobre 1960, rectificatifs *Journal officiel* des 4 novembre 1960 et 5 avril 1961) complétée par la circulaire du 20 septembre 1961 (*Journal officiel* du 26 septembre 1961).

Paris, le 27 juin 1962

Le ministre de la construction à Messieurs les préfets et directeurs départementaux du ministère de la construction.

(1) L'évolution rapide de la situation du logement dans la plupart des régions autres que la région parisienne, la mise en œuvre d'une politique visant à restituer une rentabilité suffisante aux immeubles anciens convenablement équipés et entretenus, la nécessité d'accélérer le renouvellement à peine amorcé d'un patrimoine immobilier excessivement vétuste, la volonté du Gouvernement de poursuivre, et d'accentuer s'il le faut, les efforts accomplis depuis sept ans pour atténuer la congestion croissante de la région parisienne, le développement considérable de l'emploi dans le secteur tertiaire qui figure parmi les principaux objectifs du IVe plan et qu'il importe de faciliter et susciter principalement en province, telles sont les principales considérations qui me conduisent à réformer profondément les prescriptions de la circulaire susvisée du 1er octobre 1960.

Bien que de nombreux paragraphes demeurent inchangés, il a paru plus expédient, et plus pratique tant pour les services que pour les usagers, d'abroger entièrement ladite circulaire et de lui substituer la présente circulaire, avec le même objet et le même plan.

Je précise que les dispositions de la circulaire du 1er octobre 1960 doivent continuer à être appliquées aux demandes déposées antérieurement à la date de la présente circulaire.

(2) À une époque où la nation continue à soutenir un effort considérable en faveur de la construction de logements, il ne serait pas admissible que cet effort, dans la mesure où il vise à atténuer progressivement la crise du logement, ait ses effets partiellement annulés par une diminution prématurée du nombre de locaux affectés à l'habitation, existants et encore utilisables.

C'est pourquoi le législateur a donné aux préfets un pouvoir de décision et de contrôle en ce qui concerne :

Les changements d'affectation de locaux ;

Les démolitions des immeubles.

Ce pouvoir résulte des articles 340, 340-1, 340-2 et 341 du code de l'urbanisme et de l'habitation.

Le souci d'assurer la conservation des logements existants doit donc demeurer primordial partout où sévit encore une sérieuse crise du logement, mais là seulement.

(3) Tel est le cas, tel sera le cas longtemps encore, dans la région parisienne où ce souci d'assurer la conservation des logements existants doit être combiné avec la mise en œuvre de la politique dite de décentralisation.

On sait que cette politique, qui s'inscrit dans le cadre de l'aménagement du territoire, a pour objectif à la fois de freiner la congestion croissante de cette région et de provoquer l'implantation en province d'activités nouvelles. D'abord axée principalement sur le secteur industriel privé et public, l'action engagée a été étendue progressivement au secteur tertiaire, y compris les services et administrations relevant de l'État.

Cette action se traduit à la fois par une aide susceptible d'être accordée en faveur des opérations de décentralisation et par le contrôle des créations ou extensions d'ateliers et de bureaux dans la région parisienne. Ce contrôle résulte de l'obligation d'obtenir un agrément du ministre de la construction pour les établissements ne relevant pas de l'État ou un avis favorable du « Comité de décentralisation », dont le secrétariat est assuré par les services du ministère de la construction, pour les établissements relevant de l'État (décrets modifiés nos 58-1460 et 58-1461 du 31 décembre 1958).

Ainsi les changements d'affectation de locaux dans la région parisienne sont soumis, d'une part, s'il y a lieu, à cet agrément ou avis favorable et, d'autre part, à l'autorisation préfectorale visée ci-dessus, toujours obligatoire.

Enfin, la loi du 2 août 1960 et son décret d'application du 5 septembre 1960, qui prévoient, pour une partie de la région parisienne, l'octroi de primes pour la destruction de locaux à usage industriel ou à usage de bureaux et la perception de redevances pour la construction de ces mêmes locaux, assimilent, à la destruction la transformation de ces locaux en logements, mais se réfèrent, en ce qui concerne l'opération inverse, à l'article 340 du code de l'urbanisme et de l'habitation.

On est ainsi en présence de deux régimes parallèles qui doivent se compléter sans se superposer. Il conviendra donc de préciser les cas dans lesquels l'une ou l'autre de ces deux réglementations est applicable.

(4) Les mêmes préoccupations d'aménagement du territoire conduisent, en revanche, à faciliter l'implantation en province d'activités du secteur tertiaire par une réduction marquée des compensations exigibles en cas de transformation de logements en locaux commerciaux, spécialement en bureaux.

Socialement, cette politique se justifie non seulement par une certaine atténuation de la crise du logement, mais surtout par le fait que, le plus souvent, ce qui manque, ce qui risque désormais de manquer le plus gravement à nos compatriotes de province, ce sont moins les logements que les emplois.

Techniquement, cette politique est maintenant possible dans les très nombreuses villes où, en vertu de décrets pris en application de l'article 3 *bis* de la loi du 1er septembre 1948 modifiée (v. en annexe n° 1 la rédaction généralement adoptée pour ces décrets), les loyers sont libres en ce qui concerne les locations nouvelles portant sur des logements anciens répondant à certaines conditions d'entretien et de confort.

(5) Enfin les règles tracées par la présente circulaire, en tant qu'elles régissent les opérations de démolition entreprises par l'initiative privée, commandent en fait le développement de la rénovation urbaine par des voies de droit privé. Comme pour les opérations de rénovation entreprises par les collectivités publiques – dont la circulaire du 8 novembre 1959 a déterminé le cadre – il convient, pour les opérations de rénovation privée, de concilier avec l'intérêt général que présentent de telles entreprises, les intérêts personnels des locataires ou occupants et ceux des propriétaires des immeubles qu'elles concernent.

D'une manière générale, les opérations de démolition de bâtiments et celles de transformation de locaux d'habitation en locaux commerciaux doivent être appréciées au regard du nécessaire renouvellement de la fraction la plus vétuste ou la plus inconfortable du patrimoine immobilier existant. Ainsi la démolition de logements peut être conforme à l'intérêt général si elle porte sur des immeubles qui ne respectent pas les règlements essentiels de l'urbanisme ou qui ont atteint un tel degré de vétusté ou qui sont dépourvus d'équipements élémentaires à un point tel qu'il est parfaitement inopportun, au point de vue économique comme au point de vue social, d'en rechercher la conservation. De même, la transformation de logements en locaux commerciaux, même lorsqu'elle peut paraître souhaitable en vue de favoriser le développement de l'emploi dans le secteur tertiaire (voir n° 4 ci-dessus), peut être contre-indiquée si elle porte sur des immeubles vétustes ou mal entretenus qu'elle risquerait de valoriser de manière tout à fait injustifiée et dont la démolition ultérieure serait rendue plus difficile ou onéreuse en raison des droits acquis par les titulaires de baux commerciaux. Elle peut par contre, être favorisée sous certaines conditions, lorsqu'elle permet la sauvegarde de bâtiments d'intérêt historique ou esthétique ou le développement d'espaces verts ou encore le logement d'étudiants.

(6) De toutes ces considérations il résulte que, si la présente circulaire comporte des instructions précises et complètes pour la délivrance des autorisations préfectorales en matière de changements d'affectation et de démolitions de locaux, ces instructions devront être appliquées avec souplesse et discernement : il y aura lieu, dans tous les cas d'espèce de quelque importance, de tenir compte, en fonction des circonstances de temps et de lieu, du poids respectif des diverses préoccupations ci-dessus rappelées.

TITRE Ier
CHANGEMENTS D'AFFECTATION

La réglementation concernant les changements d'affectation a été incorporée au code de l'urbanisme et de l'habitation (art. 340, 340-1, 341 et 351) par l'ordonnance n° 58-1441 du 31 décembre 1958.

§ A. – Champ d'application territorial.

(7) I. – En vertu de l'article 340 du code de l'urbanisme et de l'habitation, les transformations de locaux (comme les démolitions, voir ci-dessous titre II) sont interdites dans les communes visées à l'article 10-7° de la loi du 1er septembre 1948 modifiée, c'est-à-dire :

a) Paris ;

b) Les communes situées dans un rayon de 50 km des anciennes fortifications de Paris, soit au total 1 192 communes dont les 80 communes du département de la Seine, 645 en Seine-et-Oise, 277 en Seine-et-Marne et 190 dans l'Oise. Certaines de ces communes entrent également, en raison de leur chiffre de population, dans la catégorie suivante ;

c) Les communes dont la population municipale est égale ou supérieure à 10 000 habitants. Il est rappelé, à ce sujet, que le chiffre de population à retenir est celui de la population municipale totale déterminé compte tenu des dispositions de l'article 1 du décret n° 54-297 du 15 mars 1954, déclarant la nécessité d'un nouveau dénombrement général de la population (*J.O.* du 20 mars). Cet article énumère les catégories de personnes qui ne doivent pas être prises en considération pour déterminer le chiffre de la population municipale totale (occupants des casernes, hôpitaux, asiles, prisons, etc.) ;

d) Les communes n'entrent pas dans l'une des catégories précédentes mais auxquelles l'article 10-7° aura été rendu applicable par décret pris sur le rapport du ministre de la construction. À la date de la présente circulaire, aucun décret n'a encore été pris en ce sens et n'est envisagé.

II. – En vertu de l'article 341 du code de l'urbanisme et de l'habitation, les dispositions de l'article 340 peuvent être étendues à d'autres communes par arrêté du ministre de la construction pris après avis du maire et du préfet. À la date de la présente circulaire, trois arrêtés sont intervenus pour rendre applicables les dispositions des articles 340 et 340-2 dans des communes de moins de 10 000 habitants où l'ancienne réglementation était en vigueur (cf. annexe II).

III. – Dans les localités entrant dans l'énumération ci-dessus visée, mais qui présentent le caractère de stations balnéaires, climatiques ou thermales, classées ou en voie de classement, demeurent néanmoins exclus du champ d'application de la réglementation les locaux qui, avant le 2 septembre 1939, étaient habituellement affectés à la location saisonnière ou occupés pendant la saison par leur propriétaire (art. 340-1). Ces locaux peuvent, en conséquence, faire notamment l'objet d'une location en meublé présentant un caractère commercial.

§ B. – Locaux dont la transformation est soumise à autorisation.

(8) La réglementation vise non seulement les locaux anciens mais également les locaux neufs ou assimilés, qu'ils aient été ou non construits avec l'aide financière de l'État. En ce qui concerne les locaux neufs, l'autorisation est nécessaire, que le local considéré soit terminé ou en cours de construction ou même qu'il ait fait seulement l'objet d'un permis de construire délivré au moment de la demande de transformation.

Les locaux dont la transformation est soumise à autorisation sont :

(9) I. – Les locaux occupés par des personnes privées :

a) À usage d'habitation (art. 340-1°) ainsi que les meublés, hôtels, pensions de famille et établissements similaires (art. 340-2°) qui, bien que présentant juridiquement un caractère commercial, sont affectés à l'habitation ;

b) À usage professionnel (art. 340-2°), cet usage s'entendant de l'exercice d'une profession non commerciale ;

c) À usage administratif (art. 340-2°), c'est-à-dire utilisés, par un organisme administratif privé que son caractère juridique et le régime fiscal auquel il est soumis ne permettent pas de considérer comme présentant un caractère commercial (syndicats professionnels, associations règles par la loi du 1er juillet 1901, sociétés civiles, etc.).

(10) II. – Les locaux loués par des administrations publiques de l'État, des départements et des communes ou par des établissements publics.

Ces locaux ne peuvent, à l'expiration des baux, être affectés qu'à l'habitation (loi du 1er septembre 1948, articles 2 et 9). Leur changement d'affectation éventuel entre donc dans le champ d'application de l'article 340-1°.

(11) III. – Les locaux acquis à un titre quelconque par les établissements publics de toute nature, les offices, les entreprises publiques et nationalisées, les organismes de sécurité sociale soumis au contrôle de la Cour des comptes et, d'une manière générale, tous les organismes dans lesquels l'État dispose d'une participation financière majoritaire et qui étaient affectés antérieurement à usage d'habitation ou qui sont susceptibles d'être utilisés à cet usage.

Ces locaux ne peuvent, lors de leur cession, être utilisés que pour l'habitation, sauf impossibilités techniques dûment constatées par la commission centrale de contrôle des opérations immobilières (loi n° 53-318 du 15 avril 1953, art. 8).

L'enquête technique destinée à établir la possibilité ou l'impossibilité d'affecter lesdits locaux à l'habitation sans travaux disproportionnés à l'intérêt du résultat, est effectuée, sur la demande du cédant ou du cessionnaire, par le maire (ou le service municipal du logement) en liaison avec le directeur départemental du ministère de la construction. Lorsque les locaux s'avèrent utilisables pour le logement, ils ne peuvent être affectés à un autre usage que si l'autorisation de transformation prévue par l'article 340-1° est préalablement obtenue.

Les dispositions du présent paragraphe ont toutefois un champ d'application territorial différent de celui de l'article 340 du code de l'urbanisme et de l'habitation et concernent les communes visées par l'article 14 du décret n° 49-1209 du 28 août 1949, c'est-à-dire :

1° Les villes, chefs-lieux de départements :

2° Les villes qui sont tenues d'avoir un plan d'urbanisme en application de l'article 6 du décret n° 58-1463 du 31 décembre 1958 modifié ;

3° Les autres villes dont la liste doit être établie par la commission centrale sur proposition du préfet après avis de la commission départementale de contrôle des opérations immobilières.

(12) IV. – Les locaux utilisés commercialement avant le 1er juin 1948 et postérieurement affectés à l'habitation.

Jusqu'à la publication de l'ordonnance du 31 décembre 1958 susvisée, ces locaux étaient exclus de l'application de la réglementation concernant les transformations de locaux. Depuis cette date, les locaux de cette catégorie ne peuvent être réutilisés commercialement sans autorisation (cf. d'autre part n° 82), l'article 340 du code de l'urbanisme et de l'habitation ne contenant pas de disposition d'exclusion en leur faveur.

§ C. – Conditions d'octroi des autorisations de transformation.

Ces conditions diffèrent suivant la nature de l'activité qui doit être exercée dans le local considéré et suivant l'étendue du changement d'affectation qui peut porter sur une partie ou sur la totalité de ce local.

Elles sont applicables en général à tous les locaux, sauf indications contraires données ci-dessous au titre V pour certains cas particuliers et au titre VI pour les locaux situés dans la région parisienne :

I. – Affectation à une activité commerciale ou artisanale.

a) Autorisation personnelle, précaire et révocable.

(13) *Conditions de l'autorisation* :

Une telle autorisation peut être délivrée sans compensation à un commerçant ou à un artisan pour lui permettre d'exercer son activité dans une partie de son logement, le surplus demeurant affecté à l'habitation.

Étant subordonnée à la condition essentielle que le local du demandeur conserve son caractère de local d'habitation, l'autorisation doit être assortie des conditions suivantes :

1° Si le local fait l'objet d'une location, il importe de vérifier que cette dernière a bien été consentie à usage d'habitation. Rien ne s'oppose d'ailleurs à ce qu'il soit fait mention, dans l'acte, de l'autorisation à solliciter (ou déjà obtenue) de l'administration, en application de l'article 340 du code de l'urbanisme et de l'habitation, en vue d'exercer temporairement dans les lieux une activité professionnelle.

En toute hypothèse, le commerçant ou l'artisan demandeur doit être invité à produire une attestation du propriétaire mentionnant que, la location originaire devant d'après leur volonté réciproque conserver un caractère d'habitation, il reconnaît, en ce qui le concerne, au locataire ou occupant, la faculté d'exercer son activité dans une partie de son logement, dans les conditions où l'intéressé y sera lui-même autorisé par l'administration. Un modèle d'attestation figure en annexe de la présente circulaire (annexe III).

En règle générale, la jurisprudence tient compte, en effet, pour déterminer la nature d'un bail concernant des locaux utilisés à la fois pour l'habitation et pour l'exercice d'un commerce, de la destination que, dans leur commune intention, les parties ont entendu donner au local loué. Cette intention s'apprécie, en particulier, d'après l'importance respective de la partie réservée au logement et de celle affectée à l'activité professionnelle ;

2° Le demandeur doit remplir les conditions d'occupation suffisante fixées par l'article 4 du décret n° 55-933 du 11 juillet 1955 à l'égard des pièces restant affectées à son habitation ;

3° L'autorisation doit mentionner expressément le nombre total de pièces habitables du local et le nombre de celles pouvant être utilisées professionnellement ;

4° L'autorisation doit interdire toute transformation matérielle telle que pose d'une devanture, ouverture d'une porte sur rue, de nature à conférer à tout ou partie du local un caractère commercial ;

5° L'autorisation doit préciser qu'en raison de sa nature, elle ne saurait être cédée à un tiers au cas où le bénéficiaire viendrait à quitter les lieux ;

6° Elle doit être notifiée par lettre recommandée avec demande d'avis de réception non seulement au demandeur mais si celui-ci est locataire ou occupant, au propriétaire et au gérant.

(14) *Situation des artisans* :

La loi n° 57-6 du 5 janvier 1957 (*Journal officiel* du 6 janvier) modifiant et complétant l'article 1er du décret n° 53-960 du 30 septembre 1953, a étendu le régime de la propriété commerciale aux artisans, qu'ils accomplissent ou non des actes de commerce. Ceux des intéressés dont le bail est antérieur à la promulgation de la loi précitée ont été soumis au même régime dès lors qu'à la date de cette promulgation, le bail était en cours ou tacitement reconduit ou que le locataire avait la qualité d'occupant régulièrement maintenu dans les lieux (art. 12 de la loi du 5 janvier 1957).

Les prescriptions ci-dessous ne concernent pas les artisans titulaires d'un bail antérieur au 1er octobre 1960, mais seulement ceux qui, postérieurement à cette date, ont obtenu ou obtiendront une location ainsi que les personnes désirant exercer à leur domicile une activité artisanale qu'elles n'y exerçaient pas auparavant.

Les intéressés peuvent obtenir une autorisation personnelle, précaire et révocable sans compensation, sous réserve de l'observation de l'ensemble des conditions énumérées au n° 13 ci-dessus.

Cette solution présente l'avantage de ne pas mettre en difficulté toute une catégorie de petits artisans (couturières, modistes, horlogers, etc.) qui peuvent exercer leur activité à leur domicile particulier sans qu'il en résulte de préjudice pour la politique du logement, compte tenu de ce que les intéressés n'auront pas, en réalité, de fonds de commerce à céder et ne pourront donc se prévaloir de la loi du 5 janvier 1957.

Il en est de même pour les artisans, tels que peintres, plombiers, maçons, électriciens, qui ne possèdent pas de magasin de vente et exercent leur activité chez les clients. Il ne paraît pas qu'il y ait lieu de leur refuser l'autorisation de s'inscrire au répertoire des métiers à l'adresse de leur domicile et même d'entreposer du petit matériel dans une partie réduite de leur logement.

L'autorisation personnelle, précaire et révocable ne saurait, par contre, être délivrée à un artisan pas plus qu'à un commerçant, lorsque l'exercice de l'activité professionnelle s'avère, en raison de sa nature ou de son importance, incompatible avec les conditions ci-dessus exprimées.

(15) *Installation du siège social d'une société commerciale dans un local d'habitation* :

Il m'a été signalé que des demandes étaient fréquemment présentées tendant à la domiciliation du siège social d'une société commerciale dans un local d'habitation. Statuant sur des litiges survenus entre bailleur et locataire, la cour de cassation a décidé, à diverses reprises (Cass. soc. 15 janvier 1954, 11 mai 1955, 5 décembre 1957, 4 janvier 1958) que la simple domiciliation d'une entreprise commerciale dans les lieux loués, par exemple l'établissement du siège social d'une société commerciale, suffit pour qu'il y ait affectation commerciale et pour faire encourir au locataire la perte du droit au maintien dans les lieux. Je n'estime pas toutefois, sous réserve des décisions judiciaires qui pourraient éventuellement intervenir et conduire à réviser la présente position, qu'on puisse considérer qu'une telle domiciliation opère la transformation d'un local d'habitation en local commercial, au sens de l'article 340, étant observé au surplus, que la domiciliation s'avère, dans bien des cas, faite uniquement en vue du bon accomplissement d'un certain nombre de formalités juridiques et n'entraîne pas l'exercice d'une activité commerciale dans le local. Lorsqu'il en est ainsi, et seulement dans ce cas, une autorisation personnelle, précaire et révocable peut donc être accordée sans compensation en vue de cette domiciliation dans l'appartement du gérant ou d'un membre de la société et sur production d'une attestation du propriétaire du modèle ci-annexé (annexe III).

b) Autorisation de transformation définitive :

(16) Une telle autorisation peut être accordée en dehors des cas énumérés au numéro 17 et sous les conditions fixées aux numéros 18, 19 et 20 ci-après, à un commerçant qui entend devenir titulaire d'un bail commercial.

Elle doit être exigée :

Lorsque la transformation porte sur la majeure partie du local ;

Lorsque sont réalisés des travaux de transformation ou d'aménagement, même concernant un nombre limité de pièces, destinés à conférer définitivement à celles-ci un caractère commercial, car ce caractère risque de s'étendre ultérieurement à l'ensemble du local.

(17) *L'autorisation doit être refusée :*

1° Si le local se trouve dans un immeuble situé dans une zone de protection spéciale de l'habitation, à moins qu'il se prête mal à l'habitation du fait de la disposition des pièces ou de leurs dimensions trop importantes (exemple : certains hôtels particuliers) ;

2° Si le local se trouve dans un immeuble situé dans une zone figurant comme zone à rénover dans un plan d'urbanisme approuvé. Toutefois, l'autorisation peut être accordée moyennant compensation si le demandeur renonce expressément d'ores et déjà pour lui et ses ayants cause au paiement de l'indemnité correspondant à la suppression de son exploitation artisanale, commerciale ou industrielle lors des opérations de rénovation. Une copie de cet engagement est conservée à la direction départementale du ministère de la construction, l'original étant maintenu au dossier de transformation dans les services préfectoraux ;

3° Si le local se trouve dans un immeuble dont l'acquisition a été déclarée d'utilité publique, à moins que la demande de transformation ait été déposée avant l'ouverture de l'enquête préalable à la déclaration d'utilité publique ;

4° Si le local se trouve dans un immeuble situé dans une zone où, à la date de dépôt de la demande de transformation, les aliénations à titré onéreux peuvent, en vertu de la législation en vigueur, donner lieu à l'exercice d'un droit de préemption appartenant à une collectivité publique ou à un concessionnaire habilité à cet effet :

5° Si le local se trouve dans un immeuble mal entretenu : on considérera par exemple, comme mal entretenu un immeuble dont le coefficient d'entretien, calculé d'après le barème figurant à l'annexe III du décret n° 60-1063 du 1er octobre 1960, est inférieur à 1. L'autorisation peut cependant être délivrée s'il s'agit d'un immeuble dont le caractère historique ou esthétique est reconnu par l'architecte en chef des monuments historiques ;

6° S'il s'agit d'un hôtel classé comme hôtel de tourisme et s'il apparaît – compte tenu notamment de l'avis émis par les services du commissariat général au tourisme que MM. les préfets sont invités à consulter chaque fois qu'une hésitation est permise à ce sujet – que la disparition de cet hôtel de tourisme est susceptible de rendre insuffisantes les ressources hôtelières de la localité.

(18) L'autorisation doit être subordonnée à la réalisation d'une compensation calculée d'après la superficie réelle des pièces faisant l'objet du bail commercial (superficie totale du

local s'il n'existe qu'un bail commercial ou superficie des seules pièces concernées par le bail commercial s'il existe un bail d'habitation pour le reste du local).

Il appartient à MM. les préfets de fixer, en liaison avec les directeurs départementaux, la surface, base de calcul de la compensation.

(19) Dans le cas où il s'agit d'un local comprenant des pièces de dimensions très importantes (hôtels particuliers notamment, les pièces habitables au sens défini par l'article 2 du décret n° 48-1766 du 22 novembre 1948 modifié) ne devront pas être décomptées pour plus de 30 mètres carrés et les pièces secondaires pour plus de 9 mètres carrés ; les annexes seront négligées, le total obtenu sera majoré de 10 p. 100 pour obtenir la surface, base de calcul de la compensation.

(20) Si le local à transformer est parfaitement propre à l'habitation (pièces de dimensions normales, existence d'une cuisine avec évier, d'une salle de bains ou salle d'eau avec eau courante et d'un W.-C. à l'étage) sa superficie-réelle sera majorée de 20 p. 100 pour obtenir la base de calcul de la compensation.

(21) *Aucune compensation ne sera exigée :*

1° Si le local a été construit après le 1er septembre 1948 avec l'aide financière de l'État mais jamais encore habité ou s'il a été édifié sans l'aide financière de l'État (en ce qui concerne les incidences des transformations en matière de primes et prêts, voir ci-dessous numéros 80 et 81).

2° Dans les communes de moins de 10 000 habitants où l'article 340 est en vigueur (cf. annexe II) et dans les communes de plus de 10 000 habitants où, en application d'un décret pris en vertu des dispositions de l'article 3 bis de la loi du 1er septembre 1948 sur les loyers, les prix des locations nouvelles de locaux d'habitation anciens sont libres aux conditions fixées par chacun de ces décrets, lorsque ces communes sont situées en dehors de la région parisienne et si la transformation envisagée permet la création de nouveaux emplois ou permet d'assurer un service social dont l'intérêt est évident et que l'exonération de compensation recueille un avis favorable de la municipalité.

(22) Lorsque la demande présentée par le propriétaire porte sur un local occupé par un tiers, l'autorisation doit préciser qu'elle ne saurait en aucun cas porter préjudice à l'exercice des droits que l'occupant peut tenir de son titre d'occupation.

Il doit y être mentionné, le cas échéant, qu'elle ne dispense pas le requérant de solliciter le permis de construire pour l'exécution des travaux ou aménagements subordonnés à l'obtention de ce permis.

L'autorisation de transformation doit être notifiée par lettre recommandée avec demande d'avis de réception, non seulement au demandeur, mais si celui-ci est locataire ou occupant, au propriétaire ou au gérant.

Pour éviter les contestations toujours possibles, il importe que l'arrêté d'autorisation indique la surface, base de calcul de la compensation.

c) Contrôle des affectations à une activité commerciale ou artisanale par les inscriptions au registre du commerce ou au répertoire des métiers.

(23) L'application efficace des présentes directives implique le contrôle des inscriptions au registre du commerce et au répertoire des métiers.

En ce qui concerne les commerçants, les conditions de ce contrôle ont été déterminées par la lettre circulaire n° 50-274 du 23 février 1954, étant, précisé que le nouveau champ d'application de la réglementation a été porté à la connaissance des greffes des tribunaux de commerce et des tribunaux de grande instance statuant commercialement par M. le ministre de l'industrie et du commerce (lettre-circulaire n° 74-D C. 1/8 du 9 avril 1959).

Je rappelle, en effet, qu'à l'occasion de la réforme du registre du commerce réalisée par le décret n° 53-705 du 9 août 1953 (*Journal officiel* du 10 août) il a été prescrit à tout demandeur d'une inscription (ou d'une rectification) à ce registre dans une commune soumise à la réglementation des transformations de locaux, de remettre au greffier un certificat délivré par le maire (service municipal du logement s'il en existe un ; dans le cas contraire, bureau qualifié pour suivre les questions de logement). Ce certificat établit que le demandeur a déclaré à ce service ou bureau la demande qu'il entend déposer au greffe pour être inscrit au registre du commerce à l'adresse du local devant constituer le siège de son activité (art. 3, III de l'arrêté interministériel du 17 février 1954, *Journal officiel* du 21 février pris en application de l'article 11 du décret du 6 janvier 1954). Ce certificat peut être conforme au modèle joint à la présente circulaire (annexe IV) et doit être établie en double exemplaire, l'un étant remis au déclarant, l'autre conservé par le service.

Il est bien entendu que, pour rendre efficace la production d'une telle pièce, les services municipaux ne doivent pas se contenter de délivrer le certificat susvisé, mais qu'ils doivent procéder, par la suite, à un contrôle de la situation juridique du local dans lequel le commerçant a installé son exploitation.

Lors de la délivrance du certificat, il peut être utilement remis au déclarant une notice analogue au modèle également ci-joint (annexe V) rappelant les dispositions des articles 340 et 351 du code de l'urbanisme et de l'habitation.

À compter du 15 juillet 1962, les chefs d'entreprise visés par le décret n° 62-235 du 1er mars 1962 (*Journal officiel* du 4 mars) qui solliciteront l'immatriculation de leur entreprise au répertoire des métiers tenu par les chambres des métiers, devront produire au nombre des pièces justificatives, un certificat analogue à celui qui est présenté par les commerçants.

II. – Affectation à une activité libérale.

(24) Aux termes de l'article 340 du code de l'urbanisme et de l'habitation et notamment son 3e alinéa, l'exercice d'une profession libérale dans une partie d'un local d'habitation aussi bien que l'affectation de la totalité d'un local à usage professionnel sont soumises à autorisation du préfet.

L'autorisation sollicitée par les personnes dont l'activité présente un caractère strictement libéral (médecin, architecte, avoué, avocat, notaire, etc.) ne peut être accordée que dans les conditions suivantes :

a) Autorisation personnelle, précaire et révocable.

(25) Une telle autorisation n'entraîne pas le paiement d'une compensation. Elle pourra être délivrée lorsque :

1° Le requérant remplira les conditions d'occupation suffisante dans son logement personnel que celui-ci doit destiner du local professionnel ou composé des pièces non affectées à usage professionnel s'il s'agit d'un local utilisé à la fois pour l'habitation et l'exercice de la profession.

2° Le local ou la partie du local n'excédera pas les besoins professionnels qui doivent être appréciés par le préfet en tenant compte des seules pièces dont l'affectation à cet usage est indispensable au point de vue fonctionnel.

L'autorisation devra mentionner le nombre des pièces affectées à l'activité professionnelle.

Contrairement aux règles précédemment en vigueur, il pourra donc être admis désormais que l'autorisation personnelle, précaire et révocable soit délivrée pour un local distinct de l'habitation du requérant si les conditions ci-dessus sont remplies. Un tel assouplissement est apparu en effet comme devant correspondre à la fois à l'équité vis-à-vis des membres des professions libérales qui ne disposent pas de conditions de logement suffisantes et à l'évolution générale des conditions d'exercice des professions libérales en évitant toutefois les abus.

(26) MM. les préfets demeurent juges des conditions supplémentaires que les circonstances locales ou la nature d'une affaire déterminée sont susceptibles de justifier.

En toute hypothèse, l'autorisation doit préciser :

1° Qu'elle ne saurait profiter à un nouvel occupant au cas où le bénéficiaire viendrait à quitter les lieux. Il demeure entendu que le nouvel occupant, éventuellement le cessionnaire d'un bail professionnel, pourra obtenir l'autorisation susvisée dans les mêmes conditions que le précédant ;

2° Qu'elle ne saurait, en aucune manière, porter atteinte aux droits que le propriétaire entendrait éventuellement faire valoir pour interdire au bénéficiaire d'user de l'autorisation administrative, lorsque celui-ci n'a pas produit l'accord écrit de son bailleur.

b) Autorisation de transformation définitive.

(27) Les dispositions du n° 17 sont applicables. Cependant, une autorisation de cette nature peut être délivrée lorsque la demande affecte la totalité d'un local d'habitation qui doit être affecté à une activité libérale ou à une personne morale non commerciale (société civile, association, syndicat ou association professionnels) si le local se trouve situé dans une zone de protection spéciale de l'habitation ; mais elle est alors subordonnée à la réalisation d'une compensation calculée sur la superficie totale du local, les dispositions des numéros 19, 20 et 21 ci-dessus étant applicables.

À l'intérieur de la zone délimitée dans la région parisienne pour les locaux à usage de bureaux par l'article 1er du décret n° 60-942 du 5 septembre 1960 pris en application de la loi du 2 août 1960, l'exonération de compensation visée au n° 21-1°, ne peut être accordée que sous réserve de l'engagement prévu ci-dessous, au n° 108.

(28) Toute autorisation personnelle, précaire et révocable ou définitive, concernant l'exercice d'une activité non commerciale doit être notifiée aux intéressés dans les mêmes conditions que pour l'exercice d'une activité commerciale ou artisanale. (Cf. n° 22.)

III. – Affectation à une association reconnue d'utilité publique.

(29) Les changements d'affectation ayant pour objet de permettre l'installation d'organismes de cette nature ne sont pas subordonnés à la réalisation d'une compensation, mais l'autorisation ne peut être consentie à l'association qu'à titre essentiellement personnel.

IV. – Affectation à des administrations ou établissements publics.

(30) D'une manière générale, les autorisations de changement d'affectation ne doivent être accordées à des administrations ou établissements publics qu'à titre exceptionnel.

En effet, la commission centrale et les commissions départementales de contrôle des opérations immobilières sont fréquemment saisies, par des administrations ou des établissements publics, de projets de location ou d'acquisition d'immeubles à usage d'habitation ou professionnel destinés à l'installation de leurs services.

Les commissions susvisées sont tenues de subordonner leur avis à l'octroi d'une dérogation aux dispositions de l'article 340 qui sont applicables aux opérations de l'espèce.

Le président de la commission centrale a appelé mon attention sur l'importance grandissante du nombre des autorisations délivrées au préjudice des intérêts du logement.

Dans une note adressée le 2 mars 1962 à MM. les ministres et à MM. les présidents des commissions départementales de contrôle des opérations immobilières, il a invité ces dernières commissions à s'opposer dans toute la mesure du possible à l'installation de services publics dans des locaux conçus pour l'habitation à plus forte raison lorsque des locaux ont été édifiés à l'aide des prêts à la construction. L'expérience prouve d'ailleurs que dans bien des cas, l'achat, la transformation et la remise en état d'immeubles d'habitation anciens devant être affectés à des services administratifs ont entraîné en définitive, des dépenses aussi élevées qu'une construction neuve pour un résultat bien moins satisfaisant.

(31) Au surplus, du fait que la réalisation d'une compensation ne peut être demandée aux administrations publiques, je me vois dans l'obligation d'insister particulièrement sur le caractère exceptionnel que doivent revêtir les autorisations accordées à ces personnes morales.

(32) Je recommande également qu'il soit veillé à ce que les locaux éventuellement libérés par les services administratifs soient réaffectés à l'habitation en application des dispositions légales (cf. ci-dessus n°s 10 et 11).

(33) Je rappelle d'ailleurs que seuls les services publics administratifs proprement dits sont dispensés de l'obligation de compensation, à l'exclusion des services publics industriels ou commerciaux ainsi que des caisses de sécurité sociale, de retraites ou d'allocations familiales. Ces derniers organismes demeurent tenus de fournir une compensation, celle-ci devant être imputée sur les fonds de gestion et non sur ceux d'action sociale qui sont déjà affectés normalement à des opérations de construction.

§ D. – Affectation de locaux nus à la location en meublé.

I. – Locations en meublé à caractère commercial

(34) La transformation en meublé des locaux nus, qu'ils soient neufs ou anciens, est prohibée par l'article 340-1°, qui se réfère à la définition du loueur professionnel en meublé donnée par l'article 2 de la loi n° 49-458 du 2 avril 1949 modifiée par l'ordonnance n° 58-1008 du 24 octobre 1958 (*Journal officiel* du 28 octobre).

a) Champ d'application de la prohibition :

Définition du loueur professionnel en meublé.

(35) Le loueur professionnel en meublé, au sens de l'article 2 de la loi du 2 avril 1949 modifiée, est « le bailleur qui loue habituellement plusieurs logements meublés, que la location s'accompagne ou non de prestations secondaires telles que location de linge, nettoyage des locaux, préparations culinaires ».

Mais aux termes du deuxième alinéa, « N'est pas considéré comme exerçant la profession de loueur en meublé le bailleur d'une ou plusieurs pièces de sa propre habitation ».

(36) Ainsi, compte tenu de ce deuxième alinéa, la personne qui loue ou sous-loue en meublé une ou plusieurs pièces de sa propre habitation et en outre un autre logement n'a pas la qualité de loueur professionnel, sous réserve de l'appréciation souveraine des tribunaux.

Cette nouvelle définition exclut de tout caractère commercial pour les replacer dans le cadre de la loi du 1er septembre 1948, s'il s'agit d'un immeuble construit antérieurement à la promulgation de cette loi, la location ou la sous-location d'un seul logement meublé, quelle que soit l'importance de ce logement. De même et conformément à la position déjà préconisée dans la circulaire du 31 décembre 1953, relèvent également de cette dernière loi, les locations ou sous-locations consenties par des personnes sur une partie de l'appartement qu'elles habitent, que cette partie soit ou non matériellement divisible du reste de l'appartement. Ainsi, la location ou sous-location meublée de deux chambres de bonnes isolées de l'appartement loué par un même bail ne constitue pas une opération commerciale.

(37) Le terme « habitation » figurant au deuxième alinéa de l'article 2 précité s'entend de la résidence principale du bailleur, à l'exclusion de toutes résidences secondaires ou occasionnelles[5].

Son interprétation est cependant susceptible d'être discutée lorsque l'habitation du bailleur est constituée non par un appartement unique, mais par un immeuble comportant plusieurs étages.

(5) 1 Cf. également circulaire n° 800 du 10 mars 1959 du secrétaire d'État aux affaires économiques (direction générale des prix et des enquêtes économiques, commissariat général aux prix).

Il semble pouvoir être admis, sous réserve de l'appréciation souveraine des tribunaux, que si le bailleur et les membres de sa famille n'occupaient pas eux-mêmes la totalité de l'immeuble au moment où la location ou la sous-location a été conclue, on ne puisse considérer l'ensemble dudit immeuble comme constituant « la propre habitation » du bailleur au sens du deuxième alinéa de l'article 2. En conséquence, la location ou sous-location à plusieurs personnes de plusieurs pièces de l'immeuble non comprises dans la partie constituant son propre logement doit être considérée comme une location ou une sous-location commerciale.

b) Dérogation à la prohibition : conditions d'octroi de l'autorisation de louer en meublé. – Contrôle.

(38) L'autorisation de transformer un local nu en meublé devant revêtir un caractère commercial ne peut être accordée que si un nouveau local d'habitation d'une surface au moins égale à celle du local à transformer est loué nu par le demandeur à titre de compensation (voir titre IV et, en ce qui concerne les locaux neufs n°s 69 et suivants).

J'insiste auprès de MM. les préfets sur le soin particulier que les services du contrôle économique doivent apporter à ce que leurs enquêtes concernant le classement et les prix de location des meubles professionnels soient effectuées en liaison étroite avec les services chargés eux-mêmes du contrôle des transformations de locaux. L'expérience a, en effet, démontré que de nombreuses transformations en meublé sont illégalement opérées dans un but spéculatif, au détriment des familles dépourvues de logement à des taux de loyers exorbitants. Les contrevenants doivent être mis en demeure, sous peine de poursuites, de réaffecter les locaux à la location nue. Cette régularisation ne saurait porter préjudice à la situation des locataires, étant donné qu'aux termes du dernier alinéa de l'article 340 et nonobstant la nullité de la location en meublé, l'intéressé bénéficie de plein droit quelle que soit la date de son entrée dans le local, du maintien dans les lieux prévu par les chapitres Ier et II du titre Ier de la loi du 1er septembre 1948.

II. – Locations en meublé consenties à des étudiants ou à des personnes isolées ayant un emploi temporaire.

(39) Dans les villes où, en application d'un décret pris en vertu des dispositions de l'article 3 bis de la loi du 1er septembre 1948, les prix des locations nouvelles des locaux d'habitation anciens sont libres aux conditions fixées par chacun de ces décrets, j'ai décidé d'admettre à titre exceptionnel, une dérogation aux prescriptions du n° 38 ci-dessus, en vue de faciliter le logement des étudiants et des personnes isolées appelées à exercer un emploi momentané dans ces villes. Le propriétaire de logements ou pièces répondant aux conditions des règlements sanitaires édictés à l'égard des loueurs en meublé, pourra être autorisé, sans avoir à fournir de compensation, à consentir la location de ces locaux en meublé à un organisme à caractère social ou administratif qui aura seul qualité pour entrer directement en rapport avec les futurs occupants et pour les désigner. Le propriétaire devra produire à l'appui de la demande d'autorisation la convention passée avec l'organisme intéressé ainsi que la location-type à intervenir entre l'organisme et les sous-locataires ; celle-ci ne devra comporter aucune sujétion d'ordre politique, syndical, confessionnel ou professionnel.

Il demeure entendu que l'organisme sera tenu de demander le classement des locaux en vue de l'application du loyer prévu pour la catégorie correspondante.

Il y aurait intérêt à ce que soit rendue obligatoire dans la ville considérée, si elle ne l'est pas encore, la déclaration d'ouverture préalable des meublés et qu'un arrêté préfectoral pris en application de l'article 14 de l'arrêté ministériel du 9 février 1951 prescrive l'affichage du prix dans chaque chambre.

Dans la mesure enfin où, des prestations secondaires étant fournies aux occupants (location de linge, nettoyage des locaux, préparations culinaires), l'organisme présenterait la qualité de loueur en garni, il s'y ajouterait l'obligation pour lui de tenir un registre en conformité de l'article R 30 (§ 2) du code pénal et du décret du 10 mars 1939.

Il demeure entendu que, dans l'hypothèse où la convention passée entre le propriétaire et l'organisme viendrait à prendre fin ou à être résiliée, les locaux dont il s'agit devraient être réaffectés à la location en nu.

MM. les préfets voudront bien me rendre compte sous le timbre de la direction de la législation et de la documentation, division des travaux législatifs, bureau du logement, des autorisations qu'ils seront amenés à délivrer en vertu de la présente dérogation.

III – Locations en meublé à caractère non commercial.

(40) Elles ne sont pas soumises à autorisation administrative. Toutefois, en ce qui concerne la réglementation des prix des loyers et du maintien dans les lieux, elles sont régies par les articles 43 et 45 de la loi du 1er septembre 1948 à moins qu'elles n'échappent à cette réglementation dans les communes où celle-ci n'est plus applicable aux locations postérieures, soit au 1er janvier 1959 (communes de moins de 10 000 habitants situées à plus de 50 kilomètres des limites de Paris) soit aux dates de publication de décrets ultérieurs supprimant cette réglementation dans les villes de plus de 10 000 habitants pour les locations nouvelles répondant à certaines conditions.

TITRE II
DÉMOLITIONS DE LOCAUX

(...)

TITRE III
DÉPÔT ET INSTRUCTION DES DEMANDES D'AUTORISATION

(53) Les opérations de transformation et de démolition sont subordonnées à l'autorisation du préfet donnée après avis du maire et du directeur départemental du ministère de la construction (art. 340, 2e alinéa, et art. 340-2, 2e alinéa).

Cas général.

(54) La demande doit être déposée à la mairie (au service municipal du logement s'il en existe un) du lieu de situation du local à transformer ou à démolir[6]. Elle doit notamment préciser :

Les conditions actuelles d'utilisation ou d'occupation du local ;

Les motifs de l'opération projetée ;

La nature et l'importance des travaux nécessaires en cas de transformation définitive entraînant une modification matérielle des lieux ou en cas de démolition partielle :

Comporter l'accord écrit du propriétaire si la demande est présentée par le locataire.

La production de cet accord ne s'avère cependant pas indispensable lorsque le demandeur sollicite l'autorisation d'exercer à son domicile une profession libérale. Il est, en effet, de jurisprudence que la location d'un appartement à usage bourgeois ne s'oppose pas, en

(6) Des règles spéciales sont cependant applicables dans la région parisienne :

« Dans le département de la Seine, les demandes doivent être déposées au même lieu que les demandes de permis de construire, c'est-à-dire, pour les immeubles situés à Paris, au cabinet du préfet de la Seine (bureau de l'enregistrement général) et pour les immeubles situés dans les communes suburbaines de la Seine, à la mairie ».

En ce qui concerne les communes des départements de Seine-et-Oise, Seine-et-Marne et Oise dans lesquelles la suppression de locaux industriels est susceptible d'ouvrir droit à la prime instituée par la loi n° 60-790 du 2 août 1960 (art. 3 du décret n° 60-942 du 3 septembre 1960), la demande de liquidation de prime est considérée comme valant demande d'autorisation de démolir au titre de l'article 340-2 du code de l'urbanisme et de l'habitation.

l'absence d'une clause restrictive spéciale insérée dans le bail, à ce que le preneur exerce dans les lieux une profession libérale.

(55) Lorsque la demande de transformation concerne un local neuf construit avec l'aide financière de l'État, elle doit obligatoirement être accompagnée de la copie certifiée conforme d'une demande de désistement de prime et de remboursement anticipé du prêt adressée au directeur départemental en même temps que la déclaration visée au n° 80 ci-après. Cette demande doit émaner du propriétaire du local considéré, éventuellement en cas de vente dudit local, du cédant lorsque celui-ci s'est réservé le bénéfice de la prime.

(56) La mairie ou le service municipal du logement procède à une enquête sur chacun des divers points exposés par le demandeur ainsi que sur l'opportunité de l'opération envisagée.

Chaque demande accompagnée des résultats de l'enquête et de l'avis du maire est transmise par ce dernier au directeur départemental du ministère de la construction dont la mission consiste, en particulier, à évaluer le montant de la compensation exigible en application de la présente circulaire. Le directeur départemental soumet ensuite la demande, accompagnée de son propre avis, à la décision du préfet[7]. Celui-ci notifie sa décision directement au requérant, une copie en étant adressée au directeur départemental et au maire intéressé.

Dans tous les cas où la décision préfectorale concernant une transformation ou une démolition n'est pas conforme à l'avis émis par le directeur départemental, le préfet, adressera le dossier à titre d'information à l'administration centrale (direction de la législation et de la documentation, division des travaux législatifs, bureau du logement).

En cas de démolition, la décision préfectorale doit intervenir dans un délai de trois mois à compter de la réception de la demande (l'ancien délai était fixé à un mois).

TITRE IV
COMPENSATIONS

Toute compensation exigible et calculée en application des dispositions des titres I et II ci-dessus doit être réalisée suivant l'une des modalités exposées ci-dessous.

§ A. – Modes de réalisation des compensations.

Cas général.

Les dispositions qui suivent concernent les transformations et démolitions réalisées sur l'ensemble du territoire à l'exception de la zone délimitée pour les locaux à usage de bureaux par le décret n° 60-492 du 5 septembre 1960, qui fait l'objet du n° 110 ci-après.

(57) Il est tout d'abord admis que le débiteur de la compensation peut la réaliser en affectant des locaux commerciaux à l'habitation, jusqu'à une concurrence de la surface à reconstituer déterminée en conformité des dispositions des titres I et II ci-dessus. Ces locaux doivent, après les aménagements nécessaires éventuels, comporter au minimum, en plus de la ou des pièces habitables, une cuisine avec évier, une salle de bains ou une salle de douches ou un cabinet de toilette avec eau courante, un w. c. intérieur avec effet d'eau et un éclairage électrique normal. Ils doivent, au surplus, présenter un bon état d'entretien (enduits et papier d'apprêt notamment).

(58) En outre, le débiteur de la compensation a le choix entre ceux des modes de réalisation énumérés ci-après, prévus par l'article 273 du code de l'urbanisme et de l'habitation

(7) À titre exceptionnel, s'agissant de locaux industriels situés dans les communes visées au renvoi (2), ci-dessus, l'autorisation de démolir et la décision de liquidation de prime pourront faire l'objet d'un document unique sous réserve qu'il y ait eu délégation de pouvoir du Préfet pour la délivrance de l'autorisation de démolir.

(décret n° 53-701 du 9 août 1953 relatif à la participation des employeurs à l'effort de construction) et l'arrêté du 2 décembre 1953 auquel renvoie le dernier alinéa de cet article :

1° Les travaux de construction directe de logements qui, s'ils ne sont pas reconstruits sur le même emplacement après démolition, ne devront pas excéder les normes prévues pour les logements économiques et familiaux (arrêté du 14 avril 1960, *Journal officiel* du 15 avril). À titre exceptionnel, pourront être retenues les constructions présentant les normes fixées pour l'attribution de la prime à 6 NF :

2° Les opérations de surélévation et d'addition de construction, ainsi que les travaux de mise en état d'habitabilité de locaux inhabitables dans leur état actuel ;

3° Les versements à fonds perdus à des groupements poursuivant, sans but lucratif, la construction de logements : groupements professionnels ou interprofessionnels, chambres de commerce, offices et sociétés d'habitations à loyer modéré, par exemple ;

4° La participation, sous forme d'acquisition ou de souscription de parts ou d'actions, aux opérations de construction réalisées :

Pour la location par les sociétés d'habitations à loyer modéré ;

Par les sociétés de crédit immobilier ;

Par des sociétés immobilières habilitées à recevoir la participation des employeurs à l'effort de construction ;

5° Les subventions destinées à compléter les prêts accordés aux salariés du débiteur de la compensation par des sociétés de crédit immobilier ou par le Crédit foncier de France.

L'attention est appelée sur le fait que les compensations ne peuvent plus être réalisées sous la forme des prêts ni des souscriptions d'obligations visés par l'article 273 du code de l'urbanisme et de l'habitation et ses textes d'application.

(59) Lorsque la compensation est réalisée par le moyen d'un investissement, le montant doit en être calculé sur la base de 600 NF par mètre carré de surface habitable à reconstituer.

Cependant, et sous réserve des dispositions du n° 21, 2°, dans les communes où, en application d'un décret pris en vertu des dispositions de l'article 3 bis de la loi du 1er septembre 1948 sur les loyers, les prix des locations nouvelles de locaux d'habitation sont libres aux conditions fixées par chacun de ces décrets, le taux de la compensation peut, si les municipalités intéressées en formulent expressément le désir, être ramené à 200 NF.

(60) Dans toutes les communes, sous réserve de l'accord de la municipalité, si la transformation envisagée concerne un immeuble de caractère historique ou esthétique reconnu par l'architecte en chef des monuments historiques, et à la condition que le propriétaire s'engage à effectuer les travaux de remise en état nécessaire de l'immeuble définis par cet homme de l'art, le montant de la compensation normalement exigible pourra être réduit du montant des travaux imposés, aucune compensation n'étant exigée si le montant des travaux imposés est supérieur au montant de la compensation normalement exigible.

Dans l'autorisation, le préfet fixera le délai dans lequel ces travaux devront être exécutés et certifiés conformes par l'architecte en chef des monuments historiques et indiquera que la compensation deviendra exigible au taux normal si ces délais ne sont pas respectés.

(61) De même, sous réserve de l'accord de la municipalité, le taux de la compensation pourra être réduit si la transformation envisagée concerne un bâtiment situé dans un quartier d'habitation à densité d'occupation au sol élevée, lorsque le propriétaire de l'immeuble s'engage, sauf dispositions contraires du plan d'urbanisme, à agrandir ou créer des espaces verts sur des terrains qui en dépendent avec l'inscription sur ces terrains d'une servitude non *aedificandi* soit sur un plan d'urbanisme de détail, soit dans une convention avec la municipalité à laquelle pourront éventuellement participer les propriétaires voisins.

La superficie des espaces verts nouveaux pourra être purement et simplement déduite dans le calcul de la compensation.

(62) Bien entendu, la compensation ne peut, en aucun cas, tenir lieu de l'investissement imposé aux employeurs par l'article 273 susvisé.

L'article 275 du code de l'urbanisme et de l'habitation confiant aux agents du ministère de la construction le soin de contrôler ce dernier investissement, les directeurs départementaux, qui sont, par ailleurs, avisés par les services préfectoraux des autorisations de transformation ou de démolition, possèdent les éléments d'information nécessaires à l'exercice d'un contrôle efficace.

§ B. – Destination des locaux de compensation.

(63) Ces locaux doivent être loués nus pendant une période de cinq ans au minimum.

§ C. – Lieu et date de réalisation des compensations.

(64) Étant observé qu'il convient de reconstituer les ressources en logements de la commune où se trouve situé le local à transformer ou à démolir, les nouveaux logements doivent, en principe, être édifiés dans cette commune ou tout au moins dans la même agglomération. Il convient donc que l'investissement soit effectué en faveur d'un organisme dont le programme de construction doit être réalisé dans la localité considérée. Ce n'est qu'à titre exceptionnel que les locaux de compensation pourront être construits dans une autre commune, par exemple lorsque ces locaux permettraient de faciliter le logement en province du personnel de l'entreprise pétitionnaire, quand celle-ci poursuit un ensemble d'opérations se traduisant finalement par une décentralisation effective hors de la région parisienne. En pareil cas, MM. les préfets devront m'adresser, sous le présent timbre, les demandes de l'espèce accompagnées de leur avis motivé.

Il importe également que la compensation soit directement liée à l'opération de démolition ou de transformation et qu'elle soit, de ce fait, distincte d'un programme de construction que le demandeur aurait déjà réalisé dans le passé ou qu'il se proposerait d'entreprendre dans l'avenir.

En matière de transformation, la compensation peut être fournie par le propriétaire ou par le locataire des locaux transformés.

§ D. – Financement de la construction des locaux de compensation.

(65) En cas de construction directe des locaux de compensation par les soins du bénéficiaire, ce financement doit être assuré sans que l'intéressé puisse prétendre au bénéfice des primes à la construction, ni des prêts spéciaux du Crédit foncier ou du sous-comptoir des entrepreneurs, non plus que du concours du fonds national d'amélioration de l'habitat en cas d'aménagement de locaux et plus généralement, du concours financier de l'État. Étant donné qu'en définitive, il importe de reconstituer la surface en logement supprimée, la position contraire aboutirait indirectement à faire financer par l'État la création de locaux commerciaux ou administratifs. L'arrêté d'autorisation doit préciser que la surface de compensation ne donnera pas droit aux primes à la construction.

(66) Ces primes ainsi que les prêts spéciaux peuvent, par contre, être consentis pour la partie des locaux construits en excédent de la surface de compensation. En pareil cas, le directeur départemental doit en faire mention dans la décision provisoire attributive de la prime.

Si le titulaire d'une autorisation de démolition s'engage à reconstruire une surface habitable très supérieure à la surface de compensation, le bénéfice des primes à la construction pourra lui être accordé en réduisant la surface primable d'une partie seulement de la surface de compensation. À cet effet, la demande sera adressée par le directeur départemental avec son avis motivé à l'administration centrale (sous-direction de l'aide à la construction privée) en vue de son examen par la commission consultative des primes à la construction.

(67) Mais, lorsque le bénéficiaire de l'autorisation réalise la compensation à l'aide d'un versement à fonds perdus ou sous forme de subvention ou de tout autre versement à l'un

des organismes prévus par l'article 273 du code de l'urbanisme et de l'habitation, n'entraînant pas, pour le souscripteur, la propriété du logement construit à l'aide de ce versement, l'organisme constructeur pourra bénéficier des primes et des prêts spéciaux pour la totalité du programme dans lequel les fonds seront investis.

(68) Il importe que l'arrêté d'autorisation mentionne le mode de réalisation de la compensation, en indiquant, lorsqu'elle consiste en une construction réalisée directement par le bénéficiaire, la surface de cette construction et son emplacement exact.

TITRE V
CAS PARTICULIERS

§ A. – Locaux construits après le 1er septembre 1948.

(Soit terminés, soit en cours de construction au moment de la demande ou ayant seulement fait l'objet d'un permis de construire).

a) Autorisation de transformation personnelle, précaire et révocable :

(69) Lorsque le propriétaire ou le locataire d'un local construit sans l'aide financière de l'État sollicite l'autorisation d'exercer son activité professionnelle dans ce local, l'octroi de cette autorisation n'est subordonné à aucune condition particulière.

(70) Si le local a été construit avec l'aide financière de l'État, il y a lieu d'observer les prescription figurant aux n° 13 (Affectation à une activité commerciale ou artisanale) ou 25 (Affectation à une activité libérale).

b) Autorisation de transformation définitive ou de démolition :

(71) Il appartient à MM. les préfets d'apprécier en premier lieu, l'opportunité d'autoriser la transformation ou la démolition lorsque l'autorisation paraît pouvoir être délivrée.

Si le local a été construit avec l'aide financière de l'État, cette autorisation est subordonnée à la réalisation d'une compensation évaluée dans les mêmes conditions que pour les locaux situés dans les immeubles anciens et nécessairement majorée puisque les normes du local considéré répondent en principe à toutes les conditions d'habitabilité voulues (cf. n° 20).

Toutefois, si le local n'a jamais encore été habité, aucune compensation ne sera exigible.

(72) Si le local à transformer ou à démolir a été édifié sans l'aide financière de l'État, la compensation n'est pas exigible.

(73) L'autorisation ne peut bien entendu dans un cas comme dans l'autre, être accordée si l'opération se révélait contraire à la réglementation relative au zonage ou si l'agrément ou l'avis favorable relatif à la décentralisation de la région parisienne n'a pas été délivré (cf. numéros 90 et 95).

c) Respect de la réglementation relative au permis de construire :

(74) Il importe au surplus, de ne pas perdre de vue la nécessité de respecter la réglementation relative au permis de construire (art. 84 et suivants du code de l'urbanisme et de l'habitation) étant observé que par hypothèse, ce permis a été délivré en l'espèce, en vue de la construction d'un immeuble d'habitation auquel il s'agit de substituer pour le tout ou en partie, des locaux à caractère administratif, commercial ou professionnel (s'entendant de l'exercice d'une profession libérale).

(75) Ainsi, lorsque le changement d'affectation concerne un immeuble nouvellement construit et pour lequel le certificat de conformité a été délivré, le propriétaire doit déposer une nouvelle demande de permis de construire si la transformation implique une modification de la distribution intérieure des locaux et des aménagements portant notamment sur des points visés par le règlement sanitaire ou par le code du travail (ce qui sera le cas le plus souvent).

(76) Dans un immeuble nouvellement construit, mais pour lequel le certificat de conformité n'a pas encore été délivré ainsi que dans un immeuble en cours de construction ou

dans un immeuble projeté pour lequel le permis de construire a été accordé, le changement d'affectation nécessite, sous les mêmes conditions, la délivrance d'un permis de construire rectificatif.

(77) Il est préférable d'une manière générale, qu'avant de formuler leur nouvelle demande de permis de construire dans le premier cas, leur demande de permis de construire rectificatif dans le second cas, les requérants obtiennent d'une part, et s'il y a lieu, l'agrément prévu par les décrets n° 58-1460 ou n° 58-1461 du 31 décembre 1958 (région parisienne), d'autre part : l'autorisation de transformation visée par l'article 340 du code de l'urbanisme et de l'habitation.

Il est inutile, en effet, de demander aux particuliers d'établir un dossier de demande de permis de construire, qu'il s'agisse d'une nouvelle demande ou d'un rectificatif, si le principe même de l'opération projetée n'est pas admis au titre de l'agrément ou à celui de l'article 340. Il est inutile également d'imposer aux services chargés de l'instruction des demandes de permis de construire, d'instruire des demandes susceptibles de devenir sans objet.

(78) Par contre, lorsque le changement d'affectation sera autorisé, et s'il y a lieu l'agrément délivré, il conviendra de faire déposer par le pétitionnaire une demande de permis de construire dans le cas où celle-ci est nécessaire.

(79) Dans tous les cas où une infraction à l'article 340 du code de l'urbanisme et de l'habitation sera relevée, il convient que le service chargé d'appliquer la législation concernant le permis de construire en soit avisé afin que soient également poursuivies, le cas échéant, les sanctions applicables en cette matière.

d) Incidence des transformations en matière de primes et prêts :

(80) Les changements d'occupation ou d'utilisation concernant des locaux construits avec l'aide de primes à la construction doivent être déclarés par lettre recommandée adressée au directeur départemental du ministère de la construction, dans le délai d'un mois à dater de leur réalisation en application de l'article 12 du décret n° 50-898 du 2 août 1950 relatif aux primes à la construction. Il y aura lieu de rappeler cette obligation lors de la délivrance de l'autorisation de changement d'affectation.

(81) La transformation partielle ou totale, provisoire ou définitive, d'un local neuf en local commercial ou professionnel ou sa location en meublé à titre permanent, même si le bailleur ne présente pas la qualité de loueur professionnel, entraîne la suppression totale ou partielle des primes et le remboursement total ou partiel des prêts spéciaux à la construction en application de l'article 12, Ier alinéa, du décret du 2 août 1950 susvisé et de l'article 6 du décret n° 58-887 du 25 septembre 1958 relatif aux bonifications d'intérêt, modifié par le décret du 8 août 1960.

Il appartient au directeur départemental de faire application de ces principes en conformité des dispositions de l'arrêté du 16 mars 1953 modifiant l'arrêté du 2 août 1950 (*J.O.* du 17 mars) et de la circulaire n° 53-119 du 12 août 1953 complétée par les circulaires ultérieures.

Il est rappelé qu'en pareille matière, les directives applicables sont les suivantes :

1° La prime est supprimée et le prêt est immédiatement remboursé pour la partie du local affectée à l'exercice de la profession libérale ou commerciale ;

2° Si la profession présente un caractère libéral et que le local ait été primé à 10 NF, la prime est ramenée à 6 NF pour la partie habitation.

Si la profession présente un caractère commercial, la prime est ramenée à 3 NF pour la partie habitation, que le local ait été primé à 10 NF ou à 6 NF.

Lorsque la décision de prime sera intervenue postérieurement au 31 décembre 1958, la bonification d'intérêt sera réduite ou supprimée dans les conditions qui ont été indiquées aux Ier et 2° ci-dessus pour la prime et le prêt spécial sera lui-même réduit ou supprimé ;

3° Si la profession présente un caractère artisanal, la prime est maintenue au taux de 10 NF ou 6 NF initialement fixé pour la totalité du local (art. 8 (§ VIII) de la loi n° 57-908 du 7 août 1957).

L'ensemble de ces règles vaut pour le propriétaire occupant lui-même son appartement ou pour son locataire. Cependant, pour ne pas décourager les locations de locaux neufs, la commission consultative des primes adopte généralement une position plus souple consistant à maintenir la prime au taux initial. Le directeur départemental devra transmettre le dossier au service central qui saisira la commission.

§ B. – Locaux utilisés commercialement avant le 1er juin 1948 et affectés ultérieurement à l'habitation.

(82) En l'absence, dans l'article 340 du code de l'urbanisme et de l'habitation, de dispositions analogues à celles de l'article 3 de la loi du 1er septembre 1948 modifiée, la réutilisation commerciale de ces locaux est soumise à l'autorisation et le bénéficiaire est tenu de l'obligation de compensation dans les mêmes conditions que si les locaux en cause n'avaient jamais été affectés à usage commercial.

§ C. – Locaux sinistrés reconstruits.

(83) Ces immeubles sont soumis à la réglementation des changements d'affectation et des démolitions de locaux, étant observé d'une façon générale, que l'octroi des autorisations prévues par les articles 340 et 340-2 du code de l'urbanisme et de l'habitation ne saurait porter atteinte aux conditions qui ont pu être imposées aux propriétaires de ces locaux à l'occasion de la reconstruction, sauf dérogation formelle accordée par l'administration. Il appartient au directeur départemental de faire connaître ces conditions dans son avis au préfet.

Les indications données ci-après concernent exclusivement les opérations de transformation, les opérations de démolition étant peu susceptibles de se présenter.

a) Transformation réalisée après la reconstruction :

(84) 1° L'ensemble des règles énoncées dans la présente circulaire en matière d'autorisation personnelle, précaire et révocable et d'autorisation de transformation définitive pour les logements anciens sont applicables aux locaux sinistrés, remis en état ou reconstruits.

(85) 2° Au cas où le local sinistré était situé dans une commune non visée à l'article 10. 7e alinéa, de la loi du 1er septembre 1948, mais où il a été reconstruit dans une commune visée à cet article à la suite d'une autorisation de transfert de l'indemnité de dommages de guerre, la transformation ultérieure de ce local est soumise à l'autorisation édictée par l'article 340.

Le demandeur devra, en pareil cas, justifier lors du dépôt de sa requête, de l'obtention préalable d'une dérogation aux conditions qui lui avaient été imposées lors de l'octroi de l'autorisation de transfert. D'autre part, les obligations particulières de relogement ou d'autre nature auxquelles cette dernière autorisation aurait été subordonnée se trouveraient reportées sur les locaux de compensation que l'intéressé serait tenu de réaliser en conformité du titre IV.

b) Transformation réalisée à l'occasion de la reconstruction ou de la reconstitution :

(86) La règle applicable en pareil cas est que l'emploi de l'indemnité de dommages de guerre concernant un local d'habitation, professionnel ou administratif, à la reconstruction d'un local d'une autre nature est subordonné à l'autorisation prévue par l'article 31 de la loi du 28 octobre 1946 sur les dommages de guerre.

(87) La circulaire n° 60-8 du 25 janvier 1960 (cf. § 39) autorise cependant, à titre d'assouplissement, l'affectation à la reconstitution d'un bien de quelque nature qu'il soit, dans la mesure où le projet n'apparaît ni déraisonnable, ni somptuaire, des indemnités ou reliquats d'indemnités inférieures à 10. 000 NF.

§ D. – Immeubles H. L. M.

(88) En attendant l'intervention d'instructions ultérieures en matière d'habitations à loyer modéré, il conviendra, dans le cadre de la présente circulaire, de suivre les prescriptions particulières suivantes :

1° Dans les cas de demandes visant des immeubles locatifs :

Les demandes de transformation définitive devant affecter la totalité d'un local ne seront pas recevables ;

Les demandes d'autorisation à titre personnel, précaire et révocable affectant partiellement un local maintenu à destination principale d'habitation constituées et déposées selon les indications données au titre III seront transmises par le maire ou le service municipal du logement avec l'avis de l'organisme propriétaire au directeur départemental du ministère de la construction. Celui-ci saisira l'administration centrale (direction de la construction, service de l'aide à la construction, sous-direction des H. L. M., bureau des organismes) ;

2° Dans le cas de demandes visant des immeubles en accession à la propriété pendant la durée du concours de l'État :

Le dossier, en application de l'article 230 du code de l'urbanisme et de l'habitation, devra être soumis, par l'organisme par l'intermédiaire duquel ce concours a été obtenu, à l'examen du comité départemental des H. L. M.

Les demandes de transformation définitives devant affecter la totalité d'un local seront, bien entendu, rejetées.

TITRE VI
DISPOSITIONS SPÉCIALES APPLICABLES AUX LOCAUX SITUÉS DANS LA RÉGION PARISIENNE ET, À L'INTÉRIEUR DE CETTE RÉGION, DANS LES COMMUNES SOUMISES AUX DISPOSITIONS DE LA LOI N° 60-790 DU 2 AOÛT 1960 TENDANT À LIMITER L'EXTENSION DES LOCAUX À USAGE DE BUREAUX ET À USAGE INDUSTRIEL

Les règles générales exposées ci-dessus en matière d'autorisation personnelle, précaire et révocable sont applicables. Il convient donc de se reporter en ce cas aux n°s 13 (Affectation à une activité commerciale ou artisanale), et 25 (Affectation à une activité libérale) pour les locaux achevés avant le 1er septembre 1948 et au n°s 69 et 70 pour les locaux achevés après cette date.

En matière d'autorisation définitive de transformation ou de démolition, les dispositions particulières suivantes sont applicables.

§ A. – Dispositions particulières applicables dans l'ensemble de la région parisienne.

(89) Il est rappelé que dans la région parisienne telle qu'elle est définie par l'article 48 du code de l'urbanisme et de l'habitation – c'est-à-dire dans la Seine, la Seine-et-Oise, la Seine-et-Marne et les communes du département de l'Oise appartenant aux cantons de Creil, Neuilly-en-Thelle, Pont-Sainte-Maxence, Senlis et Nanteuil-le-Haudoin – des mesures de contrôle ont été prises par les décrets n° 58-1460 et 58-1461 du 31 décembre 1958 modifiés en matière d'extensions industrielles, commerciales ou administratives.

I – Application du décret n° 58-1460 du 31 décembre 1958 modifié.

(90) Toute construction de locaux industriels privés est subordonnés à un agrément du ministre de la construction lorsque l'établissement emploie, dans l'ensemble de la région parisienne, un effectif supérieur à cinquante personnes ou occupe dans l'ensemble de cette

région, une superficie de planchers supérieure à 500 mètres carrés et que l'extension des locaux est égale ou supérieure à 10 p. 100 des surfaces de planchers utilisées au 5 janvier 1955.

(91) De même, dans cette région, est subordonnée à l'agrément ministériel susvisé toute construction de bureaux commerciaux ou professionnels privés dont la surface de planchers excède 500 mètres carrés.

(92) Est assimilée à une construction nouvelle pour l'application du décret précité, sous les mêmes conditions, la transformation en ateliers ou bureaux de locaux précédemment affectés à un autre usage.

(93) L'application du décret n° 58-1460 du 31 décembre 1958 incombe au ministère de la construction (direction de l'aménagement du territoire, service des opérations d'aménagement national et régional, sous-direction du développement régional) auquel les demandes d'agrément doivent être présentées et qui fournit aux requérants toutes indications utiles à ce sujet.

(94) Les demandes d'autorisation préfectorale de changement d'affectation au titre de l'article 340 du code de l'urbanisme et de l'habitation devront être accompagnées d'une copie certifiée conforme de la décision d'agrément. Toutefois, pour éviter les retards provenant de la succession de deux instructions, le dossier de changement d'affectation pourra être reçu et son instruction pourra être faite sous réserve de la production de cette pièce, mais l'autorisation préfectorale ne pourra en aucun cas intervenir avant qu'il ait été justifié de l'agrément ministériel. En toute hypothèse, ce dernier agrément ne saurait engager la propre décision de l'autorité préfectorale au regard de l'article 340.

II – Application du décret n° 58-1461 du 31 décembre 1958 modifié.

(95) Les services ou établissements civils ou militaires relevant de l'État ou soumis à son contrôle et dont l'activité est d'ordre administratif, industriel commercial, scientifique, technique ou social, sont tenus de soumettre au comité de décentralisation tous leurs projets de création ou d'extension en région parisienne.

La réalisation de ces projets, notamment la faculté d'utiliser des bâtiments existants, est subordonnée, à l'avis favorable de ce comité.

Il convient, en conséquence, qu'avant de procéder à l'étude de la demande de transformation sous l'angle de l'article 340 du code de l'urbanisme et de l'habitation, MM. les préfets intéressés transmettent cette demande au secrétariat du comité (ministère de la construction, direction de l'aménagement du territoire).

§ B. – Dispositions particulières applicables dans les communes soumises à la loi n° 60-790 du 2 août 1960.

(96) Aux termes de l'article 9, dernier alinéa, de la loi du 2 août 1960, les locaux visés à l'article 340 du code de l'urbanisme et de l'habitation restent soumis aux seules dispositions de cet article.

Cependant, ledit article ne saurait être valablement mis en œuvre sans qu'il soit tenu compte des dispositions de la loi précitée, qui renforce elle-même la réglementation édictée par les décrets du 31 décembre 1958.

I. – Transformation de locaux à l'intérieur des zones délimitées pour les locaux à usage industriel par l'article 3 du décret n° 60-942 du 5 septembre 1960 pris en application de la loi du 2 août 1960.

(97) Toute transformation de locaux d'habitation, ou professionnels, ou administratifs en locaux à usage industriel est interdite dans l'ensemble de cette zone.

(98) Il convient d'entendre par locaux « à usage industriel » :

Tout local situé « dans l'enceinte d'un établissement industriel » quelle que soit son utilisation (Fabrication, conditionnement, magasinage, stockage, entretien, garages de véhicules de toute nature, laboratoires, chaufferies, postes de transformation, dépendances diverses, circulations, dégagements, etc.).

Tout local qui, sans être dans l'enceinte même de l'établissement, en constitue néanmoins une dépendance directe.

La détermination des locaux constituant des « dépendances directes » sera faite en fonction de chaque cas d'espèce. Cependant, d'une manière générale, on considère comme dépendant directement d'un établissement industriel les locaux nécessaires à son fonctionnement et qui, habituellement situés dans son enceinte, ne s'en trouvent séparés que par des circonstances fortuites (par exemple acquisitions successives, percement d'une voie publique, etc.).

II. – Transformations ou démolitions de locaux à l'intérieur de la zone délimitée pour les locaux à usage de bureaux par l'article 3 du décret n° 60-942 du 5 septembre 1960 pris en application de la loi du 2 août 1960.

(99) Dans cette zone dont le périmètre est sensiblement moins étendu que celui des zones délimitées pour les locaux à usage industriel, devront être observées les règles particulières suivantes :

1. – Principes d'octroi des autorisations et de calcul des compensations :

a) Locaux achevés avant le 1er septembre 1948 :

(100) En outre des cas généraux de refus figurant au n° 17 ci-dessus, l'autorisation de transformation définitive devra être refusée, sauf pour affectation à usage professionnel :

1° Si le local est parfaitement propre à l'habitation (pièces de dimensions normales, existence d'une cuisine avec évier, d'une salle de bains ou salle d'eau avec eau courante et d'un W. C. à l'étage).

Toutefois, une autorisation de transformation définitive peut être délivrée si l'immeuble dans lequel est compris le local à transformer comporte déjà pour la quasi-totalité des locaux commerciaux et si la transformation a pour objet de faciliter le fonctionnement d'une entreprise déjà installée à proximité immédiate. Dans ce cas, la superficie réelle du local sera majorée de 20 p. 100 (cf. n° 20 ci-dessus) pour le calcul de la compensation.

2° Si des emplacements du stationnement suffisants (une voiture pour 40 mètres carrés de bureaux commerciaux créés) ne sont pas aménagés ou créés par le demandeur à proximité des locaux faisant l'objet du changement d'affectation.

Jusqu'à concurrence des nouvelles surfaces de stationnement créées ou aménagées, les superficies des locaux transformés ou démolis pour répondre à cette exigence, ne donneront pas lieu à compensation.

(101) Dans les cas où la transformation définitive peut être autorisée, la compensation sera calculée sur la base de 800 NF le mètre carré de surface de compensation.

Les modalités de calcul de la surface, base de compensation exposées au n° 19 ci-dessus, sont applicables dans le cas de locaux comprenant des pièces de dimensions très importantes. Les dispositions des nos 60 et 61 ci-dessus, sont de même applicables.

(102) En cas de démolition, les dispositions du titre II ci-dessus sont applicables.

Le montant de la compensation exigible sera calculé sur la base de 600 NF le mètre carré de surface habitable à reconstituer.

b) Locaux construits après le 1er septembre 1948 :

(103) Les règles ci-dessous s'entendent, comme il a été noté au titre V (§ A) ci-dessus, de locaux soit terminés après le 1er septembre 1948, soit en cours de construction au moment de la demande ou ayant seulement fait l'objet d'un permis de construire.

(104) En cas de demande d'autorisation de démolir les règles fixées ci-dessus aux n° 71 et 72 sont applicables.

(105) Les demandes d'autorisation de transformation définitive feront l'objet d'une décision de refus lorsque la superficie des locaux à transformer excède 500 mètres carrés dans

un immeuble dont le permis de construire a été délivré postérieurement au 1er janvier 1959 (date d'entrée en vigueur du décret n° 58-1460 du 31 décembre 1958 dont l'article 3 soumet à agrément les constructions de bureaux dans la région parisienne.

Dans les autres cas :

(106) 1° Si le local considéré n'a jamais été utilisé, l'autorisation de transformation définitive est subordonnée à la réalisation d'une compensation calculée sur la base de 200 NF le mètre carré ;

(107) 2° Si le local a déjà été effectivement habité, l'autorisation de transformation définitive est susceptible d'être accordée en exigeant une compensation calculée sur la base de : 800 NF le mètre carré si le local a été construit avec l'aide financière de l'État ;

200 NF le mètre carré si le local a été construit sans l'aide financière de l'État, sans omettre d'appliquer s'il y a lieu, la majoration de surface prévue au n° 20 pour les locaux parfaitement propres à l'habitation ;

(108) 3° Toutefois, lorsque le local n'a jamais été encore habité ou a été construit sans l'aide financière de l'État et est destiné à être utilisé exclusivement par des membres d'une profession libérale ou des officiers ministériels, ou à être affecté à un groupement constitué dans les formes prévues par l'article 10 de la loi du 1er juillet 1901, les personnes passibles de la compensation de 200 NF, normalement exigible selon les règles prévues au 1° et 2° ci-dessus, pourront en être exonérées à la condition de s'engager pour le cas où cette affectation cesserait, à en faire la déclaration dans le délai d'un mois à compter de cette cessation et à acquitter la compensation due selon les règles en vigueur à la date de cette nouvelle transformation ;

(109) 4° Si le local fait l'objet d'un usage professionnel ou administratif, sa transformation en local commercial est assujettie à une compensation chiffrée à 200 NF le mètre carré, en particulier lorsque la construction de ces locaux a été exonérée, en vertu des dispositions de la loi du 2 août 1960, du paiement de la redevance instituée par ce texte. Bien entendu dans ce cas, lors de la transformation, aucune redevance ne sera exigée en sus de la compensation.

Si les locaux au moment de leur construction ont donné lieu au paiement de la redevance au titre de la loi du 2 août 1960 et subissent ultérieurement une transformation en locaux commerciaux au sens de l'article 340 du code de l'urbanisme, aucune compensation ne sera exigée.

2. – Modes de réalisation des compensations :

(110) La situation du logement dans la zone considérée impose des règles particulières assurant une meilleure efficacité au principe des compensations. Celles-ci ne peuvent être fournies que sous les formes suivantes :

1° Affectation de locaux commerciaux à l'habitation.

En complément des règles énoncées au n° 57 ci-dessus, la compensation ne peut être réalisée par affectation de locaux commerciaux à l'habitation que sous réserve que la superficie de ces locaux soit égale à 150 p. 100 de la surface à transformer. Les locaux doivent présenter, après aménagement, la consistance, l'équipement et l'état d'entretien précisés au n° 57.

Ils doivent être loués nus pour une période de cinq ans au minimum.

2° Subventions destinées à compléter les prêts accordés aux salariés du débiteur de la compensation par des sociétés de crédit immobilier ou par le Crédit foncier de France.

3° En cas de démolition seulement, construction directe de logements sur le même emplacement, ces logements devant être loués nus pendant une période de cinq ans.

4° Versements à fonds perdus à des organismes constructeurs ayant conclu une convention avec la bourse d'échange de logements. Les reçus correspondant à ces versements ne pourront être considérés comme valables par les services chargés de l'instruction de la demande que s'ils sont accompagnés d'un document émanant du directeur de la bourse des échanges attestant qu'il a été prévenu de ce versement.

5° Acquisition ou souscription de parts ou d'actions aux opérations de construction d'immeubles poursuivies pour la location par des organismes constructeurs ayant conclu une convention avec la bourse d'échange de logements.

Les reçus correspondant à ces acquisitions ou souscriptions ne pourront être considérés comme valables par les services chargés de l'instruction de la demande que s'ils sont accompagnés d'un document émanant du directeur de la bourse des échanges attestant qu'il a été prévenu de l'acquisition ou souscription, et lorsqu'un droit de propriété ou de jouissance sur les locaux construits est attaché à la possession des parts ou actions, qu'il est en possession d'un engagement du souscripteur lui-même de louer les locaux correspondants dans les termes de la convention intervenue entre la bourse et l'organisme constructeur.

6° Versements à fonds perdus à la Caisse départementale auxiliaire des prêts immobiliers de la Seine ou à la caisse de même nature de Seine-et-Oise.

(111) Les conventions prévues ci-dessus entre l'organisme constructeur et la bourse des échanges devront obligatoirement prévoir :

1° Que les locaux construits à l'aide des versements ou souscriptions de parts ou d'actions seront loués à des candidats proposés par la bourse, sous réserve de l'application des règles particulières d'attribution applicables aux logements locatifs construits dans la Seine par des organismes H. L. M. ou sous réserve des conventions particulières passées par les collectivités publiques pour reloger les habitants de locaux à démolir dans les zones de rénovation ou ayant fait l'objet d'une déclaration de péril ou d'insalubrité.

2° Dans le cas où ces locaux ne relèvent pas de la législation des H. L. M., ils devront être loués avec un bail de six ans au moins, résiliable chaque année à la volonté du preneur seul, la bourse ne pouvant en aucun cas être appelée à se substituer au locataire qui n'acquitterait pas ses loyers.

Le montant du loyer prévu au bail étant fixé :

Dans la limite de 10 p. 100 du montant du prêt si le local a été construit par un organisme ayant bénéficié d'un prêt spécial à la construction au taux d'intérêt bonifié de 2,75 p. 100 l'an et d'une durée de trente ans après avoir pris l'engagement prévu par la circulaire du 8 juin 1960 concernant les dispositions relatives aux logements économiques et familiaux de fixer le montant des loyers dans cette limite ; les clauses de révision prévues par cette circulaire peuvent être admises.

Dans la limite du 8 p. 100 du prix de revient de la construction du local, toutes dépenses confondues, s'il n'a pas été fait appel au mode de financement précédent. Toutefois, la fraction éventuelle du prix de revient dépassant 1 000 NF le mètre carré de surface habitable ne pourra être prise en compte dans le calcul du loyer.

Le montant des charges réclamées ne devra pas dépasser 20 p. 100 du montant des loyers, sauf sur justifications de dépenses.

TITRE VII
CONTENTIEUX

(112) L'article 351 du code de l'urbanisme et de l'habitation, modifié par l'ordonnance n° 58-1441 du 31 décembre 1958 a instauré un régime de sanctions sensiblement différent du précédent.

L'affaire est portée par le ministère public devant la juridiction civile, le président du tribunal de grande instance statuant en référé ayant compétence pour condamner l'auteur de la transformation ou de la démolition au paiement d'une amende civile de 1 000 à 150 000 NF et ordonner la réaffectation des locaux à leur usage antérieur ainsi que, s'il y a lieu, leur remise en état aux frais du contrevenant.

§ A. – Procédure.

(113) Il appartient à MM. les préfets de saisir le procureur de la République d'une requête exposant les faits et demandant l'application des dispositions de l'article 351. Cette requête doit mettre en cause les divers auteurs de la transformation ou de la démolition incriminée (propriétaire, locataire, etc.).

La nouvelle procédure ne donnant pas au parquet les mêmes facilités d'investigation que la procédure pénale (enquêtes de police effectuées officieusement à l'initiative du parquet, mesures d'investigation dont disposait le juge d'instruction éventuellement saisi), il est indispensable que les services préfectoraux déposent en outre, un dossier très complet comportant notamment les rapports d'enquête établis par un agent assermenté et, s'il y a lieu, par un technicien attaché à la mairie, notamment en cas de démolition. L'avis du directeur départemental peut utilement être joint à ce dossier.

(114) En raison du bref délai imparti pour interjeter appel des ordonnances de référé (art. 809 C. proc. civ. au plus tard quinze jours après la signification du jugement), il est utile qu'un représentant de l'administration assiste à l'audience afin que celle-ci soit en mesure d'apprécier rapidement l'opportunité de suivre cette procédure.

L'efficacité de la réforme dépendra évidemment de la rigueur des décisions qui seront prises par les magistrats. Tant qu'une jurisprudence ne se sera pas dégagée, il convient de ne saisir le ministère public que des infractions nettement caractérisées et importantes, sauf à déférer pour avis à l'administration centrale, les affaires dont le caractère illicite est moins bien établi.

(115) Je rappelle que l'action prévue à l'article 351 du code de l'urbanisme et de l'habitation est soumise à la prescription de trente ans à la différence de l'action pénale qui se trouvait éteinte par la prescription triennale. L'action de l'administration doit ainsi se révéler plus efficace que sous l'empire des articles 30 et 31 de l'ordonnance du 11 octobre 1945 et de l'article 35 de la loi du 1er septembre 1948.

§ B. – Remise en état et réaffectation des locaux transformés ou partiellement démolis.

(116) Aux termes de l'article 351, cette remise en état et cette réaffectation doivent être opérées dans un délai de six mois ou dans le délai éventuellement imparti par le juge. Lorsqu'il n'a pas été fixé par le juge, le point de départ du délai de six mois est celui de la signification du jugement. Il y a donc lieu, en saisissant le parquet, de lui demander de tenir l'administration informée de la décision rendue et de la date à laquelle elle a été signifiée.

(117) À défaut de réaffectation par les soins du contrevenant, l'administration peut procéder d'office, c'est-à-dire avec le concours des représentants de la force publique s'il y a lieu, à l'expulsion des occupants des locaux et à l'exécution des travaux nécessaires aux frais du contrevenant.

MM. les préfets doivent, en conséquence, à l'expiration du délai applicable dans une affaire déterminée, faire vérifier par un agent assermenté du service du logement ou de la mairie si le contrevenant a satisfait à ses obligations.

Dans la négative, il convient de mettre l'intéressé en demeure de prendre les dispositions nécessaires dans un ultime délai de dix jours, faute de quoi il sera procédé d'office à l'expulsion de toute personne exerçant dans les lieux une activité commerciale, professionnelle ou artisanale, ainsi qu'au déménagement du matériel ou des marchandises entreposées. Dans le cas où le propriétaire de ces biens refuserait d'en prendre possession, ces objets devraient, après inventaire dressé par un huissier, être placés sous scellés dans l'une des pièces du local si la disposition des lieux le permet, sinon ils seraient transférés dans un garde-meubles. Les frais d'inventaire, de déménagement et d'entrepôt seront à la charge du propriétaire des biens.

Lorsque les locaux devront être remis en état d'habitabilité, l'administration pourra, en cas de carence du contrevenant, procéder d'office à l'exécution des travaux nécessaires au moyen des crédits qui seront spécialement mis à la disposition des directeurs départementaux. Les sommes ainsi avancées seront recouvrées à l'encontre du débiteur au moyen d'un ordre de reversement.

Je précise que toute affaire nécessitant l'exécution d'office de travaux de remise en état devra m'être soumise, préalablement pour examen, sous le timbre de la direction de la législation et de la documentation, division des travaux législatifs, bureau du logement.

§ C. – Infractions commises antérieurement à la publication de l'ordonnance n° 58-1441 du 31 décembre 1958.

(118) L'article 5 de cette ordonnance abroge l'article 55 de la loi du 1er septembre 1948 et dispose que les infractions à l'article 76 de cette dernière loi et à l'article 340 du code de l'urbanisme et de l'habitation, commises antérieurement à la publication de ladite ordonnance, seront poursuivies et jugées conformément aux dispositions de l'article 351.

(119) Les infractions à l'article 21 de l'ordonnance du 11 octobre 1945, auquel s'est substitué l'article 76 précité, sont également passibles des sanctions édictées par l'article 351.

MM. les préfets sont donc habilités à prendre à l'égard de ces infractions les mesures énoncées au paragraphe A ci-dessus en vue d'obtenir, d'une part la condamnation du contrevenant à l'amende civile, d'autre part la réaffectation du local et sa remise en état. Les demandes de réaffectation au civil encore en instance devront donc être reprises en conformité des présentes instructions. Dans certains cas, cependant, des considérations d'opportunité seront susceptibles de faire renoncer l'autorité administrative à demander le prononcé de l'amende civile, laquelle ne saurait, en tout état de cause, être requise lorsqu'un jugement correctionnel est déjà intervenu pour sanctionner la transformation tout en omettant de statuer sur la réaffectation du local ou lorsque le délinquant a bénéficié des dispositions légales portant amnistie.

Il convient, en outre, de préciser que l'amende civile ne peut pas être légalement poursuivie dans les cas où sont intervenus des jugements ou arrêtés répressifs ou civils qui ont acquis l'autorité de la chose jugée et aux termes desquels il aurait été décidé que les faits reprochés à l'intéressé ne justifiaient pas l'application des sanctions prévues par la législation antérieure au 31 décembre 1958.

§ D. – Informations à transmettre à l'administration centrale.

(120) Je rappelle à MM. les préfets qu'ils doivent transmettre au service central (direction de la législation et de la documentation, service de la législation et du contentieux, sous-direction du contentieux, bureau LD/LC 2) copie de toutes les demandes déposées auprès des parquets en vue d'obtenir l'application des sanctions prévues par l'article 351 du code de l'urbanisme et de l'habitation et me tenir informé de la suite qui sera réservée à ces demandes.

Pour le ministre et par délégation :

Le directeur du cabinet,

Louis Verger

Annexe 5

CIRCULAIRE N° 72-158 DU 3 OCTOBRE 1972

relative aux changements d'affectation et démolitions de locaux (*BO Aménagement–Transports–Équipement–Mer* n° 86, oct. 1972) (extraits)

I. – Situation actuelle du problème.

1. La surveillance des changements d'affectation et des démolitions de locaux par les autorités locales répond à deux objectifs principaux :

protéger le parc des locaux d'habitation là où existe une certaine tension sur le marché du logement. Compte tenu de l'effort réalisé au cours de ces dernières années dans le domaine de la construction, cette tension paraît être limitée à l'heure actuelle au centre des grandes agglomérations ;

contribuer à mieux répartir géographiquement l'habitat par rapport aux emplois notamment en région parisienne.

À moment où l'on aborde une phase d'évolution plus rapide dans la politique du logement, il importe également d'enregistrer les mouvements qui se produisent dans les quartiers anciens des villes, afin d'apprécier leurs répercussions sur l'évolution urbaine et sur le marché immobilier.

2. La réglementation actuelle résulte des articles 340 et 340-2 du code de l'urbanisme et de l'habitation, applicables dans la région parisienne et dans les villes dont la population est égale ou supérieure à 10.000 habitants, et qui figurent dans un chapitre du code consacré aux « dispositions tendant à maintenir ou à augmenter le nombre de logements ».

Le principe général posé par le législateur est l'interdiction d'affecter à un autre usage les locaux à usage d'habitation, ou de les transformer en meublés, hôtels ou établissements similaires. Les locaux à usage professionnel ou administratif, ainsi que les meublés, hôtels ou établissements similaires ne peuvent, s'ils ne conservent pas leur destination primitive, être affectés à un autre usage que l'habitation. Ce principe d'interdiction a également été retenu pour la démolition des immeubles.

Mais il est prévu que cette règle générale peut faire l'objet d'exceptions sous la forme d'autorisations préfectorales données après avis du maire et du directeur départemental de l'équipement.

2.2. La jurisprudence du Conseil d'État considère que le préfet dispose d'un large pouvoir d'appréciation pour accorder ou refuser les autorisations et reconnaît licites les conditions dont il estime devoir les assortir selon les cas individuels.

2.3. Les dispositions des articles 340 et 340-2 ont été commentées par une circulaire du 27 juin 1962 qui prévoit des conditions assez rigoureuses pour l'octroi des autorisations préfectorales et notamment l'obligation de compenser toute perte de logement résultant d'une transformation ou d'une démolition par la construction de nouveaux locaux d'habitation.

Cette circulaire n'étant plus adaptée à la situation actuelle du logement il est devenu nécessaire de l'abroger et de la remplacer par de nouvelles directives tenant compte des notions suivantes :

a) L'étude des problèmes d'action régionale et d'aménagement du territoire a mis en évidence la nécessité de rendre plus rigoureuses les autorisations de transformation de logements en bureaux dans la région parisienne et, en revanche, de les accorder plus libéralement dans les villes de province, à l'exception de celles situées dans les agglomérations très importantes.

b) La jurisprudence la plus récente du Conseil d'État (11 février 1972, demoiselle Audoin, requête n° 81042) ne permet plus de continuer à délivrer des autorisations personnelles, précaires et révocables. Les autorisations de changement d'affectation ne peuvent être accordées qu'à titre définitif et non provisoire.

II. – Nouvelles dispositions.

1. Orientations à respecter.

Votre règle de conduite dans l'instruction des nouvelles affaires devra s'inspirer des orientations suivantes qui concernent :

– l'affectation des locaux visés à l'article 340, à des activités commerciales ou professionnelles, ou leur transformation en bureaux ;

– la démolition de tous les bâtiments à l'exception de ceux menaçant ruine ou constituant un danger pour la sécurité.

Les autorisations sont accordées plus ou moins libéralement selon la situation géographique des immeubles à transformer ou à démolir. Plusieurs cas sont à prévoir :

1.1. Communes dont la population est égale ou supérieure à 10.000 habitants et qui sont situées en dehors des agglomérations de 100.000 habitants.

La détente observée sur le marché du logement justifie un assouplissement des règles actuelles. Les exceptions à l'interdiction édictée par les articles 340 et 340-2 susvisés seront accordées libéralement et sans compensation.

1.2. Paris et communes du département des Hauts-de-Seine visées à l'article 1er, 1° du décret n° 72-274 du 11 avril 1972, dans lesquelles le montant de la redevance pour les locaux à usage de bureaux est fixé à 400 F.

Il importe de sauvegarder, dans la capitale et notamment dans les quartiers très recherchés par les activités de bureaux et autres activités tertiaires, un certain équilibre entre l'habitat et ces activités qui occupent des surfaces de plus en plus importantes au détriment du logement.

Les changements d'affectation ne peuvent donc y être admis qu'à titre tout à fait exceptionnel.

Le respect de ce principe d'interdiction peut être un peu moins intransigeant dans les quartiers Est de Paris soumis à un taux réduit de la redevance pour les locaux à usage de bureaux.

Toutefois et quel que soit le quartier concerné, un grand libéralisme sera admis pour faciliter l'installation des sociétés civiles professionnelles et d'une manière générale celle des membres des professions libérales.

Les demandes de démolitions non suivies de la reconstruction au même emplacement d'une surface d'habitation supérieure sont instruites suivant les mêmes principes.

La compensation consiste en un investissement dans la construction de logements et peut se réaliser selon les formes suivantes :

a) Investissement direct : construction de logements, surélévation et addition de construction, mise en état d'habitabilité de locaux inhabitables en leur état actuel, remise de locaux commerciaux à l'habitation.

Dans ces cas, la reconstitution doit porter sur une surface habitable utile au moins égale à la surface utile transformée.

b) Versement à fonds perdus, à des organismes désignés par le préfet et construisant des logements sociaux notamment dans les secteurs de rénovation urbaine, d'une contribution calculée sur la base de 1.500 F le mètre carré de surface utile transformée.

1.3. Grandes agglomérations, en particulier Marseille, Lyon, Toulouse, Bordeaux, Lille.

Une forte tension se manifeste encore dans les centres urbains de ces métropoles.

Les préfets devront apprécier les zones dans lesquelles la disparition de surfaces d'habitation n'est pas souhaitable. Il conviendra d'informer l'administration centrale de leur délimitation dans un délai de six mois à compter de la publication de la présente circulaire.

Dans ces zones, les autorisations relèveront de l'exception et seront assorties d'une compensation dans les mêmes conditions que dans la région parisienne.

Toutefois, les versements à fonds perdus seront calculés sur la base de 600 F le mètre carré de surface à reconstituer.

1.4. Communes de départements de la petite couronne (Hauts-de-Seine, Seine-Saint-Denis, Val-de-Marne) en dehors de la zone où la redevance pour bureaux est fixée à 400 F et communes de 10.000 habitants et plus comprises dans des agglomérations d'au moins 100.000 habitants (délimitation de l'I.N.S.E.E.) en dehors des périmètres de protection spéciale visés au cas ci-dessus.

La situation de l'habitat dans ces communes évolue rapidement et la surveillance des autorisations doit s'exercer de manière attentive, le préfet appréciant l'opportunité de les accorder ou de les refuser.

Les autorisations ne seront pas subordonnées à la réalisation d'une compensation.

2. Amélioration de la connaissance des opérations.

Pour toutes les opérations de transformation ou de démolition intéressant les communes situées dans les zones visées aux paragraphes 1.2, 1.3 et 1.4 ci-dessus, il conviendra d'assurer la tenue de fichiers enregistrant les décisions intervenues, même en l'absence d'une obligation de compensation.

3. Exonération de compensation.

3.1. Dans les zones où l'autorisation est, en principe, subordonnée à une compensation, celle-ci n'est pas due si les locaux sont destinés à être utilisés par :

– des membres des professions libérales et des officiers ministériels ;

– des associations reconnues d'utilité publique par décret ;

– des services publics de l'État, des collectivités territoriales, des établissements publics ne présentant pas un caractère industriel ou commercial ;

– des organismes de sécurité sociale ou d'allocations familiales lorsqu'ils appartiennent à ces organismes ou à des sociétés civiles constituées exclusivement entre ces organismes.

3.2. Les autorisations de transformation accordées aux membres des professions libérales ou aux associations reconnues d'utilité publique ne doivent pas avoir pour effet d'affecter à usage professionnel plus de 50 % de la surface d'un immeuble.

4. Note technique.

La note ci-jointe donne aux services intéressés des indications et des recommandations plus détaillées pour la mise en œuvre des dispositions des articles 340 et 340-2 du code de l'urbanisme et de l'habitation selon ces nouvelles orientations.

La direction de la construction (CH/HL 3) reste, bien entendu, à la disposition de ces services qui pourront la consulter en cas de difficultés ou de problèmes particuliers.

Circulaires abrogées par la présente circulaire :

– circulaire du 27 juin 1962 relative aux changements d'affectation et démolitions de locaux (*J.O.* du 18 juillet 1962) ;

– circulaire du 13 janvier 1965 relative aux transformations et démolitions de locaux dans la zone fixée à l'intérieur de la région parisienne pour limiter l'extension des locaux à usage de bureaux (*J.O.* du 14 janvier 1965) ;

– circulaire n° 67-45 du 22 septembre 1967 relative aux changements d'affectation et démolitions de locaux (*J.O.* du 7 octobre 1967).

ANNEXE I

NOTICE TECHNIQUE

TITRE Ier. – Dispositions générales.

1. Changements d'affectation.

1.1. Le préfet apprécie l'opportunité d'accorder ou de refuser l'autorisation de changement d'affectation, compte tenu de motifs tirés de la situation de l'habitat.

Cependant, l'autorisation est refusée si la demande porte sur un immeuble dont l'acquisition est déclarée d'utilité publique ou qui est compris dans une zone intéressée par une opération d'urbanisation, lorsque l'acte créant la zone est intervenu.

1.2. Les autorisations doivent être délivrées à titre définitif. Selon le Conseil d'État (11 février 1972, demoiselle Audoin, requête n° 81.042) le préfet ne peut pas les accorder à titre de mesure provisoire.

1.2.1. Toutefois, afin de ne pas mettre en difficulté une catégorie d'artisans dont l'activité s'exerce à l'extérieur (chauffeurs de taxi, transporteurs routiers, par exemple) et pour leur permettre de s'inscrire au registre du commerce ou au répertoire des métiers, une autorisation de domiciliation peut leur être accordée, sous réserve de l'accord du propriétaire et à la condition que le local conserve son caractère d'habitation.

1.3. L'article 340, 3e alinéa, précise que « le préfet peut autoriser l'exercice, sous certaines conditions, dans une partie d'un local d'habitation, d'une profession qui ne puisse à aucun moment revêtir un caractère commercial si ce local constitue en même temps, la résidence du demandeur ». Dans ce cas, l'autorisation, avec l'accord du propriétaire si le local est loué, confère à celui-ci le caractère mixte professionnel.

1.4. Si les membres des professions libérales et les officiers ministériels sont exonérés de compensation pour les locaux destinés à l'exercice de leur activité, l'affectation de locaux d'habitation à cette activité reste néanmoins soumise à autorisation.

1.4.1. Par contre, selon l'article 39 de la loi n° 71-1130 du 31 décembre 1971, portant réforme de certaines professions judiciaires et juridiques « pendant un délai de cinq ans, les dispositions de l'article 340 du code de l'urbanisme ne seront pas applicables aux avocats qui se groupent pour satisfaire aux vœux de la loi ».

1.5. Les autorisations de changements d'affectation ne doivent être accordées aux services publics ou d'intérêt public visés à l'article 4 du décret n° 69-825 du 28 août 1969 que de manière tout à fait exceptionnelle après avis de l'organisme consultatif compétent.

1.6. L'article 340 du code de l'urbanisme et de l'habitation, modifié par l'article 6 de la loi n° 69-2 du 3 janvier 1969, prohibe la transformation des locaux nus en meublés dont l'exploitant exerce la profession de loueur en meublé.

Le loueur professionnel en meublé auquel se réfère ce texte est, aux termes de l'article 2 de la loi du 2 avril 1949 modifiée : « le bailleur qui loue habituellement plusieurs logements meublés, que la location s'accompagne ou non de prestations secondaires, telles que location de linge, nettoyage des locaux, préparations culinaires ». Toutefois, cette définition ne s'applique pas à la personne qui donne en location une ou plusieurs pièces de sa propre habitation, même isolées. Il en résulte que la personne qui loue ou sous-loue en meublé une ou plusieurs pièces de sa propre habitation et, en outre un autre logement n'a pas, sous réserve de l'appréciation des tribunaux, la qualité de loueur professionnel.

Par propre habitation, il faut comprendre l'ensemble des locaux qui constituent la résidence principale du bailleur à l'exclusion de toutes résidences secondaires ou occasionnelles.

Ne devient pas loueur professionnel, compte tenu de la modification apportée au deuxième alinéa de l'article 2 de la loi n° 49-458 du 2 avril 1949 par la loi n° 69-2 du 3 janvier 1969 (*J.O.* du 4 janvier 1969) le « bailleur de moins de quatre pièces dont il a recouvré la disposition en application des articles 1er et 2 de la loi n° 54-781 du 2 août 1954 ».

Les dérogations à l'interdiction de louer en meublé doivent rester tout à fait exceptionnelles.

Il importe, lors de la délivrance de ces autorisations, de les signaler d'une part aux services chargés du classement et du contrôle des prix des meublés, d'autre part à l'inspection sanitaire des garnis.

1.7. Si le local à transformer à usage autre que l'habitation, est un hôtel classé comme hôtel de tourisme, le Commissariat au tourisme (service de l'hôtellerie, 8, avenue de l'Opéra, à Paris), doit être préalablement consulté.

2. Démolition de locaux.

(...)

TITRE II. – Dispositions diverses.

3. Instruction des demandes et forme des autorisations.

3.1. Il appartient aux préfets de décider du lieu de dépôt des demandes, de leur forme et des pièces justificatives qui doivent les accompagner.

Les autorisations sont accordées après avis du maire et du directeur départemental de l'équipement.

Le décret n° 64-250 du 14 mars 1964 sur la déconcentration administrative, permet aux préfets de consentir des délégations aux directeurs départementaux de l'équipement, en vue d'habiliter ces derniers à signer les arrêtés d'autorisation prévus par les articles 340 et 340-2 du code de l'urbanisme et de l'habitation.

3.2. La motivation d'un arrêté d'autorisation de changement d'affectation est indispensable. Par contre, il n'y a pas lieu de motiver un arrêté refusant cette autorisation.

3.3. Il est rappelé que l'arrêté du 5 décembre 1969, pris en application du décret n° 67-237 du 23 mars 1967 modifié, concernant le registre du commerce, prescrit la remise au greffier du tribunal de commerce ou du tribunal de grande instance statuant commercialement, par le commerçant désirant se faire inscrire à ce registre, d'un certificat du maire attestant qu'une déclaration a été souscrite en vue de permettre de vérifier s'il n'y a pas eu transformation irrégulière d'un local d'habitation en local commercial. À cette occasion les services municipaux doivent signaler aux demandeurs que la délivrance du certificat ne vaut pas autorisation de transformation.

3.4. La transformation à usage commercial ou professionnel de locaux donnant lieu à l'aide financière de l'État peut entraîner l'annulation ou la suspension de cette aide. Il y a donc lieu de veiller particulièrement à l'application de la réglementation relative aux primes et prêts à la construction.

3.5. Dans la région parisienne, il importe de ne pas perdre de vue que la création ou l'extension des locaux à usage de bureaux est subordonnée, lorsque l'opération revêt une certaine importance à l'agrément du ministre de l'équipement et du logement (décret n° 67-944 du 24 octobre 1967 modifié). En toute hypothèse, cet agrément ne saurait engager la propre décision de l'autorité préfectorale au regard de l'article 340, et inversement un accord de principe sur la dérogation à l'article 340 ne préjuge pas l'obtention de l'agrément. En outre, quelle que soit l'importance de l'opération, la création de locaux à usage de bureaux donne lieu, en règle générale, au paiement de la redevance instituée par la loi n° 60-790 du 2 août 1960 modifiée par la loi n° 71-537 du 7 juillet 1971.

3.6. En matière de démolition, la décision, qui n'a pas à être motivée, doit intervenir dans le délai d'un mois à compter de la réception de la demande. L'absence de décision dans ce délai équivaut à l'octroi de l'autorisation (art. 340-2 du code de l'urbanisme et de l'habitation, modifié par l'article 7 de la loi n° 69-9 du 3 janvier 1969). Mais il résulte de la jurisprudence du Conseil d'État qu'une lettre de l'administration subordonnant l'autorisation à certains engagements suffit à interrompre le délai précité (Conseil d'État, 15 mars 1963, Compagnie électromécanique).

4. Enregistrement des changements d'affectation et des démolitions.

La tenue de registres ou fichiers sera assurée soit dans les mairies, soit dans les agences d'agglomérations, soit dans les préfectures ou les directions départementales de l'équipement, selon les habitudes acquises et les moyens dont on dispose. Il n'est pas imposé de modèle de fiche ou d'enregistrement. Il appartient aux services intéressés de les étudier en fonction des renseignements qu'ils souhaitent conserver. Combinés avec les fichiers de demandes de logement ou les fichiers de la construction neuve, ces renseignements pourront être utilisés, par exemple, pour les études de marché du logement ou de marché foncier ou pour la mise en œuvre de la politique de construction.

5. Compensation.

5.1. Lorsqu'il y a lieu à compensation, la surface qui sert à l'évaluer est la surface utile du local à transformer ou à démolir. La surface utile est réputée égale à la surface couverte hors œuvre à chaque niveau affectée d'un abattement forfaitaire de 5 p. 100.

5.2. Lorsque la reconstitution de surface habitable a été imposée comme condition à l'octroi de l'autorisation de transformer un local d'habitation en local professionnel, l'affectation commerciale ultérieure de ce local ne donnera pas lieu à une nouvelle reconstitution. Mais elle devra néanmoins faire l'objet d'une autorisation au titre de l'article 340 (2°) du code de l'urbanisme et de l'habitation.

Il n'y aura pas lieu non plus d'exiger de reconstitution à l'occasion de la réaffectation commerciale de locaux momentanément utilisés à usage professionnel.

5.3. La reconstitution doit, en principe, être réalisée dans la commune ou dans le secteur où est situé le local à transformer ou à démolir.

Il importe qu'elle soit liée dans le temps à l'opération de démolition ou de transformation.

En aucun cas les locaux de compensation ne peuvent bénéficier de l'aide de l'État ni être acquis par le moyen de l'investissement imposé aux employeurs par l'article 272 du code de l'urbanisme et de l'habitation.

Il importe que l'arrêté d'autorisation mentionne le mode de réalisation de la compensation en indiquant l'emplacement et la surface de la construction.

5.4. Les logements construits au titre de la compensation doivent être loués nus avec un bail de six ans au moins, résiliable chaque année à la volonté du preneur seul ; ce bail, conformément à l'article 1er de l'arrêté du 24 mars 1972 fixant les conditions de location des logements primés bénéficiant de prêts à la construction, doit comporter toutes précisions sur les obligations respectives de chacune des parties, sur le montant du loyer et sur les charges incombant au locataire. Le montant du loyer ne doit pas dépasser 8,75 p. 100 du prix de revient maximal des logements, calculé conformément aux dispositions de l'article 7 de l'arrêté du 24 janvier 1972 relatif aux prix des logements bénéficiant de primes à la construction ; il peut être révisé dans les conditions fixées par l'article 8 dudit arrêté. Les charges réclamées au locataire doivent, sur sa demande, être justifiées par le bailleur.

Dans la région parisienne, les logements construits par le moyen d'un investissement doivent être, dès leur achèvement, mis à la disposition de la Bourse d'échange de logements pour être loués à des locataires désignés par cet organisme. À cet effet, le débiteur des locaux de compensation doit fournir au service chargé de l'instruction de sa demande de transformation ou de démolition, un document émanant du directeur de la bourse et attestant l'engagement de l'intéressé de louer les locaux dans les termes de la convention intervenue soit entre la bourse et lui-même, soit entre la bourse et l'organisme constructeur auquel il s'est adressé.

5.5. Les logements obtenus à la suite de transformation de locaux commerciaux doivent être loués nus et répondre aux conditions fixées par le décret n° 62-1140 du 29 septembre 1962 pris pour l'application de l'article 3 (2e alinéa) de la loi du 1er septembre 1948.

6. Contentieux.

L'article 351 du code de l'urbanisme et de l'habitation permet de poursuivre les infractions aux dispositions des articles 340 et 340-2. Il convient de ne saisir le procureur de la République près le tribunal de grande instance du lieu de situation du local en cause qu'après mise en demeure adressée à l'auteur de l'infraction, et à condition que celle-ci soit nettement caractérisée.

Toute affaire nécessitant l'exécution d'office de travaux de remise en état devra être soumise préalablement au ministère de l'aménagement du territoire, de l'équipement, du logement et du tourisme, direction de la construction, service de l'habitation.

Annexe 6

LETTRE-CIRCULAIRE DU 20 NOVEMBRE 1975

relative au changement d'affectation de locaux d'habitation autorisée au profit des membres des professions libérales dans la zone fixée à l'intérieur de la région parisienne (article 340 du Code de l'Urbanisme et de l'Habitation)

CD/MB

Ministère de l'équipement

Direction de la construction

CH/JC 2 n° 3253

Paris, le 20 novembre 1975

– Modificatif relatif aux logements de compensation (annexe I de la circulaire du 3 octobre 1972, paragraphe 5-4).

La ministre de l'Équipement

à

Monsieur le préfet de la région parisienne

Monsieur le préfet de Paris

Messieurs les préfets et directeurs départementaux

de l'Essonne, des Hauts-de-Seine, de la Seine-Saint-Denis,

du Val-de-Marne, du Val-d'Oise, des Yvelines, de la Seine-et-Marne.

I. Changements d'affectation

Par circulaire n° 72-158 du 3 octobre 1972, je vous avais recommandé de faciliter l'installation des membres des professions libérales, en leur accordant plus facilement l'autorisation de déroger à l'article 340 du Code de l'Urbanisme et de l'Habitation (C.U.H.) et en les dispensant du paiement de la compensation due dans les zones sensibles.

Par ailleurs en application de l'article 39 de la loi du 31 décembre 1971, les cabinets groupés d'avocats échappent pendant cinq ans, aux dispositions de l'article 340 du C.U.H. et peuvent s'installer dans les locaux d'habitation sans aucune restriction.

Cette politique se justifiait par les engagements pris à l'époque tendant à ce que la réglementation des changements d'affectation ne constitue pas un obstacle à la modernisation des professions libérales et à l'installation de sociétés civiles professionnelles.

Il apparaît aujourd'hui que depuis 1972 les membres de ces professions ont bénéficié de nombreuses dérogations à l'article 340 du C.U.H.

Dans la mesure où il en résulte une diminution réelle et définitive du parc d'habitation dans les quartiers centraux des villes, il conviendrait désormais sans remettre en cause cette politique de faveur à l'égard des professions libérales, de contrôler plus strictement les demandes afin de réserver les autorisations aux seules professions qui ont motivé cette décision.

À cet effet, il devra être tenu compte des directives suivantes :

1). Seront considérés professions libérales les activités de caractère intellectuel, indépendant et non commercial se rattachant à une profession réglementée ou contrôlée. Telles sont les professions groupées en ordres professionnels (avocats, médecins, architectes...) ou soumises à une chambre de discipline (notaires, commissaires-priseurs, huissiers) ainsi que toutes professions de cette nature faisant l'objet d'une réglementation ou d'un contrôle permettant de juger du sérieux et de l'intérêt collectif de l'activité en cause.

Les dérogations ainsi accordées seront assorties de la condition prescrivant l'obligation de maintenir le local en cas de cession au seul usage d'une profession répondant aux mêmes critères, à l'exception bien entendu du retour à usage d'habitation.

2). La règle suivant laquelle l'affectation à l'usage d'une profession libérale d'un local bourgeois est refusée si l'autorisation accordée a pour effet d'affecter à usage professionnel plus de 50 % de la surface d'un immeuble, ou d'aller au-delà d'une certaine proportion lorsque ce taux est déjà atteint, devra être strictement appliquée. Des dérogations pourraient être accordées lorsque la quasi-totalité de l'immeuble est à usage de bureaux et que la destination bourgeoise du local ne peut-être que difficilement maintenue.

3). La dispense de compensation admise en faveur des professions libérales ne doit jouer que **dans le cas de créations** d'activités de cette nature.

Ainsi, lors d'un transfert d'études ou de cabinets de membres de professions libérales, dans un nouveau local d'habitation, les anciens locaux professionnels ou une superficie équivalente devront être rendue à l'habitation bourgeoise.

S'il s'agit de l'extension d'un cabinet existant et situé dans le secteur Ouest ou Centre de Paris ou dans les communes du département des Hauts-de-Seine ou le montant de la redevance pour les locaux à usage de bureaux est fixé à 400 F., une compensation pourra être exigée de la même façon que pour la transformation commerciale des locaux d'habitation.

4). Les principes restrictifs ci-dessus exposés devront également être appliqués aux locaux de caractère mixte professionnel, qui avec l'accord du propriétaire, ont été loués en application de l'article 340, 3e alinéa du C.U.H.

Dans de tels cas, le nombre de pièces réservées à l'habitation sera expressément indiqué dans la décision, et leur affectation à ce même usage constituera une des conditions de l'octroi de la dérogation.

5). Les locaux occupés par des cabinets groupés d'avocats ayant bénéficié des dispositions de l'article 39 de la loi du 31 décembre 1971[8], retomberont lors de leur vacance sous les dispositions de l'article 340 du C.U.H. et ne pourront faire l'objet d'une session systématique à usage professionnel.

II. Logements de compensation

La Bourse d'échange de logement étant supprimée à compter du 1er avril 1975 les conventions passées avec cet organisme deviennent caduques. En conséquence les baux de logements construits au titre de la compensation devront être adressés à vos services, qui contrôleront si les conditions énoncées au premier alinéa du paragraphe 5-4 sont respectées.

Pour les contrats en cours se renouvelant du fait du départ des locataires avant l'expiration du délai de 6 ans, il appartiendra également à vos services de vérifier la régularité des baux pendant la durée restant à courir.

Le visa de la Bourse qui était nécessaire pour les conventions passées avant le 1er avril 1974 sera donné par les services préfectoraux compétents.

Pour le Ministre par délégation
Le Directeur de la construction
P. HERVIO

(8) Possibilité de s'installer sans demander l'autorisation de l'article 340 du C.U.H.

Annexe 7

CIRCULAIRE N° 81/30 DU 7 AVRIL 1981

Complétant la circulaire n° 72-158 du 3 octobre 1972 relative aux changements d'affectation et transformation de locaux dans le cadre des mesures de simplification administrative

Bulletin officiel – Aménagement – Transports – Équipement – Mer

Bulletin officiel du ministère de l'Environnement et du Cadre de vie et du ministère des Transports n° 19, 26 mai 1981

L'article L. 631-7 du Code de la construction et de l'habitation (ancien article 340 du Code de l'urbanisme et de l'habitation) pose le principe de l'interdiction de changement d'affectation des locaux à usage d'habitation, sauf dérogation accordée par le préfet, après avis du maire.

La circulaire n° 72-158 du 3 octobre 1972 tenant compte de l'évolution de la situation du logement et de la nécessité de faciliter l'activité régionale a déjà assoupli la rigueur de l'article L. 631-7 en disant notamment que, dans les communes comprises entre 10 000 et 100 000 habitants, les exceptions à l'interdiction seront accordées libéralement et sans compensation. Cependant, une étude trop lente des dossiers de demandes de changement d'affectation, même si elle aboutit à une réponse positive, peut encore freiner le développement souhaité de certaines entreprises. Il convient donc d'accélérer la procédure.

Votre autorisation préalable et motivée n'intervient qu'après l'avis du maire, conformément aux dispositions de l'article L. 631-7 du Code de la construction et de l'habitation. Pour vous permettre de statuer dans le délai recommandé d'un mois, je vous invite à donner aux maires un délai raisonnable de réflexion, en leur précisant qu'en cas de non-réponse vous serez amenés à passer outre à leur silence.

Ce délai pourrait être dans de nombreux cas de l'ordre de quinze jours ; mais il vous appartient de prendre toute décision adaptée sur ce point compte tenu des circonstances. Par ailleurs, et dans l'hypothèse où le maire n'aurait pas fait connaître son avis dans le délai fixé, je vous suggère de porter la mention « Le maire consulté », ou toute autre formule, remplaçant celle de « Vu l'avis du maire ». En tout état de cause, le délai de consultation du maire s'inscrit dans le délai d'un mois susvisé, y compris dans le cas où, conformément à l'article L. 421 du Code de l'urbanisme, le changement d'affectation nécessite l'octroi d'un permis de construire.

Le délai de quinze jours n'ayant qu'une valeur indicative, il va de soi que le délai d'un mois prévu dans le cas précis de l'article R. 421-11 du Code de l'urbanisme prévaut et que vous devrez attendre l'expiration de ce délai pour statuer.

Par ailleurs, dans le cas où vous serez conduit à assortir vos autorisations de compensations financières, je vous précise que celles-ci ne peuvent que, conformément à une jurisprudence constante du Conseil d'État, revêtir la forme de prêts sans intérêt à des bailleurs sociaux (offices et sociétés anonymes d'H.L.M., S.E.M. de construction) dont les modalités de versement et de remboursement seront fixées ponctuellement.

Non parue au *Journal officiel*.

Annexe 8

CIRCULAIRE N° 89-69 DU 3 NOVEMBRE 1989

relative aux changements d'affectation et démolition de locaux (*BO Aménagement–Transports–Équipement–Mer n°* 1, 10 janv. 1990)

L'article 37 de la loi n° 89-462 du 6 juillet 1989 a abrogé l'article 57 de la loi n° 86-1290 du 23 décembre 1986 qui dispensait les sociétés civiles professionnelles et certains regroupements de professionnels libéraux de toute procédure d'autorisation au titre des changements d'affectation des logements à usage d'habitation. Ces dispositions conduisaient, en effet, à sortir des surfaces considérables d'un parc locatif privé déjà insuffisant à Paris. Le principe fondamental de l'interdiction de tout changement d'affectation de logement, sauf dérogation préalable, est ainsi nettement réaffirmé dans ce domaine.

Je vous demande donc de faire preuve d'une extrême rigueur dans l'application de ce principe.

Le Gouvernement reste toutefois sensible aux problèmes d'installations des professionnels libéraux. Il convient donc de trouver un juste équilibre entre le maintien du parc de logements et la nécessité de permettre à ces professionnels l'exercice de leurs activités.

Pour la période à venir, je tiens à vous rappeler les règles qui doivent être respectées pour l'application, à Paris, de l'article L. 631-7 du code de la construction et de l'habitation.

Le principe fondamental reste l'interdiction de tout changement d'affectation de logement.

Vous appliquerez ce principe de la manière suivante :

– dans les arrondissements où s'affirme une nette tendance à la désaffectation des logements, vous n'autoriserez à déroger au principe posé que moyennant une compensation à l'identique, c'est-à-dire pour réaffectation au logement de surfaces équivalentes, dans la même zone géographique ;

– une assez large souplesse sera en revanche observée, notamment au profit des professionnels libéraux, là où le partage entre l'habitat et l'emploi peut se réaliser dans des conditions d'équilibre satisfaisantes ;

– les compensations de nature financière sont strictement interdites ;

– enfin, je vous rappelle que les dérogations accordées le sont à titre personnel ; elles n'entraînent pas transformation définitive du local, et cessent lorsque cesse l'exercice professionnel du bénéficiaire dans ce local ; ceci entraîne le retour au logement de toutes les surfaces transformées, dès le départ d'un bénéficiaire.

Dans votre action quotidienne trois types de situations peuvent couramment se présenter :

1. Transformation de locaux d'habitation ou assimilés en locaux commerciaux ou industriels :

Le principe d'interdiction de changement d'affectation vaut pour tout le territoire sur lequel vous intervenez.

Lorsque, exceptionnellement, la dérogation est retenue la compensation s'effectue par décommercialisation de locaux d'une superficie au moins équivalente dans le même arrondissement ou dans un arrondissement limitrophe ; dans ces cas ; vous veillerez à ce que les caractéristiques physiques et d'environnement des deux locaux faisant l'objet de la compensation soient de nature comparable. Les règles relatives au permis de construire trouvent naturellement à s'appliquer en la matière.

2. Transformation de locaux à usage administratif ou assimilés en locaux commerciaux ou professionnels :

Les mêmes règles que celles visées au 1 ci-dessus doivent inspirer votre action. Une tolérance pourra toutefois être admise entraînant une dispense de compensation dans les cas où des locaux administratifs seront transformés en locaux à usage exclusivement professionnel.

3. Transformation des locaux d'habitation en locaux professionnels :

La situation actuelle permet de définir une zone particulièrement sensible comprenant les premiers, deuxième, cinquième, sixième, septième, huitième, neuvième, seizième et dix-septième (partie ouest) arrondissements qui connaissent déjà une situation de déséquilibre au profit des activités professionnelles, au détriment du logement et du bon équilibre de la vie sociale de ces quartiers. Il convient de mettre un terme à cette évolution préoccupante.

Dans cette zone, aucune autorisation ne devra être délivrée sans que soit exigée une compensation par transformation ou réaffectation au logement de locaux professionnels, industriels ou commerciaux, d'une superficie au moins équivalente, dans le même arrondissement ou dans un arrondissement limitrophe appartenant à la zone particulièrement sensible définie ci-dessus.

Dans les autres quartiers parisiens, des dérogations pourront être accordées en faveur de l'installation des professionnels libéraux dans la limite de 40 mètres carrés par professionnel exerçant seul, plus 20 mètres carrés par professionnel supplémentaire.

Dans ces cas, la dérogation pourra être accordée sans compensation.

4. Questions diverses :

a) S'agissant des locaux à usage mixte, la dérogation permettant l'exercice d'une profession libérale dans le local d'habitation du demandeur n'est soumise à aucune compensation. Dans ce cas, vous devrez vous assurer que le local reste bien la résidence principale du demandeur ;

b) Pourront bénéficier du régime d'autorisation sans compensation les associations reconnues d'utilité publique par décret ;

c) Vous veillerez à ce que les autorisations accordées ne mettent pas en cause l'équilibre résidentiel d'un immeuble.

L'efficacité du système dont les règles viennent d'être rappelées est liée aux règles permettant d'éviter et, à défaut, de sanctionner des pratiques frauduleuses. L'ensemble de vos moyens de contrôle devra à cet égard, être renforcé.

Annexe 9

NOTE D'INFORMATION DE LA MAIRIE DE PARIS
6 JUILLET 1992

MAIRIE DE PARIS

DIRECTION DE LA CONSTRUCTION
ET DU LOGEMENT

SOUS-DIRECTION DU PERMIS DE CONSTRUIRE

DB/SN

- 6 JUIL. 1992

NOTE D'INFORMATION

-!-!-!-!-

OBJET : Changements de destination et d'affectation de locaux existants dans le cadre de l'instruction des permis de construire.

La présente note a pour objet de faire le point des incidences des textes applicables en matière de changements de destination et d'affectation de locaux existants sur l'instruction des permis de construire.

Ces incidences portent principalement sur deux domaines :

- la nécessité éventuelle d'obtenir un permis de construire pour autoriser les transformations envisagées dans un immeuble ;
- la prise en compte des situations existantes dans un immeuble pour les demandes de permis effectuées en dehors de l'application des COS règlementaires (selon le système improprement qualifié de "droits acquis" qui connait à PARIS deux régimes distincts).

En fonction des principes qui seront posés sur ces deux points, certaines incidences plus mineures peuvent être également relevées en ce qui concerne les demandes de permis se plaçant dans le cadre du COS règlementaire.

Quatre points seront donc successivement examinés :

a) rappel de la situation législative et règlementaire existante ;

b) conséquences en matière d'exigibilité des permis de construire ;

- 2 -

c) conséquences dans la prise en compte des situations existantes pour les permis échappant au régime du COS règlementaire ;

d) conséquences sur les permis traités dans le cadre du COS règlementaire.

A) <u>RAPPEL DE LA SITUATION LEGISLATIVE ET REGLEMENTAIRE EXISTANTE :</u>

Celle-ci résulte de l'application de deux textes de lois et du règlement du POS de PARIS.

Le premier texte législatif est l'article L 421.1 du Code de l'Urbanisme qui prévoit qu'un permis "est exigé pour les travaux exécutés sur les constructions existantes lorsqu'ils ont pour effet d'en changer la destination".

Ce texte signifie que même si les travaux rendus nécessaires par le changement de destination ne devaient pas en eux-mêmes nécessiter un permis de construire, ce permis devient exigible compte tenu du changement de destination. Mais la nature du changement de destination n'est pas définie de façon plus précise par le Code de l'Urbanisme.

Le second texte législatif est l'article L 631.7 du Code de la Construction et de l'Habitation. Ce texte prévoit que :

"1°) Les locaux à usage d'habitation ne peuvent être ni affectés à un autre usage, ni transformés en meublés, hôtels, pensions de famille ou établissements similaires...

2°) Les locaux à usage professionnel ou administratif ainsi que les meublés, hôtels, pensions de famille ou établissements similaires ne peuvent, s'ils ne conservent pas leur destination primitive, être affectés à un usage autre que l'habitation...

Il ne peut être dérogé à ces interdictions que par autorisation administrative préalable et motivée, après avis du Maire".

La difficulté provient de ce que la combinaison entre le régime d'autorisation prévu par ce texte et l'obligation de permis de construire dans le cas de travaux entraînant un changement de destination n'est pas explicitée : un examen plus détaillé des situations montrera ultérieurement que ces deux types d'autorisation peuvent dans certains cas être simultanément nécessaires alors que dans d'autres cas, un seul régime d'autorisation s'applique.

- 3 -

Enfin, le règlement du POS qui se situe dans le cadre du Code de l'Urbanisme définit des destinations en leur affectant des COS différenciés.

Le POS définit par ailleurs deux régimes pour la prise en compte des possibilités d'utilisation du sol :

- l'application des COS (régime dit des COS règlementaires) avec éventuellement la possibilité d'autoriser un dépassement de ces COS (surdensité) moyennant le paiement d'une taxe en respectant les motifs et conditions énoncés par l'article 15 du POS ;

- la prise en compte des situations existantes (correspondant à des bâtiments d'ores et déjà surdensitaires) qui se fait elle-même sous deux formes : la restructuration de bâtiments existants dont la conservation n'est pas mise en cause et la reconstruction après démolition (régime dit du COS de fait).

C'est pour ce deuxième régime que la prise en compte des destinations existantes est essentielle :

- dans le cadre de la restructuration, "les destinations existantes (doivent être) globalement inchangées" ;

- dans le cadre de la reconstruction, la part de bureaux (exprimée en %) ne doit pas augmenter par rapport à la situation d'origine et la part d'habitation (exprimée en %) ne doit pas diminuer.

C'est la combinaison entre ces dispositions, législatives et règlementaires, à l'occasion de l'instruction des permis, qui fait l'objet des observations effectuées ci-après.

B) <u>CONSEQUENCES EN MATIERE D'EXIGIBILITE DES PERMIS DE CONSTRUIRE :</u>

Un permis est nécessaire pour tous travaux ayant pour objet un changement de destination.

Le point principal posé est celui de savoir si une autorisation de changement d'affectation délivrée par le Préfet dans le cadre de l'article L 631.7 entraîne ou non la nécessité d'obtenir corrélativement un permis de construire.

La réponse à cette question est en fait subordonnée à la nature de l'autorisation délivrée par le Préfet :

- si cette autorisation porte sur une affectation temporaire d'un local d'habitation (par exemple, autorisation incessible et personnelle d'installation d'un cabinet médical), il n'y a pas de changement de destination ; un permis n'est donc pas exigible (sauf si les travaux dépassent le seuil fixé par la législation ; même dans ce dernier cas, le permis délivré ne comporterait bien entendu pas de changement de destination) ;

- si cette autorisation permet la transformation définitive de locaux antérieurement d'habitation (par exemple, autorisation d'installation de bureaux commerciaux), un permis est nécessaire puisqu'il y a alors véritablement changement de destination.

Pour l'application de ce critère, il convient notamment de souligner que les autorisations préfectorales de transformation permettant d'installer des "locaux professionnels" ou des "bureaux administratifs" n'affectent pas la destination initiale, même si l'autorisation n'est pas présentée comme étant incessible ou personnelle. Cette disposition se déduit de l'article L 631.7 (les locaux doivent revenir à l'habitation dès que ce type d'occupation vient à cesser).

Ces transformations étant donc par essence temporaires (même si ce "temporaire" a une durée indéterminée), elles ne peuvent entraîner un changement de destination à travers un éventuel permis de construire. Un permis de cette nature (dont les effets juridiques sont définitifs) serait tout à fait contradictoire avec les dispositions légales précitées. Aucun permis de construire n'est donc exigible en la matière ; on peut d'ailleurs ajouter que les catégories "locaux professionnels" et "bureaux administratifs" ne constituent pas des destinations spécifiques au sens du POS.

En revanche, les travaux engendrés par l'autorisation préfectorale peuvent selon les cas :

- être soumis à l'octroi d'un permis de construire (lorsque la SHOB créée est supérieure à 20 m²) ;

- être soumis à déclaration de travaux (lorsqu'une SHOB est créée ou que des modifications extérieures sont nécessaires) ;

- être effectués sans autorisation administrative (simples travaux d'aménagement intérieur).

- 5 -

En tout état de cause, les autorisations administratives éventuellement nécessaires n'avalisent aucun changement de destination.

C) CONSEQUENCES DANS LA PRISE EN COMPTE DES SITUATIONS EXISTANTES POUR LES PERMIS ECHAPPANT AU REGIME DU COS REGLEMENTAIRE.

Cette prise en compte est nécessaire à la fois pour l'application du 14.1.2 et pour celle du 14.1.3. Elle peut dans les deux cas s'effectuer en fonction des paramètres suivants :

a) Examen de la situation existante.

Celui-ci doit être effectué par géomètre qui atteste de la situation actuelle de l'occupation des locaux. Il est indispensable, afin de se prémunir contre tout risque de fraude, que le constat, soit établi sur la base d'éléments réels et constatés personnellement. Les locaux vides ou auxquels l'accès n'est pas possible doivent être désignés en tant que tels sur le constat.

En particulier toute surface dont la destination actuelle constatée est l'habitation doit être prise en compte dans les proportions à respecter dans le cadre du futur projet.

Il est rappelé à cet égard que la destination habitation peut recouvrir des réalités juridiques différentes :

- locaux occupés par leur propriétaire ;

- locaux faisant l'objet de baux d'habitation ;

- locaux à destination d'habitation mais inclus dans un bail commercial ;

- logements de fonction divers (y compris les loges), etc...

Cependant l'examen de la situation existante ne peut suffire à déterminer les destinations devant juridiquement être prises en compte notamment en matière d'habitation et de bureaux. Les documents fournis par le géomètre doivent donc comporter une qualification juridique des destinations étayée par un historique.

b) Incidence des dispositions de l'article L 631.7 sur la qualification juridique des destinations.

- 6 -

Il convient de rappeler tout d'abord que les tranformations irrégulières au regard du L 631.7 (ayant notamment conduit à la disparition de surfaces d'habitation) ne peuvent être prescrites. En conséquence, s'il y a eu transformation irrégulière, après la loi du 1er septembre 1948, c'est la destination antérieure qui doit être retenue (ceci ne doit cependant en aucun cas conduire à la suppression d'une destination d'habitation existante ce qui serait contraire à l'article L 631-7). Toute décision contraire ne peut être établie que par le Tribunal.

Par ailleurs, les autorisations préfectorales délivrées en application de l'article L 631-7 doivent être prises en compte de la manière suivante dans le cadre de l'instruction des permis :

* si l'autorisation n'a pas affecté la destination primitive (c'est notamment le cas de toutes les autorisations à caractère personnel et incessible ou à usage de locaux professionnels ou de bureaux administratifs en vertu de l'article L 631-7 du Code de la Construction et de l'Habitation), c'est l'habitation qui reste la destination devant être retenue ;

* si l'autorisation a un caractère définitif (par exemple autorisation de transformation en bureaux commerciaux après que la compensation ait été réalisée), et que les locaux en cause ont à la suite d'un permis fait l'objet de la transformation autorisée, c'est la nouvelle destination qui peut être retenue ;

* si l'autorisation a un caractère définitif (là aussi, avec une compensation réalisée) mais si les locaux n'ont pas été transformés cette autorisation peut être prise en compte pour établir le tableau des affectations existantes d'où pourront découler les affectations pouvant être autorisées dans le cadre du permis ; cette possibilité n'existe cependant que dans le cadre de l'article 14.1.3 (COS de fait) ; lorsque le permis est instruit dans le cadre de l'article 14.1.2 (modification de bâtiments existants), seules les affectations existant effectivement dans l'immeuble peuvent être prises en compte.

c) Destinations pouvant être prises en compte.

En complément des remarques précédentes, il faut également rappeler que dans la liste des destinations existantes et dans celles correspondant au projet, ne peuvent figurer que des destinations définies par le POS.

C'est ainsi que les locaux professionnels et les bureaux administratifs ne constituent pas des destinations au sens du POS.

En ce qui concerne les locaux professionnels, la destination d'origine du local est celle qui peut être retenue dans le projet : si les locaux professionnels ont été installés dans de l'habitation, la destination future est l'habitation ; si ces locaux ont été installés dans des parties vouées à l'origine aux commerces ou aux bureaux, la destination future est le commerce ou le bureau.

En ce qui concerne les bureaux administratifs, un examen détaillé de la destination d'origine de l'immeuble et de l'historique d'occupation est nécessaire. Compte tenu de la complexité de la règlementation, il convient de consulter les services pour avoir une position sur la qualification juridique des locaux.

Enfin, il convient d'éviter toute confusion en ce qui concerne les établissements collectifs privés. Ne peuvent être pris en compte dans cette destination que les locaux répondant strictement aux définitions du POS. Le POS cite expressément les hôtels, établissements de santé, d'enseignement récréatifs, culturels et sportifs. C'est ainsi qu'une école privée, une église, un centre sportif, un musée peuvent par exemple rentrer dans cette catégorie. Mais un cabinet médical ou un cabinet de groupe d'avocats, situé en étage d'un immeuble bourgeois, ne peut entrer dans cette destination qui ne s'applique qu'à des établissements. Un cabinet médical ou autre de ce type se classe suivant la destination d'origine du local dans lequel est installé ce cabinet (habitation ou commerce par exemple).

d) Contenu du dossier fourni par le géomètre en matière de destinations.

Ce dossier doit comporter lorsque la prise en compte des destinations actuelles est nécessaire dans le cadre du dossier, les éléments suivants :

- plans par niveau décrivant objectivement la situation existante et retraçant ce que le géomètre a <u>effectivement</u> pu constater ;

- tableaux reprenant les surfaces par destination.

- 8 -

Pour rédiger ces tableaux, il doit être tenu compte de l'état de droit en ce qui concerne les destinations. Un dossier juridique doit donc compléter les plans descriptifs. Les tableaux constituent la résultante de ces documents.

Les géomètres, dans les recherches auxquelles ils devront procéder pourront obtenir tous renseignements utiles et conseils auprès du Service Municipal du Permis de Construire. Ils doivent procéder à des analyses objectives et différencier dans leurs tableaux les superficies des locaux pour lesquels la destination n'est que présumée. En cas de doute ou lorsqu'il ne dispose que de renseignements incomplets, le géomètre ne peut pas prendre position, laissant ce soin au service instructeur ; cela ne l'empêche pas d'indiquer son opinion mais celle-ci doit être identifiée comme telle et non pas présentée comme une certitude (traitement à part sur les tableaux ou nota d'explication).

Tout dossier qui ne serait pas rempli selon les indications ci-dessus ne peut être que rejeté.

Un correspondant du Service d'Urbanisme Opérationnel servira de relais aux géomètres, pour obtenir des informations sur le contenu du fichier correspondant au recensement de 1945 détenu par la Sous-Direction du Logement. Ces informations n'ont qu'un caractère indicatif mais peuvent permettre d'éclairer des situations dans lesquelles un historique détaillé s'avère impossible à réaliser faute de documents.

D) <u>CONSEQUENCES SUR LES PERMIS TRAITES DANS LE CADRE DES COS REGLEMENTAIRES.</u>

Dans le cadre de ces permis les problèmes de prises en compte de situations existantes sont moins importants mais peuvent néanmoins se poser (cas d'une parcelle sous densitaire visée par un projet tendant à consommer la densité réglementaire en complétant les constructions existantes).

Les directives rappelées en C) de la présente note doivent dans ce cas également s'appliquer, notamment pour la prise en compte des destinations des locaux existants non affectés par le projet.

Le Délégué Général au Logement

Ph. LAFOUGE

Annexe 10

NOTE D'INFORMATION DE LA PRÉFECTURE DE PARIS JANVIER 1997

CRITÈRES POSÉS PAR L'ADMINISTRATION EN MATIÈRE DE TRANSFORMATION DE LOCAUX À USAGE PROFESSIONNEL

I. – Transformation de locaux à usage professionnel, en totalité

La circulaire du 3 novembre 1989 a édicté comme base de calcul la règle des 40 m² pour le 1er professionnel, ajoutés de 20 m² par professionnel supplémentaire. Cette règle est applicable dans tous les arrondissements et pour tout regroupement de professionnels.

Pour les grands appartements de plus de 200 m², il peut être toléré un professionnel par pièce plus une pièce pour les activités communes. Toutefois les pièces supérieures à 30 m² comptent pour deux. Ce mode de calcul est applicable dans tous les arrondissements.

Les installations des professionnels dans des locaux situés au rez-de-chaussée font l'objet d'examen moins rigoureux en ce qui concerne les surfaces, compte tenu du fait que la politique de la ville de Paris est d'encourager l'habitation à l'étage et les activités au rez-de-chaussée. En outre, les changements d'affectation de locaux situés en étage sont en principe refusés lorsque l'immeuble est en majorité de l'habitation.

II. – Transformation à usage mixte

Le 3e alinéa du 3° de l'art. L. 631-7 du CCH prévoit que « le représentant de l'État dans le département peut autoriser l'exercice, sous certaines conditions, dans une partie d'un local d'habitation, d'une profession qui ne puisse à aucun moment revêtir un caractère commercial si ce local constitue en même temps la résidence du demandeur ».

En conséquence, l'autorisation ne peut être accordée que si le local est également la résidence principale du demandeur.

Le dossier sera apprécié selon plusieurs critères :

– composition de la famille, d'où nécessité de produire une fiche familiale d'état civil ;

– répartition des pièces réservées à usage professionnel et à l'habitation de manière à ce que la partie professionnelle soit bien distincte ;

– la partie professionnelle ne peut pas dépasser 1/3 de la surface du local, mais la proportion traduire en surface ne devrait pas être supérieure à 60 m² pour un professionnel.

L'autorisation est envisageable dans le cas où pour un très grand appartement, une partie du local constitue la résidence principale de l'un des professionnels souhaitant s'y installer.

La situation en étage est toutefois un critère pouvant entraîner un refus (de façon moins aiguë que pour la totalité).

III. – Transfert et compensation

Le 4e alinéa du 3° de l'art. L. 631-7 prévoit que « ... les bénéficiaires membres d'une profession libérale réglementée, qui rendent à l'habitation un local qui était devenu totalement ou partiellement professionnel, peuvent être autorisés à transformer un autre local d'habitation en local professionnel pour une surface équivalente ».

En conséquence, le transfert d'activités d'un professionnel libéral réglementé ne peut se faire que dans les conditions ci-dessus énoncées. Il n'y aura pas de nouvelle dérogation sans retour à l'habitation de l'ancien local.

IV. – Cas des S.C.M., S.C.P. ou groupement de quelque forme que ce soit

L'art. 37 de la loi du 6 juillet 1989 prévoit que tous les professionnels libéraux regroupés en S.C.P., S.C.M. ou sous une autre forme, peuvent bénéficier à titre personnel et individuel d'une autorisation, à condition d'en faire la déclaration dans les délais prévus par la loi.

La déclaration précisée n'est prise en compte que si elle est faite à titre individuel. Ainsi, une déclaration faite au nom du groupement professionnel avec une seule signature n'est pas recevable. Celle-ci ne vaut que pour un local et non pour plusieurs locaux.

Dans un même local, s'il ne reste plus qu'un associé, la déclaration faite n'est plus valable, le groupe n'existant plus.

Par ailleurs, les nouveaux arrivés après le délai prévu pour en faire la déclaration, n'ont pas le droit de s'y installer sans nouvelle autorisation. La règle de 20 m^2 ou de 1 pièce par professionnel leur sera alors applicable.

V. – Nature des décisions prises avant et après la loi du 23 décembre 1986

Toutes les décisions concernant les professionnels libéraux, prises que ce soit avant ou après la loi de 1986, ne confèrent pas de caractère définitif au local. Elles sont accordées à ceux qui en ont fait la demande pour un usage autre que l'habitation. Le départ du professionnel, pour quelque raison que ce soit, a pour effet de remettre le local dans le circuit de l'habitation.

VI. – Usage professionnel continu depuis 30 ans

La prescription trentenaire n'est pas applicable, en l'espèce, s'agissant d'une disposition concernant des actions régies par le Code civil. En effet, si on accepte que la prescription trentenaire est acquisitive, cela supposerait que l'infraction en cause ait été constituée à la date de la transformation illégale ; or, un local occupé sans autorisation est en infraction pendant toute la durée de cette occupation illégale.

Par contre, la prescription trentenaire est applicable qu'en matière de sanction. Ainsi, un professionnel installé irrégulièrement dans un local d'habitation depuis 30 ans ne fera pas l'objet de poursuites prévues aux art. L. 651-2 et suivants. Toutefois, un nouvel occupant ne peut bénéficier de cette prescription et doit régulariser sa situation.

Cette note – initialement publiée par la *Gazette du Palais*, dans son numéro du 1er janvier 1997 (pp. 43-44) – est reproduite avec l'aimable autorisation des éditions Lextenso/Gazette du Palais.

DOCUMENTS D'APPLICATION

ARRÊTÉS PRÉFECTORAUX

Annexe 1

PRÉFECTURE DE PARIS

Arrêté préfectoral n° 2005-335-4 du 1er décembre 2005

portant application à Paris des dispositions des articles L. 631-7 et suivants du code de la construction et de l'habitation le préfet de la région d'Île-de-France préfet de Paris officier de la légion d'Honneur

Vu le code de la construction et de l'habitation, et notamment les articles L. 631-7, L. 631-7-1, L. 631-7-2 modifiés ;

Vu le code général des collectivités territoriales ;

Vu le décret n° 96-1156 du 26 décembre 1996, fixant la liste des zones urbaines sensibles ;

Vu le décret n° 2004-374 du 29 avril 2004 relatif aux pouvoirs des préfets et à l'action des services de l'État dans les régions et les départements ;

Vu l'urgence en matière de logement à Paris, et considérant la nécessité de préserver l'offre de surfaces privées de logements de nature à faciliter notamment la sortie des actuels locataires de bailleurs sociaux pour accéder à la propriété ou à la location privée ;

Sur proposition du préfet, secrétaire général de la préfecture de Paris,

ARRÊTE

Article 1er : L'autorisation préalable au changement d'usage de locaux destinés à l'habitation délivrée par le préfet de Paris, après avis du maire de Paris et du maire d'arrondissement, est subordonnée, selon les modalités définies par le présent arrêté et sous réserve des dispositions de ses articles 5 et 6, à une compensation dès lors que la transformation consiste à affecter les locaux à un autre usage que l'habitation.

Article 2 : La compensation consiste en la transformation en habitation de locaux ayant un autre usage que l'habitation au 1er janvier 1970 et n'ayant pas été utilisés à titre de compensation. Les locaux de compensation doivent être de qualité et de surface équivalentes à celles faisant l'objet du changement d'usage, les surfaces étant appréciées selon la surface habitable d'un logement telle qu'elle est définie à l'article R. 111-2 du code de la construction et de l'habitation. Les locaux situés en rez-de-chaussée ne peuvent en aucun cas servir de compensation.

Article 3 : Les locaux de compensation doivent être situés dans le même arrondissement que les locaux faisant l'objet du changement à un usage autre que l'habitation. Dans les quartiers administratifs de Paris entendus au sens de l'INSEE, ou a été constatée une prédominance des surfaces de bureaux par rapport aux surfaces de logements, les locaux proposés en compensation doivent être situés dans le même quartier que les locaux objet du changement d'usage.

Les quartiers concernés sont :

1er arrondissement

– Saint-Germain-l'Auxerrois

– Halles

– Palais-Royal

– Place Vendôme

2ème arrondissement

– Gaillon

– Vivienne

– Mail

4ème arrondissement

– Saint-Merri

– Notre-Dame

7ème arrondissement

– Invalides

8ème arrondissement

– Champs-Élysées

– Faubourg du Roule

– Madeleine

– Europe

9ème arrondissement

– Chaussée-d'Antin

– Faubourg-Montmartre

16ème arrondissement

– Chaillot

17ème arrondissement

– Ternes

– Plaine de Monceau

Article 4 : Les locaux d'habitation objet du changement d'usage et les locaux de compensation doivent être transformés de façon concomitante.

Article 5 : Les dérogations visant à la transformation de locaux d'habitation peuvent être exonérées de compensation, dès lors qu'elles sont demandées par un pétitionnaire, public et/ou poursuivant une mission d'intérêt général. S'il s'agit de locaux situés en rez-de-chaussée, ils sont exonérés de plein droit de compensation quelle que soit la qualité du pétitionnaire.

Article 6 : Des autorisations en vue d'un usage autre que l'habitation pour un local d'habitation peuvent être accordées aux personnes exerçant une profession libérale soumise à un statut législatif ou réglementaire ou dont le titre est protégé.

Cette autorisation est exonérée de compensation :

– dans les quartiers autres que ceux où a été constatée une prédominance des surfaces de bureaux par rapport aux surfaces de logements, lorsque la surface du local, objet du changement d'usage, ne dépasse pas 50 m^2 par professionnel et dans la limite de 150 m^2 ;

– sans limite de surface dans les zones urbaines sensibles relevant du décret n° 96-1156 du 26 décembre 1996 et figurant en annexe n° 1 ;

– dans tous les quartiers à l'occasion du remplacement d'un professionnel régulièrement installé dans la limite de 250 m^2.

Article 7 : Lorsque la demande de changement ne porte que sur une partie du local en application de l'article L. 631-7-2 du code de la construction et de l'habitation, la surface réservée à un autre usage que l'habitation ne peut être supérieure à 50 % de la surface totale du local. Cette surface n'est pas soumise à compensation.

Article 8 : Tout recours contre le présent arrêté doit parvenir au tribunal administratif de Paris dans le délai de deux mois, à compter de sa publication au recueil des actes administratifs de la préfecture de Paris et de la préfecture de police.

Article 9 : Le préfet, secrétaire général de la préfecture de Paris, et le directeur de l'urbanisme, du logement et de l'équipement sont chargés, chacun en ce qui le concerne, de l'exécution du présent arrêté qui sera publié au recueil des actes administratifs de la préfecture de Paris et de la préfecture de police, accessible sur le site Internet de la préfecture de Paris : www.paris.pref.gouv.fr.

Fait à Paris, le 1er décembre 2005

Bertrand Landrieu

Annexe n° 1 à l'arrêté préfectoral n° 2005-335-4 du 1er décembre 2005 portant application à Paris des dispositions des articles L. 631-7 et suivants du code de la construction et de l'habitation

Périmètre des ZUS :

Z.U.S : **Porte Saint-Denis, Porte Saint-Martin**

PÉRIMÈTRE RUE PAR RUE

- Rue du Faubourg-Poissonnière
- Rue des Messageries
- Rue d'Hauteville
- Rue du Paradis
- Rue de la Fidélité
- Rue Sibour
- Rue des Recollets
- Quai de Valmy
- Rue du Faubourg du Temple
- Rue Yves Toudic
- Rue Léon Jouhaux
- Boulevard Saint-Martin
- Boulevard Saint-Denis
- Boulevard Bonne Nouvelle

Z.U.S : **Fontaine-au-Roi**

PÉRIMÈTRE RUE PAR RUE

- Rue du Faubourg du Temple
- Boulevard de Belleville
- Rue des Nanettes
- Rue Condillac
- Avenue de la République
- Avenue Parmentier

Z.U.S : **Porte de Saint-Ouen, Porte de Clichy**
PÉRIMÈTRE RUE PAR RUE
– Avenue de la Porte de Clichy
– Boulevard périphérique
– Rue Saint Just
– Rue Pierre Rebière
– Rue Émile Borel
– Boulevard périphérique
– Avenue de la Porte de Saint-Ouen
– Rue Jean Leclaire
– Rue Navier
– Rue Ernest Roche
– Rue Fragonard

Z.U.S. : **H.B.M. Aubervilliers**
PÉRIMÈTRE RUE PAR RUE
– Boulevard Ney
– Rue Charles Hermite
– Avenue de la Porte d'Aubervilliers

Z.U.S. : **La Goutte d'Or**
PÉRIMÈTRE RUE PAR RUE
– Boulevard Barbès
– Rue Ordener
– Rue Stephenson
– Rue de Tombouctou
– Boulevard de la Chapelle

Z.U.S. : **Porte de Montmartre**
PÉRIMÈTRE RUE PAR RUE
– Boulevard périphérique
– Avenue de la Porte des Poissonniers
– Rue Jean Cocteau
– Rue Francis de Croisset
– Limite entre le Ministère de la Défense (exclu) et le collège Utrillo
– Boulevard Ney
– Rue Arthur Ranc
– Rue Henri Huchard
– Avenue de la Porte de Montmartre

Z.U.S. : **Curial, Cambrai, Alphonse Karr**
PÉRIMÈTRE RUE PAR RUE
– Rue Gaston Tessier

– Rue Curial
– Voie AN/19
– Voie AM/19
– Rue de Cambrai
– Limite SNCF Petite Ceinture
– Rue de Flandre
– Rue de l'Ourq
– Rue de Crimée

Z.U.S. : **H.B.M. Ménilmontant**
PÉRIMÈTRE RUE PAR RUE
– Rue de Ménilmontant
– Rue Pelleport
– Rue de l'Isle-Adam
– Rue de la Chine

Z.U.S. : **Belleville**
PÉRIMÈTRE RUE PAR RUE
– Boulevard de Belleville
– Rue de Belleville
– Rue Jouye-Rouve
– Rue Julien Lacroix
– Rue de Ménilmontant

Annexe 2

PRÉFECTURE DES HAUTS-DE-SEINE

Arrêté DDE/SEU n° 2008.089
du 21 février 2008

en vue de fixer les conditions dans lesquelles les autorisations de changement d'usage doivent être délivrées au regard de l'article L 631-7 du Code de la construction et de l'habitation

Vu le code de la construction et de l'habitation et notamment les articles L 631-7, L 631-7-1 et L 631-7-2 ;

Vu le décret du 28 juin 2007 portant nomination de M. Pierre de BOUSQUET en qualité de Préfet des Hauts-de-Seine ;

Vu l'arrêté préfectoral n° 2006/418 du 3 octobre 2006 précisant les critères d'autorisation des changements d'usage et notamment les exemptions de compensation prévus en son article 2 (4e alinéa) ;

Considérant qu'il est apparu que ces exemptions conduisaient à supprimer des logements sans qu'ils soient compensées par les conventions habitat-activité ;

Considérant que ce résultat est contraire à la volonté établie par l'article L 631-7 du code de la Construction et de l'Habitation qui a pour but de protéger le patrimoine des logements ;

Considérant dans ces conditions qu'il convient de modifier les motifs d'exemption de compensation ;

ARRÊTÉ

Article 1 : l'autorisation préalable au changement d'usage est délivrée après avis du maire. Elle est subordonnée à une compensation sous forme de transformation concomitante en habitation de locaux ayant un autre usage.

Article 2 : ne sont pas soumises à compensation :

– la transformation de locaux d'habitation demandée par un pétitionnaire public ou poursuivant une mission d'intérêt général ;

– la transformation d'une partie d'un local d'habitation, résidence principale du demandeur, comme lieu d'exercice d'une profession à la condition que celle-ci ne revête à aucun moment un caractère commercial ;

– la transformation d'une partie d'un local d'habitation, comme lieu d'exercice d'une activité commerciale dès lors que celle-ci n'est exercée que par le ou les occupants ayant leur résidence principale dans ce local et qu'elle ne conduit à y recevoir ni clientèle, ni marchandise ;

Article 3 : afin de favoriser la mixité, la transformation de logements en bureaux ou autres locaux à usage professionnel ou commercial pourra également être autorisée sans contrepartie dans les quartiers classés en Zone Urbaine Sensible (décret n° 96-1156 du 26 décembre 1996), en Zone Emploi de Ville (décret n° 96-455 du 28 mai 1996), en Zone de Redynamisation Urbaine (décret n° 96-1157). Ces dérogations ne s'appliquent que pour autant qu'elles respectent les règles d'urbanisme en vigueur sur le territoire communal.

Article 4 : par dérogation à l'article 2 (alinéa 2) une personne exerçant une profession libérale réglementée peut bénéficier d'une autorisation sans être tenue d'y avoir son habitation principale dès lors que le local appelé à changer d'usage présente une surface inférieure à 70 m^2, sous réserve, toutefois, de la conservation des pièces humides (cuisine, salle de bains) afin de faciliter le retour à l'habitation lors de la cessation d'activité.

Article 5 : un groupement de personnes exerçant une profession libérale réglementée peut bénéficier d'un changement d'usage d'un ou plusieurs logements dans la limite de 200 m^2 maximum de surface hors œuvre nette, sans qu'il soit nécessaire d'y maintenir une résidence principale et sous réserve de la conservation des pièces humides.

Article 6 : les délibérations concernant les changements d'usage prises antérieurement par les conseils municipaux continuent d'être applicables nonobstant les règles du présent arrêté.

Article 7 : le présent arrêté peut faire l'objet d'un recours gracieux ou d'un recours contentieux devant le tribunal administratif de Versailles dans un délai de deux mois à compter de sa publication au recueil des actes administratifs de l'État.

Article 8 : le Secrétaire Général, le Directeur Départemental de l'Équipement, les Maires du département, sont chargés, chacun en ce qui le concerne, de l'exécution du présent arrêté.

Article 9 : l'arrêté préfectoral n° 2006.418 en date du 3 octobre 2006 est abrogé.

Nanterre, le 21 février 2008
Le Préfet,
Pierre de Bousquet

Annexe 3

PRÉFECTURE DU RHÔNE

Arrêté préfectoral n° 2006-6284 du 20 décembre 2006

PREFECTURE DU RHONE

DIRECTION DEPARTEMENTALE
DE L'EQUIPEMENT

SERVICE HABITAT – VILLE

GESTION SOCIALE DU LOGEMENT

ARRETE PREFECTORAL N° 2006-6284 PORTANT APPLICATION A LYON DES DISPOSITIONS DES ARTICLES L 631-7 ET SUIVANTS DU CODE DE LA CONSTRUCTION ET DE L'HABITATION

Le préfet de la région RHONE-ALPES
préfet du RHONE
officier de la légion d'honneur

Vu le Code de la construction et de l'habitation et notamment les articles L631-7, L 631-7-1 et L 631-7-2 modifiés,

Vu le code général des collectivités territoriales,

Vu le décret n° 2004-374 du 29 avril 2004 relatif aux pouvoirs des préfets et à l'action des services de l'Etat dans les régions et les départements ;

Vu la nécessité de protéger l'habitat existant et préserver un équilibre entre habitat et activités sur le territoire de la Ville de Lyon,

Sur proposition du préfet, secrétaire général de la préfecture du RHONE,

ARRETE

Article 1er –
L'autorisation préalable au changement d'usage de locaux destinés à l'habitation, délivrée par le directeur départemental de l'équipement sur délégation du préfet après avis du maire de LYON et du maire d'arrondissement, est subordonnée aux modalités définies par le présent arrêté.

L'autorisation de changement d'usage est accordée à titre personnel. Elle cesse de produire effet lorsqu'il est mis fin, à titre définitif, pour quelque raison que ce soit, à l'exercice professionnel du bénéficiaire. Toutefois, lorsque l'autorisation est subordonnée à une compensation, le titre est attaché au local et non à la personne.

Article 2 –
En vue de préserver un équilibre entre habitation et activités au sein du périmètre de l'hyper centre de la ville de Lyon, l'autorisation préalable au changement d'usage de locaux destinés à l'habitation est soumise au principe de compensation dès lors :

- que la transformation consiste à affecter les locaux à un autre usage que l'habitation,
- que ces locaux, objet du changement d'usage, représentent une surface égale ou supérieure à 100 m2,
- et qu'ils se situent à l'intérieur d'un périmètre dit « hyper centre » défini en annexe (cf plan joint).

Les locaux ayant fait l'objet d'un précédent arrêté de changement d'usage sans compensation sont également soumis à la règle définie dans le présent article 2 dès lors qu'un nouveau pétitionnaire désire s'installer dans lesdits locaux.

A partir du seuil de 100 m2, le mécanisme de compensation s'applique à partir du premier m2 de surface concernée par le changement d'usage. Ce dispositif s'applique pour toutes les demandes successives d'extension dans un délai de 10 ans à partir de la date de délivrance de la 1ère autorisation.

Article 3 –
En vue de préserver l'équilibre au sein d'un même immeuble, sur l'ensemble du territoire de la ville de Lyon, la demande de changement d'usage ne pourra pas être accordée sur plus de 50 % de la surface totale de la construction concernée.
Toutefois, il pourra être dérogé à cette règle :

- dans le cas d'implantation d'activité, de quelque nature qu'elle soit, affectant la totalité de l'immeuble ;
- pour les immeubles de petite taille dont la surface totale est inférieure à 300 m2.

Article 4 –
Sur l'ensemble du territoire de la ville de Lyon, lorsque la demande de changement d'usage ne porte que sur une partie du local en application de l'article L 631-7-2 du code de la construction et de l'habitation, la surface réservée à un autre usage que l'habitation ne peut être supérieure à 50 %. Cette surface n'est jamais soumise à compensation.

Article 5 –
Il est rappelé qu'un local est réputé à usage d'habitation s'il était affecté à cet usage au 1er janvier 1970. Pour les locaux construits après 1970, l'usage est celui résultant du permis de construire. Les locaux ayant, depuis cette date, fait l'objet de travaux avec pour effet d'en changer la destination, ont l'usage résultant du permis de construire obtenu ou de la déclaration préalable effectuée.

Article 6 –
La compensation consiste en la transformation en habitation de locaux ayant un autre usage que l'habitation au 1er janvier 1970 et n'ayant pas déjà été utilisés à titre de compensation. Les locaux de compensation doivent être de qualité et de surface au moins équivalentes à celles faisant l'objet du changement d'usage. Les locaux situés en rez-de-chaussée ne pourront pas servir de compensation à l'exception de ceux situés en rez-de-chaussée surélevé ou dans des immeubles sur cour ; ces dossiers seront examinés en fonction de la qualité d'habitabilité de ces locaux.

Article 7 –
Les locaux de compensation doivent être situés sur le territoire de la ville de Lyon.
Les locaux d'habitation objet du changement d'usage et les locaux de compensation doivent être transformés de façon concomitante. Les locaux apportés en compensation doivent répondre à l'issue de leur transformation aux normes définies par le décret du 30 janvier 2002 relatif aux caractéristiques du logement décent.

Article 8 –
L'autorisation visant au changement d'usage de locaux d'habitation peut être exonérée de compensation dès lors :
- qu'elle est demandée pour la réalisation d'un équipement public ou d'intérêt collectif.
- qu'il s'agit de locaux situés en rez de chaussée et que leur habitabilité ne soit pas de bonne qualité.

Article 9 –
Dans le cadre d'un changement d'usage impliquant la transformation d'au moins 10 logements, le demandeur devra intégrer au moins 20 % de logements sociaux dans les locaux prévus pour la compensation. Le calcul pour la répartition entre les compensations logements privés et logements sociaux se fera en m2 et non en nombre de logements.

Article 10 –
Le présent arrêté est pris en fonction des règles édictées par les articles L631-7 et suivants du code de la construction et de l'habitation, et ne préjuge pas des autres législations applicables notamment en matière d'urbanisme.

Article 11 –
Tout recours contre le présent arrêté doit parvenir au tribunal administratif de LYON dans le délai de deux mois à compter de sa publication au recueil des actes administratifs de la préfecture du Rhône.

Article 12 –
Le préfet, secrétaire général de la préfecture, et le directeur départemental de l'équipement, sont chargés, chacun en ce qui le concerne, de l'exécution du présent arrêté qui sera publié au recueil des actes administratifs de la préfecture du Rhône, accessible sur le site Internet de la préfecture du Rhône : www.rhone.pref.gouv.fr

Fait à LYON, le 20 DEC. 2006

LE PREFET
Le Secrétaire Général,

Christophe BAY

N°5570 P. 1

21. Sept. 2009 13:02 Observatoire urbain

Changement d'affectation des logements

Proposition d'un périmètre dit de "l'hyper centre"

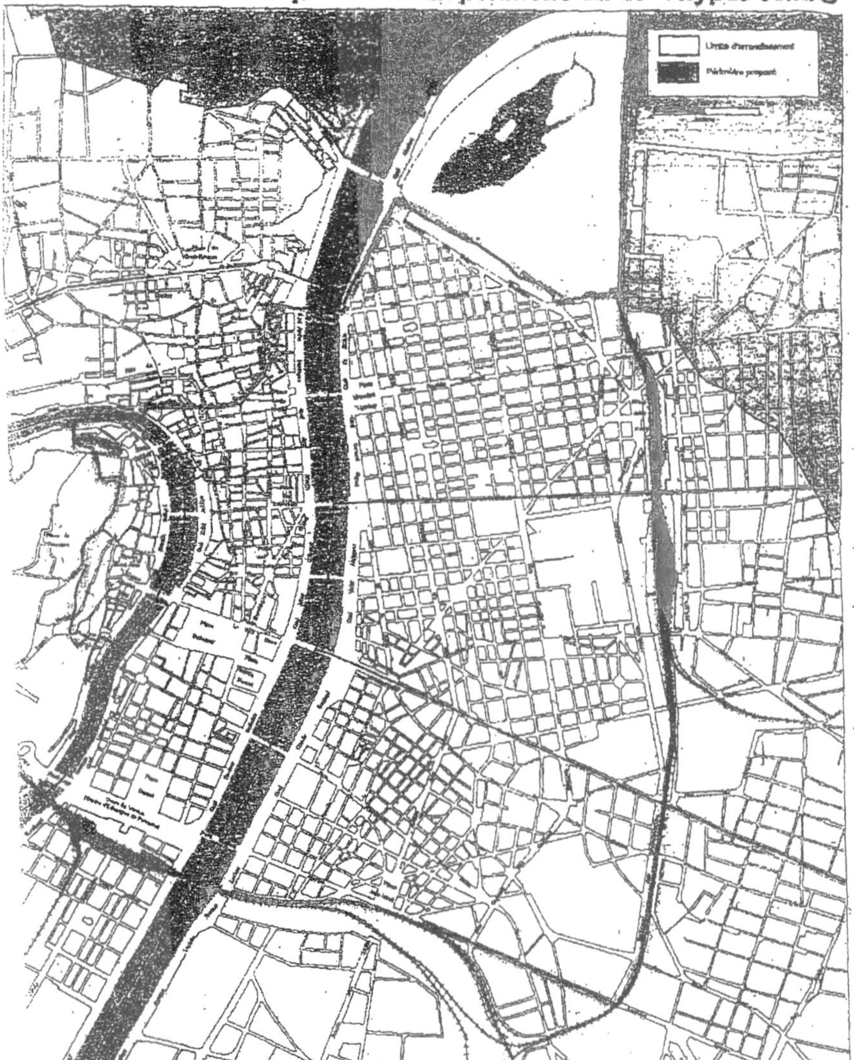

…e : Ville de Lyon - Direction de l'Aménagement Urbain - 10/2006

…rvatoire urbain - NB - 10/2006

Annexe 4

PRÉFECTURE DE LA SEINE-SAINT-DENIS

Arrêté préfectoral n° 07-0367 du 6 février 2007

fixant les conditions dans lesquelles les autorisations de changement d'usage au titre de l'article L. 631-7 du code de la construction et de l'habitation doivent être délivrées

Vu le code de la construction et de l'habitation, et notamment les articles L. 631-7, L 631-7-1, L 631-7-2 modifiés ;

Vu le code général des collectivités territoriales ;

Vu le décret 2004-374 du 29 avril 2004 relatif aux pouvoirs des préfets et à l'action des services de l'État dans les régions et les départements ;

Considérant que le changement d'usage de locaux d'habitation existants est subordonné en application de l'article L 631-7-1 du code de la construction et de l'habitation à la délivrance d'une autorisation préalable après avis du maire, qui peut être subordonnée à compensation ;

Considérant que la compensation consiste en la transformation concomitante en habitation de locaux ayant un autre usage, et que ces locaux de compensation doivent être situés dans la même commune et de qualité et de surface équivalentes à celles faisant l'objet du changement d'usage, en application de l'article L 631-7-1 du code de la construction et de l'habitation ;

Considérant que le préfet peut autoriser, dans des conditions fixées par arrêté prévu à l'article L 631-7-1, l'exercice d'une profession qui ne revête à aucun moment un caractère commercial dans une partie d'un local d'habitation utilisé par le demandeur comme sa résidence principale, en application de l'article L 631-7-2 du code de la construction et de l'habitation ;

Considérant que les conditions dans lesquelles sont délivrées les autorisations et déterminées les compensations par quartier doivent être fixées par arrêté préfectoral, en application de l'article L 631-7-1 du code de la construction et de l'habitation ;

Sur la proposition de monsieur le Secrétaire Général de la préfecture de Seine-Saint-Denis ;

ARRÊTE

Article 1 :

Sont soumis à autorisation préfectorale, prise après avis du maire, mais pas à compensation :

– la transformation d'une partie d'un local d'habitation, résidence principale du demandeur, comme lieu d'exercice d'une profession, à la condition que celle-ci ne revête à aucun moment un caractère commercial ;

– la transformation de locaux d'habitation demandée par un pétitionnaire public ou poursuivant une mission d'intérêt général : il s'agit notamment des activités concernant la santé, l'assistance, la bienfaisance, l'enseignement ou la culture ;

– la transformation d'un local d'habitation en bureaux ou en lieu d'exercice d'une ou plusieurs professions libérales réglementées ;

– la transformation d'un local d'habitation en vue de l'extension d'une activité commerciale existante ;

– le transfert, pour une surface équivalente, d'une activité ayant fait l'objet d'une autorisation préfectorale ;

– le changement d'usage de locaux d'habitation situés au sous-sol et en rez-de-chaussée d'immeuble.

Article 2

Le Secrétaire Général de la Préfecture est chargé de l'exécution du présent arrêté qui sera publié au *Recueil des Actes administratifs* de la Préfecture de la Seine Saint-Denis et dont une ampliation sera adressée à Monsieur le Directeur Départemental de Seine-Saint-Denis.

Fait à Bobigny, le 6 février 2007

Le Préfet,

Jean-François Cordet

Le présent arrêté peut faire l'objet d'un recours contentieux devant le Tribunal administratif de Cergy-Pontoise dans un délai de deux mois à compter de sa publication conformément à l'article R-421-5 du Code de justice administrative.

RÈGLEMENTS MUNICIPAUX

Annexe 5

RÈGLEMENT MUNICIPAL DE LA VILLE DE PARIS DES 15, 16 ET 17 DÉCEMBRE 2008

fixant les conditions de délivrance des autorisations de changement d'usage de locaux d'habitation et déterminant les compensations en application de la section 2 du chapitre 1er du titre III du livre IV du Code de la construction et de l'habitation

Principes généraux concernant les changements d'usage

Article 1er : Conformément aux dispositions de la section 2 (changements d'usage et usages mixtes de locaux d'habitation) du chapitre 1er du titre III du livre VI du code de la construction et de l'habitation, le changement d'usage de locaux destinés à l'habitation est soumis à autorisation préalable délivrée par le maire de Paris après avis du maire d'arrondissement. Au regard des objectifs de mixité sociale, de l'équilibre entre habitat et emploi dans les différents quartiers parisiens et de la nécessité de ne pas aggraver l'insuffisance de logements, l'autorisation de changement d'usage est subordonnée à une compensation déterminée selon les modalités prévues aux articles 2 et 3 sous réserve des exceptions prévues aux articles 3 et 4.

Nature de la compensation en cas de changement d'usage

Article 2 : La compensation consiste en la transformation en habitation de locaux ayant un autre usage que l'habitation au 1er janvier 1970 ou ayant fait l'objet d'une autorisation d'urbanisme changeant leur destination postérieurement au 1er janvier 1970 et n'ayant pas déjà été utilisés à titre de compensation. Les locaux proposés en compensation doivent être de qualité et de surface équivalentes à celles faisant l'objet du changement d'usage et situés dans le même arrondissement que les locaux d'habitation faisant l'objet du changement d'usage.

Toutefois, dans le secteur de compensation renforcée défini en **annexe n° 1**, les locaux proposés en compensation doivent représenter une surface double de celle faisant l'objet de la demande du changement d'usage, sauf si ces locaux sont transformés en logements locatifs sociaux faisant l'objet d'une convention conclue en application de l'article L. 351-2 du code de la construction et de l'habitation d'une durée minimale de 20 ans ; Les surfaces sont calculées conformément à l'article R. 111-2 du code de la construction et de l'habitation.

Les locaux situés en rez-de-chaussée ne peuvent en aucun cas servir de compensation.

Exceptions au principe de compensation en cas de changement d'usage

Article 3 : L'autorisation visant au changement d'usage de locaux d'habitation est accordée sans compensation lorsqu'elle porte sur des locaux d'habitation situés en rez-de-chaussée.

Elle peut être autorisée sans compensation lorsqu'elle est demandée en vue d'y exercer une mission d'intérêt général.

Article 4 : L'autorisation visant au changement d'usage de locaux d'habitation peut être accordée sans compensation lorsqu'elle est demandée par une personne en vue d'y exercer une profession libérale soumise à un statut législatif ou réglementaire ou dont le titre est protégé dans les cas suivants :

– dans les quartiers autres que ceux où a été constatée une prédominance des surfaces de bureaux par rapport aux surfaces de logements définis à l'**annexe n° 2** lorsque la surface du local, objet du changement d'usage, ne dépasse pas 50 m^2 par professionnel et dans la limite de 150 m^2 ;

– sans limite de surface dans les zones urbaines sensibles relevant du décret n° 96-1156 du 26 décembre 1996 mentionnés en **annexe n° 3** et dans les quartiers du Contrat urbain de cohésion sociale 2007/2009 signé le 30 mars 2007 par le Maire de Paris et le préfet de la région Île de France, préfet de Paris figurant en **annexe n° 4** ;

– dans tous les quartiers à l'occasion du remplacement d'un professionnel régulièrement installé dans la limite de 250 m^2.

Usage mixte

Article 5 : L'autorisation prévue à l'article L 631-7-2 du code de la construction et de l'habitation qui vise à l'exercice, dans une partie du local d'habitation utilisé par le demandeur comme sa résidence principale, d'une activité professionnelle, y compris commerciale, pourvu qu'elle n'engendre ni nuisance, ni danger pour le voisinage et qu'elle ne conduise à aucun désordre pour le bâti, peut être accordée si la surface réservée à un autre usage que l'habitation est inférieure à 50 % de la surface totale du local. Cette surface n'est pas soumise à compensation.

Article 6 : Dès lors qu'aucune stipulation contractuelle prévue dans le bail ou le règlement de copropriété ne s'y oppose, est autorisé, sans qu'il soit nécessaire d'en faire la demande :

– l'exercice d'une activité professionnelle, y compris commerciale, dans une partie d'un local à usage d'habitation, dès lors que l'activité considérée n'est exercée que par le ou les occupants ayant leur résidence principale dans ce local et ne conduit à y recevoir ni clientèle ni marchandises conformément à l'article L 631-7-3 du code de la construction et de l'habitation ;

– l'exercice d'une activité professionnelle, y compris commerciale, dans une partie d'un local d'habitation situé au rez-de-chaussée, pourvu que l'activité considérée ne soit exercée que par le ou les occupants ayant leur résidence principale dans ce local, qu'elle n'engendre ni nuisance, ni danger pour le voisinage et qu'elle ne conduise à aucun désordre pour le bâti conformément à l'article L 631-7-4 du code de la construction et de l'habitation. Toutefois, si le logement appartient à un organisme d'habitations à loyer modéré visé à l'article L 411-2 du même code, une autorisation doit être demandée au maire.

Conditions de délivrance des autorisations

Article 7 : Dès lors qu'une autorisation de changement d'usage est requise, le pétitionnaire doit déposer un formulaire de demande accompagné des pièces justificatives listées en annexe du formulaire à la mairie de Paris, direction du logement et de l'habitat, 17 boulevard Morland 75004, Paris.

Si le pétitionnaire est propriétaire du local faisant l'objet de la demande et que celui-ci est situé dans une copropriété, il devra justifier que le règlement de copropriété ne s'oppose pas au changement d'usage ou à l'usage mixte ou à défaut produire l'accord de la copropriété.

Si le pétitionnaire est locataire du local faisant l'objet de la demande il devra produire l'accord du propriétaire pour le changement d'usage ou pour l'usage mixte ainsi que, si le local est en copropriété, une attestation du propriétaire justifiant que le règlement de copropriété ne s'oppose pas au changement d'usage ou à défaut l'accord de la copropriété.

Pour les locaux proposés en compensation, une attestation du propriétaire devra également être produite justifiant que le règlement de copropriété ne s'oppose pas au changement d'usage ou à défaut l'accord de la copropriété.

Article 8 : Lorsque le logement faisant l'objet du changement d'usage appartient à un organisme d'habitations à loyer modéré mentionné à l'article L 441-2 du code de la construction et de l'habitation, le maire de Paris lui demande son avis. Passé un délai d'un mois, cet avis est réputé être favorable.

Article 9 : En cas d'infraction aux dispositions de l'article L. 631-7 du C.C.H, des poursuites auprès du tribunal de grande instance de Paris peuvent être engagées pour mettre en œuvre les sanctions prévues aux articles L. 651-2 et L. 651-3 du CCH.

Article 10 : En application de l'article L. 631-8 du C.C.H, lorsque le changement d'usage fait l'objet de travaux entrant dans le champ d'application du permis de construire, la demande de permis de construire ou la déclaration préalable vaut demande de changement d'usage.

Ces travaux ne peuvent être exécutés qu'après l'obtention de l'autorisation mentionnée à l'article L. 631-7 du CCH.

Article 11 : Le maire de Paris est chargé de l'exécution du présent règlement qui sera publié au *Bulletin municipal officiel* et accessible sur le site internet de la ville de Paris : www.**paris.fr.**

ANNEXE 1

Le **Secteur de Compensation Renforcée** du règlement municipal reprend le contour du secteur de protection de l'habitation du Plan Local d'Urbanisme de Paris, adopté par le Conseil de Paris des 12 et 13 juin 2006. Ce secteur de protection de l'habitation couvre l'ouest et le centre de la capitale, ainsi qu'un ensemble d'emprises destinées au logement, situées dans le grand arc nord est de la capitale. Le secteur de protection de l'habitation est un sous secteur de la zone urbaine générale du PLU, défini sur le plan de zonage « équilibre des destinations et limitation du stationnement » et présenté en 4 planches sur l'atlas général du PLU.

Pour sa part, le **secteur de compensation renforcée** recouvre en outre, les territoires des PSMV du Marais et du 7ème arrondissement ainsi que les terrains du Sénat, qui relèvent d'une problématique identique en matière de locaux d'habitation.

Il comprend également des secteurs enclavés ou en bordure du secteur de protection de l'habitation relevant de la zone urbaine générale – tels que les secteurs soumis à des dispositions particulières (secteurs d'aménagement), les secteurs de Maisons et villas, les sites de protection des grands magasins et le secteur plus favorable à l'emploi de la gare Saint Lazare – ou relevant de la zone urbaine de grands services urbains (hôpitaux, faisceaux ferrés...) et de la zone urbaine verte (parcs, jardins, cimetières...).

La carte du secteur de compensation renforcée est consultable sur le site www.paris.fr

ANNEXE 2

Les quartiers où a été constatée une prédominance des surfaces de bureaux par rapport aux surfaces de logements mentionnés à l'article 5 sont les suivants :

1er arrondissement
- Saint-Germain-l'Auxerrois
- Halles
- Palais-Royal
- Place Vendôme

2ème arrondissement
- Gaillon
- Vivienne
- Mail

4ème arrondissement
- Saint-Merri
- Notre-Dame

7ème arrondissement
- Invalides

8ème arrondissement
- Champs-Élysées
- Faubourg du Roule
- Madeleine
- Europe

9ème arrondissement
- Chaussée-d'Antin
- Faubourg-Montmartre

16ème arrondissement
- Chaillot

17ème arrondissement
- Ternes
- Plaine de Monceau

ANNEXE 3

Périmètre des Zones urbaines sensibles

Z.U.S. : Porte Saint-Denis, Porte Saint-Martin

PÉRIMÈTRE RUE PAR RUE
- Rue du Faubourg-Poissonnière
- Rue des Messageries
- Rue d'Hauteville
- Rue du Paradis
- Rue de la Fidélité
- Rue Sibour
- Rue des Recollets
- Quai de Valmy
- Rue du Faubourg du Temple
- Rue Yves Toudic
- Rue Léon Jouhaux
- Boulevard Saint-Martin
- Boulevard Saint-Denis
- Boulevard Bonne Nouvelle

Z.U.S. : Fontaine-au-Roi

PÉRIMÈTRE RUE PAR RUE
- Rue du Faubourg du Temple
- Boulevard de Belleville
- Rue des Nanettes
- Rue Condillac

– Avenue de la République
– Avenue Parmentier
Z.U.S. : Porte de Saint-Ouen, Porte de Clichy
PÉRIMÈTRE RUE PAR RUE
– Avenue de la Porte de Clichy
– Boulevard périphérique
– Rue Saint Just
– Rue Pierre Rebière
– Rue Emile Borel
– Boulevard périphérique
– Avenue de la Porte de Saint-Ouen
– Rue Jean Leclaire
– Rue Navier
– Rue Ernest Roche
– Rue Fragonard

Z.U.S. : H.B.M. Aubervilliers
PÉRIMÈTRE RUE PAR RUE
– Boulevard Ney
– Rue Charles Hermite
– Avenue de la Porte d'Aubervilliers

Z.U.S. : La Goutte d'Or
PÉRIMÈTRE RUE PAR RUE
– Boulevard Barbès
– Rue Ordener
– Rue Stephenson
– Rue de Tombouctou
– Boulevard de la Chapelle

Z.U.S. : Porte de Montmartre
PÉRIMÈTRE RUE PAR RUE
– Boulevard périphérique
– Avenue de la Porte des Poissonniers
– Rue Jean Cocteau
– Rue Francis de Croisset
– Limite entre le Ministère de la Défense (exclu) et le collège Utrillo
– Boulevard Ney
– Rue Arthur Ranc
– Rue Henri Huchard
– Avenue de la Porte de Montmartre

Z.U.S. : Curial, Cambrai, Alphonse Karr
PÉRIMÈTRE RUE PAR RUE
- Rue Gaston Tessier
- Rue Curial
- Voie AN/19
- Voie AM/19
- Rue de Cambrai
- Limite SNCF Petite Ceinture
- Rue de Flandre
- Rue de l'Ourq
- Rue de Crimée

Z.U.S. : H.B.M. Ménilmontant
PÉRIMÈTRE RUE PAR RUE
- Rue de Ménilmontant
- Rue Pelleport
- Rue de l'Isle-Adam
- Rue de la Chine

Z.U.S. : Belleville
PÉRIMÈTRE RUE PAR RUE
- Boulevard de Belleville
- Rue de Belleville
- Rue Jouye-Rouve
- Rue Julien Lacroix
- Rue de Ménilmontant

ANNEXE 4
Périmètres des 14 Contrats urbains de cohésion sociale
1. Les Portes :

Ouest :
Rue du Faubourg Poissonnière
Rue Lafayette
Rue de Chabrol
Bd de Magenta
Rue du Faubourg St Martin
Bd St Denis
Bd de Bonne Nouvelle

Est :
Av Parmentier
Av Claude Vellefaux

Rue Juliette Dodu
Rue des Ecluses St Martin
Quai de Jemmapes
Rue Louis Blanc
Bd de la Villette
Rue du Fbg du Temple

2. Fontaine au roi :
Av Parmentier
Av de la République
Rue Condillac
Rue des Nanettes
Bd de Ménilmontant
Bd de Belleville
Rue du Fbg du Temple

3. Sud 13ème :
1. Kellermann :
Rue Paul Bourget
Rue du Docteur Bourneville
Bd Kellermann
Av de la Porte d'Italie
Au sud, Bd périphérique
Rue Thomire
Bd Kellermann
Rue Keufer
Rue Max Jacob
Av Caffieri

Rue de l'Amiral Mouchez
Rue des Longues Raies
Rue Cacheux
Bd Kellermann
Rue de la Fontaine à Mulard
Rue de la Colonie
Rue du Docteur Leray
Rue du Docteur Lucas Championnière
Rue Damesme
BVD Kellerman
Rue des Peupliers
Rue Kuss
Rue Brillat Savarin

2. Masséna :
Rue Gandon
Rue des Malmaisons
Rue de la Pointe d'Ivry
Av d'Ivry
Bd Masséna

3. Bédier Boutroux :
Av de la Porte d'Ivry
Bd Masséna
Av de la Porte de Vitry
Au sud, boulevard périphérique

Rue Albert
Rue Eugène Oudiné
Rue du Loiret
Rue Régnault

4. Nationale :
Rue Ricaut
Rue du Château des Rentiers
Rue Jean Colly
Rue de Tolbiac
Rue Nationale
Rue des Hautes Formes
Av Edison
4. Vanves :
Rue de Gergovie
Rue de l'Ouest
Rue d'Alésia
Rue Raymond Losserand
Bd Brune
Av Georges Lafenestre
Au sud, boulevard périphérique
À l'ouest, voies de chemin de fer

5. Porte Pouchet :
Av de la Porte de Clichy
Au nord, boulevard périphérique
Av de la Porte de St Ouen
Bd Bessières
Rue Jean Leclaire

Rue Navier
Rue Ernest Roche
Rue Fragonard
6. Porte Montmartre – Porte de Clignancourt :
Au nord, boulevard périphérique
Avenue de la porte de st Ouen
Boulevard Ney
Avenue de la Porte des poissoniers

Et Moskowa

Rue Leibnitz
Rue du Poteau
Avenue Ney
Rue Dolfuss

7. Amiraux Simplon :
Rue Ordener
Bd Ornano
Rue Belliard
Rue des Poissonniers

8. La Goutte d'Or :
Bd de la Chapelle
Bd Barbès
Rue Ordener
Rue Stephenson
Rue Tombouctou

9. La Chapelle :
À l'OUEST, voies de chemin de fer de la gare du Nord
Bd Ney
Av de la Porte de la Chapelle
Au nord, limite de Paris
À l'est Av de la Porte d'Aubervilliers
Rue d'Aubervilliers
Bd de la Chapelle

10. Curial Tanger :
Bd de la Chapelle
Rue d'Aubervilliers
Av de la Porte d'Aubervilliers

Au nord, limite de Paris
Av de la Porte de la Villette
Av Corentin Cariou
Av de Flandres
11. Danube-Solidarité :
Rue David D'Angers
Rue Manin
Av de la Porte Chaumont
À l'Est, boulevard d'Indochine
Av de la Porte Brunet

12. Belleville Amandiers :
Bd de Belleville
Rue de Belleville
Rue des Pyrénées
Rue de Ménilmontant
Rue de la Bidassoa
Av Gambetta
Bd de Ménilmontant

13. Saint Blaise :
À l'Est, voies de chemin de fer de la Petite Ceinture
Rue Vitruve
Bd Davout
Rue de la Croix St Simon
14. Porte de Montreuil Python Duvernois Fougères :
1. Fougères :
Rue des Fougères
Rue Léon Frapie
Rue E. Galois
Rue de Noisy-le-Sec

2. Pte Montreuil-Python :
Bd Davout
Av de la Porte de Bagnolet
Av Cartelier
À l'Est, limite de Paris
Rue de Lagny
À l'Ouest, voies ferrées de la Petite Ceinture
Sud du jardin de la Gare de Charonne rue H. Tomasi

Annexe 6

RÈGLEMENT MUNICIPAL DE LA VILLE DE PARIS DES 7 ET 8 FÉVRIER 2011

MAIRIE DE PARIS **Direction du Logement et de l'Habitat**
Sous-Direction de l'Habitat
Bureau de la Protection des Locaux d'Habitation

Règlement municipal fixant les conditions de délivrance des autorisations de changement d'usage de locaux d'habitation et déterminant les compensations en application de la section 2 du chapitre 1er du titre III du livre VI du code de la construction et de l'habitation

Principes généraux concernant les changements d'usage

Article 1er : Conformément aux dispositions de la section 2 (changements d'usage et usages mixtes de locaux d'habitation) du chapitre 1er du titre III du livre VI du code de la construction et de l'habitation, le changement d'usage de locaux destinés à l'habitation est soumis à autorisation préalable délivrée par le maire de Paris après avis du maire d'arrondissement.

L'autorisation de changement d'usage est accordée :

- d'une part, en tenant compte des objectifs de mixité sociale, de l'équilibre entre habitat et emploi dans les différents quartiers parisiens et de la nécessité de ne pas aggraver l'insuffisance de logements , précisés par le Programme Local de l'Habitat et le Plan Local d'Urbanisme de Paris en vigueur,
- d'autre part, au regard des compensations proposées, sous réserve des dispenses à l'obligation de compensation prévues aux articles 3 et 4.

Nature de la compensation en cas de changement d'usage

Article 2 : La compensation consiste en la transformation en habitation de locaux ayant un autre usage que l'habitation au 1er janvier 1970 ou ayant fait l'objet d'une autorisation d'urbanisme changeant leur destination postérieurement au 1er janvier 1970 et n'ayant pas déjà été utilisés à titre de compensation.

Les locaux proposés en compensation doivent être de qualité et de surface équivalentes à celles faisant l'objet du changement d'usage et situés dans le même arrondissement que les locaux d'habitation faisant l'objet du changement d'usage.

Toutefois, dans le secteur de compensation renforcée défini en **annexe n° 1**, les locaux proposés en compensation doivent représenter une surface double de celle faisant l'objet de la demande du changement d'usage, sauf si ces locaux sont transformés en logements locatifs sociaux faisant l'objet d'une convention conclue en application de l'article L.351-2 du code de la construction et de l'habitation d'une durée minimale de 20 ans. Dans ce dernier cas, les locaux proposés en compensation peuvent être situés dans l'ensemble du secteur de compensation renforcée.

Les surfaces sont calculées conformément à l'article R.111-2 du code de la construction et de l'habitation.

Si des locaux sont transformés et compensés par un propriétaire identique au sein d'une même unité foncière, dans le cadre d'une rationalisation des surfaces d'habitation de cette unité, la surface minimale exigée, au titre de la compensation, correspond à la surface des locaux transformés.

S'agissant des demandes enregistrées à la préfecture de Paris avant le 1er avril 2009, la compensation exigée correspond à la surface des locaux transformés.

Exceptions au principe de compensation en cas de changement d'usage

Article 3 : Lorsque la demande de changement d'usage porte sur des locaux d'habitation situés en rez-de-chaussée ou lorsqu'elle est demandée en vue d'y exercer une mission d'intérêt général, aucune compensation n'est exigée pour les autorisations accordées à titre personnel.

Article 4 : L'autorisation visant au changement d'usage de locaux d'habitation peut être accordée à titre personnel sans compensation lorsqu'elle est demandée par une personne en vue d'y exercer une profession libérale réglementée ayant fait l'objet d'un décret d'application au titre de la loi du 29 novembre 1966 sur les Sociétés civiles professionnelles ou de la loi du 31 décembre 1990 sur les Sociétés d'exercice libéral dans les cas suivants :

- dans les quartiers autres que ceux où a été constatée une prédominance des surfaces de bureaux par rapport aux surfaces de logements définis à l'annexe n° 2, lorsque la surface du local, objet du changement d'usage, ne dépasse pas 50 m² par professionnel et dans la limite de 150 m²

- sans limite de surface dans les zones urbaines sensibles relevant du décret n° 96-1156 du 26 décembre 1996 mentionnés en **annexe n° 3** et dans les quartiers du Contrat urbain de cohésion sociale 2007/2009 signé le 30 mars 2007 par le Maire de Paris et le préfet de la région Ile de France, préfet de Paris figurant en **annexe n°4** ;

- dans tous les quartiers à l'occasion du remplacement d'un professionnel régulièrement installé dans la limite de 250 m². Toutefois, dans le cas où la totalité des professionnels exerçant dans le local cessent leur activité, le local est alors soumis aux dispositions communes du présent règlement.

Article 4 bis : Les autorisations visées aux articles 3 et 4 délivrées à titre personnel cessent de produire effet lorsqu'il est mis fin, à titre définitif, pour quelque raison que ce soit, à l'activité du bénéficiaire au titre de laquelle l'autorisation a été accordée.

Usage mixte

Article 5 : L'autorisation prévue à l'article L 631-7-2 du code de la construction et de l'habitation qui vise à l'exercice, dans une partie du local d'habitation utilisé par le demandeur comme sa résidence principale, d'une activité professionnelle, y compris commerciale, pourvu qu'elle n'engendre ni nuisance, ni danger pour le voisinage et qu'elle ne conduise à aucun désordre pour le bâti, peut être accordée si la surface réservée à un autre usage que l'habitation est inférieure à 50 % de la surface totale du local. Cette surface n'est pas soumise à compensation.

Article 6 : Dès lors qu'aucune stipulation contractuelle prévue dans le bail ou le règlement de copropriété ne s'y oppose, est autorisé, sans qu'il soit nécessaire d'en faire la demande :

- l'exercice d'une activité professionnelle, y compris commerciale, dans une partie d'un local à usage d'habitation, dès lors que l'activité considérée n'est exercée que par le ou les occupants ayant leur résidence principale dans ce local et ne conduit à y recevoir ni clientèle ni marchandises conformément à l'article L 631-7-3 du code de la construction et de l'habitation ;

- l'exercice d'une activité professionnelle, y compris commerciale, dans une partie d'un local d'habitation situé au rez-de-chaussée, pourvu que l'activité considérée ne soit exercée que par le ou les occupants ayant leur résidence principale dans ce local, qu'elle n'engendre ni nuisance, ni danger pour le voisinage et qu'elle ne conduise à aucun désordre pour le bâti conformément à l'article L 631-7-4 du code de la construction et de l'habitation. Toutefois, si le logement appartient à un organisme d'habitations à loyer modéré visé à l'article L 411-2 du même code, une autorisation doit être demandée au maire.

Conditions de délivrance des autorisations

Article 7 : Dès lors qu'une autorisation de changement d'usage est requise, le pétitionnaire doit déposer un formulaire de demande accompagné des pièces justificatives listées en annexe du formulaire à la mairie de Paris, direction du logement et de l'habitat, 17 boulevard Morland 75004, Paris.

Si le pétitionnaire est propriétaire du local faisant l'objet de la demande et que celui-ci est situé dans une copropriété, il devra justifier que le règlement de copropriété ne s'oppose pas au changement d'usage ou à l'usage mixte ou à défaut produire l'accord de la copropriété.

Si le pétitionnaire est locataire du local faisant l'objet de la demande il devra produire l'accord du propriétaire pour le changement d'usage ou pour l'usage mixte ainsi que, si le local est en copropriété, une attestation du propriétaire justifiant que le règlement de copropriété ne s'oppose pas au changement d'usage ou à défaut l'accord de la copropriété.

Pour les locaux proposés en compensation, une attestation du propriétaire devra également être produite justifiant que le règlement de copropriété ne s'oppose pas au changement d'usage ou à défaut l'accord de la copropriété.

Article 8 : Lorsque le logement faisant l'objet du changement d'usage appartient à un organisme d'habitations à loyer modéré mentionné à l'article L 441-2 du code de la construction et de l'habitation, le maire de Paris lui demande son avis. Passé un délai d'un mois, cet avis est réputé être favorable.

Article 9 : En cas d'infraction aux dispositions de l'article L.631-7 du C.C.H, des poursuites auprès du tribunal de grande instance de Paris peuvent être engagées pour mettre en oeuvre les sanctions prévues aux articles L.651-2 et L.651-3 du C.C.H.

Article 10 : En application de l'article L.631-8 du C.C.H, lorsque le changement d'usage fait l'objet de travaux entrant dans le champ d'application du permis de construire, la demande de permis de construire ou la déclaration préalable vaut demande de changement d'usage.

Ces travaux ne peuvent être exécutés qu'après l'obtention de l'autorisation mentionnée à l'article L.631-7 du C.C.H.

Article 11 : Le maire de Paris est chargé de l'exécution du présent règlement qui sera publié au Bulletin municipal officiel et accessible sur le site internet de la ville de Paris : www.**paris.fr.**

Annexe 7

RÈGLEMENT MUNICIPAL DE LA VILLE DE PARIS DES 17, 18 ET 19 NOVEMBRE 2014

MAIRIE DE PARIS

Bureau de la Protection des Locaux d'Habitation

Direction du Logement et de l'Habitat

Sous-Direction de l'Habitat

Règlement municipal fixant les conditions de délivrance des autorisations de changement d'usage de locaux d'habitation et déterminant les compensations en application de la section 2 du chapitre 1er du titre III du livre VI du Code de la construction et de l'habitation

__Principes généraux concernant les changements d'usage__

Article 1er : Conformément aux dispositions de la section 2 (changements d'usage et usages mixtes de locaux d'habitation) du chapitre 1er du titre III du livre VI du Code de la construction et de l'habitation, le changement d'usage de locaux destinés à l'habitation est soumis à autorisation préalable délivrée par la maire de Paris après avis du maire d'arrondissement.

Les demandes de changement d'usage sont instruites en application des articles 2 et suivants du présent règlement et accordées en prenant en compte les objectifs de mixité sociale, l'équilibre entre habitat et emploi dans les différents quartiers parisiens et la nécessité de ne pas aggraver l'insuffisance de logements, précisés par le Programme Local de l'Habitat et le Plan Local d'Urbanisme de Paris en vigueur.

Les autorisations de changement d'usage obtenues sans compensation revêtent un caractère personnel. Elles cessent ainsi de produire effet lorsqu'il est mis fin, à titre définitif et pour quelque raison que ce soit, à l'activité professionnelle du bénéficiaire dans ce local.

Les autorisations délivrées avec compensation revêtent un caractère réel et sont attachées au local et non à la personne.

__Le régime des autorisations de changement d'usage avec compensation__

Article 2 :

I - La compensation consiste en la transformation en habitation de locaux ayant un autre usage que l'habitation au 1er janvier 1970 ou ayant fait l'objet d'une autorisation d'urbanisme changeant leur destination postérieurement au 1er janvier 1970 et n'ayant pas déjà été utilisés à titre de compensation.

Les locaux proposés en compensation doivent cumulativement :

a) correspondre à des unités de logement, et être de qualité et de surface équivalentes à celles faisant l'objet du changement d'usage, les dossiers étant examinés en fonction de la qualité d'habitabilité des locaux. Les locaux apportés en compensation doivent répondre aux normes définies par le décret du 30 janvier 2002 relatif aux caractéristiques du logement décent ;

b) être situés dans le même arrondissement que les locaux d'habitation faisant l'objet du changement d'usage.

Les surfaces sont calculées conformément à l'article R 111-2 du Code de la construction et de l'habitation.

II - Dans le secteur de compensation renforcée défini en annexe n° 1, par dérogation au a) du I, les locaux proposés en compensation doivent représenter une surface double de celle faisant l'objet de la demande du changement d'usage, sauf si ces locaux sont transformés en logements locatifs sociaux faisant l'objet d'une convention conclue en application de l'article L 351-2 du Code de la construction et de l'habitation d'une durée minimale de 20 ans.

Par dérogation au b) du I, la compensation en logements locatifs sociaux de locaux transformés dans le secteur de compensation renforcée peut être située dans l'ensemble de ce secteur. Toutefois, si les locaux transformés sont situés dans les 1er, 2ème, 4ème, 5ème ,6ème, 7ème, 8ème, 9ème arrondissements, où le déficit de logements par rapport à l'activité est particulièrement marqué, 50% au plus de la surface transformée pourra être compensée en dehors de l'arrondissement de transformation.

Ces arrondissements sont caractérisés par un rapport entre le nombre d'emplois salariés et le nombre d'actifs résidents, tel que mesuré par l'INSEE, supérieur à la moyenne parisienne.

Lorsque la totalité de la compensation peut être proposée en dehors de l'arrondissement de transformation, le nombre de logements offerts en compensation doit être au minimum identique au nombre de logements supprimés.

Si des locaux sont transformés et compensés par un propriétaire identique au sein d'une même unité foncière, dans le cadre d'une rationalisation des surfaces d'habitation de cette unité, la surface minimale exigée, au titre de la compensation, correspond à la surface des locaux transformés.

Article 3 : L'autorisation de changement d'usage pour la transformation d'un local ou de locaux destinés à l'habitation en locaux meublés loués de manière répétée pour de courtes durées, à une clientèle de passage qui n'y élit pas domicile, est subordonnée à une compensation dans le même arrondissement que celui de la transformation :

- pour les locaux situés en dehors du secteur de compensation renforcée, la surface de compensation est équivalente à la surface transformée en application du I de l'article 2 ;

- pour les locaux situés dans le secteur de compensation renforcée, la surface de compensation doit être double de la surface transformée, sauf s'il s'agit de logements locatifs sociaux faisant l'objet d'une convention conclue en application de l'article L 351-2 du Code de la construction et de l'habitation d'une durée minimale de 20 ans.

<u>**Le régime des autorisations de changements d'usage et d'usages mixtes à titre personnel**</u>

Article 4 : L'autorisation visant au changement d'usage de locaux d'habitation peut être accordée à titre personnel sans compensation lorsqu'elle est demandée :

1°) par une personne physique en vue d'y exercer une profession libérale réglementée entrant dans le champ d'application de la loi du 29 novembre 1966 sur les Sociétés civiles professionnelles ou de la loi du 31 décembre 1990 sur les Sociétés d'exercice libéral dans les cas suivants :

- dans les quartiers autres que ceux où a été constatée une prédominance des surfaces de bureaux par rapport aux surfaces de logements définis à l'annexe n° 2, lorsque la surface du local, objet du changement d'usage, ne dépasse pas 50 m² par professionnel et dans la limite de 150 m² par local ;

- sans limite de surface dans les quartiers prioritaires définis par l'article 5 de la loi du 21 février 2014 de programmation pour la ville et la cohésion urbaine ;

- dans tous les quartiers à l'occasion du remplacement d'un professionnel régulièrement installé dans la limite de 250 m². Toutefois, dans le cas où la totalité des professionnels exerçant dans le local cessent leur activité, le local revient à son usage d'habitation.

2°) par une personne physique ou morale en vue d'exercer dans le local une mission d'intérêt général ;

3°) par une personne physique ou morale en rez-de-chaussée :

- en vue d'y exercer une profession libérale,
- en vue d'y exercer une activité artisanale sur rue, selon la définition donnée par le Plan Local d'Urbanisme de Paris (PLU) – « Règlement - Dispositions Générales - VIII Définitions – Destinations » – en bordure de toutes

les voies comportant une protection particulière de l'artisanat définie dans l'article UG.2.2 a) - Zone UG - du Règlement du PLU, ou dans l'article US.2.2 a) du règlement du Plan de Sauvegarde et de Mise en Valeur (PSMV) du Marais,

- ou en vue d'y accueillir une association ou une fondation.

Par exception, l'autorisation visant au changement d'usage de locaux d'habitation accordée à titre personnel sans compensation en rez-de-chaussée est limitée à 50 m² par local dans le 8ème arrondissement.

Dans tous les autres cas, le régime des autorisations relève des dispositions de l'article 2 du présent règlement.

Article 4 bis : Les autorisations visées à l'article 4 délivrées à titre personnel cessent de produire effet lorsque le bénéficiaire met fin, à titre définitif et pour quelque raison que ce soit, à son activité professionnelle dans ce local.

Article 5 : L'autorisation prévue à l'article L 631-7-2 du Code de la construction et de l'habitation qui vise à l'exercice, dans une partie du local d'habitation utilisé par le demandeur comme sa résidence principale, d'une activité professionnelle, y compris commerciale, pourvu qu'elle n'engendre ni nuisance, ni danger pour le voisinage et qu'elle ne conduise à aucun désordre pour le bâti, peut être accordée si la surface réservée à un autre usage que l'habitation est inférieure à 50 % de la surface totale du local. Cette surface n'est pas soumise à compensation.

Article 6 : Dès lors qu'aucune stipulation contractuelle prévue dans le bail ou le règlement de copropriété ne s'y oppose, est autorisé, sans qu'il soit nécessaire d'en faire la demande :

- l'exercice d'une activité professionnelle, y compris commerciale, dans une partie d'un local à usage d'habitation, dès lors que l'activité considérée n'est exercée que par le ou les occupants ayant leur résidence principale dans ce local et ne conduit à y recevoir ni clientèle ni marchandises conformément à l'article L 631-7-3 du Code de la construction et de l'habitation ;

- l'exercice d'une activité professionnelle, y compris commerciale, dans une partie d'un local d'habitation situé au rez-de-chaussée, pourvu que l'activité considérée ne soit exercée que par le ou les occupants ayant leur résidence principale dans ce local, qu'elle n'engendre ni nuisance, ni danger pour le voisinage et qu'elle ne conduise à aucun désordre pour le bâti conformément à l'article L 631-7-4 du Code de la construction et de l'habitation. Toutefois, si le logement appartient à un organisme d'habitations à loyer modéré visé à l'article L 411-2 du même code, une autorisation doit être demandée au maire.

<u>Conditions de délivrance des autorisations</u>

Article 7 : Dès lors qu'une autorisation de changement d'usage est requise, le pétitionnaire doit déposer :

- soit un formulaire de demande de changement d'usage à caractère réel, avec compensation (articles 2 et 3 du présent règlement)
- soit un formulaire de demande de changement d'usage personnel, sans compensation (articles 4, 4 bis et 5 du présent règlement)

à la mairie de Paris, Pôle Accueil et Service à l'Usager de la Direction de l'Urbanisme (Sous-Direction du Permis de Construire et du Paysage de la Rue), guichet unique pour le dépôt des demandes d'autorisation d'urbanisme et de changement d'usage de locaux d'habitation.

Si le pétitionnaire est propriétaire du local faisant l'objet de la demande et que celui-ci est situé dans une copropriété, il devra justifier que le règlement de copropriété ne s'oppose pas au changement d'usage ou à l'usage mixte ou à défaut produire l'accord de la copropriété.

Si le pétitionnaire est locataire du local faisant l'objet de la demande, il devra produire l'accord du propriétaire pour le changement d'usage ou pour l'usage mixte ainsi que, si le local est en copropriété, une attestation du propriétaire justifiant que le règlement de copropriété ne s'oppose pas au changement d'usage ou à défaut l'accord de la copropriété.

Article 8 : En cas d'infraction aux dispositions de l'article L 631-7 du Code de la construction et de l'habitation (C.C.H), des poursuites auprès du tribunal de grande instance de Paris peuvent être engagées pour mettre en œuvre les sanctions prévues aux articles L 651-2 et L 651-3 du C.C.H.

Article 9 : En application de l'article L 631-8 du C.C.H, lorsque le changement d'usage fait l'objet de travaux entrant dans le champ d'application du permis de construire, la demande de permis de construire ou la déclaration préalable vaut demande de changement d'usage, et doit donner lieu au dépôt de deux dossiers distincts, en même temps, au guichet unique mentionné à l'article 7, pour s'acquitter des formalités imposées par :
- le Code de la construction et de l'habitation au titre du changement d'usage ;
- le Code de l'urbanisme et le PLU de Paris au titre du changement de destination des locaux d'habitation transformés.

Ces travaux ne peuvent être exécutés qu'après l'obtention de l'autorisation mentionnée à l'article L 631-7 du C.C.H.

Article 10 : La maire de Paris est chargée de l'exécution du présent règlement qui sera publié au Bulletin municipal officiel et accessible sur le site internet de la ville de Paris : **www.paris.fr.**

Annexe 1

Le **Secteur de Compensation Renforcée** du règlement municipal reprend le contour du secteur de protection de l'habitation du Plan Local d'Urbanisme de Paris, adopté par le Conseil de Paris des 12 et 13 juin 2006. Ce secteur de protection de l'habitation couvre l'ouest et le centre de la capitale, ainsi qu'un ensemble d'emprises destinées au logement, situées dans le grand arc nord est de la capitale. Le secteur de protection de l'habitation est un sous secteur de la zone urbaine générale du PLU, défini sur le plan de zonage « équilibre des destinations et limitation du stationnement » et présenté en 4 planches sur l'atlas général du PLU.

Pour sa part, le **secteur de compensation renforcée** recouvre en outre, les territoires des PSMV du Marais et du 7ème arrondissement ainsi que les terrains du Sénat, qui relèvent d'une problématique identique en matière de locaux d'habitation.

Il comprend également des secteurs enclavés ou en bordure du secteur de protection de l'habitation relevant de la zone urbaine générale - tels que les secteurs soumis à des dispositions particulières (secteurs d'aménagement), les secteurs de Maisons et villas, les sites de protection des grands magasins et le secteur plus favorable à l'emploi de la gare Saint Lazare – ou relevant de la zone urbaine de grands services urbains (hôpitaux, faisceaux ferrés...) et de la zone urbaine verte (parcs, jardins, cimetières...).

La carte du secteur de compensation renforcée est consultable sur le site www.**paris.fr**.

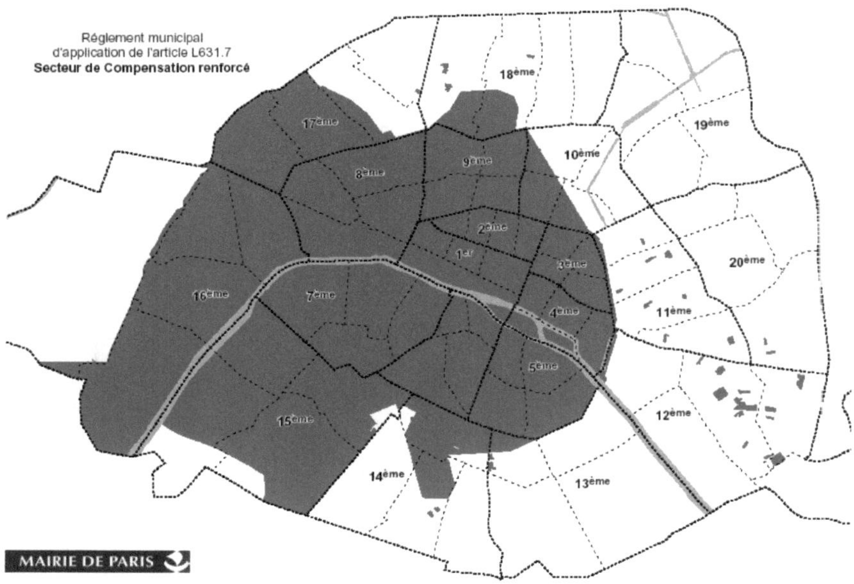

Annexe 2

Les quartiers où a été constatée une prédominance des surfaces de bureaux par rapport aux surfaces de logements mentionnés au 1°) de l'article 4 sont les suivants:

1er arrondissement
- *Saint-Germain-l'Auxerrois*
- *Halles*
- *Palais-Royal*
- *Place Vendôme*

2eme arrondissement
- *Gaillon*
- *Vivienne*
- *Mail*

4eme arrondissement
- *Saint-Merri*
- *Notre-Dame*

7eme arrondissement
- *Invalides*

8eme arrondissement
- *Champs-Élysées*
- *Faubourg du Roule*
- *Madeleine*
- *Europe*

9eme arrondissement
- *Chaussée-d'Antin*
- *Faubourg-Montmartre*

16eme arrondissement
- *Chaillot*

17eme arrondissement
- *Ternes*
- *Plaine de Monceau*

Annexe 8

RÈGLEMENT MUNICIPAL DE LA VILLE DE PARIS DES 14, 15, 16 ET 19 NOVEMBRE 2018

MAIRIE DE PARIS

Direction du Logement et de l'Habitat

Sous-Direction de l'Habitat

Bureau de la Protection des Locaux d'Habitation

Règlement municipal fixant les conditions de délivrance des autorisations de changement d'usage de locaux d'habitation et déterminant les compensations en application de la section 2 du chapitre 1er du titre III du livre VI du Code de la construction et de l'habitation

__Principes généraux concernant les changements d'usage__

Article 1er : Conformément aux dispositions de la section 2 (changements d'usage et usages mixtes de locaux d'habitation) du chapitre 1er du titre III du livre VI du Code de la construction et de l'habitation, le changement d'usage de locaux destinés à l'habitation est soumis à autorisation préalable délivrée par la maire de Paris après avis du maire d'arrondissement.

Les demandes de changement d'usage sont instruites en application des articles 2 et suivants du présent règlement et accordées en prenant en compte les objectifs de mixité sociale, l'équilibre entre habitat et emploi dans les différents quartiers parisiens et la nécessité de ne pas aggraver l'insuffisance de logements, précisés par le Programme Local de l'Habitat et le Plan Local d'Urbanisme de Paris en vigueur.

Les autorisations de changement d'usage obtenues sans compensation revêtent un caractère personnel. Elles cessent ainsi de produire effet lorsqu'il est mis fin, à titre définitif et pour quelque raison que ce soit, à l'activité professionnelle du bénéficiaire dans ce local.

Les autorisations délivrées avec compensation revêtent un caractère réel et sont attachées au local et non à la personne.

Conformément à l'article L. 631-7-1 B du Code de la construction et de l'habitation, un régime de déclaration de changement d'usage temporaire permettant de transformer en habitation des locaux à un autre usage est institué dans les conditions précisées à l'article 10 du présent règlement.

__Le régime des autorisations de changement d'usage avec compensation__

Article 2 :

I – La compensation consiste en la transformation en habitation de locaux ayant un autre usage que l'habitation au 1er janvier 1970 ou ayant fait l'objet d'une autorisation d'urbanisme changeant leur destination postérieurement au 1er janvier 1970 et n'ayant pas déjà été utilisés à titre de compensation.

Les locaux proposés en compensation doivent cumulativement :

a) correspondre à la création d'unités de logement, et être de qualité et de surface équivalentes à celles faisant l'objet du changement d'usage, les dossiers étant examinés en fonction de la qualité d'habitabilité des locaux. Les locaux apportés en compensation doivent répondre aux normes définies par le décret du 30 janvier 2002 relatif aux caractéristiques du logement décent, et ne doivent pas constituer une extension d'un logement existant ;

b) être situés dans le même arrondissement que les locaux d'habitation faisant l'objet du changement d'usage.

Les surfaces sont calculées conformément à l'article R. 111-2 du Code de la construction et de l'habitation.

II – Dans le secteur de compensation renforcée défini en annexe n° 1, par dérogation au a) du I, les locaux proposés en compensation doivent représenter une surface double de celle faisant l'objet de la demande du changement d'usage, sauf si ces locaux sont transformés en logements locatifs sociaux faisant l'objet d'une convention conclue en application de l'article L. 351-2 du Code de la construction et de l'habitation d'une durée minimale de 20 ans.

Par dérogation au b) du I, la compensation en logements locatifs sociaux de locaux transformés dans le secteur de compensation renforcée peut être située dans l'ensemble de ce secteur. Toutefois, si les locaux transformés sont situés dans les 1er, 2ème, 4ème, 5ème, 6ème, 7ème, 8ème, 9ème arrondissements, où le déficit de logements par rapport à l'activité est particulièrement marqué, 50 % au plus de la surface transformée pourra être compensée en dehors de l'arrondissement de transformation.

Ces arrondissements sont caractérisés par un rapport entre le nombre d'emplois et le nombre d'actifs résidents, tel que mesuré par l'INSEE, supérieur à la moyenne parisienne.

Dans les arrondissements (ou parties d'arrondissements) des 3e, 10e, 14e, 15e, 16e, 17e, 18e du secteur de compensation renforcée, le nombre de logements offerts en compensation doit être au minimum identique au nombre de logements supprimés.

III – Dans l'ensemble des arrondissements parisiens, si des locaux sont transformés et compensés par un même propriétaire au sein d'une même unité foncière, dans le cadre d'une rationalisation des surfaces d'habitation de cette unité, la surface minimale exigée, au titre de la compensation, correspond à la surface des locaux transformés.

Article 3 : L'autorisation de changement d'usage pour la transformation d'un local ou de locaux destinés à l'habitation en locaux meublés loués de manière répétée pour de courtes durées, à une clientèle de passage qui n'y élit pas domicile, est subordonnée à une compensation dans le même quartier administratif que celui de la transformation :

– pour les locaux situés en dehors du secteur de compensation renforcée, la surface de compensation est équivalente à la surface transformée en application du I de l'article 2 ;

– pour les locaux situés dans le secteur de compensation renforcée, la surface de compensation doit être double de la surface transformée, sauf s'il s'agit de logements locatifs sociaux faisant l'objet d'une convention conclue en application de l'article L. 351-2 du Code de la construction et de l'habitation d'une durée minimale de 20 ans.

Le régime des autorisations de changements d'usage et d'usages mixtes à titre personnel

Article 4 : L'autorisation visant au changement d'usage de locaux d'habitation peut être accordée à titre personnel sans compensation lorsqu'elle est demandée :

1°) par une personne physique en vue d'y exercer une profession libérale réglementée entrant dans le champ d'application de la loi du 29 novembre 1966 sur les Sociétés civiles professionnelles ou de la loi du 31 décembre 1990 sur les Sociétés d'exercice libéral dans les cas suivants :

– dans les quartiers autres que ceux où a été constatée une prédominance des surfaces de bureaux par rapport aux surfaces de logements définis à l'annexe n° 2, lorsque la surface du local, objet du changement d'usage, ne dépasse pas 50 m² par professionnel « exerçant une profession libérale réglementée » et dans la limite de 150 m² par local ;

– sans limite de surface dans les quartiers prioritaires définis par l'article 5 de la loi du 21 février 2014 de programmation pour la ville et la cohésion urbaine ;

– dans tous les quartiers à l'occasion du remplacement d'un professionnel « exerçant une profession libérale réglementée » régulièrement installé dans la limite de 250 m² par une personne exerçant la même profession que celle autorisée. Toutefois, dans le cas où la totalité des professionnels « exerçant une profession libérale réglementée » dans le local cessent leur activité, le local revient à son usage d'habitation.

2°) par une personne physique ou morale en vue d'exercer dans le local une mission d'intérêt général à l'exclusion des personnes visées à l'article 4 1°;

3°) par une personne physique ou morale en rez-de-chaussée :

– en vue d'y exercer une profession libérale,

– en vue d'y exercer une activité artisanale sur rue ou sur cour, selon la définition donnée par le Plan Local d'Urbanisme de Paris (PLU) – « Règlement – Dispositions Générales – VIII Définitions – Destinations » – dans toutes les voies comportant une protection particulière de l'artisanat définie dans l'article UG.2.2 a) – Zone UG – du Règlement du PLU, ou dans l'article US.2.2 a) du règlement du Plan de Sauvegarde et de Mise en Valeur (PSMV) du Marais, ou dans l'article US.2.2 1° a) du règlement du Plan de Sauvegarde et de Mise en Valeur (PSMV) du 7ème arrondissement »,

– en vue d'y exercer une activité commerciale, en dehors du secteur de compensation renforcée, dès lors que le propriétaire ou le locataire de ce local est l'un des Organismes d'Habitation à Loyer Modéré visés à l'article L. 411-2 du Code de la construction et de l'Habitation ou une société d'économie mixte,

– ou en vue d'y accueillir une association ou une fondation.

Article 4bis : Lorsque la demande est déposée sur le fondement de l'article 4.3, l'autorisation visant au changement d'usage de locaux d'habitation accordée à titre personnel sans compensation en rez-de-chaussée est limitée à 50 m² par local dans le 8ème arrondissement.

Dans tous les autres cas, le régime des autorisations relève des dispositions de l'article 2 du présent règlement à l'exception de l'article 4 2°).

Article 4ter : Les autorisations visées à l'article 4 délivrées à titre personnel cessent de produire effet lorsque le bénéficiaire met fin, à titre définitif et pour quelque raison que ce soit, à son activité professionnelle dans ce local.

Article 5 : L'autorisation prévue à l'article L. 631-7-2 du Code de la construction et de l'habitation qui vise à l'exercice, dans une partie du local d'habitation utilisé par le demandeur comme sa résidence principale, de son activité professionnelle, y compris commerciale, pourvu qu'elle n'engendre ni nuisance, ni danger pour le voisinage et qu'elle ne conduise à aucun désordre pour le bâti, peut être accordée si la surface réservée à un autre usage que l'habitation est inférieure à 50 % de la surface totale du local. Cette surface n'est pas soumise à compensation.

Article 6 : Dès lors qu'aucune stipulation contractuelle prévue dans le bail ou le règlement de copropriété ne s'y oppose, est autorisé, sans qu'il soit nécessaire d'en faire la demande :

– l'exercice d'une activité professionnelle, y compris commerciale, dans une partie d'un local à usage d'habitation, dès lors que l'activité considérée n'est exercée que par le ou les occupants ayant leur résidence principale dans ce local et ne conduit à y recevoir ni clientèle ni marchandises conformément à l'article L. 631-7-3 du Code de la construction et de l'habitation ;

– l'exercice d'une activité professionnelle, y compris commerciale, dans une partie d'un local d'habitation situé au rez-de-chaussée, pourvu que l'activité considérée ne soit exercée que par le ou les occupants ayant leur résidence principale dans ce local, qu'elle n'engendre ni nuisance, ni danger pour le voisinage et qu'elle ne conduise à aucun désordre pour le bâti conformément à l'article L. 631-7-4 du Code de la construction et de l'habitation. Toutefois, si le logement appartient à un organisme d'habitations à loyer modéré visé à l'article L. 411-2 du même code, une autorisation doit être demandée au maire.

Conditions et modalités de délivrance des autorisations

Article 7 : Dès lors qu'une autorisation de changement d'usage est requise, le pétitionnaire peut déposer une demande en ligne via le téléservice prévu à cet effet :

– soit une demande de changement d'usage à caractère réel, avec compensation (articles 2 et 3 du présent règlement) ;

– soit une demande de changement d'usage personnel, sans compensation (articles 4 et 4 bis du présent règlement) ;

– soit une demande d'usage mixte, sans compensation (article 5 du présent règlement).

Le pétitionnaire peut également déposer :

– soit un formulaire de demande de changement d'usage à caractère réel, avec compensation (articles 2 et 3 et annexe 3 du présent règlement) ;

– soit un formulaire de demande de changement d'usage personnel, sans compensation (articles 4 et 4 bis et annexe 4 du présent règlement) ;

– soit un formulaire de demande d'usage mixte, sans compensation (article 5 et annexe 5 du présent règlement)

à la mairie de Paris, Direction du Logement et de l'Habitat – Bureau de la Protection des Locaux d'Habitation.

Si le pétitionnaire est propriétaire du local faisant l'objet de la demande d'usage mixte et que celui-ci est situé dans une copropriété, il devra justifier que le règlement de copropriété ne s'oppose pas à l'usage mixte ou à défaut produire l'accord de la copropriété.

Si le pétitionnaire est locataire du local faisant l'objet de la demande d'usage mixte, il devra produire l'accord du propriétaire pour l'usage mixte ainsi que, si le local est en copropriété, une attestation du propriétaire justifiant que le règlement de copropriété ne s'oppose pas à l'usage mixte ou à défaut l'accord de la copropriété. »

Article 7 bis : Toute location pour de courtes durées d'un local meublé en faveur d'une clientèle de passage qui n'y élit pas domicile, situé ou non dans la résidence principale du loueur, doit faire l'objet d'une déclaration préalable soumise à enregistrement auprès des services compétents de la ville de Paris, en application des dispositions de l'article L. 324-1-1 du Code du tourisme.

Cette déclaration préalable mentionnera les informations requises nécessaires à l'enregistrement du local meublé concerné par la ville et sera effectuée par téléservice. Celle-ci donnera lieu à la délivrance d'un numéro d'enregistrement.

Conformément à l'article L. 324-2-1 I du Code du tourisme, toute personne qui se livre ou prête son concours contre rémunération, par une activité d'entremise ou de négociation ou par la mise à disposition d'une plateforme numérique, à la mise en location d'un logement soumis à l'article L. 324-1-1 du même code et aux articles L. 631-7 et suivants du Code de la construction et de l'habitation doit informer le loueur des obligations de déclaration et/ou d'autorisation préalables prévues par ces articles et obtenir de ce dernier, préalablement à la location du bien, une déclaration sur l'honneur attestant du respect de ces obligations, indiquant si le logement constitue ou non sa résidence principale au sens de l'article 2 de la loi n° 89-462 du 6 juillet 1989, ainsi que, le cas échéant, le numéro de déclaration du logement, obtenu en application du II de l'article L. 324-1-1 du Code du tourisme.

Article 8 : En cas d'infraction aux dispositions de l'article L. 631-7 du Code de la construction et de l'habitation (C.C.H), des poursuites auprès du tribunal de grande instance de Paris peuvent être engagées pour mettre en œuvre les sanctions prévues aux articles L. 651-2 et L. 651-3 du C.C.H.

Article 9 : En application de l'article L. 631-8 du C.C.H, lorsque le changement d'usage fait l'objet de travaux entrant dans le champ d'application du permis de construire, la demande de permis de construire ou la déclaration préalable vaut demande de changement d'usage, et doit donner lieu au dépôt de deux dossiers distincts, en même temps, pour s'acquitter des formalités imposées par :

– le Code de la construction et de l'habitation au titre du changement d'usage (à la Direction du Logement et de l'Habitat) ;

– le Code de l'urbanisme et le PLU de Paris au titre du changement de destination des locaux d'habitation transformés (à la Direction de l'Urbanisme).

Ces travaux ne peuvent être exécutés qu'après l'obtention de l'autorisation mentionnée à l'article L. 631-7 du C.C.H.

Le régime de la déclaration de changement d'usage temporaire

Article 10 : Il est institué un régime de déclaration préalable prévu à l'article L. 631-7-1 B du Code de la construction et de l'habitation permettant d'affecter temporairement à l'habitation des locaux destinés à un usage autre que l'habitation, pour une durée n'excédant pas quinze ans.

– À cette fin le pétitionnaire adressera sa déclaration par lettre recommandée avec accusé réception à la mairie de Paris, Direction du Logement et de l'Habitat (Bureau de la Protection des Locaux d'Habitation).

Un récépissé lui sera délivré.

– Le déclarant identifie précisément les locaux objets de sa déclaration (adresse, code postal, bâtiment, escalier, étage, porte, n° de lot) et atteste sur l'honneur que ces locaux sont à usage autre que l'habitation au sens des articles L. 631-7 et suivants du Code de la construction et de l'habitation ».

Jusqu'à l'expiration du délai mentionné au premier alinéa, les locaux peuvent, par dérogation à l'article L. 631-7 du Code de la construction et de l'habitation, retrouver leur usage antérieur. Pour ce faire, le pétitionnaire adressera une lettre recommandée avec accusé réception déclarant que les locaux temporairement affectés à l'habitation retrouvent leur usage antérieur.

Si, dans le délai de 15 ans le propriétaire ne déclare pas le retour à l'usage initial, le local concerné perdra définitivement son usage initial, et devra être maintenu à usage d'habitation, sauf à obtenir une autorisation délivrée dans les conditions fixées par le règlement municipal.

En cas de location d'un local temporairement affecté à l'habitation en application de l'article L. 631-7-1 B du Code de la construction et de l'habitation, le contrat doit mentionner le caractère temporaire de cette affectation. Sous cette réserve, le retour des locaux à leur usage antérieur est un motif légitime et sérieux, au sens de l'article 15 de la loi n° 89-462 du 6 juillet 1989 tendant à améliorer les rapports locatifs et portant modification de la loi n° 86-1290 du 23 décembre 1986. Il ne constitue pas un événement au sens de l'article 11 de cette même loi.

Modalités d'exécution du présent règlement

Article 11 : La maire de Paris est chargée de l'exécution du présent règlement qui sera publié au Bulletin municipal officiel et accessible sur le site Internet de la ville de Paris : www.paris.fr.

Annexe 1

Le Secteur de Compensation Renforcée du règlement secteur de protection de l'habitation du Plan Local d'Urbanisme de Paris, adopté par le Conseil de Paris des 12 et 13 juin 2006 avec une modification générale adoptée par une délibération du Conseil de Paris des 4, 5 et 6 juillet 2016. Ce secteur de protection de l'habitation couvre l'ouest et le centre de la capitale, ainsi qu'un ensemble d'emprises destinées au logement, situées dans le grand arc nord est de la capitale. Le secteur de protection de l'habitation est un sous secteur de la zone urbaine générale du PLU, défini sur le plan de zonage « équilibre des destinations et limitation du stationnement » et présenté en 4 planches sur l'atlas général du PLU.

Pour sa part, le **secteur de compensation renforcée** recouvre en outre, les territoires des PSMV du Marais et du 7ème arrondissement ainsi que les terrains du Sénat, qui relèvent d'une problématique identique en matière de locaux d'habitation.

Il comprend également des secteurs enclavés ou en bordure du secteur de protection de l'habitation relevant de la zone urbaine générale – tels que les secteurs soumis à des dispositions particulières (secteurs d'aménagement), les secteurs de Maisons et villas, les sites de protection des grands magasins et le secteur plus favorable à l'emploi de la gare Saint Lazare – ou relevant de la zone urbaine de grands services urbains (hôpitaux, faisceaux ferrés…) et de la zone urbaine verte (parcs, jardins, cimetières…).

La carte du secteur de compensation renforcée est consultable sur le site **www.paris.fr.**

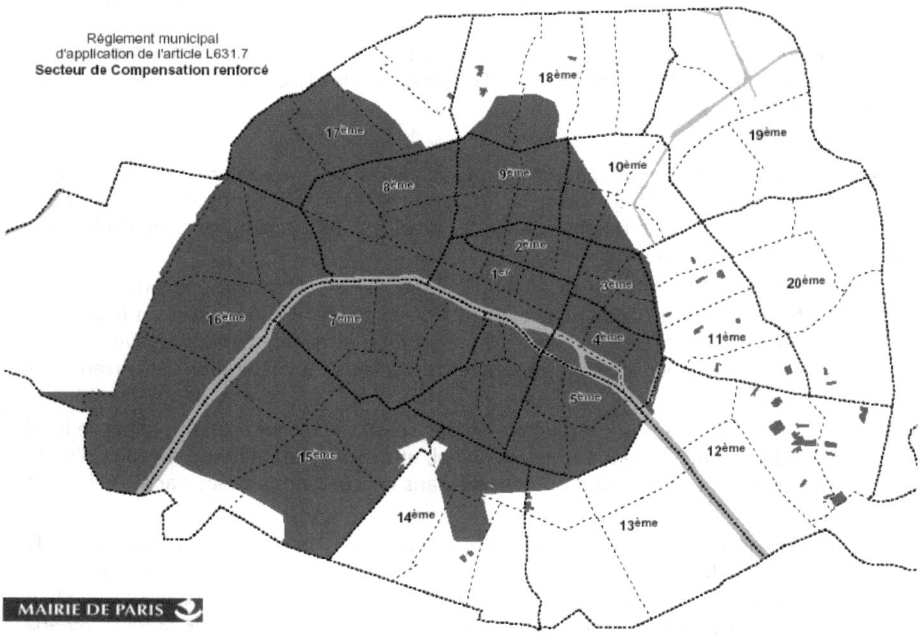

Annexe 2

Les quartiers où a été constatée une prédominance des surfaces de bureaux par rapport aux surfaces de logements mentionnés au 1°) de l'article 4 sont les suivants :

1er arrondissement

- *Saint-Germain-l'Auxerrois*
- *Halles*
- *Palais-Royal*
- *Place Vendôme*

2ème arrondissement

- *Gaillon*
- *Vivienne*
- *Mail*

4ème arrondissement

- *Saint-Merri*
- *Notre-Dame*

7ème arrondissement

- *Invalides*

8ème arrondissement

- *Champs-Élysées*
- *Faubourg du Roule*
- *Madeleine*
- *Europe*

9ème arrondissement

- *Chaussée-d'Antin*
- *Faubourg-Montmartre*

16ème arrondissement

- *Chaillot*

17ème arrondissement

- *Ternes*
- *Plaine de Monceau*

Annexes 3, 4 et 5

Les annexes 3, 4 et 5 du règlement modifié en novembre 2018 sont constituées de plusieurs formulaires de demande de changement d'usage avec des listes de pièces à joindre, ici non reproduits ; les formulaires en vigueur et leurs listes de pièces sont annexés au règlement modifié en décembre 2021 et reproduits ci-après (V. infra ann. 9).

Annexe 9

RÈGLEMENT MUNICIPAL DE LA VILLE DE PARIS DES 14, 15, 16 ET 17 DÉCEMBRE 2021

Annexe au délibéré 2021 DLH 459 – Modification du règlement municipal fixant les conditions de délivrance des autorisations de changement d'usage de locaux d'habitation, conformément au Code de la construction et de l'habitation

VILLE DE
PARIS

Direction du Logement et de l'Habitat

Règlement municipal fixant les conditions de délivrance des autorisations de changement d'usage de locaux d'habitation et déterminant les compensations en application de la section 2 du chapitre 1er du titre III du livre VI du Code de la construction et de l'habitation.

Principes généraux concernant les changements d'usage

Article 1er : Conformément aux dispositions de la section 2 (changements d'usage et usages mixtes de locaux d'habitation) du chapitre 1er du titre III du livre VI du Code de la construction et de l'habitation, le changement d'usage de locaux destinés à l'habitation est soumis à autorisation préalable délivrée par la maire de Paris après avis du maire d'arrondissement.

Les demandes de changement d'usage sont instruites en application des articles 2 et suivants du présent règlement et accordées en prenant en compte les objectifs de mixité sociale, l'équilibre entre habitat et emploi dans les différents quartiers parisiens et la nécessité de ne pas aggraver l'insuffisance de logements, précisés par le Programme Local de l'Habitat et le Plan Local d'Urbanisme de Paris en vigueur.

Les autorisations de changement d'usage obtenues sans compensation revêtent un caractère personnel. Elles cessent ainsi de produire effet lorsqu'il est mis fin, à titre définitif et pour quelque raison que ce soit, à l'activité professionnelle du bénéficiaire dans ce local.

Les autorisations délivrées avec compensation revêtent un caractère réel et sont attachées au local et non à la personne.

Conformément à l'article L. 631-7-1 B du Code de la construction et de l'habitation, un régime de déclaration de changement d'usage temporaire permettant de transformer en habitation des locaux à un autre usage est institué dans les conditions précisées à l'article 10 du présent règlement.

Le régime des autorisations de changement d'usage avec compensation

Article 2 :

I – La compensation consiste en la transformation en habitation de locaux ayant un autre usage que l'habitation au 1er janvier 1970 ou ayant fait l'objet d'une autorisation d'urbanisme changeant leur destination postérieurement au 1er janvier 1970 et n'ayant pas déjà été utilisés à titre de compensation.

Les locaux proposés en compensation doivent cumulativement :

a) correspondre à la création d'unités de logement, et être de qualité et de surface équivalentes à celles faisant l'objet du changement d'usage, les dossiers étant examinés en fonction de la qualité d'habitabilité des locaux. Les locaux apportés en compensation doivent répondre aux normes définies par le décret du 30 janvier 2002 relatif aux caractéristiques du logement décent, et ne doivent pas constituer une extension d'un logement existant ;

b) être situés dans le même arrondissement que les locaux d'habitation faisant l'objet du changement d'usage.

Les surfaces sont calculées conformément à l'article R. 111-2 du Code de la construction et de l'habitation.

II – Dans le secteur de compensation renforcée défini en annexe n° 1, par dérogation au a) du I, les locaux proposés en compensation doivent représenter une surface double de celle faisant l'objet de la demande du changement d'usage, sauf si ces locaux sont transformés en logements locatifs sociaux faisant l'objet d'une convention conclue en application de l'article L. 831-1 du Code de la construction et de l'habitation d'une durée minimale de 20 ans ou en logements faisant l'objet de baux réels solidaires, définis à l'article L. 255-1 du même code.

Par dérogation au b) du I, la compensation en logements locatifs sociaux ou en logements faisant l'objet de baux réels solidaires de locaux transformés dans le secteur de compensation renforcée peut être située dans l'ensemble de ce secteur.

Toutefois, si les locaux transformés sont situés dans les 1er, 2ème, 3ème, 4ème, 5ème, 6ème, 7ème, 8ème, 9ème arrondissements, où le déficit de logements par rapport à l'activité est particulièrement marqué, 50 % au plus de la surface transformée pourra être compensée en dehors de l'arrondissement de transformation.

Ces arrondissements sont caractérisés par un rapport entre le nombre d'emplois et le nombre d'actifs résidents, tel que mesuré par l'INSEE, supérieur à la moyenne parisienne.

Cette règle est également applicable aux locaux transformés situés dans les 16ème ou 17ème arrondissements, où le solde entre transformation de logements et compensation est négatif entrainant une diminution du parc de logements existants.

Dans les arrondissements (ou parties d'arrondissements) du secteur de compensation renforcée, le nombre de logements offerts en compensation doit être au minimum identique au nombre de logements supprimés.

III – Dans l'ensemble des arrondissements parisiens, si des locaux sont transformés et compensés par un même propriétaire en totalité au sein d'une même unité foncière, dans le cadre d'une rationalisation des surfaces d'habitation de cette unité, la surface minimale exigée, au titre de la compensation, correspond à la surface des locaux transformés.

Article 3 : L'autorisation de changement d'usage pour la transformation d'un local ou de locaux destinés à l'habitation en locaux meublés loués de manière répétée pour de courtes durées, à une clientèle de passage qui n'y élit pas domicile, est subordonnée à une compensation dans le même quartier administratif que celui de la transformation et aux conditions de surface suivantes :

– pour les locaux situés dans les arrondissements où le nombre de numéros d'enregistrements délivrés par la Ville est supérieur à 50 pour 1 000 résidences principales définis dans la carte figurant en annexe 6, les locaux proposés en compensation doivent représenter une surface triple de celle faisant l'objet de la demande de changement d'usage,

– en dehors de ces arrondissements,

• pour les locaux situés dans le secteur de compensation renforcée, la surface de compensation doit être double de la surface transformée, sauf s'il s'agit de logements locatifs sociaux faisant l'objet d'une convention conclue en application de l'article L. 831-1 du Code de la construction et de l'habitation d'une durée minimale de 20 ans ou de logements faisant l'objet de baux réels solidaires,

• pour les locaux situés en dehors du secteur de compensation renforcée, la surface de compensation est équivalente à la surface transformée en application du I de l'article 2.

Le régime des autorisations de changements d'usage et d'usages mixtes à titre personnel

Article 4 : L'autorisation visant au changement d'usage de locaux d'habitation peut être accordée à titre personnel sans compensation lorsqu'elle est demandée :

1°) par une personne physique en vue d'y exercer une profession libérale réglementée entrant dans le champ d'application de la loi du 29 novembre 1966 sur les Sociétés civiles professionnelles ou de la loi du 31 décembre 1990 sur les Sociétés d'exercice libéral, dans la limite d'un seul local par professionnel, dans les cas suivants :

– dans les quartiers autres que ceux où a été constatée une prédominance des surfaces de bureaux par rapport aux surfaces de logements définis à l'annexe n° 2, lorsque la surface du local, objet du changement d'usage, ne dépasse pas 50 m^2 par professionnel exerçant une profession libérale réglementée et dans la limite de 150 m^2 par local ;

– sans limite de surface dans les quartiers prioritaires définis par l'article 5 de la loi du 21 février 2014 de programmation pour la ville et la cohésion urbaine ;

– dans tous les quartiers à l'occasion du remplacement d'un professionnel exerçant une profession libérale réglementée régulièrement installé dans la limite de 250 m^2 par une personne exerçant la même profession que celle autorisée. Toutefois, dans le cas où la totalité des professionnels exerçant une profession libérale réglementée dans le local cessent leur activité, le local revient à son usage d'habitation.

2°) par une personne physique ou morale en vue d'exercer dans le local une mission d'intérêt général ;

3°) par une personne physique ou morale en rez-de-chaussée :

– en vue d'y exercer une profession libérale,

– en vue d'y exercer une activité artisanale sur rue ou sur cour, selon la définition donnée par le Plan Local d'Urbanisme de Paris (PLU) – « Règlement – Dispositions Générales – VIII Définitions – Destinations » – dans toutes les voies comportant une protection particulière de l'artisanat définie dans l'article UG.2.2 a) – Zone UG – du Règlement du PLU, ou dans l'article US.2.2 a) du règlement du Plan de Sauvegarde et de Mise en Valeur (PSMV) du Marais, ou dans l'article US.2.2 1° a) du règlement du Plan de Sauvegarde et de Mise en Valeur (PSMV) du 7ème arrondissement »,

– en vue d'y exercer une activité commerciale, en dehors du secteur de compensation renforcée, dès lors que le propriétaire ou le locataire de ce local est l'un des Organismes d'Habitation à Loyer Modéré visés à l'article L. 411-2 du code de la construction et de l'Habitation ou une société d'économie mixte,

– ou en vue d'y accueillir une association ou une fondation.

Article 4bis : Lorsque la demande est déposée sur le fondement de l'article 4.3, l'autorisation visant au changement d'usage de locaux d'habitation accordée à titre personnel sans compensation en rez-de-chaussée est limitée à 50 m^2 par local dans le 8ème arrondissement.

Dans tous les autres cas, le régime des autorisations relève des dispositions de l'article 2 du présent règlement à l'exception de l'article 4.2°).

Article 4ter : Les autorisations visées à l'article 4 délivrées à titre personnel cessent de produire effet lorsque le bénéficiaire met fin, à titre définitif et pour quelque raison que ce soit, à son activité professionnelle dans ce local.

Article 5 : L'autorisation prévue à l'article L. 631-7-2 du Code de la construction et de l'habitation qui vise à l'exercice, dans une partie du local d'habitation utilisé par le demandeur comme sa résidence principale, de son activité professionnelle, y compris commerciale, pourvu qu'elle n'engendre ni nuisance, ni danger pour le voisinage et qu'elle ne conduise à aucun désordre pour le bâti, peut être accordée si la surface réservée à un autre usage que l'habitation est inférieure à 50 % de la surface totale du local. Cette surface n'est pas soumise à compensation.

Article 6 : Dès lors qu'aucune stipulation contractuelle prévue dans le bail ou le règlement de copropriété ne s'y oppose, est autorisé, sans qu'il soit nécessaire d'en faire la demande :

– l'exercice d'une activité professionnelle, y compris commerciale, dans une partie d'un local à usage d'habitation, dès lors que l'activité considérée n'est exercée que par le ou les occupants ayant leur résidence principale dans ce local et ne conduit à y recevoir ni clientèle ni marchandises conformément à l'article L. 631-7-3 du Code de la construction et de l'habitation ;

– l'exercice d'une activité professionnelle, y compris commerciale, dans une partie d'un local d'habitation situé au rez-de-chaussée, pourvu que l'activité considérée ne soit exercée que par le ou les occupants ayant leur résidence principale dans ce local, qu'elle n'engendre ni nuisance, ni danger pour le voisinage et qu'elle ne conduise à aucun désordre pour le bâti conformément à l'article L. 631-7-4 du Code de la construction et de l'habitation. Toutefois, si le logement appartient à un organisme d'habitations à loyer modéré visé à l'article L. 411-2 du même code, une autorisation doit être demandée au maire.

Conditions et modalités de délivrance des autorisations

Article 7 : Dès lors qu'une autorisation de changement d'usage est requise, le pétitionnaire peut déposer une demande en ligne via le téléservice prévu à cet effet :

– soit une demande de changement d'usage à caractère réel, avec compensation (articles 2 et 3 du présent règlement) ;

– soit une demande de changement d'usage personnel, sans compensation (articles 4 et 4bis du présent règlement) ;

– soit une demande d'usage mixte, sans compensation (article 5 du présent règlement).

Le pétitionnaire peut également déposer :

– soit un formulaire de demande de changement d'usage à caractère réel, avec compensation (articles 2 et 3 et annexe 3 du présent règlement) ;

– soit un formulaire de demande de changement d'usage personnel, sans compensation (articles 4 et 4 bis et annexe 4 du présent règlement) ;

– soit un formulaire de demande d'usage mixte, sans compensation (article 5 et annexe 5 du présent règlement) ;

à la mairie de Paris, Direction du Logement et de l'Habitat – Bureau de la Protection des Locaux d'Habitation.

Si le pétitionnaire est propriétaire du local faisant l'objet de la demande d'usage mixte et que celui-ci est situé dans une copropriété, il devra justifier que le règlement de copropriété ne s'oppose pas à l'usage mixte ou à défaut produire l'accord de la copropriété.

Si le pétitionnaire est locataire du local faisant l'objet de la demande d'usage mixte, il devra produire l'accord du propriétaire pour l'usage mixte ainsi que, si le local est en copropriété, une attestation du propriétaire justifiant que le règlement de copropriété ne s'oppose pas à l'usage mixte ou à défaut l'accord de la copropriété.

Article 7 bis : Toute location pour de courtes durées d'un local meublé en faveur d'une clientèle de passage qui n'y élit pas domicile, situé ou non dans la résidence principale du loueur, doit faire l'objet d'une déclaration préalable soumise à enregistrement auprès des services compétents de la ville de Paris, en application des dispositions de l'article L. 324-1-1 du Code du tourisme.

Cette déclaration préalable mentionnera les informations requises nécessaires à l'enregistrement du local meublé concerné par la ville et sera effectuée par téléservice. Celle-ci donnera lieu à la délivrance d'un numéro d'enregistrement.

Conformément à l'article L. 324-2-1 I du Code du tourisme, toute personne qui se livre ou prête son concours contre rémunération, par une activité d'entremise ou de négociation ou par la mise à disposition d'une plateforme numérique, à la mise en location d'un logement soumis à l'article L. 324-1-1 du même code et aux articles L. 631-7 et suivants du Code de la construction et de l'habitation doit informer le loueur des obligations de déclaration et/ou d'autorisation préalables prévues par ces articles et obtenir de ce dernier, préalablement à la location du bien, une déclaration sur l'honneur attestant du respect de ces obligations, indiquant si le logement constitue ou non sa résidence principale au sens de l'article 2 de la loi n° 89-462 du 6 juillet 1989, ainsi que, le cas échéant, le numéro de déclaration du logement, obtenu en application du II de l'article L. 324-1-1 du Code du tourisme.

Article 8 : En cas d'infraction aux dispositions de l'article L. 631-7 du Code de la construction et de l'habitation (C.C.H), des poursuites auprès du tribunal judiciaire de Paris peuvent être engagées pour mettre en œuvre les sanctions prévues aux articles L. 651-2 et L. 651-3 du C.C.H.

Article 9 : En application de l'article L. 631-8 du C.C.H, lorsque le changement d'usage fait l'objet de travaux entrant dans le champ d'application du permis de construire, la demande de permis de construire ou la déclaration préalable vaut demande de changement d'usage, et doit donner lieu au dépôt de deux dossiers distincts, en même temps, pour s'acquitter des formalités imposées par :

– le Code de la construction et de l'habitation au titre du changement d'usage (à la Direction du Logement et de l'Habitat) ;

– le Code de l'urbanisme et le PLU de Paris au titre du changement de destination des locaux d'habitation transformés (à la Direction de l'Urbanisme).

Ces travaux ne peuvent être exécutés qu'après l'obtention de l'autorisation mentionnée à l'article L. 631-7 du C.C.H.

Le régime de la déclaration de changement d'usage temporaire

Article 10 : Il est institué un régime de déclaration préalable prévu à l'article L. 631-7-1 B du Code de la construction et de l'habitation permettant d'affecter temporairement à l'habitation des locaux destinés à un usage autre que l'habitation, pour une durée n'excédant pas quinze ans.

– À cette fin le pétitionnaire adressera sa déclaration par lettre recommandée avec accusé réception à la mairie de Paris, Direction du Logement et de l'Habitat (Bureau de la Protection des Locaux d'Habitation).

Un récépissé lui sera délivré.

– Le déclarant identifie précisément les locaux objets de sa déclaration (adresse, code postal, bâtiment, escalier, étage, porte, n° de lot) et atteste sur l'honneur que ces locaux sont à usage autre que l'habitation au sens des articles L. 631-7 et suivants du Code de la construction et de l'habitation.

Jusqu'à l'expiration du délai mentionné au premier alinéa, les locaux peuvent, par dérogation à l'article L. 631-7 du Code de la construction et de l'habitation, retrouver leur usage antérieur. Pour ce faire, le pétitionnaire adressera une lettre recommandée avec accusé réception déclarant que les locaux temporairement affectés à l'habitation retrouvent leur usage antérieur.

Si, dans le délai de 15 ans le propriétaire ne déclare pas le retour à l'usage initial, le local concerné perdra définitivement son usage initial, et devra être maintenu à usage d'habitation, sauf à obtenir une autorisation délivrée dans les conditions fixées par le règlement municipal.

En cas de location d'un local temporairement affecté à l'habitation en application de l'article L. 631-7-1 B du Code de la construction et de l'habitation, le contrat doit mentionner le caractère temporaire de cette affectation. Sous cette réserve, le retour des locaux à leur usage antérieur est un motif légitime et sérieux, au sens de l'article 15 de la loi n° 89-462 du 6 juillet 1989 tendant à améliorer les rapports locatifs et portant modification de la loi n° 86-1290 du 23 décembre 1986. Il ne constitue pas un événement au sens de l'article 11 de cette même loi.

Modalités d'exécution du présent règlement

Article 11 : La maire de Paris est chargée de l'exécution du présent règlement qui sera publié au Bulletin Officiel de la Ville de Paris et accessible sur le site internet de la ville de Paris : www.paris.fr.

Annexe 1

Le Secteur de Compensation Renforcée du règlement secteur de protection de l'habitation du Plan Local d'Urbanisme de Paris, adopté par le Conseil de Paris des 12 et 13 juin 2006 avec une modification générale adoptée par une délibération du Conseil de Paris des 4, 5 et 6 juillet 2016 Ce secteur de protection de l'habitation couvre l'ouest et le centre de la capitale, ainsi qu'un ensemble d'emprises destinées au logement, situées dans le grand arc nord-est de la capitale. Le secteur de protection de l'habitation est un sous-secteur de la zone urbaine générale du PLU, défini sur le plan de zonage « équilibre des destinations et limitation du stationnement » et présenté en 4 planches sur l'atlas général du PLU.

Pour sa part, le **secteur de compensation renforcée** recouvre en outre, les territoires des PSMV du Marais et du 7ème arrondissement ainsi que les terrains du Sénat, qui relèvent d'une problématique identique en matière de locaux d'habitation.

Il comprend également des secteurs enclavés ou en bordure du secteur de protection de l'habitation relevant de la zone urbaine générale – tels que les secteurs soumis à des dispositions particulières (secteurs d'aménagement), les secteurs de Maisons et villas, les sites de protection des grands magasins et le secteur plus favorable à l'emploi de la gare Saint Lazare – ou relevant de la zone urbaine de grands services urbains (hôpitaux, faisceaux ferrés…) et de la zone urbaine verte (parcs, jardins, cimetières…).

La carte du secteur de compensation renforcée est consultable sur le site www.paris.fr.

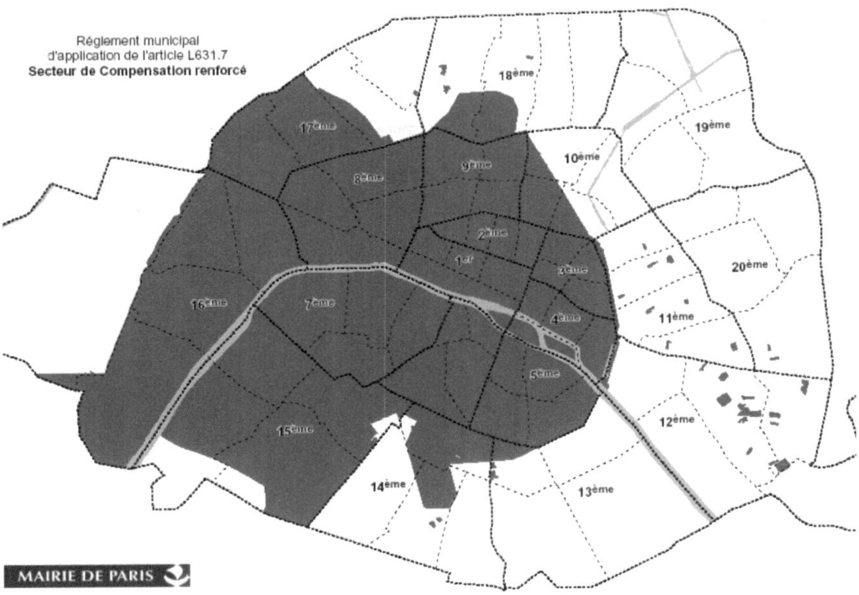

Annexe 2

Les quartiers où a été constatée une prédominance des surfaces de bureaux par rapport aux surfaces de logements mentionnés au 1°) de l'article 4 sont les suivants :

1er arrondissement

- *Saint-Germain-l'Auxerrois*
- *Halles*
- *Palais-Royal*
- *Place Vendôme*

2ème arrondissement

- *Gaillon*
- *Vivienne*
- *Mail*

4ème arrondissement

- *Saint-Merri*
- *Notre-Dame*

7ème arrondissement

- *Invalides*

8ème arrondissement

- *Champs-Élysées*
- *Faubourg du Roule*
- *Madeleine*
- *Europe*

9ème arrondissement

- *Chaussée-d'Antin*
- *Faubourg-Montmartre*

16ème arrondissement

- *Chaillot*

17ème arrondissement

- *Ternes*
- *Plaine de Monceau*

Annexe 3

– Formulaire de demande de changement d'usage à caractère réel (avec compensation)
– Liste des pièces à joindre

VILLE DE PARIS

Direction du Logement et de l'Habitat

DEMANDE DE CHANGEMENT D'USAGE À CARACTERE REEL D'UN LOCAL D'HABITATION AVEC COMPENSATION

Art. L.631-7 du Code de la Construction et de l'Habitation (CCH) et règlement municipal.

IDENTIFICATION DU DEMANDEUR

Votre identité

Vous êtes : ☐ une personne physique

☐ Madame ☐ Monsieur ☐ Non précisé

PRÉNOM en majuscule ______________________

NOM en majuscule ______________________

Vous êtes : ☐ une personne morale

Dénomination ______________ SIRET ______________

☐ Madame ☐ Monsieur ☐ Non précisé

PRÉNOM en majuscule ______________________

NOM en majuscule ______________________

Vos coordonnées

Adresse personnelle/ siège social (si personne morale) ______________________

____

Code postal ______________ Ville ______________

Téléphone ______________ Courriel ______________

Le demandeur est :

☐ Propriétaire ? ☐ Locataire ? ☐ Occupant à titre gratuit ?

SI MANDATAIRE

Nom de la société du mandataire ______________________

☐ Madame ☐ Monsieur ☐ Non précisé

PRÉNOM du mandataire en majuscule ______________________

NOM du mandataire en majuscule ______________________

Adresse ______________________

Code postal ______________ Ville ______________

Téléphone ______________ Courriel ______________

1

Info Paris
3975* ou paris.fr
* Prix d'un appel local à partir d'un poste fixe

LOCAUX OBJETS DE LA DEMANDE

Adresse de transformation

Adresse ______________________ Code postal ______________

Activité prévue dans les locaux : ______________________

Local 1

Bâtiment ______ Escalier __________ Étage ______ Porte ______ N° de lot __________

Surface Habitable totale (m²) ______________________

Nombre de pièces principales (hors cuisine et salle de bain) ______________

Local 2

Bâtiment ______ Escalier __________ Étage ______ Porte ______ N° de lot __________

Surface Habitable totale (m²) ______________________

Nombre de pièces principales (hors cuisine et salle de bain) ______________

Local 3

Bâtiment ______ Escalier __________ Étage ______ Porte ______ N° de lot __________

Surface Habitable totale (m²) ______________________

Nombre de pièces principales (hors cuisine et salle de bain) ______________

LOCAUX PROPOSES EN COMPENSATION (à dupliquer si plusieurs adresses de compensation)

Adresse de compensation

Adresse ______________________ Code postal ______________

Les locaux seront-ils...

☐ ... des logements sociaux ? ☐ ... des logements privés ?

N° de demande d'urbanisme (changement de destination en habitation) ______________

Date de délivrance de l'autorisation d'urbanisme : ______________

Local 1

Bâtiment ______ Escalier __________ Étage ______ Porte ______ N° de lot __________

Surface avant travaux (m²) ______________________

Surface Habitable projetée (m²) ______________________

Nombre de pièces principales (hors cuisine et salle de bain) ______________

Local 2

Bâtiment ______ Escalier __________ Étage ______ Porte ______ N° de lot __________

Surface avant travaux (m²) ______________________

Surface Habitable projetée (m²) ______________________

Nombre de pièces principales (hors cuisine et salle de bain) ______________

Local 3

Bâtiment ________ Escalier ______________ Étage ________ Porte ________ N° de lot ______________

Surface avant travaux (m^2) ______________________________

Surface Habitable projetée (m^2) ______________________________

Nombre de pièces principales (hors cuisine et salle de bain) ______________________________

Local 4

Bâtiment ________ Escalier ______________ Étage ________ Porte ________ N° de lot ______________

Surface avant travaux (m^2) ______________________________

Surface Habitable projetée (m^2) ______________________________

Nombre de pièces principales (hors cuisine et salle de bain) ______________________________

ENGAGEMENT DU DEMANDEUR

☐ Je certifie sur l'honneur l'exactitude des informations fournies dans ce formulaire.

☐ Je m'engage à fournir toutes les pièces justificatives qui me seraient demandées ultérieurement.

Fait à ______________________________ le __ __ / __ __ / __ __ __ __

SIGNATURE

Annexe 1 : liste des pièces à joindre (page 4).
Annexe 2 : notice explicative (page 5).

Dossier à envoyer à :

Ville de Paris
Bureau de la Protection des Locaux d'Habitation
103 avenue de France 75013 PARIS

Dépôt du dossier uniquement sur rendez-vous sur
paris.fr/exercer une activité dans un logement

VILLE DE PARIS

Direction du Logement et de l'Habitat

ANNEXE 1

Liste des pièces à joindre
pour toute demande de changement d'usage à caractère réel (avec compensation)

POUR TOUTE DEMANDE

- Mandat de gestion si demande formulée par un mandataire
- N° SIRET si demande formulée par une personne morale
- Présentation motivée du projet de changement d'usage et du projet de compensation

POUR LES LOCAUX OBJETS DU CHANGEMENT D'USAGE

- Plan de l'état actuel avec mention des surfaces d'habitation certifiées par architecte ou géomètre
- Titre d'occupation ou attestation de propriété du demandeur

POUR LES LOCAUX PROPOSES EN COMPENSATION

- Plan de l'état actuel avec mention des surfaces exprimées en surface de plancher définitive avant travaux certifiées par architecte ou géomètre,
- Plan de l'état futur avec mention des surfaces habitables projetées conformément à l'article R 111-2 du CCH,
- Convention de cession de commercialité ou attestation de propriété de la compensation,
- Preuve de l'usage autre qu'habitation au 1er janvier 1970 - permettant de localiser et de préciser la surface de ces locaux – ou preuve d'un changement d'usage régulier ultérieur + Étude du caractère juridique,
- N° et date de délivrance de l'autorisation d'urbanisme

PIECES COMPLEMENTAIRES A ADRESSER APRES ACHEVEMENT DES TRAVAUX DES LOCAUX DE COMPENSATION

- Plan de l'état réalisé avec mention des surfaces habitables certifiées par architecte ou géomètre
- Etat récapitulatif des surfaces habitables réalisées certifiées par architecte ou géomètre
- Numéro d'identifiant du local tel que figurant sur la convention APL (article L.351-2 du CCH)
- Date de DAACT

Info Paris
3975* ou paris.fr
* Prix d'un appel local à partir d'un poste fixe

Annexe 4

- Formulaire de demande de changement d'usage à titre personnel, sans compensation.
- Liste des pièces à joindre.

VILLE DE PARIS

Direction du Logement et de l'Habitat

DEMANDE DE CHANGEMENT D'USAGE À TITRE PERSONNEL D'UN LOCAL D'HABITATION

Art. L.631-7 du Code de la Construction et de l'Habitation (CCH) et règlement municipal.

IDENTIFICATION DU DEMANDEUR

Votre identité

Vous êtes : ☐ une personne physique

☐ Madame ☐ Monsieur ☐ Non précisé

PRÉNOM en majuscule ______________________

NOM en majuscule ______________________

Vous êtes : ☐ une personne morale

Dénomination______________________ SIRET ______________________

☐ Madame ☐ Monsieur ☐ Non précisé

PRÉNOM en majuscule ______________________

NOM en majuscule ______________________

Vos coordonnées

Adresse personnelle/ siège social (si personne morale)______________________

____

Code postal ______________________ Ville ______________________

Téléphone ______________________ Courriel ______________________

Votre profession / activité

____

IDENTIFICATION DU LOCAL

Local objet de la demande

Adresse ______________________ Code postal ______________________

Bâtiment ________ Escalier ________ Étage ________ Porte ________ N° de lot ________

Surface Habitable totale (M²)______________________

Nombre de pièces principales (hors cuisine et salle de bain) ______________________

Occuperez-vous ce local en tant que ...

☐ Propriétaire ? ☐ Locataire ? ☐ Occupant à titre gratuit ?

S'agit-il d'un logement social ? ☐ oui ☐ non

Si oui, nom du bailleur social : ______________________

Info Paris

3975* ou paris.fr

* Prix d'un appel local à partir d'un poste fixe

Nombre de professionnels exerçant dans le local ____________________

Prénom·s, Nom·s, Profession·s

____

____

____

____

ENGAGEMENT DU DEMANDEUR

☐ Je certifie sur l'honneur l'exactitude des informations fournies dans ce formulaire.

☐ Je m'engage à fournir toutes les pièces justificatives qui me seraient demandées ultérieurement.

Fait à ____________________ le __ __/__ __/__ __ __ __

SIGNATURE

Annexe 1 : liste des pièces à joindre (page 3).
Annexe 2 : notice explicative (page 4).

Dossier à envoyer à :

Ville de Paris
Bureau de la Protection des Locaux d'Habitation
103 avenue de France 75013 PARIS

Dépôt du dossier uniquement sur rendez-vous sur
paris.fr/exercer une activité dans un logement

VILLE DE PARIS

Direction du Logement et de l'Habitat

ANNEXE 1

Liste des pièces à joindre
pour toute demande de changement d'usage à titre personnel (sans compensation)

POUR TOUTE DEMANDE

- Plan coté de l'état actuel avec mention des surfaces d'habitation daté et signé,
- Titre d'occupation ou attestation de propriété du demandeur

PIECES COMPLEMENTAIRES selon la situation de chaque demandeur

1. **Professions libérales réglementées** (Officiers publics ou ministériels, auxiliaires médicaux, professions constituées en ordre professionnel ou entrant dans le champ d'application des lois de 1966 et 1990)
- Carte professionnelle en cours de validité ou attestation d'inscription à l'ordre ou diplôme.

2. **Autres professions libérales**
- Toute déclaration (exemple URSSAF, ...) ou affiliation (exemple RSI, CNAVPL, ...) justifiant l'exercice d'une profession libérale.

3. **Demandeurs poursuivant une mission d'intérêt général**
- Toute pièce justifiant l'intérêt général (décret de reconnaissance d'utilité publique, statuts, bilan et compte de résultat du dernier exercice, compte rendu dernière AG, ...).

4. **Associations et fondations**
- Statuts et copie de la publication de la déclaration au Journal Officiel.

5. **Artisans**
- Attestation d'immatriculation au répertoire des métiers.

6. **Remplacement d'un professionnel exerçant une profession libérale réglementée**
- Attestation de départ du professionnel qui arrête son activité dans le local, datant de moins d'un an.

Annexe 5

- Formulaire de demande d'usage mixte, sans compensation
- Engagement du propriétaire

VILLE DE PARIS

Direction du Logement et de l'Habitat

DEMANDE D'USAGE MIXTE D'UN LOCAL D'HABITATION

Art. L.631-7 du Code de la Construction et de l'Habitation (CCH) et règlement municipal.

IDENTIFICATION DU DEMANDEUR

Votre identité

☐ Madame ☐ Monsieur ☐ Non précisé

PRÉNOM en majuscule ____________________

NOM en majuscule ____________________

Vos coordonnées

Adresse personnelle/ siège social (si personne morale) ____________________

____

Code postal ____________ Ville ____________

Téléphone ____________ Courriel ____________

Votre profession / activité

____

IDENTIFICATION DU LOCAL

Local objet de la demande

Adresse ____________________ Code postal ____________

Bâtiment ______ Escalier ______ Étage ______ Porte ______ N° de lot ______

Surface Habitable totale (M^2) ____________________

Nombre de pièces principales (hors cuisine et salle de bain) ____________

Occuperez-vous ce local en tant que ...

☐ Propriétaire ? ☐ Locataire ? ☐ Occupant à titre gratuit ?

S'agit-il d'un logement social ? ☐ oui non

Si oui, nom du bailleur social : ____________________

ENGAGEMENT DU DEMANDEUR

☐ Je certifie sur l'honneur l'exactitude des informations fournies dans ce formulaire.

☐ Je m'engage à fournir toutes les pièces justificatives qui me seraient demandées ultérieurement.

☐ J'atteste occuper ce local à titre de résidence principale et réserver à un autre usage que l'habitation moins de 50% de la surface totale du logement et je fournis le justificatif suivant :

☐ Taxe d'habitation de l'année de la demande

☐ Attestation de la Direction Générale des Finances Publiques (DGFIP) du lieu de résidence principale.

Fait à__________________________________le______/_____/ _________

SIGNATURE

Annexe 1 : engagement du propriétaire (page 3).
Annexe 2 : notice explicative (page 4).

Dossier à envoyer à :

Ville de Paris
Bureau de la Protection des Locaux d'Habitation
103 avenue de France 75013 PARIS

VILLE DE PARIS

Direction du Logement et de l'Habitat

ANNEXE 1

ENGAGEMENT DU PROPRIETAIRE

Je soussigné.e ☐ Madame ☐ Monsieur ☐ Non précisé

PRÉNOM en majuscule ____________________

NOM en majuscule ____________________

Domicilié.e ____________________

____

Code postal ______________ Ville ______________

Téléphone ______________ Courriel ______________

Propriétaire du local situé

Adresse ______________ Code postal ______________

Bâtiment ______ Escalier ______ Étage ______ Porte ______ N° de lot ______

1/ Atteste que le règlement de copropriété du local visé ci-dessus ne s'oppose pas à l'usage mixte sollicité (à défaut obtenir l'accord de la copropriété).

2/ En cas de location : autorise à occuper à usage mixte le local visé ci-dessus, sous réserve d'obtention d'une autorisation municipale visée à l'article L.631-7 du code de la construction et de l'habitation :

PRÉNOM du locataire en majuscule ____________________

NOM du locataire en majuscule ____________________

Fait à ______________ le __ __/__ __/__ __ __ __

SIGNATURE

3 QualiPARIS POUR UN SERVICE DE QUALITÉ

Info Paris
3975* ou paris.fr
* Prix d'un appel local à partir d'un poste fixe

Annexe 6
Zone de compensation 3 pour 1 pour le meublé de tourisme

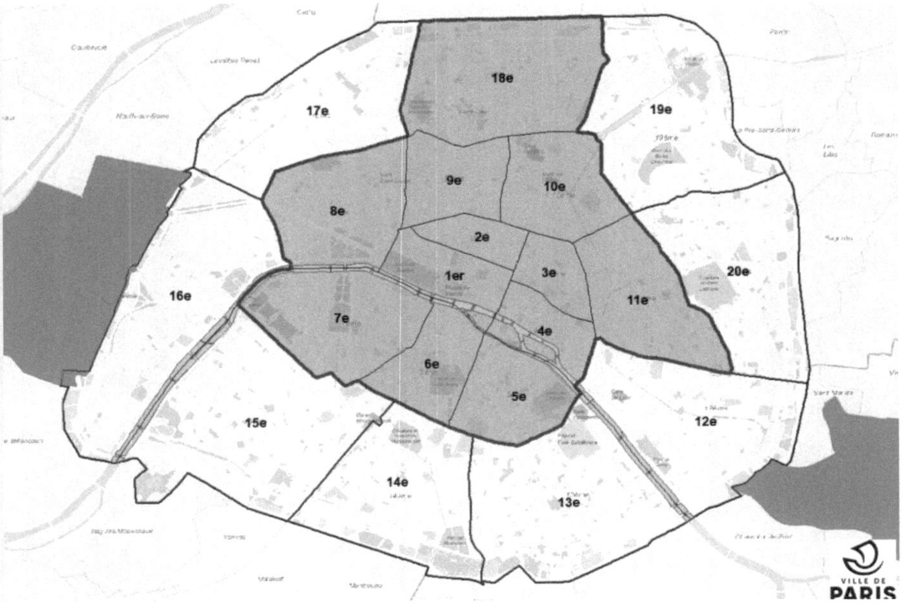

Carte établie à partir du nombre de numéro d'enregistrement délivrés pour effectuer de la location meublée touristique au 1er juillet 2021 pour 1 000 résidences principales à l'arrondissement

JURISPRUDENCE

Annexe 1

CE, 25 JUILLET 2007 *(CABALLERO)*

Conseil d'État

N° 277960

Publié au *recueil Lebon*

Section du Contentieux

M. Stirn, président

M. Philippe Barbat, rapporteur

M. Struillou, commissaire du gouvernement

Lecture du mercredi 25 juillet 2007

RÉPUBLIQUE FRANÇAISE

AU NOM DU PEUPLE FRANÇAIS

Vu le recours, enregistré le 23 février 2005 au secrétariat du contentieux du Conseil d'État, présenté par le MINISTRE DE L'EMPLOI, DE LA COHÉSION SOCIALE ET DU LOGEMENT ; le MINISTRE DE L'EMPLOI, DE LA COHÉSION SOCIALE ET DU LOGEMENT demande au Conseil d'État :

1°) d'annuler l'arrêt du 14 décembre 2004 par lequel la cour administrative d'appel de Paris a annulé le jugement du 1er mars 2002 du tribunal administratif de Paris rejetant la demande de M. Francis A tendant à l'annulation de la décision implicite du préfet de Paris refusant de lui délivrer un certificat d'affectation professionnelle pour l'appartement dont il est locataire au 147, avenue de Malakoff à Paris ;

2°) de mettre à la charge de M. A la somme de 2 000 euros au titre de des dispositions de l'article L. 761-1 du code de justice administrative ;

Vu les autres pièces du dossier ;

Vu l'ancien code de l'urbanisme et de l'habitation ;

Vu le code de la construction et de l'habitation ;

Vu la loi n° 48-1360 du 1er septembre 1948 modifiée ;

Vu la loi n° 86-1290 du 23 décembre 1986 modifiée ;

Vu le code de justice administrative ;

Après avoir entendu en séance publique :

– le rapport de M. Philippe Barbat, Auditeur,

– les conclusions de M. Yves Struillou, Commissaire du gouvernement ;

Sans qu'il soit besoin d'examiner l'autre moyen de la requête ;

Considérant qu'aux termes des dispositions de l'article 340 de l'ancien code de l'urbanisme et de l'habitation, en vigueur à la date de la dérogation accordée à l'ambassade d'Uruguay : Dans les communes visées à l'article 10-7 de la loi n° 48-1360 du 1er septembre 1948 : 1°) Les locaux à usage d'habitation ne peuvent être, ni affectés à un autre usage, ni transformés en meublés, hôtels, pensions de famille ou autres établissements similaires (...). / 2°) Les locaux à usage professionnel ou administratif ainsi que les meublés, hôtels, pensions de famille ou établissements similaires ne peuvent, s'ils ne conservent pas leur destination primitive, être affectés à un usage autre que l'habitation (...). / Il ne peut être dérogé à ces interdictions que par autorisation préalable et motivée du préfet, après avis du maire et du directeur départemental de la construction. / Le préfet peut autoriser l'exercice, sous certaines conditions, dans une partie d'un local d'habitation, d'une profession qui ne puisse à aucun moment revêtir un caractère commercial si ce local constitue en même temps la résidence du demandeur. / Sont nuls, de plein droit, tous accords ou conventions conclus en violation du présent article. (...) ; que ces dispositions ont été reprises à l'article L. 631-7 du code de la construction et de l'habitation ; que la loi du 23 décembre 1986 a complété cet article en y ajoutant les dispositions suivantes : Ces dérogations et autorisations sont accordées à titre personnel. (...) / La dérogation et l'autorisation cessent de produire effet lorsqu'il est mis fin, à titre définitif, pour quelque raison que ce soit, à l'exercice professionnel du bénéficiaire. ;

Considérant qu'il résulte des termes, de l'objet et de l'économie générale des dispositions de la loi du 1er septembre 1948, dont est issu l'article 340 de l'ancien code de l'urbanisme et de l'habitation, que les dérogations et autorisations de changement d'affectation s'attachaient à la personne et non au local avant même l'adoption des dispositions de la loi du 23 décembre 1986 citées ci-dessus ; qu'il en résulte qu'en jugeant que les décisions délivrées en application de ces dispositions, dans leur rédaction antérieure à la loi du 23 décembre 1986, sont afférentes aux locaux pour lesquels elles ont été accordées et non aux personnes qui y exercent, la cour administrative d'appel de Paris a commis une erreur de droit ; qu'ainsi le MINISTRE DE L'EMPLOI, DE LA COHÉSION SOCIALE ET DU LOGEMENT est fondé à demander l'annulation de l'arrêt attaqué ;

Considérant qu'en vertu de l'article L. 821-2 du code de justice administrative, il y a lieu, dans les circonstances de l'espèce, de régler l'affaire au fond ;

Sans qu'il soit besoin de statuer sur la fin de non-recevoir opposée par le ministre ;

Considérant qu'aux termes de l'article L. 631-7-2 du code de la construction et de l'habitation en vigueur à la date du refus opposé aux demandes de M. A tendant à l'obtention d'un certificat d'affectation professionnelle : Sur requête de tout intéressé, le représentant de l'État dans le département délivre, après avis du maire et dans le délai de deux mois, un certificat indiquant si le local peut être régulièrement ou non affecté à l'usage mentionné dans la demande. ;

Considérant qu'il ressort des pièces du dossier que M. A, avocat qui occupait avec quatre confrères, dans le cadre d'une société civile de moyens titulaire d'un bail professionnel, un appartement au 147, avenue de Malakoff à Paris, a demandé le 15 janvier 1997, puis le 29 septembre 1997, au préfet de Paris un certificat d'affectation professionnelle pour ce local, en application des dispositions de l'article L. 631-7-2 du code de la construction et de l'habitation ; que, si M. A fait valoir, pour contester la légalité du refus opposé à ces demandes, que, sur le fondement des dispositions de l'article 340 de l'ancien code de l'urbanisme et de l'habitation, une dérogation avait été accordée le 23 mars 1977 à l'ambassade d'Uruguay pour installer ses bureaux dans l'appartement litigieux, cette dérogation, ainsi qu'il a été dit ci-dessus, avait un caractère personnel et avait en conséquence cessé de produire effet après le départ de l'ambassade d'Uruguay de cet appartement ;

Considérant qu'il résulte de ce qui précède que M. A n'est pas fondé à soutenir que c'est à tort que, par le jugement attaqué, le tribunal administratif de Paris a rejeté sa demande tendant à l'annulation de la décision du préfet de Paris refusant de lui délivrer un certificat d'affectation professionnelle pour l'appartement qu'il occupait ;

Sur les conclusions tendant à l'application des dispositions de l'article L. 761-1 du code de justice administrative :

Considérant qu'il n'y a pas lieu, dans les circonstances de l'espèce, de faire application de ces dispositions et de mettre à la charge de M. A la somme demandée par le MINISTRE DE L'EMPLOI, DE LA COHÉSION SOCIALE ET DU LOGEMENT, au titre des frais exposés par l'État et non compris dans les dépens ;

DÉCIDE

Article 1er : L'arrêt du 14 décembre 2004 de la cour administrative d'appel de Paris est annulé.

Article 2 : La requête présentée par M. A devant la cour administrative d'appel de Paris est rejetée.

Article 3 : Les conclusions du MINISTRE DE L'EMPLOI, DE LA COHÉSION SOCIALE ET DU LOGEMENT tendant à l'application des dispositions de l'article L. 761-1 du code de justice administrative sont rejetées.

Article 4 : La présente décision sera notifiée au MINISTRE DU LOGEMENT ET DE LA VILLE et à M. Francis A.

Annexe 2

CE, 7 MARS 2008 *(SCI HAUSSMANN BOÉTIE)*

Conseil d'État

N° 293343

Mentionné aux tables du *recueil Lebon*

Section du Contentieux

M. Delarue, président

Mme Marie Picard, rapporteur

M. Struillou Yves, commissaire du gouvernement

SCP BOULLOCHE, avocats

Lecture du vendredi 7 mars 2008

RÉPUBLIQUE FRANÇAISE

AU NOM DU PEUPLE FRANÇAIS

Vu la requête, enregistrée le 12 mai 2006 au secrétariat du contentieux du Conseil d'État, présentée pour la SCI HAUSSMANN BOETIE, dont le siège social est 30, boulevard de la Suane Beauvallon Bartole Grimaud à Sainte-Maxime (83120) ; la SCI HAUSSMANN BOETIE demande au Conseil d'État :

1°) d'annuler l'arrêt du 9 mars 2006 par lequel la cour administrative d'appel de Paris a rejeté sa requête tendant, d'une part, à l'annulation du jugement du 21 juin 2002 du tribunal administratif de Paris rejetant sa demande tendant à l'indemnisation du préjudice résultant pour elle de la vente en mars 1998 de locaux en tant qu'habitation dont elle était propriétaire 122 boulevard Haussmann à Paris (75008) et, d'autre part, à la condamnation de l'État à lui payer une somme de 1 433 020 euros, outre les intérêts à compter du 18 septembre 2000 et leur capitalisation ;

2°) réglant l'affaire au fond de faire droit à ses conclusions d'appel ;

3°) de mettre à la charge de l'État la somme de 3 000 euros en application des dispositions de l'article L. 761-1 du code de justice administrative ;

Vu les autres pièces du dossier ;

Vu la note en délibéré, enregistrée le 21 février 2008, présentée pour la SCI HAUSSMANN BOETIE ;

Vu le code de la construction et de l'habitation ;

Vu le code de l'urbanisme ;

Vu l'ordonnance n° 2005-655 du 8 juin 2005 ;

Vu la loi n° 2006-872 du 13 juillet 2006 modifiée ;

Vu le code de justice administrative ;

Après avoir entendu en séance publique :

– le rapport de Mme Marie Picard, Maître des Requêtes,

– les observations de la SCP Boulloche, avocat de la SCI HAUSSMANN BOETIE,

– les conclusions de M. Yves Struillou, Commissaire du gouvernement ;

Considérant qu'aux termes de l'article L. 631-7 du code de la construction et de l'habitation alors en vigueur : Les locaux à usage d'habitation ne peuvent être, ni affectés à un autre usage, ni transformés en meublés, hôtels, pensions de famille ou autres établissements similaires dont l'exploitant exerce la profession de loueur en meublé (...). Il ne peut être dérogé à ces interdictions que par autorisation administrative préalable et motivée du préfet, après avis du maire (...). / Ces dérogations et autorisations sont accordées à titre personnel. Cependant, les bénéficiaires membres d'une profession libérale réglementée, qui rendent à l'habitation le local qui était devenu totalement ou partiellement professionnel, peuvent être autorisés à transformer un autre local d'habitation en local professionnel pour une surface équivalente. / La dérogation et l'autorisation cessent de produire effet lorsqu'il est mis fin, à titre définitif, pour quelque raison que ce soit, à l'exercice professionnel du bénéficiaire (...) ;

Considérant, en premier lieu, qu'il résulte des termes mêmes de ces dispositions que les dérogations et autorisations de changement d'affectation s'attachent à la personne et non au local ; qu'il en résulte qu'en jugeant que la dérogation accordée à la SCI HAUSSMANN BOETIE le 13 novembre 1989 pour l'affectation à usage de bureaux de l'appartement dont elle était propriétaire, présentait un caractère strictement personnel, alors même que des compensations avaient été trouvées et leur prix acquitté, la cour administrative d'appel de Paris n'a pas entaché son arrêt d'erreur de droit ;

Considérant, en second lieu, qu'en jugeant que la SCI HAUSSMANN BOETIE, dès lors qu'elle avait revendu l'appartement en litige en mars 1998, ne pouvait utilement se prévaloir des dispositions de l'article 29 de l'ordonnance du 8 juin 2005, prévoyant que les autorisations définitives accordées sur le fondement de l'article L. 631-7 du code de l'urbanisme et ayant donné lieu à compensation effective, sont attachées au local et non à la personne, dès lors que, ainsi que le prévoient les dispositions purement interprétatives et confirmatives du II de l'article 79 de la loi du 13 juillet 2006, par laquelle a été ratifiée l'ordonnance précitée, ces dispositions ne sont applicables qu'à compter de l'entrée en vigueur de ladite ordonnance, la cour n'a pas entaché sa décision d'erreur de droit ; qu'elle a pu régulièrement en déduire que la société n'établissait pas le préjudice qu'elle aurait subi à la revente de l'immeuble, en écartant implicitement mais nécessairement le moyen tiré de ce que la SCI HAUSSMANN BOETIE aurait été contrainte de céder le bien en cause en tant que local d'habitation, en raison du refus de l'administration d'en confirmer l'affectation à usage de bureaux ;

Considérant qu'il résulte de ce qui précède que la SCI HAUSSMANN BOETIE n'est pas fondée à demander l'annulation de l'arrêt attaqué ;

Sur les conclusions tendant à l'application des dispositions de l'article L. 761-1 du code de justice administrative :

Considérant que ces dispositions font obstacle à ce que soit mise à la charge de l'État qui n'est pas la partie perdante dans la présente instance la somme que demande la SCI HAUSSMANN BOETIE en application de ces dispositions ;

DÉCIDE :

Article 1er : La requête de la SCI HAUSSMANN BOETIE est rejetée.

Article 2 : La présente décision sera notifiée à la SCI HAUSSMANN BOETIE et au ministre du logement et de la ville.

Annexe 3

CASS. 3e CIV., 9 MAI 2012 *(NAKACHE)*

Arrêt n° 500 du 9 mai 2012 (11-16.139) – Cour de cassation – Troisième chambre civile

Rejet

Demandeur(s) : Mme X...

Défendeur(s) : le procureur général près la cour d'appel de Paris

Sur le moyen unique :

Attendu, selon l'arrêt attaqué (Paris 1er février 2011), que M. Y..., qui avait en 1985 obtenu l'autorisation, après compensation, de transformer l'appartement qu'il louait en local professionnel pour l'exercice de sa profession d'huissier de justice, a cédé sa clientèle à Mme X..., qui est devenue locataire des locaux, acquis ensuite par une société civile immobilière ; que le 26 février 1998, Mme X... a demandé une dérogation pour affecter ces locaux à l'usage professionnel ; que cette autorisation lui a été accordée sous conditions ; que les conditions posées n'ayant pas été remplies, la ville de Paris a informé Mme X... de la nécessité de fournir une compensation, puis a saisi le procureur de la République du tribunal de grande instance de Paris pour obtenir, sur le fondement des articles L. 631-7 et L. 651-2 du code de la construction et de l'habitation, la fixation d'une amende et pour que soit ordonné le retour à l'habitation des locaux transformés sans autorisation ;

Attendu que Mme X... fait grief à l'arrêt de la condamner à une amende de 25 000 euros et d'ordonner le retour à l'habitation des locaux transformés sans autorisation, dans un délai d'un an, sous astreinte, passé ce délai, de 100 euros par jour et par mètre carré utile alors, selon le moyen, *qu'aux termes de l'article 29 II de l'ordonnance n° 2005-655 du 8 juin 2005 relative au logement et à la construction, les autorisations définitives de changement d'usage de locaux accordées, moyennant compensation effective, avant l'entrée en vigueur du texte, soit le 10 juin 2005, sont, à compter de cette date, attachées au local et non à la personne ; que la cour d'appel a expressément relevé que les locaux situés ... à Paris 1er, occupés sans discontinuité par M. Y... puis par son successeur, Mme X..., à qui il a cédé sa clientèle, a fait l'objet, le 27 février 1985, d'une autorisation définitive de changement d'usage à titre professionnel moyennant le versement d'une compensation ; qu'en relevant, pour condamner Mme X... à paiement d'une amende et ordonner le retour à l'habitation des locaux qu'elle occupe professionnellement, que l'autorisation délivrée à M. Y... lui était personnelle, la cour d'appel a violé, par refus d'application, l'article 29 II de l'ordonnance n° 2005-655 du 8 juin 2005 relative au logement et à la construction, ensemble les articles L. 631-7-1 et L. 651-2 du code de la construction et de l'habitation ;*

Mais attendu que la cour d'appel, qui a exactement retenu que l'autorisation donnée à M. Y... le 27 février 1985, qui avait un caractère personnel, avait pris fin avec le départ de son titulaire et que Mme X... ne pouvait se prévaloir de cette autorisation et ne bénéficiait, à la date d'entrée en vigueur de l'article 29 de l'ordonnance du 8 juin 2005 d'aucune dérogation personnelle, en a justement déduit que les mesures prévues par l'article L. 651-2 du code de la construction et de l'habitation devaient être appliquées à son encontre ;

D'où il suit que le moyen n'est pas fondé ;

PAR CES MOTIFS :

REJETTE le pourvoi.

Annexe 4

CE, 5 AVRIL 2019 *(CNE DE NEUILLY-SUR-SEINE)*

Conseil d'État

N° 410039

Mentionné aux tables du *recueil Lebon*

Mme Anne Iljic, rapporteur public

SCP WAQUET, FARGE, HAZAN ; SCP GARREAU, BAUER-VIOLAS, FESCHOTTE-DESBOIS, avocats

Lecture du vendredi 5 avril 2019

RÉPUBLIQUE FRANÇAISE

AU NOM DU PEUPLE FRANÇAIS

Vu la procédure suivante :

M. A...B... a demandé au tribunal administratif de Cergy-Pontoise de condamner la commune de Neuilly-sur-Seine (Hauts-de-Seine) à lui verser une indemnité de 400 380,17 euros majorée des intérêts au taux légal en réparation du préjudice qu'il estime avoir subi du fait des informations erronées mentionnées dans une lettre du maire du 2 août 2011 relatives à l'usage d'un local lui appartenant dans un immeuble situé 8, villa des Sablons.

Par un jugement n° 1305537 du 8 décembre 2015, le tribunal administratif de Cergy-Pontoise a rejeté sa demande.

Par un arrêt n° 16VE00275 du 23 février 2017, la cour administrative d'appel de Versailles a, sur appel de M.B..., annulé ce jugement et condamné la commune de Neuilly-sur-Seine à lui verser la somme de 78 237 euros assortie des intérêts au taux légal à compter du 5 juin 2012.

Par un pourvoi sommaire et un mémoire complémentaire, enregistrés les 24 avril et 24 juillet 2017 au secrétariat du contentieux du Conseil d'État, la commune de Neuilly-sur-Seine demande au Conseil d'État :

1°) d'annuler cet arrêt ;

2°) réglant l'affaire au fond, de rejeter l'appel de M.B... ;

3°) de mettre à la charge de M. B... la somme de 4 000 euros au titre de l'article L. 761-1 du code de justice administrative.

Vu les autres pièces du dossier ;

Vu :

– le code de la construction et de l'habitation ;

– le code de justice administrative ;

Après avoir entendu en séance publique :

– le rapport de Mme Isabelle Lemesle, conseiller d'État,

– les conclusions de Mme Anne Iljic, rapporteur public ;

La parole ayant été donnée, avant et après les conclusions, à la SCP Garreau, Bauer-Violas, Feschotte-Desbois, avocat de la commune de Neuilly-sur-Seine et à la SCP Waquet, Farge, Hazan, avocat de M. A... B... ;

Considérant ce qui suit :

1. Il ressort des énonciations de l'arrêt attaqué que M. B... a signé, le 12 juillet 2011, une promesse de vente relative à un local dont il est propriétaire au rez-de-chaussée d'un immeuble d'habitation situé 8, villa des Sablons à Neuilly-sur-Seine. Consulté par le notaire chargé de la vente, le maire de Neuilly-sur-Seine a indiqué, par une lettre du 2 août 2011, qu'il s'agissait d'un bien à usage de remise et de garage qui n'était pas à usage professionnel, commercial ou industriel, précisant que ce local avait fait l'objet le 11 mars 1982 d'un procès-verbal à raison de sa transformation sans autorisation en local commercial et que l'affectation de ce local ne pouvait être modifiée. Le bénéficiaire de la promesse de vente ayant pour ce motif renoncé à son projet d'acquisition, M. B... a recherché la responsabilité de la commune à raison de la faute qu'elle aurait commise en donnant des informations erronées sur l'affectation du local et a demandé au tribunal administratif de Cergy-Pontoise de condamner la commune à lui verser une indemnité de 400 380,17 euros en réparation du préjudice qu'il estime avoir subi. Sa demande a été rejetée par un jugement du 8 décembre 2015 dont il a fait appel. La commune de Neuilly-sur-Seine se pourvoit en cassation contre l'arrêt du 23 février 2017 par lequel la cour administrative d'appel de Versailles l'a condamnée à verser une indemnité de 78 237 euros à M.B....

2. Aux termes de l'article L. 631-7 du code de la construction et de l'habitation, créé par l'ordonnance du 8 juin 2005 relative au logement et à la construction : « La présente section est applicable aux communes de plus de 200 000 habitants et à celles des départements des Hauts-de-Seine, de la Seine-Saint-Denis et du Val-de-Marne. Dans ces communes, le changement d'usage des locaux destinés à l'habitation est, dans les conditions fixées par l'article L. 631-7-1, soumis à autorisation préalable. / Constituent des locaux destinés à l'habitation toutes catégories de logements et leurs annexes (...). / Pour l'application de la présente section, un local est réputé à usage d'habitation s'il était affecté à cet usage au 1er janvier 1970. Cette affectation peut être établie par tout mode de preuve. Les locaux construits ou faisant l'objet de travaux ayant pour conséquence d'en changer la destination postérieurement au 1er janvier 1970 sont réputés avoir l'usage pour lequel la construction ou les travaux sont autorisés (...) ». Il résulte des termes mêmes de cet article qu'en l'absence d'autorisation de changement d'affectation ou de travaux postérieure, un local est réputé être à usage d'habitation s'il était affecté à cet usage au 1er janvier 1970, sans qu'il y ait lieu de rechercher si cet usage était fondé en droit à cette date. En revanche, ces dispositions n'ont ni pour objet ni pour effet d'attacher pareilles conséquences au constat, au 1er janvier 1970, de l'affectation d'un local à un autre usage que l'habitation.

3. Pour juger que le maire de Neuilly-sur-Seine, en indiquant que le bien de M. B... était un garage annexe aux logements de l'immeuble ayant fait l'objet d'une transformation non autorisée, avait fourni des renseignements erronés constitutifs d'une faute engageant la responsabilité de la commune, la cour administrative d'appel s'est fondée sur les circonstances que le local litigieux était affecté à un usage commercial depuis 1963, qu'il avait été répertorié comme local à usage commercial lors de la révision foncière de 1970 et qu'il n'avait pas été réaffecté à l'habitation après cette date. En se fondant ainsi sur le seul constat de l'affectation du local à un autre usage que l'habitation au 1er janvier 1970, et en écartant le moyen tiré de l'absence de régularisation de l'affectation sans autorisation à usage commercial de ce local initialement destiné à l'habitation, la cour administrative d'appel a méconnu la portée des dispositions de l'article L. 631-7 du code de la construction et de l'habitation telles qu'interprétées au point 2 et entaché son arrêt d'erreur de droit.

4. Il résulte de ce qui précède, sans qu'il soit besoin de se prononcer sur les autres moyens du pourvoi, que la commune de Neuilly-sur-Seine est fondée à demander l'annulation de l'arrêt qu'elle attaque.

5. Il y a lieu, dans les circonstances de l'espèce, de mettre la somme de 3 000 euros à la charge de M. B... au titre de l'article L. 761-1 du code de justice administrative.

DÉCIDE :

Article 1er : L'arrêt de la cour administrative d'appel de Versailles du 23 février 2017 est annulé.

Article 2 : L'affaire est renvoyée à la cour administrative d'appel de Versailles.

Article 3 : M. B... versera une somme de 3 000 euros à la commune de Neuilly-sur-Seine au titre de l'article L. 761-1 du code de justice administrative.

Article 4 : La présente décision sera notifiée à la commune de Neuilly-sur-Seine et à M. A... B....

Annexe 5

CASS. 3e CIV., 18 FÉVRIER 2021 *(CALI APARTMENTS)*

Arrêt n° 195 du 18 février 2021 (17-26.156) – Cour de cassation – Troisième chambre civile

Demandeur(s) : Cali Apartments, société civile immobilière

Défendeur(s) : le Procureur général près la cour d'appel de Paris et la Ville de Paris, prise en la personne de son maire en exercice

Faits et procédure

1. Selon l'arrêt attaqué (Paris, 19 mai 2017), le procureur de la République près le tribunal de grande instance de Paris a assigné en référé, sur le fondement de l'article L. 631-7, alinéa 6, du code de la construction et de l'habitation, la société civile immobilière Cali Apartments (la société Cali Apartments), propriétaire d'un studio situé à Paris, afin de la voir condamner au paiement d'une amende et de voir ordonner le retour du bien à son usage d'habitation. Le maire de la Ville de Paris est intervenu volontairement à l'instance.

2. Par arrêt du 15 novembre 2018 (3e Civ., pourvoi n° 17-26.156, publié), la Cour de cassation a saisi la Cour de justice de l'Union européenne d'une question préjudicielle portant sur l'applicabilité de la directive 2006/123/CE du Parlement européen et du Conseil du 12 décembre 2006, relative aux services dans le marché intérieur, à la location, même à titre non professionnel, de manière répétée et pour de courtes durées, d'un local meublé à usage d'habitation ne constituant pas la résidence principale du loueur à une clientèle de passage n'y élisant pas domicile et, dans l'affirmative, sur l'applicabilité à une réglementation nationale, telle que celle prévue par l'article L. 631-7 du code de la construction et de l'habitation, des articles 9 à 13 de la directive et, le cas échéant, sur l'interprétation des articles 9, paragraphe 1, sous b) et c) et 10, paragraphe 2, sous d) à g), de la directive au regard des articles L. 631-7 et L. 631-7-1 du code de la construction et de l'habitation.

Examen des moyens

Sur le second moyen, ci-après annexé

3. En application de l'article 1014, alinéa 2, du code de procédure civile, il n'y a pas lieu de statuer par une décision spécialement motivée sur ce moyen qui n'est manifestement pas de nature à entraîner la cassation.

Sur le premier moyen

Énoncé du moyen

4. La société Cali Apartments fait grief à l'arrêt de faire application des articles L. 631-7, alinéa 6, et L. 651-2, alinéa 1er, du code de la construction et de l'habitation, alors :

« *1°/ qu'en appliquant les articles L. 631-7, alinéa 6, et L. 651-2, alinéa 1, du code de la construction et de l'habitation qui subordonnent la location d'un local meublé à l'obtention d'une autorisation administrative, sans établir, ainsi que l'exige l'article 9, paragraphe 1, sous b) de la directive 2006/123/CE du 12 décembre 2006, que cette restriction à la libre prestation de service est justifiée par une raison impérieuse d'intérêt général, la cour d'appel a violé le principe de primauté du droit de l'Union européenne ;*

2°/ qu'en appliquant les articles L. 631-7, alinéa 6 et L. 651-2, alinéa 1 du code de la construction et de l'habitation, sans établir, ainsi que l'exige l'article 9, paragraphe 1, sous c) de la directive 2006/123/CE du 12 décembre 2006, si l'objectif poursuivi par ces dispositions pouvait être réalisé par une mesure moins contraignante, la cour d'appel a violé le principe de primauté du droit de l'Union européenne ;

3°/ qu'en appliquant les dispositions précitées, lorsque, relatives à la location d'un "local meublé destiné à l'habitation de manière répétée pour de courtes durées à une clientèle de passage qui n'y élit pas domicile", leur mise en œuvre ne dépend pas de critères qui, comme l'exige pourtant l'article 10 de la directive 2006/123/CE du 12 décembre 2006, encadrent l'exercice du pouvoir d'appréciation des autorités compétentes afin que celui-ci ne soit pas utilisé de manière arbitraire, le juge a méconnu ce texte et violé le principe de primauté du droit de l'Union européenne ;

4°/ qu'en appliquant les dispositions précitées, lorsqu'il résulte de l'article L. 631-7-1 que les conditions dans lesquelles sont délivrées les autorisations nécessaires sont "fixées par une délibération du conseil municipal", au regard des "objectifs de mixité sociale" et en fonction notamment des "caractéristiques des marchés de locaux d'habitation" et de "la nécessité de ne pas aggraver la pénurie de logements", la cour d'appel a méconnu les exigences de l'article 10 de la directive 2006/123/CE du 12 décembre 2006 et violé le principe de primauté du droit de l'Union européenne. »

Réponse de la Cour

5. Par arrêt du 22 septembre 2020 (*Cali Apartments SCI et HX* contre *Procureur général près la cour d'appel de Paris et Ville de Paris*, C-724/18 et C-727/18), la Cour de justice de l'Union européenne a dit pour droit que :

1°/ Les articles 1er et 2 de la directive 2006/123/CE du Parlement européen et du Conseil, du 12 décembre 2006, relative aux services dans le marché intérieur, doivent être interprétés en ce sens que cette directive s'applique à une réglementation d'un État membre relative à des activités de location contre rémunération de locaux meublés destinés à l'habitation à une clientèle de passage n'y élisant pas domicile, effectuées de manière répétée et pour de courtes durées, à titre professionnel comme non professionnel.

2°/ L'article 4 de la directive 2006/123 doit être interprété en ce sens qu'une réglementation nationale qui soumet à autorisation préalable l'exercice de certaines activités de location de locaux destinés à l'habitation relève de la notion de « régime d'autorisation », au sens du point 6 de cet article.

3°/ L'article 9, paragraphe 1, sous b) et c), de la directive 2006/123 doit être interprété en ce sens qu'une réglementation nationale qui, pour des motifs visant à garantir une offre suffisante de logements destinés à la location de longue durée à des prix abordables, soumet certaines activités de location contre rémunération de locaux meublés destinés à l'habitation à une clientèle de passage n'y élisant pas domicile, effectuées de manière répétée et pour de courtes durées, à un régime d'autorisation préalable applicable dans certaines communes où la tension sur les loyers est particulièrement marquée est justifiée par une raison impérieuse d'intérêt général tenant à la lutte contre la pénurie de logements destinés à la location et proportionnée à l'objectif poursuivi, en ce que celui-ci ne peut pas être réalisé par une mesure moins contraignante, notamment parce qu'un contrôle *a posteriori* interviendrait trop tardivement pour avoir une efficacité réelle.

4°/ L'article 10, paragraphe 2, de la directive 2006/123 doit être interprété en ce sens qu'il ne s'oppose pas à une réglementation nationale instituant un régime qui subordonne à une autorisation préalable l'exercice de certaines activités de location contre rémunération de locaux meublés destinés à l'habitation, qui est fondée sur des critères tenant au fait de louer le local en cause « de manière répétée et pour de courtes durées à une clientèle de passage qui n'y élit pas domicile » et qui confie aux autorités locales le pouvoir de préciser, dans le cadre fixé par cette réglementation, les conditions d'octroi des autorisations prévues par ce régime au regard d'objectifs de mixité sociale et en fonction des caractéristiques des marchés locaux d'habitation et de la nécessité de ne pas aggraver la pénurie de logements, en les assortissant au besoin d'une obligation de compensation sous la forme d'une transformation accessoire et concomitante en habitation de locaux ayant un autre usage, pour autant que ces conditions d'octroi soient conformes aux exigences fixées par cette disposition et que cette obligation puisse être satisfaite dans des conditions transparentes et accessibles.

6. Il s'ensuit, en premier lieu, que l'article L. 631-7, alinéa 6, du code de la construction et de l'habitation, qui soumet à autorisation préalable le fait, dans certaines communes, de louer un local meublé destiné à l'habitation d'une manière répétée pour de courtes durées à une clientèle de passage qui n'y élit pas domicile, est justifié par une raison impérieuse d'intérêt général tenant à la lutte contre la pénurie de logements destinés à la location et proportionné à l'objectif poursuivi en ce que celui-ci ne peut pas être réalisé par une mesure moins contraignante, notamment parce qu'un contrôle *a posteriori* interviendrait trop tardivement pour avoir une efficacité réelle. Il satisfait donc aux exigences de l'article 9, paragraphe 1, sous b) et c), de la directive 2006/123.

7. En second lieu, l'article L. 631-7 du code de la construction et de l'habitation, dans sa rédaction issue de la loi du 24 mars 2014 applicable au litige, définit, en son alinéa 2, les locaux destinés à l'habitation comme « *toutes catégories de logements et leurs annexes, y compris les logements-foyers, logements de gardien, chambres de service, logements de fonction, logements inclus dans un bail commercial, locaux meublés donnés en location dans les conditions de l'article L. 632-1.* »

8. L'article L. 632-1 du même code renvoie au titre Ier bis de la loi du 6 juillet 1989, relatif aux « *rapports entre bailleurs et locataires dans les logements meublés résidence principale* ». L'article 25-7 de cette loi prévoit que les locations de logements meublés, lorsqu'ils constituent la résidence principale du locataire, sont consenties pour une durée minimale d'un an, sauf le cas des étudiants pour lesquels cette durée est réduite à neuf mois.

9. Il en résulte qu'hormis les cas d'une location consentie à un étudiant pour une durée d'au moins neuf mois, de la conclusion, depuis l'entrée en vigueur de la loi du 23 novembre 2018, d'un bail mobilité d'une durée de un à dix mois et de la location, pour une durée maximale de quatre mois, du local à usage d'habitation constituant la résidence principale du loueur, le fait de louer, à plus d'une reprise au cours d'une même année, un local meublé pour une durée inférieure à un an, telle qu'une location à la nuitée, à la semaine ou au mois, à une clientèle de passage qui n'y fixe pas sa résidence principale au sens de l'article 2 de la loi du 6 juillet 1989 constitue un changement d'usage d'un local destiné à l'habitation et, par conséquent, est soumis à autorisation préalable.

10. Il s'ensuit que l'article L. 631-7, alinéa 6, du code de la construction et de l'habitation répond aux exigences de clarté, d'objectivité et de non-ambiguïté de l'article 10, paragraphe 2, sous d) et e), de la directive 2006/123.

11. En dernier lieu, s'agissant de la conformité, aux exigences prévues à l'article 10 de la directive, des critères énoncés par le législateur pour encadrer les conditions d'octroi des autorisations, il convient de relever que l'article L. 631-7-1 du code de la construction et de l'habitation, qui confie au maire de la commune de situation de l'immeuble la faculté de délivrer l'autorisation préalable de changement d'usage et attribue au conseil municipal le soin de fixer les conditions dans lesquelles sont délivrées les autorisations et déterminées les compensations, au regard des objectifs de mixité sociale en fonction notamment des caractéristiques des marchés de locaux d'habitation et de la nécessité de ne pas aggraver la pénurie de logements, impose ainsi aux autorités locales de fixer les conditions d'obtention des autorisations en considération de l'objectif d'intérêt général tenant à la lutte contre la pénurie de logements. Il en résulte que les critères posés par l'article L. 631-7-1, alinéa 1er, pour encadrer l'exercice du pouvoir d'appréciation des autorités compétentes sont, en eux-mêmes, justifiés par une raison d'intérêt général au sens de l'article 10, paragraphe 2, sous b), de la directive.

12. S'agissant de l'exigence de proportionnalité des conditions d'octroi de l'autorisation de changement d'usage à l'objectif poursuivi, prévue par l'article 10, paragraphe 2, sous c), de la directive, il convient de relever :

1°/ qu'en ce qu'elle réserve aux autorités locales la compétence pour fixer les conditions de délivrance des autorisations et, le cas échéant, pour décider d'imposer une obligation de compensation, la réglementation de l'article L. 631-7-1 est apte à garantir l'adéquation du régime d'autorisation aux circonstances spécifiques de chacune des communes concernées, dont les autorités locales ont une connaissance privilégiée ;

2°/ que la réglementation locale de la Ville de Paris, en ce qu'elle instaure une obligation de compensation, ne va pas au-delà de ce qui est nécessaire pour atteindre l'objectif recherché puisqu'il résulte des pièces produites que cette obligation répond effectivement à une pénurie de logements, la demande de logements destinés à l'habitation à des conditions économiques acceptables peinant, dans l'ensemble de cette commune, à y être satisfaite et le développement de la location de locaux meublés destinés à l'habitation à une clientèle de passage n'y élisant pas domicile, au préjudice de l'offre de location de locaux à usage d'habitation, entraînant une raréfaction du marché locatif traditionnel et contraignant les habitants à s'éloigner pour trouver un logement ;

3°/ que l'obligation de compensation prévue par la réglementation de la Ville de Paris, dans son règlement municipal adopté en décembre 2008, modifié les 17, 18 et 19 novembre 2014, comme dans celui adopté en décembre 2018, est proportionnée à l'objectif poursuivi, en ce que le quantum de cette obligation, qui porte sur des locaux de surface équivalente, sauf dans les secteurs dits de « *compensation renforcée* » où les locaux proposés en compensation doivent représenter une surface double de celle faisant l'objet de la demande de changement d'usage, secteurs qui correspondent à des zones dans lesquelles la Ville de Paris fait de la protection de l'habitat un objectif prioritaire, apparaît adapté à la situation tendue du marché locatif dans l'ensemble de la commune et à l'objectif de développer l'offre de locaux d'habitation dans certaines zones où l'habitat est plus particulièrement protégé, en favorisant l'objectif de mixité sociale ; en effet, le quantum de la compensation porte, dans le secteur de « compensation renforcée », sur des locaux de surface équivalente si ces locaux sont transformés en logements locatifs sociaux ; ce dispositif est compatible avec le maintien d'une activité de location de locaux meublés à une clientèle de passage n'y élisant pas domicile dès lors que, même dans les secteurs de compensation renforcée, il ne fait pas obstacle à l'exercice de cette activité eu égard à la rentabilité accrue de ce type de location par rapport aux baux à usage d'habitation et à la possibilité de satisfaire à l'obligation de compensation, non seulement par la transformation en habitation d'autres locaux détenus par la personne concernée et ayant un autre usage, mais également par d'autres mécanismes, tel l'achat de droits dits de « commercialité » auprès de propriétaires souhaitant affecter à un usage d'habitation des locaux destinés à un autre usage, contribuant ainsi au maintien à un niveau stable du parc de logement de longue durée.

13. Les critères prévus par l'article L. 631-7-1, tels que mis en œuvre par la Ville de Paris, sont donc conformes au principe de proportionnalité de l'article 10, paragraphe 2, sous c), de la directive.

14. S'agissant du respect des conditions de clarté, de non-ambiguïté et d'objectivité prévues par l'article 10, paragraphe 2, sous d) et e), de la directive, l'article L. 631-7-1, s'il ne fixe pas lui-même les conditions de délivrance des autorisations, mais donne compétence à cette fin aux autorités locales, encadre les modalités de détermination par ces autorités des conditions d'octroi des autorisations prévues en fixant les objectifs poursuivis et en imposant les critères en fonction desquels les conditions d'octroi doivent être déterminées. Il est ainsi suffisamment clair et précis pour éviter le risque d'arbitraire dans la détermination des conditions de délivrance des autorisations par les autorités locales.

15. S'agissant, enfin, des exigences de publicité préalable, de transparence et d'accessibilité des conditions d'octroi des autorisations, prévues à l'article 10, paragraphe 2, sous f) et g), de la directive, l'article L. 631-7-1 du code de la construction et de l'habitation, en ce qu'il renvoie aux conseils municipaux le soin de déterminer les conditions de délivrance des autorisations de changement d'usage et le quantum éventuel des compensations, n'est pas contraire à ces exigences dès lors qu'en application de l'article L. 2121-25 du code général des collectivités territoriales, les comptes rendus des séances du conseil municipal sont affichés en mairie et mis en ligne sur le site internet de la commune concernée, ce qui permet à toute personne souhaitant solliciter une telle autorisation d'être informée des conditions de son obtention.

16. Il s'ensuit que les articles L. 631-7, alinéa 6, et L. 631-7-1 du code de la construction et de l'habitation sont conformes à la directive 2006/123 du 12 décembre 2006.

17. Ayant retenu qu'il résultait des éléments produits que le bien de la société Cali Apartments avait fait l'objet de locations de courte durée, épisodiques, à l'usage d'une clientèle de passage sans que n'eût été sollicitée d'autorisation de changement d'usage, la cour d'appel en a déduit à bon droit, sans violer le principe de primauté du droit de l'Union européenne, que celle-ci avait enfreint les dispositions de l'article L. 631-7 du code de la construction et de l'habitation et encourait l'amende prévue par l'article L. 651-2 du même code.

18. Le moyen n'est donc pas fondé.

PAR CES MOTIFS, la Cour :

REJETTE le pourvoi.

FORMULES

Annexe 1

CONVENTION D'OFFRE DE COMPENSATION SOUS CONDITION RÉSOLUTOIRE

Aucun texte spécial ne régit cette convention que la pratique qualifie improprement de « cession de commercialité » ; les parties jouissent en conséquence de la liberté la plus étendue dans sa rédaction qu'il est possible d'adapter, tant sur le fond que sur la forme, à une grande variété de situations.

Le modèle ci-après tient compte de la situation suivante : les parties se sont rapprochées et ont convenu d'un prix de compensation ; elles sont propriétaires de biens immobiliers entiers situés à Paris, territoire sur lequel le principe de l'autorisation assortie d'une compensation réelle est souvent recommandé, voire imposé ; il conviendrait de l'adapter pour d'autres communes et, le cas échéant, pour tenir compte de l'application du régime de la copropriété.

Aucune des deux parties n'a encore déposé de demande d'autorisation, tant en vertu de l'article L. 631-7-1 du Code de la construction et de l'habitation qu'en application du Code de l'urbanisme. Là encore la rédaction proposée devra être adaptée selon l'état d'avancement des procédures à la date de signature de la convention.

Il est proposé un acte reçu en la forme authentique par un notaire ; mais il est loisible de préférer que cette convention soit établie par acte sous signatures privées.

L'an ..., le ...,

À ...,

Maître ..., Notaire à ..., soussigné,

A reçu en la forme authentique, le présent acte contenant convention d'offre de compensation sous condition résolutoire à la requête des personnes ci-après identifiées.

I – IDENTIFICATION DES PARTIES

I.1 – Offrant

La société ...

Représentée par ...

Ci-après dénommée « L'Offrant », d'une part.

I.2 – Bénéficiaire

La société ...

Représentée par ...

Ci-après dénommée « Le Bénéficiaire », d'autre part.

II – EXPOSÉ DES PARTIES

II.1 – Rappel des règles de changement d'usage des locaux d'habitation

Les parties se reconnaissent informées par le notaire soussigné que l'article L. 631-7 du Code de la construction et de l'habitation (CCH) soumet, dans certaines communes et départements, le changement d'usage des locaux d'habitation à autorisation préalable dans les conditions fixées à l'article L. 631-7-1 du même code.

Cette autorisation peut être subordonnée à une compensation sous la forme de transformation concomitante en habitation de locaux ayant un autre usage.

L'autorisation de changement d'usage est délivrée à Paris, depuis le 1er avril 2009, par le Maire de Paris, après avis du Maire d'arrondissement.

Conformément aux dispositions de l'article L. 631-7-1 sus-visé, le Conseil de Paris, dans sa séance des 15, 16 et 17 décembre 2008, a adopté un règlement municipal (2008 DLH 201), qu'il a modifié en dernier lieu dans sa séance des 14, 15, 16 et 17 décembre 2021 (2021 DLH 459).

Aux termes du règlement municipal dans sa rédaction actuellement en vigueur, l'autorisation de changement d'usage est subordonnée à une compensation déterminée selon les modalités prévues aux articles 2 et 3 sous réserve des exceptions prévues aux articles 4 et 5.

II.2 – Déclarations de l'Offrant

II.2.1 – Désignation des locaux offerts en compensation

L'Offrant est propriétaire de ... (désignation précise de l'immeuble ou de la fraction d'immeuble objet de la compensation offerte).

Les locaux offerts en compensation ont une surface de ... m², calculée conformément à l'article R. 156-1 (ancien art. R. 111-2) du CCH, ainsi qu'il résulte d'un plan avec tableau des surfaces établi par M. ... dont un original est demeuré ci-annexé (annexe n°...).

L'Offrant déclare que ces locaux sont libres de toute location et occupation.

Ces locaux ne sont pas soumis au régime de la copropriété.

II.2.2 – Droit de propriété

L'Offrant est propriétaire aux termes d'un acte...

II.2.3 – Caractère « autre qu'habitation » de l'usage des locaux offerts en compensation

Soit (immeuble construit ou transformé avant le 1er janvier 1970) : L'Offrant déclare et garantit que les locaux offerts en compensation sont à un usage autre que l'habitation au sens de l'article L. 631-7 du CCH.

À l'appui de ces déclaration et garantie, l'Offrant produit les éléments de preuve suivants, dont copies sont demeurées ci-annexées (annexes n° ...) :

- *copie de la déclaration de révision foncière de 1970,*
- *copie du bail commercial en cours au 1er janvier 1970,*
- *extrait de l'annuaire officiel par rue des abonnés au téléphone de 1970 indiquant ...,*
- *copie de l'acte de vente du ... indiquant la situation d'occupation de l'immeuble,*
- ...

En outre, ces locaux n'ont fait l'objet, depuis le 1er janvier 1970, d'aucune conversion à l'habitation soit par suite d'une compensation réalisée, soit par suite de l'obtention et de la mise en œuvre d'un permis de construire ou d'une déclaration préalable de travaux ou d'une déclaration d'affectation temporaire à l'habitation.

Soit (immeuble construit ou transformé après le 1er janvier 1970) : L'Offrant déclare et garantit que les locaux offerts en compensation sont à usage autre qu'habitation pour avoir été construits/transformés postérieurement au 1er janvier 1970 en vertu d'un permis de construire délivré par ... le ... sous le n° ... demeuré ci-annexé (annexes n° ...).

Ces locaux n'ont fait l'objet, entre l'achèvement des travaux de construction/transformation de l'immeuble et ce jour, d'aucune conversion à l'habitation soit par suite d'une compensation réalisée, soit par suite de l'obtention et de la mise en œuvre d'un permis de construire ou d'une déclaration préalable de travaux ou d'une déclaration d'affectation temporaire à l'habitation.

II.2.4 – Projet de l'Offrant

L'Offrant projette de transformer en habitation les locaux lui appartenant, actuellement à usage de …

II.3 – Déclarations du Bénéficiaire

II.3.1 – Désignation des locaux soumis à autorisation de changement d'usage

Le Bénéficiaire est propriétaire … *(désignation précise de l'immeuble ou de la fraction d'immeuble dont le bénéficiaire souhaite modifier l'usage).*

Les locaux sus-désignés ont une surface de … m^2, calculée conformément à l'article R. 156-1 (ancien art. R. 111-2) du CCH, ainsi qu'il résulte d'un plan avec tableau des surfaces établi par M. …, dont un original est demeuré ci-annexé (annexe n°…).

Le Bénéficiaire déclare que ces locaux sont libres de toute location ou occupation.

Ces locaux ne sont pas soumis au régime de la copropriété.

(Si les locaux sont soumis au régime de la copropriété, désigner le ou les lots concernés et indiquer les références de publication du règlement de copropriété et de ses modificatifs éventuels.

Si le changement d'usage requiert l'accord de la copropriété, il n'est plus nécessaire de l'obtenir avant le dépôt de la demande de changement d'usage, la mairie de Paris n'exigeant plus du pétitionnaire qu'il justifie, ni même qu'il atteste sous sa responsabilité, que le règlement de copropriété ne s'oppose pas au changement d'usage sollicité.

La non-obtention de cet accord au terme d'un certain délai pourrait toutefois être érigée en condition résolutoire de la convention si les parties en sont d'accord.)

II.3.2 – Droit de propriété

Le Bénéficiaire est propriétaire aux termes d'un acte …

II.3.3 – Projet du Bénéficiaire

Les locaux ci-dessus désignés et propriété du Bénéficiaire sont à usage d'habitation au sens de l'article L. 631-7 du CCH.

Le Bénéficiaire envisage de solliciter un changement d'usage de ces locaux pour un autre usage que l'habitation.

À cet effet, il a recherché des locaux dont la conversion à l'habitation pourrait servir de compensation lui permettant d'obtenir de la Mairie de Paris l'autorisation de changement d'usage visée à l'article L. 631-7-1 du CCH qu'il compte solliciter.

En application du règlement municipal en vigueur, la surface de la compensation qu'il doit proposer à la Mairie de Paris pour obtenir cette autorisation doit être de … m^2 environ.

Pour ce faire, le Bénéficiaire entend proposer à la Mairie de Paris, au titre de la compensation, les locaux sus-désignés de l'Offrant destinés à être transformés en habitation.

CECI EXPOSÉ, il est passé à la convention objet des présentes.

III – OBJET DE LA CONVENTION

Par les présentes, l'Offrant s'engage irrévocablement vis-à-vis du Bénéficiaire qui l'accepte sans réserve, à transformer ou faire transformer les locaux lui appartenant, désignés à l'article II.2.1 ci-dessus, et faire en sorte qu'ils soient affectés à usage d'habitation au sens de l'article L. 631-7 du CCH, afin que le Bénéficiaire puisse présenter leur conversion à l'habitation comme compensation pour obtenir de la Mairie de Paris une autorisation de changement d'usage des locaux désignés à l'article II.3.1 ci-dessus, conformément à l'article L. 631-7-1 du CCH ; la non-obtention de cette autorisation constitue une condition résolutoire, ainsi qu'il est dit à l'article VII ci-après.

IV – OBLIGATIONS DE L'OFFRANT

IV.1 – Obligations relatives à la réalisation des travaux

L'Offrant s'oblige à :

1) Déposer auprès de la Mairie de PARIS, dans les ... jours calendaires de la signature des présentes, une demande d'autorisation d'urbanisme *(permis de construire ou déclaration préalable)* portant sur les travaux nécessaires à la transformation en usage d'habitation de ses locaux visés à l'article II.2.1.

2) Justifier sans délai au Bénéficiaire de cette demande dès son dépôt, et à l'informer des suites qui lui seront données, à se conformer aux demandes qui seraient formulées par les services instructeurs, à lui envoyer une copie de l'autorisation d'urbanisme dans les ... jours calendaires de sa notification ou de son obtention tacite.

3) Procéder à l'affichage réglementaire sur l'immeuble de l'autorisation d'urbanisme dans les ... jours de sa réception et à en justifier par trois constats établis par huissier de justice à un mois de distance environ entre chaque constat et à fournir au Bénéficiaire une copie desdits constats accompagnée d'une attestation de non-recours et non-retrait délivrée par la Mairie à l'expiration des délais légaux.

4) Démarrer les travaux de transformation dans les ... jours du caractère définitif de l'autorisation d'urbanisme qu'il aura obtenu, à établir dans le même délai la déclaration d'ouverture de chantier et à en faire parvenir une copie au Bénéficiaire.

5) Poursuivre les travaux de manière à ce que ses locaux soient effectivement transformés à usage exclusif d'habitation et achevés au plus tard le ... ; à cet égard, l'Offrant souscrit à l'endroit du Bénéficiaire une obligation de résultat.

6) Déposer la déclaration attestant l'achèvement et la conformité des travaux dans le mois de cet achèvement et à en fournir une copie au Bénéficiaire.

7) Faire toutes diligences pour obtenir des services d'urbanisme de la Mairie l'attestation de non-contestation de la conformité et à tenir informé le Bénéficiaire de l'ensemble de ses démarches.

(Pour satisfaire aux exigences actuelles de la mairie de Paris tenant au critère de la concomitance, il convient de solliciter et d'obtenir l'autorisation d'urbanisme de changement de destination du local offert en compensation avant *de déposer la demande de changement d'usage.*

En cas de non-respect des délais ci-dessus, les parties peuvent prévoir des pénalités de retard imputables sur le prix et/ou une clause résolutoire.)

IV.2 – Obligations relatives à la procédure de changement d'usage

L'Offrant autorise irrévocablement le Bénéficiaire à présenter en compensation à la Mairie de Paris la conversion à l'habitation des locaux visés à l'article II.2.1.

Il s'oblige, jusqu'à l'obtention de l'autorisation définitive de changement d'usage sollicitée par le Bénéficiaire, à :

1) Faire le nécessaire pour permettre aux agents dûment habilités de la Mairie de PARIS de s'assurer, au besoin par des visites, de la transformation effective des locaux offerts en compensation.

2) Fournir et à signer tout document, faire établir et certifier par un géomètre-expert tout mesurage et plan des locaux avant et après leur transformation en surface habitable, destinés aux services de la Mairie confirmant les dispositions des présentes qui s'avéreraient indispensables à l'instruction de la demande d'autorisation du Bénéficiaire.

3) N'apporter à la situation juridique de ses locaux, objet des présentes, aucune modification susceptible d'empêcher ou de rendre plus difficile l'aboutissement du présent accord.

4) Ne pas présenter ses locaux, objet des présentes, à titre de compensation à son profit ou au profit de tiers.

5) Ne vendre, à ne louer ou à n'utiliser lui-même les locaux offerts en compensation qu'à usage exclusif d'habitation et à faire état des présentes dans tout acte de vente qu'il consentirait et à faire reprendre par son acquéreur l'intégralité des obligations en découlant, de l'exécution desquelles il demeurera garant et solidaire à l'égard du Bénéficiaire.

V - OBLIGATIONS DU BÉNÉFICIAIRE

Pour permettre le changement d'usage de ses locaux désignés à l'article II.3.1, le Bénéficiaire s'oblige à :

– Déposer auprès de la Mairie de Paris, dans les ... jours calendaires de la réception de la part de l'Offrant d'une copie *(du permis de construire ou de la décision de non-opposition)* autorisant la transformation en habitation des locaux visés à l'article II.2.1, une demande d'autorisation de changement d'usage en application de l'article L. 631-7-1 du CCH, l'autorisant à affecter à un usage autre que l'habitation les locaux désignés à l'article II.3.1, en présentant en compensation la conversion à l'habitation des locaux de l'Offrant désignés à l'article II.2.1.

– Justifier sans délai à l'Offrant de cette demande dès son dépôt, et à l'informer des suites qui lui seront données, à se conformer aux demandes qui seraient formulées par les services instructeurs, à lui envoyer une copie de l'autorisation provisoire de changement d'usage dans les ... jours calendaires de sa notification ou de son obtention tacite.

– Demander à la Maire de Paris la mise à l'enquête pour constater la transformation en habitation des locaux offerts en compensation, au plus tard dans les ... jours calendaires suivant la date où l'Offrant l'en aura informé.

– Solliciter de la Mairie de Paris l'autorisation définitive de changement d'usage portant constatation de la transformation effective en habitation des locaux de l'Offrant.

Le Bénéficiaire s'oblige à faire diligence pour mener les démarches lui incombant auprès des services de la Mairie et à en informer l'Offrant. À cet égard, le Bénéficiaire souscrit à l'endroit de l'Offrant une obligation de moyens et s'engage à poursuivre jusqu'à sa fin la procédure de demande de changement d'usage et à mettre tout en œuvre pour y parvenir. De sorte que si, par sa faute ou sa carence, les conditions matérielles ou administratives venaient à ne pas être remplies ou bien encore qu'il viendrait à renoncer unilatéralement à sa demande d'autorisation de changement d'usage, l'Offrant serait en droit d'exiger l'exécution de la convention, notamment en ce qui concerne le paiement du prix prévu à l'article VI ci-après, la condition résolutoire prévue à l'article VII ci-après étant réputée ne pas être réalisée si le Bénéficiaire en a empêché la défaillance.

VI - PRIX DE LA COMPENSATION

VI.1 - Montant du prix

En contrepartie des engagements souscrits par l'Offrant aux termes des présentes pour la réalisation de la compensation au profit exclusif du Bénéficiaire, celui-ci consent à s'acquitter d'un prix à l'égard de l'Offrant.

Les parties sont convenues d'un prix ferme et définitif de ... hors taxe.

(Les parties peuvent opter pour un prix forfaitaire ou un prix unitaire par m² de surface de compensation retenue par l'autorité administrative.)

À cette somme s'ajoute la TVA au taux actuel de 20% soit ...

Soit un prix TTC de ...

Toute variation du taux de TVA, pendant la période intermédiaire à compter de ce jour jusqu'à la date prévue pour la réalisation de la condition résolutoire de non-obtention de l'arrêté d'autorisation définitive de changement d'usage, fera le profit ou la perte du Bénéficiaire.

(Le prix ne sera soumis à la TVA que si l'Offrant est lui-même assujetti à cette taxe et agit en tant que tel.

Les aspects fiscaux sont exposés au chapitre V du livre.)

VI.2 – Modalités de paiement du prix

Les parties conviennent que le prix TVA incluse ci-dessus est stipulé payable : ...

(Les parties peuvent prévoir une partie payable comptant, une partie payable à l'obtention de l'arrêté municipal accordant l'autorisation provisoire de changement d'usage et le solde à l'obtention de l'arrêté municipal constatant la réalisation effective de la compensation et autorisant définitivement le changement d'usage ; elles peuvent aussi convenir que l'intégralité du prix est payable à la délivrance de l'autorisation définitive. En cas de paiement payable à terme en tout ou partie, il peut être judicieux de prévoir la remise d'une caution bancaire ainsi que des pénalités de retard.

En cas de réalisation de la condition résolutoire, et si les parties n'ont pas écarté l'effet rétroactif de la résolution, la fraction du prix payée comptant doit être remboursée au Bénéficiaire sauf si celui-ci a provoqué l'accomplissement de la condition résolutoire.)

VII – CONDITION RÉSOLUTOIRE

Les présentes sont soumises à la condition résolutoire de la non-obtention :

– au plus tard le ..., de l'autorisation d'urbanisme *(permis de construire ou déclaration préalable)* autorisant le changement de destination en habitation des locaux de l'Offrant visés à l'article II.2.1 ;

– au plus tard le ..., de l'arrêté municipal considérant recevable, à titre de compensation, la conversion en habitation des locaux de l'Offrant visés à l'article II.2.1 et autorisant, à titre provisoire, le changement d'usage des locaux du Bénéficiaire visés à l'article II.3.1 ;

– au plus tard le ..., de l'arrêté municipal accordant à titre définitif, après constatation de la transformation effective en habitation des locaux de l'Offrant, l'autorisation de changement d'usage sollicitée par le Bénéficiaire.

La condition résolutoire se limite uniquement à la non-obtention de l'autorisation de changement de destination, de l'autorisation provisoire de changement d'usage et de l'autorisation définitive de changement d'usage ci-dessus, indépendamment de toutes autres autorisations de quelque nature qu'elles puissent être incombant à l'Offrant et au Bénéficiaire qui leur seraient éventuellement nécessaires pour la transformation de leurs locaux respectifs et dont ils font chacun leur affaire personnelle.

En cas de réalisation de la condition résolutoire, les présentes seront automatiquement caduques, sauf renonciation expresse du Bénéficiaire au bénéfice de la condition résolutoire stipulée dans son intérêt exclusif.

(La recherche de la plus grande sécurité juridique recommande aux parties de stipuler également une condition résolutoire en cas de retrait de l'une ou l'autre des autorisations et en cas de recours à leur encontre.)

VIII – SUBSTITUTION

L'Offrant, notamment dans l'hypothèse où il viendrait à vendre totalement ou partiellement les locaux offerts en compensation, aura la faculté de se substituer tout tiers dans les droits et obligations résultant des présentes, à charge d'en demeurer solidairement garant et d'en informer le Bénéficiaire par lettre recommandée avec accusé de réception.

De même, le Bénéficiaire pourra substituer tout tiers qu'il lui plaira dans le bénéfice des présentes, à charge d'en demeurer solidairement garant, notamment dans l'obligation de payer le prix convenu ci-dessus, et d'en informer l'Offrant par lettre recommandée avec accusé de réception.

IX – PUBLICITÉ FONCIÈRE

En vertu de l'article L. 631-7-1, alinéa 2, « Les locaux offerts en compensation sont mentionnés dans l'autorisation qui est publiée au Fichier immobilier ou inscrite au Livre foncier ».

En conséquence, les parties s'obligent à intervenir à un acte authentique ou donnent tout pouvoir à tout collaborateur de l'office notarial ... à l'effet de déposer au rang des minutes dudit office l'arrêté portant autorisation de changement d'usage des locaux du Bénéficiaire objet des présentes, aux fins de publication de cet arrêté aux services de la publicité foncière compétents pour chacun des immeubles concernés.

X – FRAIS

Les frais, droits et émoluments des présentes sont à la charge du Bénéficiaire.

Le Bénéficiaire supportera également les frais de publication de l'arrêté d'autorisation définitive de changement d'usage aux services de la publicité foncière dont dépendent chacun des immeubles objet des présentes.

En outre, les parties reconnaissent expressément que les présentes ont été négociées par l'intermédiaire de la société ... et elles s'engagent respectivement à acquitter les frais et honoraires dus à cet intermédiaire, en exécution des mandats qui lui ont été confiés.

XI – DÉCLARATIONS DE CAPACITÉ

Les parties déclarent, d'une manière générale, avoir la qualité et la capacité pour régulariser les présentes. Ni l'une ni l'autre des parties ne fait l'objet de mesures liées à l'application des dispositions des articles L. 611-1 et suivants et des articles L. 620-1 et suivants du Code de commerce, portant sur le redressement judiciaire et sur la nomination d'un mandataire *ad hoc*, d'un conciliateur, d'un administrateur judiciaire ou d'un liquidateur en application des articles ci-dessus.

Les signataires des présentes déclarent disposer de la pleine et entière capacité et avoir obtenus l'ensemble habilitations et autorisations nécessaires à la signature des présentes.

XII – LOI APPLICABLE ET JURIDICTION COMPÉTENTE

Les présentes sont régies par le droit français conformément auquel elles seront interprétées.

Tout litige découlant des présentes sera soumis au tribunal compétent en France.

XIII – NOVATION

Les stipulations des présentes font expressément novation à tout accord antérieur ayant existé entre les parties.

XIV – ÉLECTION DE DOMICILE

Pour l'exécution des présentes et de leurs suites :

– L'Offrant fait élection de domicile ...

– Le Bénéficiaire fait élection de domicile ...

XV – AFFIRMATION DE SINCÉRITÉ

Les parties affirment, sous les peines édictées par l'article 1837 du Code Général des Impôts, que les présentes expriment l'intégralité du prix de compensation ; elles reconnaissent avoir été informées par le notaire soussigné des peines encourues en cas d'inexactitudes de cette affirmation.

Le notaire soussigné affirme qu'à sa connaissance le présent acte n'est modifié ni contredit par aucune contre-lettre contenant augmentation du prix.

XVI – CERTIFICATION D'IDENTITÉ

Le notaire soussigné certifie que l'identité complète des parties, personnes morales, dénommées dans le présent acte, telle qu'elle est indiquée à la suite de leur dénomination, lui a été régulièrement justifiée.

XVII – MENTION LÉGALE D'INFORMATION

Conformément à la loi n° 78-17 du 6 janvier 1978 relative à l'informatique, aux fichiers et aux libertés, modifiée notamment par la loi n° 2018-493 du 20 juin 2018 relative à la protection des données personnelles contenant les dispositions d'adaptation communes au règlement (UE) 2016/679 du Parlement Européen et du Conseil du 27 avril 2016 et à la directive (UE) 2016/680 du Parlement Européen et du Conseil du 27 avril 2016, l'Office notarial dénommé en tête des présentes informe les parties qu'il dispose d'un traitement informatique pour l'accomplissement des activités notariales, notamment les formalités d'actes. À cette fin, l'Office notarial est amené à enregistrer des données concernant les parties et à les transmettre à certaines administrations, notamment aux fins de publicité foncière ou pour se conformer à des obligations comptables et fiscales. Les parties reconnaissent être informées qu'elles pourront exercer, s'agissant des données personnelles les concernant, leur droit d'accès et de rectification ou leur droit d'opposition, pour des motifs légitimes, à ce que ces données fassent l'objet d'un traitement, auprès du correspondant « Informatique et Libertés » désigné par l'Office notarial, à l'adresse suivante : cil@notaires.fr

DONT ACTE

Établi sur … pages.

Fait et passé aux lieu et date sus-indiqués,

Après lecture faite les parties ont signé avec le notaire soussigné.

Nombres :

- de mots rayés comme nuls : …
- de lignes rayées comme nulles : …
- de chiffres rayés comme nuls : …
- de blancs bâtonnés : …
- de renvois : …

Annexe 2

ACTE DE DÉPÔT D'AUTORISATION DE CHANGEMENT D'USAGE

L'acte de dépôt est établi en la forme authentique par un notaire. Il est proposé un acte reçu de manière dématérialisée, c'est-à-dire sur support électronique, comme c'est de plus en plus fréquemment le cas en pratique.

L'an …, le …,

Maître …, Notaire à …, soussigné,

A reçu le présent acte authentique sur support électronique, contenant dépôt de pièces relatives à un changement d'usage, à la requête des personnes ci-après identifiées :

I – IDENTIFICATION DES REQUÉRANTS

I.1 – La société …
Représentée par …

Ci-après dénommée « le Requérant 1 ».

I.2 – La société …
Représentée par …

Ci-après dénommée « le Requérant 2 ».

Le Requérant 1 et le Requérant 2 ci-après dénommés ensemble « Les Requérants ».

II – DÉPÔT DE PIÈCES

II.1 – Dépôt de l'autorisation de changement d'usage en date du …
Soit (le local bénéficiaire de l'autorisation et le local offert en compensation dépendent du même service de la publicité foncière) :

En vue de sa publication au service de la publicité foncière de … (numéro SAGES : …),

Soit (le local bénéficiaire de l'autorisation et le local offert en compensation ne dépendent pas du même service de la publicité foncière) :

En vue de sa publication au service de la publicité foncière de … (numéro SAGES : …) et au service de la publicité foncière de … (numéro SAGES : …),

Les Requérants ont, par les présentes, remis au notaire soussigné et lui ont requis de déposer au rang de ses minutes à la date de ce jour en vue d'assurer la conservation et pour qu'il en soit délivré tous extraits ou copies authentiques quand et à qui il appartiendra, comme en vue d'effectuer toutes formalités de publicité foncière qu'il y aura lieu, conformément aux dispositions de l'article L. 631-7-1 du Code de la construction et de l'habitation,

une version numérisée de l'autorisation de changement d'usage avec compensation délivrée par le maire de … le … sous le numéro …, dont la teneur est ci-après littéralement rapportée :

« reprendre le texte de l'autorisation »

Si l'autorisation a été publiée et si une attestation de non-retrait et non-recours a été obtenue :

L'autorisation de changement d'usage sus-relatée :

– a été publiée au bulletin municipal officiel de la ville de … le …, page … ;

– n'a fait l'objet d'aucun retrait ni recours ainsi qu'il résulte d'une attestation délivrée par la mairie de … le ….

Sont demeurés ci-joints en version numérisée :

– l'autorisation de changement d'usage du …,

– l'extrait du bulletin municipal officiel du …,

– et l'attestation du …

II.2 – Désignation des biens et droits immobiliers objet de l'autorisation de changement d'usage en date du …

II.2.1 – Désignation des biens et droits immobiliers bénéficiaires de l'autorisation de changement d'usage et appartenant au Requérant 1

Pour les besoins de la publicité foncière, la désignation des biens et droits immobiliers appartenant au Requérant 1 est la suivante :

Si immeuble entier :

Un immeuble situé à …, comprenant : …

Cadastré section … numéro …

II.2.2 – Désignation des biens et droits immobiliers offerts en compensation et appartenant au Requérant 2

Pour les besoins de la publicité foncière, la désignation des biens et droits immobiliers appartenant au Requérant 2 est la suivante :

Si immeuble soumis au régime de la copropriété :

Au sein d'un ensemble immobilier situé à …, comprenant : …

Cadastré section … numéro …

Lot n° …

(reprendre la désignation du lot figurant dans l'état descriptif de division, le cas échéant modifié pour tenir compte de la transformation en logement)

Organisation juridique :

Règlement de copropriété contenant état descriptif de division reçu par Maître …, notaire à …, le …, dont une copie authentique a été publiée au service de la publicité foncière de … (numéro SAGES : …), le … volume … numéro …

Modifié le … aux termes d'un acte reçu par Maître …, notaire à …, le …, dont une copie authentique a été publiée au service de la publicité foncière de … (numéro SAGES : …), le … volume … numéro …

II.3 – Effet relatif

II.3.1 – Concernant les biens et droits immobiliers situés à …

Les biens et droits immobiliers sus-désignés à l'article II.2.1 appartiennent au Requérant 1 aux termes d'un acte reçu par Maître …, notaire à …, le … dont une copie authentique a été publiée au service de la publicité foncière de … (numéro SAGES : …), le …, volume … numéro …

II.3.2 – Concernant les biens et droits immobiliers situés à …

Les biens et droits immobiliers sus-désignés à l'article II.2.2 appartiennent au Requérant 2 aux termes d'un acte reçu par Maître …, notaire à …, le … dont une copie authentique a été publiée au service de la publicité foncière de … (numéro SAGES : …), le …, volume … numéro …

III – MENTION – PUBLICATION

Mention des présentes sera consentie partout où besoin sera.

Soit (le local bénéficiaire de l'autorisation et le local offert en compensation dépendent du même service de la publicité foncière) :

Le présent acte sera publié au service de la publicité foncière de … (numéro SAGES : …) dans le ressort duquel se trouvent les biens et droits immobiliers sus-désignés à l'article II.2.

Soit (le local bénéficiaire de l'autorisation et le local offert en compensation ne dépendent pas du même service de la publicité foncière) :

Le présent acte sera publié :

– au service de la publicité foncière de … (numéro SAGES : …) dans le ressort duquel se trouvent les biens et droits immobiliers sus-désignés à l'article II.2.1,

– et au service de la publicité foncière de … (numéro SAGES : …) dans le ressort duquel se trouvent les biens et droits immobiliers sus-désignés à l'article II.2.2.

IV – DÉCLARATIONS FISCALES

Le présent acte sera enregistré au droit fixe de 125 euros.

V – FRAIS

Tous les frais, droits et émoluments des présentes seront supportés par le Requérant 1.

VI – POUVOIRS

Pour l'accomplissement des formalités de publicité foncière, les Requérants agissant dans un intérêt commun, donnent tous pouvoirs nécessaires au notaire soussigné à l'effet de faire dresser et signer tous actes complémentaires ou rectificatifs pour mettre le présent acte en concordance avec les documents hypothécaires, cadastraux ou d'état civil.

VII – MENTION LÉGALE D'INFORMATION

Conformément à la loi numéro 78-17 du 6 janvier 1978 relative à l'informatique, aux fichiers et aux libertés, modifiée notamment par la loi n° 2018-493 du 20 juin 2018 relative à la protection des données personnelles contenant les dispositions d'adaptation communes au règlement (UE) 2016/679 du Parlement Européen et du Conseil du 27 avril 2016 et à la directive (UE) 2016/680 du Parlement Européen et du Conseil du 27 avril 2016, l'Office notarial dénommé en tête des présentes informe les Requérants qu'il dispose d'un traitement informatique pour l'accomplissement des activités notariales, notamment les formalités d'actes. À cette fin, l'Office notarial est amené à enregistrer des données concernant les Requérants et à les transmettre à certaines administrations, notamment aux fins de publicité foncière ou pour se conformer à des obligations comptables et fiscales. Les Requérants reconnaissent être informés qu'ils pourront exercer, s'agissant des données personnelles les concernant, leur droit d'accès et de rectification ou leur droit d'opposition, pour des motifs légitimes, à ce que ces données fassent l'objet d'un traitement, auprès du correspondant « Informatique et Libertés » désigné par l'Office notarial, à l'adresse suivante : cil@notaires.fr

VIII – CERTIFICATION D'IDENTITÉ

Le notaire soussigné certifie et atteste que l'identité complète des Requérants, telle qu'elle figure en tête du présent acte, lui a été régulièrement justifiée.

DONT ACTE sur support électronique

Généré en l'office notarial et visualisé sur support électronique aux lieu, jour, mois et an indiqués en entête du présent acte.

Et lecture faite, les Requérants ont certifié exactes les déclarations les concernant, avant d'apposer leurs signatures sur tablette numérique.

Puis le notaire, qui a recueilli l'image des signatures manuscrites, a lui-même signé au moyen d'un procédé de signature électronique sécurisé.

Bibliographie

ÉTUDES ET ARTICLES POSTÉRIEURS À L'ORDONNANCE DU 8 JUIN 2005

– 112e Congrès des notaires de France (2016), *La propriété immobilière, entre liberté et contraintes*, Deuxième commission, *L'exercice du droit de propriété immobilière*, Mes M.-H. PERO AUGEREAU-HUE et O. BOUDEVILLE, nos 2066 et s.

– 116e Congrès des notaires de France (2020), *Protéger : les vulnérables, les proches, le logement, les droits*, Troisième commission, *Protéger le logement, l'habitat et le cadre de vie*, Mes A. MUZARD et B. PAVY, nos 3274 et s.

– E. ASHWORTH, G. BERGER-PICQ et F. GERNER, *Le régime fiscal des « cessions de commercialité » : Option fin. – La lettre de l'immobilier* 12 févr. 2018, suppl. au n° 1449.

– M. ASSOULINE, *L'affectation des locaux : une réforme en trompe l'œil – À propos de l'ordonnance du 8 juin 2005 : JCP* G 2005, n° 36, act. 458.

– J.-B. AUBY, *Quelques réflexions sur l'état du droit de l'urbanisme : Études foncières* mars-avr. 2006, n° 120, p. 7.

– C. BARROIS DE SARIGNY, *Les contours de la jurisprudence Czabaj après trois années d'application : Dr. adm.* 2020, étude 1.

– C. BEDDELEEM, *Le changement d'usage d'un local d'habitation : Ann. loyers* 2009, n° 5, p. 778.

– A. BELAUD-GUILLET, *Le nouveau règlement municipal parisien en matière d'autorisations de changement d'usage et l'ouverture de la chasse aux touristes : AJDI* 2015, p. 237.

– D. BLAISE, *JCl. Construction-Urbanisme*, Fasc. 30, *Changement d'usage des immeubles ; Le régime de l'autorisation préalable de changement d'usage des locaux d'habitation : le cas parisien : Dr. adm.* 2012, étude 15 ; *Locations meublées touristiques de locaux d'habitation à Paris : des infractions sanctionnées en l'absence d'autorisation préalable de changement d'usage : AJDI* 2012, p. 676 ; *L'autorisation personnelle de changement d'usage de locaux d'habitation en rez-de-chaussée à Paris : Dr. adm.* 2014, comm. 17 ; *Quelles sont les principales modifications apportées par le Conseil de Paris au règlement municipal relatif aux changements d'usage ? : Dr. adm.* 2015, prat. 6.

– J.-P. BLATTER, *La loi n° 2008-776 du 4 août 2008 de modernisation de l'économie et les baux commerciaux : AJDI* sept. 2008, p. 649.

– F. BOUYSSOU, *La destination de l'immeuble en droit de l'urbanisme : Dr. et ville* 2016, n° 80, p. 5.

– E. BRIAND, *Bail et changement d'usage : Rev. loyers* avr. 2012, p. 146.

– Ph. BROUANT, *Ville et cohésion urbaine – La continuité dans le changement, c'est maintenant ! : AJDA* 2014, n° 17, p. 973.

– V. CANU, *Les locations meublées touristiques à Paris : D.* 2012, p. 600.

– C. CARBONNEL, *L'affectation de l'immeuble : mesure désuète*, in *Mél. R. Saint-Alary*, Éditions Législatives et PUSS Toulouse, 2006, p. 157 ; *Le droit à l'oubli à géométrie variable ! : JCP* E 2007, art. 1942 ; *Transformation de locaux et déduction de redevance en Île-de-France : une histoire compliquée ! : BJDU* 2012, n° 1, p. 3.

– E. CARPENTIER, *Loi Boutin : au service du logement, notamment… : BJDU* 2009, n° 2, p. 92 ; *Le point sur le retrait des autorisations d'urbanisme : JCP* N 2019, n° 6, 1093 ; *Les changements de destination en droit de l'urbanisme : Dr. et ville* 2019, n° 88, p. 137 ; avec M. RAUNET, *Les travaux sur construction existante en droit de l'urbanisme : Dr. et ville* 2021, n° 92, p. 123.

– B. CHEUVREUX et M. RAUNET, *Les incidences de la réforme de l'article L. 631-7 sur la vente d'immeubles et sur la pratique des cessions de commercialité : Lamy Droit immobilier*, bull. sept. 2005 ; *Réforme du changement d'usage : enfin la transparence ! : Mon. TP* 14 juill. 2006, p. 52.

– M. COLLET et M. RAUNET, *Taxe sur la création de bureaux : quelles conditions d'exonération ? : AJDA* 2020, p. 1648.

– A. COLYBES, *Changement d'usage des locaux d'habitation : nouvelles règles pour Paris : Les Échos* 2 avr. 2009, p. 33.

– CONSEIL D'ÉTAT, Rapport public *Droit au logement, droit du logement*, Doc. fr., 2009 ; Étude *L'application du nouveau principe « silence de l'Administration vaut acceptation »*, Doc. fr., 2014 ; Étude *Puissance publique et plateformes numériques : accompagner l'« ubérisation »*, Doc. fr., 2017 ; Étude *Les pouvoirs d'enquête de l'administration*, 2021 (disponible sur le site du Conseil d'État).

– N. DAMAS, *La loi Macron et les baux d'habitation : AJDI* 2015, p. 654.

– G. DAUDRÉ, *Changements d'usage des locaux d'habitation : Opérations immo.* oct. 2009, p. 25 ; *Changements de destination de l'immeuble : Opérations immo.* oct. 2010, p°20 ; *Taxe pour création de bureaux, commerces et entrepôts en Île-de-France : dispositions réglementaires : Defrénois* 1er mars 2018, p. 28 ; *De nouveaux obstacles à la transformation des logements et des commerces à Paris : JCP* N 2021, n° 51-52, 1157 ; avec P. WALLUT, *Contrôle de l'usage d'habitation : de nouvelles règles pour Paris : JCP* N 2011, n° 13, 1113 ; *Loyers et copr.* 2011, étude 4 ; *Locations meublées de courte durée. Le permis de louer à Paris : JCP* N 2012, n° 15, act. 429 ; *Loyers et copr.* 2012, alerte 40 ; *Aperçu critique sur les dispositions de la loi ALUR relatives au contrôle de l'usage d'habitation : JCP* N 2014, n° 15, 1157 ; *Loyers et copr.* 2014, n° 1, hors-série, étude 2 ; *Changement d'usage des locaux d'habitation à Paris – Nouvelle modification du règlement municipal : JCP* N 2015, n° 1-2, 1000 ; *Loyers et copr.* 2015, étude 5 ; *Un oubli dans la réforme des locations meublées de courtes durées : les sociétés familiales : JCP* N 2020, n° 49, 981 ; *Le développement exponentiel du phénomène des locations meublées de courtes durées et les réactions en ordre dispersé des communes : Actes prat. ing. immobilière* 2021, n° 3, étude 21 ; *La difficile preuve de l'usage des locaux au sens de l'article L. 631-7 du Code de la construction et de l'habitation : Actes prat. ing. immobilière* 2021, n° 3, étude 22.

– A. DUGUIT-LARCHER, *Délai de retrait d'une décision créatrice de droits : particularités du droit de l'urbanisme ? : AJDA* 2019.

– M. FOURRIQUES, *Condition d'habitude et locations meublées saisonnières : RFN* 2013, étude 24.

– B. GAUCLÈRE, *Le changement d'usage des locaux d'habitation : Administrer* août-sept. 2006, n° 391, p. 31.

– Ch. GIJSBERS, *Actualité des changements de destination des lots en droit de la copropriété : RDI* 2022, p. 15.

– G. GIL, *Les nouveaux régimes des résidences avec services : Loyers et copr.* 2016, étude 3.

– D. GILLIG, *Location Airbnb : l'encadrement par le changement d'usage : Constr.-Urb.* 2019, alerte 76.

– L. GODEFROY, *La responsabilité des plateformes d'intermédiation dans la réservation d'hébergement entre particuliers : Comm. com. électr.* 2019, étude 5.

– G. GODFRIN, *Le plan local d'urbanisme victime des politiques anticrise : Constr.-Urb.* mai 2009, p. 5 ; *Destination des bâtiments*, in *Dictionnaire pratique du droit de l'urbanisme*, Le Moniteur, 3e éd., 2019, p. 373.

– N. GONZALEZ-GHARBI, *L'imposition réduite des plus-values immobilières au service de la création de locaux à usage d'habitation : un régime d'exception qui n'en finit pas de muter : Constr.-Urb.* 2021, comm. 58.

– L. GOUTALIER, *L'affectation de logements d'habitation en appartements meublés pour des locations de courte durée (à vocation touristique ou de loisir) : Cahiers Cridon Lyon* 2012, n° 64, p. 39.

– GRIDAUH, *La règle locale d'urbanisme en question : Constr.-Urb.* oct. 2011, p. 12.

– I. HASQUENOPH, R. NOGUELLOU et J.-Ch. ROTOULLIE, *La réglementation des meublés touristiques et le document local d'urbanisme : GRIDAUH*, 2021.

– O. HERRNBERGER, *La retouche de l'article L. 631-7 par la LME : Lamy Droit immobilier*, bull. déc. 2008, p. 1.

– A. HINFRAY, *La réforme de l'affectation immobilière : RDI* 2005, p. 309 ; *Changement d'affectation de locaux : observations critiques : Lamy Droit immobilier*, bull. sept. 2005 ; *La réforme des changements d'usage immobilier : Loyers et copr.* nov. 2006, p. 4, n° 6.

– H. JACQUOT, *Où va le droit de l'urbanisme ? : Constr.-Urb.* juill.-août 2007, p. 3.

– L. JARIEL, *Locations de tourisme : conformité de la règlementation française au droit de l'Union : Defrénois*, 20 janv. 2022, p. 59.

– Y. JÉGOUZO, *L'impact de la loi SRU sur la nature du droit de l'urbanisme : BJDU* 2001, n° 4, p. 226.

– *Jurishebdo Immobilier* 21 juin 2005, n° spécial 5.

– E. DE KERRET, *La régulation de la location meublée touristique par la réglementation administrative : Actes prat. ing. immobilière* 2021, n° 3, étude 18 ; avec I. PENCHINAT, *Les meublés touristiques dans les rapports privés : moyens de régulation à disposition des copropriétaires et du bailleur : Actes prat. ing. immobilière* 2021, n° 3, étude 19.

– A. DE KONN et J. PEREIRA, *Fusion-absorption et transfert de responsabilité pénale : l'immobilier concerné ? : Dr. & patr.* oct. 2021, n° 317, p. 43.

– D. LAGAU-LACROUTS, *Le bail mobilité : nouvel outil législatif adapté à un nouveau quotidien sociétaire de mobilité croissante : Actes prat. ing. immobilière* 2021, n° 3, étude 25.

– S. LAMY-WILLING, *Les destinations en droit de l'urbanisme : point d'étape de la réforme de 2016 : Constr.-Urb.* 2021, étude 8.

– M. LASSNER, *Les changements d'affectation après la réforme du 8 juin 2005 : AJDI* avr. 2006, p. 265.

– J. LAURENT, *Actualités du changement d'usage en droit de la construction (CCH, art. L. 631-7) : RDI* 2022, p. 10 ; *Les arrêts récents en matière de locations de tourisme : analyse et portée : Defrénois*, 20 janv. 2022, p. 68.

– F. DE LA VAISSIÈRE, *Les « meublés touristiques » après la loi ELAN : Defrénois* 13 juin 2019, p. 19 ; *Conversion des bureaux en logements : un remède à la pénurie de locative ? : Ann. loyers* sept. 2021, p. 60.

– M. LECOMTE, *Du changement d'affectation au changement d'usage : la réforme attendue de l'article L. 631-7 du CCH : Lamy Droit immobilier,* bull. sept. 2005.

– A. LEFORT, J. MARION et J.-L. TIXIER, *La nature des droits issus d'un bail réel solidaire (BRS) : Opérations immo.* janv.-févr. 2021, p. 7.

– N. LE RUDULIER, *Les résidences-services : RDSS* 2019, p. 608.

– X. DE LESQUEN et V. GUINOT, *Le changement de destination est-il soluble dans le régime des travaux sur construction existante ? : BJDU* 2021, n° 6, p. 379.

– C. LVOVSCHI-BLANC, *Changement d'usage des locaux d'habitation,* in *Dictionnaire pratique du droit de l'urbanisme,* Le Moniteur, 3e éd., 2019, p. 199.

– J.-L. MAILLOT, *La notion d'« accessoire » dans le régime des autorisations d'urbanisme : Constr.-Urb.* 2016, étude 9.

– Ph. MALAURIE, *La réforme de la prescription civile : Defrénois* 2008, art. 38842.

– S. MARIE, *Le permis à double état : la première pierre à la construction d'un régime de la réversibilité des usages des bâtiments ? : RDI* 2020, p. 129 ; *Les protections contre l'évolution défavorable des règles d'urbanisme : RFDA* 2020, p. 966.

– J. MARTIN, *L'actualité des destinations en droit de l'urbanisme : RDI* 2022, p. 21.

– J.-Ph. MENG, *Les nouvelles dispositions de l'article L. 631-7 du CCH : Bull. Cridon Paris* 1er oct. 2005, p. 4 ; *De quelques questions soulevées par le contrôle des changements de destination : AJDA* 2009, p. 86 ; *La recodification et le nouveau contenu du PLU : Defrénois* 15 juin 2016, p. 616 ; *Incidence de la réforme de la prescription en matière pénale sur les infractions d'urbanisme : Defrénois* 2017, p. 567 ; *La législation des changements d'usage des locaux d'habitation*, in *L'urbanisme et les collectivités locales*, éd. Berger Levrault, t. 1 : Fasc. 2.24 ; avec G. DAUDRÉ, *De la redevance à la taxe sur la création de bureaux, de commerces et d'entrepôts en région Île-de-France : Bull. Cridon Paris* 15 mars-1er avr. 2016, n° spécial ; *Impact de la prorogation des délais du fait de l'urgence sanitaire : Defrénois* 14 mai 2020, p. 29 et s.

– M. MIGNOT, *Réforme de la prescription : le point de départ du délai : Defrénois* 2009, art. 38896.

– J. MONÉGER et Ph.-H. BRAULT, *La modernisation du statut des baux commerciaux dans la loi de modernisation de l'économie n° 2008-776 du 4 août 2008 : JCP* E 2 oct. 2008, n° 40, 2200.

– M. MORALES, *Réforme du droit de visite par la loi ELAN : quand le législateur prophétise une violation du droit de la CEDH : BJDU* 2019, n° 5, p. 307.

– Ph. PELLETIER et E. GUILLINI, *L'ordonnance du 8 juin 2005 sur le changement d'usage des locaux : une réforme attendue : Dr. & patr.* oct. 2005, n° 141, p. 28.

– I. PENCHINAT, *La consécration des réglementations française et parisienne de régulation des locations meublées touristiques : Actes prat. ing. immobilière* 2021, n° 3, étude 20.

– S. PÉRIGNON, *Le nouveau régime du changement d'usage des locaux d'habitation : AJDA* 2005, p. 2112.

– H. PÉRINET-MARQUET, *Les meublés touristiques dans les immeubles en copropriété – Évolutions jurisprudentielles récentes : JCP* N 2017, n° 26, 1216 ; *Deux réformes pour adapter l'article L. 631-7* du Code de la construction et de l'habitation *à son nouvel environnement économique : RDI* 2022, p. 8.

– M. PIALOUX, *Les locations meublées de courte durée vs CCH et copropriété* : *Rev. loyers* 2013, p. 378.

– S. PIEDELIEVRE, *Remarques sur la preuve de la location en meublée de court séjour : Actes prat. ing. immobilière* 2021, n° 3, étude 23.

– F. PLOTTIN, *La réglementation du changement d'usage de locaux d'habitation à Paris : Dr. et ville* 2016, n° 80, p. 77.

– L.-A. POLETTI, *De quelques problèmes récurrents en copropriété autour de la destination de l'immeuble : Bull. Cridon Paris*, 1er sept. 2017, n° 17.

– F. POLIZZI, *Évaluation de la nouvelle procédure d'instruction des autorisations d'urbanisme : AJDA* 2009, p. 79 ; *Composition du dossier d'autorisation d'urbanisme : comment sortir de l'ambiguïté actuelle ? : BJDU* 2011, n° 4, p. 261 ; *La sortie de vigueur d'une autorisation d'urbanisme : BJDU* 2013, n° 5, p. 327 ; *Comment envisager des travaux sur une construction au regard du droit de l'urbanisme ? : BJDU* 2015, n° 1, p. 3. ; *Le régime des travaux de démolition en droit public : BJDU* 2015, n° 4, p. 231 ; avec G. DAUDRÉ, *Le contrôle de la conformité des travaux : Opérations immo.* nov.-déc. 2012, n° 50, p. 20 ; *Les changements de destination et d'usage en questions* : *Defrénois* 7 sept. 2017, p. 31.

– M. POUMARÈDE, *La violation de la destination et de l'usage de l'immeuble : Dr. et ville* 2016, n° 80, p. 33.

– J.-L. PUYGAUTHIER, *La loi ALUR et la location meublée : JCP* N 2014, n° 15, 1162.

– B. RAIMBERT, *Régularité de la destination des immeubles de bureaux à Paris : Gaz. Pal.* 31 oct.-1er nov. 2012, p. 19.

– N. RANDOUX, *La résidence principale*, Defrénois, coll. « Doctorat & Notariat », t. 38, juin 2009, nos 168 et s.

– M. RAUNET, *Le contrôle du changement d'usage des locaux d'habitation : une réglementation originale : Dr. et ville* 2019, n° 88, p. 157 ; *Réglementer l'hébergement touristique de courte durée – Un enjeu majeur pour les grandes métropoles et zones touristiques françaises : AJDA* 2021, p. 1401 ; avec C. LVOVSCHI-BLANC, *La destination de l'immeuble et l'usage des lieux loués lors de la création ou l'acquisition d'un commerce : exemple de Paris : Administrer* mars 2009, n° 419, p. 8.

– L. DE REDON et M. SERAINE, *La location saisonnière d'un bien meublé à Paris : qui peut faire quoi, où et comment ? : Loyers et copr.* 2013, étude 11.

– D. RICHARD, *La location Airbnb ou la « disruption » rattrapée par la réglementation de la République numérique : AJDI* 2017, p. 336 ; avec E. TALEB, *Location meublée de tourisme – Airbnb et meublé de tourisme : tour d'horizon de la réglementation applicable : Loyers et copr.* 2020, étude 6.

– Y. ROUQUET, *Location meublée de tourisme : la loi Élan durcit le ton ! : JT* 2019, n° 216, p. 22.

– O. DE LA ROUSSIÈRE et P. SOLER-COUTEAUX, *La difficile reconversion du tertiaire en résidentiel : Opérations immo.* sept. 2015, p. 6.

– G. ROUZET, *Copropriété et location en meublé de courte durée : convergence entre le Conseil constitutionnel et la Cour de cassation : RTDI* 2014/4, p. 5.

– P. SOLER-COUTEAUX et E. VILCHEZ, *Changement d'usage des locaux d'habitation*, in *Droit de l'aménagement*, éd. Le Moniteur, Fasc. V. 400.

– V. STEINBERG et A. DESTREMAU, *Lutte contre les locations meublées touristiques irrégulières et responsabilisation des plateformes : Actes prat. ing. immobilière* 2021, n° 3, étude 24.

– Y. STRICKLER, *De la forme des référés à la procédure accélérée au fond : JCP* G 2019, doctr. 928 ; *Les procédures rapides (procédure accélérée au fond, procédures d'urgence)* : *Procédures* 2020, étude 7.

– V. TOURNEBISE, *Meublés de tourisme et destination au sens de l'urbanisme : un mariage difficile ! : JCP* N 2021, n° 28, 1258.

– J. TRÉMEAU, *L'urbanisme au service du logement : AJDA* 2009, p. 1291.

– G. VIDALENC, *Du changement d'affectation au changement d'usage : Defrénois* 2005, art. 38215.

– P. WALLUT, *De l'affectation à l'usage : la réforme attendue de l'article L. 631-7 du CCH : JCP* N 2005, n° 43, p. 1745 ; *Réforme de l'article L. 631-7 du CCH : les nouvelles procédures d'autorisation de changement d'usage à Paris : JCP* N 2005, n° 51, act. 640 ; *Les nouvelles règles de la rénovation immobilière : réforme de l'article L. 631-7 du CCH : RDI* 2007, p. 9 ; *L'heure de la décentralisation pour le contrôle du changement d'usage de logements : JCP* N 2009, n° 13, p. 1126 ; *De la destination à l'usage : pratique de l'article L. 631-7 du CCH : Dr. et ville* 2016, n° 80, p. 67.

– B. WERTENSCHLAG, *La loi ELAN et le logement social : AJDI* 2019, p. 12 ; avec M. ABINADER, *Le changement d'affectation des locaux à usage d'habitation : AJDI* oct. 2005, p. 723.

– V. ZALEWSKI-SICARD, *La cession de commercialité et l'article L. 631-7 du Code de la construction et de l'habitation : Gaz. Pal.* 19 mai 2020, n° 19, p. 60.

ÉTUDES ET ARTICLES ANTÉRIEURS À L'ORDONNANCE DU 8 JUIN 2005

– 89e Congrès des notaires de France (1993), *Urbanisme et Sécurité juridique*, Quatrième commission *L'espace bâti : protection et évolution*, Mes G. VIDALENC et H. WARGNY, nos 4304 et s.

– 99e Congrès des notaires de France (2003), *La vente d'immeuble : sécurité et transparence*, Première commission *La période précontractuelle, les actes préparatoires*, Mes Th. DELESALLE et O. HERRNBERGER, nos 1045 et s.

– M. BÉHAR-TOUCHAIS, *L'amende civile est-elle un substitut satisfaisant à l'absence de dommages et intérêts punitifs ? : LPA* 2002, n° 232, p. 36.

– C. BOSGIRAUD, *L'habitat en Île-de-France : incitation à la transformation de bureaux en logements : Bull. Cridon Paris* 1er-15 juill. 1994, nos 13-14, p. 144.

– C. BOULLEZ et A. HINFRAY, *Les changements d'affectation des locaux : Administrer* nov. 1981, p. 10.

– B. BOUSSAGEON, *La transformation des locaux d'habitation en locaux professionnels : AJPI* 1990, p. 328.

– C. CARBONNEL, *Les vicissitudes d'une transformation de locaux en Île-de-France : RDI* 1994, p. 395 ; *Locaux commerciaux : les ambiguïtés de l'État : Les Échos* 8 mars 2004, p. 12.

– B. CHEUVREUX et M. RAUNET, *Changement d'affectation de locaux : une réforme en demi-teinte : Mon. TP* 5 mars 2004, p. 90.

– CONSEIL D'ÉTAT, Rapport public, *L'urbanisme : pour un droit plus efficace*, Doc. fr., 1992.

– J.-P. CORDELIER, *Les locaux professionnels : un mauvais coup : Gaz. Pal.* 1989 (2e sem.), p. 602.

– A. DURANCE, *Changement de destination et changement d'affectation des immeubles : AJPI* 1987, p. 169.

– J. FRÉJAVILLE, *Commentaire de l'ordonnance n° 45-2394 du 11 octobre 1945 : D.* 1945, p. 229.

– B. GENEVOIS, *Les autorisations administratives en matière de réhabilitation de l'habitat ancien : Dr. et ville* 1979, n° 8, p. 85.

– V. GERNEZ-RYSSEN, *Les baux professionnels dans l'attente d'un nouveau statut : JCP* N 1991, I, p. 65.

– O. HERRNBERGER, *L'affectation du bien immobilier vendu est-elle régulière ? : Rev. loyers* mai 2003, p. 278.

– A. HINFRAY, *La transformation en logements de locaux affectés à un autre usage : Administrer* oct. 1994, p. 21 ; *Le changement d'affectation des locaux : actualité jurisprudentielle : AJPI* 1995, p. 18 ; *Changement d'affectation des locaux : l'incidence de la loi du 2 juillet 1998 : AJDI* 1998, p. 1026.

– P. HOCREITÈRE, *Destination des constructions et droit de l'urbanisme : Dr. et ville* 1997, n° 43, p. 146 ; *La notion de construction existante en droit de l'urbanisme : Dr. adm.*, janv. 2000, chron. 1.

– A. JONVILLE, *Location meublée : l'autorisation administrative : JCP* N 1993, n° 13, 2590.

– G. LIET-VEAUX, *La loi Méhaignerie et le changement d'affectation des locaux : JCP* G 1987, I, 3307 ; *Réflexions nouvelles sur les changements de destination ou affectation des locaux : JCP* N 1990, I, p. 289 ; *Transfert d'affectation et permis de construire : AJDI* 1992, p. 25 ; *Le certificat d'affectation : Dr. adm.* déc. 1994, chron. 14 ; *Les mesures de rétorsion imprescriptibles : une prétention administrative méconnue : JCP* G 1997, I, 4005 ; *L'extravagante procédure du changement d'affectation des locaux : Administrer* mars 1998, n° 298, p. 24 ; *Une petite mesure en faveur du télétravail dans les locaux d'habitation : loi du 2 juillet 1998 : Administrer* avr. 1999, p. 16 ; *Caractère personnel des dérogations ou autorisations en matière de changements d'affectation des locaux : principe et exceptions : AJDI* 2001, p. 319 ; *Des responsabilités en cas de changement d'affectation irrégulier de certains locaux : Administrer* oct. 2001, n° 337, p. 37.

– R. MARTIN, *Les avatars de l'article L. 631-7 du CCH : Ann. loyers* 1999, n° 3, p. 328.

– J.-L. MARTY, *À propos de l'investissement immobilier en zone urbaine : le problème du changement d'affectation des locaux : LPA* 23 avr. 1997, n° 49, p. 36.

– P. MENDAK, *Le changement d'affectation de locaux : entre certitudes et interrogations : RLDA* 1998, n° 1.

– J.-Ph. MENG, *D'une clarification légale quant au champ d'application de l'article L. 631-7 CCH, relative et presque tardive : Bull. Cridon Paris* 15 mai 2004, n° 9, p. 6.

– J. MONÉGER, *Les articles L. 631-7 et suivants du Code de la construction et de l'habitation sont-ils des armes fatales ? : Loyers et copr.* mars 1997, p. 3 ; *Articulation entre destination des lieux au sens des baux commerciaux et affectation des locaux au sens de l'article L. 631-7 du Code de la construction et de l'habitation : JCP* N 2000, p. 706.

– D. NAUDIN, *Les baux professionnels : pour un statut décentralisé* : *AJPI* 1990, p. 8.

– P.-E. NORMAND, *Le changement de destination de locaux* : *JCP* N 1990, I, p. 109.

– S. PÉRIGNON, *L'acquisition de bureaux en Région d'Île-de-France* : *Defrénois* 1990, art. 34786 ; *Vente d'immeubles et droit de l'urbanisme*, éd. Defrénois-LGDJ, avr. 1991 ; *Peut-on vendre des « droits à construire » ?* : *Defrénois* 1993, art. 35486 ; *L'exercice d'une activité dans un logement* : *Bull. Cridon Paris* 15 févr. 1999, n° 4, p. 95 ; *Changement de destination et changement d'affectation* : *DAUH* 2003, p. 33 ; *Le nouvel ordre urbanistique*, éd. Cridon-Defrénois, 2004.

– J. RÉMY, *La prohibition des changements d'affectation et l'exercice d'une profession à domicile* : *Rev. loyers* 1999, p. 270.

– A. ROBBES, *La vente du patrimoine de l'État* : *Lamy Droit immobilier*, bull. févr. 2005.

– Cl. ROBERT, *La transformation des logements en locaux d'activité*, sept. 1990, rapport rendu au ministère délégué chargé du logement.

– G. TAVERNIER, *Le changement d'affectation des locaux : pour une réforme de la réglementation* : *AJPI* 1995, p. 10.

– S. DE VENDEUIL, *Les dispositions de droit des sociétés de la loi n° 2003-721 du 1er août 2003 pour l'initiative économique* : *JCP* E 2003, act. 204.

– G. VIDALENC, *Les bureaux : définition et preuve de la commercialité* : *AJPI* 1995, p. 12 ; *De quelques applications de l'article L. 631-7 du Code de la construction et de l'habitation : l'administration n'a pas toujours tort* : *Constr.-Urb.* sept. 1999, p. 5.

– P. WALLUT, *Changement d'affectation de locaux : réforme en vue* : *Dr. & patr.* oct. 2003, n° 119, p. 16.

– Ch. WEIL, *La réversibilité de la transformation en logements* : *AJPI* 1995, p. 578.

Table chronologique de la jurisprudence citée

§ 1. – Cour de justice de l'Union européenne

§ 2. – Cour européenne des droits de l'Homme

§ 3. – Conseil constitutionnel

§ 4. – Juridictions de l'ordre administratif

A. – Conseil d'État

1960

1970

1980

1990

2010

2020

B. – Cours administratives d'appel

C. – Tribunaux administratifs

Décisions **Paragraphes**

§ 5. – Juridictions de l'ordre judiciaire

A. – Cour de cassation

2020

B. – Cours d'appel

Décisions **Paragraphes**

2010

C. – Tribunaux de grande instance

D. – Tribunaux judiciaires

Index alphabétique

(Les chiffres renvoient aux numéros des paragraphes de l'ouvrage)

Table des matières

Photocomposition Nord Compo Multimédia
59650 Villeneuve-d'Ascq

Achevé d'imprimer en mars 2022
dans les ateliers d'Evoluprint
31150 Bruguières